रघुवीर सहाय रचनावली-3

[आलोचना, निबंध, पुस्तक-समीक्षा और साक्षात्कार]

रघुवीर सहाय रचनावली

3

यथार्थ का अर्थ

[आलोचना, निबंध, पुस्तक-समीक्षा और साक्षात्कार]

संपादक

सुरेश शर्मा

राजकमल प्रकाशन
नयी दिल्ली पटना

ISBN : 978-81-267-2434-5 (सम्पूर्ण सेट)

मूल्य : ₹ 2100
छः खंडों का सम्पूर्ण सेट

पहला पेपरबैक संस्करण : 2013

प्रकाशक : राजकमल प्रकाशन प्रा. लि.
1-बी, नेताजी सुभाष मार्ग
नई दिल्ली-110 002

शाखाएँ : अशोक राजपथ, साइंस कॉलेज के सामने, पटना-800 006
पहली मंजिल, दरबारी बिल्डिंग, महात्मा गांधी मार्ग, इलाहाबाद-211 001

वेबसाइट : www.rajkamalprakashan.com
ई-मेल : info@rajkamalprakashan.com

आवरण : चाँद चौधरी

मुद्रक : बी.के. ऑफसेट
नवीन शाहदरा, दिल्ली-110 032

RAGHUVIR SAHAY RACHANAWALI-3
Edited by Suresh Sharma

एक चिर-परिचित मुद्रा : 1981

सुमित्रानंदन पंत के साथ

एक आयोजन में बाएँ से : कुर्तुलऐन हैदर, रघुवीर सहाय,
शिवमंगल सिंह सुमन, शमशेर बहादुर सिंह और त्रिलोचन शास्त्री

एक गोष्ठी में (बाएँ से) दिनकर, हजारीप्रसाद - -द्विवेदी तथा नामवर सिंह के साथ।

नागार्जुन के साथ

बाएँ से - फणीश्वर नाथ रेणु, सुरेश शर्मा और रघुवीर सहाय : बिहार आंदोलन (1974) के दौरान

रघुवीर सहाय द्वारा एक कविता पाठ के दौरान मंच पर अज्ञेय और अशोक वाजपेयी

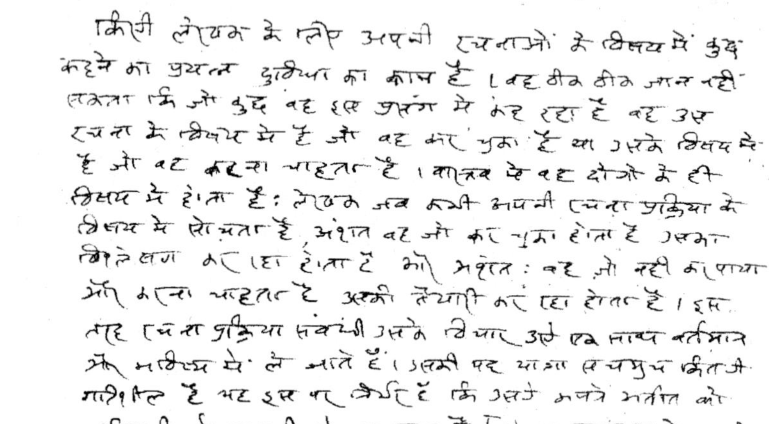

किसी लेखक के लिए अपनी रचनाओं के विषय में कुछ कहने का प्रयत्न दुविधा का काम है। वह ठीक ठीक जान नहीं सकता कि जो कुछ वह इस प्रसंग में कह रहा है वह उस रचना के विषय में है जो वह कर चुका है या उसके विषय में है जो वह करना चाहता है। वास्तव में वह दोनों के ही विषय में होता है: लेखक जब कभी अपनी रचना प्रक्रिया के विषय में सोचता है, अंशत वह जो कर चुका होता है उसका विश्लेषण कर रहा होता है और अंशत: वह जो नहीं कर पाया और करना चाहता है उसकी तैयारी कर रहा होता है। इस तरह रचना प्रक्रिया संबंधी उसके विचार उसे एक साथ वर्तमान और भविष्य में ले जाते हैं। उसकी यह यात्रा सचमुच कितनी गतिशील है यह इस पर निर्भर है कि उसने अपने अतीत को कितनी ईमानदारी से [illegible] है। [illegible] लेखक के विकास की आवश्यक शर्त होनी चाहिए। वह, जो पीछे मुड़कर अपने को नहीं देख सकता, सच्चे अर्थ में शायद विकास के योग्य नहीं। नैतिक चरित्र के विकास का ही नहीं है, माध्यम और शैली के विकास का भी है। क्योंकि ये दोनों एक दूसरे से जुड़े हुए हैं और समाज और इतिहास भी उसकी समझ के विकास से जुड़े हुए हैं।

अपने रचनाकर्म की व्याख्या लेखक को करनी चाहिए या नहीं, इस विषय में लेखक के मन में संदेह फिर भी बना रहता है। माना जा सकता है कि एक हद तक यह संदेह आत्मविश्वास और [illegible] से उत्पन्न होता होगा। कोई भी स्वाभिमानी लेखक नहीं चाहेगा कि वह अपनी रचनाओं का रसास्वादन करने वाले पाठकों और आलोचकों को उन व्याख्याओं

रघुवीर सहाय की लिखावट में 'लिखने का कारण' का एक निबंध।

यथार्थ का अर्थ

रचनावली के तीसरे भाग में रघुवीर सहाय के निबंध, साहित्यिक आलोचना और उनसे की गई भेंटवार्ताएँ संकलित हैं। अपने दौर की प्रमुख साहित्यिक प्रवृत्तियों, बौद्धिक परिवेश और उसकी समस्याओं पर उन्होंने लगातार लिखा। काव्यमूल्य और कविकर्म पर भी अपने विचार व्यक्त किए। अपने कुछ समकालीनों पर भी प्रसंगवश लिखा। पुस्तक-समीक्षाएँ भी कीं। जीवन के उत्तरार्द्ध में उन्होंने लंबे-लंबे साक्षात्कार दिए। साक्षात्कारों में विभिन्न विषयों पर अपने विचार व्यक्त करने के अलावा उन्होंने अपनी ही कुछ रचनाओं की महत्त्वपूर्ण व्याख्याएँ कीं। तीसरे खंड में यह सारी सामग्री संकलित है। पत्रकार होने के कारण उन्हें दूसरों से भी अनेक साक्षात्कार लेने पड़े। लेकिन रचनावली में उन्हें शामिल नहीं किया जा रहा है। इन भेंटवार्ताओं में सिर्फ़ प्रश्न रघुवीर सहाय के थे, उत्तर दूसरों के। इसलिए रघुवीर सहाय की रचनावली में उन्हें शामिल करना उपयुक्त नहीं लगा। लेकिन उन्होंने कुछ ऐसे साक्षात्कार भी लिए हैं जो महज़ प्रश्न और उत्तर नहीं हैं। उनमें साक्षात्कारदाता के व्यक्तित्व का रचनात्मक चित्रण भी किया गया है। बैले कलाकार गुलवर्द्धन, कथाकार यशपाल और फणीश्वरनाथ रेणु के साक्षात्कार इसी कोटि के हैं। इन्हें परिशिष्ट में शामिल कर लिया गया है। रघुवीर सहाय द्वारा लिए गए ये साक्षात्कार इतने जीवंत हैं कि इनमें हम साक्षात्कारदाता से बातचीत ही नहीं करते बल्कि उससे मिलते भी हैं। हिंदी में रघुवीर सहाय इस तरह की भेंटवार्ताओं की शुरुआत करनेवालों में रहे हैं। उन्होंने अज्ञेय से अनेक भेंटवार्ताएँ की हैं। आकाशवाणी संग्रहालय के लिए लिया गया यह साक्षात्कार काफ़ी लंबा है। इसे प्रकाशन विभाग ने *अपने बारे में* शीर्षक से पुस्तकाकार प्रकाशित भी कर दिया है। रघुवीर सहाय द्वारा लिए गए ऐसे साक्षात्कारों को रचनावली में नहीं लिया गया। इससे रचनावली के ढाँचे में असीमित विस्तार हो जाता। रचनावली के अनुशासन की दृष्टि से भी उसमें दूसरों के सब साक्षात्कार शामिल करने की उपयोगिता दिखाई नहीं देती। लेकिन उन साक्षात्कारों को छोड़ना भी नहीं चाहिए जिनमें भेंटवार्ताकार की ओर से साक्षात्कारदाता के व्यक्तित्व और कृतित्व पर रचनात्मक टिप्पणियाँ की गई हों।

अपने अधिकांश आलोचनात्मक लेखों में रघुवीर सहाय ने रचना और यथार्थ के रिश्ते को नए सिरे से पहचानने की कोशिश की है। उन्होंने यथार्थ की नई परिभाषा की है। उसका नया अर्थ बताया है। उनके अनुसार वास्तविकता का यथातथ्य चित्रण यथार्थ नहीं है। यथास्थिति को वे यथार्थ नहीं मानते। वे चाहते हैं कि यथार्थ का वर्णन "पाठकों के मन में यथास्थिति के लिए अस्वीकार और प्रगति के लिए आग्रह" जगाए। "न्याय और परिवर्तन की इच्छा पाठकों में पैदा" करे। रघुवीर सहाय रचना में यथार्थ को इस तरह ढालना चाहते हैं कि वह "वास्तविकता के वर्तमान संसार को चुनौती" दे। उनके अनुसार वास्तविकता का जस का तस चित्रण उसका अधूरा चित्रण है। फिर यथार्थ के संपूर्ण चित्रण का अर्थ क्या है? रघुवीर सहाय कहते हैं : "वास्तविकता का अभिप्राय बहुधा अनुभूतियों को सजीव और साकार करना होता है। वास्तविकता का सबसे प्रकट रूप शायद वेदना ही है। पर एक तो वेदना

उस समय तक संपूर्ण सत्य नहीं है जब तक कि वह शक्ति देनेवाली और आँखें खोलनेवाली न हो।" (इसी खंड में शामिल 'यथार्थ का अर्थ' और 'यथार्थ और यथास्थिति' शीर्षक लेख।)

यथार्थ चित्रण संबंधी रघुवीर सहाय के ये निष्कर्ष वही हैं जो समाजवादी यथार्थवाद के निष्कर्ष हैं। इसे क्रांतिकारी यथार्थवाद भी कहते हैं। यथार्थ का यह नया अर्थ है जिसे रघुवीर सहाय अपनी आलोचना की मुख्य कसौटी बनाते हैं। इसलिए आलोचनात्मक लेखों के इस संपूर्ण संग्रह का नाम दिया गया है 'यथार्थ का अर्थ'।

रघुवीर सहाय ने 1946 में पहला आलोचनात्मक लेख लिखा। तब वे 11वीं कक्षा के छात्र थे। लेख का शीर्षक था : 'हिंदी पर बंग भाषा का प्रभाव'। यह लेख जुलाई 1946 में *कान्यकुब्ज कॉलेज पत्रिका* में छपा था। लेख के शीर्षक के नीचे लेखक का नाम है : श्री रघुवीर सहाय श्रीवास्तव, एकादश कला। 11वीं के इस छात्र ने 'विद्वत्तापूर्ण' लेकिन दिलचस्प ढंग से हिंदी पर बंगला प्रभाव ढूँढ़ने की कोशिश की है। लेख के अंत में उसके हिसाब से यह विषय इतना विस्तृत है कि "जिस पर खोज करके बड़े-बड़े ग्रंथ लिखे जा सकते हैं!" यह लेख रचनावली के परिशिष्ट में दिया जा रहा है। रघुवीर सहाय के आरंभिक लेखों में दूसरा है : "नाटक कला का जन्म और विकास—एक अध्ययन।" यह संभवतः 1950 की रविवारी *अमृत पत्रिका* के किसी अंक में छपा है। लेख इस दृष्टि से महत्त्वपूर्ण है कि उसमें नाटक को रंगमंच की ज़रूरतों को ध्यान में रखकर लिखने की वकालत की गई है, जबकि उन दिनों हिंदी में किताबी नाटक लिखने की धूम थी। यह लेख भी परिशिष्ट में शामिल है। 1946 के बाद रघुवीर सहाय प्रगतिशील लेखक संघ और इप्टा से जुड़े थे। यशपाल आदि का संपर्क-साथ मिला था। लेकिन प्रगतिशील लेखक संघ से कुछ मुद्दों पर असहमति हुई तो कृष्णनारायण कक्कड़ आदि के साथ उन्होंने लखनऊ लेखक संघ बनाया। इन संगठनों की बहसों-गोष्ठियों ने रघुवीर सहाय की विचारधारा के निर्माण में महत्त्वपूर्ण भूमिका निभाई। मन में यथार्थ के प्रति आग्रह का भाव जगा। 1949 में उन्होंने *दूसरा सप्तक* के लिए अपना वक्तव्य लिखा तो उसमें यह आग्रह स्पष्ट दिखाई पड़ा : "कोशिश तो यह रही है कि सामाजिक यथार्थ के प्रति अधिक से अधिक जागरूक रहा जाए और वैज्ञानिक तरीक़े से समाज को समझा जाए ··· यही जीवन को स्वस्थ बनाए रख सकता है। ··· शमशेरबहादुर का यह कहना मुझे बराबर याद रहेगा कि ज़िंदगी में तीन चीज़ों की बड़ी ज़रूरत है : आक्सीजन, मार्क्सवाद और अपनी वह शक्ल जो हम जनता में देखते हैं!" इसके बाद अपने वक्तव्य के अंत में रघुवीर सहाय ने निष्कर्ष के रूप में लिखा : "विचारवस्तु का कविता में खून की तरह दौड़ते रहना कविता को जीवन और शक्ति देता है, और यह तभी संभव है जब हमारी कविता की जड़ें यथार्थ में हों!" वे आजीवन यथार्थ, विचार और कविता के इस सघन रिश्ते के पक्षधर रहे। आलोचना में उनकी विचारयात्रा का यह प्रस्थानबिंदु है! *दूसरा सप्तक* का यह वक्तव्य उनकी कविताओं के साथ रचनावली के पहले खंड में दिया गया है।

रघुवीर सहाय ने पाँचवें दशक के बाद जो आलोचनात्मक लेख लिखे उसका एक बड़ा हिस्सा उनके तीन संकलनों में संगृहीत है। ये संकलन हैं : *सीढ़ियों पर धूप में*, *लिखने का कारण* और *यथार्थ यथास्थिति नहीं*।

सीढ़ियों पर धूप में 1960 में प्रकाशित हुआ। कहानियों और कविताओं के बाद इसके अंतिम भाग में रघुवीर सहाय के आलोचनात्मक लेख और साहित्य से जुड़ी टिप्पणियाँ हैं। पुस्तक का संपादन सच्चिदानंद वात्स्यायन ने किया था।

लिखने का कारण पुस्तक 1978 में राजपाल एंड संस से प्रकाशित हुई थी। इसमें रघुवीर सहाय के आलोचनात्मक लेख, भाषा से संबंधित चिंतन तथा उनके कुछ साक्षात्कार संकलित हैं। पुस्तक में उन्होंने अनेक टिप्पणियाँ और लेख *सीढ़ियों पर धूप में* से ले लिए हैं। *यथार्थ यथास्थिति नहीं* रघुवीर सहाय की तीसरी आलोचना पुस्तक है। 1984 में मैंने ही इस पुस्तक का संपादन किया था।

वाणी प्रकाशन से यह किताब छपी थी। पुस्तक में यथार्थ की अवधारणा से जुड़े रघुवीर सहाय के अनेक लेख हैं। इन लेखों को सहाय जी की काव्ययात्रा के विभिन्न दौरों के समानांतर रखा गया था। पुस्तक का ढाँचा ऐसा था कि अनेक लेख *सीढ़ियों पर धूप में* तथा *लिखने का कारण* से भी लेने पड़े। सहाय जी का भी आग्रह था कि *लिखने का कारण* का पहला संस्करण ख़त्म हो गया है। दूसरा संस्करण छपने नहीं जा रहा। इसलिए *लिखने का कारण* के अधिक से अधिक लेखों का उपयोग *यथार्थ यथास्थिति नहीं* पुस्तक में किया जा सकता है। इसलिए इसमें अनेक टिप्पणियाँ *लिखने का कारण* से भी शामिल की गईं। रघुवीर सहाय ने *यथार्थ यथास्थिति नहीं* पुस्तक रेणु को समर्पित की थी। समर्पण में लिखा था :

फणीश्वर नाथ रेणु की स्मृति में
जिनसे मिलने पर लगता था
कि जहाँ पिछली बार छोड़ा था उससे आगे शुरू कर रहे हैं,
ऐसा नहीं कि हर बार नए सिरे से समझना पड़ रहा है।

अनेक लेख ऐसे हैं जो इन तीनों पुस्तकों में हैं। इसलिए तीनों पुस्तकों को अलग-अलग देने की ज़रूरत नहीं थी। यही वजह है कि *लिखने का कारण* में ही *सीढ़ियों पर धूप में* और *यथार्थ यथास्थिति नहीं* समाहित कर ली गईं। इसे एक समग्र पुस्तक मानकर रघुवीर सहाय द्वारा लिखी गई *लिखने का कारण* की भूमिका शुरू में दे दी गई है। एक और परिवर्तन भी किया गया है। मूल *लिखने का कारण* की कुछ सामग्री को अध्ययन की सुविधा के लिए रचनावली के इसी खंड में आगे या अन्य खंडों में रखा गया है। इसका कारण है। रचनावली के इस खंड को संपादित करते हुए मैंने कोशिश की है कि सहाय जी के द्वारा संपादित उनकी सामग्री एकसाथ रखी जाए। बाक़ी सामग्री यथासंभव कालक्रम से संयोजित की जाए। लेकिन किसी एक ही विषय या लेखक पर बहुत-सी सामग्री अगर उपलब्ध है तो कालक्रम को तोड़ते हुए उसे एकसाथ रख दिया जाए। इससे सुविधा यह होगी की एक ही स्थान पर एक प्रकार की सारी सामग्री मिल जाएगी। जैसे *लिखने का कारण* में शामिल साक्षात्कारों को इसी खंड में रघुवीर सहाय के अन्य साक्षात्कारों के साथ रखा गया है। इसी तरह इस पुस्तक में शामिल शमशेर पर लिखी टिप्पणी को उनसे जुड़ी अन्य टिप्पणियों के साथ शामिल किया गया है। यही 'अज्ञेय' शीर्षक लेख के साथ भी हुआ है। इसी खंड में अज्ञेय पर जहाँ बाक़ी सामग्री है, यह लेख भी वहीं मिलेगा। कोशिश की गई है कि एक लेखक से जुड़े सारे आलेख एक जगह दे दिए जाएँ, यहाँ तक कि उसकी पुस्तकों की समीक्षाएँ भी।

रचनावली के इस खंड में *लिखने का कारण* वाले हिस्से के बाद विभिन्न पत्र-पत्रिकाओं में प्रकाशित लेखों को कालक्रम से रखने की कोशिश की गई है। इनमें अनेक अप्रकाशित लेख भी हैं। कुछ का आकाशवाणी से सिर्फ़ प्रसारण हुआ था। इन लेखों में रघुवीर सहाय ने अपने सामाजिक-राजनीतिक परिवेश से उपजी साहित्यिक प्रवृत्तियों पर मुख्य रूप से विचार किया है।

साहित्यिक प्रवृत्तियों से जुड़े आलोचनात्मक लेखों के बाद साहित्यिक और सांस्कृतिक व्यक्तित्वों को केंद्र में रखकर लिखी गई टिप्पणियाँ और लेख दिए गए हैं। इसमें मैंने लोहिया से संबद्ध एक संस्मरणात्मक टिप्पणी भी शामिल कर ली है। रघुवीर सहाय ने इस संस्मरण के अंतर्गत अपने साहित्यिक और वैचारिक विकास में लोहिया की भूमिका रेखांकित की है।

अपने काव्य लेखन के आरंभिक दौर में रघुवीर सहाय बच्चन के बाद गिरिजाकुमार माथुर के गीतों से प्रभावित थे (*दूसरा सप्तक* में रघुवीर सहाय का वक्तव्य)। इसलिए जब आलोचनात्मक लेख लिखने का मौक़ा मिला तो उन्होंने सबसे पहले गिरिजाकुमार माथुर पर ही लिखा। यह लेख *प्रतीक* के जुलाई 1951 अंक में छपा था। रघुवीर सहाय ने सबसे अधिक व्यक्तिपरक लेख अज्ञेय पर लिखे।

यह स्वाभाविक भी था क्योंकि एक लेखक और व्यक्ति दोनों ही रूपों में वे अज्ञेय से लंबे अर्से तक जुड़े रहे। रघुवीर सहाय अपनी टिप्पणी या संस्मरण में संबद्ध लोगों के व्यक्तित्व के मानवीय पहलुओं को हमेशा प्रमुखता देते हैं तथा इतिहास और वर्तमान में उस व्यक्ति के महत्त्व का विवेचन भी करते हैं। व्यक्तियों पर केंद्रित टिप्पणीवाले हिस्से को 'व्यक्तित्व के आसपास' नाम दिया गया है।

व्यक्तिपरक लेखों के बाद पुस्तक-समीक्षाएँ दी गई हैं। रघुवीर सहाय ने पुस्तकों की बृहत् समीक्षाएँ नहीं लिखीं। उनकी अनेक समीक्षाएँ महज़ परिचयात्मक हैं। वे इस तरह लिखी गई हैं कि दैनिक या साप्ताहिक पत्र के सीमित ढाँचे में खप सकें। मई 1951 में रघुवीर सहाय *प्रतीक* का सहायक संपादक होकर दिल्ली आए। *प्रतीक* के संपादक थे स. ही. वात्स्यायन। *प्रतीक* में ही रघुवीर सहाय ने पुस्तकों की समीक्षाएँ लिखनी शुरू कीं। सिद्धनाथ कुमार के गीतिनाट्य *कवि* और शंभूनाथ सिंह के काव्यसंग्रह *मन्वंतर* पर *प्रतीक* में लिखी टिप्पणियाँ उनकी आरंभिक पुस्तक-समीक्षाएँ हैं। आगे भी समय-समय पर वे पुस्तक-समीक्षाएँ लिखते ही रहे। जब 1983 में उनका *दिनमान* से *नवभारत टाइम्स* में तबादला किया गया तो इस पत्र के तत्कालीन संपादक राजेन्द्र माथुर ने उन्हें सिर्फ़ *पुस्तक-समीक्षा* देखने का काम सौंपा था! उन दिनों रघुवीर सहाय ने अनेक छोटी-छोटी समीक्षाएँ लिखीं। इन समीक्षाओं में वे सिर्फ़ पुस्तक का विवेचन नहीं करते बल्कि उसके आधार पर अपनी ओर से कुछ नई बातें भी बताते हैं। समीक्षाओं के अंतर्गत उनका विश्लेषण संवादधर्मी है।

रघुवीर सहाय की समीक्षा का एक और प्रकार उनके द्वारा लिखे गए 'गत मास का साहित्य' तथा 'साहित्य धारा' नामक कॉलमों में मिलता है। इन शीर्षकों से उन्होंने *प्रतीक, ज्ञानोदय* और *कल्पना* में कॉलम लिखे। इनके अंतर्गत विभिन्न पत्रिकाओं में पिछले महीने प्रकाशित महत्त्वपूर्ण रचनाओं की समीक्षा की गई है। इन समीक्षाओं में बहस के लिए अनेक मुद्दे उठाए गए हैं। इन जीवंत त्वरित टिप्पणियों में समीक्षाकर्म का एक नया रूप दिखाई पड़ता है।

इस खंड के अंत में रघुवीर सहाय से ली गई भेंटवार्ताएँ दी गई हैं। इन भेंटवार्ताओं में उन्होंने अपने रचनाकर्म के साथ ही अपने समय और समाज की भी मौलिक व्याख्याएँ की हैं। 1967 में *उत्कर्ष* का 'सन् साठ के बाद की हिंदी कविता' विशेषांक निकला था। उसमें इब्बार रब्बी द्वारा लिया गया सहाय जी का साक्षात्कार उनका पहला उपलब्ध साक्षात्कार है। लगभग एक दशक बाद 1976 में *पूर्वग्रह* ने रघुवीर सहाय पर केंद्रित एक अंक निकाला था। उसमें अशोक वाजपेयी और मंगलेश डबराल द्वारा की गई भेंटवार्ता रघुवीर सहाय का पहला 'लंबा' साक्षात्कार है। 1976 में ही लोठार लुत्से ने 'हँसो हँसो जल्दी हँसो' कविता को लेकर उनसे बातचीत की थी। अक्टूबर 1976 के *नया प्रतीक* में यह छपी थी। 1978 में मैंने उनसे अपनी एम. फिल. के लघु शोधप्रबंध 'रघुवीर सहाय का काव्य' के लिए लंबी भेंटवार्ता की। उसके कुछ अंश *कलावार्ता* में छपे थे। बाद में वह साक्षात्कार संपूर्ण रूप से *रघुवीर सहाय का कविकर्म* शीर्षक मेरी पुस्तक में छपा। ये भेंटवार्ताएँ रघुवीर सहाय के आरंभिक साक्षात्कारों में हैं। बाद के वर्षों में रघुवीर सहाय के दर्जनों साक्षात्कार छपे जो उनके लेखक और व्यक्ति को समझने की दृष्टि से अत्यंत महत्त्वपूर्ण हैं। साठ साल के होने पर रघुवीर सहाय से अनेक महत्त्वपूर्ण साक्षात्कार लिए गए। ये उनके जीवन के अंतिम वर्ष भी थे। उसकी छाया इन साक्षात्कारों में देखी जा सकती है। इस समय के कुछ साक्षात्कारों में वे अपने जीवन और काम का मूल्यांकन करते हुए भी दिखाई देते हैं। उनसे अंतिम साक्षात्कार उनके निधन से पाँच दिन पहले 25 दिसंबर 1990 का है। यह साक्षात्कार विनोद विप्लव ने किया था। इन भेंटवार्ताओं में रघुवीर सहाय की जीवंतता और सोचने का मौलिक दृष्टिकोण उल्लेखनीय हैं। भेंटवार्ता के दौरान पूछे गए प्रश्नों का उनके पास पहले से तैयार उत्तर नहीं होता, न ही अपने उत्तर को अंतिम मानकर वे प्रश्नकर्ता के अगले सवाल का इंतज़ार करते हैं। उत्तर देने के दौरान ही उनके सोचने की प्रक्रिया चलती है। यह उनके साक्षात्कारों में रचनात्मकता है। किसी भी प्रश्न का बना-बनाया उत्तर उनके पास नहीं है। प्रश्न सामने आने पर वे उस पर सोचना शुरू करते

हैं और उत्तर हासिल करते हैं। यह पूरी प्रक्रिया बातचीत में दिख जाती है। ये साक्षात्कार इसलिए भी रचनात्मक हैं क्योंकि उनमें रघुवीर सहाय प्रश्नकर्ता को एकतरफ़ा उत्तर देकर अकेला नहीं छोड़ते बल्कि उसे बहस में शामिल करते हैं। वे उसे निष्कर्ष तक पहुँचने में भागीदारी के लिए प्रेरित भी करते हैं।

परिशिष्ट-6 के अंतर्गत रघुवीर सहाय की एक अलग तरह की पुस्तिका 'शब्दशक्ति' दी जा रही है। इसमें मुख्यतः शब्द और उसके प्रयोग के बारे में महत्त्वपूर्ण बातें कही गई हैं। वाक्यों की आम भूलों और उसकी सही संरचना दिलचस्प तरीके से बताई गई है। एक प्रकार से यह 'व्याकरण' की पूरक पुस्तिका है लेकिन 'कहानी' से ज्यादा मनोरंजक है। अखबार में काम करते हुए सहाय जी शब्द और भाषा अशुद्धि की जिन समस्याओं से गुजरे, उसका समाधान इस पुस्तिका में है। 'शब्दशक्ति' 1983 में रीडर्स डाइजेस्ट के हिंदी संस्करण 'सर्वोत्तम' की एक संपूरक पुस्तिका के रूप में छपी थी।

रचनावली के तीसरे खंड 'यथार्थ का अर्थ' में संकलित रघुवीर सहाय के निबंधों, आलोचनात्मक लेखों, संस्मरणों और साक्षात्कारों से उनकी साहित्यिक विचारधारा का एक ठोस रूप सामने आता है। यह निश्चय ही उनकी सामाजिक राजनीतिक विचारधारा का ही विस्तार है।

सुरेश शर्मा

क्रम

लिखने का कारण

[सीढ़ियों पर धूप में की टिप्पणियाँ और
यथार्थ यथास्थिति नहीं के लेख भी समाहित]

भूमिका

किसी लेखक के लिए अपनी रचनाओं के विषय में कुछ कहने का प्रयत्न दुविधा का काम है। वह ठीक-ठीक जान नहीं सकता कि जो कुछ वह इस प्रसंग में कह रहा है वह उस रचना के विषय में है जो वह कर चुका है या उसके विषय में है जो वह करना चाहता है। वास्तव में वह दोनों के ही विषय में होता है : लेखक जब कभी अपनी रचना-प्रक्रिया के विषय में सोचता है तो अंशतः वह जो कर चुका होता है उसका विश्लेषण कर रहा होता है और अंशतः वह जो नहीं कर पाया और करना चाहता है उसकी तैयारी कर रहा होता है। इस तरह रचना-प्रक्रिया संबंधी उसके विचार उसे एकसाथ वर्तमान और भविष्य में ले जाते हैं। उसकी यह यात्रा सचमुच कितनी गतिशील है, यह इस पर निर्भर है कि उसने अपने अतीत को कितनी ईमानदारी से पहचाना है।

उसे पहचानना लेखक के विकास की आवश्यक शर्त होनी चाहिए। वह, जो पीछे मुड़कर अपने को नहीं देख सकता, सच्चे अर्थ में शायद विकास के योग्य नहीं। जिक्र उसके नैतिक विकास का ही नहीं है, माध्यम और शिल्प के विकास का भी है; निस्संदेह दोनों एक-दूसरे से जुड़े हुए हैं और समाज और इतिहास की उसकी समझ के विकास पर निर्भर हैं।

अपने रचनाकर्म की व्याख्या लेखक को करनी चाहिए या नहीं, इस विषय में लेखक के मन में संदेह फिर भी बना रहता है। माना जा सकता है कि एक हद तक यह संदेह आत्मविश्वास और निर्लिप्तता से उत्पन्न होता होगा। कोई भी स्वाभिमानी लेखक नहीं चाहेगा कि वह अपनी रचनाओं का मूल्यांकन करनेवाले पाठक और आलोचक को अपनी व्याख्याओं से प्रभावित करने में, सफल तो दूर, प्रयत्नशील ही पाया जाए और अपने को अपनी वह शक्ल देखने से वंचित कर ले जो उसने अपने माध्यम, शिल्प और सामाजिक चेतना के द्वारा दूसरों में पैदा की है। संदेह का एक अन्य कारण यह भय भी हो सकता है कि व्याख्या करते हुए वह अनजाने ही कुछ दावे कर बैठेगा जो उसकी अब तक की रचना से सिद्ध न होंगे क्योंकि हो सकता है वे दावे आगामी रचनाओं की तैयारी के लक्षण हों। दोनों ही स्वस्थ संदेह हैं क्योंकि दोनों बताते हैं कि उसे लिखने के जोखिमों की पहचान है। वह जो लिख चुका है उसे अपने से एक विशेष अर्थ में अलग कर चुका है और उसकी एक स्वयंसिद्ध सत्ता को स्वीकार कर चुका है। अब पाठक स्वतंत्र हैं कि चाहे एक रचना को उसकी अन्य कृतियों के साथ रखकर देखें (यह बेहतर है) चाहे अकेले देखें (यह ज़्यादा कठोर परीक्षा होगी) और उस रचना द्वारा जीवन का एक नया आंशिक परिचय पाएँ या न पाएँ। लेखक भी अपनी कृति को पढ़ता है पर तब वह अपने को एक बार फिर अपने से अलग करके देखने को अभिशप्त होता है जैसे वह रचते समय था : अन्य पाठकों की तरह वह भी फिर एक बार एक नए संसार का आंशिक परिचय पाता है परंतु यह अभिज्ञान उसे उस संपूर्ण की, जिसका अंश रचना में प्रेषित है, दोबारा जाँच को बाध्य किए बिना रह नहीं सकता। अपनी पिछली रचनाएँ पढ़कर लेखक अपने मूल्यगत संसार की पहचान और साथ ही अपनी रचना-प्रक्रिया की समझ न बढ़ा सके तो कहना होगा कि उसकी साधना में कहीं कोई कमी है। क्या वह ईमानदारी से और सच्चाई से अपने लेखन द्वारा (भी) एक संपूर्णतर व्यक्ति बनता रहा है या केवल भटकता रहा है या (और यह बुरी बात होगी) अपने राजनीतिक बयानों को रचना मानता रहा है और (इससे भी बुरी बात) उनमें

समय-समय पर अवसरवादी परिवर्तन करता रहा है? यह आत्मविश्वास अपने को आत्मप्रवंचना से बचाने के लिए आवश्यक है।

किंतु क्या इस आत्मनिरीक्षण को अभिव्यक्ति मिलनी चाहिए? और क्या यह अभिव्यक्ति पाठकों के लिए किसी काम की होगी? मेरे विचार से निश्चय ही मिलनी चाहिए और वह पाठकों के इस काम की तो ज़रूर होगी कि वे किसी लेखक के प्रति अपना पूर्वग्रह या मोह तोड़ और बना सकें।

दो और क्षेत्र हैं जहाँ लेखक की रचनाओं के अलावा उसके विचार भी पढ़ने योग्य हो सकते हैं। एक साहित्य के समाज और राज्य से संबंध का है और दूसरा भाषा के साहित्येतर उपयोगों का है। यह आवश्यक नहीं कि सब लेखक किसी राजनीतिक दल से अपनी प्रतिबद्धता 'घोषित' करें—यह किसी नागरिक के लिए भी आवश्यक नहीं है। परंतु राजनीति से अपना संबंध छिपाकर रखना लेखक के लिए संभव ही नहीं है। साहित्य के समाज और राज्य से संबंध का प्रश्न कोई अराजनीतिक प्रश्न नहीं है, वह समाज में मनुष्य की परिस्थिति और उसके भविष्य का निर्णय करता है। इसी तरह भाषा का साहित्येतर उपयोग भी मनुष्य के मूल अधिकारों के उपयोग का प्रश्न है : इन विषयों में किसी लेखक की कितनी और कैसी आसक्ति है, यह जानना पाठक को कम से कम अनावश्यक बोझ नहीं प्रतीत होगा।

प्रस्तुत पुस्तक में 1959 से लेकर अब तक समय-समय पर लिखे अपने लेखों का संकलन मैंने किया है। इनके विषय बहुत करके वही हैं जिनका ऊपर ज़िक्र आ चुका है : रचना-प्रक्रिया, साहित्य, भाषा और समाज। इन्हें प्रकाशित करने की इच्छा इसलिए हुई कि ये विचार भी मेरे अपने विकास में उतने ही सहायक रहे हैं जितनी मेरी स्वल्प रचनाएँ रही हैं और उसके परिचायक तो शायद ये हैं ही—कितने सच्चे या कितने पूरे परिचायक यह मैं नहीं जानता : जान सकता भी नहीं हूँ, इन्हें आपके सामने प्रस्तुत करते हुए मेरा अभीष्ट यही है कि यदि हम दोनों के बीच लेखक और पाठक का कोई रिश्ता पहले से है तो इनमें अभिव्यक्त विचारों से उसकी एक बार परख हो जाए : नहीं है तो शायद वह यहीं से बनना शुरू हो सकता है।

1 जनवरी 1978
नई दिल्ली

—रघुवीर सहाय

कविता की ज़रूरत

बार-बार ऐसा वक़्त आता है कि कवि को जीने का उद्देश्य समझ में नहीं आ रहा होता है। उसी वक़्त कविता की ज़रूरत कवि को होती है। कविता उसे जीने का उद्देश्य बता नहीं देती। वह स्वयं उद्देश्य बन जाती है।

कह सकते हैं कि वह जीवन का उद्देश्य नहीं बनती : खुद एक जीवन बन जाती है जिसका उद्देश्य वह स्वयं होती है।

"कविता खुद एक जीवन बन जाती है" के क्या माने? इस जीवन में जो भी है—रहस्य, बोध, जिज्ञासा, राग, विरक्ति, भय और साहस वह सब कविता में एक दर्जा फ़र्क हो जाता है—उसमें से ममत्व छूट जाता है। कविता नामक जीवन में मृत्यु नहीं होती : मृत्यु तो ममत्व का ही दूसरा नाम है। तब क्या उसमें अमरत्व होता है? अवश्य होता है, परंतु समझने की बात यह है कि खुद कविता अमर नहीं होती : कविता तो इस जीवन में शायद सबसे अधिक मर्त्य है। वह हुई नहीं कि मरी ··· वह न जाने कैसा कवि होगा जो अपनी कविता को लेकर लगातार जी सकता होगा।

जब मैं अपनी कविता, जो लिखी जा चुकी है, पढ़ता हूँ, तो मुझे एक नाटक के पात्र की तरह जीने का अनुभव होता है : वह कविता उस पात्र की भूमिका है और उसे मैं पढ़कर अदा कर रहा हूँ और हो सकता है कि अच्छी तरह भी कर रहा होऊँ, पर मेरे लिए वह कविता लिखी जाकर ख़त्म हो चुकी है। मैं उसका लिखा जाना दोहरा नहीं सकता।

यह अनुभव कविता लिखने के अनुभव से बिलकुल भिन्न है। कविता लिखने का (और करने से ज़्यादा मैं लिखने पर ज़ोर दे रहा हूँ) अनुभव एक नए जीवन को बनाने का अनुभव है जिसका हम सिर्फ़ आरंभ या कभी-कभी यह भी नहीं सिर्फ़ मध्य जानते हैं, अंत नहीं जानते। लिखना ही उसका अंत अर्थात् उसकी संपूर्णता खोजना है, और जितनी देर हम यह खोज कर रहे होते हैं हम कविता लिख रहे होते हैं। जब यह खोज पूरी हो जाती है, हम कहते हैं कि कविता पूरी हो गई।

यह खोज बार-बार करनी पड़ती है। वह कभी-कभी लंबे अंतराल देकर हो पाती है। कभी-कभी अंतराल इतने लंबे नहीं होते। तब उस अंतराल में क्या होता है? उसमें इस जीवन की आलोचना होती है जो कविता का जीवन नहीं है। और इस आलोचना में इस जीवन को, जो कविता का जीवन नहीं है, जीने का ढंग भी शामिल है—यानी यह कि उसे हम (कवि) दूसरों के लिए जीते हैं (और दूसरों में हम भी शामिल हैं) और अपने लिए किस तरह जीते हैं (और अपने में दूसरे भी शामिल हैं)। वास्तव में कविता लिख पाना सौ फ़ीसदी इसी ढंग पर निर्भर है : एक ढंग ऐसा भी हो सकता है जो एक नए जीवन की खोज के लिए हमें दिन-ब-दिन अयोग्य बनाता जाए। ऐसा होने पर अकसर हम इस जीवन की आलोचना को ही कविता मानने लगते हैं। जब हम ऐसा करते हैं तो दुर्भाग्यवश हमारे बीच दो प्रकार के कवियों में अंतर मिटने लगता है : एक, जो एक नए जीवन की खोज सचमुच करना चाहते हैं मगर खोजों के बीच अंतरालों में अपने को फिर से खोज करने लायक़ बनाए नहीं रख पाए हैं; और दूसरे जिनमें नए जीवन की खोज की इच्छा है ही नहीं या बहुत कम है, और जो यह खोज करते दिखाई देते रहना चाहते हैं क्योंकि इसकी ज़रूरत को ये ख़त्म नहीं करा सकते। मगर कविता लिखने की ज़रूरतें

दूसरी हैं।

इनके अलावा बहुत-से लोग होंगे जो कवि नहीं हैं, जो किसी और चीज़ की ज़रूरत महसूस करते होंगे और उसे कविता से पूरी होते देखना चाहते होंगे : यह जीवन से शुद्ध पलायन है, ऐसा तो मैं नहीं कहूँगा पर शायद यह अपने उद्देश्य को स्वयं नष्ट करने के ही बराबर है क्योंकि अगर कविता एक नया जीवनमय उसकी खोज के नहीं है बल्कि इस जीवन के उद्देश्यों की पूर्ति का साधन है तो वह एक अलग यथार्थ नहीं है और उस पर अलग से बहस नहीं हो सकती : परंतु कविता एकसाथ नए जीवन की खोज, एक नया जीवन, एक नए जीवन का उद्देश्य—और एक अपूर्ण कर्म और एक यथार्थ है : वह नहीं है तो इस जीवन के किसी कर्म की एवज़ी नहीं है और इस जीवन के गुण-दोष की समीक्षा नहीं है।

भाषा जैसे सार्वजनीन माध्यम का प्रयोग करनेवाले कवि को इस प्रतिमान का निर्वाह कठिन होता है पर वह आलोचना का एक अलग विषय है। उस पर बहस के आधार ये हो सकते हैं : (1) भाषा किस हद तक कवि को अपाहिज करती है और (2) कवि किस हद तक भाषा में उसका एक जादू नष्ट करके, चाहे वह स्वयं उसी ने रचा हो, उसे कितनी देर तक जादूहीन बनाए रख सकता है। कविता अगर इस जीवन के जादू से मुक्ति है, जो कि वह है, तो कविता की भाषा से लड़ाई अनंत ही होगी।

[*पूर्वग्रह*, 1975]

भीड़ में रचना

हम सब लोग एक भीड़ से गुज़र रहे हैं। जो सवेरे घर से निकलकर दफ़्तर और वापस घर जाकर अपना दिन सार्थक करते हैं, उन्हें भीड़ से सिर्फ़ बस में साक्षात्कार होता है, जो मोटर में चलते हैं उनके लिए भीड़ एक अवरोध है जिसे वह लोग सशक्त और फुर्तीली सवारी गाड़ी से पार कर जाते हैं। जो पैदल चलते हैं वह खुद भीड़ हैं लेकिन ये तीनों वास्तव में न तो भीड़ से कुछ समय के लिए निपटकर बाक़ी समय मुक्त हैं, न अलग-अलग रास्तों के कारण भीड़ के अंदर कम या ज़्यादा फँसे हुए हैं। ये सब बिलकुल एक ही तरह से और हर समय और पूरी तौर पर भीड़ में फँस चुके हैं। सिर्फ़ इतना है कि ये जानते नहीं, और यह तो बिलकुल नहीं जानते कि जिसके पास सत्ता है, वह राज्य की हो या संगठित उद्योग की, वह भीड़ का इस्तेमाल भीड़ में फँसे प्रत्येक व्यक्ति के विरुद्ध करता है। जान भी लें तो सिर्फ़ इतना जानते हैं कि हम इस संसार के नहीं रह गए हैं और हमारे चारों तरफ़ जीवन नहीं बल्कि भीड़ तो अपनी शक्ल भीड़ के पर्दे पर नहीं देख सकते। अगर किसी को यह शक्ल दिखाई देने लगे तो उसे मालूम होता है कि अब वह जिस भीड़ को पहचानता है वह अभी तक उसके विरुद्ध इस्तेमाल की जाती रही है। अपनी शक्ल का यह परिचय कवि के लिए जो एक भीड़ से अन्य सामान्य जनों की अपेक्षा अधिक गहरा भाषाई संबंध रखता है, एक मुक्त कर देनेवाला अनुभव बन जाता है। उसका विपर्यय भी सही है कि जब तक उसे अपनी शक्ल नहीं दिखाई देती वह फँसा रहता है।

व्यक्ति के विरुद्ध भीड़ का इस्तेमाल अव्यावसायिक भी है, राजनैतिक भी। दोनों क्षेत्रों में सत्य भीड़ के साथ उसी संबंध को माना जाता है जो सत्य को बिगाड़ता हो। पर कवि का सत्य इससे बहुत भिन्न होना चाहिए। राजनैतिक व्यक्ति सत्य को जानते हुए भी उसे तब तक नहीं कहता जब तक कि उससे सहमत होने के लिए भीड़ जमा न हो जाए। और भी घटिया राजनैतिक तो और भी इंतज़ार करता है—तब तक, जब तक कि भीड़ स्वयं वही सत्य न कहने लगे। इस प्रक्रिया में न केवल समय का व्यवधान बल्कि संदर्भ का अंतर भी हो जाता है और इस प्रकार वह सत्य वही नहीं रह जाता जिसे शुरू में राजनीतिक

ने जाना था, किन्तु भीड़ यदि इसका अनुमोदन कर रही हो तो वह भी राजनीतिक को स्वीकार होता है। अनुमोदन उसके लिए प्रेय है, सत्य नहीं और अनुमोदन किसी भी सत्य का हो उसका बल ही सत्य का बल बताकर इस्तेमाल करना राजनीतिक की स्वाभाविक कमज़ोरी है।

पर कवि सत्य को जिस संदर्भ में देखता है उसी संदर्भ में उसे न कहे तो फिर वह कहने योग्य नहीं रह जाता। सत्य की इस अभिव्यक्ति के लिए कवि को भीड़ नहीं चाहिए, बल्कि उस क्षण में उसे भीड़ से गहरी और सच्ची घृणा का अधिकार होना चाहिए। सच्ची का अर्थ है सद्भावना से युक्त, क्योंकि जिस घृणा में यह सद्भावना नहीं है वह वास्तव में भीड़ के प्रति नहीं अपने प्रति घृणा है। उसके रहते अपनी शक्ल भीड़ में देखना असंभव है।

यह सद्घृणा (या सच्ची) जिसका उल्लेख *आत्महत्या के विरुद्ध* में कहीं-कहीं मिलेगा, एक ओर मनुष्य के प्रति कवि के समर्पण का पर्याय है और दूसरी ओर उसकी अपनी स्वाधीनता का पर्याय भी। जब मुझे मालूम होता है कि मनुष्य के प्रति मेरे समर्पण का नाम लेकर कोई राजनैतिक व्यक्ति या दल भीड़ के उस इस्तेमाल में मुझे अपना साझीदार बना लेना चाहता है जो अंततः मनुष्य के, व्यक्ति के और मेरे विरुद्ध होगा, तो मैं सबसे पहले अपनी स्वाधीनता की चिन्ता करने लग जाता हूँ।

अपनी ज़िम्मेदारी पर अपने को रच पाने योग्य बनाए रखना मेरे लिए इस संसार में सबसे महत्त्वपूर्ण चीज़ है। कह नहीं सकता कि किस समय किसी आततायी के सामने अपने बच्चे की जान की या आमदनी में एक छोटी-सी रक़म की वृद्धि की एवज़ में मैं इस महत्त्वपूर्ण चीज़ को गिरवी रख बैठूँ या गँवा ही दूँ। किन्तु जब तक यह जानता हूँ कि मुझे ऐसा नहीं करना है तब तक हर क़ीमत पर अपने लिए यह स्वाधीनता ख़रीदने को मुझे तैयार रहना चाहिए। सिर्फ़ एक क़ीमत है जो मैं कभी चुकाने को तैयार नहीं होऊँगा। वह यह कि भीड़ के अनुमोदन को ही मैं राजनीतिक की तरह अभीष्ट मानने लगूँ—दूसरे शब्दों में यह कि भीड़ में अपना प्रतिबिंब देखने की कोशिश छोड़कर भीड़ को ही देखने लगूँ। अच्छी राजनीति से मेरा कोई विरोध नहीं है। वह राजनीति जो सत्य के कहने को भीड़ जमा करने में दस साल की देर न लगाती हो, अच्छी है, और उससे भी अच्छी है वह राजनीति जो दस साल बाद आनेवाले सत्य को आज कहती हो। वह अच्छी राजनीति भी भीड़ का इस्तेमाल मेरे ख़िलाफ़ करना चाहे (और कभी करना चाह भी सकती है क्योंकि आख़िरकार वह राजनीति है) तो मैं उससे लड़ने को भी अपने कविकर्म के प्रतिकूल नहीं समझूँगा। इसी तरह उसका साथ देकर समाज को बदलने की लड़ाई में शामिल होना भी मेरे कविकर्म के प्रतिकूल नहीं होगा। परंतु यह तय है कि हम दोनों में एक आंतरिक लड़ाई बनी रहेगी क्योंकि हम दोनों स्वभावतः दो भिन्न माध्यमों में एक ही काम कर रहे होंगे। राजनीति के माध्यम से जो भीड़ होगी उसमें राजनीतिक के या तो आगे-आगे या पीछे-पीछे चलने की मुझसे अपेक्षा की जाएगी, जबकि मेरे भाषा के माध्यम में जो भीड़ होगी वह मैं ही होऊँगा—न मैं किसी को अपने आगे चलने दूँगा और न किसी को पीछे चलने पर मजबूर करूँगा।

आत्मनिरीक्षण

एक ऐसे व्यक्ति के लिए जो बिलकुल अपनी ज़रूरत से अपने को अभिव्यक्त करने का एक सिलसिला अपनी ज़िन्दगी के लिए ज़रूरी मानता हो, बार-बार ऐसे मौक़े आते हैं जब वह अपने को बदलते हुए देखता होता है। सवाल यह है कि उस वक़्त वह अपने को जैसा बनाना चाहता है वैसा बनाने की कोशिश करता है या सिर्फ़ हालात पर अपने को छोड़ देता है।

हमारे देशकाल में काम करनेवाले कृतिकार के लिए आज के वक़्त के व्यापक संकट के भीतर एक अंश में कृतित्व का संकट भी मौजूद है। और मैं कहना चाहता हूँ कि हम लोग इस संकट को

आज के व्यापक संकट में शामिल नहीं देख रहे हैं, यानी, अगर व्यापक संकट को देख रहे हैं तो।

सवाल यह है कि कृतिकार अपने को क्या बनाना चाहता है? क्या वह जहाँ चाहे वहाँ ठहरकर पहचान सकता है कि अपनी अभी तक की ज़िंदगी के एक-एक काम का उसकी कृति-शक्ति पर क्या असर पड़ा है? क्या वह देख पाता है कि वह खुद कैसा इनसान है और उसकी जो परछाईं बाहर पड़ती है वह किस इनसान की है?—या अपनी जो शक्ल उसने समाज में खोजकर पहचानी है वह किस हद तक वैसी ही है जैसा उसका आदर्श है? लेकिन अगर कोई आदर्श की ज़रूरत ही न मानता हो तो यह प्रश्नावली आगे बढ़ाना फ़िज़ूल है।

आम तौर से इस किस्म के आत्मनिरीक्षण को 'नैतिक' विशेषण दे दिया जाता है। मैं कहूँगा कि यह सही है मगर कृतिकार के लिए सिर्फ़ इतना ही मायने नहीं रखता। यह निरीक्षण तो उसके मूल कृति-धर्म का तक़ाज़ा है। क्योंकि जब कृतिकार जानता नहीं रहता कि उसने अभी क्या रचा था तो वह क्रमशः कम रचनात्मक होता जाता है, और अगर यह परिवर्तन उसे तकलीफ़ नहीं देता तो उसका इनसान बनना तो बंद नहीं होता। हाँ, अपने माध्यम से उसकी अभिव्यक्ति की ज़रूरत ख़त्म हो जाती है। इसलिए कृतिकार के मूल्यों की पहचान नैतिक प्रतिमानों से भले ही हो सकती हो, उसकी रचनात्मक शक्ति का निरीक्षण खुद वही कर सकता है : उसको यह देखना है कि वह अपने और अपने साज़ो-सामान के एक-दूसरे पर हावी होते रहने की कशमकश चला पा रहा है कि नहीं : यदि नहीं तो उसके यहाँ क्या कमी है? और वह कमी कहाँ से पूरी होगी?

यह आख़िरी सवाल हमें इस दौर के सबसे पेचीदा सवाल के दरवाज़े पर ला खड़ा करता है। हम इनसान से कहाँ पर टकरा रहे हैं—कितने ज़ोरों से, किस इनसान से। मेरे लिए वह मैदान जहाँ से मैं अनुभव लेता हूँ दिन-ब-दिन छोटा होता जा रहा है। यह सही है कि एक शहर में लगातार रहकर भी इनसान का ज़ायका लेते रहा जा सकता है मगर बस इतना ही सही है। हम मानें या न मानें, एक जगह से, एक सभा से, एक घुटन या मुक्ति से दूसरी में जाना एक ही जाति के दायरे में रहकर संभव नहीं है। हिंदी का एक ठस, घरघुस शक्तिधर वर्ग दूर पर जो घेरा डाले कृतिकार को हर समय ताड़ता रहता है उसको फलाँगकर किसी और भाषा में, किसी और विधा में, किसी और देश में, किसी और इतिहास में—कहीं भी किसी और घेरे में जाना ही पड़ेगा। अंत में उसे भी—और अपेक्षया और भी जल्दी—तोड़ने के लिए।

परंपरा

रचना में परंपरा का सर्जनात्मक उपयोग हुआ है या नहीं इसकी परख कठिन है। माना कि कवि स्वयं जानता है कि उसने क्या किया है। आलोचक उसे पूर्वापर काव्य से मिलाकर जाँच सकता है। परंतु एक समय ऐसा भी आ जाए तो कैसा रहे : जब कवि और आलोचक दोनों अपनी-अपनी जगह आश्वस्त हों परंतु साहित्य निर्जीव होता जा रहा हो। ऐसा समय आता है।

उस समय कौन-सी कसौटी दिखाती है कि परंपरा का सर्जनात्मक उपयोग हो या नहीं हो रहा है—सामाजिक उपादेयता? नहीं। राष्ट्रीय चेतना? नहीं। बल्कि यह कि किसी आवर्त में मनुष्य की दशा क्या है और उसमें जो तोड़ने योग्य है उसे तोड़ा जा रहा है कि नहीं।

मैं बनाने पर ज़ोर नहीं देता। साहित्य, यदि, जो बनाए रखने योग्य है, उसे बनाए रख सके तो बहुत है। जो गलीज़ है, उसे सजाकर बनाए रखना भी साहित्य में बहुत चलता है। और यह धोखा सबसे अधिक कुत्सित तब होता है जब इसका कर्ता समाज-निर्माण को एक असाहित्यिक काम क़रार दे रहा हो, या साहित्य से समाज-निर्माण नहीं होता, यह नकार बार-बार दोहरा रहा हो। तब तुरंत देखना चाहिए

कि ऐसे घटक के अपने साहित्य में है क्या। क्या वह ऐसे मानवीय तत्त्वों को मरने से बचाकर जिला रहा है जो जीकर राक्षस बन जाएँ?

उस कवि को लें—एक काल्पनिक व्यक्ति को—जो अपने पहले की समस्त परंपरा का अध्ययन नहीं कर सका है। क्या उसके लिए संभव है कि वह जीवन्त काव्य की रचना करे और अपने परंपरा-अपरिचय से क्लान्त न रह जाए? है। तब फिर क्या चीज़ है जो उसे यह अवसर देती है कि वह कहीं से भी शुरू करे और परंपरा की एक धारा वहीं से फूट निकले। वह चीज़ है काव्य से बाहर अस्वीकार की परंपरा का, मनुष्य की दशा की समझ की परंपरा का आधार।

वह तादात्म्य खोजता है, जानते हुए कि वह भीड़ से नहीं भविष्य से तादाम्य खोज रहा है और यदि वह मनुष्य के प्रति ईमानदार है तो उसे एक बिलकुल नया मनुष्य हर बार मिलता है। जिसको नहीं मिलता वह कितने भी मोटे महाकाव्य लिखे और अपनी सामाजिक या राजनैतिक हैसियत के बल पर कितना भी साहित्यिक सम्मान प्राप्त करे उसके काव्य की आयु अधिक से अधिक उसकी अपनी पीढ़ी-भर की हो सकती है।

नया समाज बनाना चाहिए, यह मैं जानता हूँ। पर यह दंभ मैं नहीं कर सकता कि मेरी हर रचना नया समाज बनाती है। यह आत्मविश्वास मैं दिखा सकता हूँ कि मेरी हर रचना जिसे मैं प्रकाशित करता हूँ नए मनुष्य को या मनुष्य से नए संबंध को खोजती है, पाती है या पाती नहीं, यह भी नहीं कह सकता। पर इतना कह दूँ कि जिस रचना पर संदेह हो चलता है कि पाती है, उसी को प्रकाशित करता हूँ, बाकी को फाड़कर फेंक देता हूँ। बहुत-से कवि बाकी को भी प्रकाशित करते हैं और बहुत-से आलोचक उसमें से शब्दों और प्रतीकों के सहारे, या इससे भी घटकर उसमें व्यक्त विचार के सहारे, परंपरा से संबंध खोजते और पाते भी हैं—और उसकी घोषणा करके अपना धंधा जारी रखते हैं। क्या किया जा सकता है।

परंपरा का बोझ बढ़ता जाता है। कितना अनुभव लेकर सृष्टि के आरंभ से अब तक हमारे पुरखे हम पर लादते आए हैं—उस सबका हमारे सर्जक व्यक्तित्व पर दबाव रहता है। यह दबाव किसी काम का नहीं। मेरा मतलब सर्जक के लिए किसी काम का नहीं। उसी सर्जक में निहित अध्येता के लिए हो सकता है। इस दबाव से तो मुक्ति ही चाहिए सृष्टि के लिए। अद्‌भुत और निर्मम सत्य है कि यह मुक्ति उसे भी चाहिए जिस पर परंपरा के अज्ञान का ही बोझ है, ज्ञान का नहीं। वह अपने आज के मनुष्य को प्यार या नफ़रत करके एकाएक यह मुक्ति पा लेता है—आसानी से—दूसरा, हो सकता है कि, अपने ज्ञान को उसमें बाधक पाए। इस तरह परंपरा का ज्ञान हो या न हो, उससे मुक्ति ही उसका सर्जनात्मक उपयोग है और यह दोनों अवस्थाओं में संभव है : जिससे मैं यह सिद्ध करता हूँ कि परंपरा का अध्ययन उसके सर्जनात्मक उपयोग के लिए अनिवार्य नहीं है।

यह एक अजब घटना है। इसे समझाना मुश्किल है। विशेषतया इसलिए कि परंपरा के विषय पर जिन्होंने अब तक लिखा और समझाया है वे कई कवियों की पंक्ति को तो परंपरा मानते हैं परंतु एक कवि के कृतित्व के आवर्त को परंपरा मानने को तैयार नहीं रहे हैं : उनके लिए परंपरा के अध्ययन के माने हैं, एक धारा के निर्वाह का इतिहास : मेरे लिए उसका अर्थ है मेरी धारा की प्रगति की कहानी।

कोई कह सकता है : तुमने मानवीय दृष्टि की उस परंपरा का निर्वाह किया है जो अमुक-अमुक कवि की थी। किया होगा। या तुमने शहरी बोली की भाषा में कविता की वह परंपरा निबाही है जो अमुक ने आरंभ की थी। निबाही होगी। यकीन कीजिए मुझे ज़रा भी शक्ति यह जानकर नहीं मिलती कि मैंने अपने को कहाँ जोड़ा है। मैं तो सब जगह से जुड़ा हूँ ही—कुछ का जोड़ जानता हूँ; कुछ का नहीं जानता। मेरा सर्जनात्मक सुख तो यह जानने में है कि मैंने अपने को कहाँ से तोड़कर अपने लिए एक नई बस्ती बसाई है, और यदि यह भी कमोबेश देख सकूँ कि वह नई सृष्टि मेरी पुरानी बस्ती को उजाड़कर बनी है तो क्या कहने।

समकालीन क्या है

शास्त्रीय विवेचन का अधिकारी मैं नहीं हूँ। कविकर्म के निर्वाह में जितनी छानबीन आवश्यक है उतने तक ही मेरी पहुँच हो तो हो परंतु यहाँ समकालीन और आधुनिक ये दो शब्द व्याख्या का तक़ाज़ा करते हैं और मुझे अनधिकार इनकी व्याख्या करनी पड़ रही है। इसलिए यदि व्याख्या कवि-स्वभाव के अनुरूप अशास्त्रीय हो तो उदार दृष्टि से देखेंगे।

समकालीन क्या है? शायद संयोजक का अभिप्राय आज की या बीस-पच्चीस वर्ष पहले से लेकर आज तक की कविता से है। ऐसा हो तो एक बात है। पर समकालीन से अभिप्राय उससे हो जिसमें समकालीनता के तत्त्व हों तो मेरे लिए बात बिलकुल दूसरी हो जाती है। फिर यह देखना होगा कि समकालीन कविता में समकालीनता के तत्त्व हैं या नहीं।

मेरी दृष्टि में समकालीनता मानव-भविष्य के प्रति पक्षधरता का दूसरा नाम है। भविष्य के प्रति, नियति के प्रति नहीं। जिस किसी परिवेश में कवि का अनुभव उससे काव्य सृष्टि कराता है उसमें वर्तमान मानव-परिस्थिति को ज्यों का त्यों स्वीकार कर लेना और उससे अपने को बाहर रखकर उसका समर्थक वर्णन या आलेखन कर देना भी कविता हो सकती है। किन्तु यह स्रष्टा का काम नहीं है। वह अच्छी पद-रचना हो सकती है, काव्य-रचना, मेरी दृष्टि में, नहीं। वर्तमान में मानव-परिस्थिति को मानव-नियति मान लेना, या तो अनजाने या जानबूझकर मानव-भविष्य की अनंत संभावनाओं को अस्वीकार करना और मानव-भविष्य को अवरुद्ध कर देनेवाले मूल्यों और विचारों का पक्षधर होना है। ऐसे मन से निःसृत हो तो अत्यंत शक्तिशाली व्यक्ति का उद्‌गार भी इतिहास बनाने की प्रक्रिया में शामिल नहीं होता। शायद ऐसा मन मानता है कि इतिहास अपने-आप बनता है। उसे मोड़ने का काम मनुष्य का नहीं है—या है तो वृथा है। मेरे लेखे ऐसे मन की विडंबना यह है कि वह इतिहास को मनुष्य के हाथों एक विशेष दिशा में मोड़े जाते देखता है और उसमें प्रच्छन्न योग यह कहकर देता है कि इतिहास अपने-आपमें बन-बिगड़ रहा है—और मानव-नियति तो बनी-बनाई है ही फिर चाहे वह नियति कल्याणकारी हो या मनुष्य-विरोधी। मनुष्य की प्रतिभा और सामर्थ्य की अनंत संभावनाओं का द्वार अपने अनुभव के लिए खुला रखकर सप्रयत्न उसके वर्तमान को बदलने में जो संलग्न होता है वही समकालीनता का धर्म-निर्वाह करता है। मानव-मात्र की एकता का अर्थ प्रथमतया मानव-समता ही हो सकता है और मानव-समता मूलतः राजनैतिक अधिकारों की समता होती है। मेरे निकट मानव-भविष्य में एक ऐसे जीवन की कल्पना निहित है जिसे आज की भाषा में समाजवादी कहते हैं।

यदि मैं समकालीनता को इतिहास बनाने की प्रक्रिया से लगाव मानता हूँ तो यह भी जानता हूँ कि कविता में उसकी पहचान के रास्ते में अनेक जोखिम मैं उठा रहा हूँ। यह तो स्पष्ट ही कर दूँ कि जो जीवन की अन्य अभिव्यक्तियों में समकालीनता है, कविता में समकालीनता भी वही है। हाँ, उसकी पहचान भिन्न अवश्य है। क्योंकि कविता में अभिव्यक्ति का माध्यम भाषा है और यह भी कि उसमें अन्य क्षेत्रों की तरह अनुभव और अभिव्यक्ति के बीच कोई अनुभवेतर कारण नहीं आते, या नहीं आने चाहिए। तुलना राजनैतिक कर्म से करें। एक परिवर्तनकारी प्रयत्न जनशक्ति के संकलन के अर्थात् राजनीति के माध्यम से भी होता है और उसमें सत्य के प्रकाश का जनमत के निर्माण से ऐसा परम्परावलंबित संबंध होता है कि अवश्य ही सत्य की कुछ न कुछ क्षति होती है। यह अनुभवेतर कारण से हुई क्षति है। काव्य-रचना में भाषा-माध्यम भी अपनी अपूर्णता के कारण सत्य की क्षति करता है पर वह अनुभवेतर क्षति नहीं है। इसलिए कविता में समकालीनता की पहचान वही नहीं हो सकती जो उदाहरण के लिए राजनीति में हो सकती है। सही पहचान के लिए हमें कवि की भाषा और उसके भावबोध के परस्पर संबंध को जाँचना चाहिए।

[पुणे विश्वविद्यालय, मार्च 1969]

बोलने और सुनने की कविता

कविता के संसार में कोई बड़ा परिवर्तन समाज के संसार में उतने ही बड़े परिवर्तन के प्रयत्न के बिना संभव नहीं है। कविता का संसार हवा में नहीं जी सकता। जिन्होंने जनवादी होने का प्रण किया है और जिन्होंने कविता को मध्यमवर्ग की सामाजिक चेतना के दायरे के भीतर अपने में संपूर्ण माना है, दोनों ही अकसर अपने सीमित संसारों से संतुष्ट दिखाई देते हैं और अपनी कविता के कमज़ोर होते जाने के व्यूह में फँस जाते हैं। तब एक उसे जनवादी नीतियों के समर्थन में लिखी कविता कहकर उछालने की कोशिश करने लगता है, दूसरा कलाकार की आज़ादी की रक्षा में संलग्न होने का दावा करता है। दोनों की ये दोनों चिन्ताएँ, जो कि दोनों ही प्राथमिक चिन्ताएँ हैं, आत्यंतिक बन जाती हैं। कितनी अद्‌भुत बात है कि यद्यपि तब दोनों ही इन्हीं चिन्ताओं में डूब जाते हैं, दोनों की कविता सतही हो जाती है।

समाज में बड़े परिवर्तन के प्रयत्न की न कोई एक पद्धति है, न कोई एक कार्यक्रम। सिद्धांत मगर एक ही है। और वह सिद्धांत इहलौकिक ही हो सकता है। सृष्टि के उपयोग के साधनों और संगठनों में शक्ति और अधिकार की समता ही वह सिद्धांत है। मानव-चरित्र की तथाकथित आंतरिक विशेषताओं को समाज-संगठन का आधार मानना किसी न किसी रूप में असमता, अन्याय, शोषण और अत्याचार के लिए कोई वैधता प्राप्त करने का षड्यंत्र बन जाता है। इसके विरुद्ध कलाकार सचेत न रहे और अपनी रचना में अपनी आज़ादी का उपयोग करता रहे तो अनेक विचित्र नतीजे निकलते हैं। कभी ऐसे कवियों को यथार्थपरक होने का सुख प्राप्त होता है जबकि वे यथास्थिति का, जो कि अन्याय की है, समर्थन कर रहे होते हैं। कभी उन्हें कुछ बदलने की तीव्र इच्छा से जिसे या जो पाएँ उसे या उसी को होने देते पाया जाता है जो कि एक बार फिर यथास्थिति का पोषण है। कभी उन्हें अपने ही आवेग से अपने माध्यम को इतना ठूँसते हुए देखा जा सकता है कि उसकी शिल्पमूलक शक्ति उनके कथ्यमूलक आग्रह के नीचे पिद्‌धल हो जाए और वे अपनी शैली को ढोते हुए दिखाई दें जबकि उसे टोहने से अधिक कुछ करना उचित नहीं :

> मलबे के नीचे एक हाथ बढ़ा उसे
> टोता हूँ—ढ नहीं ट।

जिस कारण यह स्थिति और भी असुंदर हो जाती है वह यह है कि कवि इसे आसानी से पहचान नहीं पाता क्योंकि वह अपनी कविता के शब्द ठीक से सुनता नहीं। छापे के प्रचार ने ही शब्द का सुनाई पड़ना कम कर दिया है ऐसा नहीं। शब्द के प्रचार के छापे से भी ज़्यादा सशक्त माध्यम भी आवाज़ को पनीला बना रहे हैं। यह कि कवि आवाज़ को जितना सर्वसुगम बनाता है उतनी ही वह पनीली हो जाती है, एक भ्रान्ति है जिसे शब्द-सार के विराट् माध्यमों ने धीरे-धीरे कवि के दिमाग़ पर लाद दिया है। यह बिलकुल ज़रूरी नहीं कि जो सर्वसुगम हो वह सस्ता हो और जो दुरूह हो वह गंभीर हो। असल कसौटी तो यह है कि जो गंभीर है वह सर्वसुगम है या नहीं जबकि शब्द-प्रसार माध्यमों के अत्याचार से घबराकर कोरे छापे में शरण लेनेवाला कवि अकसर अपने को यह समझाने लगता है कि जो गंभीर है उसे दुरूह होना अनिवार्य है और अंततः इस जाल में फँस जाता है कि जो सस्ता है वह दुरूह हो जाए तो वह उसके योग्य है। एक और कसौटी है जिसे साथ रखना कुल मामले का फ़ैसला करा सकता है : क्या जो आज और यहाँ दुरूह और गंभीर है वह आज ही, कल भी वहाँ और वहाँ और वहाँ सुगम और गंभीर हो सकता है? इसकी जाँच के लिए पहले तो कविता को वहाँ और वहाँ और वहाँ पहुँचना होगा।

पहुँचाने के साधनों में छापे का अत्याचार तोड़ने के लिए कवियों ने अकसर कम लागत से कम व्यापक प्रकाशनों का सहारा लिया है। वह प्रयोग बहुत हद तक उपयोगी रहा। उसने कविता के पाठकों

को जिलाए रखा भले ही उसने कविता के लेखकों को अपनी कविता की खुद जाँच करने के वर्तमान साधनों से भी कमोबेश वंचित किया हो। पाठक कविता सुनकर क्या कहता है यह जानने की इच्छा ही धीरे-धीरे मर चली। आधुनिक लेखक के लिए ऐसी ही एकतरफ़ा ज़िन्दगी ज़रूरी है, यह मिथ्या धारणा 'आधुनिकता बड़ी है या समसामयिकता' इस बहस के शोर के बीच एक सुविधाजनक कवच के रूप में किसी समय आधुनिक कवि ने पहन ली।

बड़े परिवर्तनों के और तमाम तरीक़ों और कार्यक्रमों का विवेचन यहाँ अभीष्ट नहीं। पर यह मिथ्या धारणा उतारकर रख देना उनमें से एक कार्य है, ऐसा किसी क़दर विश्वास से कहा जा सकता है। कविता छापी और बाँटी या बेची जाती रहे, पर बोली और सुनी भी जाए, यह आज के गतिरोध को तोड़ने का इस अर्थ में पहला कार्यक्रम हो सकता है कि यह कवि कभी भी शुरू कर सकता है। और कविता बोली और सुनी जाए तो उसका अर्थ बिगड़ जाएगा, यह भय छोड़कर शुरू करे तो और भी अच्छा : शास्त्रीय आलोचक कविता का अर्थ जितना बिगाड़ते हैं उससे ज़्यादा श्रोता के हाथ में नहीं बिगड़ सकता। आज हमें निश्चय ही चाहिए कविता बोलकर सुनाने का एक आंदोलन—अपनी एकतरफ़ा ज़िन्दगी के भी विरुद्ध और व्यापक प्रसार-साधनों के भी विरुद्ध।

[*प्रतिपक्ष में प्रकाशित*]

प्रयोगवाद और नई कवितावाद

लगभग पन्द्रह वर्ष से हिंदी में जो कविता प्रयोगवाद के नाम से प्रचलित है वह नई कविता की पूर्वपीठिका है। छायावाद की धारा के बाद आनेवाली यह धारा वास्तव में कई अंतर्धाराओं का समूह है और इसका नाम प्रयोगवाद मुख्यतः इसलिए दिया जाता है कि इसमें अधिकांश कविताएँ नई कविता खोजने के प्रयोग हैं।

प्रयोगवाद के बारे में सबसे पहली जिज्ञासा तो यही उठती है कि यह कोई वाद है भी? क्योंकि छायावाद के लिए तो कहा जा सकता है कि वह मानव-वेदना और प्रकृति के संबंध का वाद है, और प्रगतिवाद के लिए कहा जा सकता है कि वह द्वंद्वात्मक भौतिकता के सिद्धान्त को समाज पर लागू करने का वाद है : लेकिन प्रयोगवाद के लिए यही कहा जा सकता है कि वह प्रयोग का वाद है, और इसका तो कोई अर्थ न हुआ क्योंकि प्रयोग तो इन सभी वादों में हुए होंगे, हाँ, यह कहें कि प्रयोग ही करने का वाद है तो दूसरी बात है, पर वह है ग़लत। प्रयोग के लिए ही प्रयोग किया भी जाता है पर वह अलग-अलग कवियों की अपनी-अपनी निजी आवश्यकता के लिए किया जाता है। कवि जब किसी कविता की रचना करते हुए देखता है कि जो प्रचलित ढंग कहने का है उससे काम नहीं चल रहा है, साथ ही उसे कोई दूसरा ढंग भी दिखाई दे रहा है तो वह उस ढंग को परखेगा, देखेगा, अगर उसमें कुछ कह पाया तो अच्छा, नहीं कह पाया तो दूसरा कोई ढंग सोचेगा, मगर कभी-कभी ऐसा भी होगा कि कह तो वह कुछ न पाएगा मगर ढंग से कह ले जाएगा, यानी काव्य का रूप यह हो जाएगा कि वह एक नया ढंग है। वह कविता अगर कुछ कहती है तो ज़्यादा लोगों की समझ में आएगी क्योंकि वे कविता के शब्दों का अर्थ भी समझते होंगे : अगर कुछ कहती न होगी बल्कि कुछ लगती-सी होगी, यानी केवल नया ढंग होगी तो कम लोगों की समझ में आएगी। यह भी समझ लीजिए कि कविता में ढंग भी अपनी एक अलग हैसियत रखता है। जैसे मान लीजिए छंद है, उसको किसी वाद्य पर बजाइए, अर्थात् शब्द न बोलिए तो भी उसमें कुछ रस होगा ... इसी तरह छंद को नई योजना देकर लिखी गई कविता में नई योजना का एक सौंदर्य हो सकता है जिसमें शब्दों से कुछ न लेना-देना हो। पर वैसा सौंदर्य

सब नहीं समझ सकते : केवल वही समझ सकते हैं जो इन प्रयोगों को बहुत समय से देखते चले आए हैं ... ठीक वैसे ही जैसे छंद भी वही समझ सकता है जिसने बचपन से छंद सुना हो।

इस तरह, देखनेवाली बात यह है कि यह नई योजना बनाने का, उसमें कभी कुछ कहने और कभी केवल नई योजना करने का सिलसिला बहुत समय से चलता आ रहा है। अंतर केवल यह है कि 'निराला', 'पंत' के समय में केवल रूप अथवा ढंग वाली कविता कवि अपने निजी प्रयोग के रूप में लिखता था और उसके प्रकाशन की कोई गुंजाइश ही न पैदा होती थी, और आज अनेक सामाजिक और भौतिक कारणों से प्रकाशन तब से अधिक सुगम है, कवि पर बंधन कम है, वह जो लिखता है प्रकाशित करता है, न तो उसे साधनों की कमी है, न उसमें पहले के कवियों-सी आत्मलोचन-शक्ति है।

ऐसे भी कवि हैं, और धीरे-धीरे प्रकट होंगे, कि जिनमें यह शक्ति पहले से अधिक होगी, पर संख्या को देखें तो यही मालूम होता है कि अनेक में नहीं है और उनकी कविताओं के प्रकाशित होने का कारण वे स्वयं अर्थात् उनकी अपनी आलोचना-दृष्टि की क्षीणता है। पिछले आठ-दस वर्षों में बहुत-सी रचनाएँ आ जाना इन रचनाओं को प्रयोगवाद का नाम देने का एक बहुत बड़ा कारण है।

पर इसके बावजूद यह तथ्य बाक़ी रह जाता है कि छायावाद के बाद लगभग 1943 से जो कविता लिखी गई उसे कहीं प्रगतिवाद और कहीं प्रयोगवाद कहने के और भी कारण थे, केवल यही नहीं कि प्रयोग बहुत हो रहे थे और प्रयोग की रचनाएँ सब प्रयोगवाद थीं।

छायावाद, सामाजिक असंतोष को व्यक्ति की वेदना में बदलने तथा उस वेदना को प्रकृति की शक्तियों से सम्पृक्त कर देने की एक क्रिया था। कवि को समकालीन परिस्थिति से असंतोष अवश्य था पर वह उसे दूसरे किसी व्यक्ति के सामने मुँह करके स्वीकार नहीं कर सकता था, उसे अपने सौंदर्यबोध को एक बहुत विराट् रूप दे देने से ही मुक्ति मिल जाती थी, पर शीघ्र ही सामाजिक इतिहास ने, देश में, विदेश में, सभी जगह मनुष्य के बढ़ते हुए आत्मसम्मान ने अधिक वास्तविक समस्याओं की ओर कवि का ध्यान खींचा और सामाजिक चेतना रखनेवाले कवियों को छायावादी साहित्य से पहली बार असंतोष हुआ।

इतना ही काफ़ी नहीं था। असंतोष जिससे है उसे हटाकर उसके स्थान पर क्या लाएँ, यह भी प्रश्न था : गाँधी ने एक सामाजिक चेतना दी थी, साहित्य में बहुत-से प्रयत्न उस चेतना से सम्पृक्त व्यक्तियों ने किए कि उन्हें मानव की वेदना को, मानव के यथार्थ को आत्मसात् करने में सफलता मिले, मगर वह एक सीमा तक जाकर आगे नहीं जा पाए। कुछ और लोगों ने मार्क्स की सामाजिक चेतना से सहायता ली और वे भी एक सीमा तक जाकर रह गए। ये सब प्रयत्न काव्य में नए-नए प्रयोग लाए, पर मूल प्रश्न का उत्तर सामाजिक सिद्धान्तों का प्रतिपादन करनेवाले कवियों में से कोई न दे पाया। मूल प्रश्न क्या था? यही कि जिस मानवीय जीवन के सुख-दुख को, समस्याओं को, यातनाओं और विवशताओं या सफलताओं और महानताओं को हम जानते हैं, उसे व्यापक मानव के संबंध में, बिना किसी विशेषण के मानव के संदर्भ में, कैसे जानें और ऐसे जानें कि वह जानना कलाकृति हो जाए। मैंने कहा कि सामाजिक विचारधाराओं के माध्यम से इसे जानने का प्रयोग कवियों ने किया पर साहित्य को कुछ मिला नहीं, कवियों को भले राह मिली हो, टोह-टोहकर घिसी, ऊँची, नीची, चरमराती या मज़बूत सीढ़ियों पर चढ़ते हुए कवि शायद कहीं न कहीं पहुँचा हो।

तो इसे ही प्रयोगवाद का नाम दिया गया। तो क्या प्रयोगवाद साहित्य नहीं हुआ? हुआ भी और नहीं भी हुआ। जिसे आज सामान्यतः प्रयोगवादी रचना कहकर पुकारा जाता है वह ज़रूरी नहीं कि साहित्य हो ही : बहुत संभव है कि वह केवल एक असफल प्रयोग हो पर आज की इस खोज को, रास्ता निकालने की इस परेशानी को समझना भी हर एक के बस की बात नहीं। वही समझ सकता है जो सामाजिक चेतना की आज की आवश्यकताओं और आग्रहों से पीड़ित हो, इसलिए अनेक असफल प्रयोगों को भी कविता माना गया है, प्रकाशित भी किया गया है, और अनेक सफल कविताओं को बिना देखे छोड़ भी दिया गया है। यह कोई आश्चर्य की या चिंता की बात है ही नहीं, यह तो होता ही, और प्रकाशन

की सुविधा वाले इस युग में तो और भी होता।

अब प्रश्न यह है कि तो फिर प्रयोगवाद से मिला क्या? बहुत कुछ मिला। सबसे पहली चीज़ तो यह मिली कि कवि को मालूम हो गया कि अब उसे मानवीय यथार्थ के आमने-सामने आना है। छायावाद और प्रगतिवाद के दौर से भी कवि का प्राप्य मानव ही था, परंतु परोक्ष रूप से। अब वह सीधे उसका संस्पर्श करेगा और यह उसकी एक नई ज़िम्मेदारी होगी।

इस प्रकार के लेखन में यह बिलकुल स्वाभाविक है कि अनेक शैलियाँ और अनेक धाराएँ हों, इसलिए एक कोई उदाहरण देकर समझाना लगभग असंभव है। केवल एक कविता कहकर इस व्याख्या को समाप्त करता हूँ—शायद इसमें सभी उदाहरण आ जाएँ—

गमले में उगा नन्ही हरी पत्तियों का छोटा-सा सजग बिरवा
मुझे शान्ति देता है।
तुम्हें क्या देती है तुम्हारी सेनापतियों, सैनिकों, युद्धबंदियों की पाँति
तुम जिस जीवन में जुते हो अनुयायिओ
उसी में मैं भी अर्पित हूँ
अपने कविधर्म से, अपनी ही भाँति।

लेखक की नोटबुक से

[1]

जैसे-जैसे नई कविता के प्रतिमान स्पष्ट होते जा रहे हैं कुछ और बातें भी सामने आती जा रही हैं : संश्लिष्ट रूप में नए मानव की खोज ही नए कवि का धर्म है पर अलग-अलग कवियों में समग्रता और गहराई की जितनी अलग-अलग माप आज दिखाई दे रही है उतनी शायद किसी भी आवर्त में नहीं दिखाई दी। अपने देश की विशेष सामाजिक परिस्थितियों के संदर्भ में लगभग हर क्षेत्र में यही हो रहा है—व्यक्तिगत स्तर का नीचे गिरना या दुर्लभ और दुस्साध्य हो जाना और एक सामूहिक कामचलाऊ स्तर का प्रकट होना। मानवीय अनुभूति के क्षेत्र में भी यही हो रहा है—इसीलिए प्रकारान्तर से साहित्य में भी। कुछ वर्ष पहले जब नवोदित प्रतिभा के लिए एक तत्कथित सामाजिक चेतना का अनुशासन एक आकर्षण बनकर आया था, मानवीय अनुभूति कमोबेश एक असामाजिक तत्त्व मान ली या मनवा दी गई थी। स्पष्ट ही एक ध्येयविशेष का आग्रह उस समय प्रबल था और उस समय के उथले और सतही साहित्य में जो कुछ भी निश्चित था वह नारों का तत्त्व था।

आज स्थिति यह नहीं है; एक रोमांटिक सामाजिक चेतना के आकर्षण से या उससे भी ज़्यादा रोमांटिक एक ध्येय के अनुशासन से आज का कवि अनुप्राणित नहीं होता : उससे भी पहले के छायावादी के समान एक वायविक विराट् के, जो वास्तव में व्यक्ति के सौंदर्यबोध का स्फीत रूप था, विराटत्व से भी अनुप्राणित नहीं होता। पिछले दोनों आवर्तों में मानव केवल परोक्ष से ही कवि का प्राप्य रहा, पर अब कवि मानवीय यथार्थ के आमने-सामने है : कहा जा सकता है कि नंगे बदन उसका संस्पर्श करता है और इसने उस पर एक नई ज़िम्मेदारी डाल दी है।

यह ज़िम्मेदारी एक व्यापक मानवीय शिव को निरंतर आत्मसात् करते रहने की है : उस शिव का कोई प्रतिमान नहीं है—वह शाश्वत है—कवि को स्वयं एक विशिष्ट मानव बनकर अपने रचनात्मक कार्यों के लिए एक पद्धति और प्रमाण निश्चित करना है। इस नई ज़िम्मेदारी का सामाजिकता से कोई विरोध नहीं है—केवल वह किसी विशेष सामाजिक बोध के आधीन नहीं है। जो चीज़ इस परिस्थिति को निर्धारित

करती है वह सामाजिकता से कहीं ज़्यादा व्यापक चेतना है—एक अखिल मानव-चेतना है। इस दायित्व को पूरा करने के लिए उसकी व्यापकता के अनुरूप ही बहुत कुछ अपेक्षित है। संक्षेप में वह 'बहुत कुछ' जीवन में पूर्णतर योग देना और भाग लेना है : जीवन की समग्रता और व्यापकता में, उसके विविध उपकरणों में, इच्छा करके, परिश्रम करके हिस्सा लेना आज साहित्यकार का मौलिक दायित्व है। यों भाग लेनेवाला व्यक्ति दोहरी रचना करता है—और उसकी रचनापद्धति जीवन के अन्य कर्मियों से भिन्न होने के कारण उसका जीवन भी एक विशिष्ट जीवन होता है।

अब, क्या करके वह जीवन हम जी सकते हैं? इसके तो उतने ही उत्तर होने चाहिए जितने कवि : हिस्सा लेने को बहरहाल हर एक मुक्त है। उसमें जो सामाजिक बाधाएँ आती हैं वह भी हर एक के लिए हैं और बिना किसी तरह की रियायत माँगे हुए कवि को भी उन्हें औरों की तरह झेलना है। पर निश्चय ही औरों की तरह केवल हिस्सा लेना कवि का लक्ष्य नहीं है—वह क्रिया तो केवल एक तैयारी है—उसकी रचनात्मक प्रक्रिया का अलग-अलग अनेक घटनाओं में सूत्रपात है।

इसके आगे इस सिद्धान्त का कोई साधारणीकरण नहीं हो सकता—वह प्रक्रिया एक वैशिष्ट्य है और इससे आगे इसकी कोई व्याख्या नहीं हो सकती। वह प्रक्रिया कवि-व्यक्ति में एक-सी होती हुई भी बार-बार नए स्तरों तक पहुँचती है और नई रचनाएँ करती है। उसके फल अलग-अलग तरह के होते हैं, पर पके बहरहाल होने ही चाहिए। जो एक बार व्यक्ति की हैसियत से जीवन में योग दे चुका है, रचना करते हुए कवि की हैसियत से वह दुबारा योग देता है : अपनी शक्ति भर, छोटे-छोटे विविध अंशों में दुबारा योग देने में ही उसकी सार्थकता है और यह सार्थकता भी तब है जब वह कला के स्तर पर हो। केवल स्थापना, घोषणा या नारेबाज़ी का मौक़ा जीवन में और जगह बहुत है और वहीं उसका फ़ायदा उठाना भी मना नहीं है।

[2]

सभी प्रकार का अनिश्चय एक बौद्धिक परिपक्वता से उद्‌भूत होता है; जिस बुद्धि में एक मत दूसरे पर विजयी हो जाए, वह हीन है; उसमें होते रहनेवाला संघर्ष ईमानदार नहीं है। कहा जाता है निश्चय अथवा निर्णय ही हमें कर्म की ओर प्रेरित करते हैं; यदि यह सच है तो जितने लायक़ जने कर्म में लगे हैं, सब उस बौद्धिक परिपक्वता के स्तर पर नहीं पहुँचे हैं जिस पर हम अथवा हमारे जैसे नालायक़ पहुँच चुके हैं। कैसा निश्चय और कैसा निर्णय? जहाँ सभी कुछ एक महान जिज्ञासा की शृंखला है, जहाँ कुछ भी तात्कालिक नहीं—न समस्या, न समाधान, वहाँ किसे विश्वसत्य मान लें? बममारों के अड्डों की तरह कई ठीहे तो हम बना सकते हैं और हर एक से एक निर्दिष्ट दूरी तक मार भी कर सकते हैं पर समस्त सैन्यशक्ति को एकत्र करके—नौसेना, वायुसेना और बेचारे पदातिकों को भी एक ही मोर्चे पर भिड़ा देना हमें नहीं आता। एक ही मोर्चा? जिससे रण छिड़ा हुआ है वह अपने इस जीवन के कहीं बाहर, उससे भिन्न, एकांत तो नहीं है—उँगली से दिखाकर हम बता नहीं सकते हैं कि यह रहा वह, तब संग्राम के बीचोंबीच मोर्चे की लकीर कैसे खींची जा सकती है। हमारा मज़ाक उड़ाना चाहें तो आप हमारे संग्राम की उपमा उबलती हुई खिचड़ी से दे सकते हैं जिसमें दाल-चावल के सभी स्तरों से भाप निकलने लगी है और हवा के बुलबुले (बंदूक की गोलियों की भाँति) ऊपर से नीचे, नीचे से ऊपर, दाएँ से बाएँ, बाएँ से दाएँ और इसी प्रकार सभी संभव दिशाओं से सभी असंभव दिशाओं को उठ रहे हैं (इसी को कहते हैं 'खुद्‌बुद्' : यह जीवन बुद्‌बुद् नहीं है खुद्‌बुद् है।)

··· तभी तो कहता हूँ कि कैसा निर्णय और कैसा निश्चय। सभी चिंतन अनंत है और यही चिंतन की व्यथा है। करवटें बदल-बदलकर जिन्होंने कभी रात काटी है और सुबह उठकर हठात् स्वीकार किया है कि कुछ काम नहीं किया वे इस आलस्य की वेदना को जानते हैं। आप भी जान सकते हैं, अगर सुबह देर से उठनेवाले आलस्य में और इसमें आप भेद कर सकें।

हम दुनिया में जितना कष्ट देखते हैं, लोगों की व्यथा को जितना अनुभव करते हैं सब हमारी चेतना में निमज्जित होता जाता है; अपनी अनुभव की शक्ति को हम पुष्ट होता पाते हैं। पुराने लोग कह गए हैं कि दुख में ही ज्ञान का उत्स है। है तो, पर वह ज्ञान कैसा जो कर्म की प्रेरणा न दे : नहीं, जो कर्म करने पर बाध्य न करे। मन भारी हो जाता है, बुद्धि पक जाती है, आँखों में एक गहराई आ जाती है; हर काम में गंभीरता और हर अंग-संचालन में शालीनता दिखाई देने लगती है ··· यह क्या किसी सर्वकष्टहर रामबाण का विज्ञापन है—सड़क के किनारे अमृतसर के मशहूर कविराज का दिया हुआ भाषण? या हमारी करुणा की एक परिणति?

मगर सच तो यह है कि हमारा हाल कुछ ऐसा ही है : हम सबकुछ सह लेते हैं; देख लेते हैं—जान लेते हैं और उस अनुभव को अपने शरीर पर झेल लेते हैं, फिर थक जाते हैं, किसी गरिमा से सारा तन-मन सुंदर हो उठता है, पर वह सब अनुभव करना, देखना, जानना क्यों अपने व्यक्ति में ही प्रस्फुटित होकर रह जाता है, क्यों वह केवल इतना ही दे जाता है कि हम अपने को थोड़ा और दृढ़ बना लें—आत्मरक्षा की कुछ और तरकीबें सीख लें—क्यों नहीं वह हमारे अस्तित्व को विराट् जीवन में समाहित कर जाता है, क्यों नहीं वह हमें सकल कष्ट का प्रतिकार करने योग्य बना जाता है?

हम कर्म करते हैं, तो क्यों करते हैं, आत्मरक्षा के लिए, या स्त्री के लिए या विशालतर जीवन की समृद्धि के लिए? कहाँ है हमारा मानवीय उद्देश्य? कहाँ है कोई भी उद्देश्य? यदि है तो क्या यही है, यही कि हम बच जाएँ—इस युद्धक्षेत्र को ऐसे पार कर जाएँ जैसे कोई बिनवट का फिकैत दुश्मनों की भीड़ में से रास्ता करके निकल जाए—हद से हद कोई दो-एक व्यूह भेद लें ताकि सांसारिक प्राणी मान लें कि हम भी एक चतुर सुजान हैं—केवल बैठे-बैठे कवित्त रचनेवाले घरजमाई नहीं?

[3]

और जब कभी अपने दायित्व की बात सोचता हूँ तो अपने कृतित्व और अपनी क्षमता की तुलना में अनागत का महत्त्व स्पष्ट हो उठता है। जो कुछ करना चाहता हूँ उसके योग्य साहस मुझमें है, ऐसा विश्वास करके चलने पर भी वह क्यों नहीं कर पाता? उद्योग नहीं होता है, क्यों? यही न? यह मानकर भी कि उद्योग करने का निश्चय मन ही में उठता है, और किया हुआ उद्योग अंततः बलप्राप्त मन का ही पराक्रम होता है यह मानकर भी, यह भी जानकर कि उन परिस्थितियों में जिनसे उद्योगेच्छा जन्मती है, परिस्थिति के बाह्य उपकरण भी सम्मिलित हैं, यह समझता हूँ कि न किया हुआ उद्योग केवल न किए हुए कार्य का नकारात्मक महत्त्व रखता है, अधिक नहीं। इसी से यह बात निकलती है कि न किए हुए उद्योग को करने की इच्छा फिर जन्मती है, उस इच्छा को फिर कार्यक्रम देने में जो चूक रह जाए उसे पूरा करने के लिए फिर नया पराक्रम प्रयोजनीय हो उठता है। इस प्रकार उद्योग और असंतोष का यह द्वंद्वात्मक विकास ही मुझे अपने दायित्व तक ले जाएगा; और फिर दायित्व और सामाजिक तथ्य का द्वंद्व! उसके कारण मेरा दायित्व भी तो तब तक सद्यःसंपन्न उद्योग के परे जा चुका होगा और उसके लिए फिर नया उद्योग, फिर नया दायित्व, फिर नया उद्योग ···

तब समझ में आता है कि दायित्व कभी प्रतिकृत नहीं होता। उस तात्कालिक दायित्व को प्रतिकृत कर चैन की साँस लेना मेरा ध्येय नहीं होना चाहिए। वह एक निरंतर उद्योग है जो मेरा दायित्व है। यही जीवन को उन्नत करेगा; अपनी जिजीविषा को किसी तात्कालिक तुष्टि को समर्पित कर देने की भूल नहीं करूँगा।

[4]

हम जिस प्रत्युत्पन्न मानवीयता को इष्ट मानते हैं वह इस अन्यायाहत सामाजिक जीवन में कहीं अवश्य छिपी है, अवश्य है, क्योंकि पीड़ितों और पीड़कों दोनों में निश्चय ही ऐसे लोग हैं जो जानते हैं कि

हम पीड़ित भी हैं और पीड़क भी। पापाचार की एक श्रृंखला में समस्त वर्ग बँधे हुए हैं। बड़ा छोटे को दबाता है, छोटा उससे छोटे को और सबसे छोटा अपने से भी छोटे की सृष्टि करता है—उसे दबाने के लिए। यह बोध कि इस श्रृंखला की एक कड़ी हमें भी बनाया जा रहा है उन्हीं को होता है जो मन से, सचेत बुद्धि से इस श्रृंखला की कोई कड़ी नहीं बनना चाहते। ऐसे ही लोगों की बात हम कह रहे थे—वे ही उस प्रत्युत्पन्न मानवीयता की भूमि हैं—एक बार जिसमें अंकुर फूट चुकने पर जो कृतकर्म हो जाती है और जिसका इससे अधिक प्रतिदान और कुछ नहीं हो सकता।

[5]

चौराहे पर दो ओर यातायात ऐसे रुका हुआ था जैसे दो सेनाएँ आमने-सामने आकर ठिठक गई हों—यद्यपि जैसे ही ट्रैफ़िक कांस्टेबिल हाथ देगा, दोनों जत्थे एक-दूसरे की बग़ल से चुपचाप निकल जाएँगे। पैदल यात्री इस नाके के खुलने की प्रतीक्षा कर रहे थे और इधर-उधर छिटके हुए-से घात में खड़े-से लगते थे। उनमें से एक की गोद में एक छोटा-सा बच्चा था।

"ऐ छोटे बच्चे," मैंने कहा, "तुम्हें दुनिया के दर्द का क्या पता : तुम्हें यह उथल-पुथल सिर्फ़ एक भीड़ दिखाई देती होगी—यह जो तुम टुकुर-टुकुर ताक रहे हो और रह-रहकर झटके से गरदन घुमाकर इधर से उधर देखने लगते हो—कभी-कभी गोद से कूदने की कोशिश भी करते हो—यह सब चेष्टा आसान है, क्योंकि तुम बाप की गोद में हो। मैं यह सोचकर गर्व नहीं कर रहा हूँ कि चूँकि मैं इस परेशान धरती पर खड़ा हूँ, मैं तुमसे अधिक बहादुर हूँ। वह तो मैं हूँ ही क्योंकि जैसे-जैसे आदमी बड़ा होता जाता है बहादुर होता जाता है। मुझे तो केवल यह कौतूहल हो रहा है कि तुम्हें यह सब आना-जाना, रुकना, फिर चलना, शोर-गुल, रोशनी, धक्कमधक्का कैसा लग रहा होगा।" "ऐ छोटे बच्चे," मैंने कहा, 'मैं जानता हूँ कि इनमें से बहुत-से लोग बहुत थके होंगे और गुलगपाड़े से वे सुन्न हो गए होंगे। मैं कुछ-कुछ यह भी जानता हूँ कि इन सबके जीवन में एक विशृंखल व्यथा होगी—अनेक विकृतियों की कुरूपता और अनेक असफलताओं की कड़ुवाहट—पर तुम, जो कि यह सब नहीं समझते—केवल शरीरों और गाड़ियों का आना-जाना देख सकते हो—तुम, इस विकल व्यापार का केवल बाह्य देख रहे होगे जो कि तत्त्वहीन, अर्थहीन संगठन मात्र है, मात्र रूपाकार! और क्या वह तुम्हारे अंदर एक विकलता नहीं पैदा करता होगा क्योंकि वह समझ में न आता होगा?"

इस पर ट्रैफ़िक कांस्टेबिल ने हाथ दिया और चुपचाप इधर की भीड़ उधर हो गई जैसे ताश की गड्डी शफ़्ल की जाती है। आदमी बच्चे को गोद में लिए-लिए एक बार दाएँ-बाएँ देखकर झट से सड़क के पार हो गया और वहाँ खड़ा हो गया।

"ऐ छोटे बच्चे," मैंने कहा, "इससे क्या फ़र्क़ पड़ता है कि तुम गोद में बैठे-बैठे इस पार से उस पार पहुँच गए और भीड़ शान्तिपूर्वक इधर चली आई। चौराहा तो वहीं का वहीं है और वास्तव में यह भीड़-भरा चौराहा ही है जिसके कारण तुम सड़क के पार जा सके और वह भीड़ छूटकर इससे मिल सकी।"

[6]

मंटा प्यारी लड़की है। उसका लजाना कितना मनहर है। बढ़ती हुई लड़की का शरमाना एक सबसे अलग अनुभव है। वह निष्प्रयोजन निष्कपट झिझक से सिर झुका लेना, फिर उत्सुकता आँखों में भरकर उठाना, ग़ौर से सुनना, ग़ौर से देखना—पुरुष के बलवीर्य, धन-संपत्ति की थाह लेने के लिए जैसे भरी-पूरी औरत उसे घूरती है वैसे नहीं, केवल जानने की सच्ची विवशता से ध्यान देकर देखना—वह दृष्टि किसी स्त्री-संपर्कजर्जर व्यक्ति में भी आनंद जगा जाएगी।

उसका रंग अंगूर का-सा है। (मोती के-से रंग का आकर्षण भी मैं जानता हूँ पर वह प्रौढ़ा स्त्रियों

में होता है—होना चाहिए।) उसके छोटे-से चेहरे पर जो एक स्वच्छ-सा कुछ झलकता रहता है वह स्वास्थ्य अच्छा होने की निशानी है और यह उसे कितना संतुलन देनेवाला गुण है कि उसका स्वास्थ्य अच्छा है।

वह छरहरी है। उसे दो चोटियाँ करना चाहिए। उसकी पिण्डलियाँ कुछ दुबली अधिक हैं—पर अच्छा है। फ़्राक पहनने पर अच्छी लगती है। फ़्राक ही पहनती है। कल उसने मेंहदी रचाई थी—मारे शौक़ के हथेलियों और पैरों में महीन धारियाँ रचाकर, एक लंबी-सी चोटी करके क़िवाड़ से झूलकर एक पैर चौखट पर रखे-रखे उसने पूछा, आप कब आएँगे?

वह सुंदर है, और मुझसे यह व्यक्तिगत प्रश्न पूछते हुए वह मेरे लिए और सुंदर थी, पर मैं चाहता हूँ कि वह वही दृष्टि बनाए रख सके—बड़ी-बड़ी लेकिन काली नहीं, मदभरी-रसीली-कँटीली नहीं, केवल बड़ी-बड़ी आँखों से ऐसे ही देख सके—युवती का आत्मबोध होने, अपने अंगों का ज्ञान होने पर भी उसकी लज्जा का कारण यही कुछ हुआ करे तो वह कितनी सुंदर स्त्री हो जाएगी।

[7]

वह बार-बार खाने को माँगता है। इस रोग में यही होता है : भूख बहुत लगती है, झूठी भूख, और यकृत बढ़ते-बढ़ते अंत में रोगी मर जाता है। इस तरह भूख से मरनेवालों की एक दूसरी कोटि भी है जो न खाकर नहीं, खाकर मरते हैं।

उसमें असाधारण ग्रहणशक्ति है, कोई शब्द करो उसका साम्य उसकी स्मृति में तुरंत निश्चित हो जाता है—या संबंध। रेल ने सीटी दी या बंदर बोला कि महीनों पहले की कोई घटना उसे फ़ौरन याद हो आई—ज़रा-सा सूत्र मिल भर जाए और जितनी जल्दी-जल्दी वह शब्द, वाक्यांश और फिर क्रियासहित पूरे वाक्य बोलना सीख रहा है, वह आश्चर्यजनक है। वह सचमुच मेधावी है।

पतली-पतली टाँगें-हड्डियाँ। बड़ा-सा पेट—तना हुआ—विस्फीत यकृत का निर्विवाद लक्षण। गड्ढों में घुसी हुई अकालवयस्क आँखें और बहुत-सा बोलना, हाथ-पैर डुलाना, खाने को माँगना—बार-बार, सब मिलकर वह ऐसा कुछ लगता है जिसे अकारण बहुत-सी जिगीषा ने आकर भर दिया हो, जिसका चलना-फिरना, बोलना सब अपनी सामर्थ्य से बहुत ऊपर, बहुत अधिक हो रहा हो। फूट-फूटकर विकीरित होनेवाली उसकी यह शक्ति किसी दिन अचानक चुक तो नहीं जाएगी? तड़पड़-तड़पड़ दौड़ता हुआ घोड़ा ढेर तो नहीं हो जाएगा? या वह खींच ले जाएगा—इस अतिशयता को अपनी अनिवार्य ज़िन्दगी में बाँटता हुआ और उसकी अनिवार्यता को अपने अनुकूल सुधारता हुआ : मुझे चिंता है।

[8]

दो जड़ाते हुए अधपेट बाबू छह घंटे तक पचास बाबुओं की भीड़ का टिकट, पोस्टकार्ड, मनीआर्डर, रजिस्ट्री, बैंक, रेडियो-लाइसेंस वग़ैरह सब काम निपटाते रहें—एकरसता और दुर्बल शरीर का सामंजस्य कितना भयंकर हो सकता है। इससे भी कष्टकर है शायद पटरे के इस पार खड़े लोगों का समझना कि यह सब एक मज़ेदार खेल है कि हम जल्दी में हैं, पहले हमीं को रजिस्ट्री करनी है और उधर एक आदमी कर देगा : फट् से मोहर लगा देगा और हम ख़ुशी-ख़ुशी चले जाएँगे।

[9]

बहुत-सी अजब बातों में एक यह भी है कि जब कभी कोई मिस्त्री बुलाया जाता है और पंखा, रेडियो या घड़ी या फाउंटेनपेन सुधारने लगता है तो बराबर यह लगता रहता है कि पेंच ठीक नहीं कस रहा है, यह तार ढीला छोड़ रहा है—इसमें साफ़ रन्दा नहीं हो रहा है और इससे अच्छा मैं ही कर लेता।

[10]

एक ख़ामख़ाह की शुभेच्छा इन बाबुओं को होती है—दूसरे बाबुओं के लिए। सबको एक व्यवस्था में पिसता हुआ वह मान लेते हैं और मान लेते हैं कि ये तो है ही जो है। उस पर टीका-टिप्पणी भी करते हैं—चलो जी गुज़ारा करना है; हें हें हें, हम तो आपके ही सेवक हैं—जैसे घमाती हुई स्त्रियाँ अपने-अपने पतियों की प्रशंसा करें।

[11]

स्त्रियों के हाथ में पुस्तक का सबसे अच्छा इस्तेमाल क्या हो सकता है?

'—लेकिन जो चाहती है वह लड़की दुनिया में क्या नहीं कर सकती—थुलथुल कमर भी पतली कर ले सकती है और यदि आप पाँच मिनट रोज़ यह अभ्यास करें तो कोई वजह नहीं कि समय आने पर आप भी कनकछरी न हो जाएँ।

मामूली वज़न की एक क़िताब लीजिए और कुर्सी पर से गद्दी हटाकर बैठ जाइए, पैर अलग-अलग कर लीजिए, पेट खला लीजिए।

अब साँस अंदर खींचिए और पीठ ऐसी सीधी रखिए जैसे झंडे का डंडा होता है, दाईं ओर झुकिए और जितनी दूर हाथ ले जा सकती हों उतनी दूर किताब को रख दीजिए। फिर सीधी हो जाइए। अब उसी तरह झुकिए और किताब को उठाइए।

यह व्यायाम एक बार दाहिनी तरफ़ और एक बार बाईं तरफ़ करके कम से कम पाँच मिनट रोज़ करिए। आपके लिए, याद रखिए सिर्फ़ आपके लिए पाँच घंटे रोज़ किताब पढ़ने के बराबर है।'

[12]

अन्य लेखकों की रचनाएँ आजकल पहले से अधिक पढ़ने को मिलती हैं। ये लोग कैसे इतने लंबे-लंबे लेख, कविताएँ और कहानियाँ लिख डालते हैं? कब ये सोचते हैं कब लिखते हैं? —या ऐसा है कि सोचने बैठते हैं तो लिखते चले जाते हैं या लिखने बैठते हैं तो सोचते ही रह जाते हैं।

[*सीढ़ियों पर धूप में*]

कविता और करुणा

कविता बहुत कुछ एक अनुशासन है : समाज और देश और संसार की हमारी चेतना हमारे कवि के लिए व्यर्थ है यदि अनुभव के क्षण को वह शेष अनुभव से सम्पृक्त न कर सका। यदि आज का एक स्फुरित क्षण उसकी जीवन-लालसा और सामाजिक चेतना से स्फुरित नहीं है तो वैसी क्षणिक जीवनप्रियता का कोई प्रयोजन नहीं—कम से कम विशालतर काव्य के पक्ष में तो कोई नहीं, सामान्यतर व्यक्ति की तनरक्षा-बुद्धि को वह भले ही मधुर जान पड़े।

जीवन विराट् है और कवि पहले उस जीवन के प्रति उत्तरदायी है, बाद में, बाद में क्यों? यदि वह किसी के प्रति उत्तरदायी है तो वह 'कोई' संपूर्ण है, और बाद में किसी के प्रति उत्तर देने का प्रश्न नहीं उठता। विराट् जीवन के कुछ सहज मूल्य हैं, उन्हें उनकी सारी सहजता में आत्मसात् करने के लिए एक सहज मन भी चाहिए ··· कि नहीं? इसी से यह ऊब, यह खीज, यह कौतूहल, यह गुदगुदी, यह सब त्वचा की समवेदनाएँ ··· त्याज्य हैं। वह सौंदर्यदृष्टि, वह सरल करुणा, वह शांत और अविकल अनुभव की शक्ति जो केवल एक मानसिक साधना से मिलती है कवि का आदि है और कविधर्म का

मूलमंत्र है।

आनंद के एक क्षण से दूसरे तक, सत्य के एक ज्वलित मुहूर्त से दूसरे तक हमारा चेतन-व्यक्ति बढ़ता जाता है; इसी सौंदर्य में मुक्ति है। यही पुरुष की वह विशाल करुणा है जो सारे उत्पादन, ज्ञान-विज्ञान और राजनीति का, और प्रकृति के शासन का कारण बनती है : यही चारों ओर का संसार जो सामान्य भोगी के लिए कारागार है कवि के लिए मुक्ति का द्वार है। सौंदर्य स्वयंभू होता है, वह एक करुणा है जो 'न कहीं' से आकर मन को अविकल कर जाए—शांत और सौम्य। वह एक लालसा नहीं जो किसी हेतु के लिए हो और जो मन को उद्विग्न या उदास कर जाती हो। वही कवि की साधना का आदर्श है जिसके लिए वह पुकारता है :

नीचे घास
ऊपर अकास
ऐसा ही होता यदि जीवन में विश्वास।

[*सीढ़ियों पर धूप में,* 1960]

ईमानदारी

किसी भी क्षेत्र में हो, ईमानदारी एक व्यापक गुण है, और इसी से अब हमें लगता है कि "किसी भी क्षेत्र में हो" कहना ग़लत होगा। ईमानदारी वास्तव में एक मौलिक गुण है और उस बौद्धिक स्तर का पर्याय है जिस पर आकर हमारा तर्क पूर्वग्रह और व्यक्तिगत रुचि के ऊपर उठ जाता है और जिस पर आकर हममें वस्तुओं की वास्तविकता का सही अनुभव होता है। वह उस चेतना के पहले की चीज़ है जो ज्ञान को क्षेत्रों में विभाजित करती है। जैसे ज्ञान समस्त एक है वैसे ही ईमानदारी भी समस्त एक है, क्योंकि वह केवल लेन-देन की एक विधि नहीं है, एक मनोवृत्ति है या दृष्टिकोण है; और इस बात की सच्चाई सीमेंट व्यापारी चाहे न समझें, लेखक ज़रूर समझेंगे।

यह कहकर हमारा मंशा यह नहीं है कि हम प्रकारांतर से कुछ लेखकों पर दूसरों के साहित्य से चोरी करने का अभियोग लगाएँ और यह तो हम कभी भी नहीं चाहते हैं कि अपने को सब सुननेवालों के ऊपर बिठाकर लेखकों को सदुपदेश दें, चाहते हैं यह स्थापित करना कि आज जो साहित्य रचा जा रहा है (या जो नहीं रचा जा रहा है) उसके मूल में इसी ईमानदारी का अभाव है। जब तक हम अपनी अनुभूति को सुधारने का उद्योग नहीं करते, और इसमें प्रतिभा अर्थात् मनोबल की आवश्यकता तो पड़ती ही है, तब तक नए प्रयोगों का कोई अर्थ नहीं। इसी बात को यों भी कह सकते हैं कि तब तक हमारा कृतित्व एक बेईमानी का काम है।

इस अर्थ में ईमानदारी एक निरपेक्ष गुण है कि वह अभिव्यक्ति की प्रेरणा है, जहाँ यह प्रेरणा वास्तविकता की अपेक्षा में आती है वहाँ उसकी सीमाएँ बनने लगती हैं और यह सीमाएँ वहीं तक बनती हैं जहाँ तक हम वास्तविकता के प्रति जागरूक नहीं हैं। अगर हम वास्तविकता के अंशों का अंतरावलंबन या अंतर्विरोध देख सकें तो हम यह भी देख सकेंगे कि संहत वास्तविकता स्पष्टतया बदलती रही है, निश्चय ही ऐसे नहीं जैसे मौसम बदलता है बल्कि ऐसे जैसे कैलेण्डर बदलता है। वस्तुओं को चाहिए था कि अपने बारे में हमारी धारणाओं को बदलती जातीं और जहाँ वे ऐसा नहीं कर गई हैं हम पिछड़ गए हैं। और ज़रा सोचिए कि एक ज़माने की किंकर्तव्यविमूढ़ता ने हमें कितना पिछाड़ दिया है, अपनी स्वस्थ सांस्कृतिक परंपराओं को हम जानते नहीं। अपने ही बौद्धिक आलस्य से निकली हुई जिन मान्यताओं को हम स्वीकार किए बैठे हैं, जिनमें इस उत्पीड़ित जीवन के लिए एक थका हुआ स्वीकार है, मृत्यु की कामना है—चाहे कितनी

ही शान-शौकत और नफ़ासत से उसका स्वागत किया गया हो—उनको ईमानदारी से जाँचें तो अपने सांस्कृतिक व्यवधान को समझ सकेंगे, यह भी समझ सकेंगे कि क्यों हमारी रचनाओं में शब्दों की गूँज ही गूँज है, अर्थ नहीं (वैसे गूँज में भी अर्थ होता है परंतु वह व्यंजना, वस्तुओं के व्यंजनात्मक संबंधों को समझे बिना संभव नहीं) और क्यों कुछ आलोचक इस तरह का आक्षेप कर सकते हैं कि प्रयोग प्रयोग के लिए हो रहा है या दूसरों के साहित्य की नक़ल की जा रही है। (वैसे वे आलोचक भी एक सांस्कृतिक व्यवधान में पड़े हों तो!)

(एक लेखक के लिए दूसरों की रचना साहित्य की वास्तविकता का अंश बन जाती है, इसको लोग क्यों भूल जाते हैं। हाँ, यह बात लेखक ही भूल जाएँ और दूसरे साहित्य से इस प्रकार का बरताव करने लगें जैसे वह कोई ग़ैर हो, उससे कुछ 'लिया' जाए, 'पाया' जाए तो दूसरी बात है।

दूसरों का अनुभव समस्त अनुभूति में जो वृद्धि करता है वह स्थायी रूप से सार्वजनीन अनुभूति बन जाता है। हमारे लिए यह शेष रह जाता है कि हम उसको फिर अनुभव करें और उसे वैसे ही आत्मसात् करें जैसे धूप और हवा की अपेक्षा में अन्यान्य रंगों और आकारों को करते हैं। साहित्यिक ईमानदारी का यह एक इस्तेमाल है और अनुभूति को सुधारने का एक तरीक़ा है। आत्मसात् न किए हुए साहित्य का एक बहुत बड़ा हिस्सा हमारे लिए हमेशा नया रहेगा, उसे हम एक कौतूहल से देखेंगे : निश्चय ही शब्दों में नए अर्थ डालने की वह तरकीब ठीक न होगी।)

और इस मौलिक बौद्धिक जागरूकता से लैस होकर हम जो अनुभव करते हैं उनका भी क्या प्रयोजन है जब तक वे अनुभव आचरणगत न हों। व्यक्तित्व के टुकड़े कर देनेवाली पूँजीवादी जीवन-व्यवस्था हमारी जिजीविषा के टुकड़े नहीं कर पाती, यह सही है, परंतु उसे व्यर्थ कर देती है। दोहरे या तिहरे व्यक्तित्व की अवश्यम्भाविता स्वीकार भी कर लें तो जीने का काम कुछ सरल नहीं हो जाता। प्रतिभा का एक काम यह भी है कि वह इस समाज के तात्कालिक प्रलोभनों के बीच भी बुद्धि के संगठन को बनाए रखे, किसी सरकारी फ़रमान या कंपनी-कमान के हुक्म से नहीं बल्कि अपनी सामाजिक वफ़ादारी से, ताकि उसका साहित्यिक प्रयोजन और उसका सामाजिक प्रयोजन एक ही स्थान पर पूरा हो सके और अपने कृतित्व को प्रकाशित करके लेखक खुश ही नहीं, कृतकृत्य भी हो। यह स्थैर्य, खोज की विकलता ही में मिल सकता है और क्या यह कहने की ज़रूरत है कि यह विकलता अनुभव की विकलता ही में मिलेगी। एक अनवरत प्रयत्न, वस्तुओं को अनुभव करने का, उनकी व्यंजना को आत्मसात् करने का, यही ईमानदार लेखक का काम होगा। यह स्वीकार करेंगे कि जैसे-जैसे हमारी बौद्धिक सहानुभूति गहरी होगी अभिव्यक्ति में व्यंजना आती जाएगी, वह सीधा संवेदन कम होता जाएगा जो किशोर कविता में होता है, मगर अभिव्यक्ति, जिसमें लेखक की रचना और पाठक की संवेदना दोनों सम्मिलित हैं, उतनी ही कुशल भी होती जाएगी। जहाँ तक लेखक का संबंध है (और वह काफ़ी दूर तक है), ईमानदारी का मतलब यही है कि वह उस बौद्धिक विकलता को लेकर जिए और उसे अस्वीकार न करे जो ज्ञान उसे दे जाता है और जो उसकी अनुभूति को सुधार जाती है।

[*प्रतीक* (संपादकीय), 1951. *सीढ़ियों पर धूप में*]

ईमानदारी के बाद

ईमानदारी को एक मौलिक गुण मानकर हमने यह स्थापित किया कि साहित्यकार के लिए अपनी अनुभूति की विकलता को लेकर जीना अनिवार्य है क्योंकि ईमानदारी का मतलब यही है कि वस्तुओं की वास्तविकता और उनके अंतर्विरोध को समझने का, उसकी व्यंजना को आत्मसात् करने का एक अनवरत प्रयत्न किया

जाए। अब यह सवाल उठता है कि वह प्रयत्न अपने ही में संपूर्ण है—ईमानदारी का मौलिक उपयोग यहीं समाप्त होता दीखता है—या कि कुछ और भी तत्त्व हैं जिनसे साहित्यकार का वह प्रयत्न सार्थक होगा? उस मौलिक दृष्टिकोण या मनोवृत्ति के बाद, जिसे हमने ईमानदारी कहा है, एक दूसरे प्रयत्न की आवश्यकता पड़ती है और वह यह है कि साहित्यकार अपने आदर्शों को स्वयं बनाए, अनुभूत सत्य से अपने ज्ञान का मिलान करे और यह कोने में दीवार की ओर मुँह करके नहीं, बल्कि लड़ाई के मैदान में आकर करे। उस निरपेक्ष किताबी बौद्धिकता को हम निर्वीर्य मानते हैं, जो साहित्यकार को इतना ही जागरूक बना जाती है कि वह उस जागरूकता की चटखारियाँ लेता रह जाए फिर चाहे वह जागरूकता ऐतिहासिक हो और भौतिकवाद की द्वंद्वात्मक पद्धति के अध्ययन से ही क्यों न प्राप्त हुई हो। वैसी बौद्धिकता एक व्यसन है। द्वंद्वात्मक पद्धति की कशमकश सामाजिक जीवन के जीवनपोषक और जीवनविरोधी तत्त्वों के बीच होती है, या फिर सद्यःप्रतिष्ठित विचारों और वास्तविकता की नई परिस्थितियों के बीच होती है, दिमाग़ी अय्याशी और दिमाग़ी अय्याशी के बीच नहीं। यह सच है कि आदर्शों का बना पाना कोई आसान काम नहीं होता, इसलिए कि आदर्शों को कल्पना में देख पाना बराबर है उनके लिए संघर्ष करने के। उनके अनुकूल आचरण करने का मतलब ही है उनके लिए संघर्ष करना क्योंकि जिस सामाजिक व्यवस्था में जीवन की कोई सुविधा नहीं उसमें अपने कल्पनागत आदर्शों को कहीं से "खोज निकालने" का प्रयत्न एक प्रकार की जिमनास्टिक है—एक हास्यास्पद तपस्या है जिसे आप अपने मन के संतोष के लिए कर रहे हैं—उससे उन आदर्शों की प्रतिष्ठा होने में कोई सहूलियत नहीं पैदा हो रही है। यह भी सच है कि यह काम और भी मुश्किल उस वक़्त हो जाता है जब आपकी जिजीविषा को मद्धिम रखने के लिए पूँजीवादी सभ्यता आपके सामने कुछ तात्कालिक तुष्टियों या उपलब्धियों को रखने लगती है और आप उनके लोभ में पड़ने लगते हैं। यहाँ "लोभ में नहीं पड़ेंगे" इस प्रकार का जोशीला व्रत ले लेना भी आपको शोभा नहीं देगा—यदि वह निर्णय आपके दैनन्दिन संघर्ष से उद्भूत नहीं है। चूँकि यह सवाल जो अभी उठाया जा चुका है, वास्तव में इन या इनके अलावा और भी प्रासंगिक अड़चनों को सुलझाने का ही सवाल है, हमको अब यह देखना चाहिए कि हम अपने मौलिक दृष्टिकोण के बाद कहाँ तक सही हैं। हम यही नहीं पता लगाना चाहते कि हमारी आँखें पैनी हैं या नहीं; हमारा दृष्टिकोण सही है या नहीं, इससे भी हमको बहस है। हम ढंग से खड़े हुए हैं, सिर, गरदन और कमर सीध में है या नहीं, यही जान लेना यथेष्ट नहीं होगा। यह भी जानना पड़ेगा कि हम खड़े कहाँ हैं।

समकालीन लेखकों में हमें स्पष्टतया तीन प्रकार की चेतनाएँ मिलती हैं। एक तो वे हैं जिन्हें कुछ आलोचकों ने न जाने क्यों प्रयोगवादी कहना शुरू कर दिया है, दूसरे वे हैं जो व्यक्ति के महान पौरुष में विश्वास रखने लगे हैं और जिनकी अभिव्यक्ति व्यंजना की किन्हीं वैयक्तिक गहराइयों में डूबती चली जा रही है, तीसरे वे प्रगतिवादी हैं जिनकी बुद्धि ने किसी एक विश्वास के साथ समझौता कर लिया है कि इससे आगे नहीं बढ़ेंगे; उनकी तर्कपद्धति की वैज्ञानिकता भी उनके मौलिक दृष्टिकोण की दीनता के कारण हतलक्ष्य है। कहना न होगा कि ऐसे प्रकार भी निकलेंगे जिनमें इन प्रकारों में से दो या तीन का सापेक्ष मिश्रण हो। और यह भी है कि इन प्रकारों में ही इनके विपरीत प्रकार भी मिल जाएँगे।

सही-सही अर्थ में प्रयोगवादी शायद ही हिंदी का कोई कवि या लेखक हो। शायद ही कोई लेखक केवल रचना-शैली में नए-नए प्रयोग करने में ही अपनी कला की सार्थकता पाने लगा हो और उसने विचारवस्तु और शैली के परस्परावलंबित संबंध को झूठा क़रार दिया हो। यह तो है कि बहुत-से नए कवियों और लेखकों के लिए अनुभूति बराबर है पर्यवेक्षण के; उन्हें वास्तविकता के अपेक्षाकृत अधिक आकर्षक अंश मोह लेते हैं; उनके प्रति एक विस्मित भाव से वे उनके रंगों-रूपाकारों को अपनी भाषा और शैली में जगह देते हैं; उनके अर्थ से उनके मन तादात्म्य स्थापित नहीं करते। उनके प्रतीक इसलिए निर्जीव हैं; सजावट मात्र हैं और वास्तव में उनके किसी रागात्मक संबंध के प्रतीक नहीं हैं। कहना न होगा कि ऐसे लेखकों में कुछ बिलकुल आरंभ करनेवाले ही हैं, यों हैं वे संख्या में काफ़ी—यह हम अपने

पास प्रकाशनार्थ आई हुई रचनाओं के आधार पर कह सकते हैं और उनसे यह प्रत्याशा की जा सकती है कि वे अपनी बुद्धि के परिपक्व होते-होते अपने दृष्टिकोण को स्थिर कर या न कर पाएँ। वहाँ उनका गहरे न उतर पाना यह नहीं साबित करता कि वे पंगु हैं, जन्म से ही गहरे न उतर पाने की अक्षमता लेकर आए हैं, बल्कि यह साबित करता है कि उनकी अनुभूति अभी इतनी सुघर नहीं है कि उनकी कविता वस्तुओं के अंदर से निकले, वस्तुओं को छूकर न निकल जाए। वहाँ वास्तव में प्राथमिक ईमानदारी का अभाव नहीं है, प्रयत्न का हो सकता है, और यह भी संभव है कि जहाँ नहीं हो वहाँ भी असफलता ही हाथ लगी हो—मगर उससे समालोचक का कर्तव्य तो यही हो जाता है कि वह उस प्रयत्न को पहचाने, जहाँ हो वहाँ उसका आदर करे, अर्थात् उसकी असफलता का विश्लेषण करे। मतलबी पाठक की तरह वह कलाकृति में सफलता ही ढूँढ़ता रहे तो संभावनाओं के एक बहुत विशाल क्षेत्र को बिना देखे लौट आएगा; वह क्षेत्र दर्शनीय ही नहीं है, वहाँ अनुसंधान के लिए काफ़ी काम है। पूछा जाए कि अनुसंधान आलोचक क्यों करे तो हम कहेंगे कि इस सामाजिक व्यवस्था में वंचित वर्ग के लेखक की मानसिक ऊहापोह एक रास्ता निकाल लेने की क्षमता अपने में हमेशा रखती है, उस समालोचक को जो साहित्य का एक सामाजिक प्रयोजन स्वीकार करता है, इस क्षमता को सार्थक करने में लेखक की मदद करनी चाहिए और वह यों ही हो सकता है कि वह लेखक के और अधिक निकट आए। यह नहीं हो सकता कि समालोचक विशालतर, स्वस्थतर जीवन के लिए संघर्ष की आवश्यकता समझता हो, आज इस संघर्ष को तीव्रतर बनाना कर्तव्य समझता हो और साथ-साथ यह भी समझे बैठा हो कि हम इस संघर्ष की एक रिपोर्ट तैयार करते रहेंगे; हमारा काम यही है कि जहाँ कोई विजेता देखें उठकर खड़े हो जाएँ और बाक़ी तमाम संघर्षरत मानसों के तड़पने का तमाशा देखते रहें जब तक कि वह होता रहे। आज संघर्ष की स्थिति, जिसमें संघर्ष के अभी तक के अनुभव भी शामिल हैं, यह माँगती है कि समालोचक सामाजिक चेतना के सभी स्तरों की द्वंद्वात्मक उपादेयता स्वीकार करे, बौद्धिक विकास की प्रणाली में विचार और आचरण के बीच जो कशमकश होती है उसकी ओर से सजग रहे, अंततः प्रत्येक लेखक की संभावनाओं का आदर करे। उसकी यही प्रतिक्रिया, यही व्यवहार नए लेखक को वह देगा जिसके बल पर वह वास्तविक जनजीवन से और शक्ति, और प्रेरणा ले सकेगा। उधर लेखक को यह अनुभव करना चाहिए कि शैली में किया हुआ कोई भी प्रयोग विचारवस्तु के दिलोदिमाग़ में उतरने के तरीक़े पर निर्भर रहेगा और ज़रूरी है कि वह अपनी अनुभूति को उसी प्रकार सुधारे, ताकि कविता भी वैसी जानदार हो सके जैसी कि वे वास्तविकताएँ हैं जिनसे वह कविता की प्रेरणा लेता है।

दूसरे प्रकार के लेखक वे हैं जो सचमुच अनुभव की गहराइयों में गए हैं। उत्पीड़ित जीवन की व्यथा उन्होंने वहन की है मगर फिर उसे माथे का एक अंग समझकर वहन ही करते रहे हैं। उनके इस तप के लिए उनके आगे श्रद्धा से सिर झुक जाता है। उनमें पर्यवेक्षण और अनुभव की क्षमता रही है और वे कष्ट की गलियों में बहुत भटके हैं, मगर आख़िरकार शहर में अजनबी ही बने रहे हैं, कोई परिचित उन्हें नहीं मिला और सत्य को आख़िरकार उन्हें अपने ही अंदर देखना पड़ा। उस स्वदत्त सत्य को वे अपने और शेष जीवन से अलग एक तीसरी सत्ता मानते रहे हैं। कहा जाएगा कि सत्य की खोज में ये लगे रहे तो क्या यह प्रमाणित करते रहे कि उनका मौलिक दृष्टिकोण ईमानदार रहा है? इसका जवाब यह होगा कि हाँ, मगर यह भी था कि उन्होंने उस मौलिक उपलब्धि को जीवन पर घटाया नहीं, वे अपने कष्ट का कारण नहीं ढूँढ़ते रहे, समाधान ढूँढ़ते रहे। इस सामाजिक व्यवस्था में नहीं, एक जीवंत और उल्लसित भावी व्यवस्था में भी ज्ञान का माध्यम सदा कष्ट ही रहेगा। कष्ट अर्थात् जीवनाभिलाषी की व्यथा हमें चौंकाकर हमारी आँखें खोल जाएगी; यह हमारा काम होगा कि हम अचानक सामने जो देख पाएँ उससे घबराकर आँखें मूँद न लें, या फिर व्यथा की एक जो मतुआही होती है—बहुत पैदल चलने पर जो मादक थकान आ जाती है उसके जैसी—उससे अलसा न जाएँ। जागते रहने की एक तरकीब है—वह यह कि वास्तविक जनजीवन के विकासोन्मुख तत्त्वों से अपने को सक्रिय संबद्ध करते रहें। इन लेखकों ने यह नहीं किया है, इससे उनके

मौलिक दृष्टिकोण में ईमानदारी होते हुए भी उन्हें अभी तक रास्ता नहीं मिला; नहीं, यह नहीं कहेंगे, रास्ता किसी भी ईमानदार अन्वेषक को हमेशा के लिए नहीं मिलता; यह कहेंगे कि अपनी मौलिक ईमानदारी के बावजूद वे खो गए—क्योंकि उन्होंने ईमानदारी के बाद भी अपने व्यक्ति की झूठी आत्मसत्ता नहीं त्यागी, विराट् इतिहास की सक्रिय शक्तियों में अपने को समाहित नहीं किया।

तीसरे प्रकार के लेखक वे हैं जो अपनी मौलिक ईमानदारी से प्रेरित होकर सच को खोजने निकले और नुक्कड़ पर ही जो दूकान मिल गई वहीं से उसे ख़रीद लिया। उन्हें यह अदम्य विश्वास है कि पूँजीवादी सामाजिक व्यवस्था का प्रतिकार, उसका निराकरण एक सामाजिक सार्वभौमिक क्रान्ति द्वारा ही होगा—परंतु अपने इस आदर्श ही को वे ध्येय मानने लगे हैं, बिना इस बात की ओर से सजग हुए कि जिस बौद्धिक निश्चय पर वे आ गए हैं वह अपने में ही साध्य नहीं है, वह परंपरा अर्थात् इतिहास के प्रति उनकी सक्रियता का आनुषंगिक है, उन्हें जीवन के प्रति एक विराट् और मानवीय लालसा रखनी है। बहुधा यह देखा जाता है कि ऐसे लेखक जीवन की वेदना में से गुज़रे ही नहीं होते। कष्ट तो जग में बहुत होते हैं, उन्हें कष्ट की अनुभूति ही नहीं होती—एक कर्तव्य की भावना से प्रेरित होकर वे अपनी बौद्धिक शक्ति को भक्ति में बदल देते हैं, गहरे नहीं पैठते, अनेक दैनन्दिन अंतर्विरोधों, समस्याओं और उलझनों की अनदेखी कर जाते हैं। इनकी तुलना हम उस उतावले आदमी से कर सकते हैं जो मंच तक पहुँचने के लिए भीड़ को धकियाता, कुहनियाता हुआ निकल जाए और समझे कि हम बहुत जल्दी लक्ष्य तक आ गए। इसके विपरीत हम उस चींटी की उपमा ले सकते हैं जो अपने घर से निकलती हुई कतार पर चलती है, रास्ते में हर चींटी से ज़रा देर भेंटती है और बड़ी देर में कहीं दूसरे गोदाम तक पहुँच जाती है। वास्तव में यथार्थ के प्रति रागात्मक सहानुभूति प्राप्त करने का यही तरीक़ा है कि उसकी सच्चाई को हम अपनी वैज्ञानिक बुद्धि से अनुभव करें, उसे अपने जीवन का एक अवयव बनाएँ ताकि वह एक संस्कार बन जाए और हम स्वयमेव उसके प्रति आर्द्र हो उठें; सही ढंग से वास्तविकता को आत्मसात् करना प्राथमिक हो जाए और कला के माध्यमों में उसकी अभिव्यक्ति उसका आनुषंगिक। जिस मानवीय संवेदना की बात 'प्रतिक्रियावादी' आलोचक उठाते हैं वह अपूर्ण है, क्योंकि उसमें उपरोक्त प्राथमिक शर्त पूरी नहीं होती। जिस उदार भावना की बात 'प्रगतिशील' आलोचक उठाते हैं वह तभी संपूर्ण होगी जब उसमें यह प्राथमिक शर्त मान ली गई हो।

हाँ, एक और प्रकार के लेखक भी हैं, मगर शायद वे लेखक नहीं हैं। क्योंकि उन्होंने धड़ल्ले से स्वीकार करना शुरू कर दिया है कि वे मर चुके, अब उनमें जान नहीं रह गई, साहित्य साधना उनके बस की बात नहीं रही और उन्हें छुट्टी दी जाए। इस स्वीकार में ऊपर से तो ईमानदारी दिखाई देती है मगर यहाँ ईमानदारी उनकी व्यवसायी बुद्धि का गुण है, कलाकार के सामाजिक प्रयोजन का आधार नहीं। वे यह मान लेकर जान छुड़ाना चाहते हैं कि मध्यवर्गीय लेखक की बौद्धिक उलझन का तर्कसंगत अंत मानसिक कुंठा है—जो कि वह कदापि नहीं है—और अपनी स्वीकारोक्ति में इसका कहीं उल्लेख नहीं करते कि पराजय मानने के पहले उन्हें किन-किन बौद्धिक समस्याओं का हल ढूँढ़ना पड़ा और किनका मिला या नहीं मिला।

इस प्रकार नए लेखकों की समस्या मूल रूप में यह है : सामाजिक यथार्थ को समझने का किताबी गुर जानते हुए भी वह क्यों नहीं अपने साहित्य में वह शक्ति, वह मानवीय संवेदना ला पा रहे हैं जिसके बिना साहित्य का सामाजिक प्रयोजन सिद्ध नहीं होगा, साहित्य का 'अस्त्र' उस भोंथरे छुरे की तरह हो जाएगा जिससे नाक भी नहीं कट सकती। दूसरे शब्दों में, अपनी मौलिक ईमानदारी अर्थात् अपनी प्रतिभा को कैसे प्रतिकृत किया जाए। जैसा कि पहले शुरू में कहा जा चुका है—इसके लिए एक अनवरत प्रयत्न की आवश्यकता है, जिसे कलाकार को एक मानवीय अंकुश से बाधित होकर सतत करना चाहिए, एक धार्मिक आदेश से चालित होकर नहीं। यह प्रयत्न है अपनी अविभाजित बुद्धि से वास्तविकता को निरंतर आत्मसात् करते रहने का, अपनी अनुभूति को सुधारते रहने का, ताकि जब घने कष्ट से मन गंभीर हो

उठे, जब व्यथा में जो व्यंग्य है वह भी वहाँ हो—नहीं तो व्यथा ही कैसे वहाँ होगी—ताकि जब माथे पर हृदय के कष्ट का भार ढोते-ढोते हम अपनी दुखगाथा में ही गौरवान्वित अनुभव करने लगें, तब हमारी सामाजिक चेतना का अपराजित बल हमें जीवनपोषक उन शक्तियों से मिलाए जो हमारे अंतर की जिजीविषा के लिए संघर्ष करती हैं, ताकि तब हम प्रणत-विनत होकर किसी प्रभु को न पुकार उठें, बल्कि अपनी अनुभूति को सुधारें, जिससे अपनी वेदना को समझते भी जाएँ और उसका प्रतिशोध भी लेते जाएँ। इसी में निष्कृति है।

[*प्रतीक* (संपादकीय), 1951. *सीढ़ियों पर धूप में*]

स्वतंत्रता के दिनों का संकट और मैं

यह कुछ विस्मय की और कुछ दुर्भाग्य की बात है कि हिंदी कविता की उपलब्धियों एवं संभावनाओं पर बोलने के लिए अधिकांश में यहाँ उन्हीं लोगों को आमंत्रित किया गया है जो इन उपलब्धियों के माध्यम रहे हैं, और जिनमें आगे की संभावनाएँ भी शायद हैं।

1947 के बाद उन्नीस-बीस वर्षों में यदि हिंदी साहित्य का अध्ययन और अध्यापन स्वसाहित्य के गौरव के अनुरूप हुआ होता तो आज कवि को अपनी उपलब्धियों का परिचय अपनी कविता से देना ही यथेष्ट रहता—बहुत होता तो उसके कविकर्म के कुछ अनुभव प्रकाशित होकर अध्यापकों की सहायता कर सकते थे। पर विश्वविद्यालय का हिंदी विभाग कवियों से ही जानना चाहता है कि उन्होंने 'स्वातंत्र्योत्तर' हिंदी कविता में क्या उपलब्धियाँ की हैं? जो हो, जानना चाहता है, यही क्या कम है?

पर 'स्वातंत्र्योत्तर हिंदी कविता' की उपलब्धियाँ क्यों? 'हिंदी कविता की स्वातंत्र्योत्तर उपलब्धियाँ' क्यों नहीं? अवश्य किसी कारण से ही विषय निर्धारित करनेवाले प्राध्यापक ने स्वातंत्र्योत्तर हिंदी कविता को उसके पहले की हिंदी कविता से अलग माना है। आगे चलकर शायद दीख जाए कि वह कारण क्या है? यहाँ उससे उलझना अभीष्ट नहीं।

पर एक बात साफ़ कर देना चाहता हूँ। यदि आप कवि से चाहते हैं कि वह कविता की उपलब्धियाँ बताए तो आपको उससे यह आशा नहीं करनी चाहिए कि वह आपके मनोरंजन के लिए साहित्यिक ले-दे में शामिल होगा। बहुत-सी बातों पर मैं न कोई बहस उठा पाऊँगा न उसमें शामिल हो पाऊँगा। उदाहरण के लिए नई कविता, प्रयोगवादी कविता, अकविता या नकविता (यह नाम किसी नए नकवि को पसंद हो तो ले सकता है) या नवगीत—ये सब मेरे लिए कोई अर्थ नहीं रखते। ये सब नाम आज के संकट के इर्द-गिर्द मँडराते हुए शिकारी हैं जिनमें उस संकट पर झपट्टा मारने की हिम्मत नहीं है। होते ही वे कविता हो जाएँगे। इन नामों को असली मानने में बहुत बड़ा ख़तरा यह है कि साहित्य के मूल्यांकन की पद्धतियाँ और पाठक की संवेदनाएँ जहाँ तक आगे बढ़ी थीं वहाँ से भटक जाएँ और जिज्ञासा का जो तत्त्व नए पाठक में है वह असाहित्यिक उद्देश्यों के लिए इस्तेमाल कर लिया जाए। इसी की कोशिश होती जान पड़ रही है। नए और पुराने का सवाल पीढ़ियों के संघर्ष के रूप में रखना इसी तरह की एक कोशिश है क्योंकि सब जानते हैं कि असली सवाल नए और पुराने का नहीं, अच्छी और विफल, युगचेतना से संपृक्त और असंपृक्त रचना का है। नए और पुराने का सवाल उस समाज की चतुराई की सीधी उपज जान पड़ता है जिसके लिए साहित्य 1947 के बाद भाषा के नाम पर राजनैतिक सत्ता के कुछ बचे-खुचे टुकड़े बटोरने का ज़रिया बना, मानवीय मान्यताओं की रक्षा में अन्याय का विरोध या नए मानवीय मूल्यों की स्थापना करने को तैयार व्यक्ति के आत्मोत्सर्ग का साधन नहीं बना। राज्य के मन में कला और साहित्य के, विशेषतया राष्ट्रभाषा के साहित्य के प्रति संरक्षण की और कलाकार के प्रति स्वामित्व की जो भावना

1947 में कुछ नैतिक उभयसंभव से शुरू हुई थी आज गहरी जड़ें जमा चुकी है। उन्नीस वर्षों में इतने अधिक साहित्यकार अपनी आत्मा का दैन्य राज्य को दिखा चुके हैं कि अब राज्य कला की स्वतंत्रता का नाट्य करते रहने को बहुत उत्सुक नहीं है। हिंदी के नाम पर दूसरे दर्जे की राजनैतिक सत्ता का जो संचयन प्रायः 1960 तक होता रहा था वह भी राजा की कोपदृष्टि का शिकार हो चुका है। इस उखड़ेपन की स्थिति में राजनैतिक साहित्यसेवियों के सामने एक ही रास्ता बचा है कि जो कुछ भी उनके पास सत्ता के नाम पर बचा है उसे किसी तरह बचा लें, बचाए रखें। क्या ये लोग वे सवाल उठाएँगे जिनके उत्तर घिसी-पिटी मान्यताओं को झकझोर डालते हों और जिन मान्यताओं को सामने लाते हों वे प्रकारान्तर से सत्ता संचयन की या झुंड के प्रति समर्पण की तमाम प्रवृत्तियों का विरोध करती हों?

दूसरी ओर आधुनिकता या कला अपने स्वभाव से व्यक्ति का विमोचन करती है: "अपनी एक मूर्ति बनाता हूँ और ढहाता हूँ और आप कहते हैं कि कविता की है।" साथ ही आज रचना के अपने आंतरिक ख़तरों से कलाकार पहले से कहीं ज़्यादा आगाह है और वह अपनी कला के सिर्फ़ उस कला-माध्यम में ही सार्थक होने की अनिवार्यता से भी अपेक्षतया अधिक सचेत है। वह कला की आलोचना को कला-परंपरा से जोड़ने की ज़रूरत भी आज पहले से ज़्यादा समझता है। वह जानता है कि न झुंड का साहित्य हो सकता है न झुंड की आलोचना हो सकती है। इतना स्पष्ट है कि कलाकार के मन में व्यक्ति की रक्षा के लिए छटपटाहट आज किसी न किसी रूप में असहमति का अर्थ ग्रहण कर चुकी है। यही उसकी नियति है। उसने एक स्वप्न देखा था, एक शुभैषिणी मोदमयी भारतीय तसवीर का—पर उसके बाद उसका बौद्धिक संघर्ष क़दम-क़दम पर राज्य के प्रति समर्पण के पत्थरों से टकराकर चला है या कभी नहीं भी चला थककर बैठ गया है। ऐसे ही किसी स्थल पर किसी ने सारा दोष पत्थर पर मढ़ भी दिया है—राजनीति से ही विद्रोह कर डाला है जबकि विरोध राजनैतिक शैलियों के साहित्य क्षेत्र में प्रच्छन्न प्रयोग का और आग्रह उनके राजनीति क्षेत्र में मुक्त उपयोग का करना चाहिए था। कलाकार के लिए मेरी समझ में एक ही सही रवैया यह है कि आज देश में कुंद होती जा रही राजनीति में तेज़ी आए, जान पड़े क्योंकि आज सामूहिक कायरता व्यक्ति के साहस के लिए हमारे देश में जितना बड़ा ख़तरा बन गई है उतना हमारी जान में कभी न थी। आज़ादी के बाद के वर्षों में एक के बाद एक करके व्यक्तिस्वातंत्र्य की और व्यक्तिगौरव की मान्यताएँ सामूहिक स्तर पर तोड़ी-मरोड़ी गई हैं।

परंतु व्यक्ति पर इस आक्रमण के विरुद्ध आज एक रोमांटिक रुदन या आतंकवादी विस्फोट दोनों ही समकालीन नहीं हैं—दोनों की साहित्यिकता कभी असंदिग्ध थी पर पिछले वर्षों में हमारा साहित्य दोनों से उसी कारण से आगे बढ़ चुका है जिस कारण से उसने मार्क्सवादी विचारधारा के पोषण में व्यक्ति की अरक्षा का अनुभव किया था। आज कुछ है, कोई चीज़ ज़रूर है जो तीखे यथार्थ-बोध से अधिक कुछ की माँग करती है ताकि जो कुछ कवि के कवि होने में निहित है वह हो सके। यह वह मनुष्य से सीधे-नंगे बदन साक्षात्कार की खोज है—और यह खोज निर्णय लेने की एक आंतरिक ज़िम्मेदारी के साथ और रचना-प्रक्रिया के ख़तरों के साथ ही आज कोई साहित्यिक महत्त्व की खोज हो सकती है। आज का संकट हर स्तर पर राजनीति के, कला के, विज्ञान के हर कार्यकर्ता से कुछ तक़ाज़ा करता है और वह तक़ाज़ा सामूहिक कायरता के विरुद्ध व्यक्ति के साहस के प्रयोग का तक़ाज़ा है। राजनीति में आज मान्यताओं की गड्डमड्ड और पार्टी-व्यवस्था के तीखेपन को जो यों भी ख़ास कम है, कुंद करने की कोशिश, यही सामूहिक कायरता है। जो राजनीतिक लोग कोशिश कर रहे हैं कि मान्यताओं के दो धुर साफ़ प्रकट हो जाएँ—एक ओर व्यक्ति की चाहे आत्मा चाहे देह का शोषण करनेवाले और दूसरी ओर व्यक्ति का सच्चा आदर करनेवाले—वे राजनीतिक साहस के प्रतिनिधि हैं। उधर साहित्य में हम देखते हैं कि वे ही लोग जो 1947 से विश्वविद्यालय की, साहित्य-सम्मेलन की और अकादमी की स्वतंत्रता की रक्षा करने में कतरा रहे थे, जो हिंदी के नाम पर जो कुछ भी मिल रहा है लेकर हिंदी भाषा को, बल्कि उसके बोलनेवालों को अनुवादजीवी बना रहे थे, आज "हा हिंदी का दुर्भाग्य" कहकर आँसू पोंछकर

फिर नेता बन गए हैं। ऐसा कोई व्यक्ति जब नए या पुराने के भेद को इस उद्देश्य से उठाता है कि दोनों में कुछ शाश्वत मूल्यों की समानता दिखाकर अपने जड़ को भी चेतन के साथ रख सके तो आसानी से देखा जा सकता है कि आज के संकट के मुक़ाबले उसने क्या रुख़ लिया है। क्या वह मनुष्य की परिस्थिति में, जिसमें राजनैतिक स्थिति बिलकुल शामिल है, परिवर्तन लाने के लिए कुछ कर रहा है? या उसे यथावत् बनाए रखने में ही अपनी रक्षा मानता है? एक लंबी सूची उन प्रश्नों की गिनाई जा सकती है जिन पर ऐसे व्यक्ति अपना मंतव्य दें तो वे एक जाने-पहचाने राजनीतिक वर्ग से एकाकार हो जाएँगे। (अंततः आप देखेंगे कि उस राजनीतिक वर्ग की मान्यताएँ सत्तारूढ़ दल की मान्यताएँ हैं जिनमें विद्रोह नहीं है बल्कि किसी तरह असली विद्रोह में गड्डमड्ड करने का प्रयत्न है।) इसी तरह वह जो कहता है कि वही श्रेष्ठ साहित्य है जिसे एक विशिष्ट और एक बड़े प्रतिष्ठान में स्वीकृत आलोचना-पद्धति से देखने पर ही स्वीकार किया जा सके, वह अपनी संवेदना को या तो एक ख़ास तरह के निर्जीव सोद्देश्य साहित्य के हवाले कर देता है या फिर एक ऐसी बौद्धिक हदबंदी के जिसमें मनुष्य की नियति को रूप देनेवाली मान्यताओं की खोज नहीं है। इसलिए नहीं है कि वह खोज आज के संदर्भ में अंततः एक राजनैतिक उथल-पुथल तक ले जाती है जिसमें उस व्यक्ति के लिए हिस्सा लेना कष्टदायक और लेने से बचना मुश्किल हो सकता है। इस साहित्यिक वर्ग में भी मान्यताओं को दो धुर छोरों पर न जाने देने की वैसी ही कोशिश है जैसी कांग्रेस में है।

पर आज के संकट में सबसे तीखा अहसास तो यह है कि हम नए लेखक और बुद्धिजीवी वर्तमान घुटन को तोड़ने में पूरी तरह शामिल नहीं हो रहे हैं। हम कुछ तोड़ रहे हैं पर क्या तोड़ रहे हैं? कभी-कभी हम कहते हैं कि हमने भाषा को तोड़ा है पर उसी ज़बान से यह भी कहते हैं कि हमसे पहले भाषा को जिन्होंने तोड़ा उन्होंने कुछ नहीं पाया था, साथ ही हम यह भी मानने को तैयार नहीं कि भाषा को हमारा तोड़ना हमें कुछ देगा ही। क्यों देगा? जबकि सबकुछ अर्थहीन है और हम अर्थ खोजना नहीं चाह रहे हैं क्योंकि हम अर्थ की रचना नहीं करना चाह रहे हैं क्योंकि हम सिर्फ़ उतनी ही तोड़-फोड़ करना चाह रहे हैं जो सिर्फ़ भाषा में हम कर सकते हैं जिसके करने पर हमें कोई परिणाम नहीं भोगने पड़ते। इस परिस्थिति में हर तोड़नेवाले का उठा हुआ हाथ एक मुद्रा बन जाता है—जिसके ज़रिए ध्यान आकर्षित करना मुख्य हो जाता है, तोड़ना गौण। इस सिलसिले में फिर ऐसे सिद्धांत निरूपित करने पड़ते हैं जो अपने प्रयत्न की निरर्थकता को ही सार्थक सिद्ध कर सकें—'लघु-मानव' से 'अकविता' तक के नारे सब इसी प्रकार के सिद्धांत हैं।

इस झन्नपटक में लगे हुए हम वास्तव में क्या कर रहे हैं? हम उस हिंदीवाले के स्वार्थ के साथ जुड़ रहे हैं जो कुछ नहीं तोड़ना चाहता। पहले अपने हाथों हमारी भाषा का क्षय करके फिर उसका रोना रोकर, अंग्रेज़ीवालों को गाली देकर नई हिंदी का नेता बन जाना चाहता है जबकि सबसे बड़ा अंग्रेज़ीवाला खुद वही है—वह जो कि हिंदी को हिंदी की जगह नहीं अंग्रेज़ी की जगह लाने का ढोल पीटता रहा था। हम उस राजनैतिक स्वार्थ के साथ जुड़ रहे हैं जो पहले अपनी नीतिहीन भ्रष्टाचारिता से नहरों और कुओं की खुदाई का पैसा खा जाता है, फिर अकाल से मरते हुए मनुष्य को समझाता है कि हम ही तुम्हें अन्न दे सकते हैं। हम उस सत्तालोलुप लोकतंत्रीय तानाशाही के साथ जुड़ रहे हैं जो अपनी दासवृत्ति नीतियों के कारण देश की रक्षा-शक्ति नहीं बढ़ाता और युद्ध में भारतभूमि गँवाकर भी लोकतंत्रीय बहुमत के सहारे 'लोकप्रिय' शासक बना रहता है। यह निरा संयोग नहीं है कि 'विद्रोही कविता' के पक्षधरों को अधिकांश में ऐसे लोगों की शुभाशंसा और मान्यता प्राप्त होती रही है जो साहित्य में प्रतिष्ठान के सबसे पुराने और पोढ़े मुवक्किल हैं। शायद वे जानते हैं कि जिस तरह का विद्रोह ये करते आ रहे हैं वह निरीह विद्रोह है और इसकी पीठ थपथपाने का मतलब है असली विद्रोह की संभावनाओं को और भी उलझा देना।

'असली विद्रोह'—बहुत बड़ा शब्द है यह और बहुत आसानी से नक़ली माल पर इसका बिल्ला लगाया जा सकता है। वास्तव में बिल्ले लगे ही हुए हैं—वामपंथी : दक्षिणपंथी या प्रगतिशील :

प्रतिक्रियावादी—मेनन-इंदिरा गाँधी : पाटिल-मोरारजी। इसके बीच में असली विद्रोह बिना बिल्ले के कैसे देख सकते हैं हमारे बुद्धिजीवी! अभी तक वे यह भी नहीं स्वीकार कर पाए हैं कि साहित्यकार का विद्रोह दोनों बिल्लों से विद्रोह है—जिसका हितैषी वह है उस मनुष्य के साक्षात् दर्शन की कोशिश बिल्लों के साथ हो नहीं सकती और बिना बिल्लों के ही हो सकती है। परंतु यह कहने का मतलब यह कहना है कि जिस मनुष्य का नाम अभी लिया गया है वह खुद बिल्लों के सहारे नहीं अपने विद्रोह के सहारे खड़ा हो। ऐसा नहीं कि एक सामाजिक विद्रोह के बिना एक कलाकार का विद्रोह नहीं हो सकता—परंतु ऐसा है कि यदि कलाकार सामाजिक विद्रोह को पहचानता नहीं तो वह अपने मनुष्य को भी नहीं पहचानता—वह मनुष्य जिसके पहचानने पर कलाकार सामाजिक विद्रोह को भटकने से बचा सकता है : रास्ता दिखाने का दावा मैं नहीं करूँगा। इसलिए स्वतंत्रता के अनंतर इतने गुमसुम वर्षों के बाद जब ज़मीन का हिलना शुरू हुआ है तो विद्रोही मनुष्य को अपने पैरों खड़े होने में मदद न देने का मतलब है न समाज के विद्रोह को समझना न साहित्य के विद्रोह को जानना।

क्या यह समस्या सुलझ गई? नहीं, मेरे दिमाग़ में नहीं। अभी और एक पेंच है—मेरे लिए महत्त्वपूर्ण पेंच और असली सवाल यह है कि कलाकार की आंतरिक ज़िम्मेदारी किस हद तक उसके सामाजिक योगदान में आड़े आती है? यदि वह आज के बँटवारों में नक़ली धुरों को बाँटकर सामाज के विद्रोह की सही शक्तियाँ उभारने में सहायक होना अपने कलाकार की जीवन-शक्ति के लिए ज़रूरी समझता है तो इस योगदान के बदले में वह अपनी स्वतंत्रता का कितना अंश समाज को या उसकी कार्यकारिणी सरकार को देता है? राजनीतिक से हमारे साहित्यकारों ने पिछले वर्षों में जो संबंध जोड़ा है वह राजनैतिक माध्यमों के प्रति सहकारिता का नहीं राजनैतिक सत्ता के प्रति विनीत सखा-भाव का रहा है। यह एक धुर है। इसके विपरीत दूसरा धुर है विचारधारा के प्रति या विचारधारा की गुलामी के प्रति सखा-भाव। दोनों ही ग़लत हैं।

सही क्या है? क्या वह अवसरवादिता तो नहीं है? नहीं, यद्यपि यह मानना पड़ेगा कि जो भी सही है उसमें और अवसरवादिता में बहुत सूक्ष्म भेद है, इतना सूक्ष्म कि उसका पालन करनेवाले को कभी-कभी अवसरवादिता के अपराध में लिप्त होते देखा जा सकता है। पर वह सही रास्ता इसीलिए और भी चुनौती-भरा और इसीलिए और भी सही रास्ता है। यह भी जानता हूँ कि उसकी परिभाषा करने का दंभ मैं करूँ तो परिणाम घातक हो सकता है। क्योंकि अंततः कितनी ईमानदारी से मैं उसे निभाता हूँ, यह बात परिभाषा में शामिल नहीं की जा सकती। तो भी परिभाषा करनी होगी क्योंकि समाज से तादाम्य की वह शर्त है।

मैं जानता हूँ कि मुझे राजनीति की उथल-पुथल में और उससे पैदा होनेवाले रास्ते के विकास में हिस्सा लेना है मगर मैं किसी राजनैतिक दल को, सत्ताधारी दल को तो और भी नहीं, यह अधिकार नहीं देता कि वह मुझसे मेरे काम की कैफ़ियत माँगे। मैं जो करता हूँ, अपनी ज़िम्मेदारी पर करता हूँ और मेरी बेईमानी की सज़ा मेरे साहित्यकार की मृत्यु है। पर यह दंड मुझे न तो दल के साहित्यिक आलोचक दे सकते हैं न साहित्य-अकादमी के सलाहकार। यह दंड ठीक उसी तरह मेरी अपनी उपलब्धि ही हो सकता है जैसे साहित्य रचना ठीक मेरा अपना निर्णय है।

अनुमति हो तो इसकी कुछ व्याख्या भी करूँ। क्योंकि शायद आप आपत्ति कर रहे हों कि मैंने कोई दो-टूक जवाब नहीं दिया। मैं समस्या का कोई दो-टूक जवाब दे भी नहीं सकता। शायद वे दे सकते हों जो समाज से अपने संबंध को खुद तय कर चुके हैं या कहीं से तय कर लाए हैं। मैं तो देखता हूँ कि एक साहित्यकार की हैसियत से मुझे उस दुनिया में, जो मेरी अपनी दुनिया नहीं है, दिन-ब-दिन पहले से ज़्यादा रहना पड़ रहा है मगर उससे न मैं आसानी से लगाव साध पा रहा हूँ, क्योंकि वह मेरी दुनिया नहीं है, और न अलगाव, क्योंकि सच्चे साहित्यकार के लिए अलगाव दिन-ब-दिन दुष्कर होता जा रहा है।

आज के संकट ने हमें इनसान की शानदार ज़िंदगी और कुत्ते की मौत के बीच चाप लिया है। इस स्थिति में सबसे आसान यह हो सकता है कि मैं सिर्फ़ आज की फ़िक्र करूँ और व्यक्ति के लिए जितनी स्वतंत्रता अभी बची है उतने से संतोष करूँ। इससे कुछ कम सुगम है कि मैं यह रियायत अस्वीकार करूँ और उनके आसरे ज़िन्दा रहूँ जो साहित्य के हथियारों से मेरी स्वतंत्रता के लिए लड़ते हैं। दोनों से कठिन और एक ही सही रास्ता है कि कल के लिए मैं सब सेनाओं से लड़ूँ—किसी में ढाल सहित, किसी में निष्कवच मगर मरने अपने को सिर्फ़ अपने मोर्चे पर दूँ—अपने भाषा के, शिल्प के और उस अकेली मगर दोतरफ़ा ज़िम्मेदारी के मोर्चे पर जिसे साहित्य कहते हैं।

विराट् भीड़ों के समाज को बदलने का आज सिर्फ़ एक ही साधन है। वह है उस सत्ता का उपयोग जो समुदाय का एक-एक व्यक्ति अलग-अलग निर्णयों से कुछ हाथों में देता है। सरकार, जो राज्य की प्रतिनिधि है, जो समाज की प्रतिनिधि है, जैसी भी वह हो, अधूरी, टूटी, नक़ली, मिलावटी, मूर्ख, वही अकेला कारगर साधन भीड़ के हाथ में है। मैं इस साधन के अधिक से अधिक सही इस्तेमाल के लिए लड़े बिना नहीं रह सकता, पर इसका मतलब यह नहीं कि मैं भीड़ का क़ायल हूँ। मैं बदमाशों, गधों, आधे पागलों और मक्कारों के लिए एक ज़िम्मेदारी महसूस करता हूँ, पर जो कुछ मैं रचता हूँ सिर्फ़ अपनी ज़िम्मेदारी पर रचता हूँ—या फिर नहीं रचता, फ़िलहाल अपने को रचने योग्य बनाए रखता हूँ।

[दिल्ली विश्वविद्यालय, दिसंबर 1966]

लेखिका का बंधन

हिंदी साहित्य में स्त्री के प्रति यह भावना बार-बार व्यक्त हुई है कि वह उपेक्षिता है, इसलिए दया का पात्र है। आधुनिक कहे जानेवाले साहित्य में पुरुष से उसके शरीर-संबंध को विशेष महत्त्व दिया गया है पर वहाँ भी उसके प्रति दया का भाव लेखक के मन से गया नहीं है—मानो आधुनिक जीवन के नर-नारी-समता के विचार ने रचनाकार को छुआ ही न हो और वह पिछले ज़माने के सामंती मन से ही स्त्री को देख रहा हो : उसमें नया जो कुछ है वह आधुनिक होने के कारण स्त्री-शरीर का अधिक आसानी से वर्णन कर सकना ही है।

कुल मिलाकर नया और पुराना हिंदी साहित्य स्त्री को लेकर जो कुछ देता है वह सतह पर घिनौना, सतह के नीचे पुरुष-समर्थक और उससे भी गहरे कहीं मनुष्य-विरोधी है। इस साहित्य के रचनेवालों में पुरुष ही अधिक हैं—स्त्रियाँ कम हैं : किंतु वे स्त्री पर पुरुष जैसी दया न दिखाकर स्त्री जैसी दया दिखाती हैं और यह कहना कठिन हो जाता है कि उन्हें इस माने में स्त्री-विरोधी कहा जाए या नहीं : उनमें एक स्तर पर तो साथ-साथ अनुभव किए होने का बोध रहता है परंतु दूसरे स्तर पर यह बोध सहानुभूति न बनकर दया बन जाता है : लिखनेवाली स्त्री अपने स्त्री पात्र से बड़ी, दया कर सकने की स्थिति में विशिष्ट हो जाती है। यह वृत्ति न तो नर-नारी-समता के विचार को जीवन दे पाती है, न स्त्री की पीड़ा का सच्चा चित्रण ही कर पाती है। इससे लेखिका को एक विशिष्ट कोटि में पुरुष लेखकों के बराबर—जा बैठने का संतोष कभी-कभी प्राप्त हो सकता है परंतु वह भी इस क़ीमत पर कि वह स्त्रियों के बारे में ही लिखती रहे और स्त्री पर प्रभुत्व रखने का जो काम करते हुए पुरुष पकड़े जा सकते हैं उसी को पुरुषों की ख़ातिर बिना पकड़े गए करती रहे।

यह एक 'चूहा भाग बिल्ली आई' जैसा खिलौना है जिसमें लेखिका और उसके स्त्री पात्र चक्कर

काट रहे हैं। दोनों में से एक ही विद्रोह करके इस चक्र को तोड़ सकता है और कहना न होगा कि वह व्यक्ति लेखिका ही है।

कृष्णा वाजपेयी ने यह कर दिया है। आख़िरकार कहानीकारों की जमात में एक व्यक्ति ऐसा आया है जिसने बार-बार यह स्वीकार करने से इनकार किया है कि लेखिका होने के नाते उसे एक ख़ास तरह की भूमिका अदा करनी है जो कि उसके पहले के पुरुष और स्त्री दोनों रचनाकारों ने आनेवाली लेखिकाओं के लिए अनकहे ही तय कर रखी है : या तो वे स्त्री को निरंतर एक उपभोग्य, और इसीलिए दयनीय सामग्री बनाए रखने के षड्यंत्र में शामिल हों या उससे विद्रोह करें तो वह भी एक उग्र चीत्कार से अधिक कुछ न हो जो एक और नारी-सुलभ गुण माना जाए और फिर उसी षड्यंत्र को शक्ति दें। इससे भी अधिक कुछ करना चाहें तो पुरुष से मुक्ति की हुंकार भरें और इस चेष्टा में और अधिक कमनीय प्रतीत हों जिससे उनके साहित्य में स्त्री और अधिक उपभोग्य विक्रय सामग्री बन सके। कृष्णा वाजपेयी ऐसा कुछ भी करने से साफ़ इनकार करती हैं। उनकी कहानियों में स्त्री और पुरुष के संबंध में जैसी बराबरी का दावा है वैसी मैंने साहित्य में अन्यत्र अभी तक कहीं देखी नहीं। इस लेखिका के रचना-जगत् में स्त्री एक व्यक्ति के ही रूप में आती है, जाति के रूप में नहीं : कहीं भी वह प्रतीक नहीं है, एक जीता-जागता व्यक्ति है जैसे कि उसे होना चाहिए। पुरुष और स्त्री के दो अलग-अलग संसार मानकर कृष्णा वाजपेयी उन दोनों के असंतुलन से उत्पन्न वेदना को अपना कथ्य नहीं बनातीं और इस प्रकार एक बड़ी भारी फिसलन से बचती हैं जिसका प्रलोभन, जबकि साहित्य-जगत् उनके स्त्री होने के कारण उनसे कुछ विशेष स्त्रियोचित साहित्य की अपेक्षा करता हो, कम नहीं है। उनका कथ्य अन्याय और असमानता के एक पूरे संसार के विरुद्ध व्यक्तियों का संघर्ष है, निरे पुरुष के विरुद्ध स्त्री का नहीं और इस कथ्य में स्त्री और पुरुष के परस्पर संबंध को इतनी काफ़ी गहराई में जाकर पहचाना गया है कि वहाँ स्त्रीत्व की परिभाषा नहीं होती, मनुष्यत्व की प्रतीति मिलती है।

कृष्णा वाजपेयी के पात्र निर्बल हैं, मानसिक रूप से जर्जर और कभी-कभी शारीरिक रूप से पंगु हैं और फिर भी ठीक वैसे ही हैं जैसे कलाकार न होने पर भी कोई उन्हें देख पाता। यह उनकी रचना-प्रक्रिया की विशेषता है कि वह विचित्र को भी साधारण मानकर उसे इस तरह दिखाती हैं कि पात्रों की विचित्रता हमारी मानवीय संवेदना को एक अंश दूर नहीं ले जाती जैसा बहुधा विचित्रता से साक्षात् करते हुए होता है। इसलिए इस संग्रह की कहानियाँ पढ़ते हुए हम खंडित लोगों की एक भीड़ से गुज़रते हैं पर उसे एक मेले की तरह नहीं देखते जिसमें जगह-जगह अपाहिजों या दो सिर, तीन टाँगवाले प्राणियों की नुमाइश हो रही हो। इसके विपरीत हम भीड़ में छोड़ दिए जाने पर अकारण पैदा होनेवाले तनाव से मुक्त होकर लौटते हैं—अपनापे और साहस की एक हलकी-सी अनुभूति लिए हुए जो जीवन की सार्थकता से तो अनुप्राणित है परंतु उसकी अपूर्णताओं से परिचय के कारण शांत भी है। अपने जीवन-अनुभव के साथ लेखिका ने असीम संयम बरता है और बार-बार जीवन से जो पाया है उसे कलाकार की सहज विनम्रता से शोध कर हमें दिया है—न वह यथार्थ की भाँति असह्य कटु है, न स्वप्न की भाँति मधुर और ऊलजुलूल। यदि कुछ कहानियों में यह उपलब्धि कुछ न्यून भी है तो वह न्यूनता मानव परिस्थितियों को समझने और उन्हें बिना अतिरिक्त आडंबर के चित्रित करने के संयम में नहीं, उनकी पुनरावृत्ति में ही है और इसे अनदेखी करने के लिए सुधी पाठक स्वतंत्र हैं : हर हालत में लेखिका के रचना-संसार में इतना काफ़ी वैविध्य है कि हम कभी किसी पात्र से इन्हीं कहानियों में, एकाधिक बार मिलने से ऊब नहीं सकते।

[कृष्णा वाजपेयी के कथा-संग्रह *एक कमज़ोर लड़की पागल-सी* की भूमिका, 1975]

अपनी तसवीर

अपनी तसवीर कोई एक तो होती नहीं जो माँगते ही अलबम से निकालकर आपको दे दूँ और आप उसे छाप लें। यों एक आप ले ही चुके हैं। फिर आप चाहते हैं कि वह तसवीर मेरी अपनी बनाई हुई भी हो। इस पर ज़ोर देकर आप या तो समझते हैं कि मेरी असलियत आपको मालूम हो जाएगी या मुझे एक मौक़ा देना चाहते हैं कि मैं अपनी असलियत को छिपा लूँ। दोनों सूरतों में हम और आप दोनों, यक़ीन जानिए, एक-दूसरे के प्रतिकूल ही चलने जा रहे हैं।

अर्थात् मैं कितनी भी ईमानदारी से काम क्यों न लूँ और अपनी एक-एक कमज़ोरी चुनकर आपको दिखाता चलूँ तो भी मैं अपनी उन खूबियों के साथ बेईमानी नहीं कर सकता जो कि मैं समझता हूँ मुझमें हैं। यहाँ तक कि उनसे भी नहीं जो मैं समझता हूँ मुझमें होनी चाहिए। उधर आप कितने भी सहृदय क्यों न हों आप मेरी हर खूबी पर ऊबेंगे और हर कमज़ोरी पर खुश होंगे जब तक कि आपको मेरी तसवीर बिलकुल नक़ली न लगने लगे। और अगर कहीं तसवीर में आपको असलियत दिखी तो खूबियों पर वाह-वाह करना और कमज़ोरियों पर तरस खाना आपका काम होगा और यह हरकत मुझे बरदाश्त न होगी।

यह तो है ही, ऊपर से एक और व्यक्ति का मुझे हर वक़्त ख़याल रखना है क्योंकि वह मेरी हर तसवीर में मेरे पीछे आकर खड़ा हो जाया करता है। अकसर औरतें या प्रशंसक कह उठते हैं, अच्छा हम तो समझे थे कि तुम यह हो। यह उनकी बनाई हुई तसवीर है पर इतने प्रेम से उन्होंने इसे मुझ पर थोपा है कि उसे खुरचकर मैं उनका दिल नहीं तोड़ना चाहता।

अगर इस कैफ़ियत के बाद भी आप चाहते हैं कि आपके पाठकों के लिए मैं अपनी तसवीर खुद लिखकर भेजूँ तो मैं मान लेता हूँ कि आप और आपके पाठक दोनों बेवकूफ़ बनने और बनाने के खेल में शामिल होने को राज़ी हैं और इस खेल के नियमों की अज्ञानता की दुहाई बाद में न देंगे।

मैं मान लेता हूँ कि मैं औरों से कुछ भिन्न हूँ। यह मानकर चलना मेरे लिए बहुत ज़रूरी है क्योंकि यह न मानना अपने कलाकार के साथ ज़बरदस्ती करना होगा। जो भी मेरे अंदर मुझे भाषा के साथ जूझने का कारण देता रहता है वह उन सबके अंदर के कुछ न कुछ से निश्चय ही भिन्न है जो या तो जानते नहीं कि वह क्या अनुभव कर रहे हैं या जानते हैं तो जानना ही काफ़ी समझते हैं। वास्तव में मेरा कलाकार होना इस दृष्टि से मुझे एक असामाजिक प्राणी बना देता है और मैं दूसरे लोगों के लिए चिंतित रहते हुए भी उनसे नफ़रत करने का अधिकार सुरक्षित कर लेता हूँ। पर समाज में रहते हुए मैं दाढ़ी बढ़ाकर नहीं घूमता, कपड़े इस तरह के नहीं पहनता कि लोग कह उठें, वह देखो, कवि आया, और बात इस तरह से नहीं करता कि लोग परे हटकर अदब से बैठें। पर बात इस तरह की ज़रूर करता हूँ कि सिर्फ़ वे ही लोग दुबारा मिलना चाहें जो निर्भय हैं और बिना अकारण आदर दिखाए या अकारण आदर माँगे दुबारा मिल सकते हैं।

कहने की ज़रूरत नहीं कि यह घोर असामाजिकता का लक्षण है कि निरंतर कम होते हुए निर्भीक व्यक्तियों के समाज में भी मैं अपनी पसंद पर इतना ज़ोर देता हूँ। पर वह मुझे जनता से सचमुच संयुक्त करता है और भीड़ से मुक्त रखता है।

शायद इससे यह समझा जाए कि मेरा जीवन आदर्शों का पुंज है। नहीं, वह एक ख़ास तरह के घटियापन का ख़ज़ाना है। यह लेख ही मैंने दस वायदे तोड़ने और बीस बहाने बताने के बाद लिखकर दिया है।

वायदा तोड़ना मेरे लिए एक प्रीतिकर अनुभव है। मैंने इसका इतना अभ्यास किया है कि अब उसमें कोई अवज्ञा या छल की भावना नहीं रह गई है। थी ही नहीं। बहुत कम लोग मेरे इस तरीक़े को बरदाश्त कर पाते हैं। वे खुद इतने निकम्मे होते हैं कि मुझे कोई खुशी नहीं होती। हाँ, वे खुद

मुझसे वायदे करके तोड़ें तो एक तरह का संतोष ज़रूर होता है कि मेरा कोई नुकसान भी नहीं हुआ और उनका काम भी बन गया।

वायदे तोड़कर मैंने बहुत कुछ सांसारिक चीज़ें खोई हैं पर जब सोचता हूँ कि उन्हें पाने की क़ीमत सिर्फ़ एक वायदा निभाना थी तो विश्वास होता है कि जो कुछ मुझे मिला है वह बिलकुल मेरा अपना है जो कोई मुझसे छीन नहीं सकता।

पर अपने बच्चों से मैं कोई वायदा नहीं तोड़ता। मैं नहीं चाहता कि वे शुरू से ही व्यक्ति में अविश्वास करनेवाले और अत्यंत सतर्क रहनेवाले बन जाएँ और इस तरह दुनिया के सबसे दिलचस्प उस अनुभव से वंचित रह जाएँ जो बचपन में सीखी हुई आस्था के टूटते रहने से संवेदनशील व्यक्तियों को जीवन भर होता रहता है। इस संदर्भ में मैं अपने को आज भी बहुत पिछड़ा हुआ पाता हूँ क्योंकि तमाम तरह के ऊलजुलूल विश्वास मेरे यहाँ अब भी अखंडित हैं, या अब तक थे।

जैसे एक तो यही कि सुदर्शन पुरुष ईमानदार होते हैं और सुंदर स्त्रियाँ सहृदय, या जिसकी बुद्धि तीक्ष्ण होती है वह ऊँची बातें ही सोचता है। पर इस तरह की भ्रान्ति को ज़बरदस्ती पकड़े रहना मेरे लिए बहुत ज़रूरी है क्योंकि जिस दिन यह मानता नहीं रह सकूँगा कि मनुष्यों में सबसे गिलगिला केंचुआ भी एक क्षण अपना सर्वस्व दूसरे को, चाहे वह भी केंचुआ क्यों न हो, अकारण दे सकता है, उस दिन मैं भी केंचुआ बन जाऊँगा पर सबसे गिलगिला नहीं होऊँगा, इसका विश्वास दिलाता हूँ।

मुझे उम्दा खानों का शौक़ है पर किसी तरह के भी खाने से मुझे शिकायत नहीं होती। शिकायत सिर्फ़ कब्ज़ की होती है पर कब्ज़, अगर आप भंग नहीं खाते या पीते हैं तो जानते होंगे, जीवनप्रद चीज़ है। मुझे पीने की उम्दा चीज़ों का भी शौक़ है लेकिन इनमें शराब एक ऐसी चीज़ है जिससे सख़्त शिकायत है। वह यह कि हद से ठीक पहले तक ही लेने पर भी हर वक़्त यह पता रहता है कि इसके बाद हद है। यह एक खेल-जैसा मालूम होता है और शराब का शायद सबसे बड़ा मज़ा यह खेल ही है—'गम ग़लत करना' एक बे-सिर पैर की बात है।

यों अगर आपने सिर्फ़ यह लेख ही नहीं मेरा लिखा हुआ और कुछ भी पढ़ा हो तो आप शायद याद करें कि गम ग़लत करने के ख़िलाफ़ मैंने अपनी आरंभिक रचनाओं में काफ़ी आंदोलन किया है :

यदि खोजी हो मैंने निष्कृति फैला आलिंगन को बाँहें
करुणामयि नारि यदि मैंने दासी की हो

या फिर

यह क्या है जो इस जूते में गड़ता है
यह कील कहाँ से रोज़ निकल आती है
इस दुख को रोज़ समझना क्यों पड़ता है

इस अर्थ में अपने आरंभिक साहित्य को मैं पहले के साहित्य से बहुत आगे पाता हूँ जिसमें मानवीय वेदना का एकमात्र उद्देश्य व्याकुलता और उसका एकमात्र परिणाम आनंदमयता समझा जाता था। जिस आनंद की मैंने अपने यहाँ बात की है वह और है :

पानी के मन में अनेक संस्मरण हैं

या

रात भर जब प्रार्थना में झुके रहकर सिर उठाया
तब सुबह हो गई
देखा, दूर लंबी डाल पर है खिंचा फूल गुलाब का

और बाद की रचनाओं में इसी 'गम ग़लत करने' के दूसरे पहलू 'व्यक्ति पर तरस खाने' के विरुद्ध शायद आपने कुछ पढ़ा हो—जैसे 'एक जीता-जागता व्यक्ति' या 'इंद्रधनुष' कहानी में है। वह सब साहित्य है, मेरी अपनी तसवीर नहीं पर उसकी इतनी बात बिलकुल मेरी शक्ल समझिए कि जितनी उलझन मुझे रिरियानेवाले आदमी से होती है उससे ज़्यादा पुचकारनेवाले से होती है।

मुझे प्यार करना भी बहुत अच्छा लगता है। और मैं बिल्ली, बच्चा, बशर्ते कि वह बिलकुल अपने बाप-सा खूसट न हो—औरत, गाय, गिलहरी, और कबूतर जैसी चीज़ों को बहुत प्यार करता हूँ। कौवे को नहीं करता और कुत्ते को नहीं करता। उम्मीद है इससे आप मेरे जीवन के प्रेम-पक्ष का कुछ अंदाज़ लगा सकेंगे। जो आप न जान पाएँगे और जो मैं बताता हूँ वह यह कि मैं एकसाथ बहुत-से पात्रों को प्यार दे सकता हूँ और मेरा तजुर्बा है कि जितना प्यार एक इकलौते बच्चे को दिया जाता है उतना ही चार बच्चों में से हर एक को दिया जा सकता है, और जितना प्यार अपनी बीवी को तब दिया गया था जब वह दुलहिन थी उतना ही (ज़्यादा पर कोई क़ैद नहीं) उसे तब दिया जा सकता है जब वह माँ हो गई हो। जो कहते हैं कि एक आदमी सबको कहाँ-कहाँ प्यार दे, वे परिवार नियोजन का पोस्टर पढ़कर आते हैं और ज़रूर अपनी बीवी से डरते हैं।

इसको बताने की ज़रूरत इसलिए पड़ी कि बिना मेरे बच्चों और मेरी पत्नी के मेरी कोई तसवीर पूरी नहीं हो सकती, चाहे वह खुद मैंने ही क्यों न खींची हो। आख़िर कोई कार्टून तो बना नहीं रहा हूँ।

पर एक बात बिलकुल साफ़ कर दूँ। साहित्य मेरे परिवार की ज़िम्मेदारी नहीं है। वह बिलकुल मेरी अपनी ज़िम्मेदारी है और उसका बोझ बिलकुल मेरा अपना है। जिस दिन आप मुझे कहते सुनेंगे कि क्या करें, गृहस्थी सँभालें या साहित्य रचें, उस दिन समझिएगा कि रघुवीर सहाय को जो लिखना था लिख चुके।

[1972]

साहित्यिक पत्रकारिता

साहित्यिक पत्रकारिता से अभिप्राय क्या है? क्या साहित्य संबंधी पत्रकारिता? या साहित्यिक भाषा में पत्रकारिता? या फिर केवल पत्रकारिता जो साहित्य भी हो? विचारगोष्ठी को इनमें से एक या सभी को जाँचने के लिए मुक्त रखकर मैं केवल एक निषेध ध्यान में रखूँगा—राजनैतिक विवेचना से हमारा अभिप्राय शायद नहीं है। बाक़ी सभी विषयों पर लेखन जो काल्पनिक कथा-कहानी की परिभाषा में न बँधता हो, साहित्यिक पत्रकारिता मान लीजिए तो बहस आसान हो जाती है, अन्यथा बहस साहित्यिक पत्रिकाओं से आरंभ करके अंत में हम कविता से इतर विधाओं पर ही पहुँचेंगे। यह कहते हुए मुझे अनुमान है कि संभवतया किसी का आग्रह हो कि साहित्य संबंधी खोजबीन में ही साहित्यिक पत्रकारिता मानी जा सकती है। वास्तव में पत्रकारिता की निम्नतम कोटि में रखने योग्य तत्त्व अर्थात् तथ्य संकलन तो बहुधा ऐसी साहित्यिक खोजबीन में भी पाए जाते हैं जो विश्वविद्यालयों में शोध-प्रबंध का नाम धरकर स्वीकृत होती है—किंतु निश्चय ही विद्वान आलोचकवृन्द को पत्रकार कहकर चिढ़ाना यहाँ किसी का लक्ष्य नहीं है। बहुधा साहित्यकारों ने भी अपने कृतित्व का आलोचना जगत् में यथायोग्य स्थान सुरक्षित करने के लिए कहानी, कविता आदि के सिद्धांत प्रतिपादित किए हैं। सामयिक उद्देश्यों की पूर्ति का तत्त्व इनमें विद्यमान रहने के कारण ये भी पत्रकारिता की श्रेणी में वरेण्य हैं। किंतु ऐसा मानना भी कहीं कम से कम उन पत्रकारों की धृष्टता न कहलाए जो साहित्यकार नहीं हैं।

इससे मैं इस प्रश्न पर आता हूँ कि पत्रकार और साहित्यकार में कोई अंतर है? मैं मानता हूँ कि नहीं है। इसलिए नहीं कि साहित्यकार रोज़ी के लिए अख़बार में नौकरी करते हैं बल्कि इसलिए कि पत्रकार और साहित्यकार दोनों नए मानव-संबंध की तलाश करते हैं। दोनों ही बताना चाहते हैं कि दो मनुष्यों के बीच नया संबंध क्या बन रहा है। दोनों के उद्देश्य में समानता है : कृतित्व में समानता कमोबेश है। पत्रकार जिन तथ्यों को एकत्र करता है उनको क्रमबद्ध करते हुए उन्हें उस परस्पर संबंध से विच्छिन्न नहीं करता जिससे वे परस्पर जुड़े हुए हैं और क्रमबद्ध हैं। वह केवल उनमें सबसे महत्त्वपूर्ण को सबसे महत्त्वपूर्ण स्थान दे देता है। साहित्यकार के लिए तथ्यों की जानकारी उतनी ही अनिवार्य है जितनी पत्रकार के लिए, परंतु उन तथ्यों का गतानुगत क्रम उसके लिए अवध्य नहीं है बल्कि तथ्यों के परस्पर संबंध को जानबूझकर तोड़कर भी साहित्यकार उन्हें नए सिरे से क्रमबद्ध करता है और इस प्रकार के एक नए संपूर्ण सत्य की सृष्टि करता है जो एक नया यथार्थ—एक संभव यथार्थ होता है। पत्रकार के लिए यथार्थ वही है जो संभव हो चुका हो : साहित्यकार के लिए वह है जो संभव हो सकता हो। परंतु रचना के हित में दोनों के लिए यथार्थ यथास्थिति नहीं होना चाहिए।

दोनों में इतने अंतर के बावजूद गहरी समानताएँ हैं। दोनों यदि घटनाओं के भीतर छिपे अर्थ नहीं खोजते तो दोनों असफल रहते हैं। जो पत्रकार निरी सूचनाएँ जमा करके उन्हें सजा देता है वह उसी साहित्यकार के समान असफल है जो निरी भावनाएँ जमा करके उन्हें सजा देता है। जिस हद तक ये दोनों प्रकार के लेखक घटनाओं के भीतर मानव-संबंध के बदलते रूप देखते हैं उस हद तक एक-दूसरे के निकट आते हैं।

मैं यह शिकायत करने की धृष्टता करने की अनुमति चाहता हूँ कि हिंदी में यही सबसे कम हुआ है। इस ठंड में जब इस ज़िले में तीन और उस ज़िले में चार मौतों की ख़बरें आ रही हों तो हिंदी के पत्रकार जगत् से यह आशा करना कोई ज़्यादती न होगी कि वह इस मामले की भी जाँच करे कि आख़िर कौन लोग हैं जो ठंड से मरते हैं? साहित्य जगत् से जो संभव नहीं हो सकता है वह पत्रकार कर सकता है। साहित्य से अर्थात् संभ्रान्त साहित्यकार से ठंड में अकड़कर मरे हुए आदमी के लिए इतनी संवेदना दुष्कर है कि वह उसको लेकर साहित्य रच सके। उस मृत्यु में न मृत्युबोध है न संत्रास क्योंकि वह भोगा हुआ यथार्थ आदि नहीं है तथापि पत्रकार के लिए ऐसा कोई सच्ची अनुभूतिवाला बंधन नहीं है। वह तटस्थ होकर जाँच शुरू कर सकता है यद्यपि जाँच आरंभ वह तभी करेगा जब वह मरे हुए आदमी का पक्षधर हो। जाँच के अंत में उसके नतीजे भी पक्षधर हो सकते हैं। इस अर्थ में कि वह मौत की ज़िम्मेदारी ईश्वर पर न डाल दे। हर हालत में पत्रकार का ही यह काम है कि मृत्यु की ऐसी ठंडी ख़बरें पढ़ने के अभ्यस्त लोगों को बताए कि हर साल कुछ विशेष वर्गों के ही लोग ठंड से मरते हैं और उनके मन से यह भ्रांति दूर करे कि ये लोग जाड़े में बर्फ़ का मज़ा लेने निकले थे और दुर्घटना से मर गए। यदि पत्रकार यह काम करता है तो वह साहित्यकार हो या न हो, आप उसके कृतित्व को साहित्यिक पत्रकारिता कह सकते हैं। इसलिए कि उसमें वही जिज्ञासा है जो साहित्यकार में होनी चाहिए, इसलिए नहीं कि उसने अपना वृत्तांत साहित्यिक शैली में लिखा है।

साहित्यिक शैली का ज़िक्र आया है तो अपनी एक आशंका भी जता दूँ। हिंदी में बहुत समय से पत्रकारिता की भाषा बदलती चली आ रही है। वह वर्गीकरण की प्रवृत्ति से किसी भाँति हाथ-पाँव मारकर छूट रही है, विश्लेषण की ओर बढ़ रही है। विशेषणप्रियता अभी उसने पूरी तरह छोड़ी नहीं तो भी 'अहा अहो' का युग बीत चुका। चुटकी लेने की सामर्थ्य तो उसमें थी ही। चुटकी से बात को पकड़कर उठा लेने का अभ्यास भी वह कर रही है। फिर भी अभी हमारी पत्रकारिता से दो अनावश्यकताएँ निकली नहीं हैं—एक है अहं और दूसरी विस्मय। ये दोनों साहित्य की देन हैं। साहित्य भी इन्हें लेकर श्रेष्ठ नहीं हो सकता परंतु पत्रकार का लेखन तो निश्चय ही इनके रहते खंडित होता है। इन दोनों के संयुक्त दोष के कुछ उदाहरण हिंदी में लिखे यात्रा-वृत्तांतों में मिलते हैं जिनमें हवाईजहाज़ में बैठने का विस्मय और

विदा देने आए लोगों की भक्ति का वर्णन इस विश्वास से किया जाता है कि विदेश यात्री के जीवन के अविस्मरणीय क्षणों की कथा बाँसगाँव के बेचारे हिंदी पाठक पढ़ने के लिए व्यग्र हो रहे होंगे। विश्लेषण तो इन दोनों को मन में रखकर संभव है ही नहीं। संवाद भी मानव-संबंध के स्पंदन से वंचित रह जाता है। यह निरा शैलीगत दोष नहीं है। हिंदीभाषी क्षेत्र में पत्रकारिता के आदिकाल से वैयक्तिकता का यह अतिरेक पाया जाता है। हो न हो इसका संबंध पांडित्य के प्राचुर्य और अनुभव के अभाव से ही है।

साहित्यिक पत्रकारिता का अर्थ जो विद्वान साहित्य के क्षेत्र में पत्रकारिता लगाएँ उनसे मैं दो शब्द कहना चाहता हूँ। एक-दूसरे को लिखी चिट्ठियों के संग्रह और प्रकाशन को पत्रकारिता नहीं कहते। यह गतिविधि 'पत्रों' से संबंध रखती है यही सोचकर शायद इसे पत्रकारिता कहा जाता होगा। अन्यथा इसमें कुछ कृतित्व नहीं है। पत्र-लेखकों का कृतित्व नहीं व्यक्तित्व है जिसके प्रकाशन का औचित्य तभी है जब वह व्यक्तित्व दूसरों के जानने योग्य क्षेत्र में प्रकाशमान हो। तभी संपादक का भी कुछ योगदान पत्रों के चयन में हो सकता है, साक्षात्कार नामक विधा के प्रति हिंदी के विराट् संसार में व्याप्त मोह के विषय में भी मेरा यही आशय है।

अन्त में उस कला का उल्लेख करना आवश्यक है जिसे शायद बहुमत से साहित्यिक पत्रकारिता माना जाए। वह है साहित्यिक पत्रिकाओं के संपादन की कला। इस क्षेत्र में मेरी समझ में विशेष कुछ करने की ठीक इसी समय ज़रूरत है। साहित्य की पत्रिकाओं की भरमार होते हुए भी साहित्य के संपादकों की निराशाजनक कमी है। 1947 के आसपास रचनात्मकता की एक लहर दौड़ी थी—*नया साहित्य, हिमालय, प्रतीक,* ये उस समय के स्तंभ थे और इनमें *प्रतीक* द्वैमासिक और *अनंतर* मासिक का वैसा योगदान विशेष रहा जैसा साहित्य की पत्रिका का रहना चाहिए अर्थात् चारों ओर जो लिखा जा रहा है उसमें से श्रेष्ठ चीज़ें छाँटना और उन्हें प्रकाशित कर मानदंडों की स्थापना करना। यह केवल इसलिए संभव नहीं था कि चारों ओर काफ़ी कुछ लिखा जा रहा था—वास्तव में ऐसा हो सका तो संपादक के व्यक्तित्व के कारण। और इसी के कारण ही ऐसा होता है। संपादक यदि साहित्यधारा को दिशा देने से घबराता है तो वह उसके संपादन में लक्षित होगा। विविधता को प्रतिनिधित्व देने की सदाशयता से ही साहित्यिक पत्रिका का निर्माण नहीं होता। 1960 के आसपास के समय में यही इच्छा साहित्यिक पत्रिकाओं की प्रेरणा रही। परिणामतया लेखक और संपादक में भेद ही नहीं रह गया।

इस घटना को समझने के लिए हमें हिंदी भाषा के स्वातंत्र्योत्तर कार्यव्यापार को भी समझना पड़ेगा। स्वाधीनता के साथ-साथ हिंदी को विशेष प्रतिष्ठा देने की योजना चली थी। इसके अंतर्गत हिंदी को जनसाधारण की राजभाषा न बनने देने की प्रक्रिया चली जिसमें हिंदी के बड़े-बड़े विद्वान और नेता अंग्रेज़ी/हिंदी में शब्दों के अनुवाद के काम की 15-20 वर्ष की परिकल्पना करके उसमें व्यस्त हो गए। 1960 आते-आते स्थिति यह हो गई थी कि विविध विषयों में ऐसे हिंदीभाषी लोगों की व्यापक कमी हो गई जो उस विषय के ज्ञाता और कर्ता हों, उन विषयों का अंग्रेज़ी से हिंदी अनुवाद की योग्यता के सहारे जीविका खोजनेवालों की संख्या बहुत बढ़ गई। 1965 आते-आते इन सबको अरक्षित छोड़कर हिंदी के सलाहकारों ने अवकाश लेना आरंभ कर दिया—सरकारी कृपा-दृष्टि भी रिक्त हो चली थी। नई पीढ़ी को हर जगह अपने पैरों खड़े होने की अचानक जो ज़रूरत आ पड़ी थी, अनेकानेक साहित्यिक पत्रिकाओं के उदय का वही रहस्य है और वही उनके अस्त का भी है।

आज स्थिति कुछ और है। पत्रिकाओं की संख्या में विशेष कमी नहीं हुई—परंतु लेखन के परिमाण में अब और वृद्धि नहीं हो रही है। कम लिखा जा रहा है परंतु पहले से अच्छा लिखा जा रहा है। अब भी यदि किसी संकोचवश साहित्य के संपादक साहस करके उत्कृष्टता के मानदंड नहीं स्थापित करते तो दुर्भाग्य ही कहा जाएगा। ऐसी दशा में प्रत्येक अच्छे लेखक को अपनी साहित्य-पत्रिका—जिसमें केवल उसकी रचनाएँ ही प्रकाशित हों, निकालने की योजना करनी होगी।

[हिंदुस्तानी अकादमी, इलाहाबाद, 1971]

रचना-प्रक्रिया

[1]

रचना की प्रक्रिया के बारे में कुछ लिखना लेखक के लिए एक मुश्किल काम होता है—आधुनिक लेखक के लिए भी। बल्कि उसके लिए और भी क्योंकि रचना के समय उसके अंतर में जो कुछ होता है उसका उसे अपने पहले के लेखक की अपेक्षा अधिक परिचय है। इससे स्वाभाविक है कि वह उस घटना के प्रति सजग हो और किसी अंश में और किसी सीमा तक सचेत भी। लेकिन वह सीमा क्या है जिस तक रहना रचना के लिए अनुकूल है? यह ठीक-ठीक न जानते हुए भी शायद आज का लेखक जानता है कि अपनी रचना-प्रक्रिया को एक हद से ज़्यादा जानना रचना के रास्ते में बाधक हो सकता है। पर जानता वह यह भी है कि उस प्रक्रिया को बिलकुल न जानने से उसकी कला का विकास कुंठित हो जाता है, और इस तरह आधुनिक लेखक की एक महत्त्वपूर्ण समस्या यह भी जान पड़ती है कि वह अपनी इस चेतना का अपने कलाकार के हित में क्या इस्तेमाल करे।

इस स्थल पर रचना-प्रक्रिया शब्द का किंचित् स्पष्टीकरण कर दिया जाए। यह समझना बिलकुल ग़लत है कि सब लेखकों के लिए एक प्रकार की या कुछ प्रकार के लेखकों के लिए कुछ प्रकार की प्रक्रिया निश्चित है जिससे उनके द्वारा सृजन होता है। इससे ज़्यादा भ्रामक और कुछ हो नहीं सकता। इतना ही भ्रामक यह मानना भी हो सकता है कि लेखक से अलग करके रचना-प्रक्रिया का कोई शास्त्रीय विवेचन किया जा सकता है। जो विद्वान रस और अलंकार की तरह रचना-प्रक्रिया के भी नायिका-भेद करना चाहें करें, पर वह लेखक के लिए कोई मतलब नहीं रखता। इसका यह अर्थ नहीं कि रचना-प्रक्रिया कोई ऐसी चीज़ है जो अनुभूति से परे है, वह नहीं है। तर्क से परे लेकिन वह है, यह हो सकता है कि किसी एक रचना के समय होनेवाली प्रक्रिया का कोई विश्वसनीय विवरण लेखक आपको स्मृति के बल पर दे सके, पर उस पर पूर्णतः विश्वास कर लेना वैसा ही होगा जैसे उसकी किसी रचना पर विश्वास कर लेना : दोनों ही बयान एक-से बनावटी—अच्छे अर्थ में कह रहा हूँ—होंगे। और जब यह कहा गया था कि आज के लेखक को अपने अंतर में होनेवाले सृजनात्मक परिवर्तनों का पहले के लेखक की अपेक्षा अधिक परिचय रहता है तो अभिप्राय केवल यह था कि वह अपने सृजनात्मक कार्यों का महत्त्व अपेक्षया अधिक जानता है। वह जानता है कि उसने कुछ रचा है, और इस अर्थ में वह स्वयं औरों से भिन्न है ही, उसका यह कार्य भी उसी के अन्य कार्यों से भिन्न है। और जब यह कहा गया था कि अपनी इस चेतना का वह अपने कलाकार के हित में क्या उपयोग करे तो अभिप्राय यह था कि वह जान ले कि क्या उसकी सृजनात्मक शक्ति का उत्कर्ष कलात्मक कृति में ही है : या दूसरे शब्दों में, कलात्मक कृति, जो उसकी रचना-प्रक्रिया की केवल एक संभाव्य पूर्णता है, क्या उसकी अनिवार्य पूर्णता भी है।

थोड़ी देर के लिए यों सोचिए कि कबीर को इस मामले में क्या कहना रहा होगा। अनुमान लगाया जा सकता है कि उन्हें अपने अंतरतम की घटनाओं का परिचय रहा होगा। पर क्या वह यह भी जानते रहे होंगे कि वह जो कुछ कर रहे हैं वह उनके समय में या आगे चलकर काव्य कहलाएगा। और हम भी जिसे कबीर का काव्य कहते हैं वह क्या उनके संपूर्ण सृजन का एक पहलू नहीं है। बहुत संभव है उन्हें अपनी सृजनात्मक शक्ति के इस प्रतिफल में बिलकुल दिलचस्पी न रही हो। उनके लिए संभवतः अपने व्यक्तित्व का विकास ही समग्र उद्देश्य रहा होगा और जो कुछ उन्होंने लिखा उस उद्देश्य की एक उपज ही माना जाना चाहिए।

वास्तव में, कमोबेश, हर आदमी आज भी सृजन करता है : साधारण जनों में यह रचना-प्रक्रिया मूलतः उसी प्रकार होती है जैसे विशिष्ट लोगों में होती है और अनुभवों से होनेवाली उपलब्धि किसी न किसी रूप से व्यक्त भी एक-सी ही अनिवार्यता से होती है। वास्तविकताओं को हर कोई आत्मसात्

करता है और हर कोई उन्हें अपने लिए फिर से संपुजित करता है—रचना करता है। इनमें से कुछ इस पुनस्संपुजन को अपने से बाहर भी देख पाते हैं—उसे कृति की संज्ञा दे जाते हैं। कुछ को उसे बाहर देखना अनिवार्य नहीं मालूम होता—तथापि कभी वे कृति देते हैं और कभी उसे अपने में आत्मसात् हो जाने देते हैं। अन्य कुछ इस प्रक्रिया भर से मतलब रखते हैं—उससे क्या कृति-रूप में प्रकट होता है इससे ख़ास कुछ नहीं—उनका अच्छा-बुरा व्यक्तित्व ही उनकी रचना होती है।

आज का लेखक इस प्रकार के भेद के प्रति सजग है : उसे अपनी रचना-प्रक्रिया की अनेक स्वाभाविक परिस्थितियों का ज्ञान है पर फिर भी वह जानता है कि इनमें से उसकी अपनी परिणति साहित्य ही है। यह और बात है कि अंशतः उसकी उपलब्धि स्वगत रहती है—जैसा कि अनिवार्य भी है, पर कुल मिलाकर वह जानता है कि उतना ही अनिवार्य उसे भाषा के साधन से अपने को व्यक्त करना भी है, सर्वशक्तिमान् बंधनों के भी स्वीकार का उत्स है। आज का कलाकार, कलाकार होने में ही प्रतिकृत होता है : अपने सृजनात्मक व्यक्तित्व के और सब विकल्प अस्वीकार करके कला को वह एक मानव अशक्यता की तरह स्वीकार करता है। रचना-प्रक्रिया इस रूप में लेखक के लिए अपनी नियति का प्रत्यभिज्ञान है। उस प्रक्रिया के सिलसिले में जो समस्याएँ लेखक के सामने आती हैं उन्हीं का उत्तर देने की क्रिया रचना हो जाती है इसलिए उन पर कोई विचार-विमर्श नहीं हो सकता—उसका कोई अर्थ न होगा क्योंकि अगर उन समस्याओं का कोई अर्थ है तो वह रचना का अर्थ है। इसलिए यदि रचना-प्रक्रिया को लेकर कुछ बातचीत की जा सकती है तो इसी प्रश्न पर की जा सकती है कि क्या उसकी चेतना लेखक के लिए कोई महत्त्व रखती है। और इसका अपना उत्तर संक्षेप में मैंने ऊपर दे दिया है।

[2]

एक नई चीज़ हो रही है। जब कोई रचना मन में रूप ग्रहण करने लगती है तो उसमें से एक और रूप प्रस्फुटित हो जाता है। दोनों कुछ दूर साथ-साथ चलते हैं फिर अलग हो जाते हैं और एक स्पष्टतर हो उठता है, फिर दोनों समानांतर चलने लगते हैं और दूसरा स्पष्टतर हो जाता है। एक-दो बार मैं सफल हुआ हूँ दोनों को बाँध लेने में और उन्हें बिलकुल अलग-अलग रखने में। मुझे लगता है कि यह ख़ाली रोचक नहीं।

[3]

सबसे बड़ा आत्महनन जो किया जा सकता है वह है 'लिखना'। अब हम कैसे बताएँ कि लिखना कितना बड़ा दर्द है, कितना बड़ा त्याग है। बताना मुश्किल है क्योंकि वह कई एक ऐसी वस्तुओं का त्याग है जिन्हें साधारणतया कोई महत्त्व नहीं दिया जाता।

कितना मोह है जीवन से। जानता हूँ कि जैसे सभी जीते हैं, जिया करते हैं, वैसे जीने में कोई कर्म नहीं है मज़दूरी ही है। 'कर्म', 'रचना', 'सृजन'—छोटे शब्द प्रयोग किए जाएँ या बड़े, उस व्यापार की जो महत्ता है, वह है। वह साधारण जीवन से ऊपर है और उसमें निहित कठिनाई यह है कि उसका आदर्श साधारण जीवन ही है। वह ऐसे कलाकार का कर्तव्य है जो सामाजिक जीवन को कर्मयुक्त जीवन बनाना चाहता है पर जिसका कर्म वही नहीं है जो समाज में कर्तव्य है। इसलिए उसका कर्म एक शाश्वत आदर्श है, तात्कालिक धर्म नहीं : आज तुरंत प्रतिकृत हो जानेवाला कोई ढकोसला नहीं, अपनी क्षुद्र वैयक्तिक सीमा में प्राप्त कोई शारीरिक गुदगुदी नहीं, बल्कि एक शांत कायाकल्प।

तात्कालिक कर्म क्या है? अवसर का लाभ उठाना या इस क्षण का कर्तव्य करना? मोह हमें होता है। क्यों न होगा, बल्कि हमें तो और भी होगा, क्योंकि हम अपनी जीने की ललक को किसी छोटी तुष्टि से, या कई छोटी-छोटी तुष्टियों से मार देना नहीं चाहते—ऐसे अल्पसंतोषी हम नहीं। वे और

होंगे जो रोज़ नए सिरे से दिन शुरू करते हैं—इस भोजन से उस भोजन तक अपनी व्यथा स्थगित करते जाते हैं। हमें तो बहुत भूख लगती है, बहुत! खाना-पीना, उठना-बैठना, पहनना-ओढ़ना, हँसी-मज़ाक, प्रेम, आदर, भक्ति सबके लिए हम छटपटाते रहते हैं—और अभी कुछ मिल जाता है तो उसका मज़ा तो लेते नहीं, बैठकर सोचने लगते हैं कि अगली बार वह मिलेगा या नहीं। अच्छा, यदि हम जीवन की इन अनेक इच्छाओं में से कोई एक पूरी कर सकें और उसकी खूब अति करें—खूब शराब पीने लगें, खूब जुआ खेलने लगें, खूब रंडीबाज़ी करें, या कुछ ऊँचे बौद्धिक स्तर पर हों तो प्रेम में सबकुछ गँवा बैठें—तो क्या जीवन के प्रति वह मोह कहलाएगा। वह तो एक तिरस्कार्य लालच है और तृष्णा का अपमान है। जो कहा गया है कि भोग करने के लिए त्याग करो—सो ठीक ही है, चाहे हम अपने ढंग से ही उसका अर्थ लगाकर उसे ठीक मान रहे हों। इन शब्दों के अर्थ बदल गए हैं, अब ये केवल कृति, कलाकार, योद्धा के लिए प्रयुक्त किए जाएँ—विशिष्ट व्यक्तियों के लिए—जो विशिष्ट हैं क्योंकि इसे कर सकते हैं।

उनका दायित्व रचना का है। अपने जीवन की परिधि में आनेवाले दैनन्दिन उपभोग की लालसा और विशदतर सामाजिक जीवन की रचना में जो द्वंद्व है उसमें रणरणित होते रहने का दायित्व उनका है। संप्रति, उपभोग में स्वास्थ्य नहीं है—हो ही कैसे सकता है जब उपभोग्य ही अपूर्ण अतएव विकृत है।

इसलिए अनुभव करना चाहिए और उसका स्वार्थ भूल जाना चाहिए। यह आवश्यक नहीं कि जो कुछ हम सह चुके हैं वैसे का वैसा कागज़ पर उतारा जाकर विशिष्ट कला ही कहलाए। हम अनुभव करें तो उस समय जीने के लिए ही क्यों करें? उस अनुभव को बाद के विशाल जीवन में लादे हुए नहीं, लिए हुए चलने के लिए अनुभव करें। उसे उदारता से किसी को दे न डालें—दे सकते नहीं क्योंकि वह तन पर अंकित हो जाता है—पर उसके हेतु को नष्ट कर दें अन्यथा उसे कंधे पर लादे-लादे घूमेंगे और पछताएँगे। न हम ऐसे शंकर हैं न वह ऐसी सती। हम उसका अर्थ आसानी से हृदय में लिए घूम सकते हैं और पछताना भी नहीं पड़ेगा।

... वह सत्य जो हम पाएँगे हमारा होगा पर वह हमारा तभी होगा जब वह हमारा नहीं रह जाएगा। जो उपलब्धि केवल हमारी है वह एक निम्न बौद्धिक स्तर की रचना है। जिस सत्य को हम देख आए हैं उसे सबमें देखें जिनके हम हितैषी हैं—वह हमारा स्वानुभूत तो हो, सहानुभूत भी हो।

[4]

जैसे ही मैं लिखने बैठा सब भूल गया; 'जानता हूँ कि मैं कुछ रचने जा रहा हूँ', यह संतोष मानो परम हो गया और जहाँ परम संतोष है वहाँ रचना कहाँ।

पर ऐसा क्यों हुआ? यह भी जानता हूँ कि इस वक़्त मुझे लोग लिखते हुए देख रहे हैं और यह ऐसा ही है जैसे किसी को प्यार करते हुए देखना, फिर भी उनकी मज़े में अवहेलना कर सकता हूँ क्योंकि जो मुझे लिखता देख रहे हैं वे नहीं जानते कि मैं जो लिखना चाहता था वह भूल गया हूँ और जो लिख रहा हूँ वह उस क्षण के निरंतर बाद की उत्पत्ति है जिसमें मैंने पाया था कि मैं देखा जा रहा हूँ। वास्तव में यह जो लिख रहा हूँ रचना नहीं : अधिक से अधिक, हाथ से बिछले हुए एक क्षण को वहीं छोड़कर आगे दौड़ते जाना है—इस आशा में कि उस हानि ने जो शून्य निर्मित कर दिया है वह मुझे ग्रस न ले—क्या लिखना चाहता था यह भूल जाने पर भी—'भूल गया हूँ' यह लिखने की शक्ति मुझसे छिन न जाए।

तो, यह जो कुछ मैंने लिखा है वह अगर न लिखता तो आपने कुछ खोया न था, पर वह लिख सका हूँ यह मेरे लिए एक खोई सृष्टि की क्षतिपूर्ति है।

यद्यपि ऐसा कहने का कोई अर्थ नहीं; क्षतिपूर्ति कभी हो ही नहीं सकती है—जो कुछ अभी हुआ

है वह उसका स्थान कैसे ले सकता है जो हो चुका है पर लिखा नहीं गया : अलबत्ता यह संतोष मुझे है कि जो मैंने खोया था वह खोया गया नहीं, वह अब इन शब्दों से घिर गया है, पर वह क्या है यह मैंने आपको नहीं बताया है और शायद इसी अर्थ में मैंने उसे खो दिया है।

[5]

और जब कभी अपने दायित्व की बात सोचता हूँ तो अपने कृतित्व और अपनी क्षमता की तुलना में अनागत का महत्त्व स्पष्ट हो उठता है। जो कुछ करना चाहता हूँ उसके योग्य साहस मुझमें है, ऐसा विश्वास करके चलने पर भी वह क्यों नहीं कर पाता? उद्योग नहीं होता है, क्यों? यही न? यह मानकर भी कि उद्योग करने का निश्चय मन ही में उठता है, और किया हुआ उद्योग अंततः बलप्राप्त मन का ही पराक्रम होता है यह मानकर भी, यह भी जानकर कि उन परिस्थितियों में जिनसे उद्योगेच्छा जन्मती है, परिस्थिति के बाह्य उपकरण भी सम्मिलित हैं, यह समझता हूँ कि न किया हुआ उद्योग केवल न किए हुए कार्य का नकारात्मक महत्त्व रखता है, अधिक नहीं। इसी से यह बात निकलती है कि न किए हुए उद्योग को करने की इच्छा फिर जन्मती है, उस इच्छा को फिर कार्यरूप देने में जो चूक रह जाए उसे पूरा करने के लिए नया पराक्रम प्रयोजनीय हो उठता है। इस प्रकार उद्योग और असंतोष का यह द्वंद्वात्मक विकास ही मुझे अपने दायित्व तक ले जाएगा; और फिर दायित्व और सामाजिक तथ्य का द्वंद्व! उसके कारण मेरा दायित्व भी तो तब तक सद्यःसंपन्न उद्योग के परे जा चुका होगा और उसके लिए फिर नया उद्योग, फिर नया दायित्व, फिर नया उद्योग ···

तब समझ में आता है कि दायित्व कभी प्रतिकृत नहीं होता। उस तात्कालिक दायित्व को प्रतिकृत कर चैन की साँस लेना मेरा ध्येय नहीं होना चाहिए। वह एक निरंतर उद्योग है जो मेरा दायित्व है। यही जीवन को उन्नत करेगा; अपनी जिजीविषा को किसी तात्कालिक तुष्टि को समर्पित कर देने की भूल नहीं करूँगा।

[6]

देख रहा हूँ अपने को बदलते हुए। क्या यह देख सकना ही यथेष्ट उपलब्धि है? क्या जान सकना कि क्यों और कैसे ही प्रमाण है अपनी नियामक शक्ति का?

तो भी जैसे दुख का मूल पश्चात्ताप हो तो वह दुख सच्चा नहीं, और सुख का मूल सौभाग्य हो तो वह सुख रचना नहीं वैसे ही यह भी कोई कृतित्व नहीं कि हम जानते हैं—कृति होने का एक लक्षण चाहे हो। 'जानते हैं' यह एक दुष्प्राप्य उपलब्धि है सही, पर द्रष्टा बना जाने की शक्ति यही नहीं है। यह तो केवल दुनियादार, व्यवहारकुशल और ईमानदार ही बना सकती है। यह चेतना सफल व्यक्ति की है, श्रेष्ट पुरुष की है, साधारण कलावंत की भी है, पर श्रेष्ठ स्रष्टा का तो यह केवल एक प्राथमिक अभ्यास है।

[7]

हम जिस प्रत्युत्पन्न मानवीयता को इष्ट मानते हैं वह इस अन्यायाहत सामाजिक जीवन में कहीं अवश्य छिपी है, अवश्य है, क्योंकि पीड़ितों और पीड़कों दोनों में निश्चय ही ऐसे लोग हैं जो जानते हैं कि हम पीड़ित भी हैं और पीड़क भी। पापाचार की एक शृंखला से समस्त वर्ग बँधे हुए हैं। बड़ा छोटे को दबाता है, छोटा उससे छोटे को और सबसे छोटा अपने से भी छोटे भी सृष्टि करता है—उसे दबाने के लिए। यह बोध कि इस शृंखला की एक कड़ी हमें भी बनाया जा रहा है उन्हीं को होता है जो मन से, सचेत बुद्धि से इस शृंखला की कोई कड़ी नहीं बनना चाहते। ऐसे ही लोगों की बात हम कह

रहे थे कि—वे ही उस प्रत्युत्पन्न मानवीयता की भूमि हैं—एक बार जिसमें अंकुर फूट चुकने पर जो कृतकर्म हो जाती है और जिसका इससे अधिक प्रतिदान और कुछ नहीं हो सकता।

[8]

मैं किसी का जवाब देने नहीं खड़ा हुआ हूँ। जो किसी ने कहा है उसका खंडन करना मेरे लिए महत्त्वपूर्ण नहीं, महत्त्वपूर्ण है यह देखना कि यदि मैं खंडन करता हूँ तो अंत में क्या विचार किसी के लिए बच रहता है। बड़े से बड़ा राजनीतिज्ञ, विद्वान और धर्मात्मा भी मेरी आलोचना से परे नहीं है पर उसका स्थान लेने का मेरा प्रयोजन नहीं। मैं अपनी तरह से, एक जागरूक नागरिक की तरह से उस चेतना में योग देता हूँ जो किसी ने प्रकाशित की है और उसे अपनी शक्ति भर कोशिश से, समग्र, सबके योग्य; सबके लिए और सबकी बनाता हूँ।

[9]

रचना के लिए किसी न किसी रूप में वर्तमान से पलायन आवश्यक है। कोई-कोई ही इस पलायन को सुरुचिपूर्वक निभा पाते हैं; अधिकतर लोग अतीत के गौरव में लौट जाने की भद्दी ग़लती कर बैठते हैं और यह भूल जाते हैं कि वर्तमान से मुक्त होने का प्रयोजन कालातीत होना है, मृत जीवन का भूत बनना नहीं। जिसमें उपभोग नहीं है परंतु अनुभव है, वेदना नहीं है परंतु करुणा है और संस्मरण नहीं है परंतु स्मृति है, ऐसी कालातीत चेतना कलाकार की दुर्लभ उपलब्धियों में से ही एक है, पर है वही जो उसकी सच्ची चेतना है और जिसकी दुर्लभता साहित्य में उत्कृष्ट कृतियों के अनुपात में ही है।

खुला घर

सारा घर अपने लिए खुला चाहता हूँ ताकि जहाँ चाहूँ जा सकूँ। यह भावना नहीं चाहता कि कमरे से बरामदे में जा रहा हूँ या स्नानघर में गया और यह रसोईघर है या अब आँगन में आ गया। निस्संदेह, यह मेरी इच्छा है पर मेरे लिए अगर किसी वक़्त ज़रूरी है तो ठीक है।

अकेला मन

जब बाहर नए साहित्य के जीतेजी उसका मूल्यांकन करनेवाले मानदंडों के टकराने का शोर सुनता हूँ और अपनी नोटबुक के अंदर अधलिखे वाक्यों, गोदगाद, काट-पीट और उस उथल-पुथल को वैसे का वैसा रखा हुआ देखता हूँ जैसे रचना के रास्ते में रख आया था तो मन एकदम अकेला हो जाता है।

हर रचना का अपना शिल्प

एक कविता में किसी शिल्प को सार्थक करके अब दुबारा उसी शिल्प में मन नहीं लगता। मैं अब एक कविता से दूसरी में जाने के साथ एक शिल्प से दूसरे शिल्प में भी जाना चाहता हूँ। एक शिल्पावस्था में अब पहले की तरह बहुत दिन तक मन नहीं रह पाता—मुझे याद है एक ही ढंग से कही कविताएँ मैं लिख चुका हूँ। अब शायद हर रचना का एक अपना शिल्प है जो उसी में प्रतिफलित हो जाया करता है।

प्रेरणा के स्रोत

कुछ लोग इस प्रकार बने ही होते हैं कि प्रेरणा दें। वे प्रोत्साहन का दंभ नहीं करते, आदर्श भी वे नहीं होते। केवल एक विशेषता उनके चारों ओर रहती है, और उनकी कही हुई बात एक सूत्र हो ऐसा भी नहीं। किसी भी सामान्य अवसर पर उनकी उपस्थिति, उनका लिखा हुआ एक पत्र हमें एक नई ओर लगा देता है—निस्संदेह बिना चाहे हुए। और यह परिणाम निकालना कि ऐसे लोग प्रेरणा देने के लिए वैसा पत्र लिखते हैं उस प्रकार के व्यक्ति को बिलकुल न समझना है जिसका मैं वर्णन करना चाह रहा हूँ।

गति का मूर्त्त क्षण

अपने पिता की जो अनेक स्मृतियाँ मैं जुटा सकता हूँ उनमें एक मुझे सबसे अधिक मुग्ध करती है। मैं प्राथमिक पाठशाला से निकलकर अभी ही उनके स्कूल में भरती हुआ हूँ। चमचमाती धूप, 11 बजे दिन का संपूर्ण समय, विशाल हरा मैदान और वार्षिक खेल-कूद का समारोह। मुझसे ऊँची कक्षाओं के सुंदर हृष्ट-पुष्ट विद्यार्थी चूने से खिंचे ट्रैक पर 100 गज़ और 220 गज़ की दौड़ दौड़ रहे थे : जब कहीं ऊँची कूद की प्रतियोगिता होती तो वह बाक़ी कार्यक्रमों से कहीं अधिक आकर्षक हो उठती। मैं खंभों पर धीरे-धीरे ऊँची उठती हुई उस पट्टी को सब भूलकर देखता रह जाता जिसे कूदनेवाले पार करने के लिए दूर से दौड़ते हुए आते थे, और जिस पर से उछलकर नीचे भुरभुरी मिट्टी में गिरते हुए उनके शरीर के रूपाकार सड़क पर चलते-फिरते रूपाकारों से कहीं अधिक सुंदर होते थे। मुझे याद है मेरे पिताजी ने क्रिकेट की गेंद ली और वेग से दौड़कर हाथ में शक्ति भरकर उसे आकाश में फेंक दिया। सीधी ऊपर जाकर वह छोटी होती गई और पिताजी के चारों ओर घेरा बनाकर खड़े हुए उनके विद्यार्थी उत्सुकता से उस पर आँख गड़ाए रहे : एक स्थल पर जाकर गेंद जैसे ठहर गई और फिर दुगुनी तेज़ी से नीचे आई। जब आसानी से वह पहचानी जाने लगी तो पिताजी ने अंदाज़ किया और चार क़दम बाएँ हटकर गेंद लोक ली, गेंद का उनकी खुली हथेली में छप से आकर बंद होते ही एक सुंदर गति का वृत्त पूरा हो गया। वह स्वयं गतिमय हो गए थे और उस संहत क्षण में जब गेंद उन्होंने रोकी वह एक ऐसे चित्र की भाँति दिख रहे थे जिसमें गति का एक मूर्त क्षण दृश्य कर दिया गया हो। यह सुंदर था, और अपने पिताजी के अन्य सुंदर रूपों के साथ यह भी मेरी चेतना में समाहित हो गया।

विराट् का अंग

मैं इनकार करता हूँ, इस विकृति की ज़िम्मेदारी से, पर इस बात में और इसमें कि मैं दूसरों पर ज़िम्मेदारी डाल दूँ एक सूक्ष्म भेद है। मैं विवश रूप से इस समस्त विराट् का अंग हूँ पर इस तथ्य को जानना मेरे वश के बाहर नहीं है। 'मैं जानता हूँ' यही मुझे अलग करता है और जानना मेरी ज़िम्मेदारी है, समाज का रूप निर्धारित करना नहीं और इस वर्ग का या उस वर्ग का तो कदापि नहीं।

असुंदर या कुरूप?

कितना संपूर्ण होगा वह व्यक्ति जो सुंदर को देख सकता है पर कुरूप की उपस्थिति में भी विचलित नहीं होता। निश्चय ही उसका अस्वीकार असुंदर से है, कुरूप से नहीं। अपनी बात कहूँ तो अकसर बदसूरत आदमी का सामने रहना परेशान कर देता है; हो सकता है उसके किसी अंश में छिपी उस किरण को मैं पहली बार में न देख पाता होऊँ जो उसे अपनी संपूर्णता देती है—लोकभाषा में उसे 'वांछनीय' बनाती है, पर पहली बार में जो नहीं देख पाता वह क्या कभी भी देख पाता है? और जो पहली बार में देखा नहीं जा सका वह क्या देखने योग्य भी है? अभी तक मैं नहीं जानता।

परिवेश और प्रतीति-1

और जब मैं उस महान कार्य में लगा होऊँ जिसे जीना कहते हैं और जो मेरे निकट एक श्रमसाध्य कर्तव्य है तब, मेरे पड़ोसियो, सामने की दूकान पर अड्डा देनेवाले निठल्लो और मेरे घर आनेवाले स्नेही मित्रो, मुझे समझने में जल्दी मत करना—मैं तब बदला हुआ होऊँगा। जिन व्यावहारिक मानों को सामने रखकर मेरी भंगिमा या मेरे आतिथ्य का तुम मूल्यांकन करोगे उन्हें मैं कहीं बहुत पीछे छोड़ आया होऊँगा—कुछ क्षणों के लिए (भगवान् इन्हें घंटों तक ले जाने की शक्ति मुझे दे) मैं अपने को उन आदर्शों का आनुषंगिक अनुभव कर रहा होऊँगा जिन्हें मैं तुम सबके साथ मिलकर इस संसार में प्रतिष्ठित करना चाहता हूँ—मैं अपने को लगभग पूर्ण अनुभव कर रहा होऊँगा। मैं कहीं और होऊँगा—न केवल आगे, न केवल ऊँचे, बल्कि आगे और ऊँचे के मिलने के किसी बिंदु पर—जहाँ से मैं, निश्चिंत रहो, लौट आऊँगा। लौट आऊँगा फिर अनुभव करने के लिए, फिर इस अपूर्ण असंस्कृत विश्व-सभ्यता के छोटे-छोटे उपहारों को तुम्हारी तरह चूमने-चाटने और सूँघने के लिए।

तब तुम मुझे कितने क्षुद्र लग रहे होगे—ऐ मेरे साथ इस समाज में रहनेवाले, जो इस तथ्य की चेतना मेरी तरह नहीं रखते। तब मुझे यह इच्छा होती होगी कि मैं तुमसे और तुम्हारी आदतों से और कहीं दूर चला जाऊँ—संभव हो सके तो इतनी ही दूर जहाँ से तुम जो बेचते हो वह ख़रीद सकूँ—क्योंकि तुम खाना भी बेचते हो—पर जहाँ तुम्हारे खोंचे की आवाज़ न सुन पड़ सकती हो।

पर मैं लौट आऊँगा। यानी मैं उतनी दूर नहीं जाऊँगा, क्योंकि यद्यपि तुम कम पढ़े-लिखे हो और तुम्हारे अपने अनुभव इतने क्षीण हैं कि तुम बिना वजह दूसरों के (मेरे भी) मामलों में दख़ल दिया करते हो, और यद्यपि तुमसे दूर जाकर मैं अपने को थोड़ी देर के लिए पा जाऊँगा यानी उस अपने को जैसा मैं हर एक को देखना चाहता हूँ—तथापि तुमसे दूर जाऊँ तो कैसे जाऊँ—मेरा मन कहता है जिनसे या जिससे घृणा करो उसे सुधारो भी, नहीं तो घृणा करने का तुम्हें क्या अधिकार है। देखा, इस उभयसंभव में पड़कर मैं तुमको गालियाँ भी देता हूँ और तुम्हारे लिए खून-पसीना एक भी करता हूँ।

परिवेश और प्रतीति-2

चिंतन की उपलब्धियाँ जितनी श्रेष्ठ होती हैं क्या उतनी ही असाधारण भी होनी चाहिए? विडंबना यह है कि अन्यथा लोग न उनकी श्रेष्ठता को स्वीकार करेंगे न उनके महत्त्व को।

आश्चर्य की बात है कि एक लंबा अनुभव, कई दिनों तक सहा हुआ दर्द ···

यह नहीं याद वह कैसी संध्या थी, यह नहीं याद वह क्या पहने थी, यह नहीं याद मैंने उससे क्या पूछा या हमने क्या बात की। यही याद है कि वही दिन था पर उसकी तारीख़ नहीं याद। वही दिन था क्योंकि उस दिन इस एक अनुभव का आरंभ हुआ था; रोज़ मिलना, रोज़ अपने-अपने ढंग से वही सबकुछ साथ-साथ करना जो हम अलग-अलग भी करते या कर सकते थे; मैंने उसको अपने ढंग से अपने सत्य को अलग खोजने दिया—पर वह मेरे अनुभव का हेतु थी इससे हमारी मित्रता में विकास भी था।

पर क्यों आज का दिन इस क्रम में विशिष्ट है। एक झटके के साथ क्यों आज का दिन आया है? और क्या मिला है? मित्रता के विकास में समय लगता है पर यह जानने में कि यह मित्रता नहीं है या है कितनी कम देर लगती है—

आश्चर्य की बात है कि एक लंबा अनुभव, कई दिनों तक सहा हुआ दर्द, कितने कम शब्दों में आ जाता है। एक बार झुँझलाहट होती है कि बस! कलाकार की साधना मगर यही है। ऐसी लंबाइयाँ, कई दिन—अथक, अबाध; दिन-दिन, प्रतिदिन पिछला वह सबकुछ भविष्य में मिलता जाए—काल का ऐसा ही भावन मेरे लिए श्रेयस्कर है।

परिवेश और प्रतीति-3

प्रत्येक महान रचयिता के रास्ते में लोग आए हैं, ऐसे लोग जो उसे समझ नहीं सके, पर जो उसके निकट जाना चाहते रहे—आलोचक इस श्रेणी में नहीं आते—अपेक्षया वे अधिक निरीह होते हैं। इस श्रेणी के लोगों को जगह देना रचयिता के लिए बौद्धिक पतन होता है। इनमें लगभग सर्वदा स्त्रियाँ मुख्य रही हैं क्योंकि अपनी शरीरगत और संस्कारगत बुद्धि के कारण वे उस निरपेक्षता अथवा उस परमार्थ को नहीं समझ सकी हैं जो रचयिता के प्रत्येक अनुभव की शैली होता है पर उसके निकट रहना चाहती रहती हैं क्योंकि वह पुरुष है।

और यदि रचयिता दूसरों को समझ लेता है—यदि क्यों—निश्चय ही समझ लेता है, तब, तब भी, वह उन्हें जगह देने के लिए रत्ती भर आतुर नहीं होता। क्योंकि व्यवहार का वह तरीक़ा निष्कंटक जीवन बितानेवाले सामान्य उपभोक्ता का है, कलाकार का नहीं। वह सबकी रुचि के अनुसार अपने को बदलता रहे तो उसका ध्येय खाने-पीने-पहनने मात्र से अधिक और क्या हो सकेगा।

ईमानदारी

मेरे लिए ईमानदारी अनुभूति की है, धर्म या मत या कर्तव्य की नहीं—जो यही चीज़ है कि कोई भी रचना, चाहे वह किसी से व्यवहार करना हो, चाहे कहानी लिखना, मेरे द्वारा तभी हो सकती है जब मेरा मन गवाही दे।

बौद्धिकता और आत्मानुभूति में कोई विरोध नहीं देखता; बौद्धिकता अधिक से अधिक एक तैयारी है, एक इक्विपमेंट है, मानवीय जीवन के अभी तक के इतिहास को—जो अनुभवों की अनेक परंपराओं का भंडार है—समझने और आगे रचने का साज़-सामान है। समवेदना जो कि काव्य का उत्स है उससे कैसे क्लिष्ट हो सकती है, यह नहीं समझता। जिससे अपनी रक्षा करनी है वह निर्ममता है और निर्ममता अंततः वास्तविकता को आत्मसात् न कर पाने की दशा है। सामान्य आलोचक जिसे सहृदयता-विरोधी बौद्धिकता का नाम देते हैं वही दृष्टि जीवन की समग्रता को आत्मसात् कर सकती है। प्रयत्न जिसका मैंने उल्लेख किया था अनुभूति के पहले की इसी तैयारी का नाम है। पुस्तक, जो कि खुद वास्तविकता का एक अंग है—या जीवन के अन्य क्षेत्र जो कि उसके अभिन्न अंग हैं इस तैयारी के केवल साधन हैं और यह तैयारी खुद में न साधन है न साध्य है बल्कि सिर्फ़ एक तैयारी है जो कवि को अपनी रचना के लिए मुक्त छोड़ देती है। यह तैयारी सोद्देश्य हो इसमें ख़तरा है और वह ख़तरा इसीलिए है कि उसमें कवि को जो चाहे लिखने की लोकतंत्रीय स्वाधीनता होने पर भी, जो अनिवार्य है वह लिखने की मुक्ति नहीं है।

वास्तविकता की शक्ल में सुधार

नए लेखकों को उनके दायित्व का ध्यान गुरुजन अकसर दिलाया करते हैं; कभी-कभी द्रवित होकर उनकी समस्याओं का भी ज़िक्र कर देते हैं, थोड़ी-बहुत छानबीन भी, और नए लेखक यदि अपनी समस्याओं की ओर से उदासीन होते तो अपेक्षाकृत कम नए लेखकों का भी उन्हें कोंचते रहना एक आवश्यक धर्म का पालन करना ही होता : लेकिन नए लेखक जब इस ओर बराबर चिंतनशील हैं, अपनी सभाओं में, गोष्ठियों में और साथियों में इस बारे में सोच-विचार करते रहते हैं कि साहित्य में आए हुए तत्कथित अवरोध के लिए हम कितने दोषी हैं कितने नहीं—तो अपनी समस्याओं का हल उन्हें स्वयं ही ढूँढ़ने देना अभीष्ट होगा। जिस लेखक के सामने सृजन की समस्याएँ नहीं हैं वही लेखक पुराना कहा जा सकता है अन्यथा सभी नए हैं—इस अर्थ में कि सभी परिवर्तनशील वास्तविकता को आत्मसात् करने के लिए शब्दों के नए अर्थ देखा करते हैं। यदि हम यह मानकर चलें तो इस खोज की उपादेयता

और भी महत्त्व रखने लगती है, और यह मानकर न चलें तो भी वह कम महत्त्व नहीं रखती क्योंकि यह स्पष्ट दीख रहा है कि वास्तविकता की ओर बुद्धिमानों के विचार दिन-प्रतिदिन अधिक वैज्ञानिक होते जा रहे हैं अर्थात् हम न केवल वास्तविकता की शक्ल सुधार रहे हैं बल्कि उसके तात्कालिक स्वरूप को भी उस अर्थ में समझते जा रहे हैं जिसमें अभी तक हम उसे नहीं जानते थे।

[यथार्थ यथास्थिति नहीं]

लेखक के चारों ओर

आज इतवार नहीं है और बाज़ार खुले हुए हैं वरना मैं ख़ाली सड़कों पर पता पूछते हुए अजनबी की तरह घूम रहा होता, मेरे एक हाथ में रंगीन जिल्दवाली किताब होती जिसे मैं जैसे कहीं बैठकर पढ़ने की फ़िराक में होऊँ, और दूसरे में कुछ टूटे पैसे, और यह पैसे और मेरे हाथ की मुट्ठी, मेरी जेब के अंदर होती। मगर आज शनिवार है और सड़कों पर लोगों की भीड़ है जैसे आज ही तनख़ाह बँटी हो। लोग ख़ुश दिखाई दे रहे हैं। पता नहीं क्या वजह है।

सवाल यह नहीं है कि लोग ख़ुश क्यों हैं। सवाल तो यह है कि लोग ख़ुश क्यों न हों। संगीत है, फ़ोटोग्राफ़ी है, बाज़ारू नृत्यकला है, इन सब चीज़ों से यदि मनुष्य अपने अभावों को उहँ करके भुला नहीं सका तो हमारी सभ्यता का परिणाम क्या निकला। विज्ञान ने हमारा जीवन सरल बनाया है, कुछ लोगों का जीवन हमने कठिन बना रखा है, परंतु हमने किसी के जीवन को विज्ञान के रहते हुए नीरस नहीं छोड़ा है। ख़ुश होने का एक कारण और भी हो सकता है : अगर आपकी दाहिनी हथेली में पक्का तिल हो, जो मुट्ठी बंद करने पर हाथ में आ जाता हो, तो आपको बिना कारण ख़ुश घूमने का सारा अधिकार प्राप्त है। यह बात निर्विवाद समझिए कि दाहिने हाथ में तिल होने से अपरम्पार धन की प्राप्ति होती है, देखिए न, शास्त्र में लिखा है : अस्ति गोदावरीतीरे शाल्मलीवृक्ष एको।

आज किसी चीज़ में मन नहीं लग रहा है। कुछ मनोबल की कमी है कुछ मौसम ख़राब है। आज सुबह से देख रहा हूँ, गुनगुनी धूप का एक रेला मकानों, पेड़ों और चहारदीवारियों को जैसे रोशनी में उछालता हुआ आया और सड़क के मोड़ पर एक नीम के पेड़ को धक्का देकर एक चारख़ानेदार परछाईं गिराता हुआ चला गया। तब से सारा दिन चलते-फिरते देखता रहा हूँ, दोपहर आई है और पत्तों से ख़ामख़ाह घने लगनेवाले भारी-भरकम पेड़ों के नीचे सारी ठंडक और छाँह बटुरकर चली गई है और धूप के चश्मे से मैंने उस पर लालच की निगाह डाली है। अब शाम को अचानक आई हुई याद की तरह आसमान में चाँद हल्के रंग से चौंक उठा है। रात हो गई है और समय घबराए हुए वक्ता की तरह हकलाती हुई चाल से घिसट रहा है। जैसे वह भूल गया हो कि अब क्या होगा, या जैसे हम भूल गए हों कि अब क्या करना चाहिए।

सच बात तो यह है कि हम भूल नहीं गए, बल्कि हमें सोचने का वक़्त ही नहीं मिला, नहीं शायद सोचा तो था ··· मगर देखिए न, हर एक आदमी की मजबूरियाँ होती हैं।

समय रुक गया है यह कहना तो निहायत निराशावादी पतनोन्मुख बात कहना होगा। रुका नहीं, हाँ समय थोड़ी उलझन में पड़ गया है। असमंजस यह है कि क्या हो, क्या करें और कैसे वह अपने आप हो जाए जो करने की तकलीफ़ हम उठाना नहीं चाहते। मैं यहाँ से ख़ूब अनुमान लगाकर समझ सकता हूँ कि आप मन में कह रहे हैं 'आलसी हो और क्या।' बड़े खेद की बात है कि हमारी शान्तिप्रियता और शुभकामना को आप आलस बताते हैं।

हमने जलती हुई दियासलाई असावधानी से फूलों की क्यारी में फेंक दी है। यानी आपकी सिगरेट

जलाई और दियासलाई दाएँ हाथ फेंक दी। किताब माँगकर लाए कि पढ़ेंगे और उस पर शाम को चायदानी रख दी कि मेज़ न ख़राब हो जाए। रामसरन चाटवाले ने 5 आने पैसे ज़्यादा दे दिए और हम बिना गिने और अधिक ज़रूरी काम से चल दिए। यह कोई आलस की वजह से हमने नहीं किया।

हाँ ठीक है, या ठीक हो सकता है कि तुम आलसी नहीं हो मगर तय कर लो कि क्यों तुम ख़ुश नहीं हो, या क्यों तुम लंबी कल्पना के मज़े नहीं ले सकते, या क्यों तुम्हारे हाथ का तिल तुम्हें जायदाद और ज़मीन का मालिक बना देगा। यही वक़्त है जब तुम तय कर सकते हो। वरना पीछे रह जाओगे और दुनिया तुम्हारी बग़ल से सूँ करके निकल जाएगी उस भरी हुई बस की तरह जो अपने स्टैंड पर भी नहीं रुकती है।

रोग, वृद्धावस्था और मृत्यु सिद्धार्थ के ज़माने में भी थी, उससे भी बहुत पहले, कौटिल्य के समय में सरकारी अफ़सर ग़बन भी कर लेते थे। कौटिल्य लिखता है कि जैसे जलनिवासिनी मछली जल में रहकर कितना जल पीती है यह पता लगाना मुश्किल है, वैसे ही सरकारी कार्य में नियुक्त पुरुष कितना पैसा मार देता है यह बताना भी बड़ा मुश्किल है।

तब से अब दो बातों में फ़र्क़ है। एक तो यह कि अब किए हुए ग़बन का पता कभी न कभी लग ही जाता है और दूसरी यह कि रोग और मृत्यु से डरकर हमें सिद्धार्थ की तरह यशोधरा त्याग करने की ज़रूरत नहीं है।

कम तनख़्वाहें पानेवाले लोगों के बच्चे दुबले-पतले, बीमार, खाँसते हुए और कम सहजबुद्धि और प्रतिभावाले होते हैं। उनके घर में गृहस्थी का न सम्हाला जा सकनेवाला अंबार, पैबंद लगी चद्दर की तरह फैला रहता है। छोटी-छोटी कोठरियों में दम घुटता है मगर उसी में नाश्ता, भोजन, ख़ातिरदारी, शयन, आराम और तीमारदारी तथा अध्ययन होता है। नहीं शान-शौकत से रह सकते तो क्या हुआ, सफ़ाईपसंद और शौक़ीन-तबीयत तो हैं। कोई तकलीफ़ की शिकायत नहीं है, भगवान ने जो दिया है काफ़ी है। बहाने और धोखे के रूमाल से यह मध्यवर्ग अपना मुँह बार-बार पोंछकर साफ़ करता रहता है। सिद्धार्थ की तरह भाग निकलना उसके लिए अचिंतनीय है और ग़बन करने से पकड़ा जाएगा। सो नहीं होगा।

तब क्या होगा। लेखक क्या करेगा, बाबू चाहे कुछ करे चाहे न करे। हालाँकि करना उसको भी होगा। क्या लेखक यह करेगा कि पड़ोसवाले माधो बाबू की फुलवारी में चला जाएगा और आध घंटे अपनी नफ़ीस चप्पल की तरफ़ निहारता हुआ मीठी-मीठी घास पर टहलेगा और एक गुलाब की कली सूँघता रहेगा। या लेखक यह करेगा कि भंग पीकर जैसे नदी के सेवार में अपना दिमाग़ अरझाकर डाल देगा और औंधे मुँह पड़ा रहेगा। मगर नहीं, यह दोनों बातें तो बराबर हैं—चहलक़दमी करना और गोली चढ़ाना। लेखक को कुछ और करना चाहिए। आइए, ज़रा लेखक की मदद कीजिए पता लगाने में कि उसे क्या करना होगा।

आज मुझे अपने चारों ओर किसी बहुत आवश्यक वस्तु की कमी दिखाई पड़ रही है। आत्मविश्वास, प्रेम, दया, सहानुभूति, निश्चय, श्रद्धा, इत्यादि भाववाचक वस्तुओं में से वह वस्तु नहीं है। अतीत के प्रति श्रद्धा और वर्तमान के प्रति निष्ठा हो, न हो, उस आवश्यक वस्तु के अभाव में पूर्ति नहीं होती। वह तो जिन कारणों से अनुपस्थित है, उनको दूर किए बिना नहीं मिल सकती। वह वस्तु है प्राणवायु, आक्सीजन।

आक्सीजन की कमी है तो मैदान में टहलिए। वनस्पति से दिन भर आक्सीजन वायु का प्रस्फुटन होता रहता है। मगर यह वह आक्सीजन वायु नहीं है जो बनारसी बाग़ के मैदान में बहा करती है। यह ठीक है कि इसे पाने के लिए मैदान में आना पड़ता है। वह मैदान लड़ाई का मैदान है।

आटा, दाल, चावल, तरकारी और शक्कर का दाम कल जो था, वह आज नहीं है। यानी बढ़ गया है। कुर्ते, कमीज़ें, कोट, पतलून, कुहनियों पर या कंधे से एक-एक करके फट चुके हैं। दूध, मक्खन,

मलाई, तेल, साबुन, जूते और डबलरोटी में जितना ख़र्च हो जाता है उसके बाद, बीमे के प्रीमियम, स्कूल की फ़ीस और मकान का किराया देने को बच नहीं रहता। मगर हम अपने सौजन्य, दया, क्षमा, शील, स्नेह में एक रत्ती कम नहीं हुए हैं। आपसे जब मिलेंगे, तपाक से नमस्ते करेंगे और पूछेंगे, "मज़े में तो हैं?" और आप जवाब दें इसके पहले ही कह देंगे, "जी, आपकी दया से सब चैनचान है। नमस्ते।"

तुम क्या चाहते हो। क्या तुम चाहते हो कि हम छोटे-छोटे नौकर-चाकरों की तरह मालिक से कहने जाएँ कि हमारी तनख़्वाह बढ़ाइए। तुम्हें क्या मालूम कि संसार का एक नियम यह है कि हर चीज़ की हद होती है। एक समय आएगा जब हमारे कष्टों की उसे खुद सुध आएगी। आख़िर वह भी तो इंसान है और उसके भी दिल है। इसके अलावा जीविका का प्रश्न यों ही नहीं हल हुआ करता, माँगने से कुछ नहीं होता। कुछ करना पड़ता है। तुम अभी बच्चे हो और दुनिया नहीं समझते हो।

यह दूसरी आवाज़ किसकी है। यह कोई रोज़गार से लगा हुआ बालबच्चेदार बुज़ुर्ग मालूम होता है जिसकी तकलीफ़ें दूर करने के लिए उसका लड़का ऊँची नौकरी के चक्कर में है। इससे सावधान रहो। यह प्रचार की आवाज़ है। आलस और बेरोज़गारी का यह प्रचार करती है।

अमरीका में हाइड्रोजन बम बन रहा है। शायद रूस में भी बन रहा है या बन चुका है। अगर हाइड्रोजन बम से उत्पन्न शक्ति को एक विशेष तरीक़े से इस्तेमाल किया जाए, हालाँकि वह तरीक़ा अभी ईजाद नहीं हुआ है, तो सारी दुनिया के, टोकियो से लेकर मैंचेस्टर तक के कारख़ाने तीन साल तक ख़ुद-ब-ख़ुद चलते रहें और हमारे लिए खिलौने, बाइसिकलें और कमीज़ें तैयार करते रहें। मगर कुछ मुनाफ़ाख़ोर देश चाहते हैं कि लड़ाई हो और हाइड्रोजन बम की तिजारत में हम मालामाल हो जाएँ।

इसका क्या मतलब है? क्या मनुष्य के स्वभाव में युद्ध करना आधारभूत तत्त्व नहीं है? बर्बरता तो हमारे रक्त में है और चिरकाल से दबी रहने के कारण कभी-कभी फूट निकलती है। युद्ध की इच्छा कौन करता है। सभी शांति चाहते हैं। यहाँ तक कि सेनाओं के चीफ़ कमांडरगण और रक्षामंत्रीगण भी शांति चाहते हैं।

यह दूसरी आवाज़ किसकी है। ज़रूर यह किसी तिलकछापा-रामनामी-गोमुखी-सुशोभित, जपतप-ज्ञान-ध्यान-त्याग से परिष्कृत अंतःकरणवाले दूकानदार की आवाज़ है, जो ख़ुद कभी लड़ाई-झगड़े में नहीं पड़ता, मगर जहाँ प्रकृति और अवश्यम्भाविता का सवाल उठ आता है वहाँ आख़िर वह कर ही क्या सकता है।

इससे सावधान रहो। यह प्रचार की आवाज़ है। यह ग़ुलामी और गरीबी के प्रचार की आवाज़ है।

जब से मैंने लिखना शुरू किया था तब से तो नहीं, हाँ, उसके कुछ दिन बाद से यह सवाल कई बार मेरे सामने आया है कि मैं क्यों लिखता हूँ और उसके पहले कि यह सवाल सुलझ सके यह सवाल उठ खड़ा हुआ है कि मैं क्यों लिखूँ। आज यह सवाल हल हो गया है। पहले मैं नहीं जानता था कि मुझे क्या करना है। पहले मैं आवारा घूमा करता था, वक़्त से खाना नहीं खाता था और दूसरों का समय बरबाद करता था। धूप और धूप से जगमगाते हुए रंग मुझे सिनेमा के दृश्य की तरह अच्छे लगा करते थे। रात को सड़कों पर फ़्लूरोसेंट लैंप का रुई जैसा प्रकाश भी मुझे बड़ा प्यारा लगता था। मगर दिल और दिमाग़ में अँधेरा था। कैसा लगता था, बताऊँ? बस यह मालूम पड़ता था कि दिल बैठा जा रहा है, और दिमाग़ बैठ चुका है।

मगर अब छत पर खड़े होकर नाक के स्वर से, 'सखि आई साँझ सुहाग भरी' गाने की ज़रूरत नहीं रही है। अब साहित्य में ऐसे पुस्तकालयों और आरामगाहों के अँकुए फूटे हैं जिनकी नींव पत्थर की है। मैं समझता हूँ कि वे उगेंगे और पूरी सुघर इमारत का रूप ग्रहण करेंगे, क्योंकि मैं जानता हूँ कि मुझे अपनी कविताओं और नाटकों में क्या कहना है। ग़ुलामी और ग़रीबी, युद्ध और बेकारी

के साथ कैसा व्यवहार करना चाहिए इसे जानने में क्या देर लगती है? नहीं। मगर उनसे पूछना मत, नहीं तो वे कहेंगे, "वैसा ही व्यवहार कीजिए जैसा एक राजा दूसरे राजा के साथ करता है।"

ग़रीबी और बेकारी, युद्ध और ग़ुलामी लेखक के दुश्मन हैं और मनुष्य के जानी दुश्मन हैं। उनसे ऐसा ही व्यवहार कीजिए जैसा दुश्मन दुश्मन के साथ करता है।

[सीढ़ियों पर धूप में]

नई कविता की आरोपित उपलब्धियाँ

"आज कवि को अपनी तात्कालिक प्रसिद्धि के लिए और शायद अपनी जीविका के लिए भी यह देखना ज़रूरी हो गया है कि राजनीतिक-समालोचक दिग्गजों में से भी अधिकांश, जो कि रचनात्मक व्यक्ति नहीं हैं, अपनी क्या धारणाएँ बनाए हुए हैं और उन धारणाओं का उदाहरण उसकी कविताएँ दे सकेंगी या नहीं। ··· कविता के आलोचक, कवि की रचना को पढ़ने और जाँचने से अधिक उन चीज़ों में दिलचस्पी ले रहे हैं जिन्हें वे प्रवृत्तियाँ कहते हैं। ··· असली कवि न तो किसी व्यक्ति को किसी प्रकार की प्रवृत्ति का प्रतिरूप दिखाई देगा न स्वयं कोई प्रवृत्ति इसलिए ग्रहण करेगा कि खोखले लोगों का समर्थन उसे प्राप्त हो जाए।"

मुझे लगता है कि हम लोग भी लगभग इसी प्रकार की एक अवस्था से गुज़र रहे हैं, जैसी पर अंग्रेज़ी कवि राय कैम्पवेल ने 1949 में उपरोक्त विचार प्रकट किए थे। सौभाग्य से यहाँ हालत इतनी बुरी नहीं है, पर नई कविता और अब उपन्यास को भी लेकर जितनी प्रवृत्ति मूल्यान्वेषण और सैद्धांतिक शिलान्यास की बढ़ चली है उससे थोड़ी-सी आशंका होती है कि कहीं असली चीज़ें अनदेखी ही न रह जाएँ। और यह आशंका और भी वास्तविक तब हो जाती है जब हम देखते हैं कि हमारा आज का साहित्य एक आन्दोलन की हैसियत से उठकर सार्थकता की हैसियत तक आने ही लगा है। कहीं ऐसे ही समय आन्दोलन के सही उपकरणों को न समझकर, कल्पित, और भले ही शुभकामना से आरोपित उपलब्धियों को हम असल उपलब्धियाँ मान न बैठें। अभी ही, नई कविता के कुछ जन्मदाताओं की रचनाओं से लिए गए कुछ प्रतीक और शब्द नवोदित कवियों तथा आलोचकों को भयंकर रूप से प्रिय हो चले हैं और यह देखकर कि उनमें कोई मौलिक, अर्थात् वह जो कि अभिप्राय से संपृक्त है, अर्थ नहीं रह गया और वे रूढ़ और स्वीकृत फ़ार्मूलों की तरह प्रयुक्त होने लगे हैं, निराशा होती है। 'क्षण' और 'दर्द' ऐसे ही दो शब्द हैं। जीवित क्षण का अनुभव जिस अभिव्यक्ति को जन्म देता है, उसका परिचय बिना पाए 'क्षण का दर्द' और 'क्षण में जीना' इत्यादि टुकड़े नए कवि प्रसन्न होकर प्रयोग कर रहे हैं। दूसरी ओर आलोचकों में, 'लघु-मानव' एक ऐसा ही शब्द है। दीखता है कि यह शब्द *युगचेतना* के जनवरी अंक में प्रकाशित नामवर सिंह के लेख में भी कुछ भ्रम का कारण हुआ है। नए साहित्य के मूल्यांकन की समस्याएँ उठाते हुए वह पहले एक मौलिक और महत्त्वपूर्ण चेतावनी देते हैं—व्यावहारिक समीक्षा की ज़रूरत है—और प्रचलित सैद्धांतिक स्थापनाओं पर संदेह प्रकट करते हैं : यहाँ तक ठीक है। पर जब वह छोटे आदमी को 'छोटे परिवेश' से समीकृत कर देते हैं तो वहाँ शंका होती है कि क्या यह ठीक है। आधुनिक साहित्य के प्रवल प्रमाण हैं कि प्रत्येक गंभीर और अकृत्रिम आधुनिक कलाकार उस विराट् दायित्व के प्रति जागरूक है जो जीवन की परंपरा ने आज उस पर डाला है। यह इसी विराट् परिवेश का बोध है जिससे वह प्रत्येक साधारण मानवीय घटना या मानवीय इकाई में जीवन को पूर्णतः प्रतिविंबित देख पाता है। छोटा आदमी बराबर छोटा परिवेश नहीं है। छोटा आदमी आसान भी नहीं है, उसको कलात्मक सामग्री के रूप में उपयोग करना बहुत बड़ा काम है और प्रसंगवश

बहुत बड़े विराट् को समझना है।

नामवर सिंह के इसी लेख में आगे एक और विवादास्पद स्थल है जहाँ वह 'गहराई' की चर्चा करते हैं :

"आम तौर से इन कविताओं में जिसे 'गहराई' कहा जाता है वह अज्ञेय शब्दों में प्रबुद्ध व्यक्ति की ऐसी मनःस्थिति है जब वह आत्मरक्षा की मनोवैज्ञानिक क्रिया के कारण उसे और भी उलझाने लगता है और अपने को विश्वास दिलाना चाहता है कि वह विचार में गहरा पैठ रहा है जबकि वास्तव में विचार को भावों के सागर में डुबाता रहता है। इस तरह व्यक्ति अपने को अपनी ही आत्मीयता में डुबो लेता है और इसी को गहराई समझने लगता है।"

प्रश्न यह है कि गहराई और क्या है, यदि एक स्थिर, अनुद्विग्न आत्मीयता नहीं? किससे? यह एक अप्रासंगिक प्रश्न है। और यदि केवल यह आश्वस्त हो जाने से कि कलाकार बाह्य यथार्थ के प्रति आत्मीय है, गहराई का आश्वासन मिल सकता हो तो बाह्य यथार्थ ही काफ़ी होना चाहिए, साहित्य क्यों? असल चीज़ एक जीवित रागात्मकता है और वह कलाकार को कहाँ मिलती है इससे किसी को कोई मतलब नहीं। अगर है तो केवल कलाकार को है और उसके अपने विवेक को, जो कि फिर किसी 'बाह्य' से संचालित नहीं होता।

[कल्पना, फरवरी 1958. यथार्थ यथास्थिति नहीं]

नई कविता की झूठी आधुनिकता

नई कविता के प्रतिमानों के बारे में जहाँ इतनी अधिक चिंता प्रकट की जा रही है, वहाँ नई कविता के वे नमूने जो पत्र-पत्रिकाओं में प्रकाशित हो रहे हैं, इस प्रतिमान-चर्चा से अद्‌भुत रूप से उदासीन दिखाई देते हैं। पिछले महीनों की प्रकाशित कविताओं से चुनकर यह सिद्ध करना कि ये अच्छी कविता के नमूने नहीं हैं, हमारा उद्देश्य नहीं। अच्छी और बुरी कविता दोनों को ही छपने का अधिकार है—सच्चा अधिकार है, यह दूसरी बात है कि कोई संपादक अच्छी कविता ही छापने का निश्चय किए हुए हो और कोई बुरी। पर एक ही जगह, अच्छी-बुरी के प्रतिमान को छोड़ें तो, भाँति-भाँति की नई कविता भी प्रकाशित मिलती है; इसका कारण क्या हो सकता है? स्पष्ट ही यह कि नई कविता में इस समय अनेक अंतर्धाराएँ हैं और नए-नए कवि अपनी-अपनी धाराओं में परिपक्वता प्राप्त करने का प्रयत्न कर रहे हैं।

लेकिन यहीं पर असली आत्म-विश्लेषण की आवश्यकता प्रकट होती है। इस तरह यह तर्क देना कि जितनी तरह की कविता लिखी जा रही है, उतनी विभिन्नताएँ नई कविता के मौलिक धारा-प्रवाह में हैं, भ्रामक भी हो सकता है। देखना चाहिए कि कहीं ऐसा तो नहीं कि एक ऐसी काव्यवृत्ति के लक्षण जो बदल रही हो या जिसे अब बदलना चाहिए, हमारे आज के कृतित्व में बहते चले आए हों और हम बजाय उन्हें उनके सही अर्थ में समझ सकने के उन्हें अपने आज के कृतित्व का वैशिष्ट्य मान ले रहे हों। पिछले महीने की कविताओं में पिछले और कई महीनों की तरह ही यह स्पष्ट दिखाई देता है कि प्रायोगिक शैलियों के वे रूप जो प्रचलित शैलियों से ऊपरी साम्य रखते थे, आज के नए कवियों के लिए रूढ़ हो गए हैं। यह नहीं कि रूढ़ हो जाने से उनमें अर्थवत्ता बढ़ गई हो, ऐसा काव्य में होता नहीं देखा गया। प्रत्येक कवि को अपना काव्य कहने के लिए रूढ़ में भी अर्थ भरना पड़ता है और ठीक आज यही नहीं हो रहा है। ऊपर से दिखने में नई लगनेवाली अनेक कविताएँ अपने अंतर में आधुनिक नहीं हैं; आधुनिक साहित्य के पाठकों के लिए सपाट और फीकी हैं; पर ऊपर से

प्रकांड दिखती हैं और नई कविता के उत्कृष्ट उदाहरण कहकर घोषित की जाती हैं—यह अपने में ही रोचक और चिंत्य दोनों है।

इसके बाद, दो-एक तरह की कविताएँ और हैं जो व्यक्तिगत कलाकारों के विकास-पथ के चिह्न तो मानी जा सकती हैं किंतु नई कविता की अंतर्धाराओं का प्रतिनिधि उन्हें मानना बहुत ही उतावली दिखाना होगा। एक तो हैं घोषणात्मक कविताएँ जिनमें सारी रचनाएँ घोषणा की तीव्रता से अनुप्राणित होती हैं। इनमें ज़्यादातर ख़तरा यही होता है कि वह तीव्रता रचना के शरीर को प्राण देने के लिए अयथेष्ट रह जाती है; शरीर कुछ बड़ा हो जाता है। दूसरी हैं रूपकात्मक शैली की कविताएँ जिन्हें कुछ लोग भूल से प्रतीकात्मक भी कहते हैं। ये कविताएँ 'हम अमुक हैं' या 'मैं अमुक हूँ' से शुरू होती हैं और बहुधा एक सांगोपांग रूपक प्रस्तुत करके समाप्त हो जाती हैं। किसी प्रकार का साम्य ही इन कविताओं की प्रेरणा होता है। तीसरा प्रकार वह है जिसमें नई कविता के प्रारंभिक दिनों में प्रतिष्ठित कुछ शब्दों का असर बहुत ज़बरदस्त है और बहुत कोशिश करके भी संपूर्ण कविता में कोई काव्य देख पाना असंभव है। वे केवल शब्द और अपरिपक्व भावनाओं या विचारों के शिथिल संपुंजन हैं।

पिछले महीनों की कविताएँ पढ़ने से निराशा होती है, पर यह निराशा ठीक निराशा नहीं है। इसमें बहुत काफ़ी हद तक यह आशा भी है कि इस सब उथल-पुथल के बीच से वह कवि उदित होगा जो अपने भावन और शैली दोनों में एक संश्लिष्ट दृष्टि रख सकेगा। वह अपने में इतना स्वधैर्यवान होगा कि कलात्मक अनुभवों के स्फुरित क्षणों पर इमारत चुन सके और उसकी इमारत उसकी नींव से अलग न दिखाई दे। ऐसी आशा करना स्वाभाविक है, क्योंकि यह मान लेना किसी तरह स्वाभाविक या संभव नहीं है कि किसी साहित्य के अन्वेषणमूलक और प्रयोगात्मक उदाहरणों को लेकर उस साहित्य की युगीन स्थापनाएँ की जा सकती हैं। जो लेख लिखनेवाले यही कहना चाह रहे हैं उनका प्रयत्न या तो बेकार है या दुःखद है।

वसुधा के संपादकीय 'भारतीय भाषाओं का रेडियो कवि-सम्मेलन' में कहा गया है कि कविता सुनते समय हमें यह लगा कि इनमें सच्ची अनुभूति का अभाव है। कवि ने राष्ट्रीयता की भावना की सच्ची अनुभूति के बिना ही ये रचनाएँ रेडियो के लिए लिख दी हैं और इस प्रकार एक रस्म अदा कर दी है। गंगा-जमुना, हिमालय, पंचनद, वेदपुराण, राम और कृष्ण के नामोल्लेख से राष्ट्रीयता की भावना अब जागृत नहीं होती।

वसुधा के संपादकीय से विश्वास होता है कि ऐसे लोग अभी हैं जो इस प्रकार की कवि-सभाओं में बैठकर 'अमुक जी, अमुक जी, और अमुक जी की कविताएँ बहुत अच्छी थीं', 'अब की बार की कवि-सभा बहुत अच्छी रही', 'बहुत अच्छा लगा' इत्यादि 'बहुत अच्छा' कोटि के विशेषणों से सभी वस्तुओं को नहीं मापते। राष्ट्रीय स्तर पर होनेवाले कार्यों में सच्चाई का अभाव बढ़ने के साथ-साथ उन कामों से प्रसन्न होकर प्रशंसा देनेवाले लोगों का भी एक वर्ग विकसित होता चलता है। पर जैसा कि विश्वासजनक है, यह हमेशा होता है कि उस वर्ग से कुछ लोग बाहर ही रहते हैं।

ज्ञानोदय में मुद्राराक्षस ने डॉ. रांगेय राघव और डॉ. हरिवंश राय बच्चन के दो अनुवादों की समीक्षा की है। दोनों अनुवाद मैकबेथ के हैं, एक गद्य में और एक पद्य में। समीक्षा की जाने से किसी को क्या आपत्ति हो सकती है, किंतु प्रश्न तो यह है कि अनुवाद ही क्यों किया गया है। कौन-सी साहित्यिक या सांस्कृतिक, आर्थिक, राजनैतिक या केवल नैतिक प्रेरणा है जिसने इन दोनों पंडितों को इस पुस्तक का अनुवाद करने का कारण दिया। शेक्सपियर किस तरह से हिंदी साहित्य के उस स्थल में प्रयुक्त हो सकता है जिस पर आज हिंदी का लेखक और पाठक पहुँच चुका है। साथ में यह भी देखा जाए कि राजधानी में एक शेक्सपियर-रंगमंच की स्थापना का प्रयत्न किया जा रहा है (हिंदी में), तो सारी आयोजना का खोखलापन गूँजने लगता है। समसामयिक नाट्य-लेखन कैसा भी हो, रंगमंच को अभिव्यक्ति

का एक माध्यम मानकर काम करनेवाले ऐसे रचनात्मक लोगों के लिए जिनका मानस युगीन समस्याओं से आंदोलित है और जिनकी कला-भावना शेक्सपियर के बाद से और शायद उसके पहले से चली आनेवाली कला-परंपराओं के सौंदर्य से परिपक्व है, चार वाह-वाह करनेवालों के खंभों पर एक पैबंद लगे हुए अनुवाद का मंडप छवाकर हिंदी में शेक्सपियर-रंगमंच बनाना क्या माने रखता है?

[*कल्पना,* मार्च 1958. *यथार्थ यथास्थिति नहीं*]

नई कविता : अलग-अलग खोज

अपनी कविता की व्याख्या करना असंभव है यानी इस तरह से कि आप उसे पढ़ना चाहें। अपने बारे में कुछ करना असंभव नहीं केवल कठिन है और ख़ास करके अपनी कविता के उस चरण में जिसमें मैं अपने-आपको इस समय पाता हूँ। हमेशा से ज़्यादा मुझे इस समय प्रयत्न और परिश्रम की आवश्यकता जान पड़ती है [आलोचक के लिए नोट : परिश्रम कविता लिखने में नहीं] एक ख़ास तरह का जीवन जीने में जो कविता के लिए ज़रूरी है और जिसे इस समय हमेशा से ज़्यादा ज़रूरी मानता हूँ।

इसलिए व्याख्या शीर्षक से अधिक से अधिक यही कर सकता हूँ कि अपने से उस विशेष जीवन का आग्रह करूँ और कुछ कविताओं की पूर्वपाचित समीक्षा से आपको मुक्त रखूँ जिन्हें शायद आप यह गद्य पढ़ने के पहले सरसरी नज़र से देख गए हैं। आप चाहें तो फिर कविताओं पर लौट जा सकते हैं और मुझे इस मुखर चिंतन के लिए मुक्त कर दे सकते हैं।

जैसे-जैसे नई कविता के प्रतिमान स्पष्ट होते जा रहे हैं कुछ और बातें भी सामने आती जा रही हैं जिनका संबंध कविमानस की रचनात्मक प्रक्रिया से है। संश्लिष्ट रूप में नए मानव की खोज ही नई कविता का धर्म है पर अलग-अलग कवियों में अनुभूति और उसकी रचनात्मकता की गहराई जितनी अलग-अलग आज दिखाई दे रही है उतनी शायद किसी और आवर्त्त में नहीं दिखाई दी। अपने देश की विशेष सामाजिक परिस्थितियों के संदर्भ में लगभग हर ऐसे क्षेत्र में, जहाँ उपलब्धियाँ व्यक्ति के प्रयत्न से होती थीं, यही हो रहा है। व्यक्तिगत स्तर का नीचे गिरना या दुस्साध्य होते जाना और एक मँझोले सामूहिक स्तर का प्रकट होना। मानवीय अनुभूति के क्षेत्र में भी यही हो रहा है : जन-जीवन में मानवीय मूल्यों का भी एक घटिया सामूहिक प्रतिमान उभरता दिखाई दे रहा है यह कलाकार को एक बहुत तीखी चुनौती है।

कुछ वर्ष पहले, जब नवोदित प्रतिभा के लिए एक तत्कथित सामाजिक चेतना का अनुशासन, एक आकर्षण बनकर आया था तब भी लगभग ऐसी ही चीज़ हुई थी; तब उसका प्रभाव तत्कथित कलाकारों तक ही सीमित था और घटियापन से भी ज़्यादा उसमें निषेध का तत्त्व था। इसलिए उसका ख़तरा भी इतना व्यापक न था जितना आज है—जबकि मानवीय अनुभूति के लिए स्वीकार तो है पर उसमें उत्कृष्टता का आग्रह न होकर एकरूपता का, स्तरीकरण का आग्रह है। मैं दोहराना चाहता हूँ कि यह सामाजिक धारणा प्रगतिशील आंदोलन की सामाजिक धारणा से ज़्यादा ख़तरनाक है, इसमें बाज़ारूपन, कामचलाऊपन और सस्तेपन के बीज ज़्यादा अच्छी तरह पनप सकते हैं और व्यक्ति की गहरी अनुभूतियों के रास्ते में ज़्यादा अच्छी तरह बाधाएँ दे सकते हैं।

प्रगतिशील आंदोलन ने कवि की रचना-शक्ति के साथ एक बहुत बड़ा छल किया था। जो वास्तव में मानव जीवन का दर्शन हो सकता था उसे उसने एक मानवेतर ध्येय बनाकर छोड़ दिया; छायावाद जिस वायविक विराट् सौंदर्य की खोज में पक चुका था उसके मुकाबले इस मूर्त, ज्ञेय लक्ष्य का सहारा ज़्यादा आसानी से लिया गया, पर दोनों में मानव केवल परोक्ष में था, विश्वजनीन ऐतिहासिक परिस्थितियों

ने अब कलाकार और जन को आमने-सामने खड़ा कर दिया है। उनके बीच से सोद्देश्यता की सुगम तात्कालिक सुविधाएँ हट गई हैं। कहा जा सकता है कि कलाकार आज मानवीय यथार्थ का नंगे बदन संस्पर्श करता है—और इसने उस पर एक ख़ास तरह की ज़िम्मेदारी डाल दी है। यह ज़िम्मेदारी खुद उसकी ज़िम्मेदारी है, उसका हिसाब लेनेवाला पहले की तरह कोई दूसरा नहीं है। संक्षेप में यह ज़िम्मेदारी एक व्यापक मानवीय शिव को बदलते हुए सामाजिक तथ्य के साथ-साथ निरंतर आत्मसात् करते रहने की है। यह एकांत रूप से एक विशिष्ट व्यक्ति की ज़िम्मेदारी है क्योंकि वह मानवीय शिव कोई सामूहिक प्रतिमान नहीं है, वह शाश्वत है और सार्वजनीन है। इसलिए कवि को स्वयं एक विशिष्ट मानव बनना होगा, उसके बिना एक सामूहिक मानवीयता का ख़तरा उसके लिए और भी बड़ा साबित हो सकता है और आसानी से उसे—एक तरह से संतोषप्रद ढंग से भी—सामान्य नागरिक के स्तर पर उतार दे सकता है। कवि के जीवन में सामान्य नागरिक बनने में कोई अंतर्विरोध नहीं हैं, केवल उसे सामान्य नागरिक से कहीं ज़्यादा योग देना और भाग लेना है। जीवन की समग्रता में, व्यापकता में, गहराई में इच्छा करके, प्रयत्न करके, विविध उपकरणों के साथ एकात्म होना उसका विशेष दायित्व है, सामान्य नागरिक जिसके बिना भी सामान्य और नागरिक दोनों रह सकता है।

यही उस चुनौती का जवाब है और इसी योगदान के प्रति मेरा आग्रह है। यह पूरे से पूरा हिस्सा लेना—ज़िन्दगी के तमाम मैदानों में—कला में हिस्सा लेने की पहली शर्त है और यदि कलाकार कहीं पर सामान्य प्राणी है तो इस शर्त के पालन में जो बाधाएँ आती हैं उनको झेलने में है। कला के नाम पर कोई रियायत माँगे बिना, वह औरों की तरह इनको झेले, व्यक्तित्व के बँट जाने से संघर्ष करे, इच्छानुसार जब और जैसे कर्म करने की अपनी स्वाधीनता की रक्षा में लड़े और प्रसंगवश घायल होता हो तो वह भी हो।

इस स्वत्वरक्षा के बिना तनरक्षा की चिंता करते ही कवि अपना वैशिष्ट्य खो बैठता है। उसका कृतित्व हद से हद विचारात्मक होकर रह जाता है; बौद्धिकता एक दृष्टि न बनकर एक प्रवृत्ति बन जाती है। पिछले 5-6 वर्षों के रचनात्मक लेखन का अधिकांश ऐसी ही प्रवृत्ति से दिए गए वक्तव्यों से भरा है—किसी अंश तक तो इस प्रकार का लेखन अलग-अलग व्यक्तियों की कला के विकास का एक चरण हो सकता है; पर पूरी स्थिति का सर्वेक्षण करने से इस दिशा में कुछ निश्चित प्रवृत्तियाँ भी मिलती हैं। ये, जीवित रहने को ही कलाकार की ज़िम्मेदारी मान लेने से प्रकट हुई हैं : ऊब, खीज, घुटन, लाचारी या थकान को स्वीकार कर लेना ऐसी ही निश्चित प्रवृत्ति का उदाहरण है। अपनी बात कहूँ तो इसे मैं कलाकार की पराजय मानता हूँ। ये कुत्साएँ युगतथ्य हैं, युगसत्य नहीं हैं। मैं नहीं समझता कि बौद्धिकता इनके स्वीकार की अनुमति देती है; इनके साक्षात्कार की ही देती है, इनसे पैदा एक बेचैनी की देती है, पर वहाँ कवि को रोक नहीं देती, उसके भीतर एक दर्द तक ले जाती है, पर वहाँ भी हमेशा के लिए ठहरने नहीं देती, उसके भीतर एक संदेश देती है। वही संदेश, अभिव्यक्ति को आवश्यक बना सकता है। वह मानवीय कल्याण का संदेश कितने ही छोटे-छोटे रूपों में व्यक्त होता है, नारे या उपदेश की तरह अंतिम वह नहीं होता; वह किसी एकांत सामाजिक या सामूहिक उद्देश्य में योग नहीं देता, संपूर्णतर जीवन में देता है और प्रकारांतर से जीवन-लालसा को बढ़ाता है, बुझाता नहीं। इससे ज़्यादा कला कुछ कर भी नहीं सकती और यह भी वह एक समग्र रूप में करती है, उसकी अलग-अलग एक पचास या सौ किस्तों में युग के अमंगल का अंतिम उपाय खोजना व्यर्थ है।

ज़िन्दगी में खुलकर हिस्सा लेना और उस विशिष्ट व्यक्ति की हैसियत से लेना जो इच्छानुसार जब और जैसे कर्म करने का, अपने व्यक्तित्व को बँटने न देने का अधिकारी है, यही एक विशेष जीवन का परिश्रम है; पर परिश्रम इसीलिए है कि आज के जीवन में बिना हिस्सा लिए ज़िन्दा रहना कहीं ज़्यादा आसान है बनिस्बत हिस्सा लेते हुए जीने के और ऊपर से ज़िन्दा रहने के।

कैसे किया जा सकता है यह? यह एक बिलकुल अलग सवाल है; जिसका कोई समानीकरण

नहीं हो सकता; यदि व्याख्या का अर्थ उसके व्यक्तिगत वैशिष्ट्य का वर्णन करना हो तो वह किया जा सकता है—यद्यपि उस समय नहीं जब कविताएँ आपके सामने हों। जो कुछ कह सकता हूँ वह यह कि वह प्रक्रिया कविव्यक्ति में एक-सी होती हुई भी बार-बार नए स्तरों तक पहुँचती है और नई रचनाएँ करती है। उसके फल अलग-अलग तरह के होते हैं पर पके बहरहाल होने ही चाहिए। एक बार व्यक्ति की हैसियत से जो जीवन में योग दे चुका है कवि की हैसियत से दुबारा रचना के माध्यम से देता है; अपनी शक्ति भर विविध रूपों में योग देना ही उसकी सार्थकता है। और सार्थकता तभी है जब वह योग स्वभावतः साहित्यिक स्तर पर हो : केवल स्थापना, वक्तव्य, घोषणा, उपदेश या नारे का मौक़ा जीवन में और जगह बहुत है और वहीं उसका उपयोग करना भी मना नहीं है।

[*नई कविता-4* (1959) में 'सव्याख्या' कॉलम के अंतर्गत प्रकाशित। इस कॉलम के अंतर्गत उस समय के चर्चित कवियों की सवक्तव्य कविताएँ छपती थीं। यही टिप्पणी पीछे के पृष्ठों में कुछ संशोधित रूप में 'लेखक की नोटबुक से' शीर्षक टिप्पणियों में शामिल है। उसमें यह पहली टिप्पणी है। *यथार्थ यथास्थिति नहीं* में संकलित]

परंपरा और प्रगति

परंपरा और प्रगति एक पिटा हुआ विषय है। किसी विषय को मिट गया तब समझना चाहिए जब उसका कर्म भूलकर लोग उस पर बहस में लग जाएँ। परंपरा और प्रगति का परस्पर संबंध एक ऐसा ही विषय है। इस पर बहुत लिखा गया और बहुत बोला गया है—अर्थात् हम अपने को कैसे पहचानें, इसकी चिंता व्यापक रही है। पर हम अपने को किसी तरह का कुछ बनाएँ, इसकी ओर ध्यान कम गया है—या कम होता गया है। शायद ऐसा भारतीय स्वभाव के अनुकूल ही समझना चाहिए। वर्तमान में रहकर भी वर्तमान से उदासीन रहना हम लोगों की मूल प्रकृति है। हमारे चिंतन की शास्त्रीय पद्धतियाँ वर्गीकरण की इतनी आश्रित हैं कि एक बार जीवन की परस्पर गुँथी कठिनाइयों को हमने अलग-अलग स्थानों में रख दिया कि हम समझने लगे कि अब हमने जीवन की जटिलता सुलझा ली। एक ओर तो यह धोखा हम अपने को देते हैं और दूसरी ओर एक नया जीवन बसाने से विरक्त रहकर हम जो कुछ बन जाए उसे बन जाने देते हैं और इसको कहते हैं कि समन्वय है। परिणामतः भारतीय मन भीतर-बाहर दोनों जगह धोखे में जीता है और परंपरा और प्रगति के परस्पर संबंध पर बहस करता रहता है।

फिर भी कुछ तो ऐसा है ही जिस पर बहस हो, तो किसी नतीजे तक ले जा सकती है। तब फिर बहस भी कर्म का हिस्सा बन जाती है। हमने अतीत में जो कुछ कभी मूल्यवान था उसे, जब वह मूल्यवान था, तब की दृष्टि से देखना चाहें तो परंपरा की सही पहचान अवश्य होगी। यदि एक बार हम देख सकें कि तब समाज की एक मान्यता का, या व्यक्ति के एक मानक का उस समय के समाज और व्यक्ति से क्या संबंध था, तो हम तत्काल नहीं तो कालांतर से जाँच सकेंगे कि उस मान्यता के आज के आधार क्या हैं? या कि वे आधार आज हैं भी या नहीं किंतु यदि हम किसी सुखद कल्पना की भाँति अतीत के एक सत्य को पूजें तो सुखद वह होगा क्योंकि उसे आज जीवन में करने की ज़िम्मेदारी का बोझ सिर पर न होगा, पर वह आज के जीवन पर एक बोझ बनकर रहेगा। यही नहीं, मैं तो कहूँगा कि वह आज के जीवन में एक प्रकार की अनैतिकता को जन्म देगा। नर-नारी-संबंध के अनेकानेक कथानक प्राचीन साहित्य में मिलते हैं, सबमें नारी पुरुष के अधीन उसकी उपभोग्या नहीं है। वह एक स्वतंत्र व्यक्ति भी है। वह कहीं विद्रोहिणी भी है और कहीं बुद्धिमायिनी भी। हम किस नारी की परंपरा मानें? सावित्री की या द्रौपदी की? आज यदि हम नारी को पुरुष के भाग्य के अधीन नहीं मानते हैं तो सावित्री की परंपरा मानने का कोई औचित्य नहीं है। इच्छा के विरुद्ध, विवेक से

परे, आत्मनिर्णय से शून्य पतिव्रत अनैतिक है। उसे आज आधुनिक समझकर ही परंपरावादी उसके लिए अतीत से दृष्टांत खोजते हैं ताकि उसे परंपरा से जोड़कर आज भी नैतिक सामाजिक स्वीकृति दिला सकें, किंतु आज के अत्याचार को परंपरा से इस प्रकार जोड़कर उसे जिलाए रखना बिना एक व्यापक अनैतिकता फैलाए संभव नहीं होता।

वास्तव में जो कुछ अतीत है, सब परंपरा है ही नहीं। उसमें से बहुत कुछ मृत है पर विज्ञापित चला आ रहा है। उसमें बहुत कुछ जीवित है परंतु इतना अदृष्ट है कि उसका उल्लेख भी चौंकाता है और यथास्थिति टूटने का भय उपस्थित करता है। तब वह अद्भुत ख़तरनाक विचार मृत परंपरा की दीवार पर लिखे हुए एक धिक्कार की तरह दिखाई देकर बहुधा विद्रोही विचार कहलाने लगता है। पर चिंता की बात नहीं है। इतने से ही वह वास्तव में विद्रोही नहीं हो जाता। अभी तो वह परंपरा के अंधभक्तों को खिन्न करने तक ही सीमित है। आज के जीवन से उसका नाता अब भी स्पष्ट नहीं हुआ है। वस्तुतः विद्रोही विचार तो वह होगा जो आज के जीवन से उपजेगा और परंपरा में अपना अनुषंग खोज लेगा—ताकि वह परंपरा बन सके अर्थात् वह जो कल हुआ और कल होगा न कि वह जो कल हुआ था और अचानक एक अजूबे की तरह अस्वीकृत हो गया है।

साहित्य इस प्रसंग में शायद सबसे अच्छा दृष्टांत होगा, सबसे अच्छा नहीं तो कम से कम सबसे स्पष्ट तो होगा ही। मैं मानता हूँ कि साहित्य में जो कुछ भी श्रेष्ठ है उसके पीछे यथास्थिति के अस्वीकार की एक गहरी चेतना रही है। आज यथास्थिति का अस्वीकार एक साधारण घटना हो गई है। इतनी साधारण कि यह जानना भी कठिन है कि कहाँ सचमुच अस्वीकार है और कहाँ ख़ाली ऐसा अस्वीकार जो दूसरों की नक़ल हो। साहित्य में रचयिता अकेला होता है—वह समानधर्मी साहित्यकारों के साथ अकसर दिखाई देता है, पर उनमें वह अकेला न हो तो वह कृति नहीं करेगा, अनुकृति करता रह जाएगा। ऐसा सामूहिक अस्वीकार प्रदर्शन से अलग कहीं शक्ति बढ़ाना है और साहित्य की शक्ति को क्षीण करना है। और यहाँ उससे उतना प्रयोजन नहीं। प्रयोजन है इससे कि क्या अकेले साहित्यकार ने अकेलेपन की परंपरा से अपने को जोड़ लिया है? क्या सैकड़ों वर्ष बीत जाने पर भी देख पा रहा है कि सैकड़ों वर्ष पहले कोई कवि मेरी ही तरह भीड़ से घिरा पर अकेला था और उसने जो रचा था वह आज तक मुझे शक्ति दे रहा है। यह पहचान ही प्रगति है ऐसा भारी-भरकम दावा मैं नहीं कर बैठना चाहता, यद्यपि यह ज़ोर देकर कहना चाहता हूँ कि इस पहचान के बिना प्रगति असंभव है। परंपरा का अर्थ परंपरा का पालन नहीं है, परंपरा का पोषण भी नहीं है, परंपरा से कुछ लेकर उसे आगे बढ़ाना भी नहीं है, बल्कि आज की रचना को विगत की रचना में पहचानना ही परंपरा है, और इस पहचान से अधिक परंपरा की कोई उपयोगिता नहीं है—मतलब, रचनाकार के लिए और अध्येता के लिए अवश्य हो सकती है। जैसा मैंने पहले कहा था—अतीत के किसी सत्य को उन्हीं आँखों से देख सकना जिनसे वह अतीत में देखा जाकर सत्य बना था परंपरा के अध्ययन के लिए आवश्यक है और यह काम अध्येता का है।

साहित्य में स्रष्टा अकेला होता है, इसलिए उसके कर्तव्य का अभी जो वर्णन किया वह सरल है। राजनीति सामूहिक कर्म है अथवा सामूहिक धर्म है, इसलिए वहाँ परंपरा की पहचान कठिन हो जाती है, क्योंकि वहाँ पहचान भी सामूहिक होनी चाहिए और राजनीति जनता को सामूहिक रूप से उस पहचान के लिए कोई एक तरह से तैयार नहीं कराती। जितने राजनैतिक समूह हैं, उतनी प्रकार की पहचान कराई जाती है, ताकि प्रत्येक समूह एक कल्पित परंपरा से पोषण लेता रह सके। भारत में आर्यों के प्रवेश के विवादास्पद वर्णनों से लेकर मुसलमानों के प्रवेश के विवादास्पद निष्कर्षों तक हम यही देखते हैं कि परंपरा को देखने की सामूहिक दृष्टि पर कब्ज़ा करके विविध राजनैतिक दल भारत के इतिहास की वही तसवीर प्रचारित करते हैं जो वे अपने दलगत स्वार्थ के लिए आवश्यक समझते हैं। राजनीति में महान नेतृत्व वही होता है, जो परंपरा की दलगत परिभाषाओं से उठकर संपूर्ण

मानवजाति की नियति का संपूर्ण चित्र देखने का प्रयत्न करे। मानवजाति संगठित जीवन के विकास के आरंभ से ही संगठित जीवन में निहित अत्याचार के विरुद्ध सचेत रही है। ऐसा जब से इतिहास लिखा मिलता है तब से देखा जा सकता है, जो राजनैतिक संगठनकर्ता नेता इस अत्याचार के प्रति सजग नहीं, जिसने इसके विरोध के अकेले और संगठित प्रयत्नों के समाज पर प्रभावों का अध्ययन नहीं किया वह अपनी मानव-परंपरा को नहीं पहचान रहा है और संगठित अत्याचार के विरुद्ध मानवजाति के प्रयत्न में किसी प्रगति का माध्यम नहीं बन रहा है। वह जब किसी देश की, जिसका वह है, उदारता, सहिष्णुता अथवा वीरता की बात करता है तो वह इन विज्ञापनों के सहारे केवल हाँ कहनेवाली भीड़ इकट्ठा करता है। फिर वह उस भीड़ को इतिहास में मतदान पर से आगे नहीं ले जाता। इसके विपरीत मानव-नियति को बनानेवाला राजनैतिक नेता एक हद तक भीड़ के संगठन की आकांक्षा करता है—उसके बाद वह यह भी परवाह नहीं करता कि वह कितना अकेला हो गया है या भीड़ के लिए वह कितना अप्रासंगिक हो गया है। गाँधी से अच्छी इसकी कोई मिसाल नहीं है।

मालूम होता है कि अपने भीतर एक अकेलापन अपनी परंपरा में जुड़ने के लिए दोनों क्षेत्रों में आवश्यक है—साहित्य में भी व राजनीति में भी। दोनों क्षेत्रों में रचना का विषय मनुष्य ही है—दोनों मानवजाति का संपूर्णतम रूप अपनी दृष्टि में समाहित करके ही आगे बढ़ सकते हैं, फिर भी परंपरा और प्रगति से परिचय का एक बड़ा हिस्सा अँधेरे में टटोलने और जिस-तिस से टकराकर उसे पा लेने जैसा ही रहता है। इसी खोज में सार्थकता ला सकना प्रगति है। पर अंत में एक आग्रह दोहराना चाहूँगा—जब तक हम पूरी मानवजाति को मानवीय प्रयत्न में शामिल करने का साहस नहीं करते, न तो परंपरा मिलने का कोई अर्थ है और न ही न मिलने का।

जब आधी से अधिक मानवजाति आदमी से एक दर्जा नीचे की ज़िन्दगी जी रही हो, तो मानवीय कृतित्व अपूर्ण रह जाता है। अनेक संभावनाओं से वंचित और न्यून, फिर उसमें विकास की परंपराएँ ढूँढ़ते रहना यथास्थिति की परंपरा ही ढूँढ़ना है।

[1971. यथार्थ यथास्थिति नहीं]

राष्ट्रप्रेम और कवि

विचार का विषय अंग्रेज़ी में 'नेशनलिज़्म एंड द पोइट' है। अंग्रेज़ी भाषा अपनी सीमाओं के कारण 'नेशनलिज़्म' का अर्थ मोटे तौर पर ही समझा सकती है। हिंदी में राष्ट्रवाद कहने का और अर्थ है और राष्ट्रभावना का और। मैं इन दोनों अर्थों में भेद करता हूँ और मानता हूँ कि कवि की भूमिका इन अर्थों के भेद को समझने पर बहुत हद तक निर्भर है। राष्ट्रवादी कवि होना बिना राष्ट्र को पहचाने भी संभव है किंतु राष्ट्र को पहचानने की कोशिश करना अनिवार्यतः कवि को राष्ट्रवादी नहीं बना सकता, बल्कि मैं कहूँगा कि नहीं ही बनाता है।

वास्तव में सभी ईमानदार रचना एक स्तर पर जाकर राष्ट्र को पहचानने की ऐसी कोशिश कर जाती है जिसके कारण कवि की राष्ट्र की पहचान घोषित राष्ट्रवादियों को राष्ट्र की पहचान से भिन्न दिखाई देने लगती है। हम कह सकते हैं कि अपने भीतर और बाहर के जंगल में से लकड़ी बीनने के समान अपनी कविता को इकट्ठा करते हुए एक भटकता हुआ लकड़हारा कवि जब अपनी पूँजी को एक जगह जमा कर लेता है तब सारे राष्ट्र की संपत्ति की तुलना में वह गट्ठर उसके लिए कहीं ज़्यादा मूल्यवान जान पड़ता है। अपने को खोजने, तोड़ने और बनाने का क्रम कविता की प्रक्रिया में ही निहित है। यदि कवि राष्ट्र की बनी-बनाई अवधारणा के साथ मेल खाने लगा तो फिर खोजने

का क्रम कैसे चल सकेगा और कविता कैसे हो सकेगी? कवि का कर्म राष्ट्र की अभी तक बनाई हुई धारणा से न तो उत्पन्न होता है और न उसमें जाकर प्रतिफलित होता है क्योंकि इस निर्धारित धारणा के साथ समाज के रिश्ते भी निर्धारित हो चुके होते हैं और निर्धारित रिश्ते को बग़ैर जाँचे हुए कविता संभव नहीं है। अधिक संभव यही है कि प्रत्येक बार एक रचना करने पर कवि अपने साथी मनुष्य के साथ कोई ऐसा रिश्ता बनाए जो एक नए समाज में ही संभव है और जिसे अभी तक कोई नहीं जानता था, कम से कम वह तो नहीं ही जानता था। इस क्रम में किसी समय यह भी संभव है कि वह अनेक स्तरों पर अनेक बार के अनुभवों के द्वारा नए रंग और रोगन लगाता हुआ एक बिलकुल नया इनसान खड़ा कर दे। जो उसका साथी मनुष्य हो—और उसके समाज के अन्य व्याख्याताओं के प्रकल्पित राष्ट्र की ही नहीं, किसी राष्ट्र की सीमाओं में न बँधता हो। जब यह हो जाता है तो कवि का सर्वश्रेष्ठ अनुभव उसे मिल जाता है। इसमें प्राप्त आज़ादी राष्ट्रप्रेम की किसी भी घोषणा से अभिव्यक्त नहीं हो सकती। वैसी घोषणाएँ इस आज़ादी को अपने में समाहित कर सकने के लायक हो ही नहीं सकतीं, चाहे उनका आकार-प्रकार अर्थात् उनका शब्दाडंबर कितना ही बड़ा क्यों न हो।

15 अगस्त 1947 को रेडियो से बालकृष्ण शर्मा 'नवीन' ने एक कविता पढ़ी थी जो उसी मास के *आजकल* में छपी है :

> कोटि-कोटि कंठों से निकली आज यही स्वर धारा है।
> भारतवर्ष हमारा है, यह हिंदुस्तान हमारा है ।।

हिंदुस्तान, हिंदुस्तान के रहनेवाले का है, यह बात इतने ज़ोर-शोर से 15 अगस्त 1947 को घोषित करना राष्ट्रवाद का एक रूप है जिसमें, जैसा कि कविता आगे बताती है, जिस दिन से 'सूरज चाँद बने' उस दिन से भारतवर्ष पर अपना कब्ज़ा बताया गया है। इतिहास और काल के प्रति यह दृष्टि कब्ज़े को पुख़्ता बनाने का काम करती है। इसके साथ-साथ कविता जिस भारत पर दावा करती है उसकी यह भौगोलिक शक्ल बताती है जो आज है, सूरज-चाँद जब बने थे तब के भारतीय भूगोल का कोई उल्लेख नहीं करती। कविता में विंध्य, सतलुज, नागाखासिया के पूरब और पश्चिम के 'औघट-घाटपानी' दो भीम कपाट बताए गए हैं और 'तुंगशिखर चिर अटल हिमालय' से हमारा विजय निशान बताया गया है, इस तरह इतिहास और भूगोल दोनों को इस राष्ट्रवादी कवि ने अपने मतलब के लिए इस्तेमाल कर लिया है—उसने काल के आयाम में ऐसी धारणा कर दी है जिसका कोई तर्क नहीं और जो यद्यपि हास्यास्पद कहकर टाली जा सकती है। वास्तव में मामला है : उसके वर्तमान दावेदारों में, जिनको कवि 'कोटि-कोटि' बताता है; केवल कुछ असली दावेदार हैं, जिन्हें 15 अगस्त को सत्ता हस्तांतरित की गई है। कवि वास्तव में कोटि-कोटि जन के ऊपर छलाँग लगाकर 'जहाँ प्रथम मानव ने खोले निंदियारे लोचन' सपने के युग में 15 अगस्त को मिली ज़मीन के समेत पहुँच जाता है और उस ज़मीन की अपने लिए सुरक्षा का प्रबंध तुरंत बता देता है—पूरब-पश्चिम में दो कपाट और उत्तर में हिमालय। उसे इस कविता के लिखने में न अपने भीतर कुछ खोजना पड़ा है और न समाज में। उसे खोजने की ज़रूरत इसलिए नहीं मालूम हुई कि वह राष्ट्र की एक शक्ल अपनी बुद्धि में बैठाए हुए है, जो समाज के समकालीन रिश्तों को जानने की कोशिश करते ही टूट जाएगी और यह कवि गवारा नहीं कर सकता क्योंकि इसमें उसकी अपनी प्रतिमा टूटती है। उसके लिए वास्तव में प्रतिमा का टूटना चिंता का विषय इसलिए है कि वह अपनी नई प्रतिमा बना नहीं सकता। आज जब मैं कविता या रचना की परिभाषा करते हुए कहता हूँ कि वह अपनी एक प्रतिमा ढहाने और एक बनाने की क्रिया है तो यह कहता हूँ कि सामाजिक यथार्थ को और उसमें निहित मनुष्यों के रिश्तों को हम बार-बार जाँचते और पहचानते हैं जिससे ख़ुद हमारी शक्ल हमारे लिए विकास करती चलती

है—और यह किसी एक मूर्ति में अलंकरण जोड़ते जाकर नहीं, उस मूर्ति को ढहा देकर और एक और मूर्ति बनाकर जो फिर निश्चय ही ढहाई जाएगी। राष्ट्रवादी हिंदी कविता में ऐसे कविकर्म की गुंजाइश नहीं है। 1947 के बाद राष्ट्रपताका की वंदना में मैथिलीशरण गुप्त से लेकर भगवतीचरण वर्मा जैसे कई हिंदी कवियों ने कई गीत लिखे थे। ये सब कवि किसी न किसी रूप में सत्ताधारी पार्टी के इर्द-गिर्द रह चुके थे और 'भारतवर्ष हमारा है' कहने को इनकी इच्छा स्वाभाविक थी। पताका की वंदना शायद राष्ट्रगीत के रूप में स्वीकार हो जाती (या न भी होती तो नेहरूजी को मालूम हो जाता कि किसने-किसने लिखी है)। कोई चाहे तो संकल्प करके देख सकता है कि थोड़ी-सी अवधि में कई पताका वंदनाओं का प्रकाशन हुआ और फिर बंद हो गया। प्रत्येक कविता में राष्ट्र और राष्ट्रीय जीवन की एक आदर्शवादी कल्पना की गई थी और एक अमूर्त मानव की मुक्ति का संकल्प दोहराया गया था। इस अमूर्त मानव का यश गाने का वास्तविक राजनैतिक परिणाम क्या हो सकता है, प्रायः उन्हीं दिनों मई 1949 में *हंस* में प्रकाशित नागार्जुन की यह कविता बताती है :

एक दूसरे की प्रतिमा में कर फिरने प्राण प्रतिष्ठा
पाते हो नैवेद्य
दैव्य भाग मिलता है
युग के मान्धाता जो ठहरे
हर्ष और उल्लास
तर्जन गर्जन हुंकार
आक्रोश और चीत्कार
भूम्यगगन में उद्वेलित हो जाते खूब पसार

राष्ट्रवादी कविता में सामाजिक यथार्थ की अवज्ञा की सुपरिचित शैली वही है जहाँ इतिहास और भूगोल का सहारा लेकर मनुष्य को दफ़ा कर दिया जाता है। परंतु एक और तरह की कविता भी हिंदी-उर्दू में बहुत लिखी गई है जिसमें भविष्य वही काम करने लगता है जो अतीत राष्ट्रवादी कविता में करता है। सामाजिक यथार्थ का वर्तमान रूप इन कविताओं में अधिक प्रखर है, किंतु भविष्य की कल्पना उसे इतना अतिरंजित कर देती है कि वह कोई नई पहचान बनाने लायक़ नहीं रह जाता। आशावादी घोषणाएँ तोड़ने और बनाने की तकलीफ़ की जगह ले लेती हैं।

हंस के जनवरी 48 के अंक में केदारनाथ अग्रवाल की 'मेरी आवाज़' कविता छपी है, हिंदू-मुस्लिम एकता की आवाज़ यह कविता उठाती है और राष्ट्रवादी कवियों की तमाम भारत गौरवगाथाओं के बीच अकेली या शायद एकदम अकेली न हो। कविता राष्ट्र की कल्पना यों करती है :

हिंदू मुस्लिम दोनों भाई
हिंद देश में साथ रहेंगे
एक खून के दो पौधों के
दो फूलों से साथ खिलेंगे
काँटों की सूली के ऊपर
चढ़कर दोनों साथ हँसेंगे
सुंदरतम संस्कृति से अपनी
पूरे भारत में महकेंगे
आदि

परंतु इसे प्रतिज्ञाओं और आशाओं ने ऐसा बना दिया है कि कवि अपनी आवाज़ से बहुत-से काम

होने की वे उम्मीदें करने लगता है जो उसे कविता लिखने की तकलीफ़ से मुक्त कर देती है।

आँखों के अंधे मति मोटे
सेठों के कुविचार हरेगी
पूँजीशाही के उपजाए
दंगों को चिरशांत करेगी
मन्दिर मस्जिद दोनों घर में
एका की गुंजार करेगी

मैं समझता हूँ ये दोनों ख़तरे, अतीत और भविष्य के प्रति ये रुख़—मूलतः इसी समाज से पैदा होते हैं कि कवि सिर्फ़ एक उद्घोषक है यानी वह राष्ट्र या समाज का, किसी भी चीज़ का निर्माता इसी अर्थ में है कि वह निर्मित या निर्मितप्राय चीज़ों का एलान कर देता है : अपने भीतर कुछ निर्माण नहीं करता। राष्ट्रवादी राजनीति जिस तरह अपने कार्यकर्ताओं में विचार पर प्रतिबंध लगाती है उसी तरह वह कवि में भी समाज की कोई नई पहचान होने के विरुद्ध है।

हिंदी में कविता का यह रूप अब पुराना और बेकार पड़ चुका है। यह तब भी था जब रचा गया था, पर तब इसे स्थापित कर दिया गया था, अब 'हिंदुस्तान के दावेदार' दो पीढ़ियों के सामने झूठा सिद्ध हो चुका है। अब वैसी कविता लिखी जाकर भी स्थापित नहीं की जा सकेगी परंतु एक पतनशील वर्ग की संस्कृति, वर्तमान की रचना-विरोधी और मनुष्य-विरोधी जड़ता को भारत भूमि के अतीत ज्ञानोदय गौरव से छिपाना चाहेगी जबकि वह गौरव ही वह जड़ता है। इसी तरह वर्तमान के संकट को, जिसमें यथास्थिति को बहुत-सी चुनौतियाँ हैं, नए समाज के आकांक्षी भी भविष्य की शुभकामनाओं से छिपा लेने का लोभ थाम न सकेंगे। आगे का प्रश्न यही है कि क्या हम कवि के इस कर्म को करते रह सकेंगे जो उदाहरण के लिए मुक्तिबोध ने किया था :

तुम्हारे शब्द मेरे शब्द
मानव देह धारण कर
असंख्य स्त्री पुरुष बालक
वर्ग जग में भटकते हैं
कहीं जनमे नए इस्पात को पाने।

खोज की यही इच्छा है जो कविता को राष्ट्रवाद के आकर्षक मोहपाश से मुक्त कर सकती है, अन्यथा हम उस मानव को जीता-जागता नहीं पा सकेंगे जो हमें अपनी शकल समाज में देखने पर मिलता है, जो समता का प्रतीक है और किसी राष्ट्र का नहीं होता फिर भी प्रत्येक राष्ट्र का होता है—पाएँगे सिर्फ़ राष्ट्रवाद का एक शोषक। इसीलिए हिंसक तर्क जिसके आधार पर हम देश की भूमि और उसके श्रम का उपयोग केवल कुछ लोगों के लिए सुरक्षित रख सकेंगे, पर यह ग़ैरबराबरी रचना-विरोधी है। वह न अनाज पैदा कर सकेगी न ऐसी कोई कविता ही जो 15 अगस्त 1947 वाली मैथिलीशरण गुप्त की 'भारतवर्ष हमारा है' कविता से ज़्यादा उम्र पा सके।

(साहित्य अकादेमी के महाकवि वल्लोतोल के सम्मानार्थ परिसंवाद में पठित निबंध)

[नवभारत टाइम्स, 26 जनवरी 1979. यथार्थ यथास्थिति नहीं]

आधुनिक कविता और संगीत

कुछ दिन हुए नौशाद को फिल्म संगीत में दादा फालके पुरस्कार मिला था। लोकप्रिय कही जानेवाली फिल्मों में बहुत दिन से नौशाद संगीत नहीं दे रहे हैं, माने उनसे संगीत लिया नहीं जा रहा है। उन्होंने पुरस्कार पाने के बाद अनेक माध्यमों से बार-बार कहा था कि आजकल निर्माता पहले संगीत बनवा लेते हैं, बाद में कवि से उसके अनुसार कविता लिखवाते हैं। मुझे यह पसंद नहीं है, मैंने कभी ऐसा नहीं किया और ऐसा होना नहीं चाहिए। इतना तो प्रकट ही है कि नौशाद को पुरस्कार उनकी उन्हीं उपलब्धियों के प्रति कृतज्ञ होकर दिया गया है जो उन्होंने अपने स्वभाव के अनुसार इस दौर से, जिसकी अभी उन्होंने आलोचना की है, पहले के दौर में की थीं। प्रश्न यह नहीं है कि नौशाद कितने बड़े संगीतज्ञ हैं या संगीतकार हैं। न प्रश्न यही है कि जिन कविताओं को उन्होंने संगीत में बाँधा वे कितनी श्रेष्ठ कविताएँ थीं। प्रश्न तो यह है कि एक व्यक्ति ने जिसे अपने संगीत को दूसरों तक पहुँचाने की अपार सुविधा उपलब्ध थी, इस सुविधा का उपयोग करते हुए कविता और संगीत के संबंध को कैसे देखा। नौशाद का कहना है कि पहले कविता लिखी जानी चाहिए, फिर उसे संगीत में बाँधा जाना चाहिए। भले ही हमारे पास यह सुविधा हो कि हम इसका उल्टा करके भी बच निकलें, हम इसका उल्टा नहीं करेंगे क्योंकि यही रिश्ता सही रिश्ता है और इसी में कविता और संगीत दोनों की मर्यादा का पालन होता है।

हो सकता है कि आप इस व्याख्यान के प्रारंभ में ही किसी आधुनिक कवि का नाम न सुनकर एक संगीतकार का और वह भी आप साहित्यकारों की भाषा में एक 'फिल्मी' संगीतकार का नाम सुनकर चौंके हों। परंतु नौशाद का नाम चौंकाने के लिए नहीं, यह बताने के लिए लिया गया है कि उनकी कविता की समझ में संगीत की समझ भी शामिल है। हम यह भी देखते हैं कि उन्हें छोटे शहरों में और क़स्बों में बचे हुए दरबारी और लोकसंगीत की चीज़ें विरासत में मिली हैं। ये बड़े-बड़े जनसमुदायों में प्रचलित चीज़ें हैं और 'पहले कविता फिर संगीत' या 'कविता और संगीत एक ही साथ' पैदा होने का सिद्धांत इन चीज़ों में जीवित है। प्रौद्योगिक सुविधा से जब नौशाद को बड़े-बड़े जनसमुदायों के लिए रिकार्डबंद संगीत जुटाने का अवसर मिला तो उन्होंने इस सिद्धांत को जीवित रखा। वह स्वयं कवि नहीं हैं इसलिए हम उनकी कविता की बात ही नहीं कर सकते, जो सिद्धांत उन्होंने कविता और संगीत के संबंध में माना वह ज़रूर उठा सकते हैं। पर जो कवि हैं उन्होंने कविता और संगीत के संबंध के बारे में उस वक़्त क्या किया जब वे बड़े-बड़े जनसमुदायों के लिए आशु संगीत जुटाने के अवसर का उपयोग कर रहे थे? मुशायरों और कवि-सम्मेलनों में जो प्रस्तुत किया जाता रहा है वह 'पहले कविता बाद में संगीत' कहा जाएगा या 'कविता और संगीत एक ही साथ' कहा जाएगा—या 'पहले संगीत बाद में कविता' कहा जाएगा? लगता है कि हिंदी के कवियों ने, जो जीवित संगीत सृजन करने के विशेष अवसर के अधिकारी थे, उसका उपयोग न करके कवि-सम्मेलनों में वैसा ही किया जैसा आजकल व्यापक संचार माध्यम का दुरुपयोग करनेवाले फिल्म निर्माता नौशाद के फिल्म संसार में कर रहे हैं। उन्होंने भी पहले संगीत बना लिया, फिर उसके अनुसार कविता लिखा ली। कवि-सम्मेलन में कविता गानेवाले कवि अपनी कविता और संगीत दोनों में एक साथ कमज़ोर हो गए हैं। वे जिस संगीत को उठाते हैं वह या तो शास्त्रीय संगीत के किसी समय लोकप्रिय टुकड़ों के आज के बचे-खुचे चूरे से बना हुआ होता है या लोकसंगीत के ऐसे संस्मरणों की नक़ल होता है जिन्हें गाते हुए कवि परंपरावान दिख सके। गाना इस कवि-सम्मेलनी कवि के लिए संभ्रांत लोगों का काम नहीं है। उसके हिसाब से साहित्यकार गाता नहीं है। इसलिए वह कविता और संगीत के सही संबंध को समझने से कतराता है। वह डरता है कि उसे समझ लेने पर वह साहित्यकार नहीं रह जाएगा।

कविता एक बड़े समुदाय के सामने पढ़कर सुनाई जाए तो क्या उसका अर्थ बदल जाता है? अवश्य ही कुछ होता है जिससे वह श्रोताओं तक पहुँचने के रास्ते में मानो लूट ली जाती है। उसका एक अत्यंत गहरा मार्मिक धन उससे छिन जाता है। सभी श्रोता मानो मिलकर एक श्रोता बनने की प्रक्रिया में स्वयं अपने लिए संवेदना का एक स्तर चुन लेते हैं जहाँ से वे मुखर होकर कविता में हिस्सा बँटा सकें। श्रोताओं को कविता में शामिल होना ही है। उनसे यह आशा नहीं की जा सकती कि वे बिना शामिल हुए बैठे रहेंगे और उनसे यह आशा भी नहीं की जा सकती कि वे अपने मन में कविता के एक स्तर की आशा किए बिना ही कविता सुनना चाहेंगे। श्रोता कविता सुनने में शामिल होने के लिए आम तौर से उतनी ही संवेदनशीलता जुटा पाता है जितनी उसे कविता लिखने की प्रक्रिया से गुज़रे बिना मिल जाए और यह संवेदनशीलता जहाँ से बनी-बनाई मिल जाती है वहाँ से वह उसे तुरंत स्वीकार कर लेता है। ऐसी स्थिति में पड़े हुए बहुत-से श्रोता यदि एकसाथ कविता सुन रहे हों तो ये पहले समाज में उपलब्ध संवेदनशीलता के कम से कम प्रयत्न-साध्य स्तर को प्राप्त होते हैं, फिर कविता सुनना शुरू कर देते हैं। यदि वह उस स्तर से ऊपर हुई तो पहले उसे अपने स्तर पर उतार लाने की एक कोशिश करते हैं, फिर इस मजबूरी का सामना होने पर कि उन्हें खुद उस स्तर तक उठना पड़ेगा, कभी खिन्न हो जाते हैं कभी रुष्ट। मगर कभी-कभी प्रसन्न मन से उस स्तर तक उठ भी जाते हैं, यह न मानना उनके साथ अन्याय होगा।

ऐसे समुदायों के सामने कविता सुनानेवाले कवि क्या करते हैं?

बहुधा वे भीड़ से डर जाते हैं और यह खोजने लगते हैं कि श्रोता का शामिल होना किस स्तर पर संभव होगा। फिर अनुमान से वह स्तर जान लेने पर वही कविता सुनाने लगते हैं जो उनके अनुमान से श्रोताओं के स्तर की होगी।

कवि-सम्मेलनों में दिन-प्रतिदिन कवि यही कर रहे हैं। इसलिए यह कहना कठिन होता जा रहा है कि उनका काव्य स्वयं उन्हें कहीं ले जा रहा है या सिर्फ़ गोल-गोल चक्कर काट रहा है, अर्थात् भावना के एक बने-बनाए स्तर से शुरू करके उसी पर समाप्त होकर फिर उसी स्तर पर शुरू और समाप्त हो रहा है। इन कवियों का लक्ष्य इससे अधिक कुछ नहीं जान पड़ता। बार-बार ऐसा करते ये क्यों नहीं थकते, इसका कारण जानना बहुत कठिन नहीं है। ऐसे बहुत-से कवियों ने कवि-सम्मेलन की एक भाव-मर्यादा बना दी है और उसे तोड़कर नई मर्यादा स्थापित करनेवाले कवियों को वे इस तंत्र में प्रवेश नहीं करने देते। कवि-सम्मेलन के श्रोता शायद कभी न जान पाएँगे कि ऐसी भी कविता हो सकती है जो कवि-सम्मेलनों में न सुनते हों और जो न उनकी शर्तों पर लिखी जाए, न सुनाई जाए बल्कि जिसके सुनने के लिए उन्हें खुद अपनी भाव-मर्यादाएँ तोड़नी पड़ें। यही कारण है कि यह कविता कोई नया संगीत नहीं दे पा रही है। यही नहीं, उसका भाव-जगत् भी जड़ हो गया है।

पीड़ित के प्रति विचलित भाव और अनुचित के प्रति नपुंसक तिरस्कार, ये कवि-सम्मेलन की कविता के स्थायी स्वर हो गए हैं। यही उसके संगीत के भी स्थायी स्वर हो गए हैं। यही उस कविता के भी स्थायी स्वर हो गए हैं जो कवि-सम्मेलन में नहीं सुनाई जाती है इसलिए व्यापक पैमाने पर सुनी जाकर चमत्कारिता के कारण आकर्षक सिद्ध होने या न होने का अवसर नहीं पा रही है—इससे वह आलोचना की कसौटी पर कसी जाने के भय से सावधान रहती है। उधर कवि-सम्मेलन की संगीत-कसौटी साहित्य-आलोचना के मानदंड की परवाह नहीं करती।

"समूह ग्राहक है, उसे नाराज़ नहीं किया जा सकता" यही कवि-सम्मेलन का वर्तमान तथा व्यावसायिक सिद्धांत बन गया है। परंतु समूह क्या चाहता है जिन्होंने यह निश्चित कर लिया है वे इस सिद्धांत के आगे स्वयं पराभूत होने लगे हैं। उन्हें शीघ्र ही स्थिर करना पड़ेगा कि कवि-सम्मेलन से भी बड़ा व्यावसायिक तंत्र—सिनेमा या राजनीति—समूह को क्या ख़रीदने पर मजबूर कर रहा है। फिर उसके पीछे कवि-सम्मेलन के कवि को चलना पड़ेगा।

कवि-सम्मेलनों में जो संगीत कवि लोग इस्तेमाल कर रहे हैं उस पर एक सरसरी नज़र डालना यह दिखा देने के लिए काफ़ी है कि उसमें काव्य और संगीत का रिश्ता बहुत बिगड़ गया है।

इतना तो साफ़ दिखता है कि सब कवि ढंग से गा नहीं पाते, फिर भी गाते हैं। दो-चार पिटी-पिटाई धुनें उन्होंने बना ली हैं। इन धुनों के पिटी-पिटाई होने के पीछे काव्य तत्त्व और संगीत का अज्ञान तो है ही, दोनों में समुचित मेल न बिठा पाने की असमर्थता भी है। इसी का एक और पक्ष है कवि की यह भ्रांति कि उसके गले से एक विशेष धुन ज़्यादा अच्छी तरह निकल सकती है और इसीलिए लोकप्रिय हो रही है। ऐसा मानकर वह धुन की संदिग्ध लोकप्रियता को अधिक महत्त्व देने लगता है, काव्य को कम। ज़रा-सी खोज करने से मालूम हो जाएगा कि कवि-सम्मेलन में गानेवाले कवि मूलतः उसी अपनी सिद्धि के कारण जाने जाते हैं, कविता के कारण नहीं।

अपने में यह कोई अस्वस्थ अथवा अनुचित स्थिति नहीं है। यह मानकर कि एक लोकप्रिय धुन जब तक लोकप्रिय है तब तक विशाल समुदायों का मनोरंजन करती रहेगी, उस धुन का इस्तेमाल बार-बार श्रोताओं में करना अपने में कोई ग़लत बात नहीं है पर थोड़े-थोड़े समय बाद धुन को बदलते रहना भी चाहिए। ऐसा करने के लिए संगीत के क्षेत्र में कम से कम इतनी रचनात्मकता तो अनिवार्य शर्त होगी जिससे एक नई और मौलिक धुन बनाई जा सके। हमारे समाज में न जाने किस कारण से समुदाय के सामने गानेवालों का दर्जा समुदाय के सामने कविता पढ़नेवालों से कम ही माना जाता है। शायद हमारे देश की आर्थिक परिस्थिति में सिर्फ़ या तो बहुत सस्ते या बहुत महँगे संगीत कार्यक्रमों पर ही यह ज़िम्मा आ पड़ा है कि समाज में संगीत की आवश्यकता को पूरा करें। कवि-सम्मेलन इन दोनों ध्रुवों के बीच एक अजब स्थिति में पड़े हुए हैं। उन्हें समाज में वह भूमिका अदा करने में संकोच होता है जो उदाहरण के लिए विदेश में जोन बाएज जैसी कवयित्रियाँ अदा कर रही हैं। वह अपनी कविताएँ लिखती हैं, विशाल समुदायों के सामने वाद्य यंत्रों के साथ बजाकर गाती हैं, बल्कि यही नहीं कभी-कभी श्रोताओं को साथ गाने का निमंत्रण देकर अपने कार्यक्रम को एक रोमांचकर अनुभव भी बना देती हैं। हमारे यहाँ वाद्य-यंत्रों के साथ गाना कवि को अपना अपमान जान पड़ता है। क्योंकि वादन उनके हिसाब से एक 'पेशेवर' का काम है। हम तो कविता लिखते हैं जो कि एक रचनाकार का काम है ऐसा वह मानते हैं, पर यह भूल जाते हैं कि बेसुरे पिटे-पिटाए कथ्य और रूप में परस्पर विरोध पैदा करनेवाले ढंग से गाना कोई रचनात्मक कार्य नहीं हो सकता।

कवि-सम्मेलन की परंपरा में भाषा के चमत्कार या भावोत्कर्ष की विचित्रता और यदि कवि गा रहा है तो उसके गले की परिपक्वता हमेशा महत्त्वपूर्ण मानी गई है और मानी जाती रहेगी। जो कवि इन तीनों स्तरों पर कुछ नया करना चाहते हैं उन्हें भी कवि-सम्मेलन में श्रोताओं के सामने आने का अधिकार होना ही चाहिए किंतु जैसे सभी व्यावसायिक उत्पादनों में होता है, माल की शक्ल-सूरत से उसे बेचने का वातावरण बनाया जाता है, उसके भीतरी तत्त्वों से नहीं। ऐसी ही स्थिति कवि-सम्मेलन नाम व्यावसायिक तंत्र की भी बन गई है। यह कैसे बदलेगी इस पर कवि-सम्मेलन में कविता पढ़ने को उत्सुक अथवा प्रस्तुत कवियों को सोचना चाहिए। यह कोई ग़लत, अपमानजनक या असंभव कार्य नहीं होगा कि कवि-सम्मेलन में कवि ज़रा अच्छे और सही ढंग से गाने की प्रतियोगिता में पड़ें, बेसुरे पिटे-पिटाए गानेवाले पिछड़ जाएँ, नए ढंग से गानेवाले और हो सके तो वाद्य-यंत्रों से गानेवाले सामने आएँ।

बहुत अच्छे कविता पढ़नेवाले कवि सबके सामने हैं, उन पर यह दबाव डालना कि पढ़ना छोड़ गाने लगें, यह किसी का मंशा नहीं। गाना और पढ़ना दोनों शिल्प हैं। कविता और गाना दोनों के विकास में दो तरह की कोशिशें ज़रूरी हैं। गाने में तो और भी क्योंकि गाना गले में सुर होने से ही नहीं सधता, उसके लिए शिक्षण भी चाहिए। यदि ऐसे कवि-सम्मेलन आयोजित किए जाएँ जिनमें पढ़ने और गाने दोनों का चलन हो किंतु गाने का सुधार होता रहे तो साहित्य को जनसाधारण तक पहुँचाने

का एक सशक्त और तृप्तिकर प्रबंध निश्चय ही हो सकता है। अभी बेसुरा और घटिया गानेवाले कवियों पर कोई बंदिश नहीं है। क्योंकि साहित्य भले ही उन्हें प्रतिष्ठा न दे, एक आड़ तो दे ही देता है, इसलिए वह 'साहित्यिक' होने की आड़ में जो चाहते हैं कर जाते हैं। उन्हें अच्छा गानेवाला होने की मजबूरी नहीं है। ऐसी स्थिति पैदा करनी चाहिए कि यह मजबूरी हो।

समाज में बड़े परिवर्तन के प्रयत्न की न कोई एक पद्धति है, न कोई एक कार्यक्रम। सिद्धांत मगर एक ही है। और वह सिद्धांत इहलौकिक ही हो सकता है। सृष्टि के उपयोग के साधनों और संगठनों में शक्ति और अधिकार की समता ही वह सिद्धांत है। इसके विपरीत मानव-चरित्र की तथाकथित आंतरिक विशेषताओं को समाज-संगठन का आधार मानना किसी न किसी रूप में असमता, अन्याय, शोषण और अत्याचार के लिए कोई वैधता प्राप्त करने का षड्यंत्र बन जाता है। इसके विरुद्ध कलाकार सचेत न रहे, परंतु रचना में अपनी 'आज़ादी' का उपयोग करता रहे तो अनेक विचित्र नतीजे निकलते हैं। कभी ऐसे कवियों को यथार्थपरक होने का सुख प्राप्त होता है जबकि वे यथास्थिति का, जो कि अन्याय की है, समर्थन कर रहे होते हैं। कभी वे कुछ बदलने की तीव्र इच्छा व्यक्त करते हुए जिसे या जो पाएँ उसे या उसी को हो लेने देते हैं जिससे एक बार फिर यथास्थिति का पोषण होता है। कभी उन्हें अपने ही आवेग को अपने माध्यम पर इतना लादते हुए देखा जा सकता है कि उसकी शिल्पमूलक शक्ति उनके कथ्यमूलक आग्रह के नीचे दब जाए और वे अपनी शैली को ढोते हुए दिखाई दें जबकि उसे टोहने से अधिक कुछ करना उचित नहीं।

जिस कारण यह स्थिति और भी असुंदर हो जाती है वह यह है कि कवि इसे आसानी से पहचान नहीं पाता क्योंकि वह अपनी कविता के शब्द ठीक से सुनता नहीं। छापे ने ही शब्द का सुनाई पड़ना कम कर दिया है, ऐसा नहीं। छापे के प्रचार से भी ज़्यादा सशक्त शाब्दिक माध्यम आवाज़ को पनीला भी बना रहे हैं। शब्द का माध्यम भाषा का अवमूल्यन ही करेगा ऐसा नहीं है। यदि करता है तो उसके कारण माध्यम में ही निहित नहीं, विचार में निहित हैं। परंतु यह भ्रांति फैलाई जा रही है कि कवि आवाज़ को जितना सर्वसुगम बनाता है वह बेचारी उतनी ही पनीली हो जाती है इसलिए ऐसा न किया जाए। यह एक भ्रांति है जिसे शब्द-प्रसार के विराट् माध्यमों ने धीरे-धीरे कवि के दिमाग़ पर लाद दिया है। असल में यह बिलकुल ज़रूरी नहीं कि जो सर्वसुगम हो वह सस्ता हो और इसके उल्टे जो दुरूह हो वह गंभीर हो। असल प्रश्न तो यह है कि जो गंभीर है वह सर्वसुगम है या नहीं जबकि शब्द-प्रसार माध्यमों के अत्याचार से घबराकर कोरे छापे में शरण लेनेवाला कवि अकसर अपने को यह समझाने लगता है कि जो गंभीर है उसे दुरूह होना अनिवार्य है और अंततः इस जाल में फँस जाता है कि जो सस्ता है वह दुरूह हो जाए तो वह कवि योग्य माना जाएगा। एक और कसौटी है जिसे साथ रखना कुछ मामले का फ़ैसला कर सकता है : क्या जो आज और यहाँ दुरूह और गंभीर है वह आज ही, कल भी वहाँ और वहाँ और वहाँ सुगम और गंभीर हो सकता है? इसकी जाँच के लिए पहले तो कविता को वहाँ और वहाँ दूर-दूर तक पहुँचना होगा।

पहुँचाने के साधनों में छापे का अत्याचार तोड़ने के लिए कवियों ने अकसर कम लागत के कम व्यापक प्रकाशनों का सहारा लिया है। वह प्रयोग बहुत हद तक उपयोगी रहा। इधर उसने कविता के पाठकों को जिलाए रखा पर उधर पाठक कविता सुनकर क्या कहता है यह जानने की इच्छा ही धीरे-धीरे मर चली। आधुनिक लेखक के लिए ऐसी ही एकतरफ़ा ज़िंदगी ज़रूरी है, यह मिथ्या धारणा एक सुविधाजनक कवच के रूप में किसी समय आधुनिक कवि ने पहन ली।

कविता छापी और बाँटी या बेची जाती रहे, पर बोली और सुनी भी जाए, यह आज के गतिरोध को तोड़ने का पहला कार्यक्रम इस अर्थ में हो सकता है कि यह कवि कभी भी शुरू कर सकता है—और यह भय छोड़कर शुरू करे तो और भी अच्छा कि कविता बोली और सुनी जाए तो उसका अर्थ बिगड़ जाएगा, शास्त्रीय आलोचक कविता का अर्थ जितना बिगाड़ते हैं उससे ज़्यादा श्रोता के हाथ में नहीं

बिगड़ सकता। अपनी एकतरफ़ा ज़िंदगी के भी विरुद्ध और व्यापक प्रसार साधनों के भी विरुद्ध निश्चय ही कविता बोलकर सुनाने की आवश्यकता है।

मैंने इसके पहले भी एक लेख में कहा है कि मैं मानता हूँ कि मुझे अब अधिकाधिक श्रोता के लिए लिखना चाहिए। हालाँकि साक्षरता बढ़ रही है, किताबें ज़्यादा छपेंगी, लेकिन संवाद की इतनी भारी कमी हो गई है कि लिखी जानेवाली भाषा और उसके पढ़नेवालों के बीच का अंतराल काफ़ी बड़ा हो गया है। मैं मानता हूँ कि अब कविता की आवाज़ जब तक लोगों के कान में नहीं पड़ेगी तब तक कविता के शब्द की सच्चाई के बारे में कवि पर कोई दबाव नहीं रह जाएगा। कवि सच्चे ही शब्द कहे और लिखे इसके लिए ज़रूरी है कि वे शब्द लोगों को सुनाई पड़ें। मुझे यह लग रहा है कि कविता सुनाना कविता लिखने की ज़रूरत का अनुपूरक बनता जा रहा है। जिस कवि को आज कविता लिखना अनिवार्य मालूम होता है, उसे अपनी कविता को सुनाना भी अनिवार्य लगना चाहिए। तभी कविता के भीतर छिपे संगीत का सही स्वरूप प्रकट होगा और वह पलटकर फिर कविता की सच्चाई की कसौटी बनेगा। कविता में संगीत होता है, इससे वे भी इनकार नहीं कर सकते जो खुद उस संगीत को स्वर नहीं दे पाते। परंतु एक आधुनिक कविता में एक आधुनिक संगीत ही होगा—उसको खोजना चाहिए, जैसा मैंने अपनी अनेक कविताओं में किया है। इनमें से दो की स्वरलिपि *हँसो हँसो जल्दी हँसो* में और *आत्महत्या के विरुद्ध* (द्वितीय संस्करण) में प्रकाशित हुई है। अन्य स्वरलिपियाँ भी प्रकाश्य हैं।

कोई तरीक़ा ऐसा होना चाहिए जिससे कविता लोगों के कानों में पहुँचे। हालाँकि यह मैं जानता हूँ कि यह तरीक़ा निकलते ही उसी व्यावसायिक, उसी उपनिवेशवादी साम्राज्य में शोषित हो जाएगा जैसे कि छपा हुआ शब्द हुआ। मैं पाठक को अपने दायरे से निकाल नहीं देता, लेकिन श्रोता को मैं शामिल करना चाहता हूँ। कविता को मैं पढ़कर सुनाना चाहता हूँ। अगर एक कविता मुझे किसी को भेंट करनी हो तो मैं कविता का टेप उसको भेंट करना ज़्यादा पसंद करूँगा।

शुरू में मैंने गाने की बात कही थी। उसे थोड़ा समझकर कहना ज़रूरी लगता है। गाने के नाम से आम तौर पर जो समझा जाता है वह साहित्य की झूठी गरिमा के होने और संगीत के शिल्प स्वरूप की समझ के न होने के कारण एक उथला अनुभव बनकर रह गया है।

भक्ति-काव्य में रागतत्त्व ने और रीति-काव्य में छंदतत्त्व ने संगीत को वैभव दिया था, छायावाद के दौर में उसके खँडहरों को भावुकता से सजाने का बहुत प्रयत्न किया गया, परंतु न स्वरों को भक्ति के बिना महत्त्व मिल पाया, न छंद को शिल्प के बिना अलंकार। छायावादी कविता के कवि भावना के एक बँधे-बँधाए घेरे में घूमते रहे और उनका संगीत भी बँधे-बँधाए शब्दों के साथ-साथ चक्करदार होता चला गया। कुछ-एक कवियों ने शास्त्रीय संगीत के जाने-पहचाने रागों की मदद ली। परंतु वे भूल गए कि रागों की भौतिक शक्ति गायक की साधना में है, कवि की कविताई में नहीं और गायक शब्दों से परे जाकर ही राग को सिद्ध कर पाता है जबकि छायावादी कवि ऐसा करते ही अपने को नष्ट कर लेते क्योंकि वे व्यंजनों को सजाकर कविता कर रहे थे और स्तर की गहराई या ऊँचाई उनकी पकड़ के बाहर की चीज़ थी। ऊपर जिन कवि-सम्मेलन विकृतियों का उल्लेख किया गया है वे छायावादी काव्य के पिटे-पिटाए संगीत की ही परिणतियाँ हैं। ये विकृतियाँ संगीत की ही नहीं हैं, छायावादी काव्य की भी हैं। वह काव्य एक क्लासिक तत्त्व को पहुँचने में असमर्थ था। उसकी भावना की ग़ैरभारतीय उड़ान उसे क्लासिक बनने से रोकती थी। जिसे हम पक्का गाना कहते हैं वह उस पर लादा जा सकता था और शायद खींचतान कर लद भी जाता जैसे बालकृष्ण शर्मा 'नवीन' के उदाहरण से दिखता है, किंतु उसकी जगह छायावाद की कविता के भीतर से सुमित्रानंदन पंत जैसा संगीत निकला जो व्यंजनों के एकनिष्ठ प्रयोग से उत्पन्न होने के कारण जन्म से ही अपंग था : निराला के या अज्ञेय के गीतों की-सी छंद गति, ताल-लययुक्त गति पंत की नहीं थी। *परिमल* (निराला) में अथवा *चिन्ता* (अज्ञेय)

में शास्त्रीय संगीत की पकड़ अनेक रचनाओं में मिलती है और ये रचनाएँ वही हैं जिनमें गहरी तल्लीनता है और उसके मुक़ाबले संगीत का शिल्प भी है। जो इस शिल्प को थोड़ा भी पहचानता है वह निराला और अज्ञेय की छंदबद्ध कविताएँ पढ़कर उन्हें गाए बिना नहीं रह सकता। उनके अन्य समकालीन कवियों में यह पकड़ नहीं है। वे छंद को आधार तो बना लेते हैं, परंतु उस पर खड़ी उनकी कविता तुकों से समाप्त होनेवाली पंक्तियों का बहुधा एक ढेर ही होती है। संभवतः भक्ति-काव्य के मीरा या सूरदास के-से उदाहरण उनके अंतश्चेतन में कहीं रहे होंगे, किंतु अपनी कविताएँ 'लिखते समय' वे गा नहीं रहे थे; प्रत्येक पंक्ति को लिखकर उसको पिछली पंक्ति के छंद-ताल में बैठाते जा रहे थे। ऐसा मीरा और सूरदास ने नहीं किया था। उनके गाने में रस का परिपाक था; इसीलिए राग का विस्तार भी था : इसीलिए इन भक्तों के पदों से अनेक पंक्तियाँ बराबर की मात्राओं और एक ही तुक में होने से संगीत में कोई दोष नहीं होता। इसमें सम पर आने के लिए कवि-गायक को रस परिपाक को ही साध्य मानना पड़ता है और यह कविता में कहीं लिखा नहीं जाता। छायावादी कविता के जिस ढाँचे में यह लिखा रहता है मानो कवि ने जानबूझकर संगीत के लिए दो या कभी-कभी तीन और अधिक पड़ाव या ठीहे बना दिए हों। उसकी दी हुई यह टेक वास्तव में संगीत से कोई संबंध नहीं रखती। यह तो राग-विस्तार से बिलकुल विमुख या अनभिज्ञ (कभी-कभी दोनों) होने के कारण अंग्रेज़ी कविता से उदाहरण लिया हुआ एक ढाँचा है। यह स्टेनजा नामक योजन हिंदी कविता में बाहर से आया तो परंतु काम केवल इतना ही आया कि एक उड़ान को तीन बराबर-बराबर हिस्सों में बाँट दे और किसी हद तक कवि को यह सुविधा दे दे कि कविता को रीतिबद्ध रागों में प्रयुक्त स्वर-संरचना का इस्तेमाल करते हुए गा ले, पर उसे राग-विस्तार न करना पड़े। ऐसा स्वाभाविक भी था क्योंकि कवि को राग-विस्तार करना भी नहीं था। फिर भी जब मैं कविता और संगीत के परस्पर संबंध पर विचार करता हूँ तो यह पूछे बिना नहीं रह पाता कि जो लोग सचमुच इन कविताओं को या इन्हीं की शैली में लिखी गई बाद की कविताओं को गाते नहीं थकते वे—और मेरा प्रश्न यह नहीं है कि गाते क्यों हैं—थकते क्यों नहीं हैं। शायद इसका एक विवादास्पद उत्तर भी मैं दे सकता हूँ, बल्कि इस व्याख्यान के आरंभ में दे चुका हूँ कि ये कवि अपनी कविता को केवल संगीत की रचना करनेवालों के आसरे छोड़ चुके हैं। संगीत के व्यावसायिक तंत्र में ('केवल' संगीत की रचना यही तंत्र करता है) प्रत्येक रचना उस समय तक पूर्ववर्ती 'सफल' रचना का किंचित् नया संस्करण होती है जबकि उस तंत्र के संसार में, चाहे लोक अथवा शास्त्र से किसी समग्र कविता से आकृष्ट होकर एक नई चीज़ का प्रवेश नहीं हो जाता। परंतु इस तंत्र में केवल संगीत की रचना करनेवाले कविता के भीतर से संगीत बाहर लाकर रचना करने में विश्वास नहीं रखते। इसके कई कारण हैं जिनमें प्रमुख यही है कि आधुनिक कवि उन्हें ऐसा प्रलोभन नहीं दे पा रहे हैं। अन्य कारणों में विशिष्ट यह है कि समाज में संगीत की 'स्वीकृति' ही हो रही है, रचना नहीं। दूसरे शब्दों में खपत हो रही है, सृष्टि नहीं। हम संगीत आजकल अपने मन में और गले में तैयार नहीं करते, उसे शरीर के भीतर नहीं, उसे डिब्बे में लिए-लिए घूमते हैं और जब चाहते हैं तब बजाकर सुन सकते होते तो गनीमत थी, जब वह बजाया जाता है तभी उसे सुन लिया करते हैं। ऐसे में आधुनिक कवि जब तक संगीत की सृष्टि नहीं करता तब तक वह संगीत के व्यावसायिक तंत्र को कोई चुनौती नहीं दे सकता; दे सकता है तो केवल यह निवेदन कि उसे संगीत बनाकर सुना दिया जाए तो वह वैसी ही कविता लिख देगा—जिसकी ओर नौशाद का इशारा था। इस स्थिति का कुल परिणाम यह है कि कविता से अलग 'पहले' बनाया हुआ संगीत काव्य की शक्ति को अपने में आत्मसात् नहीं कर पाता। वह प्रत्येक भावना को चाहे वह प्रेम की हो, करुणा की हो, या वीरता की हो या तो लिसलिसा या चिकना या भौंडा बनाकर रख देता है। वह जानबूझकर ऐसा उपक्रम करता है कि इसके सुननेवाले मनुष्य की प्रेम, करुणा या वीरता की जीवंत प्रखर भावनाओं को नहीं, उनकी वूची, उटली और भड़कीली पोशाकों को ही भावनाएँ मानें और इन संगीत रचनाओं को और भी अधिक

मनुष्य से दूर ले जाने के लिए वह इनमें ऐसे स्वर प्रयुक्त करता है जिनका सुननेवाले के कंठ से दोहराया जाना दुष्कर हो; यही नहीं वह मनुष्य की देह के विस्तार, वाद्य यंत्रों का ऐसा चयन करता है कि बहुत करके वे देह से असंपृक्त, दुर्लभ और मानो स्वतंत्र यंत्र जैसे लगें और सुननेवाले की पहुँच से बाहर हों। परिणामतः यह संगीत दिन-पर-दिन हमसे एक तरह का अलगाव बनाता जा रहा है और साथ ही साथ हमको बाध्य कर रहा है कि हम इसकी प्रभुता मानें क्योंकि यह 'केवल' संगीत बड़े पैमाने पर बनाया जाकर, बार-बार बजाया जाकर बार-बार सुना जाता है—क्योंकि ऐसे कवि नहीं हैं जो अपनी कविता के साथ-साथ संगीत रचते हों और गाते हों—

क़ैदी से छीनकर गाने का हक़ दे दिया गया होगा
वह गाना
कि उसे जब चाहो तब नहीं जब वह बजे तब सुनो
बार-बार एक-एक अन्याय के बाद वह बज उठता है

[कविता : 'बड़ी हो रही है लड़की'
हँसो हँसो जल्दी हँसो से]

इसका मतलब यह है कि आधुनिक कविता को लिखते-लिखते ही (क्योंकि वे संभवतः लिखेंगे ही, गाएँगे नहीं सूरदास की तरह) अपनी कविता के संगीत को सुनना चाहिए, वह उनकी कविता में होगा ही। प्रश्न तो यह रह जाएगा जब उन्होंने उसको सुना तो क्या तब यह पाया कि यह कोई और संगीत (और इसलिए कोई और कविता) है जो मैंने रचा है? कभी-कभी सुनने का यह काम कवि नहीं भी करता है या करता भी है तो अजाने करता है। तब किसी सहयोगी को ऐसा करना चाहिए चाहे वह सहयोगी कहीं न कहीं कवि भी होगा, गायक भी। उसकी प्रवीणता का क्रम कवि एक गायक दो, या गायक एक कवि दो हो सकता है, कोई हर्ज नहीं क्योंकि वास्तव में जो चुनौती है उसका क्रम इस प्रकार है कि कवि कविता की रचना में संगीत की रचना निहित करे और दो वह उसे स्वर दे। यह क्रम नहीं बदल सकता अर्थात् स्वर कोई और दे और कविता कोई और करे, यह नहीं होना चाहिए। यह इतना अधिक हो रहा है कि उसको कविता की रक्षा के लिए बदलना ही होगा।

[यथार्थ यथास्थिति नहीं]

शिशुचित्र कला नहीं है

शिशुचित्र के लिए किसी वयस्क मन में एक स्वाभाविक प्रीति होती है या एक अस्वाभाविक वासना यह इस पर निर्भर है कि उसने शिशु के विकास की द्वंद्वात्मकता को कितनी सहृदयता से समझा है। शिशु के विकास में निहित है कि उसे वयस्क होने से बचाया नहीं जा सकता और शिशु की तरह विकास करने से रोका नहीं जा सकता। विडंबना यह होती है कि बहुतेरे वयस्क शिशु को वयस्क होते देखकर किसी अनजान भय से चीत्कार करने लगते हैं और यह तमीज़ करना भूल जाते हैं कि शिशु के कौन-से प्रयत्न उसके आज़ाद प्रयत्न हैं और कौन-से उस पर लदी वयस्क दुनिया की सिर्फ़ नक़लें हैं—जो वास्तव में स्वतंत्र विकास की नहीं, पराजित बच्चे की समझौते की चेष्टाएँ हैं। चलना सीख लेने पर जब शिशु किसी स्थान की एक सीमा से दूसरी तक बार-बार आना-जाना चाहता है तो वह स्थान की नाप कर रहा होता है : अपनी प्रतीति को पुष्ट करता हुआ; वयस्कों की बनाई मीटर की माप से नहीं, अपने भीतर किसी काल की माप से वह उसे नापता है। जब वह किसी बरतन को बार-बार

भरता और ख़ाली करता है तब भी वह अपने विकास की एक व्यवस्था से गुज़र रहा होता है। क्या उसका स्थान को फीता लेकर मापना या डब्बे को भरकर बंद करके रख देना वयस्कों को पसंद आएगा? शायद हाँ, जिस प्रकार के अड़ंगेबाज़ वयस्क की बात हो रही थी वैसे किसी व्यक्ति को यह असंभव हरकत अपनी शांति में विघ्न डालनेवाली न जान पड़े।

सिद्धांततः शिशु समतल या तीन आयामी आकारों की रचना भी इसी प्रक्रिया में करता है। वह क्या 'आँक' रहा है या क्या 'गढ़' रहा है इसमें दख़लंदाज़ी न करनेवाले वयस्क मिल भी जाएँ—और मिल जाते हैं—तो भी एक पेंच इस मामले में पैदा हो ही जाता है जो उसकी दूसरी 'शरारतों' में नहीं होता। वह यह कि आकारों की रचना का एक पूरा वयस्क प्रतिष्ठान शास्त्र (या कई) प्रचलित हो चुका है और अकसर किसी न किसी 'गुणग्राहक' को वहीं से शिशु के आकार-खेल पर झपट्टा मारते देखा जा सकता है। कभी-कभी आप शिशु की रचना उससे सिर्फ़ छीन ले जाते हैं—अपने संसार में प्रदर्शन के लिए। वह उतना बुरा नहीं होता, बल्कि आपके लिए भला भी हो सकता है। पर जब आप दुबारा उसके पास वैसा ही या ऐसा ही चित्र 'बना' देने के लिए कहने आते हैं, तब आप हद दर्जे का विनाशकारी काम कर रहे होते हैं, लगभग वैसा ही जैसा आप शिशु को एक रसीला वयस्क चुटकुला सुनाने को कहकर करते हैं।

शिशु का रेखाओं का इस्तेमाल स्थान की सीमाओं के प्रतिकूल चलने का निश्चय दिखाता है। अगर उसके चित्र में उड़ती हुई पतंग की डोर इतनी लंबी है कि वह कापी के काग़ज़ में सीधी रेखा के रूप में नहीं आ सकती तो वह छल्लेदार रेखा के रूप में आ जाती है और जितनी डोर उस रेखा में लगती है वही उसकी लंबाई की माप हो जाती है। जब वह वर्णों का इस्तेमाल करता है तो वह वर्ण की गहराई और रोशनी या उसके उजलेपन से चालित होता है, उसके यथार्थ-सादृश्य से नहीं। वहाँ वह स्थान की सीमा उल्लंघन करने के अलावा जड़ संसार की सीमाओं का भी उल्लंघन करता है और इससे बहुत आनंद प्राप्त करता है। वास्तव में शिशुचित्रों में शिशु के स्वाधीन वैभव के सर्वोत्कृष्ट उदाहरण वे ही हैं जिनमें वर्णों का इस्तेमाल शिशु ने उससे उसे प्राप्त होनेवाले आनंद के लिए किया है।

जहाँ तक अनुमान किया जा सकता है वह आनंद वयस्क स्वीकार से देखे हुए यथार्थ से अनजाने विरोध का आनंद है। शिशु दृष्टि सहज ही कुछ वर्णों को पहले देखती है; जिस यथार्थ की कल्पना को उसका हाथ साकार कर रहा है वह उन वर्णों को धारण करने का पात्र बन जाता है। जानते-बूझते किए गए वर्ण-चयन में वयस्क 'कलाकार' कला के हित में आकार की कल्पना से वर्ण-रूप को अलग नहीं कर सकता। शिशु कलाकार नहीं है, वह केवल एक स्वतंत्र व्यक्ति है जिसकी रूप-चेतना रचना के लिए नहीं अपनी उन्मुक्ति के लिए काम कर रही है। उसकी प्रतीतियाँ अपनी रूढ़ियाँ बार-बार तोड़ती हैं, उसे ऐसा करते प्रतिपल देखना एक अर्थ में देखनेवाले के अपने विकास में सहायक होता है। इसके उल्टे, किसी कलाकार के लिए शिशु के अंकनों में मुहावरा आविष्कृत करना आसान तो है पर अन्याय है और अपनी कृतियों में वह मुहावरा इस्तेमाल करना तो आरंभ में धूर्तता और अंततः व्यर्थता है। अपने संपूर्ण व्यक्तित्व का विकास करने और सचेत भाव से कला की साधना करने की तुलना में शिशु-मन की अनुकृति करना एक प्रतिगामी काम ही कहा जाएगा। कला की कीर्ति वयस्क मानव की अंतर्विरोधों और दुर्बलताओं से भरी चेतना में ही है, प्रकटतः शिशुत्व की ओर वापसी में नहीं।

यथार्थ का अर्थ

इतिहास में ऐसे छोटे-छोटे दौर आया करते हैं कि जिनमें हम जो कुछ आँखों के आगे घटित होता देखते हैं वह हमें विलक्षण, आकर्षक, प्रभावशाली, यहाँ तक कि महान दीखता है, परंतु स्वयं वर्तमान

के दूसरे दृश्यों से उसका वास्तविक संबंध क्या है यह हम नहीं देख पाते। ऐसे दौर अकसर इतिहास में किसी बड़े आक्रामक घटनाचक्र के बाद आ सकते हैं क्योंकि हो सकता है कि उस घटनाचक्र ने यथार्थ को समझने के बहुत-से मानदंडों को उलझाकर व्यर्थ कर दिया हो। हो सकता है कि इससे वर्तमान को समझने की हमारी पहचान सपाट, सतही और निरपेक्ष बन गई हो।

बहुधा ऐसा ही हुआ होता है। तब हम इतिहास से बिच्छिन्न यथार्थ को देखकर अयथेष्ट और अपूर्ण निष्कर्ष निकालने लगते हैं और थोड़ी ही देर में मान लेते हैं कि ये निष्कर्ष निकालना भी बेकार है क्योंकि सभी तथ्य और सभी अनुभव अपने आपमें संपूर्ण दिखाई दे रहे हैं। संदर्भ के अभाव में हम बिना संदर्भ के देखना ही सही ढंग से देखना मान लेते हैं। ऐसा ही एक दौर इस समय गुज़र रहा है। राजनीति करने और राजनीति समझने के सारे संदर्भों को छोड़कर टूटी-फूटी एक संदर्भहीन बुद्धि को स्वीकृति दिलाई जा रही है जिसके लिए न तो कोई परंपरा आवश्यक रह गई है, न कोई उद्देश्य। दूसरे शब्दों में न तो अतीत का अर्थ रह गया है न भविष्य का। तब क्या वर्तमान का रह गया है? नहीं। बिना अतीत और भविष्य के आयामों के वर्तमान कहाँ रह सकता है? तभी न हम देखते हैं कि वर्तमान के विषय में आज के समाज को बेहद जल्दी है। यह जल्दी किसी भविष्य की ओर विचारपूर्वक जाने की जल्दी नहीं है बल्कि वर्तमान से भागने की जल्दी है। आप कह सकते हैं कि यह निरुद्देश्य है इसलिए इससे क्या भय, परंतु नहीं इसका उद्देश्य है और व्यंग्य यह है कि उसके कारक आश्वस्त हैं, विचलित नहीं हैं। अर्थात् कहीं न कहीं वे उसे अनुकूल पा रहे हैं। वह उद्देश्य है यथास्थिति की रक्षा और इस बहाने प्रगति के लिए मूल्यों का ध्वंस।

वर्तमान से इस पलायन का परिणाम साहित्य में स्पष्ट होकर दिखाई देता है, भले ही जीवन में वह धुँधला बना रहे। साहित्य समाज का दर्पण यों ही नहीं कहा जाता। वह समाज की गतिहीनता को सबसे पहले प्रतिबिंबित करता है। समय-समय पर हम ऐसी गतिहीनता को अनेक प्रमाणों द्वारा देख सकते हैं।

एक प्रमाण तो यह है कि भाषा प्रकटतः सरल होती जा रही है परंतु उसकी दुरूहता बढ़ती जा रही है। कठिन कहे जानेवाले शब्द आज भाषा में प्रायः नहीं प्रचलित हैं। उनकी जगह कठिन वाक्यरचना ने ले ली है। और कठिन वाक्यरचना तो क्लिष्टता का केवल एक रूप है। अपने बाहर के जगत् में अपने भीतर के जगत् के समानधर्मा तत्त्वों को या तो न पहचानकर या पहचानकर भी उनको शब्द न देकर हम भाषा को ऐसे प्रतीकों, उपमानों और समीकरणों से बोझिल बना रहे हैं जो पढ़ते ही पाठक को चुनौती देते हैं कि इस क्लिष्ट मानसिकता को स्वीकार करना ही तुम्हारी योग्यता का प्रमाण होगा क्योंकि तुम उस यथार्थ को जानने के अधिकारी नहीं हो जो मैं रच रहा हूँ। ऐसा यथार्थ रचनेवाला कवि कभी किसी विचारधारा से पोषित किसी उद्वेग को दुहराता है, कभी यह बहाना करता है कि उसने यथार्थ को देखने का एक बिलकुल नया ढंग ईजाद किया है। दोनों दशाओं में वह दुरूह रहता है क्योंकि वह वर्तमान से भाग रहा होता है। और भागकर वह फिर ऐसे बर्तमान में पहुँचता है जहाँ पहले की तरह न अतीत है न भविष्य। इस प्रक्रिया से वह भाषा को सरल नहीं करता, विचार का सरलीकरण करता है। विचार का सरलीकरण, स्पष्टीकरण नहीं। सरलीकरण विचार की अनेक शर्तें पोंछकर मिटानेवाली क्रिया है। ये शर्तें ही हैं जो विचार को आक्रामक होने से रोकती हैं। सरलीकृत विचार अंततः हिंसा का प्रचार ही है—एक सूक्ष्म अध्ययन से हिंसा का वर्चस्व स्थापित करना है।

यथार्थ का कोई भी अनुभव आज के अतीत और आज के भविष्य से विच्छिन्न करके यथास्थितिवादी ही देख सकता है। निश्चय ही उसमें कोई मानवीय मूल्य सहायक नहीं हो सकते क्योंकि समाज को बेहतर, न्यायपूर्ण और मानवीय बनाने के लिए जितना विध्वंस आवश्यक है वह मानवीय मूल्यों के सहारे ही और उनके हेतु ही किया जा सकता है। उस विध्वंस के साधन यथास्थितिवादी के पास नहीं होते। वह तो आक्रोश, खंडन और विरोध की भाषा में, जिस विध्वंस का ढोंग करता है, वह अत्याचार,

शोषण, दमन और अंततः मानवीयता को ध्वस्त करनेवाला फ़ासीवाद ही प्रचारित कर सकता है।

यथार्थ के प्रति आज के साहित्यिक कृतित्व में कहीं-कहीं वास्तविकता पर आग्रह करनेवाली दृष्टि दिखाई देती है। वास्तविकता का अभिप्राय बहुधा अनुभूतियों को सजीव और साकार करना होता है। वास्तविकता का सबसे प्रकट रूप शायद वेदना ही है। परंतु एक तो वेदना उस समय तक संपूर्ण सत्य नहीं है जब तक कि वह शक्ति देनेवाला और आँखें खोलनेवाला एक अनुभव न हो। दूसरे, वह अनुभव के किसी स्वायत्त क्षण में प्राप्त हो सकनेवाले आनंद के और आस्था के बिना पतन ही कहलाएगी। निश्चय ही वास्तविकता से हम वेदना का जो भी अनुभावन करेंगे वह हमें एक हलचल भले ही दे गतिशीलता नहीं दे सकता क्योंकि वास्तविकता मानव भविष्य का केवल एक खंडित पक्ष है, उसमें आस्था नहीं है। पर आस्था केवल हामी भरने से भी नहीं मिलती। वह पतनशीलता के प्रवाह में निरे आदर्शों पर डटे रहने की ज़िद भी नहीं है। वह हर समाज-विरोधी और जन-विरोधी और प्रतिगामी आक्रमण के बाद बदली हुई परिस्थिति में संघर्ष की नई समझ और संघर्ष में विजय की नई परिभाषा बनाने से ही उत्पन्न होती है। आस्था मानव समाज में निरंतर विकास की ओर बढ़ने के संकल्प की प्रतिच्छाया है। कहीं न कहीं पूरे मानव परिवार में संघर्ष के लिए मनन शक्ति स्फुरित हो रही होती है। उसे पहचानना ही आस्था है। यह प्रक्रिया यथार्थ के गतिशील अर्थात् प्रगतिशील प्रवाह को पहचाने बिना और आगे बढ़ाए बिना कैसे चल सकती है?

इस टिप्पणी के अंत में इतना कहना काफ़ी है कि यथार्थ को देखने की दृष्टि वस्तुओं को देख सकने की क्षमता पर नहीं बल्कि वस्तुओं के आपसी रिश्तों को बदलने की इच्छा पर निर्भर है। यह यथार्थ नहीं है जो पराधीन और पराजित मनुष्य पर निरी शक्ति का वर्चस्व स्वीकार करता है, और जब मैं ऐसा कहता हूँ तो यह एक निरा नैतिक उद्गार नहीं है। यह एक नैतिक उद्गार निःसंदेह है क्योंकि यथार्थ की धारणा ही नैतिक है। यदि हम मनुष्य समाज और सभ्यता के बारे में बात कर रहे हैं तो समय के भीतर आगे की ओर चलना ही नैतिक है क्योंकि नैतिक के अलावा वह कुछ और हो नहीं सकता। हाँ, यह संभव है कि हम नैतिक दिखाई पड़ें और आगे की ओर न चल रहे हों। पर यह तो यथास्थिति का समर्थन किसी नैतिक बहाने से करना होगा। यथास्थिति ही यथार्थ नहीं है, यह समझने के लिए हमें उन असंख्य भावनाओं, विचारों और अनुभवों में से कुछ को जान लेना काफ़ी है जिनसे वस्तुपरक ब्यौरों में अभिव्यक्ति नहीं मिलती परंतु जो अवश्य ही हम सब जानते हैं कि सत्य है। वे ही वस्तुस्थिति को बदलते हैं बशर्ते कि अभिव्यक्त हों। वे न्याय के और समता के आदर्शों से उत्पन्न हैं—और उनकी अभिव्यक्ति कला का वह चरम उत्कर्ष है जहाँ कला सबसे कम होती है परंतु सबसे अधिक परिवर्तनकारी प्रभाव डालती है। मेरी समझ में वास्तविकता का परिचय देती हुई हर कलाकृति कला के बोझ से—और इसीलिए पतनशीलता के बोझ से—मुक्त नहीं हो सकती। मुक्त होने के लिए उसे इतिहास निर्माण में शामिल होना पड़ेगा—इतिहास निर्माण में अर्थात् यथार्थ का ऐसा संसार रचने में जो वास्तविकता के वर्तमान संसार को चुनौती दे।

[1983. *यथार्थ यथास्थिति नहीं*]

यथार्थ और यथास्थिति

यह जो लिख रहा हूँ, किसी एक घटना पर ही नहीं लिख रहा हूँ। लिखने को हममें से बहुतों ने घटना का पर्याय बना दिया है—पर्याय नहीं बल्कि विकल्प। माने जब किसी घटना पर लिखा जाएगा, तो वह लिखा एक घटना होकर ही रह जाएगा, उसके पढ़े जाने के बाद मन में कुछ घटेगा नहीं। यथार्थ

की यह और यों पहचान कराने का एक राजनैतिक परिणाम होता है। पढ़नेवाले को मालूम होता है कि पढ़ने का लाभ नया कुछ जानना नहीं, जो जानते हैं उसी को ऐसे जानना है कि जो ढँका रह गया है, वह थोड़ा-बहुत उघर जाए और यह हम जानते ही हैं कि क्या ढँका रह गया है और क्या उघारने से निश्चिंत रहकर हम दर्शक बने रह सकेंगे, जैसे ज़िंदा देह और एक समय बाद जब हम और जड़ हो जाएँगे, तो मुर्दा भी। तो यह सवाल हम न पूछें कि क्या और है, जो हमें जानना है और वह बताओ। यदि पूछेंगे, तो उत्तर कुछ ऐसा होगा कि हत्या बलात्कार के बाद की गई, इतना तो बता दिया है : बलात्कार होता हुआ आपने हमारे लेख के कपाट की झिरी से झाँककर देख लिया है। अब और भी जानना चाहते हैं, तो सुन लीजिए कि उस स्त्री का पहले भी लोगों से ऐसा संबंध रह चुका था यानी आपसे भी हो सकेगा (कल्पना में) और वह भी दरवाज़े की झिरी से झाँककर देखा जा सकता है। उसी के और-और विकसित रूप हम बताते जाएँगे, आप पढ़ते जाइए। हिंसा से कितना मनोरंजन! फिल्म विज्ञापन करती है—"औरत पर होनेवाले जुल्मों की भरपूर कहानी बेनक़ाब।"

'सबसे पहले' या और भी दयनीय—'हिंदी में सबसे पहले' का विशेषण लगाकर ऐसे वर्णन लिखनेवाले लेखक जाने-अनजाने मानने लगे हैं कि झिरी में आँख गड़ाकर जो मैं देख पा रहा हूँ, वह और कोई नहीं देख पाया है, अतएव यह जानकारी विशिष्ट है। परंतु ताक-झाँक करते हुए पाठक के पास जब तक कोई ऐसे पैमाने न होंगे, जिनसे वह विशिष्ट दर्शक बन जाने के भ्रम को जाँच सके, तब तक वह दृश्य पुराना ही रहेगा, बल्कि कुछ भी ऐसा नहीं बताएगा, जिसके कारण वह 'हमारी पत्रिका के लिए विशेष' कहला सके। पाठक को पढ़ने के बाद कुछ और जानने की माँग करनी चाहिए, जो अब तक दी हुई सूचना का पूरक नहीं कारक है।

ऐसा क्यों है कि यथार्थ को बेनक़ाब करने या उसका परदाफ़ाश करनेवाली रचनाएँ उस यथार्थ की ज़रा कम ही फ़िक्र करती हैं, जो बेनक़ाब होने पर बेआबरू नहीं होता, अपनी नंगी सुंदरता में एक रोशनी बन जाता है, चाहे वह सुडौल हो या न हो। लेखक क्यों ज़्यादा आसान यही पाते हैं कि ऐसे कुरूप को दिखाएँ, जिससे कुरूप का ही रूप निखरता हो और उससे अपनापे का रिश्ता बनता हो, परायेपन का नहीं—भय के कारण अपनापे का या लोभ के कारण अपनापे का—एक ही बात है।

कुरूप को दिखाना यथार्थ को ही दिखाना तभी माना जा सकता है कि जब लेखकों के मन में सुंदर का एक स्वप्न हो और उन्होंने जो कुरूप देखा है, वह उस स्वप्न की तुलना में ही देखा होता है। वे उसे बताते हैं ताकि पाठक जान सकें कि इसकी जगह हमें देखना क्या है। पर यथार्थ को ऐसे बतानेवाले लेखक कम क्यों होते जा रहे हैं कि जो यथार्थ ही दिखा रहे हों, पर आदर्श भी दिख रहा हो।

भाषा का कृति के लिए उपयोग करनेवाले की आज ज़िम्मेदारी है कि जब वह बेनक़ाब या परदाफ़ाश करने जैसे काम करे, तो ध्यान रखे कि लिखते ही सबसे पहले लिखनेवाले का परदाफ़ाश होता है। अगर उसने सचमुच चालाकी की है, तो वह तेवर से, तलख़ी से, तपाक से, तिनक से अपनी चालाकी छिपा नहीं सकता। अगर उसने असलियत का परदाफ़ाश कर दिया और परदे के पीछे दिखा कि उसके पास कोई दृष्टि नहीं है, तो बड़ी भद होगी। 'कोई' दृष्टि से मतलब 'कोई भी' दृष्टि नहीं है। कोई न कोई दृष्टि तो लिखने का साहस करनेवाले हर एक में होगी। मगर कोई कारण है कि पाठक आज भी दृष्टि का मतलब जीवन देनेवाली, साहस देनेवाली, भविष्य को मानव सभ्यता और प्रकृति के लिए अधिक सम्मानजनक बनानेवाली सप्रयोजन दृष्टि से ही लेते हैं, न वृथाभावुक सदाशयता से लेते हैं, न संगठित नीति-निर्माण कार्यालय के कार्यक्रम-आदेश से और जब तक भाषा की जगह केवल हथियारों का इस्तेमाल न होने लगे, लेते रहेंगे। अगर भाषा हथियार है, तो इसी अर्थ में है कि वह हथियार की आवश्यकता कम और कम करते जाने का हथियार है।

मैंने कहा था कि यदि लेखक के यथार्थ बताने पर पाठक को लगा कि लेखक के पास कोई

दृष्टि नहीं है, तो बड़ी भद होगी। यह कहा जाए कि भद की परवाह किसे है, तो यह सिर्फ़ चिढ़कर कहा गया वाक्य नहीं होगा। एक व्यापक षड्यंत्र की सूचना देनेवाला और नहीं तो आरोप लगानेवाला वाक्य होगा। सचमुच आज बहुतों को वैसी कोई शर्म नहीं है। अधिकाधिक लेखन तंत्र इस समय इस भद को सम्माननीय बनाने में लगा हुआ है, जिससे यह खोखलापन भी एक प्रामाणिकता पा जाए। कहीं न कहीं अप्रत्यक्ष रूप से खोखलापन, बल्कि कहें कि पिटा-पिटाया खोखलापन, तथ्यों को बिगाड़ने की एक राजनैतिक संस्कृति से घुल-मिल गया है। अकसर शिकायत की जाती है कि राजनीति स्वयं निरर्थक हो गई है और उसने शब्दों का अवमूल्यन कर दिया है। मैं भी यह शिकायत करता हूँ, पर मुझे यह भी लगता है कि यह भाषा के अवमूल्यन की ही शिकायत नहीं हो सकती, क्योंकि अवमूल्यन तो मनुष्य के आध्यात्मिक, सामाजिक और राजनैतिक अधिकारों का हुआ है। तब लेखक भी जब यथार्थ का यथेष्ट और सार्थक अनुभावन राजनीति की तरह न करके किसी एक संगठित राजनीति में सत्य के उपयोग के कार्यक्रम के अनुसार ठीक समय आने पर यथार्थ को बताता है, तो वह यथार्थ बताना नहीं होता, जानबूझकर उसका एक सीमित उपयोग होता है, और भाषा का यह अवमूल्यन राजनीति ने नहीं, लेखक ने किया होता है। भाषा का असीमित उपयोग न कर पाने की मजबूरी शिल्प की मजबूरी भी हो सकती है और अनुभावन की भी, पर ये दोनों मजबूरियाँ साफ़-साफ़ पहचानी जा सकती हैं और इनसे बस इतनी ही शिकायत हो सकती है कि लेखक इन्हें दूर क्यों नहीं करता। उधर वह सीमित उपयोग, जो जानबूझकर किया जाता है, वह भी साफ़-साफ़ पहचान लिया जाता है, पर उससे शिकायत यह है कि वह एक षड्यंत्र का अंश है।

समाज में लेखक के कर्म में और यदि राजनीतिक भी संघर्ष कर रहे हों तो उनके कर्म में भी संघर्ष के किसी दौर में यथार्थ का एक वर्णन पाठकों के मन में यथास्थिति के लिए अस्वीकार और प्रगति के लिए आग्रह जगा सकता है, परंतु वही वर्णन संघर्ष के किसी दुर्बल अथवा अस्पष्ट दौर में यथास्थिति के लिए स्वीकार और संघर्ष के लिए पराजय बन जा सकता है। ऐसा हुआ, तो यही सिद्ध होगा कि यथार्थ का वह वर्णन अपूर्ण है, साथ ही यह भी कि उसका अपूर्ण होना लेखक के ही अपूर्ण होने के कारण है, क्योंकि वह संघर्ष की अवस्था को पहचान नहीं रहा है और यथार्थ में वह चीज़ दे नहीं रहा है, जो न्याय के लिए परिवर्तन की इच्छा पैदा करे।

हम आज ऐसे ही दौर से गुज़र रहे हैं। कई बार यथास्थिति का वर्णन होता है, जिसे यथार्थ कहा जाता है। यह वर्णन प्रभाव उत्पन्न करता है कि सब कुछ इतना भयंकर है कि मुक्ति के हर प्रयत्न का परिणाम बंधन हो गया है, किसी भी आदर्श के लिए प्रयत्न तो दूर इच्छा भी व्यर्थ है, बल्कि राष्ट्रद्रोह है और सबसे अधिक सार्थक तथ्य वही है, जो सबसे कम आदर्श और सबसे अधिक व्यावहारिक हो। ऐसे समय में बिगाड़े हुए यथार्थ का कैसा वर्णन पाठक के मन में समाज से अन्याय को मिटाने की समझ पैदा करेगा, लेखक का यह जानना ही यथार्थ को वास्तव में जानने के बराबर होगा। दूसरे शब्दों में यथार्थ की हमारी समझ इस समझ के बिना अधूरी है कि लोक में आदर्श की इच्छा इसी यथार्थ को किस रूप में जानकर जाग्रत हो सकती है।

[14 सितंबर 1984. *यथार्थ यथास्थिति नहीं* में संकलित]

परिवेश और प्रवृत्तियाँ

[शेष आलोचनात्मक लेख]

साहित्य और राज्याश्रय

आज़ादी के बाद से हिंदी के लिए सरकार ने बहुत कुछ किया है, यहाँ तक कि एक स्थिति ऐसी आ गई है कि इस बहुत कुछ को जाँचना और समझना बहुत ज़रूरी हो गया है। साहित्य, स्वतंत्रचेता लोगों का क्षेत्र है; किसी भी तरह का उद्योग सरकार करे, मूल तत्त्व, साहित्यकार की स्वाधीनता पर आँच नहीं आनी चाहिए। जिस ढंग से वह सहायता, सेवा या रक्षण कर रही है वह स्वतंत्र चिंतन, रचनात्मक लेखन और सबसे पहले सृजनशील जीवन के लिए भारी ख़तरा है : उसे जितनी जल्दी समझ लिया जाए उतना ही अच्छा होगा।

लोकतंत्रीय व्यवस्था होने के नाते सरकार साहित्यकार की स्वतंत्र इकाई का उस प्रकार खुल्लमखुल्ला नियमन तो नहीं कर सकती जिस प्रकार सर्वसत्तावादी सरकारें करती हैं पर साहित्य की मदद करने के अपने तरीक़ों में एक अर्द्ध-सर्वसत्तावादी रवैया अपनाकर सच्ची सृजनशीलता का, मुक्त विवेक का, कहीं ज़्यादा नुकसान कर सकती है। यह वह कर रही है। प्रत्यक्ष या अप्रत्यक्ष किसी भी रूप में लेखक से कोई आग्रह करना उसके विवेक को अस्वीकार करना है और इससे बड़ा अपमान साहित्यकार का और क्या हो सकता है।

यह रवैया ईमानदार, गहरे सच्चे साहित्य की रचना में कहाँ तक बाधक होता है, साहित्यकार को ग़लत परिस्थितियों में फँस जाने को कहाँ तक बाध्य करता है, सर्वसाधारण की अभिरुचि पर कहाँ तक कुप्रभाव डालता है—और कुल मिलाकर कहाँ तक एक जीवंत, गतिशील साहित्यिक परंपरा के लिए घातक सिद्ध होता है, ये कुछ मौलिक सवाल हैं जो इस समय हर लेखक के मन में उठते होंगे।

दूसरी ओर, निश्चिंतता और आत्मसंतोष की वह प्रवृत्ति जो 1947 के कुछ ही बाद हिंदी के कर्णधारों में दिखाई देने लगी थी, दो-चार उतार-चढ़ाव देखकर तेज़ी से निर्ममता का रूप धारण करती जा रही है—संपूर्ण जड़ता का एक आत्म-सम्मोहन उन्हें मुग्ध करके रख दे, इसके पहले स्वतंत्रचेता लेखकों को, लेखक और राज्य के प्रश्न को मज़बूती से सामने लाना चाहिए और उसकी स्पष्टवादी विवेचना का अवसर देकर जनमत की स्थापना करनी चाहिए। परिमल, प्रयाग, की मई के आरंभ में होनेवाली परिगोष्ठी इस दृष्टि से एक महत्त्वपूर्ण प्रयत्न है और निस्संदेह पहला संगठित और सार्थक प्रयत्न है। यह समय पर किया जा रहा है और उन तमाम सवालों को जो लेखक और राज्याश्रय के मूल प्रश्न में बुने हुए हैं, सुलझाकर सामने लाता है। वह आज हिंदी साहित्यकारों की जागरूकता का अच्छा मापदंड भी है—देखना है कि अन्य भाषाओं के लेखकों के साथ हिंदीवालों में कितने लोगों को वे सवाल उत्तेजित करते हैं या नहीं करते हैं जो परिमल ने अपनी प्रश्नावली में प्रचारित किए हैं। इस महत्त्वपूर्ण परिगोष्ठी की आयोजना जिस स्वतंत्र साहित्यिक संस्था ने की है अनेक लोगों का उससे मतभेद भी हो सकता है पर देखने योग्य बात यह होगी कि इन युगीन प्रश्नों पर विचार करने में संस्था से मतभेद कहाँ तक असर डालता है। जो प्रश्न संगठित रूप से उठाए गए हैं वे एक मौलिक जिज्ञासा से उद्भूत हैं जो स्वतंत्रता के बाद से अब तक किसी न किसी रूप में हर विचारशील पर्यवेक्षक के मन में होती रही है; बाक़ायदा विचार व्यक्त करने की अच्छी सुविधा मिलने पर भी, इस समय, स्पष्ट रूप से विवेचना करने में संकोच, निश्चय ही किसी भयंकर बौद्धिक दुरवस्था का लक्षण होगा।

राजधानी में इस प्रश्नावली से रोचक प्रतिक्रियाएँ हुई हैं। कुछ लेखकों का कहना है कि राज्याश्रय ही क्यों, सभी प्रकार के सामाजिक संबंध लेखक के लिए ख़तरनाक हो सकते हैं। इसलिए सवाल यहाँ से उठाया जाए कि लेखक शादी करे या नहीं और करे तो बच्चे पैदा करे या नहीं। इस विचारधारा के लेखक अपनी बात काफ़ी अच्छी तरह समझे हुए जान पड़ते हैं और अकसर उनके उद्‌गार इतने ज़ोरदार रहे हैं कि अवसर मिलते ही वे, 'लेखक और पत्नी' इस विषय पर एक सेमिनार आयोजित कर सकते हैं। एक और प्रतिक्रिया प्रचारित प्रश्नावली से चौंकने और फिर विस्मित होने की रही है—प्रश्नावली को यथासाध्य उपहास का भी विषय बनाया गया है—जैसे—'यह किस परीक्षा का प्रश्नपत्र है?', 'इसमें इतना और लिख दिया होता कि कोई 5 सवाल करने हैं' वग़ैरह। एक तीसरी प्रतिक्रिया यह है कि राज्याश्रय के प्रश्न की आड़ में निहित स्वार्थ सिद्ध किया जा रहा है और 'राज्याश्रय ही क्यों, विश्वविद्यालय का आश्रय क्यों नहीं?' 'इस प्रश्नावली में बहुत-से सवाल नहीं रखे गए हैं उन्हें मैं उठाऊँगा।'

जहाँ तक कुछ और सवाल उठाने का सवाल है—मूल विषय से संबद्ध कोई भी सवाल उठाया ही जा सकता है। यह क्यों भूल जाया जाए कि प्रस्तुत प्रश्नावली केवल एक विषय पर होनेवाली परिगोष्ठी के लिए विचारोत्तेजन की सामग्री है। उसका रूप परीक्षा के प्रश्नपत्र से मिलता है यह आविष्कार अभिप्रायहीन है और कोई आश्चर्य नहीं यदि एक प्रच्छन्न पलायन का ही द्योतक हो।

राजधानी के कुछ लेखकों में, प्रस्तुत प्रश्न को लेकर, परिमल परिगोष्ठी के प्रति जो कौतूहल मिश्रित विद्रूप की भावना प्रकट हुई है वह भी समझी जा सकती है, व्यक्तिगत पूर्वग्रहों ने निरपेक्ष न रहने दिया हो यह हो सकता है पर परिमल की परिगोष्ठी में या भाषण में, या मित्रों से वार्तालाप में या अपने हृदय में, उन्होंने यदि अपने और राज्य के संबंध पर विचार किया तो वह काफ़ी होगा।

निश्चय ही मौलिक प्रश्न को ही महत्त्व देनेवाले लेखकों का एकदम अभाव नहीं रहा है और संस्था या व्यक्ति से परे, असली सवाल पर अपने विचारों को संगठित करने का प्रयत्न हुआ है। ये विचार समस्या को कहाँ तक प्रभावित करते हैं यह तभी मालूम हो सकेगा जब वे परिगोष्ठी में प्रस्तुत किए जाएँगे।

[*युगचेतना*, मई 1957]

सामाजिक यथार्थ से शिल्प तक

सामाजिक यथार्थ को समझने और उसे प्रतिबिंबित करने का आग्रह अकसर कवि से किया जाता है और कहा जाता है कि यह उसकी रचना के हित में है—यह उसे सच्चा कवि बनाएगा।

सामाजिक यथार्थ को समझना कवि के लिए आवश्यक है तथा और किसी के भी लिए उतना ही आवश्यक है।

लोगों को अपने-अपने कामों में वह समझ जो उन्हें सामाजिक यथार्थ के बारे में है, मदद देती है और उनको मालूम नहीं होता कि वे अपनी उस समझ को अपने कामों में प्रतिबिंबित कर रहे हैं।

इन लोगों में से ज़्यादातर, सामाजिक यथार्थ की परिस्थितियों से, केवल उन्हीं परिस्थितियों से उबरने के लिए निबटते हैं और उबर जाने पर नई परिस्थितियों के लिए तैयार निकलते हैं।

कवि के लिए भी ये परिस्थितियाँ (समाज की वर्तमान अर्थव्यवस्था, सरकार की पद्धति, प्रशासन की प्रणाली, उद्योग, उत्पादन, ग़रीबी, अमीरी, रहन-सहन का स्तर, विज्ञान का और कला का प्रभाव इत्यादि) वैसे ही समझ और निबट ली जानेवाली परिस्थितियाँ हैं जैसे किसी भी सजग व्यक्ति के लिए हैं।

तब क्या है जो उसे केवल सजग नागरिक नहीं, कलाकार बनाता है? वह सामाजिक वास्तविकता को जानबूझकर आत्मसात् करता है पर न उसकी परिस्थिति-विशेष से उबरना ही उसका उद्देश्य होता है न उस परिस्थिति से उबर लेते ही उसका तात्कालिक कर्तव्य पूरा हो जाता है।

प्रयोग के बहुत-से अर्थ लगाए गए हैं और उनको छोड़कर जो स्वयं नई कविता के आंदोलन में सक्रिय रहे हैं, लगभग सभी आलोचकों ने अपनी स्थापनाएँ अलग-अलग की हैं : उन सबमें कोई समानता है तो यही कि वे प्रयोग के उस अर्थ से जो कलाकार अपनी रचना-प्रक्रिया का स्वयं विश्लेषण करके बता सकता है, कोसों दूर हैं।

सर्वाधिक प्रचलित भ्रांतियों में से एक नई कविता के शिल्प को लेकर रही है और इससे अधिक प्रचलित यदि कोई भ्रांति रही है तो वह कलाकार के अन्वेषण के संबंध में है।

पहले अन्वेषण को लें। अन्वेषण? किसका अन्वेषण यह है? यह पहेली आलोचक आपस में सुलझाते रहे हैं और इस पद्धति में व्यक्त अपने विचारों को नई कविता के समीक्षात्मक मूल्य घोषित करते रहे हैं।

वह क्या है? संक्षेप में इसका उत्तर शायद नकारात्मक ढंग से अधिक स्पष्ट दिया जा सकता है। अन्वेषण, सामाजिक यथार्थ का? नई सामाजिक चेतना का? नए मानव-संबंध का? नए काव्यतत्व के लिए नए छन्द का? भाषा का? हाँ भी, और नहीं भी।

क्योंकि प्रयोग जिस अन्वेषण की उपज है वह इन सबमें किसी धरातल पर नहीं होता। ये धरातल किसी भी बुद्धिजीवी के कार्यक्षेत्र हो सकते हैं—कार्यक्षेत्र, जहाँ वह समझता है, ग्रहण करता है, और आत्मसात् करता है—रचनाक्षेत्र नहीं। रचनाक्षेत्र एक और ही धरातल है जहाँ एक संपृक्त बुद्धिजीवी व्यक्तित्व में अत्यंत मौलिक, अत्यंत चिरंतन कुछ आंतरिक तत्त्व काम करते हैं। वे तत्त्व क्या हैं ? आपके-मेरे लिए वे तत्त्व वही हैं जो कालिदास के लिए रहे होंगे या जो अज्ञेय के लिए हैं--वही अपने से ऊपर उठ जाने की इच्छा, वही परिवर्तित यथार्थ के संपुंजनों के भीतर छिपी परिवर्तित मानव-चेतना की अगली शृंखला खोज पाने की इच्छा; पर स्वयं नई मानव-चेतना नहीं। वह अवश्य परिवर्तनशील है, पर कलाकार जिसका अन्वेषण करता रहता है, वह इससे भी द्रुत गति से परिवर्तनशील है : यही अन्वेषण को सार्थकता देती है—यही अर्थात् यह होड़—जो बुद्धिजीवी, जीवनप्रेमी सजग नागरिक और अपने व्यक्तित्व से प्रतिक्षण ऊपर उठ जाने का प्रयत्न करते हुए कलाकार में बदी रहती है।

यह होड़ अनुभवों के क्षणों में—केवल अनुभव नहीं, कलात्मक अनुभव के क्षणों में—प्रतिफलित होती रहती है। रचना के उद्‌गम का अधिकतम ज्ञेय रूप यही क्षण है और जल्दबाज़ आलोचकों के फ़ायदे के लिए यह भी कह देना उचित होगा कि कलात्मक अनुभव का क्षण अनिवार्य रूप से 'क्षण' में ही तुरंत विस्तृत काव्यखण्ड की सृष्टि नहीं करता—हो सकता है 'क्षण' में देखे गए काव्यरूप पर कलाकार को बहुत काफ़ी निर्माण करना पड़े और बिल्ला लगानेवालों को अंतिम रचना का रूप सप्रयत्न लिखी गई प्राचीन कविता का-सा जान पड़ने लगे।

पर क्या उस कलात्मक अनुभव के क्षण का कोई एकांतिक महत्त्व भी है? है, जहाँ तक उसमें कवि द्वारा देखी गई कविता-विशेष का संबंध है। और नहीं है, जहाँ तक कवि के अन्वेषण का, उसके अपने व्यक्तित्व की खोज का संबंध है। वहाँ कवि को अपने इन क्षणों को एक परंपरा में रखना होता है, और इस स्तर पर जो परंपरा आगे बढ़ सकती है वह कला की ही अपनी सौंदर्यबोध की परंपरा है। कलाकार के लिए अन्य किसी परंपरा का महत्त्व नहीं; कलाकार, कला, कला-सृष्टि के लिए अन्य कोई परंपरा व्यावहारिक ही नहीं। यदि वह समाज की एक विशेष व्याख्या से अनुप्राणित होता है, हो। यदि वह सामाजिक यथार्थ को एक ख़ास शकल में देखता है, देखे, या यदि वह एक ख़ास तरह के समाज, सरकार, प्रशासन, उत्पादन और सभ्यता की आकांक्षा करता है, करे। वह सब उसका यों भी कर्तव्य है। बिना कलाकार हुए भी वह यह करता या कम से कम उसे करना उचित होता। एक सामाजिक

प्राणी की हैसियत से वह इन सब सामाजिक पद्धतियों का अपने लिए अन्वेषण करता है और अपना व्यक्तित्व निश्चित करता है, पर वह कलाकार का अन्वेषण, उसके व्यक्तित्व की खोज, नई कविता का प्रयोग नहीं है। बिना रचना किए हुए भी आप अपने को एक सजग बुद्धिजीवी, रसज्ञ प्राणी बना सकते हैं, जीवन के, समाज के, यथार्थ के विविध पहलुओं से और विभिन्न संपुंजनों से गुज़रते जा सकते हैं—उन्हें वहीं निबटाते हुए, जैसे सभी सजग व्यावहारिक नागरिक करते हैं। लेकिन यदि आप कलाकार हैं तो आप निरंतर उस कला-परंपरा के लिए चिंतित रहते हैं जो परिवर्तनशील यथार्थ के समानांतर मानव-चेतना में बनती आई है : सौंदर्यबोध की एक परंपरा है; आप उसमें जुड़ना और रचना के प्रत्येक अवसर में उससे और आगे बढ़ जाना चाहते हैं। चाहते हैं—यह ज़रूरी नहीं है कि हर प्रयत्न में सफल ही हो जाएँ। यह आपका प्रयत्न है, बाक़ी लोगों को वहाँ तक पहुँचने के लिए जो अचानक प्रयत्न करना पड़ता है, वही कविता को समझने की शक्ति कहकर पुकारा गया है। जो यह प्रयत्न नहीं करना चाहते वे निःस्वार्थ भाव से आपत्ति कर सकते हैं—करते ही हैं। पर वह महत्त्वपूर्ण नहीं है। तो जैसे ही आप कुछ रच जाते हैं आप उस समस्त सामाजिक यथार्थ के (उसे चाहे द्वंद्वात्मक कहें, चाहे पूर्वनिश्चित कहें) प्रभाव को अपने में एकाएक आत्मसात् करके तुरंत उससे कुछ अधिक जान लेते हैं। इसके साथ-साथ और फिर बाद में जो होता है वह शिल्प के रूप में प्रकट होता है। इस नई स्थिति में, अपने ही भीतर क्षण भर पहले उखड़ी अपनी जड़ें फिर जमा सकने की कशमकश, शामिल है और जो अंतिम परिणाम—शिल्प—निकलता है उसमें झलकती भी है। पर वह शिल्प ही प्रयोग नहीं है। प्रयोग तो उसके एक क्षण पहले ही हो चुका है। बाक़ी सब तो उसका स्वाभाविक आनुषंगिक है जिसके लिए शिल्प में संघर्ष करने के लिए अब आप मुक्त हैं। लोग उस संघर्ष को प्रयोग कहते आए हैं और उस संघर्ष में असफल रह जाने पर जो अकारथ सामग्री बच रही है उसी से उदाहरण ले-लेकर बहुधा नई कविता की व्याख्या करते आए हैं। जहाँ संघर्ष सफल हो गया है वहाँ से इस तरह के मतपोषक उद्धरण चुनना मुश्किल भी है—वहाँ तो केवल संपृक्त, समग्र सौंदर्य है—उसे ले लें तो ले लें और सबका सब वैसे का वैसा ले लें—अन्यथा, उसको लेकर पीछे चलते हुए, रिड्यूस करते हुए नई कविता की कोई सही व्याख्या नहीं की जा सकती, प्रयोग का अर्थ बिलकुल नहीं समझा जा सकता और कविता तो ख़ैर समझी गई होती तो यह उलटा पथ लेने की ज़रूरत ही क्या थी।

इस तरह प्रयोग सामाजिक यथार्थ के किसी विशिष्ट अंश को आत्मसात् करने की क्रिया नहीं है, परिस्थिति-विशेष में प्रसूत रचना के लिए अनुकूल छंद, भाषा आदि साधन खोजने की क्रिया नहीं है—वह एक संघर्ष है जो सौंदर्यबोध के स्तर पर होता है—जीवन के अन्य बौद्धिक स्तरों पर नहीं क्योंकि जो संघर्ष उन पर होता है वह कलाकार की तैयारी है—उसका इक्विपमेंट है और सामान्य प्राणियों में होनेवाले संघर्ष से भिन्न नहीं है।

साथ ही, प्रयोग की उपलब्धि को रचना-विशेष की भाषा या छंद-गठन से जाँचना मिथ्या है : यदि आलोचक कमोबेश उसी प्रयत्न से अपने को आधुनिक सौंदर्यबोध से तादात्म्य करके रख सका है जिससे कवि रखता है—यद्यपि दोनों के तरीक़े और उद्देश्य अलग-अलग हैं—तो वह नई कविता में प्रयोग की उपलब्धि समझ सकता है। कोई दूसरा, शॉर्टकट नहीं है। शिल्प और अन्य प्रासंगिक उपकरण अपने में विश्लेषण के विषय हो सकते हैं—ब्यौरेवार अध्ययन करनेवालों के लिए, पर वहाँ से परीक्षण आरंभ नहीं किया जाना चाहिए। यह आग्रह नई कविता के आलोचकों पर कुछ बोझ ज़रूर डालेगा पर यदि उतना अतिरिक्त बोझ उठाकर वे नई कविता के उत्सुक पाठकों को बहुत-सी भ्रांतियों का बोझ उठाने से मुक्त रख सकते हैं तो क्या वे न उठाएँगे?

[*कवि*, जनवरी-मार्च 1958; 'प्रयोग : सौंदर्यबोध की परंपरा' शीर्षक से *सीढ़ियों पर धूप में* भी संकलित।]

आज के संकट में एक ख़ास आदमी की ज़िम्मेदारी

साहित्य में आजकल बहुत-से सवाल उठे हैं जिनसे वे लोग जिनको साहित्य-रचना से सच्चा मतलब था, एक बार वर्षों पहले निबट चुके थे। रचनाकार की निर्वैयक्तिकता, उसका अकेलापन, अनुभूति पर उसका नियंत्रण और शिल्प के प्रति सजगता, ये कुछ सवाल थे : और कुछ निष्कर्ष थे, जीवन में कलाकार का इच्छापूर्वक, जानबूझकर हिस्सा लेना और एक ख़ास तरह से हिस्सा लेना और अपने विवेक को एक क्षण के लिए भी झुंड को न सौंप देना।

आज कुछ ऐसे सवाल फिर उठ रहे हैं जिनके उत्तर में यदि हम केवल वे ही मसले शामिल करें जो उन सवालों में ऊपर से दिखते हैं तो बहुत बड़ा ख़तरा यह है कि साहित्य के मूल्यांकन की मान्यताएँ और पाठक की संवेदना जहाँ तक आगे बढ़ी हैं वहाँ से भटक जाएँ और जिज्ञासा का जो तत्त्व नए पाठक में है वह असाहित्यिक उद्देश्यों के लिए इस्तेमाल कर लिया जाए। इसकी कोशिश होती जान पड़ रही है और नए और पुराने का सवाल पीढ़ियों के संघर्ष के रूप में रखना, चाहे उसको व्यर्थ सिद्ध करने के ही लिए, इसी तरह एक कोशिश है, क्योंकि सब जानते हैं कि इस वक़्त असली सवाल नई और पुरानी का नहीं, अच्छी और विफल, युगचेतना से संपृक्त रचना का है। नए और पुराने का सवाल इस वक़्त उस समाज की चतुराई की सीधी उपज जान पड़ता है जिसके लिए साहित्य 1947 के बाद राजनैतिक सत्ता के बचे-खुचे टुकड़े बटोरने का ज़रिया बना, यदि उसे साहित्येतर कुछ बनना ही था, तो मानवीय मान्यताओं की रक्षा में अन्याय के विरोध को आतुर व्यक्ति के आत्मोत्सर्ग का साधन नहीं बना। राज्य के मन में कला और साहित्य के, विशेषतया राष्ट्रभाषा के साहित्य के प्रति संरक्षण की और कलाकार के प्रति स्वामित्व की जो भावना 1947 में कुछ नैतिक उभयसंभव से शुरू हुई थी, आज गहरी जड़ें जमा चुकी है। सत्रह वर्षों में इतने अधिक साहित्यकार अपनी आत्मा का दैन्य राज्य को दिखा चुके हैं कि अब वह कला की स्वतंत्रता का नाट्य करते रहने को बहुत उत्सुक नहीं है। साथ ही, क्योंकि हिंदी बहुमत की भाषा है, इसलिए बहुमत से जुड़ी हुई मगर दूसरे दर्जे की राजनैतिक सत्ता का जो संचयन अभी तक होता रहा था वह भी राजा की कोपदृष्टि का शिकार हो चुका है। इस उखड़ेपन की स्थिति में हिंदी के राजनैतिक साहित्यसेवियों के सामने एक ही रास्ता है कि जो कुछ भी उनके पास सत्ता के नाम पर बचा है उसे किसी तरह बचा लें, बचाए रखें। इस संदर्भ में क्या वे सवाल उठाए जाएँगे जिनके उत्तर घिसी-पिटी मान्यताओं को झकझोर डालते हों और जिन मान्यताओं को सामने लाते हों वे प्रकारांतर से सत्ता-संचयन की या झुंड के प्रति समर्पण की तमाम प्रवृत्तियों का विरोध करती हों?

उधर आधुनिक कला अपने स्वभाव से व्यक्ति का विमोचन करती है। और आज जब रचना के अपने आंतरिक ख़तरों से कलाकार पहले से कहीं ज़्यादा आगाह है तो वह अपनी कला के सिर्फ़ उस कला-माध्यम में ही सार्थक होने की अनिवार्यता से भी अपेक्षया अधिक सचेत है। वह कला की आलोचना को कला-परंपरा से जोड़ने की ज़रूरत भी आज पहले से ज़्यादा समझता है। वह जानता है कि न झुंड का साहित्य हो सकता है न झुंड की आलोचना हो सकती है।

पर आजकल उठे हुए प्रश्नों के रूप पर यह चर्चा इसीलिए ज़रूरी है कि इनके थोथे कारणों के आधार पर ही उन्हें बिलकुल अनदेखी कर देना सही न होगा। इन सवालों से कुछ ऐसा लगता है कि कुछ लोग बहुत पिछड़ गए हैं और एक लंबी बहस के बाद आख़िरकार सही नतीजों पर आते दीखते हैं तो भी अंत में यही कहते रहना चाहते हैं कि जो हम अब मान रहे हैं वे मूल्य हमने ग़लत मूल्यों को हटाकर सबके लिए स्थापित किए हैं। इसमें भी राजनैतिक कार्य-प्रणाली की प्रतिच्छाया देखी जा सकती है। (पंतजी की 'कला और बूढ़ा चाँद' और दिनकरजी के विदेशी कविताओं के अनुवाद इसके

उदाहरण हैं, पर शायद अनुवाद ज़्यादा ईमानदार हैं क्योंकि उनमें आभार स्वीकार किया गया है।) रचनाकार की तरह आलोचक भी अपना सत्य आप खोजें तो किसी को कोई विरोध नहीं, पर उनकी दयनीय स्थिति हम समझ लें तो उनके अभिज्ञान में अधिक उपयोगी सहयोग दे सकते हैं।

एक बात और है। साहित्यालोचन में बेवक़्त सवालों का उठना आज के संकट को और यही नहीं आज के सभी बँटवारों के उन सूत्रों को भी समझने का बहुत अच्छा मौक़ा है जो इस संकट में छिपे हुए हैं। मुझे आशा है, आप मुझसे आज के संकट की परिभाषा करने को नहीं कहेंगे। वह एक ऐसी चीज़ है जो परिभाषित होते ही अपनी तीक्ष्णता खो बैठेगी या फिर संकट से भागने का रास्ता दे देगी। हद से हद मैं यह कह सकता हूँ कि आज सामूहिक कायरता मानवीय साहस के लिए हमारे देश में जितना बड़ा ख़तरा बन गई है उतना हमारी जान में कभी न थी। आज़ादी के बाद के वर्षों में एक के बाद एक करके व्यक्ति-स्वातंत्र्य और व्यक्ति-गौरव की मान्यताएँ सामूहिक स्तर पर तोड़ी-मरोड़ी गई हैं :

लोग या तो कृपा करते हैं या ख़ुशामद करते हैं।
लोग या तो ईर्ष्या करते हैं या चुगली खाते हैं।
लोग या तो शिष्टाचार करते हैं या खिसियाते हैं।
लोग या तो पश्चात्ताप करते हैं या घिघियाते हैं।
न कोई तारीफ़ करता है न कोई बुराई करता है।
न कोई हँसता है न कोई रोता है
न कोई प्यार करता है न कोई नफ़रत।
लोग या तो दया करते हैं या घमंड—
दुनिया एक फँफुदियाई हुई सी चीज़ हो गई है।
लोग कुछ नहीं करते जो करना चाहिए तो लोग करते क्या हैं
यही तो सवाल है कि लोग करते क्या हैं अगर कुछ करते हैं
लोग सिर्फ़ लोग हैं—चारों तरफ़ लोग, लोग, लोग
कुढ़ते हुए लोग और बिराते हुए लोग
खुजलाते हुए लोग और सहलाते हुए लोग
दुनिया एक बजबजाई हुई सी चीज़ हो गई है।

परंतु व्यक्ति पर इस आक्रमण के विरुद्ध आज एक रोमांटिक रुदन या आतंकवादी विस्फोट दोनों ही समकालीन नहीं हैं। दोनों की साहित्यिकता कभी असंदिग्ध थी, पर पिछले वर्षों में हमारा साहित्य दोनों से उसी कारण आगे बढ़ चुका है जिस कारण उसने विचारधारा के पोषण में व्यक्ति की अरक्षा का अनुभव किया है। आज कुछ है, कोई और चीज़ ज़रूर है जो तीखे यथार्थ-बोध से अधिक कुछ की माँग करती है ताकि जो कुछ कवि के कवि होने में निहित है वह हो सके।

वह चीज़ शायद नए मानव की खोज ही है (जो कि अपने में कोई नई चीज़ नहीं), पर उतने शुद्ध शास्त्रीय रूप में नहीं जितनी साहित्येतर विधाओं में होती है और उतने शुद्ध व्यावहारिक रूप में भी नहीं जितनी जन-राशि में आसक्त राजनैतिक कार्य में होती है। जैसे शिल्प में शास्त्रीय आदर्शों से आज के कवि को मतलब नहीं, वैसे ही आलोचना में भी कोरे किताबी सिद्धांत को, वह रस का हो या वाद का, वह अप्रासंगिक मानेगा। आज कवि द्वारा नए मानव की खोज उसकी निर्णय लेने की एक आंतरिक ज़िम्मेदारी और रचना-प्रक्रिया के ख़तरों के साथ ही कोई साहित्यिक महत्त्व की खोज हो सकती है।

पर इस ज़िम्मेदारी के बारे में थोड़ी देर बाद। अभी तो हम उन्हें देखें जो आज के संकट को देख नहीं पा रहे हैं। यह संकट हर स्तर पर—राजनीति के, कला के, विज्ञान के हर कर्ता से—कुछ तक़ाज़ा करता है और वह है सामूहिक कायरता के विरुद्ध व्यक्ति के साहस के प्रयोग का तक़ाज़ा। राजनीति में आज मान्यताओं को गड्डमड्ड और पार्टी-व्यवस्था के तीखेपन को, जो यों भी ख़ासा कम है, कुंद करने की कोशिश—यही सामूहिक कायरता है। जो राजनैतिक चिंतक कोशिश कर रहे हैं कि मान्यताओं के दो धुर साफ़ प्रकट हो जाएँ—एक ओर व्यक्ति की चाहे आत्मा चाहे देह का शोषण करनेवाले और दूसरी ओर व्यक्ति का सच्चा आदर करनेवाले—वे राजनैतिक साहस के प्रतिनिधि हैं।

साहित्य में हमारे यहाँ राजनैतिक शैलियों का अनुसरण शायद और जगहों से ज़्यादा है, क्योंकि राष्ट्रभाषा हिंदी के नाम पर दूसरे दर्जे की राजनैतिक सत्ता छनते-छनते उन सभी गढ़ों तक पहुँच चुकी है जहाँ 1947 से ही, विश्वविद्यालय की, साहित्य-सम्मेलन की, अकादमी की स्वतंत्रता की रक्षा की जानी चाहिए थी—हिंदी के नाम पर जो कुछ भी मिल रहा है लेकर हिंदी भाषा को, बल्कि उसके बोलनेवालों को परोपजीवी बना देने का विरोध होना चाहिए था। आज जब कोई व्यक्ति, नए या पुराने के भेद को इस उद्देश्य से उठाता है कि दोनों में कुछ शाश्वत मूल्यों की समानता दिखाकर अपने जड़ को भी चेतन के साथ रख सके तो आसानी से देखा जा सकता है कि आज के संकट के मुक़ाबले उसने क्या रुख़ लिया है। क्या वह मनुष्य की परिस्थिति में (जिसमें उसकी राजनैतिक स्थिति बिलकुल शामिल है) परिवर्तन लाने के लिए कुछ कर रहा है या उसे यथावत् बनाए रखने में ही अपनी रक्षा मानता है? एक लंबी सूची उन प्रश्नों की गिनाई जा सकती है जिन पर ऐसे व्यक्ति अपना मंतव्य दें तो वे एक जाने-पहचाने राजनैतिक वर्ग से एकाकार हो जाएँगे। अंततः आप देखेंगे कि उस राजनैतिक वर्ग की मान्यताएँ सत्तारूढ़ दल की मान्यताएँ हैं, उनमें विद्रोह नहीं है बल्कि किसी तरह दूसरों के विद्रोह में गड्डमड्ड करने का प्रयत्न है। इस तरह वह जो कहता है कि वही श्रेष्ठ साहित्य है जिसे एक संरक्षित और सत्तापोषी प्रतिष्ठान में स्वीकृत आलोचना-पद्धति से देखने पर ही 'ठोस' नतीजे निकाले जा सकें, वह जिस क्षण अपनी संवेदना को एक ख़ास तरह के निर्जीव सोद्देश्य साहित्य के हवाले कर देता है उसी क्षण अपने को एक ऐसी बौद्धिक हदबंदी के हवाले भी कर देता है जिसमें मनुष्य की नियति को रूप देनेवाली मान्यताओं की खोज नहीं है। इसलिए नहीं है कि वह खोज आज के संदर्भ में अंततः एक उथल-पुथल तक ले जाती है। जो राजनीतिक भी है और जिसमें उस व्यक्ति के लिए हिस्सा लेना कष्टदायक और लेने से बचना मुश्किल हो सकता है। इस साहित्यिक वर्ग में भी मान्यताओं को दो धुर छोरों पर न जाने देने की वैसी ही कोशिश है जैसी सत्तारूढ़ दल में है।

पर आज के संकट में सबसे तीखा अहसास तो यह है कि हम लेखक और बुद्धिजीवी देश की इस घुटन को तोड़ने में शामिल नहीं हो रहे हैं। हममें से बहुतेरे आज़ादी के समय से ही उन मूल्यों के लिए चिंतित होते रहे हैं जिनके बारे में हमें डर था कि वे अनपढ़, ग़रीब और गुलाम मनोवृत्तिवाले देश में आर्थिक-राजनैतिक शक्ति के बढ़ते हुए संचयन से कुचले जा सकते हैं। 1947 के बाद के कुछ वर्षों में जब तक आर्थिक उत्पादन के साधन उस स्तर तक विकसित नहीं हुए जहाँ से वे घनीभूत होना शुरू कर सकें, यह चिंता दबी रही, बहुधा भारतीय मानस की उस शुभैषिणी मोदमयी तसवीर के पीछे दुबकी रही जो हमारे स्वप्नों की तसवीर थी। व्यक्ति की स्वतंत्रता के लिए जो संघर्ष होता भी रहा वह एक घोषित शत्रु—मार्क्सवादी—के विरुद्ध होता रहा जो खुलेआम समूहपूजक था और व्यक्ति-विद्वेषी था, और निपट अकेला था। एक अंश में या उसी से संघर्ष की उपलब्धि है—अर्थात् उस अंश में जिसमें वह संघर्ष भारतीय पुनरुत्थान की विकृति नहीं था—कि अपने कलाकार की रक्षा के लिए साहित्यकार ने रचना-प्रक्रिया को समझने पर ज़्यादा ध्यान दिया, आत्मचेतन हुआ। वह आत्मचेतन होने में अपने से भाग नहीं रहा था, अपने को खोज रहा था। पर जैसे-जैसे सरकारी और ग़ैरसरकारी

दोनों क्षेत्रों में सत्ता ग़रीब देश की आर्थिक समृद्धि के वितरण पर अधिकाधिक निर्भर होती गई, वैसे-वैसे यह भी प्रकट होता गया—या कहूँ कि होते जाना चाहिए था—कि व्यक्ति-स्वातंत्र्य के लिए संघर्ष में मुख्य प्रतिद्वंद्वी वही नहीं है जो व्यक्ति की पराधीनता का खुलेआम क़ायल है। आज अपने देश में जाति के, भाषा के, धर्म के नाम पर और इसलिए साहित्य के नाम पर भी, सत्ता के लिए अकेले व्यक्ति को कुचलने को अन्य बहुत-से वर्ग अपने साधनों सहित तैयार हैं। साम्यवाद को इस काम में अब उतनी दिलचस्पी नहीं है। हर हालत में, ये ही वर्ग हैं जो सत्तारूढ़ हैं और असली डर इन्हीं से है।

इस संदर्भ में आज के कलाकार को रखें तो उसके मन में व्यक्ति की रक्षा के लिए छटपटाहट आज सत्ता से किसी न किसी रूप में असहमति का अर्थ ग्रहण कर चुकी है। यही उसकी नियति है। उसने एक स्वप्न देखा था—उसी शुभैषिणी मोदमयी भारतीय तसवीर का—पर उसके बाद उसका बौद्धिक संघर्ष क़दम-क़दम पर राज्य के प्रति समर्पण के पत्थरों से टकराता चला है—या कभी नहीं भी चला, थककर बैठ गया है।

आज यह थकान पहले से ज़्यादा व्यापक है और इसी की प्रतिक्रिया है कि बीच की पीढ़ी ने राजनीति से ही विद्रोह कर डाला है जबकि विरोध साहित्य के क्षेत्र में राजनैतिक शैलियों के प्रच्छन्न प्रयोग से और आग्रह राजनीति के क्षेत्र में उनके मुक्त उपयोग का होना चाहिए था।

मैंने थोड़ी देर पहले कलाकार की आंतरिक ज़िम्मेदारी और रचना-प्रक्रिया के अपने ख़तरों का नाम लिया था। साथ ही अभी मैंने कहा है कि कलाकार के लिए मेरी समझ में सही रुख़ यह है कि आज देश में कुंद होती जा रही राजनीति में तेज़ी आए, जान पड़े। अब हम असली प्रश्न पर आएँ। कलाकार की आंतरिक ज़िम्मेदारी किस हद तक उसके सामाजिक योगदान में आड़े आती है? या इसे यों रखें, कि यदि वह आज के बँटवारों में—धुर छोरों के उभरने में—व्यक्ति की हैसियत से सहायक होना अपने कलाकार की जीवनी-शक्ति के लिए ज़रूरी समझता है तो इस योगदान के बदले में अपनी स्वतंत्रता का कितना अंश (यदि वह अंश भाज्य है) समाज को या उसकी कार्यकारिणी—सरकार—को देता है? राजनीति ने पिछले 17 वर्षों में रचना की सभी विधाओं को ग्रस लिया है, यही अपने में यथेष्ट कारण है कि आज कलाकार राजनीति को निरर्थक मानकर न चले जैसा कि वह स्वतंत्रता के वर्ष 1947 में या उसके आसपास के वर्षों में नहीं कर सकता था। 1950-51 तक साहित्यालोचना में राजनैतिक विचारधाराओं के प्रतिरूप मानदंडों से जो वितृष्णा उत्पन्न होने लगी थी, वह आज भी अर्थवती है, पर वह वितृष्णा राजनीति के प्रति उदासीनता में न बदल जाए यह असाहित्यिक मानदंडों के ख़तरे से ज़्यादा बड़ा ख़तरा है। राजनीति से हमारे साहित्यकारों ने पिछले वर्षों में जो संबंध जोड़ा है वह राजनैतिक माध्यमों के प्रति सहानुभूति का नहीं राजनैतिक सत्ता के प्रति विनीत सखा-भाव का है। विनीत सखा-भाव राजनीति जैसी द्वंद्वात्मक प्रणाली की जड़ें काटता रहा है और संसदीय प्रतिपक्ष जैसी अनिवार्य पद्धति को मद्धिम करता रहा है। यह अनुभव करने में जितनी देर हम आज कर रहे हैं उतनी ही देर हम उन सामाजिक मान्यताओं के निथराव में लगा रहे हैं जिनके लिए अपनी आसक्ति हम, कितने भी राजनीति-विरोधी हो जाएँ, भूल नहीं सकेंगे। यह मेरी समझ में भारतीय वर्तमान की एक नियामक परिस्थिति है कि हमारा राष्ट्रीय व्यक्तित्व राजनीति के माध्यम से अपने उद्घाटन की माँग करता है—सब समय जानते हुए कि वह संपूर्णता प्राप्त करते ही अर्थहीन हो जाएगा, एक और भी व्यापक विश्व-अनुभव बन जाएगा। इस माँग से सहानुभूति न रखना कला के लिए एक प्रकार का उपहास सिद्ध हो रहा है, क्योंकि ठीक-ठीक न जानने के कारण कि किस अर्थ में राजनीतिक-सामाजिक कार्यों में हिस्सेदारी कलाकार की स्वाधीनता की क्षति नहीं है, हममें से बहुत-से हाथ खींचकर बैठे हुए हैं। जिनकी पाँचों उँगलियाँ घी में हैं वे राजनीति से नहीं सत्ता से प्रतिश्रुत हैं और यह नहीं देखना चाहते कि दोनों दो अलग-अलग चीज़ें हैं, भले ही उनका संभ्रम उनके सर्जनात्मक स्वातंत्र्य को इसी बहाने कुतर डाले। वैसे व्यक्ति इस प्रकार के स्वातंत्र्य की ज़रूरत भी स्वीकार करते हैं या नहीं, यह जानना कठिन है।

यहाँ से हम कुछ अधिक व्यक्तिगत स्तर पर कलाकार की आंतरिक ज़िम्मेदारी को देखना शुरू करें तो पहले उठाए हुए प्रश्न पर आ जाएँगे। इस ज़िम्मेदारी का राजनीति से कोई संबंध नहीं है, केवल उसे किसी विशेष विचारधारा के अधीन नहीं होना चाहिए। जो चीज़ इस परिस्थिति को निर्धारित करती है, वह विचारधारा से कहीं ज़्यादा व्यापक चेतना है—एक अखिल आलोचनात्मक मानव-चेतना है। गोष्ठी-प्रिय हिंदी लेखक को शायद यह बताना उसको चिढ़ाना न होगा कि इस चेतना की शर्त भारतीय संस्कृति का पांडित्य नहीं, सामूहिक जीवन में पूर्णतर योगदान है : जीवन की समग्रता और व्यापकता में, उसके विविध उपकरणों में, इच्छा करके, परिश्रम करके हिस्सा लेना आधुनिक साहित्यकार की मौलिक शर्त है। यों हिस्सा लेनेवाला व्यक्ति दोहरी रचना करता है—पर उसकी रचना-पद्धति जीवन के अन्य कर्मियों से भिन्न होने के कारण उसका जीवन भी एक विशिष्ट जीवन होता है।

अब, क्या करके वह जीवन हम जी सकते हैं? इसके तो उतने ही उत्तर होने चाहिए जितने कवि : हिस्सा लेने को बहरहाल हर एक मुक्त है। उसमें जो सामाजिक बाधाएँ आती हैं वे भी हर एक के लिए हैं और राज्य से या समाज से बिना किसी तरह की रियायत माँगे हुए भी कवि को उन्हें औरों की तरह झेलना और उनसे लड़ना है, पर निश्चय ही औरों की तरह केवल हिस्सा ले लेना कवि का लक्ष्य नहीं है—वह क्रिया तो केवल एक तैयारी है—उसकी रचनात्मक प्रक्रिया का अलग-अलग घटनाओं में सूत्रपात है।

इसके आगे इस सिद्धांत का कोई साधारणीकरण नहीं हो सकता—वह प्रक्रिया एक वैशिष्ट्य है और इससे आगे इसकी कोई व्याख्या नहीं हो सकती। वह एक कवि में एक-सी होती हुई भी बार-बार नए स्तरों तक पहुँच सकती है और नई रचनाएँ कर सकती है। जो एक बार व्यक्ति की हैसियत से समकालीन उथल-पुथल में योग दे चुका है, रचना करते हुए कवि की हैसियत से वह दुबारा योग देता है : अपनी शक्ति भर, छोटे-छोटे विविध अंशों में दुबारा योग देने में ही उसकी सार्थकता है और यह सार्थकता तभी है जब वह योगदान कला के स्तर पर हो। केवल स्थापना, घोषणा या नारेबाज़ी का मौक़ा जीवन में और जगह बहुत है और वहीं उसका फ़ायदा उठाना भी मना नहीं है।*

इस तरह आज का लेखक सिर्फ़ अपने प्रति ज़िम्मेदार नहीं है, पर वह सिर्फ़ अपनी ज़िम्मेदारी पर लिखता है। आग्रह उसमें सिर्फ़ अपने माध्यम के लिए है। वह राजनीति में हिस्सा लेता है पर लेखन छोड़कर राजनैतिक विचारधाराओं के क्षेत्र में राजनैतिक विधियों से अपना रचनात्मक काम नहीं करने लगता। इसके मूल में उसका वही अकेलापन है जिसके बल पर वह जिस समय देखे उसी समय सत्य को कह सकता है—द्रष्टा हो सकता है, राजनैतिक शैली के बंधनों में बँधकर 'कहने का उचित अवसर' नहीं ढूँढ़ता रहता (जिस हद तक ढूँढ़ता है उस हद तक वह इस अपूर्ण संसार का ही जीव है) और किसी आलोचक को यह अधिकार नहीं लेने देता कि वह उसकी रचना में अपने (आलोचक के) सत्य के न होने की शिकायत कर सके।

वह किसी का जवाब देने नहीं खड़ा होता है। जो किसी ने कहा है उसका खंडन करना उसके लिए महत्त्वपूर्ण नहीं है। यह देखना है कि यदि खंडन करता है तो अंत में क्या विचार किसी के लिए बच रहता है। बड़े से बड़ा राजनीतिज्ञ विद्वान और धर्मात्मा उसकी आलोचना से परे नहीं, पर उसका स्थान लेने का उसका प्रयोजन नहीं है। उसका अपना स्थान है और वह जानता है कि मनुष्य से मनुष्य के नए संबंध में उसने मनुष्य के लिए क्या किया है। जैसे कि :

---

* इस पृष्ठ पर लेख का दूसरा और तीसरा पैरा पृष्ठ 33 तथा 34 पर 'लेखक की नोटबुक' शीर्षक टिप्पणियों के अंतर्गत पहली टिप्पणी के अंत में भी शामिल है—संपादक

मानता हूँ बंधु यह आभार
तुम न होते तो न शायद जान पाता
इस व्यथा से भी कठिन है व्यथा से उद्धार
मानता हूँ बंधु यह आभार

—दो व्यक्तियों का यह संबंध जिसमें 'दूसरे' के संघर्ष की अनुभूति है—एक नए साहसी मानव-व्यक्तित्व की खोज में पाया गया है। जब वह कहता है :

किंतु धिक् मेरी व्यथा को
जो और अधिक दया ही माँगती रही
बंदिनी नारी की दया, जो केवल तन का समर्पण है

—तो स्त्री के लिए आदर के सदियों पुराने ढोंग से ज़्यादा सच्चा जान पड़ता है और जब माँगता है कि :

शक्ति दो, बल दो हे पिता
जब दुख के भार से मन थकने आय
पैरों में कुली की सी लपकती चाल छटपटाय
इतना सौजन्य दो कि दूसरों के बक्स-बिस्तर
घर तक पहुँचा आएँ
कोट की पीठ मैली न हो ऐसी दो व्यथा
शक्ति दो

तो वह पीड़ा का सैद्धांतिक, वादपरक या रोमांटिक निबटारा नहीं करता, उसे समझने और उससे जुड़े दूसरे व्यक्ति के अनुभव से न भागने की इच्छा करता है। ये कुछ निजी उदाहरण हैं और यहाँ उदाहरण देने का विशेष प्रयोजन भी नहीं। यदि बिना मतवाद में पड़े आप नया साहित्य पढ़ते रहे हों तो स्वयं ऐसे स्थलों से परिचित होंगे जहाँ व्यक्ति की गरिमा का कोरा आदर्शवादी प्रचार नहीं है, व्यक्ति और व्यक्ति के संबंध को ज़्यादा खरा, खुला बनाने की खोज है, उसमें जो कुछ घटिया है उसे देखने का साहस है और यह एक निष्ठा के साथ और, एक बहुत ग़लत समझे गए शब्द ही सही, 'आस्था' के साथ है।

सुनो सुनो, बातों का शोर
शोर के बीच एक गूँज है जिसे सब दूसरों से
छिपाते हैं। कितनी नंगी और कितनी बेलौस।
मगर आवाज़ जीवन का धर्म है इसलिए मढ़ी हुई करतालें
बजाते हैं।
लेकिन मैं जो कि सिर्फ़ देखता हूँ, तरस नहीं खाता, न
चुमकारता, न क्या हुआ करता हूँ,
सुनता हूँ और दे दिया जाता हूँ।

यदि इसमें आलोचक को किसी राजनैतिक विचारधारा की तो दूर, किसी सामाजिक आग्रह की भी धारणा नहीं दीखती तो मानकर चला जा सकता है कि कवि ने कम से कम एक कठिन शर्त—वर्तमान समाज के प्रति ज़िम्मेदार रहते हुए सिर्फ़ अपनी ज़िम्मेदारी पर लिखने की शर्त—पूरी कर ली है और वह कम से कम एक बार तो सही समझा गया है।

पर साथ ही एक और चीज़ हुई है। साहित्य के बाहर वह किस हद तक समाज से प्रतिश्रुत रहा है, हमेशा के लिए आलोचक की कचहरी से बाहर का मुक़दमा बन गया है।

[*माध्यम*, दिसंबर 1965]

राजनीति और साहित्यकार ... और इतना ही नहीं

राजनीति और साहित्यकार के संबंध पर चर्चा कोई नई चीज़ नहीं है। न यह संबंध ही कोई नया संबंध है। बल्कि, हिंदी साहित्य के पिछले 100 वर्षों की जीवनी की प्रमुख घटना ही है साहित्यकार का राजनीति से लगाव और अपनी स्वतंत्र सत्ता की खोज। भारतेन्दु से लेकर मैथिलीशरण गुप्त तक श्रेष्ठ साहित्यिक व्यक्तित्वों का कोई न कोई कभी न कभी राजनैतिक मुद्दआ रहा है। मैथिलीशरण गुप्त के लंबे रचनाकाल के मध्य, कभी राष्ट्रीय स्वतंत्रता के लिए, कभी अंतर्राष्ट्रीय साम्यवादी आंदोलन के लिए और कभी स्वतंत्र देश में व्यक्ति-विरोधी मान्यताओं के प्रतिकार के लिए साहित्यकार ने राजनीति में हिस्सा लिया है। इन तीनों परिस्थितियों में कोई न कोई राजनैतिक पार्टी सत्ता उससे चाहती रही है कि वह जिसके प्रति चिंतित है उसकी प्राप्ति के लिए हमारे कार्यक्रम से प्रतिश्रुत हो जाए। अनेक साहित्यकार हुए हैं—कुछ सकारते हैं, कुछ नहीं, परंतु कुछ इनसे अलग अपनी स्वतंत्रता के लिए लड़ते रहे हैं और जहाँ तक राजनैतिक सत्ता के हाथों मिलनेवाले पुरस्कार का सवाल है, सबसे अधिक घाटे में रहे हैं।

स्वतंत्रता के वर्ष 1947 के तुरंत बाद आलोचना में इस सिद्धांत की कसरत अपनी हद को पहुँची थी कि साहित्य कम्युनिस्ट पार्टी के वर्गसंघर्ष का अस्त्र है जिसे स्तालिन और माओ की सलाह से लेखक इस्तेमाल करें, तो जनवादी साहित्य बनता है। यह सिद्धांत पनप नहीं सका क्योंकि स्वतंत्रता के बाद स्वतंत्रता की खोज देश में प्रबल थी और नए साहित्यकारों ने इस राजनैतिक सिद्धांत को, जो पार्टी ने साहित्य का नक़ाब डालकर पेश किया था, जल्दी ही खोलखालकर रख दिया। यह केवल एक संयोग था कि ठीक उस समय जब जगह-जगह प्रगतिशील लेखक संघों में साहित्य की दमघोंट आलोचना से ('इस कविता में जन-विद्रोह का चित्रण स्पष्ट नहीं, इसलिए यह पोच है') बग़ावत हो रही थी (लखनऊ में प्रगतिशील लेखक संघ से अलग होकर कृष्णनारायण कक्कड़, नरेश मेहता आदि ने 'लखनऊ लेखक संघ' बनाया : 1950) तभी मास्को से उदारता दिखलाने का आदेश आया और संयुक्त मोर्चे की उदारता अदबदाकर उग आई। इससे जनवादी या पार्टीवादी साहित्यिक मान्यताओं का विरोध थोड़ा-बहुत कुंद हो गया, क्योंकि उनका समर्थन मंद हो गया था। यह अंतर्राष्ट्रीय परिवर्तन न हुआ होता तो भी व्यक्ति के दमन के विरुद्ध साहित्यकार का संस्कार इतना गहरा था कि पार्टीवादी साहित्य का आंदोलन पनप नहीं सकता था।

पर आज फिर क्या कारण है कि पार्टीवादी राजनैतिक अनुसरण की सलाह साहित्यकार को दी जाने लगी है। राजनीति से संबंध के नाम पर एक ख़ास दल की राजनीति से संबंध का आदर्श सामने रखा जा रहा है। इस घटना का एक दिलचस्प पहलू भी है, पर उसके बारे में बाद में। अभी तो एक चीज़ के बारे में साफ़ समझ लें। वह यह कि लेखक के लिए राजनीति से अलग रहना हर हालत में बेमानी और बेईमानी है। परंतु राजनैतिक पार्टी के गुलाम हो जाना सिर्फ़ उसी हालत में बेईमानी है जब आप यह हरकत साहित्य के नाम पर कर रहे हों।

यानी राजनीति को आत्मसमर्पण या राजनीति से विरोध, दोनों फ़तवे आज के संकट से भागने के बहाने हैं। राजनीति बहुत ज़रूरी है पर मैं भी, अपने लिए, बहुत ज़रूरी हूँ—अपनी उस कला-परंपरा के लिए जो कि मेरे और दुनिया के बीच नितांत मेरा बनाया हुआ एकमात्र संबंध है जो मेरे जीवन

को सार्थकता देता है जो और कोई चीज़ दे नहीं सकती।

विराट् भीड़ों के समाज को बदलने का आज सिर्फ़ एक साधन है : वह है उस सत्ता का उपयोग जो समुदाय का एक-एक व्यक्ति अलग-अलग निर्णयों से कुछ हाथों में देता है—सरकार, जो राज्य की प्रतिनिधि है, जो समाज की प्रतिनिधि है, अधूरी, टूटी, नक़ली, मिलावटी, मूर्ख, जैसी भी वह हो सकती है, अकेला कारगर साधन भीड़ के हाथ में है। मैं इस साधन के अधिक से अधिक सही इस्तेमाल के लिए लड़े बिना नहीं रह सकता, लेकिन इसके माने यह नहीं कि मैं भीड़ का या भीड़ को नियंत्रित करनेवाली भीड़ का क़ायल हूँ और जो कुछ रचता हूँ उस नियंत्रण के अधीन रचता हूँ। यही नहीं, मुझे जो चाहे रचने की आज़ादी हो भी तो वह आज़ादी नहीं है, अगर साहित्य का मूल्यांकन करते हुए मेरे राजनैतिक व्यवहार का प्रमाणपत्र देखने की माँग, पार्टी के आलोचक करते हों।

मैं बदमाशों, गधों, आधे पागलों और मक्कारों के लिए एक ज़िम्मेदारी महसूस करता हूँ पर जो कुछ मैं रचता हूँ सिर्फ़ अपनी ज़िम्मेदारी पर रचता हूँ—या फिर नहीं रचता, फ़िलहाल अपने को योग्य बनाए रखने में लगा रहता हूँ। मैं सिर्फ़ अपने प्रति ज़िम्मेदार नहीं हूँ पर लिखता सिर्फ़ अपनी ज़िम्मेदारी पर हूँ। मैं राजनीति में हिस्सा लेता हूँ पर लेखन छोड़कर राजनैतिक कार्यप्रणाली के क्षेत्र में राजनैतिक विधियों से अपना रचनात्मक काम नहीं करने लग जाता। या फिर इस आशा में कि पार्टी के अनुचर के रूप में मैं जो लिखूँगा श्रेष्ठ साहित्य घोषित किया जाएगा, जो चाहूँ सो लिखने भी नहीं लग जाता। इसके मूल में मेरा वही अकेलापन है जिसके बल पर मैं वही लिखने की शर्त अपने से रखता हूँ जो मैं देखूँ या जिस समय देखूँ उसी समय कहने का साहस करता हूँ : दल के आदेशों में बँधकर कहने का उचित अवसर नहीं ढूँढ़ता रह जाता। न किसी पार्टी आलोचक को यह अधिकार लेने देता हूँ कि वह मेरी रचना में अपने सत्य के न होने की शिकायत कर सके।

साहित्य से बाहर, राजनीति में, मैं किस हद तक समाज से बँधा हूँ, यह आलोचक की कचहरी के बाहर का मुक़द्दमा है और राजनीति से बाहर मैं साहित्य में किस हद तक समाज के लिए हितकर हूँ यह राजनैतिक पार्टी की कचहरी में जाँचा जाने नहीं दिया जा सकता।

इस तरह आप देखेंगे कि साहित्यकार एक ख़ासा टेढ़ा आदमी है, जो आसानी से हत्थे नहीं चढ़ता। यही तो वह है और इसी से कम्युनिस्ट साहित्यालोचकों को शिकायत है—"इन तमाम बातों के बावजूद किसी नए लेखक से राजनीति और साहित्य के संबंध पर सैद्धान्तिक चर्चा कर लीजिए तो देखिए कितनी बारीकियों के जाल बिछ जाते हैं ··· यहाँ तक कि अंत तक जाते-जाते विषय की मूल भाषा ही बदल जाएगी और 'कमिटमेंट', 'इंगेजमेंट' आदि जाने कौन-कौन से सूक्ष्म पारिभाषिक शब्द आ टपकेंगे और इस प्रकार कोई सक्रिय क़दम उठाने से पहले ही थक चुकेंगे" (कम्युनिस्ट पार्टी का मुखपत्र *जनयुग;* 4 जुलाई, 1965; पृष्ठ 24)। इसी सिलसिले में लेखकों से माँग की जाती है कि चूँकि भाषा के सवाल पर उन्होंने जो क़दम उठाया है (भाषा वक्तव्य और कार्यक्रम : *कल्पना;* जुलाई '65), वह "जब तब कुछ कर बैठना" है इसलिए नाकाफ़ी है और "सुचिंतित, सुनियोजित, सुसंगत एवं संगठित क्रिया" आवश्यक है।

यह केवल पार्टी को संपूर्ण आत्मसमर्पण करके हो सकता है—चाहे राष्ट्रीय स्वयंसेवक संघ को, चाहे कम्युनिस्ट पार्टी को, हालाँकि इनमें से एक-दूसरे को कभी पसंद न करेंगे।

जनयुग ने आदर्श के तौर पर सार्त्र का वह वक्तव्य उद्धृत किया है "जिसके शब्द सहज ही क्रिया का रूप धारण कर लेते हैं" और जो वियतनाम के सवाल पर अमरीका आने का निमंत्रण अस्वीकार करते हुए उन्होंने दिया था। उनकी तारीफ़ में कहा गया है कि वे दर्शन पर गंभीर ग्रंथ भी लिखते हैं। ज़ाहिर है कि यदि अमरीका का विरोध उन्होंने न किया होता तो उनके दर्शन ग्रंथ विशिष्ट विशेषणों के साथ ही उल्लिखित किए गए होते।

अब इस संपूर्ण समर्थन के आग्रह के उस दिलचस्प पहलू को लें जिसका पहले नाम लिया गया

था। वह यह है कि इस नए अभियान में सारा ज़ोर एक ऐसे मामले पर है जिस पर ज़ोर देने से एक ओर तो लेखक पार्टी नीति की हाँ में हाँ मिलाता है, दूसरी ओर, किसी ऐसी समस्या के आमने-सामने आ खड़ा नहीं होता जो उसके निकट परिवेश की हो। वियतनाम वह मामला है। अमरीकी लेखकों ने अपनी सरकार की नीति का विरोध किया है इसलिए वे आदर्श हैं, इसलिए भारतीय लेखक उनका साथ दें और अमरीकी सरकार का विरोध करें। जी हाँ, अमरीकी सरकार का, भारत सरकार का नहीं। दरअसल, उन मामलों में जहाँ *जनयुग* सबसे अधिक फँसा हुआ है, वहाँ पार्टी की नीति भारतीय सरकार की इस समय सहगामिनी है। जब भाषा के सवाल पर 70 से अधिक लेखकों के हस्ताक्षर से युक्त एक वक्तव्य और बाद में मूल प्रस्तावकों द्वारा एक कार्यक्रम प्रकाशित किया गया था, तो पहली बार भाषा जैसे लोकपरक सवाल पर, जिसका सीधा असर 98 प्रतिशत उस जनता पर पड़ता है जो अंग्रेज़ी नहीं जानती, लेखकों ने एक निर्भीक और बेलाग रास्ता दिखाया था। जब एक सिरे से सब दिग्गज (इनमें कुछ सफ़ेद भी होंगे) 98 प्रतिशत भारतीय जनता को अपने अधिकार पाने से किसी न किसी तरह रोकने में लगे हों, तब नए साहित्यकारों का यह आवाज़ उठाना कि 'आज, अभी और जैसी भी हो वैसी हिंदी हिंदीप्रदेश में और अन्य भाषाएँ अन्य प्रदेश में, पर अंग्रेज़ी एकदम नहीं' सामूहिक कायरता के विरुद्ध स्वतंत्र चिंतन के साहस से उपजी आवाज़ है। परंतु यह, दुर्भाग्य से, उन लेखकों को मुआफ़िक नहीं पड़ती जिनका सहयोग पार्टी को इस समय वियतनाम के सवाल पर आसानी से मिल सकता है। फ़र्ज़ कीजिए, सेठ गोविन्ददास, श्री सुमित्रानंदन पंत, श्री नगेन्द्र, श्री दिनकर आदि कहें कि अमरीका को दक्षिण वियतनाम से हटना चाहिए तो यही भारत सरकार भी कहती है इसलिए कोई ख़तरा नहीं पैदा होता, इसलिए पार्टी उनके यह कहने से खुश होगी, बल्कि चाहेगी कि यही कहें। मगर भाषा के मामले में इन सबके और कम्युनिस्ट पार्टी के हित एक ही हैं : अंग्रेज़ी बनाए रखने की ज़रूरत है, इसलिए न वे कहेंगे कि अंग्रेज़ी अभी हटे, न पार्टी कहेगी और दोनों ख़तरे से बचे रहेंगे।

भाषा के सवाल पर राय देना नाकाफ़ी बताते हुए *जनयुग* ने जयशंकर प्रसाद जैसे "निरे साहित्यिक छायावादी और राष्ट्रीय सीमा में बँधे रहनेवाले लेखक" के पात्र चाणक्य का यह वाक्य उद्धृत किया है, "भाषा को ठीक करने से पहले मैं मनुष्य को ठीक करना चाहता हूँ।" यह प्रसाद की अपनी राय है या चाणक्य की, इससे *जनयुग* को बहस नहीं क्योंकि इस समय प्रसाद के इस वाक्य को 'राजनैतिक' सिद्ध करना है। अगर मान लें यह प्रसाद की राय थी तो निश्चय ही प्रसाद मनुष्यों को जानवर समझते रहे होंगे। बिना भाषा के मनुष्य जानवर ही हो सकते हैं, और उन्हें अगर जानवरों की तरह इस्तेमाल करना है, तो उनकी भाषा से पहले उनको ठीक करना ही होगा। भाषा ही क्यों, विचारों के पहले भी मनुष्यों को ठीक करना हो सकता है और प्रसाद की राय तो इस पर नहीं मालूम लेकिन स्तालिन और माओ यह करते भी रहे हैं।

यह दृष्टि अभी केवल कम्युनिस्ट पार्टी के मुखपत्र में भूमिका के तौर पर आई है। साहित्य की आलोचना में अभी इसके अनुरूप प्रतिमान नहीं बन सके हैं—यानी आज की भारतीय कम्युनिस्ट पार्टी की डावाँडोल नैतिकता के अनुसार आज के प्रतिमान। 1948-51 में श्री प्रकाशचन्द्र गुप्त और श्री रामविलास शर्मा ने जो बनाए थे वे उसके बाद के साहित्य सृजन ने बेकार कर दिए थे। नए सिरे से आलोचना में पार्टी की नीति बनाने में कुछ समय लगेगा, क्योंकि अभी पार्टी को अगले चुनाव के लिए अपना आसन ठीक करना है। यह आशा करना कि पार्टी साहित्य और कलाओं से अलग रहेगी फ़िज़ूल है। परंतु यह आशा करना साधार है कि अब हिंदी साहित्य जिस जगह पहुँच चुका है वहाँ राजनीति और साहित्यकार का संबंध ही नहीं, कुछ और भी अच्छी तरह पहचाना जा चुका है। वह है साहित्यकार की स्वतंत्रता जिसे नया साहित्यकार अनेक प्रकार के जोखम उठाकर बनाए रखता रहा है और रखेगा। इसलिए राजनीति और साहित्यकार के बाद कहना चाहिए और इतना ही नहीं, साहित्यकार की स्वतंत्रता भी।

[*कल्पना*, अगस्त 1965]

कवि की उम्र

किसी कवि की आयु उतनी ही होती है जितनी उसके समय में रचना और न्याय की आयु होती है। ये दोनों काम समाज में हर वक़्त एक-सी स्फूर्ति से नहीं होते रहते। इस तरह इनको स्फूर्त करने और इनसे जीवन पाने के लिए कवि बाध्य है बशर्ते कि वह जीना चाहता हो।

रचना और राज्य के बीच परस्पर विरोध का रिश्ता है पर रिश्ता है और बना रहना चाहिए और इसके बने रहने पर ही कोई रचना संभव है। यह एक तनाव है जो केवल रचना से रचना की अवधि में मिटता है और फिर नई रचना के लिए पैदा होता है। परंतु यह एक बार मिटने के बाद पैदा नहीं भी हो सकता है। यह तनाव एक शाश्वत किस्म का है और मनुष्यों के बीच बराबरी और न्याय के लिए समाज में ऐतिहासिक परिवर्तन करने की इच्छा के बिना भी पैदा हो सकता है, यह मानना एक बड़ी भूल है और तनाव को किसी यथास्थिति का विज्ञापन बनाने की इच्छा करने पर ही संभव है। पर ऐतिहासिक परिवर्तन की इच्छा करते हुए भी उसकी पूरी ज़िम्मेदारी ऐसे संगठनों पर छोड़ देना जो स्वभावतः रचनाकार और राज्य के बीच के तनाव को नियंत्रित करते हों, एक और भूल है।

ये दोनों भूलें आधुनिक हिंदी कविता में झलकती हैं। उसकी भाषा में एक ओर तनाव के विज्ञापन का गुण है, दूसरी ओर समर्पण का। यह गुण, जो मैं जानता नहीं पर जिसकी कल्पना कर सकता हूँ और जो इन दोनों से बचने के तनाव का गुण है, कविता में होना चाहिए। उसको अपने में पहचानने की अंतिम ज़िम्मेदारी कविता की ही है—और उसको पहचानने का अर्थ यहाँ बौद्धिक या आध्यात्मिक नहीं है—कवि के शिल्प के माध्यम—भाषा से ही उसे पहचाना जा सकता है।

मेरे जैसे किसी कवि के लिए जो इस प्रक्रिया में पड़ा हुआ हो इससे ज़्यादा कुछ कहना शब्दाडंबर करने के ख़तरे से ख़ाली नहीं। फिर भी यह अनुरोध तो किया ही जा सकता है कि इस संग्रह की कविताओं को इस दृष्टि से देखा जाए कि इनके कवि ने इनके ज़रिए अपने कवि-जीवन के साथ क्या किया है, न कि इस दृष्टि से कि उसने समाज के साथ क्या किया है। हो सकता है कुछ किया भी हो पर उसे प्रमाणित करने के तरीक़े इस कवि के पास नहीं हैं। यदि और किसी के पास हों और वे उन्हें लागू करें तो उन्हें समझना चाहिए कि यह एकतरफ़ा कार्रवाई वे किस जोखिम के साथ कर रहे हैं—वे भाषा के इस्तेमाल की जाँच कर रहे हैं जो कि अंततः उन्हें इसी नतीजे पर ले जा सकती है कि कवि ने समाज में अपने को क्या किया, न कि इस पर कि उसने समाज को क्या किया?

कवि का आलोचक समुदाय पर कम से कम दबाव रहना चाहिए यह मानते हुए मुझे कवि का अपनी कविता के बारे में कुछ इस तरह का गद्य लिखना कि जिससे उसकी कविता को 'समझने' में मदद मिले, उचित नहीं जान पड़ता। एक तो इससे वह दूसरों में 'समझने' की घटना को, जो मेरे ख़याल से उतनी ही संपूर्ण मानसिक-शारीरिक घटना होती है जितनी लिखने की होती है, कुंठित नहीं तो सीमित तो कर ही देता है।

[1966. अपूर्ण, अप्रकाशित]

राज्य और लेखक : नया संस्करण

साहित्य और सरकार के संबंध को लेकर आजकल राजधानी में काफ़ी ज़ोर-शोर से बहस चल रही है। यह बहस यों तो बहुत पुरानी है लेकिन फ़िलहाल इसे बढ़ावा मिला है एक सर्वथा अप्रत्याशित घटना से।

पिछले डेढ़-दो महीने में प्रधानमंत्री और उपप्रधानमंत्री ने 'आज के लेखकों' के विचार जानने की जो उत्सुकता दिखाई है वह उन्होंने कम से कम राजधानी में तो पहले कभी इस पैमाने पर नहीं दिखाई थी। क्या कारण हो सकता है इस नई चेतना का ? क्या वे निजी तौर पर साहित्य और कला से कुछ रस लेना चाहते हैं? क्या वे साहित्यकारों की सामूहिक भावनाओं का परिचय पाना चाहते हैं? क्या वे सरकार की किसी नीति या उसके पालन में परिवर्तन के सुझाव चाहते हैं? क्या वे परिवर्तन के सुझाव नहीं, समर्थन चाहते हैं? या फिर क्या वे लेखकों का 'सहयोग' चाहते हैं जिसके माने कुछ भी हो सकते हों?

ये प्रश्न इसलिए और भी महत्त्वपूर्ण हो गए हैं, क्योंकि एक तो भारत में 'राज्य और लेखक' के संबंध पर जागरूक लेखकों ने आज नहीं आज़ादी के कुछ बरस बाद से ही सोचना शुरू कर दिया था, दूसरे आज़ादी के बाद से अब तक राज्य और लेखक के संबंध पर सरकार ने कुछ नहीं सोचा है।

जब-तब श्री नेहरू ने और उनके अनुकरण में प्रायः सभी मंत्री पद प्राप्त व्यक्तियों ने साहित्यकारों को सार्वजनिक तौर पर बताया है कि उन्हें क्या लिखना चाहिए और देश और समाज के प्रति उनका कर्तव्य क्या है। निजी तौर पर कुछ साहित्यिक इन सत्ताधारियों से व्यक्तिगत संपर्क रखते रहे हैं और शायद इन्हें निजी तौर पर भी बताया गया हो कि अच्छे साहित्य के क्या लक्षण होते हैं। किसी-किसी ने साहित्यकारों की पुस्तकों का प्राक्कथन और किसी-किसी ने खुद साहित्य भी लिखा है। बीस बरस में क्या नया साहित्य लिखा गया है, यह किसी को नहीं मालूम, क्योंकि मंत्रियों की अभिव्यक्ति के सबसे सुगम साधन—भाषण में वह कहीं नहीं झलकता।

सरकारी लोगों की साहित्य संबंधी व्यक्तिगत धारणाओं की सार्वजनिक अभिव्यक्तियों का महत्त्व एक ऐसी व्यवस्था में खाली निजी या मामूली नहीं रह जाता, जो खुल्लमखुल्ला सर्वसत्तावादी तो न हो पर जिसमें स्वतंत्रता के साथ संरक्षण की शर्त हर क़दम पर लगी रहती हो। ये अभिव्यक्तियाँ एकाएक सरकारी संरक्षण की और आगे चलकर संरक्षण पानेवाले या चाहनेवाले लेखक की स्वतंत्रता की शर्त बन जाती हैं।

साहित्य के साथ-साथ भाषा पर भी सरकारी लोग व्यक्तिगत राय प्रचारित करते रहे हैं। भाषा और साहित्य लेखक के लिए एक ही चीज़ के दो हिस्से हो सकते हैं परंतु सरकार के लिए भाषा का मसला साहित्य से बिलकुल अलग मामला होना चाहिए। पर उसे अलग रखने से उसका अलग राजनैतिक हल होगा। इससे बचने का आसान रास्ता है भाषा के साथ साहित्य के विकास का मामला जोड़ देना और इस रास्ते पर अगर कुछ साहित्यिक भी साथ-साथ चलने लगें तो क्या कहना है।

इसलिए केंद्र सरकार में सर्वोच्च स्तरों पर आज के लेखक की समस्याएँ जानने की जो उत्सुकता दिखाई दे रही है, उसका स्वागत करते हुए यह अनुभव होता है कि राज्य और लेखक संबंधी समस्याओं पर सरकारी विचारों की न्यूनता खाई बनकर सरकारी प्रतिनिधियों और साहित्यकारों के बीच पसर गई है। इस खाई पर शायद निरे व्यक्तिगत संपर्क का पुल बनाया जा सकता है पर वह एक-दो जनों के सामर्थ्य की बात है, भीड़ से वह पुल चरमराकर बैठ सकता है। ठोस सुझावों और विचारों का कितना भी पूर इस खाई में डाला जाए वह उस वक़्त तक पट नहीं सकती, जब तक कि उसमें स्फुट, उलझी, अपूर्ण और दिशाहीन सरकारी भावनाओं का प्रवाह जारी है। यह बहुत अच्छा है कि सरकार आज़ादी के बीस बरस बीतने पर और चौथे आम चुनाव से उत्पन्न परिवर्तनों के बाद अब वे समस्याएँ नए लेखकों के साथ उठाना चाह रही है जो पुरानों के साथ नहीं उठा सकी थी : परंतु कोई सार्थक वार्तालाप तभी हो सकता है जब सरकार के राज्य और लेखक संबंधी ठोस विचार, इस विचार के अंतर्गत बनाई हुई योजनाएँ, इन योजनाओं पर किया हुआ काम और नई योजनाओं की प्रारंभिक रूपरेखाएँ एक ब्योरे की शक्ल में लेखकों के सामने, व्यक्तिगत रूप में नहीं बल्कि सरकारी तौर पर रखी जाएँ।

[*नवभारत टाइम्स*, 25 जून 1967]

कविता और राजनीति

'कविता और राजनीति'—इस विषय से पहले-पहले तो मन में उलझन है कि यह कोई विषय है भी या नहीं। मैं तो यह मानता रहा हूँ कि कवियों को कविता पर बहस करनी चाहिए राजनीति पर नहीं। राजनीति पर बहस से कवि उलझन में पड़ सकता है इसलिए वह हमेशा कतराता रहा है। मैं चाहता हूँ कि राजनीति पर अलग बहस करूँ, कविता पर अलग। कवि जब भी इस सवाल पर बोलने चलता है तो वह अपने आपको सफ़ाई देने के लिए मजबूर नहीं पाता, सुननेवाले सफ़ाई चाहते हैं। मेरे मन में स्पष्ट है कि कविकर्म अलग है राजनीति अलग। जीवनवृत्ति के स्तर पर दोनों एकदम अलग हैं। अगर मैं अभी कहूँ कि मैं अपने देश में नेताशाही नहीं होने दूँगा तो कोई राजनैतिक दल समर्थन नहीं करेगा। मेरे लिए बहुत बड़ा मूल्य है स्वातंत्र्य का। जब सत्ता मेरे पास होती है तब वह होती है। दोनों बातों को चलाने का प्रयत्न ग़लत है। जो दोनों बातों को जोड़ देते हैं वे अँधेरे कोने की फिसलन में फिसल जाते हैं, जब तक कोई राजनीतिक नहीं लिखता तब तक वह राजनैतिक कविता नहीं होती। कविता राजनैतिक नहीं होती, कविता कविता ही होती है। दोनों तरह की जीवन-विधियों में जो अंतर होता है वह रहता ही है। जहाँ दोनों जुड़ती हैं वह कवि का अंतस् है। आपको कविता से मतलब है। मैं अपने अंदर अपने को कितना पाता हूँ, मैं कैसी विचारधारा को मानता हूँ, इन सबसे आपको कोई मतलब नहीं। आपको मेरी कविताओं से मतलब है। मैं इस बात को तरह-तरह से कई बार कह चुका हूँ।

मैं जानता हूँ कि इस जीवन को, समाज को, मनुष्य को, हो सके तो मनुष्य की जाति को बदलना है। यह मैं अपना परम कर्तव्य मानता हूँ। मैं यह भी जानता हूँ कि इसको बदलने के लिए मुझे यह जानते हुए कि यह व्यवस्था अधूरी है, यह जानते हुए कि वह मनुष्य का दमन करने लगती है, समाज में संगठन चाहिए। संगठन का मतलब है सरकार। जब तक ऐसा मनुष्य समाज की कहीं परिणति होते नहीं देखता तब तक हमें सरकारों की ज़रूरत है। सरकार ज़रूरी है। सरकार ही एक साधन है समाज को बदलने का, सही और अनुकूल साधन। आप किसी दूसरे के माध्यम से जानते हैं तो उसके प्रति अन्याय होगा। अपनी चिड़ियावाली कहानी का हवाला देते हुए कहूँ तो कवि वह चिड़िया है जो अपनी पीड़ा में फँसा हुआ है। आलोचक वह व्यक्ति है जो यह समझता है कि शायद उसने सब समझ लिया है और कवि को मुक्त कराने के लिए बेचैन हो जाता है।

यह एक बड़ा अद्भुत सत्य है अपनी राजनैतिक मान्यताएँ कहीं न प्रकाशित करना। विश्वविद्यालय को आप लें, वहाँ जिन मान्यताओं को लेकर साहित्य की समीक्षा की जाती है, वे सर्वविदित हैं। विश्वविद्यालय से बाहर कोई भी आलोचक आधुनिक रचना को लेकर जैसे ही अपना आलोचनाशास्त्र बनाना चाहता है वैसे ही वह एक दूसरे दर्जे का प्रतिष्ठान बन जाता है। वैसे ही उसकी क़ीमत हो जाती है। जब मैं कविता लिखता हूँ तो आपके सामने कविता रख देने के बाद मेरा काम समाप्त हो जाता है। लेकिन जब आलोचक व्यंग्य करता है तो वह तमाम ऐसे प्रतिष्ठानों की ओर चलना शुरू कर देता है जो उसके विरोधी हैं। कवि का सबसे अच्छा साथी उसका पाठक है। मैं जो कुछ भी लिखता हूँ वह समाज बदलने के लिए पहले से प्रतिश्रुत होकर नहीं लिखता, अपने से प्रतिश्रुत होकर लिखता हूँ इसलिए मैं किसी भी आलोचक को यह अधिकार नहीं दे सकता कि वह मेरी कविता की आलोचना राजनैतिक दृष्टि से करे।

आज से तीन साल पहले, नेहरू की मृत्यु से थोड़ा-सा पहले एक धारा चली थी कि राजनीति से हमें कोई मतलब नहीं। वह राजनीति की एक बहुत बड़ी धारा से संबद्ध थी। राजनैतिक तरीक़ों को अपनाने से साहित्य का हमेशा क्षय होता है, लेकिन उससे अलग कोई तरीक़ा नहीं होता, इसलिए उसे स्वीकार करना पड़ेगा—पीड़ा से स्वीकार करना पड़ेगा। डॉ. लोहिया का तमाम साहित्यिकों से परिचय

था, फिर भी साहित्य के संबंध में साहित्यिकों पर अपनी राय लादने की उन्होंने कभी कोशिश नहीं की। मैं कवि हूँ, मैं राजनीति में हिस्सा लेता हूँ। मैं राजनीति में हिस्सा लेता हूँ इसलिए कविता करता हूँ, जैसे ही यह कहूँगा मेरी मृत्यु निश्चित है। यह जो समय है वह तमाम राजनैतिक व्यवस्थाओं के टूटने का समय रहा है। ऐसे समय पर सतही तौर पर यह मान लेना कि कविता और राजनीति का संबंध है, बहुत बड़ा धोखा होगा। वास्तव में हम जानते हैं कि भाषा के माध्यम से किसी भी तरह के संवेदन को व्यक्त करना कठिन और प्रायः असंभव होता है। जिसे सामान्य भाषा में विरोध कहा जाता है वह तो और भी असंभव। सारे समाज में लोग अपना मित्र नहीं अपना शत्रु ढूँढ़ते फिरते हैं। शासनतंत्र भी यही चाहता है।

जो पहले कहते थे कि उन्हें राजनीति से कोई मतलब नहीं, बाद में कहने लगे हैं कि वे ही इस विरोध के वाहक बने रहे हैं। एक और राजनैतिक चक्र चलता है जो कहने लगता है कि राजनीति सबसे भ्रष्ट है। लेकिन उस विद्रोह को मनुष्य की नियति का वाहक बनाना होगा।

[*आलोचना*, जुलाई-सितंबर 1968]

भूलों भरी कहानी

भारत को चौथे अफ्रेशियाई लेखक सम्मेलन का अखाड़ा जिन्होंने चुना, वे अब अगर अपने से पूछ न रहे हों कि उन्होंने कहाँ ग़लती की तो उनकी जड़ता पर तरस खाना चाहिए। 32 देशों के प्रतिनिधियों के चार दिन के मेले पर डेढ़ लाख रु. ख़र्च करके (इस रक़म की पुष्टि के लिए आय-व्यय का प्रमाणित ब्योरा प्रकाशित होना चाहिए : यों भी एक संयोजक अपनी जेब से कई हज़ार ख़र्च करने का दुखड़ा सुना रहे हैं) सम्मेलन ने अफ्रीका-एशिया में गृह-युद्ध के लिए साम्राज्यवादी अस्त्र-आयात की निंदा के अतिरिक्त कुछ उपलब्धि नहीं की। यह प्रस्ताव तो कहीं भी पास किया जा सकता था और कुछ चुने हुए पुराने नाम भारत से वहीं ले जाए जा सकते थे।

इंदोनेसिया का विचार त्यागकर भारत को चुनना शायद इसलिए बेहतर माना गया था कि इससे भारत सरकार की वामपंथी मुद्रा को समर्थन मिलेगा। यदि पहले नहीं था तो सम्मेलन के बाद तो स्पष्ट हो ही जाना चाहिए कि न तो वर्तमान राजनीति में कोई स्वस्थ ध्रुवीकरण हो रहा है न भारत का सृजनशील साहित्यकार अपनी भाषा और साहित्य के संघर्ष का निर्णय सर्वसत्तावादी प्रतिष्ठान के हाथ सौंपने को व्याकुल है। उल्टे भारतीय राजनीति के झूठे शिखर-शिविर विभाजन की निस्सारता निखार पर है और चाहे खुले आम कोई न क़बूले साहित्य जगत् में पहली बार इतनी सर्वव्यापी घुटन पैदा हुई है कि कहीं भी साथ बैठते ही भारतीय साहित्यकार सबसे पहले उसे समझने और तोड़ने को आजिज़ होगा। जब सम्मेलन के अंतिम दिन हिंदी प्रतिनिधिमंडल ने आलोचना की कि भारतीय दल के प्रधान सुभाष मुखोपाध्याय की रपट में "भारतीय जन, साहित्य और लेखन की समस्याओं से कोई सरोकार न था और उसमें प्रधानमंत्री की स्तुति प्रसंगेतर थी" तो प्रकारांतर से वह इसी आजिज़ी का प्रमाण दे रहा था। नागार्जुन (प्रमुख), भैरवप्रसाद गुप्त, मार्कंडेय आदि कई लेखकों ने अनेक महत्त्वपूर्ण लेखकों को निमंत्रण न देने, चुने हुए प्रगतिशील लेखकों द्वारा विविध प्रगतिशील वर्गों को बाद दे देने और सम्मेलन की भाषाओं में एक भी भारतीय भाषा न रखने की शिकायत की। वास्तव में ये सभी काम संयोजक युगल मुल्कराज आनंद और सज्जाद ज़हीर से 36 पड़ते : एक तो अंग्रेज़ी के कट्टरपंथी हैं, दूसरे उर्दू की उस नई पीढ़ी से घोर अप्रसन्न हैं जो उर्दू को हिंदी के क़रीब ला रही है। इन दोनों ने नई पीढ़ी को छोड़कर स्वभावतः जिन महिमामंडित नामों का इस्तेमाल किया वे इतने अंतर्राष्ट्रीय हो चुके हैं कि अपने देश में भाषाओं की फूट बढ़ाना उचित

न समझकर वे सम्मेलन में हिंदी या उर्दू में भाषण या धारावाहिक अनुवाद का आग्रह नहीं कर सकते थे। विज्ञान भवन के अनुवाद कक्षों में से एक पर देवनागरी लिपि में 'हिंदी' का (जो राष्ट्रभाषा की परिभाषा है!) 'नामपट्ट' टँगा हुआ था, वह वैसे ही टँगा रहा जैस देश की छाती पर टँगा हुआ है।

यही एक प्रमाण नहीं है कि सम्मेलन का एशिया और अफ़्रीकावासियों से सरोकार शुद्ध राजनैतिक था—साहित्यिक या कम से कम मानवीय भी नहीं। उसने पूर्व पाकिस्तान के सर्वहारा द्वीपवासियों के भयानक संहार से संवेदना तक प्रकट नहीं की (दैव क्या कोई अमरीका है!)। यह काम सभाघर के बाहर बरामदे में तरुण लेखकों के एक दल को करना पड़ा जिसने साहस के साथ पूर्व-पाकिस्तानियों को भाई कहकर पुकारा। भीतर मुल्कराज आनंद फिलिस्तीनी गोर्रिलाओं के साथ होकर इस्राइल से लड़ने जाने को ताल ठोंक रहे थे—बशर्ते कि 24 भारतीय लेखक साथ चलें।

पर वह सज्जाद ज़हीर के सहयोग से सिर्फ़ इतना ही प्रदर्शित कर पाए कि सम्मेलन की प्रबंध समिति से लेकर प्रतिनिधिमंडलों तक की कभी झटपट, कभी मनमानी चुनाव पद्धति को लेकर उनसे संतुष्ट और सहमत लेखक दो दर्जन से कुछ कम ही हैं। इस मामले में असंतोष प्रायः सभी को था : विश्व के क्रांतिकारी युवा आंदोलन से प्रतिबद्ध मुद्राराक्षस, रमेश गौड़, बलराज मनरा और उनके साथियों को भी—*आधे-अधूरे* जैसे संसदीय नाटक के लेखक मोहन राकेश को भी। मोहन राकेश ने सम्मेलन के स्थायी भारतीय संगठन की रचना को, जो अंतिम दिन काफ़ी गरमागरमी के बीच हुई, अयथेष्ट मानकर इसी उद्देश्य से एक राष्ट्रीय सम्मेलन की माँग की जिसके न सुने जाने पर हिंदी मंडल के अधिकांश सदस्यों ने सभा त्याग किया। एक संभावना यह बताई जाती है कि राष्ट्रीय सम्मेलन स्वतंत्र रूप से ही बुलाया जाए : ऐसा हो तो उसके संयोजकों को इस बड़े सम्मेलन की ग़लतियों से सबक लेने का अच्छा मौक़ा मिलेगा।

वे क्या हैं? शायद सबसे पहले यही न समझना कि अब प्रगतिशील लेखक आंदोलन का वह रूप नहीं है जो 48 में था जब प्रतिबद्ध होना और लेखक होना एक ही विकासक्रम में संभव था, न भारतीय उन्मेष का वह दौर अब है जो प्रथम सम्मेलन के 56 में था जब लेखक की अपनी व्यक्तित्व की खोज इतनी प्रबल थी कि मताग्रहों का टकराव गुत्थियाँ सुलझा सकता था। आज की असहिष्णु सर्वसत्तावादी राजनीति के दौर में लेखकों को एकत्र करने का उद्देश्य उनकी ग़रिमा से राजनैतिक शिविर की सांस्कृतिक बौद्धिक प्रतिष्ठा बढ़ाना हो तो फलतः वही लेखक उपस्थित होंगे जो या तो चुने हुए हैं या प्रतिबद्धता के बहाने लेखक कहाना चाहते हैं। अपने माध्यम से टक्कर लेते सक्रिय लेखक के सामने अपनी लिखने की शक्ति और स्वतंत्रता बनाए रखना पहली समस्या है : वह शक्ति छोलदारियाँ लादकर चलने से नहीं, सभी विचारों और धाराओं के लेखकों के साथ मिलकर बातचीत करने से मिलती है जो कि सम्मेलन में नहीं हुई।

ज़ाहिर है कि इस सम्मेलन के सोवियत प्रचारकों को अपने शिलीभूत सूत्रों से भारत की आज की हलचल की जो रपट मिली होगी वह यह नहीं रही होगी। दिलचस्प बात यह है कि सोवियत संघ को भ्रामक आश्वासन देने और नई पीढ़ी से लड़ाई मोल लेने का दोष एक संयोजक दूसरे पर डाल रहे हैं। और इस तरह एक रोचक तथ्य छिपा ही जा रहा है कि पहले यह सम्मेलन फरवरी 1970 में होना तय था जबकि भारत में साम्यवादी संप्रदायों का आंतरिक संघर्ष इतना तीव्र नहीं था जितना आज हो गया है। पर अब जबकि सम्मेलन की पद्धतियों के विरोध का एक प्रमुख स्वर माओ और वियतनाम के नारों के साथ उठा है तो विदेशी संयोजक इसके ज़िम्मेदार भारतीय संयोजकों को नहीं ठहरा सकते। सुना जाता है कि वे ख़फ़ा हैं—इसलिए कि सम्मेलन ने व्यापक असंतोष जना, पर भारत की जनवादी राष्ट्रीय चेतना को अपने देश की राजनीति के चश्मे से देखने की भूल खुद उन्होंने ही की है।

[*दिनमान*, 29 नवंबर 1970]

साहित्य से परहेज़ क्यों ?

नेपाल और भारत के परस्पर संबंध प्राचीन हैं। यह बात नेपाली और भारतीय दोनों सरकारें दोहराती रहती हैं। पर विचित्र बात यह है कि इसे दोहराकर दोनों सरकारें आज के संबंध का उल्लेख करने चलती हैं तो एक ही बात दोनों के मुँह से निकलती है। यह कि कहीं कोई ऐसा काम नहीं होना चाहिए जिससे ग़लतफ़हमी पैदा हो जाए। अर्थात् संबंध प्राचीन हैं मगर आज ग़लतफ़हमी का डर है।

यह बात साफ़ हो जानी चाहिए कि ग़लतफ़हमी का डर है तो वह नेपाल और भारत की जनता के बीच नहीं है, दोनों सरकारों के बीच है, और यह बात भी साफ़ हो जानी चाहिए कि जो प्राचीन संबंध हैं वे दोनों देशों की जनता के बनाए हैं और दोनों सरकारों की समय-समय पर प्रदर्शित ग़लतफ़हमी की आशंका के बावजूद बने हैं। यह एक विडंबना ही है कि सरकारें दुहाई तो प्राचीन संबंधों की दें, जो कि लौकिक संस्कृति, साहित्य एवं विचार के क्षेत्र में दोनों देशों के कृतिकारों ने बनाए हैं, मगर आज उन्हीं संबंधों के विकास के विषय में बगलें झाँकते हुए ग़लतफ़हमी के डर के बहाने बनाएँ।

पिछले कुछ वर्ष से भारत और नेपाल के बीच सरकारी स्तर पर संस्कृति, साहित्य और कला के क्षेत्र में आदान-प्रदान प्रायः बंद है। भारत से 15 अगस्त, 26 जनवरी और विजयादशमी पर सांस्कृतिक शिष्टमंडल नेपाल जाते रहे हैं। उधर से भी कभी-कभी शिष्टमंडल आते रहे हैं। इनमें बहुधा सम्मेलनों में शामिल होनेवाले प्रतिनिधि रहे हैं—अपने विषयों के भारतीय कर्मियों से उनकी भेंट उन्हीं सम्मेलनों तक सीमित रह गई है। साहित्यकारों का प्रतिनिधित्व दोनों के इस स्वल्प आदान-प्रदान में इतना न्यून रहा है कि उसकी गिनती करना भी व्यर्थ है। बल्कि यदि इस तथ्य की ओर ध्यान दें कि भारतीय शिष्टमंडलों में 1967 के बाद से नृत्य और संगीत को प्रमुख स्थान मिला है और साहित्य को जानबूझकर बाहर रखा गया है, तो एक रहस्य दिखाई देने लगता है।

साहित्य के इस निष्कासन का व्यावहारिक कारण खोजें तो पता चलेगा कि नेपाल में स्थित भारतीय राजदूतों ने साहित्यकारों को शिष्टमंडलों में शामिल करने के विषय में उतना उत्साह नहीं दिखाया जितना उनके मन में नृत्य और संगीत के लिए था। नई दिल्ली में, नेपाल जानेवाले शिष्टमंडल की रचना नेपाल स्थित भारतीय राजदूत के सुझाव पर ही की जाती है, परंतु इस दफ़्तरी कारण के पीछे जो बुद्धि काम करती रही है वही असली और दुःखद कारण है। ऐसा मान लिया गया है कि चूँकि साहित्य, जो कि भाषा का माध्यम इस्तेमाल करता है, जीवन के अनुभव और विचार का भी आदान-प्रदान करेगा, इसलिए उससे 'ग़लतफ़हमी' पैदा होगी। साहित्य और साहित्यकार को जहालत और घमंड की मिलीजुली जनविरोधी दृष्टि से देखने का इससे अधिक स्पष्ट प्रमाण क्या होगा।

नेपाली साहित्य का भारत में हिंदी साहित्य से विशेष संबंध रहा है। दोनों साहित्यों की भाषा में घनिष्ठता और लिपि में साम्य है। भारत के पड़ोसी देशों में साहित्य, भाषा और लिपि की समानता का जीवित रहना उनके परस्पर घनिष्ठ होने में सहायक होना चाहिए। परंतु दिल्ली की नौकरशाही इसी समानता को ख़तरे का लक्षण समझती है। नेपाल के मामले में वह साहित्य और भाषा को जिस प्रकार देखती है उसी प्रकार पाकिस्तान और बांग्लादेश के मामले में भी देखती है। वास्तव में इन तीनों देशों से साहित्य और भाषा के क्षेत्र में आदान-प्रदान देशी भाषाओं को बढ़ावा देनेवाला कार्य होगा और इसी से भारत सरकार के विदेशनीति नियामकों को घबराहट है। जब तक अंग्रेज़ी में सांस्कृतिक आदान-प्रदान न हो सके तब तक वे आश्वस्त नहीं होते कि उनकी विदेशनिर्भर विदेशनीति सुरक्षित रहेगी। शायद इसीलिए भारत और नेपाल के बीच प्राचीन संबंधों के बावजूद कोई सांस्कृतिक करारनामा आज तक

नहीं हो सका है।

प्रधानमंत्री की नेपाल-यात्रा से दोनों सरकारों के बीच ग़लतफ़हमियाँ दूर होने का और बराबरी का रिश्ता क़ायम होने का सुअवसर प्राप्त हुआ है। इसके बाद दोनों देशों में सरकारी स्तर पर एक निश्चित सांस्कृतिक आदान-प्रदान का क़रारनामा होने में जितनी कम देर होगी उतना ही दोनों देशों की नई रचनात्मक पीढ़ी के पक्ष में हितकर होगा, जो अपनी भाषा में राजनीति करती है और अपनी भाषा में साहित्य रचती है। बड़ी शक्तियों की खींचतान में फँसे देशों में समानधर्मी प्रजातंत्रीय मान्यताओं की रक्षा यही रचनात्मक नई पीढ़ी करेगी, देशी भाषाओं को अपनी दासी समझने और विदेशियों के प्रभाव में रहकर सोचनेवाली नौकरशाही नहीं। वह अंग्रेज़ी में राजनीति करती रहेगी और अंग्रेज़ी में साहित्य रचने की सामर्थ्य से हीन रहकर अपना हीनताबोध नई पीढ़ी पर लादने की कोशिश करती रहेगी।

[*दिनमान*, 18 फरवरी 1972. *भँवर, लहरें और तरंग* में संकलित]

ख़तरनाक प्रेमचंद

प्रेमचंद के न रहने के 44 वर्ष बाद आज जब पहली बार केंद्रीय आयोजन में प्रेमचंद की याद की जा रही है, क्योंकि उन्हें जनमे आख़िरकार 100 साल हो ही गए हैं, तो मनानेवालों के दिल में कहीं न कहीं यह बात छिपी बैठी है कि प्रेमचंद एक मुश्किल शै हैं। उनको उत्सव की वस्तु बना डालना आसान नहीं है जैसे रवींद्रनाथ ठाकुर, ग़ालिब वग़ैरह को बनाया जा सका। इन लेखकों की अपनी जगह है। मगर ये ले-देकर किसी जारी आंदोलन के हिस्से नहीं हैं। प्रेमचंद एक जीवित आंदोलन के अंश हैं इसलिए वह ज़िंदा हैं। उनके ज़िंदा रहते उनका स्मारक बनाने में कुछ अड़चनें तो पैदा होंगी ही। इसलिए जब प्रेमचंद के बारे में लोग ऐसी बातें कहते हुए पाए जाते हैं जो कभी विवादास्पद और कभी अतार्किक लगती हैं तो आश्चर्य नहीं होता क्योंकि समारोह मनानेवाले सबके सब उस आंदोलन के हिस्से नहीं हैं जिसका प्रेमचंद आज भी प्रतिनिधित्व करते हैं।

प्रेमचंद का साहित्य एक मिलीजुली चीज़ है। कहीं-कहीं उसमें कथ्य और शिल्प का अचूक संपुंजन है, कहीं उसमें केवल कथ्य है, कहीं वह केवल बीज है और कहीं पत्र, पल्लव, पुष्प और फल से लदा हुआ वृक्ष है। लेकिन उसकी विशेषता यह है कि वह हर हालत में पाठक को अनुभव करने पर और सोचने पर मजबूर करता है। उनकी अनेक कहानियाँ सिर्फ़ क़िस्सा हैं और कहीं-कहीं तो क़िस्सा भी नहीं सिर्फ़ एक ख़बर हैं। उनको पढ़कर पढ़नेवाले के भीतर एक कहानी उतर आती है। प्रेमचंद का साहित्य सबको सुगम है, ऐसा यदि माना जाता है तो उसका कारण उनकी भाषा नहीं है, उनका कथ्य है। वह यथार्थ जो प्रेमचंद के साहित्य में है आज भी हमें उद्वेलित करता है अर्थात् आज शक्ति के क्रूर इस्तेमाल के प्रति जनसाधारण में जो जड़ता और हताशा फैल रही है, प्रेमचंद का साहित्य पढ़कर वह टूटती है।

प्रेमचंद पर आज दो तरह के आक्षेप किए जा रहे हैं। एक यह कि उन्होंने शोषित वर्ग के संघर्ष का चित्रण न करके केवल करुणा जगानेवाली स्थितियों का वर्णन किया है, दूसरा यह कि प्रेमचंद के साहित्य में मानवमन की जटिल और समस्यामूलक प्रवृत्तियों की कहीं पकड़ नहीं। पहला आरोप कुछ इस तरह लगाया जाता है जैसे करुणा जगाना संघर्ष से भागने का दूसरा नाम है। हो सकता है ऐसा आरोप लगानेवाले प्रेमचंद से इसीलिए घबराते हों कि वह उनमें सचमुच कहीं न कहीं एक ऐसी करुणा जगा देते हैं जिसकी परिणति केवल कर्म में हो सकती है निश्चिंतता में नहीं। बल्कि ऐसा है

भी। प्रेमचंद की रचनाओं में संघर्ष का वह मनोरंजक चित्र नहीं है जो आज के अनेक क्रांतिकारी साहित्यकार पाना चाहते हैं, जिसे देखकर वे राहत की साँस लेकर कह सकते हैं कि ग़रीब आदमी कहानी में लड़कर मर गया और हम नेतृत्व देने के लिए क्रांति की राजनीति में सुरक्षित हैं। प्रेमचंद के पात्र अपने ऊपर होते हुए आक्रमण के विरुद्ध एक छोटी-सी जुंबिश करते हैं लेकिन उस जुंबिश के पीछे संकल्प की बहुत बड़ी ताक़त होती है। वह छोटी-सी जुंबिश इसीलिए पाठकों को एक बहुत बड़ी ताक़त का सामना करा देती है। आज जिस तरह से शोषण और अन्याय को सुंदर, सलोना, शानदार बनाकर साहित्य और सिनेमा द्वारा पेश किया जा रहा है उससे प्रेमचंद की कहानी को पढ़कर हो सकता है कुछ लोग पहचान भी न पाएँ कि इसमें किसी के साथ कहाँ अन्याय हुआ है—या किसी ने कहाँ तक संघर्ष किया है। मानवीय पीड़ा और दृढ़ता दोनों को उपभोक्ता संस्कृति के प्रचार साधनों ने आँसू और गुस्से की शक्ल देकर उनकी पहचान ऐसी बिगाड़ दी है कि प्रेमचंद को नीरस पानेवाले लोग आज पहले की अपेक्षा अधिसंख्य और अधिक बली हो गए हैं।

इसीलिए प्रेमचंद एक ख़तरनाक चीज़ हैं। वह आज भी इस मामले में अद्वितीय हैं कि मानवमन की जटिल गुत्थियों और समस्यामूलक प्रवृत्तियों को उन्होंने तथाकथित मनोवैज्ञानिक लेखकों की अपेक्षा कहीं ज़्यादा पहचाना है। अलबत्ता उन्होंने पाठक को यह बताने में ही सारा श्रम और सृजन नहीं लगा दिया है कि मैंने इसे पहचान लिया। केवल इस माने में वह पिछड़े हुए हैं किंतु उनका यह पिछड़ा हुआ होना भी उनके आलोचक के लिए दिक़्क़त पैदा करता है क्योंकि कहीं न कहीं प्रेमचंद के पात्र अपने भीतर छिपी हुई तमाम वर्जनाओं, असंगतियों, विरोधाभासों और अपूर्णताओं को लिए-दिए पाठक के अंदर प्रवेश कर जाते हैं और उसे खड़े होकर बाहर से एक मनोरंजक दृश्य देखने का मौक़ा नहीं देते जो आज का साहित्य देता है।

इसीलिए प्रेमचंद एक जीवित आंदोलन के अंश हैं। यह आंदोलन करुणा का, सहानुभूति का, सरोकार का और अलगाव का आंदोलन है। यह किसी पार्टी का आंदोलन नहीं है। इसीलिए प्रेमचंद को जलसा करके ताक़ पर नहीं रख दिया जा सकता। प्रेमचंद की शतवार्षिकी मनाने के तरीक़े पिछली शतवार्षिकियों से भिन्न होने चाहिए यह बात मन ही मन सब लोग समझ रहे हैं लेकिन कहाँ तक वे एक नया इंसान बनाने के लिए खुद तैयार हैं और कहाँ तक प्रेमचंद को अधिक बड़े पैमाने पर प्रचारित करने से लोगों में फैलनेवाली चेतना का वे स्वागत करेंगे, यह आगे देखने की बात होगी।

[*दिनमान*, 10-16 अगस्त, 1980. *ऊबे हुए सुखी* में संकलित]

प्रेमचंद की याद

अक्टूबर में प्रेमचंद को गए हुए इक्यावन बरस हो गए। विश्वास नहीं होता। वह इतने लंबे समय से सशरीर हमारे बीच नहीं हैं मगर उनकी बोली कुएँ में से आती आवाज़ नहीं लगती जैसी नामी लेखकों के दिवंगत होने के बाद अकसर लगने लगती है। प्रेमचंद की बोली बगल के कमरे में बैठे ठहाका मारते, हँसते, बोलते आदमी की बोली है। उनका एक पात्र अनशन का ढोंग रच अपना सत्याग्रह संकल्प दिखला रहा है और हम मन ही मन हँस रहे हैं। प्रेमचंद व्यंग्य कर रहे हैं, हास्य रस नहीं बरसा रहे हैं। व्यंग्य करके वह हिंसा नहीं करते, सुधारकर पाठक को जिलाते हैं।

प्रेमचंद पाठक को जिलाते हैं इसीलिए वह जीवित हैं मानो दूसरे कमरे से निकलकर अभी आ जाएँगे। मगर उनको आने नहीं दिया जाएगा। सरकारी समारोह दो-चार हो चुके हैं। दो-चार और हो जाएँगे। पर जिन्होंने समारोह किए थे और जो करेंगे, वे जानते हैं कि प्रेमचंद एक मुश्किल शै हैं।

उनको उत्सव का सामान बना डालना आसान नहीं है। इन लेखकों की अपनी जगह होगी, हुआ करे। मगर ले-देकर वे किसी जारी आंदोलन के हिस्से नहीं हैं। प्रेमचंद एक जीवित आंदोलन में शामिल हैं इसलिए खुद जीवित हैं। उनका स्मारक अगर बन सकता है तो ज़िंदा ही बन सकता है। यह बड़ा मुश्किल काम है क्योंकि ऐसे स्मारक में तो जितने आदमी शामिल होंगे सब ज़िंदा आदमी होंगे। आज समाज में एक आदमी को भी जड़ से बदलकर जागृत करना कठिन हो रहा है—मुर्दा समाज को ज़िंदा करना तो इस जीवन में सोचा भी नहीं जा सकता। फिर भी आनेवाले युग के लिए प्रेमचंद का स्मारक तो होना ही चाहिए। लेकिन स्मारक तो दूर प्रेमचंद की कोई आदमक़द मूर्ति भी नहीं है। कहीं होगी भी तो किसी ऐसे कोने में लगी होगी जहाँ मूर्ति खड़ी करने की तात्कालिक ज़रूरत पूरी हो जाने के बाद उसे कोई देखने भी नहीं जाता होगा। लमही में अपनी आँखों से कई साल पहले एक छोटी-सी अद्धा मूर्ति देखी थी जिस पर किसी मंत्रीनुमा आदमी का या शायर या एक-दो ग़ैरसाहित्यकार आदमियों का नाम भी खुदा हुआ था पर कुछ याद नहीं। नाम एक रहे हों या दो, स्मृति से मिट गया है। लेखक—एक नाम रह गया है जो मूर्ति के बिना भी याद रहता। उद्‌घाटन करनेवाले का नाम मिट गया क्योंकि वह बिना खुदवाए हुए कहीं होता ही नहीं और खुदवा देने पर भी नहीं रहा क्योंकि पत्थर के अलावा वह किसी दिल में नहीं था। प्रेमचंद की तो एक बड़ी, स्थायी मूर्ति, उतनी ही बड़ी होनी चाहिए जितनी हमारे दिल में है और उसका बनानेवाला भी प्रेमचंद जितना बड़ा कलाकार होना चाहिए। उद्‌घाटन भी वही करे जो टक्कर का कृती हो।

पर यह सब मैं क्यों कह रहा हूँ? ज़िंदा स्मारक की वकालत करना ही सही होगा। वही स्थायी स्मारक है। किसी नगरपालिका के बनाए घूरे के कचरे से और उद्‌घाटनकर्ता के हाथों से दूषित हुए बिना वह चिरकाल तक बना रह सकता है। प्रेमचंद के साहित्य में अपने पाठक को मरने से बचाने की आंतरिक शक्ति है। आइए, देखें कि वह कहाँ से आती है।

प्रेमचंद की संजीवनी शाक्ति बने रहने की पहली वजह तो यह है कि प्रेमचंद का साहित्य शुद्ध साहित्य नहीं है। यह एक मिली-जुली चीज़ है। कहीं यह केवल तथ्य है, कहीं तथ्य के साथ उसका अर्थ भी। कहीं वह केवल बीज है। इसे समझ लें तो कई पुरानी भ्रांतियाँ मिटने लगेंगी। जैसे यही भ्रांति कि कोई शाश्वत नैतिकता साहित्य को जन्म देती है। यह धारणा प्रेमचंद ने मिटा दी है। इसकी जगह उन्होंने सिद्ध कर दिया है कि नैतिकता प्रत्येक यथार्थ में से निकलती है और हर बार एक नया यथार्थ बनाने का संकल्प ही नैतिकता का संकल्प है। प्रेमचंद पाठक के मन में हर कहानी में शक्ति के क्रूर इस्तेमाल के प्रति जो अस्वीकार जगाते हैं वही नैतिकता है। इसलिए प्रेमचंद उचित-अनुचित, सत्य-मिथ्या और पाप-पुण्य को बताने के लिए कभी अपने या किसी मठाधीश के उपदेश का सहारा नहीं लेते। वह किसी विचारधारा या संगठित दल के आश्रय में नहीं बैठते। अकेले वह पाठक में हताशा को तोड़ते हैं, यही उनका बल है।

प्रेमचंद पर दो तरह के आक्षेप होते रहे हैं। कुछ क्रांतिकारी आलोचक कहते हैं कि वह शोषित वर्ग का संघर्ष चित्रित करके केवल करुणा जगाते हैं। कुछ आधुनिकतावादी शिकायत करते हैं कि प्रेमचंद की कहानियों में मानवमन की जटिल समस्यामूलक प्रवृत्तियों की पकड़ नहीं है। क्रांतिकारी आलोचक अपना आरोप कुछ इस तरह लगाते हैं जैसे करुणा जगाना संघर्ष से भागने का ही दूसरा नाम हो। हो सकता है कि प्रेमचंद के करुणा जगाने से साहित्यिक मठाधीश इसलिए घबराते हों कि प्रेमचंद कहीं न कहीं एक ऐसी करुणा जगा देते हैं कि उसके बाद कर्म ही एक रास्ता बचा रहता है जिससे मठाधीश बेरोज़गार हो जाते हैं। उनके निश्चिंत होकर बैठे रहने या आपसी नोकझोंक में उलझे रहने का रास्ता बंद हो जाता है। बेचारे प्रेमचंद संघर्ष का वह मनोरंजक चित्र भी कहीं पेश नहीं करते जो बंबइया फिल्मों में पाया जाता है जिसमें संघर्ष के सारे कारण फिल्मी कथाकार के द्वारा पात्रों से कराए गए कामों की अतार्किकता से पैदा होते हैं। ऐसे ही मनोरंजक चित्रों में पहले पात्र को ख़ामख़्वाह मारने

और फिर दर्शक को रुलानें के दृश्य मिलते हैं। या फिर साहित्य में ऐसे दृश्य मिलते हैं कि ग़रीब आदमी भावुकता के मारे मर गया और लेखक क्रांतिकारी कीर्ति के झंडे, पार्टी के नारे समेत जीवित रह गया। इसकी जगह प्रेमचंद शिल्प और कलाकारी का दिखावा छोड़कर बैठ जाते हैं। उनका उद्देश्य होता है कि साहित्य का बेजा इस्तेमाल करनेवाले हाथ पर हाथ धरे बैठे न रह जाएँ। परंतु यह नहीं भूलना चाहिए कि प्रेमचंद के पाठक खुद बहुत अकेले पड़ गए हैं। बहुत बड़े पैमाने पर शोषण और अन्याय को सुंदर, सलोना, शानदार शिल्प बनाकर साहित्य और सिनेमा में पेश किया जा रहा है। इरादा यह है कि प्रेमचंद की कहानी का यथार्थ पढ़कर पाठक किसी तरह यह जान न पाए कि इस समाज के किसी के साथ अन्याय हुआ है या किसी ने अन्याय के विरुद्ध संघर्ष किया है। मानव पीड़ा और विरोध की दृढ़ता दोनों को उपभोक्ता संस्कृति के प्रचार साधनों ने रोने और सर पीटनेवाले गुस्से की शक्ल देकर दोनों की पहचान ऐसी बिगाड़ दी है कि प्रेमचंद को नीरस बतानेवाले लोग पहले की अपेक्षा संख्या में अधिक और बल में समर्थ हो गए हैं। परंतु उससे तो यही नतीजा निकलता है कि प्रेमचंद का साहित्य और भी अधिक रक्षणीय हो गया है।

उन्होंने कहानियों से मानवमन की जटिल गुत्थियों और समस्यामूलक प्रवृत्तियों को बैठकखाने की किताबी बहसों का विषय नहीं बनने दिया था। उन्होंने इन गुत्थियों को भीतर तक पहचाना और उन्हें लिए-दिए अपने पात्रों की असंगतियों एवं वर्जनाओं के साथ पाठक के मन में प्रवेश कर गए—बाहर खड़े यह बताते नहीं रहे कि देखो, मैंने इन्हें पहचान लिया और मैं कितना आधुनिक लेखक हूँ। अब पाठक मेरे पात्र की पीड़ा समझना छोड़कर मेरी रचना शैली का मनोरंजक दृश्य देखें।

इसलिए प्रेमचंद एक ज़िंदा लोगों के ज़िंदा रहने के आंदोलन का जीवित अंश हैं। यह करुणा और सहानुभूति का आंदोलन है। यह किसी पार्टी का आंदोलन नहीं है जो हर पाठक को एक नारे के साथ जोड़ रहा हो। इसलिए प्रेमचंद को मूर्ति बनाकर ताक़ पर नहीं रख दिया जा सकता। यह झूठे उत्सव की उपभोक्ता संस्कृति के लिए मुश्किल पैदा करनेवाली बात है।

प्रेमचंद की सुगम भाषा लिखनेवाले लेखक की ख्याति देकर छुट्टी कर देने का षड्यंत्र भी दूर तक सफल नहीं हो सकता। प्रेमचंद सुगम हैं तो अपने शब्दों की वजह से नहीं अपनी ईमानदारी की वजह से। इनसे मुक़ाबला वही कर सकता है जिसने उनसे भी अधिक यथार्थ की जानकारी, उनसे भी अधिक ईमानदारी के साथ, पाई हो। ऐसे किसी लेखक का तो साहित्य को हमेशा इंतज़ार रहता ही है। उसका स्वागत करना चाहिए।

पर निश्चिंत होने का अवसर यहाँ भी नहीं है। अन्याय और शोषण के तंत्र में ऐसे लेखक निकल आएँगे जो सुगमता का ऐसा आडंबर बनाएँगे कि बेईमान भी सुगमता से धोखा देने लगें। इनसे होशियार रहना चाहिए।

[1987. अप्रकाशित। सहायजी ने 'ख़तरनाक प्रेमचंद' की कुछ बातें भी इस लेख में ले ली हैं।]

किताबें भेजिए और आदमी भी

पाकिस्तान से लौटकर विदेशमंत्री श्री नरसिंह राव अपनी इस यात्रा का जितना हो सकता है उतना दिलचस्प बयान शायद कर चुके होंगे, तभी यह अंक पाठकों के हाथों में पहुँचेगा। जाने से पहले उनसे पूछा गया था कि आख़िर आप जा क्यों रहे हैं। जो जवाब मिला था उसे सुनकर ताज्जुब हुआ था कि क्या हम अपने आपको जानबूझकर एक बड़े और शक्तिशाली देश के रूप में पेश करना चाह रहे हैं या भाषा के अवमूल्यन के कारण जो ज़बान पर आता है वह बोले जा रहे हैं। विदेशमंत्री ने

कहा था हम पाकिस्तान को आश्वासन देंगे कि उसकी प्रभुसत्ता और भूमि पर हमारी बुरी नज़र नहीं है। खुलेआम यह ऐलान करके शायद उन्होंने सोचा होगा कि वह महान मित्रता के उद्देश्य की अंतर्राष्ट्रीय घोषणा कर रहे हैं किंतु कर वह रहे थे सिर्फ़ पाकिस्तान के तर्क की पुष्टि कि भारत से पाकिस्तान को भय है और दुनिया के सामने सफ़ाई देते हुए लग रहे थे, ताश का एक राजनयिक पत्ता चलते हुए नहीं।

इस्लामाबाद में बातचीत के दो-तीन भले-भले लगनेवाले नतीजे तो यात्रा के पहले दिन 8 तारीख़ को ही पूरी दुनिया को बता दिए गए यानी हवाई जहाज़, रेल और डाक के संबंध अधिक उपयोगी बनाने का सुझाव पाकिस्तान ने मान लिया। श्री आर. डी. साठे और शाहनवाज़ दोनों विदेश सचिवों और विशेषज्ञों की बैठक इस पर विचार के लिए जल्दी ही होगी। ऐसा कहा गया है, अब इसका मतलब चाहे जो भी हो। अभी पारपत्र लेकर जानेवाले यात्री दोनों देशों में तीन जगहों में जा सकते हैं, अब चार में जाने लगेंगे यह भी माना गया। इससे भी कहीं अच्छा यह भी सुनकर लगा कि डाक दरें कम करने के अलावा किताबें और पत्रिकाएँ लाने-ले जाने की भी छूट होनी चाहिए। पिछले दिनों पाकिस्तान से दिल्ली आए हुए एक से अधिक लेखकों और कवियों ने (फ़ैज़ की बात नहीं कही जा रही है: वह तो एक अलग ही चीज़ हैं) अपने हिंदी लेखक दोस्तों से उपहार में मिली हुई किताबों पर हसरत से नज़र डालते हुए उन्हें पाकिस्तान के भीतर ले जाने से रोके जाने की जो हास्यास्पद तसवीर खींची थी उससे पाकिस्तान सरकार बेवकूफ़ कम डरपोक ही ज़्यादा मालूम होती थी। अब भी नरसिंह राव के किताबें और पत्रिकाएँ लाने-ले जाने की छूट की बात करने के बावजूद उतनी ही डरपोक साबित न हो इसका अंदेशा बना रहेगा। किताबें जाएँगी सो अच्छा है पर पीछे कहीं पुस्तक चयन समिति न बैठी हो। हिंदुस्तान के हथियारों का ख़तरा पाकिस्तान को है यह बात ज़िया-उल-हक़ रो-रोकर अपने ग़रीब भाइयों को समझाते रहें और पढ़े-लिखे पाकिस्तानी सैनिक तंत्र के कल्याण के लिए हाँ में हाँ भी मिलाते रहें, परंतु दोनों देशों का समकालीन शोध और कृति साहित्य यदि दोनों जगह पढ़ने को मिलने लगे तो कुछ बड़ी ज़बरदस्त हलचलें पैदा होने लगेंगी। किताबें हथियारों से ज़्यादा ख़तरनाक हैं और जिस 'शीतयुद्ध' का आरंभ अफ़ग़ानिस्तान में गद्दी परिवर्तन के बाद भारत और पाकिस्तान के बीच हुआ है उसे जड़ पकड़ने से किताबें रोक सकती हैं जबकि हथियार उसे पानी और खाद देते हैं, इसलिए अगर विदेशमंत्री का यह दावा कि मैं पाकिस्तान के 'लोगों' से मिलने के लिए जा रहा हूँ कोई मायने रखता है तो इसका सबूत यह होगा कि हिंदी, उर्दू, पंजाबी, गुजराती, मराठी और बंगला, कम से कम इन कुछ भाषाओं में छपनेवाली किताबें और पत्रिकाएँ आसानी से पाकिस्तान भेजी जा सकें।

भारतीय उपमहाद्वीप अंतर्राष्ट्रीय नक़्शे पर अपनी शक्ल बदल रहा है। ज़िया-उल-हक़ अमेरिका के साल भर बाद मिलनेवाले हथियारों का विज्ञापन करके अपने सैनिक तंत्र को साल भर और बनाए रखना चाहते हैं। ज़िया-उल-हक़ एक अंधी गली में चलना चाहते है। यानी सेना के हाथ से सत्ता लोकतंत्रीय प्रतिनिधियों को सौंपना नहीं चाहते हैं। यह वह खुल्लमखुल्ला कह चुके हैं पर जो बात छिपा रहे हैं वह यह है कि उनके देश में राजनैतिक तंत्र का भविष्य अंतर्राष्ट्रीय शक्तियों के साथ रिश्ते बनाते-बदलते रहने पर ही टिका हुआ है। देश के लोगों के साथ तो एक रिश्ता अंतिम रूप से ज़िया-उल-हक़ ने बना लिया है और उसमें अब कोई परिवर्तन सिवाय एक और सैनिक क्रांति के हो नहीं सकता। बांग्लादेश में ज़ियाउर्रहमान सैनिक तख़्तापलट के चक्र से छूटकर एक ऐसे लोकतंत्र की स्थापना करना चाह रहे थे जो उन्हें उनके प्रतिद्वंद्वी सैनिक नेताओं से बचाए रखे। इसलिए वहाँ अभी भी कम से कम लोकतंत्र की कोशिशें जारी रखने का कोई मतलब है। इधर ज़िया-उल-हक़ अफ़ग़ानिस्तान में सोवियत संघ के प्रभाव के काल्पनिक भय का एक राजनैतिक इस्तेमाल मुख्यतया अपना शासन बनाए रखने के लिए ही कर रहे हैं पर अपने चीनी-अमेरिकी मेहरबानों की खुशी के लिए कहते हैं कि पहले भारत लिखकर

कसम खाए कि वह सोवियत संघ से दुश्मनी करेगा तब हमारी-उसकी दोस्ती हो सकती है। पर क्या वह लिखकर देंगे कि वह अमेरिका को पाकिस्तान में सैनिक अड्डे न बनाने देंगे? या फिर यह कि सोवियत संघ से वह हमेशा दुश्मनी बनाए रखेंगे?

[*दिनमान*, 14-20 जून 1981. *वे और नहीं होंगे जो मारे जाएँगे* में संकलित]

कवि-सम्मेलन में कविता

कविता एक बड़े समुदाय के सामने पढ़कर सुनाई जाए तो क्या उसका अर्थ बदल जाता है? अवश्य ही कुछ होता है जिससे वह श्रोताओं तक पहुँचने के रास्ते में मानो लूट ली जाती है। उसका एक अत्यंत गहरा मार्मिक धन उससे छिन जाता है। सभी श्रोता मानो मिलकर एक श्रोता बनने की प्रक्रिया में स्वयं अपने लिए संवेदना का एक स्तर चुन लेते हैं जहाँ से वे मुखर होकर कविता में हाथ बँटा सकें। श्रोताओं को कविता में शामिल होना ही है। उनसे यह आशा नहीं की जा सकती कि वे बिना शामिल हुए बैठे रहेंगे और उनसे यह आशा भी नहीं की जा सकती कि वे अपने मन में कविता का एक स्तर निश्चित किए बिना ही कविता सुनना चाहेंगे। आम तौर से इस कविता के सुनने में शामिल होने के लिए उतनी ही संवेदनशीलता श्रोता जुटा पाता है जितनी उसे कविता लिखने की प्रक्रिया से गुज़रे बिना मिल जाए और यह संवेदनशीलता जहाँ से बनी-बनाई मिल जाती है वहाँ से वह उसे तुरंत स्वीकार कर लेता है। ऐसी स्थिति में पड़े हुए बहुत-से श्रोता यदि एकसाथ कविता सुन रहे हों तो ये पहले समाज में उपलब्ध संवेदनशीलता के कम से कम प्रयत्नसाध्य स्तर को प्राप्त होते हैं, फिर कविता सुनना शुरू करते हैं। इसके बाद कवि के समानांतर ये जो कुछ भी सुनते हैं उसी स्तर के मनोवेग से प्रेरित कविता होती है। यदि वह उस स्तर से भी नीचे हुई तो कुछ श्रोता उदारतापूर्वक उसे अंशतः स्वीकार कर लेते हैं, कुछ अंशतः अस्वीकार कर देते हैं। किंतु यदि वह उस स्तर से ऊपर हुई तो पहले उसे अपने स्तर पर उतार लाने की एक कोशिश ज़रूर करते हैं फिर इस मजबूरी का सामना होने पर कि उन्हें खुद उस स्तर तक उठना पड़ेगा, कभी खिन्न हो जाते हैं कभी रुष्ट। मगर कभी-कभी उठ भी जाते हैं यह न मानना उनके साथ अन्याय होगा।

ऐसे समुदायों के सामने कविता सुनानेवाले कवि क्या करते हैं?

बहुधा वे भीड़ से डर जाते हैं और यह खोजने लगते हैं कि श्रोता का शामिल होना किस स्तर पर संभव होगा। फिर अनुमान से वह स्तर जान लेने पर वही कविता सुनाने लगते हैं जो उनके अनुमान से श्रोताओं के स्तर की होगी। कोई-कोई कवि यह खोजने की ज़रूरत नहीं मानते और अपनी कविता बिना इस मोह के सुनाते हैं कि श्रोता उसमें उनकी अपनी शर्त पर सही, शामिल अवश्य हो। वे एक ख़तरा उठाते हैं कि श्रोता को अपने स्तर तक उठाने लायक़ ताक़त उनकी कविता में है या नहीं और है तो श्रोता उठने को तैयार है कि नहीं। परंतु कुछ कवि दो अनुमानों में से गुज़रकर एक अनजान नतीजे पर आ जाना ज़्यादा पसंद करते हैं क्योंकि वह श्रोताओं को ऊपर उठाने की तकलीफ़ से उन्हें बचा ले जाता है।

कवि सम्मेलनों में दिन-प्रतिदिन कवि यही कर रहे हैं। इसलिए यह कहना कठिन होता जा रहा है कि उनका काव्य स्वयं उन्हें कहीं ले जा रहा है या सिर्फ़ गोल-गोल चक्कर काट रहा है अर्थात् भावना के एक बने-बनाए स्तर से शुरू करके उसी पर समाप्त होकर फिर उसी स्तर पर शुरू और समाप्त हो रहा है। इन कवियों का लक्ष्य इससे अधिक कुछ नहीं जान पड़ता। बार-बार ऐसा करते-करते वे क्यों नहीं थकते, इसका कारण जानना बहुत कठिन नहीं है। ऐसे बहुत-से कवियों ने कवि-सम्मेलन

की एक भाव-मर्यादा बना दी है और उसे तोड़कर नई मर्यादा स्थापित करनेवाले कवियों को वे इस तंत्र में प्रवेश नहीं करने देते। कवि-सम्मेलन के श्रोता शायद कभी न जान पाएँगे कि ऐसी भी कविता हो सकती है जो वे कवि-सम्मेलनों में न सुनते हों और जो न उनकी शर्तों पर न लिखी जाए न सुनाई जाए बल्कि जिसके सुनने के लिए उन्हें खुद अपनी भाव-मर्यादाएँ तोड़नी पड़ें। यही कारण है कि यह कविता कोई नया संगीत नहीं दे पा रही है। यही नहीं, उसका भावजगत भी जड़ हो गया है।

पीड़ित के प्रति विचलित भाव और अनुचित के प्रति नपुंसक तिरस्कार, ये कवि-सम्मेलन की कविता के स्थायी स्वर हो गए हैं। यही उस कविता के भी स्थायी स्वर हो गए हैं जो कवि-सम्मेलन में नहीं सुनाई जाती है परंतु व्यापक पैमाने पर सुनी जाकर अपनी चमत्कारिकता के कारण आकर्षक सिद्ध होने का अवसर वह नहीं पा रही है—इससे वह आलोचना की कसौटी पर कसी जाने के भय से सावधान रहती है। परंतु कवि-सम्मेलन की कसौटी आलोचना के मानदंड की परवाह नहीं करती।

'समूह ग्राहक है उसे नाराज़ नहीं किया जा सकता' यही कवि-सम्मेलन का वर्तमान तथा व्यावसायिक सिद्धांत बन गया है। परंतु समूह क्या चाहता है जिन्होंने यह निश्चित कर लिया है वे इस सिद्धांत के आगे स्वयं पराभूत होने लगे हैं। उन्हें शीघ्र ही स्थिर करना पड़ेगा कि कवि-सम्मेलन से भी बड़ा व्यावसायिक तंत्र—सिनेमा या राजनीति—समूह को क्या ख़रीदने पर मजबूर कर रहा है। फिर उसी के पीछे कवि-सम्मेलन के कवि को चलना पड़ेगा।

[*दिनमान*, 7-13 फरवरी 1982]

कवि-सम्मेलन में संगीत

कवि-सम्मेलनों में जो संगीत कवि लोग इस्तेमाल कर रहे हैं उस पर एक सरसरी नज़र डालना यह दिखा देने के लिए काफ़ी है कि उसमें काव्य और संगीत का रिश्ता बहुत बिगड़ गया है।

इतना तो साफ़ दिखता है कि सब कवि ढंग से गा नहीं पाते फिर भी गाते हैं। दो-चार पिटी-पिटाई धुनें उन्होंने बना ली हैं। इन धुनों के पिटी-पिटाई होने के पीछे काव्यतत्त्व और संगीत का समुचित मेल न बिठा पाने की असमर्थता तो है ही गले का ठीक इस्तेमाल न कर पाने की असमर्थता भी है। इसी का एक और पक्ष है कवि का यह मान लेना कि उसके गले से एक विशेष धुन ज़्यादा अच्छी तरह निकल सकती है और इसीलिए लोकप्रिय हो रही है। ऐसा मानकर वह धुन की लोकप्रियता को अधिक महत्त्व देने लगता है, काव्य को कम। ज़रा-सी खोज करने से मालूम हो जाएगा कि कवि-सम्मेलन में गानेवाले कवि मूलतः अपनी उसी सिद्धि के कारण जाने जाते हैं, कविता के कारण नहीं।

अपने में यह कोई अस्वस्थ अथवा अनुचित स्थिति नहीं है। यह मानकर कि एक लोकप्रिय धुन जब तक लोकप्रिय है तब तक विशाल समुदायों का मनोरंजन करती रहेगी, उस धुन का इस्तेमाल बार-बार श्रोताओं में करना अपने में कोई ग़लत बात नहीं है पर थोड़े-थोड़े समय बाद धुन को बदलते रहना भी चाहिए। ऐसा करना संगीत के क्षेत्र में कम से कम इतनी रचनात्मकता तो अनिवार्य कर देगा जिससे एक नई और मौलिक धुन बनाई जा सके। हमारे समाज में न जाने किस कारण से समुदाय के सामने गानेवालों का दर्जा समुदाय के सामने कविता पढ़नेवालों से कम ही माना जाता है। शायद हमारे देश की आर्थिक परिस्थिति में सिर्फ़ या तो बहुत सस्ते या बहुत महँगे संगीत कार्यक्रमों पर ही यह ज़िम्मा आ पड़ा है कि समाज में संगीत की आवश्यकता को पूरा करें। कवि-सम्मेलन इन दोनों ध्रुवों के बीच एक अजब स्थिति में पड़े हुए हैं। उन्हें समाज में वह भूमिका अदा करने में संकोच होता है जो उदाहरण के लिए विदेश में जोन बाएज जैसी कवयित्रियाँ अदा कर रही हैं। वे अपनी कविताएँ लिखती हैं,

विशाल समुदायों के सामने वाद्य-यंत्रों के साथ बजाकर गाती हैं, बल्कि यही नहीं, कभी-कभी श्रोताओं को साथ गाने का निमंत्रण देकर अपने कार्यक्रम को एक अद्‌भुत अनुभव भी बना देती हैं। हमारे यहाँ वाद्य-यंत्रों के साथ गाना कवि को अपना अपमान जान पड़ता है। क्योंकि वादन उनके हिसाब से एक 'पेशेवर' का काम है—वह तो कविता लिखते हैं जो कि एक 'रचनाकार' का काम है। ऐसा वह मानते हैं पर यह भूल जाते हैं कि बेसुरे पिटे-पिटाए कथ्य और रूप में परस्पर विरोध पैदा करनेवाले ढंग से गाना कोई रचनात्मक कार्य नहीं हो सकता।

कवि-सम्मेलन की परंपरा में भाषा के चमत्कार या भावोत्कर्ष की विचित्रता और यदि कवि गा रहा है तो उसके गले की परिपक्वता हमेशा महत्त्वपूर्ण मानी गई है और मानी जाती रहेगी। जो कवि इन तीनों स्तरों पर कुछ नया करना चाहते हैं उन्हें भी कवि-सम्मेलन में श्रोताओं के सामने आने का अधिकार होना ही चाहिए किंतु जैसे सभी व्यावसायिक उत्पादनों में होता है, माल की शक्ल-सूरत से उसे बेचने का वातावरण बनाया जाता है, उसके भीतरी तत्त्वों से नहीं। ऐसी ही स्थिति कवि-सम्मेलन नामक व्यावसायिक तंत्र की भी बन गई है। यह कैसे बदलेगी इस पर कवि-सम्मेलन में कविता पढ़ने को उत्सुक अथवा प्रस्तुत कवियों को सोचना चाहिए। यह कोई ग़लत, अपमानजनक या असंभव कार्य नहीं होगा कि कवि-सम्मेलन में कवि ज़रा अच्छे और सही ढंग से गाने की प्रतियोगिता में पड़े, बेसुरे पिटे-पिटाए गानेवाले पिछड़ जाएँ, नए ढंग से गानेवाले और हो सके तो वाद्य-यंत्रों से गानेवाले सामने आएँ। गाना कोई ज़रूरी नहीं है। कविता पढ़ना छोड़कर गाना ही उचित है, ऐसा नहीं।

बहुत अच्छे कविता पढ़नेवाले कवि सबके सामने हैं, उन पर यह दबाव डालना कि पढ़ना छोड़ गाने लगें यह किसी का मंशा नहीं। गाना और पढ़ना दोनों शिल्प हैं। कविता और गाना दोनों के विकास में दो तरह की कोशिशें ज़रूरी हैं। गाने में तो और भी क्योंकि गाना गले में सुर होने से ही नहीं सधता, उसके लिए शिक्षण भी चाहिए। यदि ऐसे कवि-सम्मेलन आयोजित किए जाएँ जिनमें पढ़ने और गाने दोनों का चलन हो किंतु कम से कम गाने का सुधार होता रहे तो साहित्य को जनसाधारण तक पहुँचाने का एक सशक्त और तृप्तिकर प्रबंध निश्चय ही हो सकता है। अभी बेसुरा और घटिया गानेवाले कवियों पर कोई बंदिश नहीं है। वह साहित्यिक होने की आड़ में जो चाहते हैं कर जाते हैं। ऐसी स्थिति पैदा करनी चाहिए कि यह मजबूरी हो।

[*दिनमान*, 14-20 फरवरी 1982]

एकता के पक्ष में

मित्रों और सहयोगियों को अभिवादन के पश्चात् मैं कृतज्ञता प्रकट करना चाहता हूँ कि आपने मुझे यह सम्मान और अवसर दिया कि विद्वानों की इस सभा में मैं अपने अंतर के भाव आपके सामने रख सकूँ। आज हमारे राष्ट्र में एक ऐसे संकट का समय है कि जब विचार और कर्म का संबंध क्षीण हो गया है। निरा विचार कर्म का स्थान नहीं ले सकता और कर्म निरंतर विचार के बिना दिशाहीन रहता है। दोनों के गतिशील अंतरावलंबन से ही रचना, चाहे वह रीति की हो चाहे विद्रोह की, संभव है और कोई आविष्कार किसी समाज में बिना विचार और कर्म दोनों क्षेत्रों में समान क्षमता विकसित किए हो नहीं सकता। ठीक आज के समय में हम देख रहे हैं कि कर्म के जितने संगठित साधन हमने स्वतंत्रता की लड़ाई के माध्यम से विकसित किए थे वे जनशक्ति से हीन और अपने स्वयं के विकास में अक्षम हो रहे हैं। उनमें शक्ति का इतना केंद्रीकरण हो गया है कि उनकी शक्ति के स्रोत ही सूख चले हैं। कोई भी संस्था अधिक समय तक जनता की आकांक्षाओं के प्रभाव से अपनी रीतियों और

नेतृत्व को अछूता रखकर वृद्धि नहीं कर सकती। उसी के सदस्यों की शक्ति छीनकर शीर्ष पर असंतुलित शक्ति जमा कर देने से उसके पाँव कमज़ोर होते हैं। वे दूर तक चल नहीं सकते।

आज हमारे राजनैतिक संगठन प्रायः इसी अवस्था को प्राप्त हो गए हैं। समाज की आकांक्षा क्या है और राजनैतिक दलों की लिप्सा क्या है, दोनों में कोई नैतिक संबंध नहीं रह गया है। फिर भी राजनैतिक दल हैं और एक प्रकार से संगठित हैं। उनका संगठन आज उनकी सत्ता की निरंकुश कामना के अतिरिक्त और किसी दृष्टि का प्रतिनिधित्व नहीं करता। साहित्य, कला, इतिहास, विज्ञान जैसे विषयों को गुटबाज़ी की राजनीति का विषय मानकर वे जीवन के इन क्षेत्रों में हस्तक्षेप करते हैं। जीवन के इन विविध क्षेत्रों में गतिविधि ही कुल मिलाकर नागरिक को एक राजनैतिक अस्तित्व देती है पर यह बात आज की राजनीति मानो भूल ही गई है। उसके नियामकों के मन में एक नए समाज की कल्पना सत्ता के उपभोग के एक नए समझौते की कल्पना से शुरू होती और वहीं ख़त्म हो जाती है। इस प्रक्रिया में किसी क्षण उन उद्देश्यों के लिए संगठन करने का समय नहीं बचता जिनकी पूर्ति के लिए सत्ता प्राप्त करना उचित कहा जा सके। इसलिए सत्ता प्राप्त करने के बाद उसको बनाए रखने के लिए जिस तरह के संगठन का निर्माण होता है वह स्वभावतः उन उद्देश्यों के विरुद्ध होता है जिनकी घोषणा सत्ता प्राप्त करने के पूर्व की जाती है। एक समग्र दृष्टि की भूख जो कि राजनैतिक दलों के बाहर युवजनों में आज भी जाग्रत है, अवश्य ही आशा जगाती है कि आज के पतनशील वातावरण में विचार और कर्म के बीच टूटे हुए संबंध को हम शायद फिर जोड़ पाएँगे। पर यह राजनैतिक दलों के बाहर है। निश्चय ही आज की आशा ही यही है।

राजनैतिक दलों का यह चरित्र उनसे अकेले सध नहीं सकता था। प्रचार माध्यमों और उपभोक्ता संस्कृति के विविध विज्ञापनों ने उनसे मिलकर नक़ली आक्रोश, बनावटी लोकहित और झूठी परिवर्तनप्रियता का दर्जा बढ़ाया है। परिणामतः रचनात्मक कर्म के लिए जो कि कहीं गहरे में और आडंबर के बिना होता है स्थान नहीं रहा, व्यक्ति के न्यायोचित अधिकारों के लिए संघर्ष की इच्छा तात्कालिक स्वार्थ की पूर्ति के लोभ के नीचे दब गई। स्थानीय संस्थाएँ जो कि व्यक्ति के लिए न्याय की पुकार लगाने का वास्तविक मंच बन सकती थीं आज व्यक्ति के दमन का प्रभावशाली माध्यम हैं। इस दमन के प्रतिकार के लिए समस्त राजनैतिक दलों में न विचारधाराएँ कोई कार्यक्रम दे रही हैं, न कार्यक्रम कोई विचारधारा दे रहे हैं।

ऐसी दशा में प्रत्येक नया शासक पुराने पापों को आदर्श मानेगा और दावा करेगा कि वह वर्तमान व्यवस्था में भी अच्छे नतीजे निकालकर दिखा सकता है। किंतु वास्तव में वह स्वयं जान चुका है कि अब ऐसा संभव नहीं है। अब से 20 वर्ष पहले हमारा शासक बराबरी और न्याय की इच्छा से समाज में परिवर्तन करने का केवल आश्वासन देता था। उसकी कथनी और करनी में जो भेद था वह एक मिथ्या राष्ट्रीय स्वाभिमान के दर्प में छिपा रहता था। तभी वह भेद एक ऐसी घटना से खुल गया जो आर्थिक-सामाजिक नीतियों के दोषों और संगठित राजनीति के दुरुपयोगों का संयुक्त प्रभाव थी। चीन से युद्ध ने भारत में कथनी और करनी के बहुत-से भेदों को खोल दिया।

आज 20 वर्ष बाद हम देखते हैं कि कथनी और करनी में भेद होना एक पुराना प्रश्न हो गया है। नया प्रश्न कुछ और ही बड़ा है जिसको समझे बिना कथनी और करनी के अंतर मिटाने के लिए कोई वास्तविक राजनैतिक प्रयत्न सफल नहीं हो सकता। एक नया प्रश्न है राष्ट्र की सांस्कृतिक और राजनैतिक-आर्थिक संरचना में भेद का प्रश्न जिसके कारण आज राष्ट्र की एकता संकट में है। ऐसा नहीं कि यह प्रश्न अभी तक अज्ञात था। राष्ट्र को विदेश की गुलामी से मुक्त कराने की संघर्ष-यात्रा के दिनों में भी हम इसे पहचानते थे। हम जानते थे कि पिछली कई शताब्दियों में राष्ट्र की जो कल्पनाएँ विभिन्न राजनैतिक परिस्थितियों में की गईं वे संपूर्णतया राष्ट्रीय हो ही नहीं सकती थीं क्योंकि हम स्वाधीन नहीं थे। संपूर्णतया राष्ट्रीय होने के लिए राष्ट्र की कल्पना में प्रत्येक नागरिक के राष्ट्र संबंधी

छोटे से छोटे निर्णय के अधिकार को उसी के हाथ में रहने देना होगा। संगठन के स्तर पर ऐसा प्रबंध करना होगा कि उस नागरिक का अधिकार कम से कम सीमित करना पड़े और अपने सीमित रूप में भी उसका दूसरों के द्वारा कम से कम दुरुपयोग हो सके। इसके लिए दंड का भय नहीं, अधिकारों की साझेदारी ही लोकतंत्रीय उपाय है। सत्ता का केंद्रीकरण विभिन्न स्तरों पर दूसरों के अधिकार छीनने की प्रक्रिया द्वारा सिद्ध होता है। और यह प्रक्रिया जिस अन्याय को जन्म देती है उसके निराकरण के लिए केंद्रीकरण करनेवाली व्यवस्था सिर्फ़ क़ानून का सहारा ले सकती है जो कि नागरिकों के नीति निर्णय और निर्धारण करने के अधिकार के अभाव में केवल दमन की वृद्धि ही करता है। शीघ्र ही केंद्रीकरण व्यवस्था में शीर्षस्थ शक्ति केंद्र के विघटित होने का कारण उत्पन्न होने पर दमन की शक्ति का उपयोग नागरिक के लोकतंत्रीय अधिकार की रक्षा के लिए नहीं बल्कि उसके हनन के लिए होगा—यह तर्क से प्रमाणित करने की आवश्यकता नहीं, इतिहास ही इसका प्रमाण है। इतना ही नहीं, छीने हुए अधिकार विचार के स्तर पर और जीवन के स्तर पर सत्ताधारी वर्ग के ऊँचे स्तरों में विलास और ऐश्वर्य ही उत्पन्न करेंगे जैसी कि चोर की प्रवृत्ति होती है। वह जानता है कि जो उसने पाया है वह उसका न होने के कारण उसके पास अधिक देर रुकनेवाला नहीं है और वह उसे ख़र्च कर लेना चाहता है। विशेष रूप से तब जब वह देख रहा हो कि जिस वृक्ष से उसने फल तोड़कर दबा लिए हैं उसमें अब फल कम आते जा रहे हैं क्योंकि उसकी जड़ें सूख रही हैं। यदि हम वृक्ष को राष्ट्र मान लें, फल को उसकी प्राकृतिक संपत्ति और जड़ को लोग एवं जड़ में धरती से खिंचकर आनेवाले रस को लोकशक्ति का नाम दें तो सत्ता के केंद्रीकरण से मिलनेवाले लाभ भी कम होते जा रहे हैं। ऐसा स्पष्ट दिखाई दे जाएगा। किंतु वह केंद्रीकरण बढ़ता जा रहा है। उसके विरुद्ध जो चेतना आज भी जीवित है वह प्रादेशिक स्वतंत्रता का रूप लेना चाह रही है किंतु केंद्र मानो इस ऐतिहासिक आवश्यकता को न पहचानकर इसे विघटनकारी मानता है, सहकारी नहीं। वह अपने स्वार्थ की पूर्ति के लिए किसी समय विघटन को भी प्रश्रय देने लगे तो आश्चर्य न होगा क्योंकि विग्रह को पतनशील राजनीति ने आसन्न मृत्यु के समय सत्ता केंद्रित किए रखने का सहारा मानकर हमेशा उसका उपयोग करना चाहा है।

धीरे-धीरे अधिकाधिक लोग उत्पादन के साधनों से विहीन और अपनी परंपरागत प्रौद्योगिकी को लिए हुए अपूर्ण होते जा रहे हैं। दूर छत्तीसगढ़ में एक आदमी वर्ष में दो-ढाई महीने के लिए रोटी जुटाकर बाक़ी समय भटकता रहता है। वह काम खोजता रहता है पर उसके लिए काम है नहीं क्योंकि वह केवल मिट्टी खोदना जानता है। यदि उसे अपने ही परिवेश से दोबारा जोड़ना हो तो उसका भटकना बंद होना चाहिए और उसका परिवेश भी उसके पास रहना चाहिए परंतु पानी और अक्षर दोनों से ही वंचित वह समाज से निष्कासन को अभिशप्त है। यदि उसे अपने ही क्षेत्र के साधनों से उत्पादन के लिए प्रशिक्षित किया जाता तो वह अपने ही देश से निष्कासित नहीं होता। यह उदाहरण यहाँ आर्थिक साधनों के केंद्रीकरण और उसके साथ जुड़े प्रौद्योगिकी के अपहरण के सांस्कृतिक दुष्परिणाम बताने के लिए दिया गया है। उस नागरिक की हैसियत गिराकर हमने उसे केवल ग़रीब नहीं बनाया है, दीन भी बनाया है। क्या दैन्य से अधिक बड़ी कोई सांस्कृतिक पराजय हो सकती है? क्या उससे राष्ट्र का स्वाभिमान बढ़ सकता है जो संस्कृति का मूल है? केवल ग़रीबी कम करना हमारा उद्देश्य नहीं होना चाहिए, बराबरी का अधिकार देना और ग़रीबी के कम करने के साथ-साथ बराबरी के अधिकार के उपभोग की शक्ति देना भी लोकतंत्र की आवश्यकता है। केवल निर्धनता दूर करने में बराबरी नहीं है, न्याय भी नहीं है, उस अन्याय का, जिसके कारण कोई निर्धन हुआ, प्रतिकार भी नहीं है। केवल उसका प्रायश्चित है, वह समाज को आगे नहीं ले जाता।

हम लेखकों को आज विचार करना होगा कि आर्थिक, सामाजिक, राजनैतिक नीतियों के कारण समाज के हिस्सेदारों में कुछ लोग अपने हिस्से से इतने वंचित हो गए हैं कि उनका मानस अमानुषिक होता जा रहा है, जिस पर अत्याचार होता है वह भी उसका अभ्यस्त हो जाने से अथवा निरुपाय हो

जाने से अमानुषिक ही हो जाता है क्योंकि उसका स्वाभिमान मर जाता है। जो यह अत्याचार करता है वह तो अमानुषिक है ही, उसका स्वाभिमान मर चुका है जिसकी पूर्ति वह अत्याचार द्वारा कर रहा है। यह प्रक्रिया जब बड़े पैमाने पर प्रशासन और प्रचार साधनों की मदद से इतनी प्रबल हो जाए कि इसके विरोध में लोगों को केवल क़ानून या केवल प्रार्थना का सहारा बचा रह जाए तो राष्ट्र का आधार टूटने लगता है। तब अतीत का गौरव राष्ट्रीय नहीं क्षेत्रीय अस्मिता का प्रमाण बनने लगता है और अंततः विभिन्नता अपना ऐतिहासिक अर्थ छोड़कर अलगाव का रूप लेने लगती है। हमारी वर्तमान भारतीय सभ्यता क्या ऐसा ही आदमी बनाना चाह रही है जो भारत की एकता को एक किताबी अर्थ में माने किंतु वास्तव में वह आदमी इतिहास का प्रवाह बदलना तो दूर, मानवीय पीड़ा का अनुभव करने के योग्य भी न रह गया हो? वह आक्रामक के साथ खड़े होकर गौरव अनुभव करने लगा हो और आक्रामकों में सबसे अधिक आक्रामक एवं सुरक्षित के साथ खड़े होने को सबसे अधिक गौरवप्रद मानने लगा हो? ऐसा भारतीय नागरिक किसी भी समय राष्ट्रीय गौरव की रक्षा नहीं कर सकता। वह थोड़ा-सा दबाव पड़ते ही दासता स्वीकार कर लेने की प्रवृत्ति को उचित मानने लगेगा। और यह नहीं भूलना चाहिए कि अनेक स्तरों पर विदेशी दासता की इच्छा और उससे प्राप्त होनेवाले सुखों की लालसा भारतीय समाज के कर्णधारों में आज भी जीवित है। ये दोनों प्रवृत्तियाँ देश की प्राकृतिक संपदा को बेचकर खा सकती हैं, यह आशंका निर्मूल नहीं।

साहित्य मनुष्य की दासता के विरुद्ध है। वह लेखक को भी मुक्त करता है, पाठक को भी। लेखक अन्याय और ग़ैरबराबरी का समर्थन करके साहित्यिक नहीं हो सकता। वैसा लेखक नाम और पैसा कमा सकता है पर ये दोनों पहचानें अब विशिष्टता की पहचानें नहीं रह गई हैं। विशिष्टता तो आज भी इसी से मानी जाएगी कि लेखक ने पाठक को भय से, संशय से, ग्लानि से कितनी मुक्ति दी है चाहे पीड़ा से भले ही न दे पाया हो।

साहित्य का यही धर्म है और यही उसका मर्म भी है। वह और सब कुछ करता हो परंतु साहस न देता हो तो भय होता है कि वह भाषा के साहित्येतर उपयोग करनेवाले संस्थानों के द्वारा मनुष्य-विरोधी उद्देश्यों के लिए इस्तेमाल किया जा सकेगा। यह तो साहित्य के प्रयोजन का ठीक उल्टा होगा। रचना के विभिन्न उपकरणों में भाषा सबसे अधिक कठिन और दुष्कर होती है। रचना के अन्य उपकरण भी दूसरे उद्देश्यों से, जो रचनात्मक नहीं हैं, इस्तेमाल किए जाते हैं किंतु भाषा का जितना अधिक सार्वजनिक प्रयोग जनसाधारण के विरुद्ध होने की आशंका बनी रहती है उतनी किसी अन्य माध्यम की नहीं। इतना ही नहीं, जिस समाज में न्याय और बराबरी के हित में परिवर्तन के लिए काम करने का दावा करनेवाले राजनैतिक संस्थान भाषा का दुरुपयोग करके भ्रांति और अज्ञान फैला रहे हों वहाँ तो स्थिति और भी भयंकर हो जाती है। हमारे समाज में प्रायः ऐसी ही स्थिति उत्पन्न हो रही है। ये संस्थान अपने स्तरों पर परिवर्तन के लिए कुछ न करें और यह मानकर बैठे रहें कि सत्ता का केंद्रीकरण हो जाने से वह पूरी की पूरी प्राप्त कर लेना एक ही साथ संभव हो जाएगा तो वे जनसाधारण के साथ धोखा करेंगे। तब साहित्य क्या समाज में किसी परिवर्तन के लिए सक्षम रह सकेगा ? इस प्रश्न का उत्तर हम सबको खोजना होगा। संभवतः इसका उत्तर यही है कि हाँ, रह सकेगा। किंतु इस उत्तर के साथ-साथ यह भ्रांति भी जुड़ी हुई है कि लेखक अकेले ही वह परिवर्तन कर सकता है। यह भ्रांति लेकर चलने से क्या हम दुस्साहस नहीं करेंगे? क्या हम दिन-प्रतिदिन यह स्पष्ट होते नहीं देख रहे हैं कि समाज के विभिन्न संस्थान अपने उद्देश्यों और आदर्शों से हीन होते जा रहे हैं और फिर भी उनके बाहरी ढाँचे बने हुए हैं। इन ढाँचों में प्राण की प्रतिष्ठा कर देना अकेले साहित्य का नहीं, संगठन का काम भी है। साहित्य सत्य को जैसे ही देखता है वैसे ही कहता है। संगठन की आवश्यकता वह बता सकता है, एकता की भूख वह जगा सकता है, असत्य और अत्याचार के विरोध के लिए इच्छा और समझ जाग्रत रख सकता है किंतु यह यथेष्ट नहीं है। क्या अब समय नहीं आ गया है कि साहित्यकार

निश्छल होकर समाज में अपने सहयोगी स्थान को पहचाने, विशिष्टता का दावा छोड़ दे और यह स्वीकार करे कि समाज-परिवर्तन के अन्य संगठित साधनों के पतन के साथ-साथ उसकी ज़िम्मेदारी बढ़ती जाती है। उसका काम कठिन होता जाता है। परंतु उसका अहंकार भी उतना ही कम हो जाना चाहिए। जनसाधारण के साथ जुड़ने की बात साहित्यिक क्षेत्रों में बहुत बार कही गई है। जनसाधारण के साथ जुड़ने की परिभाषा केवल इतनी नहीं है कि साहित्यकार व्यक्तियों का वर्णन करता है तब उनके साथ जुड़ जाता है। समय के साथ-साथ सत्ता के असंतुलन को मिटाने की जो ज़िम्मेदारी पूरे राष्ट्र पर आ पड़ती है उसमें एक साहित्यकार क्या योग दे रहा है, यही जानना साहित्यकार को जनसाधारण के साथ जुड़ने के लिए ज़रूरी है। निस्संदेह जनसाधारण से जुड़ता वही है। बाक़ी तो केवल शिल्प है, कौशल है, कला है। आज राष्ट्र में एक ऐसे संकट का समय है कि जब हम समाज में दासता और अन्याय की स्वीकृति इतने बड़े पैमाने पर देख रहे हैं कि जिससे स्वाधीनता का आदर्श ही खंडित हो रहा है। भविष्य की चिंता उनके मन में नहीं रह गई है जो अपने को संपन्न और सुरक्षित समझते हैं, जो चिंता है वह यहीं तक सीमित है, कि जब तक वह जीएँ उनकी सुख-संपत्ति उनके पास रहे। जिनके पास सुख-संपत्ति नहीं है उन्हें केवल इतनी चिंता करने पर मजबूर होना पड़ रहा है कि इसी जीवन में वह थोड़ी-सी मिल जाए। इस तरह राष्ट्र का भविष्य चिंता का विषय नहीं रह गया है। जब भविष्य ही लक्ष्य नहीं रहा तो अतीत की पहचान का भी प्रयोजन नहीं है मानो ऐसा समझकर पतनशील भारतीय संस्कृति के पक्षधर अतीत के गौरव को भी केवल वर्तमान, और वर्तमान भी नहीं, तत्काल को साधने के लिए इस्तेमाल कर रहे हैं। भारत की भारतीयता समुदायों की विभिन्नता की संस्कृति रही है और एकता बलपूर्वक उत्पन्न दासता का नहीं बल्कि इतिहास के निर्माण में समुदायों की हिस्सेदारी का ही दूसरा नाम रहा है। साहित्य ने इस हिस्सेदारी में अपनी भूमिका निभाई है। संकट के समय अकेले भी उसे यह भूमिका निभाते ही रहना होगा। किंतु अकेला वह है नहीं, असम ने इसका प्रमाण दिया है, और अकेला वह रहेगा नहीं। यहाँ भारत के इस प्रदेश में साहित्यकार ने जो ऐतिहासिक पथप्रदर्शन किया है वह व्यर्थ नहीं जाने पाएगा, इसमें कोई संदेह नहीं रहना चाहिए।

[असम साहित्य सभा के 49वें अधिवेशन में भाषण। रंगसिना नगर, डिफू। 24 अप्रैल 1982]

पटन-रुचि बढ़ाने में पुस्तक मेलों की भूमिका

पुस्तक मेलों से किताबें पढ़ने की इच्छा बढ़ती है या नहीं और बढ़ती है तो कैसे या नहीं बढ़ती है तो क्यों नहीं? इसका कोई ठोस सबूत मेरे पास नहीं है परंतु बिना अधिक बहस-मुबाहसे के यह कहा जा सकता है कि आज किताबों की दुनिया में शक्ल-सूरत की इज़्ज़त बहुत बढ़ गई है और अच्छी-अच्छी शक्लें यानी खूबसूरत किताबें अगर एक जगह जमा की जाएँ तो उनसे हर कोई आकर्षित होगा। कितने लोग मेलों से किताबें ख़रीदकर पढ़ने लगेंगे या कितने लोग मेलों से किताबों का परिचय पाकर उन्हें अपने शहर में विक्रेताओं के यहाँ से मँगवाएँगे, यह बहुत-से अन्य कारणों पर निर्भर करेगा।

इन बहुत-से अन्य कारणों में सबसे बड़ा है पुस्तक की क़ीमत। याद रखिए क़ीमत, शक्ल नहीं। क़ीमत के बाद के नंबर का कारण है पुस्तक की ज़रूरत। फिर नंबर आता है पुस्तक ख़रीदने की सुविधा का।

आप मेरे इस तर्क को उल्टा कहना चाहें तो कह लें पर मेरे पास इसका जवाब है। मान लीजिए आपने पुस्तक ख़रीदने की सुविधा सबसे पहले जुटा दी और न तो पुस्तक की क़ीमत इतनी रखी कि दूसरे ख़र्चों से पहले उस पर ख़र्च करना संभव हो सके तो सुविधा लेकर कोई क्या करेगा। या फिर

आपने ऐसी किताब तैयार की जिसकी बड़ी ज़रूरत हो, इतनी ज़रूरत हो कि बिना उसके काम न चल सकता हो तो अपनी दूसरी ज़रूरतों को छोड़कर यह ज़रूरत पूरी करनेवाला आदमी कोशिश करेगा कि दूसरी ज़रूरतें भी पूरी हो जाएँ और किताब की ज़रूरत भी पूरी हो जाए। अगर किताब बहुत महँगी है तो वह किताब ख़रीदकर उसकी ज़रूरत पूरी करने से जब तक बच सकेगा बचना चाहेगा। हो सकता है बहुत देर तक न बच सके और जल्द ही आप देखें कि ज़रूरत का दबाव कारगर हुआ है, किताब ख़रीद ली गई है और आप अपने तर्क में जीत गए हैं। पर आपने इस जीत की जो क़ीमत अदा की है वह उस क़ीमत से ज़्यादा है जो किताब के ख़रीदार ने अदा की है। इसलिए कि आपको अब फ़ौरन एक और ख़रीदार की ज़रूरत पड़ गई है जिसे ज़रूरत के कारण एक किताब ख़रीदने पर मजबूर होना पड़ रहा हो और वह किताब जिसकी बड़ी ज़रूरत थी शायद कुछ समय बाद काम की न रह जाएगी। यह सिलसिला चलता रहेगा।

क्या अब मैं एक विचार सामने रखूँ। यह दकियानूसी भी लगेगा और निराला भी पर शायद एक सही विचार होगा। वह यह है कि किताब का बिकना किसी समाज में सिर्फ़ एक ख़ास ज़रूरत के कारण संभव हो तो किताब नाम की चीज़ अपनी हैसियत से उतरकर एक उपभोग्य वस्तु की हैसियत पर आ जाती है और इस अवनति का असर किताब के सकल संसार पर पड़ता है। किताब की एक ज़रूरत होनी चाहिए जो किसी तात्कालिक ज़रूरत पर निर्भर न हो। ऐसी किताबें होनी चाहिए जिनकी हर समय ज़रूरत हो और बिना कारण भी ज़रूरत हो। ऐसी किताबें खुद सामने आते ही अपने लिए ज़रूरत पैदा करें और ख़रीदी जाएँ। ऐसा होना अगर बंद हो जाए या बहुत कम हो जाए और किताबें किसी-किसी ख़ास ज़रूरत को पूरा करने के लिए ख़रीदी जाने लगें तो किताब का दर्जा घटकर उन शारीरिक ज़रूरतों को पूरी करनेवाली चीज़ों का-सा हो जाएगा जो बार-बार अलग-अलग कारणों से पैदा और अलग-अलग ढंग से पूरी हो जाया करती हैं।

मेरा विचार है कि किताब का दाम ही एक ऐसी चीज़ है जो किताब पढ़ने के लिए किताब ख़रीदने की रुचि पैदा कर सकता है। जब हम पठन-रुचि की बात कर रहे होते हैं तो दरअसल हम पढ़ने के लिए किताब ख़रीदने की बात कर रहे होते हैं, न सिर्फ़ पढ़ने की, न सिर्फ़ ख़रीदने की।

मेरे मन में एक ऐसे समाज की कल्पना है जिसमें किताब का दाम इतना होगा कि लोग उसे देखते ही तय कर लें कि पहले इसे ख़रीद लें फिर बाक़ी पैसा शारीरिक ज़रूरतें पूरी करने पर ख़र्च करेंगे।

क्या पुस्तक मेले यह स्थिति पैदा कर सकते हैं? शायद कर सकते हैं। उन्हें एकसाथ कई परिस्थितियों को जो किताब को महँगा बनाने में सहायक होती हैं, बदलने के लिए पहल करनी पड़ेगी।

मुझे अपने बचपन का एक अनुभव याद आता है। सीतापुर ज़िले में एक मेला लगा हुआ था। वह पुस्तक मेला नहीं था पर उस मेले में किताबों की कई दूकानें एक के बाद एक लगी हुई थीं। मैं उन दिनों शायद चौथी कक्षा में पढ़ता रहा होऊँगा। मैंने चारों तरफ़ किताबें सजी हुई देखकर एक किताब ख़रीदने की इच्छा प्रकट की। मेरे साथ मेरे पिताजी थे। उन्होंने एक बार किताबों पर नज़र डालकर मुझे एक पतली-सी पुस्तिका ख़रीद दी जिसमें मन्नन द्विवेदी गजपुरी की कविताएँ थीं। बहुत बाद में, काफ़ी बड़े होने पर मुझे मालूम हुआ कि गजपुरी उन दिनों के बाल साहित्य के अच्छे कवि माने जाते थे और उनकी बहुत-सी छोटी-छोटी किताबें बाज़ार में बिका करती थीं। उनकी किताबें ऐसे मेलों में ज़रूर बिकती रही होंगी और मेरे जैसे जाने कितने बालक इन मेलों से पहली बार जान पाए होंगे कि किसी कवि ने कई किताबें लिखी हैं और उन किताबों का अपना एक संसार है और उनमें प्रवेश करना अवश्य एक बड़ा साहसिक अनुभव होगा। मेरे लिए जो किताब ख़रीदी गई थी उसका दाम चार पैसा यानी एक आना था।

मैं इस घटना के वर्णन से बताना चाह रहा हूँ कि किसी में पढ़ने के लिए किताब ख़रीदने की

रुचि पैदा कराने के लिए सिर्फ़ यह ज़रूरी नहीं है कि किताबों की दूकानें एकसाथ लगी हुई हों, वे आसानी से कोई भी सिर्फ़ इसलिए ख़रीद सकता हो कि उसका सामने पड़ना एक निमंत्रण है, या एक चुनौती है और इन दूकानों से परे एक दुनिया भी दिख रही हो जो किताबों ने बनाई हो और जिसमें प्रवेश करना एक साहसिक काम दिख रहा हो। इस भावना को चाहे आप झूठे गौरव की निशानी बता दें, चाहे नक़ल की। परंतु यह जान लीजिए कि किताबों का ख़रीदना एक रहस्यमय संसार से जुड़ने की इच्छा के कारण ही संभव होता है। मैंने जितने पुस्तक मेले देखे हैं उनमें रियायती क़ीमत का आकर्षण तो रहा है परंतु किताब ख़रीदने में कोई शान है, यह बात उभरकर नहीं आई है। हाँ, किसी बड़ी दूकान के सजे हुए कक्ष में कभी-कभी अनजाने ही कुछ लेखकों, समालोचकों या विशिष्ट विद्वानों के आकर मिल जाने से एक वातावरण बना है। ऐसे वातावरण को बनाने की योजना पुस्तक मेले की योजना में शामिल रहनी चाहिए। केवल बड़ी संख्या में किताबों की सजावट कर देने से किताबों की शान नहीं बढ़ जाती, इसकी जगह किसी मंडप में कुछ लेखकों को और संपादकों, समालोचकों और केवल इन्हीं को नहीं, रंगमंच, फिल्म, संगीत, चित्रकला आदि के जाने-माने लोगों को ग्राहकों यानी पाठकों के साथ मिलवाने का आयोजन करना चाहिए जो हर मिलनेवाले को एक व्यक्तिगत जैसा अनुभव देता हो। जहाँ-जहाँ ऐसा किया गया है वातावरण एकदम बदल गया है। हाँ, यह ज़रूरी है कि ऐसे आयोजन करते समय उपस्थित लेखकों-कलाकारों को बिक्री बढ़ानेवाले विज्ञापन की तरह न इस्तेमाल किया जाए। यदि कोई कहे कि इनका वहाँ बुलाया जाना विज्ञापन का ही एक रूप है तो यह तर्कसंगत न होगा क्योंकि विज्ञापन के रूप में इस्तेमाल किए जाने के रूप में लेखक को अपनी तरफ़ से अपने बारे में बताना चाहिए और यह मेरे सुझाव में नहीं है, न मेरे सुझाव में यह है कि लेखक वहाँ बैठकर लिखने के लिए चिंतन का अभिनय करता दिखाई दे या फिर लिखता हुआ ही बैठा रहे। उसे तो वहाँ एक आनेवाले ग्राहक या पाठक के रूप में ही मौजूद रहना चाहिए, तभी आगंतुक पाठकों की अपनी मर्यादा की रक्षा हो पाएगी और साथ में पुस्तक ख़रीदने का गौरव भी बढ़ेगा। पुस्तक मेले के अंदर प्रकाशन व्यवसाय या वितरण व्यवस्था आदि के विषय पर परिचर्चा, परिसंवाद या विचारगोष्ठी करना भी वांछित वातावरण बना सकता है, किंतु पठन-रुचि बढ़ाने के लिए ये परिसंवाद विशेष तो क्या सामान्य तौर से भी सहायक नहीं होंगे। अवश्य ही कुछ तरकीबें सोचकर प्रयोग की जा सकती हैं जैसे किसी तरह की पुरस्कार प्रतियोगिता का आयोजन, जिसके अंत में विजेताओं को विशेष रूप से सम्मानित करने के लिए दर्शक या श्रोता अतिथियों में से कुछ अन्य लोगों को निमंत्रित किया जा सकता है जिन्होंने पुरस्कार नहीं जीते हैं। ये निमंत्रित व्यक्ति पुस्तक ख़रीदने के और पढ़ने के अपने अनुभवों पर बातचीत करें। मेरे विचार से ऐसे आयोजन पुस्तक मेलों के साथ जुड़े रहने चाहिए। चूँकि इनमें प्रायः सभी सहभागी पाठक ही होंगे इसलिए ऐसी गोष्ठी पाठकों में विश्वास और आत्मीयता जगाएगी। वास्तव में ऐसी गोष्ठियाँ उत्साह तभी बढ़ा सकती हैं जब उनमें पाठक ही मुख्य वक्ता हो। पाठकों को पुस्तक व्यवसाय से संबद्ध बड़े-बड़े लोगों का भाषण सुनने में कोई विशेष दिलचस्पी नहीं होगी क्योंकि पुस्तक प्रकाशन में लगे हुए लोग एक प्रकार से विरोधी शिविर के प्रतिनिधि हैं और उनके पक्ष को जानना पाठक शिविर के प्रतिनिधियों की पुस्तक पढ़ने की रुचि पैदा करने में सहायक नहीं हो सकता। पुस्तक प्रकाशन की कठिनाइयों या वितरण की समस्याओं पर पुस्तक मेलों में बातचीत कराई जाए तो उसका लाभ सीमित लोगों को मिल सकता है। ऐसी बातचीत होनी चाहिए क्योंकि यह पक्ष भी महत्त्वपूर्ण है परंतु यदि हम पढ़ने की रुचि बढ़ाने की बात सोच रहे हैं तो यह काम केवल पाठक ही अपनी बातचीत के द्वारा कर सकते हैं।

पुस्तक मेलों का विचार नया जान पड़ता है क्योंकि इसने आधुनिक पुस्तक व्यवसाय के साथ जुड़कर समृद्धि और चकाचौंध का महत्त्व बढ़ा दिया है। पुस्तक मेले का सिद्धांत रूप में अस्तित्व नया नहीं है। मैंने जिस क़स्बे के जिस मेले में श्री गजपुरी की कविता की पुस्तक ख़रीदी थी वह भी पुस्तक

मेले का एक प्रकार था। उसमें पुस्तक मेला एकांतिक रूप से पुस्तक मेला न रहकर एक बड़े मेले का अंश बन गया था। सच पूछिए तो किसी पुस्तक मेले को सचमुच दूर तक असर डालने के लिए किसी बड़े मेले का अंश ही रहना चाहिए। ऐसा होने से वह जीवन के दूसरे पक्षों से जुड़ जाता है और पुस्तक पढ़ने की रुचि एक सहज आवश्यकता के रूप में विकसित होती है। उसे एक विशिष्ट रुचि का रूप देना केवल सीमित परिणाम दिखाएगा जो कि पुस्तक मेले पर किए हुए ख़र्च और उसमें लगे परिश्रम के अनुरूप नहीं होंगे बल्कि कम होंगे। हाटों और मेलों में पुस्तकों की दूकानें रखने का विचार आज ऐसे मेलों के चरित्र को देखते हुए शायद कुछ अव्यावहारिक दिखे। आजकल के मेले जो छोटे क़स्बों या शहरों में लगा करते हैं, उपभोक्ता सामग्री के विविध नमूनों का संकलन होते हैं। आज समाज में पुस्तकें पढ़ने का चलन किसी एक बड़े राजनैतिक या सांस्कृतिक आंदोलन से जुड़ा हुआ नहीं रह गया है, जैसा कि वह आज से चालीस-पैंतालिस वर्ष पहले था। पुस्तकों की दूकानें सौंदर्य प्रसाधन और ट्रांजिस्टर की दूकानों के साथ कुछ मेल खाती हुई नहीं दिखेंगी परंतु इन्हें मनोयोग से और उद्देश्यपूर्वक सामान्य मेलों के भीतर शामिल करना मेले में आनेवालों पर गहरा असर डाल सकता है। कभी-कभी समाज में रुचियों को बदलने के लिए भी ऐसी पहल करनेवाले कामों की ज़रूरत पड़ती है। वास्तव में आज भी अनेक इलाक़ों में सामाजिक और सांस्कृतिक चेतना इतनी निर्जीव नहीं हो गई है कि वह थोड़ा-सा सहारा पाने पर जागृत न हो सके। ऐसे समाजों में पुस्तक मेलों को सामान्य मेलों के साथ जोड़ देने का बहुत अच्छा असर हो सकता है। इसके विपरीत उन्हें निरे पुस्तक मेले बना देने का परिणाम पठन की रुचि को कुछ और विशिष्ट बना देना होगा जो कि हमारे उद्देश्य में दूर तक सहायक न होकर बाधक ही हो सकता है।

मैंने पुस्तक मेलों के प्रकारों की बात कही है। इनमें से जिस प्रकार का उल्लेख ऊपर किया गया उसका एक दृष्टांत बताना रोचक होगा। पिछले वर्ष असम के करवी आँगलोंग ज़िले में रंगपो नामक नगर में असम साहित्य सभा का सम्मेलन हुआ था। इसमें जाने का अवसर मुझे मिला। सम्मेलन के साथ-साथ एक प्रदर्शनी लगाई गई थी जैसी सभी जगह ऐसे सम्मेलनों के साथ लगाई जाती है। इसमें भी असम के अनेक प्रकार के उद्योगों की दूकानें थीं, दो पुस्तकों की दूकानें विशेष रूप से ध्यान खींचती थीं क्योंकि सम्मेलन साहित्य सभा का था। असम साहित्य सभा अपने आपमें एक व्यापक प्रभाव डालनेवाली संस्था है। साहित्य का असमिया जीवन में व्यापक स्थान है और किताबों की दूकानें इस मेले में दूसरी चीज़ों की दूकानों से बेमेल नहीं लग रही थीं। इन पर काफ़ी भीड़ थी। यह सच है कि शायद उदाहरण के लिए किसी हिंदी-भाषी इलाक़े में नागरी प्रचारिणी सभा या हिंदी साहित्य सम्मेलन का जनजीवन में वह स्थान नहीं है जो असम साहित्य सभा का है परंतु कोशिश की जा सकती है कि वैसे स्थान के बिना भी नए सिरे से पुस्तकों के लिए एक वातावरण बनाया जाए।

शुरू में ही मैंने पुस्तक के दाम को प्राथमिक महत्त्व दिया था। कम दाम की पुस्तक और पढ़ने की रुचि में गहरा संबंध है और पुस्तक मेले इस संबंध को अनदेखा करके अपना विशेष साम्राज्य नहीं बना सकते। बनाएँगे तो वह एक खानापूरी या एक आडंबर ही बनकर रह जाएगा। पुस्तक के दाम का पुस्तक उत्पादन की लागत से संबंध तो है ही, आज के समय में पुस्तक ख़रीदनेवालों की विचित्र परिस्थिति से भी है। इस परिस्थिति को मैं विचित्र इसलिए कह रहा हूँ कि पुस्तकें आजकल ख़रीदी जा रही हैं परंतु पढ़ने के लिए नहीं, सरकारी बजट में रखी हुई रक़म को ख़र्च करने के लिए। उस रक़म के कारण पुस्तकों का नाम कभी इतना हो नहीं पाता कि उसे सचमुच पढ़ने के इच्छुक पाठक सीधे पुस्तक विक्रेता से ख़रीद सकें और इसीलिए पढ़ने की रुचि कम होती जाती है। सरकारी ख़रीद के ख़राब नतीजों के विरुद्ध पुस्तक मेलों को काम करना चाहिए परंतु यदि यह मेले उसी मानसिकता से उत्पादित पुस्तकों का प्रचार करेंगे जिससे सरकारी ख़रीद के लिए पुस्तकें तैयार की जाती हैं तो परिणाम संतोषजनक नहीं होंगे। यहाँ मेरा उद्देश्य प्रकाशन व्यवसाय को उपदेश देना नहीं है परंतु पुस्तक

का दाम कम रखने और तब उसे पुस्तक मेले में दिखाने का लाभ समझाना, उपदेश नहीं एक अच्छी सलाह ही माना जाएगा। मैंने देखा है कि मेरी कविताएँ सोवियत संघ में पचास हज़ार प्रतियों के संस्करण में छपीं और प्रकाशन के कुछ दिन के भीतर दूकानों से बिक गईं। मूल्य था बीस कोपेक यानी रूस की मुद्रा रूबल का पाँचवाँ हिस्सा। पैंसठ पृष्ठ थे, आकार था पाँच इंच गुणा पाँच इंच (5"x5"), बत्तीस कविताएँ थीं और सात पृष्ठ की भूमिका। चार-पाँच पृष्ठ प्रकाशन संस्था के बारे में थे। आवरण पतले चिकने काग़ज़ का था और उस पर आगे कवि का चित्र और पीछे कवि का हस्ताक्षर था। क्या हमारे देश में हम इस आकार में इतने ही पृष्ठों की और इतने ही कम दाम की किताबें नहीं छाप सकते? हो सकता है कि रूबल को दस रुपए के बराबर भी मानकर हम दो रुपए की ऐसी किताब निकाल सकें। कल्पना कीजिए कि पुस्तक मेले में एक भी ऐसी दूकान हो जहाँ सौ परिचित लेखकों की पाँच-पाँच पुस्तकें दो-दो रुपए के हिसाब से उपलब्ध हों, तब पढ़ने की रुचि बढ़ाने में कितना योग मिलेगा।

[1 मई 1983 को नेशनल बुक ट्रस्ट की एक गोष्ठी में पठित। अप्रकाशित]

कविता नहीं, नाटक

जहाँ एक व्यापक आंदोलन चल रहा हो, वहाँ क्या साहित्य साथ-साथ पनप रहा होता है? असम आंदोलन के बारे में यही सवाल पूछने से एक नई असलियत मालूम होती है। आंदोलन बातचीत-हड़ताल, हिंसा, चुनाव और गतिरोध इस सबसे गुज़र गया पर साहित्य की बारी कहीं नहीं आई। आंदोलन के वज़न की कोई बड़ी ज़ोरदार चीज़ अभी तक लिखी नहीं गई। शायद कुछ समय बाद लिखी जाए।

ये किसी और के नहीं, असम साहित्य सभा अध्यक्ष, प्रसिद्ध उपन्यासकार वीरेन्द्र भट्टाचार्य के विचार हैं। वह अनुभव करते हैं कि आंदोलन का प्रचार कथा-कविता आदि ने नहीं पत्रकारिता ने अधिक किया। छिटपुट उत्तेजित कविता भी लिखी गई है। परंतु क्या हम उसे वास्तविक स्थायी साहित्य भी मानें?

थोड़ा समय लगता है किसी गहरी सामाजिक पीड़ा को भाषा में पैठते और कविता की आग पर आँच देते तो और भी वक़्त लगता है। याद कीजिए 1962 की 'लड़कर जान दे देंगे' वाली कविताएँ। अब उन्हें खोजकर पढ़िए तो वे चीन के ख़िलाफ़ चख-चख मालूम होती हैं। 1974 के आंदोलन ने नुक्कड़ कविता का पूरा विभाग खोला था। वह कविता कहीं पड़ी ज़रूर होगी पर क्या उसे आनेवाले किसी आंदोलन में ताक़त पाने के लिए पढ़ा जाएगा? शायद नहीं। खुद जयप्रकाश नारायणजी ने एक-दो कविताएँ लिखी थीं। वे बाद में छपीं तो दिखा कि वे उनके सीधे-सादे सच कहने के तरीक़े की ज़्यादा अच्छी मिसालें हैं, कविता की नहीं। अटलबिहारी वाजपेयी ने भी कविताएँ लिखीं। साफ़ दीखता था कि बहुत दिन बाद फिर से लिखना शुरू किया है। हाँ, 1947 में जब आदमी मारा और खदेड़ा जा रहा था अज्ञेय ने कुछ कविताएँ लिखी थीं जो आज भी माने रखती हैं। इनमें एक आज़ादी के दिन पर भी है। उसके साल भर बाद गाँधीजी की हत्या पर जो काव्य रचा गया वह इस अध्ययन का विषय है कि गाँधी के साथ कवियों के लगाव में आर्थिक-सामाजिक गाँधी सिद्धांत किसी हद तक मौजूद था। राष्ट्रकवि ने तब दो पंक्तियाँ विशेष रूप से कही थीं :

हाय (या कि हरे) राम हम कैसे झेलें
अपनी लज्जा उसका शोक
गया हमारे ही पापों से अपना राष्ट्रपिता परलोक

ये और बच्चन की सैकड़ों कविताएँ किसी आंदोलन की उपज नहीं थीं, एक दबी हुई भावना के फूटकर बाहर आ जाने की मिसालें थीं।

इनमें से बहुत कम साहित्य में जिएँगी, इतिहास में भले ही जी जाएँ।

असम साहित्य सभा के अधिवेशन के लिए सरकार से कुछ अनुदान मिला करता था। तीन वर्ष से वह बंद है। 1982 से सभा ने फ़ैसला किया कि वह अनुदान के बिना काम चलाएगी। उसकी 20 लाख रुपए जमा करने की योजना है। उसके ब्याज से लोक साहित्य के संग्रह और प्रचार की योजनाएँ चलाई जाएँगी। वीरेन्द्र भट्टाचार्य मानते हैं कि असम का राजनैतिक हल अपने से कभी नहीं हो सकता। साथ-साथ जनजातियों को जागृत और संगठित करना होगा। बोरो, करबी, मिशिंग, टिवा, रामा इनकी बोलियाँ हैं। बोलनेवाले बहुत नहीं हैं, परंतु हर बोली सरकारी मान्यता चाहती है। यदि असमिया भाषा में ही सब लोग साहित्य रचें तो कोई समस्या न रहे, परंतु जैस-जैसे देर होती जा रही है, पिछली ग़लतियाँ जमा होती जा रही हैं। बोरो लोगों ने अपना अलग राज्य माँगना शुरू कर दिया है।

साहित्य जब शब्दों से लोगों का मन बदल नहीं पाता तो साहित्य सभा के लोगों को हिंसा के फैलने की चिंता होती है। वीरेन्द्र भट्टाचार्य कहते हैं कि हम अहिंसा नहीं छोड़ेंगे परंतु क्या सरकार हिंसा की नीति छोड़ने को तैयार है? पुलिस ने कहीं-कहीं बर्बर हिंसा की है। इमर्जेंसी में जैसे कबुलवाने के लिए क्रूर हिंसा की जाती थी, कहीं-कहीं वैसी ही यातना दी गई है। सारे असम में दफ़ा 144 लगा हुआ है, बिना अनुमति सभा नहीं कर सकते। गाँव में नौजवान लड़के रात को घर में नहीं सोते, पकड़कर ले जाएगी पुलिस। आंदोलन का एक वर्ग, अधीर होकर हिंसा पर उतर रहा है : इस वर्ग में अभी तक वे लड़के भी थे, जिन्हें अहिंसा के तरीक़ों में अटूट आस्था थी। मुख्यमंत्री पर हमला जिस लड़के ने किया उसके पितामह भारतीय स्वाधीनता संघर्ष के सेनानी थे।

युवा लेखक अनुभव करते हैं कि उनके साथ अन्याय हुआ है। हमारी कोई पहचान ही नहीं है, यही उनकी सबसे बड़ी तकलीफ़ है। वे कविताएँ लिख रहे हैं। उनमें भविष्यवाणियाँ हैं, उपदेश हैं, उनसे क्या होगा? बात यह है कि समाजवादी प्रभाव रहते हुए भी साहित्य आधुनिकता के भ्रम में पड़ गया है। एबसर्ड ही आधुनिक है, कुछ लेखक ऐसा मानने लगे हैं। इसका कारण यही है कि आंदोलन ने एक व्यापक आर्थिक-सांस्कृतिक परिप्रेक्ष्य नहीं बनाया, सिर्फ़ 'पहचान' की माँग से उलझा रहा। उतने से एक नई दुनिया बनाने लायक़ सामान नहीं जुट पाता जो कविता में कवि को बनानी होती है।

वीरेन्द्र भट्टाचार्य पिछले सप्ताह दिल्ली में थे, साहित्य अकादमी के उपाध्यक्ष हैं वह, उसी के काम से आए थे। असम साहित्य सभा असम आंदोलन से प्रतिश्रुत है परंतु अपने संविधान के अनुसार वह राजनैतिक संगठन नहीं कर सकती। सच तो यह है कि वह राजनीति का संगठन नहीं समाज को सार्थक बनाने का काम करती है। वह साहित्य का प्रचार कर रही है और जनजातियों को अपनी भाषाओं को समृद्ध करने का उत्साह दे रही है।

पर सबसे ज़्यादा काम की बात वीरेन्द्र भट्टाचार्य ने यह बताई कि कविता-कहानी में तो कुछ न कुछ हो रहा है पर नाटक में बहुत कुछ हो रहा है। लगता है आंदोलन ने असमिया अस्मिता को झकझोरा तो समाज की ऊर्जा रंगमंच पर आ गई। गाँव-गाँव में नाटक खेला जा रहा है। शहरों में भी। बड़े शहर तो कोई हैं नहीं, गुवाहाटी एक बड़ा शहर है। लाख से कम आबादीवाले नगरों में नाटक घूमता चलता है। नाटक में सरकार के कार्यों के ख़िलाफ़ कोई विद्रोही कथानक लिए जा रहे हों, क्रोध दिखाया जा रहा हो, यह जरूरी नहीं है। सबसे अधिक सफल नाटक वे हैं जिनमें व्यंग्य का या क्रोध का ऐसा नाटकीय प्रदर्शन नहीं है जैसा हिंदी के आजकल के राजनैतिक नाटकों में मिलता है। सबसे अधिक लोकप्रिय नाटक वह साबित हुआ है जिसमें हिंदू-मुसलमान एकता की याद जगाई गई। 17वीं शताब्दी के अजान फकीर नामक एक असमिया सूफ़ी के जीवन की कहानी इसमें दिखाई जाती है। नाटक का

नाम है 'हरागुड़ीर सपरी' (हरागुड़ी नामक स्थान के रेतीले तट)। रतन लहकर के संचालन में कोहिनूर थिएटर का 'मृच्छकटिकम्' भी लोकप्रिय हो रहा है और वीरेन्द्र भट्टाचार्य का 'मृत्युंजय' नाटक भी। यह उनके इसी नाम के उपन्यास का रूपांतर है। कहीं किसी विद्यालय के लिए, कहीं किसी चिकित्सालय के लिए, क़स्बे या नगर की समितियाँ स्थानीय उद्देश्यों से नाटक का प्रबंध करती हैं। जिस स्थानीय उद्देश्य के लिए नाटक का आयोजन हुआ है उसको टिकट की आमदनी में से क़रीब पाँचवाँ हिस्सा देकर बाक़ी रंगमंडली को बाँट दिया जाता है। एक-एक कलाकार को साल भर में लगभग 50 बार खेलने के मेहनताने में तीस-चालीस हज़ार रुपया मिल जाना कोई बड़ी बात नहीं है। क़रीब-क़रीब सारे असम में यह 'भ्राइयमान' घुमंतू थियेटर चल रहा है। अरुण शर्मा, भवन साइकिया, महेन्द्र बड़ठाकुर इसकें कुछ मेहनती निर्देशक-लेखक हैं। पिछले कुछ वर्षों में ही यह असम का सबसे महत्त्वपूर्ण जनसंचार माध्यम हो गया है। रेडियो और टी.वी. इसके मुक़ाबले नहीं ठहरता। मंडलियों में पेशेवर कलाकार भी हैं और शौकिया खेलनेवाले भी। राष्ट्रीय रंग विद्यालय से पास किए छात्रों को इनमें अच्छा काम मिल रहा है। यह सब हलचल और तरक़्क़ी बिना किसी नाटक अकादमी के हो रही है। सरकारी सहायता नहीं मिलती। दर्शक ही नाटक की आमदनी का साधन हैं।

किसी समाज में जब अपनी राजनैतिक अस्मिता के लिए गहरी चिंता जागती है और एक नए समाज की कल्पना भी बनती है तो नाटक जागता है। यही इस दृष्टांत से दिख रहा है। हिंदी क्षेत्र में नाटक के इस 'भ्राइयमान' पैमाने पर न फैलने का रहस्य क्या यही है कि भाषा के हिंदी राजभाषा होने के कारण राजनैतिक सुरक्षा निश्चित है और नाटक के पनपने का एक तीखा दबाव ग़ायब है। असम आंदोलन ने कविता-कहानी को इतना नहीं बढ़ाया है जितना नाटक को। यह दिखाता है कि भाषा में किसी रचनात्मक ऊर्जा के पैठने के लिए विधा की परंपरा को तोड़ने की ज़रूरत पड़ती है। कविता में वह देर में टूटती है क्योंकि रूढ़ हो चुकी होती है उसकी जकड़न और इतनी सख़्त होती है कि बहुत-सी शक्ति केवल प्रयोग करने में बिखर जाती है। उधर नाटक में एक नया प्रयोग परंपरा को उद्वेलित करके शिल्प में थोड़ा-सा परिवर्तन लाकर भी सफल हो सकता है। नाटक की अपनी ऊर्जा—जीवन की अनुकृति उसे आगे ले जाती है। नाटक ही किसी व्यापक जनसंचार माध्यम के केंद्रीकरण के विरुद्ध खड़ा हो सकता है क्योंकि उसमें सशरीर जीवित लोग आमने-सामने खड़े होते हैं।

[*नवभारत टाइम्स*, 13 जनवरी 1984]

लेखक का हमशक्ल

पिछले वर्ष मेरी कविताओं के रूसी अनुवाद की एक पुस्तक सोवियत संघ में छपी। उसी वर्ष पश्चिम जर्मनी में मेरी कविताओं के जर्मन अनुवाद की एक पुस्तिका छपी। दोनों अनुवादों में बहुत-सी कविताएँ वही हैं। दोनों देशों के चरित्र अलग-अलग हैं। तब यह कैसे हुआ कि एक साम्यवादी संस्कृति और एक साम्यवाद-विरोधी संस्कृति, दोनों संस्कृतियों में एक ही कविता पढ़ने के लिए प्रकाशित की गई। सोवियत संघ में मोल्दाया गार्दिया नामक प्रकाशन संस्था ने इसे प्रकाशित किया, जर्मनी में वहाँ की सांस्कृतिक संबंध परिषद ने। कहीं ऐसा तो नहीं कि ये दोनों संस्थाएँ एक ही कविता के अलग-अलग अर्थ बता रही हों? जो अर्थ सोवियत संघ में मेरे अनुवादक और नई पीढ़ी के अग्रणी समालोचक आलेक्जांद्र सेंकेविच को पसंद हो, वहाँ दिखाया जा रहा हो और जो अर्थ भारतीय साहित्य के मर्मज्ञ अध्यापक लोठार लुत्से को पसंद हो, वहाँ बताया जा रहा हो। अगर ऐसा हुआ, तो विडंबना यह होगी कि 'दो अर्थ का भय' शीर्षक मेरी कविता दोनों संकलनों में है, बल्कि रूसी पुस्तक में तो आवरण पर छापी

गई है। अच्छा है कि दोनों अनुवादकों ने मूल हिंदी से अनुवाद किए हैं। इसलिए अगर अनुवाद में रूसी और जर्मन के अपने स्वभाव और संस्कार के कारण दो तरह के अंतर आए होंगे तो आए होंगे, परंतु किसी तीसरी भाषा के स्वभाव और संस्कार से होकर गुज़रने से जो अंतर आ सकता था, वह नहीं आया होगा। मान लें कि कविता हिंदी से अंग्रेज़ी में और फिर अंग्रेज़ी से रूसी/जर्मन में जाती, तो उसे दो भाषाओं से होकर गुज़रना पड़ता। सो नहीं होने पाया। गनीमत है।

दोनों अनुवादकों के विचारों और स्वभाव से और निष्ठा से मेरा व्यक्तिगत परिचय है, इसलिए मुझे विश्वास है कि उन्होंने बड़ी सच्चाई के साथ अनुवाद किए होंगे। मेरे मन में अर्थ के बदल जाने की शंका अब भी नहीं है और मैं जर्मन और रूसी पाठकों तक पहुँच पाने में उतनी क्षति उठाने को अनुवाद की अनिवार्यता मानता हूँ, जितनी एक ईमानदार अनुवाद में भी होती ही है। परंतु एक दिन बातों-बातों में प्रसिद्ध मार्क्सवादी समालोचक नामवर सिंहजी ने एक प्रश्न उठा दिया, जिससे मैं सोच में पड़ गया। उन्होंने कहा कि जर्मनी और सोवियत संघ दोनों के समालोचना-जगत् में यह सिद्धांत माना जाता है कि कविता का मूल महत्त्व का नहीं है, किस समय, कौन, कैसे उसे ग्रहण करता है, यही असल बात है। तब कवि क्या करे? यह मेरा स्वाभाविक प्रश्न था। उत्तर में उन्होंने कहा, कवि ने जिन पाठकों के लिए कविता लिखी थी, वे ही उसका सही अर्थ जानेंगे और बताएँगे और कवि को लगे कि उसकी कविता का किसी ने अर्थ बदल दिया है, तो अपनी कविता को उन पाठकों के बीच में जाकर समझाए जिनके लिए उसने वह लिखी थी।

नामवरजी से यह बातचीत मेरे लिए बड़ी शिक्षाप्रद और विचारोत्तेजक थी, यद्यपि संक्षिप्त थी और असंपूर्ण ही कही जाएगी, परंतु उसके कुछ अंश पाठकों के लाभ के लिए बता रहा हूँ। प्रसंगवश स्व. सर्वेश्वरदयाल सक्सेना की 'बकरी' नाटिका का सथ्यू का मंचन लें, नामवरजी के अनुसार सथ्यू ने उसको बहुत बदल दिया था और कहा था कि जैसा सर्वेश्वरजी ने उसे लिखा था, वैसा तो मजदूर वर्ग, जिसके लिए वह लिखा गया था, समझ ही नहीं पाएगा, इसलिए मैंने इसमें बहुत कुछ घटा-बढ़ा दिया है। सथ्यू का कहना था कि उन्होंने नाटिका का अर्थ अर्थात् मुख्य बात नहीं बदली है, केवल उसकी व्याख्या की है। मैंने कहा—नाटक की तो विधा ही ऐसी है कि उसमें ऐसा परिवर्तन संभव और कभी-कभी आवश्यक है, परंतु यदि कविता भी बोलकर सुनाई जाए, तो बोलने के तरीक़े से उसकी व्याख्या और शायद कभी अर्थ भी बदला जा सकता है।

मगर यह कहकर मैं अपने को भरोसा नहीं दिला सका कि लिखी हुई कविता का अर्थ बदला नहीं जा सकता। शेक्सपियर को, तुलसीदास को और कबीर को जाने कितने अध्यापक जाने कितने अर्थ दे-देकर पढ़ाते रहे हैं। अब ये कवि तो दुनिया में हैं नहीं कि वे अपने उन पाठकों को समझाने या उनसे पूछने जाएँ कि कहो भाई, मेरी कविता का वही अर्थ है न, जो मैंने बताया है? वे पाठक ही दुनिया में नहीं हैं। परंतु दुनिया में नए पाठक हैं और रहेंगे और वे दुनिया को एक प्राणदा संस्कृति की ओर ले जाते रहेंगे। हाँ, पाठकों को इस काम से रोकनेवाले लोग भी रहेंगे। वे भाषा की चालाकी करके ऐसा भ्रम पैदा करेंगे कि यह असलियत पढ़ो, इससे तुम्हें अपनी ताक़त का अहसास होगा, तुम असलियत की नंगी शक्ल देख लोगे और समाज से अन्याय मिटाने लगोगे। और यह लो सपना, इसे भी पढ़ो, इससे तुम्हें बग़ैर कुछ अपने भीतर रचे हुए एक नई दुनिया मिल जाएगी।

लेकिन असलियत का वह देखना, उसे बदलकर सही करने की आशा नहीं बल्कि उसे जस-की-तस स्वीकार करने की मजबूरी पैदा करेगा—और सपने का वह देखना इस मजबूरी को सुखद बनाएगा। असलियत का और सपने का यह इस्तेमाल करनेवाले एक ही हैं। वे सच्ची पीड़ा को ऐसे पेश करते हैं कि उससे हमदर्दी नहीं, तरस पैदा हो, जो असल में पीड़ा देनेवाले के मन में ही हो सकता है। वे सच्चे आनंद को ऐसे पेश करते हैं कि उससे अपने में विश्वास नहीं, हीनता पैदा होती है। भाषा के ये चालाक व्यापारी साधनों पर भी कब्ज़ा कर लेंगे—किए ही हुए हैं। बार-बार पाठक से ऐसा कराके

ये समाज को बदलने की यानी भाषा की उसकी समझ ही बदल देंगे, तब कवि को पाठकों को समझाने का काम दिवंगत कवियों की और खुद अपनी, एकसाथ दोनों की ओर से करना पड़ेगा। वैसे ही, जैसे लिखते समय वह अपनी परंपरा बताते हुए कर रहा था। पर यह समझाना है क्या चीज़? सीधे-सीधे क्यों नहीं कहते कि पाठकों के साथ-साथ समाज को बदलने की राजनैतिक लड़ाई लड़नी पड़ेगी, तब जाकर कविता जिनके लिए लिखी गई थी, उनकी समझ में आएगी। कविता लिखना भी तभी कवि की समझ में आएगा।

इसके बाद यह भी पूछा जा सकता है कि समालोचक भाई क्या करेंगे? क्या वे ख़ाली अपनी गुटबाज़ी की जब जैसी ज़रूरत हो, तब इस कवि को जनवादी और उसको ग़ैरजनवादी या इसी को आज कम जनवादी और कल ज़्यादा जनवादी या आज ज़्यादा और कल कम बताते रहेंगे या समाज परिवर्तन की लड़ाई में लेखक और पाठक के साथ शरीक होंगे। समालोचक की महंत और पुरोहितवाली एक कुलीनवर्गीय हैसियत ख़त्म होनी चाहिए या नहीं? यही हैसियत बनाए रखने से पाठक और लेखक के बीच कोई एक बिचौलिया मुनाफ़ाख़ोर पैदा हो जाता है, जो पता नहीं कब लेखक और पाठक के बीच समझ बढ़ाने का दावा करते-करते भाषा के व्यापारियों का दलाल बन जाए और किसी को पता भी न चलने पाए, क्योंकि पाठक हमेशा इसका विरोध नहीं कर पाएगा।

यही सब सोचते-सोचते मैं इस नतीजे पर आया कि पाठक निर्दिष्ट करने में ही सब धोखे छिपे हुए हैं। अगर यह अधिकार कि मैं अपना पाठक निर्दिष्ट करूँगा, मेरे ही पास रहता है, तब मैं एक ऐसे पाठक के लिए लिखूँगा, जिसको मेरा साहित्य बदलेगा यानी मेरा साहित्य समाज के बदलने के साथ-साथ अपने अर्थ नहीं बदलेगा, लोगों को बदलेगा। एक बार साहित्य रच देने के बाद मैं कब तक लोगों को समझाने के लिए जिंदा रहूँगा? और क्या लोग समाज को बदलने का काम मेरे बाद बंद कर देंगे? नहीं कर देंगे, तब उस बदलते हुए समाज में मेरे साहित्य के पाठक हों, इस अपनी महत्त्वाकांक्षा को पूरा करने के लिए मुझे क्या करना चाहिए? मैं कोई जवाब सोच नहीं पाता, सिवाय इसके कि मैं अपनी शक्ल अपने से बाहर जनता में देखूँ और वही शक्ल मेरा निर्दिष्ट पाठक हो। समालोचक का स्वागत है। वह चाहे तो इस काम में शामिल हो जाए, धन्यवाद, मगर वह जनता में अपनी शक्ल देखे, मेरी देखने की कोशिश न करे। आख़िरकार हम तीनों को हमशक्ल होना है।

[*रविवार*, 'लेखक के चारों ओर', 4-10 मार्च 1984]

सकारी कविता

आपको यह जानकर प्रसन्नता होगी कि प्रकाशन विभाग शीघ्र ही राष्ट्रीय भावना, सामाजिक सद्‌भाव और विविधता में मूलभूत एकता की भावना को उजागर करनेवाली कविताओं का एक विशिष्ट संग्रह *सद्‌भावना* शीर्षक से प्रकाशित करने जा रहा है। साहित्य के सशक्त माध्यम से इन मूल्यों को फिर से सकारने की आवश्यकता से आज कोई प्रबुद्ध संवेदनशील साहित्यकार इनकार नहीं कर सकता।

इस 'महती कार्य' और 'पवित्र अनुष्ठान में आहुति' के लिए कुछ क्षण निकाल सकें तो हम अनुग्रहीत होंगे—यह अनुरोध करते हुए एक पत्र·प्रकाशन विभाग से मेरे पास आया है। अवश्य ही इसकी प्रतिलिपि सैकड़ों कवियों को भेजी गई होगी, क्योंकि यह साइक्लोस्टाइल से छपी हुई है। लगता है, कम से कम छह सौ कविताओं में से पचास-साठ संपादक चुनेंगे। हो सकता है सौ चुनें। हर कवि से दो-तीन कविताएँ माँगी गई हैं।

ऊपर जिन गुणों का वर्णन पत्र में किया गया है, उनसे युक्त होने पर ही कविता स्वीकार की

जाएगी। यह तो तय है। संपादक के मन में भी तय होगा कि इन गुणों से युक्त कविता कौन-सी है। अर्थात् जिसको कवि राष्ट्रीय भावना मानता है, वह राष्ट्रीय भावना है या नहीं, यह संपादक को मालूम है। इसी तरह सामाजिक सद्भाव भी क्या है, यह भी संपादक ही जानता होगा।

मुश्किल तो यह है कि मैं नहीं जानता कि ये तीनों गुण जो ऊपर बताए गए हैं, संपादकों की परिभाषा के अनुसार क्या हैं? मैं अपनी समझ से तो इन्हें पहचानता हूँ पर प्रकाशन विभाग की समझ क्या है, यह नहीं जानता। अनुमान से यह भी जानता हूँ कि बहुत-से व्यक्तियों की इन तीनों गुणों के विषय में अपनी-अपनी समझ होगी। लगता है प्रकाशन विभाग ने बहुत बड़ा काम अपने ऊपर ओढ़ लिया है। छह सौ कविताओं में राष्ट्रीय एकता, सामाजिक सद्भाव और विविधता में एकता को जाँचना पड़ेगा और फिर पत्र में यह नहीं लिखा है कि इन तीनों शर्तों को पूरा करने के साथ-साथ यह शर्त भी पूरी होनी चाहिए कि रचना जो स्वीकृत हो, कविता के गुणों से भी संपन्न हो। पर मान लेता हूँ काव्य-गुण की भी आवश्यकता होगी।

अब प्रश्न यह है कि छह सौ कविताओं में से तीन राजनैतिक गुण और एक साहित्यिक गुण—चारों से संयुक्त रचनाएँ छाँट ली गईं तो उन्हें एक संग्रह के अधीन छापा ही क्यों जाए? साहित्य के माध्यम से इन्हें सकारने की ज़रूरत आज विशेष रूप से क्यों जान पड़ती है ? यह प्रश्न छोड़ दें कि इनके छप जाने से प्रकाशन विभाग को एक 'पवित्र अनुष्ठान' करने का संतोष मिल जाएगा तो क्या लाभ होगा। परंतु प्रश्न तो यह है कि इन्हें सकारने की आवश्यकता साहित्य से पूरी होगी या राजनीति से?

मेरा उत्तर है राजनीति से, और साहित्य से नहीं। साहित्य तो एक ही काम कर सकता है : इनकी परिभाषा बना सकता है : बदल सकता है : राजनीति को बता सकता है कि राष्ट्रीय भावना क्या है, सामाजिक सद्भाव क्या है। विविधता में एकता क्या है। इसके भी आगे बढ़कर वह राजनीति को यह भी बता सकता है कि इन्हें कैसे साकार करो। सकारने की ज़रूरत भी उस राजनीति को है जो इन्हें भुला चुकी है, नष्ट कर रही है या कर चुकी है।

पर राजनीति को यह सब शिक्षा देने के लिए कविता लिखने की क्या ज़रूरत है? लेख लिखवाइए, भाषण करवाइए और बन पड़े तो राजनीति द्वारा कुछ कराइए। बल्कि सबसे अच्छा तो यह है कि कवियों से पूछिए कि राजनीति में इन तीनों गुणों के लिए आप क्या कर सकते हैं? फिर पूछिए कि क्या करना चाहते हैं? अगर उनका उत्तर प्रकाशन विभाग को अच्छा लगे तो उन्हें कविता लिखने की जगह राजनीति करने की सलाह देकर अपना काम पूरा मानिए।

दरअसल यह प्रकाशन विभाग का काम है ही नहीं, राजनीति विभाग का ही काम है। यदि इसे राजनैतिक संगठन करे तो कितना अच्छा हो। प्रकाशन विभाग तो सकारने की बात कह सकता है। और सैकड़ों कविताओं में यह तीनों बातें सकारी जा सकती हैं। पर इससे समाज को क्या मिलेगा यह तो दूर की बात है, कविता को क्या मिलेगा? सकारी कविता नाम का कोई आंदोलन भी नहीं चल पाएगा जो कहा जा सके कि समालोचकों को एक नया नाम तो मिला, कविता न हुई तो क्या!

[*जनसत्ता*, 'अर्थात्', 29 जुलाई 1984]

पर हस्ते गता गता

स्थान एक विदेशी दूतावास का संस्कृति विभाग। अध्यक्ष अभी नए-नए भारत आए हैं। सज्जन पुरुष हैं। इसके पहले दिल्ली में रहनेवाले संस्कृतिकर्मियों से उनका विशेष परिचय नहीं था।

वह मुझसे बताते हैं कि उनकी स्वयं की लिखी पुस्तकों में से एक का विषय 'ग्राम जीवन' है।

मैं उनके देश की भाषा न पढ़ सकता हूँ न लिख सकता हूँ, बोल तो पाता ही नहीं। पर ग्राम जीवन का नाम सुनकर उत्सुक हो उठता हूँ। कहता हूँ, 'जानने की इच्छा' है कि पुस्तक में आपने क्या लिखा है। वह कहते हैं, "देखिए, वह पुस्तक अंग्रेज़ी अनुवाद में आ चुकी है। पर उस अनुवाद की प्रति अभी यहाँ है नहीं। धारावाहिक रूप से एक पत्रिका में उसका हिंदी अनुवाद प्रकाशित होगा, ऐसा मुझे पत्रिका के संपादक ने बताया है। तब तक आप प्रतीक्षा कीजिए। हिंदी में छपेगी तब पढ़ लीजिएगा। ज़बानी कहाँ तक बता पाऊँगा।"

फिर सहज भाव से पूछ बैठते हैं, "वह पत्रिका तो आपने देखी ही होगी, अच्छा ठहरिए, मैं ही दिखा देता हूँ। संपादकजी उसकी कई प्रतियाँ मेरे पास छोड़ गए थे।" कहकर एक फाइल खोलकर एक पत्रिका की प्रति दिखाते हैं। मैं देखकर कहता हूँ, "अवश्य यह कोई नया प्रकाशन है, बाज़ार में तो देखा नहीं।" यह सुनकर अध्यक्षजी मौन रह जाते हैं फिर बताते हैं, "हाँ, हाँ, यह पंजाब कांड के बाद जनमत निर्माण के लिए छापी गई है।" मैं उसे उलट-पुलटकर देखता हूँ, कुछ नया-सा नाम है। कहता हूँ, "वैसे भी आजकल हिंदी में नई-नई पत्र-पत्रिकाएँ प्रकाशित होने लगी हैं। बाज़ार में आ ही जाएगी।" मैंने सोचा था वह मौन रह गए थे तो शायद इस कारण कि कुछ संदेह में पड़ गए थे। इसीलिए उन्हें वर्तमान में प्रकाशनों की वृद्धि के विषय में अपनी आशाजनक सकारात्मक राय दे डाली। पर ज़रा देर में ही पता चला कि उनका संदेह कुछ और था।

बोले, "मैं जब से यहाँ इस पद पर आया हूँ, जाने कितने लोग आकर मिल चुके हैं। यह तो अच्छा ही है। मेरा काम ही लेखकों, कलाकारों से मिलना है। पर मैं समझ नहीं पाता इनमें से कौन-कौन श्री राजीव गाँधी के मित्र हैं।"

मैं पूछता हूँ, "क्या आप किसी कारण से राजीव गाँधीजी के मित्र लेखकों की सूची बनाना चाहते हैं? यदि ऐसा है तो इसमें उलझन का कोई कारण नहीं, कोई भी जानकार व्यक्ति आपकी मदद कर देगा।"

बोले, "नहीं, ऐसा नहीं। मैं तो इसलिए चकित हूँ कि कई लोग यहाँ आकर अपने परिचय में विशेष बात यह बताते हैं कि मैं राजीव गाँधी का मित्र हूँ—बल्कि और भी कई बड़े-बड़े नाम लेते हैं—कहते हैं, अमुक से मेरा घनिष्ठ संबंध है, मैं उनसे मिलकर बात कर सकता हूँ, परामर्श दे सकता हूँ—काम करा सकता हूँ—और ऐसा ही कुछ वह कर फिर स्वयं अपनी विशेषताएँ बताने लगते हैं। तब मैं समझ नहीं पाता कि कौन सचमुच क्या है।" यह कहकर उन्होंने उस पत्रिका के एक पृष्ठ पर संपादक का एक अत्यंत महत्त्वपूर्ण राजनेता के साथ बैठे हुए एक फोटो दिखाया और संपादक के चित्र पर उँगली रखकर पूछने लगे, "आप जानते हैं इन सज्जन को? यही हैं वह जो मेरी पुस्तक धारावाहिक रूप से छापने के लिए ले गए हैं। क्या यह इतने बड़े नेता से घनिष्ठ रूप से परिचित हैं? कैसे व्यक्ति हैं यह?"

मैने कहा, "क्षमा कीजिएगा, अपने देश के किसी लेखक के बारे में यह राय मैं किसी विदेशी कार्यालय को नहीं देना चाहूँगा कि यह कैसे व्यक्ति हैं। पर आप किसी भारतीय लेखक के बारे में पूछें कि अमुक कैसे लेखक हैं तो 1951 से अब तक अनेक पत्र-पत्रिकाओं का समय-समय पर सहायक या प्रधान संपादक रह चुकने के नाते और स्वयं एक लेखक-समीक्षक होने के नाते अपनी राय दे सकता हूँ : फिर वह आपके काम की हो या न हो, यह आप तय कर लेंगे। परंतु अमुक कैसे व्यक्ति हैं, यह व्यक्तिगत बात न कहूँगा। आपसे भी तो मेरा परिचय अभी-अभी हुआ है। क्षमा चाहता हूँ, आप कैसे 'व्यक्ति' हैं यह भी मैं बिना आपसे यथेष्ट परिचय हुए कैसे जानूँ? और जान भी लूँ तो किसी भारतीय के बारे में आपके ऐसे प्रश्न का उद्देश्य जाने बिना अपनी राय क्यों बताऊँ? क्या आप अपने पास मिलने आनेवाले हर लेखक से दूसरे लेखकों के बारे में यही पूछते रहते हैं कि यह कैसा व्यक्ति है?"

सुनकर अध्यक्ष कुछ मलिन हो गए। मैंने उन्हें काफ़ी कड़ी बात कह दी थी। उन्होंने स्पष्ट किया कि "तुम बेकार ही शंकालु हो रहे हो। मेरे प्रश्न के दो कारण हैं। एक तो मैं अपनी बहुमूल्य पुस्तक की एकमात्र प्रति दे देने के बाद कुछ सोच में पड़ गया हूँ कि क्या सचमुच यह पूरी की पूरी हिंदी में छप जाएगी और उसका क़ोई दुरुपयोग न होगा। दूसरे यह कि सबके सब अपने को श्री राजीव गाँधी का मित्र बताकर मेरे पास आकर कोई न कोई योजना बता जाते हैं और इशारा कर जाते हैं कि उनके अनुसार राजीव गाँधी की उनकी मित्रता के कारण योजना निश्चय ही सफल होगी। साथ ही वरिष्ठ राजनेताओं के साथ छपी अपनी फोटो दिखाकर कोई लेखक जब मुझसे कुछ माँगता है तो मैं प्रभावित हो जाता हूँ क्योंकि मेरे देश में वरिष्ठतम राजनैतिक लोगों से इतना घनिष्ठ परिचय या तो सचमुच अति प्रसिद्ध लेखकों का हो सकता है या फिर उनका जो लेखक समाज में विशेष स्थान नहीं पाते, मैं समझ नहीं पाता क्या सच है क्या झूठ। इसीलिए तुमसे पूछ लिया?" फिर सहज भाव से कहा, "वास्तव में मैं सिर्फ़ जानना चाहता हूँ कि वह फोटो सच्ची है या बनावटी।"

दिल्ली में तैंतीस वर्ष रहने और पत्रकारिता, राजनीति और साहित्य में हिस्सा लेते रहने (भोपाली भाषा में 'हस्तक्षेप' करते रहने) के दौरान मैं ऐसे जाने कितने लेखकों और तथाकथित बुद्धिजीवियों को देख चुका हूँ जो किसी विदेशी के सामने हमारे अपने देश की व्यवस्था की असफलता और उसके सामान्य से सामान्य व्यक्ति की भर्त्सना करने में तनिक भी संकोच नहीं करते। इसमें वे अपनी बौद्धिक तटस्थता मानते हैं। परंतु आज एक निश्छल भाव से अपनी उलझन मिटाने के लिए एक विदेशी सज्जन ने जब ऐसा प्रश्न मुझसे पूछा जिसके पीछे भारतीयों के चरित्र की जिज्ञासा थी तो एक बार फिर मैं सोच में पड़ गया—विदेशियों के सामने हमारे ऐसे व्यवहार का परिणाम क्या होगा? किसी बड़े राजनेता का नाम लेकर कोई अपना काम बना ले, यह अपने में एक अलग नैतिक प्रश्न है : इसमें चालाकी हो भी सकती है, नहीं भी हो सकती है। पर यह शंका क्यों हो रही है इस देश के प्रतिनिधि के मन में कि 'यह फोटो असली है या नकली।' क्यों एक विदेशी राजनयिक को लग रहा है, कि भारत में लेखकों का यह सामान्य व्यवहार है? निश्चय ही वह विदेशी ऐसा मानकर नहीं चल रहा है कि बड़े राजनेताओं से मित्रता का दावा करनेवाले सभी लेखक सचमुच उनके मित्र हैं?

अभी तक सोच में पड़ा हुआ हूँ। कार्यवश व्यक्तिगत परिचय करने को और साहित्यिक, सांस्कृतिक, राजनैतिक प्रश्नों पर बहस, परामर्श, सलाह-मशविरा करने को विदेशियों से सभी स्वतंत्र हैं। पर वह क्या है जिसके कारण उस परिचय पर ही किसी विदेशी राजनयिक की दृष्टि में संदेह की मोहर लग गई है? यह विचारों से मतभेद का प्रश्न नहीं, यह हमारे राष्ट्रीय चरित्र पर संदेह की मोहर है।

[*जनसत्ता*, 'अर्थात्', 12 अगस्त 1984]

लेखक का बुढ़ापा

किसी ने कभी कहा था कि लेखक अपनी सर्वश्रेष्ठ रचना चालीस वर्ष की उम्र तक कर चुकता है, चालीस के बाद वह अपने को दोहराता रहता है और इस दोहराने की सफ़ाइयाँ दिया करता है। किसी और ने एक अन्य गूढ़ रहस्य बताया था कि यदि उपन्यास लिखना हो तो साठ वर्ष की उम्र में बढ़िया लिखा जा सकता है। एक और राय यह सुनने में आई थी कि बाईस वर्ष की उम्र में कवि जैसी कविता लिख देता है वैसी जीवन में फिर कभी नहीं लिख पाता है।

लेखन कर्म के बारे में और भी कई लोकोक्तियाँ होंगी। कम से कम इन तीन के बारे में जो ऊपर कही गईं, कुछ विश्वास के साथ कहा जा सकता है कि ये सत्य हैं भी और नहीं भी हैं। मेरे

विचार से बाक़ी भी आधी सच आधी झूठ ही होंगी। पर एक बात शायद पूरी सच है : यह कि लेखक बार-बार अपने अतीत में लौटता रहता है। अब यह वर्तमान और भविष्य से उसके संबंध पर निर्भर है कि अतीत में लौटकर वह क्या करता है। कोई ऐसा भी कर सकता है कि युवावस्था में उसने आसक्ति का जो अनुभव किया था उसकी याद में डूब जाए और पाठकों को बताने लगे कि वह अनुभव कितना सुखमय था, कितना दुखभरा था। तब तो वह अपनी जवानी की फ़ोटो दिखा कर यही बता रहा होगा कि देखो तब मैं कितना सुंदर दिखता था या तब मैं कितने कष्ट में था। इससे तो कोई रचना नहीं होगी। पीछे लौटना रचनाकार के लिए अर्थमय तभी हो सकता है जब उसकी जवानी की फ़ोटो में सिर्फ़ वही या उसकी प्रेमिका नहीं, उस वक़्त की दुनिया भी उसके या उन दिनों के साथ खड़ी हुई दिखे।

पर यह भी काफ़ी नहीं होगा। उस फ़ोटो को छाप देना केवल एक ज़्यादा बड़ी फ़ोटो छाप देने जैसा हो जाएगा। लेखक को तो हाथ से, अपनी कल्पना में एक तसवीर आँकनी होगी और बताना होगा कि जवानी की उम्र की फ़ोटो में झाँकती दुनिया के तथा हाथ की बनी तसवीर में अंकित दुनिया के बीच अंतर क्या है। वही अंतर लिखने का कारण है और अनुभव में पीछे लौटने की सार्थकता भी उसी अंतर को पहचान पाने में है। दूसरे शब्दों में, लेखक के केवल बूढ़े होते जाने का कोई महत्त्व नहीं है, न पुरानी यादों में खो जाने का कोई महत्त्व है। अपने को दोहराने का तो है ही नहीं। एक नई दुनिया बनाने का महत्त्व है। पर लेखक की वह नई दुनिया सचमुच कोई अर्थ रखती है या नहीं यह आज वे लोग जाँचेंगे जो लेखक की जवानी के दिनों में नहीं थे। अर्थात् लेखन एक परीक्षा है जिसके परीक्षक किसी सिफ़ारिश को नहीं सुनना चाहते।

लेखक होने की यह शर्त है कि इस परीक्षा में पास होते रहना पड़ता है। विश्वविद्यालय की सेमेस्टर प्रणाली जैसी है यह परीक्षा। मगर चूँकि यह एक 'खुले विश्वविद्यालय' में ली जाती है, इसमें एक पुराने ढंग की परीक्षा की भी गुंजाइश रहती है अर्थात् लेखक ने साल भर कुछ नहीं पढ़ा मगर सालाना इम्तहान में एक अद्‌भुत निबंध लिखकर नंबरों की कमी पूरी कर ली तो पास हो जाएगा। ऐसी गुंजाइश न रहे तो लेखक के कृतित्व में उमंग का, साहसिकता का और आश्चर्य का कोई स्थान ही न रहे और वह रोज़ एक निबंध लिखकर जमा करता रहे जो वास्तव में सबके सब एक-से हों। असल में रोज़ लिखना नहीं, रोज़ एक अलिखित सवाल का अलिखित उत्तर देना ज़रूरी है। अंतिम हिसाब तो एकाएक किसी दिन भी दिया जा सकता है। वह अकस्मात् फूटकर प्रकट हुई ऊर्जा रचनाकर्म की विशेषता है। उसे जमा करते रहना लेखक के व्यक्तित्व की विशेषता है।

उम्र बीतने के साथ लेखक के संग एक घटना और घटती है : वह अपने घर लौटना चाहता है। उस ज़मीन को फिर से छूना और उस पर खड़े होना चाहता है जिस पर उसे अपनापा मिलेगा। दिल्ली में बरसों रहने के बाद भी वह दिल्ली का नहीं हो सका है, वह किसी न किसी अर्थ में अपने शहर, क़स्बे या गाँव का आज भी है और वह अर्थ एकाएक 25 साल बाद उसे महत्त्वपूर्ण लगने लगा है; वह अपने छोटे-से शहर, क़स्बे या गाँव में लौट जाएगा। उसकी जगह वहाँ अब भी है।

मगर वह जगह कितनी बदल गई है। सँकरे बूचे घुटन भरे दरबेनुमा मकान बन गए हैं, मोहल्ले के नुक्कड़ों पर कचरे के ढेर स्थायी रूप से लगे रहते हैं, नगर के नेताओं में कभी हिंसक उजड्डपन दिख जाता है और एक भोंडी समृद्धि घर-घर में छाई हुई है। नगर सभ्यता का यह हाल 25 वर्ष में हो गया है। शहर में ही नहीं क़स्बे में और गाँव में भी इसी के अनुरूप ज़िंदगी और भूगोल के ऊपर लूट-खसोट मची है। लेखक के मन में घर लौटने का मतलब है दिल्ली की आपाधापी से दूर पेड़ों के तले एक हवादार घर हो जिसमें एक साफ़-सुथरे कमरे में एक चौकी और लैंप रखा हो, उसका लेखक हो और उसका वह नया संसार हो जो उसे काग़ज़ पर रच देना है।

अफ़सोस कि एक बार दिल्ली में एक पीढ़ी भर का समय बिता लेने के बाद लेखक किसी नगर,

क़स्बे या गाँव में लौटकर वहीं टिक नहीं सकता। वह दिल्ली छोड़कर सारे देश में नहीं तो कम से कम अपने प्रदेश में, और वह भी नहीं तो अपने जनपद में लगातार घूमते रहने को बाध्य है। दिल्ली ने उसे 25 वर्ष में एक रंगमंच दिया, जिस पर उस जैसे अनेक लोगों ने कुछ करतब कर दिखाए, मगर घर नहीं दिया, दिल्ली में उसका घर भारत भर के हस्तशिल्प से सजा हुआ था मगर बहुत छोटा था। उसमें उम्र के आख़िरी हिस्से में क़ैद रहकर वह रचना को जड़ कर देना नहीं चाहता है, मगर अपने नगर में उसका जो घर था वहाँ ज़िंदा रहने की आज़ादी कम हो गई है। अब घर उसके लिए घर तभी हो सकता है जब वह कम से कम भारत जितना बड़ा हो। आज़ादी आज ज़िंदगी के विविध रूपों को अपनी आँखों से देखने और सकारात्मकता के छोटे-छोटे प्रमाणों को एक जगह जुटाकर उनमें जुड़ने में है।

[*जनसत्ता*, 'अर्थात्', 14 अक्टूबर 1984]

नुक्कड़ नटकही

भागलपुर के 'दिशा' नामक जन सांस्कृतिक मंच ने एक परचा छपवाकर बाँटा है जिसका उद्देश्य नुक्कड़ नाटक के स्थापत्य या स्वरूप पर गंभीरता से विचार करने की प्रेरणा देना है। नुक्कड़ नाटक पर काम तो काफ़ी हुआ है और जनता की हिस्सेदारी और स्वीकृति ने इसे एक स्वतंत्र विधा की पहचान दिलाई है। इस विधा से जुड़े तमाम लोगों को एक-दूसरे के निकट लाने, नुक्कड़ नाट्य गतिविधियों की नियमित जानकारी देने-लेने और इसकी संभावनाओं पर नियमित बहस चलाने के उद्देश्य से एक पत्रिका निकालने की इच्छा 'दिशा' मंच ने की थी। परंतु जब अनेक संस्थाओं और रंगकर्मियों से संपर्क साधा गया तो आशाजनक जवाब नहीं आए। 'दिशा' ने नियमित पत्रिका निकालने का विचार त्याग दिया, परंतु जैसा कि 'दिशा' के एक परिपत्र में उदयकुमार ने लिखा, "नुक्कड़ नाटक के क्षेत्र में कड़ी का काम करनेवाला कोई माध्यम होना अवश्य चाहिए।"

यह परिपत्र, जिसे 'दिशा' 'बुलेटिन' कहती है, वही कड़ी है। इसका पहला अंक 'नुक्कड़ नाटक क्या? क्यों?' को लेकर सितंबर में निकला है।

नुक्कड़ नाटक समाज की वह सार्वजनिक नाटक अभिव्यक्ति है जो अधिक से अधिक स्वतंत्र और कम से कम परावलंबी साधनों से कारगर रूप में हो सकती है और साथ ही साथ जिसमें दर्शकों की हिस्सेदारी उपभोक्ताओं की तरह नहीं, बल्कि सहभोक्ताओं की तरह होती है। नुक्कड़ अपने-आपमें इस नाटक के रूप को निर्धारित करता है। वहाँ हर कोई नाटक खेलने को स्वतंत्र है, बशर्ते कि वह रास्ते को कनात से घेरकर सीमित निमंत्रितों के लिए मनोरंजन न जुटाने लगे। इस मूल शर्त से शुरू करके नाट्य रूप के और शैली के अनेक और अनंत विधान उत्पन्न हो सकते हैं। परंतु जैसा कि भागलपुर की संस्था ने ज़ोर देकर कहा है, यह आवश्यक है कि इसका लक्ष्य जीवन की घटनाओं को हूबहू पेश कर दर्शकों में यथार्थ का आभास पैदा करना न हो, बल्कि प्रस्तुत घटना को समझना और उसका मूल्यांकन करना हो। इस प्रक्रिया में वह दर्शकों को हर बार समाज की समझ और उससे रिश्ते को नए और अधिक सार्थक धरातल पर ले जाएगा।

सामाजिक बदलाव में इस नाटक की भूमिका अनिवार्य है। यह नाटक के लिए नाटक नहीं है। जकड़बंद रंगमंच पर यह राजनैतिक कर्म नहीं सफल हो सकता, क्योंकि वैसे दायरे में बँधते ही दर्शक तैयार माल ख़रीदनेवाले और निर्माता माल तैयार करनेवाले हो जाते हैं, जबकि राजनैतिक नाटक (या

कहें समस्या नाटक या विचार नाटक) दर्शकों को किसी बंधन से मुक्त होने और उससे आगे सोचने के लिए प्रेरित करता है। कथ्य के अलावा शैली में भी वह यही करता है—उसका पात्र अभिनय भी अमुक-अमुक बनकर दिखाने के लिए करता है, न कि यह दिखाने के लिए अमुक-अमुक है। पात्र एक घटना को दोहराते हैं तो दोबारा एक यथार्थ की सृष्टि करने के लिए नहीं बल्कि यह बताने के लिए कि जो यथार्थ है वह क्यों है और क्या है। इसी 'क्यों' और 'क्या' से 'कैसे' निकलता है और यहीं नुक्कड़ नाटक अपने दर्शकों के कारण अंतःपुर नाटक से भिन्न हो जाता है। नुक्कड़ नाटक के दर्शक अभिनय को किसी रहस्य या चमत्कार की तरह नहीं देखते। अपने ही संचित अनुभव के प्रमाण के रूप में देखते हैं : इस प्रक्रिया में कथ्य के अनुसार कल्पना और आविष्कार का योग देकर कला को माँजते हैं। कोई शैली आयातित करने की ज़रूरत नहीं होती और की जाए तो बहुधा उसका जनजीवन से विच्छिन्न होना तुरंत दीख जाता है जिससे वह रद्द करने लायक़ सिद्ध हो जाती है।

अब प्रश्न यह है कि क्या सैकड़ों-हज़ारों (बल्कि अच्छा हो कि लाखों) नुक्कड़ों पर जो नाटक हो रहा होगा, वह अब स्थापत्य या स्वरूप के मामले में एक-सा हो सकता है? मेरे मत से नहीं हो सकता और होना भी नहीं चाहिए। यदि किसी एकरूपता के लिए आग्रह किया जाएगा (कोई कर नहीं रहा है) तो हम नुक्कड़ नाटक को उसके रंगस्थल के परिवेश से अलग करने लगेंगे।

मेरा एक सुझाव है जो यहाँ लिख दे रहा हूँ। नुक्कड़ नाटक की मंडलियों (या अधिक सही होगा, मंचों) को अपने-अपने यहाँ खेले गए नाटकों की विविधता और संख्या बढ़ानी चाहिए ताकि उनमें से कुछ को बार-बार और कम मोहलत पर अलग-अलग परिवेशों में दोहराया जा सके। जहाँ नुक्कड़ रंगकर्मियों ने यथेष्ट साधन जुटा लिए हों, वहाँ एक-एक सप्ताह के रंगशिविर किए जाएँ। रंगकर्मी प्रतिदिन सबेरे बैठें और पाँच मिनट से लेकर आध घंटे तक की कम से कम एक नई प्रस्तुति तैयार करें। शाम को इन्हें खेला जाए। पूरा कार्यक्रम एक घंटे का हो जिसमें अधिक से अधिक आध घंटे का समय अलग से संगीत और कविता को दिया जाए। बाक़ी नाटक को। आशा है यदि इस सुझाव पर कोई दल काम करे तो एक सप्ताह के अंत में उसके पास उसके अपने दल की एक-एक खेल पिटारी हो जाएगी। इसमें बार-बार दोहराने लायक़ कुछ खेल तो होंगे ही, जिनसे डेढ़-दो घंटे का एक कार्यक्रम सप्ताहवार किया जा सकेगा।

प्रतिदिन एक प्रस्तुति तैयार करने का विचार नुक्कड़ नाटक के संसार का स्वाभाविक स्वस्थ विचार है, साधन की कमी ही इसे पूर्ण होने से रोकती है। साधनों में मुख्य है कथावस्तु और वह एक जागरूक अध्यवसाय से जुटानी चाहिए। इसी का उपाय ऊपर सुझाया गया है।

[*जनसत्ता*, 'अर्थात्', 28 अक्टूबर 1984]

नक़ली निर्भीकता ख़तरनाक है

एक अख़बार में एक नामी-गिरामी लेखक का (लेख नहीं) संपादक के नाम पत्र छपा देखा कि लेखक एक समस्या में फँस गए हैं, पाठक उन्हें छुड़ाएँ। समस्या यह है कि लेखक को एक सरकारी विभाग को घूस देने की इच्छा हो रही है, पर उन्हें मालूम नहीं कि घूस कैसे और किसे दी जाए! लेखक के पास एक छोड़, दो-दो टेलीफ़ोन हैं, परंतु दो को छोड़ें, एक भी काम नहीं कर रहा है, तीन महीने से। वह सब जगह दरवाज़ा खटखटाकर हार गए हैं, इसलिए अब परास्त होकर पतित होने को तैयार हो गए हैं। (यह सब इन शब्दों में कहा नहीं गया है, पर भावार्थ यही है।) तो संपादकजी, आपके पाठक बताएँ कि मैं किसको घूस दूँ कि मेरा फ़ोन ठीक हो जाए! घूस देने की कुछ शर्तें हैं, जिनमें सबसे

दिलचस्प यह है कि लेखक को यह तो बताया ही जाए कि घूस किसे देनी है—मंत्री को, कि अफ़सर को, कि मिस्त्री को! साथ ही यह आश्वासन भी दिया जाए कि देने पर घूस सही जगह पहुँच जाएगी। इतना हो सके, तो लेखक महोदय को घूस देने में कोई आपत्ति नहीं, मगर टेलीफ़ोन फिर दोबारा ख़राब न हो।

लेखक साहित्यस्रष्टा हैं, इसलिए वह टेलीफ़ोन पर कहानी या लेख लिखते, तो वह भी छप जाता और वह छपता ही नहीं, पारिश्रमिक भी दिलाता। मगर तब खोजबीन करके यह लिखना पड़ता कि टेलीफ़ोन विभाग में अव्यवस्था क्या और क्यों है, जिससे जनता को यह सुविधा नहीं मिल पा रही है। मगर लेख की जगह पत्र लिखने से अपने टेलीफ़ोन की ख़राबी का रोना रो देना ही काफ़ी हो गया। इसी निजी दुख पर लेख लिखते, तो उसके पाठक बहुत कम मिलते, क्योंकि टेलीफ़ोन की सुविधा हमारे समाज में केवल विशिष्ट लोगों के लिए, लाखों में एक के लिए सुरक्षित है। इसलिए लेखक ने एक विशिष्ट व्यक्ति की तरह एक सुविधा प्राप्त की, जो सबको मिलनी चाहिए थी और जब उसमें कोई बाधा आई, तो साधारण आदमी बनकर साधारण आदमी के पास शिकायत करने जा पहुँचे, जिसे वह सुविधा इस व्यवस्था में मिल नहीं सकती। इस साहस से अपनी विशिष्टता और निर्भीकता सिद्ध की और दोबारा लेखक बन गए। कितना अच्छा होता, यदि लेखक जनता से कहते कि मेरा फ़ोन कोई ठीक नहीं कर रहा है, मगर मैं इसे ठीक कराने के लिए घूस नहीं देनेवाला हूँ। क्योंकि अगर मैं भी घूस देने लगा, तो न देनेवालों को न देने और भ्रष्टाचार मिटाने का साहस नहीं मिल पाएगा और अपने स्वाभाविक अधिकारों को भी पैसे देकर ख़रीदने का भ्रष्टाचार बढ़ावा पाएगा।

कुल मिलाकर एक लेखक का खुलेआम घूस देकर एक स्वाभाविक अधिकार ख़रीदने का यह विज्ञापन एकसाथ कई तरह की सामाजिक मान्यताओं का पोषक है। एक यह कि मंत्री घूस ले रहे हैं, तो यह बुरी बात होगी, पर मैं देने में समर्थ हूँ, इसलिए यह बुरी बात नहीं है। दूसरे यह कि छोटे कर्मचारी भी भ्रष्ट हैं, वे घूस तो ले लेते हैं, पर मंत्री तक पहुँचाते नहीं। तीसरे यह कि शब्द-विचार और अधिकार के स्वामी मेरे जैसे लेखक ग़रीब आदमियों के बाहर एक संसार बना लेंगे और वहीं, ग़रीबों के छीने हुए अधिकारों का स्वयं उपभोग करने के लिए उनके टैक्स से निर्मित सुविधाओं की ख़रीद-फ़रोख़्त किया करेंगे।

ये कुछ सामाजिक मूल्य हैं, जो यह 'संपादक के नाम पत्र' लिखकर एक 'जनवादी' लेखक बता रहा है। ऊपर से अपने विचारों पर प्रतिष्ठा की मोहर भी लगा रहा है, क्योंकि वह एक लेखक है और इस समाज में लेखक होना ही प्रतिष्ठा का सूचक है।

हो सकता है, मेरी टिप्पणी पढ़कर लेखक महोदय मेरे 'अज्ञान' पर हँसें और कहें, "मैंने तो व्यंग्य में लिखा था, जिससे इस भ्रष्टाचार का परदाफ़ाश हो। यह परिहास-विमुख आलोचक समझा ही नहीं" (क्या मैं खुद जानता नहीं कि घूस कहाँ दी जाती है), तो मेरा जवाब यह होगा कि श्रीमान, व्यंग्य एक ख़तरनाक हथियार है। जिस समाज में अन्याय और शोषण हद से ज़्यादा बढ़ जाता है, वहाँ सामान्य व्यक्ति के कष्टों और हितों की समझ दो हिस्सों में बँट जाती है। तब विभाजन रेखा के उस पार के लोग कितनी सफ़ाई दें कि वे व्यंग्य करके निर्भीकता से इस शोषण का परदाफ़ाश कर रहे हैं, मगर उनका व्यंग्य उनकी निर्भीकता से नहीं, इस बात से ही जाँचा जाएगा कि वे विभाजन रेखा के इस पार के लोगों के साथ हैं या उस पार के।

वह किधर हैं, इसका साक्षी उनका लिखा हुआ यह व्यंग्य ही होगा, उनके राजनैतिक दल का प्रमाणपत्र नहीं। जो लेखक उपेक्षित वर्ग की सहानुभूति पाने के लिए दिखाते हैं कि वे उनके हितों के लिए लड़ने में समर्थ हैं, उनकी पोल उनके लिखे व्यंग्य से खुल जाती है। पता चल जाता है कि जिस बल का,

घूस दे सकने के बल का. वह प्रदर्शन कर रहे हैं, उसका प्रयोग करना समाज के किस वर्ग की संस्कृति का पोषण करेगा। हाँ, यदि घूस दे-देकर जनक्रांति करने की कोई योजना उनके दल ने बनाई हो और उसका शास्त्र भी निरूपित किया हो, तो उस विचारधारा का प्रतिपादन लेखक महोदय करें, वह पढ़ने लायक़ होगी।

[*रविवार*, 'लेखक के चारों ओर', 15 दिसंबर 1984]

सामाजिक यथार्थ : फ्रांस-भारत संवाद

फ्रांस में भारत मेले की तैयारियाँ हो रही हैं। फ्रांस में पेरिस विश्वविद्यालय की हिंदी आचार्या श्रीमती निकोल बलबीर कुछ फ्रांसीसी लेखकों और पत्रकारों के साथ भारत आई हुई हैं और साहित्यकारों से मिलजुल रही हैं, ताकि एक तो फ्रांस में समकालीन भारतीय साहित्य के बारे में कुछ ठीक-ठाक बताया जा सके और दूसरे भारत मेला के लिए कार्यक्रम बनाए जा सकें। फ्रांसीसी मित्र समाज के कमरे में नई दिल्ली में एक गोष्ठी इस सिलसिले में हो चुकी है।

भारत और फ्रांस के लेखकों के बीच संवाद होगा तो किस आधार पर होगा? यह समझने की ज़रूरत है। दोनों देशों के सामाजिक, आर्थिक और राजनैतिक चरित्र में मौलिक अंतर है। यह अंतर यों है कि संपत्ति के उत्पादन, प्रौद्योगिकी और प्राकृतिक एवं शिल्पगत साधनों पर अधिकार के मामले में भारत में बराबरी, न्याय और स्वाधीनता के पक्ष में एक लड़ाई जारी है। हम 'भारत की खोज' में आज भी लगे हुए हैं और लगे रहेंगे, क्योंकि हमने अभी तक नहीं माना है कि 1947 के बाद हिंदुस्तान पर काले सोहबों का राज हो गया है या नहीं हो गया है तो हो जाना चाहिए, बल्कि दिन-ब-दिन हम सत्ता के दुरुपयोग के विरुद्ध लोकजीवन में प्रतिकार के स्वरूप प्रकट होते देख रहे हैं। उधर राजनीति बार-बार परास्त हो रही है और एक सामाजिक कर्म के रूप में इतनी संगठित नहीं हो पा रही है कि इस प्रतिकार की शक्ति को एकत्र कर ले और एक गुणात्मक सामाजिक परिवर्तन के लिए समाज का मन बना सके। मगर साहित्य में हालत कुछ बेहतर है। वहाँ परंपरा शाश्वत मूल्यों के लिए बदली परिस्थितियों में संघर्ष के नए रास्ते खोजने की ताक़त देती है। यों कहना चाहिए कि परंपरा के भीतर से वह दृष्टि मिलती है जिससे समाज नए रास्तों को खोज सकता है और यह भारतीय लेखक के लिए जीवनदायी अनुभव है। हमारे यहाँ लेखक जानता है कि वह एक नया समाज बनाने के लिए लिखता है, जो केवल शुभाशंसा से भरा और अन्याय से पोषित समाज नहीं है, बल्कि कर्म के साधनों में बराबरी की हिस्सेदारी देनेवाला और आदमी की आज़ादी की मान्यता बार-बार दोहरानेवाला समाज है जिसमें अपने बनाए आनंद के लिए जगह है। साहित्य वहाँ शोषण से उत्पन्न उत्पादन की खपत बढ़ानेवाला विज्ञापन नहीं है। प्रेम, विद्रोह और भाईचारे का अनुभव वहाँ न खुद बिक्री का माल है न आत्मा को वैसा माल बनने देता है। सत्ता या किसी भी तरह की केंद्रीकरण की शक्तियाँ इस समाज में साहित्य के सामने एक प्रतिद्वंद्वी की तरह खड़ी होती हैं। इसके साथ एक निरंतर टकराव से ही एक स्वस्थ संतुलन उपजता है जिसमें संगठित सरकार भी संभव है और मनुष्य की आज़ादियाँ भी।

इस खोज में फ्रांस ने लोकतंत्र के कई बरस ख़र्च किए और अंत में एक अनुदारतावादी सरकार को, जो राष्ट्रवाद और बड़ी संहारक शक्तियों से सहअस्तित्व के आधार पर अपनी राष्ट्रीय स्वाधीनता बनाए हुए है, जन्म दिया। इसकी तुलना में हम फ्रांस से बहुत पीछे हैं, क्योंकि राजनैतिक प्रवृत्तियाँ फ्रांस के लगभग समान दिखती भले हों, परंतु विशाल जनता उन्हें समर्थन नहीं देती। हमारे यहाँ लोकतंत्र की एक गहरी परंपरागत भावना बहुत-से अधिनायकवादी प्रयत्नों को सर्वानुमति नहीं देती। असहमति

की और प्रतिकार की भाग्य-भारती राजनैतिक संस्कार में बसी हुई है और यह अभी तक तो जन के पक्ष में ही है। अगले 15 वर्षों में विश्व में राजनीति की वे नई चालें, जो दुनिया के उपजाऊ और मेहनतकश समाजों को राजनैतिक गुलामी में फँस लेने के लिए चली जाएँगी, भारत को किस तरह फाँसती हैं, यह वक़्त रहते ताड़ना और इसका उपाय करना ही भारत को एक नई क़िस्म का अखाड़ा बनने से बचा पाएगा। इसीलिए भारतीय लेखक आज भी पश्चिम के और विशेष रूप से फ्रांस के साहित्य और समाज संबंधी विचारों के प्रति जागरूक रहते हुए उन्हें स्वीकार नहीं सकता है। इसीलिए सामाजिक यथार्थ को जानना और उसे साहित्य के द्वारा बरतने का प्रयत्न भारतीय लेखक के लिए साहित्य के रूप और व्याकरण की चिंता से न विच्छिन्न है, न हो सकता है, कम से कम तब तक नहीं, जब तक कि वह आत्मदया और परपीड़न की संस्कृति के आगे पूरी तरह परास्त नहीं हो जाता। ऐसा हो नहीं सकेगा, इसका आश्वासन साहित्य को जीवन और समाज के प्रति अपनी ज़िम्मेदारी मानने की परंपरा से मिलता है। विश्वासपूर्वक कहा जा सकता है कि अगले बरसों में भारत की विशालता और प्राचीनता ही अपने भीतर से ऐसी विविधता और लोकतंत्रीय चेतना बाहर लाएगी जो यूरोप की शोषणमूलक सभ्यताओं से अलग एक भारतीय यथार्थवादी, लौकिक समझ पैदा करेगी। आज यही विशालता सत्ता के केंद्रीकरण का बहाना बनाई जा रही है मगर यह विचारधारा इतिहास को पीछे ले जानेवाली और गुलामी को मंजूर करानेवाली नक़ली आधुनिकता की पैदा की हुई है। भारत और यूरोप के बीच कोई भी संवाद इस असलियत को उजागर किए बिना संभव नहीं है और संभव कराया भी गया तो झूठा होगा।

[*जनसत्ता*, 'अर्थात्', 1984]

मेरी प्रिय कठिन भाषा

एक मित्र ने जो अख़बार में काम करते हैं, मुझसे शिकायत की कि तुम जो लिखते हो, उसे पढ़ने (यानी समझने) में कष्ट होता है, क्योंकि बहुत सजग होकर पढ़ना पड़ता है। उनका ख़याल था कि वह एक अवगुण है और मुझे सरल भाषा लिखना सीखना चाहिए। मैंने कहा, आपको कष्ट दिया हो, तो क्षमा चाहता हूँ, परंतु आपको शायद यह जानकर कुछ संतोष होगा कि मुझे लिखने में भी कष्ट करना पड़ता है, क्योंकि बहुत सजग होकर लिखता हूँ। मुझमें और आपमें अंतर यह है कि आप मेरा लिखा एक उपभोक्ता की तरह पढ़ रहे होते हैं, जबकि मैं एक विक्रेता की तरह लिख नहीं रहा होता हूँ। इस पर वह तत्काल कुछ समझे नहीं (पहले बता ही चुके थे कि मेरी भाषा कठिन है) और फिर हा, हा हा, फिस्स करके हँस पड़े। बात आई-गई हो गई।

इस वार्तालाप के बाद पुणे के भाषाशास्त्री अशोक केलकर का एक लेख एक पत्रिका में पढ़ने को मिला। अशोक केलकर से कुछ दिनों पहले भोपाल के भारत भवन में मध्यप्रदेश कला परिषद की 'जनतंत्र और समालोचना' गोष्ठी में भेंट हुई थी। इसीलिए बड़े चाव से उनका लेख पढ़ा। उससे अपने मित्र को बताने लायक़ कुछ बातें हाथ लगीं। कठिन भाषा की शिकायत करनेवाले और सरल भाषा का पक्ष लेनेवाले अन्य मित्रों के विचारार्थ उन्हें यहाँ लिख दे रहा हूँ।

पहली बात तो यह है कि आपको लिखा हुआ कुछ भी पढ़ने में प्रयत्न करना पड़ेगा। नहीं पड़ेगा तो तब नहीं पड़ेगा, जब उसमें जो कहा गया है, उसे अपनी विषयवस्तु के और विचार-जगत् के संदर्भ में देखे बग़ैर समझा जा सकता हो, यानी लेख के पाठ और परिस्थिति के संदर्भ में किसी वाक्य को नया अर्थ देने की ज़रूरत न मालूम होती हो। ऐसी भाषा साधारण भाषा होती है और कभी-कभी सरल

भी, पर वह भाषा के सामर्थ्य को विकसित नहीं करती। ऐसी भी सरल भाषा होती है, जो भाषा के सामर्थ्य को विस्तृत करती है। उसी को समझने में कभी-कभी एक बँधे-बँधाए संदर्भ के बाहर जाना पड़ता है और तब सजग होकर पढ़ने की आवश्यकता आ खड़ी होती है। यदि लेखक के विचार या शैली में पाठक को उद्वेलित करने की शक्ति है तो पाठक प्रयत्न करता है और भाषा का अर्थ खोज लेता है। नहीं तो पढ़ना बंद कर कुछ ऐसा लेखन खोजने लगता है, जिसे पढ़ने से उसे अपना संदर्भ क्षेत्र व्यापक करने की ज़रूरत न पूरी करनी पड़े।

सरल भाषा लिखना बहुत कठिन है, मगर निरीह भाषा लिखना आसान है और कभी-कभी तो भाषा निरीह भी होती है तथा दुरूह भी, क्योंकि उसमें कोई जीवंत संदर्भ नहीं होता। आजकल निरीह भाषा की बहुत-सी मिसालें कविता और पत्रकारिता दोनों में मिल रही हैं, जो सरल दिखती हैं, मगर संदर्भहीन होने के कारण दुरूह हैं। यह हिंदी गद्य की एक नई स्थिति है और यह उस गद्य में विशेष रूप से पाई जाती है जो कविता में इस्तेमाल किया जा रहा है।

साधारण भाषा के इस्तेमाल का दावा करने से प्रसन्न कोई व्यक्ति जब कुछ लिखता है, तो ख़तरा यह खड़ा हो जाता है कि साधारण भाषा अपने इस्तेमाल करनेवाले को भी नए अर्थ बता सकने की ज़िम्मेदारी से मुक्त करके निरीह बना दे। साधारण भाषा इस्तेमाल होने के बाद लेखक के पास बच नहीं रहती, उसकी आसानी ही उसके विसर्जन का कारण बन जाती है। ऐसे लोग भाषा की चिंता तभी करते हैं, जब कोई बात कहने से कठिनाई आड़े आ रही हो। कठिनाई मिट जाते ही वे भाषा की स्मृति खो देते हैं।

साधारण भाषा को लेकर भाषा से प्रेम नहीं हो सकता। क्योंकि उसके प्रति बार-बार वही रुख़ बनता रहता है, जो काम निकल आने पर छोड़ दिए जानेवाले किसी साधन के प्रति हो सकता है। भाषा-प्रेम का असली अर्थ तो यह है कि भाषा में छिपे अर्थों को खोलने और बरतने की इच्छा हो और उनका आदर किया जाए। भाषा के बहाने से मनुष्यों के जीवन पर कब्ज़ा करनेवाले राजनीतिक लोग भाषा में न कोई अर्थ खुद भरते हैं, न किसी को भरने देते हैं। वे कुछ पिटे-पिटाए अर्थों को, जिनसे उनका काम निकल जाता हो, रूढ़ करके भाषा को आडंबरी और जड़ बना देते हैं। एक नक़ली कठिन भाषा बन जाती है, जो अनेक अर्थों की छटा का आभास देती है पर वे दरअसल मौजूद होते नहीं।

असली कठिन भाषा वह नहीं है, बल्कि वह है जो समझने में दिमाग़ पर ज़ोर डाले और जो अपने विषय क्षेत्र से बाहर के संदर्भ में भी अर्थ उत्पन्न करे। इसलिए मैं तो कहूँगा कि साधारण भाषा से ख़बरदार रहिए और कठिन भाषा से डरिए मत।

[*रविवार*, 'लेखक के चारों ओर', 11-17 नवंबर 1984]

आधुनिकता : भारतीय समाज के संदर्भ में

संवेदन का समाज से कहाँ रिश्ता है, इस पर कुछ बात हुई है। पर कुछ बातें जो अपूर्ण हैं उन्हें सही ढंग से पूरा करना है। बहुत बातें ऐसी हैं जो खुद सवाल पूछने से ज़्यादा अच्छे नतीजे निकाल सकती हैं। वे सवाल कुछ इस तरह के हैं : 'क्या वजह है कि पिछले कई वर्षों में, जब से साहित्य में आधुनिकता और आधुनिक संवेदना की बात होने लगी हम लोग कुंठा, यातना, वितृष्णा, विरक्ति और इससे आगे जाकर सर्वनाश की बातें भी करते रहे हैं और इन्हीं को आधुनिकता का प्रतीक मानते रहे हैं?' शुरू

में तो किसी भी तरह की स्थिर मान्यता के विरुद्ध कुछ भी बोलना आधुनिकता माना जाता था। किसी भी तरह के स्थापित मूल्य पर, जो कि जड़ हो चुका हो, आक्रमण करना ही आधुनिकता थी। फिर बाद में इसके नतीजे उलझे हुए दिखाई देने लगे पर उस उलझाव के पीछे जो शून्य था, जिसके कारण वह उलझाव था, वह तब भी नहीं समझा गया क्योंकि उसका सामाजिक संदर्भ बहुत थोड़े-से लोगों ने जानने की कोशिश की, साहित्यकारों ने तो बिलकुल ही नहीं। शायद गाँधी एकमात्र आदमी थे जिन्होंने कि आज से पचास वर्ष पहले प्राकृतिक संपदा और जनशक्ति के मनुष्य द्वारा दोहन के कुछ रास्ते ग़लत और कुछ रास्ते स्वीकार्य मानकर उनका स्पष्ट विभाजन किया था और प्रकृति और जनशक्ति के उपयोग की प्रक्रिया से जो सत्ता पैदा होती है उसके ख़िलाफ़ उन्होंने एक—क्या उसके लिए शब्द होगा—एक नॉन पावर की—सत्ता के विपरीत एक दुनिया मानी थी और आज भी वह बात सही है, बल्कि आज उसको ज़्यादा लोग मान रहे हैं। सत्ता के विपरीत जो कुछ भी हो सकता था वह भी सत्ता ही होती, लेकिन वह विकेंद्रित सत्ता होती और उसी नाते वह आर्थिक प्रक्रिया जिससे हम विकास का, मानव जीवन का, जीवन की पद्धति का और जीवन-मूल्यों का भी, निर्धारण करते वह एक अधिक मानी हुई प्रक्रिया होती क्योंकि वह भी विकेंद्रित होती, उसके औज़ार विकेंद्रित होते अर्थात् मनुष्य अपने मूल अधिकारों का उपयोग यथासंभव संपूर्ण रूप में अपने लिए तो करता लेकिन उसके मूल अधिकारों का उपयोग किसी और के लिए न होता। यही धारणा विकेंद्रीकरण में निहित है, यह स्वतंत्रता की धारणा भी है और समता की धारणा भी। इसकी खोज के जो रास्ते गाँधी को पचास वर्ष पहले दिखाई दिए थे वे अनेक कारणों से साहित्यकारों को नहीं दिखाई दिए और उन्होंने उस विकृति को जो कि उनके सोच में आधुनिकता की प्रचारित पहचानों को स्वीकार करने के कारण पैदा हो रही थी, नहीं पहचाना। जैसा मैंने कहा, शुरू में किसी भी चीज़ के विरुद्ध होना ही आधुनिकता लाती थी; फिर अगला क़दम आते-आते तक यह बहुत नाकाफ़ी सिद्ध होने लगा। लेकिन चूँकि पहचाना नहीं गया इसलिए रास्ता कोई नहीं मिला। मसलन स्त्री-पुरुष का संबंध, आदमी और ज़मीन का संबंध और सत्ता के जो परंपरागत केंद्र हैं उनका और संसार में औद्योगीकरण और साम्राज्यवादी औद्योगीकरण के कारण जो नया सत्ता-संस्थान बन रहा था उसके बीच में संबंध, स्थापित सत्ता-संस्थानों के और नए सत्ता-संस्थानों के बीच में संबंध, इनका हमारे यहाँ लोगों ने ज़्यादा परेशानी से विचार नहीं किया और इसके लिए कोई दोष देने की बात नहीं है। अगर हमारे यहाँ बड़े पैमाने पर वह साहित्य नहीं लिखा गया जिसमें वास्तविक आधुनिक चिंताएँ प्रकट हो रही हों, तो उसका कारण यह था कि जिस दौर में यूरोप सारी दुनिया का शोषण कर रहा था और खुश भी हो रहा था और भुगत भी रहा था, उस दौर में हम उन पहले से बने-बनाए रास्तों में से कुछ को जाँच रहे थे जो हमारे पास थे—कि क्या ये हमारे लिए आगे ठीक हो सकते हैं? कुछ नए रास्ते खोज भी रहे थे। जो नए रास्ते दिखते भी थे, मतलब गाँधी का रास्ता, उसके लायक़ बड़े पैमाने पर संगठित राजनीति नाम की चीज़ हमारे पास नहीं थी। बहुत लंबा अरसा हमको उसकी खोजों में लगा जो कई तरफ़ को जाती थीं और उस अरसे में यह संभव नहीं था कि साहित्य को सबसे बड़ा काम माना जाता। इसलिए अगर साहित्यकारों ने साहित्य के बहुत ज़्यादा प्रमाण प्रस्तुत नहीं किए तो उनका दोष नहीं है।

अब हाल के कुछ वर्षों को लें। उदाहरण के लिए सन् '67 को लें। सन् '67 में या उसके आसपास साहित्य में बड़ा ज़बरदस्त, देखने में बड़ा ज़बरदस्त विरोध का एक दौर आया था, जिसमें इस तरह का बहुत चीत्कार था कि समाज, संसार, व्यक्ति आदि सब नष्ट हो गए हैं, विकृत हो गए हैं। वास्तव में तो वह केवल कुछ ही लोगों को धोखा दे सकता था, शायद सिर्फ़ वह सब लिखनेवालों को ही, पर इन्हीं लोगों ने साहित्य में एक यह भ्रम पैदा किया कि यह बड़ा आधुनिक साहित्य है। मेरी परिभाषा के अनुसार आधुनिक साहित्य वह नहीं था क्योंकि आधुनिक क्या है सिवाय इसके कि वह मनुष्य के मूल अधिकार के लिए एक संघर्ष का परिणाम है—वह संघर्ष जो कि है तो सतत, लेकिन जो हमेशा

देश और पद्धति के बदलाव और फैलाव के कारण अपना रूप बढ़ाता और बदलता रहता है। जिस समय पहले-पहल चरागाह में आदमी ने आर्थिक कार्रवाई शुरू की होगी उस वक़्त भी यह संघर्ष रहा होगा, लेकिन तब सूक्ष्म और सरल रूप में था। कितना स्थानीय था यह हम जानते नहीं, लेकिन यह समझ सकते हैं कि आज के उस विश्व-रूप में नहीं था, आज के उस रूप में नहीं था जिसमें एक मानव-समूह अपने देश को छोड़ बाक़ी सब देशों को अपनी संपत्ति के अर्जन का साधन मानता है और वहाँ से वह बहुत कुछ लूटता और खींचता है, उसी के आधार पर स्वयं सत्ता का संग्रह करता है। इस गुणात्मक परिवर्तन के कारण मनुष्य के मूल अधिकारों के संघर्ष की पद्धति और उसकी तीव्रता बदल गई है और इसलिए आधुनिक होना इस परिवर्तन को बराबर पहचानना भी है और उसको पहचानने के साथ-साथ उसके लिए एक वैचारिक और सैद्धांतिक उपाय करना भी। ये सब प्रक्रियाएँ वैसी तेज़ी के साथ जैसी कि इतिहास की अपेक्षा है अभी हमारे समाज में नहीं हो रही हैं और आज भी यह बात कहीं न कहीं सही मानी जाती है कि आधुनिक होने का मतलब है पश्चिम में सत्ता के अत्यधिक केंद्रीकरण और अत्यधिक शोषण के जो परिणाम निकले हैं उनकी सिर्फ़ चर्चा करना। उन परिणामों से चर्चा द्वारा सचेत होना आधुनिकता में शामिल नहीं किया जाता, क्योंकि उनसे सचेत होते ही अपने पर कुछ ऐतिहासिक ज़िम्मेदारियाँ आ पड़ती हैं। फिर उनके निर्वाह के लिए समाज की संरचना और उससे भी बढ़कर प्रौद्योगिकी के इस्तेमाल की एक योजना पर विचार करना होगा और यह हमारे यहाँ सांस्कृतिक कार्यों से अलग एक कार्य माना जा रहा है, यद्यपि वह वैसा है नहीं। दोनों काम एक ही हैं, जितना अधिक दोनों एक होंगे, उतना ही अधिक यह संभव होगा कि हम वास्तव में जिस मानव-मूल्य की और जिस मानव-गरिमा की खोज कर रहे हैं उसकी दिक़्क़तें समझ पाएँगे, उसके तनावों को समझ पाएँगे और खुद अपनी परिस्थितियों को समझ पाएँगे।

कई चीज़ें ऐसी हैं जो बड़े पैमाने के कारण और साधनों के आत्यंतिक रूप से अर्थात् गुणात्मक रूप से बदल जाने के कारण अपने अर्थ बदल चुकी हैं। जैसे हत्या पहले भी होती रही होगी, शेक्सपियर के समय में भी होती थी और उसने एक बड़ा सुंदर वर्णन भी किया है—कहा है कि हत्याएँ हमेशा होती रही हैं और मरने के बाद लोग बिला जाते रहे हैं, लेकिन एक हत्या उसके एक पात्र ने ऐसी की है कि जिसकी हत्या हुई है वह बार-बार प्रकट होता रहता है। हत्या तो साहित्य का भी विषय रहा है और मानव समाज के अंदरूनी संघर्ष का भी विषय रहा है। लेकिन जिस बड़े पैमाने पर वह संहार की एक शैली, आधिपत्य की एक शैली बन गया है, मनुष्यों पर नहीं, केवल भूमि पर आधिपत्य की एक शैली बन गया है, और संसार के प्रदेश मनुष्यों के रहने के स्थल नहीं, केवल प्रदेश हो गए हैं, उस पैमाने का कोई जवाब पिछले इतिहास में नहीं मिलता। इसलिए संहार की और विनाश की इस नई शैली और नई परिस्थिति के कारण हमें मनुष्य की मौलिक समता और जीवन के आनंद और आज़ादी के उपभोग के अधिकार के बारे में कोई बने-बनाए सर्वमान्य सिद्धांत दोहराकर छुट्टी नहीं मिल जाएगी। हमें मूल बात पर आना पड़ेगा कि जिन लौकिक वस्तुओं से मनुष्य के मूल अधिकार की रक्षा हो सकती है, उसका पोषण हो सकता है, उनकी पूर्ति हम किस तरह से कर रहे हैं, किन पद्धतियों से कर रहे हैं। हम इस विचार में कि किसी एक प्रदेश का विकास करना है, विकास के अर्थ को ही कैसे देख रहे हैं। विकास के अर्थ को हम इस तरह से देख रहे हैं कि लोगों के पास वे सब चीज़ें हों जो कि आज की प्रौद्योगिकी सिर्फ़ इसलिए बनाती है कि वह अपने प्रौद्योगिकी के संस्थान को बनाए रख सके। वह उन्हें इसलिए नहीं बनाती कि उससे मनुष्य के जीवन में कोई आत्यंतिक, गुणात्मक परिवर्तन ला सके; केवल इसलिए बनाती है कि वह अपने उस सारे निर्माण-तंत्र को खड़ा रख सके क्योंकि वह निर्माण तंत्र खड़ा रखने के कारण ही उसको विदेश-व्यापार, शस्त्रास्त्रों के लिए धन और राजनैतिक वर्चस्व दूसरे देशों से मिलता है—उस निर्माण-तंत्र का कोई दूसरा उपयोग नहीं है। पर उसी निर्माण-तंत्र से उत्पन्न वस्तुओं के उपयोग-उपभोग को यदि हम विकास मानते हैं, यदि हम मान लेते हैं कि सारे

संसार में साम्राज्यवाद के नए, **मल्टीनेशनल** व्यापार-संगठनों के प्रचार के अनुसार सिर्फ़ उनकी बनाई हुई चीज़ों का उपभोग ही संस्कृति का विकास और आधुनिकता है तो हम आज के समय में मानव-गरिमा और मूल अधिकार नहीं पा सकते। वोट और लोकतंत्र हो सकता है कि रहें, लेकिन मूल अधिकार नहीं होंगे। गरिमा नहीं होगी। वह छिन गई होगी। इसका बहुत गहरा कारण तो यह होगा कि उसको स्वयं अपनी ज़मीन से तोड़ लिया गया होगा और उस ज़मीन पर हम-आप केवल एक उपभोक्ता होंगे, उस ज़मीन की उपज खुद नहीं होंगे। हम-आप एक शून्य की उपज होंगे। आप कहीं नहीं होंगे, केवल आप कुछ बनी हुई चीज़ें इस्तेमाल कर रहे होंगे। आप गाना सुन रहे होंगे, गा नहीं रहे होंगे। आप गाना भूल ही गए होंगे। आपको सिर्फ़ वही सुनाई दे जाता होगा जो कि टेप में रिकार्ड करके प्रचारित कर दिया गया है और आसानी से उपलब्ध है। आप कोई बाजा नहीं बजा रहे होंगे क्योंकि सौ बाजे हर गाने में या टेप में बज रहे होंगे और सौ बाजे बजे बग़ैर कोई गाना हो नहीं सकता ऐसा आपने मान लिया होगा। बिना बाजे के गाना नहीं हो सकता, यह भी आपने मान लिया होगा और गाना होता भी होगा तो उसको गाने का काम मेरा नहीं है यह भी आपने मान लिया होगा। इस तरह का जो क्षरण है, मनुष्य की मूल अवस्थिति का, धरती के साथ उसके संबंध का, इस तरह का जो पतन है, उसमें उपभोक्ता संस्कृति का पूरा संस्थान लगा हुआ है और इसका उद्देश्य लगभग सभी संस्कृतियों को खंडित करके उस स्थिति में ले आना है जिसमें कि किसी तरह की आज़ादी न रह जाए, तो यह एक विश्व राजनैतिक परिस्थिति है और इसका जवाब अब केवल स्थानीय स्तर पर, कुछ मान्यताओं को जो अच्छी हैं दोहराते रहने से नहीं हो सकता। क्योंकि हो यह रहा है कि वे मान्यताएँ वही रहेंगी और घोषित भी बहुत ज़्यादा की जाएँगी, पहले से ज़्यादा, लेकिन जो मानव संगठन हैं जो उन मान्यताओं को धारण करते हैं वे संगठन लोकतंत्री नहीं रहेंगे। लोकतंत्र रहेगा, लेकिन राजनैतिक संगठन लोकतंत्री नहीं रहेगा। हमें यह ज़रूरत महसूस करनी चाहिए कि राजनैतिक आज़ादी और आर्थिक आज़ादी दोनों का रिश्ता इतना ज़्यादा साफ़ तौर से नज़दीकी और क़रीब हो गया है कि जब तक हम प्रौद्योगिकी के मामले में अपने राजनैतिक स्वातंत्र्य का आग्रह नहीं करेंगे तब तक हम जिसको अभी तक लोकतंत्र मानते रहे हैं वैसी कोई चीज़ रह नहीं सकेगी।

यह मामला सुलझाना इतना आसान भी नहीं है और इसकी जटिलता की ओर ध्यान दिलाना मुझे ज़रूरी भी लगता है। आप क्या करेंगे? क्या आप चाहेंगे कि सारी दुनिया में कुछ इलाक़े ऐसे रहें जहाँ पर कि यह प्रयोग किया जाए कि उपभोक्ता संस्कृति के दुर्गुणों को हटा दिया जाए, एक आश्रम बना दिया जाए कहीं पर—मेक्सिको में है एक जगह जहाँ पर इल्यिच साहब काम करते हैं—वैसे और भी बहुत-से देशों में आंदोलन चल रहे हैं जिनकी बात होती रहती है कि आधुनिकता के जो दुष्परिणाम हैं उनको यूरोप अब पहचानता है और नई चीज़ें सोचना चाह रहा है। ऐसा बहुत जगह हो रहा है, लेकिन वे सब एक प्रकार के पलायन हैं औद्योगिक अति से। जिन देशों को उससे कष्ट है उनकी सुविधा इसमें है कि वे ऐसे विकल्पों की व्यवस्थाएँ अपने यहाँ करें।

उदाहरण के लिए ब्रिटेन में ऐसे बहुत-से आंदोलन हैं जिनमें नौजवान लोग गाँधीवादी शांतिमय तरीक़ों से विकल्प चाहते हैं, समाज-परिवर्तन नहीं। वे तरह-तरह के काम करते हैं जिनसे कि आधुनिक शोषक व्यवस्था को जवाब दें। उदाहरण के लिए कुछ लोग हैं, आप जिनको कोई चीज़ लिफ़ाफ़े में रखकर दीजिए तो लिफ़ाफ़ा वापस कर देते हैं, चीज़ रख लेते हैं। कहते हैं कि हम कूड़ा नहीं बढ़ाना चाहते क्योंकि यह सारी मल्टीनेशनल की उपभोक्ता-व्यवस्था कूड़े के विस्तार पर ठहरी हुई है। वस्तु कम होती है, पैकिंग ज़्यादा होता है। पैकिंग शोषण का प्रतीक है। सही कहते हैं वह। ऐसे जितने विरोध हैं वे बहुत स्थानीय हैं और ये विरोधी अपने विरोध द्वारा अपनी व्यवस्था के अंदर उससे मुक्ति माँगते हैं। निरामिष भोजन के बहुत-से आंदोलन हैं जिनके मूल में भी यही बात है क्योंकि वे मांस के भोजन को एक बहुत बड़ा शोषक उद्योग मानते हैं। हमारे यहाँ इस तरह की कोई छोटी-मोटी योजना

कुछ मित्रों द्वारा चलाई जाए तो वह आकर्षक लगेगी, लेकिन यह सोचना पड़ेगा कि अगर उसे सचमुच सार्थक होना है तो उसे बहुत बड़े पैमाने पर चलाना होगा। मसलन, यहाँ 'पेड़ लगाओ' आंदोलन तो बहुत अच्छा लगता है, लेकिन इस आंदोलन के साथ यह आंदोलन नहीं होता कि पेड़ को काटकर मिलों में तारपीन का तेल बनाने का सिलसिला बंद करो; जहाँ पेड़ लगे हैं वहाँ के लोग क्या तारपीन नहीं बना सकते? कहीं-कहीं अब बना रहे हैं। यह काम हुआ है लेकिन घिसटते-घिसटते वह थम गया है क्योंकि उसके पीछे आज़ादी का कोई बड़ा विचार नहीं है। बड़े विचार के स्तर पर गुलामी की यथास्थिति का समर्थन ही है। छोटे पैमाने पर आपको आज़ादी का पूरा उपभोग करने की सुविधा है। इस तरह का मानस भारत में इस समय बना हुआ है। जहाँ तक इस शोषक और आधुनिक व्यवस्था का हमारे ऊपर पड़नेवाले दबावों के विरोध का सवाल है, पूरी मान्यता, पूरी इच्छा नहीं है और उसका एक परिणाम यह है कि हम जब कभी संस्कृति, साहित्य, संवेदन आदि की बात करते हैं तो पूरी बात नहीं करते क्योंकि आज की गुलामी और अच्छी संस्कृति के बीच में बहुत कठिन यात्रा है और उसी यात्रा में यथार्थ के साथ आपका वह जो बहुत जटिल, बड़ा दुरूह, बड़ा कठिन घात-प्रतिघात होगा उसी में मानव की गरिमा की आपको आधुनिक समझ पैदा होगी। यह नहीं होगा कि आपने आर्थिक व्यवस्था को क़ानून से या बंदूक से बदल दिया और उसके बाद एक आधुनिक समझ जो कहीं उसी नम्बर के खाने में रखी हुई है उसको आपने निकाल लिया। उस यात्रा के साथ समाज के बहुत-से रिश्ते इतने ज़्यादा बदलने लगेंगे कि आपको अपनी बहुत-सी अनुभूतियों को, प्रतीतियों को लगभग नए सिरे से बदलना या कम से कम जाँचना होगा ही।

किसी तरह सच्ची आधुनिक परिस्थिति में अपने को पाने के लिए इस बड़ी भारी आंतरिक हलचल से गुज़रना शायद ज़रूरी है। नहीं तो हम केवल छोटे-मोटे उपाय करते रहेंगे और बहुत-सी ऐसी चिंताओं में व्यस्त होते रहेंगे जो वास्तव में हमारे लिए, हमारी चिंताएँ नहीं हैं; हाँ, वे हमें सचेत अवश्य करती हैं। जैसे पर्यावरण का सवाल बहुत फ़ैशनेबल बन गया है, लेकिन उसका जो रूप हमारे यहाँ होना चाहिए था उस पर नहीं सोचा जा रहा है। उदाहरण के लिए आप कितना पानी का और ज़मीन का बंदोबस्त करते हैं वह हमारे यहाँ पर्यावरण की मुख्य समस्या है। समस्या यह नहीं है कि प्रदूषण हो रहा है, समस्या यह है कि शोषण हो रहा है। प्रदूषण तो यूरोप ने हमारे यहाँ के कच्चे माल को ले जाकर अपने यहाँ प्रासेस करने के कारण अपने यहाँ पैदा किया है और अब जब वह एक ऐसी मात्रा में पहुँच गया है कि उनको बहुत परेशानी होने लगी है तो उन्होंने यह शुरू किया है कि हमारे यहाँ का कच्चा माल हमारे ही यहाँ प्रासेस करेंगे और उसके तैयार माल का मुनाफ़ा अपने यहाँ ले जाएँगे। प्रदूषण का दुनिया में जो शोर मच रहा है वह यूरोप की परेशानी है। हम उसको इस रूप में देखते नहीं हैं, पर हम समझते हैं कि प्रदूषण पर चिंता करना ज़्यादा आधुनिक है; और ज़मीन और पानी का बंदोबस्त तो कुछ आर्थिक मसले हैं और उनका साहित्यकारों से क्या मतलब है—या कि हमारी चेतना और संवेदना पर इनका असर पड़ेगा तो पचास साल बाद पड़ेगा। पचास साल बाद नहीं पड़ेगा, तुरंत अभी पड़ रहा है और पड़ चुका है। और आप जानते नहीं हैं कि जिसको अकसर साहित्यकार 'ज़मीन से कटे हुए होना' कहते हैं, उसके मूल में ऐसे बहुत-से कारण हैं जिनको आप आर्थिक कहकर पराए समझते हैं, लेकिन जो हैं शुद्ध रूप से मनुष्य की गरिमा से संबंध रखनेवाले।

तो मैं यह कहना चाह रहा था कि इस आर्थिक पद्धति को, उत्पादन की पद्धति को बदलने और आर्थिक संपदा और जनशक्ति के दोहन की एक अधिक मानवीय और समतामूलक पद्धति बनाने का काम सरलीकृत काम नहीं है। शुरुआत और नतीजों के बीच में एक बहुत लंबी प्रक्रिया अपने बहुत-से ऐसे लौकिक संसाधनों को और लौकिक संगठनों को बदलने की है जो या तो जड़ होते जा रहे हैं या जड़ हो चुके हैं। इनमें राजनैतिक संगठन भी हैं, शिक्षा एक है, धर्म एक है। अब धर्म के संबंध में एक छोटा-सा उदाहरण देकर यह बात समाप्त करता हूँ। धर्म तो जहाँ तक मैं समझ पाया हूँ असल

में एक लौकिक चिंता है, इसका ईश्वर से कोई संबंध नहीं है। लेकिन यह लौकिक चिंता जब लोक-व्यवहार का रूप लेती है तो संगठित हो जाती है। जो बने-बनाए संस्थान पहले से हैं, किसी भी जगह हों वे वहाँ के मानवीय भूगोल के कारण बने हुए हैं। वे कारण वहाँ पर प्रमुख रहेंगे पर संस्थान में भी लौकिक धर्म की अपनी शक्ति के कारण इतना लचीलापन, इतना खुलापन और अपने को बदलने का इतना संकल्प रहना चाहिए कि वह समाज का प्रबंध क्रूर, शोषक और नीच ढंग से करने का विरोध भी करे और इसका उल्टा भी करे, अर्थात् उन मान्यताओं को स्वयं भी बरते जिससे आदमी-आदमी बराबर होते जाते हैं।

अभी कुछ घटनाएँ होती रहती हैं जो हम लोगों को मालूम नहीं होतीं। कुछ चीज़ें मालूम होती हैं, उनका अध्ययन करना चाहिए ताकि इस बात को हम ज़्यादा समझ सकें कि केवल आर्थिक व्यवस्था को बदल देने से लोकतंत्र या आधुनिकता की समझ नहीं आ जाएगी, बीच के रास्ते में कितनी ही चीज़ों का टूटना और उनका फिर बनाना भी एक संघर्ष का तकाजा करेगा। इसलिए इन बातों को समझना चाहिए। और यह धर्म का उदाहरण भी मैंने इसलिए दिया कि मेरी निगाह में एक ऐसी घटना है जिसका मैं आपसे ज़िक्र करना चाहता हूँ। वह उज्जैन की घटना है, जहाँ मातंगेश्वर के शिव मंदिर में मुन्नीबाई नाम की एक वेश्या चार-पाँच साल से रहती थी। उसको वहाँ से यह कहकर निकाल दिया गया है कि उसका वहाँ रहना हिंदू धर्म के विरुद्ध कार्यवाही है। हिंदू धर्म ने ऐसा कहा है कि वह वहाँ न रहे या कहा हैं कि रहे—इसमें मैं नहीं जाना चाहता। मैं इतना जानता भी नहीं लेकिन यह बहुत स्पष्ट है कि अवश्य ही धर्म में वह शक्ति नहीं रह गई है कि वह एक मंदिर में एक वेश्या को रहने दे। अवश्य ही वह इतना कमज़ोर, इतना डरपोक और इतना क्षीण हो गया है कि उसके संरक्षकों ने यह नहीं कहा है कि वेश्या के घर मत जाओ, उन्होंने यह कहा है कि मंदिर में भी जाओ, वेश्या के घर भी जाओ, लेकिन वेश्या को मंदिर में मत रहने दो। यह प्रमाण है कि लौकिक जीवन में धर्म नाम की जो चीज़ शक्ति देती थी वह अब शक्ति नहीं दे रही है। जब हम समाज के आर्थिक रिश्तों को बदलना चाहेंगे तो हम इस तरह की शक्तियों को भी फिर से जिलाना चाहेंगे। हम पाएँगे कि आदमियों का आपसी रिश्ता और उनके सांस्कृतिक संबंधों का रिश्ता आर्थिक पद्धतियों से और प्रौद्योगिकी के इस्तेमाल से बहुत है।

वास्तव में आधुनिकता और कुछ नहीं है, एक ऐसी नई नैतिकता की खोज है जो मनुष्य के द्वारा दमन और शोषण के विरुद्ध भी होती है और साथ ही साथ कभी स्थायी रूप से कोई उपाय नहीं बता सकती है। जितना बड़ा आकार-प्रकार इस शोषण का होता है और जितने अधिक ताक़तवर साधन इसके लिए विकसित किए जाते हैं उतने ही बड़े पैमाने पर मानवीय जीवन में समता के लिए उपायों की खोज भी बदलती है। और वर्तमान में तो यह स्पष्ट है कि यह एक वैश्विक स्थिति है। परंतु मैं यह मानने को तैयार नहीं हूँ कि इतना कह देने के बाद सारा मामला इसलिए सुलझ जाता है कि हम इसमें कुछ कर नहीं सकते।

[सच्चिदानंद वात्स्यायन द्वारा संपादित *सर्जन और संप्रेषण* पुस्तक में संकलित, 1984]

आज़ादी, एकता और आधुनिकता

आज़ादी के लिए संघर्ष के लंबे दौर में आज़ादी की कुछ पहचानें बन गई थीं जिनमें से कुछ को आज़ादी के बाद के अपने कार्यक्रम में हमने समाहित तो कर लिया, पर स्वतंत्रता की ये पहचानें वास्तव में उस रचनात्मकता की पहचानें थीं जो आज़ादी के संघर्ष से निकली थीं और उसी हद तक अपनी परिभाषाएँ

और परिकल्पनाएँ बना पाई थीं जिस हद तक संघर्ष ने बाध्य किया या अवसर दिया था। स्वतंत्रता की कोई कल्पना रचना की स्वतंत्रता और ज़रूरत से अलग और रचना से जुड़े जनसमाज की जीवनदायिनी परंपराओं से अलग नहीं हो सकती। चालीस वर्ष जो आज़ादी के बाद गुज़रे हैं वे इतिहास ने इन कल्पनाओं को ज्यों का त्यों सार्थक करने के लिए नहीं दिए थे। इस बात को कुछ लोग बिगाड़कर यों कहते हैं कि एक बड़े राष्ट्र के जीवन में चालीस वर्ष का समय बहुत कम होता है। वास्तव में उनका मतलब यह होता है कि जिन्हें आज़ादी के साथ सत्ता सौंपी गई थी उन्हें कुछ और समय मिलना चाहिए। यह विचार राष्ट्र, लोकतंत्र, उन्नति और रचनात्मकता के विषय में स्वस्थ वैज्ञानिक बुद्धि से उत्पन्न नहीं है। इस विचार से यह ध्वनि निकलती है कि 1947 ने आज़ादी कुछ विशिष्ट लोगों को सौंपकर बाक़ी लोगों के लिए एक समयबद्ध कार्यक्रम बनाकर एक दायित्व आज़ाद भारत के स्वामियों पर रख दिया था और प्रश्न केवल यह है कि उन्होंने अच्छा काम किया या नहीं।

इस धारणा के समर्थक यह भी भूल जाते हैं कि आज़ादी एक दाय है जिसका उत्तरदायित्व केवल उनसे नहीं मिला है जिन्होंने आज़ादी के लिए संघर्ष किया और संघर्ष के किसी चरण में स्वतंत्रता का स्वायत्त अधिकार प्राप्त कर लिया था। यदि एक सीमित अर्थ में ऐसा दायित्व आवश्यक माना जाए तो भी निश्चय ही वह किसी व्यक्ति, समूह अथवा संस्था के हाथ में निरंतर नहीं बल्कि समाज में समय-समय पर उत्पन्न होती नवोदित प्रतिभा के प्रतिनिधियों पर है। आज़ादी के पहले संघर्ष ने जिन अनेक प्रतिज्ञाओं को जन्म दिया था उनमें से लोकतंत्र को जब तक हम मानते रहते हैं तब तक यह दायित्व लोकतंत्र की पद्धति से उत्पन्न नियमों के अनुसार निश्चित अंतराल पर नए प्रतिनिधियों को उठाना पड़ेगा। यह समझ लेने पर आज़ादी के बाद के जीवन की परिकल्पना करते हुए हमें उन प्रतिज्ञाओं को भी आज़ाद भारत के जनमानस से, भूगोल और इतिहास से, मानवीय गरिमा और सार्वभौमता के आदर्शों से, निकली हुई समझ के अनुसार सुधारते और पूर्ण करते रहना होगा। इसलिए 'चालीस वर्ष बहुत कम हैं' कहने का कोई लोकतंत्रीय मतलब नहीं है, वैसे ही जैसे 'यह देश ज़रूरत से ज़्यादा बड़ा है' कहने का कोई मतलब नहीं है। भले ही 100 वर्ष बाद भी हम यह कहने की स्थिति में न हों कि हम अब पूरी तरह हमेशा के लिए आज़ाद हो गए। सच पूछिए तो पूरी तरह आज़ाद होने की अवधारणा ही रचनात्मकता, लोकतंत्र और आधुनिकता की अवधारणा के प्रतिकूल है।

जब हम आज़ाद लोगों की आज़ादी में हिस्सेदारी की बात करते हैं तो सिर्फ़ रोज़ी-रोटी नहीं रचना की बात करते हैं। एकता और राष्ट्रीयता जैसी मूल प्रतिज्ञाओं को आज़ादी के बाद भूगोल और इतिहास की परंपराओं के अनुसार जाँचने का सच्चाई के और सच्चाई से भी अधिक हिम्मत के साथ उपक्रम उन लोगों ने नहीं किया है जिनके हाथ में जनजीवन को किसी ढंग में ढालने के अर्थ और प्रचार साधन थे। कभी-कभी तो ऐसा लगता रहा है कि एक दास जाति आज़ाद होने के भय से यह उपक्रम नहीं करना चाह रही है। वह परिवर्तन संघर्ष से निकली किसी समझ से परिचालित न होकर, परिवर्तन को न होने देने के प्रबंध से परिचालित है। राजनीति जो कि रचना के साधनों में से एक है, अनेक प्रकार की कोशिशों से यथास्थिति को, पिछड़ेपन को बनाए रखने का समर्थन कर रही है। यानी जैसा अकसर साहित्य में हुआ है, राजनीति यथास्थिति का केवल वर्णन कर रही है और बार-बार बतला रही है कि यथास्थिति इतनी भयंकर है एवं शक्ति इतनी केंद्रीकृत है कि आज़ाद भारत के लिए किसी आदर्श की कोशिश तो दूर इच्छा भी व्यर्थ है और संभव वही है जो सबसे कम आदर्श और सबसे अधिक व्यावहारिक अर्थात् यथास्थिति-पोषक हो। राजनीति की यह हरकत जब बार-बार दोहराई जाती है तो समाज के मन में अन्याय को मिटाने की समझ कम होती जाती है और राजनीति के समतुल्य रचना के भाषा जैसे दूसरे माध्यमों को अपने काम में बराबर कुंठा ही हाथ लगती है। अन्याय के शिकार के लिए यदि समाज के मन में सहानुभूति न हो तो उस अन्याय के बार-बार वर्णन से कोई रचनात्मक दृष्टि नहीं निकल सकती। आज़ादी के बाद के कुछ वर्षों में, कहें दस वर्षों में आज़ाद भारत

के साथ जो कुछ हुआ वह दुखद और विस्मयजनक है।

इन दस वर्षों में राष्ट्रीय एकता की अवधारणा का एक लोकतंत्र-विरोधी रूप प्रकट हुआ। शक्ति की लालसा विविध भागों में फूटी और अकसर इस लालसा की अभिव्यक्ति भी सिद्ध हुई : हिंदी का राजनैतिक अधिकार और प्रसार इन भागों में से एक था। क्योंकि स्वतंत्रता का पर्याय दिल्ली सरकार थी और उसे हिंदी प्रदेश बनाते थे। स्वाधीनता-संग्राम में प्रमुखता से भाग लेनेवाले हिंदीभाषियों, और आज़ादी के बाद के वर्षों में हिंदी की शास्त्रीय योग्यता प्राप्त करनेवाले लोगों को राष्ट्रीय एकता के रक्षक और हिंदी-विकास परामर्शदाता बनकर ढर्रे से लग जाने की आशा बँधने लगी। यह विकास पारिभाषिक शब्दावली का था, भाषा की चेतना का नहीं। वह तो कुछ दूसरे ही रचनाकार कर रहे थे। ये शब्द बना नहीं खोज रहे थे और उनके नए अर्थ भाषा से संपृक्त होने को परिभाषाएँ रोक रही थीं। अंग्रेज़ी के पर्याय ही विकसित हिंदी है—यह भ्रांति एक पूरी पीढ़ी को रोज़ी-रोटी की ख़ातिर सहनी पड़ी।

एक पूरी पीढ़ी ज्ञान-विज्ञान में प्रवृत्त होने की जगह शब्दों का शास्त्रीय अनुवाद करने लगी जिसे बाद की पीढ़ियों को भुला देने को बाध्य होना पड़ा। हिंदी की पूजा होने लगी और आज हिंदी के भक्तों में ऐसे मुट्ठी भर आराधक भी नहीं हैं जो हिंदी से इतर किसी भारतीय भाषा को लिख-बोल सकते हों, उसमें हिंदी से या हिंदी से उसमें अनुवाद करना तो दूर की बात है। देश को एक नया राष्ट्रीय तत्त्व देने के लिए जो नवयुवक सोचते थे कि हम अपनी भाषाओं के सहारे आगे बढ़ते हुए नवोदित प्रतिभा को प्रतिष्ठित करते वे आज़ादी की लोकतंत्रीय प्रतिज्ञा में हाथ बँटाने से वंचित रखे गए। अंग्रेज़ी से हिंदी में पारिभाषिक अनुवाद का उदाहरण केवल एक उदाहरण है और समस्या का केंद्रबिंदु हिंदी की क्षमता नहीं है : केंद्रबिंदु है वह आवश्यकता जो हिंदी ही नहीं, देश की सभी भाषाओं के अपने-अपने क्षेत्रों में अपने माध्यम से मानवीय आदान-प्रदान और जीवन के उपभोग की है, आधुनिक जीवन की आवश्यकताओं के अनुरूप चरित्र-निर्माण की है, जनता के आत्मनिर्णय के राजनैतिक अधिकार की है, जो अपनी भाषा के माध्यम से ही संभव हो सकता है और जीवन के अन्य रचनात्मक कर्मों के साथ-साथ हो सकता है—एक निश्चित तारीख़ को पारिभाषिक शब्दों का कोश लागू कर देने के शुद्ध प्रबंधकीय निर्णय को हाथ में लेकर नहीं हो सकता। प्रश्न उस विवशता का भी है जो इस आवश्यकता को भुला देने से, हिंदी ही नहीं सभी भाषाओं की नवोदित प्रतिभा को जकड़े ले रही है। प्रश्न शुद्ध रोज़ी का नहीं है, रचनात्मक कार्य के अवसर का है—रोज़ी का भी है पर रोज़ी की समस्या रचना की समस्या से अलग नहीं है—यदि अलग है, तो वह प्रतिभा की समस्या नहीं है। इस विवशता से छूटने का दायित्व उसी रचनात्मक प्रतिभा का है और जो उपाय किया जा सकता है वह तात्कालिक नहीं है : वह दूर का रास्ता है, हमें उस प्रवृत्ति और उस परंपरा का निराकरण करना है जो राष्ट्रभाषा के नाम पर विदेशी भाषा के इतिहास की केवल कुत्सित परंपराओं को आगे बढ़ाने का प्रयत्न कर रही है : इस प्रयत्न से सृजन और रचना अपनी पिछली रचनाधर्मिता के लिए पेंशन पाने के बराबर है, दूसरी भाषाओं के लोगों के जीवनस्पदंन का अनुभव और उनसे हिस्सेदारी नहीं, इसमें राष्ट्रीय एकता का अर्थ अन्य भाषाभाषियों का हिंदी सीखना है, हिंदीभाषियों का दूसरी भाषाएँ सीखना नहीं। एकता का शाश्वत नियमाधार प्रेम, सहभागिता और सहानुभूति रहा है : अपने-अपने क्षेत्र के विशिष्ट जीवन की सहज प्रक्रिया में भारतीय भाषाएँ बरती जाएँ और चमकें, इस भावना के मूल में वह शाश्वत नियम काम कर रहा है। हिंदी की तरह ही इस समय सब भाषाओं में सृजनात्मक शक्ति को जीवन के विविध क्षेत्रों में अर्पित करने की ज़रूरत है—जहाँ एक अधिक सहज, मौलिक और मानवीय भारतीय जीवन, नवोदित प्रतिभा की विकासकारी शक्तियों की राह देख रहा है। एकता या राष्ट्रीयता के झूठे निरे सत्तामूलक मानदंड उस विकास को रोक नहीं सकते। परंतु मेरे विचार से आगे जानेवाले रास्तों की संख्या दो से भी कम है—एक ही रास्ता है और वह भी ऊबड़-खाबड़ ज़मीन पर से होकर जाता है। यह भाषा की पूजा तुरंत बंद करके उसके इस्तेमाल का रास्ता है। अंग्रेज़ी का इस्तेमाल करने को संविधान बाध्य

नहीं करता, हिंदी का इस्तेमाल करने की इजाज़त देता है। परंतु जीवन तो दूर की बात है सरकारी काम में भी हिंदी के नेता हिंदी न खुद इस्तेमाल करते हैं न दूसरों को करने देते हैं, क्योंकि उनका तर्क है कि जो हिंदी नहीं जानते वे भी केंद्र की प्रजा हैं और उनके लिए अंग्रेज़ी इस्तेमाल करनी पड़ेगी। इस तरह बिलकुल स्पष्ट है कि भारतीय भाषाओं को दबाए और दो प्रतिशत की अंग्रेजी को और उसकी राजशक्ति को बनाए रखने के लिए यह किया जा रहा है। अब प्रश्न यह है कि यह सब देखते हुए जो अंग्रेज़ी हटाना चाहते हैं वे लोग क्या पहले आपस में लड़कर यह तय करेंगे कि कौन भाषा अंग्रेज़ी की जगह ले तब अंग्रेज़ी जाएगी? अंग्रेज़ों को हटाने के पहले इसी प्रकार का निर्णय करने की ज़रूरत बहुत-से भारतीय बताते थे और वे वही थे जो अंग्रेज़ों के जाने से सबसे अधिक दुखी होनेवाले थे। भारतीय एकता की जो परिकल्पना हमने स्वतंत्रता की परिकल्पना के साथ अंग्रेज़ी शासनकाल में की उसमें भाषा की स्वतंत्रता का मुख्य स्थान था परंतु भाषा के प्राधान्य की धारणा नहीं थी। सब भाषाओं के बोलनेवालों को एक सूत्र में बाँधने के लिए गाँधी ने एक राजनैतिक कार्यक्रम को साधन बनाया था, हिंदी नामक भाषा के तंत्र-मंत्र को नहीं : उन्होंने पराधीन भारत से कई प्रकार से बार-बार कहा था कि मातृभाषा में शिक्षा देना ही भारतीय व्यक्ति को स्वाधीन व्यक्ति बनाने का उपाय है और यदि यह काम आज शुरू कर दिया जाए तो पारिभाषिक शब्दावली और पाठ्यपुस्तकें झक मारकर बनाई जाएँगी। भाषावार राज्य का सिद्धांत भी इसी भावना के अंतर्गत था और इसमें रचनात्मकता को राजनैतिक अधिकार माना गया था। परंतु आज़ादी के बाद भारतीय एकता के सभी प्रतिमान सत्ताधारी पार्टी की एकता के प्रतिमान के पर्याय बना दिए गए और हम लोगों को कुछ समय के लिए ऐसा समझाया गया कि देश का भाषावार राज्यों में बाँटना तो बहुत अच्छी चीज़ है क्योंकि उससे देश की विविधता को समृद्धि मिलती है और जनसमुदाय भावाभिव्यक्ति पाते हैं, परंतु यदि ये सब भाषाएँ एक जगह एकत्र हो जाएँ तो देश टूटने लगेगा। इस परिवर्तन से दरअसल देश नहीं कोई भी सत्ताधारी दल टूटने लगेगा जो लोकतंत्र की संभावनाओं से डरता होगा क्योंकि विचार और कर्म के एक होने की प्रक्रिया और तेज़ी से चलने लगेगी। यहाँ मैं इस स्पष्ट विचार पर कुछ टिप्पणी करना आवश्यक नहीं समझता कि देश की एकता को अंग्रेज़ी बनाए रख सकती है। देश को अंग्रेज़ी कभी सचमुच एक नहीं होने देगी और यह भी स्पष्ट कर दूँ कि यदि अंग्रेज़ी की जगह उसी तरह के इस्तेमाल के लिए सत्ता के केंद्रीकरण के लिए कोई भारतीय भाषा रखी गई, उदाहरण के लिए हिंदी, तो वह भी कभी देश को एक नहीं होने देगी। राष्ट्रीय एकता को एक अजब अरचनात्मक अलोकतंत्रीय तरह से सत्ता के केंद्रीकरण के साथ जोड़ दिया गया है। इसी के साथ इस केंद्रीकरण की वजह से एकता के टूटने के परिणामों को देखते हुए उन परिणामों से सचेत होकर कुछ प्रबंधात्मक व्यवस्थाएँ करने को एकता का उपाय बताया जाता है जो पलटकर हर भाषा को गुलाम बनाती हैं। विकेंद्रीकरण का अर्थ यह नहीं है कि एक परमसत्ता के अधीन सत्ता के अनेक पराधीन केंद्र स्थापित कर दिए जाएँ, बल्कि यह है कि वे सब केंद्र स्वतंत्रता के केंद्र हों और उनके निर्णय जनहित की आकांक्षा से पूर्ण हों। विकेंद्रीकरण का मतलब सिर्फ़ एक है और वह यह है कि जिस समाज के लिए निर्णय हो उसी समाज के चुने हुए प्रतिनिधि परिवर्तन के लिए कारगर निर्णय ले सकें। और चुने हुए होने के तर्क में यह भी निहित है कि स्वतंत्रता, समता और समृद्धि के आदर्श की ओर बढ़ना परिवर्तन का उद्देश्य है। इस पूरे सोच में यह निश्चित है कि परिवर्तन समाज को आधुनिक बनाएगा। परंतु यह स्पष्ट करना आवश्यक है। आधुनिकता इसके सिवाय क्या है कि वह मनुष्य के मूल अधिकारों के लिए संघर्ष की नैतिक चेतना हो और गुलाम बनानेवाली, समाज को रचना के साधनों से तोड़नेवाली और स्वयं रचना की संश्लिष्टता को खंडित करनेवाली नीति न हो। दासों को राजाज्ञा से एक में जोड़नेवाली राजनीति राष्ट्रीयता की विकृत परिभाषा करती है और किसी नई नैतिकता की खोज ऐसी विकृत राजनीति में संभव नहीं हो पाती। आधुनिकता अपने संस्कार द्वारा नई नैतिकता की खोज है जो मनुष्य के द्वारा दमन, शोषण

और गुलामी के विरुद्ध होती है। यह खोज आज़ादी के पक्ष में है। अंतर्राष्ट्रीय स्तर पर गुलामी और दमन का विस्तार एक झूठी आधुनिकता के बहाने होता दिख रहा है और जितने बड़े ताक़तवर साधन इसके लिए प्रयुक्त किए जा रहे हैं उतने ही विश्व-पैमाने पर मानवीय जीवन में समता और स्वाभिमान के लिए उपायों की खोज जारी है।

[1988]

भारतीय आधुनिकता

भारतीय आधुनिकता? क्या ऐसी कोई चीज़ होती है। हाँ, पर वह एक प्रक्रिया है जिसमें दो धाराएँ हैं: एक में हम अपने देशकाल में रचे-बसे कुछ मूल्यों को पहचानते और उन्हें अपने लिए मुक्ति के रास्ते खोजने में समर्थ मानकर उनकी प्रशंसा करते हैं—यह जानते हुए भी कि इनका स्वतंत्र व्यवहार यदि संभव हो तो भी वह एक रूढ़िग्रस्त जीवन-पद्धति के अथवा एक ओढ़ी हुई आधुनिकता के विपरीत होगा और एक द्वीप में बँधा, बनावटी और अधूरा ही रह जाएगा। दूसरी में यह निहित है कि एक सच्ची लोकतंत्री और रचनात्मक जीवन-पद्धति से संपृक्त इन तीनों मांनव-मूल्यों के उद्देश्य के प्रतिकूल चलनेवाली व्यवस्थाओं को भारत में बदलना पड़ेगा। आधुनिकता का कोई भारतीय रूप संभव करने के लिए भूगोल और वर्तमान को विश्वसंदर्भ में देखकर मनुष्य की सर्जनात्मक प्रतिभा की मुक्ति का प्रयत्न करना अनिवार्य है।

अपनी बात को और साफ़ करने के लिए उसे एक संदर्भ देना ज़रूरी है, वह भी एक और सवाल से। क्या वजह है कि हम अकसर कुंठा, यातना, वितृष्णा या विरक्ति को मान्यता देते रहे जबकि हर प्रकार के जड़ हो गए मूल्य या व्यवस्था पर आक्रमण या उसका निषेध ही आधुनिकता की प्रवृत्ति होनी चाहिए। आधुनिकता मनुष्य के मूल अधिकारों के लिए संघर्ष की दृष्टि है। यह सतत संघर्ष देश और पद्धति के बदलाव और फैलाव के कारण अपना रूप बदलता और बढ़ाता रहता है। यह संघर्ष धरती के नीचे और ऊपर प्रकृति से लड़कर मनुष्य को गुलाम बनानेवाली सभ्यता का एक विश्वरूप भी दिखाता है। इससे धरती को एक उपभोग्य वस्तु मानकर उसके कुछ विदेशी हिस्सों को अपनी संपत्ति के अर्जन का साधन बनाना और उसके बल पर शोषण द्वारा और अधिक सत्ता का संग्रह करना आवश्यक शर्त है। ऐसी स्थिति में मनुष्य के मूल अधिकारों की, अस्मिता और गरिमा की और रचनात्मकता की लड़ाई की तीव्रता और पद्धति बदल गई है। आधुनिक होना इस परिवर्तन को बराबर पहचानना है और इसको पहचानने के साथ उसके लिए वैचारिक और सैद्धांतिक उपाय करना भी है। गाँधी और लोहिया को छोड़कर किसी ने इन उपायों को संगठित प्रयत्न का रूप नहीं दिया है और बाक़ी लोग उन परिणामों की सिर्फ़ चर्चा करते रहे हैं जो पश्चिम में प्रकृति और मानवीय प्रतिभा के अत्यधिक शोषण से निकले हैं। यह शोषण मानवमन को खंडित करके ही अपने को बनाए रख पाता है और पूर्ण खंडित मानसिकता के परिणामों को आधुनिक कहकर प्रचारित करता है। इन परिणामों से सचेत होते ही अपने पर कुछ ऐतिहासिक ज़िम्मेदारियाँ आ पड़ती हैं जिनके निर्वाह के लिए समाज की संरचना और उससे भी बढ़ कर प्रकृति से रिश्ते की एवं जीवन जीने की प्रौद्योगिकी की एक योजना पर विचार और अमल करना होगा। दुर्भाग्य से हमारे यहाँ यह काम संस्कृति से अलग कोई अध्यवसाय माना जाता रहा है जिसे राजनैतिक विशेषण देना आसान है। वास्तव में ये दोनों सांस्कृतिक और राजनैतिक नाम एक ही हैं। जितना अधिक इन दोनों में निहित नैतिकता को हम समझ पाएँगे उतना ही अधिक यह संभव हो पाएगा कि हम नई रचनात्मकता की दिक़्क़तों, उसके तनावों और खुद अपनी वास्तविकताओं

को आधुनिक स्वीकार कर पाएँ। वास्तव में यह लोकतंत्र और आज़ादी के अंतर्गत स्वतंत्रता और रचनात्मकता की खोज होगी। और हम पाएँगे कि आदमियों के आपसी रिश्ते और उनके सांस्कृतिक संबंधों का रिश्ता प्रकृति के साथ हमारे बरताव पर और जीवन जीने की प्रौद्योगिकी पर बहुत निर्भर है। सबसे अधिक आधुनिक वही है जिसका प्रकृति से सबसे कम टकराव हो और आदमी का खुद अपने से संबंध रचनात्मक हो।

आधुनिकता और क्या है जीवन में सिवाय एक नई नैतिकता की खोज के जो मनुष्य के दमन और शोषण और दासता के विरुद्ध भी होती है और साथ ही कभी स्थायी रूप से कोई उपाय नहीं बताती है। जितनी बड़ी परिधि मानव-विरोधी कार्रवाइयों की होती है उतने ही विविध आयामों में स्वतंत्रता-समता के उपायों की खोज का विस्तार होता है।

वर्तमान में तो यह एक वैश्विक स्थिति है। धरती पर भारत अकेला देश नहीं है जहाँ यह खोज हुई हो। जिन भूभागों में उत्तर पाए जा चुके हैं उनमें भी भारत अद्वितीय नहीं है। अद्वितीयता का अभिज्ञान होने पर भी कोई समाज उसी विशिष्टता को अपनी आधुनिकता नहीं बना सकता। रचनात्मकता भूगोल से निर्धारित है इसलिए परंपरा की एक पहचान भारतीय होगी और आधुनिकता की एक पहचान भी भारतीय होगी। कुल मिलाकर दो प्रकार की आधुनिकताएँ हैं—एक जो प्राकृतिक साधनों और दूसरों को दास बनाकर उनके क्लेशों को सुलझाने को आधुनिकता मानती है। दो—जो प्रकृति से बराबरी का रिश्ता रखते हुए दूसरों को और खुद को भी स्वतंत्र रखती है।

मुश्किल यह है कि आधुनिकता की भारतीय पहचानें अकसर कंप्यूटर से बने जवाबों की तरह हमारी स्मृति से निकालकर हमें दे दी जाती हैं और मानव संसर्ग से इतनी मुक्त होती हैं कि आदमी के ख़िलाफ़ इस्तेमाल की जा सकती हैं। क्या आपने भारतीय लोकतंत्र, भारतीय राष्ट्रीयता, भारतीय एकता और भारतीय समाजवाद का नाम नहीं सुना और इनके आगे-पीछे अरचनात्मक तानाशाही नहीं छिपी देखी?

कल अशोकजी ने अज्ञेय पर पीछे लौटने का आरोप लगानेवालों का ज़िक्र किया था। ये वही हैं। उस लंबी लड़ाई से घबराहट हो रही है जो अपनी पहचान की एक खिड़की खुल जाने के बाद नई रोशनी में दिखाई दे जाती है। पीछे लौटने का आरोप जो नहीं लगा रहे हैं वे सब उस लड़ाई के पक्ष में नहीं हैं। उनमें से बहुत-से ऐसे निकलेंगे जो अज्ञेय की दी हुई भारतीयता की दृष्टि का मतलब ही यह मानते हैं कि कोई लंबी लड़ाई नहीं लड़नी है, सिर्फ़ सत्ता का पुनर्वास करना है। और नई आधुनिकता के मानव हितैषी पक्षधरों के बीच कहीं वे भी हैं जिन्हें अज्ञेय की नई समझ अपनी लंबी मानसिक गुलामी के बाद इतनी अद्‌भुत लग रही है कि वे पश्चिम के छिपे हुए पैमानों से उसका मूल्यांकन करके उसे भारतीय बताकर प्रसन्न हो रहे हैं मानो वे एक कलंक से मुक्त हो रहे हैं। एक आयाम और भी है : पश्चिम खुद अपने सांस्कृतिक और प्रौद्योगिक क्षेत्र में मियाँ की जूती मियाँ के सर पड़ती देखकर अपने जीवन में पैबंद लगा रहा है—कुछ पैबंद भारत से भी सप्लाई किए जा रहे हैं और इनमें भी भारतीयता के व्यापारी पश्चिम को ग्लानि से बचानेवालों के साथ मिलकर मुनाफ़ा काटेंगे। इस स्वार्थ व्यापार के बीच आधुनिकता की असलियत का एक और पहलू वह है कि जिस दासतामूलक अरचनात्मकता ने जीवन में और प्रकृति में उजाड़ और बीहड़ पैदा किया है उसे दुनिया के उन्हीं हिस्सों में वह प्रौद्योगिकी निर्यात करके स्थानांतरित कर दिया जाए जिनकी दासता अपने यहाँ आरोपित उजाड़ के जवाब में वही प्रौद्योगिकी उधार लेने को तैयार है। इस तरह आधुनिकता की लंबी लड़ाई को दास प्रदेशों में भटकाने और अपने यहाँ स्थगित करने का षड्यंत्र जारी है। इसके सहायक हो रहे हैं वे दास जो अपने को पहचानने से इसलिए भाग रहे हैं कि वे अपने यहाँ अपनी यथास्थिति बनाए रख सकें और पश्चिम को उस फटे के लिए पैबंद सप्लाई करते रह सकें। दो प्रसिद्ध उदाहरण काफ़ी होंगे। एक : 1966 के पहले तक पी.एल. 480 व्यवस्था के अधीन अमेरिका ने बरसों तक

अनाज के बदले भारतीय अर्थव्यवस्था में मुद्रास्फीति पैदा की और 1960 के अकाल के समय अनाज का निर्यात बंद कर दिया पर अनाज के बदले अनाज पैदा करने की प्रौद्योगिकी भारत सरकार को बेच दी जिससे अमेरिकी अनाज उत्पादकों को उस प्रौद्योगिकी के बदले सिर्फ़ अनाज बेचने के मुक़ाबले कहीं ज़्यादा लाभ हुआ। पर भारत में अनाज के बीज और ज़मीन दोनों का विनाश हुआ। दो : 1980 के दशक में पर्यावरण प्रदूषण मुक्ति के लिए एशिया में प्रदूषण मुक्ति की प्रौद्योगिकी का निर्यात विश्व संस्थाओं के माध्यम से शुरू हुआ। परिणामतया पश्चिम के उजड़े हुए पर्यावरण को राहत मिली और एशिया में वही उजाड़ बनानेवाली प्रौद्योगिकी निर्यात होने लगी—साथ में निर्यात हुई उस प्रौद्योगिकी के परिणामों से राहत देने की प्रौद्योगिकी : अपनी प्रौद्योगिकी की खोज से भटक गए वे दास प्रदेश जहाँ आज इस दोधारी विदेशी आधुनिकता का निर्यात हो रहा है।

[1986]

साहित्य और पत्रकारिता

मैं मानता हूँ कि पत्रकार और साहित्यकार में अंतर नहीं है। सिर्फ़ इसलिए नहीं कि कुछ साहित्यकार भी अख़बार में काम करते हैं। अंतर नहीं है तो इसलिए कि पत्रकार और साहित्यकार दोनों नए मानव संबंध की तलाश करते हैं। दोनों ही बताना चाहते हैं कि समाज में दो मनुष्यों के बीच नया संबंध बन रहा है और क्या और कैसे बन रहा है। दोनों का उद्देश्य समान है; कृतित्व में समानता कमोबेश है। पत्रकार जिन तथ्यों को अपनी रचना के हेतु चुनता है उनको क्रमबद्ध करते हुए उस परस्पर संबंध को विच्छिन्न नहीं करता जिनसे वे परस्पर जुड़े हुए हैं और संपृक्त हैं। वह तथ्यों के गतानुगत क्रम की सत्यता की पड़ताल करता है और समाज-विज्ञान एवं इतिहास के अपने अर्जित ज्ञान के आधार पर कार्य-कारण के तर्क की प्रतिष्ठा करता है। वह इस अभिज्ञान में से प्राप्त सबसे महत्त्वपूर्ण तथ्य को प्रथम बताता है। साहित्यकार के लिए मानव यथार्थ को समझने के वास्ते तथ्यों की जानकारी उतनी ही अनिवार्य है जितनी पत्रकार के लिए पर तथ्यों का गतानुगत क्रम, यहाँ तक कि उनका कार्य-कारण संबंध भी उसके लिए अनिवार्यतया अबध्य नहीं है बल्कि तथ्यों के परस्पर संबंध को चाहे तो तोड़कर, उनकी अन्विति को बदलकर भी साहित्यकार उन्हें नए सिरे से क्रमबद्ध करता है और इस प्रकार एक नए संपूर्ण सत्य की सृष्टि करता है जो एक नया यथार्थ—एक संभव यथार्थ होता है। पत्रकार के लिए यथार्थ वही है जो तर्क से सिद्ध हो और जिसके संभव हो पाने या हो चुकने का प्रमाण हो। साहित्यकार के लिए यथार्थ वह है जो संभव हो सकता हो या जिसे संभव होना चाहिए या जो होगा। उसका तर्क प्रकट संसार से अर्थात् प्रमाणित यथार्थ से भी उत्पन्न हो सकता है और उस संसार से भी जो साहित्यकार ने रचा है और जो उसी संसार की कसौटियों पर प्रमाणित होने के कारण सत्य है।

दोनों में इतने अंतर के बावजूद गहरी समानताएँ हैं। दोनों यदि इहलौकिक घटनाओं के भीतर छिपे अर्थ नहीं खोजते तो दोनों असफल रहते हैं। जो पत्रकार निरी सूचनाएँ जमा करके उन्हें सजा देता है और उनमें से मानव संबंध की परिस्थिति निकालकर नहीं दिखाता वह उसी साहित्यकार के समान असफल है जो निरी भावनाएँ जमा करके उन्हें सजा देता है और उनसे अपने संसार को प्रमाणित नहीं कर पाता। जिस हद तक ये दोनों प्रकार के लेखक घटनाओं के भीतर आज के मानव संबंध के बदलते रूप देखते हैं उस हद तक एक-दूसरे के निकट आते हैं। यथार्थ को ये दोनों लेखक कैसे भी बरतें उनके कृतित्व की अंतिम कसौटी यही है कि क्या वे आदमी को एक बेहतर इंसान बनने की प्रेरणा देते हैं या नहीं।

पत्रकारिता के विषय में हिंदी साहित्यकारों के मन में अनेक प्रकार की भ्रांतियाँ पाई जाती रही हैं—उनका विचार यहाँ अभीष्ट नहीं—हाँ, पत्रकारिता और साहित्य के परस्पर संबंध के विषय में जो भ्रम फैले हुए हैं उनकी चर्चा आवश्यक है।

साहित्यकार के लिए सबसे महत्त्व का गुण सच्चाई और सर्जनशीलता है। यदि वही व्यक्ति पत्रकारिता भी करता है तो उसके दोनों रूप समय-समय पर एकाकार भी होते चल सकते हैं और कभी-कभी दोनों में एक रह जा सकता है और दूसरा फ़िलहाल रद्द हो सकता है। इससे किसी का भी कोई नुकसान नहीं है। पर यदि यथार्थ के प्रति अपने बरताव की एक विधि में और दूसरी विधि में लेखक ने अंतर पहचानना और दोनों का अलग-अलग अभ्यास करना नहीं सीखा तो वह किसी समय दोनों में से एक को थोड़े या लंबे समय के लिए चुनने में सक्षम नहीं हो पाएगा। नतीजा यह होगा कि वह एक घटिया कवि और घटिया पत्रकार दोनों एकसाथ बन जाएगा। या एक क्षेत्र में कमोबेश उत्कृष्ट और दूसरे में कमोबेश निकृष्ट बनकर ही वह अपने संपूर्ण व्यक्तित्व की अभिव्यक्ति का प्रयत्न करता रहेगा। इस स्थिति को यों देखना चाहिए कि ज़रूरी नहीं कि इन दो शैलियों में से एक में अपेक्षया सिद्ध होने पर कोई दूसरी में भी सिद्ध हो जाए, पर हो भी सकता है। हाँ, अगर होता है तो इसकी पूरी संभावना है कि वह दोनों में प्रायः समान स्तर की सिद्धि प्राप्त करे। ऐसा होने की संभावना स्वतंत्रता आंदोलन के दिनों में थी और स्वतंत्रता का संघर्ष जब मंद पड़ गया था तब घट गई थी और जब प्रखर होगा तब फिर बढ़ जाएगी।

पत्रकार का समाज से निवेदन कहीं न कहीं सत्ता के साथ उसी तरह के तनाव का संबंध बनाता है जैसा साहित्यकार का बनाता है पर एक बड़ा अंतर भी है। समानता यह है कि समाज में समता लाने और ग़ैरबराबरी मिटाने की दोनों कोशिश करते हैं। अंतर यह है कि जब साहित्यकार यह कोशिश करता है तो सत्ता के साथ उसका टकराव बहुत करके आमने-सामने होता है परंतु जब पत्रकार यही कोशिश करता है तो बहुधा वह सत्ता के आमने-सामने नहीं होता—दोनों के बीच में एक मध्यस्थ भी आ जाता है। किसी संगठित राजनैतिक दल अथवा किसी प्रच्छन्न अराजनैतिक परंतु प्रकटतः व्यावसायिक संगठन के सहारे से पत्रकारिता के कर्तव्य करनेवाले उसी श्रेणी में हैं जिसमें यह मध्यस्थ आकर एक नया आयाम जोड़ देता है। स्पष्ट शब्दों में कहना होगा कि पत्रकार की स्वतंत्रता किसी व्यावसायिक मुखपत्र अथवा किसी राजनैतिक संगठन से जुड़ जाने पर आलोच्य हो जाती है।

पत्रकार बहुधा इन दोनों संस्कारों में से किसी एक से जुड़े होते हैं तो इसका कारण उनकी कार्यशैली का गुणदोष नहीं बल्कि उनके कार्यसाधनों पर इन दोंनों में से किसी एक संस्थान का कमोबेश क़ब्ज़ा है। एक समय था कि ऐसा होना भी पत्रकार के लिए बहुत दुविधा की बात नहीं थी। बहुधा दोनों के बीच एक अलिखित समझौता रहा करता था। परंतु यह समझौता मूलतः राजनैतिक था, व्यावसायिक नहीं। तब से अब राजनीति का अर्थ पत्रकार ने ही प्रचार की सहायता से बदल दिया है। अब उसे सत्ता के लिए छल से मानव संबंध को विकृत करना कहते हैं और इसके प्रति जनसाधारण में वितृष्णा का भाव तथा इस छलद्वंद्व में लगे व्यक्तियों के प्रति भयादर का भाव यही पत्रकार फैलाते रहे हैं। यों तो राजनीति का सच्चा अर्थ है—राजशक्ति की सिद्धि का प्रयत्न करके उसके प्रयोग से मानव समाज को मानव के पक्ष में बदलने की नीति, परंतु एक समय ऐसा भी आ सकता है जब मानव के पक्ष में बदलाव की कोई आकांक्षा या नीयत न रह जाए परंतु निरी सत्ता के लिए राजनीति होती रहे। उस राजनीति में शामिल होनेवाले पत्रकार से यह आशा करना ही बेकार है कि वह पत्रकार और साहित्यकार के उद्देश्यों की समानता और वैविध्य की पहचान कर पाएगा। यही उस साहित्यकार के विषय में भी कहा जाएगा जो राजनीति का अर्थ केवल सत्ता के लिए छलछंद के रूप में जानता है। व्यावसायिक संगठनों ने भी अपनी प्रच्छन्न राजनीति से इसी तरह का भ्रम फैलाने का प्रयत्न किया है।

स्वभावतया प्रश्न उठता है कि पत्रकार और साहित्यकार की स्वतंत्रता का अर्थ क्या है। इसे समझने

के लिए स्वतंत्रता की भी परिभाषा कर देना ज़रूरी है। स्वतंत्रता अपने माध्यम के द्वारा अपने रचनात्मक कर्म को करने की ही स्वतंत्रता है। यदि मेरा माध्यम भाषा है और उसके द्वारा मैं समता लाने और ग़ैरबराबरी मिटाने के अपने कर्म को करने के लिए सत्य को पहचानने और उसे व्यक्त करने के अवरोधों से संघर्ष करता हुआ अपने को सक्षम बनाए रख सकता हूँ तो भाषा के दूसरे प्रयोक्ताओं के साथ मेरा सहअस्तित्व एक हद तक संभव है। एक हद के बाद उस सहअस्तित्व के बिना भी मुझे अपना कर्म करते रहने के लिए अपने संघर्ष को बदलना भी आवश्यक हो सकता है। उस दशा में स्वतंत्रता की परिभाषा बदल देना असत्य होगा।

हमारे माध्यम, भाषा की स्वतंत्रता हमारे कर्म की स्वतंत्रता का ही दूसरा नाम है। साहित्य और पत्रकारिता दोनों में इन दोनों के बाहर के कारणों से भाषा की स्वतंत्रता पर संकट रहता चला आता है। यहाँ इस प्रश्न का विस्तार से विवेचन करना हमारे विषय की सीमा के बाहर जाकर अर्थात् भाषा के साथ राजनीति या व्यवसाय के संबंध की पड़ताल करके ही संभव है जो अन्यत्र करने योग्य है। परंतु एक वास्तविकता की ओर ध्यान दिलाकर अपनी बात फ़िलहाल समाप्त करना चाहता हूँ। भाषा की स्वतंत्रता राजनैतिक स्वतंत्रता में ही संभव है और राजनैतिक स्वतंत्रता भाषा की स्वतंत्रता के बिना एक धोखा है। स्वतंत्रता आंदोलन ने भाषा की स्वतंत्रता के अभाव में भी रचनात्मक कर्म अर्थात् पत्रकारिता और साहित्य दोनों करने का बल संघर्ष से प्राप्त किया था। यही उसे तब तक प्राप्त करते रहना होगा जब तक भाषा की स्वतंत्रता और राजनैतिक स्वतंत्रता दोनों एक ही समय प्राप्त नहीं होतीं।

[1986]

मेरा प्रायोजित कैसेट

यह बहुत पुराना सपना है जो अभी तक साकार नहीं हुआ। आज भी उम्मीद बाक़ी है कि यह कभी पूरा हो जाएगा। मगर एक डर भी है।

तो पहले आपको अपना सपना बता दूँ फिर अपना डर बता दूँ ताकि आप गवाह रहें और हो सकें तो मेरे डर को सच निकलने से रोकें और सपने को सच निकलने में मदद दें।

सपना एक सादा-सा सपना है। वह यह है कि किसी दिन मैं बाज़ार में बिकनेवाले तैयार टेपों की दूकान में जाऊँगा और मुझे एक टेप बिकता हुआ दिखाई देगा जिसमें एक तरफ़ छह-सात कवियों की कविताएँ भरी होंगी, दूसरी तरफ़ तीन-चार गद्यांशों के पाठ भरे होंगे। मैं उन्हें अपने मामूली से टेप लेयर पर सुना करूँगा। बार-बार, जब चाहूँ तब। कवियों और गद्यकारों की संख्या मैंने अंदाज़न बताई है क्योंकि साधारण टेप का एक पार्श्व 30 मिनट का होता है और दाम 25 रुपए। मैं चाहता तो ग्रामोफ़ोन के तवे की बात करता पर उसमें कविता का रिकार्ड बनने का सपना तो और भी पुराना है और संभावना और भी कम—और दाम सबसे ज़्यादा। फिर रिकार्ड कहीं से पैसे जमा करके ख़रीद भी लूँ तो बजाने की मशीन तो नहीं ख़रीद पाऊँगा। टेप बजाने की मशीन तो उधार भी माँगे मिल जाएगी।

मेरा सपना आपने सुना लिया। अब मेरा डर भी सुन लीजिए।

मेरा डर है कि मेरे इस सपने को अधर में लटके हुए 36 साल तो हो गए हैं। इसमें हिंदी के संसार से एक कवि काका हाथरसी घुस आए हैं और गद्य बोलने या लिखनेवाले एक भी नहीं आ पाए हैं। अब जब कभी कुछ बरस बाद इसे लाभकर मानकर पूरा करने की सगर्व घोषणा की जाएगी तो मालूम होगा कि एक प्रायोजित कार्यक्रम बन गया है। यही मेरा डर है।

इस स्तंभ का एक पाठक अपनी बोरियत के बावजूद मुँह बिचकाकर पूछ रहा है : तो आप डरते क्यों हैं? आपकी पसंद की कविता टी.वी. पर नहीं आएगी तो क्या बिगड़ जाएगा?

मैं : टी.वी. पर आने के लिए ही प्रायोजित कार्यक्रम होता है क्या? टेप बनाकर बेचने के लिए भी कविता प्रायोजित हो सकती है। माने होने लगेगी।

मेरा अनजाना पाठक : तो भी क्या। हमारे कवि जनता के सामने कविता पढ़ने से बिदकते क्यों हैं? पढ़ें सीना तानकर कविता। अच्छी होगी तो लोग सुनेंगे। नहीं तो हूट कर देंगे। और क्या कविता की असलियत सामने आएगी?

मैं : प्रायोजित कैसेट बजाने और जनता के सामने कविता पढ़ने में फ़र्क है।

मेरा अनजाना पाठक : समझाएँ तो क्या फ़र्क है? आपके कवियों में से सबको सम्मेलन में कविता पढ़ने बुलाया नहीं जाता है। जिन्हें बुलाया जाता है वे प्रायोजित ही तो होते हैं। जिन्हें नहीं बुलाया जाता वे प्रायोजित होने के योग्य नहीं। इससे आपको क्या आपत्ति है?

मैं : मैं आपको प्रायोजित माल का तर्क बता दूँ तब आप समझेंगे। दूरदर्शन इस समय नाटक, साहित्य, कविता, संगीत इन सबका सबसे बड़ा बाज़ार है सो इसलिए नहीं कि राष्ट्रीय प्रचार संस्था होने के कारण उसे संस्कृति का स्वाभाविक प्रचारक होना चाहिए, बल्कि इसलिए कि उसके कार्यक्रमों के ख़र्च के पैसे बाज़ार से निकाले जाते हैं। प्रायोजक कलाकारों को कार्यक्रम बनाने का मुनाफ़ा सहित ख़र्च देता है और बदले में दूरदर्शन उन पूँजी लगानेवालों को दूरदर्शन पर समय दे देता है जिससे उनकी पूँजी से बनाए हुए कार्यक्रम परदे पर दिखाए जा सकें। इन कार्यक्रमों को आधा-आधा घंटा दिखलाया जाए और बीच-बीच में प्रायोजक के साबुन या मुँहासे की या सरदर्द की दवा या चाकलेट का विज्ञापन दिखा दिया जाए तो पूरा कार्यक्रम देखनेवाले दर्शक ये विज्ञापन भी देख लेंगे। विज्ञापनदाता के पैसे वसूल हो गए।

मेरा अनजाना पाठक : फिर क्या? आपका डर समझ में नहीं आया।

मैं : बात इतनी ही नहीं है जितनी दिख रही है। असल बात यह है कि विज्ञापनदाता कोई कार्यक्रम बनाने के लिए कितनी पूँजी देगा। वह कलाकार के कार्यक्रम की कला को धेला भर नहीं जानता मगर चाहे तो एक लाख से लेकर तीन लाख रुपया तेईस मिनट के कार्यक्रम के लिए निर्माता को मंजूर कर दे।

मेरा अनजाना पाठक कुछ मुलायम पड़कर पूछता है कि जब आप पैसे देनेवाले को गाबदू समझते हैं तो वह कैसे तय करता है कि एक लाख से तीन लाख के बीच में कितना दिया जाए?

मैं : अब आप ख़तरे के नज़दीक आ रहे हैं जिसका मुझे डर है। पूँजी देनेवाला आदमी अपने को गाबदू नहीं समझता जैसे आप समझ रहे हैं। वह आपकी कला नहीं समझता मगर उसने एक पैमाना बना रखा है जिससे वह आपकी कला को माप लेता है।

मेरा अनजाना पाठक : यह तो अच्छा ही है।

मैं : सुनिए और समझिए कितना अच्छा है कितना नहीं। पैमाना बनाने के लिए भावी प्रायोजक जनता के कई टुकड़े करता है। जनता के कई वर्ग बना दिए जाते हैं। समाज में जनता के कई वर्ग रहते ही हैं पर किसी रचनात्मक काम का मूल्यांकन करने के लिए संसारविहीन स्वतंत्र समाज सारी जनता को एकसाथ बुलाता है। जिसको अच्छी लगे ले जिसको न लगे न ले। आज नहीं तो कल लेगा, या कल भी नहीं तो समाज उसे ले लेता है। अपनी संस्कृति परंपरा में शामिल करने या उससे बाहर कर देने के लिए पूरा समाज सक्रिय होता है एकसाथ। मगर जनता को अलग-अलग खानों में बाँटकर उन खानों के बीच में संवाद की संभावनाएँ यह पैमाना शुरू से ही ख़त्म कर देता है। आमदनी के हिसाब से वर्ग बनाए जाते हैं, कार्यक्रम के विषय के हिसाब से बनाए जाते हैं और उन वर्गों में कार्यक्रम कितना लोकप्रिय हो रहा है इस आधार पर पूँजी दी जाती है। प्रायोजक मानकर चलता है कि अपना

विकास करने या समझदारी बढ़ाने या बदलने की किसी वर्ग को कोई ज़रूरत नहीं है। यह भी होता है कि शुरू में पूँजी देने की बात होती है पर यदि जनता की पसंद की आँकड़ोंवाली जाँच से मालूम हुआ कि पसंद टिकाऊ नहीं है तो कार्यक्रम ठप हो जाता है। इस डर से निर्माता सारे समाज के लिए कुछ बनाता नहीं।

मेरा अनजाना पाठक पूछता है, "तो कई प्रायोजित कार्यक्रम जो बेहद उबाऊ हो गए हैं, कैसे चल रहे हैं?" मैं कहता हूँ यह तो यही सिद्ध करता है कि यह वर्ग, विषय और क्या जाने किसी ख़ास वर्ग के आधार पर लागू पैमाना बोगस है आँकड़ा गणित से सही चाहे जितना हो। यह एक तरह का गुपचुप सेंसर है।

इस वक़्त तक अनजाना पाठक यह कहने की मुद्रा में आ गया था कि आप कविता का कैसेट बनाकर बेपनाही क्यों चाहते हैं। तभी मैंने उसके मन की भाँप ली। मैं बोला—हाँ, मैं कविताओं को कैसेट जैसे आविष्कार के माध्यम से दूर-दूर तक पहुँचाना चाहता हूँ, जैसे यह लेख छापकर आप तक पहुँचा रहा हूँ। अभी तक ज़्यादातर अख़बार प्रायोजक का पैमाना नहीं, भाषा, विचार और साहित्य का ही पैमाना मानते हैं। तब तक तो मुझे लिख और छाप लेने दीजिए—कविता-कैसेट बनानेवाले कल जब प्रायोजक के हुक्म से कैसेट बनाने लगेंगे, तो अज्ञेय, नागार्जुन, मुक्तिबोध और निराला को सारी जनता तक जाने के रास्ते बंद करेंगे ज़रूर। मगर तब तक इस गुप्त सेंसर के फलने का वक़्त बीत चुका होगा—ये कवि छप चुके हैं और छपी किताबें, आज भी जो चाहता है माँग या ख़रीद ही लेता है। पाठक-समाज को किसी प्रकाशक ने अभी तक बाँटकर नहीं देखा।

अंत में मेरा अनजाना पाठक ठंडी साँस लेकर यह कहते हुए विदा हुआ कि अच्छा तो तय है कि कविता के निर्माताओं को अपना माल लिखकर छापना चाहिए और जनता के सामने पढ़कर सुनाना चाहिए। मैंने कहा, ठीक है, मगर यंत्र का जो अविष्कार किसी ने कहीं भी किया है वह मुक्त उपयोग के लिए हर एक को उपलब्ध होना ही चाहिए। टी.वी. तो बहुत बड़ी मंडी है। उसके ट्रांसमीटर सरकारी हैं। जिनके पास वीडियो कैमरा और टी.वी. कैसेट बनाने और बजाने की मशीन है, कम से कम वे तो यह तय करने के लिए आज़ाद रहें कि कविता सुनकर अपने को और शायद कविता की परंपरा को भी कुछ आज स्वीकार करने, कुछ कल स्वीकार करने के लिए मुक्त रखेंगे।

[*जनसत्ता*, 'अर्थात्', 19 जनवरी 1986]

हिंदी हा हा हू हू

हँसी माने हिंसा।

1975 में मेरा एक कविता संग्रह छपा जिसका नाम था *हँसो हँसो जल्दी हँसो*। इस नाम से हिंदी साहित्य में अचरज पैदा हुआ, हँसी नहीं। लोग कहते थे, अजब नाम रखा है। क्या यह उसी कवि का संग्रह है जिसने *आत्महत्या के विरुद्ध* लिखा था? कुछ अच्छेभले साहित्यिक पाठक उस किताब का नाम याद रखने में गड़बड़ कर जाया करते थे और उनके मुँह से निकलता था : 'हँसो हँसो और हँसो'। ज़ाहिर है कि 'जल्दी हँसो' में जो आदेश है उसकी भयंकरता वह नहीं देख पा रहे थे और मेरी किताब का शीर्षक उन्हें विचित्र जान पड़ रहा था, क्योंकि हिंदी में छायावाद को चिरस्थायी बनाए रखने में समालोचक, अध्यापक और शास्त्री सबका स्वार्थ न्यस्त था।

पर विषय यहाँ पुस्तक आवरण पर छपा शीर्षक या भीतर छपी कविता नहीं है, वह हँसी है जो चारों तरफ़ सुनाई देती है और जब कोई हँसता है तो दिखाई देती है। हँसी भाषा की पूरक है। परंतु

वह अपने में भी भाषा है और अपने में ही भेद करती चलती है। ध्वनि भेद से वह बहुत कुछ कहती है, जो हँसी का शब्द लिखित रूप में नहीं कह पाता। 'हा हा हा' हँसी का शब्द है। यह लिखा एक ही प्रकार से जाता है, पर उच्चारित विभिन्न प्रकार से किया जा सकता है और हर उच्चारण के शब्द में एक अलग ध्वनि भी हो सकती है। फ़िलहाल यह ध्वनि भी विषय नहीं है। विषय है हमारे लोग जो हँसते हैं। हिंदीवाले लोग तो अकसर हँसते हुए ही पाए जाते हैं। दो व्यक्ति मिलेंगे तो हँसेंगे, विदा होंगे तो हँसेंगे। मिलने और विदा होने के बीच के अंतराल में जाने कितनी बार हँसेंगे और अकसर इस हँसी का कोई कारण नहीं होगा—यानी कोई ऐसा कारण नहीं होगा, जो दिखाई दे। न तो यह पता चल पाएगा कि हँसी का संदर्भ क्या है, न यह समझ में आएगा कि अभिप्राय क्या है। अर्थात् न तो यह पता चल पाएगा कि इन सज्जन के हँसने के पहले क्या बात हुई थी जो यह हँसे, न यह पता चलेगा कि हँसने के बाद अब हमें क्या कहना—क्या करना है। एक ही रास्ता बचेगा कि हँसते जाइए, धीरे-धीरे हँसी अपने आप चुक जाएगी, तब फिर विषय बदला जा सकेगा।

यह विशेषता हर भाषा में हँसी की नहीं होती। हिंदी में ही है। हो सकता है कुछ भारतीय भाषाओं में भी हो, पर मैं बहुत-सी भारतीय भाषाएँ जानता नहीं हूँ इससे इस विषय में कह नहीं सकता। इतना जानता हूँ कि हिंदीवाले बहुत हँसते हैं और हँस लेने के बाद तुरंत गंभीर हो जाते हैं, यानी गंभीर रहना ही उनका धर्म है और उन पर दायित्व है कि वे साहित्य और राजनीति की सारी समस्याएँ सुलझाने के लिए हर समय चिंतन करते रहें।

आप देखेंगे कि शायद इसी कारण से हिंदीवालों की हँसी में कुछ विशेषता आ गई है। उनका ध्यान ज़्यादातर समय अपने दायित्व पर रहता है, इसलिए वे चिंतन के समय चिंतन और हास्य के समय हास्य में विश्वास करते हैं। हास्य तो अस्थायी गुण है, इसलिए वह राष्ट्रीय दायित्व वहन करनेवाली हिंदी जैसी गंभीर भाषा में हमेशा योगदान करता नहीं रह सकता। कल्पना की जा सकती है कि यदि हिंदी भाषा में अनवरत चिंतन होता रहता, तो चिंतन के भीतर से ही बहुत-सी विसंगतियाँ निकलतीं और हँसने के एक प्रकार के वास्ते अंग्रेज़ी परिभाषा का शब्द नहीं खोजना पड़ता : एबसर्ड। हँसने के कारण के लिए यह शब्द अंग्रेज़ी से लेना पड़ा है, क्योंकि एबसर्ड की कल्पना हिंदीवालों ने नहीं की। अंग्रेज़ी में एबसर्ड शब्द के अर्थ में उतना क्रोध नहीं है, जितना हिंदीवाले एबसर्ड शब्द इस्तेमाल करने में है। कारण यह है कि ऊलजलूल को अंग्रेज़ी बौद्धिक ने बुद्धि का एक अनुभव माना, जबकि हिंदी ने बुद्धिभ्रम का। हिंदी ने तो ऊलजलूल का अर्थ लगभग पागलपन ही मान लिया। जबकि आधुनिक संवेदना और प्रतीति के अनुसार वह अनुभव यथार्थ के खंडों के परस्पर विपर्यय का ही एक यथार्थ है। ठीक ही है, राष्ट्रपति जैलसिंह को छोड़ सभी राजनेताओं ने बार-बार जो कहा है कि हिंदी को विकास करना है सो ठीक ही कहा है। हिंदी में अभी तक एबसर्ड की कलात्मक अवधारणा नहीं हुई है, एबसर्ड उसमें दी हुई गाली ही माना जाता है।

वैसे आप यह भी देखेंगे कि हिंदी प्रदेश में सत्ता का सामीप्य पाया जाता है। इससे भी हिंदी हास्य में कुछ विशेषताएँ उत्पन्न होती हैं। प्रथम विशेषता यह है कि जो व्यक्ति सत्ता के आसन से खिसका हुआ दीखता है, वह हास्यास्पद हो जाता है। हास्य वहाँ है जहाँ सत्ता नहीं है। ऐसा एक वाक्य हिंदी में हास्य की पकड़ बन सकता है। उदाहरण के लिए, पिछले नौ साल में जनता सरकार और कांग्रेस सरकार के उन मंत्रियों पर लिखे गए अख़बारी लेख, जिनके सत्ताच्युत होने की घड़ी आ गई थी। यहाँ इतिहास के तथ्यों के साथ न्याय करने के लिए यह कह देना भी ज़रूरी होगा कि हिंदी की प्रकृति में यह वैषम्य नया है—हिंदी में तो सत्तासीन का परिहास और सत्तालोलुप का उपहास करने की प्रकृति पाई जाती रही है। यह तो जब से राजनीति ने बिना सोचे-समझे जिस-तिस को सत्ता से हटाने का दौर शुरू किया, तब से उपहास की एक नई शैली सत्ता-समर्थकों ने निकाली—जब तक कोई सत्तासीन है, तब तक उससे न कोई परिहास कर सकता है न कोई उसका उपहास, पर जब उसका पतन आसन्न

हो तब उसका सत्ताच्युत होना सुनिश्चित करने के लिए उसका उपहास करना हिंदी में हास्य का समकालीन धर्म बन गया है। अर्थात् कभी हिंदी में यह शक्ति थी कि वह अत्याचारी की भर्त्सना करने और उसे जगज़ाहिर करने के लिए उसकी पोल खोल सकती थी, आज वह अत्याचारी की खुशामद करके उसमें अभय अर्जित करने के लिए उसके प्रतिद्वंद्वी अत्याचारी का उपहास करने को तैयार है। यही हिंदी की विकृति है, एक जुझारू भाषा की चमचा भाषा बन जाने की परिणति।

तब आप कहेंगे कि ऐसा है तो हिंदी में हास्य कवि सम्मेलन की परंपरा कहाँ से आई? हाँ, कहाँ से आई? यही तो प्रश्न है। हो न हो, इसके मूल में कहीं कमज़ोर का मज़ाक बनाने की वही प्रवृत्ति काम कर रही है जो हिंदी भाषा की लोकप्रवृत्ति नहीं है—उस पर संभ्रांत वर्ग की थोपी हुई आक्रामक प्रवृत्ति है जिसका शिकार हिंदी को सामूहिक रूप से यानी कवि-सम्मेलन में खोजना होता है तो स्त्री के रूप में मिल जाता है। ऐसे कवि-सम्मेलनों में कवयित्रियाँ नहीं बुलाई जातीं। ऐसी कवयित्रियाँ हैं भी नहीं और होंगी भी तो बुलाई नहीं जाएँगी, जो पुरुषों के नीच, निकम्मे और नपुंसक होने का मज़ाक बनाएँ, परंतु ऐसे पुरुष कवियों से हिंदी हा हा हू हू का बाज़ार गर्म रहता है जो स्त्री के कुरूप, कर्कशा, कुतर्कप्रिय और कमबख़्त होने का रोना रोएँ और यही उनके हँसने का विषय हो।

[*जनसत्ता*, 'अर्थात्', 13 अप्रैल 1986]

बेचारा हास्यरस

हास्य : यह एक ऐसी चीज़ है जिसकी किसी निर्दय समाज में कोई जगह नहीं। निर्दय लोगों में हास्य किसी सहज असंगति को देखकर उत्पन्न नहीं होता। जो उत्पन्न होता है वह हास्य नहीं उपहास है और जिसे देखकर जो उपजता है वह असंगति नहीं विकृति है। ऐसी उपहासवृत्ति हृदयहीन को हँसाती है, वह उसे अन्याय के विरुद्ध जागृत नहीं कर सकती। वह तो अन्यायी के पक्ष में होगी।

रोज़ हम बच्चों को एक-दूसरे पर हँसते देखते हैं। जब कई बच्चे मिलकर हँस रहे हों तब ग़ौर से देखिए, वे किस पर हँस रहे हैं। अगर उनके समूह में जितने व्यक्ति हैं वे परस्पर बराबर के हैं तो कहना चाहिए कि वे किसी पर नहीं हँस रहे हैं—वे सबके साथ अपने पर हँस रहे हैं। जैसे ही समूह में ग़ैरबराबरी के बल पर विभाजन हो जाता है, समझना चाहिए कि सब लोग नहीं हँस रहे हैं—हँसी शक्ति का आधार बन गई है जिसके बल पर विभाजन हुआ है। बस बच्चों के उदाहरण में और वयस्कों के उदाहरण में अंतर इतना है कि बच्चे अपनी बराबरी का जन्मजात अधिकार अपने मानसिक और शारीरिक संघर्ष द्वारा छीनते रहते हैं और इस प्रयत्न में जो हिंसा भी होती है वह पल-पल मिटती और संतुलित होती रहती है। परंतु हम आज के समाज में हिंसा को ही हँसी का कारण बनते देख रहे हैं। ज़्यादातर हँसने के मौक़े कमज़ोर पर हँसने के मौक़े बन गए हैं और बनते जा रहे हैं। यह हँसी सत्ता के केंद्र में स्वीकृत होकर राजनैतिक चुटकुलों की शक्ल में प्रकट होती है। क्या आपको याद नहीं कि अख़बारों में सत्ताधारी दल के आपसी दाँवपेंच के जो रसभरे वृत्तांत छापे जाते हैं, उनमें मुख्यमंत्री या केंद्रीय मंत्री का उपहास सिर्फ़ तभी किया जाता है जब अंतरंग गोष्ठी में तय हो चुकता है कि उसे या तो पदच्युत कर देना है या वह विपदस्थ होने से बचाया न जा सकेगा। राज्यों की राजनीति के समाचारों, टिप्पणियों एवं कार्टूनों आदि की बारीकी से नित्य पड़ताल करनेवाले पाठक चाहें तो भविष्यवाणी कर सकते हैं कि अब अमुक राजनेता अपने पद से उतरनेवाला है। उन्हें सिर्फ़ यह हिसाब रखना होगा कि पिछले सप्ताहों में उसके संबंध में जो समाचार-विचार छपे, उनमें उसका कितना मखौल उड़ाया गया है।

सत्ता का और हँसी का ऐसा घनिष्ठ संबंध है कि सत्ता के भय से हँसी नहीं आती और सत्ता हँसी के भय से हँसती नहीं। कोई कवि कह सकता है कि सत्ता हँसती तो है पर क्रूर हँसी हँसती है—कवि लोग अकसर कविता में ऐसी नाटकीय स्थितियों की कल्पना करके प्रसन्न हो लिया करते हैं। वे कल्पना में एक नाटकीय अट्टहास सुनकर मुदित हो लेते हैं कि उन्होंने यथार्थ का बड़ा मार्मिक आधुनिक चित्रण कर दिया। कवियों को कौन समझाए कि यदि सत्ता का भय हँसकर दूसरों को दिखानेवाला व्यक्ति हँसकर अपनी क्रूरता का प्रदर्शन करता है तो वास्तव में वह अपनी दुर्बलता को छिपा रहा होता है—या तो वह दूसरों को डराकर अपने को बचा ले जाना चाहता है या दूसरों को हँसी में शामिल कर अपने को छिपा रहा है। उसके लिए असल में तो हास्य की गुंजाइश ही नहीं है, क्योंकि हास्य हमेशा बराबरी के बीच बराबरी के साथ ही हो सकता है।

एक हास्यहीन समय 1975 में सत्ता की बेहद एकतरफ़ा ताक़त दिखाने के कुछ महीनों के दौरान आया था। इमर्जेंसी लागू होने के बाद से यानी जून 1975 से लेकर आम चुनाव की घोषणा होने तक। यानी फरवरी 1977 तक समुदाय में किसी के चेहरे पर हँसी नहीं देखी गई, व्यक्तिगत आचरण में अवश्य लोगों ने अपनी परिहास बुद्धि बनाए रखी। पर सचमुच सार्वजनिक हँसी बहुत समय बाद 1977 की चुनाव सभाओं में ही सुनाई दी। जब श्री जगजीवन राम ने दिल्ली के रामलीला मैदान में कहा, मैंने कांग्रेस छोड़कर अपनी पार्टी बनाने का फ़ैसला गुपचुप किया था, क्योंकि यदि इंदिराजी को मेरे इरादे की ख़बर लग गई होती तो आज मैं आपको यहाँ खड़ा नहीं दीखता, तो यह सुनकर भीड़ हँसी। इसमें हास्यरस की कौन-सी बात थी? पर लोग जी खोलकर हँसे, क्योंकि उन्हें लगा कि ताक़त के सामने किसी ने, चालाकी से सही, मुक़ाबले पर खड़ा होने का साहस किया।

इतिहास के जिस दौर में बराबरी के लिए नोंकझोंक चलती रहती है, थोड़ा-बहुत हास-परिहास सामने आता रहता है। अच्छे व्यंग्य-रचनाकार उसी दौर में पैदा होते हैं और मुमकिन है उनमें से कुछ ऐसा साहित्य भी लिख ले जाएँ जो बहुत समय तक ज़िंदा रहे। परंतु पतन के दौरों में परिहास दुष्टों के समाज में असहायों को निशाना बनाता है और हास्यरस रूप बदलकर भँड़ैती बन जाता है, जिसे पतनशील संस्कृति के पोषक अख़बार छापते हैं और जिसे सत्ता प्रतिष्ठान हास्यरस बताकर अपने ख़र्चे से सरकारी माध्यम यानी जनसाधारण के पैसे से प्रतिष्ठित कराता है। ऐसे प्रतिष्ठान के सिवाय कोई नहीं मानता कि भँड़ैती भी हास्य हो सकती है। विश्वास न हो तो दूरदर्शन के कवि-सम्मेलन देख लीजिए। पिछले पाँच साल में जितनी भाँड़-कविता दूरदर्शन पर गाई-दिखाई गई वह अपने आपमें मेरी स्थापना का प्रमाण है। याद रखिए कि वह भँड़ैती सर्वसत्तावादी प्रचार माध्यम से होती है और भाँड़ों की वह परंपरा नष्ट कर देती है जो गाँव-मोहल्लों में बिरादरी के अंदर किसी दुष्टता, मूर्खता या अत्याचार पर भाँड़ सबके सामने किया करता था और सबको हँसाता था। सत्ता के विकेंद्रीकृत चरित्र में ही संभव था कि समाज के सामने हास्य के अवसर भय से मुक्त वातावरण में आएँ। असंगति का वही पहचानना हास्य है जो बलवान के दंभ को, उसकी मूर्खता को और उसकी तुच्छता को ताक़त की तुलना में हास्यास्पद दिखाए।

[*इतवारी पत्रिका,* 'बात', 4 जनवरी 1987]

हास्यरस का बुरा हाल

आजकल हास्यरस की हालत बुरी है। हर पत्रिका दो-चार छटाँक हास्यरस छापने को उत्सुक है। मगर उम्दा माल मिल नहीं रहा है। एक संपादक ने अपने लेखकों को चालीस-पचास प्रश्नों की एक सूची

भेजी और उनके एक लेखक ने जब शिकायत की कि सवालों का जवाब देते-देते तो कई लेख बन जाएँगे इसलिए इनका जवाब देने का समय मेरे पास नहीं होगा तो उत्तर आया—"कुछ का जवाब तो आप सिर्फ़ हल्के-फुल्के ढंग से दे डालिए जिससे कुछ चटपटा मसाला छापने को मिल जाए।" एक संपादक ने फ़रमाइश की कि हम साहित्यकारों की माताओं की तसवीरें और साहित्यकार-पुत्रों द्वारा अपनी माँ की स्मृतियों पर एक व्यक्तिगत लेखमाला शुरू करना चाह रहे हैं। एक लेखक महोदय ने जब अपना लेख भेज दिया तो उत्तर आया—"आपकी चुभती हुई शैली में हम आशा कर रहे थे कि आप कुछ व्यंग्य-विनोद के लहजे में फड़कती हुई चीज़ लिखेंगे पर यह तो बहुत नीरस लेख है। हम लेख वापस भेज रहे हैं। आप हमेशा लिखते रहे हैं।" असलियत यह है कि जिस लेखक से यह फ़रमाइश की गई थी वह अपने राजनैतिक विश्लेषणों के लिए प्रसिद्ध है और उसके लेखों की धूम थी तो उसका कारण व्यंग्य-विनोद नहीं, दोटूक असलियत का बयान था।

चूँकि किसी लेखक की यथार्थ की पकड़ और विश्लेषण शक्ति आज सत्ता और लेखक के समीकरणों को उलट-पुलट कर रख दे सकती है, इसलिए संपादक भाषा की भँड़ैती के नीचे ढाँककर यथार्थवादी विश्लेषण का धोखा पैदा करने की कोशिश ज़रूर करते हैं। इस काम में अगर वह हास्यरस का इस्तेमाल कर ले जाएँ तो उन्हें उम्मीद बँधती है कि पाठकों को धोखा भी दिया जा सकेगा कि यथार्थ का विश्लेषण करा रहे हैं और अपनी झूठपरस्ती को छिपाए भी रखा जा सकेगा।

हास्य की समस्या यह है कि वह यथार्थ को सच्चाई से न पकड़ने पर हाथ से फिसलकर कुत्सित बन जाता है, बहुधा वह कमज़ोर पर आक्रमण करने जैसे क्रूर विचार में प्रकट होता है या फिर शक्तिशाली की खुशामद करने में अपने को नीचा गिराने में। अख़बारों में हम देख सकते हैं कि जब एक हास्य स्तंभ चलते-चलते थक जाता है तो उसकी जगह मनोरंजन की यह शक्ल दिखाई देती है कि समाचारों के यथार्थ में से उन टुकड़ों को जोड़कर एक स्तंभ बना लिया जाए जो मिलकर यथार्थ की किसी अमानवीयता की शक्ल न दिखा पाए बल्कि दमन, शोषण और क्रूरता का केवल एक विचित्र मुखौटा ही सामने लाए। हास्य स्तंभ की जगह यही मनोरंजन का स्तंभ बन जाता है क्योंकि असलियत का परदाफ़ाश करते-करते हास्य कितनी बार भी धोखा क्यों न दे जाए, एक न एक किरण रोशनी की दिखा ही जाता है और आजकल कोई अख़बार ऐसा नहीं रह गया है कि इतनी भी रोशनी बरदाश्त कर सके।

पर हास्य की समस्या सिर्फ़ यथार्थ को पकड़ने तक सीमित नहीं रह जाती। उसे एक पूरी नई दुनिया की कल्पना करनी होती है और वर्तमान की विसंगति को वह इसी नई दुनिया की संगति के संदर्भ में उजागर कर पाता है। इस तरह सही मायने में शुद्ध हास्य जैसी कोई चीज़ तभी सिर्फ़ उतनी देर के लिए संभव हो पाती है जितनी देर तक हम अपनी उस नई दुनिया को अपनी कल्पना में साकार कर रहे होते हैं, वह संपूर्ण संगति का क्षण शुद्ध हास्य का क्षण होता है—स्वास्थ्य का भी और जीवन की क्षणिकता के करुण अभिज्ञान का भी।

जिस तरह का हास्य पत्रिकाओं में मनोरंजन के लिए जुटाने पर संपादकों का ज़ोर रहता है वह स्पष्ट रूप से एक राजनैतिक आक्रमण है। इसका उद्देश्य विसंगतियों के प्रति अस्वीकार जगाना नहीं बल्कि पाठकों को यह सिखाना है कि हमें हँसते रहना चाहिए क्योंकि हमारे नियामक हमें रुलाते रहेंगे। संपादक सोचते हैं : हमें चूँकि पत्रिका के ग्राहक बनाए रखते हैं इसलिए हम इन्हीं नियामकों की क्रूरता की रक्षा करते हुए हास्य-विनोद की सामग्री जुटाएँ। है तो यह ख़तरनाक काम क्योंकि ज़रा-सी चूक होते ही असलियत की झलक सारे धोखे को बिगाड़ देती है, पर कुशल संपादक वही है जो माँ के संस्मरणों को भी हास्य की चाशनी में लपेटकर परस सके।

[*जनसत्ता*, 'अर्थात्', 8 जनवरी 1989]

कविता दो और दो चार नहीं

हिंदी भाषा के प्रेमियों की किस्मत में लिखा हुआ है कि वे सारी ज़िंदगी भाषा के बारे में बहस करते रहेंगे, भाषा के बारे में लिखते रहेंगे, पर भाषा में उतना नहीं लिखेंगे जितना वे लिख सकते हैं या उन्हें लिखना चाहिए। जाने कब से हिंदी के महंत इस किस्मत के लिखे को सच साबित करते आ रहे हैं। हिंदी क्या है और उर्दू क्या है, हिंदुस्तानी क्या है और सुगम भाषा क्या है, अनुवाद की भाषा कैसी हो, पारिभाषिक शब्दावली कैसे बने—ये सब सवाल मुख्य सवाल बनते रहे हैं। साहित्य में भाषा का इस्तेमाल करनेवालों के यहाँ रचना-प्रक्रिया को समझने की जितनी कोशिशें हुई हैं उतनी रचना की कोशिशें नहीं हुईं। यथार्थ और शिल्प की भी बहस बहुत हुई है। यथार्थ के भीतर भावना के संसार सपाट होते गए हैं जहाँ सचमुच साहित्य होना चाहिए था।

पिछले दिनों एक प्रखर सामाजिक-राजनैतिक विचारक से भेंट हुई और बातचीत में कहीं उनके भीतर छिपी यह इच्छा प्रकट हो गई कि साहित्य के क्षेत्र में जो रचना हो रही है, वह उसे भी समझना चाहते हैं। जैसा अकसर होता है, कविता का विषय उठ खड़ा हुआ। पता नहीं क्यों, राजनैतिक-सामाजिक प्रश्नों पर लिखने-बोलने-सोचनेवाले महत्त्वपूर्ण व्यक्तियों को कविता से एक अजब तरह का लगाव बना रहता है। हो सकता है कि वे कविता को बेकार की कार्रवाई मानते हों, मगर महत्त्वपूर्ण ज़रूर मानते हैं। यदि राजनीति में कुछ काम करते हैं तो अपने राजनैतिक कर्म से कवि-कर्म की तुलना भी करते हैं और हो सके तो दोनों में दख़ल रखने का दम भी भरते हैं। ऐसे दस राजनीतिकों के नाम गिनाए जा सकते हैं जिन्हें सत्तासीन होने पर यह प्रकट करने का साहस हुआ कि वे खुद कवि रहे हैं। मध्यप्रदेश की एक घटना तो मुझको याद ही है कि किसी लेखक शिविर में समापन भाषण करने आए एक मंत्री को चमचों ने उकसा दिया कि वे कविता सुनाएँ। मंत्रीजी ने बिना ज़्यादा नखरा किए कविता सुनाई जिसे शिविर में आए हुए नब्बे प्रतिशत लेखक पिटी-पिटाई कवि-सम्मेलनी कविता मानते रहे होंगे मगर जिसे सुनाने में मंत्री कवि को कोई झिझक नहीं थी।

जिन सामाजिक विचारक का उल्लेख ऊपर किया गया है उन्होंने कविता का ज़िक्र करते हुए कहा कि वह समझ में नहीं आती है। जाने क्या बात है कि उसमें कहीं जान नहीं है हालाँकि बातें बहुत-सी हैं। यह भी कहा कि बनावट भी बहुत है मगर सुंदरता की कमी है, न तो छंद है, न उच्चारण, न शिल्प की कोई और खूबी। मैं यह आलोचना चुपचाप सुनता रहा क्योंकि मैं भी इसे सही मानता हूँ। मगर एक प्रतिवाद करने का मन होता रहा। वह प्रतिवाद मैं यहाँ कर रहा हूँ क्योंकि अनेक साहित्यप्रेमी सहमत होंगे कि कविता के न समझ में आने की शिकायत जिन्हें होती रहती है वे भी मानते हैं कि कविता को समझने की उनकी कोशिश कहीं कच्ची रह गई है। कविता के बारे में मालूम नहीं क्यों सबने मान लिया है कि वह इस तरह समझ में आ जानी चाहिए जैसे दस तक गिनती आ जाती है।

मेरे विचारक मित्र सहृदय हैं। वे मान गए कि शायद उन्होंने कई बरस से कविता नहीं पढ़ी है जिससे वे ज़माने से पिछड़ गए हैं। पर मैंने कहा, यह सही नहीं है कि ज़माने के साथ-साथ चलनेवाले कविता समझ लेते हैं। असलियत तो यह है कि ज़माने के साथ-साथ चलते जो दिखाई देते हैं वे ज़माने को पीछे ले जा रहे हैं। कविता जब ज़माने को आगे ले जाना चाहती है तो कवि को भी कोशिश करनी पड़ती है और पाठक को भी। तब जाकर वह समझ में आना शुरू होती है। कवि को कोशिश यह करनी पड़ती है कि कुछ सच्चाई वह इस तरह बताए कि वह नई न हो सिर्फ़ उसके मायने नए हों। जैसे कवि अगर बता पाता है कि खुशी का अर्थ पिंजरे में सुंदर पक्षी नहीं है, पेड़ की डाल पर आज़ाद पक्षी है और वही सुंदर है तो कविता को समझने की कोशिश करने से पाठक को अनुभव होगा कि उसने एक नई बात समझी है। जब यह नई बात समझ में आती है तो उसके साथ कुछ नए शब्द, कुछ नया संगीत, कुछ नए बिंब भी समझ में आते हैं। पुराने पैमानों के हिसाब से भी यह

कविता मानी जाएगी। इसे वे पाठक भी पसंद करेंगे जो बरसों से कविता पढ़ना छोड़े हुए हैं। बल्कि उन्हें यह एक तरह की नई पहचान कराएगी और ज़्यादा खुशी देगी।

बस यह ज़रूरी है कि कविता का पाठक समाज से नाता तोड़ न बैठा हो। कहीं एक महीन-सा सूत्र तो कम से कम होना चाहिए जिससे वह समाज से जुड़ा हुआ हो। यह कहने की ज़रूरत इसलिए पड़ रही है कि कभी-कभी ऐसे श्रोता-पाठक मिल जाते हैं जो भीतर तक खोखले और संवेदनहीन हो चुके होते हैं और कविता पढ़ने या सुनने पर उन्हें कहीं अपनी कमी का अहसास नहीं होता—कवि की ही कमी दिखाई देती है।

तो क्या हमारी आज की कविता में सचमुच कोई कमी नहीं है? क्यों नहीं? हज़ार कमियाँ हैं। कुछ तो मैं ही गिना सकता हूँ और यह आरोप सुनने को तैयार भी हूँ कि कवि का दोष कम नहीं है। कविता सिर्फ़ नई अनुभूतियों की समझ नहीं देती, नई वस्तुओं की समझ भी देती है। पर आज की कविता में वस्तुजगत् कितना सीमित हो गया है। वास्तविकता का वर्णन कितना सीमित और दृश्य का विस्तार कितना संकुचित होता जा रहा है। भौतिक दृष्टि से जैसे कथा वीडियो पर बननेवाले सीरियल के दो कमरे के सैट में समा गई हो, वैसे ही कविता में मानव-संबंध व्यक्ति के राग-विराग तक सिमटकर रह गया है।

यह आत्मालोचना करने के बाद कहीं हम अपने को सज़ा देकर संतुष्ट न हो जाएँ, इसलिए समझना ज़रूरी है कि यदि हमारी कविता का दृश्यपट उतना विस्तृत नहीं है जितना 'महाभारत' का था तो इसके भी कारण हैं। मानव प्रतीति और संवेदना को हमने सूक्ष्म अनुभवों के लिए तैयार भी किया है। अब ऐसा नहीं है कि भाषा में पहले की तरह पूरे मौसम के फल-फूल बनाने के बाद ही हम प्रकृति की, ऋतु की पहचान करने में सफल हो पाते हैं। केवल एक बिंब या बिंब के एक अंश से भी हम पूरा परिदृश्य सर्जित कर सकते हैं। परंतु फिर भी यह बात माननी पड़ती है कि यह काम अकेले कवि के बस का नहीं। पाठक को अपनी कविता से इतर जानकारी और संवेदना का विस्तार कविता के अलावा दूसरे साधनों से भी करना ही पड़ेगा, जैसे कवि को आज अनिवार्य हो गया है। कविता सिर्फ़ दो और दो चार नहीं है, वह ऐसी एक समस्या भी है जिसमें दो और दो जोड़ते ही चार से कुछ ज़्यादा हो जाने की संभावना बन जाती है। चार से वह जो अतिरिक्त होता है वह गिनती में नहीं गिना जा सकता, अनुभव की गहराई ही उसे नाप सकती है।

[*इतवारी पत्रिका*, 'बात', 11 मई 1986]

लेखक अख़बार में क्यों गया

बहुत दिन बाद इलाहाबाद जाना हुआ था। परंतु इतने दिन बाद नहीं कि सब कुछ बदला-बदला लगे। असल में उत्तरप्रदेश के इस महत्त्वपूर्ण केंद्र में बहुत कुछ बदल चुका है और अब यह नगर साहित्य का केंद्र नहीं रह गया है। इसका मतलब यह नहीं कि अब यहाँ महत्त्वपूर्ण साहित्यकार नहीं रहते। मतलब केवल यह है कि साहित्यिक गतिविधि बाहर की दुनिया को उस तरह आकृष्ट नहीं करती जिस तरह सुमित्रानंदन पंत, निराला, बच्चन, भगवतीचरण वर्मा और बहुत बाद में धर्मवीर भारती, विजयदेव नारायण साही तथा उनके 'परिमल' समूह के लोगों का सिर्फ़ नाम ही किया करता था। तब अज्ञेय भी इलाहाबाद में थे और उनका *प्रतीक* द्वैमासिक भी। अब वे भी दिल्ली में हैं और *प्रतीक* भी जो 1951 में ही मासिक होकर दिल्ली आ चुका था, *नया प्रतीक* मासिक होकर बंद हो चुका है। मासिक *हंस* जिसके संस्थापक प्रेमचंद थे, उनके योग्य सुपुत्र अमृतराय द्वारा संपादित होकर अंततः एक स्मरणीय

अर्द्धवार्षिक अंक निकालकर बंद हो चुका है और अब दिल्ली से राजेन्द्र यादव द्वारा संपादित होकर या तो निकलनेवाला है या निकल चुका है—पर इलाहाबाद में *प्रतीक* या *हंस* में से किसी की भी याद कोई स्पंदन नहीं करती।

ये बातें आज़ादी के चार से लेकर चौदह वर्ष के अंदर-अंदर की हैं। अब वहाँ नए लोग आ गए हैं। जिस वक़्त का ज़िक्र किया है उस वक़्त के लोग अब भी हैं—अमृतराय उसी मकान में हैं जिसमें कभी अज्ञेय थे। पर वह मकान नए सिरे से बनाया एक बिलकुल दूसरा मकान है और उसकी यादगारें सिर्फ़ कुछ वृक्षों की याद के रूप में कुछ गिने-चुने व्यक्तियों के मन में रह गई हैं। 18 हेस्टिंग्ज़ रोड का नाम अब 'धूप छाँह' है, पर इस बात को जानकर आप कोई छायावादी प्रतीक की कल्पना न करने लगें, उसमें अमृतराय रहते हैं जिनका छायावाद से दूर का संबंध नहीं और यही नहीं जिस इलाहाबाद में वे रहते हैं उसका अपनी सड़कों और मशहूर साहित्यकारों के आवासों की यादों से भी संबंध धुँधला हो चला है। निस्संदेह कुछ बाद के दौर के मशहूर मकान अब भी उन्हीं महत्त्वपूर्ण नामों से आबाद हैं और मुझे यह सकून देता है—केशवचंद्र वर्मा उसी टैगोर टाउन वाले घर में हैं, विजयदेव नारायण साही का परिवार उसी बैंक रोड वाले घर में और जगदीश गुप्त गंगा के किनारे के अपने प्रसिद्ध आवास में। मैं सबके पते नहीं जान पाया न उन्हें गिनाना उद्देश्य है, पर रामस्वरूप चतुर्वेदी से मिला और रघुवंश के घर में पिछली बार की इलाहाबाद यात्रा के भोजन की याद की, रघुवंश विश्वविद्यालय से अवकाश ले चुके हैं, जगदीश गुप्त एक-दो महीने में ले लेंगे, रामस्वरूप चतुर्वेदी मेरे उस बिखरते हुए स्मृति पुंज में विश्वविद्यालय के एकमात्र साहित्यकार मित्र रह जाएँगे जिसके साथ मेरा साहित्यिक जीवन विकसित हुआ था यद्यपि न मैं इलाहाबाद में पढ़ा, न वहाँ की साहित्यिक गोष्ठियों में रहा। वह रिश्तेदारी व्यापकतर कारणों से थी और उसका नाता *प्रतीक* मासिक से था जिसका मैं 1951 में *प्रतीक* के इलाहाबाद से दिल्ली आने पर अज्ञेय के साथ सहायक संपादक बनकर लखनऊ से दिल्ली आया था।

कितना वक़्त बीत गया। सिविल लाइन्स में किताबों की दूकानों और कॉफ़ी हाउस में अब साहित्यकार नहीं दिखते। सच तो यह है कि दिन के दस-ग्यारह बजे तक किताब की कोई दूकान खुली ही नहीं थी। टाइपराइटर कंपनी की दूकान खुल गई थी। यह बात मुझे थोड़ी देर बाद काफ़ी प्रतीकात्मक लगने लगी क्योंकि रामस्वरूप चतुर्वेदी ने कॉफ़ी हाउस में, जहाँ विपिन अग्रवाल, रामकमल राय और मेरे अलावा वही एकमात्र लेखक दिखाई दिए थे, यह बहस उठा दी कि आज का साहित्यकार साहित्यिक पत्रकारिता छोड़कर अख़बार में क्यों चला गया है जबकि प्रेमचंद तक ने अख़बार में काम नहीं किया—साहित्यिक पत्रकारिता ही की।

सवाल कुछ मायने रखता था। मैंने कहा, लिखकर बताऊँगा। इलाहाबाद की यात्रा की उपलब्धि यह बहस ही होगी जो रामस्वरूप चतुर्वेदी ने उठा दी है।

[*इतवारी पत्रिका*, 'बात', 13 जुलाई 1986]

लेखक अख़बार में यों गया

मैंने लिखा था कि हिंदी में साहित्यकार अख़बार में काम करने एक ज़माने तक नहीं गए और साहित्यिक पत्रकारिता करते रहे। आधुनिक समय में ही वे अख़बारों में नौकरियाँ कर रहे हैं। इसका एक ऐतिहासिक-वैज्ञानिक कारण है। परंतु पहले एक बात स्पष्ट कर लूँ। यह साहित्यिक पत्रकारिता क्या चीज़ होती है? क्या साहित्य की पत्रिका का संपादन करना या उस पत्रिका में काम करना जिसमें साहित्यिक

काम करते हों? साहित्य को या साहित्य की चर्चा को नियतकालिक रूप से छापना साहित्यिक पत्रकारिता कहलाएगा, इसमें कोई संदेह नहीं। पर क्या ऐसी कोई पत्रकारिता होती है जिसमें केवल साहित्य छपता हो, साहित्य से संबंध रखनेवाले समाचार, विचार, विवाद और मतवाद छपते हों तथा बाक़ी दुनिया के लिए दरवाज़े बंद कर दिए जाते हों? ऐसी पत्रिका यदि कोई है भी तो वह अधूरी पत्रकारिता की पत्रिका है।

अच्छी पत्रिकाओं का पुराना भंडार खोलकर देखा जाए तो पता चलेगा कि समाज से केवल साहित्य के सहारे जुड़ी पत्रिकाओं का कभी कोई स्थान था नहीं। वह महान पत्रिका *सरस्वती* जिसका नाम था और बीसवीं शती के आरंभ से ही जो जीवन-जगत् का अवलोकन करती-कराती अंत में स्वनामधन्य श्रीनारायण चतुर्वेदीजी के संपादकत्व में काल की भेंट चढ़ी, इतने विषयों को और इतनी जागरूकता को समेटती थी कि वह शुद्ध साहित्यिक पत्रकारिता नहीं समग्र पत्रकारिता कर रही थी। उस समय एक संपादक श्री महावीरप्रसाद द्विवेदी और शायद एक कार्यालय सहायक ही पत्रिका का कर्मचारी मंडल था। बहुत बाद तक पत्र-पत्रिकाओं में ही नहीं दैनिक अख़बारों में भी नौकरियाँ बहुत न हुईं और जो भी उनका वेतन था, इतना कम था कि उस पर काम करना संघर्ष का ही एक पर्याय माना जाता था। दैनिक पत्रों के इस हाल का एक उदाहरण देना काफ़ी होगा, हालाँकि खोजने चलें तो इससे भी अधिक दुखद उदाहरण मिल जाएँगे। यह बात व्यक्तिगत है और द्विवेदी युग की नहीं जवाहरलाल नेहरू युग की है। 1950 में अपनी पढ़ाई से उकताकर मैंने नौकरी खोजने की कोशिश की और लखनऊ के दैनिक *नवजीवन* में एक उपसंपादक की जगह ख़ाली पाकर मैं संपादक श्री ज्ञानचंद जैन से मिला। ज्ञानचंदजी ने पूछा—क्या तुम जानते हो कि अख़बार की नौकरी में निर्धनता और अनिश्चय ही रखा है, न आराम है न पैसा है। सोच लो। मैंने कहा सोच लिया और मुझे सौ रुपए महीने की नौकरी मिली, वह भी एवजी, क्योंकि किसी समझदार आदमी ने निराश होकर लंबी छुट्टी ले ली थी ताकि कहीं और जाकर भाग्य आज़माए।

उस वक़्त हिंदी में पढ़ाई करके डिग्री लेकर जीवन-समर में प्रवेश करनेवाले लड़के-लड़कियों के लिए दो नौकरियाँ ही विश्वसनीय थीं। एक हिंदी की अध्यापकी, दूसरी हिंदी की अनुवादकी। अख़बार उन्हीं को ललचाता था जिन्हें जनजीवन और राजनीति में एक नई चेतना जगाने की इच्छा थी और अकसर ऐसे लोग यही काम साहित्य के द्वारा भी किया करते थे। साहित्य और अख़बार का एक पुराना रिश्ता यह है कि दोनों एक ही काम करते हैं—जनजागरण—परंतु दोनों के काम करने के और नतीजों के रूप अलग-अलग हैं।

लेखक अख़बार में काम करने क्यों गया, इस प्रश्न का सीधा जवाब यह है कि 1950-51 के बाद हिंदी में लेखन का सामर्थ्य और उत्साह लेकर आनेवालों को जीविका की आशा अख़बारों में दिखाई पड़ने लगी थी। वास्तव में यह केवल सिद्धांततः दिख रही थी—याकि यह दिख रहा था कि भारत आज़ाद हुआ, नए रचनाकर्म के लिए रास्ते खुले और नए विचारों को और नई पीढ़ी को उम्मीद मिली। पर दो विचित्र घटनाओं को हम न भूलें तो स्थिति का ईमानदारी से मूल्यांकन कर पाएँगे। एक तो यह कि जो भी नए रास्ते खुल रहे थे या खुल सकते थे वे पिछली पीढ़ियों के प्रतिष्ठित लोगों को मिल रहे थे और अकसर बग़ैर इस विचार के मिल रहे थे कि जो नौकरी दी जा रही है उसके लिए कोई विशेष अनुभव अथवा योग्यता के पात्र ये हैं भी या नहीं। बात यह है कि विशेष योग्यता या प्रतिभा दिखाने या सीखने का अवसर ही वहाँ था। गुलाम भारत में तो वे नौकरियाँ ज़्यादातर थीं ही नहीं जिन पर नियुक्तियाँ हो रही थीं। जैसे रेडियो की नौकरियाँ नई-नई बनी थीं और लोग उन्हें पा रहे थे, उनका अनुभव कविता-कहानी में रहा होगा, प्रसारण में नहीं था। पर वे सलाहकार कहलाकर रख लिए गए और हिंदी की राष्ट्रभाषामूलक गरिमा के अनुरूप हर सलाहकारी नौकरी प्रतिष्ठा का पुरस्कार मानकर स्वीकृत हुई।

रेडियो की नौकरियाँ ऊँचे-ऊँचे लोगों तक पटकर रह गईं। जो नौजवान 1950 के आसपास इतनी संभावनाओं से युक्त थे कि अपने माध्यम में सलाहकार और कर्मी बन सकते थे, वे पीछे घिसटते रहे और जो विकल्प खोजना चाहते थे वे अनुवादक की नौकरी खोजते और पाते रहे क्योंकि वे बहुत थीं और दिन-ब-दिन निकलती आ रही थीं। एक पूरी पीढ़ी को राष्ट्रभाषा हिंदी के सौदागरों ने अनुवादक बना दिया और विद्या का जो क्षेत्र उनका था—जैसे अर्थशास्त्र, इतिहास, भूगोल आदि उस क्षेत्र में वे मौलिक लिखने को अनुत्पादक मानने लगे, क्योंकि सरकारी नीति अनुवाद को बढ़ाने की थी। फिर उस अनुवाद को जनता तक इस्तेमाल के रास्ते न पहुँचाकर जो अनर्थ भाषा और जनता के बीच किया गया वह अलग कहानी है। पर अभी तो इतना समझ लें कि सरकारी पैसा अनुवाद पर ख़र्च हो रहा था। नौकरियों का मुँह अनुवाद की ओर था और अध्यापकी से अधिक आसान थी अनुवादकी।

1950 में ज्ञानचंद जैन ने मुझे अख़बार की नौकरी के ख़तरे बताकर सचेत किया था। 1950-51 से 1960-63 तक हिंदी की नौकरियों के लिए सरकारी पैसा उपलब्ध था। अख़बार के मालिक यह जानते थे कि सरकार की हिंदी सेवा नीति का वातावरण सरकार के पक्ष में बना हुआ है और नई प्रतिभा को अख़बार में ले आना एक प्रयोग जैसा ही है। पर तभी दो-तीन घटनाएँ एकसाथ घटीं जिनमें एक का संबंध हिंदी से था, दूसरे का राजनीति से।

1963 में हिंदी को राष्ट्रभाषा न बनाने बल्कि निश्चित रूप से अनुवाद की भाषा बना देने का क़ानून पास हो गया। तय हुआ कि सरकारी पैसा हिंदी के विकास के लिए सारा का सारा नहीं ख़र्च होगा, दूसरी भाषाओं पर भी होगा। यह भी तय हुआ कि अनुवाद की नौकरियाँ खुले दिल से नहीं बाँटी जाएँगी। दूसरी घटना 1962 में राष्ट्रीयता की उमंग को चोट पहुँचानेवाली थी, चीन युद्ध के रूप में। इसका भारतीय राजनीति पर ज़बरदस्त असर पड़ा और मालिकों ने पहचाना कि अख़बारों से असहमति और वैविध्य होना मुनाफ़ा देगा।

तब जो हुआ उसका उदाहरण—*नवभारत टाइम्स* से लेना काफ़ी है। यह अख़बार कम से कम 1947 से तो दिल्ली में था ही। 16 साल बाद पहली बार सर्वाधिक बिक्री के इस राष्ट्रीय दैनिक में मालिकों ने यह बात पहचानी कि इसमें अनुवाद की हुई ख़बरें और लेख देने से अच्छा है कि अख़बार का अपना संवाददाता मंडल दिल्ली में रहे। तब पहली बार चार सदस्यों का एक संवाददाता विभाग स्थापित हुआ और संसद, सरकारी मंत्रालय आदि, राजनैतिक दल जैसे विषयों और क्षेत्रों के समाचार खोजकर और सहेजकर यह विभाग प्रतिदिन अपनी भाषा में तैयार करने लगा तथा संवाददाताओं के नाम सहित प्रतिदिन मुखपृष्ठ पर एवं अन्यत्र जैसा उचित था, छपने लगा। इसके पहले 1947 से लेकर 16 वर्ष तक यह नियमानुसार और निरंतर व्यवस्था नहीं थी—अख़बार के काम में पूरे कर्तव्यों को निभाते हुए करने का अवसर राष्ट्रीय स्तर पर और बड़े पैमाने पर पहली बार मिला। यह 1963 की बात है।

इससे पहले लेखक अख़बार में छपना ज़रूर चाहता था। पर जिसे वह साहित्यिक पत्रकारिता कहता रहा है उसमें छोटे-छोटे स्वार्थों और व्यक्तिगत प्रचार की राजनीति ही उसका विशेष प्रेय था। दैनिक अख़बार के कर्तव्यों को सीखने के लेखक के प्रयत्न उस समय के दैनिक अख़बारों की सीमाओं से ही बँधे हुए थे। अवश्य सारे हिंदी क्षेत्र में कुछ नामी अख़बार थे, पर उनकी बड़े अख़बार की हैसियत न थी। उनके कुछ पत्रकार सदस्यों का प्रभाव पाठकों पर था। पर पूरे अख़बार में अंग्रेज़ी से अनुवाद किए हुए तैयारशुदा समाचारों की भरमार रहती थी और कुछ गिने-चुने पत्रकारों को समाचार के स्रोतों तक पहुँचकर समाचार संकलन करने और लिखने का अवसर मिलता था। इन गिने-चुने पत्रकारों को संपादकीय लिखना विशेष प्रिय था, क्योंकि उससे समाचार संकलन का परिश्रम करना नहीं पड़ता था। विचार लिख देने से ही पत्रकारिता हो जाती थी।

लेखक अख़बार में काम करने आया तो लेखक का काम बढ़ने लगा। मन की भावनाएँ प्रकट

कर देना पत्रकारिता नहीं रह गया। यह तो बिना अख़बार में काम किए भी हो सकता था। पर अख़बार ने कुछ और तरह का लेखकीय अनुशासन सिखाया। साथ ही कुछ जीवनानुभव में वृद्धि की, यथार्थ के आयाम खोले। जिस लेखक को हम इस रूप में जानते थे, कि वह अख़बार में नौकरी नहीं करता है और मुख्य रूप से साहित्यिक पत्रकारिता करता है, उसका भविष्य भाषा के इस्तेमाल का क्षेत्र और कर्तव्य विस्तृत होने के साथ ही संकीर्ण हो गया। अल्पकाल में ही अख़बार के लिए साहित्यिकों में पहले बसी दुराव की भावना भुला दी गई और लेखक का भविष्य अख़बार में नौकरी के साथ जहाँ जगह दिखी वहाँ जुड़ गया।

[*इतवारी पत्रिका*, 'बात', 27 जुलाई 1986]

इक्कीसवीं शताब्दी के पहले

साहित्य अकादेमी की महत्तर सदस्यता का सम्मान समारोह जिस सभा कक्ष में हो रहा था, उसके बरोठे में छहों महारथियों के चित्र थे। तर्कतीर्थ लक्ष्मण शास्त्री जोशी (1901), अन्नदा शंकर राय (1904), मुल्कराज आनंद (1905), विनायक कृष्ण गोकाक (1909), तकषी शिवसुंदरम पिल्लै (1912), अमृतलाल नागर (1916)। अन्नदा शंकर और पिल्लै यात्रा में असमर्थ होने से उपस्थित नहीं थे। यदि चित्रों के नीचे उनकी जन्म तिथि न लिखी होती तो सहसा यह ध्यान न आता कि कालजयी साहित्यकार प्रायः पूरी बीसवीं शताब्दी के विगत वर्ष जी चुके हैं। इनमें से संस्कृत विद्वान तर्कतीर्थ लक्ष्मण शास्त्री जोशी 88 के हो चुके और सबसे छोटे अमृतलाल नागर भी गए सप्ताह 73 के हो गए।

आज़ादी की लड़ाई के निर्णायक अंश इन सबके जीवनकाल में लड़ा गया और विश्व के मानव उत्कर्ष के बड़े-बड़े अभियान इनके सामने हुए। परंपरा में से नई चेतना की धारा निकालने में इन्होंने खुलकर कमोबेश हाथ बँटाया। इस अवसर पर इनकी प्रशस्ति जो अकादेमी ने की और कृतज्ञता ज्ञापन में जो शब्द इन्होंने कहे, वे दिखाते हैं कि अकादेमी को साहित्यकार का सम्मान करने में और साहित्यकार को अपनी भाषा के और साहित्यकर्म के प्रति समर्पित होने में आज गौरव का अनुभव होता है—यानी आज भी। यहाँ तक तो ठीक है : पर मेरे जैसे कई लोगों को लगा होगा कि यह सम्मान समाज की ओर से जितने उत्साह और आनंद से किया जाना आशा के अनुरूप होता, उतना सभा भवन में और बाहर के परिवेश में स्पंदित नहीं हो रहा है। या यह केवल भावुकता है जिसके वश मैं वक़्त से फ़ालतू तक़ाज़ा कर रहा हूँ या साहित्य अकादेमी से ज़रूरत से ज़्यादा फ़रमाइश कर रहा हूँ—क्योंकि जहाँ तक नियम-क़ायदे का सवाल है महत्तर सदस्यता अवश्य ही निर्विवाद व्यक्तियों को प्रदान की गई है और समारोह भी समर्पित आदरभाव से शालीनतापूर्वक संपन्न किया गया है।

क्या चीज़ है जो ग़ायब न सही, धुँधली दीखती है? शायद वह कोई ऐसी चीज़ नहीं है जो चुटकी में पकड़कर उठाई जा सके, शायद वह केवल यह आभास है कि महत्तर सदस्य बनाए जाने के प्रतिमान तो दुर्लभ रहेंगे ही, उन तक पहुँच सकनेवाली कारयित्री प्रतिभा को भविष्य में समय और भी कम रहेगा। जिस लगन से वर्तमान और अतीत के साथ संघर्ष करते हुए भाषा और संस्कृति निर्माण में बीसवीं शताब्दी के ये समर्पित लोग जीवन लगा सके, वह अवश्य किसी वृहत्तर रचनात्मक अभियान की देन थी और उसमें समाज संगठन, राजनैतिक चेतना तथा मूल्य-निर्माण में लगे अनेक साधन सम्मिलित थे, केवल साहित्य ही एक नहीं था। इन दूसरे साधनों में से सिर्फ़ एक अर्थात् राजनीति को ही देखें तो क्या उसके वर्तमान को देखकर आशा कर सकते हैं कि अगली कुछ पीढ़ियों तक वह समाज में कोई रचनात्मक आंदोलन जगा पाएगी?

साहित्य अपने आपमें कोई लक्ष्य नहीं हो सकता। रचना की स्वतंत्रता भी रचना को प्रेरित करनेवाली सामाजिक आकांक्षा के बिना परंपरा को तोड़ती-बनाती धाराओं का प्रवाह नहीं बन सकती, अधिक से अधिक दासता के कुछ दायरों में किलोलें कर सकती है। इक्कीसवीं सदी में हम बीसवीं सदी के निर्माताओं की प्रतिभाएँ ढोकर दूर तक नहीं ले जा पाएँगे—कम से कम इतनी दूर तक तो निश्चय ही नहीं कि हमारे आज के महत्तर सदस्यों जैसे संकल्प और अध्यवसाय में प्रायः पूरी शताब्दी गुज़ार सकें। इसके लिए एक सशक्त वर्तमान चाहिए।

ये प्रश्न सिर्फ़ इसलिए नहीं उठते हैं कि मैं, थोड़ी देर को मान लिया जाए, वृथाभावुक होकर आशा कर रहा था कि सभा में महत्तर सदस्यों का जयजयकार करती भीड़ की रेलमपेल होगी। पर वास्तव में मैं यह आशा नहीं कर रहा था। हाँ, खुशी होती अगर कुछ साहित्येतर अनुशासनों के रचनाकर्मी भी उपस्थित होते—जैसे राजनीति के—इनका रिश्ता पुरस्कार बाँटने, शोक संदेश देने और उद्‌घाटनधर्मी उपदेश सुनाने से टूटे और ये समाज निर्माण के स्तंभों के सम्मान के अवसर पर मुँह दिखाएँ जैसे अनेक साधारण हैसियत के लोग दिखाते हैं तो कम से कम यह संतोष होगा कि चेहरा तो है—भले ही उस पर शर्म झलकती हो और वह उसे छिपा रहा हो।

[*नवभारत टाइम्स,* 27 अगस्त 1986]

महाकाव्य की सामग्री

अगर मैं अभी इसी क्षण दुनिया से विदा हो जाऊँ तो कुछ लोग बड़े झंझट में पड़ जाएँगे। ये वे लोग होंगे जिन्हें मेरे पास जमा काग़ज़ों को बटोरने-छाँटने और फिर से जमा करने का बोझ ढोना पड़ेगा। वे उसे इस उम्मीद से ढोएँगे कि इन काग़ज़ों में कहीं उनके मतलब की कोई चीज़ निकल आएगी। मालूम नहीं ऐसी कोई चीज़ कहीं होगी जो किसी के मतलब की हो, या किसी में इतना धीरज होगा कि उसकी खोज करता रहे, मगर यह जानता हूँ कि ऐसा मानकर कि मैं यह काम अपने बाद कर रहा हूँ, मैंने कई बार उन काग़ज़ों की उथल-पुथल की है और—हाँ, काम की चीज़ मिली है। हो सकता है आप उसे काम की चीज़ न कहें, पर उस ज़िंदा आदमी के लिए, जो यह अटल विश्वास लिए जीता है कि उसके पास रद्दी काग़ज़ के अपार भंडार में अज्ञात रत्न छिपे हैं तथा जब तक यह जीवन है तब तक इन रत्नों में वृद्धि होती रहेगी, हर पुरज़ा, जिसका संबंध बाक़ी पुरज़ों से एक बार में स्पष्ट न हो रहा हो, काम की ही चीज़ है। उसको फेंका नहीं जा सकता और छपने तो बिलकुल नहीं दिया जा सकता। उसे केवल एक अलग गड्डी में रख दिया जा सकता है। थोड़ी निश्चिंतता का समय हो तो उस गड्डी पर लिख दिया जा सकता है—'अगरतला यात्रा' या 'मई 1971' या ऐसे ही कुछ जो भी उपयुक्त हो। और उस गड्डी को फिर कभी खोलकर यह देखने के लिए रख दिया जा सकता है कि जिस संबंध की बात सोचकर मैंने कुछ खोज कर डालने का उपक्रम किया है वह है क्या! अर्थात् मेरे रद्दी काग़ज़ों के ढेर में छिपे मेरे असंबद्ध जीवन के संगृहीत उन प्रमाणों में से जो अभी तक पहचानकर ठिकाने नहीं लगा दिए गए हैं वे किस ठौर पहुँचकर किसी अधूरे महाकाव्य का अंग बन जाएँगे। महाकाव्य कहने से यह न समझिएगा कि मैं हर समय महाकाव्य लिखने की सामग्री जुटाता रहता हूँ। सच तो यह है कि कभी-कभी तो चुटकुले भी सहेज लेता हूँ जिनका हिंदी वाङ्मय में महाकाव्योचित उपयोग अभी तक आविष्कृत ही नहीं हुआ है। महाकाव्य कहने से आपको भ्रम हो रहा हो कि रामचरितमानस के जैसी कुछ बात मन में है तो ऐसा नहीं। महाभारत के जैसी तो हो सकती है। दरअसल महाकाव्य की मेरी कल्पना महाभारत ही है। पर यह तो स्पष्ट होने से फिर भी रह गया कि मेरे रद्दी काग़ज़ों

में महाभारत की सामग्री कैसे निकल आएगी! यह स्पष्ट करता हूँ। नया महाभारत तो ऐसे ही पात्रों से बना होगा जैसे मेरे पास हैं। राह चलते, बिलकुल ठीक-ठीक कहें तो बस में बैठे, सभा में भाषण सुनते; कभी-कभी कविता सुनते हुए भी काग़ज़ पर जो गोदगाद करने लगता हूँ वह किसी न किसी पात्र का या तो एकालाप होता है या संवाद। अवसर होने पर वह कथाकार की व्याख्या भी हो सकता है। वही सब लिखा हुआ तो एक असंबद्ध महाभारत है। इसमें कुछ कतरनें भी जोड़ लीजिए, हालाँकि मैं अभी से चेता दूँ कि उनमें से अधिकांश पहली छँटनी के पार न जा पाएँगी। पर इससे मुझे कोई कमी नहीं होनेवाली है। एक-एक वाक्य, कभी-कभी तो दो-तीन शब्द और कभी-कभी केवल एक घसीटा हुआ प्रश्नचिह्न, जिसका अधिकारी कौन है यह संकेत अंकित होने से रह गया है तथा जिसके एवज़ में आज केवल जो अनुमान अनुकूल पड़े वही कर लेना पड़ेगा, किसी काग़ज़ पर लिखा मिलता है। ऐसी अनाथ इबारतें इतनी अधिक हैं कि यह मेरा मौलिक लेखन उस कमी को पूरा कर देगा जो कतरनों को छाँटकर फेंक देने से मेरे भंडार में हो जाएगी। आख़िरकार यह सब काग़ज़ जमा करने का कोई प्रयोजन है—वह यही है कि मैं हर समय लिखता रहूँ न कि कतरनें काटता और सहेजता रहूँ।

मेरे पास जमा काग़ज़ कथ्य के हिसाब से शायद बहुत विविध नहीं होंगे, अधूरी कविताएँ ही बहुतेरी होंगी। पर आकार-प्रकार के हिसाब से ये उतने ही विविध हैं जितनी मनुष्य जाति है। बड़े लोगों के बारे में किफ़ायतशिआरी के क़िस्से मशहूर हैं—कोई पुराने लिफ़ाफ़ों पर लिखता रहा है, कोई पैकिंग पेपर पर। लिफ़ाफ़ों के अंदर के काग़ज़ पर बहुत ध्यान देनेवाले लोग कम ही मिलेंगे। घिसी हुई पेंसिल से पुराने लिफ़ाफ़े पर लिखना बहुत विचित्र लगता है, परंतु वास्तव में यह विचित्र से अधिक मुश्किल कहा जाना चाहिए। जो हो, ऐसा कुछ विचित्र भी नहीं है यह, क्योंकि घिसी हुई पेंसिल तो नहीं, पुराने लिफ़ाफ़ों का संग्रह मेरे पास भी है, जबकि मैं न तो बड़ा आदमी हूँ, न यही सब संग्रह करता रहा तो कभी हो पाऊँगा। पर कुछ बात है ज़रूर कि बड़े आकार के सुंदर लिफ़ाफ़े मैं एकदम फेंक नहीं पाता हूँ। जब-तब एक टिप्पणी घसीट देने के लिए नया काग़ज़ भी ख़र्च करने से कतराता हूँ और वही सुंदर पुराना लिफ़ाफ़ा उस असंबद्ध वाक्य का धारक बनकर मेरे ढेर में जमा हो जाता है। ऐसे पुराने लिफ़ाफ़े या आवरण या वेष्ठन कई रंग-रूप के जमा हो जाने पर किसी दिन इनको एक-एक कर पढ़ने और छाँटने की बारी आती है—यानी सिद्धांततः आती है यथार्थतः नहीं भी सही, और फिर जो होता है वही मेरे इस लेख के लिखने की प्रेरणा है। होता यह है कि एक दिन ऐसे अधूरे वाक्य, संदर्भ, संकेत आदि का कोष किसी समय लुप्त हो जाता है। ऐसा एकाधिक बार हो चुका है। हर बार मुझे यह याद रह जाता है कि अमुक अवसर पर जो बात टाँककर रख ली थी वह किस गड्डी में है। पर वह गड्डी कहाँ है यह याद नहीं रहता। याद करने की कोशिश का फल इतना मिल जाता है कि बहुत-सी नई बातें लिखकर जमा कर देता हूँ।

इस तरह समय-समय पर लिखी असंबद्ध टिप्पणियाँ और अधूरे वाक्य सब कहीं न कहीं एक धाराप्रवाह वक्तव्य के या वर्णन के अंश हैं—यह विश्वास मुझे इस संग्रह को बढ़ाते जाने और इनमें से चुनकर वे अंश पहचानते रहने की शक्ति देता है जिनसे इन टिप्पणियों का अंतरावलंबन स्पष्ट हो जाएगा। यह काम मेरे न रहने के बाद कई प्रकार के लोग न करने को मजबूर हों या प्रेरित हों, यह सोचकर मैं कितनी बार यह काम अपने जीवन में ही कर सकूँ करते रहने की कोशिश करता हूँ। इससे यह संतोष कम से कम मिलता है कि वह महाकाव्य जो इनमें छिपा पड़ा है एक काग़ज़ पर न उतारा जा सका तो संसार का कोई अभाव भले बना रह जाए, मेरे जीवन का महाकाव्य मैंने ही, अलिखित, पढ़ लिया होगा।

[*युवकधारा*, 15 नवंबर 1986]

ख़बर की कविता

चेहरा एक अजब चीज़ है। हिंदी साहित्य ने प्रतीक का इस्तेमाल यथार्थ से पलायन के वास्ते इतना अधिक किया है कि उसने भाषा की जड़ खोदकर रख दी है। अब वहाँ सहज मानवीय अनुभव का बीज जम नहीं सकता और जम भी जाता है तो अतिशय भावुकता से सींच-सींचकर उसे हरा करना पड़ता है। पर क्या ऐसे चहला में पौधा कभी पनप सकेगा?

वृथाभावुकता हिंदी की पहचान बन गई है। पर यह पहचान हिंदी पर थोपी गई है—क्योंकि बावजूद कवि-सम्मेलनी कविता और टी.वी. फ़िल्म के हिंदी ने भारतीय साहित्य को खड़ी बोली की सही माने में खड़ी कविता दी है। यह कितनी विचित्र बात है कि आलोचनाशास्त्री उसी को 'सपाट' कहते हैं जो खड़ी है। सपाट कविता के नाम से एक आलोचना संप्रदाय चला था। मालूम नहीं वह कहाँ दिवंगत हो गया या शुद्ध अनुवादी हिंदी में कहें तो कहाँ 'भूमिगत' हो गया। ज़मीन से जुड़े साहित्य का भूमिगत होना भाषा के साथ खिलवाड़ ही तो है। पर उस विषय का समीक्षाशास्त्र अलग है। भाषा के साथ खिलवाड़ रूपवादियों की आत्मरति है या स्वैराचार, यह विषय महत्त्वहीन नहीं है पर यही हमारा विषय नहीं।

अभी तो चेहरे की बात हो रही थी और वह भी प्रतीकार्थ में 'चेहरा' या चेहरे की नहीं सचमुच हाड़-मांस के बने जीते-जागते चेहरे की, जिसकी पहचान रूपक से नहीं, प्रकट सत्य से की जाती है। यदि आप न समझे हों कि क्या कहा जा रहा है तो सवेरे सूरज निकलने के बाद किसी भी चौराहे पर खड़े हो जाइए और चलती सड़क पर किसी सवारी से टकराना बचाकर पैदल मुसाफ़िरों का गुज़रना देखिए। आज से बारह साल पहले इन्हीं पैदल लोगों को देखकर मैंने लिखा था :

देखो, सब चेहरों को देखो
पहली बार जिन्हें देखा है
उन पर नज़र गड़ा कर देखो
तुमको खबर मिलेगी जन से
अख़बारों से नहीं मिलेगी।

चेहरे अपने पर अपने जीवन का समाचार लिखते रहते हैं। वे नहीं जानते कि वे संसार को क्या बता रहे हैं। वे तो अपने को ही बताते हैं कि दुनिया क्या कर रही है। पटरी पर मैंने जिस व्यक्ति को एक क्षण के लिए भी दुनिया से टकराते हुए देखा उसके चेहरे पर उसकी अब तक की ज़िंदगी छप गई। कभी-कभी यह छपाई साफ़ शब्दों में होती है, कभी-कभी अक्षर तो साफ़ होते हैं पर किसी और भाषा के होते हैं। हम उन्हें पढ़ नहीं पाते। उस चेहरे का मालिक ज़रूर कुछ जानता है पर उसे ठीक से कह नहीं पा रहा है। ऐसे तनाव भरे चेहरे रोज़ जाने कितनी बार दिखते हैं। हम चाहें तो उनके नजदीक से फ़ोटो खींच सकते हैं। फ़ोटो एक निमिष भर की छवि होती है। उसे छापकर अनुभव के प्रवाह से दूर करके देखें तो व्यक्तित्व के किसी एक आयाम के किसी एक अंश पर दृष्टि टिकी रहती है जैसी कि कैमरे की टिक गई थी। वह एक झलक अपने में एक उपन्यास समेटे हुए रहती है। उसके भीतर कितने ही अलग-अलग व्यक्ति, कितनी ही सतहें और उन सतहों की भी कई-कई तहें छिपी हुई रहती हैं जिन्हें खोलना एक पल में एक बार ही सार्थक होता है। ताकि हर सतह अपनी गहराई को धीरज के साथ दिखा सके। इसी को हम साधारण भाषा में 'परिचय' कहते हैं, जबकि वह सिर्फ़ जान-पहचान नहीं है। वह एक अनुभव के भीतर कई अनुभवों के दायरों को पार करके फिर लौट आना है।

यही ख़बर होती है। आजकल जिस तरह से समाज के टुकड़े करके हमारे अख़बार यथार्थ को

दिखा रहे हैं उस तरह से हम पूरी ख़बर कभी पा ही नहीं सकते। पूरी ख़बर देना अख़बारों को लाभदायक नहीं जान पड़ रहा है, क्योंकि ख़बर देने का उद्देश्य ही बदल चुका है। अख़बार का उद्देश्य मनोरंजन करना है। कविता का उद्देश्य भी यही बन चुका है। इसलिए कविता भी वही कर देती है जो ख़बर से अपेक्षित है। कविता और ख़बर की विभिन्नता कम होती जा रही है, पर यह कोई अच्छी बात नहीं। इससे कविता घटिया ख़बर और ख़बर घटिया कविता बन रही है। जबकि अच्छा कवि सही और पूरी ख़बर देने को प्रतिबद्ध है—उसे लोगों के चेहरे ख़बर देते हैं और ख़बर के भीतर की ख़बर देते हैं। आज की उपभोक्ता संस्कृति में सिर्फ़ वही बात ख़बर मानी जाती है जो बिना सरोकार के मनोरंजन करे। इसलिए अच्छे कवि की लिखी हुई ख़बर का बाज़ार गिर गया है और घटिया ख़बरनवीस की लिखी कविता का भाव अच्छा जा रहा है।

[*इतवारी पत्रिका*, 'बात', 21 दिसंबर 1986]

कविता के विचार

भारतीय कविता के फ्रांसीसी भाषा में अनुवाद के पाँच दिन पेरिस में इस तरह आए और गुज़र गए जैसे पेरिस की दूकानों में कोई नया माल आए और उसका बाज़ार न होने से वापस ले लिया जाए। यह शहर हद दर्जे का व्यावसायिक शहर है और यहाँ हर चीज़ की क़ीमत इस आधार पर जाँची जाती है कि उसकी खपत कितनी हो सकती है। उदाहरण के लिए बेंजामिन मोलोइज की खपत पेरिस के कविता के बाज़ार में नहीं है। पाँच दिन के कार्यक्रम में उसकी हत्या ने कोई फ़र्क नहीं पैदा किया। न एक शोक प्रस्ताव हुआ, न एक प्रदर्शन, न एक विरोध। फ्रांसीसी स्वभाव और समाज की नफ़ा-नुकसान देखनेवाली दृष्टि कविता की प्रकृति के ही प्रतिकूल है और बेंजामिन की हत्या फाँसी का क़ानूनसम्मत रूप धरकर कविता का यानी न्याय और मानवीयता का और भी प्रबल विरोध करती है।

न्याय की आड़ में हत्या का कार्यक्रम नस्लवादी सरकार ने बना रखा है। इसमें अब मोलोइज की फाँसी के बाद कोई शक नहीं रह जाता है। फाँसी चढ़नेवाले क्रांतिकारी कविता के हथियार से लड़ते हैं। यह हथियार बंदूक से ज़्यादा दूर तक और गहरी मार करता है। इतनी गहरी यह मार है कि उससे अपनी दौलत और राजशक्ति को बचाने के लिए सरकार के पास उस कवि की हत्या के अलावा कोई रास्ता नहीं रह जाता। सेंसर लगाने, इमर्जेंसी लगाने और नौकरी छीन लेने या जेल में डाल देने के रास्ते इसके मुक़ाबले मामूली हैं। हत्या ही एकमात्र कारगर उपाय ये सरकारें देख पाती हैं।

पर कारगर यह भी नहीं है। पेरिस के सेंटर पांपिदू में भारत उत्सव ज़रूरी है, इससे सिद्ध नहीं हो जाता कि मोलोइज को फाँसी देकर दक्षिणी अफ्रीकी सरकार ने आज़ादी की आवाज़ का मुँह बंद कर दिया है। पर एक कवि भी यदि इस फाँसी के विरोध में सवाल उठाता है तो यह प्रमाणित होता है कि मोलोइज कविता से जो कर रहे थे, उसकी कविता के लिए और मानवजाति के लिए सार्थकता थी। पर पेरिस में कविता पढ़ने के अलावा कवियों ने कविता के विषय पर कोई बहस नहीं की और कविता के और आदमी के ज़िंदा रहने के अधिकार के बारे में कोई विचार नहीं प्रकट किए। यही क्यों, कविता कार्यक्रम में कवियों की अपने कोई भी विचार प्रकट करने की योजना नहीं थी।

कविता के बारे में विचार कविता के आदान-प्रदान का एक ज़रूरी हिस्सा है। कविता पढ़नेवाले कवियों के कविता संबंधी विचार प्रस्तुत करना कविता के चरित्र और उस देश के चरित्र का परिचय देता है जिस देश की वह कविता है। भारत उत्सव के पाँच दिन के कार्यक्रम में विचारों के लिए कोई

जगह न होना अपने में एक अधूरापन दिखाता है।

मोलोइज की हत्या एक तात्कालिक प्रश्न ही नहीं है, यह सभ्यता और संस्कृति का प्रश्न है। इसी तरह समाज-व्यवस्था, आर्थिक आज़ादी और प्राकृतिक साधनों का उपयोग भी सभ्यता और संस्कृति का प्रश्न है। लोकतंत्र इस प्रश्न का केवल एक पहलू है।

जब नौ भारतीय कवि फ्रांसीसी भाषा में अपनी कविताएँ पढ़ रहे थे, यहाँ भारत में मोलोइज की हत्या पर विरोध प्रदर्शन हो रहे थे। भारत ने अपनी आवाज़ इसके विरोध में उठाई है, यह प्रमाण है कि आदमी की क़ानूनी हत्या और लोकतंत्र की क़ानूनी हत्या में जो संबंध है, उसे भारत देख रहा है। जो कवि इस विरोध में शामिल है वह कविता और लोकतंत्र के ज़्यादा बड़े अर्थ पहचानता है। लोकतंत्र में बोलने की आज़ादी ही एक विषय नहीं है। उस हद तक जीने की आज़ादी चाहिए जिस हद तक सरकारों को कवि की बोली अन्याय के संगठित साम्राज्य के विरोध में बरदाश्त करना असंभव हो जाए।

[*जनसत्ता*, 'अर्थात्', 1986]

इतिहास के विदूषक

यूगोस्लाविया के नोबेल पुरस्कार विजेता आइवो आंद्रिच ने *दरीना नदी का पुल* नामक एक उपन्यास लिखा है। इसे पढ़कर मन भारतीय समाज के विषय में उद्वेलित हो उठता है, जबकि इसमें भारत का उल्लेख तक नहीं है। जब मुझे यह अनुभव हुआ तो अपने समाज के लिए कई सवाल उठने के साथ-साथ साहित्य के लिए भी एक सवाल उठा : जब यूरोपीय समाज और भूगोल और इतिहास से बना *दरीना नदी का पुल* पढ़कर मैं उसके पात्रों को भारत में देख सकता हूँ तो क्या मानना नहीं पड़ेगा कि यह उपन्यास भारतीय पाठकों के लिए भी लिखा गया था। अगर आस्ट्रोहंगारी साम्राज्य की, तुर्की जनता की, ईसाई धार्मिकता की और यहूदी चरित्र की मिलीजुली कहानी भारत के पाठक को आंदोलित कर सकती है तो आलोचकों का यह आग्रह क्या झूठा नहीं है कि लेखकों को पाठक के वर्ग-विशेष के पाठकों को ध्यान में रखकर साहित्य लिखना चाहिए और इसी के साथ-साथ यह प्रचार क्या धोखा नहीं है? समाज में जनवादी परिवर्तन लाने को प्रतिबद्ध लेखक पहले अपने पाठकवर्ग को पहचानें, फिर उसके लिए साहित्य रचें, तभी उनका साहित्य क्रांतिकारी साहित्य हो पाएगा।

दरीना नदी का पुल में पुल ही नायक है—बल्कि पुल नहीं पुल पर से गुज़रता हुआ इतिहास और इतिहास में बनता और बिगड़ता पुल। इस पर से होकर चार शताब्दी तक समाज-व्यवस्था की झाँकियाँ एक-एक कर गुज़रती हैं। आज जिस दृष्टि से चाहें उनको परिभाषित कर सकते हैं—समाज संगठन की दृष्टि से और व्यक्तित्वों की दृष्टि से। पुल जब बनवाया गया तो एक वजीर के मन में अपनी निजी वेदना के कारण थे और उनके निवारण के पीछे सुलतान की राज्य और सैन्य-शक्ति थी। यह वजीर बचपन में ईसाई था। दस बरस की उम्र में इसे पहली बार दरीना नदी के पार ले जाया जाता है। उन दिनों सुलतान अपनी ईसाई प्रजा से हर साल इस उम्र के स्वस्थ बच्चे उगाहकर उन्हें मुसलमान बनाने बुलवा लिया करता था। माँ-बाप से बिछुड़ते हुए एक बच्चे ने अपनी जाति के वयस्क स्त्री-पुरुष अपने बच्चों के लिए बिलखते और ठुकराए जाते देखे। यह बच्चा बड़ा होकर योद्धा, विजेता और राजनीतिक बना और एक के बाद एक तीन सुलतानों की सेवा में रहकर उसने तुर्क साम्राज्य को विस्तीर्ण किया। उसी ने दस बरस की उम्र से लगातार सीने में बैठी पीड़ा को मिटाने के लिए निर्णय किया कि दरीना पर पुल बँधवाऊँ : नाव से नदी पार करनेवालों की सारी शारीरिक पीड़ा को उसने अपनी मानसिक

पीड़ा से एकाकार देखा, क्योंकि जब वह धर्म और देश परिवर्तन के लिए ले जाया गया था, तब नदी पार करने के शारीरिक कष्ट के साथ उसके राजनैतिक और सामाजिक कष्ट को भी उसने भोगा था। यह कष्ट था इस भव्य, विराट् पुल के बनने के कारण। पर यह कारण कष्टदाता के साम्राज्य-विस्तार के कारणों से विच्छिन्न नहीं था। वज़ीर उस विस्तार में शामिल भी होता है और यह भी मानता है कि ऐसा करने से उसका प्रतिशोध भी होगा।

यहाँ उपन्यास की कहानी सुनाने का अवसर नहीं है, यद्यपि वह साहित्य रचना की मेरी व्याख्या को सिद्ध करने के लिए आवश्यक है। संक्षेप में यही कहना काफ़ी होगा कि पुल बना, बनते समय उसका विरोध हुआ, विरोधियों की हत्याएँ और निर्माण के समय की दुर्घटनाएँ पुल की नींव में गईं। जब पुल बन गया तो उसकी सुंदरता और सुविधा ने नगर को एक आयाम दिया और नगरवासी पुल पर फ़ुरसत का समय अपनी परंपरा में जीवन का समारोह करते हुए बिताने लगे। पुल समाज संगठन के प्रयोगों, सत्ता के रूपों और विद्रोह, विलास, पतन, पागलपन और पीड़ा के अनुभवों से गुज़रता है। या यों कहें कि ये उस पर से गुज़रते हैं। ये अनुभव समाज व्यवस्था में पुराने को तोड़ते हुए आर्थिक-राजनैतिक परिवर्तनों से जनमे अर्थहीन तनावों और टकरावों के प्रतिबिंब हैं और साथ ही जीवन के मूल्यों को सिरजने के अर्थमय संघर्ष के भी।

यह तो कथा की बात हुई। अब ज़रा शिल्प को भी देखें। मैंने इस उपन्यास का अंग्रेज़ी में अनुवाद ही पढ़ा है। तो भी समर्थ अनुवादक ने वाक्य-विन्यास में नामों, विचारों और घटनाओं को इतना संश्लिष्ट किया है कि उसकी मूल संवेदना साफ़ समझ में आती है : वह संवेदना अंग्रेज़ी भाषा की नहीं है, बस अंग्रेज़ी में इस तरह खपा दी गई है कि विदेशी न रह जाए, मगर अंग्रेज़ी को भी अछूता न रहने दे। इतिहास में परिवर्तन के कारणों को और मानव जीवन पर उनके प्रभावों को समझा सकने के कारण लेखक उपन्यास को सिर्फ़ यूगोस्लाव होने से बचाकर सार्वजनीन और हमारे लिए भारतीय भी बना देता है। लेखक हमें एक ओर मानव चरित्रों के द्वारा इतिहास के आचरण को और दूसरी ओर इतिहास द्वारा मानव चरित्र को समझा देता है। दूसरी ओर उसमें भारत के वर्तमान और भविष्य को भी दिखा देता है। यही हर महान लेखक का कर्म है। मैं कह सकता हूँ कि साहित्य लिखने के लिए विश्वजनीन होना पड़ता है, न कि अपने-अपने पाठक खोजना और उनके बाड़े बनाना।

यह सब काम लेखक कैसे करता है? आंद्रिच ने जैसे किया, वह उनकी विशिष्ट शैली है, अन्य लेखकों की अपनी-अपनी होगी। पर एक बात का उल्लेख ज़रूरी है। आंद्रिच ने पुल पर जहाँ रोती-कलपती, घुटती, अपने को बिखराती, धूम मचाती भीड़ें दिखाई हैं, वहाँ हर दौर में उसके विदूषक भी दिखाए हैं। ये सबके सब बदलते वक़्त के साथ न चल सकने के कारण हास्य के प्रणेता, उपहास के पात्र और परिहास के विषय बने हैं। परंतु उनका उपहास करनेवालों को हम एक हद के बाद क्षमा नहीं करते, और इनको लेकर होनेवाले हास-परिहास को एक हद के बाद जहाँ वह क्रूर हो जाता है, अप्रासंगिक मानने लगते हैं। यह लेखक की जीत है। सत्ता का इतिहास जिन्हें नाली में बहकर आए कचरे की तरह मानता है, उन्हें लेखक उठाकर फेंक नहीं देता। वह उनके प्रति सहानुभूति रखता है। वह उन्हें पिछले वक़्त के मानसिक वैभव की रक्षणीय वस्तुओं का दर्पण मानता है, जिसमें नए वक़्त में हम अपना पूरा चेहरा नहीं देख पा रहे हैं। पर जितना नहीं देख पा रहे हैं, उतना अपने भीतर खोजने को मजबूर हो जाते हैं।

आंद्रिच का यह इतिहास-दर्शन या कहना चाहिए साहित्य-दर्शन हमारे लिए महत्त्वपूर्ण है। इतिहास की हमारी आधुनिक समझ में कहाँ से (शायद अपने जनजीवन की अयथेष्ट पहचान की पूर्ति अतीत के प्रच्छन्न गुणगान से करने के कारण) यह दोष आ गया है कि हम टूटते हुए को या तो संग्रहालय में रख देते हैं या सड़क पर फेंक देते हैं, जीवन में खपा नहीं पाते। आंद्रिच ने यह काम हर दौर के परिवर्तन के साथ किया है। उसकी रचना में लोग नए को स्वीकार करते हैं, परंतु पुराने से उसका

विनिमय नहीं कर लेते। यही परंपरा है और यह भारतीय इतिहास दर्शन भी है—और यह कि एक यूरोपीय ने देखा है, कुछ उजड्ड और उखड़े आधुनिक भारतीयों के लिए कौतूहल दिखाने और योगपंथियों के लिए शाबाशी देने का नहीं, बल्कि समालोचकों के लिए महान लेखक का धर्म समझने का विषय होना चाहिए।

[*जनसत्ता*, 'अर्थात्', 1986]

काव्य भाषा और समाज भाषा

कविता क्या है? वह एकसाथ नए जीवन की खोज, एक नया जीवन, एक नए जीवन का उद्देश्य और एक अपूर्ण क्रम और एक यथार्थ है। इतना ही नहीं, यदि इस कार्यभार में यह भी जोड़ लें कि वह नए जीवन की खोज के लिए अधिकाधिक पाठकों के मन में इच्छा जागृत करती है तो कविकर्म की सूची पूरी हो जाएगी। वह क्या नहीं है यह भी बताना ठीक रहेगा; वह इस जीवन के किसी कर्म की एवज़ी नहीं है और इस जीवन के गुण-दोष की समीक्षा नहीं है। भाषा जैसे सार्वजनीन माध्यम का प्रयोग करनेवाले कवि को इस प्रतिमान का निर्वाह करना कठिन होता है। पर वह निर्वाह भी कविकर्म का एक दायित्व है। इसी बहाने कवि काव्य भाषा और समाज भाषा की अलग-अलग पहचानों को एक नए जीवन की खोज और निर्माण के साथ-साथ जितना हो सके उतना एक करता चलता है। एक प्रश्न उठता है—भाषा किस हद तक कवि को अपाहिज करती है? दूसरा है, भाषा में कवि ने जो जादू भरा है उसे नष्ट कर भाषा को कितनी देर तक जादूहीन बनाए रख पाता है क्योंकि कविता इस जीवन के जादू से मुक्ति है। इसीलिए कविता की भाषा से लड़ाई अनंत है। इस लड़ाई में काव्य भाषा और काव्येतर भाषा दोनों की छीज होनी ही चाहिए। होती भी है। भाषा के साधकों की सफलता इससे होगी कि छीज असत्य और आडंबर की हो और रक्षा उन मूल्यों की हो जो जीवन में हिस्सेदारी के अधिकार का क्षेत्र विस्तृत करते हैं।

मैथिलीशरण गुप्त ने जिस दौर में कविता की भाषा का संस्कार करना आरंभ किया, वह अकेले कवि नहीं थे जो खड़ी बोली में पद्य लिख रहे थे। अयोध्याप्रसाद खत्री और श्रीधर पाठक के बाद कोई तीस वर्ष इस पद्य को बदलकर कविता का रूप देने के संघर्ष में बीत चुके हैं। तब हिंदी कविता की मर्यादाओं को स्पष्ट करते हुए गुप्तजी पाँचवें साहित्य सम्मेलन के लिए लेख लिखते हैं 'हिंदी कविता किस ढंग की हो', और वह सम्मेलन में पढ़ा जाकर *सरस्वती* में छपता है। मैथिलीशरण का यह लेख उस पत्रिका में छपा जो हिंदी गद्य के प्रामाणिक रूप को निखार रही थी। मैथिलीशरण गुप्त ने पद्य के निर्माण को अयथेष्ट मानकर बताया कि हिंदी को ऐतिहासिक राष्ट्रीय दायित्व निबाहने के लिए पद्य से बड़ा कुछ चाहिए, उसे कविता चाहिए, इसी से यह लेख लिखा गया और वह ऐसे गद्य में लिखा गया जो अच्छी कविता की एक बड़ी शर्त को पूरा करता था। वह बोलचाल की भाषा में लिखा हुआ गद्य था।

इस लेख के कुछ महत्त्वपूर्ण अंशों को दोबारा पढ़कर पुनः प्रत्यय होता है कि हिंदी कविता के साधन जिस मार्ग पर चले हैं, काव्य भाषा के नैसर्गिक विकास का वह मार्ग गुप्तजी ने ठीक समय पर पहचाना था।

अपने पूर्व कृतिकारों के विषय में गुप्तजी ने कहा कि वे जो श्रीकृष्ण को दानवीर नहीं विहारी ही मानते हैं, और वे जो कविता में वीरत्व का शब्दाडंबर दिखाते हैं—शस्त्रों की झंकार बहुत पर हृदय की हुंकार बहुत कम—शारीरिक संघर्ष बहुत पर भीतरी भावों का घात-प्रतिघात नहीं—कौशल हो तो

हो पर सरलता और अकृत्रिमता नहीं—और वे भी जिन्होंने कविता के अंग-प्रत्यंग का वर्णन करने में सारी शक्ति लगा दी। इसी से सर्वसाधारण से उनका संबंध न रहा। कवियों ने चमत्कार की ओर ही ध्यान रखा उपयोगिता की ओर नहीं। यही कारण है कि भूषण की कविता से आल्हा का अधिक प्रचार है। भूषण ने शिवाजी के विषय में भी कविता लिखी पर उनकी कविता से थोड़े विद्वत्जन भले ही अपना मनोरंजन कर लें पर सर्वसाधारण को उससे बहुत कम लाभ पहुँच सकता है। वे मनोरंजन के साथ और भी कुछ चाहते हैं।

वह और भी कुछ क्या है। निश्चय ही वह भाषा या समाज की और अपनी पहचान है। गुप्तजी ने सरल गद्य में कहा—समय के अनुकूल विषयों पर हमें कविता करनी चाहिए और उसके साथ लोगों में सहानुभूति उत्पन्न करने का प्रयत्न करना चाहिए। कविता का काम मनोरंजन के साथ शिक्षा देना है। राष्ट्रीयता और व्यापकता के लिहाज से बोलचाल की भाषा में कविता लिखना विशेष उपयोगी है (इसका प्रचार दिनोंदिन बढ़ रहा है और इसके विरोधियों की संख्या घट रही है) तो वह और भी कुछ सहानुभूति के अतिरिक्त बुरे कर्मों का विरोध और अच्छे कर्मों का समर्थन, आदर्श की स्थापना और यथार्थ और परंपरा की पहचान ही है। काव्य भाषा का यह प्रतिमान इस शताब्दी के प्रारंभिक वर्षों की देन है। शिल्प के विषय में दो महत्त्वपूर्ण विचार मैथिलीशरणजी ने दिए थे। एक यह कि नए प्रयोग जैसे अतुकांत कविता को प्रोत्साहन मिले और दूसरा यह कि महाकाव्य काव्य भाषा का एक अभिहित गुण है। उसका संबंध कथानक या उसके विस्तार से नहीं!

समाज भाषा किसे कहेंगे यह स्थिर करना आसान है। बोलचाल की भाषा समाज भाषा है ऐसा मानने का प्रलोभन सहज है। परंतु बोलचाल की भाषा की परिभाषा करते हुए यह दुराग्रह किया जाता है कि उसमें कुछ बातों का समावेश हो ही नहीं सकता क्योंकि वह साधारण जन की भाषा है। यह एक राजनैतिक चाल है और भाषा के निर्माण के जन्मसिद्ध अधिकार का हनन करती है। जीवन के प्रत्येक क्षेत्र में निर्णय के अधिकार मुट्ठी भर हाथों में नहीं, सर्वसुलभ होना चाहिए। यही तथ्य बीसवीं सदी के समाप्त होते-होते एक चेतावनी के रूप में प्रकट हुआ है। जैसे-जैसे बोलचाल की भाषा का विस्तार व्यापक हो रहा है, वैसे-वैसे उस व्यापकता के अनुरूप उसके निर्माण की हिस्सेदारी की माँग भी बढ़ रही है। और केवल शब्दों की भाषा में नहीं, अर्थ के अनुभावन में भी अनेक प्रकार के न्यस्त स्वार्थ सत्ता केंद्र, स्वतंत्रता, लौकिकता, लोकतंत्र के विरुद्ध शत्रुवत् खड़े हो रहे हैं जो यह हिस्सेदारी नहीं देना चाहते।

[1986]

सुकवि की मुश्किल

जिसे आज कविता लिखना कहा जाता है उसे पचास बरस पहले तक कवित्त बनाना (उर्दू में शेर कहना) कहा जाता था। लिखना तो कवि लोग जानते थे मगर कविता बनाई ही जाती थी, चाहें तो कह लीजिए रची जाती थी। कविता बनाने का सरल अर्थ हुआ भाषा को छंद में या शिल्प में बाँधना। गूढ़ अर्थ हुआ छंद-शिल्प की तुलना में कुछ बड़ा काम करना—ऐसे भावजगत् की सृष्टि करना जिसमें पहुँचकर कविता सुननेवाला कल्पना करने लगता है और उसके सामने जो अनुभव कविता के द्वारा आते हैं वे यथार्थ से कुछ बड़े और जो पात्र अपना स्थल अथवा देश-काल उन अनुभवों को धारण करते हैं वे सामान्य से कुछ अधिक विशिष्ट होते हैं। कवि यथार्थ को यथार्थ में अधिक सार्थक, अधिक विशद और अधिक विचित्र दिखाने को बाध्य है। बस, उसकी कला उस पर बंदिश लगाती है कि न कथ्य

में कुछ फालतू है न शिल्प में।

फालतू कुछ न रहे तो कविता में कसाव रहता है। इसे पाने के तरीक़े हर कवि में अलग-अलग होते हैं। जो छंद का सहारा लेकर चलते हैं वे छंद की शुद्धता का विशेष ध्यान रखें तो आधा काम तो हो ही जाता है पर बाक़ी आधा बहुत मुश्किल साबित हो सकता है। हो सकता है कि छंद में मात्राओं या वर्ण की कोई ग़लती न रहे मगर मन जो बात कहने को आतुर हो रहा था वह न कहकर मजबूरन दूसरी कोई बात कहने लगे क्योंकि छंद इसी बात को कहलवाने की ज़िद ठाने हुए है। जिस छंद को कवि चुनता है कवि को वह ज़रूर कहीं न कहीं आकृष्ट कर चुका होता है और यह हो ही नहीं सकता कि वह आकर्षण निरे छंद का हो। उस छंद से जो कथ्य कहा गया है या तो वह कवि को अपनी ओर खींच रहा है और कवि समझ रहा है कि मुझे छंद ही खींच रहा है—या छंद को निश्चित रूप से कवि ने पसंद किया है परंतु वह इस मुग़ालते में है कि छंद को रख लूँगा और कथ्य को जब चाहूँ तब छोड़ दूँगा। छंद की यह प्रकृति विचित्र है। वह अपने भंडार में जाने कितने शब्द, मुहावरे, राग-विराग, मूल्य, आग्रह भरे रहता है और कवि ने जहाँ ज़रा-सी मुरव्वत दिखाई वह अपनी पोशाकें कविता को पहनाने लगता है जिनका उस छंद से चोली-दामन का साथ रहा है। इसलिए छंद में लिखने का साहस करने के पहले छंद को काबू में कर लेने का कौशल सीखना ज़रूरी है, सिर्फ़ शुद्ध छंद लिखने की कला से बहुत दूर तक काम नहीं होनेवाला है। छंद के दुर्ग में घुसकर बैठे रहने और इस सिलसिले में ऐसी तोड़-फोड़ भी करने की ज़रूरत पड़ेगी जिससे कोई अगर कुछ करे तो तारीफ़ करे कि इस छंद में यह बात या यह बात इस छंद में पहले तो कभी कही न जा सकी थी। इसी कवि ने कही है।

पर यह प्रशंसा सुनकर कोई बहुत प्रसन्न नहीं हो सकता। छंद-शिल्प की प्रशंसा की जाए और कथ्य पर कुछ न कहा जाए तो वह इशारा है कि आगे मत कहलवाइए। शिल्प है ही ऐसी दगाबाज़ चीज़। इसकी चौखट पर बड़े-बड़े ठोकर खाकर लड़खड़ाए हैं। खड़ी बोली के शीर्षस्थ कवियों ने आधुनिक युग के आरंभ में हिंदी कविता में छंद का नया संस्कार किया था। उनमें से बहुतों के कृतित्व में कहीं मुहावरे के इस्तेमाल या कहीं तुक की सजावट में, कुछ न कुछ अनगढ़पन झलक ही जाता है। वह दौर ऐसी घटनाओं को विशेष महत्त्व नहीं देता था पर ख़ैरियत यह थी कि उसने हरिऔध के 'चोखे चौपदों' को महान काव्य भी नहीं माना। काव्य की समझ आख़िरकार कुछ सच्चे पैमानों के आधार पर ही बनती है जिनमें इतिहास, मानवता, परंपरा और संस्कृति की कल्याणकारी ऊर्जा भरी हुई हो। कला की गहरी आंतरिक शक्ति पर भरोसा करना ही चाहिए कि वह अपने को झूठे पैमानों के सामने झुक जाने नहीं देगी।

शिल्प की कसौटियाँ क्या हैं? कभी शिल्प की कसौटी यह नहीं मानी जा सकती कि इसका व्याकरण कितना स्पष्ट और कितना पुष्ट है। उसकी कसौटी यह भी नहीं बनाई जा सकती कि उससे कितने अधिक लोग प्रभावित हुए हैं। और यह तो कदापि उसकी कसौटी नहीं होनी चाहिए कि उसकी बिक्री कितनी हो रही है। शिल्प के खरे उतरने का प्रमाण एक ही है—यह कि रचना में वह कम से कम प्रदर्शित हो। साथ ही यह भी मालूम होता रहे कि वह है और यथार्थ को जानकर अपने को विकसित करने से पाठक को अकसर उसकी कोई चमत्कारी उक्ति चुभती हुई, फड़कती हुई कारीगरी चौंका जाती है। उसके बारे में तुरंत शक पैदा होना चाहिए कि वह है तो क्या है? वह कला का धोखा भी हो सकती है और कला का उपहास भी। हर दौर में कला की अवनति का एक समय आता है। नई कविता के शुरू के दौर में 1956-57 तक यह हालत हो चुकी थी कि कवि अपने को दोहरा रहे थे और चौंकानेवाली कविताएँ बनाने में उनको अपनी कविता का भविष्य दिखाई देने लगा था जबकि विश्व कविता की समझ इतनी बढ़ चुकी थी कि इन तरकीबों की व्यर्थता अपने आप ही प्रकट हो जाया करती थी। कला का व्यापक संसार पेशेवर या व्यावसायिक कला की उन कसौटियों को शीघ्र

ही या कह लीजिए देर-सबेर रद्द कर दिया करता है, जो किसी दौर में चुक गई होती है। परंतु यह तो मानना ही पड़ेगा कि ऐसे स्वतःचालित यंत्र साहित्य के संसार में नहीं होते कि कचरे की झाड़बुहार अपने आप हो जाया करे। किसी को खुद पहल करनी पड़ती है। वह कवि ही करता है—नया कवि। नई कविता के दौर के पहले चार-छह वर्षों में कविता में बौद्धिकता एक दृष्टि न रहकर एक प्रवृत्ति बन गई थी। यह जीवित रहने को ही कवि की ज़िम्मेदारी मान लेने से प्रकट हुई थी। ऊब, घुटन, खीज या लाचारी को स्वीकार कर लेना ऐसी ही प्रवृत्ति का उदाहरण है। यह कलाकार की पराजय थी। ये कुत्साएँ युगतथ्य रही होंगी, ये सत्य नहीं थीं। बौद्धिकता इनके स्वीकार की अनुभूति नहीं देती थी, केवल साक्षात्कार की देती थी। उस साक्षात्कार से एक बेचैनी और उस बेचैनी से एक संदेश का जन्म ही अभिव्यक्ति को आवश्यक बनाता है। वह संदेश ही कला की उत्पत्ति के समय शिल्प के नए स्वरूप की प्रेरणा देता है। इस प्रकार कविता का पुनर्जन्म होता है। वह होता तो क़रीब-क़रीब हर समय रहता है—अलग-अलग कवियों में इसके लिए कोई बँधे वक़्त की क़ैद नहीं है परंतु कुछ दौर होते हैं जिनमें विश्व चेतना इसकी ज़रूरत बताने लगती है। वहाँ देखना पड़ता है कि मानवीय कल्याण और स्वतंत्रता की लड़ाई में कवि जिन अनुभवों को आत्मसात् कर रहा है वे कविता के माध्यम से कौन-सी नई ऊर्जा जागृत कर रहे हैं। यही नया शिल्प है।

नए शिल्प के ऐसे उत्थान समय-समय पर आते रहते हैं। वे देश-काल में जितने घनिष्ठ होते हैं उतने ही स्थायी हो पाते हैं। फिर वे साहित्य की एक रक्षणीय पहचान बन जाते हैं और जो नए कवि लिखना शुरू कर रहे होते हैं उन्हें इस नए शिल्प को बरतने का मोह जगता है। वह उन कवियों की अपनी इच्छाओं और सामर्थ्यों के वेग से चालित देखकर आगे बढ़ता है या सुस्त पड़ जाता है, जैसा संभव हो।

[संभवतः 1986]

एकता का भविष्य

नई दिल्ली में तीन दिन की विचारगोष्ठी इस विषय पर हुई है कि कई भाषाओं वाले समाज में साहित्य राष्ट्रीय एकता का माध्यम कैसे बनता है। इस गोष्ठी में दो ही देश विचाराधीन थे, भारत और सोवियत संघ। अगले वर्ष भारतीय स्वतंत्रता के 40 वर्ष पूरे होने पर सोवियत संघ में और सोवियत क्रांति के 70 वर्ष पूरे होने पर भारत में समारोह किए जाएँगे। उन्हीं समारोहों की तैयारी में दोनों देशों के बौद्धिक जगत् में कुछ न कुछ विचार मंथन हो रहा है। नई दिल्ली की यह गोष्ठी ऐसा ही कुछ कर रही थी। इसमें क्या हुआ, यह पूरी तरह सिवाय उनके शायद ही कोई जानता हो जो इस गोष्ठी में प्रबंध पढ़ने को आमंत्रित थे, बहस सुनने पर रोक नहीं थी, बस प्रचार नहीं हुआ। श्रोता कोई नहीं थे—थे तो इक्का-दुक्का व्यक्ति जो आमंत्रितों में से किसी न किसी के मित्र रहे होंगे। ख़ैर, सवाल यह नहीं है कि कितने वक्ता और श्रोता ऐसे महत्त्वपूर्ण विषय पर विचार प्रकट करने या सुनने आए, सवाल यह है कि जिस एकता की बात हो रही है वह किसकी एकता है।

पश्चिम में और किसी हद तक सोवियत संघ में भी यह कौतूहल का विषय है कि भारत जैसे विचित्र देश में विभिन्नता किस तरीक़े से राष्ट्र को बिना तोड़े पनपती है। सोवियत संघ में भी विभिन्नता बहुत है परंतु उन सबको एकता के सूत्र में बाँधनेवाली शक्ति राज्य है और समाजवादी सिद्धांत हैं। भारत में स्वतंत्र राष्ट्र बनने के पहले स्वतंत्रता की लड़ाई के दिनों में एकता की जो पहचान बनी थी, वह स्वतंत्रता के बाद राज्य द्वारा विचारधारा अथवा सिद्धांत के रूप में प्रतिष्ठित नहीं की गई, बल्कि

बार-बार और नए-नए संघर्षों के माध्यम से उसकी खोज जारी रही और आज भी है। पश्चिमी समाज वैज्ञानिक ईसाइयत को केंद्र मानकर, ग़ैरईसाई जमातों को 'एथनिक' कहकर विविधता की एक केंद्र-चालित व्यवस्था की कल्पना कर लेते हैं जो टुकड़ों को जोड़ने से बनती है। वहाँ एकता में मौलिक पृथकता निहित है, मौलिक एकता नहीं। पश्चिम में 'एकीकरण' शब्द में इसी मौलिक पृथकता को समाप्त करने की ध्वनि है। वहाँ एकता की किसी मौलिक स्वाभाविक प्रक्रिया को आगे बढ़ाने की नहीं, बल्कि अलगाव को विपरीत दिशा में ले जाने की ध्वनि है।

संस्कृति, राष्ट्र, एकता, इन सब शब्दों को अपने पश्चिमी ढंग से समझकर फिर उसी समझ से इन विषयों की समस्याएँ सुलझाने का प्रयत्न भारत में 1947 के बाद से जारी है। बीच-बीच में इस प्रयत्न को विफल मानकर दूसरे प्रयत्न सुलझा दिए जाते हैं और वे पश्चिमी सोच से निकले हुए कुछ दूसरे नए उपाय ही साबित होते हैं। फिर भी राष्ट्र की परिभाषा, संस्कृति की कल्पना और एकता का प्रयत्न पश्चिमी तरीक़ों के आधार पर हमारे बुद्धिजीवी किए चले जा रहे हैं।

1947 के बाद के क़रीब दस वर्ष एक तरह के उत्साह के वर्ष थे। यह उनकी बात कह रहा हूँ जो मेरी तरह 1947 में 18 वर्ष के थे। हम लोग राष्ट्र के नाम पर स्थापित किए जानेवाले हर दकियानूसीपन की आलोचना बिना किसी भय के कर सकते थे। इसके दो कारण थे। एक तो सत्ता की जकड़ जीवनयापन के और अभिव्यक्ति के साधनों पर इतनी कड़ी नहीं थी जितनी बाद में आगे चलकर हुई और दूसरे, हमें अस्पष्ट ही सही, विश्वास था कि राष्ट्र को हम ही बना रहे हैं। आज जो सरकार में, संसद में और अधिकार के पदों पर हैं वे केवल कालक्रम के संयोग से वहाँ हैं। उनकी सृजनशक्ति चुक गई है और वे नए राष्ट्र का दावा और वादा इसलिए कर रहे हैं कि इसके सिवाय और कुछ कर नहीं सकते हैं। कर्म और प्रयोग तो हम कर रहे हैं। दुनिया और देश को समझ हम रहे हैं। नई प्रतीतियाँ और नई संवेदनाएँ बना हम रहे हैं। ये ही आगे रचना के काम में सबके काम आएँगी।

1947 में जिन्होंने बना-बनाया आज़ाद भारत पाया था उन्हें संघर्ष की कोई चिंता नहीं थी। उन्हें लगता था कि आज़ादी के राजनैतिक अधिकार को वे भाषा के साथ राष्ट्र शब्द लगा देने से प्राप्त कर लेंगे। पर हम 18 बरस के लोग जानते थे कि आज़ादी तब तक अधूरी रहेगी जब तक आज़ादी की कुछ मौलिक शर्तें पूरी नहीं की जातीं, जैसे समता और समृद्धि। फिर भी हम अपनी रचना-शक्ति पर भरोसा किए रहे। नया भारत बनाने का आत्मविश्वास 1957 से लेकर 1967 तक बार-बार झकझोरा गया पर टूटा नहीं। टूटना तो दूर यह आत्मविश्वास समाजवादी विचारों के अनुसार समाज में सत्ता और मनुष्यों के संबंधों को समझते जाने से और पैना हुआ। हमने जाना कि पंचवर्षीय योजनाओं में होनेवाले व्यय और ग़रीब तक पहुँचनेवाले उसके लाभ में कितना विषम अनुपात है; राष्ट्रभाषा के नाम पर भाषा की कितनी संकीर्ण बुद्धि और यथास्थितिवादिता एवं अंग्रेज़ी की गुलामी हम पर लादी जा रही है, ये भेद खुले और हमारी अपनी भाषा झूठे उपदेशों से कितनी अर्थहीन हो चली है, यह भी हमने साफ़-साफ़ पहचाना।

यह मोहभंग था। पर 1967 रचना का वर्ष भी था। हमने दावा किया कि हमारी भाषा में अर्थ है। वह समाज की सही समझ द्वारा खोजकर पाया जा सकता है, न रह गया हो तो कर्म के द्वारा पैदा किया जा सकता है। यह कोशिश छोड़ देना पराजय है। पत्थर से भाषा का काम लेना गुलामी स्वीकार करना है। यह हमारी पीढ़ी मानती रही पर जिन्होंने 1967 में लिखना आरंभ किया था वे उपदेशों की अर्थच्युत भाषा को सिर्फ़ कठोर शब्दों से जिलाए रखना चाह रहे थे। हमारी पीढ़ी के लिए औरत पर क्रोध उतारनेवाली यह कठोर भाषा बनावटी थी। अकविता का यह क्रोध 1967 के बाद सिवाय उन शक्तियों को बिखराने के और कुछ नहीं कर सका जो आनेवाले समाज की चुनौती स्वीकार करने को एकत्र हो सकती थीं। वह चुनौती भाषा के मामले में एक राजनैतिक चुनौती थी और उसे

स्वीकार न कर पाने के परिणाम 1974 के आंदोलन की विफलता के रूप में सामने आए। क्रम से इमर्जेंसी, सेंसर और परिवर्तन-कामना से हीन वाक्-स्वातंत्र्य और सेंसर की जगह दमन हमारी राष्ट्रीय एकता का क्षय कर रहे हैं।

तब से अब तक हम देख रहे हैं कि राष्ट्रीय एकता का अभिप्राय बदलते-बदलते दो अर्थ वाला एक विचार बन गया है। एक विचार यह है कि आज़ादी पर ख़तरे हैं इसलिए एकता रहनी चाहिए। दूसरा यह है कि लोकतंत्र पर ख़तरे हैं इसलिए एकता रहनी चाहिए। एकता से संबंध रखनेवाला विचार इन्हीं दोनों ख़तरों में से एक न एक को फैला देगा। इस भय से कोई विचार प्रकट नहीं करना चाहिए। राष्ट्रीय एकता को या राष्ट्र को परिभाषित करने की कोई ज़रूरत नहीं, उसे पश्चिमी विचारक अपने राजनैतिक स्वार्थ से हमें जाँचकर बता गए हैं और विश्वमंच पर बड़े राष्ट्र अपने नए स्वार्थ जब जैसे समझते हैं, तब वैसी समझ राष्ट्र और राष्ट्रीय एकता के बारे में हम बनाते रहेंगे।

[*इतवारी पत्रिका*, 'बात', 11 जनवरी 1987]

आम आदमी का साहित्य

कविता लिख तो ली, अब इसका क्या करें। किसी को सुनाएँ। यह इच्छा मन में उतना ही ज़ोर करने लगती है जितना लिखने से पहले कविता कर रही थी। इससे मैं आश्वस्त होता हूँ कि मेरा कवि जीवित है। जब इसे सुना लूँगा तो यह भी अनुमान हो जाएगा कि किस हालत में जीवित है। पर जिस दिन जीवन में पहली बार कविता लिखी थी यही इच्छा हुई थी कि इसे किसी को सुना दूँ। मुझे यह भी याद है कि सुनाने के लिए मुझे उस आरंभ के दौर में किसी को खोजने बहुत दूर नहीं जाना पड़ा था। उस समाज में जिसमें मेरे लिए कविता लिखने की इच्छा जागी थी सुनने की इच्छा करनेवाले विरले नहीं थे। कविता और लोग लिखते थे और उनको श्रोता मेरी अपेक्षा बहुत आसानी से मिल जाया करते थे। सच तो यह है कि लोग उनके पास उनके मुँह से कविता सुनने के लिए आया करते थे। यह भी होता था कि लोग उन्हें बुलाकर और श्रोता एकत्र कर कविता सुनने का आयोजन किया करते थे। साप्ताहिक गोष्ठी से लेकर ज़िला कवि सम्मेलन तक ये आयोजन, छोटे-बड़े रूप से सबके जाने-पहचाने सामाजिक कार्य बने हुए थे।

यह बात चालीस-पचास साल पहले की है। आधी शताब्दी में समाज में कविता सुनने का चाव मर गया है। नहीं, 'मर गया है' कहना तो यह कहना होगा कि कविता का लिखना मर गया है। यह सच नहीं है। हुआ यह है कि चिनगारी राख के तले दबी पड़ी है। राख कुरेदने से वह सुलग उठेगी।

अपनी लिखी कविता सामने लाना कवि को क्यों अपने लिए ज़रूरी जान पड़ता है। इसका कारण तो यही है कि अपने सुख के लिए कविता नहीं लिखी जाती, अपने से बाहर किसी के सुख के लिए ही लिखी जाती है। स्वांतःसुखाय की उक्ति का अर्थ बहुत ग़लत माना गया है कि कवि अपने को ही सुनाकर सुख प्राप्त कर लेता है। इसका अर्थ केवल यह है कि कवि किसी के आदेश या दबाव से नहीं लिखता। लिखे तो वह कविता नहीं होती यानी कवि की ऐसी कृति नहीं होती जिसमें उसे मन से साझा करना उतना ही अनिवार्य हो जाए जितना लिखना अनिवार्य हो गया था। इस प्रसंग में एक बड़ी पुरानी बहस याद आती है। 'आम आदमी के लिए साहित्य' को लेकर यह बहस चलाई गई थी और खेद की बात है कि आज़ादी के चालीस साल में भी कवि अपने को आम आदमी कहने की हिम्मत नहीं कर पा रहे हैं। कवि अगर खुद आम आदमी का पर्याय नहीं है तो वह कवि भी

नहीं होगा। पर आलोचकों को यह बहस चलाते रहना बंदरबाँट करते रहने के समान उपयोगी जान पड़ता है। कविता की रोटी आलोचक 'आम आदमी का साहित्य' और 'ग़ैरआदमी का साहित्य' नामक दो टुकड़े करके दोनों को बराबर तौलने का धंधा करके खाता है। यह हास्यास्पद बात है। दो टुकड़े हैं ही नहीं क्योंकि कवि का धर्म ही दो की जगह एक साहित्य रचने का है। हर क़दम पर कवि अपने रचे काम को जाँचकर, तौलकर उसे इस तरह संस्कार देता रहता है कि जन्मना उसमें ये दो हिस्से न रहें। ऐसी समग्र चेतना लेकर ही वह आलोचना के सामने आने पर पहचाना और परखा जा सकेगा—या तो समाज को उसकी देन का मूल्यांकन हो सकेगा या साहित्य को उसकी देन इस योग्य पाई ही नहीं जाएगी कि समाज उसका मूल्यांकन करे।

हाँ, कवि को अपने से पूछना चाहिए, वह किसके कहने पर किसके लिए लिख रहा है। उत्तर में उसे यदि वह स्वयं न दिखाई दे तो फिर पहला सवाल यही उठेगा कि उससे कौन लिखवा रहा है। इसी से जुड़ा हुआ यह सवाल है जो साहित्यिक से अधिक सामाजिक सवाल है कि उसके लिखे का उसी के भविष्य को बनाने के लिए किस तरह का इस्तेमाल वह दूसरा कर रहा है। आम आदमी के लिए मानवीय गरिमा को मिट्टी में लिथेड़नेवाले कवि बराबर गा रहे हैं। उनके बेसुरे स्वर में गाने से कविता की उपभोक्ता संस्कृति विकसित हो रही है और प्रेम, करुणा, संवेदना बदलकर नीचता बन रही है। क्या यह सब स्वांतःसुखाय हो रहा है? यह कहना उतना ही गर्हित है जितना यह कहना कि यह सब आम आदमी के लिए हो रहा है। सवाल यह है कि एक नए आदमी को बनाने के लिए ही कवि लिखता है और नए आदमी का वह नमूना उसे खुद होना चाहिए। उधर बहुत-सा साहित्य आम आदमी के लिए इस वास्ते लिखा जा रहा है कि उसमें डूबकर लोग किसी और का बनाया माल ख़रीदें चाहे वह साबुन हो या विचार हो।

[*इतवारी पत्रिका*, 'बात', 15 फरवरी 1987]

साहित्य में पशु का क्या काम

आज के हिंदी साहित्य में चिड़िया कई बार आ चुकी है, मगर वह एक अजब-सी चिड़िया है जिसका कोई नाम नहीं, जाति नहीं, देश और काल से जिसका संबंध नहीं। पिछले दस साल से वह लेखक के परिवार में शामिल है, पर इस तरह से नहीं कि वह कोई संबंधी हो, बल्कि इस तरह से कि माँ, दादी, बच्ची से अपना नाता बताकर भी जो कवि सामाजिकता के प्रति आश्वस्त नहीं हुआ है उसके विश्वास की पूर्ति करे। मानो संबंधियों का नाम बताते समय साहित्यकार को लगा कि चिड़िया का नाम तो रह ही गया, वह भी लिख दिया जाए। घोड़े, गधे का नाम तो हिंदी के लेखक यों भी न लिखेंगे, क्योंकि जिस समाज में इन जानवरों को कोई लेखक पहचान सकता होगा उसमें लेखक ही नहीं होते होंगे, अर्थात् लेखक जैसे जो प्राणी होते भी होंगे वे छपाना तो दूर लिखना भी नहीं जानते होंगे। गाय ज़रूर एक प्राणी है जिसे साहित्यकार सामाजिक यथार्थ और साहित्यिक इतिहास की बदौलत पहचानता ही होगा, पर अब मानव समाज में गाय रही कहाँ। बाक़ी पशु निरे पशु हैं। आदमी के साथ उनका भाईचारा तो दूर उठना-बैठना भी नहीं है। कोई पूछे कि साहित्यकार यदि चौबीस घंटे के लिए घर में अकेला बंद कर दिया जाए और छूट दे दी जाए कि उसकी पसंद का कोई एक पशु या पक्षी उसे साथ रहने को दिया जा सकता है तो कौन-सा पशु या पक्षी वह पसंद करेगा, तो मुझे आशंका है कि साहित्यकार विचित्र पशुओं के नाम लेगा, क्योंकि वह भी अपने को विचित्र मानता है।

दिल्ली की एक रईस बस्ती में पशुओं के एक चिकित्सक हैं। उनके पास बस्ती से ही नहीं बाहर से भी रईस अपने जानवरों के इलाज के लिए आया करते हैं। वे जानवर हैं ऊदबिलाव, लोमड़ी, चूहा जाति के विविध जन्तु, किस्म-किस्म के भालू, असाधारण लंगूर और एशिया-अफ्रीका-आस्ट्रेलिया-लातिनी अमेरिका और अन्यत्र उन दुर्गम-दूरस्थ पिछड़े इलाकों के प्राणी जिनमें मनुष्यों को दास, प्रकृति को पण्य और जंतुओं को वध्य नहीं तो सजावटी पालित बनाया गया है। यूरोप की आक्रामक सभ्यता के अनुसार मनुष्य और पशु दोनों ही अश्वेत देशों में हों तो अद्‌भुत प्राणी हैं। इन रईसों के घरों में ऐसे ही पशु पालने में शान समझी जाती है। वैसे ही घरों को छोड़ किसी घर से इनका परिचय नहीं है। है भी तो इतना ही है कि अमुक साहब के यहाँ पला है—इससे आतंकित होकर रहना ही उचित है। इस प्रकार के जानवरों का मानव समाज से इतना विशिष्ट परिचय भी नहीं है कि दरवाज़े पर उनका नाम लिखा रहे जैसा कुछ घरों में रहता है—'कुत्ते से सावधान'।

कोई कारण होगा कि 'कुत्ते से सावधान' की तख़्ती दरवाज़े पर लगाते हुए मालिक यह नहीं समझ पाता कि उसने घर में आगंतुक को अतिथि नहीं, चोर मान लिया है। ऐसा मालिक कहीं न कहीं जायदाद की न सही अपने व्यक्ति की रक्षा के लिए अति चिंतित है। उसके घर में उसी मनुष्य का बाँह फैलाकर स्वागत होगा जो उसके कुत्ते का दोस्त हो।

बात चिड़िया से शुरू हुई थी, कुत्ते तक आ पहुँची। जानवर पालने की इच्छा भाईचारा बढ़ाने की इच्छा का सबसे कठिन और सबसे मधुर रूप प्रतीत होता है। कठिन इसलिए कि जानवर की गरिमा की रक्षा करते हुए उससे संवाद बनाए रखना कष्टसाध्य है। मधुर इसलिए कि जब यह संवाद बन जाता है तो दोनों पक्षों को एक नए आत्मविश्वास का परिचय मिलता है। जानवर इस आत्मविश्वास को शब्दों में नहीं बता पाता, किंतु साहित्यकार बता लेता है। यही वजह है कि पशु-पक्षी साहित्य में आया-जाया करते हैं।

समीक्षा जगत् में पड़ताल का एक विषय हो सकता है कि हिंदी भाषा के साहित्य में कौन-से पशु-पक्षी उपस्थित हैं। इससे भी अधिक जानने योग्य यह होगा कि वे वहाँ क्या कर रहे हैं? आदमी से उनका क्या रिश्ता साहित्यकार ने बनाया है? जानवर से कवि-कहानीकार-नाटककार साहित्य में जो संबंध बनाते हैं, वह उस आदर्श संबंध से बहुत भिन्न नहीं हो सकता जो आदमी से ये तीनों महाशय समाज में बनाना चाहते हैं।

[*इतवारी पत्रिका*, 'बात', 22 फरवरी 1987]

आंचलिक या राष्ट्रीय

मैं आपका ध्यान दो महत्त्वपूर्ण समानताओं की ओर दिलाना चाहता हूँ। दोनों देशों में अनेक भाषाओं में महत्त्वपूर्ण साहित्य लिखा जा रहा है और दोनों में ग्राम समाज का विशेष स्थान है। अपने-अपने देश में दोनों लेखक वर्ग इस परिस्थिति को पहचानते हैं और इसी परिस्थिति में उनके देशों में समाजवाद और लोकतंत्र के लिए होनेवाले संघर्षों और प्रयोगों में उनकी हिस्सेदारी है। इसी मान्यता को दोनों देशों के साहित्यों के तुलनात्मक अध्ययन का सार्थक आधार मानना चाहिए। इस विषय में समकालीन लेखन की तुलना एक रचनात्मक लेखक के लिए अधिक उपयोगी है, ऐसा मानकर मैं ऊपर कही दो बातों को ही लेता हूँ।

सोवियत संघ में प्रायः अस्सी भाषाओं में साहित्य-रचना हो रही है। एक-दो को छोड़ इन सबमें साहित्य मिलता है। कुछ में तो चालीस वर्ष पहले तक अपनी भाषा की लिपि भी विकसित नहीं थी।

ज़्यादातर भाषाओं के साहित्य ने बिकसित होते हुए रूसी संस्कृति से प्रभाव ग्रहण किए परंतु यह विकास इतनी तेज़ी से हुआ कि पिछले पंद्रह-बीस वर्षों में तो उन्हीं का प्रभाव रूसी साहित्य पर देखा जाने लगा। अवश्य ही भाषाओं में परस्पर आदान-प्रदान भी सोवियत संघ में साहित्य के राष्ट्रीय विकास को ऊर्जा देता है। वहाँ चालीस सोवियत भाषाओं से रूसी में अनुवाद प्रकाशित होता है और एक सोवियत भाषा के लेखकों का साहित्य अड़तालीस सोवियत भाषाओं में पाया जा सकता है। अनुवाद का माध्यम, कहने की ज़रूरत नहीं, रूसी भाषा है। रूसी भाषा सोवियत संघ में राजनीति, साहित्य, कला और विज्ञान की भाषा भी है। साहित्य के अनुवाद की भाषा का साहित्येतर अभिव्यक्तियों में सक्षम होना अपना अनुवाद सामर्थ्य बढ़ाने के लिए आवश्यक है। वास्तव में रूसी भाषा में अनुवाद सामर्थ्य को माँजते रहनेवाला एक तथ्य यह भी है कि वहाँ रूसी और एक न एक सोवियत भाषा में समान कौशल के साथ रचना करनेवाले लेखक भी विकसित हो रहे हैं। भाषा सौष्ठव तो इस तथ्य का एक प्रतिफल है। राष्ट्र की भावनात्मक और ऐतिहासिक समझ और विश्वचेतना का विकास एक और उपलब्धि है। वह शायद और भी अधिक महत्त्वपूर्ण है।

भारत में बीस भाषाएँ तो साहित्य अकादेमी ने मानी ही हैं, अनेक बोलियों में साहित्य के रचयिता हैं और उनका काफ़ी हिस्सा प्रकाशित भी होता रहता है। इसमें वाचिक साहित्य को न भी गिनें तो वाचिक या लोक से लिपि एवं लिपि के अतिरिक्त अन्य माध्यमों से साहित्य का प्रसार लगभग हर समय जारी ही रहता है। आज़ादी के सदियों पहले से इन सबको जोड़कर रखने और बढ़ानेवाली भाषा हिंदी रही है क्योंकि वह भाषा एकसाथ सांस्कृतिक और राजनैतिक है। वास्तव में भारतीय इतिहास में संस्कृति की और लोकतंत्र की रक्षा करनेवाली दो अलग-अलग भाषाएँ रही ही नहीं हैं, विदेशी आधिपत्य में अवश्य यह संभव हुआ और वह भी उस दौर में जिसमें विदेशियों ने भारत में अपने मानसिक और आर्थिक गुलाम इतने तैयार कर लिए कि वे दलालों की तरह राज कर सकें। इस प्रवृत्ति के पोषकों ने साहित्य के क्षेत्र में विरोध के बावजूद अंग्रेज़ी को भारतीय साहित्य के आदान-प्रदान की भाषा बना रखने की योजना की है। अंग्रेज़ी भाषा भारत में वैसा स्थान प्राप्त करना चाहती है जैसा सोवियत संघ में अंग्रेज़ी को प्राप्त है। यह इच्छा अतार्किक और अरचनात्मक बल्कि रचना-विरोधी है। समकालीन साहित्य के विकास की एक शर्त भारत और सोवियत संघ जैसे बहुभाषी लोकतंत्र में अनिवार्य है। वह यह कि भाषाओं में परस्पर अनुवाद सांस्कृतिक, राजनैतिक और राष्ट्रीय सरोकारों को मजबूत करना और फैलाना है।

यह काम हिंदी कर सकती है या कोई भी भारतीय भाषा कर सकती है जो इसके लिए तैयार हो। यह भारतीय राजनैतिक चिंतन की आविष्कार बुद्धि की कमी है या राजनैतिक अधिकार जनता के हाथ में न जाने देने का षड्यंत्र कि राष्ट्रीय एकता की नई समझ विकसित नहीं की जा रही है जो साम्राज्यवादी समझ से अलग एक स्वाधीन जनवादी समझ हो। यह कमी हमें ध्यान में रखनी पड़ेगी तभी हम भारतीय साहित्य में होनेवाले एक महत्त्वपूर्ण परिवर्तन का मूल्यांकन सही ढंग से कर पाएँगे। हिंदी के उदाहरण से इस दृष्टांत को भली भाँति समझा जा सकता है। आंचलिक उपन्यास हिंदी में एक क्रांतिकारी दौर के बाद आया। सोवियत साहित्य में दो-तीन दशक से पोविस्त (लघु कथा) नामक विधा की अभूतपूर्व प्रसिद्धि इस अर्थ में इनके तुल्य कही जा सकती है कि दोनों गाँव की ओर जाते हैं और मानवीय अनुभव की, न्याय और नैतिकता की नए सिरे से खोज करते हैं। दोनों के घटित होने का कालक्रम अलग-अलग है या उनके ऐतिहासिक काव्य एक-से हैं। भारत में आंचलिक उपन्यास 1947 की अधूरी आज़ादी के बहुत कम अंतर से भाषावार राज्य की आकांक्षा पूरी होने के (1956) कुछ पहले ही 1954 में रेणु के *मैला आँचल* के रूप में आया। भद्रलोक के राजनैतिक चरित्र से उपजे आर्थिक-सांस्कृतिक भ्रष्टाचार का विरोध और जनमानस में उठती वितृष्णा की अभिव्यक्ति इसका प्रमुख स्वर था। तीन वर्ष बाद ही *परती परिकथा* में रेणु ने इस चेतना को और मुखर किया।

सोवियत संघ में पोविस्त का साठ के दशक में अर्थात् दूसरे महायुद्ध और 'आणविक कृषि' के बाद के दौर में एक नए आंचलिक लेखन के रूप में उदय हुआ। दोनों अनुभवों ने लेखक में भ्रष्टाचार, अन्याय और हृदयहीनता के विरुद्ध वितृष्णा एवं नैतिक मूल्यों के लिए सार्थक इच्छा पैदा की। इनमें रेणु के *मैला आँचल* या *परती परिकथा* तथा *मन्योरा की विदाई या अंतिम घड़ी* में समानता मिलती है। दोनों लेखक परिवार के प्रति कर्मठ तनाव और निष्ठा की नैतिकता के प्रति सम्मान दिखाते हैं। दोनों गाँव की ओर विश्राम या मनोरंजन के लिए नहीं जाते, लोकतंत्र की जड़ों की खोज में जाते हैं। दोनों का आंचलिक होना ग्रामीण होकर रह जाना नहीं है, अधिक सार्थक जीवन जीना है। दोनों स्थानीय बोली का अद्‌भुत रचनात्मक प्रयोग करते हैं। दोनों शोषण से जनजीवन और प्रकृति की रक्षा में ही स्वाधीनता और लोकतंत्र की रक्षा मानते हैं। ये आंचलिक कहने भर को हैं, वास्तव में राष्ट्रीय हैं और इनके सरोकार मानवीयता के सरोकार हैं।

परंतु इन दोनों समाजों में सरोकारों की समानता का कोई अर्थ भाषा और लोकतंत्र के लिए है तो यह भी देखना चाहिए कि आंचलिक उपन्यास की यह ऊर्जा दोनों देशों के साहित्य को क्या दे पाएगी और साहित्य से समाज को क्या मिल पाएगा। सोवियत संघ में जहाँ एक रूसी भाषा से ही और राष्ट्र में साहित्य का संदेश फैल जाता है, अंचल की ओर देखना राष्ट्र की ओर देखना बन जाता है। भारत में जहाँ हम भारतीय भाषाओं के संदेश के राष्ट्रीय प्रचार के लिए अंग्रेज़ी को निमंत्रण देते हैं, सत्य का गहरा अर्थ खो बैठते हैं और केवल एक मनोरंजक, विचित्र तमाशे को रख लेते हैं। अंग्रेज़ी जैसी विदेशी भाषा के साथ जुड़ी मानसिकता में जनजीवन के साथ सहानुभूति न होने के कारण यह होता नहीं है। यह घाटा भारतीय साहित्य तो उठाता ही है राष्ट्र भी उठाता है। इस हानि का एक पक्ष तो बहुत ही महत्त्व का है। भारतीय साहित्य के भारत भर में न पहुँचने और समाज-निर्माण के नए कार्यों की पुकार आग्रह और अनुरागपूर्वक न उठा पाने के कारण भारतीय साहित्य के लेखक के अनुभव की शक्ति प्रगतिशील परिवर्तन में योग नहीं दे पाती। तुलना के लिए हम पर्यावरण संबंधी आग्रह को देखें जो इस समय सोवियत संघ में महत्त्वपूर्ण पोविस्त लेखकों का प्रिय विषय है। वे बाँध बनने से विस्थापित होने के कष्ट को तीन पीढ़ियों के लोगों में पहचानते हुए जानते हैं कि यह प्रतीति शीघ्र ही पूरे राष्ट्र को हो जाएगी, आंचलिक नहीं रहेगी। प्राकृतिक संरक्षण और अतीत में प्रकृति के प्रति हुई भूलों का परिमार्जन शांति के हित में आगे भी प्रयत्न करने का आग्रह कराता है। किरगीज़ लेखक चंगेज़ आइत्मातोव ने कहा है—लेखक के सबसे अधिक महत्त्वपूर्ण कार्यों में से एक यह है कि वह हर समय समाज की नैतिक दशा की जाँच करता रहे और लोगों में आध्यात्मिक उत्कर्ष के लिए प्रेरणा भर सके। यह आग्रह पूजापाठ या मंत्रजाप का नहीं, जिस धरती पर हम रहते हैं उसके प्राकृतिक खनिज और भौतिक साधनों का शोषण रोकने का आग्रह है। भारत में जहाँ भी एक विदेशी भाषा सरकार और साहित्य का माध्यम बनती है, प्रकृति के विनाश के विरुद्ध चीत्कार शोषकों द्वारा पर्यावरण पर अत्याचार रोकने के पक्ष में या जनता को उसके साधन लौटाने के पक्ष में नहीं होता, वह केवल शोषण के प्रकार में परिवर्तन के लिए होता है। और हो भी काहे के लिए सकता है क्योंकि अंग्रेज़ी लोक भाषा नहीं है।

रेणु का आंचलिक लेखन वालेंतीन के ग्राम पोविस्त से कम राष्ट्रीय नहीं है। पर आंचलिक की परिभाषा में कहीं खोट है। उसे दूर कर लेना होगा।

भारत में आंचलिक परिप्रेक्ष्य में ही बाँधों के बनने से उपजाऊ धरती के नष्ट होने का विरोध हुआ है और जंगलों के कटने से उद्योग और आर्थिक विकास में विकृतियाँ आने के विरुद्ध आंदोलन हुए हैं पर उनका इतना गहरा असर सरकारी नीतियों या अनीतियों को बदल सकने के पक्ष में नहीं हुआ है जितना सोवियत संघ में हाल ही में नदियों की दिशा बदलने की एक योजना के विरुद्ध उठी आवाज़ का हुआ था। यह आवाज़ उन महत्त्वपूर्ण लेखकों ने उठाई थी जो आंचलिक कहलाते हैं।

हमारे यहाँ भी यही आवाज़ उत्तरांचल और कर्नाटक में उठी है जिसमें कवि, कहानीकार और पत्रकार शामिल हैं। आंचलिक लेखक का यह भी एक पक्ष है कि अंचल के शोषण के विरुद्ध जनमत बनाए और सरकार की आँखें खोले।

[जवाहरलाल नेहरू विश्वविद्यालय के रूसी भाषा केंद्र में 'भारतीय और रूसी सोवियत साहित्यों का तुलनात्मक अध्ययन' विषय पर आयोजित गोष्ठी में दिए गए उद्घाटन भाषण का सारांश। 2 मार्च 1987]

आंचलिक रेखाचित्र

रेखाचित्र, संस्मरण, रिपोर्ताज और ललित निबंध ये चार शैलियाँ हिंदी आलोचना संसार में मान्यता प्राप्त करने की होड़ में पूरी तरह सफल नहीं हो पाई हैं। हास्य और व्यंग्यलेखन भी इसी तरह के वंचितों की कोटि में पड़ा हुआ है। लोकजीवन का अर्थ आलोचना प्रतिष्ठान में ग्राम जीवन माना जाता है। मानो नगर जीवन में लोक नहीं होता। यदि नगर जीवन में लोक का होना कभी माना भी गया है तो लोकनृत्य और लोकगीत का नगर में प्रदर्शन होना ही उसका प्रमाण मान लिया गया है। यही विचित्र स्थिति ललित निबंध की है। इनके लेखकों में जब-तब यह दावा करने की इच्छा होने लगती है कि उनका संबंध गाँव से है। शहर से संबंध रखनेवाले लेखकों को भी ललित निबंध लिखने का मन होता होगा पर जाने क्यों ललित का अर्थ कुछ ऐसे काव्यमय अनुभवों से जोड़ दिया गया है जो गाँव के होने का दावा करनेवाले परंतु शहर की संस्कृति में प्रतिष्ठा पानेवाले वृथाभावुक लेखक दोहराते रहते हैं। गाँव की पूँजी से निर्मित ललित निबंधों में गाँव की समाज व्यवस्था के हिंसक व्यवहार के विरुद्ध चेतना जागृत करने की इच्छा शायद ही कभी दीखती है।

आलोचना जगत् के मानदंडों को पहचानकर ही शायद एक लेखक ने अपने निबंधों की पुस्तक का नाम सीधे-सीधे *आंचलिक रेखाचित्र* रख दिया है। शायद उन्हें ठीक-ठीक विश्वास नहीं था कि इन्हें आलोचक कहानी मानेंगे या रेखाचित्र। वास्तव में यह मामला भी बहुत समय से साहित्य प्रतिष्ठान में लटका हुआ है और एक ओर कहानी, निबंध, रेखाचित्र और रिपोर्ताज में सबका अलग-अलग जातिनाम तय करने की ज़रूरत भी बताई जाती रहती है, दूसरी ओर इनके बीच परस्पर सीमारेखा का अस्पष्ट होना भी दिन-ब-दिन अधिकाधिक प्रकट होता रहता है। उत्तरप्रदेश के उन्नाव जनपद के गाँव भगखेड़ा में जन्मे, लखनऊ विश्वविद्यालय से आचार्य पद प्राप्त करके फ़ैज़ाबाद के अवध विश्वविद्यालय में अध्यापन करनेवाले श्री चंद्रिकाप्रसाद शर्मा की यह पुस्तक लेखक के परिवेश से संकलित ग्यारह चरित्रों का वर्णन है। इस पुस्तक को अनायास अपनी डाक में प्राप्त करने के बाद मैं इसे एक ही बार में आद्यंत पढ़ गया। मेरे इतने लगाव का एक कारण यह भी था कि इन चरित्रों के पात्र उसी भूमि पर कभी जीवित थे (या हैं) जिस पर मुझे जन्म मिला था। अपने साहित्य और पत्रकारिता कर्म में आरंभ के अनेक वर्ष तक तो मुझे यह सचेत अनुभव भी न था कि इस क्षेत्र से ही मुझे अपनी भाषा मिली है। बीच के कुछ वर्षों में कभी-कभी यह सुखद अनुभव होता रहा है कि जो कुछ मैं लिख पा रहा हूँ उसमें उसी जन्मभूमि की भाषा का और अधिक आविष्कार प्रेरक हो रहा है। इधर के कुछ वर्षों में इस अनुभव ने इस गवेषणा का रूप ले लिया है कि आज एक नागर संस्कृति और सभ्यता में बसी तीसरी पीढ़ी के सदस्य की हैसियत से मैं अपनी जन्मभूमि की भाषा से कितना और भी ग्रहण कर सकता हूँ, विशेष रूप से क्रियाओं और क्रियाविशेषणों की अभिव्यक्ति के लिए भावार्थ मन में स्पष्ट होने पर भी उस खड़ी बोली में उनके पद नहीं मिलते जो मेरे पहले की पीढ़ी ने आज़ादी के बाद के वर्षों में हिंदी के विकास के नाम पर अंग्रेज़ी की दलाली करके नष्ट कर दिए हैं। बार-बार मन होता है कि यह

विनाश अवश्य वहीं हुआ है जहाँ बार-बार गाँव और लोक संस्कृति में अपनी जड़ें बतानेवाले भाषाविद् जीवन में भाषा का व्यवहार नहीं, अंग्रेज़ी विराट् अनुवाद साम्राज्य में ख़िदमतगारी कर रहे थे। फिर भी यह विश्वास रहता रहा है कि कहीं न कहीं कोई सहयोगी लेखक होगा जो आज भी उन मानवीय संबंधों को उजागर करेगा जिनकी अभिव्यक्ति बनावटी अंग्रेज़ी अनुवादों से नहीं, जीवन से होती है। इन्हीं में वे संज्ञाएँ, क्रियाएँ, विशेषण और क्रियाविशेषण होंगे जो सामाजिक अनुभव को संपूर्णता देते हैं।

डॉ. चंद्रिकाप्रसाद शर्मा की पुस्तक का नाम है *आंचलिक रेखाचित्र* और उन्होंने इसे शिखा प्रकाशन, सी-10 के रोड, महानगर लखनऊ से 1987 में प्रकाशित किया था। मदकची, चिनागिया, जगराना काकी, पांडेबाबा, टुनटुन पटवारी, बिटाना बुआ, स्धोले, सिपाही मंगलसिंह, महराजिन, मुंशीजी और प्रधानजी इन पात्रों में से अधिकांश अपना जीवन पूरा कर लेखक के सामने ही चल बसे थे।

कुछ अपनी आस्थाओं को रख पाने के संघर्ष में जीवन के मैदान से खदेड़े जाकर अज्ञातवास में चले गए थे और कुछ निरीह जीवन अब भी बिता रहे हैं। एकाएक मैंने पहचाना कि जिस भाषा संसार में दोबारा अपना ही अनुसंधान करने के लिए मैं जाना चाहता हूँ उसमें ये पात्र जो अब स्वयं उपस्थित नहीं भी हैं, मुझे घुमा लाए हैं। पर यह तो मेरे स्वार्थ की बात हुई। अपनी-अपनी जन्मभूमि में दोबारा जाने की इच्छा जीवनप्रद है क्योंकि इन ग्यारह चरित्रों के प्रतिरूप कहीं न कहीं आज भी होंगे—भले ही अपने पूर्वजों की तुलना में कहीं अधिक क्षत-विक्षत हो गए हों।

आंचलिक रेखाचित्र के ये पात्र विशेष रूप से मानवीय हैं तो शायद उसका एक कारण यही है कि इनके और लेखक के बीच बराबरी का संबंध है। शहर में रहकर गाँव की याद करनेवाले बहुत-से लोग गाँव के पात्रों को अब भी अपने से हीन मानते हैं—जाति, संपत्ति, पद या किसी भी प्रकार से दोनों के बीच बराबरी का संबंध नहीं होता। इन रेखाचित्रों में वैसा असमान भाव नहीं है जैसा इस शैली में लिखनेवाले बहुत लेखकों के यहाँ मिलता है—वे अपने घरेलू नौकरों या अपेक्षित रिश्तेदारों को समाज से बहिष्कृत अथवा परित्यक्त दूरियों का विषय बनाते हैं। इस बहाने से, अनजाने सही, वे अपनी सुरक्षित और संभ्रांत नीति को रेखांकित करते जाते हैं। डॉ. शर्मा ऐसा नहीं करते। उनका लिखा वर्णन ही पाठक को उस भरेपूरे समाज में ले जाता है जहाँ उनके पात्र-विशेष का भी स्थान है। शहराती शैली में दुखी पर दया करने और इस बहाने पाठक की समवेदना अर्जित करने में डॉ. शर्मा को कोई रुचि नहीं—अवश्य ही यह उनका संस्कार है कि वह विचारधारा और प्रतिबद्धता के बिना ही समता की दृष्टि से संपन्न हैं।

[*जनसत्ता*, 'अर्थात्', 4 जून 1989]

पतन का विकल्प

पाँच वर्ष हुए जब मैंने अपना पिछला कविता संग्रह प्रकाशित किया था तो उसका नाम रखा था *लोग भूल गए हैं*। यह नाम क्यों रखा था? सात वर्ष हुए इमर्जेंसी लागू हुई थी और उसके बाद का एक छोटा-सा दौर बोलने की आज़ादी के बिना बीता था। इस छोटे-से दौर में आज़ादी का इतना बड़ा नुकसान हुआ जितना बाहर से कोई न तब देख पाया था न आज तक देख पाया है; लोग उस दौर में, जो तारीख़ के लिहाज से सिर्फ़ 19 महीने का था, बहुत-सी चीज़ें भूल गए और इसके बाद जब वह सरकार बनी जिसने इमर्जेंसी को ख़त्म किया तो लोग कुछ और चीज़ें भूल गए। इसके भी बाद जब फिर वह सरकार बनी जिसने इमर्जेंसी लागू की थी तो लोगों ने उस दमन को भुला दिया था

जिसका 19 महीने उन्होंने अनुभव किया था। इस तरह 1975 ने हमारे इतिहास में एक ऐसा दौर शुरू किया जो तब से 1977 तक और फिर 1977 से 1980 तक और उसके बाद 1980 से आगे भुलाने का एक सिलसिला जारी रखे है। वे क्या चीज़ें हैं जिनके लिए मैंने कहा था कि लोग भूल गए हैं? वे चीज़ें हैं दमन के बदलते रूपों को पहचानकर उनसे लड़ने के नए रास्ते निकालने की समझ। हम भूल गए हैं कि हम पर दमन हुआ था क्योंकि हमें यह याद नहीं रहा कि हम पर अत्याचारियों ने पहले भी दमन किया था।

अख़बार जुल्म की ख़बरों से भरे हुए हैं। किसी-किसी ख़बर में ब्यौरा भी विस्तार से दिया जाता है। हम उसे पढ़ते हैं मगर उसे हमेशा नहीं, सिर्फ़ कभी-कभी अपनी ख़बर मान पाते हैं। अपनापे की भावना उसे विस्तार से पढ़कर भी नहीं पैदा होती, होती भी है तो वह एक और ही तरह का अपनापा होता है—अपने छज्जे से सड़क पर झाँककर देखने-सा अपनापा। जब देखने से जी भर जाएगा तो देखनेवाले सज्जन कमरे में लौट जाएँगे और शोर ज़्यादा हो रहा हुआ तो दरवाज़ा बंद कर लेंगे। सड़क पर घटित होता यथार्थ अपनी जगह रहेगा, देखनेवाला अपनी जगह। घटना को रोका नहीं जाएगा, दर्शक को देखने से अधिक और कुछ करना नहीं पड़ेगा।

सच तो यह है कि उस यथार्थ से जो हमसे दूर घटित हुआ हो हमारा टकराना इसी तरह से हुआ करता है। हर बार इस टकराने के साथ-साथ हम उस असलियत से अपने को जुड़ा हुआ पाते हैं या नहीं। अख़बार हज़ारों पाठकों के हाथ में पहुँचता है। वह जिस तरह से असलियत को बताता है उससे लोग उसको समझते हैं। पर यह भी होता है कि हमारी समझ पहले से ही असलियत को इस तरह समझने के पक्ष में बन चुकी हो कि हम हर जानकारी को अपने से दूर घटी किसी घटना की जानकारी मानें। आज ज़्यादातर वास्तविकताओं की जानकारियाँ हमारे अधिकांश पाठकों को ऐसे ही पहुँचाई जाती हैं कि पाठकों से उनका नाता छज्जे पर खड़े दर्शक का ही बनता है। एक तो बतानेवाले का इरादा भी यही होता है, दूसरे पढ़नेवाले के मन में पहले से कोई जानकारियाँ ऐसी नहीं रहतीं जिनसे वह इस दूर खड़े दर्शक की भूमिका से अलग कोई भूमिका अपने लिए उसी जानकारी के आधार पर बना सके जो उसको तमाशबीन बनाने के इरादे से पहुँचाई गई है। जाने कितने अन्यायों के बोझ से लदा हुआ आनेवाला समय दुख को कैसे काटेगा अगर समाज के मन में उस व्यक्ति, समूह या घटना के लिए जगह नहीं होगी जो अन्याय का शिकार है? परंतु कोई ऐसा सुरक्षित संसार पतन का विकल्प पाठक के मन में पैदा नहीं कर सकता और जो रचना पाठक के मन में पतन का विकल्प नहीं जागृत करती वह न साहित्य की उपलब्धि होती है न समाज की। यह बात तथाकथित 'साहित्यिक पत्रिका' और तथाकथित 'अख़बार' दोनों में प्रकाशित रचनाओं पर लागू होती है। पिछले एक दशक में या शायद और पहले से भी साहित्य-समालोचना में अख़बारी कविता और साहित्यिक कविता के बीच एक मिथ्या विवाद खड़ा किया जा चुका है। अख़बार और साहित्य में कोई अंतर करना झूठा प्रपंच है—अंतर का पैमाना केवल एक है—क्या यह रचना चाहे कहीं छपी हो, पाठक के मन में पतन के विकल्प की इच्छा और समझ पैदा करती है या नहीं। अवश्य साहित्य-रचना की कुछ शर्तें हैं और ख़बर लिखने की भी कुछ शर्तें हैं। ख़बर की शर्त यह है कि उसमें तथ्यों को कल्पना से न बनाया गया हो और साहित्य की शर्त यह है कि उसमें जो तथ्य कल्पना से बनाए गए हों उनमें यथार्थ का तर्क हो और वे विश्वसनीय हों। साहित्य में किसी तथ्य को तथ्य होने के लिए उसे विश्वसनीय सत्य होना पड़ेगा, जब कि ख़बर में उसे विश्वसनीय होने के लिए तथ्य के अतिरिक्त यदि कोई चीज़ चाहिए तो वह उसका सामाजिक अर्थ ही है जो पाठक को पतन के विरुद्ध जागृत करे। इसीलिए अच्छी पत्रकारिता वही है जिसमें तथ्य का वर्णन सामाजिक यथार्थ की विश्वसनीयता के साथ हो, निरी भावुकता या प्रचारात्मकता के बूते नहीं। अच्छा साहित्य वही है जो अत्याचार के शिकार के लिए समाज के मन में परंपरा द्वारा बनाए स्थान को पहचानता और बनाए रखता है जिससे कि अतीत में हुए, आज हो रहे और कल

होनेवाले अत्याचार और अन्याय के बोझ को आज और भविष्य में काटा जा सके। साहित्य का मतलब ही यह है।

निस्संदेह लेखन और उसके सहित दूसरे प्रचार माध्यम पाठक को यह परंपरा भुलाए रखने और भुलाते जाने की शिक्षा देते रहते हैं। रचनाकार इस शिक्षा में सहयोग देता है या नहीं और उस परंपरा को जीवित रखता और शक्ति देता है या नहीं, यह अख़बार और साहित्य दोनों के काम की एक-सी कसौटी है। यह बहस न रचना की सही समझ से पैदा हुई है न समाज की, कि अख़बार अस्थायी लेखन है और साहित्य स्थायी या यह कि अख़बार व्यावसायिक है और साहित्य स्वांतःसुखाय। साहित्य और अख़बार दोनों ही समाज में पतन के अर्थात् अन्याय और अत्याचार के विरुद्ध लड़ने और खड़े होने की तथा वर्तमान और आनेवाले समय में इस पतन के विकल्प पैदा करने की ताक़त देते हैं—उनकी शिल्पविधि अलग-अलग है जिनसे वे प्रामाणिक बनते हैं पर उद्देश्य एक ही है। इसलिए दोनों में भेद बताना और लेखन या प्रचार के दो दर्जे बनाना, समाज में विकल्प पैदा करने की शक्ति को कमज़ोर करने की और हमें इसे भुलाए रखने की तरकीब है और कोई सैद्धांतिक बहस नहीं जैसा विद्वान लोग दिखाते हैं।

जिस वर्ग के हित लोगों को भुलाए रखने में निहित हैं उसका घेरा बहुत बड़ा है। उसमें आनेवाला हर व्यक्ति अपने को सुरक्षित मानकर चलने लगता है और विकल्प की ज़रूरत भूल जाता है। विकल्प की ज़रूरत याद रखना अपने को असुरक्षित करते रहना है। इसलिए साहित्य और अख़बार यह शिक्षा भी दें कि लोकतंत्र हमारा अधिकार है और विकल्प की इच्छा करनेवाले को असुरक्षित कर देने का लोकतंत्र में किसी को अधिकार नहीं है। यह कहना यहाँ ज़रूरी हो गया है क्योंकि लेखन और दूसरे माध्यमों पर एक प्रच्छन्न सेंसर काम कर रहा है जिसका तरीक़ा जुर्माना या जेल नहीं है, सिर्फ़ यह है कि पतन के मज़े लेने की आज़ादी बनी रहनी चाहिए और साबित होते रहना चाहिए कि सेंसर नहीं है क्योंकि पतन की यह आज़ादी छीनी नहीं जा रही है।

[*इतवारी पत्रिका*, 'बात', 8 मार्च 1987]

परिवर्तन की कविता

कुछ समय से अनुभव कर रहा हूँ कि साहित्य और संगीत आदि में परस्पर सहयोग के आधार पर जो नई भाषा हमारे समाज ने पिछले पचास-साठ साल में बनाई थी, वह मानवीय मूल्यों के नए दौर में बाज़ार में बिक नहीं रही है। परत-दर-परत अर्थ खोलनेवाली इस भाषा में धीरज था। विशेषण यथार्थ के खूँटे से रस्सा तुड़ाकर भाग नहीं जाते थे और क्रियाएँ अपना पूरा वक़्त लेकर शांत होती थीं। भावनाएँ तर्क के साथ क़दम से क़दम मिलाकर चलने की कोशिश करती थीं और इसके नतीजे कभी भाषा में, कभी अनुभव में नए आविष्कार करते हुए प्रकट हुआ करते थे। आज देख रहा हूँ कि भावुकता बहुत बढ़ गई है, तर्क बहुत कम हो गया है, धीरज रह नहीं गया है। यहाँ तक कि दूकानदार भी इस अंदाज़ में बोल रहा है कि मेरे पास वक़्त नहीं है। असल में उसकी भाषा अभी तीन-चार साल पहले की जगह अब यह कहने लगी है कि लेना हो तो लो, नहीं तो ग्राहक बनाने के लिए मुझे अपने माल को अच्छा बताना ज़रूरी नहीं है। यह है नई अर्थव्यवस्था का भाषा पर प्रभाव। व्यवस्था रद्दी माल बनाकर बेच रही है और भाषा को मानवीय संबंध की परवाह नहीं है।

बीसवीं शताब्दी में भाषा यथार्थ को बारी-बारी से समझने और समझाने का काम करती रही है। यह काम तेज़ी से तब हुआ जब भीतरी-बाहरी यथार्थ से आमना-सामना मनुष्य के राजनैतिक अधिकारों

की रक्षा के लिए ज़रूरी हुआ। पर जब वह तात्कालिक ज़रूरत निपट गई, तब भी इस दौर की दी हुई ऊर्जा देर तक काम आती रही। तभी तो हम देखते हैं कि कोई शैली सिर्फ़ एक ढंग ही नहीं थी। वह एक सत्य भी थी। क्योंकि शैली की बनावट के अंदर भाषा की जाने कितनी स्मृतियाँ लिपटी पड़ी होती हैं। रूप भी एक यथार्थ है, यह बात हमारे गुटवादी साहित्य के पंडे पचा न पाएँगे, पर संसार की श्रेष्ठ साहित्यिक रचनाओं से इसी बात के सच होने का प्रमाण मिलता है।

फ़िलहाल मैं एक कविता का दृष्टांत लूँगा। यह किसी भारतीय भाषा की कविता नहीं है। यह ऐसी यूरोपीय भाषा की एक कविता है जिसके लोगों ने अपनी अस्मिता, यहाँ तक कि अस्तित्व के लिए अपने अतीत को निरंतर खोजा और इस तरह पहचाना जैसे वह समकालीन इतिहास में आज भी जी रहा है, कभी जड़ नहीं होगा और जीता ही रहेगा। हर राष्ट्र को अपनी पहचान नए सिरे से खोजने में ग़लत जगह से शुरू कर बैठने का जोखिम उठाना पड़ता है। हंगारी कविता के उदाहरण से मैं यह समझ पाया हूँ कि खोज शुरू करने की सही जगह साहित्य है और साहित्य में भी कविता। सिर्फ़ एक कविता का दृष्टांत इसलिए ले रहा हूँ कि इस लेख का विषय काव्य चर्चा नहीं है, समाज का साहित्य के माध्यम से पुनः प्रत्यक्ष है और कविता यहाँ निमित्त है, प्रतिपाद्य नहीं।

यह कविता 1928 में जन्मे फेरेंस युहाश ने 1955 में लिखी थी। 1955 हंगरी के इतिहास में महत्त्वपूर्ण है। तब दूसरे महायुद्ध के बाद समाजवादी विकास का लक्ष्य लेकर जो कार्यक्रम शुरू किए गए थे, उनके एक ओर तो दिखता था कि राष्ट्रीय आय पहले से पचास सैकड़ा, औद्योगिक उत्पादन एक सौ इकतीस सैकड़ा और भारी उद्योग छह सौ सैकड़ा बढ़ गया है। कुछ ही दिन में दिखने लगा कि निरे औद्योगिक विकास के ज़रिए समाजवाद लाने का यह तरीक़ा ग़लतियों से भरा हुआ है। तमाम कार्यक्रम और लक्ष्य हवाई साबित होने लगे। पूँजी का जो निवेश हुआ था वह राष्ट्र की हैसियत के बाहर था, उद्योगों पर ध्यान बेहिसाब दिया जा रहा था। इधर किसानी पिछड़ रही थी, उधर किसानों से फ़सल ज़बरदस्ती वसूल हो रही थी। वे बोझ से दबे हुए थे। नतीजतन कंगाली आने लगी, लोग फटेहाल हो चले। जब यह सब हो रहा था तो हंगरी के और विश्व के सामाजवादी नेतृत्व में भी समस्याएँ फैल रही थीं। आर्थिक और राजनैतिक ग़लतियाँ सुधारने की कोशिश हंगरी की साम्यवादी पार्टी में शुरू हुई। उस समय पार्टी के भीतर लोकतंत्र और सामूहिक नेतृत्व को दबाया गया, पार्टी और कार्यकर्ता के बीच का संबंध कमज़ोर किया गया और मज़दूरों और किसानों का नाता टूट चला।

युवा फेरेंस युहाश ने इस दौर के दर्द से भरकर कविता लिखी। चार सौ पंक्तियों की लंबी रचना है यह। मैंने तो इसे हंगारी भाषा में नहीं पढ़ा है (इस भाषा के जाननेवाले सारे संसार में थोड़े-से हैं। हंगरी देश यूरोप में पानी नहीं, मिट्टी से घिरा हुआ एक द्वीप है। हंगारी भाषा ने शायद इसीलिए अपने को हर समय स्पंदित बनाए रखने की शक्ति विकसित कर ली है)। अंग्रेज़ी में बड़ी लगन और ईमानदारी से कुछ बहुत अच्छे अनुवाद अंग्रेज़ी कवियों के सहयोग से हुए हैं। इन्हीं में मैंने युहाश की कविता पढ़ी : माँ अपने बच्चे को बुला रही है, बच्चा वापस आ नहीं सकता। कविता एक रूपक है। युवा बेटा बदलकर आदमी से बारहसिंघा बन जाता है। रहस्य के संसार के द्वार पर खड़ा वह पुकारता है कि इस घर में प्रवेश कर नहीं सकता जिसमें वह पला है, क्योंकि वह घर उसके सुंदर सींगों की चोट से क्षत-विक्षत हो जाएगा। यहाँ मैं उस संपादक के शब्द उद्धृत करूँगा जिसके द्वारा संकलित और संपादित अंग्रेज़ी संग्रह में हंगारी के वरिष्ठ कवियों के साथ युहाश की यह कविता छपी है।

संपादक मिकलोश वायदा के शब्द हैं : "बारहसिंघा नामक कविता से मनुष्य की यह परिस्थिति सीधे भावोत्तेजक बिंबों से प्रकट होती है, साथ ही वह सार्वजनीन है। युहाश अपने शब्दों के चयन से भाषा में सशक्त बिंब बनाते और गतिशील छंद उत्पन्न करते हैं। उनके बिंब मानो झरने की तरह बहते चले आते हैं। ये बिंब मृत्यु के, क्षय के, परिवर्तन के, सौंदर्य के, भय के और पीड़ा के हैं। फिर भी कवि के हाथों में ये आशा और निर्माण के प्रेरक बन जाते हैं ...

"... इस भाषा और शैली का जन्म कवि के अपने व्यक्तिगत जीवन के स्रोतों से हुआ है। परंतु पीड़ा सार्वजनिक है। कविता में ग्राम जीवन को, जो सामाजिक पिछड़ेपन और लोककला के सौंदर्य का उत्स है; समृद्ध रूपकों के बहाने से बताया गया है। साथ ही इस जीवन के क्षरण और उन्मूलन का वृत्तांत भी कहा गया है। यह घटना राष्ट्र के ही नहीं, स्वयं कवि के और उसके परिवार के जीवन में भी घटित होती है। कवि का समाजवादी संसार से गहरा नाता है। इसलिए कविता समाज-निर्माण के दौर में होते हुए उन परिवर्तनों को, जो भावी पीढ़ियों के लिए महत्त्व के होंगे, समझती और बताती है, चेतावनी देती है, विरोध करती है।"

यह हंगारी कविता मैंने अंग्रेज़ी में पढ़ी, परंतु पढ़ते हुए ऐसा लगता रहा मानो मैं उसे अवधी में, जो मेरी मातृभाषा है, सुन रहा हूँ। मैंने एक और अनुभव किया और उसे यहाँ बताना आवश्यक है। गीत का कविता में विशेष स्थान है। उस गीत का नहीं, जो अनुभूति के पिटे-पिटाए रास्तों से होकर भाषा को कुंद करता और बिंबों को जड़ बनाता है, बल्कि उस गीत का, जो परिवर्तन की पीड़ा को समझने के साथ-साथ भाषा में हलचल जगाता है। उस गीत में तुक नहीं होते जो घूम-घूमकर टेक बनाते हों, जैसे युहाश के 'बारहसिंघा' में नहीं हैं, बल्कि जो बिखरे हुए बिंबों को चुन-चुनकर एक लय में बाँधते हैं। ऐसे अलिखित तुकों की प्रतिध्वनि होती है। यह लय लोक साहित्य से होड़ बदकर चलती है, उसका अनुकरण नहीं करती। इस होड़ में वह साहित्य के किसी बीते दौर में लौटती नहीं, आगे ही जाती है।

[*रविवारी जनसत्ता*, 'अर्थात्', 24 मई 1987]

गद्य की दुर्गति

एक ज़माना था कि हिंदी के मानक रूप स्थापित करना एक बड़ा रचनात्मक काम माना जाता था। इस काम में एकसाथ कई तरह के लोग रहते थे। कुछ शब्दों के तत्सम रूपों की पहरेदारी किया करते थे, कुछ बर्तनी के शुद्ध चलन पर आसक्त थे। कुछ और थे जिन्हें छुआछूत का भय सताता रहता था, इन्हें मिलावट से परहेज था। यह कहना ज़्यादती होगी कि ये सब शुद्धताप्रेमी लोग प्रगति-विरोधी थे, पर यह कहना ग़लत न होगा कि भाषा की शुद्धता का उपहास करनेवाले अगर अपढ़ नहीं तो अधकचरे ज़रूर थे। विडंबना यह थी कि एक ओर शुद्धता के समर्थक एक ज़रूरी सुधार कर रहे थे जिसका संबंध कहीं न कहीं अपने को पहचानने से था, तो दूसरी ओर अस्मितावादी अपनी पहचान की पूरी संभावनाओं को देखकर घबराए हुए थे। दुख की बात यह थी कि यही रोग उधर भी था। जहाँ किसी को अंदेशा हुआ कि भाषा विकसित हो रही है, उसने शोर मचाना शुरू किया कि हिंदी क्लिष्ट की जा रही है। आज का गद्य लेखक पिछले वक़्त को शब्दशः देख पाए तो मानेगा कि कुल तमाशा यह था कि दोनों गिरोहों के सरदारों को हुज्जत का बहाना मिल गया था। एक कहता था कि संस्कृत के शब्दों से भाषा कठिन हो रही है, जबकि अरबी-फ़ारसी के शब्दों से वह आम-फ़हम हो जाएगी। दूसरा कहता था कि अरबी-फ़ारसी के शब्द विजातीय हैं, ये भाषा को भ्रष्ट कर देंगे। दोनों यह नहीं स्वीकार करते थे कि भाषा को अपवित्र करना और क्लिष्ट करना एक ही बात है। अच्छी भाषा का रहस्य यह है कि यह बोलचाल से निकले और बोलचाल को सुधारे।

यह कहना मुश्किल है कि ठीक-ठीक किस तारीख़ की बात है, मगर यों मान लीजिए कि मैथिलीशरण गुप्तजी और महावीरप्रसाद द्विवेदीजी दोनों ने पद्य और गद्य में अच्छी भाषा का रहस्य पहचाना था। उसे पहचाननेवाले वही अकेले नहीं थे। बहुतेरे और तब भी थे और शायद आज भी होंगे पर जब से

सरल भाषा का अर्थ बदल गया है तब से अंग्रेज़ी से सरल अनुवाद को ही सरल भाषा माना जाने लगा है। अब हम कसम खाकर नहीं कह सकते कि भाषा का रहस्य जाननेवाले आज भी बहुतेरे हैं। सच तो यह है कि भाषा के निर्माण की जिस पद्धति को राजशक्ति और पूँजी से प्रश्रय मिला हुआ है वह बोलचाल की भाषा के विरुद्ध है। वह नीति केवल इस तथ्य को पहचानती है कि हिंदी राष्ट्रभाषा है, पर यह देखने से कतराती है कि राष्ट्रभाषा अपनी ऊर्जा गुलाम दिमाग़ों से नहीं प्राप्त करती। सिर्फ़ हिंदी की पूजा करते रहने से दिमाग़ आज़ाद नहीं हो जाते। वे आज़ाद होते हैं भाषा को बरतने से और उस देश की भाषा परंपराओं को अपनी परंपरा मानने से जिस देश की वह राष्ट्रभाषा है। ऐसा करने का सीधा मतलब हिंदी का एक मानक सामने रखकर हिंदी को बरतना है। वह मानक हमने संस्कारविहीन कर दिया है क्योंकि वह समाज के व्यवहार की भाषा को एक ऐसी भाषा से अनुवाद करके तैयार कर रहा है जिसका संबंध हमारे राष्ट्र के कर्म से नहीं है। वह भाषा है अंग्रेज़ी। अंग्रेज़ी से अनुवाद की हुई भाषा हमारी समाज-भाषा बनाई जा रही है। जो लोग यह काम कर रहे हैं वे हिंदी का एक मानक बनाते चल रहे हैं जिसके आधार पर वे अपने को प्रामाणिक सिद्ध कर सकें। वे रेडियो, दूरदर्शन, अख़बार और ज्ञान-विज्ञान में भी इस मानक का व्यवहार करके बहुत बड़े पैमाने पर लोगों में इसका प्रचार कर रहे हैं। यह पैमाना इतना बड़ा है जितना मैथिलीशरण गुप्त, महावीरप्रसाद द्विवेदी के, यहाँ तक कि प्रेमचंद के ज़माने में भी नहीं था। यह न सिर्फ़ बहुत सारे लोगों को, जो भाषा का इस्तेमाल करते हैं, अपनी लपेट में ले लेता है बल्कि उनकी रोज़ी-रोटी पर हमला करके उस पर कब्ज़ा करने लगता है। इस हमले के कई रूप हैं पर उन सब रूपों में समानता यह है कि हिंदी के व्यवहार का मानक-निर्माण दिन-ब-दिन ऐसे भारतीय लोगों के हाथ में होता जा रहा है जो बोलचाल की भाषा की ज़रूरत तो बताते हैं पर ज़ोर देते हैं कि वह बोलचाल की भाषा उन भारतीयों की लिखी हुई अंग्रेज़ी का सरल अनुवाद करके बनेगी।

सिद्धांततः अंग्रेज़ी से सरल अनुवाद संभव है और अंग्रेज़ी साहित्य से अथवा किसी विदेशी भाषा के अंग्रेज़ी अनुवाद से हिंदी में अनुवाद किया जाए तो बावजूद उस छीज के जो उस विदेशी भाषा के साहित्य के अंग्रेज़ी अनुवाद में हो चुकी होगी, हिंदी की समाज-भाषा तक अपनी ऊर्जा पहुँचा सकता है। पर यह काम न आत्यंतिक है न अनिवार्य है। यह बोलचाल की हिंदी भाषा के आधार की संपुष्टि कर सकता है, उसका नए सिरे से निर्माण नहीं कर सकता। यह काम हिंदी भाषा पर लादना आज़ादी के विरुद्ध है पर यही काम हिंदी की बोलचाल की भाषा को सरल करने के नाम पर किया जा रहा है। बोलचाल की भाषा को व्यवहार की भाषा बनाना तो ज़रूरी काम है ही और जब हमारे लेखकों और समाज-निर्माताओं द्वारा इस शताब्दी के 50 साल में हिंदी के मानक रूप के निर्माण के प्रयत्न हुए थे तो वे व्यवहार-भाषा और काव्य-भाषा के एकसाथ हुए थे। इस निर्माण का संस्कार दोनों प्रकार की भाषाओं को मिला था। इसे जाने कितने लेखकों ने पहचाना और सरल भाषा का रहस्य जानकर हिंदी को बोलचाल की भाषा बनाने की लड़ाई जारी रखी। यह लड़ाई आज़ादी के कुछ बरस बाद तक चली, अर्थात् जब तक आज़ादी से मिले सत्ताधिकार के भारतीय उत्तराधिकारी शासक वर्ग की आज़ादी का अर्थ पहचानते रहे।

आज आज़ादी का मतलब यह नहीं समझा जाता है कि लोग अपनी सामाजिक-राजनैतिक आकांक्षा को प्रकट कर रचनात्मक जीवन जिएँ। बल्कि यह समझा जाता है कि सत्ता के केंद्रों से शक्ति की प्रतीक अंग्रेज़ी जिस समाज भाषा में सत्ता की आकांक्षाएँ प्रकट करती हुई एक गुलाम नक़ली जीवन का प्रचार करती है उसका सरल हिंदी अनुवाद करें।

जब-जब हिंदी में गद्य की दुर्गति की ओर ध्यान दिलाता रहा हूँ, अधिकारसंपन्न केंद्रों ने यही सफ़ाई दी है कि अनुवादक अच्छे नहीं हैं। आज़ादी के बाद के कुछ वर्षों को छोड़कर दुर्गति लगातार जारी है और आज विशेष चेतावनी का कारण इसलिए है कि बोली हुई भाषा यानी रेडियो और दूरदर्शन

में तो इसका हमला सफल हो चुका है। लिखी-छपी भाषा यानी अख़बार में ज़ोरों से हो रहा है। रेडियो-दूरदर्शन की भाषा में जब यह दुर्गति शुरू हुई थी तभी इसका प्रतिकार किया गया था, पर जैसे-जैसे राजनैतिक नीतियाँ बदलकर रचनात्मकता के विरुद्ध होती गईं अंग्रेज़ी से अनुवाद का बंधन कठोर होता गया और स्वतंत्र अभिव्यक्ति के रास्ते सँकरे होते गए।

अब यह बंधन अख़बार की दुनिया में ज़ोरों से कसना शुरू हुआ है। वहाँ अंग्रेज़ी से सरल अनुवाद का आग्रह एक ऐसी भाषा को सफल मानने लगा है जिसे कुछ अख़बार सरल बनाने के लिए जड़ से तोड़ रहे हैं। यह लेख उदाहरण देने के लिए नहीं लिखा जा रहा है, अगर पाठक को जड़ से टूटी हुई भाषा के उदाहरण खुद नहीं दीखते तो उनकी लंबी सूची बनाकर दी जा सकती है। पर उस सूची को देखकर पाठक अंग्रेज़ी से सरल अनुवाद करना सीखना शुरू कर देंगे तो मेरा लिखना व्यर्थ होगा। सरल हिंदी लिखना और अंग्रेज़ी से सरल अनुवाद करना दो तरह के काम हैं। हाँ, जो सरल हिंदी लिख सकता है अगर वह अंग्रेज़ी से अनुवाद न करे तो हिंदी गद्य की आज की दुर्गति पहचानने से कुछ सीख भी पाएगा।

[*रविवारी जनसत्ता*, 'अर्थात्', 21 जून 1987]

यात्रा-संस्मरण, ललित निबंध और रिपोर्ताज

साहित्य अकादेमी ने गद्य की जिन तीन विधाओं पर गोष्ठी बुलाई है उनकी ओर एकसाथ ध्यान दिलाने के लिए उसे धन्यवाद देना चाहिए। एक तो उसने गद्य के महत्त्व की याद दिलाई जो यथार्थ से टकराकर जीवन में और साहित्य में गति देता है, दूसरे ऐसे समय दिलाई जब गद्य की ताक़त को बिसरा देने का या नहीं तो बिगाड़ देने का ख़तरा बढ़ रहा है या शायद जो ख़तरा बढ़ रहा है वह गद्य को बिसराने या बिगाड़ने का नहीं अपाहिज करके जियाए रखने का है और यह पहलेवाले दोनों ख़तरों से ज़्यादा बड़ा है। आख़िरकार गद्य वही विधा है जो आनन-फानन हमें अपने प्रतिरूप मनुष्य की ख़बर देती है और भाषा के अनेक इस्तेमालों के बीच से साक्षर और निरक्षर दोनों के लिए एक वह इस्तेमाल चुनती है जो स्वाधीनता के मूल्यों को जीवित रखने में माँगने पर मदद देता है। यह इस्तेमाल लेखक के हाथों होने के साथ-साथ अनेक ऐसे लोगों के हाथों भी होता है जो लेखक होने का विशेषाधिकार माँगते नहीं सिर्फ़ सामाजिक यथार्थ की अपनी पकड़ की बदौलत उसे छीन लेते हैं। वे पाठक के नाम से जाने जाते हैं। वे गद्य को हमेशा बनाया करते हैं और इनका संसार इतना बड़ा और संभावनायुक्त होता है कि गद्य पर अनेक आक्रमणों से होनेवाली टूट-फूट भी उसी संसार में सुधरती चलती है। इस विधा में अपने घाव स्वयं अच्छे कर लेने की शायद कोई नैसर्गिक सकत है। हालाँकि हम जानते हैं कि वह भी भाषा को बरतने की आज़ादी से आई है और हमारी राजनैतिक आज़ादी से उसका गहरा नाता है। गद्य, यथार्थ, आज़ादी और फिर उन्हीं तीनों के मेल से मानव-मूल्यों में श्रेष्ठतम उस मूल्य को निरंतर स्थापित करते रहने की अनिवार्यता जिसे हम समता कहते हैं, इस तरह यह चित्र पूरा होता है।

यहाँ लोकतंत्र और गद्य के रिश्ते की बहुत-सी बारीकियों में न जाकर एक तथ्य की ओर ध्यान दिलाना काफ़ी होगा। बल्कि तथ्य तो हम उसे शायद बाद में मानेंगे, अभी तो वह केवल एक प्रश्न है जो आपके सम्मुख रखना चाहता हूँ। 1947 के बाद के चालीस वर्षों का मूल्यांकन करते हुए यदि हम गद्य की यात्रा का स्मरण करें तो क्या हम और कुछ नहीं अपनी चालीस वर्ष पुरानी आज़ादी के

स्वभाव और चरित्र का विश्लेषण नहीं कर रहे होंगे? सीधे-सीधे यही क्यों न देख लिया जाए कि गद्य की हालत क्या है। मोटे तौर पर इतना ही देखने से झलक जाएगा कि स्वाधीनता की हालत क्या है। वह प्रायः वही होगी जो जनता की आकांक्षा और पीड़ा व्यक्त करने की भाषा में जीवन की नई चुनौतियाँ समझने और बताने की शक्ति ही होगी और उसी के अनुसार उसमें विविधता और स्वतंत्रता होगी।

आपके सामने जो तीन विषय हैं उनमें यात्रा-विवरण और रिपोर्ताज लेखक को अपना क्षेत्र चुनने की पूरी आज़ादी देते हैं। दोनों में गतिशील यथार्थ के दायरे में लेखक स्वच्छंद विचरण कर सकता है। पर कहीं न कहीं एक अलिखित समझौता यह भी है कि घूम-फिरकर वह वर्तमान में लौट आएगा। ललित निबंध नामक विषय में इसकी भी कोई कड़ी क़ैद नहीं। वहाँ लेखक वर्तमान से भविष्य में और भविष्य से अतीत में आता-जाता रहे तो निबंध के आयाम बनते हैं और बहुधा शैली और उसकी शोभा का इस विधा में विशेष महत्त्व हो जाता है। ऐसा कहा जा सकता है कि देशकाल में अपेक्षया मुक्त विचरण से ही ललित निबंध में शैली और शोभा संभव हो जाती है। इसमें काव्यगुण आ जाते हैं अगर यथार्थ के अभिज्ञान को लेखक उसके आयामों सहित शब्दों में बाँध सके। इसलिए मुझे यह बात महत्त्वपूर्ण लगती है कि ललित निबंध यथार्थ की ज़मीन पर उपजा होकर भी उससे बँधा नहीं रहता। इस मायने में हमारे तीनों विषयों में यह विशेष है पर इसमें काव्य का स्पर्श होते हुए भी यह गद्य काव्य नहीं है और न होना मेरी व्यक्तिगत राय में गद्य के लिए हितकारी है। पर ललित निबंध नामक विधा की राह में जो ख़तरे मुझे दिखाई देते हैं विनम्रतापूर्वक उन्हें बता देना चाहूँगा। एक तो यही है कि जिन मानवीय परंपराओं को ललित निबंध प्रश्रय देते दिखते हैं उनके मूल्यबोध की लोकतंत्रीय कसौटी पर जाँच बहुधा टाल दी जाती है; अतीत की यादों की कसक वर्तमान के तनाव के दर्द के मुक़ाबले ज़्यादा महत्त्व पाने लगती है। विद्वान समालोचक यदि इस चिंता में कुछ तत्त्व पाएँ तो निवेदन है कि इसके समाजवैज्ञानिक कारणों की खोज करें। ऐसा प्रकट है कि फ़िलहाल ललित निबंध हिंदी क्षेत्र के पूर्वी अंचल में विशेष योग्यता के साथ लिखे जा रहे हैं। खेतिहरों और निर्धन वर्गों के शोषण के लिए यह इलाक़ा बदनाम है। क्या शोषण और दमन के प्रतिकार का यथार्थ ललित निबंध में भाषा को बल दे रहा है? क्या रागात्मक अनुभव के घात-प्रतिघात कोई राजनैतिक जागरूकता भी दे रहे हैं और सबसे महत्त्वपूर्ण यह प्रश्न कि क्या इस लेखन से साहित्यिक भाषा का जो संस्कार हो रहा है वह समाज भाषा को और सामाजिक चेतना की समझ को भी पहुँच रहा है?

पहले हम उन दो विधाओं को देखें जो यथार्थ से बार-बार और ज़ोरों से टकराती हैं। यह है रिपोर्ताज और यात्रा लेखन। यह साहित्यकार भी करते हैं और पत्रकार भी। तो क्या दोनों के काम एक ही हैं? या दोनों में अंतर है? है तो क्या ज़मीन-आसमान का अंतर है? मैं मानता हूँ कि नहीं है। पर यह इसलिए नहीं कि साहित्यकार भी रोज़ी या राजनीति के लिए अख़बार में नौकरी करते हैं, बल्कि इसलिए कि पत्रकार और साहित्यकार दोनों नए मानव संबंध की और आगे चलकर एक नए मानव समाज की तलाश करते हैं। दोनों को ख़बर की ज़रूरत है। मेरी समझ में यह एक किस्म का जातिवाद होगा कि ख़बर लिखना घटिया और बाक़ी सब बढ़िया काम है। सच यह है कि पत्रकार और साहित्यकार अगर प्रायोजित साहित्य न लिख रहे हों तो एक ही बात बताना चाहते हैं अर्थात् यह कि मनुष्यों के बीच नया संबंध बन रहा है और उससे एक नया मनुष्य कैसे बने। दोनों में उद्देश्य की समानता पूरी है। अनुभावन में और रचना-प्रक्रिया में, इसीलिए शैली में समानता कमोबेश है। पत्रकार जिन तथ्यों को संकलित करता है उन्हें उस परस्पर संबंध से विच्छिन्न नहीं करता जिससे वे परस्पर जुड़े हुए हैं और क्रमबद्ध हैं। वह सच को पूरा करने के लिए इतनी काफ़ी जानकारी जमा करता है कि मानव समाज के संदर्भ में उनका निष्कर्ष जान सके और फिर उन संश्लिष्ट यथार्थ खंडों में से सबसे प्रखर को सबसे अधिक और बाकी को क्रम से उत्तरोत्तर कम महत्त्व देकर संचित कर देता

है। पत्रकार के लिए संपूर्ण दृश्य में तथ्यों का स्थान उसकी वैयक्तिक और सामाजिक समझ के आधार पर तय होगा इसलिए उसके संग्रह और चुनाव दोनों में पक्षपातहीनता होना निष्पक्षता नहीं और तटस्थता तो बिलकुल नहीं। जिसे हम सुविधा के लिए साहित्यकार कहते हैं उस लेखक के लिए तथ्यों का दिया हुआ क्रम अवध्य नहीं है बल्कि उस क्रम को तोड़कर ही साहित्यकार उन्हें नए सिरे से क्रमबद्ध करता है और इस चुनाव में निर्णायक तत्त्व ख़बर नहीं बल्कि पूरी रचना की संहति ही होती है। अपने अनुभव की विश्वसनीयता के आधार अर्थात् अपनी प्रेरणाएँ वह रागात्मक अनुभव के बाहर के किसी भी उद्गम से पा सकता है—किससे, यह इतिहास और समाज से उसके रिश्ते पर निर्भर है। बंधन काल और देश का कोई नहीं है, कसौटी सत्य और न्याय की ज़रूर है पर यही कसौटी, आप देखेंगे कि, वास्तविकताओं का देशकाल और क्रम लगाने में पत्रकार के सामने भी होती है। इस सच्चाई को बहुधा साहित्यकार मानने से परहेज़ करते हैं क्योंकि वे मानकर चल रहे होते हैं कि पत्रकार की आत्मा पर अख़बार का मालिक या अगर कैमरे के माध्यम का सवाल हो तो फिल्म या टेलीविज़न निर्माता इतना दबाव रखता है कि वह न्याय की कसौटी पर कसे जाने के क़ाबिल ही नहीं रहती।

रिपोर्ताज लेखक को हम पत्रकार कहें या साहित्यकार? दोनों के बारे में कुछ और जान लें तब दोबारा यह सवाल दोनों से ही पूछना ठीक रहेगा। हमने देखा है कि वास्तविकताओं के परस्पर संबंध को नए सिरे से सजाकर साहित्यकार एक नई संपूर्ण सत्ता की सृष्टि करता है जो एक नया, एक संभव यथार्थ होता है। पत्रकार के लिए यथार्थ वही है जो संभव हो चुका हो, साहित्यकार के लिए वह है जो संभव हो सकता हो। पर दोनों यदि घटनाओं के भीतर छिपे अर्थ नहीं खोजते तो दोनों असफल रहते हैं। जो पत्रकार निरी सूचनाएँ जमा करके उन्हें सजा देता है वह उसी कहानीकार या कवि के समान असफल है जो निरी भावनाएँ जमा करके उन्हें सजा देता है। जिस हद तक ये दोनों लेखक घटनाओं के भीतर मानव संबंध के बदलते रूप देखते हैं उस हद तक एक-दूसरे के निकट आते हैं। तब मैं नहीं समझ पाता कि रिपोर्ताज और अख़बार की रपट में क्या अंतर है। मगर अख़बार घिसा-पिटा हो, भाषा के नए आयामों को खोलने से परहेज़ करता हो, और अपने लेखक को जकड़बंद रखता हो तो मेरा यह विस्मय कुछ कम हो जाएगा क्योंकि उस अख़बार में कोई अच्छा रिपोर्ताज छपना मुश्किल होगा। यह भी कह दूँ कि ऐसे विचित्र अख़बार अब कम ही रह गए हैं। तो भी यह शिकायत किए बिना नहीं रह सकता कि ख़बर लिखनेवाले को साहित्यकार और कविता-कहानी लिखनेवाले को पत्रकार का नाम न देकर दोनों को लेखक कहना अभी तक संभव क्यों नहीं हुआ है। क्यों नहीं हुआ है इसका कारण भी अनुमान से कह सकता हूँ—यह कि हिंदी के अख़बारों में आज भी प्रत्यक्ष लेखन पूरी तरह संभव नहीं है। अनुवाद प्रचुर है जो अंततः भाषा की दुर्गति ही है। लगभग प्रत्येक अनुभव का अनुवाद करते-करते हमारे रिपोर्ताज लेखक के पास कभी-कभी केवल दो चीज़ें अपनी बच रहती हैं—वे हैं अहं और विस्मय। ये दोनों शायद गद्यकाव्य की देन हैं। साहित्य भी कम से कम आज इन्हें लेकर श्रेष्ठ नहीं हो सकता। परंतु रिपोर्ताज तो निश्चय ही इनके रहते खंडित होगा।

किसी समय अहं और विस्मय के संयुक्त दोष के कुछ उदाहरण हिंदी में लिखे साधारण यात्रा विवरणों में मिला करते थे। इनमें हवाई जहाज़ में बैठने का विस्मय और विदा देने आए लोगों की भक्ति का वर्णन इस विश्वास से किया जाता था कि विदेशयात्री के जीवन के अविस्मरणीय क्षणों की कथा बाँसगाँव के बेचारे हिंदी पाठक पढ़ने को व्यग्र हो रहे होंगे। हर यात्रा मूलतः एक खोज, एक विश्लेषण होती है। यात्रावृत्तांत की रचना-प्रक्रिया उपन्यास की तरह पाठक को अनुभवों के निरंतर बदलते संसार में ले जाती है। प्रत्येक नए अनुभव के समानांतर देश बदल जाता है। परंतु एक लंबे यात्रावृत्तांत में व्यक्ति के भीतर जो यात्रा हो रही होती है विशेष अर्थ और महत्त्व उसी का है। ऐसी ही किसी असफल यात्रा के लिए नौ दिन चले अढाई कोस कहा गया होगा।

परंतु लेखक ने जब यात्रा की है तो प्रायः हर बार उसने जो यात्रावृत्तांत लिखा वह रिपोर्ताज

भी था। असल में रिपोर्ताज, यात्राविवरण और ललित निबंध ये तीनों अपने-अपने पड़ोसी कमरों के बीच की सिटकिनी खुली छोड़ देते हैं। ये एक कमरे से दूसरे कमरे में आया-जाया करते हैं और जब किसी पाठक को आता देखते हैं तो किसी एक कमरे में जाकर पसर रहते हैं। मुझे यह मुक्त व्यवहार रचना को अवसर देनेवाला जान पड़ता है पर रचना के अवसर का मतलब सिर्फ़ यही नहीं है कि हम इनसान से टकरा रहे हैं—यह भी है कि किस इनसान से और कहाँ पर तथा कितने ज़ोरों से। यह सही है कि एक मोहल्ले में रहकर भी इनसान का जायज़ा लिया जा सकता है मगर वह इतना ही सही है। हम मानें या न मानें एक जगह से, एक सभा से एक घुटन या मुक्ति से दूसरे में जाना एक ही जाति के दायरे में रहकर संभव नहीं है। और फिर हर यथार्थवादी लेखक के लिए वह मैदान दिन-ब-दिन छोटा होता जाता है जहाँ से वह अनुभव लेता है। उसे तो शब्दशः अपने समाज में ताड़नेवाले पहरेदारों को फलाँगकर किसी और भाषा में, किसी और विधा में, किसी और देश में, किसी और इतिहास में, किसी और घेरे में जाना ही पड़ेगा। अंत में उसे भी और अधिक जल्दी तोड़ने के लिए।

शुरू में जब मैंने गद्य और स्वाधीनता में परस्पर संबंध समझने की कोशिश की थी तो आपको शायद आभास हुआ हो कि भाषा पर दो बड़े-बड़े आक्रमण आज़ादी के चालीस वर्षों के भीतर हुए हैं। एक तो एक विदेशी संपर्क भाषा को शक्तिवान और शक्तिहीन वर्ग के बीच डाल दिया गया है। यह किसी हालत में भारतीय भाषा नहीं बन सकती, भारतीय लोग उसे सीख भले ही लें। इस आक्रमण के द्वारा जो ध्वंस पीढ़ी-दर-पीढ़ी हो रहा है उसका विवरण और विश्लेषण यहाँ अभीष्ट भले हो, संभव नहीं है। इतना कहना काफ़ी होगा कि एक गूँगा-बहरापन हिंदी ही नहीं सभी भारतीय भाषाओं में बैठता जा रहा है और भारतीय भाषाओं के समृद्ध और संपृक्त संसार में फूट पड़ती जा रही है। दूसरा आक्रमण भाषा के ध्वनि और दृश्य पर आश्रित माध्यम का संपूर्ण रूप से केंद्रीकरण करके उसे उन शक्तियों को सौंप देने से हुआ है जिनके सामने भाषा का उद्देश्य अभिव्यक्त करना नहीं, मानव संवेदनाओं पर कब्ज़ा करना है। कब्ज़ा करके इनका इस्तेमाल वे फिलहाल प्रकटतः मनुष्य की शारीरिक और मानसिक ज़रूरतों को उस पर लादने के लिए कर रहे हैं पर किसी वक़्त यह उसकी राजनैतिक और आध्यात्मिक ज़रूरतों का भी नियमन करेंगे।

रिपोर्ताज, निबंध और यात्रावृत्तांत जैसे साहित्यिक लेख मनुष्यों में एक और संगठन पैदा करते हैं बशर्ते कि उनका मुख्य उद्देश्य भाषा पर आक्रमण करनेवालों के साथ मिलीभगत करके जीवन के नैतिक मूल्यों को धोखा देना न हो। साहित्य की विधाओं से हम यह अपेक्षा करें कि वे पिटे-पिटाए आदर्शों को दुहराकर नैतिक मूल्यों का स्वीकृत सूची के अनुसार पालन कराएँ तो यह न साहित्यिक काम होगा न इससे भाषा की शक्ति निखरेगी। मानव जीवन के सब पहलुओं को हिंदी साहित्य अभी तक पूरी तरह ईमानदारी से छू नहीं सका है। जहाँ उसने इन्हें छुआ भी है वहाँ जाने किस कुंठा के वश आलोचना ने उसे महज उलट-पलटकर अलग रख दिया है, मान्यता नहीं दी है। *सबरंग* जैसी दो पुस्तकें हिंदी में नहीं होंगी, क्योंकि कुट्टिचातन् जैसा एक भी लेखक हिंदी में नहीं है। इसके आगे कुछ जोड़ा जा सकता है तो सिर्फ़ यह कि अज्ञेय की महिमा का निरा जयजयकार करनेवाले प्रशंसक बहुत हैं पर उनके गद्य में हास्य का सामाजिक अभिप्राय पहचाननेवाले आलोचक अभी होने बाक़ी हैं।

[साहित्य अकादेमी द्वारा 'यात्रा-संस्मरण, ललित निबंध और रिपोर्ताज' विषय पर आयोजित संगोष्ठी में पढ़ा गया मुख्य भाषण, 1 अगस्त 1987]

वृथाभावुकता की वापसी

कविता की वापसी का नारा कुछ बरस हुए किसी ने दिया था। इसके बाद से किसी आलोचक ने जाँचने की कोशिश अब तक नहीं की कि कविता की आज क्या हालत है। आलोचना की राजनीति में शायद कोई अपने हाथ की बाज़ी दिखाना नहीं चाहता है। पर एक कवि, पाठक और विद्यार्थी के नाते जब मैं साहित्य पढ़ता हूँ तो देखता हूँ कि वापसी कविता की नहीं वृथाभावुकता की हुई है। वृथाभावुकता राजनीति और साहित्य पर छा गई है, यथार्थ और इतिहास को समझने के लिए इस्तेमाल की जा रही है और संप्रेषण की विधाएँ उससे ओतप्रोत हो रही हैं, कथ्य में भी और शिल्प में भी।

कविता की यह वापसी उस घटिया राजनीति की उपज है जिसमें मनुष्य का अपने वर्तमान और भविष्य का निर्माण करने का अधिकार घटाया और साथ-साथ छीना जाता है। और उसकी आविष्कार-शक्ति गुलामी का प्रायोजित विस्तार करने में लगाई जाती है। यह राजनीति अनगिनत मंचों पर अनेक तरीक़ों से रचना के उन औज़ारों को कुंद करती है जो स्वाधीन आत्मा की बाँहें हैं। कविता तो उनमें से केवल एक है।

वास्तव में यह कविता की वापसी का नहीं, वृथाभावुकता के प्रचार द्वारा रचना के सामने एक चौतरफ़ा चुनौती खड़ी करने का मामला है। अभी हाल में कविता के सुनाने और दिखाने के कुछ प्रयत्न इसी राजनीति ने एक महाबली प्रचार के माध्यम की मदद से किए थे, जिस पर इस राजनीति के नियामकों का एकाधिकार है। दूरदर्शन के इन कार्यक्रमों का विशेष उपभोक्ताओं द्वारा उपहास किया गया, पर उपहास करनेवाले शिल्पविशेषज्ञों को इसमें छिपी राजनीति नहीं दिखाई दी। आलोचना का तंत्र दूरदर्शन को सहानुभूतिपूर्वक यही प्रयत्न बेहतर तरीक़े से करने के परामर्श चटपटी भाषा में देकर संतुष्ट हो गया। शैली में सुधार करने का आग्रह करनेवाले समीक्षक संप्रेषण के उद्देश्य की आलोचना नहीं कर पा रहे थे। वह उद्देश्य संप्रेषण के माध्यम ने अपनी संरक्षक राजनीति के प्रचार के लिए बनाया था, उन कवियों ने नहीं, जिनकी कविता का वृथाभावुक रूप उनकी रचना कहकर प्रचारित किया गया। ये कवि पिछली पीढ़ी के थे, पर वृथाभावुकता की वापसी के लिए रचना-विरोधी राजनीति को ज़रूरी मालूम हुआ कि वह कविता की बुनियाद पर हमला करें। वही दूरदर्शन के माध्यम से वह कर रही थी। यह हमला ख़त्म नहीं हो गया, कविता लिखने, बोलने, सुनने, छापने और अनेक प्रकार से संप्रेषित और प्रचारित करने के समकालीन संसार में वर्तमान और भविष्य की संभावनाओं को भी क्षतिग्रस्त कर गया। यही घटिया राजनीति का उद्देश्य था।

अब समकालीन कविता का दृश्य देखें।

हिंदी में आज जो कविता लिखी जा रही है, उसमें ऊपर से विविधता दिखती है लेकिन यह भी दिखता है कि बहुत-से कवि बहुत तरह के अनुभवों को कविता बनाते हुए आँखों में आँखें डालकर नहीं ताक रहे हैं, दाएँ-बाएँ झाँक रहे हैं। जब पाठक या श्रोता कवि को एक ही साथ कविता का नया यथार्थ बनाने का दावा करते और बगलें झाँकते पाता है तो कविता दुरूह हो ही जाती है। कविता का बहुत अधिक लिखा जाना और सरल भाषा में लिखा जाना और साथ ही दुरूह हो जाना एकसाथ जारी है। निस्संदेह जैसा हर दौर में होता है, बहुतों के बीच में कुछ कवि अवश्य हैं जिनकी कविता पाठक को कवि की आँख से आँख मिलाकर देखने को बाध्य कर देती है और हम अर्थात् पाठक उस कवि की एक कविता में ही नहीं, उसके पूरे कविकर्म में अपना प्रतिरूप देखने लगते हैं। जब यह प्रतिरूप देखकर हम अपने में विचार-भाव और रागानुराग का एक नया संसार देख पाते हैं तो हम वास्तव में कविता में रचना को देख रहे होते हैं। ऐसी कविता दुर्लभ है पर जिस घटिया राजनीति के लंबे दौर से समाज गुज़र रहा है उसमें कविता सुलभ और श्रेष्ठ एकसाथ नहीं हो सकती। सुलभ

वही वृथाभावुकता है जो मानवीय संबंधों को संस्कारहीन करके प्रायोजित उद्देश्य के लिए कविता को दूरदर्शन जैसे एकाधिकारी मंच पर प्रस्तुत करती है और कहना न होगा कि सत्ता से जुड़े इसके और मंच भी हैं।

घटिया राजनीति ने हिंदी में गीत और भजन को और उर्दू में ग़ज़ल को इस वृथाभावुकता के विध्वंसक आक्रमण का लक्ष्य बनाया है। इन तीनों विधाओं का आमने-सामने, मुख से बोलने और बोलकर सुनाने का एक संप्रेषण-संसार परंपरा से चलता आ रहा है। उसमें सन्निहित भावना और विचार का परस्पर मानवीय संबंध तोड़ना वृथाभावुकता का पहला लक्ष्य है। इस आक्रमण का दुष्प्रभाव इन तीन विधाओं पर सबसे पहले प्रकट भी होता है और सबसे देर तक बना भी रहता है। खड़ी बोली की श्रेष्ठ आधुनिक कविता को कीर्तिवान कृतियों के नाम के साथ इस्तेमाल करके उनकी कविता को ही नहीं, उनके बाद की कविता की निहित संभावनाओं को भी मिटाने का षड्यंत्र किया गया है। उद्देश्य है एक शून्य की स्थापना। वृथाभावुकता की वापसी की मान्यता के लिए घटिया राजनीति के नियामकों को यह शून्य उपयोगी जान पड़ता है। परंतु समकालीन लेखन यह चुनौती पहचानता है। उसमें रचनाजन्य कई प्रकार की कृत्रिमताएँ प्रवेश कर जा सकती हैं, पर वृथाभावुकता के प्रति वह जन्म से ही सशंक और सचेत है।

[*रविवारी जनसत्ता*, 'अर्थात्', 12 सितंबर 1987]

आलोचक अपना प्रवेशपत्र तो दिखाएँ

समकालीन रचना पर आलोचना बहुत ध्यान नहीं दे रही है, इसका कारण यह है कि आज राजनीति ने अतीत को समझने और भविष्य को बनाने की चेतना फैलाना कुल मिलाकर बंद कर दिया है। वह वर्तमान में आधी से अधिक डूबी हुई उसी के कीचड़ में किलोलें कर रही है।

साहित्यालोचन अच्छी राजनीति से ही प्रेरणा पाती है। इसलिए प्रत्येक आलोचना का रचनात्मक दौर एक सार्थक राजनीतिक दौर से टकराते और सँवरते हुए चलता है। द्विवेदी युग से लेकर आज तक आलोचना को रचना ने जब-जब चुनौतियाँ दी हैं, तब-तब राजनीति रचना के एक और समकक्ष माध्यम यानी साहित्य को साहस दे चुकी थी या देने ही वाली थी।

यहाँ राजनीति की और साहित्य की परिभाषाएँ समझ लेना ज़रूरी है। राजनीति को आज़ादी के नेहरू युग में दाँवपेंच, उठापटक, धोखाधड़ी और जालसाज़ी बना दिया गया है और साहित्य को यथास्थिति का समर्थन। पर एक अनैतिक चतुराई नहीं है राजनीति। उसकी यह परिभाषा भाषा पर लाद दी गई है। वास्तव में राजनीति मानवीय मूल्यों के और उनसे जुड़े दायित्वों के, साधनों के अधिकार प्राप्त करने की लड़ाई है। यह एक रचनात्मक कर्म है, जो साहित्य के समकक्ष भी है और कभी-कभी उसका पूरक भी। परंतु अकेले राजनीति सही अर्थ में न कोई राजनीति है न रचनात्मक मानवीय अध्यवसाय, जबकि अकेले साहित्य बिना रचनात्मक राजनीति के संभव ही नहीं है।

आलोचना को समालोचना के नाम से जानना किस दौर में बंद हो गया, यह किताबी विद्वान तारीखें देखकर बता देंगे, पर साहित्य के विद्यार्थी और कर्मी जानते हैं कि वह चीज़ आलोचना नहीं, बल्कि समालोचना है जो वास्तव में रचनात्मक होती है।

आलोचना ने छायावाद के कृतित्व को अध्ययन और मूल्यांकन का विषय बनाया था तो केवल उस दौर के काव्य और गद्य से प्रभावित होकर नहीं, उस समय राजनीति का दबाव था कि इस अध्ययन

से हिंदी साहित्य में अर्थात् भाषा से राजनीतिक अधिकारों की लड़ाई में छायावाद का स्थान पहचाना जाए। उसका ऐतिहासिक योगदान पहचानने की इच्छा राजनैतिक थी और आलोचना को चुनौती थी कि वह उस योगदान की कसौटियाँ बनाए और उन्हें परीक्षित करे। आगे चलकर ऐसी ही चुनौती का अवसर स्वाधीनता की तारीख़ 1947 में आता है, परंतु सच तो यह है कि यह तारीख लड़ाई की नहीं, एक समारोह की तारीख़ थी और स्वाधीनता की लड़ाई जब से जारी है तभी की तारीख़ से उसका साहित्य रचा जाता रहा है। इसलिए उसके साहित्य का अध्ययन और मूल्यांकन बड़े धीरज और संतुलन का तथा आत्मालोचन का तक़ाज़ा करता है और वह 1947 के समारोह के बाद आज़ादी के लाभ उठानेवाले आत्मतुष्ट वर्ग की तरह आलोचना ने दिखाया नहीं है। 1947 के बाद भी स्वाधीनता की लड़ाई जारी है। परंतु भाषा और साहित्य में उसका कोई एक आंदोलन नहीं है, अनेक हैं। 1947 के बाद की राजनीति भी अनेक आंदोलनों की राजनीति है। आलोचना को इन अलग-अलग आंदोलनों से नहीं, आज़ादी से वास्ता होना चाहिए था, जिससे वह साहित्य में उसकी लड़ाई के समकक्ष संघर्ष की पहचान बना सकती। इसके बजाय वह अपना ऐतिहासिक दायित्व भूलकर तात्कालिक मंचों की स्थापना में लग गई। कह सकते हैं कि यह भी 1947 के बाद की पराधीनता से उत्पन्न स्थिति है कि आज़ादी की लड़ाइयों को साहित्य में पहचान पाने की निर्भीकता आलोचना ने खो दी। इसके बजाय वह उनके पक्षधरों को स्वार्थवश पहचानने और चुन-चुनकर पसंद या नापसंद करने लगी।

आलोचना में पसंद या नापसंद करना इतिहास में साहित्य को पहचानना नहीं है। सही अर्थ में यह राजनीति में हिस्सेदारी भी नहीं है, भाषा का छल ही है। वह समीक्षा हो सकती है, आलोचना नहीं। या साहित्येतर दलाली हो सकती है।

आलोचना के सामने छायावाद के अलावा अब तक कोई एकत्र चुनौती साहित्य में नहीं आई है, जिसका जवाब देने को वह अपने अस्तित्व की रक्षा के लिए बाध्य हो जाए। वह छायावाद को निपटाकर आराम कर रही है, जैसे कांग्रेस पार्टी स्वाधीनता को निपटाकर आराम कर रही है। आलोचना, जिसे स्वाधीनता को उसी तरह से एक निरंतर चुनौती मानना चाहिए था जैसे 1947 के बाद साहित्य और राजनीति दोनों मानते चले आ रहे हैं, खुद पक्षधरताओं से प्राप्त सुविधाओं में पड़कर मोटा रही है। आलोचना को अपने आरोग्य की चिंता हो तो उसे हिंदी साहित्य का इतिहास लिखकर दिखाना चाहिए, समीक्षाएँ लिखना तो होता रहेगा। हिंदी साहित्य का इतिहास हिंदी में रामचंद्र शुक्ल के बाद से लिखा नहीं गया है। सब बड़े-बड़े नामी आलोचक तब से अब तक की साहित्यिक उपलब्धियों में से जैसी पक्षधरीय सुविधा हुई वैसी पसंद-नापसंद करके आलोचक होने का स्वाँग भरते रहे हैं। वे जाति, संप्रदाय, कुल, गोत्र बताने से काम चलाते रहे हैं। पर बताना उन्हें है अपनी भारतीयता यानी आज़ादी की लड़ाई में तब उनकी स्थिति क्या थी, आज क्या है और आगे की राजनैतिक लड़ाइयों में उनके अनुसार क्या रहेगी। यह उन्हें साहित्य की अपनी पहचान के माध्यम से करना है। भारतीय राजनीति का इतिहास लिखने को उनसे नहीं कहा जा रहा है—हिंदी साहित्य का इतिहास ही लिखने को कहा जा रहा है। आज अपने पाठकों को बहलाने के लिए वे समकालीन साहित्य की ओर ध्यान देने लगें, तो निरी समीक्षाएँ ही लिख पाएँगे और नई-नई भ्रांतियाँ फैलाएँगे अधिक, पुरानी मिटाएँगे कम।

मेरा अनुमान है कि अपने साहित्य के इतिहास से अपना प्रमाण देने में असमर्थ हमारे अन्यथा समर्थ आलोचक किसी बड़े राजनैतिक अवसर की प्रतीक्षा में या तो चुप या भुनभुनाते बैठे हैं। वह अवसर आलोचना के हित में राजनीति ने न दिया तो साहित्य के हित में राजनीति का समकक्ष साहित्य देगा। पर साहित्य अकेले यह काम नहीं कर सकता कि आलोचना को प्रकृतितः स्फुरित होने पर मजबूर करे। तब ख़तरा यह दिखता है कि आलोचक अपने-अपने साहित्यिक मंदिर खड़े करके बनावटी ऐतिहासिकता की मूर्तियाँ उनमें प्रतिष्ठित करेंगे, ताकि धंधा जारी रहे। तभी मैं फिर दोहराता हूँ, आलोचक अपना

प्रवेशपत्र दिखाएँ : हिंदी साहित्य में उनका इतिहास कहाँ है? और इसमें समकालीन कृतित्व को वह देख भी पा रहे हैं या यों ही प्रमाणपत्र देने को उत्सुक हैं?

[*रविवार*, 26 नवंबर से 5 दिसंबर 1987]

पंद्रह अगस्त : कविता पर कुछ विचार

यह सच है कि पिछले चालीस वर्षों में आधुनिक हिंदी साहित्य का सबसे महत्त्वपूर्ण क्षेत्र काव्य ही रहा है किंतु यह भी सच है कि कुल मिलाकर इन चार दशकों में हिंदी कविता ने उतनी क्रांतिकारी अर्थात् साहित्य में क्रांतिकारी उपलब्धियाँ नहीं की हैं जितनी हम स्वयं मानते हैं या चाहते हैं कि हुई होतीं। मुझे लगता है कि दो-चार अपवादों को छोड़कर कवि स्वयं एक गहरी और सतत प्रक्रिया में शामिल नहीं रहे हैं। अधिसंख्य कवियों को जैसे ही किसी दूसरे के द्वारा एक नई ज़मीन टूटती दिखाई दी है, वे उसमें प्रवेश कर गए हैं और अपने इसी अभियान से संतुष्ट होकर रह गए हैं। ऐसा होना कोई नई बात नहीं है। छायावाद के दौर में भी कुछ ऐसा ही हुआ था। लेकिन छायावाद से अब तक की यात्रा में कविता ने बहुत थोड़े ही बंधनों को तोड़ा है, इसीलिए छायावाद के बंधनों से पूरी तरह मुक्त होने के काम में बहुत कम लोगों का संलग्न होना और बहुत अधिक लोगों का इन कम लोगों के दिए हुए नएपन का केवल अनुकरण करना हिंदी कविता में सचमुच क्रांतिकारी प्रगति का सूचक नहीं माना जा सकता।

कविता में क्रांति क्या है? वह समाज में एक नया मानव संबंध पहचानने के परिणाम में अभिव्यक्ति का विस्फोट है। मानव राग-विराग में कुछ भी नया नहीं है, नया केवल मानव संबंध में है जिसे हम बार-बार पहचानते हैं और एक ऐसा सत्य पाते हैं जिसके लिए भाषा को तोड़ने की और फिर बनाने की ज़रूरत होती है। ऐसे सत्य को पाने के लिए इस धरती की प्राकृतिक संपदा के साथ मनुष्य क्या कर रहा है और ऐसा करते हुए मनुष्य को कितना मुक्त कर रहा है या कितना पराधीन कर रहा है, यह जानना ज़रूरी होता है। किंतु इतना जान लेने से ही कवि स्थिर नहीं कर सकता कि दो मनुष्यों में से किसके साथ क्या संबंध होगा। यह तो इतिहास और सामाजिक संरचना को जानने से अधिक किसी प्रयत्न का तक़ाज़ा करता है। एक मौलिक चिंता मनुष्य की बराबरी, न्याय, अधिकार, स्वतंत्रता और प्रेम के पक्ष में होनी ही चाहिए। यह कवि को उन अन्य सामाजिक प्राणियों से विशिष्ट बनाती है जो इन मान्यताओं के विरुद्ध सक्रिय तत्त्वों का जाने-अनजाने साथ देते हैं। यही चिंता कवि को उन पक्षधरों से भी विशिष्ट बनाती है जो संगठित होकर इन्हीं मान्यताओं के पक्ष में आग्रह करते हैं और अपने संगठन की सीमाओं से स्वयं को बाँध लेते हैं।

पिछले चार दशकों में हिंदी कविता ने बहुत कम प्रगति की है। यह कहते हुए मैं वास्तव में यह स्वीकार करना चाह रहा हूँ कि कवि की बराबरी, अधिकार, न्याय, स्वतंत्रता और प्रेम के पक्ष में चिंता ने उसे इन्हीं मान्यताओं के भ्रष्टाचार और दुरुपयोग की बनी-बनाई शोषणमूलक प्रणालियों के प्रति यथेष्ट रूप से निराश नहीं किया है। उसने इसी अनुपात में सामाजिक संरचना और विश्व के आर्थिक इतिहास की अपनी समझ को स्वयं ललकारा भी नहीं है। वह साथ ही साथ कला, भाषा-सौंदर्य और प्रेम के अनुभवों की उन परंपराओं को खोजने के लिए भी व्याकुल नहीं रहा है जो उसे एक शोषणमुक्त और कर्ममय समाज की संपूर्ण कल्पना दे सकें। एक प्रकार से वह पिछले चार दशकों के दौरान भारत की साम्राज्यवादी सभ्यता के पतन के प्रभावों से बहुत कम विचलित, बहुत कम क्षुब्ध और उसके विरुद्ध बहुत कम अकेला एवं बहुत कम प्रतिबद्ध रहा है। समाज को उसकी कल्पना के

अनुरूप बनाने में जो अन्य सामाजिक और राजनैतिक शक्तियाँ काम करती रही हैं उन्हीं की असफलताओं पर कवि ने दुःख प्रकट किया है। वह स्वयं एक राजनैतिक और सामाजिक शक्ति है और सहयोगी शक्तियों की असफलता के बावजूद उसका काम रुक नहीं जाता, यह तीखा अनुभव उसे इतना झकझोर नहीं गया है कि वह व्याकुल हो सके। हमारा कवि बहुत निश्चिंत है पर निश्चिंतता से मुक्ति पीड़ा की ही होती है और यथेष्ट रूप से लंबे समय तक पीड़ा में रहते हुए कविकर्म को निभा सकना बुद्धि के और सचेत मन के बल पर ही संभव है। क्रांतिकारी कृति के लिए यह साधना आवश्यक है। किंतु जैसे अन्य सामाजिक और राजनैतिक प्रयत्नों के साथ हुआ है, लोभ और समझौते आसानी से इस साधना को भटका सकते हैं। यदि हम अपनी आज़ादी की लड़ाई को अपनी सर्जनात्मक चेतना का प्रेरक मानते हैं तो हमें यह भी मानना पड़ेगा कि हमारी आज की सृजनविमुखता में कहीं न कहीं उस समझौते का हाथ भी है जो हमने 1947 में आज़ादी के लिए किया था।

ऐसा दिखता है कि कविता की आज की स्थिति से असंतोष प्रकट करना, शायद कुछ लोगों को पसंद न आए। वे यह कहें कि ऐसा करना हिंदी कविता की अनेक उपलब्धियों को नकारना है एवं यह भी कि हिंदी कविता के कुछ कीर्तिमान विश्व कीर्तिमानों की श्रेणी में हैं। यहाँ ऐसी उपलब्धियों से इनकार नहीं किया जा रहा है। मैं तो यह भी मानता हूँ कि भारत की सभी भाषाओं के काव्य में हिंदी का आधुनिक कविता-संसार ही सभी दृष्टियों से अग्रणी है। जितना अधिक हिंदी ने तोड़ा और बनाया है उतना किसी अन्य भारतीय भाषा ने नहीं। यह और बात है कि उनमें से कुछ आत्मगौरव के किसी तरह के आधिक्य से पीड़ित हों। तो भी यह स्वीकार न करना कि हिंदी के कवि को कुछ छोटी-छोटी मंज़िलें तय कर लेने से संतोष हो गया-सा लगता है, आज की सामाजिक, राजनैतिक संस्कृति के पतनशील तत्त्वों को ही बढ़ावा देना होगा। ये तत्त्व आज सभी सृजनात्मक प्रक्रियाओं को दबा रहे हैं या अपनी उपभोक्ता संस्कृति के साँचों में ठूँसने की कोशिश तेज़ी से कर रहे हैं। इस समय सभी प्रमाणों से यही दिख रहा है कि ऐसे तत्त्वों का पक्ष प्रबल होता जा रहा है। इनकी रणनीति का एक प्रकार यह भी है कि ये मानव संबंध को टुटपुँजिया बनाते हैं और राग, अनुराग को इतना मौक़ा नहीं देते कि वह आदमी के भीतर को हिला सके। हँसना और रोना इनके लिए दो साँचे हैं जिनमें ये अपने ग्राहकों को ढालकर उन्हें ऐसी वस्तुओं का और अधिक मजबूर उपभोक्ता बनाते हैं जिनकी हमारे आदर्शों-मान्यताओं के पक्ष में केवल एक बाधक भूमिका हो सकती है। कवि को आज पहले से अधिक कहीं ज़्यादा अकेला और साथ ही साथ परंपरा से संपृक्त होना होगा। उसे रचना के लिए यथेष्ट रूप से लंबे समय तक पीड़ा को धारण करना होगा और एक बार फिर एक से अधिक स्थानों पर कविता में नई ज़मीन तोड़नी होगी।

[1987]

बिचौलिया हिंदुस्तानी

अंग्रेज़ी के उपन्यासकार आर.के. नारायण, जिन्हें हिंदीवाले 'गाइड' फिल्म के कारण जानते हैं, जिसे पहले वहीदा रहमान, फिर किशोर साहू और फिर देवानंद के कारण जाना जाता है, एक अमेरिकी अख़बार में लिखते हैं कि अंग्रेज़ी राज ने भारतीयों और अपने बीच एक बिचौलिया हिंदुस्तानी पैदा किया और खुद हिंदुस्तानियों को जानने-समझने और उनके जीवन में पैठने की कोशिश नहीं की, जैसी अमेरिकियों ने की है। यह लेख *न्यूयार्क टाइम्स* मैगज़ीन में इसी वर्ष सितंबर में छप चुका है। नारायण के अनुसार

अंग्रेज़ों ने अपने आई.सी.एस. अधिकारी वर्ग को हृदयहीन बनाया (जो पाठक अंग्रेज़ी परिभाषाओं का हिंदी अनुवाद किए बिना हिंदी को सुगम नहीं पाते उनकी सुविधा के लिए कह दूँ कि हृदयहीन 'डिह्यूमनाइज़्ड' का मेरा अनुवाद है) पर अंत में जैसा अंग्रेज़ी अख़बारों में लिखनेवाले सभी भारतीयों की गति होती है, अपनी आपत्ति को संतुलित करते हुए श्री नारायण ने पहाड़ी इलाक़ों में चाय, कॉफ़ी, इलायची आदि के बागान लगानेवाले अंग्रेज़ों के भारतीय जनता में घुलमिल जाने की बड़ी तारीफ़ की है और लगभग सिसकते हुए, यानी उतना जितना टकसाली अंग्रेज़ी में अनतिभावुक होते हुए संभव है, कहा है कि वे अंग्रेज़ तो मरने के लिए भी भारत भूमि आए।

विदेशियों के भारत-प्रेम की कहानियाँ कई प्रकार की हैं। कुछ का आरंभ अपने स्वदेश में औद्योगीकरण की आपाधापी से होता है जिसमें प्रकृति के साथ-साथ रहकर जीवनयापन की सुविधा, जो अधिकांश यूरोप दे भी नहीं सकता, भारत में मिलती देखकर यूरोपीय यहाँ आता है। कुछ को एक गहरी करुणा, जो ईसा मसीह की पूरक है, भारतीय धर्मदर्शन में मिलती है। कुछ को एक अद्‌भुत अज्ञात सौंदर्य को आत्मसात् करने का बौद्धिक उत्तेजन और अंततः आत्मोल्लास खींचकर लाता है। पर बागानों में जिस तरह का शोषण होता चला आया है, वह श्री नारायण को शायद बहुत महत्त्वपूर्ण नहीं जान पड़ता। और जिस घुलने-मिलने की बात वह तारीफ़ के तौर पर कहते हैं वह, अंग्रेज़ हो या भारतीय, दोनों किस्म के ऐश्वर्य में सिवाय एक और हृदयहीनता, एक लकदक हृदयहीनता के और कुछ नहीं है।

ख़ैर, यहाँ विषय श्री नारायण नहीं हैं। उनके विदेशी बाज़ार से संबंध उन्हें मुबारक हों। विश्व साहित्य में वह बाज़ार उनकी बाज़ारू जगह अगर तय नहीं कर चुका है, तो कर देगा। पर अंग्रेज़ों ने जो काले साहब नाम के बिचौलिए बनाए थे, आज हम उनके बारे में दो-चार बातें लिख रहे हैं। यह सिद्ध करने की ज़रूरत नहीं कि वे बिचौलिए आज भी हैं। उनकी एक से अधिक पीढ़ियाँ गुज़र चुकी हैं। अब वर्तमान पीढ़ी में वे हैं जो इस समय राजनीति में ताक़त के दरवाज़े पर हल्की-हल्की दस्तक दे रहे हैं, ताकि उनके वे रहनुमा, जो भीतर पहुँच चुके हैं, उन्हें बुला लें। आप कहेंगे कि सबको कैसे बुला लेंगे? कुछ तो रह ही जाएँगे। पर मैं कहूँगा कि सब न सही, जो भी भीतर आ जाएँगे, वे बिचौलियों की एक विराट् संस्कृति को, जो विश्व भर के तीसरे देशों में ग़रीब देसियों की ग़रीबी हटाने का दावा करती है, फैलाने के साधनों पर कब्ज़ा कर लेंगे। जिस विदेशी साँठगाँठ का आरोप आजकल चुनाव प्रचारक चुन-चुनकर लोगों पर लगा रहे हैं, वह यह बिचौलिया जमात पैदा करने और मक़बूल कराने की राजनीति है और यह जिस शैली में कराई जा रही है, वह मूलतः आर्थिक है। भारतीय एक बाज़ार बनाए जा रहे हैं जहाँ हर एक भारतीय अपने श्रम और कौशल को बाक़ी भारतीयों को गुलाम बनाने के लिए इस्तेमाल होने के लिए बेचने लगा है। अनजाने ही वह यह कर रहा है। पर ज़रा देर में ही जब वह यह जान भी जाएगा कि क्या कर रहा है तो तीर हाथ से निकल चुका होगा। तब तक हमारा समाज हृदयहीन हो चुका होगा।

ऐसे ही एक बिचौलिए भारतीय से एक दिन भेंट हुई। वह पब्लिक स्कूल में पढ़े थे मगर लखनऊ में जन्मे और बड़े हुए होने के कारण ज़बान पर 'कानवेंट' का निहायत अधकचरा रंग नहीं चढ़ पाया था। दो-चार बार उन्होंने दिल्ली के एक ऐसे विद्यालय की तारीफ़ भी की जिसमें भारतीय संस्कृति और कानवेंट की साहबियत का मेल किया गया है : उसकी माँग दिल्ली में कानवेंटी समाज के बड़े घरों में आजकल बढ़ी है क्योंकि ये घर समझते हैं कि अगर हमें ग़रीब हिंदुस्तानी पर राज करने के लिए अंग्रेज़ बनना है तो अब ठेठ पब्लिक स्कूलों की साहबियत से काम नहीं चलेगा। वह तो 'जनता' से दूर ले जाएगी। कुछ ऐसी सभ्यता बनानी चाहिए जिसमें दोनों भाषाएँ हों—अंग्रेज़ी, सत्ताधारी वर्ग में अपनी योग्यता बताने के लिए और हिंदी, शासित वर्ग से अपनी आत्मीयता बताने के लिए। इस सभ्यता में भारतीय जीवन की हर रचना एक पुण्य बरतु होगी : रीति-रिवाज, खाना-पीना, ओढ़ना-बिछौना, पहनावा,

गाना-बजाना, सब। फ़र्क़ सिर्फ़ यह होगा कि जो आदमी इन्हें इस्तेमाल करता था और अकसर खुद बनाकर करता था, वह अब इनका उपभोक्ता हो जाएगा और इन्हें ये बिचौलिए बनाएँगे। वे इनको भारतीय नाम देंगे, जो रोमन लिपि में लिखे जाएँगे, ताकि कम से कम एक सम्मानसूचक दूरी तो हिंदुस्तानियों के और बिचौलिया हिंदुस्तानियों के बीच बनी रहे।

मुझसे जिन महोदय का परिचय हुआ था वह कह रहे थे, आज मैं सबसे बड़ी सफलता इस बात में मानूँगा कि मेरे अधीन काम करनेवाला कर्मचारी मेरी इतनी इज़्ज़त करे और मुझे इतना प्यार करे कि अगर मैं उससे 36 घंटे लगातार ड्यूटी करने को कहूँ तो वह घर-द्वार, फ़ुरसत, आराम छोड़कर जुट जाए और पूरा करके दिखा दे। इसी से मैं एक योग्य प्रबंधक माना जाऊँगा।

तब मुझे ग़रीब से इज़्ज़त और प्यार चाहनेवाले अपने नवपरिचित मित्र से सहानुभूति हुई। 36 घंटे उनकी योग्यता सिद्ध करने के लिए खटनेवाला ग़रीब हिंदुस्तानी उन्हें जो सफलता दिला रहा है, उसमें किसी मानव-विरोधी हृदयहीन तंत्र का स्वार्थ है, यह बात मेरे मित्र शायद पूरी तरह नहीं जानते। इज़्ज़त और प्यार की परिभाषाओं में ईमानदारी लाने के लिए नई पीढ़ी को उत्पादन और उद्योग की आक्रामक विदेशी नीतियों की जगह नई नीतियाँ बनानी पड़ेंगी, यह बात उनके पब्लिक स्कूल में सिखाई नहीं गई है।

[*जनसत्ता*, 'अर्थात्', 1987]

नाटककारों से दो शब्द

भारतीय रंगमंच की सबसे बड़ी मुश्किल इस समय अच्छे नाटकों का अभाव है। जब मैं 'अच्छे' कहता हूँ तो मेरा अभिप्राय है, ऐसे जो दर्शकों को खींच सकें। और यह निर्विवाद मानते हुए भी कि रंगमंच पर खेलने के लिए हर नाटक में शैली की प्रधानता आवश्यक है, यह भी कहना चाहता हूँ कि आज शैली से ही काम नहीं चल रहा है। आज नाटक में विचारवस्तु की सबसे अधिक ज़रूरत है और यदि लेख के आरंभ में ही स्थापना कर देना दुराग्रह न माना जाए तो कहूँगा कि एक सफल नाटक में यह विचारवस्तु आज केवल राजनैतिक हो सकती है।

हमारे यहाँ पिछले 15 वर्ष से रंगमंच के दो प्रमुख तत्त्व काम करते आ रहे हैं। एक है अपने लोकनाट्य की उत्तरोत्तर अधिक वैज्ञानिक पहचान और दूसरा पश्चिमी, बहुधा यूरोपीय, रंगमंच के साधनों से परिचय। छोटे शहरों में अभी तक हम यवनिका वाले कमरानुमा रंगमंच को ही लेकर नए नाटक लिखते हैं पर दिल्ली-बंबई जैसी जगहों में विदेशी नाटक मंडलियों ने खुले रंगमंच के अनेक रूपों से भारतीय दर्शकों को परिचित कराया है। प्रकाश और सज्जा के असाधारण प्रयोग भी दिखाए हैं। धीरे-धीरे अनेक रंगशालाओं में इन साधनों के उपयोग की सुविधाएँ प्राप्त भी हो गई हैं। फलतः नए नाटकों में हमारे लेखक और निर्देशक इन पश्चिमी प्रयोगों के समान प्रयोग करना अपने नाटक की सफलता के लिए ज़रूरी मानने लगे हैं। पर यहीं कुछ नए प्रश्न उठ खड़े होते हैं। जैसे यह कि वस्तुतः जिन प्रयोगों को हम आधुनिक मानने के लिए तैयार हैं पहले तो वे यूरोप में वर्षों पहले आरंभ हुए थे, हम तक अब पहुँचे हैं, फिर यूरोप में वर्तमान समय में इन पद्धतियों के बंधन से हटकर नए रास्ते खोजने पर ज़ोर है जिसका असर यहाँ भी पहुँच रहा है। वहाँ के बहुत-से नए प्रयोगों का उद्देश्य लगभग वही है जो हमारे लोकनाट्यों का है। साथ ही हमारे यहाँ लोकनाट्य में जो विशेष अनुसंधान हुए हैं उन्होंने हमें पारसी रंगमंच के प्रभाव से उबरने में बड़ी मानसिक सहायता दी है। तब फिर हम अपने नाटकों को किस ओर ले जाएँ? भारतीय लोकनाट्य से कुछ काम की शैलियाँ लेकर उस पश्चिमी नाटक

में मिला दें जो यूरोप में पुराना पड़ चुका है पर यहाँ अभी आया है? या यूरोप के अधुनातन प्रयोगों का अनुकरण करें? या अपने लोकनाट्य का सर्वांग उद्धार करने में लग जाएँ।

ये तीनों प्रश्न इसलिए महत्त्वपूर्ण हो जाते हैं कि आज के समय में व्यापक राजकीय सहायता से विकसित होनेवाला रंगमंच जाने-अनजाने एक दिशा की ओर चलने लगा है। बहुत करके वह बंद रंगशाला में यवनिकावाले मंच की दिशा है। किसी एक तरफ़ तो उसे जाना ही था—इससे बचना असंभव था। अब तो सिर्फ़ इतना रह गया है कि इस दायरे के भीतर नई प्रतिभा जितनी सूझ-बूझ दिखा सके, दिखाए। हाँ, प्रयोगशील कलाकारों के लिए नया कुछ करके दिखाना भी मना नहीं है और यदि यह कोई नया मोड़ देता है तो स्वागत है, पर व्यापक राजकीय सहायता के कारण आज छोटे नगरों का रंगमंच बड़े शहर के प्रयोगशील रंगमंच से एक अर्थ में अधिक सार्थक हो गया है। छोटे-छोटे नगरों या क़स्बों में किसी अद्‍भुत प्रतिभाशाली नाट्यकार का नया प्रयोग जब पहुँचेगा तब पहुँचेगा। फ़िलहाल वहाँ जो साधन प्रस्तुत किए जा रहे हैं व्यवसायी रंगमंच को उनसे एक हद तक बँधकर रहना पड़ेगा।

मेरे विचार में शैली का नयापन, चाहे वह अनुकरण हो चाहे पुनरुद्धार, आज बहुत महत्त्व का नहीं रह गया है। बड़े शहरों में भी, बल्कि वहाँ और भी, यह बात दिनोंदिन स्पष्ट होती जा रही है। दिल्ली में पिछले दस-पंद्रह वर्ष में सभी प्रांतों के प्रयोगशील कृतित्व ने जो नाट्यप्रेमी समाज तैयार किया है, वह बार-बार अनुभव करता है कि अधिकांश नाटकों में शैली पर ज़रूरत से ज़्यादा ज़ोर है और बहुत कम नाटकों में कोई आंतरिक स्फूर्ति है। उन्हें आधुनिक साधन प्राप्त हैं पर उन साधनों का उपयोग करने का यथेष्ट कारण उनके पास नहीं है।

आंतरिक स्फूर्ति के स्रोत कहाँ हैं? इस पर विचार करें तो घूम-फिरकर हम कथावस्तु या विचारवस्तु पर आ जाएँगे। पिछले 15 वर्ष के नाटक उठाकर देखें तो मालूम होगा कि साहित्य की और विधाओं की तरह यहाँ भी व्यक्ति-मानस की उथल-पुथल प्रकट हुई है पर वह उथल-पुथल उतनी गहरी नहीं है जितनी मान लें कि कविता में या अंशतः कहानी में हुई है। कारण जो भी हो, यह कहना अन्याय न होगा कि इस बीच एक भी ऐसा नाटक नहीं लिखा गया है जो आज के समाज में व्यक्ति की पूरी हैसियत को उभारकर सामने लाए। भले ही किसी एक पक्ष को उभारे। लेखकों ने भी एक दौर में बहुत से नाटक लिखे हैं जो 'इप्टा' ने खेले लेकिन उनमें वस्तु और शैली दोनों को 'क्रांति के हथियार' के रूप में इस्तेमाल करने की इतनी जल्दी थी कि हथियार पर सान धरने का उन्हें ख़याल ही न था। आप ही आप वे नाटक निस्तेज हो गए हैं। आज़ादी के बाद से सामाजिक-राजनैतिक जीवन की ओर नाटककार की विरक्ति जैसी भावना के कारण भी हैं, शायद राजकीय सहायता उसका सबसे बड़ा कारण है। पर युगों से यही होता आया है कि समसामयिक व्यवसायी नाटक वर्तमान समय की आलोचना न करे तो अपनी आंतरिक स्फूर्ति नहीं हासिल कर पाता है। यह शर्त उसके अपने स्वभाव में शामिल है। बहुत कुछ वही आज हमारे नाटक में हो रहा है।

इसीलिए मैंने शुरू में कहा था कि अच्छे नाटक को 'राजनैतिक' कथावस्तु की ज़रूरत है। यह ज़रूरी नहीं कि व्यवसायी रंगमंच से किसी राजनैतिक दल के प्रचार कार्य का आभास हो। लेकिन यह ज़रूरी है कि वह अपने देश के वर्तमान को अपना प्राणाधार बनाए, तभी वह सप्राण होगा, और उन तमाम असफलताओं की आलोचना करे जो आज भारतीय व्यक्ति के चरित्र का अंग बन गई हैं।

[1987. अप्रकाशित]

कहानी और कविता की एकता

आप शायद यह पूछना चाहते हैं कि कहानी और कविता दोनों में आज गतिरोध क्यों है? किंतु पहले प्रश्न में कविता और कहानी की दो विधाओं में सक्षमता की कमी-बेशी की जो संभावना आपने मानी है उसका वर्तमान गतिरोध से कोई संबंध नहीं है। मैं आपका ध्यान *आत्महत्या के विरुद्ध* के वक्तव्य की ओर दिलाना चाहता हूँ, विशेष रूप से नीचे उद्धृत अंश के दूसरे खंड की ओर :

"अकसर मुझे यह अहसास—एक तीखा अहसास—साहित्य के बारे में दुबारा सोचने को मजबूर करता है कि क्या आज हम यानी साहित्यकार अपनी उस ख़ास दुनिया से बेगाने नहीं होते जा रहे हैं जिसमें रहकर हम दुनियावालों की दुनिया में एक ख़ास ढंग से हिस्सा लेते और फिर एक ख़ास ढंग से ही उससे अलग हो जाते हैं। वह हमारी ख़ास दुनिया या तो नक़ली उदासीनता से या सतही दिलचस्पी से कमोबेश छिन्न-भिन्न हो चली है। अगर कोई चीज़ उसे सँभाले हुए है तो वह यह ज़िंद है कि साहित्य की आज भी अपनी एक दुनिया है और साहित्यकार की अपनी एक ज़िंदगी?"

मैं कहानी, कविता या नाटक में बाँटकर इस सवाल को आसान नहीं बनाना चाहता, लेकिन इतना ज़रूर कहना चाहता हूँ कि तीनों में शब्द के तीन तरह के इस्तेमाल की वजह से रचना की मुश्किलें हमें तीन तरफ़ को ले जाती हैं। रचना से गुज़रकर भले ही हम उसी एक मुश्किल पर आ जाते हों जिसका मैंने शुरू में ज़िक्र किया है।

आपने पूछा है कि रूप और शैली के अतिरिक्त कविता और कहानी के पार्थक्य का आज क्या आधार है? मैं तो कहूँगा इन तथ्यों के अतिरिक्त इनके पार्थक्य का कोई आधार आज क्या कभी भी नहीं था। कविता को कहानी से अलग कोई चीज़ मानने की मजबूरी या तो साहित्य का इतिहास लिखनेवाले की है या वह इतिहास पढ़ानेवाले की। कृतिकार की मजबूरी यह नहीं है। मैं इस प्रश्न का अधिक विस्तार से समाधान जानबूझकर नहीं करना चाहता क्योंकि कविता और कहानी की एकता कृतिकार की इतनी प्राथमिक मान्यता है कि उसमें शक करनेवाले को समझाना मुझे एकदम व्यर्थ मालूम होता है। एक निजी प्रसंग का उल्लेख करके इसे समाप्त करता हूँ। शायद यह और रचनाकारों का भी अनुभव होगा पर बहुधा रचना के पहले कुछ क्षणों में एकसाथ कविता और कहानी की ओर दो दिशाओं में आकर्षण रहता है। किसी समय एकाएक यह स्थिर हो जाता है कि जो मैं करना चाहता हूँ उसमें कहानी नहीं होनी चाहिए या होनी चाहिए। शायद आप इस जगह गद्य और पद्य को लेकर कुछ भ्रम में पड़ जाएँगे। मैं गद्य या पद्य की नहीं कविता और कहानी की बात कर रहा हूँ। क्योंकि कहानी पद्य में भी हो सकती है और गद्य में भी हो सकती है। परंतु कविता अर्थात् शब्दों के अर्थमय नए संपुंजन में और कहानी अर्थात् आदि, मध्य और अंत की परिकल्पना में अंतर है, गद्य या पद्य में नहीं।

एक स्पष्टीकरण और करना चाहिए। जिसे हम आधुनिक शिल्प कहते हैं उसमें भी कहानी का ख़ाका आदि, मध्य और अंत से ही बँधा हुआ है। मैं ऐसा मानता हूँ, क्योंकि मैं मानता हूँ कि मूलतः सभी कहानी किसी वर्तमान संबंध के बदलने की कहानी होती है। यह संबंध दो या दो से अधिक मानव प्राणियों में या एक मानव और बाक़ी मानवेतर वस्तुओं में हो सकती है। इन हिस्सेदारों में से कोई एक मानव ही लेखक भी हो सकता है।

मानवीय संवेदना की अतिशय तीव्रता आधुनिकता-विरोधी है या नहीं, मैं नहीं जानता। लेकिन मानवीय संवेदना की न्यूनता आधुनिक नहीं है। आज के साहित्य में निश्चय ही समस्या यह है कि लेखक ने मानवीय संवेदना की जड़ता व्यक्त करने के लिए आवश्यक संवेदनशीलता नहीं जुटाई है।

अमूर्तता के प्रयोग कविता या चित्रकला की भाँति कहानी में उसकी कल्पना के अनुसार संभव ही नहीं है। जिसे अमूर्तता कहा जा रहा है वह नए मानव संबंध के अन्वेषण का प्रयोग है और कुछ

चूँकि उसमें हिस्सेदारों की शक्ल अकसर पहचान में नहीं आती इसलिए किसी आलोचक को रचना अमूर्त दिखाई दे सकती है। ऐसे आलोचकों को सलाह देने की इच्छा होती है कि वे कम से कम कुछ वर्षों के लिए आधुनिक साहित्य की आलोचना पर तरह-तरह के वर्गीकरण और विशेषणों का बोझ नहीं डालें।

कोई दर्द दिल में नहीं उठता

हर दस या बीस बरस बाद सामयिक साहित्य का मुहावरा बदलता है। 1910-20 तक का मुहावरा देशाभिमान था, 1920-40 तक सामाजिक और राजनैतिक अभिज्ञान था। 1940-60 तक नई शैली और समझ के द्वंद्व का दौर था, 1960-70 तक हर तरह के अस्वीकार का—झूठ का भी और सच का भी। 1970-80 तक राजनैतिक दुराग्रह के बाद 80 से जो दौर आरंभ हुआ है, उसका मुहावरा व्यंग्य है। यह नहीं है जैसे समाजवाद 1969 में कांग्रेस की फूट के पहले नहीं था वैसे ही हिंदी साहित्य में व्यंग्य भी जनता पार्टी शासन के पतन के बाद आया, परंतु यह निर्विवाद है कि व्यंग्य आज साहित्य की विधाओं पर छाया हुआ है। यदि कोई एक विधा इससे नई है तो वह है आलोचना, उसमें भी गुरुजनोचित गंभीरता के साथ रामविलास शर्माजी जितना बन पड़ता है, करते रहते हैं। यह यथार्थ से भागने का सबसे आसान और लोगों को धोखे में डाले रहने का सबसे सफल तरीक़ा निकल आया है : यानी व्यंग्य करो और असलियत से भाग जाओ।

आज का मुहावरा ऐसा व्यंग्य है जिसमें पक्षधरता की ज़रूरत नहीं, किसी नवनिर्माण की कल्पना नहीं। वह एक सार्वजनिक कीचड़ है जो चाहे किसी के लग जाए, साहित्यिक बिरादरी खुश होती है। वास्तव में यह असहमति का, विरोध का दौर है जिसमें साहित्यकार अपनी नैतिक और राजनैतिक आस्थाओं को प्रकट नहीं करता और हर परिवर्तन को टीली लिली बोलता है। यह व्यंग्य भँड़ैती से मिलता-जुलता है और पनप रहा है, क्योंकि यह समाज में नैतिक आस्था के पक्ष में कुछ न करने, कुछ न होने देने और कुछ न चाहने का दौर है, जिसमें हर परिवर्तन का, जो मानव समाज को नए मानव संबंध और नए मानव मूल्य की पहचान कराए, मख़ौल उड़ाया जाता है। यही मख़ौल रूपी व्यंग्य आज का मुहावरा है। आप समझ सकते हैं कि यदि उपहास के पीछे कोई विश्वास हो तो मख़ौल कितना बड़ा हथियार हो सकता है। पर बिना विश्वासों के उपहास परिहास बन गया है। हास्य और व्यंग्य के किसी भी अच्छे लेखक से पूछ देखिए, वह कहेगा कि सिद्धांततः गहरी आस्था व्यंग्य को प्रामाणिकता देती है परंतु आजकल बहुत सारे लेखक बिना प्रामाणिकता के इतर विधाओं में भी प्रतिष्ठित हो रहे हैं, व्यंग्य में भी क्यों न हों।

सुना है आकाशवाणी या दूरदर्शन में से एक ने पिछले दिनों कुछ लेखकों को, जो लिखते चाहे स्तुति हों, अपनी जान में सफल व्यंग्य लेखक हैं, एक कार्यक्रम में रचना पढ़ने को निमंत्रित किया, जिसका शीर्षक 'रंग और व्यंग्य' था और उपशीर्षक था विश्वास कीजिए या जरा सोचिए तो—राष्ट्रीय एकता। आकाशवाणी-दूरदर्शन का अभिप्राय शायद रंग और व्यंग्य नामक विस्तृत परिधि में बँधे राष्ट्रीय एकता नामक किसी शुद्ध विषय से रहा होगा। पर मैंने यही समझा कि राष्ट्रीय एकता नामक विस्तृत परिधि में रंग और व्यंग्य कहाँ-कहाँ मिलता है, यही बताना उद्देश्य रहा होगा। कौन जाने, पूरा कार्यक्रम रंग और व्यंग्य (1) राष्ट्रीय एकता में (2) राष्ट्रीय गौरव में (3) राष्ट्रीय स्वतंत्रता में इत्यादि हो। आज राष्ट्रीय पहचान यह हो गई है कि सरकारी तंत्र रंग और व्यंग्य के ही अंतर्गत उसे पहचान न पा रहा हो तो अचरज नहीं। इसी को कहते हैं 'मियाँ की जूती, मियाँ का सर।'

समकालीन कविता में चौंकाने का गुण 1947 की आज़ादी के समय से ही हो रहा है। बात यह है कि 1947 की आज़ादी ने बहुत लोगों को चौंका दिया था। इनमें से एक ने तो लिखा भी था कि आज़ादी जाने कहाँ से भारत में पत्थर की सिल की तरह फूट पड़ी है। शायद उनकी कविता की भाषा की यह पंक्ति इतनी लट्ठमार नहीं, बल्कि कुछ आध्यात्मिक रही होगी। यह कविता 1947 के बाद उन्होंने लिखी थी क्योंकि काफ़ी समय लगता है यह समझने में कि जो खोपड़ी पर आ गिरा है, वह क्या है और उसे बताया तो मौक़ामहल देखकर ही जाता है। ख़ैर, वही एक उदाहरण चौंकानेवाली कविता का नहीं है, जिसे यथार्थवादी या सच को उबारनेवाली कहा जाता था। बहुधा उसमें सिर्फ़ उघारनेवाली भाषा होती थी, कोई सच नहीं होता था जो उघारा जाए। व्यंग्य कविता के बारे में सोच यह है कि वह झूठ का परदाफ़ाश करती है, परंतु व्यंग्य को एक राजनैतिक दर्जा इतने बड़े पैमाने पर मिलने का कारण क्या असहमति व्यक्त करने की राजनैतिक इच्छा ही है? मैं रेडियो, टी.वी. कवि-सम्मेलनों में जो सुनता रहा हूँ और साहित्यिक अख़बारों में जो पढ़ता रहा हूँ उससे तो ऐसा नहीं लगता। लगता है कि सब कविता कोई न कोई पोल खोलने के लिए, किसी न किसी की टाँग खींचने के लिए या गुस्से से एक न एक दरवाज़ा भड़ाक भेड़कर चले जाने के लिए लिखी जा रही है। इसकी लोकप्रियता बन रही है क्योंकि यह मनोरंजन है, मानस मंथन नहीं, क्योंकि इसे लिखने में कोई दर्द नहीं लगता, क्योंकि इसमें कोई शिल्प नहीं है और हर कोई इस पर हाथ आजमा सकता है।

तो क्या इस कविता पर जो वाहवाही मिलती है, वह सब मूर्खों की दी हुई है? लोग जानते हैं कि समाज में कोई अन्याय है, असंगति है, जिसको खोजकर बताना है और उससे क्रोध और असहमति जतानी है। उन्हें आशा रहती है कि इसी सिलसिले में ऐसे यथार्थ की एक समझ भी बन जाएगी, जो आगे नए यथार्थ को बनाने की समझ और हिम्मत देगी। इसीलिए वे हर कविता को सुनने पर उसमें व्यंग्य की झलक खोजते हैं और कविता का पूरा अभिप्राय समझने की प्रतीक्षा किए बिना अपने को आश्वस्त कर लेते हैं कि इसमें कोई न कोई पाखंड तोड़ा गया है। अफ़सोस, कि कविता का यह धोखा चल जाता है, कुछ इसलिए कि इसका प्रचार बहुत है (यह बिकता है) और कुछ इसलिए कि राजनीति का धर्म आज कुछ मूल्यों में आस्था विकसित करना नहीं, कुछ मूल्यों में अनास्था जाग्रत करना है। राजनीति और साहित्य के परस्परावलंबन के इस पहलू पर समालोचकों का ध्यान अभी नहीं गया है: राजनीति में नैतिक मूल्यों के लिए जब आग्रह नहीं रहेगा तो यही होगा कि साहित्यकार सभी आस्थाओं को नष्ट करेगा और पाठक या श्रोता इस धोखे में कला की निर्भीकता खोजते हुए बार-बार धोखा खाते रहेंगे। उनकी भी मजबूरी है। हर पाठक कवि से सेतु बनाना चाहता है। यदि पुल का पथ आधे रास्ते में पहुँचकर झटका दे तो अधर में लटके रह जाने की लाचारी कबूल करनी पड़ती है। यही अधिसंख्य व्यंग्य कविताओं में होता है। हर चुभती हुई लगनेवाली पंक्ति पर दाद दी जाती है, मगर कोई दर्द दिल में नहीं उठता।

[*रविवारी जनसत्ता*, 'अर्थात्', 1987]

एक नया शब्दकोश

भारतीय गणराज्य की स्थापना के बाद से भारतीय भाषाओं में परस्पर व्यवहार कम होता चला गया है। भारतीय भाषाएँ संस्कृत भाषा पर निर्भर हैं—यह दावा ज़्यादा दोहराया जाता है। भारतीय भाषाएँ एक-दूसरे पर निर्भर हैं, यह बात कम कही जाती है। जो इस्तेमाल इन भारतीय भाषाओं में एक-दूसरे के शब्दों, कहावतों, मुहावरों और अर्थों का आज भी हो रहा है उसे पहचानना तो क़रीब-क़रीब बंद

हो ही गया है। नतीजा यह है कि हमारी शब्द-संपदा घट गई है और आज से पचास-साठ साल पहले की हिंदी में जितनी रचनाशक्ति थी उतनी अब नहीं रही है।

बोलियों से भाषा में और भाषा से बोली में शब्दों का आना-जाना जिस समाज में जारी रहता है, उसी से श्रेष्ठ साहित्य रचना संभव है। हिंदी में यह आना-जाना आज दूसरी जीवित भारतीय भाषाओं के मुक़ाबले कितना हो रहा है, इसकी जाँच करने के लिए हमें समकालीन साहित्य की भाषा का विश्लेषण करना चाहिए। इस विश्लेषण में विशेष रूप से यह देखना चाहिए कि विशेषण, संज्ञाओं और क्रियाओं के पदों की रचना में तीनों एक-दूसरे को कितना सहयोग दे पा रहे हैं। यदि हम केवल बोली से आए हुए शब्दों का कोश बनाकर संतुष्ट हो जाएँगे तो वह बहुत अधूरा विश्लेषण होगा। हिंदी में शब्दकोश पिछले कुछ बरसों में अनेक बने हैं, परंतु वे सिर्फ़ एक प्रकार की सीमित सूचना देते हैं। कोई शब्दकोश ऐसा भी होना चाहिए जो साधु भाषा के शब्दों का अर्थ लोकभाषा में बताता हो।

ऐसा शब्दकोश बनाने के लिए यह प्रयोग किया जा सकता है कि चुने हुए भौगोलिक क्षेत्रों में मौखिक भाषा का सर्वेक्षण किया जाए। इसी का पूरक प्रयोग होना चाहिए कि हिंदी साहित्य की मानक कृतियों की शब्द-संपदा को छानकर उनकी शब्दावली में कौन-कौन-सी अभिव्यक्तियाँ संभव हुई हैं। निरा मुहावरा या लोकोक्ति कोश बनाना भी यथेष्ट होगा, क्योंकि सार्थक शब्दावली सिर्फ़ मुहावरा नहीं है। थोड़े में अधिक कह सकनेवाली संज्ञाएँ, क्रियाएँ और विशेषण भी एकत्र करने चाहिए।

पर इन सबको एकत्र करके हम इनका क्या करेंगे? क्या हम इन्हें अपनी रचनाओं में सजा देंगे, जैसे दीवानखानों में हस्तशिल्प के नमूने सजे रहते हैं? जैसे अपने इस्तेमाल करनेवालों की ज़रूरतों के लिए नहीं बल्कि बेचनेवालों की ज़रूरतों के लिए बनाया हुआ हस्तशिल्प सिर्फ़ सजाने के काम आ सकता है वैसे ही शब्दा-संपदा के ये संकलित नमूने भी इस्तेमाल न होने से सिर्फ़ नुमाइश की चीज़ बनकर रह जाएँगे। ऊपर जिन शब्दकोशों का सुझाव दिया गया है, वे रचना की कसौटी पर खरे उतरनेवाले शब्दों की खोज को आसान बनाने के काम आएँ तभी इनका कोई मतलब है। ऐसे तो बिना कोश की मदद के लोकभाषा के शब्द ज़बरदस्ती अपने साहित्य में भर देंनेवाले लेखक हैं ही। पर ऐसे लेखकों ने साहित्य को एक नक़ली भाषा ही दी है। यह लोकभाषा की नुमाइश करनेवाली भाषा उतनी ही नकली है जितनी अंग्रेज़ी के हिंदी पर्यायों का कोश बनाकर उनके शब्द लेकर साहित्य लिखनेवाली भाषा है।

1947 के पहले लेखक को भाषा के विषय में उपदेश देनेवाले राजनेता नहीं थे। अगर कभी विदेशी शासकों ने दबावों के ज़रिए लेखक की भाषा-नीति बनाने की चेष्टा की थी तो बहुत साफ़ था कि वह भाषा के विरुद्ध है और साहित्य रचना से उसका संबंध अमित्र है। साहित्य 1947 के पहले के दौर में स्वाधीनता की आकांक्षा का पर्याय था। परंतु 1947 के बाद के दौर में स्वाधीनता की आकांक्षा नहीं स्वाधीनता का उपभोग साहित्य रचना का मुख्य प्रेरक बनता जा रहा है। आज़ादी के पहले लेखक को अगर कोई सलाह दी जाती थी तो वह वही सलाह होती थी, जो हर आदमी को दी जाती थी—यही कि आज़ादी की लड़ाई में शामिल हो। पर उसके बाद लेखक को बताया जाने लगा कि आज़ादी का उपभोग शक्तिशाली वर्ग के पक्ष में कैसे करो और जो गुलामी कमज़ोर वर्गों पर लादी जा सकती है उसे कैसे लादो। भारतीय भाषाओं के परस्पर निर्भर चरित्र को धीरे-धीरे नष्ट करना इसी जनविरोधी नीति का एक कार्यक्रम है। इसके विरुद्ध खड़े होने के लिए हमें लेखक के पास जाना पड़ेगा, क्योंकि राजनैतिक संगठन पिछले चालीस साल में इस भाषा-विनाश को रोकने में सहायता नहीं बाधा देते रहे हैं। इन्हीं चालीस वर्षों में भाषा की अपने काम को पुनरुज्जीवित करने की शक्ति भी इस्तेमाल न होने के कारण कम होती गई है। पर जिस तरह हम अपने अतीत को केवल इसलिए त्याग नहीं देते कि उससे जनविरोधी प्रयत्नों को भी बल देनेवाले तत्त्व निकाले जा सकते हैं, उसी तरह अपने लोकजीवन में भाषा के प्रमाणों को भी सिर्फ़ इसलिए असंग्रहीत छोड़ देना सही नहीं होगा कि कोश में रखी हुई मुर्दा भाषा से साहित्य नहीं रचा जा सकता। कोश में रखी हुई भाषा रखे-रखे

मुर्दा हो सकती है पर ज़िंदा लोगों के स्पर्श से वह जी भी उठती है। एक नए भाषाकोश की आवश्यकता इसी संजीवनी को सुगम बनाने के लिए है। मुर्दा लेखकों को तो उसकी ज़रूरत भी मालूम न पड़ेगी, परंतु जो जानते हैं कि उनकी भाषा मर रही है और यह भी जानते हैं कि उसे मरने नहीं देना चाहिए, वे नई स्फूर्ति लेने जीवन की ओर जाते हुए रास्ते में इस शब्दभंडार से भी होते हुए जाएँगे।

[*रविवारी जनसत्ता*, 'अर्थात्', 6 मार्च 1988]

पंजाब की हिंदी कविता

कुछ दिन हुए जलंधर दूरदर्शन ने एक हिंदी कवि-सम्मेलन आयोजित किया था। जिन्होंने इसे ग़ौर से अंत तक देखा-सुना उनको मालूम हुआ कि पंजाब में हिंदी कविता समसामयिक यथार्थ से टकराती हुई नई कोशिशें कर रही है। जिन्होंने सिर्फ़ कुछ अंश सुने उन्हें भी दो-एक कवियों के नाम याद रह गए क्योंकि कविताएँ अपनी छाप छोड़ गई थीं। आम तौर पर समझदार श्रोताओं पर यह असर पड़ा कि यों तो हिंदी और पंजाबी कविता में मुहावरे की समानता-सी है मगर पंजाब का रोमानियत छोड़ने का संघर्ष करता हुआ अपना रंग आज पंजाबी कवियों की हिंदी कविता में साफ़ झलकता है।

यह विशेषता महत्त्वपूर्ण है क्योंकि इसे पहचानकर हिंदी की समकालीन कविता अपनी संवेदना का विस्तार कर सकती है और आलोचक समकालीन कविता की समझ गहरी कर सकते हैं। हिंदी के काव्यरसिकों को यह मानकर निर्लिप्त रह जाना नहीं चाहिए कि भारतीय कविता में जो कुछ नया होता है हिंदी से ही होता है। उन्हें विशेष रूप से इस भाषा के उन्मेष को उत्सुकता से देखना चाहिए जिसकी बोली का हिंदी से निकट संबंध है। आज की कविता में बोलचाल काव्यभाषा का नया संस्कार कर रही है। हिंदी और पंजाबी कविता का और साथ ही पंजाब में हिंदी कविता का तुलनात्मक मूल्यांकन दोनों ग़ैरपंजाबी और पंजाबी कवि-समाजों को नई दृष्टि दे सकता है। ढर्रे पर चलनेवाले अध्यापक और आलोचक कवि के विकास के प्रति जिज्ञासा करना अपना काम नहीं मानते, वे तो उपलब्धियों पर निर्णय देते हैं। उन्हें यह भी समझना चाहिए कि साहित्य के विकास के लिए प्रतिमानों के टकराव की ज़रूरत होती है। यह स्वस्थ टकराव भी मूल्यांकन के द्वारा संभव हो सकता है।

यह काम मुख्यतः आलोचक का नहीं संपादक का होना चाहिए। हिंदी की साहित्यिक पत्रकारिता पंजाब में कविता के प्रति रुचि ले तो कविता की रचना संबंधी कुछ समस्याओं पर रोशनी पड़ेगी और इलाक़ों के कवियों को यह समझने का मौक़ा मिलेगा कि उन्होंने एक-सी समस्याएँ देखी हैं या नहीं और देखी हैं तो कैसे सुलझती हैं।

पंजाब की कविता में क्या हो रहा है यह समझने की इच्छा का अर्थ केवल कविता की समझ के लिए नहीं, पंजाब के जीवन की समझ के लिए भी प्रासंगिक है। भारत विभाजन के बाद से पंजाब सामाजिक-राजनैतिक उद्वेगों का प्रदेश रहा है। लोकशैली से निकलकर वह शहरी सभ्यता के संत्रासों में से गुज़रता रहा है। पंजाब के जीवन में आशा और प्रवंचना का, ऊपर से हरे-भरे दिखते और भीतर से सूखते यथार्थ की पीड़ा का संसार है। कहा जा सकता है कि इसमें तात्कालिक उद्वेगों की प्रधानता है। परंतु यह नहीं कहा जा सकता कि इसमें पंजाबी भाषा और कविता की अस्मिता अभिव्यक्त नहीं हो रही है। घनिष्ठ सहयोगी की तरह हिंदी को पंजाबी कविता के नए उत्थान के प्रति उत्सुक होना चाहिए। हिंदी में बँधे-बँधाए पाठक को पंजाबी की चुनी हुई समकालीन कविता से परिचित कराते रहना पत्र-पत्रिकाओं को भी कठिन नहीं होगा—काफ़ी बड़े वर्ग में दोनों भाषाएँ पढ़ी और समझी जाती रही

हैं। विवेक से चुनी हुई कृतियों का साहित्यिक प्रकाशनों में स्वागत होना चाहिए क्योंकि पंजाबी काव्यजगत् में उत्कृष्टता के प्रयत्न जारी हैं।

ऐसा प्रतीत होता है कि नई पंजाबी कविता की प्रवृत्ति है कि वह ग्राम जीवन को ही संपूर्ण यथार्थ नहीं मानती जबकि आधुनिकीकरण के वातावरण में भी धरती से उसका लगाव टूटा नहीं है। राजनीति की नृशंसता और औद्योगिक शोषण की अमानवीयता लोकविधाओं के परंपरागत साहित्य से पोंछकर मिटाई नहीं जा सकती। वेदना और मोहभंग उसे तीखा अनुभावन और शिल्प दे रहे हैं।

उधर नई हिंदी कविता छायावाद के अंतिम चरण में रोमान में यथार्थवाद खोजते हुए एक मुहावरा खोज रही है जो उसे कभी इतने सपाट यथार्थ में मिलता है कि कविता खो जाती है, कभी इतने बनावटी रोमान में मिलता है कि यथार्थ का मज़ाक बन जाता है। असलियत यह है कि लोकपरंपरा के तमाम दावों के बावजूद उस परंपरा के शिल्प से आज के यथार्थ को देखने का प्रयोग आज की हिंदी कविता में संवेदना और प्रतीति को तीखा और सटीक नहीं बना पा रहा है।

देखना चाहिए कि पंजाब की कविता जो पंजाबी और हिंदी दोनों से अनुप्राणित है और दोनों में से दो आदर्श खोजती है, अपनी काव्यभाषा में क्या उपलब्धियाँ अर्जित कर पा रही है। यही देखना आज कविता के आलोचकों, अध्यापकों और संपादकों की रचनात्मक ज़िम्मेदारी होगी।

यह काम राजनैतिक लोगों की 'पंजाबियत' की खोज से कुछ अधिक गहरी खोज का तक़ाज़ा करता है। पंजाबियत का नारा बुद्धिजीवियों ने पंजाब में सिख राजनीति को संपुंजित करने के इरादे से दिया था। पर यह एक राजनैतिक संकट का सांस्कृतिक हल जैसा मानकर टटोला गया और उसमें लगे बुद्धिजीवियों को आत्मतोष का सुख नहीं मिला जबकि यही था जिसकी वे अधिक से अधिक आकांक्षा कर सकते थे। आज यह स्वीकार करने में देर आयद दुरुस्त आयद की कहावत लागू हो तो भी दुरुस्त होगा कि पंजाब में हिंदी कविता और पंजाब में पंजाबी कविता का परस्पर प्रभाव नई कविता के ज़रिए पंजाबियत की सही समझ पैदा कर पाएगा। इसमें बँटवारा करने की राजनीति भाँजी नहीं मार पाएगी बशर्ते कि प्रतिमान सांप्रदायिक नहीं साहित्यिक हों। आलोचकों और संपादकों की ज़िम्मेदारी का यही अभिप्राय है।

[*रविवारी जनसत्ता*, 'अर्थात्', 3 जुलाई 1988]

यथार्थ को बदलो, कला को बदलो

यथार्थ का उपहास करना काफ़ी नहीं है—उसे बदलना होगा। कला के जड़ और निष्क्रिय चरित्र को बदलना होगा। उसे बदलने के लिए उसकी सामग्री को अधिक मूर्त और विशिष्ट बनाने की जगह बेहतर हो कि उस प्रभाव को और ठोस बनाएँ जो कला मनुष्य पर डालती है।

ये विचार यथार्थ और कला के विषय में बर्टोल्ट ब्रेष्ट के हैं। पर हम जानते हैं कि यही विचार जाने-अनजाने आज के उलझन भरे रचना-संकट में हर ईमानदार कवि के मन में भी उठते होंगे। यथार्थ को हमारी पीढ़ी के रचनाकारों ने रचना के संकट के हल के रूप में पाया था, परंतु आज के दौर में जहाँ यथास्थिति का चोरी-छिपे समर्थन सत्ता के हर स्तर पर हो रहा हो और समाज परिवर्तन के साधन सिमटकर सत्ता के अधीन विकृत हो गए हों, यथार्थ भी उन्हीं साधनों से पलटकर कवि को अपने कर्म के प्रतिकूल ले जाने का ख़तरा पैदा कर रहा है। इस ख़तरे से होशियार रहने का उपदेश देते हुए काव्य-हितैषी लोग रचनाकार को विचारधारा के आश्रय में ले जाना चाह रहे हैं। विचारधारा संगठित राजनीति के बिना समाज परिवर्तन के काम में कारगर नहीं हो रही है, मगर साहित्य और

कला में, यहाँ तक कि प्रचार माध्यम में अपने सम्मान और प्रभुत्व के अवसर बढ़ा रही है। इस असंतुलन का परिणाम यह है कि साहित्य, कला और भाषा माध्यम के क्षेत्र में जहाँ-जहाँ सत्ता को रचनाकर्म से साबका पड़ता है वहाँ-वहाँ विचारधारा सत्ता की प्रच्छन्न एवज़ी करने लगी है। विचारधारा की हालत अपनी जगह ख़राब है—वहाँ सिर्फ़ अध्यापकी और प्रतिष्ठान की प्रतिष्ठा है, विचार की नहीं और विचारधारा की तो उसी हद तक है जिस हद तक वह सत्ता की सहचरी हो।

यह बताने का उद्देश्य साहित्य और कला जगत् को याद दिलाना है कि रचनाकर्म में लगे हुए कलाकार का धर्म रचना के अनुशासन के नियम और आलोचना के मानदंड सजग रचनाकर्म के प्रतिमानों से ही स्थिर करना है। किसी तंत्र की अपनी अनुचित आवश्यकताओं को रचना की शर्त के रूप में स्वीकार करना कलाकार के लिए उतना ही घातक होगा जितना उदाहरण के लिए सेंसर को स्वीकार करना। जिस व्यवस्था में समाज निर्माण के सामाजिक-राजनैतिक माध्यम लोकतंत्रीय स्वाधीनता के साथ सक्रिय हों, उसमें रचना के समाज निर्माण संबंधी कर्तव्य रचना की विधाओं के नियमों और आदर्शों से अनुप्राणित होते और राजनीति जैसे सहयोगी माध्यमों से बराबरी के स्तर पर शक्ति पाते हैं। पर वैसा आज के दौर में हो नहीं रहा है। रचनाकार के इस तरह अकेले पड़ जाने का परिणाम है कि शास्त्र, जीवन से विच्छिन्न शास्त्र, रचना की शर्तें बताने का दुस्साहस करने लगा है और अपने निर्माण में रचनाकर्म का सहयोग अस्वीकार करके अपना निरंकुश शासन चलाने को लालायित हो रहा है। यह और कुछ नहीं वाणी की स्वतंत्रता पर शास्त्र की आड़ में सत्ता के आक्रमण का ही एक तरीक़ा है।

शास्त्र और रचनाकर्म का परस्पर स्वस्थ टकराव दोनों के हित में है। आज़ादी के दिन, 1947 से वर्षों पहले आज़ादी की लड़ाई के दौरान यह टकराव हमने पहचाना था और यह भी जाना था कि साहित्य-कला-संस्कृति के सभी क्षेत्रों में इसी टकराव के भीतर से स्तरीय रचनाएँ उपजीं और शास्त्रीय आदर्श प्रतिष्ठित हुए। आज़ादी के वर्ष के बाद यह परस्परावलंबन कुछ वर्षों तक अपनी गति ऊर्जा से जारी रहा पर जैसे-जैसे आज़ादी के मौलिक आधारों को संकुचित किया जाता रहा वैसे-वैसे विकृत होता गया और स्वतंत्रता सीमित होती गई।

इस प्रक्रिया के वर्तमान दौर में साहित्य, कला और भाषा माध्यम अभिव्यक्ति की अपनी विधाओं सहित रचना-विरोधी दबावों के तले होकर गुज़र रहे हैं। सत्ता का केंद्रीकरण इनको प्रकटतया दमित नहीं कर पा रहा है, परंतु अपने चरित्र से ऐसी परिस्थितियाँ उत्पन्न कर रहा है जिनमें रचना की स्वतंत्रता प्रच्छन्न रूप से कील दी जा सके। निर्णय के स्तरों पर एकाधिकार शास्त्रवेत्ता के पास सुरक्षित रहे और रचनाकार को उससे बाहर रखा जाए तो बिना प्रकट केंद्रीकरण के और बिना घोषित प्रतिबंध के रचना और अभिव्यक्ति को कुंठित किया जा सकता है।

इस लेख के शुरू में बर्टोल्ट ब्रेष्ट के विचार का सारांश दिया गया था। उसका प्रयोजन यही बताना था कि यथार्थ की निरपेक्ष शास्त्रीय व्याख्या में रचनाकार को पथभ्रष्ट करने की पूरी संभावना है। शास्त्र यथार्थ के बहाने कला की सामग्री को मूर्त और विशिष्ट बनाने पर ज़ोर देता रहेगा, कला के पिट चुके. जड़ और यथास्थितिवादी रूपों को बदलने की प्रेरणा का दमन करेगा। इसके जवाब में कलाकार कला का जीर्णोद्धार विषयवस्तु में वैशिष्ट्य आरोपित करके नहीं, मनुष्य को कला के प्रभाव से गहरे तक बदलकर करेगा। मनुष्य के इस बदलाव में शास्त्र के प्रतिष्ठान को दिलचस्पी नहीं है क्योंकि इस तरीक़े से शास्त्र की अपेक्षा रचनाकर्म और कवि एक-एक दर्जा ऊँचे हो जाते हैं और व्यक्ति स्वतंत्र हो जाता है।

पर कोई चाहे या न चाहे, हो यही रहा है। कवि रचना के संकट से उबरकर रचना के प्रतिमान बना रहा है जबकि शास्त्रीय बहसें रचना की वर्तमान उपलब्धियों को परे रखकर अपने-अपने प्रतिष्ठानों के बीच परस्पर जारी हैं।

[*रविवारी जनसत्ता,* 'अर्थात्', 31 जुलाई 1988]

कुआलालुंपुर का कविता मंच

पिछले महीने मलेशिया की राजधानी कुआलालुंपुर में अंतर्राष्ट्रीय कवि सभा हुई। स्वतंत्र राष्ट्रों को अपने आर्थिक-राजनैतिक महत्त्व के बढ़ने पर याद आता है कि उनकी एक सांस्कृतिक पहचान भी दुनिया को मालूम होनी चाहिए। प्रौद्योगिकी के मामले में तो अकसर स्वतंत्र पहचान का धोखा हो जाता है और व्यापार के या पर्यटन के लाभ प्रकट होकर समृद्धि का आभास देते हैं। पर कविता में आयातित शिल्प और कच्चा माल तुरंत अपनी कलई खोल देता है इसलिए उसका खाँटी राष्ट्रीय होना ज़रूरी है। मलेशिया ने अंतर्राष्ट्रीय मंच पर अपनी कविता सुनाने का पहला आयोजन 1986 में किया था। दो साल बाद उसी तरह का यह दूसरा आयोजन हुआ जिसमें कविता पढ़ने का निमंत्रण पाकर मैं चार दिन कुआलालुंपुर में बिताकर लौटा हूँ।

यदि मैं उन शब्दों को पढ़कर अभिभूत हो गया होता जो मलेशिया में संस्कृत भाषा की याद दिलाते हैं तो शायद मैं यह लेख न लिखता। मलेशिया की भाषा का ही नाम बहासा मलेशिया है। बहासा यानी भाषा। जिस सरकारी संस्था ने यह विश्व कविता पाठ रखा था—अर्थात् 'दीवान बहासा तान पुस्तक'—उसमें 'पुस्तक' शब्द पढ़कर मैं भारतीयता के उल्लास से भर उठता और 'वाचा पुई सी' यानी कविता वाचन के 'वाचा' में मुझे सांस्कृतिक संतुष्टि मिल गई होती। कविता के भीतर संबोधन, भूमिपुत्र, नगरी, मनुष्य, सरोज, पुत्र जैसे शब्दों का होना भारतीयता के साम्राज्यवाद के पक्षधरों को गर्व का अनुभव करा सकता है पर जो भारतीय निरी कविता की दुनिया में नहीं रहते वे समझते हैं कि दक्षिण-पूर्व एशिया में एशिया की जातीय धाराओं और यूरोप की विजातीय धाराओं का टकराव और मेल दोनों लंबे समय तक चला है और जिस तरह भारत संस्कृतियों की मिलनभूमि रहा है उसी तरह दक्षिण-पूर्व का प्रायः हर देश एक जीवंत अलबत्ता कुछ सीमित मिलनभूमि रहा है। कुआलालुंपुर में अरबी, फ़ारसी, तुर्की, डच, पुर्तगाली और अंग्रेज़ प्रभावों की झलक मिलती है। संस्कृत की झलक शायद हमें जल्दी दीख जाती है क्योंकि दूसरी भाषाओं से हमारे जीवन का परिचय अब अलग से पहचानने का विषय नहीं रह गया है। साधारण जीवन में हम कमरा, कमीज़, बटन, साबुन जैसे शब्दों के पुर्तगाली या स्पानी मूल की याद भी नहीं करते।

बहरहाल मलेशिया के समाज की उसी तरह की विविधता भरी एक तसवीर है जैसी हम भारत में जानते हैं। फ़र्क़ यह है कि भारतीय मानस में अपने देश की विशालता का गौरव इतना कूट-कूटकर भर दिया गया है कि वैविध्य के राजनैतिक और नैतिक महत्त्व को हम बार-बार भूल जाते हैं। समय-समय पर जब यह महत्त्व अपने को प्रमाणित करने के लिए कालक्रम में हुमास मारता है तो ज़रूर हममें से कुछ चिंतित हो उठते हैं कि देश टूट रहा है और कुछ उदास हो उठते हैं कि यह नैसर्गिक परिवर्तन भी इतनी देर तक स्थगित रहा कि अब असाध्य हो चुका है।

आज मलेशिया की स्वतंत्र सरकार के साथ भारत सरकार जब सांस्कृतिक संबंधों का हवाला देना चाहेगी तो उसे अवश्य ही शोषण और पश्चिमी सभ्यता के दबाव से भरे एक ऐसे देश की संस्कृति की बात करनी पड़ेगी जिसमें चीनी, इंदोनेसी और भारतीय मूल के लोग शामिल हैं—ये मलेशिया की भूमि पर वाणिज्य और व्यापार से उत्पन्न नौकरियों से जीवन निर्वाह करते हैं। जहाँ तक भारतीयों का प्रश्न है, तमिल लोगों की बहुतायत है और जहाँ तक भारतीयों के मलेशिया के जीवन में घुलने-मिलने का प्रश्न है उनकी एक सांस्कृतिक पहचान भी मलेशिया सरकार स्वीकार करती है। यहाँ तक कि कुआलालुंपुर काव्यवाचन में कविताओं के बीच-बीच में मलेशिया के अपने नृत्य-गीत-संगीत के जो नमूने दिखाए गए उनमें मलेशिया की भूमि पर बिकरित देशज भारतीयता की झलक बार-बार दिखी। स्वभाव से भी मलेशिया के कवि परंपरा और आधुनिकता के बीच उसी तरह ऊहापोह में उलझे दिखाई दिए जैसे

भारत के कवि हैं। यह अवश्य दिखा कि आधुनिकता की खोज में अंग्रेज़ी उनके लिए दुनिया की ओर खुलनेवाली खिड़की बनी हुई है वैसे ही जैसे व्यापार-वाणिज्य में वह ठेठ व्यापारिक भाषा के रूप में बाज़ार-हाट-प्रतिष्ठान सभी जगह प्रचलित है। व्यापक जीवन में अर्थात् खानपान, मानव संबंध और आचार-विचार में पूर्व की पहचानें कई स्तरों पर अब भी जीवित हैं। स्त्रियाँ सार्वजनिक जीवन में इस्लाम की नैतिक मान्यताओं का आदर करती हैं पर व्यवहार में उन्होंने बीच का रास्ता निकाल लिया है। काव्यपाठ के प्रबंध में लगी हुई लड़कियों में से कुछ सर पर दुपट्टा डाले हुए थीं, कुछ नंगे सिर थीं। एक ने मुझसे कहा आप लोग जब हमारी बस से उतरकर सामने की मस्जिद देखने जाएँगे तो मैं यहीं बस में बैठी रहूँगी क्योंकि मैं जिस शारीरिक स्थिति में हूँ उसमें मस्जिद में प्रवेश करना पाप होगा। पर मैंने दुपट्टा सर पर नहीं डाला है क्योंकि वह मेरा व्यक्तिगत निर्णय है। कारण यह था कि दुपट्टा, जो कि नक़ाब की तरह डाला जाता है, इस बात का प्रतीक है कि लड़की इस्लामी वैवाहिक जीवन के लिए प्रस्तुत है और मैं उससे जुड़ी शील-व्यवहार की मान्यताओं के लिए कभी अपने को तैयार नहीं पाती। मुझे पढ़ाई पूरी करनी है, नौकरी करनी है और पुरुषों के साथ उन्नति के रास्ते में संघर्ष करना है।

काव्यपाठ समारोह में पुरातनपंथियों की दुनिया के सिर्फ़ बहुत सतही प्रमाण दिखे। प्रायः प्रत्येक मलेशियाई कवि ने रहमान रहीम को याद कर बिसमिल्लाह की। मलेशियाई साहित्य में आधुनिकता का दौर सामाजिक जागरूकता के विकास के साथ यों तो 1939 के क़रीब शुरू हुआ मगर 1950 के बाद की पीढ़ी में ब्रितानी साम्राज्यवाद के विरोध के साथ वह गहरा और प्रखर हुआ। 1988 के काव्यपाठ समारोह में इस पीढ़ी के प्रमुख नेता भी मौजूद थे। उस्मान अवांग और मसूरी सालिकुन इनमें से दो प्रख्यात नाम हैं।

यह देखकर अच्छा लगा कि समारोह में नई पीढ़ी की प्रधानता थी। उस्मान अवांग और मसूरी सालिकुन का सम्मान बहुत स्पष्ट था, पर मलेशिया के कवियों में बड़ी संख्या तीस-चालीस वर्ष के युवक-युवतियों की थी। खुद समारोह के अध्यक्ष अनवर रिजवान और सचिव अहमद कमाल अब्दुल्लाह उम्र में 50 से नीचे के ही हैं। दोनों कवि और गद्यकार हैं। कमाल ने इस अवसर पर 'बहासा तान पुस्तक' के लिए मलेशिया कविता का एक परिचयात्मक संकलन भी तैयार किया है और इसमें 1975 से 1985 तक की कविताएँ शामिल की हैं। इस पुस्तक में बहासा मलेशिया से अंग्रेज़ी अनुवाद हैं पर काव्य-समारोह में रूसी, अरबी, फ्रांसीसी और हिंदी आदि सभी विदेशी भाषाओं के अनुवाद भी बहासा मलेशिया में पढ़े गए। कुल 28 कवियों ने पाठ किया जिसमें कि अकसर यह विचार आया कि चार दिन में ऐसे समारोह समाप्त करने से अच्छा शायद यह होगा कि विभिन्न देशों के कवियों को आपस में बात करने के लिए एक सप्ताह का समय देना चाहिए और काव्यपाठ के लंबे-लंबे सत्रों की जगह गोष्ठियों के छोटे-छोटे दौर होने चाहिए। कहा जा सकता है कि जिन कवियों से उन चार दिनों में परिचय हुआ उनसे भी संवाद जारी रखने की ज़रूरत थी पर अब वह केवल पत्राचार से ही हो सकता है।

[*जनसत्ता*, 'अर्थात्', 18 दिसंबर 1988]

कविता एशिया

भारत भवन में अभी एशिया के कवियों की चार दिन की गोष्ठी हुई तो मालूम हुआ कि एक शुरुआत बहुत देर से सही मगर हो रही है। जो कवि बुलाए गए थे और आ पाए थे सब अपने-अपने देश

के समकालीन कृतित्व का प्रतिनिधित्व कर रहे थे। कविता एशिया नामक यह गोष्ठी इतने बड़े पैमाने पर पहली बार हुई थी इसलिए यह माना जा सकता है कि प्रतिनिधि चुनकर बुलाने में कहीं कमी रह गई हो तो वह अगले कविता एशिया के आयोजन के समय दूर कर ली जाएगी। गोष्ठी की कार्यवाही में शामिल होकर यह अनुभव हुआ कि जो कवि आए थे वे अपनी-अपनी जगह अपना सर्वश्रेष्ठ आदान-प्रदान के लिए सबके सामने रख रहे थे। फ़िलहाल यही एक बड़ी उपलब्धि है क्योंकि अगर इन सब कवियों के एक जगह मिलने, कविताएँ सुनाने और कम से कम दो विचारोत्तेजक विषयों पर अपने विचार बताने से एक जड़ता टूटी तो आगे चलकर एशिया के विभिन्न कृतित्वों का और भी सार्थक समागम हो सकेगा।

एशिया भारतीय चेतना का छत्र नहीं है जबकि भारतीय अस्मिता को स्वभाव से उसी छत्र के नीचे अपनी सच्ची पहचान मिल सकती है, पर पहचान से विश्व चेतना कुछ जोड़ सके तो स्वागत है पर विश्व की समझ उस पहचान में से कुछ घटा नहीं सकती। जब 1946 में आज़ादी के एक-डेढ़ साल पहले कांग्रेस पार्टी ने एशिया सम्मेलन का आयोजन भारत में किया, आज़ाद भारत के भविष्य की कल्पना में एशियाई देशों से संबंध की आवश्यकता प्रमुख थी। आज के जो साहित्यकार उस समय 1947 की आज़ादी का इंतज़ार कर रहे थे, उन्हें एशिया में भारत की आज़ादी का महत्त्व मालूम था। एशिया के देशों की विदेशी पराधीनता से मुक्ति विश्व के इतिहास के उस दौर से रचनात्मक ऊर्जा दे रही थी। रचनात्मक से अभिप्राय यहाँ केवल साहित्य से नहीं है, यह स्पष्ट करना ज़रूरी है। क्योंकि हमारे यहाँ ज़्यादातर साहित्यप्रेमी और साहित्य-व्यवसायी यही अभिप्राय जानते हैं। आर्थिक गुलामी, वैचारिक नक़ल और राजनैतिक विश्वयारी से छूटने की तड़प एशिया में अनेक प्रकार से प्रकट हो चुकी थी और हो रही थी। हिंदी कविता में कोई प्रमाण मानें तो कम से कम दो सिद्ध कवि एशिया के जागरण का संदेश जनसमुदायों तक पहुँचा रहे थे। यदि किसी ने एक भी नाम लेने लायक़ क़स्बाई या महानगरीय कवि सम्मेलन में कविता सुनी होगी तो उसे गिरिजाकुमार माथुर और शिवमंगल सिंह 'सुमन' की वाणी याद होगी।

एशिया का जागरण तो वर्षों पहले अपने-अपने ढंग से पराधीन देशों में शुरू हो चुका था पर दूसरे महायुद्ध ने उपनिवेशों को मुक्त करा दिया। इससे कोई यह न समझे कि यह महायुद्ध इसी उद्देश्य को लेकर हुआ था। यह मुक्ति विश्व परिस्थितियों का परिणाम थी यद्यपि उन परिस्थितियों के निर्माण में एशियाई देशों की भूमिका गौण थी। उपनिवेश से स्वतंत्र राज्य बनते ही यह आत्मविश्वास और दायित्व प्रकट हुआ कि हमारे राष्ट्र की रचनात्मक शक्तियाँ नई ऊर्जा के साथ अपने को अभिव्यक्त करेंगी और प्रत्येक राष्ट्र के भीतर छिपे हुए आंतरिक संबंध फिर से जाँचे और बनाए जाएँगे।

कविता समाज के आंतरिक संबंधों की वाहिनी बनती है। लोकतंत्र इन आंतरिक संबंधों का निष्कर्ष है। एशिया में दूसरे महायुद्ध के बाद स्वाधीन देशों ने लोकतंत्र और संसदीय लोकतंत्र को अपनाया था। यह निर्णय इन देशों की परंपरासम्मत काव्य-पद्धति को पुष्ट और परिमार्जित कर गया है। जिस तरह लोकतंत्र का उपयोग एशियाई देशों में उनके विदेशी शासकों ने एक सीमित शिक्षित वर्ग बनाने में किया था वैसे ही विदेशी शासकों से संवैधानिक मुक्ति के बाद इस शिक्षित वर्ग ने साहित्य को भी कब्ज़े में करने का उपक्रम जारी रखा है। लोकतंत्र की भी और काव्य की भी भीतरी टकराहटें इन देशों के भीतर इनकी आज़ादी के बाद से लगातार जारी हैं। एशिया की कविताओं का यदि चालीस वर्ष में संगठित या असंगठित रूप में एक-दूसरे के यहाँ आना-जाना जारी रहा होता तो लोकतंत्री संघर्षों का कविता पर और कविता का लोकतंत्रीय संघर्षों पर असर पड़ा होता। पर जैसा कि पश्चिमी औपनिवेशिक शक्तियों ने चाहा था, आज़ाद एशियाई देशों का नेतृत्व उन्हीं के हाथ में आया जो यूरोप के विकसित उपनिवेशवादी देशों को आदर्श मानने के लिए तैयार किए गए थे। भारत प्रत्यक्ष उदाहरण है। आज

आज़ादी की चालीसवीं वर्षगाँठ पर हम एशिया को याद कर रहे हैं पर ये चालीस साल हमारी अपनी कविता के लिए कितनी बड़ी दुनिया खोल चुके होते बशर्ते कि हमने अंतर्राष्ट्रीय राजनीति में और साहित्य में अपने पड़ोस से रिश्ते बनाए होते। आज संयोग से यह नई शुरुआत करते समय इस पिछड़ेपन की याद और भी आती है। क्योंकि मार्च के ही महीने में, इन्हीं तारीख़ों में राममनोहर लोहिया का जन्मदिन है जिन्होंने भारतीय राजनीति में, दूसरे परिवर्तनों के साथ-साथ एशिया से रिश्ते जोड़ने का जीवन भर प्रयत्न किया।

विश्व इतिहास से परिचय आज के हिंसा में मनोरंजन बेचनेवाले प्रचारतंत्र के हमले के कारण सामान्य पाठक के लिए निरा किताबी रह गया है। इसलिए मैं थोड़ा ठहरकर पाठक की यह आवश्यकता भी पूरी कर देता हूँ। एशिया के जागरण के आँकड़े इस प्रकार हैं। क्रम से चलें तो फिलिपीन द्वीपसमूह को सबसे पहले 1946 में पूरी आज़ादी मिली। वैसे इसका देना अमेरिका ने कई वर्ष पहले सुनिश्चित कर दिया था। फिर हमारा नंबर आता है। विभाजन के साथ भारत और पाकिस्तान दो अलग राष्ट्र बने। बर्मा और श्रीलंका 1948 में आज़ाद हुए। इंडोनेशिया 1949 में और हिंदचीन के देश 1954 में। मलेशिया 1957 तक पराधीन रहा। इस वक़्त कविता एशिया के आयोजन से इन चार-पाँच चिरपरिचित एशियाई देशों के अलावा संयुक्त अरब गणराज्य, कुवैत, अफ़ग़ानिस्तान आदि की पश्चिम एशिया से और चीन, कोरिया, वियतनाम, कंबोज आदि की पूर्वेशिया से सहभागिता होनी चाहिए थी। इनमें से कारणवश वियतनाम और कंबोज उपस्थित नहीं थे। चीन से दो प्रतिनिधि थे। अफ़ग़ानिस्तान से एक और मध्येशिया में कुवैत, युर्दान, यमन और संयुक्त अरब गणराज्य से एक-एक प्रतिनिधि थे। भाग लेनेवालों की सूची पर नज़र डालने से आज के एशिया से परिचय बनाने के लिए दिलचस्प जानकारी मिलती है। भारत के बँटवारे के बाद उर्दू और बांग्ला को अपने-अपने राज्य मिले हैं। पाकिस्तान से दो कवि थे (दोनों स्त्रियाँ), नेपाल से दो कवि थे (इनमें से एक स्त्री) और श्रीलंका से दो कवि थे—एक तमिल और एक सिंहली। स्त्री कवियों की संख्या और हिस्सेदारी कुल मिलाकर अच्छी थी। जापान से दो, सिप्रस से एक और फिलिपीन से एक तथा भारत से मनजीत टिवाना (पंजाबी) और नवनीता देव सेन (बांग्ला) को मिलाकर सम्मेलन में एशिया का कम से कम एक विकास प्रत्यक्ष हो रहा था—यह कि स्त्रियाँ कहीं पुरुषों के साथ, कहीं उनके बिना लिख रही हैं। फिर भी 'कविता और स्वतंत्रता' विषय पर एक गोष्ठी में ज़्यादातर स्त्रियों से यही आग्रह सुनने को मिला कि उन्हें पुरुष के हाथों होनेवाले शोषण से मुक्ति चाहिए। एक स्त्री कवि से सभाकक्ष के बाहर की गपशप से मालूम हुआ कि वह ग़रीबों के लिए लिखती हैं। मगर उनकी कविता ग़रीबों तक पहुँच नहीं पाती क्योंकि वे निरक्षर हैं। यह देखकर, एशिया के जागरण में लोकतंत्र और कविता के अलगाव की एक तीखी पहचान होनी चाहिए।

[*जनसत्ता*, 'अर्थात्']

कविजी, यह शब्द नहीं चलेगा

आकाशवाणी के किसी एक केंद्र ने दिल्ली आकाशवाणी को संदेश भेजा था कि मेरी कुछ कविताएँ रिकार्ड कराके भेज दी जाएँ। मेरे पास वह अनुरोध आया और मैं दिल्ली केंद्र में अपनी कविताएँ रिकार्ड कराने पहुँचा। यहाँ यह बता देना ज़रूरी है कि कविता रिकार्ड करना और आकाशवाणी से उसे प्रसारित करना मेरे लिए उतना ही पुराना अनुभव है जितना मेरा कविता लिखना है। 1947 से मैं कविता लिखता रहा हूँ और 1949 से उन्हें खुद रेडियो पर पढ़ता रहा हूँ। यह बता देना ज़रूरी इसलिए है कि बहुत-से

कवियों को रेडियो पर कविता पढ़ना प्रतिष्ठा का विषय जान पड़ता है और वे इस सिलसिले में तरह-तरह की शर्तें रखते हैं, नखरे दिखाते हैं और यह सब उन्हें शोभा भी देता है, मगर मुझे शुरू दिन से यह काम बहुत सहज लगता रहा है (और मेरी शर्तें कुछ और हैं जिनमें से एक का आगे ज़िक्र होगा)। मगर इस बार जब कविता रिकार्ड करा रहा था तो एक नया अनुभव हुआ। जो अधिकारी बूथ में बैठे कविता रिकार्ड होती सुन रहे थे, सहृदय थे और अंत तक ध्यान से सुनते रहे। जब रिकार्डिंग ख़त्म हुई तो मेरे पास आए और नम्रतापूर्वक बोले, "मुझे आनंद आया। पर एक बात कहूँ। आपने कुछ पंक्तियाँ ऐसी लिख दी हैं जिनसे हमारी नीति का मेल नहीं बैठता। ऐसा करें कि इन्हें छोड़कर दोबारा पढ़ दें।"

इसका क्या जवाब हो सकता था? यही न कि मैं कविता के गठन में से और उसके समूचेपन में से कुछ शब्दों को निकालकर उसे अपनी कविता बताकर पेश करने पर राज़ी न होता। वह मैं नहीं हुआ, पर मैं राज़ी क्यों नहीं हूँ, यह बताना भी ज़रूरी था। आख़िर जब एक व्यक्ति कह रहा है कि उसे आनंद आया तो उसे यह समझाना मेरा कर्तव्य हो जाता है कि नीति के पालन के लिए कविता में से कुछ शब्द निकालना आपके आनंद में बाधक होगा। फिर बातचीत इस विषय में होगी कि कविता, बल्कि कविता ही नहीं कोई भी कृति अपने में एक पूरी इमारत होती है, उसकी कुछ ईंटें निकाल लेने से वह भहराकर गिर पड़ेगी। उसमें नई ईंटें लगाकर वह फिर से बनाई जाएगी तो वह दूसरी इमारत बन जाएगी। इससे कोई आपत्ति हो सकती है, नहीं भी हो सकती है। कवि को ही तय करना पड़ेगा कि वह किसी की नीति के कारण अपनी कविता की शक्ल बदलने को तैयार है या नहीं। मैं उस कविता की बात नहीं कह रहा हूँ जो लोकजीवन में से लोक के मुहावरे में पैदा होती है। लोकगीतों से लेकर रामकथा पर मेरी कविता में ऐसे परिवर्तन बर्दाश्त करने की ताक़त कहाँ? यह तो कमरे में बैठकर भाषा के साथ लड़ाई-झगड़ा करके बनाई हुई कविता है और छापकर दिखाई गई है। लोगों ने एक-दूसरे को सुना-सुनाकर तो इसे ज़ाहिर नहीं किया है। सुनाकर किया होता तो सुनाते-सुनाते ही इसमें परिवर्तन हो गया होता। अब तो यह छप चुकी किताब की शकल में बिक चुकी, साहित्य में चाहे न पा सकी हो पर मेरे जीवन में स्थान पा चुकी। अब इसमें से शब्दों को हटाना और दूसरे शब्दों को बैठाना या उनकी जगह खाली छोड़ देना ऐसा ही होगा जैसे किसी बहुरूपिये का अपना भेस बदल लेना।

इसलिए मैंने कहा, "हाँ, नीति की बात है तो आप सोच लीजिए। पर कृपया बताइए कि नीति के विरुद्ध इसमें क्या है, जान तो लूँ।"

उत्तर था, "आपकी एक कविता में यह पंक्ति है : 'शिक्षा विभाग ने कुछ दिन पहले ही घोषित किया है/छात्रवृत्ति के लिए अर्हता में यह शामिल हो/कि छात्र के पिता की हत्या हो गई है/सावधान, अपनी हत्या का उसे एकमात्र साक्षी मत बनने दो/एकमात्र साक्षी जो होगा वह जल्दी ही मार दिया जाएगा।' "

अधिकारी ने कहा, इसमें शिक्षा विभाग का नाम न लीजिए। यह सरकार के विरुद्ध होगा। आजकल हम लोगों को बहुत सावधान रहने के आदेश हैं। और हाँ, एक और पंक्ति है दूसरी कविता में जिसमें आप कहते हैं कि हो सकता है सब लोग अपने को आधुनिक बताने लगें। मगर 'बनिया, बनिया रहे, कायस्थ कायस्थ रहे' और असल में दकियानूस बने रहें। तो जातियों के नाम आप इसमें रखेंगे तो हमें मुश्किल होगी। मेरे पास सिवाय यह कहने के कि दोनों कविताएँ, एक 1982 में और एक 1967 में मेरे संग्रहों में छप चुकी हैं तो यह जो एकमात्र साक्षी वाली कविता है यह तो दूरदर्शन से मैं सुना भी चुका हूँ। इसलिए आप नीति संबंधी चिंता छोड़ दें। यानी इन दोनों कविताओं को जैसी ये हैं वैसी सुनवा दें या पूरी की पूरी छोड़ दें। यह सुनकर अधिकारी ने ऐसा भाव दर्शाया जैसे मैं बहुत ज़िद्दी और अड़ियल आदमी हूँ और कोई समझौता नहीं करना चाहता। अब मैं उन्हें कैसे

समझाता कि समझौता तो यही हो सकता है कि आप मेरी क़विता या तो प्रसारित करें या प्रसारित न करें।

बहरहाल बात यहीं ख़त्म हो गई। आशा है अंत में जो भी प्रसारित हुआ होगा, उसमें कुछ 'आपत्तिजनक शब्द' काटकर बाक़ी को मेरी कविता कहकर प्रसारित न किया गया हो। अधिकारियों में से जो साहित्य पढ़नेवाले हैं उनकी सुरुचि और समझ पर इतना भरोसा मुझे है और यह भरोसा ख़ाली नहीं जाता, इसका अनुभव भी मुझे तब से है जब से 1946 में मैंने प्रसारण के क्षेत्र में क़दम रखा। प्रश्न केवल यह है कि आपत्तिजनक शब्दों की नीति कौन बनाता है। मुझे पता चला है कि आपत्तिजनक शब्दों की नीति के कारण कार्यक्रम निर्देशक किसी पंक्ति में यह मुहावरा भी प्रसारित होने नहीं दे सकते कि 'पांडेजी पछताएँगे फिर वही चने की खाएँगे' क्योंकि इसमें ब्राह्मणों के विरुद्ध कुछ कहा गया है। ईश्वर जानता है कि इस मुहावरे का पांडे जाट भी हो सकता है, मुसलमान भी। मगर बोलने की आज़ादी का ऐसा पतन तो अभी तक नहीं देखा गया था कि जिसमें लोकोक्ति को सामाजिक अभिप्राय से जुदा-जुदा अफ़सर अपना भाषा-ज्ञान साहित्य पर लादने लगें। यह एक नए ढंग का सेंसर है जो औरतों, बच्चों, ग़रीबों, बेसहारा भिखारियों का उपहास प्रसारित होने देता है, परंतु जहाँ कहीं भाषा में समाज को बंधनों से मुक्त करनेवाले किसी मानवीय अनुभव का वर्णन होता है, उस अनुभव को रद्दी में डालकर आपत्तिजनक शब्द खोजने लगता है। शब्द वही आपत्तिजनक हो सकता है जो मनुष्य को मुक्त करनेवाले अनुभव के विरुद्ध हो और उसे गुलाम बनाता हो। पर यह बात आकाशवाणी और दूरदर्शन की समझ में देर से आएगी।

[*जनसत्ता*, 'अर्थात्']

एक अधेड़ का प्ले-बैक

एक नामी-गिरामी समीक्षक थे बल्कि हैं; आज से क़रीब तीस बरस पहले उन्होंने कहना शुरू कर दिया था कि कहीं कोई अच्छा साहित्य नहीं लिखा जा रहा है, अच्छे नाटक नहीं हो रहे हैं, सब घटिया होता जा रहा है। यह उनकी अधेड़ उमर के दिनों की बात है। अधेड़ होते-होते ज़्यादातर लोग रंगीन कपड़े पहनने लगते हैं, हर रचनात्मक काम के पहले से घटिया हो जाने का रोना रोने लगते हैं और खुद ऊँची नौकरी में हुए तो अपने घटियापन की तारीफ़ करवाने लगते हैं और अगर नहीं हुए तो अपने पहले किए हुए कामों की पूँजी लेकर अपनी मंडली में शरण ले लेते हैं और उस मंडली को दिन-ब-दिन छोटा होते जाते देखते हुए बाक़ी ज़िंदगी गुज़ार देते हैं। कभी-कभी संयोग होने पर ऊँची नौकरियों में बैठे लोगों से अच्छे रिश्ते बनाने और उसके आधार पर गुटबाज़ी करने में उनको थोड़ी-बहुत सफलता मिल जाती है।

मगर एक अधेड़ आदमी की विडंबना असल में क्या है? इसके पचास उत्तर हो सकते हैं और पचासों थोड़ा-थोड़ा सही और थोड़ा-थोड़ा ग़लत हो सकते हैं। शायद इन सबका जोड़ यह होगा कि उस उम्र तक आते-आते प्रायः हर आदमी दुनिया को बदलने के अपने आदर्श के बारे में निराश हो चुका होता है। इसके आगे उसके सामने दो ही रास्ते बचे रहते हैं। या तो वह दुनिया को जैसी है वैसी स्वीकार कर ले और उसमें अधिक मज़े और फ़ायदे ढूँढ़ने का 'संघर्ष' करने लगे या नई पीढ़ी को कोसने लगे कि वह पतित हो गई है, मगर यह मानता जाए कि अगर पतन के रास्ते पर सम्मान मिलता है तो पतन भी ठीक है। एक तीसरा रास्ता भी है, लेकिन वह उनके बारे में सही होगा जो निराश नहीं हुए हैं और अपने आदर्श के लिए संघर्ष के नए रास्ते नई पीढ़ी के साथ खोज रहे हैं।

ये तीसरे रास्तेवाले लोग भी कहते हैं कि घटियापन पहले से अधिक बढ़ गया है पर इनकी शिकायतों के माने कुछ और भी हैं। इसका प्रमाण देखना हो तो नई पीढ़ी के विचारों को देखना चाहिए। अब किसी समय नए लोग और अधेड़ लोग दोनों एक ही घटियापन की शिकायत करने लगें तो मानना पड़ेगा कि सचमुच कहीं कोई गहरी गड़बड़ हो गई है जिससे दोनों पीढ़ियाँ सचेत हो गई हैं।

संख्या में कितने लोग किसी समय ऐसी गिरावट का विरोध कर रहे होते हैं, इसी का महत्त्व है। यह पूँजीवादी सभ्यता आदमी की रचना-शक्ति और रचना की आज़ादी को बहुत-से लालच और मजबूरियाँ पैदा करके सीमित करती रहती है। वह एक ऐसी अर्थव्यवस्था के आधार पर खड़ी हुई है जिसमें आदमी को कुछ रचने के लिए नहीं है, सिर्फ़ ख़रीदने के लिए है। सिर्फ़ ख़रीदना और बार-बार फेंकना ही उसकी नियति हो जाती है। इस व्यवस्था में प्रगति के प्रतिमान यह होते हैं कि नई से नई ख़रीदने योग्य चीज़ ने आदमी की अपनी प्रतिभा को और कितना कम कर दिया है, जैसे एक कैमरा, जिससे फ़ोटो लेने का छेद, उसे खोलने-बंद करने का समय, फ़ोटो के विषय से कैमरे की दूरी आदि अपनी समझ से अंदाज़ कर तय करना होता है, जब पुराना पड़ता है तो नए कैमरे से कुछ भी अंदाज करने की ज़रूरत नहीं रह जाती। उसमें फ़िल्म भरकर महज बटन दबा देने से काम हो जाता है (चलिए, दिमाग़ का जितना काम था वह ख़त्म)। महत्त्वपूर्ण यह है कि क्या आदमी ने रंगों से तसवीर बनाना जारी रखा है? यह चटपट कैमरा वैसी तसवीर क्या कभी बना सकेगा?

अपनी अर्थव्यवस्था के इस दौर में राजनीति और उद्योग दोनों में पूँजीवादी उत्पादन पर आश्रय तेज़ी से बहुत बढ़ गया है, रचना की हत्या भी ज़ोरों से होने लगी है। सरकार के पास, उद्योग के पास फ़िल्म और दूरदर्शन जैसे बड़े प्रचार-माध्यम हैं, जिनसे चाहे तो समाज में रचना की विधाओं की समझ बढ़ाई जा सकती है। परंतु ये दोनों माध्यम अपने-अपने ढंग से घटियापन को लोकप्रिय बना रहे हैं। दूरदर्शन में उच्चारण, लहजा और शब्दावली कठोर और बनावटी होती जा रही है और फ़िल्मोद्योग खुलेआम (जी नहीं, नंगी देह का नहीं) लोकतंत्र का विरोध कर रहा है। 'अर्धसत्य' और 'इंकलाब' दो फ़िल्में हैं जो अभी एक नई आक्रामकता लेकर आई हैं। यह आक्रामकता कुछ वैसी ही है जैसी एक तानाशाह इस बहाने से करता है कि चूँकि सब कुछ बिगड़ गया है, इसलिए सब कुछ नष्ट कर देना चाहिए—सिवाय मेरे वर्चस्व के। दूरदर्शन को चूँकि अपने कार्यक्रम जनता के टिकट ख़रीदने से मिली रक़म से नहीं चलाने हैं, इसलिए वह जनता के संभव दबाव को भी नहीं मानता, जिसमें अच्छी परंपराओं को काफ़ी दूर तक ज़िंदा रखने की संभावना रहती है। वह जनजीवन और संस्कृति से दूर है और जनता को घटिया मगर उसकी कला को बिक्री योग्य मानकर उसे बर्दाश्त करता रहता है। दूरदर्शन में यह एक साधारण बात है कि वह कोई लोकनृत्य दिखाए और यह न बताए कि यह किन लोगों का नृत्य है और इसका जीवन से क्या नाता है। एक ही कसौटी दूरदर्शन ने अपने लिए बनाई है—यह कि फ़िल्मोद्योग क्या कर रहा है। अगर फ़िल्मोद्योग यह मानकर चलता है कि लोगों में इतनी सुरुचि नहीं है कि वे अच्छे गाने पसंद कर सकें तो दूरदर्शन गाने के सबसे अधिक लोकप्रिय होने के लालच में उतना अच्छा होकर भी नहीं दिखाएगा जितना फ़िल्मोद्योग दिखाता है। दूरदर्शन के घटियापन के प्रचार को जनता की पसंद के नाम पर वैसे ही चलाया जा रहा है जैसे 1947 के पहले श्री बुखारी के नेतृत्व में रेडियो चलाया करता था। पर वह आज़ादी के बाद नहीं चल सका और यह सिद्ध हो गया कि जनता घटियापन नहीं चाहती है। यह विचार पिछले दस-पंद्रह वर्ष से बड़ी लगन के साथ पलटा जाता रहा है और इस समय उसकी विचारधारा यह है कि ज़्यादातर लोग भोंडे, रद्दी और आक्रामक कार्यक्रम पसंद करते हैं।

आज़ादी की दिशा से यह लौटना एक दिन में नहीं हो गया है। समाज में जैसे-जैसे संवाद कम हुआ है और हिंसा बढ़ी है, भावनाओं को सच्चाई के साथ व्यक्त करना भी कम हुआ है। समाज में न्याय के पक्ष में परिवर्तन करने की स्वाभाविक इच्छा इसलिए कम होती है कि कम लोगों के हाथ

में समाज के संचालन के सूत्र आ गए हैं, और ये कम लोग वही हैं जो स्वभावतः न्यायमूलक परिवर्तन नहीं चाहते, क्योंकि वह उनके विरुद्ध होगा। इससे भावनाओं की सच्चाई की आज़ादी की जगह भाषा की चालाकी बढ़ी है और यह आज के साहित्य में तो दिखती है—फ़िल्म जैसे सशक्त माध्यम में और भी ज़ोरों से दिखती है। 'अर्धसत्य' और 'इंकलाब' जैसी फ़िल्में खुलेआम पुलिस दमन और हिंसा को स्वीकृति दिलाने के लिए बनाई गई हैं, परंतु इनको बड़ी चालाकी से समाज की विकृतियों का यथार्थ दिखानेवाली कलाकृतियाँ बताया जा रहा है।

पूँजीवादी सभ्यता में रचना की नियति यही है। उसमें जो कुछ बचा रह गया है, वह वही है जो अभी तक पूरा नष्ट नहीं हो सका। पर मुझे एक पुरानी फ़िल्म याद आ रही है जो फ़िल्मोद्योग के बावजूद आदमी की बात कहती है (पर कौन जाने उद्योग आदमी की बात को भी बेचने के लिए निर्माता को उसे कहने दे रहा हो)। कथा यह है कि इस सभ्यता का विकास होने के साथ-साथ सचमुच के पौधों पर उगे फल खाने की हैसियत रखनेवाले सिर्फ़ कुछ लोग रह जाएँगे। बाक़ी टिकियों में भरे पोषण तत्त्व खाने को पाया करेंगे जिन्हें सरकार बाँटेगी और ये टिकियाँ आख़िर चोरी-चोरी उन आदमियों की लाशों से बनाई जाने लगेंगी जिन्होंने स्वेच्छा से मरना चाहा होगा—क्योंकि इस सभ्यता में अंत यही होगा।

अंत तक शायद हम यह होने से रोक सकें। पर फ़िलहाल जो हो रहा है, उसकी एक झलक देख लीजिए। एक अधेड़ आदमी के पास एक वीडियो यंत्र है। वह उसके कैमरे से एक वीडियो फ़िल्म बनाता है। फ़िल्म यह है कि वह आदमी गाना गा रहा है। दरअसल वह गा नहीं रहा है—एक अदृश्य रिकार्ड या टेप बज रहा है और अधेड़ आदमी का मुँह चल रहा है। जिससे दिखे कि वह खुद गाना गा रहा है। थोड़ी देर बाद वह हिलने-डुलने भी लगता है जिससे लगता है कि उसको गाने से उसमें कुछ हो रहा है। दरअसल उससे कुछ नहीं हो रहा है। हो नहीं सकता, क्योंकि इस सभ्यता में उसने खुद गाना **न गाना** सीख लिया है। पर वह गाना गाने के अनुभव को ख़रीद सकता है और उसके साथ अपने को शामिल दिखाकर उस अनुभव पर पूरा कब्ज़ा जमा सकता है। उसके अंदर गाने का अनुभव मर चुका है और गाना सुनने का भी। रचना की हत्या हो चुकी है। उसी मुद्दे को लेकर वह मटक रहा है। और वह अपने पर मुग्ध है।

परंतु एक आशा बची है। उस आदमी की लड़की ने अपने ऐसे ही गाने का टेप बनाने से इनकार कर दिया है। जब पिता का टेप मित्रों में बड़े गर्व से दिखाया जाता है तो वह असमंजस में पड़कर अपनी कोठरी में छिप जाती है।

[*जनसत्ता*, 'अर्थात्', 5 फरवरी 1989]

अर्थ है, शब्द चाहिए

हमारा भाषाई समाज एक ऐसे बिंदु पर खड़ा हुआ है जहाँ संस्कृत और अंग्रेज़ी एक-सा चरित्र ग्रहण करने लगी हैं। दोनों प्रभुतासंपन्न वर्ग की भाषा हैं। इस वर्ग का बड़ा आदमी जब दावा करता है कि मुझे अंग्रेज़ी में लेख लिखना अधिक सार्थक और सरल जान पड़ता है पर मैं हिंदी में भी लिख सकता हूँ तब उसकी लिखी हिंदी में इतनी उधार की संस्कृत होती है कि उसका गुमराह करनेवाला तर्क आडंबर के आवरण में छिप जाए। कुल मिलाकर यही काम अंग्रेज़ी भी करती है और अंग्रेज़ी की पोल को पूरने के लिए संस्कृत काम आ जाती है।

यह तो साधारण बात है। विशेष बात यह है कि एक तरह की संस्कृत का व्यापक प्रचार किया जा रहा है जो अंग्रेज़ी से अनुवाद करके बनाई गई है। आकाशवाणी के संस्कृत समाचार बुलेटिनों में आप इसे सुन सकते हैं। आकाशवाणी के सामाचार कक्ष में लिखी हुई अंग्रेज़ी का जनता की धड़कनों से वैसे भी संबंध कम ही होता है, फिर संस्कृत जैसी भाषा में उसका अनुवाद तो और भी निस्तेज होगा जिसे इतने अल्संख्यक बरतते हैं कि उस बरतने से ही वह और संकुचित होती जाती है। अंततः संस्कृत में समाचार सुननेवाला भी समाचार समझने के लिए वैसे ही अंग्रेज़ी का सहारा लेता है जैसे लिखनेवाला ले रहा था। और यह दुष्चक्र पूरा हो जाता है। सुननेवाले को वस्तुतः अपनी व्यवहार भाषा में समाचार सुनना और समझना सार्थक हो सकता है, पर समाचार जिस भाषा में सुनाए जाते हैं वह अंग्रेज़ी में लिखे हुए पाठ की जटिलता को हिंदी में इस शर्त पर बदलने से बनी है कि हिंदी का शरीर सरल हो और आत्मा मूल पाठ की ही तरह क्लिष्ट।

इस तरह समाचार को समझने के लिए भी एक खंडित भाषा का व्यवहार इतनी बार होता है कि समझ को उसकी आदत पड़ जाती है और सार्थक समाचार को जाने बिना हम मानने लगते हैं कि हमने जो सुना है वह समझ लिया है—और चूँकि वह समझ लिया है इसलिए वही सार्थक होना चाहिए। सारांश यह है कि समझ की एक पनीली, पतली सतह हमारी संवेदना पर चढ़ा दी जाती है जिससे सीधा नुकसान सामाजिक यथार्थ के अनुभावन में होता है। कुछ हिंदीपूजक संस्कृत के शब्दों को समाज भाषा में व्यवहार करने का जब-तब आग्रह किया करते हैं। दो-एक परिवारों में बातचीत के दौरान संस्कृत शब्दों का व्यवहार होते हुए भी मैंने सुना है। तुरंत दीख गया है कि वे परिवार मेज़, कुर्सी, गिलास, कमीज़ जैसे शब्दों के संस्कृत पर्याय बोल तो रहे हैं पर उनकी भाषा समाज-भाषा नहीं बन रही है, पुस्तक की या शब्दकोश की बल्कि पारिभाषिक शब्दकोश की ही भाषा बन रही है। सही तो यह होता है कि जो शब्द बोली में आ गए हैं उन्हें उसी रूप में इस्तेमाल किया जाए। जहाँ बोली का कोई व्यावहारिक ज्ञान न हो वहीं संस्कृत की ओर लौटना रचनात्मक होगा अन्यथा वह लौटना व्यर्थ का विपर्यय बनेगा। बनारस को अभी तीस-पैंतीस वर्ष पहले ही हिंदीपूजकों ने वाराणसी कर दिया था और सरकारी-ग़ैरसरकारी प्रचार साधनों ने इस प्राचीन शब्द का जमकर प्रचार भी किया था। पर जनजीवन में बनारस आज भी बनारस बना हुआ है। बनारस से बने विशेषणों को इन पुरोहितों ने डर के मारे नहीं छेड़ा, पर यह जानने की कोशिश नहीं की कि उस डर का कारण समाज है जिसने लखनऊ के चिड़ियाघर का नाम बनारसी बाग रखा था और हिंदी के परमभक्त विद्वान का नाम बनारसीदास चतुर्वेदी।

अर्थों के शब्द कहाँ हैं? आज हिंदी में जाने कितने अर्थों के शब्द लुप्त हो गए हैं या हो रहे हैं, उनके लिए हम आप्टे के शब्दकोश को खँगालें या अपनी स्मृति को? जाने कितने वयस्कों की स्मृति में वे दबे पड़े होंगे जो पदार्थों के भी और भावों के भी महीन से महीन प्रत्यंतरों को समाज में व्यक्त करते रहे हैं, पर अभी पिछले चालीस-पचास साल में राष्ट्रभाषा के पूजने का चलन बढ़ने और बोली के बरतने का चलन घटने से अकर्मण्य हो गए हैं। और कुछ नहीं तो इतना तो किया ही जा सकता है कि श्रेष्ठ गद्यकारों के मानक साहित्य से उन शब्दों को चुनकर उनका एक शब्दसागर बनाया जाए और आज उनकी पीढ़ी के लेखकों और अनुवादकों को वह कोश उपलब्ध कराया जाए। इसकी मदद से वे उस मिट्टी में जड़ें डाल सकेंगे जिसमें से उनके पुरखे रस लेते थे : ये जड़ें बिलकुल नई और सच्ची होंगी क्योंकि उनमें अर्थ है।

[*जनसत्ता*, 'अर्थात्', 19 फरवरी 1989]

ज़रा चुप रहिए

ध्यान से देखो उन लोगों को जो कविता सुन रहे हैं। ये मुँह क्यों बाये हुए हैं? इनके चेहरों पर स्थायी मुस्कान इतनी फैल गई है कि मुँह खुल गया है और ये खीसें काढ़े हुए लगते हैं। कविता में शायद हँसी की कोई बात नहीं है। इन श्रोताओं का चरित्र ही हर वक़्त दाँत निपोरने को तैयार रहने का है। मुस्कराना तो ये भूल चुके हैं।

मुझे कविता सुनने से ज़्यादा इनको देखने में दिलचस्पी होने लगी है। और कवि इतना चीख-चीखकर क्यों पढ़ रहा है? यह भी दिलचस्प बात है मगर ज़रा देर में यह दुखद हो जाएगी क्योंकि मुझे शक होने लगेगा कि चीखने का कारण शायद कवि का यह शक है कि उसे कोई सुन नहीं रहा है। वह उन अंशों को कभी गरजकर, कभी समझा-समझाकर रेत रहा है जो उसे खुद बहुत अच्छे लगते हैं। दो-तीन बार इन्हें दुहराकर फिर नई पंक्ति पर हुंकारते हुए आने के पहले एक बार वह इन सारी विलक्षण पंक्तियों को सरपट पढ़ जाता है मानो कविता नहीं सुना रहा हो, पाठ याद कर रहा हो। पर सुननेवालों ने इस खेल के क़ायदे सीख लिए हैं। कवि की इस हरकत से बेख़बर वे मौक़ा खोज रहे हैं कि कब कवि का आक्रोश सम पर आए और वे अपने खुले हुए मुँह में यथार्थ का हलवा गप कर लें। मुँह एक बार बंद हो जाएगा पर उसके अंदर इस वक़्त फास्ट फूड है, नए से नए संयंत्र में बना हुआ, जिसमें सारे रस स्टैंडर्ड हैं जैसे डब्बाबंद फलों में होते हैं इसलिए खुद को कोई आविष्कार नहीं करना है—मुँह फिर खुल जाएगा और उसमें से एक वाह-वाह निकलेगी। एक बार मैंने डेढ़ घंटे तक एक के बाद एक कवियों को अपने मुँह से अपनी कविता सुनाते हुए सुना। जब सभा ख़त्म हुई तो दिखा श्रोता फिर खीसें काढ़े हुए थे। बरसों के अभ्यास से उनमें इस गुदगुदी की परीक्षा करते रहने का संस्कार बन गया है जो महफ़िली कविता उनके लिए करती रही है। खीसें काढ़े रहना उसी मज़े की अग्रिम रसीद है।

आज की कविता के श्रोता को जब गुदगुदी लगती है तो वह वाह-वाह करता है, कविता नहीं सुननेवालों की तरह हँसता नहीं। निस्संदेह यह एक चुनौती है कि कविता कम से कम तीन काम एक साथ करे, सुननेवाले को सुनते वक़्त ही सोचने को मजबूर करे, बेहतर इनसान बनाए और हँसाए भी। पर होता ज़्यादातर वही है जो संस्कारहीन पिताओं के बच्चों द्वारा अपाहिज पशुओं और मनुष्यों को तंग किए जाने से होता है। हँसी अपाहिज को नहीं उस बेग़ैरत बच्चे को आती है जो माने बैठा है कि वह निशानेबाज़ी की प्रतियोगिता थी।

मगर इस वाह-वाह का क्या करें? यह किस चीज़ की दाद है? क्या शैली की, छंद की? नहीं, उसके लिए तो किसी के पास वक़्त नहीं है—न कवि के, न श्रोता के। शायद कवि के पास तब था जब वह कविता लिखने पर आमादा हुआ था, पर घबराकर उसने यों ही शुरू कर दिया। माना कि तब वह नहीं जानता था कि कविता होगी तो छंद ज़रूर होगा—बल्कि नया छंद होगा, मगर लिखते-लिखते तो जान ही जाना था कि कविता की भाषा अंततः नया छंद ही होती है। अब उसने शायद जाना है कि जिसे वह कविता समझ रहा था वह भाषा की कोई और तरकीब थी और उससे न नया छंद पैदा हो सकता था, न पुराना बचा रह सकता था। मैंने अभी कहा था कि कवि और श्रोता दोनों की मिलीभगत है। कवि चाहता है कि समय इसी क्षण से शुरू माना जाए क्योंकि पहले जो कुछ हो चुका है वह बाज़ार में नहीं चलेगा, श्रोता चाहता है कि साहित्य जैसी गतिवान संवेदना से गुज़रे मगर अपनी पुरानी जड़ता न छोड़े। क्या पिद्दी-सी भावुकताओं पर रह-रहकर वाह-वाह करते जाना इसी हीन भावना को, जो दरअसल अपराध भावना है, कम करने का, बल्कि छिपाने का बहाना है? मिलीभगत यह है कि दोनों दिमाग़ को उसकी बारी लेने न दें, किसी प्रतीति को, संवेदन को, अर्थ को या आकांक्षा को

पतन से उबरने और बदलने न दें।

समूह में कविता सुनते लोगों को कविता से अलग दूसरे मैदानों में भी ऐसे ही नैतिक संकटों का सामना करना पड़ रहा है। इसमें से कुछ को वे डब्बों में मोहरबंद करके लेबल लगा देते हैं—सांस्कृतिक : राजनैतिक : आध्यात्मिक : वैचारिक आदि-आदि। माल सब एक ही है। इस षड्यंत्र में भी उत्पादक, जो अपने को कवि और श्रोता को उपभोक्ता समझते हैं, शामिल हैं। वे मानते ही नहीं कि हर रचना एक नैतिक ज़िम्मेदारी का निर्वाह है। श्रोताओं को वे बताते हैं कि कविता में अनैतिकता की ख़बर सुनने में बड़ा मज़ा आएगा। रचना और नैतिकता के कर्तव्य से बेख़बर बाज़ारू श्रोताओं को परिवर्तन और यथास्थिति में कोई फ़र्क नहीं दिखाई देता और वे कहीं से प्रेरणा न पाने की घुटन में यथास्थिति के पक्ष में एक अघोषित समर्पण कर देते हैं—पर शायद उतना अघोषित नहीं : प्रत्येक आतुर वाह-वाह उस समर्पण की घोषणा ही तो है। कोई न चुप रहता है न मुस्कराता है, क्योंकि दोनों दशाओं में सोचना संभव है और इसी से अनिवार्य हो जाता है। इसीलिए खेल का क़ायदा यह है कि सब लोग दाद देने के बहाने शोर करते रहें।

और मैंने कविता सुननेवालों की अजब-अजब तरह की वाह-वाह भी सुनी है। एक ही समूह में से कभी-कभी ऐसी आवाज़ें आती हैं जैसे कवि से आग्रह किया जा रहा हो कि तुम संघर्ष करो, हम तुम्हारे साथ हैं, कभी एक क्षणिक सीत्कार होती है जैसे अतृप्त वासना की शिष्ट पुकार हो, कभी-कभी महज एक मर्दाना चटखारा होता है—अलबत्ता उसमें दावा यही रहता है कि हम भाषा का चमत्कार समझ गए हैं इसलिए निजाम को हिलाकर रख देंगे।

[*जनसत्ता*, 'अर्थात्', 18 जून 1989]

सार्वजनिक वास्तविकता की कविता

सरकारी प्रचार साधनों ने अपने ऊपर जो नियम लागू कर रखे हैं उनमें एक यह है कि किसी व्यावसायिक संगठन के नाम का प्रचार हमारे माध्यम से नहीं होना चाहिए। इस नियम के पालन में वे अच्छी-ख़ासी सख़्ती बरतते हैं। जैसे ही मैंने अपनी कविता में यह वर्णन किया कि—

> यहाँ पंचकुइयाँ से शीला सिनेमा तक थूक ही/थूक है रात के दस बजे भीड़ अब नहीं है। वे/सब कहाँ गए बीमार फेफड़े, हाँफते लपकते हुए/फेंक कर गए हैं जो दिल्ली के हाजिरीखाते में/दस्तख़त ज़रा ज़रा दूर पर।

वैसे ही रेडियो के एक कर्मचारी ने टोका : "शीला सिनेमा कहाँ है और क्या वास्तव में है?" मैंने कहा, "है और इस कविता में पंचकुइयाँ से थोड़ी ही दूर पर है।"

कर्मचारी ने कहा, "तब तो इसका नाम हम प्रसारित नहीं कर सकते क्योंकि यह एक व्यावसायिक केंद्र है।"

मैंने पूछा, "क्या पंचकुइयाँ का नाम ले सकते हैं।"

उत्तर नहीं आया। यानी ले सकते हैं, क्योंकि पंचकुइयाँ नाम की कोई दूकान नहीं है। मेरी सहायता करने को शायद वह कर्मचारी उत्सुक थे, बोले, "आप कोई और नाम कह दीजिए। कोई काल्पनिक नाम—वह चल जाएगा।"

"पर," मैंने कहा, "किसी काल्पनिक नाम से तो फिर यह रचना मेरी कविता नहीं रहेगी।" मैं सोचने लगा, कविता में नाम वास्तविक होने से यह परेशानी रेडियो को हो रही है। काल्पनिक नाम

उसके यहाँ चल जाएगा पर मेरी कविता में जो बीमार फेफड़े ··· हैं वे पंचकुइयाँ से शीला सिनेमा तक हाँफते लपकते हुए कैसे चलकर आएँगे?

रेडियो का यह प्रस्ताव अस्वीकार करते हुए मैंने पूछा, "यदि मैं यह कविता ही न पढ़ूँ तो कोई हर्ज है?" निश्चिंत उत्तर मिला, "नहीं-नहीं, कोई हर्ज नहीं।"

अवश्य ही कोई हर्ज नहीं था। रेडियो का एक नियम नितांत मुंशियाना तरीक़े से एक कविता से छुट्टी पाकर सस्ते में पूरा हो रहा था। मैंने वह कविता नहीं पढ़ी क्योंकि अब तक मुझे लगने लगा था कि उसे पढ़ दूँगा और कर्मचारी महोदय से जवाब तलब किया जाएगा तो वे उत्तर में यह नहीं कह पाएँगे कि दिल्ली में एक शीला सिनेमा है ज़रूर, मगर इस कविता में जो शीला सिनेमा है वह न दिल्ली में है, न सिनेमा है, न इससे किसी दूकान का विज्ञापन होता है, बल्कि यह रात के दस बजे भीड़ के लोप हो जाने से पैदा सन्नाटे में सड़क पर बचे रह गए उन प्रमाणों की तसवीर है जो दिल्ली में लाखों की संख्या में काम की तलाश में आते-जातों में से कुछ लोग रोज़ छोड़कर जाया करते हैं।

यह सही है कि चित्रहार के गानों के साथ सिनेमाघरों के नाम-पते सहित जो विज्ञापन दूरदर्शन दिखाता है उससे कहीं कम पैसों पर रेडियो-दूरदर्शन किसी सिनेमाघर का नाम प्रसारित नहीं करेगा, पर क्या कविता में सिनेमाघर के नाम को ज़बरदस्ती एक विज्ञापन मानकर आकाशवाणी को यह ग्लानि भी हुई होगी कि वह कवि को सिनेमा मालिक के मुक़ाबले एक तो इतने कम पैसे दे रही है, ऊपर से कविता लगभग घलुए में लिए ले रही है। जो हो, उस ग्लानि से मुझे गरज़ नहीं।

पर विश्वास कीजिए, ऐसी बात थी नहीं। सिर्फ़ समझ की और साहस की कमी थी जिसे व्यापकतर बनाते जाने में रचनाविहीन समाज में यथास्थिति बनी रहती है। और वह यथास्थिति बनी रहने से रचनाविहीनता बनाए रखने में भी मदद मिलती है। कहीं भी किसी को भी समझ का दायरा बढ़ाने का अवसर न देने में ही एक पतनशील संस्कृति की रक्षा है। हमें कृतज्ञ होना चाहिए कि जितनी अच्छी कविता लिखी जा रही है सब रेडियो या दूरदर्शन से प्रसारित होने पर आश्रित नहीं है, वह छपती है और किताबें बेहद महँगी होने के बावजूद पढ़ी जाती हैं।

वही मैदान है जहाँ कविता की रचना वास्तविकता को निरे तथ्यों की तालिका नहीं रहने देती। हर नाम अपने और अपने परिवेश के मनुष्यों के साथ मिलकर एक सार्वजनिक वास्तविकता की संज्ञा बन जाता है पर यह परिवर्तन कचहरी या आयकर विभाग के खातों में संभव नहीं, कविता में ही संभव है। वहाँ यह अभिज्ञान हर नाम को एक सामाजिक अर्थ देता है जो व्यक्तिवाचक नहीं रह जाता।

संज्ञा-परिवर्तन की यह प्रक्रिया जीवित साहित्य में चलती रहती है। तथ्यों को उनके परिवेश से संपृक्त करके यथार्थ को देखने पर हम यथार्थ के अर्थ को व्यापकतर करते हैं—इतना व्यापक कि उसमें रचनाकार की जितनी गहरी सामाजिक चेतना हो उतने ही अधिक सामान्य जन हिस्सा बँटाने लगें। क्रमशः इतने अधिक कि उनकी खुद की कोई निरपेक्ष व्यक्तिवाचक संज्ञा न रहे।

[*जनसत्ता*, 'अर्थात्', 27 अगस्त 1989]

रेलगाड़ी में तुलसीदास

मंगलवार का दिन था। रेलगाड़ी दिल्ली की तरफ़ चली ही थी कि दूसरे दर्जे के डिब्बे में छह-सात बाबुओं ने अपनी बहस एकाएक ख़त्म करके अपने एक साथी को याद दिलाया कि आज कौन-सा दिन है। एक ने पतली-सी एक पुस्तिका थैले में से निकालकर उसे थमा दी। यह पुस्तिका देखकर वह साथी बोला, "मुझे याद है मगर मैं सोच में पड़ा हूँ कि पता नहीं तुम सबका 'मूड' हो या न हो।"

दो-चार साथियों ने ज़ोर दिया तो पुस्तिका लेकर वह साथी गाने लगा।

गानेवाले को गाने के लिए पुस्तिका देखने की कोई ज़रूरत न थी। वह तो सिर्फ़ एक निशानी थी। दमदार आवाज़ में सुरीले कंठ से उसने गाया—गाइए गणपति जगवंदन। मंद्रगांधार से सुर लेकर कई लोगों ने सुर मिलाया और कुछ महीन, कुछ खरखरी आवाज़ों से रेल का डब्बा गूँजने लगा। मगर वह बंद कमरे की गूँज न थी। रेलगाड़ी की आवाज़ उसके साथ लय में थी और ताल में भी। चलती रेल में गाने के लिए यही लयताल और स्वर अनुकूल है ऐसा मुझे लगने लगा। सब गायक किसी सरकारी दफ़्तर के मुलाजिम थे। 29 ता. की सुबह वे दिल्ली पहुँचकर तीस अगस्त का दिन कहाँ बिताएँगे इस विषय पर अपनी-अपनी राय का शोर एकाएक ख़त्म करके वे मंगलवार की हनुमान प्रार्थना करने पर सहमत हो गए थे। ये छह-सात सरकारी कर्मचारी दिल्ली के प्रतिवेशी जिस नगर के रहनेवाले थे वहाँ भी ये ऐसे ही मिलकर हर मंगल को गाते होंगे। जब उनमें से एक उनका गाना शुरू करा सकता है, उसका गला गंभीर और सुरीला और सबके गले में सुर है तो मंगल ही क्यों, रोज़ क्यों न गाते होंगे।

गणेशवंदना के बाद एक भजन रामचंद्र की स्तुति में था, फिर एक शिव की। एक और किसी देवता के स्मरण के बाद मंडली ने हनुमान चालीसा गाना शुरू किया। तटस्थ श्रोता की तरह मैं यही जानने को उत्सुक था कि इन लोगों का उच्चारण कैसा है। मुझे पता नहीं चल पाया कि उसमें अवधी के किसी शब्द के उच्चारण में शुद्धता की कमी थी या नहीं। उन सहयात्रियों की संगत में सुरताल के साथ वृथाभावुकता से शून्य भक्ति ने उच्चारण की आलोचना से मेरा ध्यान हटाकर अनुभव पर केंद्रित कर दिया। ये पेशेवर भक्त या रससिद्ध गायक न थे। जीवन के तरह-तरह के टकरावों से रोज़ गुज़रते और किसी एक समय भागीदारों के साथ एकांत में अपने नियम से बँध जाते साधारण गृहस्थ थे। पुस्तिका तो केवल प्रतीक थी। उन्हें न केवल सब भजन और सब स्तुतियाँ कंठस्थ थीं, उनके सुर भी कानों में बसे हुए थे और अपने अगुआ के साथ मिलकर गाने के भजनों का उनका क्रम भी अभ्यास के कारण निश्चित था। हर कोई जानता था कि हर भजन श्रीराम राम की टेक पर पूरा होगा। और उसके बाद नया भजन शुरू होगा तथा यह भी कि सब आराध्य देवों के बीच में हनुमान चालीसा कहाँ आएगा। हनुमान चालीसा के बाद छंद बदल गया। उन्होंने गाया 'को नहिं जानत है जग में कपि संकट मोचन नाम तिहारो' और फिर जैसा कि अवश्य प्रचलित नियम रहा होगा, अगुआ के हाथ से नेतृत्व एक और साथी के हाथ में दे दिया गया जिसने ग़ज़ल गानेवालों के सुपरिचित पंचमसुर से उठाकर कोई वंदना की। यह ग़ज़ल की शैली में थी और इसमें उर्दू की मध्यमवर्गीय छटाएँ थीं। इसमें शायर का नाम 'ओम' भी आता था।

जय जगदीश हरे से यह कार्यक्रम समाप्त हो गया पर यह मेरा भ्रम था। समाप्त नहीं हुआ। अभी पूरे निजत्व के साथ शेराँवाली माता की दो स्तुतियाँ बाक़ी थीं। दिल्ली तक का रास्ता कट गया। साथी उतरकर दिन भर अपने-अपने दफ़्तरों में बाक़ी साथियों से यह सलाह-मशवरा करने चल दिए कि 29 की रात से 30 की रात वे अपने-अपने दफ़्तरों में क्या करेंगे।

उत्तरप्रदेश से दिल्ली लौटते हुए ग़ाज़ियाबाद आने पर पता चलता है कि उत्तरप्रदेश पीछे छूट गया। दूसरों की बोली बदलने-बदलने को हो आती है। अपना व्यवहार एकाएक हड़बड़ाकर उठ बैठे आदमी का-सा हो जाता है। क्या यह आनेवाले दिन की निश्चिंतता थी जिसने और दिनों की-सी दबसट में मुझे नहीं डाला जब काम पर दिल्ली आनेवाले सिर्फ़ इस कारण आतंक पैदा कर देते हैं कि उनके अपने जीवन में उस समय धीरज छूट रहा होता है? जो हो, हनुमान चालीसा और गणेशवंदना का रोला छंद सधे हुए स्वर में सुना जिसमें अनूप जलोटा मार्का मुरकियाँ और मीड़ें न थीं, कामकाजी गृहस्थों की कलाहीन भावना थी। हनुमान का मैं भक्त नहीं हूँ न उनकी रामभक्ति से विभोर हो उठता हूँ। परंतु तुलसीदास की सरल शब्द-योजना वर्षों बाद आद्यंत सुनी।

बचपन से हनुमान चालीसा साहित्य के रूप में पढ़ा था। उसका साहित्यिक आनंद एक अनजान

सरकारी नौकर के मुँह से सुने सस्वर पाठ में मिला और रामभक्ति से भी अधिक अपनी भाषा की शक्ति दिखाई दी। या शायद यह भाषा की नहीं बल्कि उसे आडंबर के बिना छंदताल सहित बोल सकनेवाले उस सहज नागरिक की शक्ति थी जिसे साहित्य का कोई आभास नहीं था। और शायद यह भी सच न हो, केवल मेरे अलगाव का टूटना ही सच रहा हो क्योंकि जब भजनीक सहयात्रियों ने सवैया छंद प्रवाहपूर्वक गाया—को नहिं जानत है जग में कपि संकट मोचन नाम तिहारो—तो मेरा यह भ्रम प्रत्येक पंक्ति के साथ टूटता गया कि दिल्ली के दायरे में आनेवाले लोगों को सवैया जैसे छंद की चाल में दिक़्क़त आएगी। नहीं, वह ह्रस्व और दीर्घ मात्राओं सहित संपूर्ण सुन पड़ रहा था, वैसा ही जैसा पाँचवें दर्जे में मेरे हिंदी अध्यापक पं. रामदुलार पांडेय ने मुझे पद्य पढ़ाते हुए सुनाया था।

कहीं से दिल्ली लौटना आम तौर पर परदेस में लौटना लगता है पर इस बार तुलसीदास और बजरंगबली मिलकर मुझे घर तक पहुँचा गए थे।

[*जनसत्ता*, 'अर्थात्', 10 सितंबर 1989]

साठ? तो फिर?

साठ वर्ष जीवित रहना एक व्यक्तिगत काम है, कोई समाज-सेवा नहीं। जब *आलोचना* के संपादक नामवर सिंहजी मुझसे चाहते हैं कि मैं अब तक के किए काम का अपने आप लेखा-जोखा करूँ तो मैं मन ही मन पूछता हूँ कि *आलोचना* में छापने के लिए आज इसकी क्यों ज़रूरत पड़ गई, जबकि यही काम मैं रोज़ करता रहता हूँ। मन ही में उत्तर मिलता है, वजह है—साठ वर्ष। आलोचक, संपादक, सेठ, सरकार सबके पास एक नपना है—"क्या लेखक मर रहा है?" साठ वर्ष उसे नपने में डालकर देखने का वक़्त है। मगर ऐसी भी क्या जल्दी? सौ बरस जीने की कल्पना पुरखे जब कर गए थे, तबकी तुलना में ज़िंदगी की ज़िम्मेदारियाँ और आदमी की दुनिया इतनी बड़ी हो गई है कि सौ शरद काफ़ी नहीं रह गए हैं। सौ बरस में कोई क्या कर पाएगा? अभी तक का लिखा विश्व-साहित्य भी नहीं पढ़ पाएगा, अपनी स्मृति में बसे साहित्य को दोबारा पढ़ना तो दूर की बात है। और उन हज़ारों अनुभवों से गुज़रने की चुनौती भी जोड़ लें जो इसी ज़िंदगी में आने को है तो सिवाय एक और ज़िंदगी माँगने के कोई रास्ता न बचेगा। और वह भी इसी जन्म में पानी होगी।

जिन साथियों ने 1946-47 में भाषा को अपनी रचनात्मकता का मुख्य माध्यम बनाया और अपने परिवेश, संस्कार, प्रशिक्षण और प्रोत्साहन के कारण उसको आज तक बनाए हुए हैं, वे अवश्य ही साठ के हो चुके होंगे या नहीं तो हो रहे होंगे। उनके 43 वर्ष भारत की आज़ादी को पूरा करने और बनाए रखने के संघर्ष के दौरान बीते हैं। यह संघर्ष कई पीढ़ियों ने किया है और कुछ इस तरह हुआ है कि पीढ़ियाँ गड्डमड्ड हो गई हैं जो कि भारत की और मेरी भी ताक़त बढ़ानेवाली बात है। आज़ादी के सरकारी दिवस के बाद से आज़ादी की लड़ाई जो जारी है, उसी ने हिंदी साहित्य को नया दिमाग़ और नई अकल दी है और यह तब तक बार-बार नई होती रहेगी जब तक यह लड़ाई जारी रहेगी। क्या इसके वास्ते 100 साल काफ़ी होंगे? ज़ाहिर है कि 60 साल का तो कोई मतलब ही नहीं है।

जब मैंने कहा था कि इसी जन्म में एक और ज़िंदगी माँगनी होगी तो मेरा मतलब क्या था? यही कि अपने हर रचनात्मक अनुभव में, संश्लिष्ट अनुभवों में से सबको नहीं तो एक, कम से कम एक को उसी समय पहचानना होगा—शब्द के साथ भाषा के दूसरे रूपों को, बोली के साथ दूसरी बोलियों को, एक ज़िंदगी के साथ दूसरी ज़िंदगियों को, एक व्यक्ति, एक समाज के साथ दूसरे व्यक्ति, समाज, इतिहास और भूगोल को ··· और यह सब उसी बाक़ी वक़्त में जो सामने दिख रहा है।

ज़रा ठहरकर देखें तो आज़ाद भारत की प्रायः आधी शताब्दी के बीतने पर हमारा साहित्य अपनी नगण्यता और अपनी संपूर्णताओं के साथ एक ओर, और साहित्य के विरुद्ध काम करनेवाली प्रवृत्तियाँ अपने रचनाछद्म के साथ दूसरी ओर खड़ी दिखाई देंगी। तब वे सब उपलब्धियाँ कहाँ हैं जो हमारे समकालीनों ने अपनी परंपराओं के बूते अर्जित की हैं? अवश्य ही वे उसी आधे-अधूरे निर्माण के पाले में हैं और वहीं उनके भीतर गतिशीलता का कोई अर्थ है, क्योंकि चुनौतियाँ वहीं हैं। यहाँ न मेरा उद्देश्य है कि मैं हिंदी साहित्य के वर्तमान का विश्लेषण सविस्तार करूँ न उसका सामर्थ्य ही है, पर यह मैं अपने कई समकालीन चिंतकों की अपेक्षा कहीं अधिक विश्वासपूर्वक कह सकता हूँ कि हिंदी का—कम से कम कविता का—यह दौर छायावाद, प्रगतिवाद, प्रयोगवाद और अकविता तथा उसकी अनेक पहचानों की तुलना में कहीं अधिक सशक्त संभावनाओं से भरा हुआ है। यह बात मैं पिछले दस-बारह साल से देखता आ रहा हूँ कि हिंदी पढ़नेवालों और लिखनेवालों की गुणवत्ता और संख्या दोनों कमोबेश बढ़ती रही है, जिसका एक उज्ज्वल पक्ष यह है कि इस संख्या में से जो हिंदी के बाज़ार की पकड़ से बचे रहेंगे वे धरती की विशेषताएँ हिंदी में लाएँगे और यदि वे यथार्थ को यथास्थिति मिटाकर नया मनुष्य बनाने का साधन मानते हैं तो केवल धरती के मधुर गीत नहीं गाते रहेंगे—धरती पर जो विध्वंस नए मनुष्य के भविष्य के विरुद्ध हो रहा है, उसका उद्बोधन भी करेंगे। 60 साल के होने का एक अर्थ यह भी है कि वर्तमान के इस आशाप्रद पक्ष को मैं ज़्यादा साफ़-साफ़ देख रहा हूँ और सौ साल जीने की किताबी इच्छा के एक नए अर्थ को भी।

[*आलोचना*, अक्टूबर-दिसंबर 1989]

आज का संकट

लेखक की एक विशेषता यह है कि वह सब समय संकट की खोज करता रहता है। संकट तो हर समय होता ही है, खोज करने का विषय यह रहता है कि वर्तमान संकट सभ्यता और संस्कृति के ऐसे कौन-से हिस्से का है जो एक ही साथ एक बड़ी दुनिया का अंश भी है और अपने में भी पूरा है। संकट काहे का है, यह पहचानना लेखक की निरी सामाजिक चेतना पर और इतिहास की समझ पर निर्भर नहीं होता, अपने लोगों के आपसी रिश्तों की रचनात्मकता पर भी निर्भर होता है। इसी पर इस संकट को लानेवाले और इसका उपभोग करनेवाले सबसे पहले धावा बोलते हैं।

तमाम ऐसे लोगों को जो लेखक को एक फालतू आदमी या अधिक से अधिक तमाशबीन जुटानेवाला एक मदारी मानते हैं, यह फ़िजूल की बात मालूम होगी कि हर वक़्त संकट क्यों रहे। आए और चला जाए, हम चैन से बैठें। फिर आएगा तो देख लेंगे कि क्या करना है। मगर चूँकि ये लोग ज़िंदगी में कुछ बनाते नहीं हैं—बहुत हुआ तो पुराने डब्बों और ढक्कनों को जोड़-जोड़कर बैठकखाने में रखने की कोई सुंदर चीज़ बना लेते हैं—इसलिए ये समझ नहीं पाते हैं कि संकट आता भी नहीं है, जाता भी नहीं है, सिर्फ़ अपनी मार और पहुँच बदलता रहता है। इसे भी शायद कुछ लोग भाँप लेते होंगे मगर वे इसके जवाब में संकट के नए दायरे को और उसमें निहित पराधीनता के नए रूप को फिर भी नहीं पहचानना चाहते। वे सिर्फ़ विरोध के प्रदर्शन के रूप को नई सूरत देना चाहते हैं। बहुधा इसके पीछे ईमानदारी जितनी होती है उतनी ही बेवकूफ़ी भी होती है। अकसर उद्देश्य में बेईमानी नहीं होती लेकिन एक तरह का मूर्ख भोलापन होता है जो मानव नियति को दमन और पराधीनता की जकड़ में डालनेवाले कारणों को जानने की ज़रूरत नहीं समझता क्योंकि संकट के व्यवसायीकरण की अर्थात् वेदना में मनोरंजन और आत्मरति में कला की सभ्यता मनुष्य की गरिमा और स्वतंत्रता को नष्ट करनेवाली

एक संस्कृति तेजी से बना रही है—इतनी तेज़ी से कि हम अनजाने ही सिर्फ़ दो दिन पीछे को देख पाते हैं, एक बरस आगे को नहीं।

कहना न होगा (बल्कि शायद कहना पड़ेगा) कि इस तुरता संस्कृति में लेखक को साझेदारी करने के लिए मजबूर भी होना पड़ता है और विरोध करने के लिए तैयार भी। 'कहना पड़ेगा' मैं इसलिए कहता हूँ कि संकट की थोड़ी-सी पहचान मिलते ही मध्यवर्गीय बुद्धिजीवी की पहली प्रतिक्रिया अपने वर्ग को मुँह चिढ़ाने की होती है और बहस का विषय यह बन जाता है कि वह जो बड़ा क्रांतिकारी बनता है असल में क्रांति-विरोधी है। ऐसे मध्यवर्गीय विचारकों को सबसे पहले समझना और समझाना पड़ेगा कि क्रांति अपने से परे होनेवाले किसी रोमानी 'एक्शन' का नाम नहीं है। कुछ बरस पहले तक कविता में जैसे खोज प्रकट करना और राजनीति में गुस्सा निकालना क्रांति की अभिव्यक्ति माना जाता था, वैसे ही मध्यवर्गीय क्रांतिकारिता में हथियार का इस्तेमाल सारी व्यवस्था को जड़ से बदल देने का परम ईमानदार साधन बताया जाता था। अपने कुछ प्रिय लेखक मित्रों को इस साधन की ख़तरनाक परिणतियों पर ध्यान देने को कहते हुए मुझे जवाब में कई ऐसे दृष्टांत सुनाने को मिले जो उस समय तो बुद्धिजीवी को दूर से 'अवस देखिए देखन जोगू' जैसे लगते थे परंतु कुछ ही समय बाद उसी व्यवस्था के भयंकरतम हथियारों के सामने अपनी राजनैतिक सार्थकता खो बैठे और इस बीच में क्रांतिकारी के हाथ में हथियार का विकल्प भी नहीं रह गया। विजय हथियार के हाथों पराधीनतापोषक अमानवीय संस्कृति की हुई और पुलिस, सेना और गुंडे की संयुक्त शक्ति पहले से सौ गुनी प्रबल हो उठी। ऊपर से उन लोगों का, जो सब समय संकट के उपस्थित रहने को एक दिमाग़ी फ़ितूर मानते हैं, राजनैतिक मत पुलिस पर (और आज तो स्वाधीन नागरिक पर नियंत्रण रखनेवाले संगणक यंत्रों पर भी) और अधिक आस्था रखने के पक्ष में हो गया।

यह सिलसिला आज भी चल रहा है। सिर्फ़ इसका तरीक़ा बदल गया है। यह चुपके-चुपके हो रहा है—मीठे-मीठे भी। इमर्जेंसी उठने के बाद के दिनों में भी यह सिलसिला जारी रहा था, मगर तब प्रचार के साधनों पर जिस वर्ग ने झपट्टा मारकर कब्ज़ा किया था वह उन्हीं तरीक़ों को बरतता था जो प्रायः सबको सुलभ थे—कम से कम आशा ऐसी ही की जा सकती थी। 1977 में पत्रिकाओं की बाढ़ ने सेंसर को बहा नहीं दिया, घोलकर सारे पानी में मिला दिया। फिर भी, छपे हुए शब्द का सरीहन अपमान होते हुए भी बहुजन समुदाय इस विश्वास से भरा रहा कि वह भी इस साधन का स्वामी हो सकता है।

आज वह आशा क्षीण से क्षीणतर होती जा रही है। बोला हुआ शब्द जो कम से कम पूँजी और कम से कम प्रतिबंध वाला साधन बन सकता था पूँजी के इतने विराट् उपयोग से ही संभव रह गया है कि अब उसकी स्वायत्तता एक क्षीण स्वर बनकर रह गई है। कहने को तो इस परिस्थिति में भी एक रोमानी बलिदानी भावना के दर्शन किए जा सकते हैं, परंतु वास्तविकता यह है कि सड़क पर गाने की परंपरा छिन्न होकर सड़क पर ट्रांजिस्टर हाथ में लेकर चलने की परंपरा बन गई है। सड़क पर गाना एक पेशेवर कौम का काम नहीं, एक वर्ग के आंतरिक अनुशासन और उद्वेग की मिलीजुली अभिव्यक्ति है। यह वर्ग बड़े पैमाने पर मध्यवर्ग है। इसके भीतर वह उद्वेग न है, न हो सकता है जो विराट् भीड़ों की आवाज़ में आवाज़ मिलाकर इस वर्ग में पैदा हो सकता है—हुआ था मगर नहीं मालूम कि अब हो सकेगा या नहीं।

पर अपनी किताब छापने और बेचने की परंपरा को आगे बढ़ाने के लिए इतने बलप्रद सामुदायिक समर्थन की ज़रूरत नहीं पड़नी चाहिए जितना गीत और नाटक या कविता पाठ के लिए पड़ेगी। लिखी हुई भाषा और छपा हुआ शब्द अपने में एक उत्तेजक है जो हर बार नई ताक़त दे सकता है—अगर वह लेखक की भाषा में हो तो।

[*जनसत्ता,* 'अर्थात']

चुनौती साहित्य देता है

कई दिनों से यह प्रश्न मन में उठता रहा है कि हिंदी काव्य साहित्य की परंपरा में आज हम कहाँ खड़े हैं। ठीक-ठाक पूछें तो यह पूछेंगे कि कहाँ चल रहे हैं। खड़े रहना तो परंपरा नहीं है। पर 'कहाँ चल रहे हैं' भी अपूर्ण वाक्य है। होना चाहिए कहाँ से चलकर कहाँ जा रहे हैं और कहाँ नहीं जा रहे हैं।

परंपरा की पहचान बहुत लोगों को होती है, पर उसे बता कम लोग पाते हैं। बताने का काम विशेषज्ञों ने अपना कर्तव्य और अधिकार मान लिया है। जैसे किसी युग में पढ़ने का अधिकार सबको नहीं था, वैसे ही परंपरा को बताने के अधिकार को भी परंपरा विशेषज्ञों ने अपने लिए एक विशेष विभाग बनाकर अपने पास रख लिया है। वे ही बताते हैं कि आज जो कवि कुछ कविताएँ लिखकर दम लेने को ठहर गया है वह किस कविता परंपरा में है : स्वयं बेचारे कवि को वे यह जानने की आज़ादी नहीं देते। साहित्यिक पत्रकार और विश्वविद्यालय प्रतिष्ठान परस्पर सहयोग से स्वयं यह तय कर लेंगे। वे मानते हैं कि तब तक नया कवि भी परंपरा के नामों में से कोई एक चुनकर अपने को उसके नाम से जोड़ने का फ़ैसला कर चुका होगा।

इस वक़्त नाम पहले से ज़्यादा पाए जाते हैं। चार दशक पहले तक प्रगतिवाद और प्रयोगवाद, ये दो ही बड़े-बड़े नाम थे। फिर नई कविता से लेकर टटकी, ताज़ी और अकविता तक कई नाम आए। सब नाम किसी को याद न हों तो स्मृति का दोष है, कविता का दोष नहीं। एक वक़्त तो ऐसा आया था कि हिंदी कविता और उर्दू कविता तक का वह भेद, जो प्रतिष्ठान ने झूठे ही बना रखा था, नए कवि ने मिटा दिया था। मगर वह वक़्त अब जारी है या ख़त्म हो गया, कुछ समझ में नहीं आता है। जो हो, यह भेद अगर आज फिर बढ़ रहा है तो कल फिर ख़त्म भी होगा, क्योंकि यह काव्य भाषा का मामला है जिसमें कोई आलोचक या अध्यापक शब्दावली का चुनाव नहीं करा सकता, कवि स्वयं ही कर सकता है।

पर कविता की परंपरा की किस्में बेची भी जाती हैं, जैसे विज्ञापन देकर चीज़ें बेची जाती हैं। चीज़ों के साथ चेहरे को चिकना, गोरा, जवान बनानेवाले उबटनों और ब्लेडों का रिश्ता है, मगर परंपराओं के साथ रिश्ता बड़ी चीज़ों का बताया जाता है जैसे राष्ट्रीयता का, एकता का, धर्म का और जनता का। हाँ, ये बड़ी-बड़ी चीज़ें बेची जा ही नहीं सकतीं। ये इतनी व्यापक हैं कि आलोचक और अध्यापक इन्हें बेचने योग्य बनाना चाहें तो इन्हें छोटा करने को मजबूर हैं। वे जब बेचना चाहते हैं तो राष्ट्रीयता को राष्ट्रवाद और जनता को जनवाद बना लेते हैं।

आलोचना के बाज़ार में कौन-सी परंपरा किस वक़्त बेचने में मुनाफ़ा है यह अंतर्राष्ट्रीय बाज़ार को देखकर मालूम किया जाता है। कुछ मामले में अंतर्राष्ट्रीय बाज़ार का भाव जल्दी मालूम न होने के कारण देर लग जाया करती है, तब नए कवि को जो आढ़त घसीटकर ले जाए, वह ले जाए। इरादा रहता है कि नए निर्माता को स्वयं निर्णय का अधिकार ही न रहे। उसे अधिकार रहेगा तो साहित्य-प्रतिष्ठान के लिए समस्याएँ ही पैदा होंगी। सच तो यह है कि हर कवि प्रतिष्ठान के नियमों को उलट-पुलट कर देने की जन्मजात कामना रखता है। प्रतिष्ठान के लिए तो फ़ायदे की बात यही है कि जब कवि अपना विकास कर रहा हो तो उस पर कंपनी के थोक विक्रेता नज़र रखें और उसे आज़ाद न होने दें। दरअसल कंपनी मानती ही नहीं कि कोई कवि आज़ाद भी रह सकता है। वह मानती है कि आज़ादी एक झूठ है और तर्क से या कुतर्क से हमारे द्वारा किसी वक़्त यह सिद्ध किया जा सकता है कि रचनाकार बिका हुआ है। तब श्रेष्ठता का पैमाना यही रह जाता है कि उस पर किसके हाथों बिके होने का बिल्ला चिपकाया गया है, चाहे रचनाकार उसे माने या न माने।

यह सवाल कोई हल्का-फुल्का सवाल नहीं है। आधुनिक साहित्य का एक महत्त्वपूर्ण सवाल है। यह नहीं कि आज ही यह फ़ैसला हमेशा के लिए हो जाएगा कि कौन रचनाकार कहाँ खड़ा है, या जैसा मैं कहूँगा 'कहाँ से आकर कहाँ जा रहा है', पर जब तक वह रचना करता रहेगा यही प्रश्न बार-बार पूछने और हर बार उपलब्ध कृतिकर्म के आधार पर जाँचे जाने को मौजूद रहेगा। इस जाँच में निर्णायक देसी या विदेशी बाज़ार भाव होगा या रचनाकार का समाज से संबंध? यही सवाल है जो हमेशा के लिए तय हो सकता है, पर रचनाकार का जनता से रिश्ता बदलने पर वह रचना बदल सकती है, जो अभी हुई नहीं है। जो हो चुकी है वह न रचनाकार को बदल सकती है न रचना को; वह किसी को बदल सकती है तो प्रतिष्ठान को ही बदल सकती है, चाहे वह विश्वविद्यालय का हो या साहित्यिक पत्रकारिता का, आलोचक का या दोनों का।

यह चुनौती प्रतिष्ठान के सामने हर समय रहती है कि नए रचनाकार आलोचना और मूल्यांकन के मानदंड बदल देंगे। रचनाकार तो इस चुनौती का अपना पक्ष निभाते रहते हैं, चाहे वे युग-प्रवर्तक न हो पाएँ, युग के व्याख्याता ही रहें। पर प्रतिष्ठान के पास बल है, इसलिए वह आराम से विलसता रहता है और चुनौती को हमेशा निभाता नहीं है। अचानक किसी समय अपनी विश्वसनीयता पर संकट आसन्न देखकर वह जम्हाई लेकर जाग उठता है और मनपसंद परंपरा का चुनाव साहित्य के लिए करने लगता है। कहना न होगा कि यह चुनाव न रचनाकार की अपनी ज़रूरत होता है, न साहित्य की। वह परंपरा की न सामाजिक पहचान बनाता है न साहित्यिक, बस उसकी व्यावसायिक उपयोगिता दिखाकर उपभोक्ता सामग्री तैयार कराता रहता है। इस सामग्री के विज्ञापन के लिए राष्ट्र, धर्म, एकता, यहाँ तक कि आज़ादी पर ख़तरे आते हुए दिखाए जाते हैं जैसे विज्ञापित साबुन बरतने पर बाल झरने के ख़तरे बताए जाते हैं, जबकि सबसे बड़ा ख़तरा स्वयं प्रतिष्ठान के सर पर मँडरा रहा होता है क्योंकि नए साहित्य ने उसकी विश्वसनीयता को चुनौती दे रखी है और उसे डर है कि चाँद गंजी न हो जाए।

[*जनसत्ता*, 'अर्थात्']

लखनऊ लेखक संघ : स्वातंत्र्योत्तर सर्जनात्मकता का निर्णायक मोड़

यह लेख लिखना शुरू करते ही मैं आत्मरक्षा के भार से क्यों भर उठा हूँ? मेरा घर, मेरा शहर मुझे याद आ रहा है पर यादें मुझे विभोर क्यों नहीं कर रही हैं जैसे गाँव में पढ़े-पले लेखकों के व्यक्तिगत निबंध (जिसे हिंदी साहित्य में ललित निबंध कहते हैं) लिखते हुए उनकी कल्पना करती है? मेरे दोनों स्वगत प्रश्नों का उत्तर यह है कि मैं नागर संस्कारों का समर्थक हूँ और मेरा अपना शहर गाँव की सबसे घटिया सभ्यता से आक्रांत है। मैं विभोर क्यों होऊँ और आत्मरक्षा की क्यों न सोचूँ?

मैंने 1951 में लखनऊ छोड़ा और एक ऐसे शहर में आ बसा जहाँ मैं आज तक परदेशी हूँ। यह कोई शिकायत नहीं है। जिस परिवेश और समुदाय को भारत की आज़ादी और विभाजन के तीन-चार वर्ष के भीतर मैं छोड़ आया था उसकी तुलना में वह नगर जहाँ मैं आकर बसा रचनात्मक ऊर्जा से रिक्त और निर्जन था यद्यपि आज़ादी वहाँ मानो स्थायी भाव से आकर कई बरस से बैठी हुई थी। जो गतिशीलता लखनऊ के लखनऊ लेखक संघ में मेरे परम मित्र श्री कृष्णनारायण कक्कड़ की प्रेरणा से उस समय की अग्रणी पीढ़ी में द्वंद्वात्मक यथार्थ के साथ विकसित हुई थी उसकी जगह दिल्ली के प्रगतिशील लेखक संघ में मुझे एक दिन तो यह बहस सुनने को मिली कि हनुमानजी प्रगतिशील थे

क्योंकि वह लाल लँगोटी बाँधते थे। मैं अब भी मानता हूँ कि यह सिर्फ़ मज़ाक में कहा गया था हालाँकि इतनी विनोदप्रियता का कोई लक्षण दिल्ली की बोली में मिलता नहीं।

मेरे परदेशी हो जाने का सबसे दुखद कारण यह था कि मेरे पास लखनऊ लेखक संघ के दौर की सजग आकांक्षाएँ थीं जो उत्तरप्रदेश की संस्कृति की सबसे प्रखर चिंताओं से मिलकर बनी थीं : सही मायने में आधुनिकता की समझ और लोकतंत्र के मानवीय अनुरागों की पकड़ इन चिंताओं के मूल में थी और लखनऊ विश्वविद्यालय से मिले संस्कार हमें विश्व संदर्भों से जोड़ते थे न कि ग्रामांचल से। कविता में, राजनीति में, समाजविज्ञान में और कहना न होगा कि भाषा में जो कि उत्तरप्रदेश की निराली देन थी, एक रचनात्मक प्रगतिशील नागर स्वभाव विकसित हो रहा था। लखनऊ में भारत विभाजन के बाद नए लोगों का आना पुराने लोगों की बनी-बनाई जीवन पद्धति को इस नागर स्वभाव में एक आयाम दे गया जो मानो इतिहास की उथल-पुथल के कारण ही पिछड़ेपन का नहीं, प्रयोगशीलता और जीवट का था। कम से कम अपने बारे में निजी तौर पर कह सकता हूँ कि आबादी के स्थानांतरण के कारण सामुदायिक जीवन में जो हलचल हुई उसने मुझे राजनैतिक-सांस्कृतिक समसामयिकता के नए अर्थ दिए और उनका कुछ न कुछ अनुदान मेरे कविकर्म को भी मिला।

पर इस घटना का एक इतिहास है। आज़ादी के बाद पुनः मूल्यांकन की रौ में रचना के कई पहलुओं पर बहस होती रहती थी। 1950 की बात है, लखनऊ कॉफ़ी हाउस में प्रगतिशील लेखक संघ के साथ जुड़े लेखकों के एक समूह में बहस हो रही थी कि मार्क्सवादी साहित्य समालोचना इतने पिटे-पिटाए तरीके से क्यों चलती है और आज़ादी की ऊर्जा का इसकी विशेष प्रतिभा पर कोई असर क्यों नहीं पड़ता? इसके कुछ आगे-पीछे प्रगतिशील लेखक संघ की बैठकों में जो राज़ीया सज्जाद ज़हीर के निवास पर हुआ करती थी, कृष्णनारायण कक्कड़ ने नए लेखकों के साथ एक संवाद शुरू किया जिसने कुछ ही समय के अंदर इस दकियानूसी जकड़बंदी से निराशा की जगह मुक्ति का संदेश दिया और फिर खुद अपने अंतर्विरोधों से बाध्य होकर मार्क्सवादी आलोचना को अपने में परिवर्तन करना पड़ा। पर यह परिवर्तन यों ही नहीं हो गया। इसने प्रगतिशील लेखक संघ के हिंदी और उर्दू विभागों में मतभेद मुखरित करा दिए और सिद्ध कर दिया कि सामाजिक चेतना की स्वतंत्र प्रगतिशील समझ आज़ादी के अनुरूप है जबकि जकड़बंदी विचारधारा की वैज्ञानिक प्रकृति के भी प्रतिकूल है और आज़ादी से उत्पन्न पुनर्मूल्यांकन के भी। सामाजिक चेतना की स्वतंत्र अभिव्यक्ति ही सामाजिक चेतना के एक से अधिक स्तरों पर रचनात्मकता को बढ़ावा देगी और इसी से कट-छँटकर प्रतिमान बनेंगे। यह उल्लेखनीय है कि इस विचार के आधार पर ही प्रगतिशील लेखक संघ से अलग होकर पहली बार एक नया घोषणापत्र लिखा गया जिसमें सामाजिक चेतना और साहित्य के मूल्यों की अधिक स्वस्थ परिकल्पना थी। एक नई संस्था बनी जिसका नाम रखा गया लखनऊ लेखक संघ। यह सब आज़ादी के बाद के तीन-चार वर्षों में हो गया जिसका लखनऊ छोड़ने के पहले मैंने अनुभव किया था और जिसमें आधुनिकता की एक नई समझ विकसित हो रही थी। यह तथ्य महत्त्वपूर्ण है कि लखनऊ लेखक संघ के रचना-आलोचना मूल्यों को निरूपित जिस सहयोगी ने किया था वह कृष्णनारायण कक्कड़ थे और वह सिर्फ़ लेखक नहीं, कला की दूसरी विधाओं के मर्मज्ञ और स्वयं चित्रकार होने के अतिरिक्त पाश्चात्य और भारतीय साहित्यों के तुलनात्मक अध्ययन में लगे हुए थे। उनकी बदौलत हमारी पूरी गोष्ठी को विश्व प्रतिमानों की जानकारी और उस जानकारी से अपनी खुद की समीक्षा की प्रेरणा मिली थी। लखनऊ लेखक संघ का निर्माण एक ऐतिहासिक घटना है, आज की तरह की साहित्यिक गुटबंदी का कोई नमूना नहीं है। यशपाल लखनऊ लेखक संघ की बैठकों में हिस्सा लेते थे और अमृतलाल नागर और डॉ. देवराज ने भी हम लोगों के सामाजिक चेतना के विभिन्न स्तरों के बीच संवाद को यथार्थ और प्रगतिशील यथार्थ के विकास में प्रवृत्त कर दिया था। लखनऊ लेखक संघ के रचनात्मक दायरे को विस्तृत करते हुए एक सहयोगी ने लखनऊ नाट्य संघ भी स्थापित किया जिसने यशपाल का नया

नाटक *नशे-नशे की बात* खेला : खुद यशपाल ने मुख्य पात्र का अभिनय किया। अन्य पात्रों में कक्कड़ भी थे और मैं भी था। कमलापति मिश्र, उमापतिराय चंदेल और महेशचंद्र पंत संघ के आदि सदस्यों में से थे। नरेश मेहता तो घोषणापत्र की रचना के समय से ही साथ थे। कई बैठकें उनके और यशपाल में से किसी न किसी के घर पर हुईं।

लखनऊ लेखक संघ एक महत्त्वपूर्ण ऐतिहासिक बिंदु इसलिए है कि यह जकड़बंदी के खंडन और आज़ादी को समझने और बरतने के रास्ते में सहायक हुआ। आगे चलकर उर्दू और हिंदी साहित्य के विकास पर इस प्रयत्न का दूर तक सुखद असर पड़ा। अफ़सोस सिर्फ़ इस बात का है कि मार्क्सवादी आलोचना और भावी नीति ने हिंदी-उर्दू के सम्मिलित विकास की राह में शुरू के वर्षों में ही रोड़ा लगाया। आगे चलकर दोनों भाषाओं की नई पीढ़ियों ने अपने-अपने लेख में हिंदी-उर्दू की दकियानूसी पहचान मिटाने की कोशिश बार-बार की है और इससे दोनों भाषाओं में नई ताज़गी आई है। पर शुरू से अगर दोनों भाषाओं के विकास की समझ बनने दी गई होती तो अभूतपूर्व सफलता मिली होती। पर साहित्य से बाहर जीवन के सामुदायिक व्यवहार में भाषा के नाम पर लड़ाई लगवानेवालों को लखनऊ ने अपने हिंदू-मुस्लिम ऐक्य समर्थक चरित्र के बल पर हमेशा निरुत्साह किया है। यह भी याद रहना चाहिए कि विभाजित भारत के शरणार्थियों को उ.प्र. के हिंदी-उर्दू के मिले-जुले वातावरण में अनुकूलता और प्रीति मिली थी और उन्होंने भी उ.प्र. के जीवन को ऊर्जा दी थी। कहना न होगा कि मैं ठीक यही सकारात्मक बात नहीं कह पाता अगर मैं उ.प्र. में जन्मा, पला, पढ़ा और जवान न हुआ होता और आज़ादी और विभाजन का यह मिश्रित अनुभव मुझे किसी और प्रदेश में हुआ होता। भारतभूमि आज ठीक-ठीक उतनी ही पालनहार नहीं है, जितनी कविताओं में कही जाती है पर यह उ.प्र. में संभव हुआ था कि पंजाब का आदमी अपने स्वभाव सहित जब वहाँ बसने आया तो उसने प्रदेश को भी समृद्ध किया और अपने को भी। तभी एक आधुनिक संस्कृति बनी।

[लखनऊ महोत्सव की वार्षिक पत्रिका *उर्मिला,* अंक 12, 1989]

आज़ादी, रचनात्मकता और उपन्यास

15 अगस्त 1947 को चार दशक से ऊपर हो गए हैं और देखते-देखते आधा शताब्द हो जाएगा। इसी बीच हम स्वतंत्रताजन्य विकास की उपलब्धियों के कई उत्सव मना चुके होंगे। सत्तारूढ़ राजनैतिक दल को उपलब्धियों का प्रचार करने की आवश्यकता पड़ती है। परंतु यदि वह आज़ादी के अर्थ को खोजता नहीं रहता तो वह गुलामी की बहुत-सी उपलब्धियों को आज़ादी का उत्सव बना दिया करता है। सत्ता के प्रचारतंत्र ने गुलामी के मज़ों का कई प्रकार से समाजीकरण किया है पर जो लोग सत्ता संस्कृति द्वारा हड़पे जाने से अपने को बचा ले गए हैं उनके भीतर आज़ादी के अर्थ की खोज के एक के बाद एक कई आंदोलन पिछले 40 वर्षों में लगातार होते रहे हैं। साहित्य का मूल्यांकन भाषा बोलने-लिखनेवालों के समाज में कई तरह के प्रतिष्ठानों में निर्मित कई तरह के मानदंडों से होता रहा है पर अंततः प्रामाणिक मानदंड एक ही है और वह है आज़ादी के अर्थों की खोज जो कि सारी रचनात्मकता का उत्स है। हमारी यह खोज जब जारी नहीं रहती तो हमारी रचनात्मकता ख़त्म होने लगती है। समाज का मरना हमने आज़ादी के उत्सवों के चार दशकों में बार-बार पहचाना है—

> यह समाज मर रहा है
> नक़ल, अपनी ही नक़ल करता जा रहा है
> गाने में, बजाने में, पहनने में, कुछ भी बनाने में

यह उस ज़रूरत की पवित्रता से तपाया हुआ
निखरता नहीं जिससे वह बनाता है
चाहे वह भजन की धुन हो चाहे स्मारक का शिलालेख
यह नहीं कि वह सिर्फ़ कृतित्वहीन है
बल्कि उन कम होते हुए लोगों को भी अधिकाधिक
बड़ा शत्रु मानता जा रहा है जो अब भी अपनी
आग से रचते हैं और अपने लिए रचते हैं अपनी आग।

इन चालीस-बयालीस वर्षों के अंतराल में एक विशेष बात यह हुई है कि बड़े-बड़े नामों के उठ जाने का अर्थ ही बदल गया है। आज़ादी के प्रारंभिक वर्षों में हमको लगता था कि जो नाम हमारे रचनात्मक जीवन से अभिन्न था यदि वह नहीं रहा तो वह आज़ादी की लड़ाई में खेत हुआ है, बीच के दशकों में हम मानते थे कि जो चल बसा है वह अकाल मृत्यु को प्राप्त हुआ है। पर अब 1947 के बाद की आधी शताब्दी बीतते-बीतते हम किसी वास्तव में बड़े नाम के अवसान से अपने को अनाथ पाने लगे हैं। शोक सभाएँ रह-रहकर बता रही हैं कि साहित्य में और रचनात्मक राजनीति में एकसाथ बहुत-से मानवीय अनुभव जुटाकर हमें यथार्थ के अंदर छिपे युग-सत्य की ख़बर देनेवाले पुरुष अब नहीं रहे। साहित्य में उपन्यास और राजनीति में जनआंदोलन रचनात्मकता के दो ऐसे क्षेत्र हैं जिनमें युग-पुरुषों की क्षति आज़ादी के संघर्षों के एक न एक लंबे रचनात्मक दौर के व्यतीत हो जाने का प्रतीक है।

शोकसभाओं में व्यक्त भावनाएँ 'अपूरणीय क्षति' की अभिव्यक्ति से कोई स्पंदन नहीं कर पातीं तो उसका कारण यही है कि ऐसी सब मौतें आज़ादी की खोज में हमारी ज़िम्मेदारी छूट जाने की प्रतीतियाँ हैं और हम उन्हें एक झटके से अनुभव करते हैं क्योंकि उस हिस्सेदारी के धीरे-धीरे घटते जाने के प्रति हमारी गुलामी हमें सजग नहीं होने देती।

उपन्यास आज़ादी की आकांक्षा और उसको मूर्त करने के संघर्ष का पर्याय बनकर भारत में, विशेषतया हिंदी में प्रकट हुआ है। आज कहा नहीं जा सकता कि नया उपन्यास उतने बड़े फलक पर समग्र जातीय आकांक्षाओं को वाणी देगा या संक्षेप में नए मानवीय संबंध को उजागर कर एक नए मनुष्य का परिचय दे जाएगा। पर व्यक्ति और समाज, अतीत और वर्तमान या गाँव और शहर जैसी कसौटियों से परे उपन्यास-निकष वह ऐतिहासिक संघर्ष ही रहेगा जो आज़ादी के अर्थ को सिद्ध करने के लिए कोई जाति, नष्ट हो जाने के भय से ही सही, अपनी भाषा में जारी रखती है।

यह एक तरह का सरलीकरण होगा कि हम भारत की भौगोलिक-ऐतिहासिक विविधता की आड़ लेकर तर्क करें कि अभी तक के श्रेष्ठ उपन्यासकारों ने यथार्थ के चित्रण से हिंदी को समृद्ध किया। वास्तव में यथार्थ संपदा का प्रयोग किसी बड़े रचनाकर्म की शर्तों को सिर्फ़ एक हद तक पूरा करता है। उपन्यास यदि कम से कम एक ऐसे पात्र में हमको अपनी शक्ल देखने नहीं देता जो अपने प्रेय से बड़ा हो तब वह मनोरंजन वैविध्य से भरा दस्तावेज़ अवश्य हो सकता है, नए इनसान की आज़ादी का अगली पीढ़ियों को संदेश देनेवाला यथार्थ नहीं। इन्हीं चार दशकों ने साहित्य के बाहर के संसार में यथार्थ को गणराज्य दिवस की शोभायात्रा बनाकर दिखाया है जिसमें लोकनृत्य अज्ञातकुलशील दृश्य वस्तु है और आर्थिक विकास सैन्य शक्ति का आतंक। परंतु दो हज़ार वर्षों के अत्याचार के नीचे से उठकर रचना करने के पहले ही जाने कितनी प्रतिभाएँ इन्हीं चार दशकों में झुरा गई हैं और उनकी कोई रचना आज़ादी की खोज में योग नहीं दे सकी है क्योंकि वह हुई ही नहीं थी। वे उसके पहले ही मारे गए हैं। साहित्य में उपन्यास यदि उनके लिए कुछ छोड़ नहीं जाता जिन्हें अभी आज़ादी का अर्थ पाना है तो वह भी भाषा के दूसरे संदिग्ध इस्तेमालों से ज़्यादा अर्थमय कोई शिल्प नहीं होगा।

[*नवभारत टाइम्स*, 8 मार्च 1990]

आज़ादी की वापसी

आज से तैंतीस वर्ष पहले *कल्पना* हैदराबाद के एक संपादकीय में मैंने 'भाषा और नवोदित प्रतिभा का भविष्य' शीर्षक से यही प्रश्न उठाया था। दिसंबर 1947 के अंक में यह संपादकीय प्रकाशित है। आज के अपने पाठकों से इसी विषय पर संवाद करने में मुझे इन तैंतीस वर्षों में आज़ादी के लिए हो चुके संघर्षों के अधूरे नतीजों और उनके बाद संघर्ष की बदली सूरतों का मूल्यांकन करना चाहिए। वह मैं बार-बार करता रहा हूँ। परंतु इस समय यहाँ आज़ादी के तैंतालीस साल बाद मुझे भाषा के पुजारियों से वह बात फिर करनी है जो 'भाषा और नवोदित प्रतिभा का भविष्य' शीर्षक लेख में कही थी और आज भी उन्हीं शब्दों में सार्थक है। वह यहाँ उद्धृत कर रहा हूँ।

"आज का प्रश्न तो साहित्य, कला, दर्शन, राजनीति, हिंसा, समाजविज्ञान आदि क्षेत्रों में प्रकट हो सकनेवाली मौलिक संभावनाओं के विकास का है जो आंध्र, तमिलनाडु, महाराष्ट्र और उत्कल में भी उतनी ही हैं जितनी उत्तरप्रदेश या पूर्वी पंजाब में। वहाँ भी लोग रहते हैं और वे भी सदियों से भारत में रहते आए हैं; उनका भी चिंतन भारतीय नवनिर्माण में योग देता है, वे भी भारतीय हैं केवल वे हिंदी में नहीं सोचते। प्रश्न इस समय यह है कि देश के लोगों की अपने स्थानीय संस्कार में विकसित भाषाएँ सक्रिय हों ताकि वे उनके चिंतन, अन्वेषण, आदर्श, उत्साह, संवेदन और सहानुभूति के सहज भारतीय माध्यम बन सकें। जब तक इस ज़रूरत को हम समझ नहीं लेते और एक झटके से इस झूठे मोह को नहीं उतार फेंकते जो एक भाषा, एक राष्ट्र, एक लिपि, एक संस्कृति, प्रकारांतर से एक राज्य, एक शासक, एक जाति, एक धर्म, एक प्रभु के लिए हमारे मन में भरा हुआ है तब तक भविष्य का चित्र काला ही बना रहेगा, निराश ही नहीं हताश भी करनेवाला और नई कारयित्री प्रतिभा के लिए सब द्वार बंद या आधे बंद रखनेवाला जिनसे वह सृजनात्मक क्षेत्रों में मुक्ति पा सकते हैं।"

एक भाषा एक राष्ट्र की कल्पना की विकृति ने हमें आज़ादी के तैंतालीस वर्षों में कई बार ऐसी समस्याओं के सामने ला खड़ा किया है जिनका समाधान खोजने में हमने आज़ादी और सृजनात्मकता के परस्पर संबंध अर्थात् लोकतंत्र को पहचानने का साहस नहीं किया। वास्तविक आज़ादी का भय हमारे समाज में बहुमतपोषित शासक वर्ग में पैठा हुआ था। इस भय का मूल आज़ादी के उद्देश्य की विकृति में ही छिपा है। भारतीय प्रतिभा की अभिव्यक्ति के साधनों को कृषि, उद्योग, शिक्षा और व्यापार के क्षेत्रों में मुक्त करने की जगह केंद्रीकरण को राष्ट्रीय एकता का आधार मानकर चलना आज़ादी को केंद्र के लिए एक डरावनी चीज़ मानकर चलने के बराबर था। इसके अलोकतंत्रीय परिणाम जैसे-जैसे सामने आते गए संगठित और असंगठित दोनों तरीक़ों से इसका विरोध पिछले चार दशकों में राजनीति ने किया है। पर हर बार उस विरोध ने जो परिवर्तन किया वह इस प्रक्रिया को जारी रखने का तक़ाज़ा पूरा न कर पाने से एक-एक नई विकृति राजनीति में छोड़ गया। गुलामी का बहुत बड़ा हथियार अंग्रेज़ी सर्जनात्मक जीवन में स्वयं अपने माध्यम से और फिर उसी ढर्रे, उसी संस्कार और शिक्षा पद्धति का अनुसरण करने के लिए प्रयुक्त एक दासी भारतीय भाषा के माध्यम से लोकतंत्र के विरुद्ध और केंद्रीकरण के पक्ष में इन्हीं चार दशकों से सक्रिय रहा है जिन्हें हम आज़ादी की उपलब्धियों के वर्ष कहते हैं। हिंदी के पुजारियों और प्रेमियों की एक बड़ी जमात इन चालीस-एक वर्षों में बन गई है जो रचनात्मकता के रास्ते में केंद्रीकरण का पक्ष धरकर बार-बार आती रहती है। इस वर्ग का राजनैतिक चरित्र दलीय प्रतिबद्धताओं से ऊपर उठकर अलोकतंत्रीय है। यह वर्ग भाषा को आज़ादी के विचार से परे रखकर शक्ति और सत्ता के विचार से संपृक्त करता है और दासी भाषा हिंदी को एक भाषा एक राष्ट्र की अपनी कल्पना का साधन बनाने को इस हद तक तैयार है कि दूसरी भारतीय भाषाओं की लोकतंत्रीय अभिव्यक्ति का राष्ट्र से तो दूर स्वयं अपने चरित्र से भी कोई रिश्ता स्वीकार नहीं करता।

राष्ट्र की रचनात्मकता के भविष्य और वर्तमान के हित में आज कोई भी चिंता पिछले चालीस साल की अलोकतंत्रीय मान्यताओं में सार्थक परिवर्तन के बिना सफल नहीं हो सकती यह बात तो शायद बहुत-से लोग सही मान लेंगे लेकिन इतना काफ़ी नहीं है। सच्चे अर्थ में राजनैतिक अर्थात् रचना के विविध क्षेत्रों को एकसाथ शामिल करनेवाला परिवर्तन पिछले चालीस वर्ष की विकृतियों के विरुद्ध किस कार्यक्रम से आरंभ किया जाए यह सबसे बड़ा प्रश्न है। क्या वह कार्यक्रम निरा संवैधानिक होगा जैसे सरकार बदलने का कार्यक्रम है या वह लोकतंत्रीय आकांक्षाओं को अभिव्यक्त करने की आज़ादी वापस देने की शुरुआत भी साथ ही साथ करेगा? केवल विचार के स्तर पर कर्म और जनजीवन से दूर रहकर इसका उत्तर पाया ही नहीं जा सकता।

आज़ादी की वापसी का सवाल पिछले दशकों में अभिव्यक्ति की स्वतंत्रता के दमन के संदर्भ में पहले भी उठा है। 1975 में राजनीति और रचनात्मकता के भयंकर केंद्रीकरण के रूप में इमर्जेंसी आई थी और तदनंतर आम चुनाव के नतीजों को दूसरी आज़ादी कहकर प्रचारित किया गया था। पिछले आम चुनाव के नतीजों को कुछ लोग एक और आज़ादी की वापसी मानते हैं। ये दोनों वापसियाँ कितनी अधूरी थीं यह समझने के लिए हमें सरकारों के चरित्र की नहीं बल्कि राजनैतिक आंदोलनों के चरित्र की पड़ताल करनी चाहिए। 1975 से अब तक के आंदोलन में रचनात्मकता के स्रोतों के नवजागरण की जगह पुनरुत्थान के प्रचार ने ले ली है जो कि लोकतंत्र या आज़ादी की वापसी किसी अर्थ में नहीं हो सकता। कुल मिलाकर 1975 की वापसी और सिर्फ़ इमर्जेंसी की शक्ल में नहीं बल्कि कई शक्लों में वापसी उन स्वार्थों का लक्ष्य जान पड़ता है जिन्होंने आज़ादी के तैंतालीस वर्ष सभी रचनात्मक मानव व्यापारों में गुलामी और केंद्रीकरण को स्थायी बनाने में लगाए हैं।

फ़िलहाल आज़ादी की कल्पना, लोकतंत्र, राष्ट्रीय एकता की अवधारणा और फिर भारतीयता की परिभाषा, जैसी वे पिछले चार दशकों में विकृत हुईं और आगे आनेवाली पीढ़ियों को इसका आदर्श बनकर ललचा रही हैं, सच्ची आज़ादी के रास्ते में बाधाएँ रही हैं। उन्हें एक विविध, व्यापक और वैज्ञानिक कार्यक्रम के अनुसार निरस्त करना ही आज़ादी की वापसी है। यह सिर्फ़ किसी एक संगठित आंदोलन द्वारा संभव भी नहीं है और रचनात्मकता की वापसी के लिए कोई एक संगठित आंदोलन काफ़ी भी नहीं है। राष्ट्रीय एकता और भारतीयता की वह समझ जो केंद्रीकरण के पक्षधरों ने पिछले चार दशकों में सत्ता और प्रचार के संयोग से फैलाई है लोकतंत्र और रचनात्मकता के पक्ष में हितकर नहीं है। एक भाषा, एक राष्ट्र, एक लिपि, एक संस्कृति, प्रकारांतर से एक राज्य, एक शासक, एक जाति, एक धर्म, एक प्रभु का स्वप्न गुलामी का साम्राज्यवादी स्वप्न है, भारतीयता का स्वप्न नहीं है।

[*जनसत्ता*, 'अर्थात्', 24 जून 1990]

छंद के बंधन

एक कवि मित्र ने एक बार मुझसे पूछा, "आप छंद में बँधी हुई कविता बहुत कम लिखते हैं, ऐसा क्यों? क्या छंद में बाँधकर लिखना कठिन जान पड़ता है? या आप कुछ ऐसी बात कहना चाहते हैं जो छंद में बाँधकर ठीक-ठीक नहीं कही जा सकती? छंद में बँधी और छंद से मुक्त कविता में अंतर क्या है। आप जब कविता लिखते हैं तो शुरू कहाँ से करते हैं? छंद शुरू से आता है तो किस रूप में?"

मैंने कहा, "आपके प्रश्न बहुत कठिन हैं पर मैं उनके कोई आसान उत्तर देना नहीं चाहता। हाँ, जहाँ तक शुरू करने का सवाल है सच बात तो यह है कि वह कोई सवाल ही नहीं है क्योंकि शुरुआत

कई बार होती है और यह कहना मुश्किल है कि कविता कहाँ से शुरू होकर कहाँ ख़त्म होती है क्योंकि कभी-कभी तो वह, अगर अंत से नहीं शुरू हुई तो, मध्य से हो लेती है। छंद भी कभी बिना मेरे जानें कभी मुझे चेताकर आता है।" मुझे आशा थी कि यह जवाब सुनकर मित्र इतना काफ़ी बौखला गए होंगे कि आगे प्रश्न पूछने से बाज आएँगे मगर उन्होंने ज़िद्दन पूछा, "तो कविता को छंद में बाँधने का कारण क्या होता है?" मैंने कहा, "कोई नहीं। हर कविता छंद में बँधी होती है। छंद के बिना कविता होती ही नहीं। छंद होता है तभी कविता लिखने की ज़रूरत पड़ती है।" इतना कहकर मित्र को आश्वस्त करने के लिए यह भी जोड़ दिया कि छंद मगर ऐसी चीज़ है कि उसे कोई कवि सुन पाता है, कोई नहीं सुन पाता। पता नहीं वह आश्वस्त हुए या उद्विग्न, शायद उद्विग्न ही हुए। जिज्ञासु मित्र को मेरी बातों पर गुस्सा आ गया और उन्होंने कहा, "शायद तभी आपकी कई कविताओं में निबंध का-सा गद्य है जिसमें छंद आपको सुन पड़ता है परंतु पाठक को नहीं सुन पड़ता।"

"हाँ," मैंने कहा, "जिसे आप निबंध का-सा गद्य कहते हैं उसमें विचार है और तर्क है, जो विचार और तर्क से टकराता है और अर्थ के कुछ ज्ञात पहलुओं को अर्थ के कुछ कम या अधिक ज्ञात पहलुओं के संपर्क में लाकर पाठक से व्यापक काव्यानुभव की अपेक्षा करता है। वास्तव में वह पाठक को बने-बनाए भावतत्त्व का व्यंजन न परोसकर उसे कुछ कंदमूल और कुछ अन्न की खिचड़ी परोस देता है जिसे सिद्ध करके पाठक कविता बना लेगा।" यह रूपक मैंने इस आशा से बाँधा कि आजकल की आसान चिंतापद्धति में यह सुगम होगा। पर अभी एक प्रश्न बाक़ी था। मित्र ने पूछा, "तो क्या आप पाठक को आधी कविता देते हैं और आधी वह बनाता है?"

समझौते की भावना से मैंने स्वीकार किया, "हाँ, इसमें हर्ज क्या है। और यह कोई नई बात भी नहीं। यह ज़रूर है कि इस तरह की कविता में जो छंद होता है वह किसी और कविता के छंद से सोलह आने मेल नहीं खाता। कवि और पाठक से मिले-जुले काव्य संसार में छंद के परखे हुए नियम काम आते भी हैं, नहीं भी आते। पर इतना तय है कि वे नियम ही कविता नहीं हैं। यदि कवि ने अपने पाठक को इतना उकसा लिया है कि वह कवि की रची कविता में पूर्णता का आभास पा सके तो उसे छंद सुन पड़ेगा चाहे किसी छंदशास्त्र में उसका असंदिग्ध प्रमाण मिले या न मिले।" इस तरह यह वार्तालाप संप्रति यहीं समाप्त हुआ।

अब अपने सहृदय कवि पाठक से मैं और भी कुछ बातें कह सकता हूँ। देखिए, कविता की पहचान कोई बनी-बनाई पहचान नहीं होती और इसलिए वह एक से अधिक होती है। यही नहीं कि कोई बिना छंद की, कोई छंद में बँधी, कोई तुकबंदी और कोई बेतुकी होती है, कोई आसान और कोई कठिन भी होती है। पर आसान कविता भी कम से कम दो तरह की तो होती ही है। एक, जिसे पढ़कर या तो एकाएक कोई नई समझ जग उठे और दूसरी जिसे पढ़कर वह नई समझ धीरे-धीरे जागने लगे। पर जो एकाएक समझ में आ जाए वह कोई नई समझ नहीं भी हो सकती है और यहाँ फिर पाठक का काम है कि वह उसे अच्छी कविता ही न माने। वास्तव में कविता तो कविता तभी होती है जब वह अच्छी और कठिन होती है अर्थात् जब वह बनी-बनाई समझ को तोड़ती है और पाठक के साथ मिलकर उसे फिर से बनाती है—इस बार पाठक में। वह श्रोता या पाठक को इस बनाने में हिस्सा लेने को उकसाती चली जाती है—एक बार लिखी जाने के बाद बहुत लंबे समय तक। यही अच्छी कविता के कठिन होने का तात्पर्य है।

जाने-पहचाने छंदों में बाँधकर लिखने को जो कवि आसान मानते हैं उन्हें शायद पता नहीं होता कि वे छुरे की धार पर चल रहे हैं और वह आसान काम हो नहीं सकता। तनिक तिरछे हुए तो लहूलुहान हो जाएँगे।

जिन छंदों को उन्होंने आसान मान लिया है वे अपने साथ शब्दों की शक्ल में अनेक प्रकार का साध्य ले आए हैं, उनके शिल्प में ये शब्द कवि के स्वतंत्र आशय के प्रतिकूल भी कुछ आग्रह खपा

देते हैं। प्रतीक, बिंब, उपमा, रूपक आदि जो वास्तव में मानव संबंधों के चिह्न हैं, छंद के बंधनों के साथ पहले से बँधे चले आए हैं और अब छंद के बंधनों को निरे शिल्प की तरह स्वीकार करना दुष्कर हो गया है—उनको बरतने के साथ वे मानव मूल्य भी स्वीकार करने का ख़तरा मोल लेना पड़ता है जो कवि के अभीष्ट नहीं हैं। जब महाकवि ने छंद के बंधन तोड़ने की पुकार दी थी ··· तो वह यह रहस्य सूत्र रूप में जानते रहे होंगे पर अब हम इसे व्याख्यायित कर सकते हैं। यदि छंद में बँधकर लिखना सुगम है तो उसके दो ही कारण होंगे—या तो कवि ने समग्रता की अपूर्व क्षमता अर्जित कर ली है या वह रूपशिल्प के प्रति भितरघात साधनेवाली रचनात्मक भाषा को क्षण भर में एकसाथ तोड़ और बना पाया है।

इसी को पुराने कवि कहते थे—"कविता बन पड़ी है", या वह प्रचलित और बहुधा साहित्येतर कारणों से किसी समय लोकप्रिय छंदों में आश्रय लेकर संतुष्ट है। पर यदि वह छंद के साथ सचमुच रचनात्मक रिश्ता बनाना चाहता है और सचमुच बहुत बड़ा कवि होने का दंभ करके बैठ नहीं रहता बल्कि छंद की प्रबल शक्ति के सामने अपनी नगण्यता पहचानता है तो उसे नया छंद खोजना होगा—वह 'गद्य' में मिलेगा या 'पद्य' में यह निरा किताबी सवाल है मगर उसका कवि जानता है कि वह नए नैतिक मानव संबंध में मिलेगा।

[*जनसत्ता*, 'अर्थात्', 26 अगस्त 1990]

अनुभव सीमित होते जाने के विरुद्ध

एक ऐसे व्यक्ति के लिए जो बिलकुल अपनी ज़रूरत से अपने को अभिव्यक्त करने का एक सिलसिला अपनी ज़िंदगी के लिए ज़रूरी मानता है, बार-बार ऐसे मौक़े आते हैं जब वह अपने को बदलते हुए देखता होता है। सवाल यह है कि उस वक़्त वह अपने को जैसा बनाना चाहता है वैसा बनने की कोशिश करता है या सिर्फ़ हालात पर अपने को छोड़ देता है।

हमारे देश-काल में काम करनेवाले कृतिकार के लिए आज के वक़्त के व्यापक संकट के भीतर के एक अंश में कृतित्व का संकट भी मौजूद है। बतौर एक वर्ग के हम लोग इस संकट को आज के व्यापक संकट में शामिल नहीं देख रहे हैं यानी अगर व्यापक संकट को देख रहे हैं तो।

सवाल यह है कि कृतिकार अपने को क्या बनाना चाहता है? क्या वह जहाँ चाहे वहाँ ठहरकर पहचान सकता है कि अपनी अभी तक की ज़िंदगी के एक-एक कार्य का उसकी कृतित्व शक्ति पर क्या असर पड़ा है? क्या वह देख पाता है कि वह खुद कैसा इनसान है और उसकी जो परछाईं बाहर पड़ती है वह किस इनसान की है—हमने अपनी जो शक्ल समाज में खोजकर पहचानी है वह किस हद तक वैसी ही है जैसी उसका आदर्श है? लेकिन अगर आप आदर्श की ज़रूरत ही न मानते हों तो यह प्रश्नावली आगे बढ़ाना फ़िज़ूल है।

आम तौर से इस किस्म के आत्मनिरीक्षण को 'नैतिक' विशेषण दे दिया जाता है। मैं कहूँगा कि यह सही है मगर कृतिकार के लिए सिर्फ़ इतना ही मायने नहीं रखता। यह निरीक्षण तो उसके मूल कृतिधर्म का तक़ाज़ा है। क्योंकि जब कृतिकार जानता नहीं रहता कि उसने अभी क्या रचा था तो वह क्रमशः कम रचनात्मक होता जाता है और अगर यह परिवर्तन उसे तकलीफ़ नहीं देता तो वह इनसान बनना तो बंद नहीं करता, हाँ अपने माध्यम से उसकी अभिव्यक्ति की ज़रूरत ख़त्म हो जाती है। इसलिए भले ही कृतिकार के मूल्यों की नैतिक प्रतिमानों से पहचान हो सकती हो, उसका आत्मनिरीक्षण

प्रथमतः अपनी रचनात्मक शक्ति का निरीक्षण है। उसका यह देखना है कि अपने और अपने साज-सामान के एक-दूसरे पर हावी होते रहने की कशमकश वह चला पा रहा है कि नहीं। यदि नहीं तो उसके यहाँ क्या कमी है? और वह कमी कहाँ से पूरी होगी?

यह आख़िरी सवाल हमें इस दौर के सबसे पेचीदा सवाल के दरवाज़े पर ला खड़ा करता है। कहाँ पर हम इनसान से टकरा रहे हैं—कितनी ज़ोरों से, किस इनसान से? मेरे लिए वह मैदान जहाँ से मैं अनुभव लेता हूँ, दिन-ब-दिन छोटा होता जा रहा है। यह सही है कि एक शहर में लगातार रहकर भी इनसान का जायका लेते रहा जा सकता है। मगर बस इतना ही नहीं है। हम मानें या न मानें, एक व्यक्ति से दूसरे तक जाना एक जगह से, एक सभा से, एक घुटन या मुक्ति से दूसरी में जाना ही है। वह हम अकसर नहीं कर पा रहे हैं। रोज़गार का तमाम तंत्र कुछ इस तरह से बनाया गया है कि अगर हिंदी में काम करना हो तो बहुत बड़ी लड़ाई जीतकर या हारकर ही कृतिकार की वह सच्ची ज़िंदगी हासिल की जा सकती है जिसमें हलचल और एकांत का मनमुताबिक मेल हो। हिंदी का जो एक भारी-भरकम, ठस, घरघुस समाज कृतिकार को हर समय घेरे रहता है उसके शिकंजे से छूटकर अपनी साधना में लगना ही होगा। अंत भी एक प्रश्न से होता है—कैसे? पर इसका उत्तर सिवाय अपने के और किसी से नहीं माँगा जा सकता।

[1990. अप्रकाशित]

व्यक्तित्व के आसपास

गिरिजाकुमार माथुर

गिरिजाकुमार माथुर से यदि आप प्रभावित न होना चाहें तो उसका आपके सामने कोई उपाय नहीं है। यदि होना चाहें तो उसके लिए दो प्रकार के बहाने ढूँढ़ सकते हैं; एक यह कि वह प्रत्येक आवश्यक शब्द पर अनावश्यक अधिक ज़ोर देकर बात करते हैं और या कविता-पाठ करनेवाला उनका स्वर बहुत मधुर है; या फिर यदि उनसे हाल में भेंट हुई हो तो यह कि नए अमेरिकी काट के कपड़े उन पर बहुत सजते हैं। और दूसरा यह, कि उनकी कविता में कुछ है जो बस बहुत अच्छा लगता है।

जिसके मन में अभाव नहीं है, आदि से लेकर अंत तक एक अविकल धैर्य और संतोष ने जिसकी संवेदना को कुंठित कर दिया है—उसकी बात दूसरी है, परंतु जो अभी भी जीवन के संतोष की खोज में हो उसे गिरिजाकुमार की कविताओं को पढ़कर अवश्य ही ईर्ष्या होगी। ईर्ष्या, उस व्यक्ति से जिसने जीवन की अपनी बड़ी प्यास को शीतल जल से बुझा लिया है। फिर भी दोष पाठक का ही होगा यदि वह यह न देखे कि तृप्त होनेवाले ने कुआँ खोदकर पानी पिया है। सच तो यह है कि जीवन के रस की उत्कट लालसा—रंग की, रूप की और इंद्रिय-सुख की—कवि के काव्य-जीवन की एकमात्र आकांक्षा रही है इसलिए यदि वह ठण्डे पानी से ही प्यास बुझाने का उपक्रम करे तो अल्पसंतोषी होते हुए भी उसका परिश्रम श्लाघनीय है। यही कारण है कि रंग, रूप और ध्वनि—वस्तुओं के इन गुणों से माथुर की काव्यानुभूति का सीधा संबंध है। कहाँ कौन-सी तसवीर टाँगनी होगी, कौन-सा फूलदान कहाँ रखा जाएगा, किस खिड़की पर कैसा परदा डाला जाएगा यह सब जैसे सुरुचिमती गृहिणी को खूब आता है, वैसे ही माथुर भी वास्तविकताओं को अपनी सुरुचि के अनुसार रंग, आकार और क्रम में सजा देना अच्छी तरह जानते हैं। 'विषय की अपेक्षा टेकनीक में रुचि अधिक रही है' उनके इस स्वकथन पर हमें पूरा विश्वास तो नहीं होता, परंतु विषय के प्रति उनकी संवेदना में टेकनीक विषय का एक अनिवार्य अंग बनकर आती है—एक रंगों-भरा विषय बराबर है एक नई छवि के और वह छवि के नए प्रयोग, और नए प्रयोग करेंगे जब तक कला स्वयं विषय में समाहित न हो जाए। अधिकतर ये रंग जैसे के तैसे ही स्वीकार कर लिए गए हैं परंतु उस दशा में भी चट्टानें, धुँधले पथ, धुएँ की रेखाएँ, खँडहर, टाइफाएड, और फिर पानी-भरे बादल, केसर-शशि, तन-दीप्ति दीपित आँचल, अधर-मसले गात और कुआँर की उजली धूप, सब एक विवश-संघर्ष और एक उपलब्धि की छाया ही तो है—हाँ, कवि ने उनको जीवन-दर्शन की बुद्ध-दृष्टि से न देखकर विस्मित मोह-भरी आँखों से ही देखा है। वे चित्र किसी अर्थ के लक्षण नहीं हैं—किसी दूसरे अभिप्राय की व्यंजना वे नहीं करते, उनका अर्थ वही है जो उनका अर्थ है। यही वह है जो जीवनाकांक्षी पाठक को कवि के प्रति सहृदय बनाता है।

गत वर्ष जब गिरिजाकुमार माथुर भारतीय रेडियो की नौकरी छोड़कर संयुक्त राष्ट्रसंघ के प्रसारण विभाग में काम करने के लिए अमेरिका चले, तब उनकी धारणा थी कि उनके काव्यजीवन का एक नया अध्याय शुरू हुआ है। पर देखते हैं, वहाँ से लौटकर कवि में कोई विशेष परिवर्तन नहीं। कारण भी समझ में आता है। कवि के जीवन की सबसे प्रभावशालिनी घटनाएँ बहुत पहले बीत चुकी हैं; उसके रागात्मक संबंध बहुत पहले स्थिर हो चुके हैं। यह नहीं कि इन संबंधों के बन जाने के बाद से उसमें नए अनुभवों की शक्ति नहीं रही, अनुभवों के प्रति वह सजग तो रहा है किंतु वे सभी अनुभव

उसे केवल अतीत की याद दिलाकर रह जाते रहे हैं। उनमें से वह रस, वह संतोष पहले ही लिया जा चुका है जिसने उसकी कविता को घनत्व दिया था।

क्यों कि बड़ी भोली मिठास की सुधियाँ हैं ये
जीवन के मासूम सुखों की
तन के मन के स्वस्थ चैन की
जिनकी उजली-उजली छापें
खिंची हुई हैं स्वस्तिक सी कोने-कोने में।

['प्रौढ़ रोमांस', रचना-काल : जनवरी 1947, *हंस*]

गिरिजाकुमार के काव्य-जीवन में एक महत्त्वपूर्ण घटना है—विवाह (1940)। विवाह उनकी कविताओं में ज्ञान लाता है—एक दर्शन, एक फ़िलासफ़ी। स्वस्थ मानसिक जीवन के लिए सफल वैवाहिक अनुभव की बहुत आवश्यकता है और यह माथुर का सौभाग्य ही तो था कि उन्हें अपने तत्कालीन आदर्शों के अनुकूल संगिनी मिली। कवि अपने मन-पर्यंक में सिमटकर गहरे बैठी हुई पत्नी-कामिनी का इतना आदर करता आया है कि अपने अंदर बाद में होनेवाले सभी परिवर्तनों को उसके अनुकूल वह बनाता गया है—सभी पर उसी सुखद मिलन की छाप डालता गया है जिसने एक दिन उसे विक्षुब्ध सागर के किनारे जैसे एक लहर पर उठाकर ला लगाया था।

वे दिन 1940-41, और बाद में आनेवाले दिन गिरिजाकुमार के लिए भीषण कष्ट के दिन थे। मध्यवर्ग के परिवार का महत्त्वाकांक्षी नवयुवक यूनिवर्सिटी से निकलकर दैनन्दिन जीवन के भीषणतर संघर्ष में पड़ा और उसकी वैयक्तिक जागरूकता ने उसे सामाजिक वास्तविकता के प्रति सजग किया। यह सजगता उसे और विकल कर गई। अभाव के प्रति उसमें जिज्ञासा उठना चाहती है—मगर उसी समय एक तृप्तिदायक अनुभव होता है—मिलन की जवान रातें खुलती हैं और वह जिज्ञासा यों उठती है : 'क्या सुखी हो पाएगा जीवन हमारा?'

इस जिज्ञासा का उत्तर पाने के लिए कवि अपने मन में ही खोज करता नहीं रह जाता; परंतु जिस वास्तविकता में उसे अपने उत्तर के प्राप्त होने की आशा होती है उसे आत्मसात् करने के लिए उसे नए माध्यम चाहिए। यह नए माध्यम छंदों में, रूपों और शब्दों में नए प्रयोग बनकर आते हैं—शायद वे ही उसे नई दृष्टि दे सकें।

संशय मुक्ति का संदेशवाहक होता है, किंतु जब घोर अवैयक्तिक पीड़ा उस संशय का कारण हो तब। जहाँ पीड़ा संशय का कारण न होकर उसकी पूरक बन जाती है वहाँ मन बस तात्कालिक तुष्टि ही ढूँढ़ता रहता है। ढूँढ़ता रह जाता हो ऐसी बात नहीं, और गिरिजाकुमार इस बात के उदाहरण हैं कि उसे शरण मिलती है—

घर के उस फूल पर यह मन की बूँद
ठहरना चाहती सुध बुध खोकर
जिससे उतरे थकान तन-मन की
डूब कर राज की मिठासों में
जब उगे शाम का पहला तारा
और जब जल चुकें दीपक रंगीन
ज़िंदगी सिंक के ताजा फूल बने
घर के मृदु वक्ष की गरमाई में

['शाम की धूप', रचना-काल 1946-47, *प्रतीक-1*]

इस शरण में पलायन नहीं है—यह कैसे कहा जाए। यह भी बिना कहे नहीं रहा जा सकता कि इसमें एक अद्‌भुत संगठन, स्थैर्य है—जो कवि को अ-व्यक्तिगत वास्तविकताओं के प्रति एक दृष्टिकोण देता है। विवाह को अपने जीवन में बिलकुल ठीक-ठीक स्थान देने का प्रयत्न गिरिजाकुमार माथुर ने सचमुच किया है—वह इसी आंतरिक प्रौढ़ता के बल पर। यह ज़रूर है कि सुख की खोज में भटकते हुए मन को—और युगीन-चेतना से प्रबुद्ध बुद्धि को वह साथ-साथ नहीं रख सके। दो व्यक्तित्वों में बँटकर उन्हें रहना पड़ा। और फिर यदि इस द्विविधा में भी उन्हें एक रास्ता मिलता है—तो वह अपने ही में एक उपलब्धि है।

विश्व के ऐतिहासिक परिवर्तनों के प्रति गिरिजाकुमार माथुर का दृष्टिकोण शुभकामना का दृष्टिकोण रहा है। और सरकारी नौकरी में लगे हुए घर-गृहस्थ व्यक्ति का प्रगति-आंदोलन को यही अवदान बहुत अधिक है। यों जब 'जन-जन का जीवन गीत बने' शीर्षक कविता लिखी गई थी, तब प्रगतिशील लेखक संघ या उसके आंदोलन पर भारत सरकार की विशेष अकृपा नहीं थी। गिरिजाकुमार ने यह कविता कितने ही कवि सम्मेलनों में—गैर-सरकारी और अर्द्ध-सरकारी—रस लेकर, गाकर सुनाई थी। 'एशिया का जागरण' के साथ यह कविता उस समय की पुष्ट और साथ ही जनप्रिय कविताओं में आगे गिनी जाती थी। इनमें भी एक सदिच्छा, सद्‌भावना की गूँज, अधिक थी, विद्रोह की कम; और यहाँ 'विद्रोह' हम जिस अर्थ में प्रयुक्त कर रहे हैं, गिरिजाकुमार माथुर उसके लिए स्वभावतः अक्षम हैं। वह विद्रोह कवि को अपने स्थैर्य से च्युत करता है, इसी से वह अप्रिय है। यह न समझा जाए कि कुंठित संवेदना का कवि सबकुछ स्वीकार किए बैठा है। नई कविताओं में कई स्थानों पर अपने मन की व्यथा कवि ने साफ़-साफ़ कही है—प्रमाणित किया है कि उसे शांति नहीं। और यह स्पष्टवादिता बहुत कुछ वैसी ही स्पष्टवादिता है जैसी जीवन की पहली मंज़िल पर ठहरकर आराम लेते हुए कवि ने दिखलाई थी; चूड़ी का टुकड़ा उसे क्या याद दिलाता है यह बताते हुए, या जीवन की इस मंजिल पर आकर उसने सबकुछ भर पाया है, यह स्वीकार करते हुए।

मौन है वातावरण
ज्यों मौन है मन
मौन है वह सिंधु स्वर मेरा पुराना
रुँध रही आवाज़ मन की देह की भी
इस उदासी के धुएँ में
संधि-युग के बादलों में
दब गया ध्वनि का प्रभंजन
टूटती वाणी अकेली
ज्यों अकेली लहर आकर
टूट जाती पत्थरों में।

यहीं से माथुर के काव्य-जीवन का दूसरा और अंतिम अध्याय शुरू होता है। व्यक्तिगत जीवन की सफलता से उत्पन्न होनेवाले संतोष का भ्रम यहाँ आकर टूटता है। कितना स्वाभाविक यह ज्ञान है। परंतु इसमें कितनी पराजय भी है।

यह न युग है भावना का
स्वप्न का या कामना का
रूप-रस की कामना का

और वही तीव्र जीवनाकांक्षा—रंग-रस-रूप की लालसा, सौंदर्य की खोज, जिसे यहाँ कवि धिक्कारता

है—और जो उसे उसके काव्यारंभ से अब तक प्रेरित करती आई है, उसे अंतिम बार सबकुछ दाँव पर लगाकर एक प्रयत्न करने को बाध्य करती है। वह 'रितु-रंग लाने के अमर विश्वास' में आग की मंदी शिखा की भाँति या 'आगत फसल की राह में फूल' की भाँति और जलता या खिलता अब नहीं रह सकता। यही अवसर है, यही वह क्षण है, इसी में सबकुछ की परिणिति होगी, इससे, और क्योंकि—

संधि-युग के पत्थरों पर
एक गहरी गूँज बनकर
उठ रहा संघर्ष का स्वर—
तू धुआँ बनकर रहेगा और कब तक
एक क्षण जल जा भभक कर।

यही अब कवि के मन का चिर संतोष है—यही उसकी जीवनी शक्ति का रंगीन रूपाकारों से अभिषेक।

[गिरिजाकुमार माथुर : जन्म 1918, मध्यप्रदेश के एक गाँव में। शिक्षा : लखनऊ विश्वविद्यालय, 1933 में एम.ए., एलएल.बी.। 1940 में थोड़े दिन वकालत की; दिल्ली सेक्रेटेरियट में नौकरी और फिर ऑल इण्डिया रेडियो में नियुक्ति। अगस्त 1950 में संयुक्त राष्ट्रसंघ के हिंदुस्तानी प्रसारण विभाग में काम करने अमेरिका गए और अभी एक मास पूर्व लौटे हैं।]

[*प्रतीक*, जुलाई 1951]

विद्याभूषण

मैं समझता हूँ कि कलाकारों के बारे में लोग अक्सर बिना वजह इस तरह की अफ़वाहें फैला दिया करते हैं कि वे बड़े शर्मीले हैं, ज़्यादा बात नहीं करते, लोगों से मिलते-जुलते नहीं, और इसलिए जब हैदराबाद के विद्याभूषण नामक एक तरुण कलाकार से भेंट हुई तो मेरा यह विचार और पक्का हो गया। वे तो खूब बातें करते हैं, अपने बारे में और अपनी कला के बारे में भी (जो कि कर सकना आधुनिक कलाकारों के लिए आवश्यक है), और बिना किसी शिष्टाचार और संकोच के, यहाँ तक कि मैं अब यह भी जानता हूँ कि उनको अपनी कृतियों से साल भर में कितनी आमदनी हो जाती है (आठ हज़ार से पंद्रह हज़ार सालाना), दिल्ली के पढ़े-लिखे आदमियों के बारे में वे क्या सोचते हैं (यह कि उनमें कोई सांस्कृतिक गाम्भीर्य नहीं। दिल्ली में विद्याभूषण की चित्र-प्रदर्शिनी एक सप्ताह खुली रही और कुल सौ आदमी देखने आए।) और यह तो ख़ैर जान ही गया हूँ कि उनकी कला और सफलता का भेद क्या है।

विद्याभूषण एक साधारण—न छोटे न बड़े आकार का—चित्राधार लेंगे और उस पर तूली की एक चोट मार देंगे—यह क्या बन गया? अच्छा, यह। और फिर उस रेखा या उस रंग के धब्बे में जान पड़ने लगेगी। वह सिकुड़ेगा, उभरेगा, फैलेगा, सिमटेगा। पूरा हो जाने पर वह कुछ भी दिखाई देने लग सकता है—तुरंत नहाकर जल से निकली हुई बत्तख़ें, दूसरी के बाल सँवारती हुई एक स्त्री, फूलों का गुच्छा या महात्मा गाँधी। सुनने में यह कुछ तिलिस्मी ढंग का चमत्कार लगेगा परंतु वास्तव में बात बड़ी सीधी है। विद्याभूषण (और वह यह स्वीकार करते हैं !) किसी चित्र के बनाने के पहले यह सोचने नहीं बैठते कि वे किन प्रतीकों या किन रूपाकारों द्वारा अपने कथानक को अभिव्यक्ति देने जा रहे हैं। एक किसी असम्बद्ध मनोवेग से प्रेरित होकर रंग का जो पहला धब्बा पड़ जाता है वही उनको

दृष्टि देता है, उसकी झलक उनके मन में कहीं छिपे कथानकों को खोल देती है और इस तरह वे चित्र पूरा करने के लिए बढ़ते हैं। मालूम होता है कि इस मनोवेग-प्रेरित रंग के पहले धब्बे का कोई अर्थ उनकी समझ में अकस्मात् आ जाता है, या यह कि वहीं से उनकी रागोत्तेजना का सूत्रपात होता है। गत अनुभव से प्राप्त रागात्मक संबंधों को इस प्रकार जगाने की उनकी पद्धति निराली नहीं है, निराली है उनकी रचनाओं की वह सुबोध आत्मीयता जो इस प्रकार के उपचेतन-रागानुकरणों वाले कलाकार में मिलना मुश्किल है। उनकी रचना-पद्धति का सहज फल तो यह होता कि कई रूपाकारों की एक गूढ़ व्यंजना अथवा कई रंगों का एक दुर्बोध विरचन तैयार हो जाता परंतु होता ठीक इसका उल्टा है। उनके प्रतीक स्पष्ट होते हैं। वे चाहे सार्वलौकिक जीवन से न लिए गए हों, अपने में पक्के और सच्चे होते हैं। बात यह है कि विद्याभूषण का पर्यवेक्षण बहुत सबल है। जिस दृश्य को वे एक बार देख लेते हैं हू-ब-हू वैसा ही उतार देने का दम रखते हैं। उनकी लगभग डेढ़ सौ कृतियों को देखने के बाद मालूम हुआ कि सभी रचनाओं में जो एक ताज़गी है, वह इसी कारण है कि जिस मुहूर्त में उन्होंने किसी वस्तु को आत्मसात् किया है वह मुहूर्त अपनी पूरी चित्रमयता के साथ वे फिर जिला सकते हैं, और ऐसा करने में उस मुहूर्तगत अनुभव की प्रासंगिकता मुरझाने नहीं पाती है। उनकी सभी रचनाएँ प्रतिचित्र हैं, परंतु किसी विशेष अवसर पर किसी राग से प्रेरित होकर जागे हुए प्रतिचित्र हैं, मात्र फ़ोटो नहीं। इसीलिए उनके सभी चरित्र जैसे चौंके हुए-से लगते हैं।

फिर भी उनमें फ़ोटो ले सकने की क्षमता है। एक सतत कथानक में से किसी एक मुहूर्त का चित्र वे पकड़ ले सकते हैं—'स्नान के बाद' और 'शोकाकुल' में भी एक कथानक है। जिस संहत क्षण में वह पकड़ा गया है, वह अपने में सम्पूर्ण और जीवित है जैसे किसी लय में किसी ताल पर सम मिलाया गया हो। अपने इस अद्भुत पर्यवेक्षण के कारण विद्याभूषण ने पोर्ट्रेट बनाने में भी विशेष ख्याति प्राप्त की है। उनके पोर्ट्रेट उजले होते हैं। उनमें रोशनी होती है क्योंकि वे रंगों की तह पर तह नहीं चढ़ाते, आकृति को एक ही नज़र देखकर झटपट सम्पूर्ण चित्र बना डालते हैं।

यह सब तो एक दर्शक उनकी कला के विषय में समझता या समझ सकता है। वे स्वयं कला के बारे में बड़े विचित्र विचार रखते हैं, जैसे—कलाकार के लिए शिक्षा की कोई ज़रूरत नहीं—चिंतन से कोई कलाकृति नहीं जन्मती—पश्चिमी चित्रकला के प्रभाव से बचना होगा--वग़ैरः वग़ैरः, और अपना उदाहरण देते हैं; कहते हैं—मैं सातवीं तक पढ़ा, फिर इधर-उधर भटकता रहा, सीखता रहा और अब स्वतंत्र कलाजीवी चित्रकार हूँ; जीविकोपार्जन के लिए पोर्ट्रेट बनाता हूँ, आराम से रहता हूँ।

और यह कहकर, कुछ इस तरह धीमे से मुस्कराते हैं जैसे बड़े कुशल व्यापारी ही मुस्करा सकते हैं। सचमुच 31 वर्ष की आयु में ही उनके लिए कला यश से अर्थकृते व्यवहारविदे सिद्ध हुई है। यही है कि कहीं उनकी सृजन-शक्ति कुल रुपया कमाने ही में न लग जाए, या उनमें अभिव्यक्ति की जो खोज है, अल्पसंतोष से उसका समाधान न हो जाए। उनके सम्पूर्ण कृतित्व में जो एक विविधता है, जिसमें कहीं रंगों के चौंके हुए स्वरूपों से, कहीं ताल के सम से, कहीं चित्रकृति (पोर्ट्रेट) के ज्वलित मुहूर्त से और कहीं सामान्य आविष्कारों से (जैसे मोटे-दानेदार काग़ज़ पर चितला वॉश, वॉश-शैली में चौड़े ब्रश का प्रयोग) जान डाल दी गई है—वह उनकी खोज का परिणाम ही है इसमें शक नहीं, यद्यपि न जाने किस मानसिक स्थैर्य ने उनके विविध प्रयोगों को भी एक ही विधि में बाँध दिया है। निश्चय ही यह स्थैर्य चित्रकला में उनकी आस्था का प्रमाण है, अनुभव की जड़ता का नहीं और एक आंतरिक संगठन से उद्भूत है, विरक्ति से नहीं। अब तो चित्रकला ही उनका एक माध्यम है, नहीं तो पहले उन्हें हर एक ललित कला में टाँग अड़ाने की आदत रही है। नृत्य का भी शौक़ था, हैदराबाद के कुछ रंगमंचों पर मनीपुरी सामूहिकों में आए भी; और कविता भी करते थे जिसका एक नमूना यह है—

सांध्य काल की शोभा थी,
अति प्यारी शोभनहारी थी,
सूर्यप्रभा की कांती को जब,
चंचल भूमि सँवारी थी।
पंकिल पंकज की पंक्ती,
पर थी विशद मनोहर अति प्यारी
शृंगारिक जल बिंदू से थी
हरी हरी वह हरियारी।

इस नमूने को देखकर तो यही लगता है कि अच्छा ही हुआ उन्होंने शीघ्र ही अपना सही माध्यम चुन लिया, किंतु उनकी कृतियों को देखकर यह पूरा विश्वास हो जाता है कि उस माध्यम का काफ़ी दूर तक पूरा फ़ायदा भी उन्होंने उठाया है।

[*प्रतीक,* नवंबर 1951]

अज्ञेय

'अज्ञेय मेरी दृष्टि से' जैसे शीर्षक के अंतर्गत कुछ लिखने के पहले अपने और पाठकों के बीच एक बात साफ़ कर लेना चाहता हूँ। मेरे हाथ इस मायने में एक हद तक बँधे हुए हैं कि अज्ञेय ख़ासे अज्ञेय मान लिए गए हैं। इसलिए जो कुछ मैं लिखूँगा, उसे आप अपनी जानकारी के आधार पर ही जाँचेंगे जो कि काफ़ी होगी। बल्कि यह भी डर है कि जो कुछ मैं नहीं जानता हूँ, उसे आप अपनी जानकारी में पहले से ही मौजूद पाएँगे। इस तरह मेरा वह लेख आपको अज्ञेय का ऐसा कोई परिचय न दे सकेगा जो आपको पूर्णतः विश्वसनीय जान पड़े।

एक और बात : अपने समय के साहित्यिक बंधुओं के बारे में साहित्य या व्यक्तित्व इन दोनों दृष्टियों से अलग समाज की दृष्टि से कुछ लिखना इस वक़्त मुझे ज़्यादा ज़रूरी और इसीलिए ज़्यादा उत्तेजक जान पड़ता है।

साहित्य एक बिलकुल निजी उपक्रम है जिसके लिए समकालीन रचनाकार मनमानी मोहलत माँग सकता है—व्यक्तित्व उससे भी निजी कर्म है और उसमें दूसरे की पैठ तो हो भी सकती है पर बहुधा घुसपैठ ही होती है—किंतु समाज में साहित्यकार जो करता है, वह एक तत्काल कर्म है। उससे कोई भाग सकता है, पर न भागे तो अपना किया ढाँक नहीं सकता।

यही वह क्षेत्र है जिसमें अज्ञेय का मेरी निगाह में इस समय एक विशेष अर्थ है। मैं उन्हें ज़माने से तो नहीं जानता, उनके क्रांतिकारी और राजनैतिक जीवन के संस्मरण मेरे अपने नहीं हैं। न उनसे मेरी व्यक्तिगत घनिष्ठता इतनी है कि मैं उन्हें 'वात्स्यायनजी' से अधिक आत्मीय संबोधन दे सकूँ। सच तो यह है कि मैं अज्ञेय को बहुत कम जानता हूँ। पर जो लोग इस तरह की बात शिकायत के तौर पर कहते सुने जाते हैं, उनके साथ मैं नहीं हूँ। एक और तरह के लोग दावा करते हैं कि वे अज्ञेय को बहुत अच्छी तरह जानते हैं और एक तरह के लोग शायद कहेंगे कि "मैं उन्हें खूब जानता हूँ।" इनमें भी मैं नहीं हूँ। दरअसल अज्ञेय को बहुत ज़्यादा जानना ज़रूरी नहीं है—मेरे लिए ख़ास तौर से नहीं, क्योंकि जितना मैं जानता हूँ, वह अज्ञेय और मेरे बीच इस अलिखित समझौते की उपज है कि बहुत अधिक जानने का प्रयत्न नहीं किया जाएगा। दूसरे के व्यक्तित्व में या जीवन में इस तरह की

दिलचस्पी लेना कि उसके पास कुछ भी न बच रहे, मैंने नहीं सीखा—अज्ञेय से नहीं सीखा—और यहीं पर यह भी कह दूँ कि मैंने अज्ञेय से बहुत कुछ सीखा है। इस निजी उल्लेख को यहीं ख़त्म करना हो तो मैं कहूँगा कि जो सीखा है, उसका सारांश यही है—दूसरों की अपनी यथार्थता को उसके सभी दायित्वों सहित उन्हीं के पास रहने देना। मानव-धर्म की बड़ी-बड़ी घोषणाओं से आज हमारे समाज-मानस में जो शोरगुल मचा हुआ है, उससे हज़ार गुना असली कलाकार का यह संस्कार है जो वह अपने लिए, और चूँकि अकेले नहीं कर सकता इसलिए कम से कम किसी एक अन्य के लिए भी करता है।

समाज में योग देना अनिवार्य भी है और प्रकाश्य भी : वात्स्यायन की आशु-बौद्धिक प्रतिक्रिया उनके कम बोलने, हर एक से तपाक से न मिलने या एकाएक हर चीज़ में शामिल न हो जाने से छिपाई नहीं जा सकती । मैंने हमेशा देखा है कि समकालीन हलचल में धकियाए जाते मानों को उन्होंने तुरंत पहचाना है जबकि दूसरे उन्हें भीड़ में कुचले जाते असहाय देखते रहे हैं, क्योंकि भीड़ में खुद मौजूद होने का मज़ा उनके लिए ज़्यादा प्रासंगिक है। वात्स्यायन के और उनके घनिष्ठ मित्रों के बीच यदि कोई अनिवार्य सूत्र है तो वह सामाजिक वास्तविकता ही है—और मुझसे पूछें तो यही वह सूत्र है जिसकी व्याख्या मुझे सुगम होगी।

मैं समझता हूँ, अपनी दृष्टि वात्स्यायन पर इस कोण से डालने के बदले में मुझे कुछ प्रमाण उपस्थित करने होंगे—यह सिद्ध करने के लिए कि उनके आशुचेता होने से मैं इतना आकृष्ट क्यों हूँ—विशेषतया इसलिए कि वात्स्यायन स्वयं इतने मुखर या कहें कि वाचाल नहीं कि दूसरों में अतिरिक्त उत्सुकता जागृत करते चलें। प्रमाण जुटाना ख़तरे से ख़ाली नहीं। अकारण ही वात्स्यायन की असाहित्यिक—'राजनैतिक' छवि आपके मन में आँकना (या उकेरना, जो आप पसंद करें) अन्याय होगा, क्योंकि जैसे प्रमाण शायद आप चाहते हों, वे जुटाकर रखे वैसे ही जीवन में जाते हैं जिसमें अपने सत्य पर दूसरों का अविश्वास पहले से ही माना हुआ रहता है—और उस तरह के जीवन से यहाँ अभिप्राय नहीं है।

व्यापक अर्थ में वात्स्यायन के साहित्य में मनुष्य का गहरा आदर, जो वृथाभावुक मानव-वंदना नहीं है, लोकतंत्रीय चेतना की वह अभिव्यक्ति नहीं तो और क्या है जो केवल कलाकार कर सकता है, राजनीतिक नहीं। यह सच है कि उन्होंने इस आदर-भावना को एक पुण्य वस्तु की तरह प्रचारित नहीं किया है—और इसका प्रमाण यही है कि राजनैतिक क्षेत्रों में जब साहित्यिकों के नाम याद किए जाते हैं तो वात्स्यायन का नाम सबके अंत में सूची से अलग याद किया जाता है। शायद हिंदी साहित्यिकों की सत्याग्रह की परीक्षा परम्परा को आगे ले चलने का दायित्व एक विडंबना की तरह उसी व्यक्ति पर आ पड़ा है जिसे हिंदी साहित्य में स्वतंत्रता के बाद भारतीयता का संपूर्ण निखार उतार लाने का श्रेय है। हिंदी का उल्लेख यहाँ यों ही नहीं कर दिया गया है। मैं दृढ़तापूर्वक मानता हूँ कि हिंदी के नाम पर प्रसिद्धि और पुरस्कार पानेवालों ने हिंदी साहित्य की विरोध की, सत्याग्रह की परम्परा को जितना कुंठित किया है उतना अपने क्षेत्र में बड़े से बड़े राजनीतिकों ने भी नहीं किया। इस संदर्भ में वात्स्यायन का अकेले पड़ जाना कोई अजब नहीं है। वात्स्यायन की अपनी नियति है। लेकिन यह किसी को उन पर दया दिखाने का अधिकार नहीं देता।

यह जान लेने के बाद मेरे लिए यह समझना थोड़ा आसान हो जाता है कि अक्सर लोग अज्ञेय से मिलने के बाद—एक बार या बार-बार—एक ख़ास तरह की चिढ़ अपने अंदर क्यों पैदा कर लेते हैं। (पर इसके बारे में अभी नहीं।) आज के सामाजिक संदर्भ में अज्ञेय के व्यक्तित्व पर निगाह डालने से यह बात और भी स्पष्ट हो जाती है कि उनका नैतिक अस्वीकार उनको एक स्तर पर अकेला करता जा रहा है। इस अकेलेपन में वह बिलकुल अकेले नहीं हैं। एक दूसरे संदर्भ में लिखे अपने एक पत्र में उन्होंने इस अकेलेपन के साझे का प्रकारांतर से उल्लेख किया है :

भाई रघुवीरजी,

यह इलाहाबाद है, शुक्रवार 19 दिसंबर प्रातःकाल। यह फिलिपैंट आरंभ इसलिए कि रात में काफ़्का की कहानियों के लायक़ सपने देखता रहा हूँ और बीच-बीच में जागकर उनकी कहानियाँ बुनकर उनसे मुक्त होता रहा हूँ, पर सवेरे एक गंभीर चिंता-भाव लेकर उठा हूँ। और उठकर आपकी कविता और दोनों कहानियाँ फिर पढ़ गया हूँ जिनसे वह चिंता-भाव और गहरा हुआ है। तीनों बहुत अच्छी हैं, बहुत अर्थमय, किंतु तीनों साझा करना चाहनेवाले से कुछ माँगती हैं—और वैसे लोग जो वह दे सकें या देने को तैयार हों, दिन-पर-दिन क्या कम नहीं होते जा रहे हैं?

—वात्स्यायन

जो चीज़ उन्होंने साहित्य के संदर्भ में कही है, ज़्यादा बड़े क्षेत्र में भी उसका असर वात्स्यायन पर हुआ है। जहाँ कहीं भी तात्कालिक सुविधा के लिए समाज ने ऐसी प्रक्रियाएँ त्यागकर चलना स्वीकार किया है जो न्याय के लिए आवश्यक और इसीलिए दुष्कर हों, वहाँ वात्स्यायन ने विद्रोह किया है। अपेक्षया अधिक उदाहरणों में दो-एक हैं—आकाशवाणी और अकादमी की चलताऊ या कामचलाऊ या दोनों प्रकार की नीतियों की उनकी आलोचना जो उन्हें स्वीकारीजनों की भीड़ में ख़ासा 'विदेशी' बना चुकी है।

मैंने एक चिढ़ का ज़िक्र किया था। यह चिढ़ उस भावना से अतिरिक्त है जिससे अज्ञेय से आजकल यह सवाल बहुत पूछा जा रहा है—"आप विदेश कब जा रहे हैं?" जा रहे हैं यानी वापस—यहाँ से दूर कब जा रहे हैं। चिढ़ तो सिर्फ़ इस वजह से भी पैदा हो सकती है कि यह व्यक्ति न तो मेरे स्वार्थ में रुचि ले रहा है, न अपने स्वार्थ को मुझसे खोल रहा है ताकि मुझे लेन-देन का मौक़ा मिल सके। यों देने के लिए अज्ञेय के पास वैसा कुछ है भी नहीं जो हिंदी के सेवकों ने आज़ादी के बाद से अपने पास जमा किया था और जो पिछले वर्ष राजा की कोपदृष्टि के बाद और भी रक्षणीय हो गया है। ज़्यादा व्यक्तिगत स्तर पर यह चिढ़ शायद अज्ञेय की उस विशेषता से उत्पन्न होती है जिससे वह सहानुभूति में और तरस खाने में अंतर कर सकते हैं। एकाएक विगलित होकर दूसरे व्यक्ति के लिए मुखर हो उठते मैंने अज्ञेय को नहीं देखा—एकाएक विगलित होते देखा है, पर वह ठीक-ठीक 'देखा' जा सका है, नहीं कह सकता। क्योंकि यदि मैं सही-सही समझता हूँ तो उसका न देखा जा सकना ही अभीष्ट रहा है। उसका दिखाना दूसरे व्यक्ति के लिए अपमानजनक हो सकता है। पर मैं यह भी खूब समझ सकता हूँ कि उसका न दिखाया जाना कुछ अन्य लोगों को कितनी बड़ी अवज्ञा जान पड़ सकती है। इस अर्थ में अज्ञेय ज़रूर 'असामाजिक' हैं। इसके अतिरिक्त उनकी असामाजिकता यानी समाज में उनके प्रति विशेषत्व का भाव, उनके अत्यधिक समाजनिष्ठ होने से उद्भूत है। अंतर केवल यह है कि आज के समाज में कलाकार की समाजिक चेतना और राजनैतिक छुटभैये की सामाजिक चेतना एक-दूसरे में इतनी लोट-पोट हो गई हैं कि कलाकार को अपने कवि-धर्म से अपनी ही भाँति से अपना काम करते हुए देखकर कोई प्रभावित नहीं होता।

[*सारिका*, जनवरी 1964, *लिखने का कारण* में संकलित]

अज्ञेय से एक अपरिभाषित संबंध में बँधा मैं

असहमति और आशा के वातावरण में 1947 में नई पीढ़ी ने साहित्य के क्षेत्र में पैर रखे। यह पैर रखना एकाएक उसको एक अनजान दुनिया में ले गया क्योंकि उसके पहले क़दम के बाद सबकुछ

अनिश्चित था। प्रयोग हमारा धर्म था। किंतु लोकजीवन और इतिहास, जितना हम उसको जानते थे, वह हमारा कर्तव्य था। ऐसे समय में, जिन लोगों ने कविता लिखना शुरू ही किया था, उनमें से एक मैं था।

मेरी पहली कविता *आजकल* नामक सरकारी पत्रिका में, जिसको उस समय साफ़-सुथरी छपाई और सुंदरता आदि के लिए और साधनों के लिए माना जाता था, 1 अगस्त 1947 में छपी। उसके पहले अगर कभी कुछ छपी भी होगी तो किसी दैनिक पत्र में या किसी और में, जिसका कुछ बहुत बड़ा महत्त्व नहीं था। लेकिन *आजकल* में छपने के बाद मैं थोड़ा आश्वस्त हुआ कि हाँ, इसको पढ़ा जाएगा और देखा जाएगा। परंतु उसको पढ़ा और देखा नहीं गया।

पढ़ा और देखा गया मेरी किसी छपी हुई रचना से पहले, मेरी बिना छपी हुई रचना को एक व्यक्ति द्वारा। वह व्यक्ति अपने आपमें एक संस्थान था और है। वह व्यक्ति है वात्स्यायन।

मैंने कुछ कविताएँ केवल इस आशा में बना डालीं कि इनमें एक नया छंद, नई बिम्ब-रचना और एक नया उत्साह है। मेरी कविता संबंधी शक्ति को मैं जाँच नहीं पाता था क्योंकि उन दिनों शिल्प ही काव्य-चेतना का प्रधान तत्त्व था। बाद में रूपवादी-यथार्थवादी खेमों में बहसें शुरू हुईं। ये मुझे इसलिए बहुत पोच मालूम होती हैं कि कविता के साथ रिश्ता बनाने में मेरी समझ में यथार्थ नहीं शिल्प होता है और उस शिल्प के अपने केंद्रीय विधान को पकड़ लेने या समझ लेने के बाद ही कोई नया कवि आगे बढ़ सकता है : यथार्थ और इतिहास की समझ को बढ़ाते हुए और साथ ही भाषा की, छंद की, संगीत की, नाटक की अर्थात् सभी विधाओं की अभिव्यक्ति के लिए भाषा का इस्तेमाल करते हुए, उनकी खोज करते हुए।

तो उस समय शिल्प ही मेरे लिए कविता से पहला मुक़ाबला था। और एक कविता मैंने लिखी और यह सोचकर कि *प्रतीक* नाम से जो द्वैमासिक इलाहाबाद से निकलता है, वह चूँकि बहुत नई-नई चीज़ें मेरे पूर्ववर्ती साहित्यकारों की भी और बिलकुल नए लोगों की भी लाता है, इसलिए उसे भेजूँ। नए से मेरा मतलब, जिनको मैं जानता नहीं था, जो मेरे लिए नए थे। *प्रतीक* ने साहित्येतर क्षेत्रों—दर्शन, इतिहास, पुरातत्त्व, समाजशास्त्र आदि—में भी कुछ किया था। उन क्षेत्रों में भी मेरे लिए सबकुछ नया, बहुत स्फूर्ति देनेवाला और बहुत खोज के लिए उकसानेवाला था। तो कविता मैंने *प्रतीक* में भेज दी! विश्वास करिए कि उसे भेजते समय मुझे ज़रा भी संकोच नहीं हुआ क्योंकि मुझे लगता था कि मैं कुछ नया कर रहा हूँ और आदमी जो कहीं बैठा हुआ कुछ नया कर रहा है, उसके साथ मेरा एक अपनापा और एक रिश्ता स्वाभाविक रूप से है। तो मैंने अज्ञेय को वह कविता भेजी। उस समय मेरा उनसे कोई परिचय नहीं था सिवाय इसके कि उनकी कुछ कविताएँ एक-दो बार किसी रेडियो के कवि-सम्मेलन में सुनी थीं और एक-दो बार कुछ पढ़ी भी थीं। हाँ, उनकी *शरणार्थी* नामक पुस्तक या पुस्तिका भी पढ़ी थी।

साहित्य में से क्या पढ़ा था ठीक याद नहीं लेकिन जो पढ़ा था, लगता था, यह कुछ बिलकुल नया है और बल्कि कहीं न कहीं मैं भी उसमें शामिल हो सकता हूँ। तो कविता वहाँ भेजी। उसके कुछ दिन बाद चिट्ठी आई कि वह कविता द्वैमासिक के एक अंक में छप रही है। तब एक विचित्र पहचान अपने यथार्थ की हुई कि हाँ, हमारे साहित्य में भी कुछ हो रहा है जिसमें मैं भी शामिल हो रहा हूँ और हमारे शिल्प में कुछ है जिसको कि मैं भी बरत सकता हूँ—बना सकता हूँ।

यह आत्मविश्वास लेकर के मैंने *प्रतीक* के अगस्त (सन् मुझे याद नहीं, शायद सन् 48 था) अंक में अपनी कविता देखी। मेरे साथ जिन और महान साहित्यकारों के नाम छपे थे, वह देखा और एक तरह का आत्मविश्वास और आत्मगौरव प्राप्त किया। मैंने दो और कविताएँ भेजीं और वे भी समय-समय पर छपीं। लगभग उसी समय *प्रतीक* के इलाहाबाद से उठकर दिल्ली आने का निर्णय शायद हो चुका था, या होनेवाला था। और मुझे फिर एक चिट्ठी मिली जिसमें मुझे दिल्ली आकर के वात्स्यायनजी के

साथ काम करने का निमंत्रण था।

इसके बाद की कहानी के ब्यौरे में जाने की ज़रूरत नहीं पर मैं *प्रतीक* का सहायक संपादक होकर 1951 में दिल्ली आया।

1951 एक ऐसा वर्ष है, जबकि आज़ादी की व्यावहारिक और क़ानूनी घोषणा के दो-तीन वर्ष बीत चुके थे और बहुत चीज़ें घटित हो चुकी थीं। बँटवारा, रक्तपात, आज़ादी के प्रति मोहभंग की शुरुआत, यह नारा कि यह आज़ादी असली नहीं है या पूरी नहीं है, और साथ ही हमारी पीढ़ी के मन में एक नए भारत की कल्पना, जो कि समाजवाद और लोकतंत्र की उपज थी, कहीं बैठ चुकी थी। साथ ही एक पाखंड और झूठ की पोल भी हमारे सामने खुलनी शुरू हो चुकी थी। ईमानदारी को लेकर, व्यक्तित्व-व्यवहार को लेकर, सच और झूठ को लेकर, उचित-अनुचित, न्याय-अन्याय को लेकर और एक-दूसरे स्तर पर साहित्य में क्या रचनात्मक है, क्या बनावटी है, क्या बोझ है, क्या वज़नी है, इसको लेकर जो चिंताएँ पैदा होती थीं, उनकी मदद से या उनके सहारे से बहुत-सी सच्चाइयों को हमारा दिमाग़ खोलना शुरू कर चुका था।

ख़ास तौर से इस बात को लेकर कि छायावाद के अंतिम दिनों में जो ऊर्जा वह छोड़ गए थे, उसका हम क्या करें। हम तो छायावाद को नाम से याद भी नहीं करते थे। वह केवल हमारी वर्तमान परंपरा के वर्तमान अंश का एक नाम था और उसमें बहुत कुछ ऐसा था जो कि हम रद्द कर चुके थे। लेकिन वह था अनुभूति, जिसमें न मनुष्य था, न समाज था, केवल एक शून्य और एक पीड़ा थी, इसे हम नाकारा और अप्रासंगिक मानते थे। मसलन बच्चन की कविता बहुत खिजाती थी, बाँधती थी क्योंकि उसमें परंपरा का और संगीत का, लय का एक बोध जागृत होता था। उसमें जो भावुकता थी वह सहनीय थी। वह ठोस भी थी। उसमें जो प्रेम था, वह सुन सकनेवाला प्रेम था। वह महादेवी वर्मा का, जयशंकर प्रसाद का संसार नहीं था, वह निराला का संसार भी नहीं था। लेकिन वह कुछ-एक मायनों में एक आदमी का संसार था—जो सामने बैठा हुआ है और जिससे बोला-बतियाया जा सकता है, जिसके पास परंपरा की कहीं कोई धारा है, जो निराला की इतनी शक्तिमयी और ऊर्जामयी झकझोरनेवाली छंद की धारा को तोड़नेवाली नहीं है बल्कि छंद में हमको लपेट लेनेवाली है, तो भी वह ऊर्जा है।

वह ऊर्जा जिन कवियों में नहीं थी, उनके बारे में हमारे मन में कोई उत्साह नहीं था, कोई प्रीति नहीं थी, कोई आशा नहीं थी। और हिंदी साहित्य का काफ़ी बड़ा हिस्सा ऐसे ही कवियों से भरा पड़ा था। इसमें बड़े-बड़े नाम थे। मैथिलीशरण गुप्त इसमें थे, प्रसाद इसमें थे, महादेवी वर्मा इसमें थीं, लेकिन इनके प्रति कोई कुत्सा का, कोई घृणा का, अवज्ञा का भाव हममें नहीं था। इनके प्रति यह भाव था कि हाँ यह हमारी संपत्ति हैं, परंतु इस संपत्ति में हमको कुछ मिलनेवाला नहीं है। यह हमारी पूँजी ज़रूर हैं लेकिन इसे हम ख़र्च क्यों करें जबकि इनको ख़र्च करने से हमें कोई उपलब्धि नहीं होती।

ऐसे समय में अज्ञेय का *प्रतीक* (द्वैमासिक) निकालना, मेरे जैसे नए लेखकों को उसमें स्थान देना, यह एक आज़ादी के नए-नए आविर्भाव में एक महत्त्वपूर्ण साहित्यिक घटना कही जाएगी और थी भी। आज़ादी के तुरंत बाद हिंदी में रचनात्मक काम करनेवालों के लिए बहुत बड़ा संकट खड़ा किया गया, उनको यह बताकर और उनके मन में यह बात बैठाकर कि वह बाक़ी भारतीयों से इतर एक विशिष्ट प्राणी हैं। एक कृत्रिम और एक रचनात्मक खाई पैदा की गई जिसके पीछे शक्ति संग्रह की इच्छा थी, जिसके पीछे सत्ता संचय का मोह था जो मूलतः राजनैतिक था। भाषा और हिंदी जिसके लिए केवल एक निमित्त बनी हुई थी।

आज़ादी के तुरंत बाद के समय में साहित्य ऐसे लोगों से भरा पड़ा था जो साहित्य की सेवा करना चाहते थे लेकिन साहित्य का उपभोग नहीं करना चाहते थे। निर्वीर्य-निर्जीव ये लोग, सत्ता की गद्दियों पर बैठे हुए, केवल अपने नीचे की गद्दी के मुलायम होने की कल्पना में डूबे रहते थे। इसके बाहर कुछ कठोर, कड़ा चुभनेवाला कहीं है, यह वे देखना भी नहीं चाहते थे। हाँ, एक धारा, जिसे प्रगतिशील

धारा कहा जाता है, जो सच बात तो यह है कि उतनी ही यथार्थवादी थी जितनी कि वह रोमांटिक, वह मौजूद थी। वह हमारे लोगों की प्रेरणा थी। हमने साहित्य में एकसाथ, एक नए समाज की समाजवादी कल्पना के साथ क़दम रखा। हमारे लिए लोकतंत्र, नया साहित्य और नया मनुष्य और समाजवाद एक ही थे। हमारी दीक्षा ही साहित्य में समाजवाद के माध्यम से हुई जिसका एक हिस्सा लोकतंत्र, दूसरा हिस्सा एक नैतिक मान्यता, नैतिक मूल्यों का संसार था।

बहुत जल्दी ही हमें जो मोहभंग, आज़ादी के मूल्यों के दुरुपयोग और सच्चाई और ईमानदारी के विकृत पाखंडी प्रदर्शन से हुआ, ठीक उसी समय हमको अपना पोषण करनेवाली प्रगतिशील, मार्क्सवादी, समाजवादी या जैसा भी उसको मानें (क्योंकि उसमें हमारे लिए यह बिल्ले अलग-अलग नहीं थे) चेतना मिली। यहाँ तक कि गाँधी भी इन सबमें हमारी नज़र में शामिल थे। हमारी पीढ़ी के लिए ये सब चीज़ें गाँधी से नहीं निकलती हुई दिखाई दीं, लेकिन गाँधी की एक हिस्सेदारी इन चीज़ों में ऐसी थी कि वह बराबरी की हिस्सेदारी न होकर ज़्यादा बड़ी छत्रछाया हमें देती थी। एक प्रेमभावना गाँधी के प्रति अवश्य थी। गाँधी के चेलों के प्रति धीरे-धीरे वह प्रेमभावना बदलकर विरक्ति की, आलोचना की, अस्वीकार की भावना बनी। 52-53 में यह भावना परिपक्व होने लगी थी। एक राष्ट्रीय पैमाने पर यह एक सार्वदेशिक भावना बन गई थी।

यही वह समय था जबकि हिंदी में नया साहित्य अपनी पूरी उमंग और पूरी ऊर्जा के साथ हिंदीसेवियों का मुक़ाबला करने खड़ा हो गया। यही वह समय था जबकि *प्रतीक* का नया रूप, मासिक प्रतीक, दिल्ली से निकलना शुरू होकर अपना असर और अपनी छाप डालकर, लगभग समाप्त हो चला था। अर्थात् वह पत्रिका बंद होने लगी थी। अगस्त सन 52 में उसका अंतिम अंक वात्स्यायनजी के साथ हम लोगों ने निकाला। हम लोग कहते हैं तो *प्रतीक* के लेखकों को भी उसमें शामिल करते हैं, जो कि एक तरफ़ तो बालकृष्ण शर्मा 'नवीन' और सेठ गोविंददास भी थे और एक तरफ़ इलाहाबाद में बैठे हुए धर्मवीर भारती, सर्वेश्वरदयाल सक्सेना भी थे। लखनऊ जैसे नगर से सीधे यूनिवर्सिटी से निकलकर आए हुए यशपाल, शमशेर, नागार्जुन, राजीव सक्सेना जैसे अधेड़, परिपक्व और बिलकुल नए लेखकों के समाज से शक्ति लेकर आए हुए रघुवीर सहाय जैसे नौसिखिए भी थे।

जिस समय *प्रतीक* बंद हुआ उस समय हठात् यह मालूम हुआ कि बहुत बड़ा साधन, अपने को कहने का, अपने को पहचानने का, छिन गया। *प्रतीक* तो बंद हो गया लेकिन उसने जो ऊर्जा फैलाई थी, वह अलग-अलग नए कवियों में अपने-अपने ढंग से विकसित होती रही। उसको लेकर खोज-पड़ताल भी तेज़ी से बढ़ी। यह मानना पड़ेगा कि देश के मानसिक, राजनैतिक, सामाजिक वातावरण में गुटबंदी बहुत बढ़ गई थी। साहित्य की पुरानी परंपरा से चली आ रही गुटबंदी की प्रवृत्तियों को सामाजिक और शक्ति की लालसा रखनेवाले मानस के अधीन एक नया बल मिलने लगा था।

बहुत कोशिशें हो रही थीं कि नई पत्रिकाएँ निकलें पर वे *प्रतीक* की तरह सार्वदेशिक और एक समग्र दृष्टि रखकर नहीं निकल रही थीं। वात्स्यायन ने *प्रतीक* के बंद होने के बाद तत्काल साहित्य में कोई हस्तक्षेप नहीं किया। वह शायद अपने चारों तरफ़ पैदा इस युवा-शक्ति को समझने और उसके साथ एक सार्थक, सक्रिय रिश्ता बनाने में लगे हुए थे। *दूसरा सप्तक* भी निकल गया था। इसके बाद *तीसरा सप्तक* भी निकला। *तीसरा सप्तक* का दौर कई मायनों में वात्स्यायन की नई साहित्य के प्रति आस्था और उसमें उनकी देन का परिचायक है। उन्होंने **नए साहित्य के स्रष्टा** नामक एक पुस्तक माला शुरू की। पहले उसमें सर्वेश्वरदयाल सक्सेना की किताब छपी। फिर मेरी भी छपी।

यह किताब अपने आपमें एक साहित्यिक प्रसिद्धि का भी, एक साहित्यिक शक्ति का भी एक निचोड़ थी। उन्होंने पाया कि कविता की किताब, कहानी की किताब अलग-अलग निकालना शायद व्यापार की, प्रचार की और आर्थिक संयोजना की दृष्टि से, बहुत सरल नहीं है। साथ ही साथ उन्होंने यह भी पाया कि इस समय के नए रचनाकारों को अपनी रचनाएँ अनेक दिशाओं में करने की ज़रूरत

मालूम हो रही है और कविता, कहानी दोनों ही लिखनेवालों का एक विशेष स्थान उन्होंने पहली बार आधिकारिक रूप से, एक संपादक के नाते माना।

हिंदी साहित्य में कविता और कहानी के बीच में इस तरह का अंतर, कहानी और निबंध के बीच में अंतर, इसके और उसके बीच में अंतर, तो अध्यापकों की देन है, वास्तविक नहीं। फिर भी एक नवयुवक संपादक के रूप में (वात्स्यायनजी को उस वक़्त नवयुवक ही कहा जाएगा) उनके मन में अगर यह बात आती है कि एक कविता के अनेक रूपों को समझना चाहिए, प्रकाशित करना चाहिए, ताकि नई साहित्य धारा पर उसका प्रभाव पड़े, तो यह अपने आपमें एक नई दृष्टि थी। उस दौर में यानी सन 51 से लेकर 58 तक के दौर में अधिकांश पत्रिकाएँ, पुंस्तकें और दूसरे साहित्य आयोज़नों में इस समग्रता की समझ झलकती है।

मैं अपने को बहुत सौभाग्यशाली मानता हूँ कि मेरे प्रारंभिक दिनों में एक अच्छी साहित्यिक पत्रिका का चरित्र हमारे मन में इस रूप में नहीं उभरा कि वह चार-पाँच नामी-गिरामी साहित्यकारों की रचनाओं का मासिक संकलन है बल्कि इस रूप में उभरा कि सब तरफ़ अनेक शिल्पों में जो कुछ हो रहा है, उस सबमें हमारी समझ की हिस्सेदारी—और हो सके तो रचना की हिस्सेदारी भी—होनी चाहिए। यह पहली बार *प्रतीक* जैसी पत्रिका में ही संभव हुआ कि वे टिप्पणियाँ छपने लगीं जिनका संबंध कला से है, समाज से है, साहित्य से भी है परंतु जो मूलतः या शुद्धतः साहित्यिक टिप्पणियाँ नहीं हैं। फ़िल्म जैसे माध्यम को हिंदी की पत्रिकाओं में पहली बार एक कला और एक पुरस्कृत और विकासशील कला के रूप में माना और पहचाना गया। यह *प्रतीक* ने ही किया था। जाने-अनजाने *प्रतीक* उस परंपरा का पुनर्सृजन कर रहा था जो कि *सरस्वती* ने पाली थी। शायद *भारत* में भी उसकी झलक मिलती है। पर जाने क्यों अपने समय के साथ चलते हुए भी अपने समय से आगे बढ़ने की शक्ति इनमें से किसी पत्रिका में नहीं थी।

कविता को दूसरी विधाओं ने अपनाया और यह रिश्ता इस दौर की उपलब्धि है। इसके लिए मूलतः वात्स्यायन ज़िम्मेदार हैं। उनके समकालीनों में अनेक कलाओं की ऐसी समझ प्रकट नहीं होती रही है, जो उनमें प्रकट हुई और जिससे नए लोगों को बल मिला। विरोध करने का भी कारण मिला और समर्थन का भी मिला।

हर प्रकार से एक प्रकार की आश्वस्ति का भाव मिला कि ऐसा भी व्यक्ति हम लोगों के बीच में और हमारा ही समानधर्मा है, जो कृतित्व के मामले में, आलोचना के मामले में, साझा कर रहा है।

वात्स्यायन के बारे में यह सवाल बहुत उठता रहा है कि यह व्यक्ति हमारे जैसा सामान्य क्यों नहीं है। वह बड़े विशिष्ट प्राणी हैं या दिखते हैं या बनते हैं। बोलते नहीं हैं। उनका व्यवहार विचित्र होता है। जाने कितना हिंदी साहित्य इसी बात को लेकर आक्रांत रहा है कि वात्स्यायन का व्यक्तित्व इतना असामान्य क्यों है? जिन लोगों के मन में ये चिंताएँ उठती हैं, उन लोगों ने कहीं न कहीं अपने को एक हीनभावना से जाने-अनजाने आक्रांत कर लिया है। या शायद यह भी है कि किसी-किसी मामले में कुछ व्यक्तिगत पसंद-नापसंद और मानापमान का भी प्रश्न रहा हो। परंतु मैं अपनी बात इसलिए उठा रहा हूँ कि मैंने उनको 1948 से जाना है। और कभी भी यह ज़रूरत नहीं मालूम हुई कि उनके बहुत निकट जाकर उनके मामलों में ताक-झाँक करूँ और तभी यह अनुभव कर पाऊँ कि वह मेरे मित्र हैं।

व्यक्तिगत स्तर पर कभी यह भी नहीं लगा कि स्नेह और अपनापे का एक संबोधन हम दोनों के बीच होगा, तभी यह स्नेह और अपनापा स्वीकृत और प्रदर्शित होगा। उदाहरण के लिए बहुत-से मेरे साथी, ख़ास तौर से इलाहाबाद में, वात्स्यायनजी को हमेशा भाई और बहुत ही विह्वल और कातर स्वर में 'भाई' कहते रहे हैं। मुझे इसकी ज़रूरत नहीं मालूम हुई कि यह शब्द मैं इस्तेमाल करूँ, जबकि

मेरा उनसे सामाजिक, पारिवारिक, व्यक्तिगत किसी प्रकार भी ऐसे शब्दों द्वारा सम्बोधित करने का अधिकार नहीं बनता था। तो बिना उन्हें भाई कहे हुए ही मैं उनको क्या मानता रहा हूँ, इसकी परिभाषा करें तो एक संबंध बनेगा। बिना परिभाषा किए हुए जो संबंध बनेगा, वह मुझे अधिक महत्त्वपूर्ण लगता रहा है।

यह बात भी ग़लत है कि हर व्यक्ति के ऐसे प्रकट सामाजिक संबंध होने चाहिए, जो सब लोग देखें और पहचानकर घोषणा करें कि हाँ यह व्यक्ति प्रेमी है, उदार है, सहृदय है, सामाजिक है, दयालु है। बहुत-से रिश्ते मौन स्वीकार में ही अभिव्यक्त होते हैं। इसका भी एक संस्कार है। यह संस्कार अगर कारणवश किसी व्यक्ति में नहीं पैदा हुआ है, तो उसे उनके प्रति, जिनमें यह संस्कार बना है, यह विद्रूप का भाव क्यों? यह अस्वीकृति का भाव क्यों और हर आदमी को एक ऐसे स्तर पर उतार लाने में संतुष्ट होने का आग्रह क्यों? मालूम नहीं इसका क्या कारण है कि साहित्यिकों में, ख़ास तौर से कहीं भी एक विशिष्टता का परिचय मिलते ही, उस व्यक्ति की सहजता और निस्पृहता का अनुभव न करके लोग उसकी विलक्षणता और विशिष्टता को नहीं, बल्कि उसकी अहम्मन्यता का अनुभव करते हैं।

[*नवभारत टाइम्स*, 9 मार्च 1986]

वह मनुष्य को वस्तु के रूप में बरत नहीं सकते थे

वात्स्यायनजी के इस संसार में न रहने पर उनके जीवन के ऐसे अनेक क्षणों की याद आती है जिनमें उन्होंने दूसरों से हिस्सा बँटाया था। जैसे-जैसे समय बीतता जाएगा यादों का यह भंडार बढ़ता जाएगा। परंतु विशाल और विविध कलात्मक कार्यों से भरे हुए जीवन में वात्स्यायनजी के साथ हिस्सा बँटानेवाले भी कई स्तर के रहे होंगे। इनमें से कुछ के ही साथ उनका अंतरंग संवाद रहा हो तो आश्चर्य नहीं। उनके जीवनकाल में भी मैंने बहुधा यह टिप्पणी दूसरों के मुँह से सुनी थी कि वह गुमसुम बने बैठे रहते हैं। इस शिकायत के पीछे मुझे तब भी लगता था कि काफ़ी नासमझी है। असल में किसी का गुमसुम बैठे रहना या तो उसके चिंतनशील स्वभाव के कारण होता होगा या जिसने यह शिकायत की है उसके बहुत अधिक वाचाल होने के कारण। मुझे वात्स्यायनजी से इस तरह की मौन उदासीनता की शिकायत नहीं थी; हालाँकि मैंने यह पाया कि जिन सामान्य सांसारिक वाचाल प्राणियों को किसी समय यह शिकायत उनसे थी, वे भी आगे चलकर यह कहते पाए गए कि 'अब वात्स्यायनजी बदल गए हैं' या 'अब तो वह काफ़ी बातें करते हैं।' यह कौन बताएगा कि बदला कौन था—वात्स्यायनजी या उनका श्रोता! अगर कुछ लोगों ने वात्स्यायनजी के सामने बैठकर बहुत अधिक बकबक करना छोड़ दिया होगा तो बदलाव तो उन्हीं में आया होगा!

यह बिलकुल सही है कि वात्स्यायनजी बहुत कम बोलते थे और यह भी सही है कि ऐसे लोग रहे होंगे जिनसे वह एक बार बोल भी दिए तो दो वाक्यों से अधिक नहीं बोलते होंगे। असल बात यह है कि ऐसा संवाद जिसमें कोई वैचारिक या आध्यात्मिक उत्तेजन न हो वात्स्यायनजी को स्वीकार नहीं था। सामान्य दुनिया में बहुत अधिक बोलना घनिष्ठता की पहचान माना जाता है। इस बात की शिकायत क्यों की जाए कि वैसी घनिष्ठता वात्स्यायनजी को पसंद नहीं थी! एक दूसरे की खोज थी और अक्सर उन्होंने कुछ मित्रों को केवल बातचीत करने के लिए बुलाया और काफ़ी देर तक उस बातचीत का आनन्द उठाया और बाँटा। यहाँ भी यह स्पष्ट करना ज़रूरी है कि उनका स्वभाव संयमित

और संयत था; इस शिकायत का कोई मतलब नहीं। यह उनका स्वभाव था। अगर आपसे आधे घंटे बातचीत करने के बाद वह पाते कि अब उनका मन थक गया है तो वह बातचीत बंद कर ही देते; इसकी शिकायत का भी क्या मतलब! मूल बात यह है कि ज़्यादातर लोग प्रगल्भ नहीं तो वाचाल तो होते ही हैं और वे हर समय इस आशा में रहते हैं कि वे दूसरों से वार्तालाप में चोरी-छिपे अपने स्वार्थ की बात निकाल लें। ऐसे लोगों की भी वात्स्यायनजी की चुप्पी पर शिकायत का क्या मतलब?

अपनी बात क्या कहूँ! मेरा तो पहला परिचय 48-49 में जब हुआ तभी यह बात समझ में आ गई थी कि यदि यह नई मित्रता बढ़नी है तो अतिशयता से दूर रहना होगा। इसी से यह बात भी समझ में आई कि अपनी सब बातें, यहाँ तक कि अपनी सब चिंताएँ दूसरों के पास हल करने के लिए ले जानी नहीं चाहिए; बल्कि अपनी ज़िम्मेदारी पर निर्णय करने का विवेक बढ़ाना चाहिए। कालांतर में मेरे और वात्स्यायनजी के बीच कामकाज के सिलसिले में ऐसे अनेक अवसर आए जब मुझे एकांत निर्णय करना ही था। शायद उन्हें मेरा स्वायत्त आचरण अनुकूल नहीं लगा होगा; पर वह जिस आज़ादी को दूसरों के लिए ज़रूरी मानते थे उसमें उन्होंने बाधा कभी नहीं दी। बहुत अधिक न बोलने के उनके स्वभाव का एक पहलू यह भी था कि वह हर बात की तारीफ़ या बुराई करना ज़रूरी नहीं समझते थे। हर रहस्य को खोलते रहना भी उन्हें प्रिय न था। सच पूछिए तो हम लोग अक्सर उन बातों को भी रहस्य बना लेते हैं जो रहस्य नहीं होनी चाहिए; और ऐसी सहज बातों को भी प्रचार का विषय बनाकर स्वयं उनको किसी तरकीब से उद्‌घाटित करते हैं। इसमें आत्म-प्रदर्शन का कोई आनंद आता होगा। ऐसे रहस्यों के खोजियों को भी वात्स्यायनजी से बातचीत में कुछ मिलनेवाला नहीं था।

वास्तव में उनके जाने कितने मित्र ऐसे होंगे जिनसे बातचीत में कुछ न कुछ आनंद वात्स्यायनजी को मिलता, पर, जहाँ तक मैं जानता हूँ, यह भी कहना ग़लत होगा कि किसी व्यक्ति को उन्होंने अपने लिए ऐसे मनोरंजन का माध्यम मान लिया हो। मनुष्य की गरिमा में उनका इतना विश्वास था कि वह मनुष्य को वस्तु के रूप में बरत नहीं सकते थे। मनुष्य की गरिमा उनके साहित्य में भी वैसी ही बार-बार प्रकट होती है जैसी कि व्यवहार में। जब *अपने अपने अजनबी* की कथावस्तु उन्होंने स्थिर कर ली थी, केवल उसके कथानक में कहीं कोई अंतराल भरे जाने को रह गया था, उन्हीं दिनों मेरे वतन लखनऊ में एक ज़बरदस्त बाढ़ से तबाही हुई, जिसे मैंने संयोग से अपनी आँखों देखा। गोमती नदी का मेरा चिर-परिचित पुल एक सिरे से टूटकर बह गया था और दूसरा सिरा नदी के ऊपर छज्जे की तरह लटका रह गया था। इस सिरे पर एक छोटी-सी परचून की दूकान थी जिसकी मालकिन बुढ़िया से कृष्णनारायण कक्कड़, जिन्होंने बाढ़ के कई चित्र अलग रंगों में बनाए थे, बाढ़ के दृश्यों की बात करने लगे। मैंने भी पूछा : "जब यह पुल टूटकर बहा तब तुम कहाँ थीं और तुम्हारे भीतर क्या हो रहा था?" उत्तर था कि "मैं निकट के मंदिर के शिखर पर बनी अटारी में छिप गई थी। शिखर पानी की हिलोरों से मानो काँप रहा था।" ··· दुबारा पूछने पर कि "तुम्हारे भीतर क्या हो रहा था?" वह मौन रह गई। शायद भाषा में सरलीकृत कर देने को उसके पास शब्द नहीं थे। कई बार पूछने पर उसने कहा, "हो क्या रहा था; कुछ नहीं, मैं प्रतीक्षा कर रही थी। मेरे अंदर और कुछ नहीं हो रहा था। बस, मैं जो कुछ होना हो उसकी प्रतीक्षा कर रही थी।" इस घटना में वात्स्यायनजी को कोई सूत्र मिला और उन्होंने मुझसे धीमे से कहा, "अब मुझे जो चाहिए था मिल गया।" मुझे खुद नहीं मालूम कि उन्हें क्या मिल गया और जो मिला वह क्या इसी घटना के आधार पर मिला, परंतु अगले ही दिन उन्होंने लिपिक के साथ बैठकर उपन्यास लिखना शुरू कर दिया; यह मुझे मालूम है।

[*युवकधारा*, 1986]

स्वतंत्र करनेवाला व्यक्तित्व

भाषा की शक्ति के हम बड़े गुन गाते हैं, पर भाषा मृत्यु को जिस तरह भी बखाने, वह पूर्णविराम की वास्तविकता से कतरा नहीं सकती; कतरा जाए तो वह झूठी है। वात्स्यायन अब नहीं हैं, उनका जीता-जागता शरीर अब नहीं है। इसने बाक़ी जीवित लोगों से वात्स्यायन का संवाद ख़त्म कर दिया है। यह एक वास्तविकता है, जिसका बदल उनके प्रकाशित विचार उतने ही अंश तक हैं जितने अंश में आदमी के बदले उसकी तसवीर होती है। वह बोल नहीं सकती या बोलती है तो जवाब नहीं दे सकती।

निधन का समाचार मिलने पर एक समझदार बुद्धिजीवी महोदय कह रहे थे, "भला देखो, कल तो अमुक जगह हम लोग साथ-साथ बैठे हुए थे।" मानो इसी में मृत्यु का परम आश्चर्य छिपा हुआ है कि वे कल थे आज नहीं हैं। नहीं, यह आश्चर्य नहीं है कि कोई क्षण मर के ख़त्म हो जा सकता है। आश्चर्य तो यह है कि हम कितनी जल्दी अपने को भरमा लेते हैं कि वह अमर है और अब हमें यही कहते रहना चाहिए कि उसका शरीर मर गया है, मगर उसके विचार जीवित हैं। पर तेज़ी से गुज़रती हुई गाड़ी से अचानक उतरकर कोई अँधेरे में विलीन हो जाता है तो उसे उस गाड़ी में नहीं खोजना चाहिए। तब तो सड़क पर हर किसी को पहचानना पड़ेगा कि कहीं वह ही न हो।

साहित्य में वात्स्यायन के योगदान की जितनी प्रशंसाएँ उनके निधन के बाद सुन रहा हूँ सबमें यह बात बार-बार दोहराई गई है कि अब ऐसा पुरुष कोई नहीं है जो जीवन का संस्कार करे और नई दृष्टि दे। अगर यह बात ईमानदारी से सोची गई है तो बड़ी चिंता की बात है। चिंता की बात यह नहीं है कि युग का निर्माण करनेवाले पुरुष का अभाव हो गया। चिंता की बात यह है कि भाषा, काल और इतिहास की अकल सीखने के बाद भी कुछ मित्रों ने यह न सीखा कि हमें बना-बनाया वात्स्यायन कहीं नहीं मिल पाएगा। अब जो वात्स्यायन आएगा, वह पहलेवाले की अनुकृति न होगा।

विचार को भ्रष्टाचार के ख़तरों से बचाकर सभी टूटते संबंधों को जोड़कर वह एक स्वस्थ, लोकतंत्रीय स्वाधीन चेतना आनेवाले युग को पहुँचा सकेगा तो निश्चय ही वह आज के दिवंगत की पुनरावृत्ति नहीं होगा, वह उससे कुछ और बड़ा और भिन्न ही होगा।

पर यह हमारे ऊपर है कि हम अब वात्स्यायनजी की परंपरा में जिन विचारों को मानें वे कितने बड़े विश्व से जुड़े हुए हों।

वात्स्यायनजी में व्यक्ति की स्वाधीनता और उसके ऊपर आए हुए संकट की गहरी समझ थी और वे मानव सभ्यता में रचनात्मक मूल्यों की पहचान करते और कराते थे। वे हर तरह की वैचारिक जकड़बंदी के विरुद्ध थे। पर हमें तैयार रहना चाहिए, आगामी वर्षों में जकड़बंदी के नए तरीक़े विकसित किए जा सकते हैं। राजनैतिक दल आपसी साझेदारी में इन तरीक़ों को लागू करने में एक-दूसरे की सहायता कर सकते हैं—यह कहकर कि हमें लोकतंत्र को बचाए रखना है। कोई संगठित विरोध न रह जाए और जो अकेला व्यक्तिगत विरोध है, उसका कोई सामाजिक संदर्भ न हो तो एक विराट् मुर्दाघर की घुटन समाज पर छा जाएगी। उस वक़्त एक ही रास्ता बच रहेगा। रचना। यह रचना का धर्म झूठ, तोहमत, मक्कारी, हिंसा और चालाकी के ख़िलाफ़ अकेली उम्मीद है। गनीमत है कि आज तक किसी प्रबंध विशेषज्ञ ने यह नारा नहीं दिया है कि रचना के धर्म को रचना से अलग कर देना चाहिए और राजनीति को धर्म से अलग करके अधर्म से जोड़ देना चाहिए। पर बीसवीं सदी के ख़त्म होते-होते कोशिश दोनों मामलों में यही हो रही है। इस ख़तरे से लड़ने के लिए वात्स्यायन का एक और जीवन चाहिए क्योंकि इस लड़ाई में शत्रु के हज़ार चेहरे हैं। जड़ों से तोड़कर जीवन को फिर नए सिरे से अधर में स्थापित करनेवाली संस्कृति का आक्रमण बढ़ता जा रहा है। वात्स्यायनजी इस

आक्रमण के ख़िलाफ़ प्रदर्शन नहीं करते थे। पर उन संस्कारों को मान्यता देते थे जो उखड़ेपन को रोकनेवाली चेतना कवि के भीतर जगाते हैं। यह शक्ति वे साहित्य से लेते थे। इसे रूपवाद कहना भ्रांति है और शिल्प की बचकानी समझ।

जिस समय वात्स्यायन नहीं रहे हैं वह अँधेरा घिरने का समय है। लोकतंत्र और आज़ादी के मूल्य ही रचनात्मकता के मूल्य हैं। और इन दोनों का एक पतनशील सभ्यता के सामने कोई मूल्य नहीं। एक ही रास्ता है : साहित्य के स्रोतों से जो शक्ति अर्जित होगी, वह रचना के दूसरे प्रकारों से मिल जाया करे और हम रचना, लोकतंत्र और आज़ादी के नए आयाम पहचानते जाएँ।

1948 से लेकर आज तक वात्स्यायनजी से साथ रहा है। साहित्य में उनसे जो सीखा, वह *प्रतीक* (1951, नई दिल्ली) में उनका सहायक संपादक बनकर; फिर आकाशवाणी के हिंदी समाचार विभाग में उपसंपादक रहकर, जहाँ वे भाषा सलाहकार थे।

कितने ही विचार संगठन आयोजनों में या तो उनका साथ दिया या दूर से उन्हें काम करते देखा। कितने ही प्रसंगों में साथ नहीं रहा।

व्यक्तिगत निर्णयों में स्वाधीनता का महत्त्व उनसे 1948 के दौर में ही सीख चुका था। और कई मौक़े आए जहाँ इस आज़ादी को चुनते और बरतते हुए उनके साथ टकराव भी हुआ। हो सकता है कि यह मेरी भ्रांति हो कि टकराव हुआ, क्योंकि उन्होंने कभी ऐसा जताया नहीं। *प्रतीक* के दिनों में दिल्ली में उनके व्यक्तिगत जीवन को नज़दीक से देखा और फिर यह सीखा कि दूसरों के जीवन में हस्तक्षेप संस्कारहीनता है।

वात्स्यायनजी से व्यक्ति की हैसियत से जो संस्कार मिला उसमें कपिलाजी का बहुत बड़ा हाथ था, क्योंकि 1951 में दिल्ली आने पर मुझे उन दोनों के साथ बहुत बार समय बिताने का अवसर मिला। बाद में मेरे अपने परिवार से वात्स्यायनजी का संबंध भी उनकी ओर से एक सम्मानजनक दूरी को प्रेमपूर्वक बनाए रखने में ही था। पर सभी बच्चों को उन्होंने करीब से जानने की इच्छा की और उन्हें अधिक से अधिक अवसर अपने साथ उठने-बैठने के दिए। पर ये सब अपनापे की बातें प्रदर्शन की नहीं थीं।

मैं वात्स्यायनजी के उन मित्रों में नहीं था जो उनसे बहुत घने घरेलू संबंध बना लेते थे। पर जिस तरह रचनाकर्म में उनसे एक अपनापा मिलता था, वैसे ही निजी जीवन में भी उनसे एक भरोसा मिलता था। आख़िर वे मुझसे 18 साल बड़े थे और जिस वक़्त मैं पहली पुस्तक पढ़ रहा था उस वक़्त वे *शेखर* लिख रहे थे। बीसवीं सदी की जल्दी-जल्दी पूरी होती दूरियों में पीढ़ी कम वर्षों में बदलती है और मैंने एक ऐसे कवि का अनुज, सखा, सहयोगी, शिष्य होने का अवसर पाया है जो अभिभूत और आतंकित नहीं करता, स्वतंत्र ही करता है।

[*जनसत्ता*, 12 अप्रैल 1987]

एक सहकर्मी को श्रद्धांजलि

बीसवीं शताब्दी भारत के लिए चुनौतियों से भरी है। आज़ादी का आंदोलन, सदियों से जीवित परंपराओं की नई पहचान, उनके संदर्भ में उग्र और शोषक शक्ति केंद्र यूरोप के साथ आधुनिकता की खोज जो कि स्वाधीनता के साथ मिलकर असल में भारतीयता की खोज ही बनी—ये थीं हमारी चुनौतियाँ। और अब इस सदी के बीतते-बीतते विश्वस्तर पर शक्ति की आक्रामकता बेहद बढ़ जाने के कारण साथ-साथ ये बेहद मुश्किल-सी हो गई है। भाषा को रचना का साधन बनानेवाले को राजनैतिक संगठनों के प्रबंधक

की अपेक्षा निर्माण और उत्तराधिकार की यह चुनौती अनेक आयामों में उठानी पड़ती है। स्वाधीनता और लोकतंत्र पर स्वयं भारतीय परंपराओं की विकृति का भारतीय रचनाकार को ऐतिहासिक जवाब देना पड़ रहा है। वात्स्यायन यह जवाब दे रहे थे। यों तो वह अकेले नहीं थे, बल्कि अनेक कलाक्षेत्रों में और अनेक प्रदेशों में रचनाकार उनके साथ थे। परंतु इतना होने पर भी उनका साधन कोई संगठन नहीं था, विचार ही था। वह पुराना किस्सा याद आता है कि किसी किसान ने मरते वक़्त बच्चों को बताया था कि वह खेत के किसी कोने में अपार संपत्ति गड़ी हुई छोड़े जा रहा है। किस कोने में, यह नहीं बताया था। चुनाँचे संपत्ति के लोभ में संतान ने खेत का चप्पा-चप्पा खोद डाला। संपत्ति मिली पर इस रूप में कि गोड़े हुए खेत से विपुल उपज पैदा हुई। वात्स्यायनजी की वसीयत में इस किसान की वसीयत से फ़र्क़ यह है कि इन्होंने गड़ी संपत्ति का स्थल-रहस्य नहीं बनाया है। खेत के हर कोने में रत्न गड़े हैं यह हम जानते हैं क्योंकि वह यही बता गए हैं। गुड़ाई तो फिर भी सारे खेत की करनी पड़ेगी।

जो लोग भक्तिभाव से विह्वल होकर इस युगपुरुष के चले जाने पर कह रहे हैं कि अंधकार सामने है उन्हें सच्चाई से कहना चाहिए कि भूमि का पूरा विस्तार सामने है, शायद मेहनत से बचने के लिए वे निराशा का सहारा ले रहे हैं, पर वृथाभावुकता से यह मान लेना कि वात्स्यायनजी का अभाव कोई अकेला व्यक्ति पूरा कर देगा, आत्मप्रवंचना होगी।

ऐसे क्षण में ईमानदारी का एक ही रास्ता बच रहता है। इतिहास को एकमुश्त निर्माण कर देने का मिथ्या सरलीकरण छोड़कर विविध क्षेत्रों से रचनाकर्म करनेवालों को अपने-अपने दायरों में काम करते रहना और उन दायरों को परस्पर मिलाते रहना ही वह रास्ता है। इसके कोई सार्वजनिक नियम नहीं बताए जा सकते। अपना रास्ता चुनने का विवेक ही अपने रास्ते के नियम बताएगा सिवाय इसके कि स्वाधीनता और लोकतंत्र के असंदिग्ध नियम .बरकरार रहेंगे और मानवीय गरिमा की पहचान में मिलावट न की जाएगी।

शांति के साधक जो वाणी के साधकों के प्रतिकूल रहते हैं, सिर्फ़ यही दो ख़तरे सामने खड़े नहीं कर देते जिनका ज़िक्र किया गया। उनके काल और इतिहास को अपने कारख़ाने में ढालकर बाज़ार में पेश करने का अभियान जारी है ही। जैसे-जैसे यह शताब्दी ख़त्म होने को आएगी वे नए अभियान शुरू करेंगे। प्रकृति के शोषण की नीति सिर्फ़ पेड़-पौधों और पहाड़ों को उखाड़ने की नीति नहीं है जिसका वात्स्यायनजी ने विरोध किया था। यह आधुनिकता की झूठी समझ फैलाने की और उसी के सहारे विकास की बेईमानी फैलाने की नीति भी है। वह स्मृति को ध्वंस कर अतीत को और उससे मिले अनुभव को मिटाकर भविष्य को नष्ट कर देने की भी नीति है। आधुनिकता के मोह में पड़कर हम निरे वर्तमान में रह जाएँ, यह कुचक्र इसे बढ़ा रहा है। हमारे बुद्धिजीवी खानों में बाँटकर आदमी को रखने के अभ्यस्त कराए जा रहे हैं, जैसे हमारे साहित्य में कभी-कभी दिखता है, वैसे ही जैसे हमारे नए चिकित्सक व्यक्ति को मन और देह में बाँटकर उसका उपचार नहीं व्यापार कर रहे हैं। जीवन को एक ओर गुलामी और समृद्धि तथा दूसरी ओर आज़ादी और निर्धनता में बाँटकर हमें इनमें से एक चुनने को कहा जा रहा है। यह साहित्य और कलाओं को मिलाकर राजनीति में हस्तक्षेप करने का ऐतिहासिक समय है। इसके तक़ाज़े को पूरा करना बीसवीं सदी का ही काम है। इसी बीसवीं सदी में साहित्य ने भारत को रचनात्मकता की विश्व पहचान बनाने का अवसर दिया। कहना न होगा इस काम में आधुनिक भारतीय साहित्य चेतना के निर्माण में जो आदमी अकेला नहीं तो अग्रसर अवश्य था वह हिंदी का स.ही. वात्स्यायन था। हिंदी का यह ऐतिहासिक दायित्व था जो वात्स्यायनजी ने पूरा किया जबकि ज़्यादातर लोग हिंदी की 'सेवा' करते रहे।

अज्ञेय की तीन-चौथाई शताब्दी लंबी इस कहानी का पूरा बयान यहाँ नहीं किया जा सकता। न उसके अंत से जो हमने पिछले सप्ताह देखा, हम कोई मूल्यांकन जैसे सतही और कामनिपटाऊ निष्कर्ष

निकाल सकते हैं। कुछ जानना है तो शुरुआत अलग-अलग लोगों को वहीं से करनी पड़ेगी जहाँ से उन्होंने वात्स्यायनजी को साहित्यकार, पत्रकार, चिंतक या व्यक्ति के रूप में जाना था क्योंकि उसी अभिज्ञान के रास्ते से उनकी जीवंत सांझेदारी का परिचय मिल सकता है। वही पुण्य स्मरण है।

मैं तो जब पैदा हुआ था तब वात्स्यायनजी 18 बरस की उम्र के थे, यानी वह उम्र जिस पर पहुँचकर मैंने कविता लिखना सीखा। 1929 यानी मेरे जन्म के वर्ष में जब रावी के किनारे स्वतंत्रता प्राप्त करने की शपथ ली जा रही थी, वात्स्यायनजी भगतसिंह की पार्टी में शामिल होकर स्वाधीनता संग्राम में कूदकर अंग्रेज़ों के बंदी हो चुके थे। अगले छः वर्ष में जब *शेखर* जेल में लिखा गया तब मैं घर पर बारहखड़ी सीख रहा था। नई पीढ़ी को तेज़ी से पुरानी पीढ़ी के पास तक पहुँचाना ही बीसवीं शताब्दी की असाधारण विशेषता थी। यह भी कि राजनीति और साहित्य दोनों क्षेत्रों में रचनाकर्मियों ने अपने-अपने साधनों से काम किया और जिसमें विस्तार की जितनी ताक़त थी उसने अपने दायरे को उतना दूसरे दायरों के भीतर बढ़ाया। 1947 की आज़ादी के बाद लोकतंत्र और स्वाधीनता की समझ बढ़ाने के लिए लड़ाई जारी रही। उसमें बहुत-से लोग शामिल रहे और एक सामूहिक नेतृत्व की चेतना विकसने लगी जो किसी दलीय समझौते पर नहीं रचनात्मक समानताओं पर आधारित थी। वात्स्यायनजी के राजनैतिक विचारों में इतनी गुंजाइश थी कि नए रचनाकारों से उनका संवाद जारी रहा। यह एक मिथ्या सरलीकरण है कि वात्स्यायनजी की प्रतिभा चुक गई इसलिए नए लेखकों ने उन्हें मानना बंद कर दिया। एक तो यह बात ही असत्य है—जीवित साहित्य में ऐसा होता नहीं कि एक पीढ़ी पिछली को रद्द कर दे। दूसरे, यह एकतरफ़ा है क्योंकि वात्स्यायनजी ने लगातार अपने को अभिव्यक्त करते रहने के प्रायः 60 साल में संवेदना की कई दहलीज़ें पार कीं, ज़रूरी नहीं है कि वे हर बार वही दहलीज़ें रही हों जो नई पीढ़ी गिरते-पड़ते पार कर रही थी। आनेवाले रचनाकारों में ऐसे निकम्मे भी रहे ही होंगे जिनसे कोई संवाद देर तक मुश्किल होता है और निश्चय ही ऐसे जहीन भी जो वात्स्यायनजी की छाप से मुक्त होकर स्वभावतया अपना रास्ता पकड़ चलें।

1965 में जब वात्स्यायनजी ने *दिनमान* निकाला, आकाशवाणी के हिंदी समाचार विभाग में उनके साथ काम कर चुके सर्वेश्वरदयाल सक्सेना, मनोहरश्याम जोशी और श्यामलाल शर्मा *दिनमान* में आए। जितेंद्र गुप्त आकाशवाणी में वात्स्यायनजी के साथ नहीं थे पर बाक़ी सबके साथ रह चुके थे। योगराज थानी भी अन्यत्र वात्स्यायनजी के सहयोगी रहे थे। ये सब *दिनमान* में लगातार साथ रहे। हाँ मनोहरश्याम जोशी वात्स्यायनजी के *दिनमान* छोड़ने से पहले ही ज़्यादा अच्छी जगह चले गए थे। मैं *दिनमान* में 1968 में शामिल हुआ और समाचार संपादक के रूप में वात्स्यायनजी के साथ डेढ़ साल काम किया, पर *प्रतीक* (1951) और आकाशवाणी (1953) का संबंध पुराना था, मुझे परिवार में शामिल होते देर न लगी। ऐसे ही कई सहयोगियों को जो वात्स्यायनजी के साथ पहली बार काम करने आए, उनसे अपनापा मिला।

1969 से 1982 तक यानी जब मुझे पुराने साथियों से अलग होकर त्यागपत्र देने को बाध्य होना पड़ा उत्साहवर्धक सफलताओं, पत्रकारिता के नए अव्यावसायिक रचनात्मक प्रयोगों और आकस्मिक तनावों के साथ निरंतर सहकारिता का दौर रहा जिसके लिए सहयोगी *नवभारत टाइम्स* ने लिखा है, "न केवल ग़ैरपेशेवर राजनैतिक मत को 'दिनमान' में स्थान मिला बल्कि इसने पाठकों को पत्रकार की तरह चौकन्ना और परिपक्व बनाया। कई लोग *दिनमान* से शिक्षित होकर पत्रकार बने।" इसमें इतना और जोड़ना चाहूँगा कि यही नहीं वे *दिनमान* में नियुक्त भी हो गए जैसे विनोद भारद्वाज और नरेश कौशिक (अब बी बी सी में)। इस समय ऐसे और साथी कहाँ-कहाँ क्या काम कर रहे हैं इनका ब्यौरा नहीं है। पर वे जहाँ भी हों हिंदी पत्रकारिता में साहित्य की ऊर्जा को संपुंजित करना नई पीढ़ी के लिए संभव बनानेवाले वात्स्यायनजी का नाम नहीं भूलेंगे।

[*दिनमान,* 12-18 अप्रैल 1987]

सीखने के दिन

अगर आप किसी को उस वक़्त से जानते हैं जब से आपने लिखना शुरू किया तो शायद कुछ भी लिखते वक़्त आपको याद आएगा कि वह आपका लिखा पढ़ रहा है। वात्स्यायनजी से मेरा परिचय तब हुआ था जब मैंने पचास-साठ कविताएँ जहाँ-तहाँ छपने भेजकर अंदाज़ा कर लिया था कि मैं कविता लिखने का अभ्यास जारी रख सकता हूँ—कोई हर्ज नहीं है। उन दिनों रेडियो नए लिखनेवालों को पूछता था और वह भी मुझे मौक़ा दे चुका था। हिम्मत करके मैंने अपनी तरक़्क़ी के मनसूबे बाँधे और इलाहाबाद के *प्रतीक* द्वैमासिक में कुछ नई कविताएँ विचारार्थ भेज दीं। पोस्टकार्ड आया कि 'सायंकाल' पावस अंक (अगस्त) में छपेगी। यह 1948 की बात है।

1951 में *प्रतीक* नई दिल्ली से मासिक होकर निकला। इस बीच वात्स्यायनजी से लखनऊ में जो मेरा वतन है और इलाहाबाद में जहाँ मैं पढ़ाई आधी छोड़कर नौकरी खोजने गया था, भेंट हुई। उन्होंने कहा, अगर बहुत ज़रूरी न हो तो पहले एम.ए. पूरा कर लो। मैं वापस लखनऊ आकर कविताएँ लिखने लगा। वात्स्यायनजी की कविताएँ मुझे नक़ल से परे जान पड़ती थीं और उनके जैसी कविता लिखना मुझे चोरी करके पकड़े जाने जैसा लगता था। पर हर समय ध्यान रहता था कि मैंने जो लिखा है उसको पढ़ा जाएगा और एक ऐसा पढ़नेवाला बैठा हुआ है जो फ़ौरन पकड़ लेगा कि मैं जो लिख रहा हूँ वह पहले से अच्छा है या ख़राब। *प्रतीक* द्वैमासिक में कविताएँ स्वीकार करने के कोई साल भर बाद वात्स्यायनजी ने कविता की मेरी कापी माँगकर पढ़ी और उसमें से *दूसरा सप्तक* के लिए कविताएँ चुनीं। यह क़रीब-क़रीब वही समय था जब पढ़ाई से भागने पर उन्होंने वापस लौट जाने की सलाह दी थी।

1950 के दिसंबर में बुलावा आया कि इम्तहान पूरा करके मैं उनके साथ दिल्ली में काम करने की सोचूँ और मैंने तुरंत स्वीकार कर लिया। फिर तो मासिक *प्रतीक* के कार्यालय में सहायक संपादक होकर अपने विकास की पहचान करते रहने का लम्बा सिलसिला चला जिसमें साहित्य ही नहीं, व्यक्तित्व का विकास भी शामिल है।

ऐसे शिक्षक और परीक्षक के सामने जब ये पंक्तियाँ जातीं जो इस समय लिख रहा हूँ तो वह क्या कहता, यह विचार मन में आते ही देश, काल और तर्क की समझ उलट-पुलट जाती है, क्योंकि यह असंभव है कि ये पंक्तियाँ उस व्यक्ति के सामने पहुँच सकें।

ऐसा नहीं कि वात्स्यायनजी अपने सब छोटे-बड़े साथियों का लिखा सबकुछ पढ़ ही लिया करते थे। परंतु कुछ व्यक्तियों के भीतर के लेखक की पहचान उन्हें एक बार हो चुकती थी तब उसके विकास की संभावनाएँ वह अपने सहज मन से पहचानने में निरंतर संलग्न रहते थे। निश्चय ही कई पुराने साथियों से उनका साहित्यिक संलाप इसी पहचान के बदलने के कारण बदला होगा। कुछ में यहाँ उनकी नई पहचानें भी बनी होंगी, वह हर रचनात्मक संभावना के प्रति सजग रहते थे और जब तक कहीं संवाद का सेतु बिलकुल टूट ही न गया हो उसको बार-बार देखकर आँकने के प्रति कोई नकारात्मक भाव उनको रोकता नहीं था। और याद तो वह रखते ही थे क्योंकि याद रखना उनके अपने अस्तित्व के लिए अनिवार्य था—याद रखना और सूत्रों को जोड़े रहना। यह व्यक्तिगत मनोदशाओं की बात नहीं कर रहा हूँ, कलात्मक उपलब्धियों की बात कह रहा हूँ। जिनके प्रति सिखाने और सिखाए हुए को जाँचते रहने का भाव उनके मन में देर तक बना रहा हो ऐसे व्यक्तियों को सौभाग्यशाली मानना चाहिए। जिनसे उन्होंने सीखने और अपना विकास करते रहने की आशा छोड़ दी हो उनकी बात और है पर जिनको वात्स्यायनजी से कुछ सीखने लायक़ मिलने पर संवाद और मतभेद का अवसर मिलता हो उन्हें कुछ न कुछ सीखने को हमेशा ही मिलता रहा। यहाँ तक कि एक समय वे अपने विकास के एक

बिंदु पर पहुँचकर अपनी निजी डगर पर हो लिए। यह डगर पगडंडी थी या खुला मैदान—यह तो उनके अपने काम से ही पाठकों ने जाना होगा। पर यह तय है कि उनको बाँधकर रखने का प्रयत्न वात्स्यायनजी ने नहीं किया। वह स्वभाव से स्वतंत्र निर्णय करनेवाले व्यक्ति को पसंद करते थे। यह और बात है कि जैसा बहुधा समाज में होता है, अकसर बड़ों के सामने ऐसे ही लोग पड़ा करते हैं जो घोर सहमति से ही अपने को प्रिय बना लेते हैं। मासिक *प्रतीक* के ज़माने में हमारा दफ़्तर पहले फ़िरोज़शाह रोड पर एक बँगले में था।

वात्स्यायनजी वहाँ दस-ग्यारह बजे तक आते और जितना काम होता उतनी देर तक बैठते। मैं आई हुई चिट्ठियों और रचनाओं को पढ़कर रखता, सिवाय अत्यंत निजी डाक के बाक़ी सब पर अपनी कार्य संबंधी टिप्पणी संलग्न करके रखता और सारी सामग्री व्यवस्थित कर डालता। यह छोटा-सा अनुशासन निभाना मेरी शिक्षा की परीक्षा ही नहीं मेरे व्यक्तिगत सम्मान का भी प्रश्न था—यदि कोई ढील होती थी या लस्टम-पस्टम तरीक़ा दिखता तो मुझे मालूम था कि वात्स्यायनजी कोई दंड तो नहीं देंगे पर मैं उनकी नज़रों में गिर जाऊँगा। यह आशंका ही मुझे भरसक सजग रखती थी। बीच-बीच में किसी सम्पादकीय समस्या पर वात्स्यायनजी की राय मिलती तो वह भी निरा आदेश नहीं होती, एकसाथ एक प्रश्न, एक विकल्प और एक सुझाव होता—अंत में चुनाव मुझे ही करना होता और ऐसा नहीं कि मेरा चुनाव कभी दुःसाहस या मतभेद या इतना ही नहीं निपट अनुभवहीनता से भरा हुआ नहीं होता था—पर अब जब याद करता हूँ तो हर बार मुझे ऐसे अवसरों पर शिक्षक के धैर्य की ही याद आती है, अपने किसी सूझ के अनोखेपन की नहीं। कार्यालय में तीन व्यक्ति रहा करते थे। संपादक और सहायक संपादक के अतिरिक्त सचिव-लिपिक जो सिर्फ़ काम पड़ने पर पास के कमरे से बुलाए जाते थे जहाँ प्रगति प्रकाशन के पुस्तक व्यवसाय का प्रसार और लेखा विभाग था। दूसरे-तीसरे सप्ताह संपादक और उनके साथ मेरा कार्यालय से बाहर निकलकर मिलने-जुलने का कार्यक्रम बनता। कपिलाजी से प्रायः प्रतिदिन भेंट हो जाती, या तो कार्यालय पर समय के बाद चाय पीने के लिए कनाटप्लेस में या वात्स्यायनजी के डेरे पर। बाहर निकलकर जिन साहित्यकारों से *प्रतीक* के संदर्भ में वात्स्यायनजी के साथ मिलने का अवसर मिला उनकी परिधि बड़ी थी।

पर किसी बैठक में कोई कृत्रिम शिष्टाचार जैसा आवश्यक नहीं लगा। एक बार की मुझे विशेष प्रकार से याद है जब चित्रकार कुमारिल स्वामी का ठिकाना खोजते हम लोग किंगस्वे कैंप के किसी इलाक़े में कड़ी धूप में पहुँचे थे। रास्ते में यह कहकर वात्स्यायनजी ने मुझे चकित कर दिया था कि ताज़ा गन्ने का रस पी लिया जाए क्योंकि मैं सोच नहीं सकता था कि बाहर से कठोर दीखनेवाला यह व्यक्ति रसना के लिए इतना कोमल भी हो सकता है—मैंने तो यही देखा था कि वक़्त-बेवक़्त कुछ भी चखते रहना वात्स्यायनजी की प्रकृति में था ही नहीं। परंतु उन्होंने सड़क के किनारे गन्ने का रस पिया जैसे हम सब अकसर पीते हैं। और ताज़ा होकर कुमारिल स्वामी के चित्र देखे, बातें कीं। कई चित्र माँगकर लाए, जिनमें से एक *प्रतीक* के आवरण पर छपा—भीतर कुमारिल की कला पर बड़ा लेख था। ऐसे ही हमने अवनी सेन के कृतित्व को उनके गोल मार्केट वाले सरकारी क्वार्टर में जाकर देखा और उनके चित्रों में से भी अन्ततः लेख और आवरण के लिए चुनाव करके लाए। गिरिजाकुमार माथुर अमेरिका प्रवास से लौटे ही थे कि उनको घर पर जा पकड़ा। करोलबाग़ का रास्ता फटफट पर तय करना पड़ा था क्योंकि यही सहज साधन था। वात्स्यायनजी के पास साइकिल थी जो वह *प्रतीक* कार्यालय आने-जाने के काम तब लाते थे जब वह कुछ महीनों के लिए अंसारी रोड पर रहने लगे थे।

प्रतीक में वात्स्यायनजी का सहायक होने का एक असाधारण पक्ष वह समझ थी जो नई रचनाओं को मँगाने और आनेवाली चीज़ों को पढ़कर स्वीकृति तय करने के मामले में मिलती थी। वात्स्यायनजी का अपना निर्णय यह सिखाता कि किन मूल्यों के आधार पर यह किया गया है। यहाँ वात्स्यायनजी

की प्रशिक्षण पद्धति पर लेख नहीं लिखा जा रहा, उनको स्मरण किया जा रहा है। उन बातों से जो उनसे सीखी थीं—वात्स्यायनजी से 40 वर्ष के संबंध में। उनका मेरे विकास में रुचि लेना और जहाँ ज़रूरी हो वहाँ उसमें साझा करना मेरे जीवन की उपलब्धि है। उनके सिखाए अनेक गुण मैंने बहुत जल्दी खो दिए। कुछ ज़रा देर तक बने रहे और कुछ दुर्गुण जो पहले से थे बढ़ा लिए, कुछ नए पाल लिए। उन्होंने या तो इनमें से अनेक की अनदेखी की होगी या अपना मन बदला। परंतु मैं यह सोचकर संतोष करता हूँ कि ऐसे अनेक अंतरंग क्षण उनके पारिवारिक और व्यक्तिगत दोनों स्तरों पर बीते हैं, जहाँ उनके स्निग्ध व्यक्तित्व ने मुक्ति और स्वच्छंदता का अनुभव कराया। जिस बोझिल आतंककारी अज्ञेय की बहुत शिकायत की जाती है उसे मैं जानता नहीं।

[*इतवारी पत्रिका*, 19 अप्रैल 1987]

'प्रतीक' : दिल्ली के वे दिन

एक नवयुवक हाथ में एक बक्स लिए हुए नई दिल्ली रेलवे स्टेशन पर उतरा। लोगों की अक्खड़ बोली से वह परेशान था और किसी से ज़्यादा बात करना नहीं चाहता था। सवारी खोजकर जब वह 14 डी, फ़िरोज़शाह रोड की तलाश में चला तो उसे नहीं मालूम था कि अगर वह व्यक्ति नहीं मिल पाया जिससे उसे मिलना है तो वह कहाँ ठिकाना खोजेगा।

मकान मिला, पर जिससे मिलना था वह नदारद था। उसी घर में एक भारी-भरकम व्यक्ति ने बताया, "कल सवेरे मुलाकात हो जाएगी।" अगले दिन दरियागंज के एक मकान में जहाँ एक अंग्रेज़ी पत्रिका का दफ़्तर था, मिलने की उम्मीद हुई। थोड़ी देर में वात्स्यायनजी मिले। वह अपना काम ख़त्म कर चुके थे और अब मैं उनसे पूछ सकता था कि मेरी कई चिट्ठियों का उत्तर क्यों नहीं आया और स्वयं अधीर होकर आ पहुँचा हूँ तो अब यह मालूम हो जाए कि मुझे किस काम के लिए बुलाया गया है। इसके बाद *थॉट* कार्यालय के नीचे बनी मियानी में, वात्स्यायनजी के घर में और *प्रतीक* कार्यालय यानी 14 डी, फ़िरोज़शाह रोड में, तीन दिन की बातचीत के बाद यह तय हो गया कि मुझे *प्रतीक* के सहायक संपादक का नियुक्तिपत्र दे दिया जाए और मैं 15 मई से काम सम्हाल लूँ। तीन दिन भी इसलिए लगे कि मैंने बचपने में ज़िद की कि हर बात नियुक्तिपत्र में साफ़-साफ़ लिख दी जाए। यह मजमून अंत में वात्स्यायनजी ने दुरुस्त किया और उस पर हस्ताक्षर करके मुझे दे दिया। यह घर से बाहर किसी अच्छी चीज़ को हासिल करने का मेरा पहला अनुभव था। और उसमें मुझे कितनी सहानुभूति मिली थी। बातचीत में एक बार जब मैं आग्रह कर रहा था कि मेरे कर्तव्य स्पष्ट लिख दिए जाएँ, प्रकाशक बंधुओं ने कहा, "इतना लिखना क्या काफ़ी नहीं है कि सहायक संपादक संपादक की सहायता करेगा।" मैंने कहा, "नहीं, यह भी लिखना ज़रूरी है कि उनसे सर्कुलेशन के या डिस्पैच के हिसाब-किताब, मुंशी या हरकारे का काम करने को नहीं कहा जाएगा।" वात्स्यायनजी ने नियुक्तिपत्र में यह बात लिख दी और मुझसे कहा, "यह पत्र मेरे हस्ताक्षर से दिया जा रहा है, आप फ़िज़ूल की फ़िक्रें न करें। आप इतनी बारीकी में जा ही क्यों रहे हैं?" मैंने उम्र से ज़्यादा बड़े बनते हुए कहा, "आप इन प्रकाशकों को जानते नहीं। ये संपादक का ऐसे ही शोषण करते हैं।" वात्स्यायनजी मन ही मन हँसे होंगे।

मैं पत्र जेब में रखकर 5 मई को लखनऊ लौट गया। 10 दिन बाद जब अपने किताब-काग़ज़ों के असबाब के साथ लौटा तो रचनाओं की विचाराधीन फ़ाइलों, चित्रों के संग्रह, पत्राचार और छपाई

के काम में जुट गया। जितना विश्वास वात्स्यायनजी मुझ पर करते, उतना ही विश्वास मुझे अपने पर होता जाता। मेरे पहले 15 मई तक जनवरी का एक और फरवरी का एक, फिर मार्च-अप्रैल का संयुक्तांक, ये तीन अंक निकल गए थे। वात्स्यायनजी मई-जून का एक और संयुक्तांक निकालकर (हो सकता है वह केवल जून का रहा हो) बराबर आ गए और जुलाई से बाक़ायदा योजना बनाना, सामग्री मँगाना, अयाचित रचनाएँ छाँटना, पत्र-व्यवहार करना और प्रकाशन की सुविधा पर नज़र रखना शुरू हो गया। हिंदी साहित्य संबंधी पत्रिकाएँ तो कार्यालय में आती ही थीं, बहुत-सी सामग्री वात्स्यायनजी घर से ले आया करते थे और बाहर भी चौकन्ने रहने को कहते थे। इसी समय उन्होंने फ़िल्म, रंगमंच, चित्रकला, मूर्तिशिल्प और वास्तुकला पर संवाद, टिप्पणियाँ *प्रतीक* में शुरू कीं। और खुद तो लिखीं ही, जिन्हें मुझे लिखने योग्य समझा उन्हें मुझे अपने मन से लिखने दिया। मेरा पत्रकारिता का अनुभव *नवजीवन* दैनिक में कुछ महीने राजनैतिक समाचार तैयार करने और पेज मेकअप करने के अलावा कुछ न था। मगर नई कविता की, प्रसारण माध्यम की सक्रियता की, आधुनिक साहित्य की पढ़ाई और राजनैतिक संगठन (प्रगतिशील लेखक संघ और इप्टा) की दी हुई जागरूकता थी। काम में रचनात्मक मज़ा आने लगा। अपनी पीढ़ी के अपने से उम्र में दो-चार वर्ष बड़े या छोटे कितने ही लेखकों से पत्र-व्यवहार और उनकी नई रचनाओं का संवाद आधुनिक साहित्यिक मासिक पत्र के निर्माण को ऐसी स्फूर्ति से भर जाता था जैसे यह एक अत्यंत सामयिक संपूर्ण सामाजिक कर्तव्य हो। वात्स्यायनजी के संपादकीय—रेडियो की साहित्य संबंधी नीति पर, शीर्षक था 'आकाशवाणी : नई देवमाला?', 'निजी और सार्वजनिक चेहरे', 'अंतर्राष्ट्रीय कला और साहित्य सम्मेलन' और 'उर्दू प्रकरण' ये कुछ संपादकीय हैं जो उस समय के महत्त्वपूर्ण प्रश्नों पर विचारोत्तेजन करते थे। उपन्यास लेखन में नई स्फूर्ति के उत्तेजन के उद्देश्य से वात्स्यायनजी ने 'बारह खंबा' शीर्षक से एक नई धारावाहिक योजना शुरू की जिसमें बारह लेखकों को एक-एक किस्त लिखनी थी और पहले छप चुकी किस्तों के आगे कथा को जैसे चाहें वैसे बढ़ाना था। कोई कथावस्तु निश्चित नहीं थी—कथानक तो सद्यःस्फूर्त था ही। यह प्रयोग अगस्त 1951 से अज्ञेय की पहली किस्त से शुरू हुआ और इसे मन्मथनाथ गुप्त, विष्णु प्रभाकर, प्रभाकर माचवे, अमृतलाल नागर, धर्मवीर भारती और अन्य सहयोगियों ने बढ़ाया पर यह पूरा न हो सका क्योंकि *प्रतीक* का प्रकाशन ही अगस्त 1952 तक बंद हो गया। यह एक खेल था परंतु वात्स्यायनजी मानते थे कि "साझे के खेल में टीम के सदस्यों को पूरा अवसर मिलना चाहिए, कोई गिरता-पड़ता भी चले तो दूसरों को उसे सम्हालना चाहिए। दूसरे, खेल में खिलाड़ियों को भी रस मिलता है और देखनेवालों को भी; और उन्हें खिलाड़ियों की हार में भी रस मिलता है। खेल में एक पक्ष हारेगा ही इसलिए वह न खेले, इस तर्क को किस टीम ने माना और किस दर्शक ने उसका अनुमोदन किया? तीसरे, यह भी जान पड़ता है कि इस प्रकार के प्रयोग से लेखकों की विशेष रुचियाँ, प्रवृत्तियाँ और गुण-दोष भी किसी हद तक प्रकट होते हैं। हिंदी के औपन्यासिक कृतित्व की अवस्था का प्रतिबिंबन होता है, यह भी उसका एक महत्त्व है और इस दृष्टि से प्रयोग के एक पहलू की असफलता एक दूसरे पहलू की सफलता है। पाठकों के अब तक जो पत्र आए हैं उनसे यही विदित होता है कि वह समुदाय बड़ी दिलचस्पी से इस प्रयोग का अनुसरण कर रहा है—संपादक"।

प्रतीक में मैथिलीशरण गुप्त से लेकर अजित कुमार तक ने रचनाएँ प्रकाशन के लिए दीं—बालकृष्ण राव, त्रिलोचन शास्त्री, शमशेरबहादुर सिंह, भारतभूषण अग्रवाल, सर्वेश्वरदयाल सक्सेना, केदारनाथ सिंह, गिरिजाकुमार माथुर, जगदीश गुप्त, कुँवर नारायण, रांगेय राघव, शीतला सहाय श्रीवास्तव की कविताएँ प्रकाशित हुईं, सत्येंद्र शरत्, राजेंद्र यादव, मनोहरश्याम जोशी, अहमद हुसैन, शिवप्रसाद सिंह, राधाकृष्ण, भालचंद ओझा, राय आनंदकृष्ण की कहानियाँ आईं और कला, दर्शन और समाजशास्त्र पर भगवतशरण उपाध्याय, मार्जरी साही, देवराज, कपिला मलिक, यशदेव शल्य और वासुदेवशरण अग्रवाल जैसे विद्वानों के लेख प्रकाशित हुए। टिप्पणियों का जो खंड *प्रतीक* की विशेषता थी उसमें सम्मेलनों, गोष्ठियों, फ़िल्मों,

रंगमंच की गतिविधियों और रेडियो प्रसारणों पर टिप्पणियाँ दी गईं जिनमें कपिला मलिक का विशेष योगदान था। फ़िल्म पर स्वयं वात्स्यायनजी ने एक से अधिक बार लिखा। ये टिप्पणियाँ निरी समीक्षाएँ न थीं, बहसें भी थीं। एक जनवरी 51 से लेकर अगस्त 52 तक के अंकों का विश्लेषण करने से मालूम होगा कि 1947 के बाद के कलात्मक और वैचारिक उत्तेजन को वात्स्यायनजी ने समग्रता में प्रतिबिंबित ही नहीं, स्फुरित करने का प्रयत्न किया था। इस दौर में किसी भी नवयुवक को स्वाधीन वातावरण में सोचने, समझने और स्वयं अपनी रचनात्मकता को विकसित करने का अवसर न मिला हो, जैसे मुझे उनके विश्वासपात्र सहायक के रूप में मिला तो वह उसी की अशक्यता रही होगी। संपादन की यह व्यापकता वात्स्यायनजी की एक छोटे-से आविष्कार से बहुत स्पष्ट रूप से फलित होती थी। वह थी 'गत मास का साहित्य' नामक उनका चलाया हुआ स्तंभ जिसमें पिछले महीने की मासिक/त्रैमासिक पत्रिकाओं में प्रकाशित उल्लेखनीय रचनाओं का रोचक वर्णन रहता था। *प्रतीक* के पाठक प्रायः पूरे साहित्यिक परिदृश्य की प्रामाणिक झलक पा जाते थे।

आगे के वर्षों में रचना का यह सम्मिलित संसार कितने ही वैचारिक अनुभवों से समृद्ध होता हुआ साहित्य और पत्रकारिता को एक विश्व संवेदना तक ले गया। यह कहानी तो वात्स्यायनजी के संपूर्ण योगदान की कहानी है। मैंने तो वात्स्यायनजी के उस दौर को छुआ भर है जो 1947 के तुरंत बाद के भारत में हिंदी के कर्तव्य को अर्थात् व्यापक भारतीय संवेदना को आधुनिक और वास्तविक बनाने के दायित्व को निभाने में उन्होंने ख़र्च किया। जहाँ तक उस दौर में साथ रहने का सवाल है, वह मुझे एक दुर्लभ अवसर के रूप में मिला था और सौभाग्य की बात यह है कि वह कविता के क्षेत्र से आया था, जब *प्रतीक* द्वैमासिक 1948 और *दूसरा सप्तक* के परिचय के नाते वह 1951 में मुझे अपने सहायक के रूप में बुला लाए थे।

[*सारिका*, मई 1987]

चुप वह नहीं जो उदासीनता है

'अज्ञेय' के विचारों का संकलन *जोग लिखी* उनके कुछ निबंधों और उनके साथ हुए कुछ प्रश्नोत्तरों का संकलन है। 'अज्ञेय' के चिंतन का परिचय *भवंती, अंतरा, लिखि कागद कोरे* और *अद्यतन* नामक संग्रहों से प्रामाणिक रूप में मिलता है और *आत्मनेपद* को भी शामिल कर लें तो उसकी धारा की पहचान पूरी हो जाती है। कवि के विचारजगत् में व्यक्ति और समाज के जीवनप्रद संबंध की धारावाहिक खोज पाई जाती है और उसमें पुनरावृत्ति नहीं बल्कि बारंबार प्रत्यभिज्ञान है। यह देख पाना आज, जबकि बहुतेरे साहित्यिक विचारक अवसर और सुविधा के अनुसार अपना व्यक्तित्व (खोजते नहीं) बदलते रहते हैं, एक आस्थापोषक बात है : विचार में अन्वेषणधर्मिता, सहिष्णुता और विचारोत्तेजकता के अन्यत्र दुर्लभ गुण तो उल्लेखनीय हैं ही।

यहाँ हम *जोग लिखी* के दो निबंधों का ही विशेषतया उल्लेख कर रहे हैं। इसका कारण है। 'चुप की दहाड़' और 'बौद्धिक की निराशा', इन दो निबंधों में *अज्ञेय* ने अपनी राजनैतिक दृष्टि की सामयिक झलक दी है। ऐसा नहीं कि उन्होंने राजनैतिक-सामाजिक विषयों पर पहले कुछ कहा नहीं, यह भी नहीं कि ये दो निबंध बहुत विस्तार से राजनैतिक 'प्रश्नों' पर उनका मत बताते हों, किंतु ये राजनीति के प्रति एक गहरे मौलिक आस्थाभाव की स्थापना करते हैं जो आज, विशेष रूप से मार्च 77 के चुनाव के बाद, बुद्धिजीवियों में प्रायः लुप्त हो गया दीखता है। संयोगवश 'चुप की दहाड़' का विषय ही मार्च 77 के बाद की परिस्थिति है। परंतु उसमें सत्ता की राजनीति का सांप्रतिक वर्णन नहीं है,

व्यक्ति और सत्ता के संबंध की स्थायी परिभाषा है। एक उद्धरण लें :

"... सक्रिय राजनैतिक कर्मी और साधारण जन में भेद होता है इस भेद को पहचानना और स्वीकार करना स्वस्थ लोकतंत्र की एक बुनियादी शर्त है। और उसे अस्वीकार करना, अथवा हर साधारण जन से किसी विशेष प्रकार की राजनैतिक सक्रियता की माँग करना एक प्रकार की राजनैतिक असहिष्णुता है जो आपातकाल की घोषणा अथवा काले क़ानूनों की तरह तुरंत अपना असर न भी दिखाए तो कालांतर में हमें उसी स्थिति की ओर ले जाती है। लोकतंत्रात्मक स्वाधीनता का एक अत्यंत महत्त्वपूर्ण अंग यह है कि हम सक्रिय राजनैतिक कर्मी न होने को भी स्वतंत्र हैं ...।"

यह विचार आज के लिए विशेष रूप से प्रासंगिक है। आज सरकार बनानेवाले दल की वैचारिक और नैतिक भूलों का प्रतिकार करने लायक़ शक्ति किसी दल में नहीं रह गई है—और जिनमें थोड़ी-बहुत है भी, वे उसे अपने जैसे अन्य दलों से समझौते करके और भी दुर्बल किए दे रहे हैं। वे भी जनता पार्टी की तरह दलों के मिलने के शिखरवादी तरीक़े का ही अनुसरण करने को वशीभूत प्रतीत होते हैं। 1974 में दलों के चरम पतन के बाद अब कई दलों का ऊपर-ऊपर मिलना उनके भीतर के पतन को उतना ही गुणित कर सकता है जितना संख्या को। ऐसे समय में एक सजग व्यक्ति को यह अनुभव हो तो आश्चर्य नहीं कि उसका कोई दल नहीं है, नेताओं के ही दल हैं। यह अनुभव अपने में प्रगतिकारी भी हो सकता है, बशर्ते कि यह भ्रष्ट होकर दलीय राजनीति से या लोकतंत्र से विरक्ति का रूप न धारण कर ले।

'बौद्धिक की निराशा' शीर्षक निबंध का एक अंश प्रकारांतर से ऐसे ही एक ख़तरे की ओर ध्यान दिलाता है :

"... मोहभंग का एक रूप यह होता है कि सन 1948 में हमें जो मिला वह वास्तव में आज़ादी नहीं थी। अंग्रेज़ों से आज़ाद होकर भी हम एक आज़ाद समाज की स्थापना नहीं कर सके हैं। इस मोहभंग में आक्रोश की गुंजाइश भी है, कर्म-प्रेरणा भी है कि अगर वह आज़ादी नहीं मिली जो हमें चाहिए तो हम उस अपनी सही आज़ादी के लिए प्रयत्न करें। लेकिन यही मोहभंग दूसरी ही प्रतिक्रिया पैदा कर सकता है : आज़ादी को ही धोखा मान सकता है, सभी स्वाधीनता-कर्मियों को पाखंडी मान सकता है, सभी प्रयत्न को व्यर्थ मान सकता है। आक्रोश की गुंजाइश इसमें भी रहती है पर कोई कर्म-प्रेरणा इसमें नहीं रहती क्योंकि यह उदासीनता कर्म मात्र को निरर्थक मान लेती है। 'कुछ भी करने से क्या होगा—कुछ होने-हवानेवाला नहीं है'—यही उसका मूलभाव हो जाता है। अंततोगत्वा यह आक्रोश को भी निरर्थक ही सिद्ध करता है : कर्म की व्यर्थता तो पहले ही सिद्ध मान ली गई होती है ... कुछ भी करने से क्या होगा—यह मनोवृत्ति क्रांति की भित्ति नहीं हो सकती ... परिस्थितियाँ बदली जा सकती हैं। समाज को सुधारा जा सकता है। अन्याय से लड़ा जा सकता है और वैसा करने की इच्छा, प्रेरणा और संकल्प मानव में हो सकता है और हममें है : इस बुनियादी आस्था के बिना जो कुछ किया जाएगा वह कितना ही चमत्कारी भी क्यों न हो अंततः उसी अधोमुखी वर्तुल को और गति देता जाएगा जिसमें उदासीनता हमें झोंक देती है।"

दोनों निबंधों में अलग-अलग तरह से आस्था की आवश्यकता दोहराई गई है। चुप को और उदासीनता को दो अलग-अलग चीज़ें अज्ञेय ने माना है और संगठित राजनैतिक कर्म की महत्ता स्वीकार करते हुए भी यह स्वीकार करने से इनकार किया है कि मनुष्य संगठित राजनैतिक कर्म का दास होकर ही राजनैतिक हो सकता है। हमारा समाज आज राजनैतिक संगठन के जिस संकट से गुज़र रहा है उसमें बिना यह बात पहचाने नागरिक की इस स्वतंत्रता की रक्षा लंबे समय तक नहीं हो सकती, यह चेतावनी कवि ने समय रहते ही दे दी है।

पुस्तक के अन्य निबंध या प्रश्नोत्तर रचनाकार के समाज से और अपनी रचना-प्रक्रिया से संबंध के विषय में हैं और अज्ञेय के इन विषयों पर अब तक लिखे निबंधों के साथ रखकर ही पढ़े जाने

चाहिए। 'सर्जनात्मक अनवधान' और 'उन्मेषशालिनी प्रतिभा' जैसे लेख रचना-प्रक्रिया की समझ बढ़ाने में सहायक होंगे। 'एक आम आदमी; एक युवा लेखक' अमेरिका के दक्षिण के एक लेखक की मानसिकता की सहृदय पहचान कराता है। पुस्तक में एक हल्का-सा अतिरिक्त स्वर भी है जो कवि-विचारक के चौमुख व्यक्तित्व के अनुसार स्वाभाविक ही है—'सावन किस रुत आएगा' में हम उसका ललित रूप देख सकते हैं। यह लेख वर्षा के प्रति संस्कृत और लोक दोनों चेतनाओं का सौंदर्य तो बताता ही है, उसकी आधुनिक प्रतीति भी कराता है।

जोग लिखी, निबंध संग्रह, अज्ञेय; राजपाल एंड संस, दिल्ली, पृष्ठ 200, मूल्य 12 रु.।

[दिनमान 29 जनवरी-8 फरवरी 1978]

नदी की बाँक पर छाया

अज्ञेय के इस नए संग्रह की समीक्षा यहाँ उन पाठकों के लिए लिखी जा रही है जो इसे पढ़ चुके हैं। इस संग्रह में न कोई समाचार है जो इसे नपढ़ों को भी कोई सूचना दे जाए, न कोई चमत्कार है जिसे देखने के लिए समीक्षक उन्हें बुला सकें। इसमें एक बहुत गहरी शांति है। इसे अपने में अनुभव करना एक बड़ा सुख है। आज का पाठक ऐसे सुख को कैसे ग्रहण कर पाएगा यह समीक्षक के सोचने का विषय नहीं किंतु इतना अवश्य करने योग्य है कि इस सुख का साझा वह पाठक के साथ करे। जहाँ तक संभव हो समीक्षक अज्ञेय के काव्य के अत्यंत गहरे और निथरे हुए शांत पानी में इस संग्रह के बहाने झाँक सके क्योंकि यही इस संग्रह का निमंत्रण है।

जीवन-मरण का रहस्य जीवन का विषय भी है और दर्शन का भी। दार्शनिक जब इसकी व्याख्या करता है तो बहुधा वह ठोस धरती पर नहीं रहता, कवि रहता है और इसकी व्याख़्या भी करता है। *नदी की बाँक पर छाया* की कविताएँ 1977 से 81 के बीच में लिखी गई हैं। इस दौर में अज्ञेय ने अपने संपूर्ण व्यक्तित्व के भीतर एक अद्‌भुत तरल दृष्टि से मृत्यु को उसका स्थान दिया है और जीवन को अपने चिर परिचित रूप में फिर प्रतिष्ठित किया है। जो ये कविताएँ पढ़ चुके हैं वे सरसरी तौर पर इन्हें नहीं पढ़ सके होंगे। कविता पढ़कर वे संभवतः जीवन के मोह को एक नए रूप में पहचानने का अनुभव कर चुके होंगे और मृत्यु के विषय में उन धारणाओं को, जो अभी तक के आधुनिक साहित्य ने उनके मन में बनाई हैं (या शायद नहीं बनाई), बदलने के लिए व्याकुल हो चुके होंगे।

ऐसी अनेक कविताएँ इस संग्रह में हैं जो अज्ञेय के कवि-व्यक्तित्व को दोहराती दीखती हैं पर दोहराती हैं कहना सही नहीं है। सही यह कहना है कि वे उसकी नई पहचान स्वयं कवि को कराती हैं और पाठक को यह आभास देते हुए भी कि वह अपने परिचित अज्ञेय को दोबारा जान रहा है, एक नए संदर्भ में ले जाकर आगे की ओर देखने के लिए छोड़ देती हैं। कई कविताएँ प्रायः पुराने शब्दों का उपयोग करते हुए बार-बार नए ढंग से सबकुछ जानने का उल्लेख करते हुए पाठक को अज्ञेय की कुछ पुरानी कविताओं की गूँज जैसी जान पड़ेंगी। 'प्रतीक्षा गीत' में कवि कहता है :

> उसी को तो मैं आज भी गाता हूँ
> क्योंकि चौंक चौंक कर रोज़
> तुम्हें न पहचानता हूँ—
> यद्यपि सदा से ठीक वैसा ही जानता हूँ

'आज मैंने' शीर्षक कविता में कवि ने लिखा :

मैंने देखा कि हर होने के साथ
एक न होना बँधा है
और उसका स्वीकार ही बार बार
हमें हमारे होने की ओर लौटा लाता है
उस होने को एक प्रभामंडल से मढ़ता हुआ।

किंतु इन जैसी कविताओं के साथ जब हम 'जा' शीर्षक कविता पढ़ते हैं तो गतिशीलता का एक तीव्र प्रवाह हमें इस भ्रम से छुड़ाकर कि हम अभी वहीं हैं जहाँ अज्ञेय थे, बहुत आगे ले जाने लगता है। यह कविता यहाँ पूरी उद्धृत की जा रही है :

जा
जाना है तो ऐसे जा
या तो गाते गाते
या फिर तम में जागे जागे
सहसा पाते
वह जो गाना था, प्रकाश,
वह यह पाया—
यह—हाथ की पहुँच से, बस
तिनका भर आगे
नहीं बढ़ा
और—
जा।

यह जाना कहाँ जाना है ऐसा प्रश्न पूछकर कोई चाहे तो अपने भीतर के उस आंदोलन को होने से रोकने का प्रयत्न कर सकता है जो सतत सत्य की खोज की यह चेतना और समय चुकते जाने की निराकुल प्रतीति उसमें पैदा करेगी। आज के युग में अकसर ब्यौरे के ख़ातिर विशाल को छोड़ देना सुगम माना जाता है। अकसर विशाल को जानने के बाद भी उससे पलायन के लिए ब्यौरे की खोज की जाती है। इन दोनों के रास्तों पर न चलकर विशाल अनुभव को अपने भीतर पहचान लेना बहुत करके उन्हीं के लिए संभव होता है जिनका जीवन छोटे-छोटे अनुभवों के ब्यौरों से जीवन के स्तर पर ही संपृक्त हो चुका हो : उन्हीं के लिए यह सहज होगा कि वे विशाल को अमूर्त रूप में नहीं ठोस रूप में कविता पढ़ते ही जान लें चाहे कविता में कोई ठोस ब्यौरा न दिया गया हो। इस सरल और सीधी-सी कविता में एक व्याकुल अन्वेषी के भीतर छिपी हुई शांति का गहरा परिचय मिलता है और ऐसे वर्तमान की समझ दिखाई देती है जो न अतीत की स्मृतियों से शिथिल हो गया है न तत्काल के उपयोग से जड़, बल्कि भविष्य की ओर जिसमें वर्तमान से प्रगति भी छिपी है और विदा भी, उन्मुख हो गया है।

यह कविता ही इस संग्रह का मूल स्वर है किंतु यह नहीं कहा जा सकता कि इसके साथ के स्वर इसमें डूब गए हैं। वे अलग-अलग गूँजते हैं। उदाहरण के लिए 'मेरे देश की आँखें' जीवन के साथ कवि के साक्षात्कार की ऐसी कविता है जिसमें आज और इतिहास दोनों समाहित हैं। 'नृतत्व संग्रहालय' में एक और कविता है जो व्यक्ति और इतिहास के गतिशील संबंध से भीतर की खरी सनातन 'सुलगन' की एक सुलगती हुई झलक देती है। 'भैंस की पीठ पर' एक और कविता है जो समाज के भीतर शोषण के और मनुष्य के विभाजन के दर्द को बताती है। 'खून' और 'आए नचनिए' इसी कोटि की

अन्य श्रेप्ठ कविताएँ हैं। अंत में पूरे संग्रह का काव्यानुभव इतिहास और व्यक्ति के गतिशील संवंध का अनुभव बन जाता है कि जिसमें वर्तमान अपनी जगह किसी मोह के बदले छोड़ नहीं रहा है। 'इतिहास बोध' शीर्षक कविता उद्धृत करके हम इस व्याख्या को समाप्त करेंगे :

इन्हें अतीत भी दीखता है
और भविष्य भी
इसमें ये इतने खुश रहते हैं
कि उन्हें यह भी नहीं दीखता
कि उन्हें सबकुछ दीखता है पर
वर्तमान नहीं दीखता
दांते के लिए यह स्थिति
एक विशेष नरक था
पर ये इसे
अपना इतिहास बोध कहते हैं।

नदी की बाँक पर छाया, अज्ञेय, काव्य-संग्रह, राजपाल एंड संस, दिल्ली, पृष्ठ 76, मूल्य 20 रु.

रामायणप्रेमी श्री सुलतान

भारत के सांस्कृतिक प्रवक्ताओं के लिए इण्डोनेशिया के आर्थिक मामलों के मंत्री कौतूहल ही नहीं चुनौती का कारण भी हैं।

'घुटनों पर जिसने भुवन को सम्हाल रखा है अर्थात् हामेंकु भुवनो एक प्राचीन वंश के नवें राजपुरुष होने के कारण हामेंकु भुवनो नवम कहलाते हैं और जोग्जकार्ता के नरेश रहे होने के कारण 'श्री सुलतान' : इसीलिए उनका पूरा नाम है श्री सुलतान हामेंकु भुवनो नवम।

मध्य जावा के जोग्जकार्ता अर्थात् अयोध्याकार्ता नामक स्थान पर श्री सुलतान के पूर्वज तेरहवीं-चौदहवीं शताब्दी में राज्य करते थे। सुमात्रा से जावा में इस्लाम के आगमन के बाद उस प्रदेश में प्राचीन हिंदू और बौद्ध संस्कृति के साथ इस्लाम का जो समन्वय हुआ, श्री सुलतान आज उसके जीते-जागते प्रतीक हैं।

इस तथ्य में कौतूहल का अंश यह है कि एक मुसलमान के यहाँ रामायण और महाभारत का पौराणिक संस्कार कैसे सुरक्षित है और चुनौती का अंश यह है कि भारत से गया हुआ यह पौराणिक संस्कार वहाँ एक आधुनिक जीवन-परंपरा का अभिन्न अंग बन चुका है और फिर भी सुरक्षित है, जबकि भारत में वह विदेशी तत्त्वों से रक्षणीय धराऊ सम्पत्ति माना गया है फिर भी बचाए बच नहीं रहा है।

श्री सुलतान की वंश-परंपरा पर एक दृष्टि डालें तो देखेंगे कि इण्डोनेशिया भी अतीत में विदेशियों के विग्रह-षड्यंत्र से उतना ही—बल्कि अधिक—पीड़ित रहा है जितना भारत था। अंग्रेज़ों ने इण्डोनेशिया पर 1811 से आगे कुछ समय तक शासन करने का मौक़ा मिलते ही उसे दूसरा भारत बनाने के लिए हाथ-पाँव मारे थे—श्री सुलतान के वंश में फूट डालकर उन्होंने 1913 में उसकी एक शाखा 'पाकूआलम' के नाम से चलवा दी। पर पाकूआलम प्रथम ने भी अपने नाम को 'श्री' से हीन करना स्वीकार नहीं किया।

'श्री पाकूआलम' को इस्लाम के बहाने स्वदेश-विमुख कराने की चाल आगे चलकर भी कितनी सफल हुई इसका प्रमाण यह है कि उनके वंशधर श्री पाकूआलम अष्टम अगले महीने जावा की यावांग

(छायानाट्य) मंडली लेकर भारत आ रहे हैं और रामायण का प्रदर्शन करेंगे।

इसी विग्रह-विरोधी देशाभिमानी परंपरा का दूसरा वृत्त श्री हामेंकु भुवनो का जीवनवृत्त है। जब कुछ वर्ष पहले राष्ट्रपति सुकर्ण परंपराविध्वंसक लालचीनी पूर्वग्रहों से त्रस्त होने लगे तो श्री हामेंकु भुवनो ने उस पुराने और घनिष्ठ मित्र तथा स्वतंत्रता संग्राम के सहयोगी को सहमति देने से इनकार कर दिया। जोग्जकार्ता के राज्यपाल रहने की निस्बत उन्होंने मंत्रिमंडल में परिवहन और पर्यटन विभाग सम्हालना पसंद किया और इसी के माध्यम से एक ऐसा काम शुरू किया जिसमें इण्डोनेशिया के ही नहीं भारत के सांस्कृतिक दाय की भी रक्षा हो रही है।

उन्होंने मध्य जावा के सांस्कृतिक क्षेत्र का जिसमें सुरकार्ता, स्मारान, मदूयून, सुरबाया और मुख्यतः 'अयोध्याकार्ता' शामिल है, पुनरुद्धार आरंभ किया। रामायण और महाभारत की कथाओं के नाट्यरूप की वायांग शैली, छाया-पुतलियाँ (जो अपने यहाँ आंध्र में तोलुबम्भलाट' के नाम से वर्तमान हैं), वातिक छपाई और सबसे बढ़कर प्राचीन हिंदू मंदिरों का जीर्णोद्धार और संरक्षण उनके हाथों हुआ और हो रहा है। जोग्जा में (अयोध्या : जोग्जकार्ता का संक्षेप) काठखुदाई से लेकर शास्त्रीय संगीत तक फैली राष्ट्रीय कला परंपरा को चीनी विध्वंस के आसन्न संकट से बचाने के लिए वह विशेष चिंतित थे। इन कलाओं के प्रचार के लिए 'चक्र' (इण्डोनेशी भाषा में 'चक्री') के नाम से उन्होंने एक वृहद् केंद्र स्थापित किया और विदेशी पर्यटकों को इण्डोनेशी संस्कृति से परिचित कराने के लिए अपने ही महल में 'अम्बारुक्म' नामक एक होटल भी खोल दिया। जोग्जकार्ता से कुछ दूर 'प्रामंबनान' (परभवन) मंदिर में त्रिमूर्ति के सम्मुख सार्वजनिक रामायण वायांग प्रदर्शन की व्यवस्था श्री सुलतान ने की—पर इसके पहले उन्हें भूकंपखंडित इस प्राचीन मंदिर का पुनर्निर्माण भी कराना पड़ा। इस मंदिर में त्रिमूर्ति स्थापित है पर मुख्यतः यह शिव-पूजा का स्थल है।

भारत के संस्कृतिप्रेमियों के लिए इण्डोनेशिया के सुलतान की यह संस्कृति-निष्ठा एक सुखद समाचार हो, यह स्वाभाविक है। किंतु मस्जिद जानेवाले और प्राचीन हिंदू विधि से विवाहादि संस्कार करानेवाले श्री सुलतान के लिए भी यह एक स्वाभाविक प्रवृत्ति है जो उन्हें हिंदू, बौद्ध और इस्लामी प्रभावों के समन्वय से मिली है। उनका और इण्डोनेशी जाति का विशेष योगदान यही है कि उन्होंने इन प्रभावों को भारत की तरह खानों में बंद करके नहीं रखा—जीवन में समाहित किया है। प्राचीन भारतीय प्रभाव का जो संस्कार उन लोगों ने अपने में किया है वह भारत पर कोई कृपावश नहीं किया : वे उस प्रभाव की आंतरिक शक्ति से अनुप्राणित हुए। पर यह हमारे लिए गौरव का विषय कम, उनके लिए गौरव का विषय अधिक है कि उन्होंने उस प्रेरणा को अपनी आंतरिक जातीय शक्ति से आत्मसात् कर डाला।

निस्संदेह बिलकुल अपने ढंग से, इतने अधिक अपने ढंग से कि उनके राष्ट्रपति सुकर्ण अपनी तुलना 'घटोत्कच' से करते हैं—जो भारत में भीम और हिडिम्बा की एक प्रासंगिक उत्पत्ति मात्र है, परंतु इण्डोनेशिया में इन दो शक्तिशाली तत्त्वों से उत्पन्न राष्ट्रीय वीरमूर्ति है। भूतपूर्व विदेशमंत्री सुबान्द्रियो के द्रोही स्वभाव को आज इण्डोनेशिया में द्रूनोइज़्म (द्रोणवाद) कहा जाता है तो इसलिए कि हमारे यहाँ के पूज्य गुरु द्रोण वहाँ एक कुटिल राजतंत्रविद् के रूप में विख्यात हैं और उनका चरित्र-चित्रण वायांग में करते हुए उनके हाथ पर पट्टी बाँध दी जाती है। वह भारत से इण्डोनेशिया आते हुए चोट खाकर विकृत होने का प्रतीक है। और यह सब भारतीय पौराणिक या धार्मिक चरित्रों की अवज्ञा के लिए नहीं—केवल इसलिए कि दूसरे देश से आए हुए प्रभाव को इण्डोनेशिया ने अपनी भौगोलिक, सामाजिक और आध्यात्मिक मानस-यष्टि में रचा लिया है। इस प्रक्रिया ने हमें बहुत कुछ दिया है—एक ही प्राचीन परंपरा के दूसरे रक्षक, एक सहोदर के रूप में एक सम्भावना उसने उपस्थित की है—और यह मित्र को पहचानने की सम्भावना तो है ही—अपने को पहचानने की चुनौती भी है।

[*नवभारत टाइम्स*, 22 अगस्त 1966]

ऊवे जॉनसन : इस्तेमाल के लिए नहीं

पश्चिम जर्मनी की समकालीन प्रतिभाओं में यूरोपीय पीड़ा को गहराई से समझनेवाले उपन्यासकार ऊवे जॉनसन (आयु 36) लंबे-तड़ंगे और गंभीर और भोले आदमी हैं। शारीरिक और मानसिक गुणों का ऐसा समन्वय व्यक्ति को एक आकर्षण प्रदान करता है, विशेष रूप से तब जब वह धीरे और मीठा बोलनेवाला हो—पर इतना मीठा नहीं जितना मतलबी बोलते हैं। पश्चिम बर्लिन के सड़क किनारे के रेस्तराँ में वह अपनी छोटी बच्ची को साथ लिए बैठे थे। थोड़ी-थोड़ी देर से वह बच्ची से बेक़रारी के साथ कहते, 'ऊब रही हो तो घर चली जाओ' मानो उबाने से बड़ा कोई अपराध उनसे नहीं हो सकता। पूर्व बर्लिन और पश्चिम बर्लिन के बीच बँटे हुए मानव जीवन की विडंबना की कहानी ऊवे जॉनसन के प्रसिद्ध उपन्यास का कथानक है। उसे पढ़कर और सामने उसके लेखक को बैठा देखकर विश्वास नहीं होता है कि इतनी यातना इसी व्यक्ति ने झेली होगी—उपन्यास का मुख्य पात्र होने की भी और लेखक होने की भी। पर जब उन्होंने सृजन की ही व्यर्थता की बात शुरू की तो विश्वास हो चला कि जो लेखक रचना की अंतिम व्यर्थता को स्वीकार कर सकता है वह रचना-प्रक्रिया की पीड़ा को तो अवश्य ही सह सकता होगा। ऊवे जॉनसन पूछते हैं : "आज किसी पुस्तक की लाखों प्रतियाँ बिक सकती हैं। पर प्रश्न तो यह है कि आप अपना साहित्य किसके पास तक पहुँचा रहे हैं। आधुनिक साहित्य लेकर आप मज़दूरों तक नहीं पहुँच सकते, आप उन लोगों तक भी नहीं पहुँचते जिनके ऊपर समाज के फ़ैसले निर्भर हैं।

"आज के साहित्य-जगत में रुपया फटा पड़ रहा है। किताबें हर जगह दिखाई देती हैं लेकिन समाज को साहित्य की कोई ज़रूरत नहीं रह गई है। हो सकता है कि सजावट के लिए रह गई हो। वह साहित्य को एक आंदोलन के विकल्प के रूप में इस्तेमाल कर सकता है। पर इस देश में आज साहित्य एक आंदोलन के लिए इस्तेमाल नहीं किया जा सकता।

"केवल एक दृष्टांत ऐसा है कि जिसमें एंत्सेंस बर्गर ने एक साहित्य-समीक्षा पत्र की स्थापना की लेकिन उसने भी उसे अंततः एक राजनैतिक समीक्षा पत्र बना डाला। बात यह है कि आज समाज लेखक को काम देता है, पहले लेखक लोगों को क्रांति के लिए तैयार करते थे। अब ऐसा कोई समूह नहीं रह गया है जो लेखक को अपना विशेष कार्य करते रहने देना पसंद करे। मैं मानता हूँ कि लेखक लोगों के प्रति ज़िम्मेदार है पर केवल उन्हीं के प्रति जो साहित्य से आनंद लेते हैं न कि उनके प्रति जो उसे इस्तेमाल करते हैं। और साहित्यिक पुरस्कार—वे तो केवल समाज के अलंकरण हैं जिनसे समाज ही अपनी शोभा बढ़ाता है लेखक की शोभा नहीं बढ़ती।

"ग्यूंटर ग्रास ने अपने उपन्यासों से कीर्ति, ठोस कीर्ति अर्जित की और ठोस धन भी। और तब उसने इस प्रसिद्धि से अपनी साहित्यिक उपलब्धि के प्रशंसकों को आकृष्ट करके राजनैतिक मामलों में भी विशेषज्ञ बनने का प्रयत्न किया। कुछ ही वर्षों में उसने राजनैतिक कलाकारिता में दक्षता प्राप्त कर ली। लेकिन यह तो एक व्यक्ति का अपना निज़ी नुस्ख़ा हुआ। यह हर एक पर लागू नहीं हो सकता। यह दिखाता है कि कीर्ति या रुपया मिल जाने पर लेखक समाज में अपने क्षेत्र के बाहर स्थान बना सकता है।

"जब मैं लिखता हूँ तो मैं स्वयं अर्थात् मैं नहीं रहता। मेरा काम वही है जो ब्रेख़्त ने कहा था कि 'मैं ज्ञान का वाहक हूँ।' मेरा काम है उस ज्ञान को एक ऐसे रूप में बदल देना जो कि जल्दी पहचाना न जा सके लेकिन जो समझा जा सके। इस काम में मुझे अपने ज्ञान या अनुभव को इतना तैयार करना पड़ता है कि मैं उसे लोगों को देने योग्य बना सकूँ—मैं अपने व्यक्तिगत जीवन को नहीं लिखना चाहूँगा, वह साहित्य के लिए नहीं है।"

[*दिनमान*, 23 अगस्त 1970]

भाषा के निमित्त से

कुमार गंधर्व के गायन को लेकर इधर साहित्यिक और विशेषतया युवा वर्ग में बहुत उत्साह दिखाई दिया है। यह मानना तो बहुत सही न होगा कि इन उत्साहियों में सबके सब संगीत के राग-तत्त्व के गुणग्राहक हैं, किंतु यह सहज ही दीखता है कि कुमार गंधर्व में ही कुछ ऐसा है जिसने इन्हें एकाएक संगीत का प्रेमी बना दिया है। वह ऐसा कुछ क्या हो सकता है? क्या इस गायक का भक्तिभाव? नहीं, शायद वह जो कि आज की पीढ़ी को सबसे कम सुलभ है : तल्लीनता और उसके साथ वह भी जो परिचित है : द्वंद्व।

इस उत्तर से चौंककर हम इस शब्द के प्रति संदेह की मुद्रा न बना लें तो अच्छा होगा। तल्लीनता अपने में द्वंद्वात्मकता की विरोधी नहीं है और मानव-संबंध को लगातार न्याय के आधार पर जाँचते रहने की, आधुनिकता की शर्त से किनारा नहीं काटती। एक स्तर पर वह व्यावसायिकता की, झूठी आधुनिकता की फैलाई हुई इस भ्रांति का प्रतिकार ही करती है कि उखड़ापन ही आज की माँग और ज़रूरत है।

कुमार गंधर्व की कला में क्रांतिकारी कुछ नहीं है, सिवाय इसके कि उन्होंने एक आधुनिक श्रोता को अनुभव कराया है कि संगीत एक सतत शांतिप्रवाह ही नहीं है : वह एक चुनौती भी है, गायक को भी (वह—कु.गं.—उसके रचने की प्रक्रिया के संघर्ष को छिपा नहीं रहे हैं) और श्रोता को भी (वह उस संघर्ष को देख पाकर उसको न समझने का प्रयत्न देर तक नहीं कर सकता)। उन्होंने शब्द को उसका उचित महत्त्व दिया है यह कहना एक क्लिष्ट बात को वृथा सरल करना है। संगीत में अर्थमय शब्द का कोई स्थान है ही नहीं, फिर भी शब्दार्थ संगीत में आरोपित होना चाहता है। उचित महत्त्व जैसी कोई अवस्था नहीं हो सकती है क्योंकि भाषा के होने-न-होने को संगीत जब चाहे तब बराबर कर दे सकता है। हर दशा में भाषा, यदि वह है तो उचित यह है कि वह आरोपित न हो, वह संगीत के साथ (संगीत का शाब्दिक अर्थ चाहे जो हो) ठीक-ठीक एकात्म भी नहीं हो सकती (वैसा कुछ जो होता है वह संगीतप्रेमियों की एक तरह की फ़रमाइश पूरी ज़रूर करता है, पर हम यहाँ लोकरुचि की बात नहीं कर रहे हैं)। उसका ठीक-ठीक एकात्म न हो सकना भी मोटे तौर पर दो तरह का होगा : एक कि जिसमें भाषा की अनजाने अवज्ञा की गई हो और दो कि जिसमें अवज्ञा करने का साहस जानकर किया गया हो। शब्द के अर्थ की रक्षा या स्थापना और स्वर की सृष्टि, दोनों में जो द्वंद्व है वह भाषा को शामिल करते ही आरंभ हो जाता है, न करें तो उपस्थित ही नहीं होता, पर है तो उसी द्वंद्व-भाषा को संगीत में कोई उचित महत्त्व मिल सकता है।

संगीत को कुमार गंधर्व ने भाषा के साथ भिड़ा दिया है। उनका उच्चारण स्पष्ट है, यही प्रमाण है कि उन्होंने यह मुठभेड़ जानते-बूझते की है। स्वर को उन्होंने मानो ओंकारनाथ ठाकुर की तरह भाषा की शक्ति स्वीकार करने की लज्जा छिपाने के लिए पूजने का उपक्रम नहीं किया है, बल्कि उसे भी संयम के अंकुश के अधीन रखा है और उसका देवत्व तोड़ दिया है। जो जानकार कुमार गंधर्व की इस शैली को उनके शरीर की दशा की देन मानते हैं, उनसे मैं निवेदन करूँगा कि अपने विचार की अवैज्ञानिकता पर विचार करें। शरीर जिस प्रयोजन में लगता है उसके लिए वह उस समय पूर्ण ही माना जाएगा। उसकी पूर्णता की कोई शाश्वत माप नहीं है। अस्तु।

कुमार गंधर्व की कृतियों में मुझे संक्षिप्त रचनाएँ पसंद हैं। उनमें भी वे सबसे अधिक, जो कम श्रोताओं के सामने गाई गई हों। उस तरह की रचनाओं में जो महफ़िलों में गाई जाती हैं, कुमार गंधर्व का दख़ल वास्तव में हो नहीं सकता—वहाँ एक चीज़ उनके अनजाने उन्हें दबा लेती है और वह है भाषा का वह चरित्र जो महफ़िल के दिमाग़ पर हावी होता है और उन्हें उनके अनचाहे एक भजनीक

से ज़्यादा कुछ नहीं रहने देना चाहता। लंबे राग-विस्तार में तल्लीन कुमार गंधर्व को मैंने अपने लिए बहुत उपकारी नहीं पाया पर यह उनके सामर्थ्य का मूल्यांकन नहीं है, मेरी रुचि का वर्णन है। वैसा संगीत सुनने का मन होने पर मैं ऐसे गायकों के पास जाना चाहता हूँ जिनके यहाँ भाषा का कम से कम और अर्थ का और भी कम इस्तेमाल हो।

तल्लीनता का गुण कुमार गंधर्व के माध्यम से आज के साहित्यादि कलामर्मज्ञों तक पहुँचा तो उसका बहाना भी भाषा ही है। वह किन्हीं अन्य गायकों में होते हुए भी आज के श्रोताओं में बहुधा पहचाना नहीं जाता तो उसका कारण संगीत के प्रति किसी 'आधुनिक' दृष्टि का होना नहीं बल्कि अधैर्य है जो एक सुगम विवशता बन गया है। कुमार गंधर्व इस अधैर्यप्रियता को तोड़ते हैं; अपने लिए नई शैली का आविष्कार कर और संगीत की परंपरा को आगे बढ़ाकर वह ऐसा करते हैं; किसी बने-बनाए अधैर्यपोषक नुस्ख़े को वह लोकप्रिय होने के लिए इस्तेमाल नहीं करते, अपनी ही शर्तों पर लोकप्रिय होते हैं और फिर एक बार लोकप्रिय होने की शर्तों के विरुद्ध चलते हैं; परंपरा लोकजीवन से रस और अन्न लेकर उसे पचाकर मांस बनने से ही बढ़ती है, इसके वह दृष्टांत हैं और आज की उपभोक्ता संस्कृति में लोकजीवन की जो परिभाषा हम पर लादी जा रही है उसके अनायास न लद पाने के कारणों में विशिष्ट कारण हैं। उनका शास्त्रीय या लोक जैसे विशेषणों से न बाँधा जा सकना एक बार और सिद्ध करता है कि संगीत न 'शास्त्रीय' होता है, न 'लोक', वह या तो परंपरा होता है या जूठन। उनकी शैली एक बात और बताती है : यह कि शैली ही अंततः परंपरा को आगे बढ़ानेवाला प्रमाण होती है, यद्यपि यह सच है कि हर शैली शैली नहीं होती। कुमार गंधर्व ने एकसाथ तल्लीनता और चुनौती दोनों से अवगत कराया है, तो अपनी शैली के निमित्त से।

अंत में अपनी बात कहूँ (और अभी तक भी अपनी ही कह रहा था) तो कुमार गंधर्व के गायन से मुझे एक तरह की चुनौती मिलती है और शांति भी। अंत में शांति ही मैं चाहता हूँ। 'भारतीय' और 'पाश्चात्य' संगीत जैसे विभाग अयथार्थ हैं और उनके बहुप्रचारित भेद भी : शांति देना ही संगीत का गुण है; अंतर दो प्रकार के रचनाकारों में है जिनमें से एक द्वंद्व को दीखने देता है दूसरा नहीं, जबकि द्वंद्व, जिसके बिना कोई कला नहीं हो सकती, दोनों का ही विषय है। कुमार गंधर्व में इन दोनों व्यवहारों का मिश्रण है और यह स्वास्थ्यसूचक है कि समन्वय नहीं है।

[*पूर्वग्रह*, 1976. *लिखने का कारण* में संकलित]

काज़ी नज़रुल इस्लाम

[25 मई 1899 - 29 अगस्त 1976]

काज़ी नज़रुल इस्लाम ने देहत्याग करने के पहले मौन का इतना लंबा अंतराल दिया था—वह एक शारीरिक अशक्यता थी, बुद्धि की चेष्टा नहीं—कि हम उनके निधन को कष्टों से मुक्ति ही मान सकते हैं : यह उनके साहित्यकार की मृत्यु तो नहीं ही है—उससे वह बहुत बड़ी क़ीमत चुकाकर आजीवन बचे रहे—साहित्य की क्षति भी नहीं है। वह जो कृतित्व दे चुके थे वह उनके जीवनकाल में ही उनसे असंग हो चुका था—क्योंकि चौंतीस वर्ष के हतसंज्ञ जीवन में उन्होंने कुछ लिखा नहीं। ग़रीब सरल गाँव के नाटक दल से, अनुशासनधर्मी विदेशी सेना से, पागल निर्भय स्वतंत्रता संग्राम से, निस्संकोच, निष्कपट प्रेमाशक्ति और दारुण विरह से मिली उनकी जीवंत अनुभवराशि उनके साहित्य में समय के हाथ से अछूती रखी हुई है। नज़रुल पर बहुत लिखा है : उनको एक दिव्य चमत्कार जैसा माननेवालों ने भी, अनतिभावुक प्रशंसकों ने भी परंतु कवि के सशरीर रहते किसी का यह साहस न था कि उनकी

रचना का दुरुपयोग करे : विभिन्न राजनैतिक मतवादी समूह भी हर साल उनके जन्मदिन पर उनके पास आकृष्ट होकर एकत्र होते थे।

लिखे जाने के बाद कविता अपने को, आज आनेवाले समय में पढ़नेवालों की समझ जैसे बढ़े या बदले वैसे समझे जाने के लिए मुक्त कर देती है। नज़रुल की वाणी भी हममें हमेशा एक-सी झंकार नहीं पैदा करेगी। न आज वैसी करती है जैसी 1930 में करती थी, न बीस वर्ष बाद वैसी करेगी जैसी आज करती है। किंतु कुछ है जो वस्तुतः अमर रहेगा। वह है नज़रुल की सच्चाई, कविता की प्रतिष्ठा के लिए लिखी कविता में जो नहीं मिलती, अंतर-बाहर दोनों को एक करनेवाले पूर्णतर जीवन की सृष्टि के लिए लिखी कविता में ही मिलती है। नज़रुल की हुंकार के भीतर स्नेह से सहारा देनेवाला हाथ है जो आज़ाद करता है, उँगली पकड़ाकर अनुयायी बनानेवाला हाथ नहीं है—

तोमरा भय देखिए करछ शासन जय देखिए नए
... ...

एई शिकल परा छल मोदेर ए शिकल परा छल
तोदेर बध काराय आसा मोदेर बंदी हते नय
ओरे क्षय करते आसा मोदेर सवार बाँधन भय

इसी तरह नज़रुल के प्रेमगीतों में विरह की कातरता है पर यह दया की याचना से नहीं मिलन की आतुरता से स्पंदित है। उनमें शरीर से परे प्रेम की निस्तेज कल्पना नहीं है पर आध्यात्मिक तृप्ति की वासना है। इसी के अनुरूप उनकी भाषा जन-बोली, हिंदुस्तानी, संस्कृत सभी को अपनी आग में तपाकर खरा करके बांग्ला में ढाल देती है। आधुनिक बांग्ला साहित्य में यह अच्छा काम कोई और महाकवि नहीं कर सका है यह बिना किसी के प्रति अनादर के कहा जाना चाहिए—इसलिए कि बांग्ला को भी अन्य भारतीय भाषाओं की तरह शब्दाडंबर से ऊपर उठने की ज़रूरत है।

1942 में कवि रेडियो से एक वार्त्ता प्रसारित करते-करते एकाएक सोचने और बोलने की शक्ति खो बैठे थे। अस्वास्थ्य के लक्षण तीन वर्ष पहले पत्नी प्रमिला के पक्षाघात के बाद से ही थे। 1962 तक प्रमिला ने रोगशय्या से दैन्य, अभाव और प्रकाशकों और रिकार्ड कंपनियों के शोषण के बीच विक्षिप्त पति और दो छोटे बच्चों की सेवा की। वह 1962 में नहीं रहीं। नज़रुल की चिकित्सा के उपाय अयथेष्ट सिद्ध हुए। भारत और बांग्लादेश दोनों ने उनकी सहायता की। अनंतर शेख मुजीब, आज जिनका नाम बांग्लादेश में निषिद्ध है, उन्हें 1962 में ढाका ले गए; पुत्र सव्यसाची सपरिवार कलकत्ता ही रहे।

धीरे-धीरे ढाका आगमन के समारोह की फूलमालाएँ सूखती गई थीं। निधन से पहले के दिनों में कवि के पास ढाका के अस्पताल में कवि जसीमुद्दीन, गायक दाऊद हैदर आदि कुछ मित्र ही रहते थे : एक वृद्धा भद्र स्त्री ही एकमात्र अन्य व्यक्ति थी जो उनके पास प्रतिदिन दोनों बेला आती थी, बैठती थीं और चली जाती थी। वह नज़रुल की कौन थी, कोई कभी नहीं जान पाया।

बांग्लादेश सरकार ने कवि को ढाका विश्वविद्यालय में दफ़न किया : 21 तोपों की सलामी दी। उनके लंबे मौन के बाद यह घोष तुमुल रहा होगा। पर अब कवि के पूरे साहित्य को सस्ते और सुगम संस्करणों में सभी भारतीय भाषाओं में देने की और उनके रचे गीतों को उनकी रची स्वरलिपि के साथ छपाने की ज़रूरत है। वही स्वर वास्तव में कवि का स्वर होगा। विद्रोही कवि की असली पहचान उसके प्रेमगीत ही होते हैं।

[*दिनमान*, 5-11 सितंबर 1976]

धन्यवाद किशोरीदासजी

स्वतंत्र भारत में रचनाकार को पुरस्कृत करने की प्रचलित रीति के मूल में ही कहीं शायद कोई दोष है कि राज्य और रचनाकार का संबंध पुरस्कार के अवसर पर अपने निकृष्टतम रूप में प्रकट हुआ करता है। यह परतंत्र भारत की परंपरा है जो रचनाकार को निर्वाचित प्रतिनिधि के सामने भी उसी तरह पेश करती है जैसे अंग्रेज़ी राज में गवर्नर के सामने ख़िताब के लिए खुशामदियों को किया जाता था। पुरस्कार ख़िताब नहीं है, अलंकरण भी नहीं है और उसका अभिप्राय पुरस्कृत को सार्वजनीन बनाना है। पुरस्कार के अवसर पर उसका चेहरा उपस्थित जनसाधारण की ओर होना चाहिए पर जब छोटे दिमागवाले मंत्री और घटियापन में उनसे टक्कर के अधिकारी पुरस्कार समारोह का आयोजन करते हैं तो पुरस्कृत की पीठ जनसाधारण को दिखाई देती है और उस व्यक्ति के और 'प्रदान' करनेवाले मंत्री के बीच में पुरस्कार का गौरव प्रणति का एक व्यायाम संबंध बनकर रह जाता है।

अभी लखनऊ में उ.प्र. हिंदी संस्थान के पुरस्कार में व्याकरण के विख्यात विद्वान श्री किशोरीदास बाजपेयी ने इस कुत्सित संबंध को एक झटके से तोड़कर समस्त रचनाकार जगत का मार्गदर्शन किया है। ताम्रपत्रादि के पात्र नौ महानुभावों में से एक वह मंच से अपना नाम पुकारे जाने पर अपने स्थान से नहीं उठे। वह शरीर से इतने अशक्त नहीं थे कि मंच को घेरे बैठे सत्ताधारी राजनीतिकों तक का रास्ता चल न पाते। उनके पहले अनेक वयोवृद्ध सज्जन किसी भोंडे सहायक के हाथों प्रायः घसीटे या धकेले जाकर माइक्रोफ़ोन के तारों को लाँघते और डंडों से कतराते मंच तक पहुँच चुके थे। यह इतनी बार हुआ था कि शक हो चला था कि सहायक शायद हर ताम्रपत्र पानेवाले की बाँह दबोचकर सहारा देना एक नियम मानने लगा है, भले ही उस साहित्यकार के शरीर में चलने-फिरने की शक्ति बच रही हो।

जैसे ही किशोरीदासजी को उठते न पाया गया, आसपास के नामीगिरामी साहित्यकार उन्हें समझाते दिखाई दिए—दूर से देखनेवालों को आभास हुआ कि विद्वान व्याकरणाचार्य हठ कर रहे हैं। इस समाज में न्यायसम्मत और तर्कसंगत व्यवहार के पक्ष में ख़ाली बोलने नहीं, करनेवाले जिद्दी माने जाते हैं और प्रपंच गोष्ठियों में किशोरीदासजी के विषय में इसी तरह की एक नीच बुद्धि धारणा का बहुधा अकृतकार्य प्रचार होता रहता है। कुछ दर्शक यदि उनके उठकर मंच तक जाने से इनकार को इसी बुद्धि से देखकर राजभक्ति के पक्ष में अपने मन को तैयार कर रहे थे तो उन्हें इसके पीछे की घटना से काफ़ी चोट पहुँची होगी।

वह यह थी कि जब शेष पुरस्कृतों की मंच पर आने-जाने की कवायद पूरी हो गई तो प्रधानमंत्री, जिनके हाथ से पुरस्कार 'दिलाए' जा रहे थे, सहसा उठ खड़े हुए और मंच से उतरकर सीधे बाजपेयीजी के पास गए। वहाँ जाकर उन्होंने पुरस्कार की वस्तु मँगवाई और किशोरीदासजी को सादर अर्पित की। जिस समय बाजपेयीजी विद्वान की सहज विनम्रता से जता रहे थे कि प्रधानमंत्री के इतनी दूर आने का कष्ट उनका अभीष्ट नहीं था उस समय पीछे बैठे कुछ नवयुवक बाजपेयीजी को नाटक और नखरे करने का दोष दे रहे थे।

नई पीढ़ी को राज्य और रचनाकार के उचित संबंध की शिक्षा देने का यहाँ प्रयोजन नहीं, इतना ही कहना है कि वर्षों से नाना अवसरों पर अकादमियों और संस्थानों के पुरस्कार 'वितरण' समारोहों की घिनौनी मानसिकता की आलोचना, और उनमें सुधार के उपाय सुनने का लाभ इन संस्थानों को मिलता रहा है पर उससे इनी-गिनी संस्थाओं ने ही सबक़ लिया है और वह भी अधूरा। अब क्या अन्य सब प्रधानमंत्री के प्रशंसनीय दृष्टांत की भी अवहेलना करने का दुस्साहस करेंगी? अथवा यह भ्रम फैलाएँगी कि बाजपेयीजी के 'बुढ़ापे' के कारण प्रधानमंत्री को मंच से उतरकर आना पड़ा? पुरस्कार को 'वितरण'

न बनाकर प्रशस्ति का अवसर बनाने के हित में पिछले जितने सुझाव इस पत्र में अथवा अन्यत्र दिए गए हैं उनका सारांश यह है कि पुरस्कृतों को मंच पर श्रोताओं की ओर मुँह करके बैठना उचित और पुरस्करण की विधि के संपादक को, चाहे वह प्रधानमंत्री ही क्यों न हो, श्रोताओं के साथ बैठना श्रेयस्कर है। सब पुरस्कृतों का परिचय और प्रशस्ति अफ़सरों द्वारा नहीं अन्य विद्वानों द्वारा हो जाने के बाद संपादक को उठकर विद्वानों के पास आकर उनका अभिनंदन करना चाहिए। सिद्धांत रूप में यह विधि पुरस्कार की असली भावना के अनुरूप और लोकतंत्र की आनुषंगिक है। इसके ब्यौरे और विधान देशकाल के अनुसार विविध और एक से एक उत्तम हो सकते हैं। जहाँ तक राजनीतिकों की साहित्य संबंधी उपदेश देने की दंभयुक्त मूर्खता का प्रश्न है, वह एक त्वचारोग के समान है, शरीर के भीतर शुद्धि होने से वह ठीक हो जाएगा।

[*दिनमान*, 25 सितंबर-1 अक्टूबर 1977]

कवि की यात्राएँ

फणीश्वरनाथ 'रेणु' उन गिने-चुने लोगों में से थे जिनसे एक बार मिलने के बाद फिर उनके बारे में और कुछ जानना रह नहीं जाता। प्रेम से भरा व्यक्तित्व कभी रहस्यमय बना रह सकता है? उससे तो हर बार मिलने पर ऐसा लगता है कि जहाँ पिछली बार छोड़ा था उससे आगे शुरू कर रहे हैं—ऐसा नहीं कि हर बार नए सिरे से जानना पड़ रहा है।

व्यक्ति संपूर्ण कहाँ होता है, केवल कम या ज़्यादा संपूर्ण होता है। रेणु कम से कम इतने संपूर्ण थे कि हर परिवेश और हर संदर्भ में उनके मौलिक लक्षण एक ही रहते थे, रागानुराग के आरोह-अवरोह से उनका ठाठ नहीं बिगड़ता था। वह जैसा सोचते थे वैसा बोलते थे और जैसा बोलते थे वैसा लिखते थे—और फिर जब उसको पढ़ो तो लगता था कि रेणु बोल रहे हैं।

रेणु के लेखन की इस विशेषता की ओर कम आलोचकों का ध्यान गया है, यद्यपि यह इतनी स्पष्ट है कि इधर ध्यान दिलाने की ज़रूरत नहीं पड़नी चाहिए थी। हो सकता है कि अत्यंत स्पष्ट होने के कारण ही यह विशेषता, विशेषता न मानी गई हो।

जैसा हिंदी आलोचना-जगत का स्वभाव रहा है, विलक्षणता और विचित्रता खोजकर उससे चौंकने को आतुर सहृदयों ने रेणु की शैली को आंचलिक कहकर अपने को नागर जताने का प्रयत्न किया था। पर वह उनके अपने व्यक्तित्व की, न आंचलिक न नागर, बल्कि विश्वसनीय अभिव्यक्ति है। आंचलिक जैसी कोई शैली या विषयवस्तु भी होती है, यह मानना राजनैतिक केंद्रीकरण के वज़न पर किसी सार्वदेशिक साहित्य के दंभ की प्रतिष्ठा करना है।

रेणु ने दूसरों में ऐसे किसी दंभ को कभी इतना महत्त्वपूर्ण नहीं पाया कि या तो जवाब में कोई आंचलिक मुद्रा अपनाते या तथाकथित महानगरी साहित्य की नकल करने लगते। उनके लिए लोग ही सत्य थे—वहाँ तक सत्य जहाँ तक वह उन्हें जानते थे और उनसे एक हो सकते थे—चाहे वे कहीं के रहनेवाले हों। यह आस्था उनमें आजीवन बनी रही। मृत्यु से कुछ दिन पहले 15 और 16 मार्च को अस्पताल में दो बार उनसे लंबी बातचीत हुई थी : तब वह कह रहे थे कि लोकसभा-चुनाव में जनता पार्टी जीतकर आ गई तो हम लोगों को और अधिक काम करना पड़ जाएगा—अन्याय के प्रति सतत असहमति का और समाजवाद के विचार के विकास का काम आज (आपातकाल) से भी तब अधिक आवश्यक हो जाएगा। उन्हें बहुत-सी बातें, बहुत-से लोग याद आ रहे थे। यह कोई नई बात

न थी, और न यही कहा जा सकता है कि इस प्रकार के संस्मरणों पर किसी आगामी आशंका की छाया मँडरा रही थी। नहीं, वह वैसे ही सहज भाव से अपनी जेल-यात्राएँ याद कर रहे थे जैसा मैंने उनके मुख पर 1974 में देखा था। उन्होंने हँसकर कहा : एक ज़माने में क्रांतिकारी जेल जाता था, तपेदिक का मरीज़ होता था और प्रेम करता था। मैंने इससे भी अधिक किया। ये तीनों करके विवाह भी किया। फिर ललककर बोले : *दिनमान* के लिए एक धारावाहिक संस्मरण-माला लिखूँगा—'मेरी प्रणय-कहानी'। वह ऑपरेशन से हमेशा के लिए अच्छे हो जाने को आतुर थे और उसके बाद यही संस्मरण लिखना नहीं, 1974 की जेलयात्रा में *मैला आँचल* और *परती परिकथा* के अपने पात्रों से कैसे दोबारा भेंट हुई, इसकी कहानी लिखने के पुराने वायदे को भी पूरा करना चाह रहे थे। उनके भीतर लोग ही लोग जाग रहे थे, चल रहे थे, गा रहे थे और उन्हीं लोगों के बीच वह स्वयं खड़े हुए थे, अपनी युवावस्था के प्रवर्तक अनुभव—प्रेम-विवाह की किंचित् विनोदभरी स्मृति से मग्न, परंतु आत्मकेंद्रित नहीं।

उन्हें अपने भीतर की करुणा और न्यायप्रियता पर सहज विश्वास था कि वह—कवि की एकमात्र पूँजी—अपने आपको सूद-दर-सूद बढ़ाती रहेगी। न कोई शास्त्र उनका सम्बल था न कोई मतवाद, यहाँ तक कि वह भक्तिभाव भी नहीं जो उन्होंने परंपरा से दान में पाया था; बल्कि उसको तो झकझोरकर ही वह कुछ लिख पाते थे, या कहें कि उसको झकझोरने के लिए ही वह लिखते थे।

उनके लेखन में अपूर्व वर्णन-शक्ति है और वह सिवाय उतनी ही अपूर्व पर्यवेक्षण-शक्ति के और कहाँ से आ सकती है? वह चारों ओर जो कुछ देखते हैं उसके ब्यौरे उनके लिए रमणीय होते हैं पर लिखने के लिए स्मृति में रखने योग्य ब्यौरों का चुनाव करते समय वे निर्ममता से बहुत-से ब्यौरों को रद्द करते जाते होंगे, यह उनके अद्वितीय चयन से ही प्रकट है। यह दुर्लभ गुण उन्हें उन तमाम हिंदी-लेखकों से ऊँचे स्थान पर ला बिठाता है जो ब्यौरों को घटिया लोगों का रोज़गार और उपदेश को अथवा दार्शनिकता को श्रेष्ठ साहित्यिक कर्म मानते हैं। रेणु का देखना एक ही साथ बाहर और भीतर दोनों ओर होता है। यही उनके ब्यौरों को अर्थ दे जाता है : अलग से अर्थ गढ़कर बनाने की ज़रूरत तो उन्हें होती ही नहीं, सीधे शब्दों से उलथा करके बताना भी उनकी शैली में अनावश्यक हो जाता है।

इस तरह रेणु अपनी ही किस्म के एक संदेशवाहक हैं। वह जिसका संदेसा लाते हैं उसके जैसे हुए बिना ला नहीं सकते और जब वह उसके जैसे होने की कोशिश करते हैं, यानी जहाँ उन्हें कोशिश करनी पड़ती है, तो वह उस कोशिश को छिपाते नहीं—जैसे सितारवादक सितार की और उसकी सुंदरियों पर चलनेवाले हाथ को नहीं छिपाता, जबकि हाथ नहीं स्वर ही उसका प्रेय है (यह झलक 'सूखा-वृत्तांत' में मिलेगी)। उनमें अपनी रचना-प्रक्रिया के प्रति यह विश्लेषणात्मक रुझान आधुनिक कवि का है जो अपने परिवेश से संबंध इस स्वीकार के साथ बनाता है कि कोई बना-बनाया संबंध नहीं है, न किसी बने-बनाए संबंध की घोषणा कर देने से ही वह बन जाएगा। जहाँ परिवेश से यह संबंध अपेक्षया कम प्रयत्नसाध्य होता है वहाँ वह अकारण आधुनिकता का दावा करने के लिए उसका विस्फीत प्रदर्शन नहीं करते। 1975 के भय और आतंक में पटना की बाढ़ में अपने घर में नज़रबंद रेणु को सूखाक्षेत्र में जाने की तरह का और नए चेहरों में अपना चेहरा पहचानने का प्रयत्न नहीं करना पड़ता, पर वह जहाँ हैं वहीं से जाते बहुत दूर-दूर तक हैं। मनुष्य, पशु-पक्षी, जो भी चलता दिखता है उसके साथ-साथ जाते हैं। उनमें बिना अपना चेहरा पहचाने उनका लेखक पूर्ण नहीं होता चाहे वह घर से बाहर न निकले हों और अजनबियों के बीच न गए हों।

रेणु के जो दो वृत्तांत यहाँ प्रकाशित हैं, एक प्रकार से उनके रचना-जगत् की एक अद्भुत घटना के प्रमाण हैं। एक में जहाँ उन्हें देश पार कर कहीं जाना पड़ा है वह काल में अपने भीतर गए बिना अपूर्ण रहते हैं, दूसरे में जहाँ देश का संक्रमण नहीं होता वहाँ काल में उनकी यात्रा अनिवार्य हो गई है। तभी न कहा है कि रेणु एक संपूर्ण व्यक्ति हैं।

दोनों वृत्तांतों में नौ वर्ष का अंतर है (इस बीच उन्होंने *दिनमान* में एक और संस्मरणमाला, नेपाल-क्रांति के अपने अनुभवों को लेकर प्रकाशित की थी)। लेखक के मन में अपने कवि-मानस की निरंतरता की इच्छा का अनुमान हम इसी से कर सकते हैं कि उन्होंने यह संकलन तैयार करते हुए ऊपर से देखने पर दैवी परंतु वास्तव में मानवकृत संकटों के अपने नौ वर्ष पहले और बाद के अनुभवों को अंतर्युक्त माना। रेणु ने अकाल जैसे सामाजिक अनुभव में बैठकर 1966 के पहले भी कुछ न कुछ लिखा था, किंतु अवश्य ही निरी किताब बनाना उनका उद्देश्य न था। किसी ईमानदार लेखक के लिए किताब की संरचना भी उतनी ही सृजनात्मक होती है जितनी उसमें या अन्यत्र संकलित उसकी रचनाएँ हैं और 'ऋणजल' और 'धनजल' को एकसाथ रखने में निश्चय ही रेणु का कोई रचनात्मक प्रयोजन रहा होगा—निरा शब्द-चमत्कार नहीं।

रेणु इस संकलन की एक भूमिका लिख रहे थे या लिख चुके थे। गाँव से फरवरी '76 के एक पत्र में उन्होंने प्रकाशक को बताया था कि पंद्रह-बीस पृष्ठ की वह भूमिका रवाना की जा रही है, "जिस दिन भूमिका लिखने बैठा, चासनाला खदान की अभूतपूर्व दुर्घटना घट गई ··· भूमिका में 15 जनवरी '34 के भूकम्प से लेकर अब तक के दैवी प्रकोपों के (जिन्हें याद करके रोंगटे खड़े हो जाते हैं) छुटपुट संस्मरण हैं ··· मैंने अपनी इन रचनाओं को 'जुर्नल' कहा है।" वह भूमिका कभी प्राप्त नहीं हुई। इससे हम रेणु के रचना-प्रक्रिया-जगत में बैठकर अनुमान ही लगा सकते हैं कि किस कलात्मक कारण से उन्होंने इस पुस्तक की सृष्टि की होगी। वह कारण बहुत करके यही रहा होगा कि इन दो वृत्तांतों में वह भीतर से बाहर और बाहर से भीतर की अपनी मानस-यात्राओं का रचनात्मक अंतस्संबंध देख पाए थे। इन लेखों में कहानी, कविता या नाटक उस रूप में विद्यमान नहीं हैं जिसमें साहित्यिक व्याख्याता उन्हें देखने के आदी हो चुके हैं पर इनमें ये सब हैं और यह प्रमाण भी है कि कोई रपट भी उतनी सर्जनात्मक हो सकती है जितनी वह रचना, जो रपट नहीं है—बशर्ते कि लेखक अपने व्यक्तित्व के प्रति सजग हो।

रेणु की पुस्तक *ऋणजल धनजल* की भूमिका, 1977

रेणु की याद

रेणु की याद आज बार-बार क्यों आ रही है? क्या इसलिए कि अभी पटना में उनके घर होकर लौटा हूँ। वहाँ लतिकाजी मिली थीं। वही घर था, वे ही कमरे और बरामदा जहाँ कितनी ही बार खाया हूँ, सोया हूँ, बहसें सुनी हैं। लतिकाजी के रहने से रेणु के प्रेम की याद आती है। रेणु को न पाकर भी उसी प्रेम की याद आएगी। पर लतिकाजी को देखकर एक टीस उठती है। अपने को रेणुविहीन दुनिया में पाकर उन्होंने मानो अपने को दुनिया से विहीन कर लिया है।

याद से विचलित होकर मैंने रेणु की किताबें जो मेरे पास थीं, खोजनी शुरू कीं। *नेपाली क्रांति कथा* और *ऋणजल धनजल* उनकी दो पुस्तकें हैं, जो *दिनमान* साप्ताहिक में धारावाहिक छपी थीं। एक में सन् 1950 की नेपाल सशस्त्र क्रांति में रेणु के योगदान, संपादक के अनुरोध पर लिखी कहानी है। दूसरी में इमर्जेंसी के दौरान बिहार की, विशेषतया पटना की बाढ़ पर 1975 में लिखी उनकी एक लंबी वृत्तकथा है। फिर उसी बिहार के अकाल में यथार्थ की खोज करती हुई एक और यात्रा की कहानी है जो 1966 में लिखी गई थी। प्रकाशकों ने इन बातों का उल्लेख किताब में छिपा लिया है, न जाने क्यों? पटना के उस घर में जाते ही मुझे उन दिनों की याद आने लगी, जब हर सप्ताह

अपना लेख लिखकर भेजने के पहले या तो रेणु पड़ोस के मकान से नई दिल्ली फ़ोन करते या मैं तक़ाज़ा करने उन्हें संदेसा भिजवाता। संपादक और पत्रिका के लेखक के बीच इस संपर्क का बने रहना, रेणु के स्वभाव में अनिवार्य था और संपादक के लिए प्रतीक्षा, तक़ाज़ा, उलाहना का भी एक तार बँधा रहता था।

पर यह तो एक व्यावहारिक बात हुई। मेरे लिए रेणु के सबसे नए लेखन को हज़ारों पाठकों तक पहुँचाने का माध्यम बनना संपादकीय से अधिक एक सामाजिक अनुभव था।

ये लेख हर सप्ताह बाढ़ के उतर जाने पर लिखे गए थे। रेणु ने इनमें हर आदमी के अंदर छिपे हुए रचनाकार को जगाया है। उन्होंने हमें रुला दिया, मगर पटना की बाढ़ में फँसे लोगों की व्यथा से नहीं, एक लड़की की व्यथा से, जो समाज की सबसे अधिक पराधीन व्यक्ति है। पटना की कहानी कहते हुए वह एकाएक सावन-भादों के समय नैहर से न बुलाई जानेवाली लड़की की याद करते हैं। गाना सुनाते हैं कि 'अब तो चारों ओर कास भी फूल गए, वर्षा का मौसम बीतने को है। पिछली बार तो बाबा खुद आए थे। इस बार बाबा ने सुधि नहीं ली। बाबा अब निर्मोही हो गए हैं। भैया को ज़मीन-जगह के मामले में हमेशा कचहरी में रहना पड़ता है, लेकिन मेरी प्यारी भाभी मुझे कैसे भूल गई। अंत में भाई बुलाने आता है। ससुर ताने देकर कहता है कि नदी वाले इलाक़े में बेटी की शादी के बाद दहेज़ में नाव क्यों नहीं दी। पति कुछ शर्तों के साथ विदा करते हैं। दुखिया दुलहिन हँसी-खुशी से विदा होती है। नदी के घाट पर नाव नहीं मिलती। भाई केले के तने की नाव बनाता है। कोसी की भँवर में पड़कर भाई बहन को बचाने का संघर्ष करता है, परंतु दोनों बह जाते हैं। डूबती हुई बहन ने अपना अंतिम संदेसा दिया—कोई बाप फिर किसी बेटी को सावन-भादों के समय नैहर बुलाने में देरी न करे। और देरी हो जाए तो जामुन का पेड़ कटवाकर नाव बनवाए और तभी लड़की को लिवाने भेजे। आगे पढ़ा तो लिखा हुआ था कि इस गाने को याद कर तकिये का गिलाफ़ भीग गया। गीत की पंक्तियाँ मन में गुज़रती रहीं और आँखें बरसती रहीं। ऐसा हमेशा हुआ है। यह मैंने पाया कि इसे पढ़ते वक़्त यही मेरा भी हाल था।

यह बड़ा पुराना गाना है, पर इसे लोकगीतों के संग्रहों में पढ़कर आँसू नहीं फूट निकलते थे। यह बात प्रमाण है कि रचनाकार हर बार नए आदमी को नए सिरे से आनंद या पीड़ा की अनुभूति कराता है। आदमी के अभी तक के संचित अनुभव को ज़िंदा रखते हुए जब वह ऐसा करता है तो हम हर बार एक नया आदमी बनाते हैं, हँसते या रोते हैं। मगर सिर्फ़ हँसाना या रुलाना आदमी को नया नहीं बनाता। कभी-कभी वह उसे बेवकूफ़ बनाकर रोने की उसकी शक्ति छीन लेता है। जो रोना ताक़त दे वही रचना है।

अपनी फ़ाइलों में यह लेखमाला दोबारा पढ़ते मैंने कई और बातें भी सीखीं। वह बताते हैं कि बाढ़ के समय रेडियो स्टेशन अपने को जिलाए रखने के लिए नाच-क़व्वाली-ग़ज़ल वग़ैरह-वग़ैरह सुनाता रहता है। फिर उन्हें 1967 की पुनपुन की बाढ़ याद आती है। तब भी पानी पटना में आ गया था। नाव में लदी हुई आधुनिक परिवारों की टोलियाँ किसी फ़िल्म में देखे हुए कश्मीर का आनंद घर बैठे लेने के लिए निकली थीं। नाव पर स्टोव जल रहा था। केतली चढ़ी हुई थी। बिस्कुट के डिब्बे खुले हुए थे। एक लड़की प्याली में चम्मच डालकर एक अनोखी अदा से नैसकैफ़े के पाउडर को मथ रही थी, एस्प्रेसो बना रही थी शायद। दूसरी लड़की बहुत मनोयोग से कोई सचित्र और रंगीन पत्रिका पढ़ रही थी। ट्रांजिस्टर पर गाना आ रहा था—हवा में उड़ता जाए मेरा लाल दुपट्टा मलमल का, हो जी हो जी ...

फिर सन् 1975 की बातें लिखते-लिखते रेणु को 1941 में महानदी की बाढ़ से घिरे बापसी थाना के एक गाँव में रिलीफ़ की नाव पर अपने साथ बैठे एक डॉक्टर का क़िस्सा याद आता है। गाँव के कई बीमारों को नाव पर चढ़ाकर कैंप में ले जाया जा रहा था। एक बीमार नौजवान के साथ उसका

कुत्ता भी कुईं-कुईं करता हुआ नाव पर चढ़ आया। डॉक्टर साहब कुत्ते को देखकर भयभीत हो गए और चिल्लाने लगे—अरे, कुकुर नहीं, कुकुर को भगाओ। बीमार नौजवान छप से पानी में उतर गया। हमारा कुकुर नहीं जाएगा, तो हमहूँ नहीं जाएगा।

परमान नदी की बाढ़ में डूबी हुई एक मुसहरी बस्ती में "एक दिन की बात" भी यहीं पर रेणु बताते हैं। हम राहत बाँटने गए। ख़बर मिली थी कि वे कई दिनों से मछली और चूहों को झुलसाकर खा रहे हैं। किसी तरह जी रहे हैं। किंतु टीले के पास जब हम पहुँचे, तो ढोलक और मजीरा की आवाज सुनाई पड़ी। देखा—एक ऊँची जगह मचान बनाकर स्टेज की तरह बनाया गया है। बलवाही नाच हो रहा था। लाल साड़ी पहनकर काला कलूटा नटुआ "दुलहिन का हाव-भाव दिखला रहा था यानी वह घरनी है। घरनी घर छोड़कर मायके भागी जा रही है। लौटने को मनानेवाले घरवाले से वह कहती है—तुम्हारी बहन की ज़ुबान बड़ी तेज़ है। दिन-रात बड़ी ख़राब गाली बकती रहती है। और तुम्हारी बुढ़िया माँ बात के पहले तमाचा मारती है। मैं तुम्हारे घर लौटकर नहीं जाती। तब घरवाला गा-गाकर समझाता है—चल गे घरनी घर धुरी बहिनक के देबए टाँग तोड़ी; धरनी गे, बुढ़िया के करबे घर से बाहार।"

इस पद के साथ ही ढोलक पर द्रुत ताल बजने लागा—"धा गिड़-गिड़ धा गिड़-गिड़ चकई के चकधुम चकई के चकधुम-चकधुम-चकधुम।"

कीचड़-पानी में लथपथ भूखे-प्यासे नर-नारियों के झुंड में मुक्त खिलखिलाहटें लहरें लेने लगती हैं। हम रिलीफ़ बाँटकर भी ऐसी हँसी उन्हें दे सकेंगे क्या? शास्त्रीजी आप कहाँ हैं? बलवाही नाच की बात उठते ही मुझे अपने परम मित्र भोला शास्त्री की याद क्यों आ जाती है? यह कभी बाद में। भोला शास्त्री अब नहीं हैं ··· पर जब यह लिखा गया था और छपा था, तब थे। रेणु ने मानव-मूल्यों को समूह से निकालकर कई कालखंडों और कई व्यक्तियों से जोड़कर उन्हें स्मृति में जगाकर एकसाथ अतीत, तत्काल और भविष्य में जगा दिया। इस पूरे वृत्तांत में उन्होंने कई बार हँसाया भी है। उन विसंगतियों को दिखाया है और 'हास्यास्पद' सचमुच कितना प्रेमभरा रोना है, यह पहचनवाया है।

सात वर्ष पहले इसी समय यानी 1977 के मार्च महीने की 15-16 तारीख़ को पटना के बड़े अस्पताल में दो दिन मैं उनके पास देर तक बहुत-सी बातें सुनता रहा और कहता रहा था। वह कह रहे थे कि लोकसभा चुनाव में जनता पार्टी जीतकर आ गई तो हम लोगों को और काम करना पड़ जाएगा—अन्याय के प्रति सतत असहमति का और समाजवाद के विचार के विकास का काम आज (आपातकाल) से भी तब अधिक आवश्यक हो जाएगा। उन्होंने हँसकर कहा, "एक ज़माने में क्रांतिकारी जेल जाता था, तपेदिक का मरीज़ होता था और प्रेम करता था। मैंने इससे भी ज़्यादा किया। यह तीनों करके विवाह भी किया ···।" वे और कई स्मृतियाँ, अपने पात्रों को दोबारा देखने की कहानियाँ और स्वयं अपनी प्रणय कहानी लिखना चाहते थे। उनके भीतर लोग ही लोग जाग रहे थे, चल रहे थे और उन्हीं लोगों के बीच वह स्वयं खड़े हुए थे। अपनी युवावस्था के प्रवर्तक अनुभव प्रेमविवाह की किंचित् विनोद-भरी स्मृति में मग्न, परंतु आत्मकेंद्रित नहीं।

उन्हें अपने भीतर की करुणा और न्यायप्रियता पर सहज विश्वास था कि—लेखक की वह एकमात्र पूँजी ··· अपने आपको सूद-दर-सूद बढ़ाती रहेगी। न कोई शास्त्र उनका सम्बल था न कोई मतवाद। यहाँ तक कि वह भक्तिभाव भी नहीं, जो उन्होंने परंपरा से दान में पाया था। बल्कि उसको तो झकझोरकर ही वह कुछ लिख पाते थे या कहें कि उसको झकझोरने के लिए ही वह लिखते थे।

जयप्रकाशजी से 1979 में अंतिम भेंट के पाँच वर्ष बाद पिछले महीने बिहार गया था, यह बता चुका हूँ। वहाँ युवा नेता रघुपति ने बताया कि गंगासेतु पर चारदीवारी से टकराकर पानी में गिरी बस की लाशें देखने के लिए खाना-पानी मोटर में रखकर परिवार सहित आए थे। पानी में से फूली हुई लाशें निकालकर उनका क्रिया-कर्म करने को जनता में से कोई तैयार न था। लाश उठानेवाले लोगों

ने कहा कि इतनी बदबू है कि एक-एक बोतल शराब दो, तभी हमसे बनेगा। कुछ पढ़े-लिखे युवकों ने पहल की और अपने आप काम शुरू किया। मैंने पूछा, लोग क्यों नहीं क्रिया-कर्म के लिए तैयार हो रहे थे। रघुपति ने कहा—बात यह थी कि इस दुर्घटना में कई जातियों के लोग मारे गए थे, किसी एक जाति के अधिसंख्य व्यक्ति नहीं थे। इसलिए किसी जाति के नेताओं ने पहल नहीं की।

रेणु के बिहार में पानी के साथ आदमी का रिश्ता दर्द से भरा हुआ है। सिर्फ़ उसकी जीवन की इच्छा इस दर्द को कम करती रहती है, पर वह भी कहाँ तक साथ देगी! आज रेणुजी की तरह कोई ऐसा लेखक नहीं दिखता, जो स्मृतियों और अनुभव को एक में जोड़कर हँसते-हँसते मानवीय वर्तमान और एक नया सामाजिक भविष्य बना सके।

[*नवभारत टाइम्स*, 1984]

वे रोशनी के पक्ष में थे

सर्वेश्वरजी हमारी पीढ़ी के उन लोगों में से थे जो अकेले नहीं रहना चाहते थे, हर काम में वह लोगों को साथ लेते थे और साथ देते थे। इसमें वह सफल भी होते थे, चाहे सबके सब सहमत न हों और इसी तरह इतिहास आगे बढ़ता था। सन 1948 में मैंने उन्हें पहली बार जाना जब वे इलाहाबाद में थे और इलाहाबाद की प्रसिद्ध संस्था 'परिमल' के सक्रिय लोगों में से थे। उनका अपने साथियों से, मित्रों से और उनसे भी जो बहुत से आंदोलनों में उनके साथ थे, संबंध बहुत गहरा था लेकिन इसके बावजूद वे कहीं सबसे अकेले भी थे। समाज की समझ उन्होंने अपने बहुत गहरे और निजी कष्टों से हासिल की थी। सर्वेश्वरजी के बारे में इससे बड़ा वक्तव्य और कोई नहीं दिया जा सकता कि वे रोशनी के पक्ष में थे। उन्होंने कभी भी नकारात्मक दृष्टिकोण नहीं अपनाया।

सन 1951 में जब मैं वात्स्यायनजी के साथ *प्रतीक* का सहायक संपादक होकर दिल्ली में रहने आया तब सर्वेश्वरजी की कविताएँ पहली बार देखने को मिलीं। उन्होंने कविताएँ लिखना तभी शुरू किया था। इससे पहले वह कहानियाँ लिखते थे। कहानियों के मुक़ाबले उन्होंने कविता में अपने आपको एक बहुत ज़्यादा कठोर और कठिन संयम से बाँधा, शायद इस अपने सामर्थ्य को पहचानकर ही वह कविता की ओर आए थे और यह पहचानना एक सच्चे कवि का प्रमाण था। इसके पहले की कविता एक बड़े परिवर्तन के दौर से गुजर रही थी और इसमें हमारी उम्र के बहुत-से लोग शामिल थे, अलग-अलग कारणों से, अलग-अलग तरीक़ों से। यह वह दौर था कि जिसमें आज़ादी के बाद की आशाएँ और आशंकाएँ कविता को हमारी पीढ़ी में एक नई ज़िम्मेदारी बना रही थीं। उस दौर में सर्वेश्वर ने कविता को एक नया रूप दिया और एक नई भाषा की खोज की। यह साफ़ तौर पर और बिना बहस के कहा जाएगा कि अपने 'परिमल' के साथियों में यह काम उन्होंने सबसे अधिक ताक़त से किया। सर्वेश्वर और हमारी पीढ़ी का यह बहुत बड़ा दौर आज़ादी के बाद से अब तक चल रहा है। यह निरंतर साहित्यिक संघर्ष का दौर है, राजनैतिक संघर्ष का तो है ही और इतना बड़ा है कि वक़्त के हिसाब से नापा जाए तो अनंत है। ऐसे वक़्त में सर्वेश्वर का जाना उनकी पीढ़ी के लोगों को बहुत ज़्यादा अकेला कर गया है। यह अकेलापन इतना ज़्यादा पिछले 35 वर्षों में शायद कभी नहीं हुआ था। यों तो यह कहना एक मुहावरा ही है, लेकिन राजनैतिक आज़ादी को, साहित्य और संस्कृति की धरोहर को, हिंदुस्तान के आदमी को और उसकी हिंदुस्तानियत को सम्पन्न बनाने की जितनी कोशिशें हमारी पीढ़ी ने की हैं वे बिना सर्वेश्वर की हिस्सेदारी के पूरी नहीं हो सकती थीं, न हो सकेंगी। आज हम चारों तरफ़ ऐसे लोगों में घिरे हैं जो समाज, संस्कृति और राजनीति के भीतर एक गहरी सभ्यता बनानेवाले परिवर्तनों

से उपराम हो चुके हैं। उन्होंने मान लिया है कि जितना घटियापन, बेईमानी समाज में है वह रहेगी और उसी के साथ जीना होगा। ऐसे वक़्त में हम सड़े हुए दिमाग़ के ख़िलाफ़ सोचने, काम करनेवालों के लिए सर्वेश्वर का चला जाना ज़्यादा अकेला हो जाना है।

सन 1951 के सर्वेश्वर के साथ भीतरी, बाहरी सामाजिक और राजनैतिक उद्देश्यों से पैदा जाने कितनी ज़रूरतों से मैं जुड़ा रहा हूँ। इन सबमें कभी झगड़ा करके, कभी दोस्ती में उन्होंने साथ और संवाद बनाए रखा और यह संवाद आज बहुत कम लोगों से संभव रह गया है। इस वक़्त अपने अकेलेपन में मैं यही कहना चाहूँगा, उनके जैसे समाज को बदलनेवाले जितने लोग बचे हैं साथ आएँ और अपने-अपने ढंग से वे काम करें जो वे अभी तक अपने ढंग से करना छोड़े हुए थे।

[1983]

बच्चन का मतलब

बात तब की है जब हिंदुस्तान आज़ाद हुआ था। तब की नई पीढ़ी उम्मीद और ताक़त लेकर रचना करने को तैयार हो रही थी। इस पीढ़ी के पहले साहित्य और संस्कृति में जो काम हो चुका था उसमें कुछ ऐसा था जिससे यह नई पीढ़ी अपने को जोड़ने को राज़ी थी। कुछ को उसने परे सरका दिया था कि यह मुर्दनी और यह बनावट हमारे किसी काम की नहीं। इस वक़्त के यानी पिछले 10 बरस के साहित्य में दर्द छाया हुआ था। कुछ कवि अपने दर्द में सुंदर लग रहे थे और एक कवि बिखरे बाल, पुरानी साइकिल और पीठ पर पसीना लिए हुए लोगों का अपनापा पा रहा था। यही था हमारा कवि बच्चन। हमने कुछ छायावादी कविताएँ पढ़ रखी थीं, कुछ आदर्शवादी। ये दोनों कविताएँ मानो शब्दकोशों से शब्द लेकर लिखी गई थीं और अपनापे से नहीं संस्कार से भरी हुई थीं। उनमें हर चीज़ हवाई थी, भाषा भी, विरह भी, मृत्यु भी, और तो और जीवन भी।

बच्चन ने आकर जब अपना दर्द बताया तो हमको पहली बार मालूम हुआ कि दर्द सबका है। इसे बताया जा सकता है कविता में भी वैसे ही जैसे बोली में और यही साहित्य होता है। सच्चा दर्द भी यही होता है, जो इस तरह बताया जा सके कि सब उसमें अपना दर्द देखें। और, यही नहीं, देखकर उससे लड़ने की ताक़त पाएँ।

आज़ादी से पहले के दस बरस से कुछ अधिक में बच्चन ने समाज को कितनी गहरी ताक़त दी थी कि सन 1947 के आसपास जिन नए भावुक युवकों ने समाज को अपनी कविता के ज़रिए कुछ देना चाहा, उन्होंने बच्चन की बोली में लिखा। हाय-हाय करनेवालों की बोली में नहीं। इतिहास का यह एक बहुत बड़ा क्षण था। ज़िम्मेदारी और निश्चय के साथ सारा हिंदुस्तान आनेवाले संघर्षों और ख़तरों का सामना करने जा रहा था। उसको तो राजकाज में और जनजीवन में और कविता में भी वही बोली चाहिए थी जो उसके और जन के बीच दूरी घटाए, आदमी को पाखंड से दूर और कर्म के नज़दीक लाए और आगे की पीढ़ियों को मानसिक दासता और वाग्विलासिता के जाल से बचने का रास्ता दिखाए। आज़ादी के समय हिंदुस्तान के साहित्य को ऐसा ही तंदुरुस्त दिमाग़ तैयार करना था।

आज हिंदी में पद्य ही नहीं गद्य में भी जो कुछ अच्छा लिखा जा रहा है उसकी जान वही प्रवाह और वही प्रसाद है जो बच्चन ने हमें आज़ादी के थकानेवाले रास्ते पर राहख़र्च के लिए भेंट किया था। यह चुका नहीं है। हर नए दौर में यह नया संबल बनकर आता है।

बच्चन भाषा में जो क्रांतिकारी परिवर्तन लाए वह एक सांस्कृतिक और राजनैतिक घटना है और

इतिहास को मोड़ देती है।

बच्चन ने यह ऐतिहासिक काम किस तरह किया? वह अनुभव कर रहे थे कि कोई चीज़ है जो मेरे मन में से बाहर आना चाहती है और वह जनसाधारण की आवाज़ है। जो मस्ती, जो आज़ादी, जो ताक़त और उम्मीद उस समय की कविता दबाए हुए थी वह बच्चन की बोली में बाहर आई।

[1984. अप्रकाशित]

बच्चन : आज के बहाने से

पिछले कुछ महीनों से देख रहा हूँ कि एक न एक कविता-संग्रह डाक से घर पर आ जाया करता है। इनके कवियों के नाम पहले कभी नहीं सुने थे, कविताएँ भी कहीं नहीं पढ़ी थीं। किताब की छपाई, जिल्द बँधाई, काग़ज़, आवरण की सजावट ठीक-ठाक ही होती है। दो-तीन किताबों के भीतर कविताएँ पढ़ने के बाद याद नहीं रहता कि किस कवि की रचना थी।

ऐसा लगता है कि कवि का चेहरा नहीं है, भीड़ का चेहरा है। और वह चेहरा भीड़ की कई आवाज़ों में से कभी कुछ की, कभी कुछ की नक़ल कर रहा है, ऐसा उन कई संग्रहों को पढ़कर लगता है जो मेरे पास आते हैं।

पर आज जो कविता लिखी जा रही है वह सब कवि तो भेंट में नहीं भेजते। बल्कि अच्छी कविता भेंट में बाँटी नहीं जाती। उसे लोग बेचने के लिए छापते हैं और वह ख़रीदी भी जाती है। यह और बात है कि वह कम बिकती है, क्योंकि महँगी होती है।

मैं मानता हूँ कि आज काफ़ी कविता और काफ़ी अच्छी कविता लिखी और छापी जा रही है। वह जासूसी उपन्यास की तरह हाथों-हाथ बिकी नहीं जा रही है। यह और कुछ नहीं, उसके श्रेष्ठ कविता होने का ही प्रमाण है। इसी तरह हर व्यक्ति, जो कविता की किताब छपवा लेता है और एक मुख्य अतिथि जुटाकर अपना खाता खोल लेता है, अच्छा कवि नहीं होता—मेरी यह मान्यता पिछले दस साल के साहित्यिक और राजनैतिक परिवेश के संदर्भ में बनी है और स्पष्टतर हुई है। इसके पहले की अवस्था में भी चटपट ख्याति की आकांक्षा कोई अजब बात नहीं थी। कविता के ढेरों दुर्बल-मोटे, हल्के-भारी ग्रंथ छपा ही करते थे, मगर कोई बात थी कि बिना अपनी प्रतिभा प्रमाणित किए उद्घाटन, विमोचन और गोष्ठी करना आसान नहीं था। वह कोई बात और कुछ नहीं, कुछ बड़े कलाकारों की उपस्थिति थी, जिसका डर छिपे-छिपे काम करता था और प्रगल्भों और वाचालों को लगाम दिए रहता था। छायावाद के दौर से लेकर प्रगतिवाद के दौर तक यह बात सच रही।

मगर एक ऐसा दौर था जिसमें यह परिस्थिति बिलकुल अलग थी। छायावाद के उत्तरकाल में जब बच्चन कविता जगत् पर छाए हुए थे यह तब की बात है। गाँधी और सुभाषचंद्र बोस का नाम हर स्कूल-कालेज में छात्र की ज़बान पर रहता था और इनमें जो हिंदी जाननेवाले थे उन्हें बच्चन की कविता का कोई न कोई संग्रह पढ़ते देखा जाता था। चाहे *निशा निमंत्रण* हो या *मधुशाला* या *एकांत संगीत*। जाने कितने लड़के-लड़कियों ने, जो जीवन में आम तौर पर शुष्क व्यावहारिक समझे जाते थे, बच्चन की करुणाभरी अपनापे की और भाईचारे की कविता से भावनाओं का आदर करना सीखा—वे आदमी बने। बिकने के मामले में किसी भी प्रामाणिक संदर्भ ग्रंथ से मालूम हो जाएगा कि *निशा निमंत्रण* और *मधुशाला* के कितने संस्करण हुए और कितनी जल्दी हुए। निश्चय ही वे आँकड़े अद्वितीय सिद्ध होंगे।

और लोकप्रियता की बात अर्थ सहित समझाने के लिए तो पूरा लेख लिखना पड़ेगा। श्रोताओं का रात भर कविता सुनते रहना और मंच के निकट खिसकते आना मामूली बात थी। जब मैं कालेज में था तो एक बार बच्चन के हमारे यहाँ कवि सम्मेलन में आने से मना करने पर किसी ने व्यंग्य किया था—"वह तो पाँच सौ रुपया लेते हैं, हमारे यहाँ क्यों आएँगे?" इस व्यंग्य में यह रोष भी छिपा था कि जब तुम हमारे कवि हो तो हमारे बीच में रुपए की दीवार खड़ी करने का तुम्हें हक़ नहीं है! पर मैंने बच्चन के *मधुशाला* कालीन कवि सम्मेलनों को देखा नहीं था। गाँधीजी के वक़्त में कांग्रेस का वार्षिक अधिवेशन भी ये सम्मेलन कराया करता था। मैंने तो जब खुद कविता करना सीखा और बच्चन की प्रसिद्ध कविताएँ पढ़कर नक़लें कर डालीं तब की बात है कि एक दिन मालूम हुआ कि लखनऊ की कैसरबाग़ बारादरी में बच्चनजी आएँगे। रात बारह बजे के कुछ पहले उन्होंने पढ़ना शुरू किया। बिलकुल नई कविताएँ थीं। बात 1947 या 1948 की है। भाषा भी नई थी, छंद भी नया था और गीत के सुर भी नए थे।

> इसीलिए खड़ा रहा कि तुम मुझे पुकार लो
> तुम गा दो मेरा गान अमर हो जाए।

रात ढलने लगी। पौ फटते सभा विसर्जित हुई। विकसित होते मेरे कवि के लिए रात जागने और कविता की गूँज में गीत में डूबे रहने का अनुभव ऐसा ही था जैसे नदी की धारा में स्नान करने का होता है। जिसके बाद भी देर तक रक्त में नदी सनसन करती बहती रहती है।

बहुत बाद में दिल्ली में जब *बच्चन ग्रंथावली* का विमोचन इंदिरा गाँधी कर रही थीं तो मंच पर प्रधानमंत्री के अतिरिक्त तीन वक्ता थे—अजित कुमार, नामवर सिंह और यह कवि। अपने भाषण के पहले मैं बच्चनजी से कई बार उनके काव्य-रहस्य को पूछ चुका था। मैंने उसी बातचीत के आधार पर कहा कि बच्चन की अतुलनीय लोकप्रियता का रहस्य वह स्मृति है जो उन्होंने बचपन से किशोरावस्था तक अपने परिवेश और पुरखों से संकलित की। गाँव के, घर के, जोगियों के, लोकगीतों और बड़े-बूढ़ों के मुँह से सुनी भाषा में साहित्य की उनहार बच्चन को मिली। बच्चनजी ने मुझे यह बताकर तो चौंका ही दिया था कि "बैर कराते मंदिर मस्जिद मेल कराती मधुशाला" का छंद वही है जो तुलसीदास ने *रामचरितमानस* में बरता है। विद्वानों के लिए यह नई सूचना न रही होगी; पर एक मुग्ध श्रोता ने, जो *मधुशाला* में ऐसा खोया था कि उसे अलंकार का व्याकरण बिसर गया था, यह छंद पहचानकर मानो अपने को फिर से पहचाना।

यदि कहा जाए कि हमारी आलोचना के प्रतिष्ठान ने बच्चन के साहित्यिक और सांस्कृतिक महत्त्व को अभी तक पूरी तरह से न समझा है, न समझाया है, तो ग़लत न होगा। बहुत बड़े-बड़े मठाधीश अकसर सतही बातों से बिदकते रहे हैं। जैसे, एक ज़माने तक बच्चन की *मधुशाला* को लेकर उन पर शराबी होने का लांछन लगाया जाता रहा। उनकी कविता में, विशेष रूप से सुरा-विषयक कृतियों में, समाज के वर्तमान के त्रासद अनुभवों और भविष्य के अंतर्विरोधों का अद्वितीय विश्लेषण हुआ है। इसीलिए आज इतने बरस बाद भी बच्चन की ये कृतियाँ अत्यंत प्रासंगिक हैं और समाज में घट रही घटनाओं को समझने के लिए अनिवार्य हैं। यथार्थ और व्यक्ति की आकांक्षाओं के बीच का अंतर्विरोध, जो छठे दशक की नई कविता के चिंतन का प्रमुख विषय बना था, सबसे पहले बच्चन ने अदृश्य की जगह द्रष्टव्य को, अमूर्त की जगह यथार्थ को तथा गोपन पीड़ा की जगह खुली सहानुभूति को कविता का विषय बनाया और वह भी बोलचाल की भाषा में। यही काव्य-भाषा छठे दशक से मानव के आत्मिक और भौतिक परिवेश को व्यक्त करने के लिए अग्रसर कविता को सबसे उपयुक्त लगी और आज भी सारे काव्य आंदोलन इसी बोलचाल की भाषा के बूते चल रहे हैं जिसके पिता बच्चन हैं—पंत, निराला या प्रसाद नहीं।

संकीर्ण आलोचक शायद कह सकते हैं कि बच्चन की कविता में मेहनतकश जनता का संघर्ष चित्रित नहीं है। हाँ, यह सच है कि बच्चन ने मेहनतकश जनता के कष्टों का वर्णन करके अपने को नक़ली क्रांतिकारी सिद्ध करने की कोई कोशिश नहीं की, परंतु जैसा अज्ञेय ने लिखा है, बच्चन की रचनाओं ने छायावादी युग के पाठक के इस झूठे विश्वास को समूल नष्ट कर दिया कि कविता की भाषा बोलचाल से भिन्न होनी ही चाहिए। वह कोई मामूली क्रांति नहीं थी।

प्रसिद्ध रूसी आलोचक और कवि अलेक्सांद्र सेंकेविच ने रूसी भाषा में बच्चन के काव्य पर शोधग्रंथ लिखा है जिसका हिंदी में अनुवाद करके वरयाम सिंह, गरिमाश्री प्रकाशन से छपवा चुके हैं। इसमें उनकी राय दर्ज है कि बच्चन की प्रारंभिक कविता की सामाजिक, राजनैतिक पृष्ठभूमि को भारतीय आलोचकों ने अभी तक समझने का प्रयत्न नहीं किया है; जबकि बच्चन में प्रारंभ से ही संसार और कवि-स्वतंत्रता और उसके स्वरूप तथा मानव और धर्म जैसे महत्त्वपूर्ण विषयों के प्रति चेतना रही है। स्वयं बच्चन ने कहीं लिखा है कि मेरी कविता छायावाद के क़िले पर मधुशाला के आँगन से फेंका गया गोला थी, जो मधुशाला के मधुपायियों की गोला फेंकने की आंतरिक क्रीड़ा प्रवृत्ति से फेंका गया था—इससे उससे क्रांति तो हो गई; परंतु बग़ैर घोषणा किए हुए। न मैंने कभी कहा, न मुझे कभी कहने की आवश्यकता हुई कि मैं छायावाद का विरोध करने खड़ा हुआ हूँ—पर कला की एकमात्र दुनिया ऐसी है कि यहाँ बिना संहार किए निर्माण करना असंभव है।

अंत में मैं फिर बच्चन की मिली परंपरा की एक झलक देकर यह वृत्तांत समाप्त करूँगा। जिस मकान में बच्चन रहते थे उसके आगे अलाव जला करता था, जिसके चारों ओर किसान बैठा करते थे, सारी रात शोर हुआ करता था, गाने गाए जाते थे और पौराणिक कहानियाँ सुनाई जाती थीं। बच्चन की कविता के बिम्ब और कथानक बार-बार इन प्रतीकों से जुड़ते चलते हैं।

भला आज के छिटपुट उपहार-काव्य संग्रहों के बहाने बच्चन पर इतनी बात क्यों हो गई? यह बताने के लिए कि आज भाषा कितनी ही बोलचाल की, कितनी ही सरल और कितनी ही सामाजिक क्यों न हो जाए, वह लोकप्रिय तब तक नहीं हो सकती जब तक उसमें कवि को अपने पुरखों से मिली भाषा, छंद और ध्वनि व्याप्त न हो। जब तक यह नहीं होता तब तक अच्छी कविता लिखना भले ही बंद न हो, कविता पहले से ऊँची उपलब्धियाँ भी प्राप्त कर ले और बच्चन की सिद्धियाँ इतिहास की वस्तु बनकर रह जाएँ, पर लोकप्रियता तब तक न मिलेगी जब तक उस कविता की वल्दियत स्पष्ट न हो।

[*सुलभ इंडिया, 'गीली स्याही'*, दिसंबर 1987]

बच्चन : छिपी पीड़ा नहीं, खुली सहानुभूति का विद्रोही कवि

अलेक्सांद्र सेंकेविच 43 वर्ष के कवि, विद्वान, हँसमुख नौजवान हैं, रूसी हैं, मास्को में रहते हैं। इतनी कम वय में वह सोवियत संघ में हिंदी साहित्य के ही नहीं, विश्व साहित्य के विद्वानों में सबसे आगे गिने जाने लगे हैं सो इसलिए कि विश्व साहित्य को वे यूरोपीय प्रतिमानों से या उपनिवेशवादी दया से नहीं जाँचते, जिस देश का कृतित्व है उसके तुलनात्मक ऐतिहासिक विकास के पैमाने से नापते हैं। उन्होंने मास्को के विश्व साहित्य संस्थान से भारतीय कविता पर और यथार्थवाद पर कई लेख प्रकाशित किए हैं।

बच्चन उनके प्रिय कवि हैं जिनका बहुत-सा काव्य उन्होंने रूसी भाषा में अनूदित किया है। बच्चन की व्याख्या पर एक शोधप्रबंध भी उन्होंने रूसी में लिखा है और वह संयोग से ठीक उसी समय रूसी में अनूदित होकर सामने आया है जबकि बच्चन के कुल साहित्य के संकलन का नई दिल्ली में श्रीमती इंदिरा गाँधी के हाथों (जो कि नेहरू की तरह उनके काव्य की प्रशंसिका हैं) एक ग्रंथावली के रूप में 8 अगस्त को विमोचन हो रहा है।

संयोग से अलेक्सांद्र से मेरा मित्रवत् परिचय है। पहली बार जब 1970 में मास्को में इनसे भेंट हुई थी, तब वह बच्चन के काव्य के अध्ययन में डूबे हुए थे। उनके इर्द-गिर्द उनकी पीढ़ी के रचनाकार और विचारक बहस-मुबाहसा और सलाह-मशविरा के लिए बने रहते थे। पाँच वर्ष बाद जब उनसे दूसरी भेंट हुई, तो वही मास्को बहुत बदल चुका था, युवा रचनाकार और समीक्षक पहले से कहीं अधिक सकारात्मक मान्यताएँ बना रहे थे और पाँच वर्ष पहले के स्थापित सोवियत लेखकों के कृतित्व का पुनर्मूल्यांकन निस्संकोच हो रहा था। साहित्य जगत् में अलेक्सांद्र की भूमिका प्रमुख थी पर वे एकाग्रचित्त होकर अपने प्रिय कवि की व्याख्या लिख रहे थे।

इसके पहले कि आप इस व्याख्या को पढ़ें, अलेक्सांद्र सेंकेविच के कुछ विचार बता देने की सही जगह यही होगी।

"बच्चन की प्रारंभिक कविता की सामाजिक-राजनैतिक पृष्ठभूमि को भारतीय आलोचकों ने अभी तक समझने का प्रयास नहीं किया है। इसीलिए भारतीय विद्वान उनके कृतित्व का स्वाधीनता से पहले और उसके बाद दो कालों में विभाजन करते हैं और उनकी परस्पर तुलना करते हैं। उनकी कविता के चरित्र में आए गुणात्मक परिवर्तन को तथा इस समझ को कि उनकी चौथे दशक की काव्य-रचनाओं में सामाजिक और राजनैतिक अंतर्वस्तु नहीं है, इस तरह के विभाजन और तुलना का आधार बनाया गया है, जबकि बच्चन की रचनाओं में आरंभ से ही संसार और कवि-स्वतंत्रता और उसके स्वरूप तथा मानव और धर्म जैसे सामाजिक दृष्टि से महत्त्वपूर्ण विषयों के प्रति सचेतनता रही है। यदि आरंभिक रचनाओं में इन विषयों की प्रस्तुति सामान्यतः पारिवारिक भारतीय काव्यशास्त्रीय साधनों से और विशेषकर छायावादी प्रभाव में हुई तो स्वाधीनता प्राप्ति के बाद बच्चन अपनी कविता में नए संरचनात्मक प्रयोग करने लगे। अपनी रचनाओं में उन्होंने समकालीन यथार्थ और वास्तविकता का चित्रण किया है।"

सेंकेविच लिखते हैं, यथार्थ और व्यक्ति की आकांक्षाओं के बीच का अंतर्विरोध जो छठे दशक की तथाकथित नई कविता के चिंतन का प्रमुख विषय बना उसे सबसे पहले बच्चन ने ही अपनी रचनाओं में उद्घाटित किया। हिंदी की काव्य-भाषा के निर्माण में बच्चन की महान भूमिका है। इस संबंध में सेंकेविच ने अज्ञेय को उद्धृत किया है। अज्ञेय ने कहा है कि बच्चन की रचनाओं ने छायावादी युग के पाठक के इस झूठे विश्वास को समूल नष्ट कर दिया कि कविता की भाषा बोलचाल की भाषा से भिन्न होनी ही चाहिए। सेंकेविच कहते हैं कि यही काव्यभाषा नए कवियों ने छठे दशक के मध्य में ग्रहण की जो कि उन्हें मानव के आत्मिक और सामाजिक परिवेश के सामान्य भौतिक रूप को चित्रित करने के लिए उपयुक्त लगी।

सेंकेविच ने अपनी ऐतिहासिक यथार्थवादी दृष्टि से बच्चन की रचनात्मकता का ऐसा गहरा विश्लेषण किया है कि यहाँ भारत में उसको नई चेतना के पक्षधरों में तो निस्संदेह मान्यता मिलेगी, छायावाद के अविशिष्ट मूल्यों के पक्षधरों को भी उससे इनकार करते नहीं बनेगा। नई पीढ़ी के कवियों ने बच्चन के कृतित्व का ऋण स्वीकार करके उसकी ऐतिहासिकता को निर्विवाद रूप से सिद्ध कर दिया है। उनकी कविता में यदि किसी पूर्वज के हाथों प्रशस्त किया हुआ मार्ग जनपथ बना है तो वह बच्चन ही हैं। आज बच्चन के पूर्ववादी अथवा समकालीन किसी कवि का बनाया हुआ मुहावरा आगे आनेवालों के कृतित्व-सामर्थ्य में इतनी अधिक वृद्धि नहीं कर रहा है जितनी बच्चन की तथाकथित 'सुराविषयक' कृतियों में निर्मित मुहावरा कर चुका है और करता रहेगा।

सेकेविच कहते हैं, ये रचनाएँ बच्चन की सर्वश्रेष्ठ साहित्यिक उपलब्धियाँ हैं। उनकी यही लेखकीय विशिष्टता उनकी काव्य प्रतिभा की भौतिकता का श्रेष्ठ उदाहरण है। हिंदी साहित्य के लिए बच्चन ने जो अतीव मूल्यवान रचनाएँ की हैं, ये वे ही हैं। इन चार कृतियों में बेहद त्रासदी और तीक्ष्णता से भविष्य के अंतर्विरोधों का अद्वितीय विश्लेषण हुआ है। इसलिए आज चालीस वर्ष बाद भी बच्चन की कृतियाँ अत्यंत प्रासंगिक हैं और भारतीय समाज में घट रही प्रक्रियाओं को समझने के लिए अनिवार्य हैं।

यही कारण है कि सेंकेविच ने इन्हीं चार कृतियों को कवि के अध्ययन के लिए केंद्र में रखा है। वह मानते हैं कि बच्चन की इन कविताओं के आधार पर आधुनिक हिंदी कविताओं के विकास की जटिल प्रक्रिया को समझा जा सकता है। "जब जहाँ साहित्यिक और सैद्धांतिक समस्याओं का सामना करना पड़ता है तो ये कविताएँ उनके निवारण में सहायक होती हैं।"

सेंकेविच की मान्यताओं में बच्चन के प्रति एक खरी यथार्थवादी दृष्टि झलकती है, किसी काव्यप्रेमी की भावुक प्रशंसा नहीं। वह घोषणा करते हैं—"बच्चन परंपराओं की सीमा से बाहर आए। बच्चन द्वारा लाई गई भारतीय कविता में क्रांति इसमें निहित है कि उन्होंने अदृश्य की जगह द्रष्टव्य को और अमूर्त की जगह यथार्थ को तथा छिपी हुई पीड़ा के स्थान पर खुली सहानुभूति को प्रस्तुत किया और अबोध्य कविता के स्थान पर स्पष्ट और सहज कविता की रचना की।"

सेंकेविच ने बच्चन की सामाजिक और पारिवारिक पृष्ठभूमि को अपनी व्याख्या के संबंध में महत्त्वपूर्ण माना है और एक-एक परिच्छेद में उन्होंने बच्चन की सर्जनात्मकता का संबंध उनके जीवन की घटनाओं और समाज के परिवर्तनों से मिलाया है। इस दृष्टि से यह व्याख्या आलोचना साहित्य की एक सैद्धांतिक उपलब्धि बन जाती है भले ही एक विदेशी ने लिखी हो। जो बच्चन के काव्य का विशद अध्ययन करना चाहते हैं वे उनके काव्य और जीवनी के साथ-साथ इस पुस्तक को पढ़ना न भूलें। एक साफ़-सुथरी और अहा, अहो या आह, ओह से मुक्त भाषा में सटीक बात पढ़ने को मिलेगी।

बच्चन : एक व्याख्या। अलेक्सांद्र निकोलायेविच सेंकेविच : मूल रूसी से अनुवाद : वरयाम सिंह। पृ. 166. मू. 80 रु.। गरिमाश्री प्रकाशन, यू. बी. 3 अंसल भवन, 16 कस्तूरबा गाँधी मार्ग, नई दिल्ली-110 001.

[पुस्तक-समीक्षा, *नवभारत टाइम्स*, 7 जुलाई 1983]

दुर्दिन में आप दया न दिखाएँ

राँची से प्रकाशित *युगश्री* नामक एक पाक्षिक में आरसीप्रसाद सिंह का एक लेख छपा है। इससे ख़बर मिलती है कि उन पर से गंभीर मरणासन्न ख़तरा टल गया है और "जिन्होंने रुग्णावस्था में मुझे देखा था, वे अब मुझे देखकर संतुष्ट प्रतीत होते हैं, पर मुझे मालूम है कि रोग अभी निर्मूल नहीं हुआ है ··· उपचार चल रहा है। पर जरावस्था तो स्वयं महारोग है। इस ढलती आयु में औषधि भी अपना प्रभाव कम कर देती है। ··· कहना नहीं चाहिए कि इस रोग ने और कुछ नहीं तो इतना उपकार अवश्य किया है कि किसी भी क्षण मौत का सामना करने के लिए अपने को तैयार पाता हूँ। इस माने में यह रोग मेरा दुश्मन नहीं, दोस्त है। एक अज़ीज़ दोस्त के लिए मेरे दिल में कोई शिकवा-शिकायत नहीं है। रोग को भी क्यों न आना चाहिए : मौत को कोई बहाना चाहिए।"

आरसीप्रसादजी ने कवि के रूप में हिंदी को बहुत कुछ दिया है। अब वह 73 वर्ष के हुए। उन्होंने यह लेख क्यों लिखा, यह जानने की बात है। हुआ यह कि गोपालगंज के डॉ. राधारमण नंदी ने

7 अगस्त 1983 के *आज* में एक टिप्पणी प्रकाशित की, जिसमें कवि की रुग्णावस्था का समाचार था। डॉ. नंदी एक एलोपैथी चिकित्सक हैं। वह जुलाई के दूसरे सप्ताह कवि को उनके घर पर देख गए थे। गोपालगंज लौटकर उन्होंने *आज* में यह संवाद प्रकाशित किया। इसका उद्देश्य "सरकार और जनता का ध्यान आकृष्ट करना" था। "इसे पढ़कर राकेश रंजन नामक एक पत्रकार ने फोटो सहित एक लेख *युगश्री* में छपवाया। इसे पढ़कर सरकार के कान पर भले ही जूँ न रेंगी हो, पर साहित्यप्रेमियों में चिंता की एक लहर अवश्य दौड़ गई।" क़रीब 150 पत्र संपादक के पास आए और उनमें से चुने हुए छपे भी। संपादक ने वे सभी पत्र कवि को भेज दिए और ऊपर से "यह उदार आमंत्रण भी दे डाला कि यदि इस संबंध में अपनी ओर से मैं कुछ कहना चाहूँ तो वह सहर्ष अपने पत्र में स्थान देंगे। उसी के परिणामस्वरूप यह विनम्र वक्तव्य है।" मेरे इस लेख में उद्धरण आरसीप्रसादजी के लेख के हैं।

आरसीप्रसाद सिंह ने बताया है कि जब पत्रकार महोदय उनका साक्षात्कार लेने आए थे, तो मैंने प्रश्न किया कि इसका क्या उपयोग होगा! उत्तर था—"सरकार का ध्यान आकृष्ट करेंगे और सरकारी सहायता उपलब्ध कराएँगे।" आरसीप्रसादजी ने कहा, "सरकार के पास क्या है, जो मुझे देगी!" प्रत्रकारजी बोले, "बहुत-सी मदें हैं, अरबों-खरबों की योजनाएँ बन रही हैं। मैं अपनी आवाज़ को सरकार के पास तक पहुँचाऊँगा। मैं मंत्रियों से भी मिलता-जुलता हूँ। मुख्यमंत्री को जाकर कहूँगा।" बिहार विधानसभा के सदस्य रामाश्रय राय के हवाले से *प्रदीप* एवं *आर्यावर्त* में यह समाचार छपा कि सदस्यजी ने मुख्यमंत्री से इस संबंध में शीघ्र कोई कारगर क़दम उठाने की अपील की है। सोनपुर रेलवे प्रमंडल के हिंदी पदाधिकारी रामचंद्रसिंह त्यागी के नेतृत्व में साहित्यकारों ने एक सार्वजनिक सभा द्वारा ऐसा ही प्रस्ताव पास करके पत्रों में छपवाया। यह उल्लेख भी कवि ने अपने लेख में किया और फिर जो कहा है, वही इस समय यह टिप्पणी लिखने का कारण है :

वह लिखते हैं, "... मुझे अच्छी तरह मालूम है कि मुख्यमंत्री, अन्य मंत्रियों या सरकारी पदाधिकारियों के पास इन बेकार की साहित्यिक बातों के लिए न रुचि है, न अवकाश ... मैं अपने सभी मित्रों, साहित्यकारों, कवि बंधुओं एवं हितचिंतकों से यही अनुरोध करना चाहूँगा कि वे मेरी दयनीय दशा देखें भी, तो दया का पात्र न बनावें ...।"

एक साहित्यकार की यह विनती उन सब साहित्यकारों के मुँह पर तमाचा है, जो "सरकार का ध्यान आकृष्ट करेंगे और सरकारी सहायता उपलब्ध कराएँगे" कह-कहकर विपन्न अवस्था में पड़े साहित्यकारों पर लेख लिखा और छापा करते हैं। मालूम नहीं वे साहित्य कैसा लिखते होंगे। उन्हें मनुष्य के लिए इतनी गरिमा मन में नहीं और समाज के लिए इतनी चेतना नहीं कि 'अरबों-खरबों' की योजना में लूट का हिस्सा पाना ही लेखक और सरकार का संबंध नहीं है। क्यों नहीं वे यह पूछते कि उन योजनाओं से हुआ 'विकास' समाज में गुलामी क्यों फैला रहा है? वे क्यों जनसाधारण को स्वाधीनता का संस्कार न देकर उन्हें नक़ली आधुनिकता के बदले महाशक्तियों की राजनीति में मोहरा बनने दे रहे हैं? शायद लेखकों का मंत्रियों से मिलना-जुलना ही उनकी राजनीति की समझ निर्धारित करता है या फिर कुछ नाम कमाने के लिए बनावटी क्रांतिकारिता ही उनकी समाज को देन है। जो हो, लेखक 'आत्मसम्मान' नहीं जानते, तो क्या दूसरे का सम्मान भी नहीं कर सकते? वे मंत्रियों से एक काम—किसी को भीख दिलवाना—करा लेना अपनी शक्ति मानते हैं, पर इसमें दूसरे का अपमान शामिल करने का उन्हें क्या अधिकार है! मैंने तो यही सुना और सीखा था कि कलम में बड़ी ताक़त होती है और इसका अर्थ यही जानता था कि जो लिखे, उसे पढ़ने को अपढ़ राजनेता भी मजबूर हों। पर हिंदी के नाम पर आज़ादी के दिन से राजनीति की जूठन खाकर जीनेवाले साहित्यकारों की एक पीढ़ी अगली दो पीढ़ियों को दासी भाषा के सरकारी अनुवादक बना गई है और भाषा का स्वाभिमान केवल उन्हीं में बचा है, जो दासत्व का विरोध करते हैं और 'अरबों-खरबों' की योजनाओं में लूट का भी। जो लेखक आज

गुलामी की परंपराओं का विरोध नहीं करता, वह मंत्रियों से भीख की दलाली करता है, अधिकार की माँग वह नहीं करता।

आरसीप्रसाद सिंह का यह वाक्य हमें याद रखना चाहिए कि "मुख्यमंत्री अन्य मंत्रियों या सरकारी पदाधिकारियों के पास इन बेकार की साहित्यिक बातों के लिए न रुचि है न अवकाश।" इसमें मैं यह जोड़ देना चाहता हूँ कि उनके पास लेखकों को हिंसा की प्रतिष्ठा बढ़ाने की छूट देने का, राष्ट्र की एकता बनाए रखने का, उपदेश देने का और खुद लाशों के साथ फ़ोटो खिंचवाने का अवकाश है और कुछ पत्रकारों में इन्हें छापने की रुचि है। इन पत्रकारों और मंत्रियों में कुछ स्वयं कविताई करते हैं। ये गद्य लिखते हुए डरते होंगे, क्योंकि कविता में जो धोखा देने का गुण है, वह गद्य में ज़रा कम मिलता है। और सांस्कृतिक-आर्थिक-राजनैतिक पतन का समर्थन या कभी-कभी दोषारोपण, जो भी करना है, वह उनको सरकारी लेखकों का लिखा हुआ ही मिल जाता है।

साहित्यकार की ग़रीबी, बीमारी से सरकार का संबंध वही है, जो किसी भी नागरिक की ग़रीबी और बीमारी से हो सकता है। साहित्यकार की बीमारी के लिए एक विशेष संबंध की माँग करना उसे सरकार से नहीं, सरकार चलानेवाले राजनैतिक दल के आतंक से जोड़ना है : राज्य में लेखक की विशेष सुश्रूषा की कोई व्यवस्था संविधान में न है न होनी चाहिए, प्रत्येक नागरिक को स्वाधीन परिश्रम और कर्म का अधिकार संविधान ने नहीं दिया है और लेखक को इस व्यवस्था की माँग करनी चाहिए। लेखकों को साहित्यकार के जीवन की चिंता यदि गुलामी बढ़ाने के लिए नहीं, साहित्य के लिए है, तो वे आपस में मिलकर एक सहकार कोष क्यों नहीं बनाते?

आरसीप्रसाद सिंह ने भी लिखा है, "स्वयं साहित्यकारों का भी कोई ऐसा संगठन या कोष नहीं है" पर ऐसा नहीं कि ऐसी व्यवस्था कभी साहित्यकारों ने सोची नहीं : मुक्तिबोध के अच्छे इलाज के लिए तत्कालीन प्रधानमंत्री लालबहादुर शास्त्री से लेखकों की एक टोली मिली थी। उसने सहायता पाई थी और मुक्तिबोध के तजुर्बे से सीख लेकर यह विचार रखा गया था कि एक लेखक-संचालित व्यवस्था ऐसे दुर्दिन के निवारण के लिए बनाई जाए। हुआ यह कि सहायता माँगने के लिए लेखकों में एकता थी, सहायता करने की हैसियत बनाने में यह राजनीति सूझने लगी कि उससे शक्ति जो बढ़ेगी, उसका श्रेय कौन लेगा! योजना बनने से पहले मर गई।

पर आरसीप्रसादसिंह ने ठीक लिखा है कि लेखकों का ऐसा संगठन नहीं है। एक ही संगठन का नाम याद आता है, जो लेखकों का है, निर्धन है, परंतु संकल्पवान है। उसने थोड़ा-बहुत जुटाकर कभी-कभी किसी की मदद की भी है। वह है 'वत्सलनिधि'। उड़ीसा में लेखकों और खिलाड़ियों का एक मिला-जुला संघ है। शचि राउतराय उसके अध्यक्ष हैं। उसने एक अपील जारी की है कि राष्ट्रपति या प्रधानमंत्री मजबूर लेखकों की सहायता किया करें। यह अपील प्रधानमंत्री के इंका अध्यक्ष रूप से भी की गई है—यह नहीं मालूम कि सहायता पाने के योग्य व्यक्ति के इंका सदस्य या समर्थक बनने की शर्त है या नहीं। परंतु ऐसी लिखित शर्त न होना भी शर्त होने के बराबर है, क्योंकि राजनैतिक दल का साहित्य से संबंध किसी सामाजिक आंदोलन के द्वारा नहीं रह गया है, सरकार के द्वारा ही है : सरकार किसी लेखक को अपनी पार्टी का समर्थन करने को न भी कहे, परंतु पार्टी में सरकार के जो लोग हैं, पार्टी का पैसा देते वक़्त आग्रह से परहेज क्यों करने लगे ? और किस पार्टी को पता है कि साहित्य प्रचार के अलावा और कोई कुछ भी होता है?

एक बात और। बिहार राष्ट्रभाषा परिषद के उपाध्यक्ष एवं निदेशक पंडित रामदयाल पांडेय के प्रयत्न से परिषद के एक कर्मचारी ने आरसीप्रसादसिंह से एक फ़ार्म भरकर परिषद को भेजने के लिए कहा था। यह फ़ार्म सहायता का प्रार्थनापत्र होता। आरसीप्रसादसिंह ने अपने लेख में लिखा है, "मैंने तय कर लिया कि सहायता के लिए आवेदन नहीं करूँगा। जब पत्र-पत्रिकाओं में इतना कुछ प्रकाशित हुआ, लब्धप्रतिष्ठ व्यक्ति स्वयं अपनी आँखों देख गए। डॉ. राधारमण नंदी जैसा चिकित्सक भी अपनी

रपट दे चुका, तब फिर मुझे स्वयं कुछ माँगना पड़े, यह कुछ शर्म की बात है।"

निस्संदेह शर्म की बात है, पर यह शर्म शुरू वहाँ से हुई है, जहाँ लेखक द्वारा सरकार का 'ध्यान आकृष्ट किया गया।' इससे भी अधिक शर्म की बात यह है कि लेखक किसी राष्ट्रीय प्रश्न पर सरकार का ध्यान आकृष्ट करने के क़ाबिल नहीं है।

[*रविवार*, 'लेखक के चारों ओर', 11-25 फरवरी 1984]

पाठक की लिखी हो जाती थी उनकी कविता

किसी ने भवानी भाई के बारे में कहा कि उनकी कविता में सहजता थी। इसका क्या मतलब? यह बात तारीफ़ में कही गई है क्या? अगर हाँ, तो भवानी भाई की कविता के बारे में समझना और समझाना चाहिए कि सहजता क्या चीज़ होती है। जिसे आलोचक आसानी से किसी साँचे में ठूँस नहीं पाते मगर जो लोगों को, यानी असल आलोचकों को महान कविता लगती है, उसे सहज के साँचे में बैठाकर साहित्य का ठेकेदार जगत् समालोचना की अपरिपक्वता पर पर्दा डाल लेता है। नहीं तो भवानी भाई की जो कविता 'सहज' बताई जाती है, वह पीड़ा की कविता कहकर क्यों न पुकारी जाती, जबकि उसकी श्रेष्ठतम उपलब्धि समाज की पीड़ा है। वह पीड़ा आत्मदया की कविता नहीं पैदा करती। क्या इसीलिए व्यावसायिक आलोचना-जगत् उसमें उपभोक्ता साहित्य नहीं देख पाता? पीड़ा का क्या इस्तेमाल किया जाए, यह न समझ पाने के कारण उस कविता को एक फालतू ख़ाने में जब मरजी जैसे इस्तेमाल कर लेने के लिए डालकर छोड़ देता है। समालोचना के कर्तव्य से भागने की उस सुविधा का शीर्षक है **सहज कविता**।

भवानी भाई अपने पर तरस खाने की कविता नहीं लिखते थे। ऐसी कविता बहुत कठिन होती है—विडंबना यह है कि वह लिखने में कठिन होती है, समझने में कठिन नहीं। लिखने में कविता होने के पहले वह जीने में कठिन होती है। पर उस कवि से संगठित साहित्य संसार कैसे पार पाएगा जो अपनी जीने की और लिखने की प्रक्रिया को दिखाने योग्य नहीं मानता, केवल उसी अनुभव को बताता है जो अंत में बच रहता है। एक ही रास्ता है ऐसे कवि को जानने का—उसका लिखा साहित्य यदि पाठक को वही जीवन जीने की पीड़ा की समझ दे जाता है तो कवि की सबसे अधिक अर्थमय व्याख्या हो गई समझिए। दूसरे शब्दों में भवानी भाई की हर कविता पाठक की (बल्कि उनके संदर्भ में तो श्रोता की भी) लिखी हुई कविता हो जाती है। आलोचक अपनी कलाओं में साहित्य के ख़ाने बाँटने का धंधा चलाता रहे और जहाँ-जहाँ अपने व्यवसायीकरण के अनुसार कोई ठीक-ठाक लाभजनक शीर्षक न सोच पाए वहाँ 'सहज' शीर्षक लगाता रहे—कोई परवाह नहीं।

भवानी यदि उस परंपरा के व्यक्ति थे जिसमें कला जीवन से अतिरिक्त कोई विशेष सिद्धि नहीं मानी जाती, जैसे संगीत की साधना करनेवाला साधक स्वयं इस बात को जानकर अलग से बताने योग्य नहीं मानता कि उसने यह संगीत रचना कैसे की—वैसे ही भवानी भाई अपनी रचना-प्रक्रिया को अपने से अलग रखकर दिखलानेवाले व्यक्ति नहीं थे। उन्होंने लिखा ज़रूर है :

> जिस तरह हम बोलते हैं उस तरह तू लिख
> और उसके बाद भी हमसे बड़ा तू दिख।

पर जानना तो हमारा काम है कि कवि हमसे बड़ा है। इसकी जगह हम कहते फिरते हैं कि कवि हमारी तरह है—यानी सहज है। भवानी भाई ने लिखा था : "बनाना तोड़ने से कुछ बड़ा है।" उन्होंने यह भी लिखा था :

वाणी की दीनता अपनी में चीन्हता,
कहने में अर्थ नहीं, कहना पर व्यर्थ नहीं,
मिलती है कहने में एक तल्लीनता।

दूसरा सप्तक के अपने वक्तव्य में उन्होंने लिखा : "मैं भगवान की बात कम करता हूँ, जब करता हूँ तो रहस्य की तरह नहीं।"

यही तो हमारे साहित्य-जगत् के प्रबंधकों की मुश्किल है। कवि रहस्य को चुपचाप ऐसे बताए दे रहा है कि वह सबका हो जाए, कवि के भगवान का दर्शन कराने के लिए कोई पंडा-पुरोहित दरकार न रहे। कवि सीधे अपने प्रतिरूप, अपने पाठक के साथ खड़ा हो गया है। दोनों मिलकर कविता लिख रहे हैं। भवानी भाई ने पाठक को उपभोक्ता नहीं बनने दिया है, सहयोगी बना लिया है।

उपभोक्ता शब्द तो उस समाज की भाषा से लिया गया है जिसके प्रतिकूल एक समाज भवानी अपने भीतर से निकालकर लोगों के बीच बना रहे थे। यह शब्दावली वास्तव में उनकी कविता को समझाने में काम नहीं आ सकती है। वह रचना को न रहस्य रहने देते थे, न उस रहस्य की व्याख्या का किसी को अवसर देते थे। साधक की यह परंपरा साहित्य में उन्होंने श्रेष्ठ रीति से निबाही। उनके निधन से हमने क्या खोया? इस प्रश्न के उत्तर में हठात् मुँह से निकलता है एक महान व्यक्ति। वह व्यक्ति कवि-कलाकार-साधक था, सिर्फ़ सरल भाषा में सहज कविता लिखकर आलोचकों का काम आसान करनेवाला साहित्यकार नहीं।

[*जनसत्ता*, 'अर्थात्', 1984]

मलयज की याद

बहुत वर्ष पहले की बात है, तब मैं *कल्पना* हैदराबाद के संपादक मंडल में था। 1957 के अंत या 1958 के आरंभ में मलयज ने कुछ कविताएँ छपने के लिए भेजीं। मैं यह नाम सुन चुका था, कविताएँ नहीं पढ़ी थीं। व्यक्ति से मिल भी चुका था पर वह भेंट जैसा कि अब याद आता है, उन मुलाकातों में से थी जो सप्रीति होती है परंतु जिनका प्रमाण स्मृति में केवल एक सहज अनुभव के रूप में रह जाता है। बार-बार उस मिलन की याद नहीं आती। जहाँ तक याद है, यह भेंट इलाहाबाद में साहित्यकार सम्मेलन के आसपास हुई थी जो उन दिनों की एक साहित्यिक-राजनैतिक घटना थी और जिसका मैं हैदराबाद से दर्शक बनकर गया था। उसी अवसर पर शायद श्रीराम वर्माजी से भी भेंट हुई थी और साहित्य संबंधी बातचीत तो शायद हुई भी नहीं थी। केवल परिचय हुआ था। जब कविताएँ *कल्पना* कार्यालय में आईं तो संपादक मंडल ने उन्हें बहुत उत्साह के साथ देखा। कुछ दौर के शैथिल्य के बाद *कल्पना* ने अपनी परंपरा को फिर से दृढ़ करना शुरू किया था और '57 के अंतिम तथा '58 के प्रारंभिक अंकों में विविध कलाओं पर समीक्षात्मक टिप्पणियाँ और विविध साहित्यिक-सामाजिक प्रश्नों पर टीकाएँ प्रकाशित करने की योजना हम लोग बनाकर चल रहे थे। दिसम्बर '57 के अंक में मलयज की तीन कविताएँ छपीं—'सवेरे की मृत्यु', 'एक दिन डूबने के ठीक पहले' तथा 'पतझड़ में सूर्यास्त'। तीनों को मैंने एकसाथ रखकर शीर्षक दिया 'दिन की छायाएँ'। तीनों में बिम्ब थे और बिम्बों के भीतर एक गहरी पीड़ा थी—ऐसी पीड़ा जिसमें विडंबना और अकेलापन था, दृश्य थे, प्रकृति और भावना का आंतरिक संबंध था। यह संबंध तो अवश्य ही प्रकृति-काव्य की अनेक शैलियों में से एक जैसा दिखता था किंतु उस पीड़ा में न तो भावुकता थी—न सामाजिक दायित्व के निर्वाह के बदले में कोई मुद्राएँ ही थीं। मुद्राएँ कोई थीं ही नहीं, शुद्ध बिम्ब थे, उनमें वक्तव्य भी नहीं थे जैसा कि मलयज

के पहले के वरिष्ठ कवि जो छायावाद से निकलकर प्रगतिवाद में आने की कोशिश करते हुए आज़माया करते थे। *तारसप्तक* के दौर के कवियों में—जो *तारसप्तक* में नहीं आए उनमें भी यह प्रवृत्ति बहुत मिलती है। वे एक नैसर्गिक दृश्य लेते हैं, उसमें यत्किंचित् प्राणों की व्याकुलता का पुट देते हैं, फिर जाते-जाते एक वक्तव्य किसी न किसी बहाने से डाल देते हैं। इन तीनों उपकरणों का क्रम और संपुजन अलग-अलग कवि अलग-अलग समय इच्छानुसार करता रहता है परंतु इनकी उपस्थिति को वह अपनी कविता की संरचना में देखने को मानो बँधा हुआ रहता है। इस त्रिकोण को तोड़ देने से ही एक नई स्थिति बनेगी यह बोध छायावाद के बाद के समय में न तो प्रगतिवादी कवियों को यथेष्ठ रूप से हुआ था न 'नई कविता' के आंदोलन को। यह समझ तो उन्हीं कवियों को मिली और उन्होंने काफ़ी बड़े प्रतिष्ठित काव्य साम्राज्यों के मुक़ाबले खड़े होकर इसे कविता में दिया जो अभी-अभी लिखने लगे थे। ऐसे कवियों में मलयज को उनकी कविताओं के प्रथम साक्षात्कार में मैंने तुरंत एक विशिष्ट कवि मान लिया। थोड़ी देर के लिए अपने काग़ज़ों में से मैं दिसम्बर '57 की *कल्पना* का अंक निकालता हूँ। बड़े स्नेह और सहयोग से श्रीकांत वर्मा और सर्वेश्वरदयाल ने अपनी रचनाएँ प्रकाशनार्थ भेजी थीं। निर्मल वर्मा ने विलियम सरोयान की एक कहानी का अनुवाद दिया था, कुँवर नारायण ने कवि टी.ई. ह्यूम की कविताओं का। केशवचंद्र वर्मा ने उन दिनों की लेखकीय आत्मश्लाघा पर एक अद्वितीय व्यंग्य लिखा था। रामस्वरूप चतुर्वेदी ने पीढ़ियों के संघर्ष पर कुछ टिप्पणियाँ लिखी थीं। शिवदानसिंह चौहान ने भारतीय भाषाओं के सहअस्तित्व की समस्या पर एक विवादास्पद और विचारोत्तेजक लेख लिखा था। स्वयं मैंने भी भाषा और नवोदित प्रतिभा के भविष्य पर संपादकीय लिखा था जिसमें भारतीय भाषाओं के इस्तेमाल की वकालत और 'एक भाषा एक राष्ट्र' के सिद्धांत की भारत के लिए अनुपयुक्तता का आग्रह किया गया था। मलयज की कविताएँ श्रीकांत वर्मा और सर्वेश्वर की रचनाओं से बहुत भिन्न एक व्यक्ति की सृष्टि कर रही थीं। उनमें कहीं उपमाओं, रूपकों का और उत्प्रेक्षाओं का खेल नहीं था जैसा श्रीकांत वर्मा की 'सन्नाटा' नामक कविता में था और न उनमें सर्वेश्वरदयाल के काव्यात्मक गद्य की-सी प्रकृति के मानवीकरण की शैली थी। श्रीकांत वर्मा कह रहे थे, "वह (सन्नाटा) किसी नाव के पाल खोल कुहरे में डूबी नदिया की लहरों में गुम हो जाता है" या "वह ग़ालिब की सूनी मज़ार पर दिया जला छिप गया किसी खंदक में किसी गढ़े में" या "देखो वह नदिया सा बह आ/इस द्वारा विसर्जन माँग रहा/सब सुधियों का/वह बजा शताब्दी के घंटे/यह बता रहा युग बीत गया/वह अपनी गूँगी भाषा में/दे रहा सूचना तुम्हें अनागत की/क्या तुमने उसको पहचाना?"

सर्वेश्वरदयाल ने लिखा था, "संध्या समय गाँव के मेले में चटक रंग की साड़ी पहने धूप मुझे खिलखिलाती हुई लौटती मिली। मुझे देखकर वह बेहद हँसी—हँसते-हँसते दोहरी हो गई। अंत में थककर हाँफते हुए बोली, तुमने कुछ नहीं ख़रीदा। मैं चुपचाप इतने गहरे सुर्ख़ रंग में लिपटी उसकी साँवली पड़ती मुखाकृति देख रहा था और हँसी के कारण रह-रहकर दमकते हुए सफेद मोती से दाँत—तुमने मिस्सी खरीदी होगी कलूटी मैंने कहना चाहा ··· "

मलयज की 'सबेरे की मृत्यु' कविता में एक सबेरा है जो होते ही मर जाता है, होता है, पर इसके होने की खुशी ऐसी है जैसी कि एक साँप के मारे जाने पर चिड़ियों को होती है क्योंकि वह अब उनके अंडे नहीं खा पाएगा और वह फुनगियों पर रक्त के कुछ छींटें देखकर हर्षातुर हैं। "दिन डूबने के ठीक पहले—/आलोक की पुस्तक का हर पृष्ठ उलट दिया जाता है/विराम का रक्त चिह्न धुँधुआते क्षितिजों पर रहता है ···/··· पुँछ जाता है,/पतझड़ में सूर्यास्त में/भय से फक पड़ी दिग्वधुएँ घेरकर खड़ी हैं/निष्करुण सांत्वना की रस्म अदा करने को।"

कुछ बर्ष बाद दिल्ली में हम दोनों फिर मिले। तब प्रेमलता वर्मा यहीं थीं। शमशेरजी भी। तीनों के साथ दोस्ती जीवन की हज़ार निधियों में से एक है मगर अद्वितीय। फिर कई बार भेंट होती रही संक्षिप्त

और लंबे-लंबे अंतरालों के बाद और उनके जीवन के पिछले तीन-चार महीनों में ये मुलाक़ातें जल्दी-जल्दी हुईं और देर-देर तक चलीं। कम से कम एक बार की तो याद स्पष्ट है क्योंकि वह उनके उठ जाने के कुछ ही दिन पहले की है और उनका वही चेहरा मेरी स्मृति में सुरक्षित है। *दिनमान* कार्यालय में जहाँ तब मैं संपादक था, वह पूर्वनिश्चित समय पर आए। पर न जाने किस आकस्मिक परिवर्तन के कारण काम समेटकर उठ रहा था और उनके आए बिना उठकर जाना भी नहीं चाह रहा था। आने पर मेरा यह असमंजस देखकर बोले—"मैं जल्दी में हूँ और अच्छा ही है कि मैं भी उठ रहा हूँ जिससे हम दोनों साथ-साथ कुछ दूर जा सकेंगे ⋯" यह सही नहीं था, जल्दी में तो मैं ही था। वह तो बहुत समय निकालकर आए थे। रास्ते की उस बातचीत में हमने एक-दूसरे के स्वास्थ्य के बारे में बातें कीं। दरअसल उन्होंने अपने इलाज के बार में बताया और मैं उन्हें बिन माँगी सलाहें देता रहा। ठीक ऐसा एक-दो बार और हुआ ⋯ फ़र्क़ इतना रहा होगा कि हम दोनों निश्चिंत रहे होंगे और थोड़ी-सी बातें साहित्य के बारे में भी हो गई होंगी। रास्ते में एक बार भी उन्होंने कोई निराशा प्रकट नहीं की। ऐसा कुछ भी नहीं कि फ़ायदा नहीं हो रहा है। अगर उनकी चिंता यह थी कि उनका रोग उन्हें क्यों नहीं छोड़ता तो यह जितना अधिक छिपाकर बता सकते थे उन्होंने बताया। एक-दो बार जब उन्होंने अपने शरीर के बारे में कोई सलाह माँगी भी तो उसमें यह जिज्ञासा थी कि शरीर क्यों ठीक काम नहीं कर रहा है मानो एक बौद्धिक प्रश्न पूछ रहे हों, यह याचना नहीं थी कि उन्हें बीमार माना जाए, वह पीड़ा में हिस्सेदारी नहीं माँग रहे थे। ठीक यही उनकी कविताओं में भी था, 'सबेरे की मृत्यु', 'दिन डूबने से ठीक पहले', 'पतझड़ में सूर्यास्त'—ये सब दिन की छायाएँ हैं जिनमें सन्नाटा भी है और धूप भी है। परंतु उसमें न तो आत्मप्रदर्शन है, न रीतिकालीन उक्ति चमत्कार है, न पीड़ा का एक आलंकारिक उपमा, रूपक, उत्प्रेक्षा युक्त मानवीकरण है। वह एक नई शैली और एक नई व्यक्ति-गरिमा—दोनों की एकसाथ खोज है। उनके व्यक्तित्व में यह जो स्वाभिमान था वही उनके लेखन में भी था, कविता में भी, आलोचना में भी। यही उनकी दृष्टि में निस्पृश्यता बनकर प्रकट होता था, इसी को कुछ लोगों ने उनके जीवन में नहीं, उनके निधन के बाद उनकी तटस्थ दृष्टि आदि कहकर पुकारा है पर इसकी सबसे सही परिभाषा स्वाभिमान ही है। ऐसे बहुत-से आलोचक हैं जो तटस्थ हैं पर स्वाभिमानी नहीं, चालाक हैं और मारे तटस्थता के दृष्टिहीन हो जाते हैं। कन्नी काटने को 'टटोलना' और भटकने को 'टोहना' बताते हैं। ये भूलभुलैया बनाते हैं जिसके सब रास्ते खुद उन्हें मालूम होते हैं, पर समीक्षा के अंत में जब वे उससे बाहर निकलते हैं तो खोज के गौरव से अपनी पीठ थपथपाते हुए यह भाव लेकर कि चालाकी में मेरा जवाब नहीं। मुश्किल तो यह है कि ऐसे बहुत-से अद्वितीय एक ही तालाब में जमा हो गए हैं जबकि किसी तालाब को गँदला करने के लिए एक ही मछली काफ़ी हुआ करती है। यही नहीं, वे सब अपनी जैसी मछलियाँ पैदा कर रहे हैं क्योंकि इन्हीं के बीच वे खुश और उनका तालाब आबाद रह सकता है।

मलयज ऐसे आदमी नहीं थे। वे सिर्फ़ ऐसे आदमियों के बीच ज़िंदा रहते थे। उनके विचार और उनके भ्रम दोनों ही स्पष्ट थे। उन्होंने अपने विचारों के विषय में भ्रम पैदा नहीं होने दिया जैसा होशियारी से दुनिया में सफल होनेवाले व्यक्ति करते हैं।

[1987]

अप्रकाशित मलयज

अभी एक किताब के कुछ अंश किताब के प्रकाशन-पूर्व छापते हुए अख़बार ने बताया कि यह किताब मलयज के संपूर्ण लेखों और डायरी के आधार पर तैयार की गई है।

पढ़कर एक समाचार मिला कि मलयज का अप्रकाशित लेखन टिप्पणियों, लेखों, डायरियों के रूप में नष्ट नहीं हो गया। पर हर समाचार के साथ एक प्रश्न होता है: तो वह इस समय कहाँ और किसके पास है? मलयज की बड़े मन से और मेहनत से डायरी लिखने की आदत से मैं वाक़िफ़ था। अपनी डायरियाँ ही नहीं अपनी बड़ी बहन प्रेमाजी के लिखे हुए लंबे वृत्तांतों को जो शायद उन्होंने विदेश से लिखे थे, मलयज सुलेख में उतारकर रखते थे। भाषा और शब्द के प्रति उनका आदर और धीरज देखकर अपनी हड़बड़ी पर ग्लानि होती थी। खुद वह धीरज के अवतार थे। मृत्यु के डेढ़-दो महीने पहले एकाएक मिले, मेरे दफ़्तर से चलने का इंतज़ार किया, रास्ते में जहाँ से उनका रास्ता अलग होता था, रुककर अपनी बीमारी के बारे में देर तक बात करते रहे। उस दिन मैंने उनको सलाह दी कि खान-पान में परहेज़ क्या और कैसे रखना चाहिए और उन्होंने अपने अभी तक के प्रयोगों के गुण-अवगुण बताए। इसी तरह कुछ ही दिन बाद रास्ते में ही रुककर एक और मुलाक़ात ठीक इसी तरह की बातचीत में गुज़र गई।

भोपाल में किसी विचारगोष्ठी में उनके साथ दो दिन रहने की याद है। दोनों स्मृतियों में उनके एकांतप्रिय और स्वल्पभाषी होने की याद है। इसके और भी पीछे दिल्ली की गोष्ठियों में या और पहले इलाहाबाद के उस छोटे-से दौरे में जो *प्रतीक* मासिक की ओर से मैंने किया था, एक छोटे-से भारतीय घर के भीतर उनके स्वभावतः पारिवारिक व्यक्तित्व की झलक अभी भी याद है, पर यह तो मेरे जैसे हज़ारों आदमियों का क़िस्सा है कि वे आदमियों से मिलते, घटनाओं से जूझते और कभी लहूलुहान होते, कभी बेदाग़ निकल आते हैं। मगर याददाश्त में सिर्फ़ एक व्यक्तिनिष्ठ राग को छोड़ और कुछ नहीं रखते। कवि-आलोचक ऐसा नहीं करता। वह हर अनुभव को अपने व्यक्तित्व के सामाजिक अभिप्राय के संदर्भ में जो दर्ज करता है वह बहुमूल्य होता है—अर्थात् उनके बचाव के लिए जो समाज में मंदमति के प्रचार के आक्रमण को अभिशप्त हैं।

मलयज ने जो लिखकर छोड़ा है उसका सलीक़े से प्रकाशन होना चाहिए। क्या कारण है कि उस सामग्री को जब जो चाहे हस्तगत करके जो चाहे सिद्ध करने के लिए इस्तेमाल कर ले रहा है? मलयज स्वयं हरदिल अज़ीज़ आदमी थे। मगर उनके बाद उनके नाम का बेजा इस्तेमाल करनेवालों की कमी नहीं होगी। तजुर्बा बताता है जीते-जागते लेखकों के उद्धरण संदर्भच्युत करके विद्वान अपना मतलब निकालने के काम में लाया करते हैं, तब फिर वह विचारशील सुलझा हुआ लेखक, जिसके चिंतन में भावुकतापूर्ण कुतर्क की झलक भी न हो, अपने तर्क की सतत संगति का निश्चय ही धनी होगा।

यह बहुत ज़रूरी है कि मलयज की डायरियाँ, लेख और टिप्पणियाँ एक न्यास के सुपुर्द की जाएँ। प्रकाशकों और साहित्य के महंतों पर अब भरोसा नहीं किया जा सकता। मित्रों पर तो और भी नहीं क्योंकि उनका आलस्य और लापरवाही कभी-कभी बिना मतलब भी नुक़सान कर सकती है। न्यास में ऐसे साहित्यिक हों, जिनकी विश्वसनीयता असंदिग्ध हो, मलयज के परिवार के प्रतिनिधि हों और कॉपीराइट क़ानून के विशेषज्ञ हों।

मलयज के उत्तराधिकारियों के जीते-जी उनकी संपत्ति की इतनी चिंता करना क्या कुछ अजब नहीं लगता? ज़रूर लगता है पर आजकल साहित्य के पुनर्मूल्यांकन की उत्सुकता बढ़ रही है और उसके लिए मलयज को खूँटी बनाकर अपना तामझाम लटका देना ज़्यादा आसान है बनिस्बत खुद मेहनत करके तर्कसिद्ध निष्कर्ष निकालने के। इसलिए यह चिंता जो अभी की गई है, न केवल उचित है बल्कि साहित्य और समालोचना के हित में है।

इस न्यास संबंधी प्रस्ताव का एक पक्ष और है। मलयज का कृति-साहित्य हमें सामने लाना चाहिए। क्या वह कविताएँ लिख रहे थे? क्या वह उपन्यास लिख रहे थे? क्या मालूम। सिर्फ़ बहुत जानदार अंतरंग मित्र इसका जवाब दे सकते हैं। पर एक बार सब सामग्री एकत्र कर उसमें से नितांत व्यक्तिगत की छँटनी करने के बाद बाक़ी को घोषित कर देने की ज़रूरत है। उस हिस्से में से कृति-साहित्य के

प्रकाशन की व्यवस्था न्यास किसी मान्य प्रकाशक को सौंप दे और कॉपीराइट मलयज के उत्तराधिकारी के पास रहे, तदनुसार उसका पावना भी।

मलयज के न रहने पर साहित्य अकादमी में आयोजित शोकसभा में जितने लंबे भाषण हुए थे, आज तक अकादमी की किसी शोकसभा में नहीं हुए। तभी लग रहा था कि मलयज के शोक से अधिक वक्ताओं को कोई बहस उठाने की इच्छा है। शोकसभा का यह दस्तूर नहीं है पर मलयज का यानी दिवंगत मलयज का भविष्य कहीं न कहीं वक्ताओं के मन में रहा होगा। तब से अब तक मलयज पर या उनके अप्रकाशित-प्रकाशित साहित्य को लेकर काफ़ी कुछ छपा है, उसे भी संकलित कर पुस्तकाकार छापना चाहिए। यह किसी के श्रद्धांजलि समारोह ग्रंथ जैसी बात नहीं हो रही है। दस्तावेज़ की बात हो रही है। आजकल दस्तावेज़ और संदर्भ सहित दस्तावेज़ किसी तर्क की प्रामाणिक कसौटी रह गए हैं। बाक़ी सब विचार वृथाभावुकता की लपेट में कहाँ से कहाँ बहाकर पहुँचा दिए जा सकते हैं। यह निश्चित रूप से कहा जा सकता है कि मलयज के जीते-जी उनके विचारों के साथ ऐसा कोई नहीं कर सकता था।

[9 अक्टूबर 1987]

लोहिया : मेरे शिक्षक

लोहियाजी से पहली भेंट तो मेरी लखनऊ विश्वविद्यालय में हुई, कई-कई बार हुई पर असल में वह भेंट नहीं कही जाएगी। किसी सभा में, किसी सामाजिक स्थान में, उनको देखा और उनके व्यवहार को भी देखा पर कोई बहस-बातचीत उस समय संभव नहीं थी। बाद में सन 1951 में मैं जब दिल्ली आ गया तब मैंने लोहिया को पहली बार एक लंबा भाषण करते सुना। उन्होंने सोशलिस्ट पार्टी के कार्यकर्ताओं को संबोधित किया था। उसमें उन्होंने संगठन करने की शैलियों में सोशलिस्ट पार्टी क्या-क्या ग़लतियाँ कर रही थी यह बताया था और उनको काफ़ी प्रताड़ित किया था कि वह ढंग से अपना संगठन करें क्योंकि सारी राजनैतिक प्रगति इसी पर निर्भर है कि उनकी पार्टी का संगठन ठीक से बनता है या नहीं। इस भाषण में उनको देर तक और विस्तार से सुनने के बाद फिर मुझे और भी कई बातें समझ में आना शुरू हुईं। यह एक दूसरी सीढ़ी थी उनसे परिचय की। एक तो लखनऊ में मेरे विद्यार्थी जीवन में, उस लखनऊ में जहाँ मैं पैदा हुआ, पला और बढ़ा। वहाँ डॉक्टर साहब का अकसर आना-जाना होता ही था। कॉफ़ी हाउस में, रेडियो में, कवि सम्मेलन सुनने के लिए वे आया करते थे। उस समय भी उनके व्यवहार से कुछ सीखने को मिलता था। वह घटिया साहित्य को पसंद नहीं करते थे। एक बार तो वह उठकर चलने को तैयार हो गए और अपने साथ 10-20 लोगों को ले गए। इसके बाद बताया मैंने आपको कि दीवान हाल फ़िरोज़शाह रोड पर उनकी सभा मैंने सुनी और इसके भी आगे चलकर बार-बार कुछ-कुछ अंतराल पर मेरे साथ उनका संपर्क होता रहा। जैसे मैं जब यहाँ दिल्ली में स्थायी रूप से नौकरी करने के लिए आया सन 1951 में तब हुआ। फिर जब सन 1957 में मैं हैदराबाद गया और वहाँ *कल्पना* नाम की पत्रिका का संपादक हुआ। *कल्पना* के दूसरे संपादक बद्रीविशाल पित्ती लोहिया के बहुत घनिष्ठ सहयोगी रहे हैं। सोशलिस्ट पार्टी का एक कार्यालय हिमायत नगर हैदराबाद में भी था। उन्हीं दिनों *कल्पना* के एक संपादकीय में मैंने यह सिद्धांत प्रतिपादित किया कि भारत में कई भाषाएँ हैं इसलिए सभी भाषाओं में केंद्र सरकार को काम करना चाहिए। और यह कठिन नहीं है क्योंकि दुनिया के कई देशों में ऐसा हुआ है कि एक से अधिक भाषाओं में सरकारें चलती हैं। इस संपादकीय को लिखने के लगभग साथ ही साथ, शायद साल भर के अंतर से सोशलिस्ट पार्टी

ने भी लगभग इसी तरह की बात भारतीय भाषाओं के बारे में कही। डॉक्टर साहब के सोच में यह बात बहुत पहले से थी जिसे उन्होंने समय-समय पर हिंदी के बोलने-लिखनेवालों को संबोधित करते हुए कहा था। उन्होंने कहा था कि मुझे तो सारे भारत की आज़ादी के लिए और लोगों की रचनात्मकता के लिए उनकी भाषाओं को अधिकार दिलाना है। "हिंदी जाए जहन्नमु में" उनका यह वाक्य बड़ा प्रसिद्ध हुआ था। "हिंदी जाए जहन्नुम में" उन्होंने एक बार कहा था। इसको लेकर बहुत-से लोग विचलित हो गए थे कि वे ऐसा क्यों कह रहे हैं। पर उन्होंने उसकी व्याख्या की थी कि लोग हिंदी के लिए परेशान हो रहे हैं। लोग दूसरी भारतीय भाषाओं को हिंदी की दासियाँ समझते हैं। यह सही नहीं है। सब भाषाओं का बराबर अधिकार है। सभी भारतीय भाषाओं के लिए उसके बोलनेवालों की अपनी आकांक्षाएँ हैं। राजनैतिक ज़रूरतें प्रकट करने की भाषा वही हो सकती है जिसमें लोग वोट माँगने जाते हैं। इसलिए प्रतिनिधि जिस भाषा में वोट माँगें उसी में सरकार चलाएँ। यह बात उन्होंने कई बार कही थी। हैदराबाद की उस दूसरी भेंट के बाद मैं वहाँ क़रीब साल भर रहा। फिर दिल्ली वापस चला आया। तब तक उनसे बहुत नज़दीक का परिचय हो चुका था। पर एकाएक मैंने पाया कि सन 1963 में पहली बार वे जिस दिन लोकसभा में आकर बैठे उसी दिन *नवभारत टाइम्स* के विशेष संवाददाता की हैसियत से मैं लोकसभा की प्रेस गैलरी में बैठा। उससे पहले रेडियो की तरफ़ से वहाँ मैं बैठता ही था। लेकिन अख़बार की तरफ़ से वहाँ पहली बार बैठा। इस तरह डॉक्टर साहब के लोकसभा के जीवन का मैं बिलकुल पहले दिन से साक्षी रहा।

बड़ी-बड़ी क्रांतिकारी बहसों में उन्होंने लोकसभा के सदस्यों और अख़बार के प्रतिनिधियों को बिलकुल बदल दिया। शुरू के दिनों में प्रेस गैलरी के मेरे पुराने सहयोगी मुझसे कहते थे कि देखिए डॉक्टर साहब हिंदी में कुछ बोल रहे हैं। ज़रा मुझे समझा दीजिए कि क्या कह रहे हैं? इसके बाद अविश्वास प्रस्ताव पर बहस हुई। नेहरू सरकार के ख़िलाफ़ यह पहला अविश्वास प्रस्ताव था। उसके थोड़े दिन बाद औसत भारतीयों की आय 3 आने या 15 आने वाली बहस हुई। इसके अलावा लगभग हर बहस में उन्होंने सच्चाई को जिस तरह से बताया उससे लोगों को मालूम हुआ कि अभी तक हमें यह सच्चाई ग़लत ढंग से बताई जाती रही है और इसीलिए हम इसको ग़लत ढंग से समझकर कुछ सोच नहीं पाते हैं। लोहिया के कारण लोकसभा के सदस्यों में और लोकसभा की कार्यवाही को सुनने-पढ़ने और जाननेवाले लोगों में पहली बार सोचने का क्रम शुरू हुआ। इससे पहले लोकसभा में सरकार की नीति बता दी जाती थी और सदस्यों से चुप रहने को कहा जाता था। लेकिन लोहिया ने पूरा माहौल ही बदल दिया। प्रेस गैलरी में जो लोग मुझसे पूछा करते थे कि लोहिया ने हिंदी में क्या कहा है इसे आप मुझे बता दें, वही लोग अब खुद वहाँ जाकर बैठने लगे। लोहिया को जब बोलना होता था उसकी सूचना पहले से ही मिल जाती थी। इसलिए प्रेस गैलरी में जगह नहीं रहती थी। सारा काम छोड़कर लोग आते थे, कि कोई बात उनसे छूट न जाए। एक तो यह कारण रहा होगा, दूसरा यह कारण भी था कि लोग खुद भी बहुत शिक्षित होते थे उनकी बात सुनकर। लोगों का अपना संस्कार बढ़ता था। वह एक ज़्यादा अक़्लमंद, ज़्यादा बेहतर, ज़्यादा समर्थ राजनैतिक चिंतक या आदमी बनते थे। पत्रकारों को राजनीति की समझ ज़्यादा अच्छी तरह आती थी और वह वहाँ बैठना इसलिए भी ज़रूरी समझते थे कि इससे उनका अपना विकास हो रहा है। इसी तरह से जिन लोगों ने लोहिया के भाषणों या बहसों की रिपोर्टें पढ़ीं, एक तरह से देखें तो उनके जीवन में भी बड़ा परिवर्तन आया। मोटे तौर पर आप देखें क्योंकि बारीकियों में तो हम नहीं जा सकते क्योंकि हर आदमी के अपने संस्कार होते हैं और कितना परिवर्तन आया कितना नहीं यह कैसे मालूम हो जब तक कि आप उसके पुराने संस्कारों को न देखें। लेकिन मोटे तौर पर हर ऐक के संस्कार में डॉ. लोहिया ने एक प्रश्न करने का माद्दा पैदा किया, यथार्थ की एक नई समझ पैदा की और आगे की ज़िंदगी को और पूरे हिंदुस्तान की ज़िंदगी को एक नए ढंग से बनाने की समझ पैदा की। ये तीन बातें लोहिया की सबसे बड़ी बातें हैं जिन्हें

लोग नहीं समझते हैं। वे सिर्फ़ इतना जानते हैं कि लोहिया आंदोलन करते थे। बहुत उग्र थे। नेहरू के ख़िलाफ़ थे। यह एक बड़ी मोटी-सी बात अधिकांश बौद्धिक-साहित्यिक लोग विशेष रूप से सोचते रहते हैं। उसमें उनको लोहिया की अहमियत दिखाई देती है जो बिलकुल ग़लत है।

डॉक्टर साहब के साथ जो हमारा संपर्क हुआ उसने मुझे बहुत बदला ऐसा नहीं कहूँगा। लेकिन उनके विचारों से मुझे साहित्य, समाज और आदमी को समझने में बड़ी मदद मिली। आदमी से राज्य, भाषा और औरत के रिश्ते को भी मैंने समझा। संगीत, पशु-पक्षी और प्रकृति की नई समझ भी उनसे मिली। जिन लोगों ने मेरी ही तरह ऐसा कुछ प्राप्त किया होगा उनके अंदर अगर रचनात्मकता रही होगी तो उन्होंने अपने साहित्य में भी कोई परिवर्तन किया होगा। यह बात मैं इसलिए कहना चाहता हूँ कि साहित्य से डॉक्टर साहब का रिश्ता यह था कि वह बड़े पैमाने पर, जो किताबें नहीं कर सकतीं, जो अध्यापक नहीं कर सकते और पुराना शास्त्र तो बिलकुल नहीं कर सकता, उतने बड़े पैमाने पर उन्होंने अपने हर मित्र को या हर ऐसे आदमी को जिससे उनकी बातचीत होती थी, बदला। उसको बदलकर उन्होंने परस्पर व्यक्तियों में और समाज और व्यक्ति के बीच में, राज्य और समाज के बीच में, पूरे इतिहास और आदमी के बीच में यह समझ पैदा की कि हर चीज़ में हमें इनसान की रचना करने की शक्ति को समझकर उसके अनुसार उसे उसका अधिकार दिलाना है। यही उनकी राजनीति थी। और उनकी राजनीति के हिसाब से राजनीति की परिभाषा यह बदली है कि व्यक्ति को उसके अपने विकास और उन्नयन के लिए जो अधिकार और आज़ादी चाहिए वह आज़ादी देने का या दिलाने में सहायता करने का नाम राजनीति है। जबकि इसके पहले किताबों में, अख़बारों में, स्कूलों में सब जगह यह पढ़ाया जाता था कि राजनीति का मतलब ताक़त को छीनना है। डॉक्टर साहब ने इस निर्माण में हिस्सा लेने के अधिकार को आज़ादी बताया, राजनीति बताया और उस राजनीति को करने के लिए उन्होंने संगठन पर ज़ोर दिया, केवल शास्त्र पढ़ने पर नहीं। अगर आप पूछें कभी कि उनकी सबसे बड़ी देन क्या है तो वह यह है कि उन्होंने शास्त्र के चंगुल से सारे सोचनेवालों को मुक्त करके उनको आदमी से मिलकर समाज को बदलने के कर्म की ओर चलाया। इसके परिणाम आपको बार-बार उनके द्वारा किए गए संगठन और राजनैतिक आंदोलनों से मिलते हैं। 1967 का जो समय था उसने एक बार इन तमाम चीज़ों को एकसाथ बदल दिया। इनकी वजह से कोई प्रगति संभव नहीं हो रही थी। केंद्रीकरण इतना घनघोर था और लोगों में निराशा और कुंठा इतनी ज़्यादा थी कि जो अधिकार उनको मिलना चाहिए वह नहीं मिलने से वे चुपचाप कुंठित होकर पड़े हुए थे। इन सब चीज़ों को उन्होंने एक बार बदला। भारत की राजनीति में तब से यह परिवर्तन शुरू हुआ है, जो अभी जारी है। ग़ैर-कांग्रेसवाद ही उसका एक नाम नहीं है। उसके नाम बहुत-से हैं। असल में वह है आज़ादी। एक गुलामी के अंदर रह करके और किस तरह से संतुष्ट रहा जाए यही हमने आज़ादी के 40 वर्षों में देखा है। लोहिया ने इस आज़ादी के मतलब को बदलने के लिए कोशिश की थी। संगठन किया था। हज़ारों-लाखों लोगों को उन्होंने इस काम में समेट लिया था। एक जो बड़ी भारी चीज़ मैं लेखक और संपादक की हैसियत से समझता हूँ वह यह है कि वह पत्रकारिता के भी पूर्वज थे। पूर्वज इसलिए कि गाँधी आपको हिंदुस्तान की ख़बर देते थे। गाँव में, देहात में, शहर में, कारख़ाने में जहाँ कहीं उन्होंने इनसान को देखा, उसकी क्या स्थिति है यह उन्होंने भारतवासियों को किसी न किसी रूप में बताया। उन्होंने अपनी सारी नीतियों में उस आदमी को केंद्र बनाया जिसकी ख़बर वह लेकर आते थे। यही काम लोहिया ने भी किया। गाँधी के बाद लोहिया ने जितना हिंदुस्तान को देखा, उसके आदमी और इतिहास को देखा, उसकी भाषा को, उसके समाज को पहचाना और दूसरों को बताया उतना किसी राजनीतिज्ञ ने नहीं बताया। नाम बहुत बड़े रहे हैं नेहरू से लेकर कहाँ-कहाँ तक, लेकिन इन लोगों ने कोई ख़बर नहीं दी। इन लोगों ने खाली अपने मन की जो बातें थीं, भावनात्मक बातें, वह बता दीं लोगों को। उसमें कोई यथार्थ की सूचना नहीं थी। लेकिन लोहिया के किसी भी भाषण के लिखे हुए रूप को आप पढ़िए तो मालूम

होगा कि जिस विषय को वह छूता है उसके बहुत-से तथ्य आपकी समझ को बदलते हैं।

इस मायने में लोहिया मेरे शिक्षक रहे मेरे अपने साहित्य और लेखन के काम में। लोहिया लोकसभा में आए थे तब से लगातार लोहिया के साथ उठना, बैठना, बात करना, उनकी बहसों को सुनना और फिर उनसे प्रश्न करना या उनके साथियों से प्रश्न करना होता ही रहता था। सन 1967 में मधु लिमये तथा रविराय आदि रोज़ मुझे डॉक्टर साहब के घर में मिलते थे। हम लोग एक-दूसरे के साथी बन गए थे। ओमप्रकाश दीपक उनमें एक मशहूर नाम था। इन सब लोगों के संसर्ग में रहकर सामाजिक परिवर्तन के लिए एक समझ बनती थी। लेखन के लिए सबसे पहली आवश्यकता यह है कि सामाजिक परिवर्तन की समझ आपके अंदर बने। अगर वह नहीं बनती तो फिर आपका लेखन कोई ख़ास मायने नहीं रखता। न समाज के लिए न आपके लिए। लोहिया को मैं अपना गुरु इसलिए मानता हूँ कि उन्होंने मुझे कभी बैठकर कैसे लिखना चाहिए, कैसे बोलना चाहिए यह तो सिखाया नहीं, लेकिन उन्होंने समाज को समझने की एक दृष्टि दी और दूसरों तक पहुँचाने की शैली में मुझको बहुत कुछ सिखाया। बिना सिखाए हुए केवल देखकर-सुनकर सीखा। यह लोहिया का एक बहुत बड़ा योगदान है साहित्य को। कई लोग मिलेंगे आपको जो लोहिया के नाम को सुनते ही कहते हैं कि मेरा उनसे परिचय था। परिचय तो लोहिया का बहुत था। हज़ारों-लाखों लोगों से था। मगर कहाँ पर यह रिश्ता सार्थक बनता है? एक जगह पर जहाँ मौलिक बात को साहित्यकार नहीं मानता और केवल लोहिया के एक आकर्षक रूप को अपने साथ रखने में उसको सुख मिलता है या उसका नाम मिलता है, अगर यही संबंध बनता है उनके साथ तो वह वास्तविक संबंध नहीं है। बल्कि उस संबंध में बहुत धोखा भरा हुआ है। बहुत ख़तरा है। इस समय जब लोग लोहिया की याद दोबारा करने लगे हैं तो उसमें कई तरह के लोहिया के प्रशंसक या कि मित्र या लोहिया के परिचित भी होंगे—सब केवल अजनबी नहीं होंगे लेकिन उनका लोहिया के कर्म से और उनके सिद्धांतों से किताबी संबंध है केवल तो फिर कोई ख़ास मतलब नहीं है। अगर यह संबंध है कि किस तरह से एक परिवर्तन की प्रक्रिया को शुरू करके उसको जारी रखना है, अगर इस तरह के विचार में लोहिया के साथ दिमाग़ी तौर पर एक निरंतर रिश्ता बनाने की कोशिश है तब तो लोहिया के लोगों का, लोहिया के साथियों का कोई मतलब होता है। हमारे जनेश्वर (मिश्र) जी सौभाग्य से बहुत सक्रिय हैं। अभी कुछ दिन पहले उन्होंने अपने घर एक सभा की। 'लोहिया के लोग' नाम से एक मंच बनाया और मुझको उसकी अध्यक्षता करने को कहा। वहाँ मुझे बहुत-से लोग मिले जिनको मैं सन '66-67 से जानता था। वे राजनीति के मैदान में और साहित्य में भी तब काफ़ी सक्रिय थे। मुझे एक बात लगी कि सब लोग हैं लेकिन लोहिया के चलाए हुए परिवर्तन के कार्यक्रम को संगठित रूप में हम लोग पार्टी के रूप में या व्यक्तिगत रूप में चला नहीं पाए हैं फिर भी कुछ तो उसके मूलमंत्र ऐसे हैं जिनको अभी तक जीवित रखना ज़रूरी है। जैसे भाषा को ही आप लें। लोहिया ने तो यह कभी नहीं कहा था कि आपको हिंदी के अलावा किसी और भाषा को जानने की कोई ज़रूरत नहीं है। हिंदी जानिए, हिंदी में बोलिए, लिखिए, हिंदी में काम कीजिए तो उससे सब परिवर्तन हो जाएगा। जैसा कि आज लोहिया के मरने के 20-30 वर्ष बाद तमाम लोग यहाँ अंग्रेज़ी हटाओ सम्मेलन करके चिल्ला रहे हैं। लोहिया ने यह कभी नहीं कहा था कि आप हिंदी में ही काम कीजिए, उन्होंने यह भी नहीं कहा था कि आप हिंदी और अंग्रेज़ी में काम कीजिए। उन्होंने कहा था कि आप कम से कम भारतीय भाषाएँ तो इस्तेमाल कीजिए। जिस समय जनेश्वरजी के यहाँ बहुत-से पुराने लोहियावादी जमा हुए थे, एक तमिलभाषी सज्जन बोलने के लिए खड़े हुए तो वह सकपकाए कि मैं कैसे बोलूँ क्योंकि लोग तमिल समझेंगे नहीं। उन्होंने कहा कि मैं अंग्रेज़ी में बोलूँ तो कई लोगों ने मना किया कि अंग्रेज़ी में आपको बोलना नहीं चाहिए। मैंने उस सभा में कहा क्योंकि मुझे पूरा विश्वास है कि मैं लोहिया के विचारों और कार्यक्रमों को उस ढंग से देख पाता हूँ जिस ढंग से लोहिया चाहते थे—एक निरंतर सक्रिय गतिमान कार्यक्रम के रूप में—इसलिए मैंने कहा कि लोहिया ने यह

तो कहा था कि अंग्रेज़ी मत बोलो, बेशक चुप बैठना पड़े। यह भी नहीं कहा था कि हिंदी में ही बोलो। उस सारी सभा में जहाँ कम से कम 200 हिंदीभाषी लोग बैठे थे, एक भी हिंदीभाषी ऐसा नहीं था जो उस सज्जन की तमिल में बातचीत सुनकर उसका हिंदी में अनुवाद कर देता। यह लोहिया की भाषा-नीति के कार्यक्रम को आगे चलाना नहीं हुआ बल्कि उसको पीछे ले जाना हुआ। ऐसा क्यों होता है? इसकी वजह यह है कि लोहिया के सिर्फ़ ऊपरी आवरण को लोग समझ लेते हैं। उसमें से जो उनके मतलब का है, उनका अपना स्वार्थ जिससे बनता है, अर्थात् हिंदी बोलो अंग्रेज़ी हटाओ, यह ले लेते हैं। लेकिन दूसरी भाषाओं का क्या करो इसके बारे में कुछ नहीं बोलते। यह प्रसंग मैंने इसलिए कहा कि यह ज़रूरी है आज लोहिया को समझने के लिए। वहाँ अगर एक भी आदमी होता जो कहता कि ठीक है, आप तमिल में बोलिए अंग्रेज़ी मत बोलिए, मैं हिंदी में बताऊँगा तो कितना बड़ा परिवर्तन होता।

[1987. अप्रकाशित]

कवि शम्सुर्रहमान

कवि शम्सुर्रहमान (जन्म : 1929) से मैं पहली बार 1971 के दिसंबर के अंतिम दिनों में बांग्लादेश की मुक्ति के कुछ दिन बाद ढाका में मिला था। कुछ अन्य कवियों के साथ वह मेरे निमंत्रण पर पूर्वानी होटल के कमरे में पधारे थे। वे अन्य कवि आज कहाँ हैं, ठीक-ठीक नहीं मालूम। शम्सुर्रहमान तब *दैनिक बांग्ला* के सहायक संपादक थे और स्वतंत्रता के प्रथम दिनों की उथल-पुथल में जब उनके अख़बार में भी वफ़ादारियाँ बदल रही थीं और कर्मचारी भितरघात का मुक़ाबला कर रहे थे, पत्रकार-कवि ने संपादक-कवि हफ़ीजुर्रहमान के साथ मिलकर नेतृत्व दिया और *दैनिक बांग्ला* को नियमित रूप से निकाला था। अनंतर शम्सुर्रहमान संपादक हुए और उनके बारे में ताज़ा ख़बर यह है कि बांग्लादेश में राजनैतिक परिवर्तन के साथ-साथ उन्होंने *दैनिक बांग्ला* से त्यागपत्र दे दिया।

पर भारतीय पत्रकारिता के चरित्र के अनुरूप बांग्ला भाषा और बांग्लादेश के इस शीर्षस्थ कवि और अग्रणी पत्रकार की कोई ख़बर नहीं आई है। वह कैसे हैं और क्या कर रहे हैं हमें नहीं मालूम। मेरे लिए दिसंबर 1971 और फिर मार्च 1972 में ढाका में हुई दो मुलाक़ातों की याद ही ख़बर है। उसी को यहाँ दोहरा रहा हूँ। उस खरे स्वाभिमानी के साथ बिताए वे कुछ घंटे ही सही ख़बर हैं जिसने पाकिस्तानी शासन और सैनिक दमन के कठोर दिनों में भी पलायन स्वीकार नहीं किया था। वह अपने देश के लोगों के साथ उनके दुख-सुख में भागीदार होने के लिए ढाका में ही रुका रहा।

दैनिक बांग्ला के व्यस्त दैनंदिन कार्यक्रम से समय निकालकर उन दिनों सार्वजनिक सभाओं में कविता पढ़ते हुए मैंने उन्हें सुना-देखा था। जाने कितने लेखक-पत्रकार उन दिनों लौटकर नए पद सँभालने और राष्ट्रप्रेम का संतोष पाने के लिए ढाका में दिखाई दिया करते थे। नई सरकार से सम्मान पाने की प्रतियोगिता में शम्सुर्रहमान शामिल नहीं थे। उन्होंने इस बात का भी ढोल नहीं पीटा कि नौ-दस महीने वह पत्नी और पाँच बच्चों के परिवार को लेकर आशंका, विश्वासघात और दमन के आतंक से भी विचलित नहीं हुए। उन्होंने मुझसे कहा था मार्च 1971 में जब पाकिस्तानी सरकार ने आम चुनाव में शेख़ मुजीब के प्रबल बहुमत से जीतकर आने पर स्वाभिमानी बांग्लाभाषियों का दमन शुरू कर दिया तब से लेकर मुक्ति फ़ौज के संग्राम और अंततः पाकिस्तानी आत्मसमर्पण तक सारे समाज में तनाव और विषाद भरा रहा था। किसी के चेहरे पर हँसी नहीं दिखी। किसी को हँसते देखता था तो शक होता था कि कुछ असहज है। सब चेहरे अनजान लगते थे, सबकी बोली बनावटी। बस शहर

में एक सुविधा थी, कोई पहचानता न था। गाँव भाग जाता तो वहाँ बहुत-से पुराने परिचित दिख जाते और पकड़े जाने का भय होता। उन दिनों भी वह स्वतंत्रता के पक्ष में कविता लिख रहे थे। नवंबर 1971 की लिखी उनकी एक कविता, जो ढाका से मैं ले आया था, *दिनमान* में छपी थी। इसमें कवि ने विद्रोही नौजंवानों को खोज-खोजकर ख़त्म करने की सैनिक कार्रवाई के विरुद्ध कहा है कि तुम हमारे हथियार बरामद करना चाहते हो तो कर नहीं पाओगे। हमारे प्रत्येक स्वाभिमानी योद्धा के मनप्राण में एक शमीवृक्ष है जिस पर हमारे अस्त्र छिपा रखे गए हैं। उस पर से हम समय आने पर अस्त्र उतार लाएँगे (यह उदाहरण महाभारत की कथा का है)।

मुक्ति संग्राम से वह आज़ादी बांग्लादेश को पूरी तरह नहीं मिली, जिसका स्वप्न कवि शम्सुर्रहमान जैसे स्वतंत्रचेता व्यक्तियों ने देखा था। सत्ता के पास मँडरानेवाले शोषक वर्ग के षड्यंत्रकारियों ने न्याय और समता के आदर्शों को स्वार्थवश भ्रष्ट किया और बांग्लादेश में एक लंबे संघर्ष की प्रक्रिया शुरू हुई। 1972 में एक बार फिर ढाका जाने पर कवि के घर पर उनके साथ बैठने का अवसर मिला था। *दैनिक बांग्ला* के दफ़्तर से वह मुझे कई गलियों से निकालकर एक बड़े-से आँगनवाले घर में ले गए जिसके एक पार्श्व में बैठक थी, मेज़ पर बेगम शम्सुर्रहमान ने लूची हलवा और तले अंडे परोसे। कवि अपनी पसंद की दूकान से ढाका का प्रसिद्ध दही लाए थे। रास्ते में इसे ख़रीदने के लिए दूकान पर काफ़ी देर इंतज़ार करना पड़ा था क्योंकि वह सोंधा केसरिया दही जो चीनी मिले दूध से कूड़ी में जमाया जाता है और कूड़ी समेत ही बिकता है, ढाका के पुराने निवासियों का प्रातःकालीन प्रिय नाश्ता है। नाश्ते के साथ समकालीन बांग्ला कविता पर हम कवि के विचार सुनते रहे और उनके मित्र संपादक हफ़ीजुर्रहमान ने अपनी कविता भी सुनाई।

शम्सुर्रहमान ने बांग्ला भाषा के शब्दाडंबरी स्वभाव को बहुत बदला है। खरे यथार्थ के अनुभव को वह परंपरा के शिल्प में उतार लाए हैं। सच्चाई का पैनापन, असहमति का साहस और गहरे मानवीय कल्याण की आकांक्षा उन्हें साफ़-सुथरा ओजस्वी स्वर देती है। इस स्वर में रवींद्रनाथ की-सी विगलित शुभेच्छा नहीं है और नज़रुल जैसी गीतिभावना भी नहीं है; है मिथ्याभावुकता को कटु सत्य के चाकू से उधेड़ देनेवाली निर्ममता, पर इसमें भी बांग्ला भाषा का लालित्य निखरा है।

कवि शम्सुर्रहमान अगर भारत बुलाए गए हों तो हमारी सांस्कृतिक सरकार उन्हें कलकत्ता तक घुमाकर वापस ले गई होगी, क्योंकि उनका भारत के किसी नगर से साहित्यिक परिचय होने का समाचार नहीं मिला है। एक बार दिल्ली भी जाने की बात सुनी थी पर उसके विषय में कुछ विशेष ज्ञात नहीं हुआ। आज भी हम, हमारी सांस्कृतिक संबंध परिषद, साहित्य अकादमी, मानव संसाधन मंत्रालय आदि के किसी यात्रा कार्यक्रम में बांग्लादेश के इस विशिष्ट समकालीन कवि का उल्लेख नहीं है। अख़बार कवि के राजनैतिक विचारों के बारे में भी चुप हैं और साहित्यिक कृतियों के बारे में भी। 1971 के खूनी दिनों में जब वह कविता लिख रहे थे, उनका कहना था कि मैं यह सोचकर कविता नहीं लिखता कि मुझे कविता लिखनी है। जो मन में आता था सो लिखा। उन दिनों शिल्प का कोई विचार ही नहीं रह गया था। सच्ची अनुभूति हो और तीखा दबाव हो तो शिल्प का कोई विचार नहीं होता था। यह कवि शम्सुर्रहमान की शैली देखने से ही पता लग जाएगा, पर अनुभूति और वेदना के साथ-साथ यह भी ज़रूरी है कि कवि शम्सुर्रहमान हों। यही मानना चाहिए कि वह आज भी लिख रहे होंगे। 1976 में जब उनका *आमि अनाहारी* नामक संग्रह आया था, वह सात संग्रह प्रकाशित कर चुके थे। पर यह सूचना भी अपूर्ण है।

[*जनसत्ता*, 'अर्थात,' 27 दिसंबर 1987]

नाटककार भुवनेश्वर

मेरी पिछले सप्ताह की डाक में एक असाधारण-सा पत्र आया। शाहजहाँपुर के श्री सुधीर विद्यार्थी ने भुवनेश्वर की याद दिलाई। लिखा कि 1975 में जब भुवनेश्वर के नाटक *ताँबे के कीड़े* का लखनऊ में मंचन किया गया था तो कृष्णनारायण कक्कड़ के साथ आप भी मौजूद थे। श्री विद्यार्थी भुवनेश्वर पर एक किताब निकालने की तैयारी कर रहे हैं, जिसमें उनके मित्रों के संस्मरण भी रहेंगे। श्री विद्यार्थी ने यह भी लिखा है कि मैं इस काम में मदद करूँ। पूछा है—"भुवनेश्वर के नाटकों पर आगे चलकर ऐसा काम क्यों नहीं हुआ और वे कौन-से कारण थे जिनके चलते भुवनेश्वर की प्रतिभा का मूल्यांकन अब तक नहीं हो सका? आप इसके लिए क्या आलोचकों को भी दोषी मानेंगे?"

यह पत्र पढ़कर मुझे 1948-49 की बहुत-सी बातें याद आईं। मैं तब लखनऊ में, जहाँ मेरा पैतृक घर है, अंग्रेज़ी में एम.ए. कर रहा था। एक दृश्य याद आया। लखनऊ के कॉफ़ीहाउस में एक पस्ताक़द, साँवला-सा दुबला-पतला आदमी, छोटी-छोटी पैनी आँखें और साफ़-सुथरा लहजा—कई दोस्तों से घिरा हुआ बहस का केंद्र बना हुआ बैठा है। वे उसके तर्कों से थोड़ी ही देर में परास्त हो जाते हैं, कभी-कभी तंग भी। मगर उसके बहस के तरीक़े में इतनी कशिश है कि किसी को उठकर जाने का मन नहीं होता है। उसके बारे में कहानियाँ भी इस तरह फैली हुई हैं कि सुननेवालों को किसी अजीबोग़रीब आदमी के साथ मुलाक़ात का कौतूहल बना रहता है। मगर उसकी हरकतें कहीं से भी अजीब नहीं हैं।

उन दिनों तक वह अपने सर्वश्रेष्ठ नाटक लिख चुका था। कई क़दरदान उन्हें पढ़ चुके थे और उसके लिखे को थोड़ा समझकर और थोड़ा न समझकर आतंकित भी थे। शायद कारण यह था कि उसके लेखन में, और बातचीत में भी कहीं न कहीं उकसा देने की प्रकृति रहती थी। शाहजहाँपुर से आए पत्र में ज़िक्र है, वह व्यक्ति था : भुवनेश्वर, जिसके नाटकों को प्रेमचंद ने 1933 में *हंस* में छापा था। और कई वर्ष तक उनका लिखा *हंस* में छपता रहा था। लखनऊ के कॉफ़ीहाउस नाम की जगह आज़ादी के बाद के वर्षों में नई समृद्धि और नई चेतना के दो खेमों में बँटकर दो शक्लें अख़्तियार कर चुकी थी। एक 1947 के विभाजन के बाद पैसेवालों का कॉफ़ीहाउस था, दूसरा राजनीति, साहित्य, समाज और विचारों का अड्डा था। इसी में भुवनेश्वर आकर बैठा करते थे। मैंने उन्हें यहीं देखा और हिंदी-उर्दू साहित्य के नए-पुराने कवियों के साथ उन्हें कई बार काफ़ी-काफ़ी वक़्त गुज़ारते हुए पाया। मजाज़, यशपाल, आले अहमद सरूर, एहतियाम हुसैन, कृष्णनारायण कक्कड़ और सुरेश अवस्थी उनके दोस्त थे। इसके अलावा तमाम वे लोग जो साहित्य के इर्दगिर्द रहा करते हैं।

कई साल बाद कृष्णनारायण कक्कड़ ने उनके नाटकों के बारे में *दिनमान* में लिखा—"उन्होंने कम से कम 1945 से लेकर 1949 तक जो कुछ लिखा, उसे हम सुरक्षित रखें और उनके नाटक खेलें। ये एक अत्यंत उर्वर कल्पनाशील, उग्र, सहज, प्रखर मन की उपज हैं। उनको लेकर किसी प्रकार की साजिश न की जाए।" साजिश से मतलब और कुछ नहीं, उसी कुटिल उपेक्षा से था जो हिंदी में प्रतिभाओं को झेलनी पड़ती है। भुवनेश्वर 1950 में विक्षिप्त हो गए थे। इलाहाबाद जाकर बोरे पहने घूमते और सड़कों पर पड़े रहते थे। मित्रों ने उन्हें घर ले जाने की कोशिश की, मगर बेकार हुई। इस दौर में लिखना बंद था। कुछ कविताएँ अंग्रेज़ी में लिखी थीं, जो कहीं छपीं भी। कुछ दिन बाद ख़बर मिली कि वह मरे पाए गए।"

कृष्णनारायण कक्कड़ ने जो टिप्पणी की थी उसका अवसर यह था कि कई साल से प्रयत्न करते-करते वह सफल हुए थे कि भुवनेश्वर के 1945-46 के बाद लिखे नाटकों को मंच पर प्रस्तुत किया जा सके। 'मेघदूत' नामक संस्था ने सहयोग किया और भानुभारती ने जो राष्ट्रीय नाट्य विद्यालय से उत्तीर्ण निदेशक हैं, *ताँबे के कीड़े* नामक नाटक को लखनऊ में तैयार कराना शुरू किया। मैं तब दिल्ली से *दिनमान*

का संपादन कर रहा था। *ताँबे के कीड़े* के खेले जाने का वृत्तांत *दिनमान* में आवरण कथा के रूप में 25 मई 1975 के अंक में छापा और कृष्णनारायण और भानुभारती के लेखों के साथ-साथ भुवनेश्वर का एक अप्राप्य नाटक *आज़ादी की नींद* भी उसी अंक में प्रकाशित किया जो कृष्णनारायण ने अपने संग्रह के कुछ चित्रों के अलावा मुझे दिया था। इसका पुनरुद्धार कक्कड़जी की लगन से आदित्य मिश्र के सूत्र से हुआ था जो 1948 में गोकुलचंद रस्तोगी के साथ *रक्ताभ* का संपादन करते थे और *रक्ताभ* में भुवनेश्वर के नाटक छप चुके थे। भुवनेश्वर की कई कहानियाँ 1946 से 49 तक आकाशवाणी लखनऊ से प्रसारित हुईं, पर उनकी पांडुलिपियों का आकाशवाणी के पास कोई संग्रह नहीं है। यह तब है जबकि भुवनेश्वर अपने पहले नाटक संग्रह *कारवाँ* के 1936 में छपने के बाद ही इतनी ख्याति पा चुके थे कि हिंदी के पहले एकांकीकार माने जाने लगे थे। प्रेमचंद ने 1936 में जब अखिल भारतीय प्रगतिशील लेखक संघ की अध्यक्षता की तो केवल दो लेखकों का उल्लेख किया—एक जैनेंद्र और दूसरे भुवनेश्वर। कृष्णनारायण कक्कड़ ने *दिनमान* में अपने 'भुवनेश्वर स्मृति' शीर्षक लेख में लिखा है—"उन्होंने कहा कि यदि जैनेंद्र में दुरूहता और भुवनेश्वर में कटुता कम हो तो इनका भविष्य उज्ज्वल है।"

अपने लेख में कृष्णनारायण कक्कड़ ने लिखा था—"मैंने भुवनेश्वर को उस दौर में ही जाना था जब गाँधीजी अपनी ज़िंदगी के संभवतः सबसे महत्त्वपूर्ण और क्रांतिकारी दौर से गुज़र रहे थे। भुवनेश्वर के मन में गाँधीजी के लिए अटूट आस्था थी और उस समय प्रकाशित होनेवाले *हरिजन* में गाँधीजी के लेख भुवनेश्वर को आंदोलित करते थे। वह गाँधी के कुछ निबंधों को पढ़कर सुनाते थे और उनकी भाषा और साथ-साथ अत्यंत गंभीर तथा विस्तृत अर्थों की ओर ध्यान आकर्षित करते थे। भुवनेश्वर के मन में विशेष रूप से धर्म के कुछ मानवीय पक्षों की तरफ़ आग्रह था और उन पुस्तकों में जो उन्हें विशेष प्रेरणा प्रदान करती थीं, बाइबिल भी एक थी। ग़रीब, तिरस्कृत, अपमानित, बहिष्कृत, असंपृक्त, दुखी या रुग्ण लोगों के लिए भुवनेश्वर में गहरी सहानुभूति थी। वे सारी बातें और भी महत्त्वपूर्ण हो जाती हैं जब हम देखते हैं कि भुवनेश्वर के प्रारंभिक नाटकों में केवल सामाजिक या समाजवादी दृष्टिकोण मिलता है। आदर्श और रोमानियत, जीवन के प्रति आस्था और साथ-साथ उसको जल्दी ख़र्च कर डालने की प्रवृत्ति, वस्तुओं को देखने की एक विशिष्ट दृष्टि, कभी-कभी टेढ़ी और असाधारण मानवीय भावनाओं से तरल हो जाना, साथ-साथ आत्महनन, इन सबका एक विचित्र योग भुवनेश्वर के चरित्र को गठित करता था। व्यावहारिक स्तर पर ईमानदारी या बेईमानी का भुवनेश्वर के लिए कोई अर्थ न था।"

आज मैं यह भी याद करता हूँ कि भुवनेश्वर के महत्त्व को समझने और उनके योगदान को राष्ट्रीय मानस में रचनात्मक प्रयोग के लिए लगाने के प्रयत्न कई बार सोचे जा चुके हैं पर अभी तक किन्हीं तत्त्वों ने उसमें बाधा ही डाली है। सबसे अधिक पीड़ा की बात यह है कि भुवनेश्वर के बारे में वे ही क़िस्से प्रचारित किए गए हैं जो उनकी लापरवाहियों, पैसे के बारे में उनकी उड़ाऊफेंकू फक्कड़ी और मस्ती को ऐसे दिखाते हैं जैसे इन्हीं आदतों की वजह से समाज ने उन्हें उपेक्षित कर दिया। सच बात यह है कि उनके साथ समाज ने जो किया वह सच बोलने और सच्चे होने की ऐसे समाज द्वारा सज़ा थी जो अपने को गुलामी से निकालकर आज़ाद होने के विरुद्ध था। सच बोलने की ऐसी हरकतों पर समाज का एक आक्रामक वर्ग कभी-कभी बहुत प्रकट सज़ाएँ भी देता है। जो विरोधी भड़ककर एक बार उग्र हो उठता है उसे वह सबके सामने दबा डालता है। जिन्हें आँखों से दिख जाता है कि किसी को नष्ट किया जा रहा है उन्हें बताया जाता है कि उग्र होना सही नहीं है, जो लेखन में उग्र नहीं होते परंतु जिनका रुख आत्मसमर्पण का नहीं होता उन्हें धीरे-धीरे भूखा-प्यासा रखकर मारा जाता है और मारने के लिए कुछ मूल्यों की रक्षा को बहाना बनाया जाता है। जैसे सबके समान दिखना एक मूल्य है जिसका पालन न करने पर किसी को गोली तो नहीं मार दी जाती मगर एक नाकेबंदी की जा सकती है कि असहमत मनुष्य के मानवीय दुर्गुण भी सामाजिक दुर्गुण बताकर दंडित किए जा सकें। उस पर अपने चरित्र का ऊबड़खाबड़पन या बड़प्पन मिटाकर एक सपाट चरित्र बनाने का दबाव

डाला जा सकता है। वास्तव में यह सपाट चरित्र बनाना सहमति प्रकट करने का ही दूसरा रूप है और यह सपाट चरित्र आक्रामक और मनुष्यता-विरोधी मूल्यों से सहमत होने पर ही बनता है।

भुवनेश्वर के बारे में मैंने भी बहुत क़िस्से सुने हैं और अच्छे-अच्छे लोगों के मुँह से सुने हैं। पर अब याद करता हूँ तो इन क़िस्सा सुनानेवालों के चेहरों पर एक विशेष रूप से बनाई हुई मक्कारी दिखती है जो इतनी सूक्ष्म है कि हम उनके अभिजात के भलेपन पर उँगली उठा नहीं पाते। भुवनेश्वर की बातें बताते हुए एक सज्जन इलाहाबाद के, जहाँ भुवनेश्वर पढ़े थे, बड़े-बड़े लेखकों और प्रोफ़ेसरों के क़िस्से इस तरह सुनाते थे जैसे उनसे इनका रोज़ का उठना-बैठना हो और साथ में यह भी बताते कि भुवनेश्वर अमुक प्रोफ़ेसर की किताब पढ़ने ले गए और कबाड़ी को बेच आए या भुवनेश्वर रोज़-रोज़ पैसे माँगते रहते थे या भुवनेश्वर को मैंने अपने कपड़े पहनने को दिए, वग़ैरह-वग़ैरह। पर ऐसे लोगों के मुँह से कभी भुवनेश्वर के साहित्य का, उनकी भाषा और शैली का वर्णन नहीं सुना क्योंकि वह उनके गुणों को नहीं समझते थे। वह समझते थे केवल उस साहित्य को जो वृथाभावुक, पिटा-पिटाया रूपवादी और इसलिए मूल्यों के स्तर पर सहमति और गुलामी का पोषक था।

मालूम यही होता है कि किसी-किसी प्रतिभा को यथास्थितिवादी समाज सूँघकर पहचान लेता है कि इसमें असहमति का तत्त्व है। उसकी रचनाओं में वह थोड़ा झलकता भी होगा पर अकेले लेखक के बूते का फिर भी नहीं है कि समाज में अपनी रचनाएँ समझने का वातावरण पैदा करे, यह तो उसी के जैसे असहमत लोगों के सहयोग से हो सकता है। भुवनेश्वर को यह सहयोग मिला ज़रूर पर सपाट सहमति के पक्ष में ज़्यादा ताक़तें काम कर रही थीं, भुवनेश्वर निपट अकेले थे—इतने अकेले कि उनके पाठक भी प्रायः उन्हीं के जैसे अकेले हो गए। किसी लेखक को भुला दिए जाने का कारण यही पाठक का अकेला हो जाना है। लेखक तो अकेला होता ही है तभी वह लिखता है पर जब व्यवस्था के षड्यंत्र उसके पाठकों को अकेला कर देते हैं तब भुवनेश्वर जैसी मौतें होती हैं।

खुद भुवनेश्वर के आसपास भीड़ रही है—तमाशबीनों की भीड़। इनमें तमाम क़िस्म के लेखक थे और नए-नए लोग इस भीड़ में शामिल होते रहते थे। भुवनेश्वर शाहजहाँपुर में जन्मे, इलाहाबाद में पढ़े, लखनऊ में रहे, और इलाहाबाद में मरे। आज जब शाहजहाँपुर के श्री सुधीर विद्यार्थी भुवनेश्वर पर किताब तैयार कर रहे हैं तो यह खोजना चाहिए कि भुवनेश्वर को कमोबेश जाननेवाले लेखक आज कहाँ हैं। जैनेन्द्र, शमशेर, गिरिजाकुमार माथुर, विपिनकुमार अग्रवाल, त्रिलोचन शास्त्री, सुरेश अवस्थी तो कुछ नाम हैं; मजाज़ नहीं रहे और भारतभूषण अग्रवाल भी नहीं रहे जो इस सूची में लिखे जा सकते थे। मगर भुवनेश्वर को जानना है तो कृष्णनारायण कक्कड़ के वाक्य उद्धृत करते हुए मैं कहूँगा, उनके ग़ैरसाहित्यिक मित्रों का भी एक विशेष महत्त्व था चाहे वे विश्वविद्यालय के अध्यापक हों, होटल के या शराबख़ाने के लोग हों, कॉफ़ीहाउस के बैरा हों, अफ़सर या पत्रकार हों, अथवा किसी पेशे के लोग हों। भुवनेश्वर को फिर से जानना एक विचित्र आदमी को नहीं आज़ादी की नींद में सोये समाज की उस मानसिकता को पहचानने का बहाना होगा जो हर तरह की आज़ादी से डरती है, ख़ास तौर से भाषा के द्वारा रचना करनेवाले व्यक्ति की आज़ादी से।

[*सुलभ इंडिया*, 'गीली स्याही,' फरवरी 1988]

शमशेरबहादुर सिंह

शमशेरबहादुर सिंह को देखने के लिए मंगलवार को दिल्ली में जितने साहित्यकार एकत्र हुए, उतने शायद उपस्थित कवियों में से किसी की कविता सुनने एकत्र नहीं होते। शमशेर उस खोज का नाम है जो

पिछले चार दशकों से हिंदी साहित्य में नई समझ और पहुँच के लिए जारी है और अध्यापकों और आलोचकों की पकड़ में नहीं आती। सिर्फ़ कवि आशा कर सकते हैं कि वह संवेदना और शिल्प, जिसकी साधना शमशेर ने की है, अपनी छटपटाहट में उन्हें परंपरा से जोड़ पाएगी।

गरमी के दिनों की शाम ठंडी होने से पहले बंद कमरे में अपनी तपिश को धीरे-धीरे कम कर रही थी। वाणी पुरस्कार के समारोह में जब शमशेर के बोलने की बारी आई तो शमशेर से ज़्यादा उनके मित्रों को चिंता थी कि वे कैमरों की तेज़ रोशनी में थक चुके होंगे और उन्हें ज़्यादा बोलना नहीं चाहिए। उन्होंने जो कहा, वह ख़बर बनाने के लिए बोलनेवालों की भाषा में नहीं था—वे कह रहे थे कि दुनिया को चारों तरफ़ और ध्यान से देखो। पर इस बात को पूरी ईमानदारी के साथ कहने के वास्ते शमशेर को सच्चे कवि की तरह अनुभवों के कई आयामों को टोहना था। यही वह अपनी कविता में करते रहे हैं। विश्व साहित्य और कला को वे संवेदना के विस्तार के लिए कलाकार की ज़रूरत मानते हैं और सतही अनुभूति से बचना सिखाते हैं। 23.11.1949 को मेरे नाम लिखे उनके एक पत्र को मैं बार-बार पढ़ता और गुनता हूँ। उन्होंने पूछा था, यह बताओ कि तुम्हें क्या चीज़ दबाती रहती है। इसको हम समझ लें। इसी पत्र में उन्होंने मुझे सीख दी थी : "तीन चीज़ें हमारी ज़िंदगी में बहुत ज़रूरी हैं, बेहद, प्राणवायु, मार्क्सिज़्म और अपनी वह शक्ल जो हम अवाम में देखते हैं। अच्छी तंदुरुस्त साँस से अच्छी शायरी पैदा होती है और अच्छी शायरी में हम अच्छे इंसान को पाते हैं जिसके नक्श शायर जनता में ढूँढ़ता है।"

मैं मानता हूँ कि कवि शमशेर की यह सीख उन दो पीढ़ियों को उनके अपने दबावों के साथ-साथ और उनके बावजूद याद आती रहती है जिन्होंने उनके बाद कविता लिखना सीखा और आज ईमानदारी से लिखना चाह रहे हैं। इसी अर्थ में शमशेर कवियों के कवि हैं जैसा कुछ आलोचक उन्हें मानते हैं। वे अपनी कविता को आदर्श अनुकरण के लिए नई पीढ़ी के सामने नहीं रखते, सिर्फ़ अपनी खोज की ईमानदारी को, बेचैनी को सामने रखते हैं जिसे कवि ही समझ सकता है और वे उसके कोई बने-बनाए रास्ते भी नहीं बताते। जो समझ सकते हैं वे उनकी प्रवृत्तियों और लयों में छिपी गहराइयों को पहचान लेंगे और अपने संस्कारों के बूते उन्हें अपने लिए सिरजने की कोशिश करेंगे।

भीड़ जब 35 फ़िरोज़शाह रोड के छोटे-से मैदान से निकल आई तब मालूम हुआ कि वह आज के कविता दृश्य की ही तरह विविध थी और कवि उसमें हमेशा की तरह अपने में पूर्ण था। हरी घास पर खुलेपन में शमशेर बंद कमरे के मुक़ाबले ज़्यादा स्वस्थ दिख रहे थे। निश्चय ही वे मैथिलीशरण गुप्त पुरस्कार समारोह के दिनों से कहीं अधिक रोगमुक्त हो चुके हैं। तब जिन्होंने उन्हें देखा होगा, वे इसकी पुष्टि करेंगे। सुरेंद्रनगर से दिल्ली तक की यात्रा की थकान न चेहरे पर थी न मन में; हाँ, भीड़ से हमेशा दूर रहनेवाला उनका स्वभाव निमिष भर के लिए कभी-कभी झलक दिखाकर छिप जाता था।

यह स्वभाव और कवि की काव्य साधना दोनों एक गहरे निश्छल प्यार से भरे हुए व्यक्तित्व की देन हैं। यही प्यार है जो शमशेर की तरफ़ देखने को हमें बाध्य करता है। और यह प्यार भी उसी ईमानदारी का दूसरा नाम है जिससे शमशेर ने सारा जीवन जिया है और अपनी शक्ल जनता के आईने में बार-बार देखने की कोशिश की है।

सभा के बाद जब अतिथि निमंत्रण खाने और घर लौटने की सवारी ढूँढ़ने में लग गए थे, कवि थोड़ी देर अंतरंग मित्रों से बात करने के लिए मैदान के एक कोने में कुर्सी पर बैठे रहे। सहसा उन्हें अपने एक उपक्रम की याद आई, जो उन्होंने हिंदीभाषियों को उर्दू सिखाने के लिए मेरे अनुरोध पर *दिनमान* के कई अंकों में चलाया था। हज़ारों पाठकों ने शमशेरजी के साप्ताहिक पाठों की मदद से उर्दू लिखना और पढ़ना सीखा था और वह भी इतनी लगन से कि शमशेरजी के दिए हुए अभ्यासों को पूरा करके समय पर लौटाने में शायद ही किसी पाठक ने कोताही की हो। शमशेरजी का भाषा

सिखाने का ढंग भी नया था। उन्होंने अक्षर ज्ञान के साथ ही साथ शब्दों के चलन और बरताव के रहस्य भी बतलाए और जब वे बीस-पच्चीस पाठ पूरे हुए, भाषा और साहित्य की समसामयिक संवेदना में एक और आयाम ताज़ा हो गया। यह रचनात्मकता किसी निरे भाषाशिक्षक के बस की न थी।

थोड़ी देर पहले जब शमशेरजी विश्व-साहित्यों से अपनापे की बात कर रहे थे, तो उन्होंने एक यह वाक्य भी कहा था कि कोई कभी भी इतना बुढ़ा नहीं सकता कि सीखना बंद कर दे। स्वयं उनके बारे में बहुतों को मालूम है कि वे जब-तब मन होने पर कोई न कोई भाषा सीखते रहे हैं। उनका उर्दू सिखाना और वह भी पत्रिका और डाक के माध्यम से—जनसाधारण के जीवन में अपने विकासशील यथार्थ को पहचानने का ही एक रूप था। अब भी वे अपने और भाषा के उस नाते को बरक़रार देखते हैं—सिर्फ़ उर्दू से ही नहीं, बल्कि सभी भाषाओं से, जो हिंदी के और मनुष्य के लिए संवेदनाओं के नए आयाम खोलती हैं।

[*जनसत्ता*, 'अर्थात्', 22 मई 1988]

टूटी हुई, बिखरी हुई : एक प्रतिक्रिया

प्रेम की कोई कविता पढ़ने के पहले एक अजब-सा ख़याल दिल में आता है। क्या मैं इस व्यक्ति को, जिसने यह कविता लिखी है, प्रेम में पड़े हुए देखना चाहता हूँ? क्या वह अपनी कोई शक्ल या और भी बुरे, अपनी प्रेमिका की कोई शक्ल मुझे दिखाने लगेगा? क्या वह प्रेम की कोई हरकत कर बैठेगा जिसे मैं वाहियात समझता हूँ? और यह शक तो रहता ही है कि यह कविता जिस तरह का संगीत पैदा करेगी वह मुझे कैसे प्रेम की तरंग जान पड़ेगा।

मैं यह दावा नहीं कर सकता कि मैं हर समय कविता पढ़ और समझ और भोग सकता हूँ। बहुत ख़ास क़िस्म के कोई वक़्त होते हैं जब कविता मन पर अपना काम करती है। प्रेम से कोई नाता रखनेवाली रचना और भी ज़्यादा ख़ास क़िस्म का वक़्त माँगती है—एक ऐसा वक़्त जब आपने अपने अहं को लगभग बिलकुल भुला दिया हो।

शमशेर की यह कविता पढ़ते हुए वह अहं फिर मुझे याद नहीं आया। उस वक़्त भी नहीं जब शमशेर ने प्रेम का शब्द कविता में इस्तेमाल किया जो कि आम तौर से इस्तेमाल होने पर एक बंबइया बाज़ारू हरकत का और ख़ास तौर से इस्तेमाल होने पर एक आध्यात्मिक मुद्रा का ध्यान दिलाता है।

इस कविता से एक बार गुज़र जाने पर एक अद्वितीय अनुभव हुआ। जैसे प्रेम है—पूरे शरीर और मन की कार्रवाई—वैसे ही प्रेम की कविता भी है : पूरे अनुभव यंत्र की सर्जनात्मक क्रिया जिसमें यह असंभव है कि रचयिता कला की एक विधा को ही पकड़े रहे। हर कलाकार दूसरी विधाओं को बरतता है पर कितना और कितना अच्छा संपुजन उनका हो पाता है, यही उसकी रचना की विशेषता की पहचान होती है।

मेरा अनुभव ख़ाली इतना कलात्मक ही नहीं था। मैं एक ऐसे आदमी को निरावरण होते देख रहा था जो रोता है और यह नहीं कहता कि देखो मैं अपने आँसू किसी को नहीं दिखा रहा हूँ पर वह दिखाता नहीं है। खड़ी बोली की प्रेम कविता में कवि इतना अधिक लेटे हुए सिसकते रहे हैं कि उसके पाठकों का मन शमशेर की यह आज़ादी समझने लायक़ आज़ाद नहीं रह गया है। विडम्बना यह है कि शास्त्रीय आलोचक ऐसी रचना को सूँघकर यह तो समझ लेता है कि इसमें एक नया व्यक्ति पैदा हुआ है परंतु उस व्यक्ति के रागात्मक ऐश्वर्य की परिभाषा किए बिना वह अपने को कृतकार्य

नहीं मानता। तब डर होता है कि वह शास्त्रीय आलोचना की परम्पराओं से जोड़ने के लिए इस नए व्यक्ति को किसी भी ख़ाने में डाल दे सकता है। यह शमशेर के काव्य का सबसे अपूर्ण व्यक्ति होगा क्योंकि शमशेर का काव्य अनुभव को और शिल्प को हर ख़ाने से बाहर ले जाने का ही संयोग है।

शमशेर कविता के माध्यम से अपने को एक बेहतर, स्वतंत्र, अकेला इनसान बनाते हैं और ये तीनों विशेषताएँ ऐसी हैं कि प्रेम में इनमें से कोई एक बाक़ी दोनों से अलग हासिल नहीं की जा सकती। यह कहना कठिन है कि इस कविता में ज़्यादा ज़ोर किस पर है—शायद स्वतंत्र पर ....

तुमने समझा कि उनमें तुम थे
नहीं नहीं नहीं
उनमें कोई न था
सिर्फ़ बीती हुई होनी
और अनहोनी की उदास
रंगीनियाँ थीं—फ़कत

पर यही तो अपने भीतर अकेले और साथ ही बेहतर इनसान की बोली है। वह सीधे से सीधे और इकहरे से इकहरे शब्दों में कह रहा है कि उसकी कुछ उदास रंगीन यादें हैं, पर वह यही नहीं कह रहा है क्योंकि यही कहना होता तो वह कुछ पिटे हुए बंबइया या आध्यात्मिक शब्द ले सकता था : इन शब्दों में एक ताक़त है जो कि इन शब्दों की अपनी नहीं है, शमशेर की है।

यह ताक़त पूरी कविता में भरी हुई है। ये पंक्तियाँ लें—

कबूतरों ने एक ग़ज़ल गुनगुनाई
मैं समझ न सका रदीफ़ काफ़िए क्या थे
इतना खफ़ीफ़, इतना हलका, इतना मीठा
उनका दर्द था।

एकाएक एक गूँज (गूँ गुटर गूँज) एक गरज बन जाती है पर मैं इस ताक़त की बात नहीं कह रहा था। ताक़त है उस व्यक्ति में जो इतना खफ़ीफ़, इतना हलका, इतना मीठा दर्द मुलायम हाथों से पकड़ सकता है। किसी कमज़ोर हाथ में वह एक भिनभिनाता हुआ, चिपचिपाता हुआ, तुकांत करुण संगीत बन सकता था। यहाँ शमशेर इस गरज में नहाते और झूलते हैं। उनकी केवल इतनी प्यारी-सी कमी है कि वह रदीफ़ काफ़िए नहीं सुन पा रहे हैं।

मैं इस कविता के वे अंश उद्धृत नहीं करूँगा जिनसे शमशेर के प्रेम के दर्शन का पता चलता हो। ऐसे अंश इसमें हैं ही नहीं। फिर भी कोई कमसुख़न ढूँढ़कर ये पंक्तियाँ ला सकता है—

हाँ, तुम मुझसे प्रेम करो जैसे मछलियाँ लहरों से करती हैं ...
जिनमें वे फँसने नहीं आतीं,
जैसे हवाएँ मेरे सीने से करती हैं।
जिसको वह गहराई तक दबा नहीं पातीं
तुम मुझसे प्रेम करो जैसे मैं तुमसे करता हूँ
क्या समझे? जैसे मैं तुमसे करता हूँ।

नहीं, आपको पूरी कविता ही पढ़नी और एक साँस में समानी पड़ेगी। एक विशाल तीन-आयामी दृश्यालेख में उसकी सब छवियों को देखना पड़ेगा। आपको 'आईनो, रोशनाई में घुल जाओ' के साथ आसमान तक चकाचौंध में दोहराती गूँजें और अंत में तालाब में पत्थर की गुड़प सुननी पड़ेगी। आपको एकाएक

चौंककर दाँत में चिपके तिनकेवाली लड़की को औरत बनते और कवि को आदमी से लड़का बनते देखना होगा और समझना होगा कि यह कोई कलाकारी नहीं, वासना की पीड़ा की ही एक चिनगारी है।

इसी तरह हर छंद में ...

एकाएक संगीत की लय बदल जाएगी। सिर्फ़ बहुत हल्की-सी बदलेगी—(उसी ताक़तवर आदमी का काम) पर इतनी सार्वजनीन कि आप चाहें तो इस जगह से द्रुत कूदती ताल भी बजा सकते हैं।

जब तुम मुझे मिले, एक खुला फटा-सा लिफ़ाफ़ा ...

बशर्ते कि आप जानते हों कि कहाँ से लय फिर विलंबित हो रही है। कहाँ से?

एक खुशबू जो मेरी पलकों में इशारों की तरह बस गई है ...

पर शमशेर के संगीत के बारे में हिंदी कविता के संदर्भ में ज़्यादा कहना मुश्किल है। वह इतना अलग है। वह उनकी कविता में नहीं है। वह उस कविता से पैदा होता है—ऐसा भी नहीं, जब आप उनकी पंक्तियाँ पढ़ते हैं वह अलग कहीं पैदा होता है—समानांतर, हाँ, पर इसी संसार की ध्वनियों और गतियों से। आप उसे इसी संसार के पदार्थों में चलता देख भी सकते हैं। वह कोई चीज़ है। कई साज़ों के अनमेल से पैदा एक हाहाकार-सी कोई चीज़, एक पवित्र हृदय से मुस्कराता और कुछ न माँगता चेहरा—न दया, न देह, यहाँ तक कि प्रशंसा भी नहीं—फिर भी प्रेम को सचमुच गरम गोश्त-सा कमनीय बनानेवाली एक भरी-पूरी सशरीर उपस्थिति की वासना, एक भभके की तरह गर्म और तर, प्रत्येक वृत्त से लदा हुआ एक गुबार छोड़ती है। आप उसे ठंडा कर सकें तो एक बूँद पी सकते हैं।

पर मत कहिएगा कि शमशेर मानवीय करुणा के कवि हैं।

शमशेर ने व्यक्ति की अपूर्णता की बेचैनी और पूर्ण होने की बेचैनी को एक ही व्यक्ति में समो दिया है। इससे अधिक गहरी, गाढ़ी, अँधेरी शान्ति और हो नहीं सकती। साधारण लोग इसी को प्रेम की पीड़ा कहते हैं। परंतु यह एक नया इनसान पैदा होने की पीड़ा है जिसे असाधारण रूप से ताक़तवर कवि ही झेल सकता है जिसने सब लाल-हरी शक्लों और आवाज़ों को एक में मिला लिया हो।

[1971. सर्वेश्वरदयाल सक्सेना द्वारा संपादित पुस्तक *शमशेर* तथा लेखक की अपनी पुस्तक *लिखने का कारण* में संकलित]

मुझको मिलते हैं अदीब

शमशेरबहादुर सिंह (1971—) आधी शताब्दी से हिंदी कविता पर छाए हुए हैं, इस अर्थ में नहीं कि उनके इर्द-गिर्द एक प्रकार की कविता पनपती रही है बल्कि इस रूप में कि उनकी कविता से अपने को किसी न किसी प्रकार जोड़ लेने का लोभ और प्रयत्न प्रायः हर समीक्षक और काव्य संगठनकर्ता किसी न किसी शक्ल में करने को मजबूर रहा। बिना उनके उनकी अपनी टोली में प्रतिष्ठा भले ही संभव होती लेकिन पूरे काव्य जगत् में वह शमशेर को रद्द करके चल नहीं सकता था। इसके साथ यह बात भी जोड़ ली जाए कि शमशेर के काव्य को समझना कठिन पाकर भी उस पर बहुत कुछ लिखना ज़रूरी मानकर उस पर इस बीच न जाने क्या-क्या लिखा गया है तो समीक्षा जगत् में शमशेर ने जो 'नाच नचाए हैं' से बड़े दिलचस्प हो उठते हैं। *बात बोलेगी* में '40 से '77 तक की चुनी हुई कविताएँ संकलित हैं। छापे की भूल से आवरण पर '66 छपा है। इनमें प्रायः सब पहले कहीं न कहीं

छप चुकी हैं—संकलन पर अभी विद्वान समीक्षकों की राय सामने नहीं आई है। लेकिन आलोचकों के विचार संग्रहों में शमशेर पर जो निर्णय दिए जा चुके हैं उनके संदर्भ में अब क्या निर्णय दिए जाएँगे यह जिज्ञासा का विषय है। एक सज्जन लिख चुके हैं, "उनके बिंबों, प्रभावचित्रों, कल्पनातंत्रों तथा उनके व्यक्तित्व का यह आकर्षण पाठक के मन को संवेदित न करके सम्मोहित करता है और इस मनःस्थिति में व्यक्तिनिष्ठा और सामाजिकता एक ऐंद्रजालिक लीला के अंग जान पड़ती हैं।" इस पंक्ति में इस *आकर्षण* से आशय इस पंक्ति से पहले प्रकट किया जा चुका है—"उनका यह व्यक्तित्व आत्मकेंद्रित होने पर भी सामाजिक दायित्व के सिद्धांत को सहज ही ग्रहण कर सका है।" और इस घटना के अंतर्विरोध की स्थिति माना गया और उसका समाधान भी ज़रूरी था इसलिए वह उनके व्यक्तित्व के संवेदनशील ऐंद्रजालिक आकर्षण में निहित माना गया। ऊपर के उद्धरण घोषित रूप से साम्यवाद-विरोधी एक समीक्षक के हैं। परंतु कमोबेश यही दुरंगी चाल तमाम समीक्षकों के मन में काम करती रही है। आत्मकेन्द्रित व्यक्तित्व सामाजिक दायित्व के सिद्धांत को ग्रहण करे तो इसका कोई न कोई चमत्कारिक कारण बताए बिना शास्त्रीय समीक्षा होती ही रही है। कवि-कर्म को दो हिस्सों में बाँटकर देखना और इन दो हिस्सों को मिलाकर खेल करना ही शमशेर को न समझ पाने का इससे अच्छा कोई तरीक़ा नहीं हो सकता था और समीक्षा जगत् में एक अत्यन्त किताबी बहस को जारी रखकर अपनी-अपनी पंडिताऊ स्थिति बनाए रखने का भी इससे अच्छा कोई तरीक़ा नहीं था। यही प्रायः सभी समीक्षकों ने अपनाया है—और यह देखना दिलचस्प होगा कि आज जबकि शमशेर का लगभग सारा लिखित काव्य खोज-खोजकर प्रकाशित किया जा चुका है (अभी अवश्य कई पांडुलिपियाँ उनके काग़ज़ों में छिपी पड़ी होंगी) समीक्षा संसार कैसे पहचानेगा कि कविकर्म की समग्रता होती है, वह व्यक्तित्व और सामाजिक दायित्व के ख़ानों में बँटा नहीं होता। शमशेर के कविकर्म जितना लंबा ही समीक्षा में दुरंगेपन का दौर यदि शमशेर की कविता के माध्यम से ही समाप्त हो सके तो आनेवाली पीढ़ियों का कल्याण संभव है क्योंकि वह भी इन्हें दो अलग-अलग मानकर और फिर उन्हें कवि में एकत्र देखकर विस्मित और विचारमग्न होने का व्यायाम कर रही है।

बात बोलेगी की कविताओं को सामाजिक-राजनैतिक बताया गया है। ऐसी सतही पहचान की बदौलत शमशेर के पूरे व्यक्तित्व को समझने की कोशिश बचकानी हो जाती है। 'चुका भी हूँ नहीं मैं', 'ओ युग आ', 'चीज़ यानी थिंग' और 'भाषा' जैसी कविताएँ राजनैतिक-सामाजिक नहीं हैं तो क्या हैं? और व्यक्तिगत नहीं हैं तो क्यों नहीं?

बात बोलेगी में 1943 का लिखा 'एक मुक्तक' की अंतिम पंक्तियों :

संकुचित है आज जीवन का हृदय
व्यक्ति मन रोता है जन मन के लिए

को पढ़कर भी समीक्षक चाहते रहे हैं कि शमशेर इस रोने का दयनीय प्रदर्शन करके ही एक समग्र कवि माने जाएँ। शायद ऐसे ही समीक्षकों के लिए शमशेर ने 1953 में लिखा था :

मुझको मिलते हैं अदीब और कलाकार बहुत
लेकिन इंसान के दर्शन हैं मुहाल

इसी कविता में वह बताते हैं कि उन्होंने पूर्ववर्ती सहृदयों के यहाँ दर्द की एक तड़प जो कि सच्ची थी और हल्के से दर्द की भी थी, देखी है :

या तो वह आज है
ख़ामोश तबस्सुम में जलील
या वो कफ़आलूद

या वो दहशत का पता देती है
या हिरासाँ है—
या फिर इस दौर के ख़ाक़ी-ख़ूँ में गुमगश्ता है।

इतिहास के इस अनुभव से संयुक्त कवि के लिए प्रत्येक प्रतीति सामाजिक-राजनैतिक होगी क्योंकि वह छायावाद को छोड़कर सच्चे आधुनिक अर्थ में इतिहास को समझ चुका है। इसके बाद व्यक्ति और समाज दो अलग-अलग चीज़ें नहीं रह जातीं जैसी पोंगापंडितों के मन में हैं।

बात बोलेगी में 'ले कर सीधा नारा' शमशेर के सच्चे कवि-हृदय की अनेक पहचान-कविताओं में से एक है। 'जीवन की कमान' में जनबल के सागर के दहाड़कर उठने और फ़ासिस्ट हाड़ को विचूर्ण करने तथा जनता के बल के महाबाण शक्ति स्फुलिंग के मध्य युगों का परित्राण कर छूटने और नवयुग के जलते प्रमाण बनने की आशा है। तीस वर्ष की वय में और 1941 की अंतर्राष्ट्रीय राजनीति के संदर्भ में लिखी कविता में यह आशा अतिरंजित ही हो सकती थी पर इसका खरापन निर्विवाद है।

इसकी तुलना में 'दुख नहीं मिटा' और 'अकाल' जो केवल दो वर्ष बाद लिखी गई उस समय के घोषित प्रगतिशील साहित्य की सरलीकृत आशाओं से कहीं ज़्यादा अलग एक गहरे कवि-हृदय का परिचय देती हैं। इसी गहराई को शमशेर के नाम के साथ कैसे भी जुड़ने की इच्छा से बहुत-से शब्द ख़र्च करके 'ऐंद्रजालिक' आदि कहा जाता रहा है।

बात बोलेगी में अनेक घटनाओं को शीर्षक देकर लिखी हुई कविताएँ हैं, अनेक व्यक्तियों के नाम पर कविताएँ हैं। दोनों कवि के तरल व्यापक प्रेम की उपज हैं। वह इन सबसे जन्मतः जुड़ा हुआ है, उसे साधारण आदमी की या आम आदमी की पहचान करने की ज़रूरत नहीं पड़ती। वह सब इन घटनाओं में जैसे 'सत्ताईश मई सन चौंसठ' या 'नाविकों पर बमबारी' में और व्यक्तियों में जैसे कामरेड रुद्रदत्त भारद्वाज, कामरेड नगेंद्र सकलानी, गजानन माधव मुक्तिबोध, सज्जाद ज़हीर, काजी नज़रुल इस्लाम में प्रकट हुआ है। यही प्रेम उन अगणित कविताओं में भी है जिन्हें बहुत रहस्यमयी जानकर एक दूसरी श्रेणी, अराजनैतिक श्रेणी, में रख दिया जाता है। यह ग़लत समझ है इसका अहसास शायद कुछ पाठकों को 'अमन का राग' (1952) या 'और प्रलय कैसे होती है?' या 'वकील करो' पढ़कर हो सकेगा। इसी संग्रह में 'राष्ट्रीय संघर्ष तेज़ होता गया' के उपशीर्षक से प्रकाशित कविताएँ एक स्तर पर जीवन से साक्षात्कार की कविताएँ हैं और 'हवा ही सही' उपशीर्षक के अंतर्गत दूसरे स्तर तथा 'दुनिया में अमर के लिए' के अंतर्गत एक और स्तर पर कवि की चेतना विस्तृत होती है। ये सब कुल कवि के रूप हैं। एक ओर ये कविताएँ कवि के सतत जाग्रत और संवेदनशील रहने के परिणाम हैं और दूसरी ओर ये उसके कविकर्म के विकास के प्रमाण हैं। किसी अन्य समकालीन कवि ने अपने समय के साथ और इतिहास के साथ इस तरह का जीता-जागता रिश्ता नहीं जोड़ा है, और इसीलिए शमशेर को छायावादी दिमाग़ में जानेवाले आलोचक अभी तक समझ नहीं पाए हैं। विचित्र बात यह है कि ऐसे ही दिमाग़ी को बहुधा नागार्जुन के काव्य में तात्कालिकता जल्दी समझ में आ जाती है, जबकि शमशेर की विशाल समसामयिकता की झलक पाकर वे कुंठित हो जाते हैं।

बात बोलेगी, शमशेरबहादुर सिंह, 1981, मूल्य 28 रु., पृष्ठ 123, संभावना प्रकाशन, रेवती कुंज, हापुड़—245101

[*दिनमान* में प्रकाशित पुस्तक-समीक्षा *यथार्थ यथास्थिति नहीं* में संकलित]

विपिन अग्रवाल

विपिन अग्रवाल के चले जाने से एक आसान वाक्य यह ज़बान पर आता है कि समय एक-एक कर हमारे लेखकों को उठाए ले रहा है। इस दुख से हतसंज्ञ हम क्षण भर को एक महत्त्वपूर्ण सत्य भूल जाते हैं। वह यह कि जिनके चले जाने पर हम समय को कोस रहे हैं उन सबने एक बड़े ऐतिहासिक दौर में प्रकट-अप्रकट परस्परावलंबन के साथ रचना कर्म अवश्य आरंभ किया था पर उनके अलग-अलग व्यक्तित्वों को यदि हम शुरू से नहीं जानते थे तो उनके विकास के साथ-साथ जानने लगे थे। आज उनकी मृत्यु के समय इतिहास से हम यह बेईमानी कर रहे हैं कि उन सबको एक वर्ग में बाँधकर दाख़िल दफ़्तर किए दे रहे हैं। यह साहित्य के विकास को गँवारों की तरह समझना तो है ही, खुद साहित्य को अपढ़ों की-सी व्यावसायिक जल्दी से निबटा देना भी है।

ऐसे ही क्षणों में साहित्यकारों को व्यक्तिगत संबंधों की फिर से याद करनी चाहिए और खुद अपनी यात्रा में अपने सहयोगियों से व्यक्तिगत के अलावा साहित्यिक रिश्तों की भी जाँच करनी चाहिए। हिंदी के लेखक के मरते ही शोकांजलियों और श्रद्धांजलियों द्वारा जो पुरस्कार वितरण होने लगता है कम से कम आधुनिक चेतना के कवि तो उसमें साझेदारी न करें।

विपिन इलाहाबाद में एक दिन पैदल चलते-चलते अचानक भयंकर थकान के मारे आधे रास्ते पर बैठ गए थे।

हिंदीवालो, यह कोई रूपक नहीं है, ठोस वस्तुस्थिति का बयान है। तुरंत उन्हें अस्पताल ले जाया गया, मशीनों ने कोई त्रासद अवस्था नहीं बताई। पर वह थकान बनी रहने पर चिंतातुर घरवालों और मित्रों ने अन्य परीक्षण कराए और बाईपास सर्जरी के लिए विदेश जाने का विचार होने लगा। दिल्ली में डॉ. उमेश गुप्त के अस्पताल में जाँच हुई तो मालूम हुआ कि दिल का एक हिस्सा करीब-करीब बिलकुल निष्क्रिय और दूसरा अंशतः काम कर रहा है। शामक औषधियाँ देकर बाईपास सर्जरी के लिए विपिन के शरीर को सहारा दिया गया और पत्नी एवं लड़कों के साथ डॉ. गुप्त सहित विपिन अमेरिका रवाना हो गए। जिस वार को उनका जहाज़ उड़ा उसके एक दिन पहले तीन घंटे मुझसे बातें करते रहे पर अपने पर यह अत्याचार दो दिन से कर रहे थे और मित्रों को फ़ोन से ख़बर करके मिलने बुला चुके थे। अप्रैल के शुरू में पहला आपरेशन सफल हुआ और टाँके सी दिए गए पर उसके बाद लगभग तीन सप्ताह कभी कृत्रिम साँस, कभी कृत्रिम हृदय स्पंदन की सहायता से पलटे खाते, बूड़ते-उतराते जीवन को रखे हुए प्राणरक्षा के हित में तीन सप्ताह में दो बार आपरेशन के बाद विपिन ने पत्नी को इशारे से कहा मैं थक गया हूँ, अब रहने दो।

हिंदी के अख़बारों में, जो दिल्ली में मैं प्राप्त कर पाता हूँ, इस जीवन संग्राम में सहानुभूति जुटानेवाला कोई समाचार अप्रैल से अब तक पढ़ने को नहीं मिला था। हाँ, उमेश गुप्त को खोजकर उनसे अमेरिका के अस्पताल में रोगी विपिन की जीवन यात्रा का वृत्तांत मिला। पर यह सब निरा समाचार है, ऊपर से अधूरा भी हो तो अजब नहीं। इतना और बताना ज़रूरी है कि विपिन का दाह-संस्कार वहीं अमेरिका में ही किया गया। उनकी अस्थियाँ इलाहाबाद में विसर्जित की गईं। पुत्री ने, जो अमेरिका में रहती है, इलाज की सारी व्यवस्था की।

कहा नहीं जा सकता कि यह हमारी कविता की दुरवस्था है या पत्रकारिता की कि एक विख्यात कवि के मारक रोग, उपचार और अंत, तीनों की कोई सूचना समाचार माध्यमों तक पहुँचाने का कोई कारगर उपाय नहीं दिखा जबकि इलाहाबाद से लेकर दिल्ली तक अख़बारों में अनेक कवि लोग रोज़ी के वास्ते पत्रकारिता करते पाए जाते हैं।

विपिन अग्रवाल की भाषा में हमारे दौर के यथार्थ की सूक्ष्म समझ थी। उसके रहस्यों को वह यथार्थ के स्तर पर ही कविता में खोल देते थे, दर्शन और विज्ञान में जाकर यह उद्घाटन करने की

उन्हें ज़रूरत न थी। क्या इसी से कठमुल्ला यथार्थवादियों ने और वृथाभावुक क्रांतिकारियों ने उन्हें पहचाना नहीं या सिर्फ़ इतना ही था कि साहित्य की राजनीति में वह अपने को उपयोगी बनाकर दिखानेवाले आदमी नहीं थे। विपिन अग्रवाल वैज्ञानिक थे और कल्पनाहीन वैचारिक व्यक्ति नहीं थे जो हर सत्य को अंतिम समझता है। परंतु उनके विचार और आचरण में दूसरों के लिए संस्कारजन्य समझ थी और मानवीय धीरज था। उनके घर के सरल स्वच्छ निराडंबर परिवेश में उनके परिवार के व्यक्तित्व की प्रतिच्छायाएँ रहतीं परंतु अतिथि की आज़ादी में हस्तक्षेप नहीं करतीं। विपिन मानो अपनी चिरपरिचित प्रबुद्ध मुस्कान के सहजभाव से विलय हो जाने पर पूछते हुए लगते—और कुछ कर सकता हूँ आपके लिए तो बताइए।

वह मुझसे उम्र में दो साल छोटे थे जैसे हमउम्र लोग अकसर शरारतन कभी बड़े कभी छोटे पैदा हो जाया करते हैं। यह मज़ाक हम दोनों चुपचाप समझते थे मगर इस पर बात कभी नहीं होती थी। आख़िरी भेंट में जब उन्होंने अपने साहित्य कर्म के एकांत का अविचलित भाव से वर्णन किया तब भी उम्र का कोई ज़िक्र नहीं आया। दिल्ली में मेरे से बिदा लेते वक़्त उनका देर तक हाथ में हाथ दबाए रहना ही एकमात्र संदेश था पर उसमें आयु का कहीं अपराधबोध नहीं था। विपिन सच्चे सर्जक थे। कालातीत अनुभवों को अपने को बताए बिना जी सकते थे। पर उसका जितना कुछ साहित्य में वह दे गए हैं वह हिंदी की बहुत-सी संप्रदायवादी (हिंदू-मुस्लिम नहीं) धाराओं से परे एक लौकिक धारा की परंपरा है जिसकी आधुनिकता को भी हिंदी का प्रतिष्ठान समझ नहीं पाया है क्योंकि कवि में आधुनिकता का पाखंड नहीं है। कविता की समझ, उनमें इस दौर के सब कवियों से अधिक सूक्ष्म और प्रखर थी। कुछ महीने पहले अपनी किसी दिल्ली यात्रा में मेरे घर पर बैठकर मेरी पांडुलिपि से कई कविताएँ सुनकर उन्होंने अनेक में बड़े-बड़े संशोधन सुझा दिए थे। पांडुलिपि प्रेस में देते समय उनमें से कुछ को अंतिम रूप देने के विचार से अपने साथी कवि से दोबारा मिलना संभव नहीं हुआ। पर इतना मैं फिर एक बार समझ पाया कि कविता में फालतू अर्थ कम होते हैं फालतू शब्द ज़्यादा। उदाहरण के लिए मेरी एक कविता की प्रथम पंक्ति में यह पढ़कर कि 'नब्ज़ देखता है। एक बूढ़ा और अपने को सदा सच मानने वाला हकीम।'—उन्होंने कहा कि पंक्ति में से 'एक' निकाल दो और 'हकीम' हटा दो क्योंकि इन शब्दों का अर्थ कविता में चाहिए पर इनके न रहने पर ही कविता उसे ग्रहण और प्रेषित कर पाती है।

वह बहुत-से सभ्य लोगों की तरह निरामिष भोजन करते थे पर बहुत कम आधुनिक लोगों की तरह जानते थे कि वह ऐसा क्यों करते हैं। कुछ वर्ष पहले जब लंदन के कुछ गाँधी-अनुयायियों ने कहा कि मांस न खाने से धर्म का कोई संबंध नहीं, यह वर्जना मांस के व्यापार में निहित फ़ासीवाद के विरुद्ध है तो विपिन ने अपनी थाली की दाल का मज़ा लेते हुए कहा, मुझसे पूछो कि मैं मांस क्यों नहीं खाता। कारण यह है कि हमें सृष्टि की संरचनाओं में से किसी न किसी को क्षुद्र या महान उद्देश्यों का नाम लेकर कभी न कभी विसर्जित करना पड़ सकता है। जीव इन संरचनाओं में से सबसे अधिक समग्र और संश्लिष्ट संरचना है और उसमें से भी देह में वास करनेवाला जीव अद्वितीय है। मुझे हरी पत्ती को भी नष्ट करते दुख होता है पर जानवर को (या फिर मनुष्य को) नष्ट करना तो परम अवैज्ञानिक है।

[*रविवारी जनसत्ता*, 'अर्थात्', 30 जुलाई 1989]

गणेश स्मृति

गणेश शंकर विद्यार्थी 1931 के कानपुर के जिस हिंदू-मुसलमान दंगे में मारे गए थे वह उस समय हो रहा था जब भगतसिंह की फाँसी के शोक में हड़ताल कराई जा रही थी। विद्यार्थी की संक्षिप्त जीवनी में जो उनके बाद उनके बड़े भाई शिवव्रत नारायणजी ने लिखी, उल्लेख है कि हड़ताल में लोगों से कहा गया कि इक्का-बग्गी पर सवार होकर न चलें और दूकानें बंद रखें। दंगों का यही ऊपरी कारण था। भगतसिंह को फाँसी 23 मार्च को लगी थी। हड़ताल 24 मार्च से शुरू हुई थी। 25 मार्च 1931 को भयंकर दंगा शुरू हुआ और चार दिन तक अराजकता रही। इसी बीच 25 को जब विद्यार्थीजी लोगों को समझाकर, उत्तेजना को रोककर लोगों की रक्षा कर रहे थे, न दंगाइयों ने उनकी बात सुनी न इन्होंने अपने बचानेवालों की बात सुनी जो इन्हें सुरक्षित स्थान में खींचकर ले जाना चाह रहे थे। विद्यार्थीजी ने कहा, मैं भागकर जान नहीं बचाऊँगा। इस बात को इनके मारनेवालों ने भी नहीं समझा और एकसाथ ही उन पर अनेक अस्त्रों से वार हुए। वे मारे गए। सवेरे जब जानें बचाने और लूटमार रोकने के लिए घर से नंगे पाँव निकले थे तो पत्नी से कह गए थे, तुम व्यर्थ ही घबराती हो, जब मैंने किसी की बुराई नहीं की तब मेरा कोई क्या बिगाड़ेगा। 'ईश्वर मेरे साथ है।'

1920 से 30 के दौरान देश में असहयोग आंदोलन के मध्य गणेश शंकरजी पर ब्रितानी सरकार ने पहले से ज़्यादा सख़्ती शुरू कर दी। *प्रताप* साप्ताहिक का प्रकाशन नवंबर 1913 में आरंभ हो चुका था। गंभीर संपादकीय लेख, अत्याचारियों के अत्याचार की निर्भीकतापूर्ण आलोचना, दीन किसानों और दीन-दुखी मज़दूरों की दर्दभरी पुकार के कारण *प्रताप* लोकप्रिय होता जा रहा था और साथ ही अपनी कड़ी आलोचना के कारण अधिकारियों और पूँजीपतियों की आँखों में काँटे की तरह चुभने लगा था। जून 1918 में *प्रताप* की ज़मानत ज़ब्त हुई, पर वह एक ट्रस्ट के अधीन फिर निकलने लगा। इसके बाद ज़मानतें माँगी जाने और जेल तथा मुचलकों का सिलसिला शुरू हो गया।

यह जानकारी विद्यार्थीजी की जीवनी से उद्धृत की जा रही है जो सुरेश सलिल ने उनकी 1922 की जेल यात्रा की डायरी का उद्धार करके पुस्तक रूप में संकलित की है। *गणेश शंकर विद्यार्थी की जेल डायरी* शीर्षक से यह पुस्तक 1981 में प्रवीण प्रकाशन, नई दिल्ली ने प्रकाशित की थी। 26 अक्टूबर 1890 को जन्मे विद्यार्थीजी की शतवार्षिकी की बेला में यह पुस्तक एक समग्र व्यक्तित्व का स्मरण कराती है जिसमें जनसंगठन, आंदोलन, स्वतंत्र पत्रकारिता, स्वाधीनता, और त्याग की वह कारयित्री प्रतिभा थी जो बीसवीं शताब्दी के भारत की उपलब्धि है। इस प्रतिभा को इसी बीसवीं शताब्दी के अवसान के वर्ष में हमने बीसवीं शताब्दी की यूरोपीय पहचानों के आगे भुला दिया है और आधुनिकता को व्यावसायिक मैनेजरी की चिंता के रूप में देखा-दिखाया है। इस फेर में पड़कर इक्कीसवीं शताब्दी में यदि हम गणेश शंकरजी की स्मृतियों को अतीत के एक और प्रमाणपत्र की तरह ले जाना चाहेंगे तो वर्तमान के साथ छल होगा। गणेश शंकर विद्यार्थी हमारा अतीत नहीं है, वर्तमान है जिसमें उन्हीं मूल्यों और मानव संबंधों के लिए संघर्ष जारी है जो हमने बीसवीं शताब्दी में स्वाधीनता संग्राम के अंतर्गत किया है।

यह जेल डायरी 31 जनवरी से 17 मई 1922 तक लखनऊ जेल में लिखी गई थी। इस जेल प्रवास का विशेष कारण यह था कि 1920 में, जब *प्रताप* दैनिक हो चुका था, अवध के किसानों पर ताल्लुक़ेदारों और ज़मींदारों के अत्याचार के कारण संघर्ष हो गया। किसान गोली के शिकार हुए। विद्यार्थीजी ने *प्रताप* के द्वारा विरोध किया। विद्यार्थीजी और प्रकाशक शिवनारायण मिश्र को तीन-तीन महीने की जेल हुई। जेल तो निस्संकोच गए, पर मित्रों ने मई 1921 में ज़मानत देकर उनको छुड़ा लिया। ज़मानत और मुचलके से बँधे हुए रहने के कारण विद्यार्थीजी आंदोलन में शामिल नहीं हो पा रहे थे, इसलिए अक्टूबर 1921 में अपनी ज़मानत और मुचलके को रद्द करने की अर्ज़ी दी और आत्मसमर्पण

कर दिया। नतीजा था अक्टूबर 1921 से मई 1922 तक जेल प्रवास। इसी बीच 31 जनवरी 1922 से यह डायरी लिखी गई, जो अंततः गणेशजी की पुत्री विमलाजी के सौजन्य से सलिल द्वारा प्रकाश में आई।

प्रकाशित डायरी में देश में असहयोग आंदोलन के दौरान सेनानियों और सैनिकों के चरित्र का स्फुट तथापि सूक्ष्म अध्ययन झलकता है। विद्यार्थी गृहस्थ थे और आत्मत्याग को उन्होंने गृहस्थ योद्धा का कर्तव्य माना था। मन से वे भावप्राण थे, पर भाषा का अतिरेक उनके लिए वर्जित था। वे यथार्थ को निर्मम होकर देख सकते थे। पाँच फरवरी 1922 को उन्होंने लिखा था कि बहनोई, भाई, माँ, पत्नी और बच्चे मिलने आनेवाले थे पर "दाई को बुख़ार आ गया इसलिए नहीं आ सके। कानपुर में प्लेग है इसलिए चिंता की बात हो सकती है। परंतु चिंता करने से क्या लाभ? मेरे चिंता करने या बाहर होने से कोई होनेवाली बात टल तो सकती ही नहीं ..."

मानव व्यवहार के जो दृश्य उन्होंने जेल में देखे थे वे एक बड़े राजनैतिक आंदोलन में लगे हुए लोगों में उचित-अनुचित के विवेक की समझ या उसके अभाव को दिखाते हैं। एक जगह विद्यार्थीजी ने लिखा है, ... "मैंने सुना था कि क़ैदी वर्षों से जेल में होने के कारण निर्लज्ज और पाशविक हो जाते हैं ... यहाँ आजकल विमेन आफ़ इंडिया (सचित्र), 'प्रभा' का फरवरी अंक और अनेक भद्दे रसीले चित्रों की पुस्तकें (साहित्यिक) रस कुसुमाकर मौजूद हैं। उसके चित्र पढ़े-लिखे लोग घंटों शौक से देखते हैं और निर्लज्ज भाव और वाक्यों को प्रकट करने में संकोच नहीं करते। सेंट्रल जेल के पुराने क़ैदियों और नए बाबू क़ैदियों में अंतर केवल कुछ थोड़ा-सा ही सभ्यता का रह जाता है।"

फरवरी 1922 का तो पूरा पृष्ठ यहाँ उद्धृत करने लायक है, "कल एकादशी का व्रत रखने के कारण आज चार लोगों को बेतरह भूख लगी हुई थी इसलिए बहुत सवेरे भोजन तैयार हो गया था। यह ख़बर थी कि डॉक्टर इबराहीम हई कल छूटेंगे। इसलिए हम लोगों ने उनहें दावत दी थी। परंतु हई के मुँह में खाना न धँसा। अंडा और मुर्गा खानेवाला आदमी साधारण अन्न और भात कैसे खा सके। की थी दावत और हो गई अदावत। अंत में बेचारा किसी तरह से चार कौर खाकर उठ बैठा। यह आदमी भी विचित्र जीव है। सदा जेलर की दाढ़ी उखाड़ने और सबसे लड़ने-भिड़ने को तैयार। लड़कपन इसमें इतना कि हर काम में प्रकट होता है। न कोई ज़िम्मेदारी और न कोई संजीदगी। ज़बान बिलकुल बेलगाम। अब बाहर जाएँगे और बड़े भारी नेता कहलाएँगे। पब्लिक सम्मान की विचित्र महिमा है।" इस डायरी में आत्मसंघर्ष और आत्मालोचन के उद्गार मिलते हैं पर आत्मदया और परनिंदा के नहीं। वे इसमें हैं ही नहीं क्योंकि लेखक के व्यक्तित्व में वे नहीं हैं। स्वाधीनता संग्राम में चरित्र निर्माण का संघर्ष, जो प्रत्येक आंदोलनकारी को माँजता रहता है, गणेश शंकरजी को अपना और अपने समाज का विश्लेषण करना सिखा रहा था। उन्होंने लिखा : "11 फरवरी को कुछ स्वयंसेवकों ने जेलर पर हमला कर दिया और उसे जूता-थप्पड़ मारा। इसके बाद चार-पाँच स्वयंसेवक पकड़े गए। बेड़ियाँ डालकर उन्हें सेंट्रल जेल भेज दिया गया। यहाँ दो को वार्डर लोगों ने खूब पीटा। दोनों ओर से कायरता के कार्य हुए। जेल का शासन बिलकुल वैसा ही है जैसा कि देश का शासन होता है। धूर्तता और दमन का राज्य है। इधर वालंटियर जो आए हैं उनमें भी वही निकृष्टता है ... "

5 मई 1922 को गणेशजी लिखते हैं : "अपनी पुरानी विचार शैली पर ध्यान देते हुए बड़ा परिवर्तन दिखाई देता है। रायबरेली केस के दिनों में मुझमें घमंड-सा था। ईश्वर के सम्मुख सत्पथ बने रहने का गर्व था। ख़्याल था जो हो अपना दोष नहीं इसलिए क्यों गिड़गिड़ाऊँ। निश्चय था कभी नहीं गिड़गिड़ाऊँगा। आज वर्ष भर से अधिक से बहुत-सा ऊँचा-नीचा देख लेने के पश्चात्, अपने पक्ष के सत्य और असत्य को जान लेने के बाद सारी शेख़ी हवा खाने चली गई। और, चारों ओर की मारामार ने निर्बल हृदय को और भी इतना निर्बल बना दिया कि न केवल वह बुरी तरह गिड़गिड़ाता भर है, परंतु किसी स्थल पर किसी समय स्थिर होने का नाम ही नहीं लेता। यह भी कैसी बुरी दशा है। भगवान, दया कीजिए।"

इस जेल डायरी में गणेशजी ने भगवान की याद कई बार की थी। परंतु उनकी प्रार्थना इहलौकिक कर्तव्य के लिए आत्मबल माँगने की प्रार्थना थी। पत्नी और बच्चों के साथ अदृश्य रूप में वह प्रार्थना जारी रहती थी जिसमें उनके कुशल की चिंता अनिवार्य थी परंतु विघ्न मुक्ति का संतोष उन्हें बार-बार अपने धर्म की ओर ले जाता था। यह इहलौकिक धर्म था। 7 फरवरी 1922 के उनकी डायरी के पन्ने से गणेशजी का समग्र व्यक्तित्व उजागर हो जाता है : "प्रकाश (पत्नी) का पत्र आज मिला। हरि (पुत्र) अच्छा है। परमात्मा के चरणों में अत्यंत विनय से बारंबार प्रणाम। बहुधा अपनी कमज़ोरियों और पापों पर दृष्टि डालते हुए यह मालूम पड़ता है कि मुझे जो कुछ भी प्राप्त है वह बहुत है और मैं इसके योग्य भी नहीं। इसलिए प्रकृति के जिस अंचल में जो कुछ मिले उसके लिए कृतज्ञता से सर झुकाना और जो कुछ छिन जाए उसकी शिकायत की बात मुँह से न निकालना अपना धर्म समझता हूँ। इस धर्म का पालन कहाँ तक होता है वह दूसरी बात है। संसार में क्या होना चाहिए और क्या हो रहा है, यह विवेचन बड़ा कौतूहलजनक है। विचार और कार्य के भेद कम होने के लिए ईश्वर से प्रार्थना करना सच्चे आदमी का काम अवश्य है। ईश्वर सच्चे आदमियों की श्रेणी में होने के लिए बल प्रदान करे।"

[*रविवारी जनसत्ता,* 'अर्थात्,' 19 नवंबर 1989]

साशा सेंकेविच

पिछले दिनों रूसी कवि, आलोचक और अनुवादक अलेक्सांद्र सेंकेविच दिल्ली में फ़िरोज़शाह रोड पर सोवियत संस्कृति भवन में भाषण करने आए थे। विषय था 'आज की हिंदी कविता में स्वाधीनता की अवधारणा' भारतीय साहित्य की परंपरा और विश्व के समकालीन साहित्यों के संदर्भ में। उन्होंने अपनी बातें कहीं। इनमें से दो वाक्य मैं यहाँ उद्धृत कर रहा हूँ। ऐसा नहीं कि ये हिंदी के पाठकों को बिलकुल नए लगेंगे मगर इनका अपना महत्त्व है। रूसी समाज में इस समय जारी वैचारिक उथल-पुथल में सेंकेविच ने ग्लासनोस्त और पेरेस्त्रोइका का पक्ष लिया है और साहित्य को घटिया मूल्यों की जकड़बंदी से छुड़ाने के उनके अभियान ने अब कम से कम इतना हासिल कर लिया है कि उन्हें विश्व के साहित्यिकों से उनके देश जाकर प्रत्यक्ष मिलने का अवसर मिल रहा है। इस बार की भारत यात्रा में दो-तीन महीने लगाकर अपने अध्ययन और शोध की सामग्री एकत्र करेंगे।

पिछले बीस वर्षों के परिश्रम से उन्होंने आधुनिक हिंदी कविता के चुने हुए उदाहरणों का अनुवाद किया, हिंदी, बांग्ला और तमिल साहित्यिकों की सामाजिक चेतना का अध्ययन किया और अभी पिछले वर्ष आधुनिक हिंदी साहित्य के विश्लेषण पर एक ग्रंथ प्रकाशित किया। आजकल वह भारतीय प्रेम कविता का रूसी अनुवाद कर रहे हैं।

पर वे दो वाक्य जो मैं उद्धृत कर रहा था, महत्त्वपूर्ण हैं। दोनों दिखाते हैं कि हिंदी के प्रगतिशील लेखकों और विद्वानों ने प्रगतिशील मानदंडों की जो समझ फैला रखी है वह कितनी अयथेष्ट है। विश्व के प्रगतिशील साहित्य की आलोचनात्मक समझ से प्रभावित हो और अपने समाज के अनुभवों से पुष्ट एक रूसी युवा सहृदय आलोचक कहता है कि कवि का यथार्थ वही है जो वह अपने लिए रचता है और हर कवि अपने लिए एक अद्वितीय संसार की रचना करता रहता है।

हमारे यहाँ के घटिया जनवादी इसे पूँजीवाद का समर्थन मानने को तैयार हों तो आश्चर्य नहीं। पर यह ऐसा कुछ पूँजीवाद है नहीं। यह उसी जकड़बंदी को तोड़ने का परिणाम है जो चेशेस्कू के रूमानिया में और स्तालिन के रूस में थी और जिसे गोर्बाचेव ने तोड़ा है।

अलेक्सांद्र सेंकेविच ने जिन्हें उनके मित्र 'साशा सेंकेविच' कहते हैं, अपने भाषण के बाद श्रोताओं के प्रश्नों के उत्तर देते हुए जब एक बार यह कहा कि रूस में ख़ुश्चेव ने जितना दमन किया उसकी तुलना में चेशेस्कू का दमन कम ही कहना चाहिए तो सभा को यह सनसनीख़ेज़ कथन जान पड़ा। पर साशा पूरी मानवीय और रूसी निष्ठा से यह विचार प्रकट कर रहे थे।

वास्तव में हमारे श्रोता अनुमान नहीं कर सकते थे कि पिछले दो दशकों में सोवियत संघ में सत्ता के केंद्रीकरण, हथियारों के विरोध, प्रकृति के स्वार्थवादी विनाश और मानवीय परंपराओं के विध्वंस के विरोध में कितना व्यापक आंदोलन चलता रहा है और सोवियत संघ की दीवारों के पार से अनेक रूपों में प्रवेश करने में समर्थ वस्तुतः जनवादी चेतना की कितनी जड़ों ने सोवियत संघ की धरती में पानी को पहचान लिया है।

दिल्ली के भाषण के पहले बंबई में साशा ने इसके कुछ उदाहरण दिए थे, जो प्रकारांतर से साहित्य और शिल्प के एक और ही सार्वजनिक अर्थ को उजागर करते हैं। बंबई में साशा ने कहा था कि रूस में भारतीय फ़िल्मों का प्रचार और स्वीकार क्यों संभव हुआ इसका रहस्य यह है कि वे स्वाधीनता, प्रेम, मृत्यु और रागात्मक जीवन की वैचारिक भावनाओं को ऐसे समय प्रकाशित कर रही थीं जब सोवियत समाज में व्यक्तित्व का आदर नहीं रह गया था। इन भावनाओं के पीछे छिपे मूल्यों में सोवियत जनता ने तादात्म्य पाया और विचारधारा के बनाए प्रतिमानों को नहीं बल्कि मानवीय स्वाधीनता को महत्त्व दिया। युवा वर्ग में यह समझ जागी कि ये भावनाएँ हमारी दमित आकांक्षाओं के अर्थ खोलती हैं।

उन दिनों वह रूस में कविता के माध्यम से स्तालिनवादी दमन का विरोध कर रहे थे। उनकी कविताएँ रूस में मुश्किल से छपती थीं पर वे उनको टेपांकित कर भारतीय मित्रों के हाथ बाहर भेजते थे।

उधर जाने-माने हिंदी कवियों की रचनाओं के अनुवाद करके वह उन्हें सोवियत पाठकों में प्रचारित भी कर रहे थे क्योंकि उन्हें लगता था कि इन कवियों की कविताएँ उनके देश में दमन और भ्रष्टाचार से त्रस्त पाठकों को भी शक्ति देंगी।

उनकी इस टिप्पणी से इस बात की गहराई समझ में आती है कि राजकपूर ने *आवारा* फ़िल्म सोवियत संघ के लिए नहीं बनाई थी पर उसमें जो कुछ भी मानवीय था वह सोवियत जनता ने पहचाना, भले ही वह भारत में एक उपभोक्तावादी संस्कृति के प्रचार के लिए तैयार किया गया हो। दूसरी ओर हिंदी में दमन और भ्रष्टाचार के विरुद्ध जो कविता लिखी गई थी वह भारत के शासकों की संस्कृति के विरोध में थी, रूस की वास्तविकताओं को लक्ष्य करके नहीं लिखी गई थी। पर उनमें सोवियत पाठकों ने अपनी स्वाधीन मानवीय आत्म को पहचाना।

साशा कहते हैं—हम सोवियत संघ में अब अपने सामाजिक प्रश्नों को कविता के माध्यम से हल करने पर निर्भर नहीं हैं। इन विषयों पर बहस, संवाद और आदान-प्रदान हम करने लगे हैं ··· सोवियत संघ में स्वाधीनता का आंदोलन अब उतना तीव्र नहीं है जितना ब्रेज़नेव के समय में था पर अब हम पचास प्रतिशत स्वतंत्र समाज बन गए हैं और शक्ति पाने के लिए कविता सुनने के स्थान पर हम स्तालिन, ब्रेज़नेव, गोर्बाचेव अथवा किसी के भी साथ सवाल-जवाब कर सकते हैं।

सेंकेविच पचास वर्ष के हो गए हैं। आज से बीस साल पहले मैं अपनी पहली मस्क्वा यात्रा पर उनसे मिला था। मरियम सलगानिक ने जो उन दिनों विदेश सांस्कृतिक संबंध के विषय में सोवियत लेखक संघ की गतिविधियाँ संचालित करती थीं, मुझे उनसे यह कहकर मिलवाया था कि नए लेखकों और आलोचकों में यह विशेष प्रतिभाशाली हैं। इनसे मिलना आपको अच्छा लगेगा। अच्छा अवश्य लगा था क्योंकि हिंदी कविता को वह खोज-खोजकर पढ़ रहे थे और जागरूक थे।

अपने कई युवा साथियों से जिनमें चित्रकार भी थे, उन्होंने मुझे मिलवाया और लेखक संघ के

अतिथि के रूप में एक महीने के रूस-प्रवास में इन्हीं युवा लेखकों की बदौलत मैंने रूसी समाज और उसकी आकांक्षाओं को प्रत्यक्षतः पहचाना। इसके पाँच वर्ष बाद जब मैं फिर सोवियत संघ गया तो पाया कि उन युवा लेखकों में से कुछ प्रतिष्ठित हो चुके हैं और कई अन्य लेखक भी सेंकेविच के मित्र बन गए हैं। सेंकेविच पहले की तरह हिंदी कविता पर और इसके अलावा पूरे भारतीय साहित्य पर अन्वेषी दृष्टि रखे हुए हैं।

अब 50 वर्ष के होने पर सेंकेविच को स्वल्प संतोष है कि उनका अध्ययन सफल हो रहा है और हमको प्रतीक्षा है कि उनकी नई पुस्तक सोवियत साहित्य और समाज का सच्चा मानवीय चेहरा और भी अधिक कब दिखाएगी। फ़िलहाल उन्होंने किसी भेंटवार्ता में बताया है कि खुद अपनी कविताएँ तो वह लिख ही रहे हैं उन्होंने एक पुस्तक भी तैयार की है जिसमें साठ और सत्तर के दशक के जागरूक रूसी कवियों का अध्ययन है। ऐसे बीस कवि हैं जिनका ब्रेज़नेव के शासनकाल में दुखद अंत हुआ। कुछ नाम मुझे ऐसे भी मिले जिन्हें कोई नहीं जान पाया था। आज यदि वे जीवित बचे रह गए हों तो वृद्ध हो चुके होंगे। पुस्तक में इनके लगभग सौ मित्रों, सहकर्मियों, विधवाओं और पड़ोसियों से भेंटवार्ताएँ हैं। वह मेरे जीवन की श्रेष्ठतम कृति है।

[*जनसत्ता*, 'अर्थात्', 18 फरवरी 1990]

सही अर्थ में मसिजीवी

मेरे समवयस्क तो ऐसा सोचते ही होंगे, मुझसे वय में बड़े व्यक्तियों ने भी अकसर कहा है कि जीवन के साथी एक-एक कर विदा होते जा रहे हैं। यह टिप्पणी करने का हर उस व्यक्ति को अधिकार है जिसने अपने कार्यरत जीवन के सक्रिय दौर में पाया था वह जो कुछ कर रहा है अकेले नहीं कर रहा है। नागरजी का 74 वर्ष में जीवन पूरा कर चले जाना मेरे जैसे 14 वर्ष छोटे व्यक्ति के लिए अकेले पड़ जाने का दुख छोड़ गया है तो यह हमारे आज के समय की विशेष रचनाधर्मिता का ही प्रमाण है। आज़ादी के बाद के हिंदी उपन्यास में अमृतलाल नागर, भगवतीचरण वर्मा और यशपाल ने हमारी स्वातंत्र्य कामना का इतिहास जिस तरह दर्ज किया है वह उनकी अगली पीढ़ियों को अनुप्राणित करता रहा है। ये तीनों दिग्गज उत्तरप्रदेश के लखनऊ नगर में ही क्यों रहकर रचना करते रहे इसके ऐतिहासिक कारणों में स्वयं उत्तरप्रदेश की भूमि, हिंदी की राष्ट्रीयता और तीनों की भारत के स्वतंत्रता संग्राम से गहरी संपृक्ति तो रही ही होगी। पर इन तीनों से दो दशक छोटे इस लेखक को आज अपने अपूर्ण जीवन के उत्तरार्द्ध में भी ऐसा क्यों लगता है कि नागरजी के चले जाने से लखनऊ के और हिंदी के उस ऐतिहासिक योगदान का वाहक अब कोई नहीं रहा?

मेरे मन में नागरजी की पहली स्मृति उनके चौक मोहल्ले के दोमंज़िले घर में एक छोटी-सी गोष्ठी की है जहाँ कृष्णनारायण कक्कड़ के साथ मैंने निराला की नई प्रकाशित कविताएँ सुनी थीं—किसने पढ़कर सुनाई थीं यह याद नहीं पड़ता, पर इतना याद है कि 'अट नहीं रही है आभा फागुन की' और 'बाँधो न नाव इस ठाँव बंधु' उनमें थीं। इतना आत्मीय वातावरण था कि कोई वैचारिक स्मृति उस दिन की रह नहीं गई है। यह 1949-50 की बात है। इसके बाद लखनऊ की सहज सामाजिकता के बीच कभी कृष्णनारायण कक्कड़ के साथ, कभी *नवजीवन* संपादक ज्ञानचंद जैन के साथ होनेवाली किसी साहित्यिक गोष्ठी में तरह-तरह के साहित्यिकों के साथ नागरजी का स्नेह पाता रहा, मगर सचमुच की साझेदारी का अनुभव तब हुआ जब 1949-50 में प्रगतिशील लेखक संघ की गोष्ठियों में प्रगतिशीलता के संकीर्ण अरचनात्मक जकड़बंद रवैये के विरोध में एक दिन कृष्णनारायण कक्कड़ के नेतृत्व में हम

लोगों ने तत्कालीन मंत्री आले अहमद और प्रायः पूरे उर्दू लेखक समुदाय से विरोध कर लखनऊ लेखक संघ की स्थापना की। यशपाल और अमृतलाल नागर हम लोगों के साथ इस विभाजन में शामिल हुए। यह हिंदी-उर्दू का विभाजन नहीं था—साहित्य की सामाजिक ज़िम्मेदारी को व्यापक राजनैतिक दृष्टि से देखने और सँकरी लीक पर चलने में से सही रास्ते का चुनाव था। नरेश मेहता, कमलापति मिश्र, उमापति राय चंदेल, महेशचंद्र पंत, डॉ. देवराज और कालांतर में आए कई नए लेखक इस नए समूह के सदस्य बने। हमारा मत था कि वैज्ञानिक-सामाजिक चेतना के अनेक स्तरों पर विचार और कलात्मक अनुभव का संवाद होने से ही प्रगतिशील साहित्य उभर सकता है न कि पलटनी आलोचना की असंवेदनशीलता दोहराते रहने से। अमृतलाल नागरजी का और यशपालजी का वैचारिक समर्थन नई पीढ़ी को इस स्वल्प विद्रोह में मिला था और यह हमारी पीढ़ी के लिए एक बड़ी चीज़ थी। कुछ समय बाद जब मैं *प्रतीक* का सहायक संपादक होकर नई दिल्ली चला गया तो संपादक अज्ञेयजी के कहने पर मैंने नागरजी को *प्रतीक* के एक उपन्यास प्रयोग में शामिल होने का आग्रह किया। उसका नाम था 'बारह खंभा' जिसमें हर किस्त में एक उपन्यासकार को कथा को आगे ले जाना था। प्रयोग दिलचस्प था और सहकार खेल-भावना का तक़ाज़ा करता था। नागरजी ने इसमें एक किस्त लिखी थी और मज़े लेकर लिखी थी। तीन किस्तें पढ़ लेने के बाद उन्होंने मुझे लिखा—तीन खंभे जो अब तक मिले हैं वे तो कहानी को खोलते ही नहीं। आगे बढ़ने का नाम ही नहीं लेते। इसके बाद 15.10.51 को लिखा—"घर और दुनिया को लेकर बुरी तरह व्यस्त हूँ। चैप्टर (किस्त) समय से ही मिलेगा यह निश्चित है। ··· अज्ञेयजी को नमस्कार कहना ··· एक बात तो तै कर ली है। तुम्हारी हीरोइन को खंभों की दिल्ली से भगा ही ले जाऊँगा जिसमें आगे चलकर उसे कोई खंभों की भूल-भुलैया में न भटका सके।"

समय-समय पर कभी कहानी, कभी लघु उपन्यास, कभी यात्र वृत्तांत लिखने के लिए मैं उनसे आग्रह करता रहता था। *प्रतीक* के प्रकाशकों की लघु उपन्यास लिखने का निमंत्रण देने की एक योजना थी जिसमें शामिल होने को नागरजी राज़ी हुए—"छोटे उपन्यास की स्कीम पसंद है। मगर क्या साँस लेने के लिए थोड़ा समय देने की कृपा करोगे? इस तरह माँगने की आदत नहीं, मगर मजबूरी है और तुम अपने ही हो इसलिए शर्म नहीं आती।" उन्होंने अपने पत्र में लिखा।

नागरजी ने बहुत लिखा है और कई तरह के रंगों में लिखा है। सही अर्थ में वह मसिजीवी थे। लेखक के लिए ईमानदारी से लिखने की शर्त उनकी प्राथमिक मजबूरी थी। सारी दुनिया से जो सच्चे लेखक के जीवन में बेहिसाब हस्तक्षेप करती चलती है, वह लड़ते-लड़ते लिखते थे और उनके भी सामने कठिन निर्णय के क्षण आते थे। सहज अकृत्रिम भाव से वह ऐसे क्षणों के बारे में अपने मन की बात बता सकते थे, यह जानकर लेखन कर्म में उनकी गहरी आस्था का पता चलता है। एक पत्र में उन्होंने लिखा था कि "लगता है अंदर ही अंदर शरीर की मशीन बुरी तरह थक गई है। घंटे-आध घंटे काम करके ही थक जाता हूँ। दिमाग़ फिर एकाग्र होने से इंकार कर देता है। ऐसी हालत में लिखने की कोशिश भी करता हूँ तो चीज़ जम नहीं पाती। इधर आठ-दस रोज़ से तो काग़ज़-कलम को देखकर ही तबियत ऊब उठती है। ··· इस थकान का कारण आर्थिक चिंता ही है ··· कुबेर का कोष तो मेरे पास है नहीं। और आगे घर-गृहस्ती के सभी क़िस्म के भार दिखाई देते हैं। ··· अक्सर सोचता हूँ कि फिर बंबई चला जाऊँ। मगर एक चीज़ जो मन को खटकती है वह यही है कि आजकल की प्रचलित परिपाटी पर अब मैं लिख न पाऊँगा।

"ऐसी कल्पनाएँ एक ख़ास क़िस्म की रुचि रखनेवाला ही कर सकता है। कुछ न कुछ तो करना ही होगा। दूसरे किसी किस्म के गहरे समझौते से यह बेहतर समझता हूँ कि सिनेमा को ही स्वीकार कर लूँ। मैं कुछ भी सोच नहीं पाता। एक अजीब क़िस्म के फिक्र में पड़ गया हूँ। क्या करूँगा यह जल्द ही तय करूँगा। क्योंकि यह जड़ता तो मेरी प्रकृति के प्रतिकूल है। जो कुछ भी निश्चय करूँ

यह तय है कि अपने सचेत रूप को हर तरह से बचाऊँगा ही। समझौते में यदि यह संभव न हुआ तो अपने आपको धारा में छोड़कर निश्चिंत हो जाने का हौसला करूँगा। मन विश्वास दिलाता है कि शायद ऐसा कर सकूँगा—फिर नतीजा जो कुछ भी हो।"

[*जनसत्ता*, 25 फरवरी 1990]

अमृतलाल नागर : एक और लखनऊ

लखनऊ में मैं पैदा हुआ, यह संयोग था। पर इसके बाद मेरे पुरखों के गाँव और पूर्वजों के घरबार और पास-पड़ोस ने मुझे धीरे-धीरे बड़ा किया और मेरा अपना एक लखनऊ बना। कुछ और लखनऊ भी उसी शहर में थे। मोहल्लों के रूप में भी और मानसिकताओं के रूप में भी। बंगालियों का लखनऊ, कुमाऊँनियों का लखनऊ, रस्तोगियों, खत्रियों और पंजाबियों का लखनऊ और मुसलमानों का लखनऊ जो मेरे अपने लखनऊ के अंदर समाए हुए थे। सन 1947 के बाद जब बनारसी पान की दूकानों के साथ पूर्वी उत्तरप्रदेश और फलों और रोटियों की चलती-फिरती दूकानों के साथ पश्चिमी पाकिस्तान भी लखनऊ में आ गया, तब ये भी मेरे लखनऊ में शामिल हो चले। इसी परिवर्तन के दौर में किसी दिन मेरी भेंट अमृतलाल नागरजी से हो गई। मुझे लगा कि यह एक और लखनऊ है।

15 अगस्त के उत्सव के साथ-साथ समाज और साहित्य की ज़िम्मेदारी के एकाएक बड़े हो जाने की समझ आने लगी थी, नए साहित्यिक साथी बन रहे थे, पुराने छूटे रहे थे, मानो वे सब चलने में असमर्थ हों। तीन साल के अंदर मेरा अड्डा अमीनाबाद से हजरतगंज हो गया था। विश्वविद्यालय के अंग्रेज़ी विभाग में कृष्णनारायण कक्कड़ अंग्रेज़ी साहित्य का हिंदी कविता पर प्रभाव के विषय पर शोध कर रहे थे, मेरी कविताएँ *हंस* और *रक्ताभ* में छपने के साथ-साथ द्वैमासिक *प्रतीक* में छप रही थीं और 'प्रगतिशील लेखक संघ' में मेरे साथी साहित्य में आलोचना की जकड़बंदी का विरोध कर रहे थे। यह अंततः हम लोगों द्वारा 'समानांतर लेखक संघ' की स्थापना में प्रतिफलित हुआ। इसी समय 'इप्टा' के कार्यालय सचिव के पद से मैंने अपने को एकाएक मुक्त पाया, क्योंकि 'इप्टा' का ही विरेचन हो गया था और वहाँ भी एक समानांतर संस्था हमें बनानी पड़ी। 'लखनऊ लेखक संघ' और 'लखनऊ नाट्य संघ' दोनों की स्थापना में कृष्णनारायण कक्कड़ का नेतृत्व था। दोनों में उस समय के तीन लखनवी दिग्गजों में से दो ने हमें सक्रिय समर्थन दिया। ये थे—यशपाल और अमृतलाल नागर (यशपाल ने अपना नाटक *नशे-नशे की बात* खेलने को दिया, उसमें अभिनय भी किया)। अमृतलाल नागर से परिचय बढ़ा और कुछ दिन बाद *प्रतीक* मासिक का सहायक संपादक होकर मेरे दिल्ली आ जाने के बाद भी बढ़ता चला गया।

प्रतीक में आते ही मैं लखनऊ से नाता जोड़े रखने के लिए छटपटाने लगा था। नागरजी को चिट्ठी लिखता था, मगर मेरे ख़याल से उसमें कोई ऐसी बात उन्हें कभी न दिखी होगी कि वह तुरंत जवाब देते, हाँ, कभी-कभी अपने व्यक्तित्व और नागरपन को आत्मीयता के साथ स्वीकार अवश्य कर लेते कि तुरंत जवाब न देने का कारण मेरे पत्र के अंदर नहीं, खुद उनके अंदर है। ऐसे आत्मविश्लेषण के क्षण में भी नागरजी ने शब्दों का मोहजाल नहीं बुना। एक बार उन्होंने सहज ढंग से लिखा :

"... आपके पत्रों का उत्तर क्यों नहीं दिया, यह पूछने पर मेरे पास बहाने के तौर पर एक भी उत्तर ढूँढ़े न मिलेगा। आलस्य सो भी नहीं, ज़ाहिरा तौर पर स्वस्थ भी हूँ। पर ऐसा लगता है कि अंदर

ही अंदर शरीर की मशीन बुरी तरह थक गई है। घंटे-आध घंटे काम करके ही थक जाता हूँ। दिमाग़ फिर एकाग्र होने से इनकार कर देता है। ऐसी हालत में लिखने की कोशिश भी करता हूँ तो चीज़ जम नहीं पाती। इधर आठ-दस रोज़ से तो कागज-कलम को देखकर तबियत ऊब उठती है।

"थक तो वाकई गया हूँ। इस थकान का कारण आर्थिक चिंता ही है। घर में बैठकर खाना बड़ा ही तकलीफ़देह साबित हो रहा है। कुबेर का कोष तो मेरे पास है नहीं। और आगे घर-गिरस्ती के सभी किस्म के भार दिखाई देते हैं।

"अक्सर सोचता हूँ कि फिर बंबई चला जाऊँ। मगर एक चीज़ जो मन को खटकती है, वह यही है कि आजकल की प्रचलित परिपाटी पर अब मैं न लिख पाऊँगा ... ऐसी कल्पनाएँ एक ख़ास क़िस्म की रुचि रखनेवाला ही कर सकता है। बड़ी मुश्किल है। कुछ न कुछ तो करना ही होगा। दूसरे किसी क़िस्म के गहरे समझौते से यह बेहतर समझता हूँ कि सिनेमा को ही स्वीकार कर लूँ। मैं कुछ भी सोच नहीं पाता। एक अजीब क़िस्म के फिक्स में पड़ गया हूँ। क्या करूँगा, यह जल्दी ही तय करूँगा। क्योंकि यह जड़ता तो मेरी प्रकृति के प्रतिकूल है। जो कुछ भी निश्चय करूँ, यह तय है कि अपने सचेत रूप को हर तरह से बचाऊँगा ही। समझौते में यदि यह संभव न हुआ तो अपने आपको धारा में छोड़कर निश्चिंत हो जाने का हौसला करूँगा। मन विश्वास दिलाता है कि शायद ऐसा कर सकूँगा—फिर नतीजा जो कुछ भी हो।" (यह चिट्ठी 17.9.51 की है।)

इस पत्र को जब देखता हूँ और नागरजी के प्रेममय व्यक्तित्व को भी याद करता हूँ तो दोस्तों, परिवार के सहृदयों और अपने सचेत रूप को बचाए रखने को कृतसंकल्प तथा साथ ही अपनी आर्थिक हैसियत को देखते हुए रोज़ कुआँ खोदने और पानी पीने को मजबूर कलम के मजदूर का चित्र आँखों के सामने आता है। वह समझौता करने को तैयार है, पर कोशिश कर रहा है कि समझौते में यह संभव हो जाए कि वह अपने सचेत रूप अर्थात् अपनी रचनात्मकता को बचाए रख सके। ज़ाहिर है कि उसे अपने अंदर के नैतिक-सामाजिक मूल्यों पर भरोसा है और उसे यह भी मालूम है कि जीविका के साधन लेखक के लिए सीमित होते जा रहे हैं तथा प्रकाशन (यहाँ फ़िल्म का माध्यम जो नागरजी के लिए अजूबा नहीं था) का दबाव इतना ज़्यादा हो गया है कि अपने व्यक्तित्व की रक्षा करते हुए वह आजकल की प्रचलित परिपाटी पर अब न लिख पाएगा।

पर नागरजी के मन का संघर्ष उन्हें बंद कमरे में बैठकर कुढ़ने नहीं छोड़ आया था। वह लिखने को अपना जीवन-धर्म मानते थे और लिखने से अवकाश उन्होंने कभी नहीं माँगा—यह बात और है कि कभी अपने संघर्ष की ख़बर देते हुए किसी साथी से (भले ही वह मेरे जैसा नौसिखिया हो) बेहद थक गए होने का इक़बाल किया हो। उसी 17.9.51 के पत्र में उन्होंने आगे लिखा था—"... तुम्हारे लिए कहानी उठाई है। क्या करूँ, उसे अब तक पूरा नहीं कर पाया। शीघ्र ही अपने मन को क़ाबू में करके काम पर जुटूँगा। छोटे उपन्यास की स्कीम भी पसंद है। (यह एक योजना थी जो *प्रतीक* ने चलाई थी।) मगर, क्या साँस लेने के लिए थोड़ा समय देने की कृपा करोगे? इस तरह माँगने की आदत नहीं, मगर मजबूरी है, और तुम अपने ही हो। इसलिए शर्म नहीं आती।"

इस समय *प्रतीक* की एक और योजना जारी हो चुकी थी और उसमें नागरजी विधिवत् शामिल हो चुके थे। वह योजना उपन्यास लेखन का एक प्रयोग थी। हर अंक में उपन्यास का एक अध्याय किसी लेखक द्वारा लिखा जाना था, जिसे पहले से कोई कथानक या कथासार नहीं दिया गया था, पिछले अध्यायों तक अलग-अलग लेखकों ने उपन्यास को जहाँ तक पहुँचा दिया था, वहीं से आगे जाने की बाध्यता थी। यह प्रयोग फुटबाल के उस खेल की तरह था, जिसमें गेंद को सारे मैदान में भटकाने की आज़ादी हर हिस्सेदार को थी, और यही नहीं, गोल को भी अपने मन के अनुसार मैदान के किसी

भी कोने से मंचित कर देने की छूट थी—बशर्ते कि लेखक में इतनी कल्पना और सहकारिता बुद्धि हो।

नागरजी ने इसकी पाँचवीं किस्त लिखी। तीन किस्तों की सामग्री पढ़ लेने के बाद उन्होंने मुझे लिखा था—"एक बात तो तय कर ली है। तुम्हारी हीरोइन को खंभों की दिल्ली से भगाकर ले जाऊँगा, जिससे कोई आगे चलकर उसे फिर से खंभों की भूलभुलैया में भटका न सके!'

यह भी एक विचित्र बात थी कि हिंदी के विख्यात सहयोगी लेखकों में से अभी तक किसी को यह सूझा ही न था कि वे सब किसी न किसी गाँव, शहर या जनपद के पुत्र हैं, पर उनको अपने नायकों को दिल्ली में चारित लीला करते रहने देने से कोई परेशानी नहीं होती। नागरजी ने श्यामा को अपने पुरुष-मित्रों की भूलभुलैया से छूटकर लखनऊ जानेवाली गाड़ी पर बैठ जाने दिया। इसके अगले अंकों में दूसरे लेखक उसे भी दिल्ली लाकर छोड़ गए, यह और बात है।

नागरजी यात्रा-विवरण लिखें, यह इच्छा मेरे मन में कहीं दबी हुई थी। उनकी वर्णन-शैली और जीवंतता मिलकर हिंदी साहित्य को अवश्य एक नई तरह की यथार्थ-संवेदना का परिचय कराते। नए-नए सहायक संपादक को जिसे प्रधान संपादक (अज्ञेय) काफ़ी छूट देते थे, ऐसे दुःसाहस भरे अनुरोध अपने स्नेही अग्रज से करने में संकोच न हुआ। उत्तर में उन्होंने लिखा—

"परमप्रिय रघुवीर सहाय,

"31 मई का कार्ड श्री राजेंद्र यादव के ठिकाने से लौटकर आज यहाँ मिला। तुम्हारी सदा-प्रसन्न मुख छवि आँखों के सामने आ गई। ईश्वर तुम्हें चिरायुष्मान करे, अखंड सुख भोगो और विमल यश लाभ करो। अपने घनघोर आलसी स्वभाव के कारण मैं पत्र भले ही नहीं लिख पाता, परंतु जिन्हें स्नेह करता हूँ, उन्हें याद बराबर ही कर लेता हूँ।

"लगभग सवा दो महीने बंबई में बिताए। बंधुवर नरेंद्रजी के साथ यू.पी. लौटा तो आगरे में अपने लँगोटिया यार रामविलास शर्मा के प्रस्ताव पर दक्षिण यात्रा की ठान ली। नरेंद्रजी तो जेब में रक़म की तरह निकलकर बंबई पाकिटमारिन के हाथों पड़ गए, हम दोनों जा रहे हैं। अजंता, एलोरा, देवगिरि (दौलताबाद), विजयनगर, चिदंबरम, काञ्चीवरम, महाबलीपुरम, मदुरा और कन्याकुमारी का आकर्षण खींच रहा है—हैदराबाद, मदरास तो घाते में घूम लेंगे, वैसे मैं तो सन 46 में भी एक दौरा लगा चुका हूँ, मगर मित्र के साथ भ्रमण करने का आनंद कुछ और ही होगा, अलावा इसके तब दूसरी नज़र से दक्खिन देखा था, इस बार पुरखों की अनन्य साधना से नई प्रेरणा लेने जा रहा हूँ। सात-आठ वर्ष पहले यात्री बनने के रोमांटिक मूड में पत्नी से सुतली का एक झोला बुनवाया था, जिसमें कपड़े-बिस्तर सब कुछ बाँधकर कंधे पर लटकाए हुए निकल पड़ूँ। मेरी देखादेखी आदरणीय पंतजी ने भी एक वैसा ही झोला बुनवा लिया—मगर दोनों झोले दो बार पांडिचेरी (श्री अरविंद आश्रम) जाकर ही लौट आए, सो भी आए-गए सेकिंड क्लास में। इस बार तीसरे दर्जे में सफ़र होगा (जीवन में पहली बार ही तीसरे दर्जे में इतना लंबा सफ़र होगा) और मेरी पत्नी का परिश्रम भी सार्थक होगा।"

प्रतीक के बाद के दिनों में दिल्ली से फिर जब *दिनमान* का संपादन किया तो फिर एक से अधिक बार नागरजी की शरण जाता रहा। उन्होंने मेरे अनुरोध पर लखनऊ की रिहाइशी इमारतों पर एक बढ़िया लेख लिखा। यह उनके खुद के निवास जैसी ही किसी हवेली इमारत के बारे में था. निवासीय स्थापत्य के सुंदर नमूने आज भी लखनऊ, इंदौर, उज्जैन, पुणे जैसे नगरों में मिलते हैं। इनकी सुंदरता नागरजी समझ सकते थे, क्योंकि उन्हें ज़िंदगी के बरते हुए सौंदर्य की समझ थी।

नागरजी बच्चों के लिए क्यों लिखते थे? अगर इस प्रश्न पर कभी हमारे आलोचक विद्वान गौर करें तो पाएँगे कि नई पौध के प्रति उनका आकर्षण उनके चिर युवा मानस की प्रवृत्ति थी, वैसे ही जैसे हास्य के प्रति, खाने-खिलाने के प्रति और मित्रमंडली के सत्संग के प्रति थी। उन्होंने एक बार

दिनमान में ही लिखा था—

"बच्चों का जो साहित्य स्वतंत्र भारत में प्रकाशित हुआ है, वह अधिकांश में पुराना ही है। राजकुमार, देव-जिन्न, परी, डायन अब भी हमारे बच्चों की कल्पनाशीलता का विकास करने के लिए, उन पर लेखकों, प्रकाशकों द्वारा थोपी जाती हैं।"

नागरजी ने अनुभव से पाया था कि बच्चे कहते रहते हैं, ये तो हमने किताब में पढ़ी है—कोई नई सुनाइए! इस नएपन की फ़रमाइश पूरी करने के लिए नागरजी ने नए प्रयोग किए थे। उन्होंने अपने घर में बच्चों को ऐसी चार परियों की कथा सुनाई जो अंतरिक्ष यात्रा में गए हुए बंदर, चूहे, कुत्ते और आदमी की ख़बर सुनकर सोचती हैं—"हम तो इनसे अधिक समर्थ हैं, हमें भी ऐसे ही सैर करने जाना चाहिए ... "

[*साप्ताहिक हिंदुस्तान*, 15 अप्रैल 1990]

राहुलजी की एक पुरातात्त्विक यात्रा

हिंदी साहित्य सम्मेलन प्रयाग की *सम्मेलन पत्रिका* (त्रैमासिक) के एक पुराने अंक में कुछ खोजते हुए मुझे एक लेख मिला जो 'आज़मगढ़ की पुरातात्त्विक यात्रा' का वृत्तांत है और यह यात्रा स्वयं राहुल सांकृत्यायन ने की है। पत्रिका पर भाग 43, संख्या 3, आषाढ़ शुक्ल प्रतिपदा संवत् 2014 लिखा देखकर और यात्रा वृत्तांत में फ़रवरी के दूसरे सप्ताह और निर्वाचन की धूम का उल्लेख पढ़कर बूझा कि राहुलजी की यह यात्रा 1957 में हुई थी जब भारत को आज़ाद हुए दस साल हो चुके थे। राहुलजी के वृत्तांत में बार-बार नई सड़कें बनने, बिजली के नलकूपों और पंपों से सिंचाई होने, स्कूल-कालेज खुलने और समाज में छुआछूत न मिटने या सार्वजनिक व्यवस्था में नागरिक सुविधाएँ उपेक्षित रहने का उल्लेख है। इस यात्रा के दौरान उन्होंने आजमगढ़ के नागरिकों को अपने क्षेत्र के पुरातत्त्व को पहचानने और सुरक्षित रखने की समझ दी और वर्तमान में साझा खेती करके प्रदेश की आर्थिक उत्पादकता को बिखरने से बचाने को प्रेरित किया। राहुलजी बनारस से रोडवेज की बस से चले थे। आजमगढ़ ज़िले में साइकिल रिक्शा, खचड़ा जीप, सही कार पर घूमे—पैदल भी और छह दिन की तूफ़ानी यात्रा के बाद आजमगढ़ की रबी की फ़सल से ढँकी हरीभरी भूमि को पीछे छोड़ते शाहगंज से हवड़ा-देहरा एक्सप्रेस पकड़कर देहरादून पहुँच गए।

सम्मेलन पत्रिका के पुराने अंक मैंने कुछ और संदर्भ खोजने के लिए निकाले थे—भाषा संबंधी कुछ पुरानी गवेषणाएँ देखना चाहता था। पर यह लेख जीवन की गवेषणा निकला। अपने समय के बड़े लेखक अपने जन्मस्थानों को दोबारा देखने जाएँ और सारा परिवेश दोबारा पहचानकर आएँ, तभी ऐसा लेख लिख सकते हैं जैसा राहुलजी ने आज से तैंतालीस वर्ष पहले लिखा था। आज़मगढ़ ज़िले में पंदहा राहुलजी का जन्म का गाँव है। लिखते हैं : "निजामाबाद से पंदहा तीन मील से अधिक नहीं है और सड़क भी पक्की है। जीप को वहाँ पहुँचने में कितनी देर लगती? रास्ते में मेरी आँखें गँधोई के वन को ढूँढ़ रही थीं। कैलाश ने बतलाया, वह तो कब का खेत बन चुका है ... गाँव के सबसे वृद्ध लौहर नाना (मुझे) देखकर कहने लगे—'अरे भागत जाएँ और भगइया गिरत जाए'। हाँ, लड़कपन में अपनी छोटी धोती (भगई) सँभालना मेरे लिए मुश्किल बात थी। उस समय अभी जाँघिया का रिवाज नहीं था। लौहर नाना उसी का स्मरण दिला रहे थे। उनकी आँखों से बरबस आँसू निकल आए थे। वह अपने केदार के बारे में जाने क्या सोच रहे थे। ... गाँव भर के लोग—पुरुष ही नहीं स्त्रियाँ भी मौजूद थीं। पर्दे में रहनेवाली ओसारे के भीतर बैठी थीं ... मुझे तो घूमते समय पंदहा की सारी भूमि छोटी मालूम होती थी ... फिर भोजन के बराबर ही जलपान क्या ब्रह्मभोज हो गया जिसमें दर्जन से ऊपर मेहमान शामिल थे। मैंने

अपनी तीनों मामियों—रामदीन मामा, सूर्यबली मामा और नरसिंह मामा की पत्नियों के दर्शन किए। लोगों के सामने यही कहा कि साझा पट्टी की खेती करो, यह छोड़ दूसरा रास्ता नहीं है।"

पूर्व वृत्तांत में मुझे भाषा और अतीत के अनेक संबंध देखने को मिले। खजुरी नामक क़स्बे में पहुँचकर हमारा पुरातात्त्विक यात्री लिखता है : "खजुरी नाम विशेष महत्त्व रखता था। खजुरिका नाम के गाँव प्राकृत अपभ्रंश काल में बहुत हुआ करते थे। उस समय भी आजकल की तरह की कठखजूर हमारे यहाँ होती थी या पिंडखजूर, यह नहीं कहा जा सकता।" डोभाव नामक गाँव में जो पुराने डिह पर बसा है, भावसिंह के गढ़ पर गए। राहुलजी ने लिखा, "प्राचीन वस्तुओं के प्रति उठती तीव्र जिज्ञासा का समाधान करनेवाले लाल बुझक्कड़ हर जगह मिल जाते हैं। डोभाव में से डो हटकर भाव का भावसिंह बनाया गया और फिर यहाँ के सारे राजपूत जो शायद पँवार हैं—उन्हें अपना पूर्वज मानकर स्थान का श्रेय लेने लगे। मैंने कहा डोभाव में से डो निकालना इतना आसान नहीं है। डोभाव की व्याख्या उसी तरह से हो सकेगी जैसे डोभी की। डोभी भी बहुत प्रसिद्ध इलाक़ा है।" हथियादह में चुनार के पत्थर का पाषाण स्तंभ गहड़वार महाराज गोविंदचंद (1114-54 ई.) की रानी गौसल्लदेवी के ठक्कुर ने स्थापित किया था, यह लिखते हुए राहुलजी टिप्पणी करना नहीं भूलते कि "ठक्कुर (ठाकुर) राजपूत का आज पर्यायवाची माना जाता है पर उस समय बड़े कारपर्दाज (वकील) की यह उपाधि थी।" इसी तरह की अनेक टिप्पणियाँ इस वृत्तांत में नगीनों की तरह जुड़ी हुई हैं जैसे "मऊ संस्कृत मकुट (क़स्बा) का अपभ्रंश है। कई मउओं के होने के कारण इसको मऊनाथ भंजन कहा जाता है।" आदि।

कनैला राहुलजी का पितृग्राम है। यहाँ जाते हुए उन्हें खेतों के किनारे पगडंडी के रास्ते की जगह जिसे जाने कितनी बार उन्होंने अपने पैरों से नापा होगा, अच्छी कच्ची सड़क मिली। कनैला में महाकाल की खंडित मूर्ति के, जिसे राहुलजी चौदह साल पहले की यात्रा में देख आए थे, दो टुकड़े सर और पैर बच रहे थे। सर तो वहाँ छोड़ देने पर सुरक्षित नहीं था इसलिए उसे साथ ले आए। राहुलजी ने अपनी स्मृति में पहचाना कि महाकाल के मुख की रचना वैसी ही थी जैसी तिब्बत में ज्वालमाल से मंडित महाकाल मूर्ति की होती है। उन्होंने लिखा, "वज्रयान का यह महान देवता कनैला में आज से आठ-नौ शताब्दियों पहले परमपूज्य माना जाता था पर आज मेरे सिवाय उसे कोई पहचाननेवाला भी नहीं है। कितना परिवर्तन!"

अपने घर जाने पर राहुलजी ने सबसे वृद्ध नोमी कहार को जीवित पाया जो अस्सी बरस के ऊपर रहे होंगे। नौबत राउत दूसरे वृद्ध थे और तीसरे रजबली चूड़िहार। उनके सामने भी राहुलजी ने कहा, "बिखरे हुए खेतों को इकट्ठा करके साझे की खेती करो। सारे गाँव की एक जगह खेती करने की ज़रूरत नहीं है। पहले गाँव की चार-पाँच साझी खेतियाँ होनी चाहिए और पिछले सौ वर्षों के बँटे हुए खेतों को इकट्ठा कर देना चाहिए।" पंचायती खेती की बात उन्हें समझाने पर शायद ये न समझें, यह राहुलजी को संदेह था पर अगले दिन बहुत लोगों में से गाँव के सबसे ज़्यादा खेत वाले पुरुष ने गंभीरता से कहा कि एक बार और आप कुछ समय के लिए आ जाएँ तो हमारे यहाँ ज़रूर पंचायती खेती हो जाएगी।

राहुलजी के वृत्तांत में खंडित मूर्तियों, गाँवों में शिक्षा, खेती और विकास की समस्याओं से सरोकार के साथ कहीं एक दबी हुई व्यक्तिगत पीड़ा भी मिली। बचपन की यादों के प्रतीक वृद्ध ग्रामवासियों और समवयस्क सहपाठियों के साथ उनकी पत्नी भी वहीं थीं जिन्हें वह छोड़कर संन्यास लेने गए थे। इस लेख में उनका भी नाम आता है। राहुलजी ने लिखा था : "कनैला छोड़ने के पहले अपनी प्रथम परिणीता को देखने का निश्चय कर चुका था। वह अब चारपाई पकड़े थी। देखकर करुणा उभर आना स्वाभाविक था। आख़िर मैं ही कारण था जो इस महिला का आधा शताब्दी का जीवन इतना नीरस और दुर्भर हो गया। मैं प्रायश्चित करके भी उसको क्या लाभ पहुँचा सकता था? एक बार देखा। वह अपने आँसुओं को रोक नहीं सकी। फिर मैं घर से बाहर चला आया।"

[*जनसत्ता*, 'अर्थात्', 10 जून 1990]

विधाओं से विधाता तक पहुँच चुके थे रावत

बीसवीं सदी के अंतिम दशक से वे कृतिकार एक-एक कर उनसे विदा ले रहे हैं जिनके बीच रहकर उन्होंने अपनी वय से बड़ा कुछ काम कर दिखाया और पीढ़ियों के अंतर की धारणा को व्यर्थ सिद्ध किया। नेत्रसिंह रावत ऐसे ही रचयिता थे। शब्द के व्यापक अर्थ को उसकी छटाओं सहित उन्होंने पहचाना और उदाहरण से दूसरों को पहचानना सिखाया था। हिंदी साहित्य प्रतिष्ठान के बने-बनाए खाँचों को नेत्रसिंह रावत ने अपने काम से तोड़ा, विधाओं के बीच की दीवारें, जो वास्तव में नहीं होती हैं, परंतु संवेदना के छोटेपन की रक्षा के लिए खड़ी की जाती हैं, उन्होंने नहीं मानीं। भाषा के विविध रूपों की एकता को उन्होंने कौतूहल से देखा, स्वयं स्थिर होकर एक बेहतर इनसान, बेहतर शब्दकार और बेहतर समीक्षक बने और भारतीय आज़ादी के अब तक के सबसे अधिक कठिन दौर में कुछ मूल्यों को बनाते-बचाते हमको एक साथ एक ही काम में लगे रहने की बराबरी की याद दिलाकर चल दिए।

उनका जाना वही अनुभव है जिसे हमसे पहले के शोक प्रस्तावों में अपूरणीय क्षति कहकर पुकारा जाता था मगर इसे इन शब्दों में कहना पोच होगा। यह ऐसी क्षति है जो एक शामिला काम में जुड़ी हुई है जो जारी है, कहीं से मालगोदाम का एक थैला ग़ायब हो गया है जो आयात करके क्षति पूरी की या नहीं की जा सकती है। एक निरंतर जारी प्रक्रिया में झटका लगा है पर खुद वह प्रक्रिया भाषा और कला की आंतरिक शक्ति तथा सामाजिक यथार्थ से उसका परस्परावलंबन पहचानने की प्रक्रिया है। रावत के अधूरे काम को पूरा करने में उनके न रहने के पहले से ही यह दौर छटपटा रहा था। संवेदना का विस्तार जो रावत की समीक्षाओं—फ़िल्म, साहित्य, रंगमंच पर उनके विश्लेषणों या राजनैतिक रिपोर्टों से दो दशक तक होता रहा है, उसके पाठकों को तत्काल सुशिक्षित करता गया है और वे जहाँ कहीं भी कुछ सोच या लिख रहे होंगे कुछ न कुछ सकारात्मक ढंग का नवीन उनके द्वारा आगे पहुँच रहा होगा।

जब 1968 में *नवभारत टाइम्स* के विशेष संवाददाता पद को पीछे छोड़कर मैं *दिनमान* का संपादक नियुक्त हुआ तब नेत्रसिंह रावत के *दिनमान* में शामिल होने की बात चल चुकी थी। इसके कुछ समय बाद वह *दिनमान* में काम करने लगे और मैं उनकी पकड़ और पहुँच का अंदाज़ लगाने लगा। *दिनमान* को शुरू करके ढाई साल बाद वात्स्यायनजी 1968 की दिसंबर में छुट्टी पर चले गए थे और उनके वापस आने का मसला अधर में लटका हुआ था क्योंकि अफ़वाहें थीं कि उन्होंने अमेरिका में नौकरी कर ली है। उस वक़्त रावत के आवेगों, विचारों और निर्णयों में मुझे वह संतुलन दिखाई दिया जो *दिनमान* के कई मित्रों ने केवल इस संभावना के कारण खो दिया था कि संपादक के पद के लिए छीनाझपटी शुरू होने का समय आ गया है। ऐसा दिख रहा था कि कुछ नैतिक और राजनैतिक आस्थाओं से जो *दिनमान* के आरंभ से ही उसके उद्देश्यपत्र में मानो केंद्रित थीं, रावतजी का गहरा लगाव था और वह जब-जब दबाव पड़ने पर टूटने को होता था वह अपनी सहज मानवीय, जनवादी, ग़ैरबनावटी नैतिकता के बल पर आगे का क़दम पहचान लेते थे।

मेरे साथ उनके लगभग दस बरस के सहयोग से मुझे वे बातें फिर से और नए सिरे से समझ में आईं जो मैं मोटे तौर पर मानता था जैसे यह कि अच्छी पत्रकारिता और अच्छी साहित्यकारिता में कोई मौलिक अंतर नहीं है—गुणवत्ता के मामले में दोनों विधाएँ एक-दूसरे से होड़ कर भी चल सकती हैं। और यह भी कि योग्यताओं का अंतिम पैमाना विधा नहीं नैतिकता है।

फ़िल्म के बारे में नेत्रसिंह रावत की समझ जितनी पैनी और ईमानदार थी, करीब-करीब उतनी ही आदमी के बारे में भी रही। कभी-कभी उनमें एक गहरा छिपा हुआ दर्द हमदर्दी के रूप में उभर आता था और उस वक़्त वह माफ़ करने को तैयार रहते थे और कभी ऐसा भी लग सकता था कि

वह अपनी मान्यताओं को कसकर पकड़े नहीं बैठे हैं। पर यह भी उनके प्रति स्नेह और सहभागिता को बढ़ाता ही था, क्योंकि उनके चरित्र की दृढ़ता पर संदेह की गुंजाइश न थी। वह जब मिलम और मुनशियारी की यात्रा पर गए तो *दिनमान* की ओर से यात्रा के तंबू और घोड़े सहित सब सुविधाएँ तैयार थीं पर उन्होंने इस यात्रा में जनजीवन का, जितना अधिक संभव था, संपर्क रखने का सिद्धांत अपनाया और पत्नी को साथ लेते गए। उनके लिए अंतरंग सहचर का साथ और उसके निमित्त से समाज और प्रकृति का पूरा अनुभव अधिक महत्त्वपूर्ण था, निरी भौतिक सुविधाएँ उतनी महत्त्वपूर्ण न थीं। उनकी पत्नी उनके साथ मिलम ग्लेशियर पार करके गईं और इसका वर्णन उनके *दिनमान* में प्रकाशित वृत्तांतों को पत्रकारिता की और हिंदी पत्रकारिता की विशिष्ट कृति बना गया। बाद में ये वृत्तांत *पत्थर और पानी* के नाम से पुस्तकाकार छपे। इन वृत्तांतों की विशिष्टता पर मुझे आश्चर्य नहीं हुआ पर आश्चर्य इस बात पर होता है कि किसी फिल्मकार ने उनके इस वृत्तांत का कैमरे के लिए रूपांतर करने की आज तक क्यों नहीं सोची।

[*संडे मेल*, 1990]

पुस्तक-समीक्षा

कल्पना और वास्तविकता का द्वंद्व

हिंदी में 'गीतिनाट्य' नहीं हैं, इस पर खेद प्रकट करनेवाले आलोचकों को इस पुस्तक को देखकर प्रसन्नता होगी; हाँ, एक 'गीतिनाट्य' और छप गया। परंतु जिन्हें प्रसन्नता से अधिक संतोष की इच्छा है, हमें खेद है कि उनका खेद बना ही रहेगा। गीतिनाट्य पाश्चात्य साहित्य में सफल होते हैं इसका कारण वहाँ की नाटक, लेखक, अभिनेता, रंगमंच और श्रोता-दर्शक की जीवित परंपरा है। हम गीतिनाट्य लिख लें यह एक बात है, गीतिनाट्य के माध्यम का सृजनात्मक उपयोग कर सकें, दूसरी बात है। उस दूसरी दृष्टि से 'कवि' में हमें अनेक कमज़ोरियाँ दिखाई दीं—एक तो रंगमंच के पृष्ठ और पार्श्व की ओर से रचयिता बिलकुल उदासीन रहा है, दूसरे, पात्र अपना चरित्रांकन बिना किसी शारीरिक क्रिया के करते हैं (यद्यपि उनके चरित्र वैसे निर्जीव अपने में नहीं हैं), तीसरे, जिन तालों और छंदों में पात्र अपना कथन करते हैं वे एकरस हैं। रंगमंच पर विभिन्नता (जो कि नाट्य में संपूर्ति लाती है) पैदा करने में वह छंद-योजना सफल नहीं होगी। हमें भय है कि नलिनविलोचन शर्मा की आशा कि 'कवि' का अभिनय सुसंस्कृत नाट्यप्रेमी शीघ्र आयोजित करेंगे, हमें निराशा भी दे सकती है।

जिस समस्या को लेकर लेखक ने 'कल्पना' 'जीवन' और 'कवि' से कथोपकथन कराया है—वह वास्तव में यथेष्ट महत्त्वपूर्ण है; यद्यपि उस समस्या को जिन शब्दों में कवि ने व्यक्त किया है वे लेखक के दृष्टिकोण में एक मूलभूत ग़लती दिखलाते हैं। पुस्तक के आरंभ में 'अपनी बात' कहते हुए लेखक ने कहा है—

"कवि की यह समस्या कि वह जनजीवन से निरपेक्ष स्वप्निल नील गगन में ही आनंद से विचरण करे अथवा युग की अस्त-व्यस्त परिस्थितियों के प्रति जागरूक होकर उनके पुनर्निर्माण का प्रयत्न करे, बहुत महत्त्वपूर्ण है, मैंने उसी प्रश्न को युग की समस्याओं की पृष्ठभूमि पर उपस्थित करने का प्रयास किया है।"

प्रश्न यह है कि क्या कभी भी कोई लेखक अपने युग की परिस्थितियों (जिनके लिए शुद्ध शब्द 'वास्तविकताओं' होना चाहिए) के प्रति बिना जागरूक हुए लेखक हो सका है? यह तो कहा जा सकता है कि उसकी जागरूकता की तीव्रता, और उसकी शिक्षा, उसकी सामाजिक चेतना के स्तर को निश्चित करती है और इसलिए यह भी कहा जा सकता है कि कवि के सामने प्रश्न है : कैसे वह सामाजिक वास्तविकताओं या उनके अंशों के प्रति अधिक सजग हो, ताकि उसकी रचनाओं में युग का जीवन आ जाए, ताकि वे कल्याणकारी हो सकें। परंतु जीवन एक अलग वस्तु है, कल्पना एक अलग, और कल्पना का अर्थ है, तरु, आकाश, उपवन, बादल, तारा; तथा जीवन का अर्थ है भूखे-नंगे मज़दूर-किसान, यह सोचना वास्तविकता को न समझने के लगभग बराबर है। आकाश, उपवन, बादल, तारा आदि कल्पना के मात्र प्रतीक नहीं हैं, वास्तविकता के अंश भी हैं और अन्य अंशों के परस्पर सापेक्ष हैं। फिर इन वस्तुओं को कल्पना का प्रतीक रूप देना हमारी समझ में एक मूलभूत ग़लती है, जिसके रहते हुए, कवि का यथार्थ को समझने का उद्योग करना प्रशंसनीय है—सफल होगा या नहीं, कह नहीं सकते।

स्पष्ट है कि इस दृष्टिकोण के पीछे कवि का बौद्धिक संघर्ष काम कर रहा है—परंतु अभी कवि की सामाजिक चेतना उसे विकास की अन्य सामाजिक शक्तियों के प्रति सहृदय नहीं बना सकी है; अन्यथा वह अपने ही बल पर संसार का कायापलट करने की स्वप्निल कल्पना में न पड़ता :

कवि की वाणी में तो है इतनी आग भरी
जो जग की घृणित कलुषता को
कर दे पल में ही क्षार-क्षार
जो मिट्टी की धरती पर ही आदर्श स्वर्ग
पावन सुंदर रच दे फिर से।

गीतिनाट्य का सारांश यों है—

कवि को 'कल्पना' आकर मोहित कर लेती है और कवि उसको आत्मसमर्पण कर देता है, इतने में 'जीवन' आता है और नंगे-भूखे किसान-मज़दूर साथ में आकर कवि को अपनी ओर आकृष्ट करते हैं, वह स्वीकार करता है कि उसे इन शोषितों की ओर बढ़ना चाहिए और वह कल्पना को साथ लेकर नए जीवन का निर्माण करने निकलता है।

तुम-सी जीवन-संगिनी पाकर
आओ हम दोनों संग चलें
जीवन का फिर निर्माण करें।
अनुपम नूतन!

कवि के छवि-रूपाकारों के बारे में भी हमें कुछ कहना है। यद्यपि, उन्होंने भूमिका में स्पष्ट कर दिया है कि कल्पना और कवि के कथोपकथन में प्रयुक्त छायावादी युग के प्रचलित कुछ शब्द जानबूझकर चुने गए हैं, तथापि, 'जीवन' और शोषित किसानों के संवाद में भी इन्हीं जैसे शब्दों के प्रयोग की कैफ़ियत नहीं दी जा सकती। हमारी राय है कि उन स्थलों पर भिन्न वास्तविकता से उत्पन्न भिन्न शब्दावली और भिन्न छवियाँ प्रयोजनीय थीं।

कवि की शैली में प्रवाह है, और शक्ति भी है, इससे इनकार नहीं किया जा सकता; परंतु गीतिनाट्य का-सा स्वरसम्मेलन (सिम्फनी) उसके छंदों में नहीं आ सका है, यह खटकनेवाली बात है। आगे प्रकाशित होनेवाले गीतिनाट्यों में हम अधिक कलात्मक परिपुष्टि की आशा करते हैं।

कवि (गीतिनाट्य), सिद्धिनाथ कुमार, पुस्तक मंदिर, बक्सर, पृष्ठ संख्या : **45**, मूल्य : डेढ़ रुपए

[*प्रतीक*, अगस्त 1951]

अनुभूति नहीं, सिर्फ़ आख्यान

आग्रहवादी कविताओं की अर्द्ध-प्रगतिवादी परंपरा में शंभुनाथ सिंह की ये कविताएँ नई प्रकाशित हुई हैं। कविताएँ पढ़ने के पहले कवि के उद्देश्य से अवगत होइए—"युग और समाज को बदलकर नए जीवन-मूल्यों की स्थापना करना ही इन कविताओं का उद्देश्य है।" यदि इतना जानने पर भी आप कवि के उद्देश्य के वशीभूत न हो जाएँ तो वह आपसे आशा करते हैं कि "पाठक अपनी ओर से इन कविताओं के साथ उक्त उद्देश्य को पूरा करने में सहायता देंगे", अतः यदि प्रत्येक कविता में आपको बड़े-बड़े शब्दों से, विराट्, अतिकाल्पनिक—कहीं रोमांटिक, कहीं क्लासिक, कहीं एपिक छवियों से भाव बताकर कहीं यह समझाया जाए कि मानव बदल जाए, कहीं यह कि मानव बदल रहा है, कहीं यह कि मानव बदल चुका है, तो आपको यक़ीन करना ही पड़ेगा चाहे उसका कोई भी सबूत आपको कवि के आत्मचिंतन में न मिलता हो। इतना तो आग्रह करने के हम भी दोषी हैं कि आप पहले यह मान लीजिए कि

कवि की एक प्राथमिक बौद्धिक समझ होती है जिसके अंतर्गत पर्यवेक्षित वास्तविकताओं की परिधि जैसे-जैसे बढ़ती जाती है कवि का मौलिक दर्शन अन्यान्य मान्यताओं से संबद्ध होता जाता है, उसके अनुभव की क्षमता पर आश्रित कुछ मान्यताएँ कुछ अन्य मान्यताओं का निराकरण करती जाती हैं। इस तरह उसकी काव्यानुभूति वास्तविक सामाजिक जीवन से उद्‌भूत होती रहती है। परंतु मानव समाज की प्रगति, विप्रगति अथवा दुर्गति का एक ऊँचे स्थान से एक किसी क्षण में देखकर आत्मसात् करना न संभव है न कविजनोचित है। बिना प्रगतिजनक संघर्ष का एक भागीदार हुए वह दार्शनिक उपलब्धियाँ कवि को कहाँ से हो गईं जिनके वह नारे लगाता है—क्या आदिम उत्साह की एक उद्वेलित तरंग से, या अनुकरण की वैसी ही आदिम इच्छा से, या फिर आज तक विकसित इतिहास के प्रति एक जीवंत बौद्धिक सहानुभूति से?—जिनसे उन्हें होना चाहिए था।

'मन्वन्तर', 'विप्लव-राग', 'जन-धारा', और 'जय महान एशिया' ऐसी ही रचनाएँ हैं। इनमें व्याख्यान या आख्यान तो है, अनुभूति नहीं है। कवि की ऐतिहासिक धारणाएँ जिन रोमांटिक शब्दों या प्रतीकों से प्रकट होती हैं वे इसका प्रमाण हैं कि मानवता की प्रगति उसके लिए एक दूर से देखी जानेवाली 'महान' उथल-पुथल रही है—राजनैतिक कार्यकर्ता होने या न होने से संघर्ष की काव्यानुभूति का होना या न होना स्वाभाविक तो नहीं होता। और ऐसी पुनरुत्थान या अंध देश-पूजा तो मानवतावादी कवि में नहीं होनी चाहिए :

जहाँ प्रथम
फूटी सभ्यता और संस्कृति की नई किरन
गूँजा था प्रथम जहाँ सामगान
गूँजी ध्वनि ओंकार
बरसी थी वंशी ध्वनि की लहरों से अबाध
मामेकं शरणं ब्रज की यह शीतल फुहार
लेकर निर्वाण की ज्वलित मशाल
जग को दिखलाया
जिसने 'मज्झिम मग्ग' सरल।

परंतु इस प्रवृत्ति को यदि हम कवि की कालपुरुष की धारणा या एक विश्व-उद्धारक अतिमानव की कल्पना से संबद्ध करें तो वह अपने में क्षम्य है, उनकी संपूर्ण विचारधारा क्षम्य हो या न हो।

जन-जीवन की अजस्र धारा पर
बन ज्यों हिम-राशि जमी
अचल मरण-बेला।
किंतु प्राण सर्जन-रत
यह अकाम काल पुरुष
बढ़ रहा अकेला [काल पुरुष]

इस प्रकार उनकी क्रांति की धारणा भी न विज्ञानसम्मत है न व्यावहारिक :

शांत हो ज्वालामुखी तुम
बंद युग-युग से नयन आग्नेय
अपने खोल दो अब
गहन तम के इन स्तरों में
फेंक दो तुम एक चिनगारी नयन की

तड़प कर चचके सुलगती आग में।
कड़कड़ा कर वज्र-सा टूटे गगन में
दासता की शृंखलाएँ
एक क्षण में टूट जाएँ [विप्लव-राग]

और एक क्षण में टूट जानेवाली दासता की शृंखलाएँ वास्तविक भी नहीं हैं। यह शुभाशा कवि का व्यक्तिगत स्वप्न-मात्र है जो इस तरह तो कभी पूरा न होगा।

इस संग्रह में दो 'व्यंग्य' भी हैं—'शांति के लिए युद्ध' और 'पर्वतेश्वर'। इसके अतिरिक्त कि ये व्यक्तियों पर व्यंग्य हैं, नीतियों पर नहीं, उनमें एक और विशेषता यह है कि वे सब झुँझलाइट के एक उन्माद में लिखे गए हैं और रूस या स्तालिन से अधिक कवि की ही पोल खोलते हैं।

'आत्महारा', 'मैं न तुमसे दूर' और 'वे काम कर रहे' (अनुवाद : रवि ठाकुर से) काफ़ी स्वीकारी कविताएँ हैं। आत्महारा का आत्मविश्लेषण चिंतन की एक स्वस्थ अवस्थिति में किया गया जान पड़ता है।

उर के व्यथा-सिंधु का कूल
गया मैं भूल ···

एक बात और, यदि अपनी लंबी स्वच्छंद, अतुकांत कविताओं को कवि ने इतनी नियत-मात्रिक पंक्तियों में न बाँट दिया होता तो अच्छा रहता। ऐसे तो उनकी गति उबा देनेवाली हो गई है।

मन्वन्तर (कविताएँ), शंभुनाथ सिंह, जन साहित्य मंडल, काशी, मूल्य : दो रुपए

[*प्रतीक*, 1952]

भावुक और उड़ती हुई कहानियाँ

इस छोटे-से कहानी-संग्रह में लेखिका की 15 कहानियाँ हैं और सब एक से एक भावुक और उड़ती हुई। कहानी की जो एक स्वाभाविक परिणति होती है वह इनमें से किसी में भी नहीं मिली। किसी एक सामान्य घटना को लेकर लेखिका हर एक कहानी में इतनी गद्‌गद हो गई है कि घटना के वस्तुपरक अर्थ को भुला दिया है, याद रक्खा है केवल अपना अत्यंत वैयक्तिक आनंद और वह यदि बहिर्मुखी नहीं है तो दूसरों की अनुभूति के आगे हीन भी हो सकता है। उदाहरण देने की आवश्यकता नहीं क्योंकि इन सभी रचनाओं में यह अवस्थिति पाई जाती है, फिर भी 'आप तो कुछ समझते नहीं', 'हाय रे समाज' या 'मरने से पहले एक बार तुमसे अवश्य मिलूँगी' शीर्षक कहानियाँ अच्छे उदाहरण हैं, चाहे इसी आरोप को जाँचने के लिए उन्हें पढ़ा जाए। जहाँ तक हमारी राय है समाज को और व्यक्तियों के संबंधों को फिर से समझने की एक कोशिश लेखिका को करनी चाहिए—उससे उनकी वृथाभावुक मनोवृत्ति काफ़ी सुधर जाएगी।

दुर्भाग्यवश पुस्तक की शक्ल-सूरत बहुत खिझा देनेवाली है, विशेषकर इसलिए कि उसके सभी दोष निवार्य थे। फिर भी हम यह कह सकते हैं कि उसकी छपाई की ग़लतियों ने हमारी मूल्यांकन दृष्टि को पूर्वग्रह-दूषित नहीं किया है।

स्मृतियों की आँधी (कहानियाँ) : राजकुमारी शिवपुरी, द स्टुडेंट्स बुक कंपनी, जोधपुर, मूल्य : सवा रुपए

[*प्रतीक*, 1952]

लोग सिर्फ़ लोग हैं

ज़माने के किसी दौर की तसवीर पेश करना उपन्यास के माध्यम से, लेखक के लिए काफ़ी जोखम का काम होता है : अकसर तसवीर खिंच जाती है। मगर पढ़नेवाले को मालूम होता है कि ख़ाका खिंच गया, कभी-कभी न तसवीर खिंच पाती है न उपन्यास बन पाता है और अगर ये दोनों काम हो जाएँ तो कभी ऐसा भी होता है कि दोनों ही अर्थहीन हो जाते हैं।

लोग में लेखक ने यह जोखम उठाया है और साहस के साथ उठाया है पर मैं कह नहीं सकता कि वह इस जोखम का मज़ा उठा पाए कि नहीं, क्योंकि एक चीज़ उनके कृतित्व से पूरी तरह नदारद है—वह है, दर्द।

यह उपन्यास उन लोगों की तसवीर है जो स्वतंत्रता के पहले "अपने आपको डूबता हुआ महसूस करने लगे" थे। "नये परिवर्तन के प्रति इनके मन में अरक्षा, मूल्यहीनता, संस्कारहीनता, उच्छृंखलता, विघटन आदि सब प्रकार की आशंकाएँ थीं। अंग्रेजों का जाना उस पूरे वर्ग के व्यक्तित्वहीन हो जाने की सूचना थी। उनमें से कुछ बदलते हुए संदर्भों के अनुरूप अपने को ढाल पाने में असमर्थ रहे। वे ही 'लोग' यहाँ हैं।"

निस्संदेह संपूर्ण कृति में वे लोग हैं और इतने ज़्यादा हैं कि दूसरे कोई लोग कहीं जगह पा ही नहीं सके हैं। इन उपस्थित लोगों को एक कमउम्र लड़के की निगाह से लेखक ने देखा है : शायद इसीलिए वह इनके टूटने की हरकत और आवाज़ का यथाशक्ति वर्णन करते हुए भी उस सामाजिक पीड़ा का परिचय नहीं दे पाया है जो इनमें रही होगी। उसने इन्हें इनकी जड़ों से काटकर एक ऐसे फूलदान में रोप दिया है जिसमें पत्तियाँ ताज़ी रखने भर का पानी तो है—पर यह इनके साथ अन्याय ही कहा जाएगा। लड़के के बाबा और उनके परिवार के या दरबार के लोग अपने में इतने संपूर्ण मान लिए गए हैं जितने वे हैं नहीं और यदि वे एक संक्रांतिकालीन विघटन के चरित्र हैं तो हो भी नहीं सकते हैं। कुल मिलाकर तमाम जद्दोजहद के बाद भी यह संपूर्ण समूह अपने घर की चहारदीवारी में सुरक्षित एक इकाई की शकल में सामने आ पाता है—और हमसे यह मानने का अनुरोध करता है कि संपूर्ण ब्रितानी हुकूमत एक तरफ़ और यह परिवार एक तरफ़—ये दो ही तत्त्व उस युग के उल्लेखनीय तत्त्व हैं। यह अनुरोध ज़रूरत से कुछ ज़्यादा ही है। इसका प्रमाण यह है कि चित्र-लेखन और कथा-वर्णन अच्छा तो है पर बाबा के लिए कोई गहरी अनुभूति नहीं जमाता—न पक्ष में न विपक्ष में और उपन्यास के अंत तक ऐसे कई मौक़े खोते चले जाते हैं जिनमें यह काम हो सकता था। बोर्ड का चुनाव एक मिसाल है। वह एक अच्छी-ख़ासी संपन्न घटना थी पर कुछ ऐसा हुआ कि मिसेज़ ब्राउन के हाथ से छुए हाथ को मिट्टी से धुलवाने या नई घोड़ी जोड़ी में जुतवाने जैसे अनेक हल्के प्रसंगों की तरह बरतकर छोड़ दी गई है। अवश्य उसको विस्तार काफ़ी दिया गया है पर सामाजिक संदर्भ की गहराई नहीं। वह तो कम से कम ऐसा प्रसंग था जो निरा घरेलू नहीं था।

पर आधे रास्ते पर खड़ी हुई इस रचना के भीतर सबसे बड़ी दुर्घटना यही नहीं है। एक अद्‌भुत चीज़ इसको पढ़कर पैदा होती है। धीरे-धीरे अनुभव होने लगता है कि हम और किसी में नहीं, व्याख्याकार लड़के में सबसे ज़्यादा दिलचस्पी ले रहे हैं। अफ़सोस कि वह, जो कि अपने वातावरण को सबसे ज़्यादा भुगतता है, हमारे साथ अपने दर्द का साझा करने को ज़रा भी तैयार नहीं है—लेखक ने उसे इस इरादे से खिलाया-पिलाया भी नहीं। अगर बाक़ी लोगों को वहीं छोड़कर लड़के को ही लेखक ने उभारा होता तो बात बनती पर शायद तब उपन्यास किशोर जीवन के अन्वेषण का हिंदी में पहला उपन्यास हो जाता। वह स्पष्टतया लेखक का उद्देश्य नहीं था इसलिए उसके न होने की शिकायत बेकार है।

वैसे भी शिकायत बेकार है—अगर इस रोचक उपन्यास को लेखक का दावा अलग रखकर पढ़ा जाए। पढ़ने में लुत्फ़ आता है हालाँकि अंग्रेज़ी का ग़लत और अविश्वसनीय इस्तेमाल खटकता है और

उर्दू में ज़बरदस्त बनावट है, करीना नहीं है। सिर्फ़ वह भाषा रवाँ है जो मेरठ आदि पश्चिमी ज़िलों में बोली जानेवाली बोली का पुट लिए हुए है। बहरहाल उपन्यास के दिलचस्प होने में कोई संदेह नहीं। अगर और नहीं तो इस वजह से सही कि लेखक ने एक कठिन जोखम खुशी-खुशी उठाया है और कम से कम आधा रास्ता सही-सलामत तय कर लिया है।

लोग (उपन्यास), गिरिराज किशोर, बोरा एंड कंपनी, 17 महात्मा गाँधी मार्ग, इलाहाबाद, मूल्य : साढ़े पाँच रुपए

[*नवभारत टाइम्स*, 18 सितंबर 1966]

सुलगते पिंड : एक उजली नज़र की सुई

हरीश भादानी की दो कृतियाँ एकसाथ प्रकाशित हुई हैं और दोनों मिलकर कवि के काव्य-व्यक्तित्व का संपूर्ण चित्र प्रस्तुत करती हैं। किंतु इतना ही काव्य की आलोचना के लिए काफ़ी नहीं है, बल्कि यह बिलकुल अप्रासंगिक है; संपूर्ण चित्र से हमें उतना मतलब नहीं जितना उस चित्र में लगे हुए मसाले की सार्थकता से है। कवि ने इस मसाले में क्या-क्या मिलाया है यह जानने से ज़्यादा महत्त्व है यह जानने का कि कवि ने इस मसाले का कैसे इस्तेमाल किया है।

उसकी अपने शिल्प की चेतना इस मान्यता से परिभाषित है कि "गीत और कविता के अंतर का आधार शिल्पपार्थक्य ही हो सकता है, अनुभूति, कथ्य और भाषा नहीं। लयात्मकता गीत और कविता दोनों का गुण है। आज के गीत में काल्पनिक स्वरालाप ही नहीं है, उसमें जीवन की जटिल विषमताओं का, यथार्थ का, दुहरेपन को स्वीकारने की विवशता का, प्रतिकूलताओं से उपजते दुख का और अनुकूलताओं के लिए अभिलाषित सुख का राग भी समाहित है।"

कवि की दृष्टि का और भी परिचय उनके वक्तव्य में *(एक उजली नज़र की सुई)* इस वाक्य से मिलता है : "आज के गीत और आज की कविता का कथ्यात्मक और शिल्पगत अंतर हो चुका है। मूल रूप में वह काव्य है, पढ़ने-सुनने में मिलती लय के आधार पर भले हम गीत कह दें। किसी रचना को मन की विशेष स्थिति या शुष्क बौद्धिकता से परे की भावाभिव्यक्ति के आधार पर गीत-नवगीत के नाम से बाँटना अतीत के रूढ़ गीत से बँधे रहने का मोह ही होगा, जबकि बदले हुए संवेदन की अनुभूतियों को काव्याभिव्यक्ति की संज्ञा से स्वीकारना युग-जीवन की सहजता से जुड़ा रहना है।"

फिर भी कोई कारण है कि ये दोनों काव्यसंग्रह दो अलग-अलग कोटि की उपलब्धियों के संग्रह हैं। गीत और बाक़ी कविता में केवल शिल्प का अंतर है, यह मानकर चलें, तो भी क्या यह माना जा सकता है कि शिल्प का अंतर अनुभूति की दो कोटियों से उपजे हुए अंतर से बिलकुल अलग कोई चीज़ है? दोनों संग्रहों को पढ़कर वह पुरानी बात दोहराने का जी होता है कि कथ्य को शिल्प से अलग नहीं किया जा सकता। हरीश भादानी जैसे ईमानदार कवि के कृतित्व की यही पहचान है।

इसे भादानी की कृतियों पर लागू करके देखते ही उनके मन के उस संघर्ष की झलक मिलनी शुरू हो जाती है, जो उनमें इस समय काव्य-प्रक्रिया को लेकर हो रहा है। उनकी मौलिक धारणाएँ उनके गीतों में प्रकट होती और उनकी मौलिक धारणाओं के परिणाम उनकी दूसरी कविताओं में रूपाकार ग्रहण करने को व्याकुल होते हैं। यही काफ़ी प्रमाण है कि वास्तव में गीत और दूसरी कविता का अंतर शिल्प या कथ्य का अंतर न कहकर अनुभूति की कोटि का अंतर कहा जाना चाहिए। जैसे-जैसे कवि इस सच्चाई को अपने अंदर ज़्यादा समझता जाता है, वैसे-वैसे यह खुद उसकी अनुभूति का हिस्सा बनती जाती है और वह अपने दो रूपों की रक्षा करने के प्रयत्न को और भी बेकार मानने लगता है—दो रूप : अर्थात्

गीतकार और—सुविधा के लिए कहें—अगीतकार। गीत के स्तर की अनुभूति में कहीं भी कुछ खोट या घटियापन नहीं है, यह मैं दावे के साथ कह सकता हूँ—पर वे कवि जो नवगीत और पुराने गीत के बीच दीवार खड़ी करना चाहते हैं, क्या उतने ही दावे के साथ कह सकते हैं कि वे उस दीवार पर एक-एक पाँव दोनों तरफ़ लटकाकर नहीं बैठे हुए हैं? यदि बैठे हैं, तो क्यों नहीं हिम्मत करके उस तरफ़ कूद पड़ते जिधर उनकी नई चेतना (अगर उनमें है तो) उन्हें खुला आकाश दिखाती है—एक बार वे ऐसा कर सकें तो नवगीत का नाम लेना छोड़कर वह भी भादानी की तरह एक क़दम आगे जाकर कह सकेंगे कि गीत और आज की कविता में कथ्य का अंतर समाप्त हो चुका है।

फिर भी, हरीश को भी अभी एक क़दम और आगे जाना है। उन्हें वहाँ पहुँचना है, जहाँ वह कह सकेंगे कि मेरी कविता और मेरे गीतों में शिल्प का अंतर इसलिए है कि उनके कथ्य एक ही हैं पर उनकी अनुभूतियाँ अलग-अलग हैं। और, जैसा कि मैंने कहा, यह कहना हर तरह से ग़लत होगा कि अनुभूति की कोई कोटि—अगर वह है—और ये हरीश के शब्द हैं—"जीवन की जटिल विषमताओं का, यथार्थ का, दुहरेपन को स्वीकारने की विवशता का, प्रतिकूलताओं से उपजते दुख का और अनुकूलताओं के लिए अभिलाषित सुख का राग" की अनुभूति है।

पर यदि नहीं है तो नहीं ही है, उसको किसी तरह से आज की कविता सिद्ध नहीं किया जा सकता। वैसे साहित्य को जिलाए रखने के लिए तो यह नारा देना कारगर होगा कि कविता कभी आज की कविता नहीं होती—चिरंतन सत्य की होती है। यही कहने पर कवि अपने को गीतकार होने की ग्लानि से मुक्त कर सकता है।

कहने की या कहूँ कि दोहराने की ज़रूरत नहीं कि वैसी ग्लानि और हरीश भादानी का कोई परस्पर संबंध नहीं है। वह उससे कोसों दूर हैं और अपने अधिक जीवंत अधिक व्यापक पास हैं।

उनकी दो कविताएँ उद्धृत करके यह प्रसंग समाप्त करता हूँ। पृष्ठ 33—*एक उजली नज़र की सुई* :

एक अक्षर ज़िंदगी तेरे लिए

रोशनाई साँस की
गहरी बहुत गहरी रहे
लेखनी संकल्प की
लिखती रहे, लिखती चले
आज का काग़ज़
किसी कल के लिए!

एक उजली नज़र की सुई
आदमी-आदमी के फटे मन सिए
इस तरह गूँथ दे
फैल जाय
किसी एक कल के लिए!

आज धरती से उठे
घाटियाँ घूमतीं पर्वतों को छुए
एक धुन ईंधन तुम्हारे साथ
मेरी भी

किसी कल के लिए!
अक्षरों की ज़िंदगी तेरे लिए!

यह मौलिक आस्था की स्थापना की कविता है : पर उसी मौलिक आस्था का टकराव जब असंगतियों से और जीवन के असंबद्ध आश्चर्यों से होता है तो कवि की अनुभूति दूसरा रूप ले लेती है : उसकी लयात्मकता भले ही रहे पर उसकी भाव-पद्धति बदल जाती है—पृष्ठ 15, *सुलगते पिंड* :

ओ हमारी चेतनाओ

ओ हमारी चेतनाओ !
प्रतीक्षा की उमर को
आख़िरी क्षण दो,
धैर्य का पर्वत दरारो,
कि भीतर पक गया है भ्रूण
हरकतें झेली नहीं जातीं
संघर्षती हर साँस
भीग कर निकलती है पसीने से,

ओ हमारी चेतनाओ!
तुम्हीं से तो बँधा है वह
शिराएँ तोड़ दो
एक केवल एक क्षण
उसे विस्फुटने को दो
कि और अब झुलसे नहीं हमारा मन
और अब तोड़े नहीं हमारी हड्डियाँ

ओ हमारी चेतनाओ!
एक एकाकी इकाई की तरह
हमारी राख न हो
सुनो? इसी क्षण
विस्फोटो हमारे भ्रूण को
कि सुलग जाय यह वातावरण
जो हमें घेरे खड़ा है
ओ हमारी चेतनाओ!

मैं कहूँगा कि हरीश भादानी की दोनों अनुभूतियों का स्वागत है क्योंकि ये दोनों उन्हें एक ही अनिवार्य दिशा में ले जा रही हैं।

सुलगते पिंड और *एक उजली नज़र की सुई*, हरीश भादानी, वातायन प्रकाशन, 5 डाका बिल्डिंग, बीकानेर, मूल्य : पहली कृति छह रुपए, दूसरी कृति पाँच रुपए

[*नवभारत टाइम्स*, 3 अक्टूबर 1966]

सात कवियों के बीस साल : तारसप्तक की पुनरावृत्ति

आज हिंदी कविता की परख और पसंद और समझ में जितनी अज्ञानता और धाँधली और ग़ैर-ज़िम्मेदारी पाई जाती है उसके संदर्भ में *तारसप्तक* का दूसरा संस्करण एक निर्दय तो भी महत्त्व की घटना है। हिंदी कविता की परंपराओं का चारों तरफ़ बड़ा निर्मम अपरिचय आलोचना जगत् में फैला हुआ है। बड़े-बड़े धुरंधर शास्त्री जब कभी बोलते हैं तो इस अज्ञानता को ढाँकने के लिए या तो एकदम अटकल से कुछ कविताएँ—जो भी किसी पत्रिका के ज़रिए हाथ लग जाएँ—लेकर और भी धुंध खड़ी करने लगते हैं या ऐसे सवालों को फिर से ज़िंदा करके उनकी शास्त्रीय आरती उतारने लगते हैं जिन्हें कवि 30-20 या 15 साल पहले अपने कृतित्व से हल करके दफ़न कर चुके थे। उदाहरण नहीं दे रहा हूँ—कहाँ तक दूँगा। विश्वविद्यालयों द्वारा हिंदी साहित्य का आचार्यत्व दिलानेवाले शोधग्रंथों से लेकर छिटपुट पत्रिकाएँ तक दोनों प्रकार के उदाहरण से भरी पड़ी हैं। ऐसे में बड़ी निर्दयता से *तारसप्तक* ने हिंदी कविता के वे ठोस नमूने हमारे सामने लाकर पटक दिए हैं जिन्हें क़रीब-क़रीब भुलाया जाने लगा था।

इस किताब को लेकर हम क्या करें? पहले तो यही करें कि उसमें छपी वे कविताएँ पढ़ें जो उसके पहले संस्करण में थीं। 1943 में हिंदी कविता में क्या हो रहा था इसका पता आपको उनसे लगेगा। उसके बाद आप, मेरी मानें तो इस पुस्तक में और कुछ न पढ़ें और इन्हीं सातों कवियों का 1943 से अब तक का कृतित्व, वह जहाँ अन्यत्र मिले, पढ़ डालें। उससे आपको बहुत लाभ होगा। पर आप मेरी क्यों मानेंगे? मुझे तो सौ सैकड़ा यक़ीन है कि आप इस संग्रह में कवियों के नए वक्तव्य 'पुनश्च' सबसे पहले पढ़ेंगे और शायद वही पढ़ेंगे। यही नहीं, उसमें भी वही अंश पढ़ेंगे जो *तारसप्तक* के बारे में है।

वह अंश रोचक है, निस्संदेह है। पर उसके बारे में बाद में। अभी तो कविता के बारे में।

कविता की दुनिया में 1943 के आसपास क्या हो रहा था इसकी जानकारी से मुझे मतलब है। कविता के अंदर—भाषा में, विन्यास में, अनुभूति में, तनाव में—क्या हो रहा था यह मैं जानना चाहता हूँ। किसी वक़्त जो मनुष्य और जो बोझ और परेशानी और दबाव हिंदी भाषा में काव्य बन चुका है वह काव्य परंपरा को क्या दे गया है, इससे मुझे मतलब है। और मैं देखता हूँ कि इस एक खोज के नतीजे सातों में से हर कवि के मामले में क़रीब-क़रीब एक-से हैं।

यह कहना शायद इन कवियों को पसंद न आए क्योंकि ये पहले संस्करण में भी अपने अलग-अलग होने के तथ्य पर ज़ोर दे रहे थे, दूसरे में भी दे रहे हैं। यह तथ्य एक तथ्य है, पर यह निरा तथ्य है। कवियों का अपने अलग-अलग होने पर तब ज़ोर देना अपने कवि-स्वातंत्र्य के प्रति तीव्र सजगता का प्रमाण था—अब वह अपनी प्रतिष्ठा के प्रति सजगता का प्रमाण है। कौन कवि वास्तव में किससे कितना अलग है यह देखने के लिए, जैसा मैंने कहा, उसके 1943 के अब तक के कृतित्व को जाँचना पड़ेगा और जैसा खुद प्रायः सभी कवियों ने अपने वक्तव्य में कहा था या है, वही एक सही कसौटी होगी।

नए संस्करण में जो पुरानी कविताएँ हैं वे सब एक आत्मान्वेषी कवि का परिचय देती हैं। इस मामले में कोई कवि अपवाद नहीं है—प्रकारों का और उपलब्धियों का अंतर अवश्य उनमें है।

गजानन माधव मुक्तिबोध पूछते हैं—

> कर सको घृणा
> क्या इतना

रखते हो अखंड तुम प्रेम?
उतना प्रचंड
रखते क्या जीवन का व्रत नेम

और नेमिचन्द्र जैन की जिज्ञासा है—

इस निरंतर भागने से
हार कर रुक भी गए
तो—
क्या यहाँ तुम इस डगर में
किसी से दो बात करके
कहोगे अपने हृदय का दर्द?

भारतभूषण अग्रवाल की ये पंक्तियाँ प्रसिद्ध हैं—

कौन-सा पथ है
मार्ग में आकुल अधीरातुर
बटोही यों पुकारा :

गिरिजाकुमार माथुर पाते हैं कि—

है अंत हुआ जाता मेरा
इन अंतहीन इतिहासों में
जाने कैसी दूरी पर से
मुझ पर लंबी छाया पड़ती
किसकी आधी आवाज भरी
मेरे बोझीले गिरते हुए उतारों में।

प्रभाकर माचवे कहते हैं—

जब दिल ने दिल को जान लिया
जब अपना-सा सब मान लिया
तब ग़ैर बिराना कौन बचा
यदि बचा सिर्फ़ तो मौन बचा!

रामविलास शर्मा की स्वीकृति है—

दुख की प्रत्येक
अनुभूति में
बोध करता हूँ कहीं आत्मा है

और अज्ञेय—

मैं खड़ा खोले हृदय के
सभी ममता द्वार
नमित मेरा भाल

नमित-तर है नमित-तम
मय भावना संसार।

ये उदाहरण वैसे ही हैं जैसे कि कविताओं में से कुछ पंक्तियाँ चुनकर दिए जा सकते हैं। सही तरीक़ा पूरी कविता देखने का है पर वह पाठकों के लिए छोड़ दें तो भी कम से कम इतना और कहे बिना ये उदाहरण न्यायसंगत नहीं बनेंगे कि इस आत्मान्वेषण में अपने बाहर से मिलने की तड़प अधिक है, अपने को बाहर से काट देने की कोशिश कम है। उस समय की संपूर्ण काव्य चेष्टा छायावाद के अवास्तविक जन और जीवन विरोधी भेड़ियाधसान से अलग मनुष्य की और उसके संबंधों की खोज है। इस चीज़ को किताबी आलोचकों ने देखा ही नहीं है और आत्मनिष्ठ, अहंवादी अथवा आत्मकेंद्रित कहकर कवि को कुछ ऐसा सिद्ध करने की कोशिश की है जो उनके छायावादी कवि-नायकों से ज़्यादा नहीं तो बराबर ही घटिया हो। यदि उदाहरण दिए बिना कोई विचार प्रामाणिक माना ही न जाए तो उदाहरण भी दिए जा सकते हैं पर फिर उसी शर्त के साथ कि ये कविता के उदाहरण हैं, हाँडी के चावलों के नहीं।

गजानन माधव मुक्तिबोध

मैं उनका ही होता जिनसे
मैंने रूप-भाव पाए हैं
वे ही मेरे हिये बँधे हैं जो
मर्यादाएँ लाए हैं।
... ...
... ...
मैं ऊँचा होता चलता हूँ
उनके ओछेपन से गिर-गिर
मैं गहरा होता चलता हूँ
उनके छिछलेपन से खुद-खुद

नेमिचन्द्र जैन

वह आज चीर देगा
अम्बर का उर अनंत
युग-युग की जड़ता का
कर देगा आज अंत
वैषम्य शृंखलाएँ होंगी सब चूर-चूर
उग रही स्वर्ण-रेखाएँ समता की सुदूर।

भारतभूषण अग्रवाल

कवि तोड़ो अपना शब्दजाल
जो आज खोखला शून्य हुआ
यह है अपने पुरखों का वैभव
भोगमयी कलुषित वाणी
मदमत्त विलासिनि, त्याग इसे
बनाना है तुझको भी अगुआ

युग का, युग की भूखी,
कमज़ोर हड्डियों का
जिनका पानी है उठा खौल…

गिरिजाकुमार माथुर

आज हैं केसर रंग रँगे बन
रंजित शाम भी
फागुन की खिली पीली-सी
केसर के वसनों में छिपा तन
सोने की छाँह-सा।
बोलती आँखों में
पहले वसंत के फूल का रंग है।

प्रभाकर माचवे

बीसवीं सदी ने यही दिया?
उन्मूलित कर दी दान-दया
जब रूस विश्व के साम्यराज्य
की करता इतनी बड़ी बात
तब भारत में भी क्यों अनाज
भेजा? यह तो है सिर्फ़ स्वार्थ!

रामविलास शर्मा

हिंदुस्तान हमारा है
प्राणों से प्यारा है
इसकी रक्षा कौन करे?
सेंत मेंत में कौन मरे
गिरने दो जापानी बम
सत्यं शिवं सुंदरम्!

अज्ञेय

किंतु आज
मेरे इन बाहुओं में शक्ति है
मेरे इस
पागल हृदय में भरी भक्ति है
आज
क्योंकि मेरे पीछे जाग्रत अतीत है
और
मेरे आगे है अनंत
आदिहीन शेषहीन पथ वह
जिस पर
एक दृढ़ पैर का ही स्थान है…

इन उदाहरणों के बाद इतना ही कहना यथेष्ट होगा कि *तारसप्तक* का इस समय प्रकाशन आत्मान्वेषण और आत्मनिष्ठता की झूठी और बेमानी आलोचनाओं को बेबुनियाद साबित करने के लिए एक सही अवसर देता है। यह दुखद सत्य हमारे सामने है कि प्रेम, स्त्री, दूसरा मनुष्य, प्रकृति और व्यक्ति का गौरव इन सब यथार्थों से टकराव और तनाव ने *तारसप्तक* के कवियों को क्या दिया था (या कहें कि उससे *तारसप्तक* के कवियों ने क्या लिया था) इसका कोई अध्ययन आलोचकों ने नहीं किया है। यदि अकेले स्त्री और प्रेम को ही लें तो हिंदी कविता ने उस समय एक बहुत बड़ा मैदान मारा था—विश्व परिचय से पुष्ट और मानव के आंतरिक स्वभाव से परिचित इन सातों कवियों ने छायावाद के भिनभिनाते सुर से अलग एक पुरुषोचित स्वर उठाया था। आज भी पीछे मुड़कर आलोचक उसकी गूँज सुनना चाहें तो सुन सकते हैं।

यह तो पुरानी बात की बात हुई। इन्हीं कवियों ने 1963 में बीस वर्ष बाद जो वक्तव्य और कविताएँ *तारसंप्तक* के नए संग्रह में दी हैं उनका विवेचन कुछ नए तथ्य खोलता है।

यदि शुरू से ही शुरू करना हो तो पहले यही देखना चाहिए कि पुस्तक में शामिल नई रचनाएँ कवियों को कहाँ ले गई हैं। मेरा ख़याल है कि गजानन माधव मुक्तिबोध और अज्ञेय को छोड़कर बाक़ी कवियों में से कोई भी इन बीस-बाईस वर्षों में कहीं नहीं पहुँचा है। वे या तो अपनी खोज समाप्त कर चुके हैं या कुछ ऐसे काव्य परिश्रम में जुटे हुए हैं जो उन्हें अब उतनी उपलब्धि नहीं दे सकता जितनी बीस साल पहले देता था या देता है तो उतनी ही देता है। नेमिचन्द्र जैन के यहाँ यह घटना सबसे अधिक दिखाई देती है। भारतभूषण अग्रवाल के यहाँ एक निरंतर प्रयत्न के आवरण से वह व्यर्थता ढँक गई है जो उन्हें काव्य में दिखाई देने लगी है। यह संयोग नहीं है कि कविकर्म की कठिनता का वर्णन उन्होंने अपेक्षया कुछ अधिक चेतना के साथ किया है। माचवे का व्यंग्य उतना ही तीक्ष्ण अवश्य है पर उसने कोई नई दीवारें नहीं तोड़ीं। रामविलास शर्मा के अत्यंत महत्त्वपूर्ण दिखनेवाले कृतित्व की तुलना में उनकी नई कविता कहीं नहीं ठहरती। गिरिजाकुमार माथुर की खोज दशों दिशाओं में जारी है और उनकी नई कविताएँ इतनी विविध हैं कि इस संकलन में किन्हीं उपलब्धियों का परिचय नहीं दे पातीं। मुक्तिबोध और अज्ञेय के यहाँ जो ख़ास चीज़ मिलती है वह मनुष्य की वेदना के पहले से भी संश्लिष्ट, पहले से भी जटिल रूप को बीस साल पहले की ही फुर्ती और गरमाई के साथ पकड़ने की शक्ति है। अनुभूति की सच्चाई में, ख़तरा उठाने की हिम्मत में और परिस्थितियों के बंधन से बाहर निकलने के परिश्रम में मुक्तिबोध और अज्ञेय एक-दूसरे से होड़ लेते हुए मालूम होते हैं और दोनों ही अकेलेपन के एक ऐसे जगत् में रहने का अदम्य साहस लेकर चलते हैं जिसमें मुक्तिबोध की ये पंक्तियाँ—

> असंख्य इत्यादि जनों का मैं भाग
> इसीलिए अनदिखे
> सुलगाता धीरे से आग
> जिसके प्रकाश में
> ताँबियाए चेहरों पर आप
> संवेदित ज्ञान की काँपती ही
> उठती है भाप चुपचाप ...
> सच्चा है जहाँ असंतोष
> मेरा वहाँ पारिपोष

और अज्ञेय की ये पंक्तियाँ—

> जो भी जहाँ पिसता है

पर हरता नहीं न मरता है
पीड़ित श्रमरत मानव
अविजित दुर्जेय मानव
कम कर श्रम कर शिल्पी स्रष्टा
उसकी मैं कथा हूँ
दूर दूर दूर मैं सेतु हूँ
किंतु शून्य से शून्य तक का
सतरंगी सेतु नहीं
वह सेतु
जो मानव से मानव का हाथ मिलने से
बनता है।

एक-दूसरे से बहुत भिन्न नहीं रह जातीं यद्यपि दोनों बिलकुल अलग-अलग रास्ते चलकर इन तक पहुँचे हैं। सबसे अधिक काव्य संघर्ष (और उपलब्धि) का श्रेय मुक्तिबोध और अज्ञेय को ही देने का एकमात्र कारण—बल्कि कसौटी मैं यह मानता हूँ कि दोनों ने अपने कवि को और सब वस्तुओं से अधिक महत्त्व दिया है। यदि कार्यक्रम की कठिनाई का ज़िक्र मुक्तिबोध जिस गहरी तड़प के साथ करते हैं वह अज्ञेय में नहीं दिखाई देती तो उसका अर्थ यही है कि अज्ञेय उन तनावों से नहीं गुज़रे जो आज के समाज में कवि को अपना स्वतंत्र अवकाश प्राप्त करने के लिए झेलने पड़ते हैं। पर वह और तरह के तनावों से ज़रूर गुज़रे हैं जो स्वतंत्र अवकाश प्राप्त हो जाने के बाद पैदा होते हैं और जिनसे मुक्तिबोध को गुज़रने के कम मौक़े मिले।

शायद इसीलिए संग्रह में मुक्तिबोध की अकेली नई कविता 'एक आत्मवक्तव्य' स्वाभिमानी दर्द और तीखेपन में अज्ञेय की एकाधिक नई कृतियों से श्रेष्ठतर है। मैं मानता हूँ कि यह तीखी दर्दभरी आत्मजिज्ञासा मुक्तिबोध में अज्ञेय के मुक़ाबले पहले भी (यानी 1943) ज़्यादा थी और वह बहुत-से कारणों से, जिनका बहाना मैं मुक्तिबोध के साथ सरासर बदतमीजी मानूँगा, वह संस्कार नहीं पा सकी जो एक कवि की हैसियत से मुक्तिबोध उसे देना चाहते थे। जो हो, अज्ञेय अपने कुछ उद्दण्ड, कुछ अविचलित अंतर का संस्कार करके इन बीस वर्षों में जिस हलचल भरी गहराई तक ले आए हैं मुक्तिबोध ने वह नहीं पाई।

बाक़ी कवियों के कृतित्व पर यहाँ कुछ विस्तार से कहना आवश्यक होते हुए भी स्थानाभाव के कारण संभव नहीं है। संक्षेप में इतना कहा जा सकता है कि अपने वक्तव्यों में प्रायः सभी ने इन बीस वर्षों की स्वातंत्र्योत्तर परिस्थितियों को साक्षात्कार किया है। उनके मूलतः सामाजिक स्वभाव ने उन्हें आत्मसाक्षात्कार करने पर मजबूर किया है पर मुक्तिबोध की तरह आत्मविश्वास से यह नहीं कह सकते कि इसके आगे मेरी कविता मेरी टिप्पणी को बढ़ाएगी।

जहाँ तक *तारसप्तक* के प्रकाशन से जुड़े विवाद का प्रश्न है, वह बहुत रोचक है। और नहीं तो सिर्फ़ इसलिए कि वह विवाद प्राध्यापकों-आलोचकों की मूर्खता पर हँसने और क्रोध करने के बजाय सम्पादक पर क्रोध करता है—हँस सकता तो शायद अधिक आत्मविश्वासी दिखाई देता। और भी रोचक इसलिए कि यदि आज आलोचक अपनी ग़लती सुधारना चाहें तो उन्हें नहीं मालूम कि आपत्ति करनेवाले कवियों की रचनाओं में क्या देखें।

तारसप्तक, संपादक : अज्ञेय, दूसरा संस्करण, भारतीय ज्ञानपीठ, मूल्य : आठ रुपए

[*नवभारत टाइम्स*, 12 दिसंबर 1966]

रति और रत्ती

कृष्णा सोबती स्त्री-पुरुष संबंध की विशेषज्ञ हैं। सभी साहित्यकार जैसे होते हैं उससे कुछ अधिक—वह अकेली अबला की राज़दाँ हैं, ख़ास तौर से उसकी जो क्या नहीं कर सकती। पर इनकी रचनाओं में वह आम तौर से सहवास के ही ज़रिए विरोध करती है। वह स्त्री, संभावनाओं से भरी, शरीर की पोढ़ी और खून की गर्म हुआ करती है। दिलचस्प वह होती है पर दिलचस्प होते-होते वह अपरिचय से विवर्ण हो गई है। अब उसे अलग-अलग मौक़ों पर अलग-अलग कपड़े पहनकर हस्तशिल्प विकास मंडल में बनी एक-से चेहरेवाली गुड़ियों की तरह चरित्र लाभ करना पड़ रहा है।

इस राय का पुस्तक के आवरणविज्ञापन पर लिखे इन शब्दों से विरोध नहीं है कि "अंदर और बाहर की दोहरी दुश्मनी में जकड़ी रत्ती की लड़ाई मानवीय मन की नितांत उलझी हुई चाहत और जीवट-भरे संघर्ष का दस्तावेज़ है" मगर "कलाकार की तीसरी आँख से पर्त-दर-पर्त तन-मन की साँवली प्यास" को उकेरने का दावा करना मासूमियत से भरा जान पड़ता है।

रत्ती, एक रीती, सूनी, ठंडी ज़िंदगी, एक जैविक असमर्थता के कारागार से निकलती है—उसकी मुक्ति का क्षण ही इस उपन्यास का कथानक है। उसकी मुक्ति एक खुले आकाश में हुई है जहाँ एक पुरुष के साहचर्य का अनुभव उसके लिए दासता का अनुभव नहीं है—और दूसरी स्त्री से प्रतिद्वंद्विता का भी नहीं। वह एक मुक्त मानवीय रिश्ता है जो दिवाकर के जादुई रतिदंड के स्पर्श के बाद रत्ती का दिवाकर से और प्रकारांतर से दिवाकर की विवाहिता प्रीति से बनता है।

महान कथानक है। परंतु साहित्य केवल कथानक से नहीं बनता, बंबई की फ़िल्में अकसर बनती हैं। साहित्य रत्ती की पीड़ा से बन सकता था। वह इस उपन्यास में इस तरह से आई है जैसे वृत्तचित्रों में प्राचीन मंदिरों का कामचलाऊ वर्णन किया जाता है मानो वे इतने प्राचीन हों कि उनका मर्म जानकर क्या होगा—उन्हें पत्थर ही जान लेना काफ़ी है। लेखिका के लिए रत्ती भी मानो इतनी पुरानी जानी-पहचानी औरत है कि उसकी अपनी कोई पीड़ा हो नहीं सकती, मानो सिवाय रतिसंज्ञाहत व्याधिग्रस्त स्त्री के किताबी रोग-लक्षणों के और कुछ महत्त्वपूर्ण बताने को है नहीं। यदि नहीं है तो यह जान लेना लेखिका के लिए संभव होना चाहिए था (वह बहुत कम लिखती हैं इसलिए उनकी आत्मालोचना शक्ति पर विश्वास बना हुआ है) कि रत्ती मनुष्य के साहस की कहानी नहीं बन सकती, सहवास की ही कहानी बन सकी है जिसके लिए उपन्यास के अंत तक पाठक को चोरमन से इंतज़ार करने को ललचाया गया है।

लेखिका के अतिरिक्त केवल एक व्यक्ति रत्ती को इस दुर्घटना से बचा सकता था। वह था दिवाकर। परंतु वह पुरुष बनकर रह गया है, मनुष्य नहीं हो सका है। यहाँ तक कि जैसी भी बनी है वैसी रत्ती के बराबर भी वह मनुष्य नहीं है—वह पुंशक्ति का ऐसा अतुल भंडार है कि उपन्यास रमणी और राक्षस की याद दिलाने लगता है।

दिलाते-दिलाते रह जाता है कहना चाहिए क्योंकि कृष्णा सोबती की जैनेंद्री भाषा अकसर इतना उलझा लेती है कि आप रत्ती और उसकी पुरुषमाला को (अनेक मर्द हैं पुस्तक में) परे रखकर सोचने बैठ जाते हैं कि क्यों इतने टेढ़े-मेढ़े वाक्य आपके मन में नहीं पैदा होते जबकि रत्ती-दिवाकर-प्रीति जैसा संयोग आए दिन आपकी ज़िंदगी में हुआ करता है। पर वह टेढ़ा-मेढ़ापन शायद बेचारा 'कलात्मक सुथरापन' और 'वयस्क माध्यम' है जो 'परंपरागत शिल्प और मूल्यों को चुनौती' दे रहा है—दुनिया से बेख़बर—क्योंकि उपन्यास में शिल्प बनावट का बंधन न जाने कब छूट चुका और मूल्यों में रत्ती न जाने कितनी बार दिवाकर का पलँग तोड़ चुकी। पर अंत में इतनी ललक मन में रह ही जाती है कि कहीं इस किताब की रत्ती दिवाकर के पलँग के पाए पर सिर रखे ज़िंदगी काटने को मजबूर

न हो जाए। लक्षण तो ऐसे ही हैं। कहीं ऐसा तो नहीं कि रत्ती ने मूल्य तोड़ा नहीं, परंपरागत औरत बने रहने का मूल्य चुकाया है—और बदले में पाया है परंपरागत पुरुष।

सूरजमुखी अँधेरे के : कृष्णा सोबती, प्रकाशक : राजकमल प्रकाशन, नई दिल्ली-2; पृष्ठ : 127; मूल्य : 5.50 रु.

[*दिनमान*, 13 फरवरी 1972]

मैंने देखा कि मैं नहीं

छायावादयुगीन स्मृतियाँ कुछ क्षण मात्र हैं जो पकड़ में आ गए हैं। किंतु लेखक ने उन क्षणों को शाश्वत कर दिया है। बीते दिनों की याद में प्राणों का सम्मोहन है। यहाँ कुछ भी भूत या मृत नहीं। सबमें जीवित का स्पर्श और स्पंदन है। छायावाद युग जो मोटे तौर पर 1915 से 1965 तक के वर्षों में फैला रहा है, एक गौरवशाली परंपरा छोड़ गया है और आधुनिक युग के लिए उसकी देन अपूर्व है।

इस युग पर दृष्टि डालते हैं तो ज्ञात होता है कि न केवल काव्य में अपितु साहित्य की प्रत्येक विधा में अभूतपूर्व जागरण, प्रसार एवं प्रगति का स्वर है। युग के मंच पर एक से एक प्रतिभाएँ आती हैं और बिना विशेष पुरस्कार या अपेक्षा के ईमानदारी के साथ अपना अभिनय करती हैं। मैथिलीशरण और हरिऔध, रत्नाकर और भारतीय आत्मा, श्यामसुंदरदास और रामचंद्र शुक्ल, पद्मसिंह शर्मा और मिश्रबंधु, प्रसाद और प्रेमचंद जैसी प्रौढ़ प्रतिभाएँ एकसाथ और किस युग में अवतीर्ण हुई हैं? यह भी कि युग इन्हीं में आकर समाप्त नहीं हो गया। अनेकानेक तरुण प्रतिभाओं ने उस समय मुकुलित होकर अपने अग्रजों की प्रतिष्ठा परंपरा को न केवल क़ायम रखा वरन आगे भी बढ़ाया। और भी कितने यशस्वी नाम हैं।

सब प्रकार के खंडनमंडन और परस्पर विरोधी वक्तव्यों के बावजूद छायावाद युग हमारे साहित्य का 'रिनेसाँ' काल है। इसमें अपूर्व जागरण है। इसमें यौवन की अँगड़ाई और मीड़ है। इसमें गहरी संवेदनाएँ और संभावनाएँ हैं और जीवन जिससे जीवन है उस प्रेम तथा शृंगार की एक स्वतःउच्छ्वसित घनीभूत और परिष्कृत अभिव्यक्ति है जिसकी साकारता में निराकारता की झलक है। यहाँ साहित्य में जीवन ने सौ-सौ मनोरम भंगिमाओं में अपने को व्यक्त और दृढ़ किया है।

ऊपर जो लिखा गया वह सुमनजी की *छायावादयुगीन स्मृतियाँ* नामक पुस्तक की उनकी भूमिका के वाक्यों से ही रचा गया है। ये शब्द उन्होंने पिछले वर्ष अगस्त में रोगशय्या पर से लिखे थे। पुस्तक के भीतर प्रवेश करने पर नई पीढ़ी के पाठकों को बहुत-सी जानकारियाँ मिलेंगी, साहित्य के विद्यार्थियों को काफ़ी रोचक प्रसंग मिलेंगे और शायद पुस्तक के अंतिम लेख 'छायावादयुगीन हिंदी कविता के 25 वर्ष' में मतभेद के लिए कुछ मसाला भी। किंतु इन सबसे बढ़कर यह पुस्तक जो देती है वह उस वातावरण का परिचय है जो साहित्य कर्म के चारों ओर अलग-अलग युग में फैला रहता है और बहुधा उस साहित्य कर्म की क़िस्म निर्धारित करता है। किसी भी निरंतर जीवित साहित्य में वर्तमान से ठीक पहले के वातावरण की गंध बीते समय में देर तक भरी रहती है। वर्तमान के समीक्षक बहुधा उस गंध को नहीं पहचानते। वे तो पिछले साहित्य के लिखित प्रमाणों को ही लेकर चलते हैं। किंतु साहित्य के ऐसे रसिक भी हैं जिन्हें साहित्यिक वर्गीकरणों और बिल्लों में दिलचस्पी नहीं है, है भी तो परीक्षा की कापियाँ जाँचनेवालों के भय से मुक्त होकर रहने की सच्ची इच्छा है। कृतिकारों के जीवन, परस्पर संबंध और युग से संबंध के माध्यम से साहित्य को जानने की सुविधा उन्हें मिले तो वे एक

दूसरे ही साहित्य संसार में पहुँचने को तैयार हैं। वहाँ अध्यापक, परीक्षक और समीक्षक न होंगे। पर वहाँ काशी के सराय गोवर्द्धन मुहल्ला, शिवालय के बाग के खपरैलवाले बाहरी बरामदे में बिछे हुए तख़्त पर युवक जयशंकर प्रसाद की मंडली तो होगी, वहाँ से उठकर प्रसादजी हज़ार डंड-बैठक करके डेढ़ पाव बादाम की गिरी छानेंगे ही और तीन बढ़िया घोड़ों की टमटम पर सवारी को अवश्य जाएँगे। उसी संसार में आगे चलकर मैथिलीशरण गुप्त और प्रसाद और रायकृष्णदास की घनिष्ठ मित्रता और मैथिलीशरण और प्रसाद की सहृदय प्रतियोगिता के दृश्य भी दिखाई देंगे। रामनाथ 'सुमन' (शायद *त्यागभूमि* पत्रिका का संपादन करते हुए) प्रेमचंद की कहानी मँगवाएँगे और वह एक छोटी कहानी 'कश्मीरी सेब' भेजेंगे। "मुझे न वह अपने पत्र न उनके गौरव के अनुरूप जँची। इसलिए अपनी बात स्पष्ट लिखकर उन्हें वह कहानी लौटा दी। परंतु इसका उन्होंने ज़रा भी बुरा न माना और मुझ पर वही कृपा रखते रहे।" जब इन्हीं प्रेमचंद को सुमनजी 'गाँधीयुग के सर्वश्रेष्ठ राष्ट्रीय उपन्यासकार ही नहीं बल्कि हमारे आधुनिक राष्ट्रीय युग के सर्वोत्तम गाथाकार' कहकर स्मरण करेंगे तो यह प्रशंसा सच्ची होगी जैसे कि वापस की गई कहानी पर राय सच्ची थी।

इस पुस्तक का लिखनेवाला संस्मरणों के बहाने से अपने बारे में कुछ नहीं लिखता है। लिखता नहीं है किंतु बताता बराबर चलता है, कि जिसने ये संस्मरण लिखे हैं वह व्यक्ति मिलनसार ही नहीं था उस युग के अनेक स्तरों पर अनेक विधाओं में होनेवाली हलचल को ठंडे दिमाग से समझ भी रहा था। इसलिए जब प्रसादजी की बादामगिरी या संतरे की खीर या निरालाजी के तरऊपर रबड़ी-मलाई और मांस भोजन के रसदोष का उल्लेख कहीं आता भी है तो यही बातें जो अन्य किसी संस्मरणकार के हाथ से लिखी जाने पर बचकानी सूचनाएँ लगतीं, कहानी लगती हैं। ये तो उन रचनाओं के रचयिताओं की विचित्रताएँ हैं जिन रचनाओं से इन संस्मरणों का लेखक सरोकार रखता है। उसे उन व्यक्तियों के निजी जीवन से वैसा अनुराग नहीं है जैसा बड़े आदमियों को जानने पर गर्व करनेवालों को हुआ करता है। रामनाथ 'सुमन' का अनेक समकालीनों से मतभेद था। उसका भी ज़िक्र उन्होंने किया है परंतु वहाँ भी उनके पात्र सजीव हैं, बोलते हैं, अपने-अपने निर्दिष्ट स्वर, और सब मिलाकर उन स्वरों से उत्पन्न रव में एक संगीत है। उसी को रामनाथ 'सुमन' ने पकड़ा है।

छायावादयुगीन स्मृतियाँ : रामनाथ 'सुमन', प्रथम संस्करण 1975, पृष्ठ : 195, मूल्य : 20 रु., मैकमिलन कंपनी आफ़ इंडिया लि., दिल्ली

[*दिनमान*, 15-21 फरवरी 1976]

आधुनिक युग के ख़िलाफ़

विष्णु खरे की चुनी हुई 40 कविताओं का एक व्यक्तित्व है जो दो दशकों की कविता-कोशिश में से छनकर आया हुआ है और उसके सबसे अच्छे तत्त्वों को एक जगह दर्शाता है। उपकरणों को अलग-अलग करके देखें तो उनकी रचनाएँ प्रायः वह सभी कुछ लिए हैं जो इस दौर में नए-पुराने सभी कवियों ने कभी न कभी किया है। किंतु यह कविता को देखने का सही तरीक़ा नहीं है। पिछले दो दशकों में अनेक कवियों ने प्रायः एक-सी ही कोशिशें की हैं, भले ही कुछ ने अपनी अलग राजनैतिक पहचान बनानी चाही हो (बल्कि शायद इसीलिए बनानी चाही हो कि उनकी कविता की कोशिश में कुछ नया न था) तो भी कविता कई लोगों की सामूहिक कोशिश का नतीजा नहीं हो सकती। वह हमेशा एक व्यक्ति की ऐसी बेचैनियों का निचोड़ होगी जो कई दिशाओं से आकर उस कवि के अपने अम्ल और

क्षार के साथ उसके अंदर एक रसायन बन गई हों। आधुनिक कवि की रचना की प्रतीति करते हुए आज का पाठक सिर्फ़ 'नएपन से प्रसन्न हो जाए तो उसकी प्रतीति बेबुनियाद होगी और रचना बेमज़ा हो जाएगी। कविता का मज़ा आज यह पहचानने में है कि कवि किस हद तक एक संपूर्ण, शांत और शक्तिवान व्यक्तित्व बन सका है। इस सिलसिले में हम उसके ऐसा बनने के तरीक़ों की जाँच भी करेंगे। लेकिन वे तरीक़े कहाँ तक दूसरों के ऐसे ही दीखनेवाले अधूरे तरीक़ों से भिन्न हैं, यह तो हम तभी जाँच पाएँगे जब हम देख पाएँगे कि उसकी कविता के अंदर एक ठंडा सुनसान दर्पण, जो कि वास्तव में एक गहरा कुआँ है, हमें मिला है या नहीं।

विष्णु खरे की 'दोस्त' शीर्षक कविता को लें। अगर हम इसे इतनी जल्दी में पढ़ जाएँ जितनी जल्दी में यह लिखी हुई लगती है (सिर्फ़ लगती है) तो हम इसे सिर्फ़ एक वर्णन समझने की ग़लती कर बैठेंगे। भाषा के क्षय से पीड़ित आधुनिक संसार को भाषा के माध्यम से पहचानने के प्रयत्न यदि हम पहले भी कर चुके हों तो हम इस कविता को जल्दी में नहीं पढ़ेंगे। जिस तेज़ी से इसकी पंक्तियाँ दौड़ती हैं वह अपने में इशारा है कि इन्हें धीरे-धीरे पढ़ना होगा। तो हम धीरे-धीरे देखते हैं कि एक लापरवाह अंदाज़ में बहुत मामूली क़िस्म की विशेषताओं का ज़िक्र करते हुए कवि ने एक नौजवान की नहीं और एक पुलिस सबइंस्पेक्टर की भी नहीं बल्कि एक नौजवान पुलिस सबइंस्पेक्टर की तसवीर कुछ इस तरह खींची है कि तसवीर का नाक-नक़्शा नहीं बल्कि वक़्त उसमें जो परिवर्तन करता है वही तसवीर की असल पहचान बन गया है। दरअसल वही कविता है। यह सफलता कवि को किस तरह मिली है? शायद उसने अपने अंदर एक अनुभूति को बाहर से दीखनेवाली तमाम चीज़ों के ज़रिए पहचानने का संस्कार पैदा किया है जो कि एक आधुनिक संस्कार है (संग्रह का शीर्षक *खुद अपनी आँख से* इस मायने में सार्थक हो उठता है)। इसीलिए हम देखते हैं कि एक नौजवान आदमी के आज के वर्णन से उसकी ज़िंदगी के एक दौर का परिचय देकर जब दो-तीन वर्ष के बाद की उस ज़िंदगी के एक दौर का परिचय हमें कवि देता है तो वह एक कहानी कहने की साधारण कोशिश नहीं कर रहा है। वह कहानी नहीं है एक कविता है जो ज़िंदगी के इन दो दौरों के बीच जो कुछ हुआ है उसकी कहानी कहती है और उस घटना के लिए कोई शब्द इस्तेमाल नहीं करती। जितने शब्द इस्तेमाल करती है सब वस्तुओं की संज्ञाएँ यानी साधारण कहानी कहने के ही शब्द हैं किंतु अनुभूति ने उन सबको इस सिलसिले में बाँधा है कि वे एक कविता ही बनाते हैं, कहानी नहीं।

कहानी में कविता कहना विष्णु खरे की सबसे बड़ी शक्ति है। इस संग्रह में उनके रचना संसार की विविधता का पता हमें उनकी विविध शक्तियों के रूप में नहीं बल्कि इसी एक शक्ति के द्वारा उनकी अनुभूति के विविध प्रयत्नों के रूप में मिलता है। 'टेबिल' एकसाथ कई ज़िंदगियों को एक जगह पकाकर एक गहरी करुणा की कविता बनाती है। इसमें तथा अन्य कई कविताओं में कवि अपनी शिल्पशैली को दोहराता हुआ-सा लगता है। लेकिन यह भी एक फ़रेब है। हम इन कविताओं के दृश्यों को एक संपादित फ़िल्म की तरह से देखते हैं। और अगर हमें आज के शिल्प जगत् से परिचय है तो हम उस निःशब्द फ़िल्म के पीछे एक संगीत भी कल्पना में सुन सकते हैं। वास्तव में यह संगीत कविता की भाषा की झनकार से पैदा नहीं होता। विष्णु खरे की भाषा तो हमें किसी रोमांटिक, रहस्यमय गद्‌गद संसार में जाने से ठोकर मारकर बार-बार रोकती है। ऐसे ठोकर मारनेवाले निहायत किताबी और साधारणतया व्यंग्यजनक शब्द विष्णु खरे के यहाँ एक मोर्चे का हिस्सा हैं जो कि कविता के पास अनमने भाव से जानेवाले पाठक के ख़िलाफ़ लंबे ब्यौरेवार वर्णनों, साधारण नीरस घटनाओं और ध्यान बँटानेवाली टिप्पणियों की मदद से जानबूझकर बाँधा गया है।

कहना न होगा कि इन 40 कविताओं में सभी एक जैसी सफल लड़ाइयाँ नहीं हैं। कुछ बहुत बड़ी पराजय हैं जिन्हें शायद कवि भी पहचानता होगा और कुछ ऐसी असफलताएँ हैं जो शायद कवि को मालूम नहीं। ये दोनों स्थितियाँ कविता लिखने के जोखिमों में शामिल हैं और यदि ये पाठक के

सामने आती हैं तो कवि की तमाम खूबियों को समझने का मज़ा और भी बढ़ जाता है।

'कोशिश' शीर्षक एक बहुत अच्छी कविता में भी, जिसमें आदमियों और आदमियों की चीज़ों के संपर्क में आई हुई चिड़ियों की मृत्यु का कविता का विषय न होना कविता को एक बहुत गहरे और अव्यक्त अनुभव की कविता बना देता है, एक कमज़ोर हिस्सा है। लेकिन यह उदाहरण यहाँ यह बताने के लिए चुना गया है कि इसमें पार्क की ठंडी बेंच पर बैठे हुए बूढ़े के पास से लौटती हुई स्कूली लड़कियों की उपमा जैसी कमज़ोर हरकत होते हुए भी इस कविता का बड़प्पन कम नहीं होता। 'दुःस्वप्न', 'कूकर', 'वापस', और 'गूँगा' इस संग्रह की अन्य अच्छी कविताएँ हैं। इनमें छिपी हुई झकझोरनेवाली तकलीफ़ का परिचय जिन पाठकों को मिलेगा (संभव है सबको न मिले) वे अपने चारों तरफ़ की एक-एक चीज़ को अपने कहीं ज़्यादा नज़दीक और ज़िंदा महसूस करेंगे और यह आधुनिक कविता की एक दुर्लभ उपलब्धि होगी क्योंकि यह आधुनिक युग के ख़िलाफ़ होगी जहाँ हम हर चीज़ और हर व्यक्ति और हर घटना को उस वक़्त तक इज़्ज़त नहीं देते जब तक कि किसी वृहद् योजना के अंतर्गत कोई दूसरे लोग उसका प्रदर्शन न करें। विष्णु खरे की वस्तु योजना अद्भुत धीरज और साहस के साथ, जो कि अपनी अनुभूति को संप्रेषित हो जाने तक बचाए रखने के लिए कवि को चाहिए, एक शांत शक्ति वाली भाषा तैयार करती है। यह उपलब्धि आधुनिक कविता के प्रयत्न को संपूर्ण बनाती है। और विष्णु खरे की कविता को अद्वितीय।

खुद अपनी आँख से (कविता संग्रह) : विष्णु खरे, रचनाकार प्रकाशन, डी-46 विवेक विहार, दिल्ली, प्रथम संस्करण 1978, मूल्य : पंद्रह रुपए

[*दिनमान*, 26 नवंबर-2 दिसंबर 1978]

दर्पण में कविता

विष्णु नागर की कविताएँ *तालाब में डूबी छह लड़कियाँ* शीर्षक संग्रह में एकसाथ पढ़कर कवि के अपने विकास के प्रयत्न का परिचय तो मिलता ही है, एक स्वस्थ और संवेदनशील मानस से भी मुलाक़ात होती है—बहुधा उसकी सतत अन्वेषणशील और उत्सुक मनःस्थिति में और कभी-कभी उसके किसी अद्वितीय क्षण में भी। इतना कहकर मुझे 'दर्पण' शीर्षक कविता उद्धृत करने की इच्छा हो रही है : वह एक संपूर्ण कविता है और उसमें गहराई का प्रतिबिंब है जो किसी कविता को वक्तव्य की जगह कविता बनाता है।

> मैंने दर्पण में देखी कविता
> जिसमें लोग देखते थे
> अपने को प्रसन्न और सुंदर
> दरअसल वह उनकी ऊब थी

साहित्य समाज-परिवर्तन का हथियार है, यह पुरानी उक्ति आज एक अधकचरे कठमुल्लापन के साथ अकसर दोराई जाती है और कभी-कभी तो कवि से समाज-परिवर्तन का प्रमाण इस तरह माँगा जाता है जैसे डाकुओं के गिरोह अपरिचितों से पहचान का गुप्त संकेत तलब करते हैं और उसे सुन लेने पर ही जानेवाले को ज़िंदा जाने देते हैं। ऐसे तक़ाज़े के पीछे कोशिश होती है कि कविता के समझने और उससे अभिभूत होने की कोई इच्छा करने के पहले आज का पाठक अपने को एक साँचे में ढाल ले। यह या तो एक तरह के ठस चौधरीपन का नतीजा है या समाज-परिवर्तन के पक्षधर साहित्य के

एक अंश के खोखलेपन को छिपाने की तरकीब है। असल बात तो यह है कि बहुत-सी ऐसी अनुभूतियाँ हैं जो न्याय के समकक्ष हैं और न्याय यदि समाज-परिवर्तन की नींव है तो वे अनुभूतियाँ भी उतनी ही प्राथमिक हैं। क्रूर, ईर्ष्यालु और कपटी दिमाग़ों को हम हर समाज में पाएँगे और हृदय-परिवर्तन ही समाज-परिवर्तन है, ऐसा कहा भी नहीं जा रहा है, परंतु साम्यवादी समाज बनाने के पक्षधर जब बनावटी करुणा और ओढ़ी हुई मानवीयता की कविता लिखते हैं तो संदेह होता है कि वे पाखंड को और उसमें निहित निर्दयता को प्रश्रय दे रहे हैं। इस संदर्भ में हिंदी में ऐसी कविता का मूल्यांकन जो सचमुच नए मानवीय अनुभवों और साथ ही समतापरक शक्ति देनेवाली अनुभूतियों की कविता हो, बहुधा असमर्थ हाथों से होता रहा है। फिर भी ऐसी कविता की एक परंपरा बनी है। विष्णु नागर के संग्रह की सर्वश्रेष्ठ कविताएँ इसी परंपरा में गिनने योग्य हैं और जो सर्वश्रेष्ठ नहीं हैं उनकी न्यूनता भी अधिक से अधिक एक अच्छे प्रयत्न की विफलता कही जाएगी। इससे और बड़ा कोई दोष उन पर नहीं लगाया जा सकता।

क्या हैं वे मानवीय अनुभव और समतापरक अनुभूतियाँ जो शक्ति देती हों? यदि मुझसे पूछा जाए तो इतनी ज़्यादा प्राथमिक शिक्षा दे सकने का दावा न करते हुए भी मैं कुछ उदाहरण बता सकता हूँ। एक तो वही है जो ऊपर उद्धृत है। इसमें एक निश्चिंत और हृदयहीन समाज की झलक है—दर्पण में प्रसन्न और सुंदर चेहरों के भीतर वह भी दिखेगी बशर्ते कि आप जल्दी में न हों और ऊब और क्या है सिवाय एक जड़ता के जो ऊबे हुए को नष्ट करती है और अपने में एक हिंसात्मक परिस्थिति छिपाए रहती है? कोई भी ऐसा अभिज्ञान जो या तो इस ऊब को तोड़ने की अहिंसक शक्ति देता हो या फिर उस ऊब की असली शक्ल सहानुभूति के साथ दिखाता हो, रचनात्मक अनुभूति होगा। कवि समाज की अन्यायपरक संरचना को समझकर ही इसे साध पाता है। किंतु उस समझ को तमाम शब्दों में दोहरा देना ही चिंतात्मक अनुभूति नहीं है।

विष्णु नागर ने ऐसे अनेक अनुभव पाए हैं जो कविता की कोटि में आते हैं सिर्फ़ बयान की नहीं और सामाजिक प्राणी मनुष्य के प्रति, किसी हवाई इनसान के प्रति नहीं, कवि के रिश्ते को उसी अनुभव की भाषा में परिभाषित कर जाते हैं :

वह जब रोता है
तो बच्चा होने से ही
दुखी नहीं लगता है।
वह जवानी में भी रोएगा—
आपा खो कर
तब किसी को जानने नहीं देगा
कि वह रोया था।

['वह जवानी में भी रोएगा']

लड़की ने नहाया
और पाया, सब बरोबर है
नहाना भी, नहीं नहाना भी

['लड़की ने नहाया']

मैं हूँ
तुम्हारी

सबसे कीमती चीज़—साहस
वह आदमी
दलदल से
निकल रहा था
डूब गया
मैं उसी का
स्मारक हूँ

['साहस']

इन कविताओं में, कुछ लोग कहेंगे कि एक तरह की 'सहजता' है। यह शब्द आलोचकों के हाथों जाने कब का मौत के घाट उतारा जा चुका है और आज इसे वे ही इस्तेमाल करते हैं जो कुछ नहीं कहना चाहते हैं। दरअसल जिसे सहजता कहते हैं वह एक कठिन साधना है। चारों तरफ़ फैले हुए बनावटी सरलीकरण से बचना तो उस साधना का नकारात्मक पक्ष है, उस साधना का केंद्र है एक व्यापक सच्चाई और न्याय के संसार की कल्पना। विष्णु नागर के अनेक तथाकथित छोटे तथा सहज अनुभव इतने सच्चे न होते अगर उनकी साधना में कहीं उस कल्पना के संसार के लिए सामाजिक संघर्ष की चेतना न होती। आजकल एक फ़ैशन बन गया है—हर छोटी-छोटी चीज़ पर कविता लिखना जैसे पेड़, चिड़िया, फूल, घर, लड़का, औरत पर। ये सब विष्णु नागर की कविताओं के भी विषय हैं परंतु वे उनके एकदम अपने अनुभव हैं और इसीलिए प्रामाणिक हैं। कविता में जिसे हम नया कह सकते हैं वह प्रामाणिकता ही होती है और आज की बनावटी मानवीयता वाले संसार में विष्णु नागर का उसी प्रामाणिकता के आधार पर एक काव्य-जीवन की सृष्टि करना साहस का काम है। यह उनके विकास में तो योग देगा ही, आशा करनी चाहिए कि उतना ही योग कविता में गहराइयों के भीतर डूबने की इच्छा बढ़ाने में भी देगा।

तालाब में डूबी छह लड़कियाँ : विष्णु नागर, प्रकाशन संस्थान, 216 श्रीराम नगर, शाहदरा, दिल्ली-32, पृ. 88, मूल्य : पंद्रह रुपए

[*दिनमान*, 1-7 जून 1980]

आदमी की मुश्किल

आदमी की मुश्किल विष्णु नागर का दूसरा कहानी-संग्रह है। आपका पहला कहानी-संग्रह था *आज का दिन*। आप कवि हैं और पत्रकार के रूप में आपके राजनैतिक और सामाजिक घटना-विश्लेषण *नवभारत टाइम्स* में अकसर प्रकाशित होते रहते हैं, जहाँ आप संवाददाता नियुक्त हैं। आपके कविता-संग्रह हैं : *मैं फिर कहता हूँ, चिड़िया, तालाब में डूबी छह लड़कियाँ* और *संसार बदल जाएगा*।

इस अवस्था में, जहाँ संवेदनशीलता और सामाजिक चेतना से युक्त नागरिक को अपने मानवीय मूल्यों की रक्षा के लिए चारों ओर के निर्मम परिवेश से निरंतर संघर्ष करते रहना पड़ता है, सत्ता के अनेक रूप अनेक दिशाओं से जब-तब आकर व्यक्ति पर आक्रमण करते रहते हैं। निश्चिंत जीवन उन्हीं के लिए संभव है जिन्होंने अपने को तरह-तरह के बचाव का अभ्यस्त बना लिया है। पर सत्ता की सरलीकृत परिभाषा करके चाहे तो कोई लेखक अपनी जागरूकता को और अपने बचाव को भी सरल बना सकता है। विष्णु नागर ऐसा सरलीकरण नहीं करते। वह सत्ता के केंद्रीकरण के शिखर को

भी पहचानते हैं और अनेक स्तरों पर प्रकट उसकी शक्लों को भी पहचानने का प्रयास करते रहते हैं। शायद इसीलिए अपने व्यक्ति पर और मानव मूल्यों पर होनेवाले आक्रमणों के कोई आसान उत्तर बताकर वह अपने रचनाकर्म से छुट्टी पा जाने का रास्ता नहीं अपनाते। विष्णु नागर के आदमी की वही मुश्किल है कि वह संकट से टकराने के आसान नुस्ख़े नहीं खोजता। प्रेम, करुणा और मानव कल्याण जैसे बहुप्रचलित गुणों को साधने का उपदेश देनेवाले सुधारकों को प्रिय लेखक कभी-कभी पाखंड की सृष्टि करता है और सामाजिक व्यवहार के खोखले मापदण्ड बनाकर अपनी ईमानदारी से आप ही संतुष्ट हो जाता है। पर मानव संबंधों को विकृत कर उन्हें साहित्य में स्वीकृति दिलाने की उसकी कुटिलता जारी रहती है। उधर शासक शासितों के सभी रचनात्मक मानवीय प्रयत्नों का श्रेय लेकर सत्ता को और अधिक संचित करता चला जाता है।

विष्णु नागर की कहानियों में ऐसी ही कुटिलताओं से सचेत नागरिक को रोज़ साबका पड़ता है। वह इनका विरोध कई स्तरों पर करता है जिनमें से एक स्तर व्यंग्य का है। पर इस व्यंग्य-दृष्टि की एक विडंबना यह है कि यह लेखक को संतोष भले दे जाए परंतु पाठक को अकसर व्यंग्य से मनोरंजन ग्रहण करने के लोभ में फँसाकर छोड़ जाती है। विष्णु नागर व्यंग्य की इस दोहरी प्रवृत्ति को पहचानते हैं और अपनी सामाजिक ज़िम्मेदारी समझते हुए उसे मनोरंजन का साधन नहीं बनने देते। जिस प्रवृत्ति, परिस्थिति या घटना पर वह व्यंग्य करते हैं, वह कितनी भी साधारण क्यों न हो, उसमें छिपी अनैतिकता और अन्यायप्रियता को वह गहरी सहानुभूति से पाठक को दिखा जाते हैं। पर वह इस रहस्योद्घाटन से निरा चकित नहीं रह जाता, निराश तो बिलकुल नहीं। वह व्यंग्यकार की चमत्कारी प्रतिभा पर वाह-वाह करके प्रसन्न भी नहीं रह जाता बल्कि पाखंडी, धूर्त और क्रूर आक्रमण के हाथों वंचना और शोषण के शिकार नागरिक का प्रतिरूप जैसा ही अपने को पाता है। यों आम तौर पर अन्याय की लट्ठमार आलोचना कभी-कभी इतने ज़ोर का अंधाधुंध लट्ठ चलाती है कि अन्यायी को कम चोट लगती है, अन्याय के शिकार को ज़्यादा। विष्णु नागर का व्यंग्य हिंदी व्यंग्य साहित्य के अधिकांश नमूनों की तरह अपने ही उद्देश्य को नष्ट करता व्यंग्य नहीं है। सच पूछिए तो रूढ़िवादी साहित्यालोचक इसे व्यंग्य मानने से ही परहेज़ करते दिखाई दें तो आश्चर्य नहीं क्योंकि व्यंग्य को भँड़ैती बनाकर रख देनेवाले सत्ताभक्तों ने विरोध का नाटक करते-करते इस विधा में दमनकारी के बल का विज्ञापन और शोषित की असहायता का उपहास अधिक किया है, एक स्वस्थ समतापरक समाज की रचना का प्रयत्न कम। विष्णु नागर की ये कहानियाँ यथार्थ के उस रूप को भी दिखाती हैं जिसे बदलने की आकांक्षा इन्हें पढ़नेवाले के मन में जगाना लेखक का अभीष्ट है। यही नहीं, ये उस आदर्श की प्रतीति भी जगाती हैं जो परिवर्तन का उद्देश्य है।

यह सब एक स्वस्थ मन से रचे, बनावट और दुरूहता से मुक्त सहज गद्य में लेखक करता है और काव्य के अंदर छिपी व्यंजनाओं को इस तरह खोलता जाता है कि शैली का यह कौशल पाठक के मन में घटित हो जाए, भाषा का चमत्कार और सजावट की चीज़ बनकर न रह जाए—ताक़त की चीज़ बने।

इस संग्रह की अंतिम कहानी वास्तव में कई छोटी-छोटी कहानियों का समुच्चय है—इसे लेखक ने 'ईश्वर की कहानियाँ' नाम दिया है। ईश्वर और कोई नहीं अपने प्रताप और ऐश्वर्य से आत्ममुग्ध आदमी का ही दूसरा नाम है और उसकी छोटी-छोटी कहानियाँ स्वयं उसके और उसके बनाए आत्मतुष्ट भक्तों और सहयोगियों की पोल खोलनेवाली कहानियाँ हैं।

विष्णु नागर के गद्य की ओर हमारा ध्यान विशेष रूप से इसलिए भी जाता है कि आधुनिक गद्य की एक प्रमुख विशेषता इनके लेखक में दीखती है—एक हल्कापन जो हल्का-फुल्कापन नहीं है, सिर्फ़ किसी बहुत भारी बात को कहने का ढंग है जिसमें अनुभव की पीड़ा में छिपा व्यंग्य भाषा का बोझ न बन जाए बल्कि संगति और पीड़ा तार्किकता के बूते अनुभव के विपर्यय की पहचान जागृत कर दे। कुछ आलोचक इस गुण को विनोदप्रियता कहते हैं। और उनका अभीष्ट भी विनोद ही होता

है पर विष्णु नागर की 'विनोदप्रियता' विनोद के लिए नहीं, अपनी कहानी के पात्र की संपूर्ण परिस्थिति उजागर करने के लिए है। उनके पात्र एक बड़े भारी षड्यंत्र के शिकार हैं। उनकी असहायता का आभास लेखक उनके प्रति एकआयामी सहानुभूति पैदा करके नहीं देता बल्कि पाठक को उस षड्यंत्र से निकलने की बहुआयामी छटपटाहट पैदा करके देता है जो एक चालाक और दुष्ट पतनशील तंत्र ने समाज में चला रखा है।

आदमी की मुश्किल (कहानी संग्रह) : विष्णु नागर, राधाकृष्ण प्रकाशन, नई दिल्ली-2, मूल्य : 35 रुपए

[*प्रतिपक्ष*, अगस्त 1988]

अपने सामने

कुँवर नारायण का नया कविता संग्रह *अपने सामने*, जो बहुत प्रतीक्षा के बाद आया है, पढ़ना एक सुखद अनुभव है। इसकी इकहत्तर कविताएँ संभवतः रचना के कई दौरों में लिखी गई हैं और अकसर एक भावना को कई-कई कविताएँ हर बार नए सिरे से दोहराती हैं। इसलिए पूरा संग्रह पढ़ने पर कवि के व्यक्तित्व के संपूर्ण पहलुओं की स्पष्ट झलक मिलती है यद्यपि आच्छादन पर छपे विज्ञापन की यह आशा पूरी नहीं होती कि "ज़्यादातर कविताएँ किसी एक ही तरह की भाषा या विषय में विसर्जित-सी हो गई नहीं लगतीं।" और यह कोई ऐसा गुण भी नहीं है जिसे हर कवि में खोजना ज़रूरी हो। ख़ास तौर से कुँवर नारायण में जो खोजने की चीज़ है वह व्यक्तित्व की इकहरी बनावट का सौंदर्य है और वही इस संग्रह को गरिमा प्रदान करता है।

इन कविताओं का रचनाकार एक परिपक्व और अपनी जगह दृढ़ व्यक्ति है। वह अकेला है जैसा हर संवेदनशील बुद्धिजीवी को होना चाहिए। वह इतना सुरक्षित नहीं है कि सारे संसार से अनुकूल हो जाए और इतना आत्मविश्वासहीन भी नहीं है कि भयातुर होकर चीखने लगे। वह अपनी अरक्षा की भावना को बहुत स्पष्ट शब्दों में कहता है :

> अपराधी की तरह पकड़ा जाता रहा बार बार
> अद्‌भुत कुछ जीने की चोर कोशिश में
>
> ['समुद्र की मछली', पृ. 13]

उसके अंदर एक दहशत है जो उसके सहयात्रियों ने उसमें पैदा की है और यह एक अनजान दहशत है जैसी कि अपराधी होने का शक करनेवालों से घिरे व्यक्ति में ही हो सकती है। हालाँकि यह चीज़ 'बँधा शिकार' जैसी अनेक कविताओं में बहुत खुलकर आई है मगर 'विकल्प-2' इस आधुनिक मनःस्थिति की बहुत प्रभावशील और संश्लिष्ट रचना है। कवि अपना पीछा किए जाने, अपने ऊपर शक किए जाने और अपनी सफ़ाई देने की व्यर्थता से आगे चलती ट्रेन से बाहर कूद जाने की त्रासदी का भोक्ता है। चलती ट्रेन के प्रतीक का उसने सशक्त प्रयोग किया है। मानो वह सबके साथ कहीं जा रहा है परंतु एक तरह से क़ैद भी है। एक ही साथ गति और जड़ता का घात-प्रतिघात कुँवर नारायण की अन्य कविताओं में भी है और उन्हें एक विशिष्टता प्रदान करता है।

'विकल्प-1' और 'विकल्प-2' मिलकर वक्तव्य बनता है जो प्रायः पूरे संग्रह पर छाया हुआ है—कथ्य की दृष्टि से भी और शिल्प की भी (अधिसंख्य कविताएँ वक्तव्य की शैली में ही हैं—'ऊँचा उठा हुआ सिर' जैसे कुछ सुंदर अपवादों को छोड़कर) और अलग-अलग कविताओं में विभिन्न स्तरों, आयामों तथा तीव्रता के प्रकारों के साथ अभिव्यक्त होता है। यह उन कविताओं में सबसे ज़्यादा तीव्र हो जाता

है जहाँ वक्तव्य अपेक्षया कम है और व्यक्ति और उसके बाहर के समाज के बीच नहीं बल्कि व्यक्ति और एक अन्य व्यक्ति के बीच संवाद हो रहा है। उदाहरण के लिए 'यकीन' रखनेवालों की भीड़ का डर जो 'आज भी' शीर्षक कविता में कवि ने दोटूक शब्दों में बताया है वही 'एक हरा जंगल' में एक नई सृजनात्मकता के साथ प्रकट हुआ है जहाँ कवि केवल एक स्थिति न बताकर यह बताता है कि वह इस स्थिति को कैसे बदल सकता है :

एक हरा जंगल धमनियों में जलता है
तुम्हारे आँचल में आग ···
चाहता हूँ झपट कर अलग कर दूँ तुम्हें
उन तमाम संदर्भों से जिनमें तुम बेचैन हो
और राख हो जाने के पहले ही
उस सारे दृश्य को बचा कर
किसी दूसरी दुनिया के अपने आविष्कार
में शामिल कर लूँ
लपटें
एक नए तट की शीतल सदाशयता को
छूकर लौट जाएँ।

यह मेरी अपनी पसंद के अनुसार संग्रह की सबसे अच्छी कविताओं में से एक है और इसकी सुंदरता का कारण यह है कि इसमें एक कोशिश है जबकि ज़्यादातर कविताओं में सिर्फ़ एक दर्द है। यहाँ कवि की अपनी उस दुनिया का, जो वह बनाना चाहता है, (और यह नहीं चाहता तो वह कवि नहीं होता) ओर-छोर दिखाई देने लगता है। 'दूर तक' शीर्षक रचना में हम एकाएक इस ओर-छोर से परिभाषित एक क्षितिज देखते हैं :

अँधेरे को अचानक फूल बनाती हुई सुगंध
सुगंध को रूप देते हुए रंग
रंगों को एक चमक देता हुआ मौसम
मौसम को गोद देती हुई ज़मीन
ज़मीन को भर देते हुए बादल
बादल को आकाश देती हुई हवा ···
आओ इन सबको अपने में भर कर
दूर तक फैल जाएँ।

मेरी राय में, कवि का यह कर्मशील पक्ष इस संग्रह का मुख्य स्वर न होते हुए भी महत्त्वपूर्ण है। अनेक कविताओं में कवि *अपने सामने* के यथार्थ से अधिक सरोकार रखता है पर उनमें किसी में भी वह इतना अधिक प्रखर नहीं है जितना 'अपने बजाय' शीर्षक कविता में जिसमें यह जानते हुए भी कि वह अपनी ज़िम्मेदारियों से छूटकर अपना वकील बन जाए तो यह दुनिया एतराज़ करेगी, वह उस नैतिक अकेलेपन को ज़िंदा रखना ज़रूरी मानता है और जिसमें—

बंद होकर प्रार्थना की जाती है
या अपने से सच कहा जाता है
अपने से भागते रहने के बजाय

इस कविता में एक भीतरी ताकत है जो किसी भी भय को प्रकट करने के लिए एक अच्छे कवि

में होनी चाहिए।

यह संग्रह कवि के पिछले काव्य प्रकाशन के प्रायः 15 वर्ष बाद आया है इसलिए यह माना जा सकता है कि इस बीच के लेखन में से संग्रह के लिए चयन करना मुश्किल काम रहा होगा। शायद इसीलिए संभव है मेरी यह शिकायत कि इसमें ताक़त की कविताएँ अधिक न होकर बयान की कविताएँ अधिक हैं जो कभी-कभी आत्मदया और शहादत को छूकर गुज़र जाने का ख़तरा उठाती हैं, व्यक्तिगत पसंदगी या नापसंदगी हो। फिर भी मैं कहूँगा कि मुझे अच्छा लगता यदि यह संग्रह सबका सब *अपने सामने* न होकर थोड़ा और 'अपने बजाय' होता।

अपने सामने (कविता संग्रह) : कुँवर नारायण, पृ. 109, मूल्य : 18 रुपए, राजकमल प्रकाशन प्रा. लि., नई दिल्ली

[*दिनमान*, 3-9 अगस्त 1980]

महास्वप्न का मध्यांतर

'महास्वप्न का मध्यांतर' एक लंबी कविता है। कवि ने इसे कविता चक्र कहा है अर्थात् कई कविताओं का एक संपुजन। पर मुझे एकबारगी लगा कि यह एक नाट्यकृति है, एक कथोपकथन और कुछ विष्कंभक : तीन-आयामी एक प्रस्तावना जिसमें कवि का स्वरूप एक है पर मंच पर उसके तीन नहीं तो दो रूप तो अवश्य ही आते हैं। यह व्यक्तित्व के विभाजित होने की आम तौर पर आधुनिक मानी जानेवाली कविताओं में से एक नहीं है। वास्तव में यह विभाजित व्यक्तित्व की पाश्चात्य नक़ल के ठीक विपरीत एक गहरी भारतीय प्रतीति की पहचान है—अनंत में स्थिर होकर विश्व की गति को समेट लेने की साधना। *संक्रांत* (1964), *देहांत से हट कर* (1967) और *तीसरा अँधेरा* (1972) के कवि का विकास *महास्वप्न का मध्यांतर* में पूर्ण रूप से प्रकट हुआ है। यह विकास ही है, भटकने और कहीं कुछ या कहीं कुछ पाकर उसे प्रकाशित कर लेने का प्रयत्न नहीं।

देह और उसके धर्म के प्रति *संक्रांत* में कवि को एक उत्सुकता भरी जिज्ञासा थी :

नींद भर रात और
भूख भर अन्न
दृष्टि भर रूप और
प्यास भर रति
तुम्हें यही चाहिए
यही चाहिए
इन टुकड़ा सुखों से दूर—
ओ मेरे भद्दे आकार
मुझे गर्व है
तुम्हें अकस्मात् मैं
एक पशु चुप्पी के साथ
छोड़ जाऊँगा।

['यंत्र देह', पृ. 79]

व्यक्ति और समाज के प्रति *देहांत से हट कर* से *तीसरा अँधेरा* तक आते-आते एक गहरी खोज पैदा हुई। यह इतिहास और आदमी के रिश्ते को भी जाँचती थी :

तलाश कभी थी नहीं
ईश्वरनुमा किसी चेहरे की ···

['युगनद्ध', पृ. 102]

पिछले तीन संग्रहों में एक हल्की-सी आधुनिक विनोदप्रियता भी मिलती है। वह *महास्वप्न का मध्यांतर* में विलीन नहीं हो गई, आत्मसात् हो गई है। अब पहले की तरह कवि अलग से खड़ा होकर अपनी असलियत को देखकर हँसता नहीं। अपनी असलियत को अलग से खड़ा कर वह अब भी देखता है। बल्कि वह अपने से संवाद करता है। वह अलग से हँस नहीं लेता। वह बार-बार अपना विधायक बनना चाहता है और बार-बार इस सत्य का सामना करता है कि पूर्णता की ओर जाने अर्थात् अपना विधायक स्वयं बनने में बहुत-सी बाधाएँ हैं जिनके कारणों को खोजने से उन कारणों के भी कारण और फिर कुछ और कारण भले ही मिल जाएँ लेकिन रास्ता नहीं मिलता। रास्ता ढूँढ़ने के लिए तो किसी एक जगह खड़े होने का प्रयत्न करना होगा।

मुझको निःशब्द तक जाना था
मैं हूँ कि सना पड़ा हूँ
हाहाकार में ···

['चेतन का रोना', पृ. 10]

फिर वह कहता है :

तुम ग़लत जगह आ गए हो
ग़लत गोखरू गड़ गए ध्येय के पैरों में
तुमसे अब रुका नहीं जा रहा
ठहराव दूना दुखदायी
जले चले जा रहे तुम
पशोपेश में ···

['भूल संकेत', पृ. 16]

और फिर—

अभी चला जाऊँ तो जाऊँ
कदंब फूले हैं
वह वहीं कहीं किन्हीं नीले किनारों से
बाँसुरी बजाता है
अभी जब खूब खून वाली
सरगरमी है
मेरी मौजी शिराओं में
खुली है
ताज़ी कला दीर्घा
अभी निकल ग़ायब
हो जाऊँ तो जाऊँ
कल जब वह
थका पड़ा होगा निरपेक्ष

सन्नाटा ओढ़े
प्रभास क्षेत्र में
कौन लाएगा
तब मुझ जरायु को।

['बदलता मन', पृ. 17]

उसके मन में विराट संदेह हैं जो चाहें तो सभी जिज्ञासाओं का अंत कर दे सकते हैं, जैसे :

क्या पता यह जो आवाज़ आ रही है
सच्ची हो
क्या पता मेरा संदेह
कच्चा हो, आरोपित ...

['सतही मन की मुश्किल', पृ. 79]

मैं एक बर्तन
लिए हुए चल रहा
यह बिना जाने
इसमें सूराख है
कौन-सा समुद्र
और लाऊँ
बसाऊँ और कौन नगर?
पत्थर कितने दिन तैराऊँ
मुझे जब कुएँ में ही गिरना है।

['सतही मन की मुश्किल', पृ. 79]

किंतु ऐसा होता नहीं। कुछ है जिसके कारण वह न केवल और खोजते रहना चाहता है बल्कि इतिहास को बनाना भी चाहता है। वह अपने को पूर्ण करना चाहता है किंतु यह जानते हुए ही वह अपने को पूर्ण करना चाह रहा है कि वह एक तैयारशुदा, आसान और अपने से बाहर के कारणों द्वारा संचालित जीवन को महत्त्व नहीं दे सकता। *महास्वप्न का मध्यांतर* एक आधुनिक साधक की अपनी आत्मा की खोज है, हमारे प्राचीन मानस में अनायास अपने को पहचानने की उत्पन्न इच्छा का परिणाम नहीं। ऐसा इन कविताओं के तीव्र संवेदन, अविश्वास, द्वंद्व और विदेहत्व से ही प्रकट होता है। ये सायास आत्म-साधना के प्रयत्न हैं, यही इनकी आधुनिकता है।

संक्रांत से लेकर अब तक के 16 वर्षों में कवि ने अपने को जिस कसौटी पर कसा है वह तत्त्वज्ञान की कामना करनेवाले अनेक भारतीय कवियों की अपेक्षा कहीं अधिक प्रकृत और निर्मल कसौटी जान पड़ती है—वह मानो उसकी अपनी परख के भीतर से ही निकली है। वह कहीं बाहर से लाई गई हो ऐसा उसने न चाहा है न स्वीकार किया है। और यही कहें कि उसने मानो बिना कहे घोषित कर दिया है कि पूर्ववर्ती साधकों के साक्ष्य भी उसके लिए बाहर से आए हुए ही हैं तो शायद उसकी खोज की विलक्षणता को हम और अधिक पहचान सकेंगे। यह इसी लोक में, इस यथार्थ में जूझकर अपने भीतर अपने विधायक की खोज है। यह जूझना कवि को ही पड़ेगा, लगभग निहत्थे और अकेले। इसीलिए पिछले डेढ़ दशक में इस कवि में कविता का जन्म बार-बार हुआ है जबकि औरों में मानो एकबारगी दर्शन उत्पन्न होकर कविता लुप्त हो गई है।

महास्वप्न का मध्यांतर, कैलाश वाजपेयी, नेशनल पब्लिशिंग हाउस, नई दिल्ली, पृ. 114, मूल्य : 25 रु.

[*दिनमान*, 4-10 अक्टूबर 1981]

मुख से बजाऊँ, कंठ से गाऊँ

उस्ताद अलाउद्दीन ख़ाँ का बजाना बहुतों ने सुना होगा। पर आजकल हो यह रहा है कि उनका बजाना अब रेडियो, टेलिविजन, रिकार्ड किसी के भी ज़रिए जगह-जगह सुनवाया नहीं जाता। पूँजीवाद में व्यापार और उद्योग दोनों ने मिलकर इंतज़ाम कर दिया है कि जो चीज़ पुरानी पड़ जाए फ़िलहाल उसका बाज़ार उठ जाए। बाद में कभी जब वह पुरावस्तु बन जाएगी तो लुप्तप्राय हस्तशिल्प की तरह उसका भी मूल्य बहुत बढ़ जाएगा। तब बेच लेंगे।

क्या हम ख़ाँ साहब का बजाना नहीं सुन पाते क्योंकि वह रिकार्ड में सुरक्षित नहीं है? नहीं, ऐसा माना नहीं जा सकता। बहुत सुरक्षित न होगा, फिर भी काफ़ी होगा। बात दरअसल यह है कि उस आदमी की जो राजशक्ति थी (हर आदमी में कुछ न कुछ राजशक्ति अपने ही संस्कार से मिली हुई होती है) वह आनंद के आँसू से धुली हुई निर्मल थी। सिवाय उनके शिष्यों के कोई उनसे डरता न था।

किताब में यही अभयदाता अलाउद्दीन ख़ाँ बोल रहे हैं। स्नेही शुभमय (भोलू) लिखते जाते हैं। अनेक गाथाएँ—कहाँ क्या बजाया, किसको क्या करके दिखा दिया—क्या माँगा, क्या भुगता—सब कुछ ऐसी ही भाषा से लिपिक ने बांग्ला में लिखा और अप्रतिम गद्यकार राहुल वारपुते ने उस बांग्ला लेख के मराठी अनुवाद की हिंदी की है। पर उसमें हम उस्ताद और वारपुते दोनों की बोली की शैली सुन पाते हैं। और वह भी वाद्ययंत्रों की बीच-बीच में टंकार और झंकार के साथ।

1947 के पहले भारतीय भाषाओं में साहित्य का लेन-देन हुआ करता था : 1947 के बाद इसी का एक वृहद् राजनैतिक रूप सामने आया—राजसत्ता में भाषाओं की स्वायत्तता। फिर भाषाओं का लेन-देन नीरस, नए क्षेत्रों में चला गया। पर यहाँ तो राहुल वारपुते ने बांग्ला से मराठी, फिर मराठी से हिंदी में माल की लदाई-उतराई करके भोली-भाली और प्यारी हेरा-फेरी की है कि हिंदी में कभी मराठी के स्वभाव का मज़ा आता है, कभी बांग्ला के। पूरी किताब को—बड़े अक्षर में छपे सिर्फ़ 58 पृष्ठ हैं—तीन जीवंत मानसों मे गुज़रना पड़ा है न! इसलिए उसमें से जीवन की छटाएँ कौंधती जाती हैं कि एक वाक्य नहीं है जो केवल तथ्यात्मक हो। हर वाक्य में अपने पर हँसने, दूसरों पर खुश होने, असंगतियों को निर्मल मन से बताने, विचित्रताओं को भयंकर होने से बचाकर अद्‌भुत बनाते जाने जैसे मानवीय अनुभव समाहित हैं। 'फिर पढ़ लेंगे' जैसा कुछ हो ही नहीं सकता। संगीत सुनने को कान ईश्वर ने दिए हों तो आपको यह लेख पढ़ने की आँखें भी दी होंगी। खोजकर देखिएगा, मिलेंगी।

और नहीं दिए होंगे कान तो क्या इस आदमी के रोम-रोम से जो स्फूर्ति—संगीत सीखने-सिखाने के व्रत की ऊर्जा—फूट रही है यह कुछ कम विराट् है! पढ़ेंगे तो एक बहुत बड़े आदमी के पास महफ़िल में बैठे हुए पाएँगे अपने को। और थोड़ी देर में पढ़ लेने के बाद बिलकुल अकेले—एक गंभीर जीवन के सोच में डूबे हुए।

तीन महफ़िलों में अलाउद्दीन खाँ ने जो बतकही की उसी से—अवश्य ही (संपादित करके) शुभमय ने लिखी थी *आमार कथा*। मालूम नहीं अशोक श्हाणे ने मराठी से जब उसका *माफी कहाणी* किया तो उसे कितना छोटा-बड़ा किया, पर राहुल वारपुते के अनुवाद के बारे में ऐसा प्रश्न मन में उठता नहीं। वह एक वातावरण अपने साथ लेकर आया है जिससे वह पूर्ण होता है। मच्छी का पानी क्या है? क्या मछेर झोल? पर झोल तो जल नहीं है? ऐसा एक बेकार का प्रश्न छोड़कर और कुछ पूछने का मौक़ा ही नहीं देती राहुल वारपुते की मिट्टी से सोते-सी फूटती हुई भाषा। और मराठी के विन्यास प्रयोग जहाँ एकदम बांग्ला की जगह बैठ गए हैं वहाँ तो सचमुच भारत की एकता की गुदगुदी है। नई दिल्ली वाली एकता नहीं, जनसाधारण वाली।

आप इस छोटी-सी पुस्तक को पढ़ेंगे तो पाएँगे कि वक़्त काटना कभी-कभी वक़्त काटना नहीं होता, हमारे वक़्त को एक बड़े संसार के रागानुराग से जोड़ना होता है। तब हम एकांत चाहते हैं ताकि कुछ

न घुस आए जो हमें दुकेला कर जाए। पर अलाउद्दीन ख़ाँ यदि जी उठते और मेरे पास रेलगाड़ी में आकर बैठ जाते तो मैं *काला जासूस* या *उनींदी अँगड़ाइयाँ* उठाकर अलग रख देता और पूछता तो फिर अमेरिका में चुलबुली लड़कियों ने और क्या किया—बताइए। *मेरी कथा* में आपने जो घटना शुभमय को बताई है वह पूरी नहीं बताई होगी—कुछ अभी और सुनाइए।

[*नवभारत टाइम्स*, 1983]

वाचिक परंपरा के प्रतीक मुंशी अजमेरी

मुंशी अजमेरी का नाम साहित्य के विद्यार्थियों ने अवश्य सुना होगा। उनकी रचनाएँ कम ही लोगों ने पढ़ी होंगी क्योंकि उनकी रचनाएँ मौखिक थीं। वह वाचिक परंपरा के गुणी थे, ऐसे गुणियों की कमी नहीं है। अब भी इस परंपरा के चलानेवाले मिलते हैं पर सब प्रसिद्ध नहीं होते, जो होते हैं वे अपने इलाक़े में होते हैं पर मुंशी अजमेरी लिखने-पढ़नेवाले साहित्यिकों के बीच मैथिलीशरण गुप्त के मित्र के रूप में चारों ओर प्रसिद्ध हुए। मैथिलीशरणजी ने अपने इस मित्र के संस्मरण लिखे हैं। मुंशी अजमेरी के गुज़र जाने के 26 वर्ष बाद 1963 में ये लिखे गए थे। इन संस्मरणों को राष्ट्रकवि के सुपुत्र उर्मिलाचरण गुप्त ने *मुंशी अजमेरी* नामक पुस्तक के रूप में पिछले वर्ष प्रकाशित किया है।

मुंशी अजमेरी विलक्षण व्यक्ति थे, मैथिलीशरणजी के शब्दों में उनकी जाति के लोग (जो ढाढ़ी कहलाते हैं) किसी समय मुसलमान हो जाने पर भी संस्कारों से हिंदू ही अधिक हैं, ये लोग अपने यजमानों का विरुद बखानते हैं, कथा, कविता और गीत इनका कुल-कर्म है। सुना है सोरठ और खमाज रागिनियों पर प्रभु ने इन्हीं को प्रभुत्व दिया है, मांड तो इन्हीं की है।

108 पृष्ठ की पुस्तिका में राष्ट्रकवि ने अपने सहज गंभीर गद्य में मुंशी अजमेरी की इतनी बातें बताई हैं कि बाल्यकाल, विवाह आदि से लेकर विषम ज्वर में उनकी मृत्यु तक उनकी पूरी जीवनी ही बन गई है। अनेक प्रसंग लिखे हैं जो सहृदय मित्र ही लिखता। मुंशी अजमेरी थे भी तो गुप्तजी के बचपन के दोस्त। गुप्तजी का गद्य बनावट से दूर है। आज उसे पढ़कर एक बार फिर एक मिटती हुई संस्कृति की झलक मिलती है जिसमें मनुष्य के लिए आदर तो था ही, सभी प्राणियों के लिए प्रेम भी था। मुंशी अजमेरी ने अवश्य ही मैथिलीशरण गुप्त को अपनी वाचिक परंपरा के अमूल्य भंडार में से बहुत कुछ दिया होगा जो दोनों में ऐसी गाढ़ी दोस्ती हुई और अंत तक बनी रही। राष्ट्रकवि ने कृतज्ञता भी जताई है, यही नहीं कि उन्होंने 'विकट भट' नामक अपनी रचना के संबंध में मुंशी अजमेरी का नाम कृतज्ञतापूर्वक लिया है, बल्कि उनके जितने संस्मरण बताए हैं सबमें कृतार्थता का भाव छिपा हुआ है। मुंशी अजमेरी के साथ उठने-बैठने, बोलने-बतियाने से राष्ट्रकवि को साहचर्य मिलता था, यह तो सभी जानते हैं, पर परंपरा भी विकसित होती थी, इसे स्वयं मैथिलीशरणजी ने अपने मन के भीतर पहचाना होगा।

मुंशी अजमेरी अपने समय के श्रेष्ठ व्यक्तियों के प्रिय थे। निराला से उनकी एक दिलचस्प मुलाक़ात का वर्णन राष्ट्रकवि ने विस्तार से किया है, और गाँधीजी तथा मुंशी अजमेरी के मिलने का बड़ा सहृदय वृत्तांत भी दिया है। और भी अनेक संस्मरण हैं। यद्यपि लेखक ने भूमिका में कहा है कि ये संस्मरण क्रमबद्ध नहीं हैं तो भी पुस्तक एक बार पढ़ना शुरू करके बिना ख़त्म किए जी नहीं मानता, कारण यह है कि मैथिलीशरणजी और मुंशी अजमेरी दोनों मिलकर अनेक रंगों और वर्णों का एक चित्र-विचित्र संसार खड़ा कर देते हैं जो बाहर से रंगबिरंगा पर भीतर से बहुत सादा है। इसमें महापुरुष आते-जाते

तो हैं, पर उनकी आनबान के आगे मुंशी अजमेरी की विनम्रता फिर भी बड़ी दीखती है।

मुंशी अजमेरी ने अपनी कुछ यात्राओं के ब्यौरे मैथिलीशरणजी और उनके छोटे भाई सियारामशरण गुप्त को लिखे थे। उनसे जान पड़ता है कि उन्हें सुंदर स्थानों और सज्जन व्यक्तियों से प्रेम था। उनका लिखा एक संस्मरण देखिए—"सन उन्नीस सौ पच्चीस-छब्बीस में सरोजिनी नायडू की अध्यक्षता में कानपुर में कांग्रेस का अधिवेशन हुआ था। अंतिम दिन खादी पहनने की अनिवार्यता पर विवाद हुआ, मौलाना हसरत मुहानी ने कहा—यह ज़्यादती है, जुल्म है, हम उसे बर्दाश्त नहीं करेंगे। सरोजिनी देवी ने उन्हें उत्तर देने के लिए मौलाना मुहम्मद अली से कहा। अपनी दुलाई सँभालते हुए मौलाना उठे और बोले—हमारे भाई हसरत साहब कम क़ूवत गुस्सा ज़्यादा, मार खाने के लच्छनवाले लोगों में से हैं, सुना है, आज किसी सभा में पिट भी गए हैं, ख़ैर, वह कहते हैं—हम खादी की शर्त नहीं मानेंगे, यह ज़्यादती है, जुल्म है, इसे नहीं सहेंगे। अरे भले आदमी, तुमने कौन-से जुल्म नहीं सहे हैं। तुम कीड़ों-मकोड़ों की तरह पेट के बल रेंगने को मजबूर हुए, तुम्हारी औरतों के घूँघट हटाकर सार्जंटों ने उनके मुँह खोल-खोल देखे हैं। वे जुल्म न थे, और खद्दर पहनना जुल्म है। खादी हमारी वर्दी है, उसके बिना मैं कैसे समझूँ कि तुम हमारे हो। मौलाना मुहम्मद अली ऐसे गरजे, सारा पंडाल हर्षनाद से ऐसा गूँज उठा कि हसरत मुहानी साहब चुपचाप धीरे से खिसक गए। अजमेरी यह भाषण ज्यों का त्यों ऐसे सुनाते थे कि उसकी चर्चा फैल गई और स्थान-स्थान पर उसे अजमेरी को कहाँ-कहाँ कितनी बार सुनाना पड़ा। ऐसा जान पड़ता था मानो मौलाना मुहम्मद अली ही बोले हैं।"

मुंशी अजमेरी अपनी गुणी परंपरा के अनुपम नमूने मित्रों और यजमानों को देकर उनका मनोरंजन किया करते थे। परंतु उनमें और मैथिलीशरणजी में केवल मनोरंजन का संबंध न था। प्रारम्भिक दिनों में राष्ट्रकवि ने अवश्य ही इस गुणी की वाचिक परंपरा से काव्य का प्रचुर प्रसाद पाया होगा। यही उनकी मित्रता का स्थायी आधार था, दोनों का मिलन एक पुरानी वाचिक परंपरा का और छपाई की नई परंपरा का मिलन था, उससे छपाई की परंपरा को ही अधिक लाभ मिला। मैथिलीशरणजी निमित्त बने।

इस टिप्पणी का उद्देश्य *मुंशी अजमेरी* नामक पुस्तक का संपूर्ण विवरण देना नहीं है, केवल यह बताना है कि कुछ चीज़ें होती हैं जो मनुष्यों को बड़ा बना जाती हैं और ये चीज़ें पैसा और ताक़त नहीं होतीं। वे परंपरा की देन होती हैं। सभी परंपरा में जीते हैं, पर विरले ही ऐसे होते हैं जो उसका साइनबोर्ड लगाकर नहीं चलते, फिर भी परंपरा में जीने का बोध दूसरों को भी करा देते हैं। मुंशी अजमेरी को इस लेखक ने देखा भी न था, किंतु अभी-अभी पुस्तिका पढ़कर रख देने के बाद मन इस निराशा भाव से भर नहीं गया कि वह गुज़रा ज़माना अब कहाँ मिलेगा। लग रहा है कि जिस सहृदयता, रसज्ञता और रसिकता से मैथिलीशरण गुप्त और अजमेरीजी का जीवन ओतप्रोत था वैसी ही शेखी कहीं न कहीं दो शीलवान व्यक्तियों के बीच आज भी बाँटी जा सकती होगी। हाँ, संभव है कि वे जोड़ीदार अत्यंत साधारण अज्ञात व्यक्ति हों। हों तो उससे क्या? आज उखड़ेपन को जो सामाजिक प्रतिष्ठा मिल रही है, ऐसा बाँटचूँट उसके विरुद्ध एक रचनात्मक कार्रवाई तो होगी ही—प्रसिद्ध न हो, न सही।

मुंशी अजमेरी : मैथिलीशरण गुप्त, साकेत प्रकाशन, राष्ट्रकवि निवास, चिरगाँव, झाँसी। वितरक : के. एल. मलिक एंड सन्स प्रा.लि., 23 दरियागंज, नई दिल्ली

[*नवभारत टाइम्स*, 1983]

योग बच्चों के लिए

अख़बार के दफ़्तर में बहुत-सी किताबें समीक्षा के लिए आया करती हैं। उनमें एक रंगीन पुस्तक की ओर ध्यान गया तो देखा कि यह बच्चों के लिए है। पहले सोचा कि इसे किसी बाल पत्रिका को भेज दिया जाए। फिर मन ने कहा कि पढ़कर देखो, तब पाया कि यह तो बड़ों के लिए भी बड़े काम की है। पहली बार किसी ने यह सोचा कि बच्चों को भी योग के आसनों को साधने की विधि समझाकर बताई जाए—क्रमानुसार! अर्थात् जो सीखना चाहते हैं यहाँ से आरंभ करें। जो पुस्तक अकसर बच्चों के कोमल तन और मन को सिखाने के काम आ सकती है वह बड़ों के भी क्यों न आएगी?

परंतु यह पुस्तक बच्चों के लिए ही तैयार की गई है, इस बात का अपना ही महत्त्व है। स्वामी धीरेन्द्र ब्रह्मचारी ने यह पुस्तक बहुत सरल और सुबोध शैली में लिखी है। भूमिका में ब्रह्मचारीजी ने कहा है, लाखों व्यक्तियों को योग की शिक्षा देने के पश्चात् मेरा यह अपना अनुभव है कि यदि भारत के ही नहीं समस्त विश्व के स्कूलों और कालेजों में योग की शिक्षा का प्रारंभ कर दिया जाए, तो सारे विश्व के बालक अपेक्षाकृत अल्प समय में ही विद्वान और बुद्धिमान बन जाएँगे। पुस्तक में बच्चों को अध्यात्म की चर्चा में नहीं उलझाया गया है।

सुंदर रंगीन फोटोचित्रों द्वारा यह बताकर कि आसन ऐसे करने चाहिए, हर आसन के लाभ बता दिए गए हैं। लाभ हैं बुद्धि का विकास और मेधा, स्मरण, नेत्र, कर्ण शक्ति की वृद्धि।

चित्रों में बच्चे अपने बराबर के बच्चों के चेहरे देखकर बहुत आश्वस्त होंगे। कुछ क्रियाएँ इतनी सरल हैं कि बच्चे उन्हें करके यह बोझ नहीं अनुभव करेंगे कि हमें 'योग' सीखना है। उसकी जगह वे यह आनंद पाएँगे कि जो वे सामान्य जीवन में अनायास करते रहते हैं वही सचेत होकर उचित ढंग से कर रहे हैं। यह पहली पुस्तक है। इसी क्रम में ग्यारह और निकलेंगी। मूल्य है कोमल आवरण वाली का दस और कड़े वाली का पंद्रह रुपए। छपाई और स्थायी उपयोगिता को देखते हुए मूल्य वाजिब है।

योग : बच्चों के लिए, धीरेन्द्र ब्रह्मचारी, मुकुल प्रकाशन, जे-2 कैलाश कालोनी, नई दिल्ली-48

[*नवभारत टाइम्स*, 1 मई 1983]

भूगोल से भावना

पुस्तक का नाम है *अखण्ड भारत*। नाम से कुछ पाठक समझेंगे कि भारत के राजनैतिक विभाजन को पसंद न करनेवालों का नारा ही इसका विषय होगा। ऐसा है नहीं। 98 पृष्ठ की इस छोटी-सी पुस्तक का विषय बहुत बड़ा है और वह भारत भी बहुत बड़ा है जो इसमें बताया गया है। पढ़कर मन में एक बार दुख होता है कि हम इतने बड़े भारत को अभी तक जानते ही नहीं थे, एक बार आनंद होता है कि कितने चमत्कृत करनेवाले तथ्य हमने जान लिए! और जानकर पहले से कुछ नहीं, बहुत बड़ा हो आया। भारत पर गर्व, देशप्रेम, अतीत का गुणगान वह सब इस पुस्तक में है। पर कितनी और तरह से है! इसे पढ़कर ऐसा नहीं लगता कि देशभक्ति के उपदेशों में निरा भूसा भरा है। क्योंकि इसमें जो देशज्ञान है उसमें रस ही रस भरा हुआ है।

विद्वान लेखक ने बड़े प्रेम से समझाकर वही सब बताया है जो अभी तक स्कूलों में और राजनीतिकों की सभाओं में लट्ठ मारकर बताया जाता रहा है। किसी भारत-प्रेमोपदेश को आज तक हमने सात नदियों

का देश भारत (जानते हैं कौन नदियाँ?), सात पहाड़ों का देश भारत और सात नगरों का देश भारत कहकर अतीत की याद दिलाते नहीं सुना। भगवतशरण उपाध्याय (स्वर्गीय) को यह बताने का मन क्यों हुआ भला? इसलिए कि वह इस पुस्तक में अतीत की नहीं, वर्तमान की बात कर रहे हैं, उस वर्तमान की जो बिना अतीत के कुछ नहीं है—और इसलिए जब हम उसे देख पाते हैं तो भविष्य भी दिखाई देने लगता है। निरे अतीत को कितना भी दुंदुभि बजाकर बताओ भविष्य की गूँज सुन ही नहीं पड़ती। परंतु इस पुस्तक में भारत का अतीत भी दीखता है, वर्तमान भी और जो पाठक अपने चारों ओर की ऊब से एक बार निकल जाएँगे उन्हें भारत का भविष्य भी दीखने लगेगा।

पुस्तक में चारों धाम पर एक लेख है। यह लेख धर्म संगठन पर नहीं है। ऐसा कहकर हम सबको इसे पढ़ने की सलाह नहीं दे रहे, बल्कि चाह रहे हैं कि इन्हें वे लोग पढ़ें जो चारों धामों को पूजनीय स्थलों के रूप में जानते हैं। यहाँ इनका वर्णन और वह भी थोड़े शब्दों में पढ़कर—ऐसा लगता है मानो हम भौगोलिक स्थानों का वर्णन पढ़ते-पढ़ते भावों की भूमि पर विचारों के सागर के किनारे खड़े हो गए हैं और वह हमारे मन में कहीं अपना वह मंद स्वर जगा रहा है जो सागर से सुनाई दिया करता है।

और लेख भी हैं। 'संतों-सूफियों की बानी', 'हिमालय की चोटी पर', 'भारत का संगीत', 'बहराते समुद्र' और 'तीर के बंदर' जैसे विषय एक आधुनिक वैज्ञानिक बुद्धि से आत्मसात् किए गए हैं। 'हिमालय की चोटी पर' में तो सागरमाथा विजय का वर्णन ही ऐसा ललित है कि हिमालय का वैभव साकार हो उठता है—वर्णन पार्थिव हिमालय का ही है, और कर्मठ मनुष्य को ही दिखाया गया है, पर मनुष्य और पर्वत दोनों अलौकिक हो उठते हैं। कथा तेनसिंह और हिलेरी की है पर हमें ऐसे सुन पड़ती है जैसे समस्त मानवजाति की हो।

पुस्तक के परिचय में प्रकाशक ने जैसा लिखा है, भगवतशरण उपाध्याय वस्तुपरक विश्लेषण और गहरी सर्जनात्मकता के वर्णनी थे। डेढ़ सौ से अधिक उनकी पुस्तकों से जाने कितने अध्येताओं ने इतिहास और परंपरा को जाना होगा, जो रह गए होंगे वे इसी छोटी-सी पुस्तिका को पढ़ लें, ज्ञान में रस होता है यह जान लेने के बाद शायद जीवन में कुछ घटियापन, कुछ ऊब, कुछ मिटामिटायापन मिट जाए और मन में कुछ शक्ति भर जाए।

अखंड भारत : भगवतशरण उपाध्याय, पृ. 98, अर्नीता प्रकाशन, आजाद नगर, उज्जैन, मूल्य : 20 रुपए

[*नवभारत टाइम्स*, 8 मई 1983]

वह वतन कि जो अब देश नहीं

एक आदमी जिसने अगस्त 1947 में घरबार समेत लाहौर छोड़ा था, 1978 में फिर वहाँ जाने की कोशिश करता है मगर वीसा नहीं मिलता—शायद इसलिए कि पाकिस्तान सरकार के अनुसार उसके कोई सगे-संबंधी वहाँ नहीं रहते। दो साल बाद जब वह फिर वीसा माँगता है यह कहकर कि मेरे कलम के रिश्तेदार वहाँ रहते हैं, तो मिलता है और यह यात्रा एक ऐतिहासिक यात्रा बन जाती है।

वह पाता है कि लाहौर में बहुत कुछ तो वही है, बहुत कुछ नया है : जगह-जगह लिखा हुआ है : इत्तिहाद ही से बरकत है। हर महीने जकात निकालना मत भूलो, हमेशा शर से बचो। उसे याद आता है कि वह एक इस्लामी मुल्क में है जिसने अपनी किस्मत इस्लामी देशों के साथ जोड़ रखी है इसलिए पाकिस्तान का हर सोच इस्लामी होगा। उसे यह भी याद आता है कि अगस्त 1947 के बाद

वह यहाँ का शहरी बनकर रहना चाहता था लेकिन पंजाब के दोनों हिस्सों के ख़ूँरेज़ वाक़्यात ने, जो दोनों देशों के लिए क़ाबू से बाहर हो गए थे, ऐसा करना असंभव बना दिया था। गत तैंतीस वर्षों में इस दुख को किसी भी क्षण भुला नहीं पाया था कि वह अपने वतन से ज़बरदस्ती सरहद के पार धकेल दिया गया है।

यह आदमी है रामलाल, जिनकी कहानियाँ आज़ादी के बाद से अब तक पाकिस्तान की पत्रिकाओं में छपती रही हैं। वहाँ के लेखकों से भी उनका पत्र-व्यवहार जारी रहा है। उनकी कहानियों में से अनेक के स्थल और पात्र आज के पाकिस्तान में रह गए हैं। और अभी मौजूद हैं। लाहौर, मुल्तान, सरगोधा, जन्मभूमि मियाँवाली और कराची में उनका बड़े उत्साह से स्वागत किया गया।

रामलाल लिखते हैं : "इस देश की स्थापना वाक़ई लाशों पर हुई थी। एक नेता छोटी-सी ग़लती करता है लेकिन राष्ट्र को उसका ख़मयाज़ा बहुत बड़ा भुगतना पड़ता है। फ़सादात का यह सिलसिला शुरू न हो गया होता तो दो आज़ाद देश बड़े शांतिमय वातावरण में वजूद में आए होते।"

पाकिस्तान बनने के बाद के हालात पर लिखे पाँच बड़े उपन्यासों में से एक *बस्ती* (इंतिज़ार हुसैन) पर बहस हो रही है। इस विषय के बाक़ी चार उपन्यास हैं *उदास नस्लें* (अब्दुल्ला हुसैन), *आग का दरिया* (कुर्रतुलऐन हैदर), *इंक़िलाब* (ख्वाजा अहमद अब्बास) और *लहू के फूल* (हयातुल्लाह अंसारी)। *बस्ती* के प्रमुख पात्र पाकिस्तान बनने के बाद भी पुराने भारत को भुला नहीं पाते। अपनी जन्मभूमि की गलियों, मुहल्लों, मेलों-ठेलों, रामलीला आदि अपने सामाजिक रवैयों को पाकिस्तान में रहते हुए भुला नहीं पाते। 1950 के बाद से बार-बार फ़ौजी हुकूमतें क़ायम होने और बोलने की आज़ादी पर बंधन लगते रहने से *बस्ती* के पात्र अत्यंत निराश और टूटे हुए मिलते हैं। गोष्ठी में टिप्पणियाँ होती हैं। युवा कहानीकार मसऊद अशअर : और जिस वक़्त हम वह ज़माने और जगहें याद करते हैं जहाँ हम सुरक्षित थे तो दरअसल हम अपने बेरहम और जालिम वर्तमान से प्रतिशोध ले रहे होते हैं। अनवर सज्जाद : पुनर्जागरण का सपना ख़ाली लेखों और अतीत-स्मरण से पूरा नहीं होगा और न ही मातम करने, निराशा फैलाने या बेअमल होने से। जहाँ तक कला का संबंध है वह केवल वास्तविकता का प्रतिबिंब भी नहीं हो सकती, बल्कि वह एक नई हक़ीक़त को जन्म देती है। रामलाल : मैं इस प्रकार की अतीत की पीड़ा से परिचित हूँ जिसे इंतज़ार हुसैन अपनी चेतना का हिस्सा बनाए हुए हैं। मैं स्वयं जब लाहौर लौटा हूँ तो मेरे अंदर भी वही शहर अचानक जाग उठा है जो दरहक़ीक़त कभी सोया भी नहीं था। उर्दू कहानी में इंतज़ार हुसैन के इस योगदान को नजरअंदाज़ नहीं किया जा सकता कि उन्होंने ही अतीत को कला के स्तर पर पेश करना सिखाया है।

यह यात्रा एक वयस्क भारतीय नागरिक और अपने देश के प्रतिनिधि एक लेखक की अपने वतन की यात्रा थी जो अब उसके देश में नहीं है। लेखक ने वह नहर देखी जहाँ उसने तैरना सीखा, वह स्कूल जहाँ वह पढ़ा, वह बाज़ार जहाँ उसने शरारतन दूकानदारों को परेशान किया और वह घर—उसका अपना घर—जिसे बाहर से देखकर वह लौट आया और जिसके भीतर का यादों से भरा ब्यौरा उसने हमें एक प्रौढ़ प्यार भरे दर्द के साथ बताया है।

"वह मकान मुझे एक पुरानी धँसी हुई क़ब्र की भाँति अँधेरा और डरावना लगा। लड़कों ने पूछा भी, चचा अंदर चलिएगा नहीं? लेकिन मैं गाड़ी में बैठ गया। चुपचाप उनसे कहा—वापस चलो।"

जाने से पहले रामलाल ने अपने घर की जहाँ वह गोद में खेलाया गया था, चुटकी भर मिट्टी माँगकर रख ली।

उसे अपने बचपन और जवानी के अनगिनत साथी, घटनाएँ और बुज़ुर्ग याद आए—उनसे संबद्ध इमारतें और कहीं-कहीं वे खुद मौजूद थे। उसे वे भीड़ें, तनाव और नारे याद आए जिनसे वह 10 महीने की बच्ची सहित इस पार आने से पहले आज़ादी के आसपास के दिनों में गुज़रा था। उसने अपना अतीत याद किया—अपने पुरखों का अतीत—अरब आक्रमणकारियों के आगे-आगे जिन्होंने कभी

रेतीले मैदानों में घोड़ों पर सवार होकर भागते-भागते राजस्थान में जाकर शरण ली थी।

वहाँ से उसके पुरखे मियाँवाली नगर में पहुँचे होंगे जो अब पाकिस्तान में है और जहाँ वह पैदा हुआ और 23 वर्ष की उम्र में विभाजित देश के इस पार आ गया। अब 56 वर्ष की उम्र में वह एक बार फिर वहीं खड़ा है—इतिहास, देश और काल को एक डोर में बाँधता हुआ और धरती पर आदमी की बनाई सीमाओं को धूल में मिलाता हुआ।

किताब हर हिंदीभाषी को पढ़नी चाहिए। लेखक की जो अवधारणा हिंदी क्षेत्र में बन गई है वह इस पुस्तक के पढ़ने से और विस्तृत होगी।

जर्द पत्तों की बहार : पाकिस्तान का सफ़रनामा, रामलाल, शांति निकेतन प्रकाशन, इंदिरा नगर, लखनऊ, मूल्य : 50 रुपए

[*नवभारत टाइम्स*, 10 जुलाई 1983]

असलियत, इतिहास और सच्चाई

सामान्य पाठक के लिए 'विश्वसनीय इतिहास और इतिहास बोध' की पत्रिका गोरखपुर से प्रकाशित हुई है जिसका नाम ही *इतिहास* है। पत्रिका का यह दूसरा अंक है। दाम है चार रुपए। सम्पादन लालबहादुर वर्मा ने किया है और यह रामदत्तपुर, गोरखपुर-273001 से प्रकाशित हुई है।

इस अंक के लेखों में डी.डी. कोशाम्बी के इतिहास-लेखन की व्याख्या है। बताया गया है कि कोशाम्बी की इतिहास की अवधारणा क्या है। एक अंश देखिए :

"हाल के सरकारी आँकड़ों से पता चलता है किं संतुलित भोजन पानेवालों की संख्या आंशिक ही है। सवाल यह है कि भूख और बीमारी की चपेट में रहना भारतीय जनता की नियति है या भारतीय समाज इस मूलभूत दुख से मुक्त होनेवाला है। कोई भी देश जहाँ सामान्य आदमी के जीने की शर्तें भी पूरी नहीं होतीं कब तक प्रजातंत्र रह सकता है? परिस्थिति से इस प्रश्न का समन्वय और उसे लेकर इतिहास का आलेखन अनिवार्य है। उसके बाद ही इतिहास के द्वारा वास्तविकता को जाना जा सकेगा। इसका मतलब यह हुआ भारतीय जीवन के पीढ़ी-दर-पीढ़ी सहते जाने से इतिहास पर निर्भरता नहीं स्थापित हो सकेगी। अब वक़्त आ गया है कि हम इतिहास का निर्माण करें।" (ये पंक्तियाँ कोशाम्बी के एक ग्रंथ, *भारतीय इतिहास के अध्ययन की एक भूमिका* के पहले संस्करण की प्रस्तावना से ली गई हैं।)

इस अंक में 1857 को मुक्ति के लिए विद्रोह की यादगार के रूप में दिखाया गया है। इतिहास के आईने में असमय की समस्या के मूल की खोज की गई है और 'गाँधी, फ़िल्म और हक़ीक़त?' शीर्षक से लालबहादुर वर्मा का विश्लेषण छापा गया है। तथाकथित सामाजिक पत्रिकाओं में गाँधी फ़िल्म पर इतनी गहरी दृष्टि से और कहीं कुछ छपा नहीं मिलता है। लेखक का तर्क माना जाए चाहे न माना जाए, विचार योग्य है। वह लिखते हैं कि किसी को उम्मीद न थी कि दक्षिण अफ्रीका की सरकार गाँधी के प्रदर्शन की इजाज़त देगी, देगी भी तो काफ़ी सेंसर करके। लेकिन ऐसा कुछ नहीं हुआ। क्या दक्षिण अफ्रीका सरकार का हृदय-परिवर्तन हो गया है? लेकिन ऐसा कुछ नहीं है। उसे लगता है कि वहाँ और नामीबिया में जान पर खेल रहे छापामारों के मुकाबले गाँधी स्वीकार्य हैं। वहाँ जनता छापामार बनने की अपेक्षा गाँधी की अनुयायी बन जाए तो वहाँ की निरंकुश सरकार अपने को अधिक सुरक्षित महसूस कर सकेगी।

गाँधी फ़िल्म क्या है? वर्माजी के अनुसार यह पूँजीवादी व्यवस्था के गहराते जा रहे संकट का सूचक है। ... रीगन भी कह रहे हैं कि नाव में छेद हो गया है ... न तो वह बढ़ती महँगाई को रोक पा रहे हैं और न ही बेरोज़गारी, शस्त्रास्त्रों की होड़ पर छोटे-मोटे अंकुश लगा देने से कुछ होनेवाला नहीं है। तीसरा विश्वयुद्ध उसे लील कर ही मानेगा ऐसा उसे मालूम है और अपने को बदल पाना उसके लिए असंभव है। आज लोगों में हताशा, आक्रोश, असंतोष, संघर्ष घर करता जा रहा है। शासकों को कुछ दिन के लिए ही सही, ख़तरा दूर करने के लिए कारगर मसीहा चाहिए। छोटे-मोटे मसीहा संत-संन्यासियों के रूप में सब जगह पैदा हो रहे हैं और किए जा रहे हैं, लेकिन विश्वव्यापी संकट के लिए उसी स्तर का एक ऐसा मसीहा चाहिए जैसा गाँधी था। इतिहास साक्षी है कि गाँधी जैसा आदर्शवादी दूसरा व्यक्ति नहीं हुआ और शायद होगा भी नहीं। इसीलिए गाँधी पर फ़िल्म बनाई गई है और उसका दुनिया भर में प्रचार किया जा रहा है।

[*नवभारत टाइम्स*, 17 जुलाई 1983]

सुब्रह्मण्य भारती की कविताएँ हिंदी में

> सुब्रह्मण्य भारती की कविताओं का हिंदी में अनुवाद राष्ट्रीय शैक्षिक अनुसंधान और प्रशिक्षण परिषद नई दिल्ली ने प्रकाशित किया है। 158 पृष्ठ की इस पुस्तक में भारती की चुनी हुई कविताएँ हैं और उनका जीवन परिचय है। कविताएँ तमिल लिपि में छपी हैं, अनुवाद देवनागरी में। तमिल भाषा के लिपिचिह्न और उच्चारण की कुछ विशेषताएँ भी बताई गई हैं। भीतर सुंदर रेखाचित्र हैं। मूल्य है नौ रुपए नब्बे पैसे।

पुस्तक देखकर दुख होता है। तमिल जैसी समृद्ध भाषा और उसके सुब्रह्मण्य भारती जैसे समर्थ कवि का हिंदी में अनुवाद कराते हुए किसी को शायद यह ध्यान नहीं रहा कि आज भाषा के विषय में चारों ओर जो लापरवाही, जल्दबाज़ी और ख़ानापूरी की जा रही है, उसकी नक़ल शैक्षिक अनुसंधान और प्रशिक्षण के प्रतिमान स्थिर करनेवाली इस संस्था को शोभा नहीं देती। सुब्रह्मण्य भारती देशप्रेमी थे, जातिवाद आदि के विरुद्ध थे। भक्ति के गीत और शिशुओं के गीत भी लिखते थे। उनके काव्य में छंद और संगीत भी था। वे छंद एक सम्पन्न संस्कृति के अनुभवों की गूँज पढ़ने और सुननेवाले के मन में जगाते थे। इस शैली का कोई महत्त्व परिषद ने नहीं माना है मानो देशभक्ति ही भारती की एक विशेषता थी जिसका दावा करके बाक़ी भारत को उन्हें अपनाने पर मजबूर किया जा सकता है—मानो कवि का यही गुण है जिसके लिए आज प्रतिष्ठान उनको प्रचार योग्य मान सकता है। भूमिका में लिखा गया है कि तमिल कविताओं का देवनागरी लिप्यांतर हम इसलिए दे रहे हैं कि तमिल न जाननेवाले उनको मुखर रूप से पढ़ सकें और तमिल न जानने पर भी भारतीजी की तमिल कविताओं का सस्वर पाठ कर सकें और तमिल भाषा एवं लिपि के सौंदर्य की सराहना कर सकें।

पुस्तक में भूमिका परिषद के संयुक्त निदेशक ने लिखी है और कवि का परिचय प्रकटतः किसी और ने जिसका नाम नहीं दिया गया है। इस परिचय के अंत में किशोर पाठकों से एक निवेदन है—"यदि किशोर पाठक लिपिचिह्नों की योजना को अच्छी तरह समझ लें और तमिलभाषी शिक्षकों और साथियों की मदद लें तो लिप्यन्तरित कविताओं का सस्वर पाठ करना या गाना आसान रहेगा।" जितना ज़ोर तमिल में लिखी कविता को गाकर पढ़ने पर है उससे पाठक समझ जाएगा कि तमिल में ये कविताएँ बहुत अच्छे तरीक़े से छंद में बँधी होंगी। सो तो हैं पर जान पड़ता है कि पुस्तक की योजना बनाते

समय निर्णायक व्यक्तियों या किसी समिति ने तय कर लिया था कि तमिल का देवनागरी में लिप्यांतर कर देने से साबित हो जाएगा कि दोनों भाषाओं के मेल-जोल, राष्ट्रीय एकता आदि गुणों के संवर्धन के लिए परिषद ने काम किया है। पुस्तक इसी निर्णय का पालन करते हुए तैयार की गई जान पड़ती है क्योंकि यह किसी ने उन उद्देश्यों की पूर्ति के लिए आवश्यक नहीं समझा जिनका उल्लेख किया है कि हिंदी अनुवादों में तमिल का संगीत रहे। एक उदाहरण देखिए :

भूतलम् मुद्रिड्डुम वरैयुम-अर-प
पोरविरल याकुम् परप्पूरम् वरैयुम
मादर्गल् करपुलल वरैयुम-पारिल
मरैवरुम कीर्तिकोल रजपुत्र वीरर्

पढ़ते ही एक जाना-पहचाना छंद सुनाई दे जाता है। किशोरों से माँग की गई है कि इसी को लिपि-चिह्नों की मदद से पढ़कर वे गाया करेंगे। (खेद है कि हमारे छापे में वे सब चिह्न नहीं छप सकते)। पर यह नहीं होगा कि वे हिंदी में भी इन्हें गा सकें क्योंकि हिंदी के अनुवाद में छंद है नहीं और भाषा इतनी अनगढ़ है कि पढ़ने से विरक्ति ही जागती है, देशप्रेम नहीं। यदि भाषा में तमिल की प्रतिध्वनि और छंद में वही शास्त्रीय संस्कार रहता तो क्या अधिक प्रेम और एकता न होती? भारती जैसे कवि के अनुवाद इतनी छंदहीनता के साथ करने से तमिल-हिंदी मैत्री और देशभक्ति आदि का कोई प्रचार न होगा। इससे तो न हिंदीभाषियों को मूल तमिल से परिचय की इच्छा होगी न तमिलभाषियों को हिंदी इस योग्य जान पड़ेगी कि वह भारती की कविताओं का माध्यम बने। केवल राष्ट्रभाषा कहलाने से हिंदी इस गौरव के योग्य न हो जाएगी कि वह दो भाषाओं को निकट ला सके।

दोनों भाषाओं में दूरी उत्पन्न करने का यह उत्तम उपाय परिषद की इस पुस्तक ने किया है। ऊपर देवनागरी लिपि में जो पंक्तियाँ हैं, उनका हिंदी अनुवाद सुनिए :

राजपूत जिनके शौर्य का अंत नहीं
जब तक दुनिया कायम है
नारियों का सदाचार जाज्वल्यमान है
न्यायसंगत पराक्रम की इज्जत है।

आप देख रहे होंगे कि तमिल छंद की तो इन चार पंक्तियों में आहट तक नहीं है। मूल भाषा के संस्कार को भी आदर नहीं दिया गया है। बल्कि यह मानकर कि उत्तर भारत के हिंदीभाषी 'भूतल नहीं समझेंगे', इससे उनके खातिर 'दुनिया' शब्द लिखा जाए, जहालत से समझौता किया गया है। तीसरी पंक्ति में 'मातृ' जैसे गहरे अर्थ से युक्त शब्द की जगह 'नारी' जैसा सामान्य शब्द रख देने से न तो हिंदी की क्षमता बढ़ी है और न तमिल में जो भाव प्रकट किया गया है उसकी अभिव्यक्ति हुई है।

ऐसे उदाहरणों से पुस्तक भरी पड़ी है। ऐसी अनुवाद की समस्याओं का उपाय बहुधा यह बताया जाता है कि अगले संस्करण में सुधार कर देंगे। पर यहाँ इस प्रथा का निर्वाह करने से कोई लाभ नहीं क्योंकि पुस्तक छप चुकी है और किशोर पाठकों के हाथ में पहुँच भी गई होगी। अब तो किशोरों के सामने यह पुस्तक एक पाठ्यक्रमपुस्तक के रूप में रखी जा सकती है जिसका उद्देश्य किशोरों की छंद रचना की परीक्षा लेना होगा। यह बुरा नहीं रहेगा। किशोर पाठक मूल से छंद समझें, अनुवाद से अर्थ समझें, तभी छंदबद्ध अनुवाद का प्रयोग करें। आनंद आएगा। मूल से हिंदी साहित्य से परिचित पाठकों को अनेक छंद जाने-पहचाने से दिखेंगे और उन्हें अर्थ की रक्षा करते हुए हिंदी में बाँधना शिक्षाप्रद होगा।—और शैक्षणिक अनुसंधान भी।

[*नवभारत टाइम्स*, 12 अगस्त 1983]

अपनी ज़बान में कुछ कहो

सोवियत संघ में आज क्या साहित्य रचा जा रहा है और अलोचना की दुनिया में किन बातों पर बहसें चल रही हैं, यह भारत का साहित्यप्रेमी बहुत कम जानता है। उधर सोवियत संघ में आज के लेखन के बारे में जानने की इच्छा और यह समझ बढ़ी है कि भारतीय भाषाओं के पुराने लेखकों का काम ही सब कुछ नहीं है। आज के महत्त्वपूर्ण लेखन के अनुवाद भी हो रहे हैं। ये अनुवाद सोवियत अनुवादकों ने सीधे भारतीय भाषाओं से किए हैं।

हेमचंद्र पांडे, जो रूसी अध्ययन केंद्र, जवाहरलाल नेहरू विश्वविद्यालय में प्रवक्ता हैं, पहले भारतीय हैं जिन्होंने आधुनिक सोवियत लेखन की चुनी हुई चीज़ों का हिंदी में अनुवाद सीधे रूसी भाषा से किया है और भारत में प्रकाशित किया है। कहानी और फ़िल्म पटकथा लेखिका विक्तोरिया तोकारेवा (39) पहली रूसी लेखिका हैं, जिनकी कृतियाँ सीधे रूसी से हिंदी में आई हैं और जो पुस्तक हेमचंद्र पांडे ने अनूदित, संपादित और जयश्री प्रकाशन, दिल्ली-32 से प्रकाशित की है (पृ. 124, मूल्य 15 रु.) उसका नाम है *अपनी ज़बान में कुछ कहो*।

इसमें चार कहानियाँ हैं। ये युवावर्ग की उन कुण्ठाओं के बारे में जो आधुनिक सभ्यता ने उस पर लादी हैं और उन आस्थाओं के बारे में हैं जिन्हें आधुनिक सोवियत युवावर्ग टूटने से बचा रहा है या नए सिरे से बना रहा है। ये हैं परिवार, प्रेम और व्यक्ति में आस्थाएँ। समाज का इन कहानियों में वैसा आत्मसजग पिष्टपेषण नहीं है जैसा हिंदी में जनवादी साहित्य लिखने की होड़ में हमारे युवा लेखक कर रहे हैं। 'सबसे दुखी दिन' एक युवती का एकालाप है जिससे कक्षा में अपने जीवन के सबसे सुखी दिन का वर्णन करने को कहा गया है। वह एक दिन चुनती है जब वह पापा के साथ सिनेमा देखने और फिर दादी के यहाँ गई थी।

पर वह सोचती रह जाती है। ये सामाजिक मान्यताएँ जो उसे आसपास से मिलती हैं और जिनके आधार पर वह मानव संबंध बनाती है और उसकी माँ जिसे उसके पिता द्वारा त्याग दिए जाने का भय बना रहता है, इसके मन पर छाए रहते हैं। वह सोचती है, "कभी-कभी मुझे लगता है कि दोनों का एक-एक पाँव ज़मीन में गड़ा हुआ है और दूसरे पाँव से वे अलग-अलग दिशाओं में दौड़ रहे हैं, परंतु गड़े पैर के रहते किधर भागेंगे? मुझे ऐसा प्रतीत होता है कि उनके दोनों पाँव मुक्त कर दिए जाएँ तो वे असमंजस में पड़ जाएँगे और उन्हें समझ में नहीं आएगा कि इस स्वाधीनता का क्या करें और फिर एक-दूसरे की ओर दौड़ेंगे क्योंकि उनमें आपस में प्रेम है। यद्यपि इसका उन्हें स्वयं ध्यान नहीं है।" अंत में वह दादी के यहाँ देखती है कि "मेरी आँखें पापा से मिलती हैं, पापा की आँखें दादी जैसी हैं, भूरी, और भौंहें कमान की तरह हैं। हम एक-दूसरे को एक जैसी आँख से देखते और अनुभव भी एक जैसा ही करते हैं। हम वृक्ष की तरह थे जिनकी जड़ें थीं दादी, पिता तना थे और मैं सूर्य की ओर अभिमुख शाखा। यह अनिर्वचनीय सौंदर्य था।"

'विशेष कुछ नहीं' स्त्री-पुरुष संबंध की उन गुत्थियों की कहानी है जो आधुनिक सोवियत समाज में पड़ गई है। पश्चिम के कथा-साहित्य में ऐसी जटिलताओं के जो उदाहरण मिलते हैं वे परिस्थिति को ऊहापोह से होकर स्वीकार करने के विश्लेषण ही होते हैं—इस कहानी में कई संबंधों से गुज़रने के आंतरिक संघर्षों की यात्रा है जो रोग, दुर्घटना, मिलन और विरह जैसे सामान्य पड़ावों से होकर जाती है पर विशिष्ट व्यक्तियों के अद्वितीय जीवन की कहानी है। संयोग से या बनावट से बनी घटनाओं की उसमें जगह नहीं है। कुछ वाक्य प्रामाणिक हैं, " ... मार्गो आगे देखे बग़ैर वर्तमान में ही सीमित रहकर जी सकती थी। परंतु ग्येना आत्मविश्लेषण का शौक़ीन था। उसका कहना था कि केवल इम्फ्यूजोरिया

जैसे सूक्ष्म जीवों की ही विखंडन के द्वारा वृद्धि होती रहती है जो अपने से आगे देख नहीं सकते। परंतु मनुष्य का मनुष्यत्व इसी में है कि वह अपने जीवन को सुनियोजित कर सके और अपने भाग्य का निर्णय कर सके।"

" ··· इवान पेत्रोविच को मार्गो के प्रति सहानुभूति थी। उसे अपने हाथ से खिलाता था और स्वयं अपने हाथों से उठाकर इधर से उधर ले जाता था। रोता था। चाहे कुछ हद तक अपने को बचाने का प्रयास ही क्यों नहीं कर रहा था। लेकिन ऐसा करने से मार्गो की भी तो पूरी रक्षा हो रही थी। इसका मतलब यह है कि उनका हित एक-सा था। इसी को तो प्रेम कहते हैं—पारस्परिक हित की भावना को।"

" ··· जिनका तलाक़ हुआ था वे दुकेले में सुख ढूँढ़ना चाह रहे थे। परंतु अकेलेपन का साथ ही सबसे मजबूत निकला।"

" ··· वे बुराई को अपने अंदर नहीं, अपने आसपास ढूँढ़तीं और वह आसपास मिल जाती और आसानी से मिल जाती। दोनों में से कोई भी न स्वयं न एक-दूसरे के सामने यह मानने को तैयार थी कि दोनों ग़लत जगह बैठी हुई हैं। अब स्थिति में सुधार भी नहीं किया जा सकता। बरबाद और बेकार जीवन।"

" ··· सब लोग एक-से हैं। परंतु यदि एक-एक करके एक-से तत्त्वों को निकाल दें तो आखिर में वह बचेगा जो मनुष्य स्वयं है। रहस्य है? समझी?"

'राराका' (जुगनू) एक और युवती की कहानी है जो प्रेम खोजती है और अंत में गृहस्थ हो जाती है। 'अपनी ज़बान में कुछ कहो' एक स्त्री की युवा आकांक्षाओं और उनके बिखर जाने की कहानी है। इसके कुछ वाक्यों की गहराई जीवनदायक है।

" ··· हमने रूपवादियों को एक नया नाम दिया है—'थोबड़ाप्रेमी'। थोबड़ाप्रेमी वे हैं जिनके लिए बाहरी दिखावा ही प्रमुख है। 'आत्मवादी' आत्मा के गुणों को ही महत्त्व देते हैं।

"मैं दोनों में से कोई भी नहीं हूँ। मुझे वे लोग पसंद हैं जो मुझे पसंद करते हैं। यदि कभी कोई मुझे पसंद करेगा तो ऐसा मनुष्य मेरी दृष्टि में समझदार भी होगा तथा सुंदर भी।"

"हर मनुष्य अंततः अपने से ही प्रेम करता है। स्वयं में भी अपने से और दूसरों में भी अपने से ही। इसमें कोई ग़लत बात भी नहीं है। जिनका मनुष्य अपने प्रति अच्छा होगा उतना ही अच्छा वह दूसरों के प्रति भी होगा।"

बिना आधुनिक सोवियत साहित्य को पढ़े भारत में हम सिर्फ़ यह पश्चिमी प्रचार के उपभोक्ता बने हुए हैं कि यहाँ के जीवन में आरामदेह जीवन बिताने की आकांक्षा घुसपैठ कर गई है। (जैसे शिकायत की जा रही हो कि सोवियत लोगों को समता बिना अपने को सुख से वंचित किए क्यों मिल गई।) कोकाकोला पीते और जीन्स पहनकर नाचते लड़के-लड़कियाँ ऐसे प्रचारकों के अनुसार यही सिद्ध करते हैं कि जब अमेरिकी सभ्यता की नक़ल सोवियत लोग करने लगें तो समझो कि सोवियत सभ्यता अधूरी थी और अब वह हमारी जैसी होकर अपने को नष्ट करके ही रहेगी। यह हास्यास्पद और अतार्किक विचार है। जीवन का उपभोग करना और अपनी एक स्वस्थ संस्कृति बनाना साथ-साथ संभव है। यही तोकारेवा की कहानियाँ बताती हैं।

हेमचंद्र पांडे बधाई के पात्र हैं कि उन्होंने भारतीय पाठकों को सोवियत समाज में पैठने की दृष्टि दी और वह भी सीधे रूसी से अनूदित आधुनिक साहित्य द्वारा। संपादक हरिसुमन बिष्ट भूमिका में कहते हैं, "अंग्रेजी भाषा की प्रकृति और गठन को आधार मानकर किसी भी भाषा के साहित्य का हिंदी में ठीक-ठीक अर्थ बतानेवाला अनुवाद तो नहीं हो सकता, आशा है हेमचंद्र पांडे और भी आधुनिक कृतियों का अनुवाद करेंगे और ऐसे प्रकाशक सामने आएँगे जो आधुनिक हिंदी को अंग्रेजी की गुलामी से मुक्त करने की चुनौती स्वीकार करेंगे। हेमचंद्र पांडे ने प्रमाण दे दिया है कि रूसी भाषा के उनके

जैसे विद्वान के समर्थ हाथों से ऐसी और भी पुस्तकें तैयार हो सकती हैं और हिंदी पाठकों को एक महान साहित्य के समकालीन स्वरूप के अज्ञान की दरिद्रता से छुड़ाया जा सकता है।''

अपनी ज़बान में कुछ कहो, ले. विक्तोरिया तोकारेवा, सीधे रूसी से अनुवाद : हेमचंद्र पांडे, जयश्री प्रकाशन, दिल्ली, मूल्य : 25 रुपए।

[*नवभारत टाइम्स*, 31 जुलाई 1983]

धूप के और करीब

धूप के और करीब रवीन्द्र भारती का दूसरा काव्य संग्रह है। इसका नाम सार्थक तो है ही, धूप के सामान्य प्रकृतिवादी अर्थ से परे, परंतु रूपकात्मक नहीं, कई यथार्थवादी अर्थ भी खोलता है। अनुभव के आयामों से कवि की आस्था को व्यापकता देते हुए इस संग्रह के दृश्य और स्पंदन कविता की सकारात्मकता बढ़ाते हैं, भावुकता को लोकहितकारी समाज की चेतना में सम्मिलित करते हैं और भाषा को पाठक में कविता की सृष्टि करने के योग्य बनाते हैं। रवीन्द्र भारती की कविताओं में चारों ओर की वास्तविकता से मनुष्य के लिए रचनात्मक संस्कार खोजने की शक्ति दीखती है और यह भी दीखता है कि यह कवि बाहरी अनुभूति के साथ नए समाज की रचना की प्रक्रिया में हिस्सा लेने का संकल्प कर चुका है।

संग्रह की कविताओं में धूप है अर्थात् मानव संबंधों की ऊष्मा है। यह अपनापे का अनुभव छायावादोत्तर रोमानी मिठास का नहीं एक संघर्षरत मनुष्य के लौकिक-भौतिक प्रेम का अनुभव है। इसे समझते हुए हम कविता में प्रेम को पहचानने की दृष्टि बदलते हैं। कविता का एक बड़ा कर्म यही है कि वह मानवीय अनुभव को हमारे व्यक्ति में पैठाए और उसी समय हमारी चेतना बदल जाए। 'आग की गेंद' शीर्षक कविता में एक धड़कता हुआ मांसल संसार अपनी सांद्र भाषा के माध्यम से कितनी ही जातीय स्मृतियों को नए सिरे से जमाता हुआ, मानव मन के भीतर से सहसा उदित हो जानेवाली एक पीड़ा को उजागर कर जाता है। कवि कहता है कि हाथ में भाई के 'बार-बार टप से कुछ रखते जाने' की स्मृतियाँ छोड़कर कई सजातीयों की तरह मैं मुक्त नहीं हो पाता क्योंकि मैं कवि हूँ और रचनाकार की ईमानदारी अपने व्यक्तित्व को संपूर्ण करते रहने में है। यह खरी स्वीकृति स्वयं एक काव्यानुभूति है। इसमें छिपी पीड़ा को यथार्थ के वर्णन से खंडित कर अलग से करुणा का संचार नहीं किया गया है जैसा कि पिछले दौर की कविता स्वभावतया करती, बल्कि उत्सव, दुर्गा प्रतिमा का निर्माण, उसमें तल्लीन सहृदय अनुज, खेत के धान, क्रूर समाज के आक्रमण से अनभिज्ञ सरल किशोर एकसाथ एक-दूसरे से संपृक्त और अपने परिवेश के रंग-रस-गंध को लिए हुए एक वास्तविकता बन गए हैं। यही नहीं, मानना पड़ेगा कि यह कविता उन दृश्यों को भी साकार कर देती है जो इनमें लिखे नहीं गए परंतु छाया की भाँति इनके तथ्यों से निःसृत हैं। कई आयामों को एक में समाहित कर सकने का यह सामर्थ्य आज की प्रचलित कविता में दुर्लभ ही है।

एक और कविता का ज़िक्र यहीं पर करना चाहिए। वह है 'लिखते-लिखते'। इसमें प्रेम का एक और व्यापक संसार स्पंदित है। पात्र है छोटी बहन और उसका जीवन जो आँसुओं और चुंबनों की विशाल दुनिया पार करता हुआ बड़ा हो रहा है। इसी के साथ पढ़िए 'बाजीगर' और देखिए कि कवि की मानव संबंध की शिनाख्त कितनी खरी है—वह उस बाजीगर 'ताजा आदमी' को दोस्त बनाने के लिए खोजता है जो अभी-अभी अपने साथी बंदर को खोकर यह सोचने लगा है कि उसकी इस व्यथा

में कभी पूरा गाँव उसके साथ खड़ा हो गया होता। उदाहरण के लिए इस संग्रह में अनेक विशिष्ट कविताएँ चुनी जा सकती हैं परंतु हर श्रेष्ठ रचना में इस कवि का वैविध्य ही महत्त्वपूर्ण है। इसलिए मैं कुछ चुनी हुई रचनाओं को पढ़ने का विशेष आग्रह करूँगा। 'पुनर्जन्म' तथा 'चूड़िहारिन' आदि कविताओं की स्थितियाँ मन को गंभीर कर जाती हैं। 'पागल' और 'आज के दिन में' कवि आत्मीयता का संचार करता है। यह उसकी गहरी ईमानदारी का ही प्रमाण है। ये कविताएँ गाँव, घर, खेत, लोग आदि सबके दृश्यमान यथार्थ के पीछे करुणा के आयामों को खोजती और संपूर्ण अनुभव को गहरा करती हैं। आज के दौर में जहाँ सरल भाषा में दुरूह कविता खुलेआम स्वीकृत की जा रही है, यह कवि सरल भाषा में गहराई का अन्वेषण कर रहा है—और भावुकता को आत्मदया बनाने से बचता हुआ। सहानुभूति को व्यापक अर्थ देकर काव्य भाषा को समृद्ध कर रहा है।

धूप के और करीब, रवीन्द्र भारती

[*रविवार*, 1984]

नीतिकथा में चीन

विदेशी भाषा प्रकाशनगृह, पेइचिंग ने ईसा-पूर्व चौथी-तीसरी शताब्दी और ईसा की सोलहवीं-सत्रहवीं शताब्दी के चीन की नीतिकथाओं का संकलन हिंदी में प्रकाशित किया है। ये दोनों काल चीन में नीतिकथाओं के युग माने जाते हैं।

नीतिकथाएँ हर समाज में एक निरंतर राजनैतिक परंपरा बनाती रहती हैं। समय-समय पर शासक वर्ग के जीवन चिंतन का प्रतिबिंब इनमें पड़ता है। उसी प्रकार शासक वर्ग जब इन्हें समाज में प्रचलित नहीं होने देना चाहता तो जिस समय जैसा संभव हो वैसा सेंसर उन पर लगाता है। इस पुस्तक की प्रस्तावना में उल्लेख है कि ईसा-पूर्व दूसरी शताब्दी में हान राजवंश में चीन का एकीकरण हो गया था। शासन ने नीतिकथाओं को निषिद्ध कर दिया। कारण स्पष्ट था। ये किसी एक केंद्र से प्रचारित विचारों का संदेश नहीं देती थीं, बल्कि जनता के बीच से बनती-बदलती और बढ़ती रहती थीं। स्पष्ट है कि इनमें गहरे विचार और सामयिक टिप्पणियाँ दोनों कभी-कभी अलग-अलग और कभी-कभी एक में मिलीजुली हुआ करती हैं। तत्कालीन हान राजवंश ने इन पर प्रतिबंध कैसे लगाया होगा, यह मालूम नहीं है। इतना अवश्य मालूम है कि इनका संकलन वैसे ही अलिखित रूप में होता रहा, जैसे अलिखित रूप में ये जनता के बीच प्रचलित थीं।

चीन की प्राचीन नीतिकथाएँ नामक पुस्तक की समीक्षा का यहाँ उद्देश्य नहीं है। यहाँ तो केवल यह देखने की इच्छा है कि तत्कालीन समाज और सामयिक घटनाओं पर व्यंग्य के रूप में क्या केवल जनता का आक्रोश व्यक्त करने के लिए प्रगतिशील बुद्धिजीवी नीतिकथाओं का सृजन करते हैं या जनसमुदाय के बीच से उनके अनुभवों को बटोरकर एक आदर्श संसार भी रचते हैं।

एक सौ उन्नीस प्राचीन कथाओं के इस संकलन का चीनी भाषा से हिंदी में अनुवाद छ्येन वांग सि ने किया है। एक सौ उन्नीस में से अनेक कहानियाँ समाज में दुष्टों से कैसे बचकर रहा जाए और कैसे अपनी रक्षा के लिए होशियारी और चालाकी बरती जाए, यह बताती हैं। 'ख़याली पुलाव' नामक कथा में गुरु अपने शिष्यों से दस हज़ार औंस सोना माँगता है और एक शिष्य के यह कहने पर कि कुछ सोना मुझे भी दे दें क्योंकि मेरी हालत खस्ता है, इनकार कर देता है। कारण बताता है कि यह सोना तुम्हें कैसे दे दूँ, इसे तो मैं एक सरकारी ओहदा पाने के लिए इस्तेमाल करना चाहता हूँ। इस पर सभी

शिष्य नाराज़ होकर चले जाते हैं। निष्कर्ष है कि ख़याली पुलाव पकाते-पकाते वे हाथ की चीज़ भी गँवा बैठे। इससे बड़ी बेवकूफ़ी और क्या हो सकती थी।

इस कथा में नैतिकता का व्यावहारिक रूप है। सोने का इस्तेमाल सरकारी ओहदा पाने के लिए अनैतिक नहीं माना गया है, पर यथार्थ में जो व्यावहारिक है उसे व्यावहारिक न मानने को मूर्खता बताया गया है। जनजीवन से निकली हुई, धरती से पैदा सीख का यह एक ठोस प्रमाण है जिसमें विद्वानों और गुरुओं का आधिपत्य नहीं दिखाई देता।

एक और कथा इससे बहुत भिन्न आंतरिक अनुभव के बारे में है। किसी की कुल्हाड़ी खो गई थी और उसे पड़ोसी के लड़के पर संदेह हो गया। जब वह लड़के को देखता तो वह हर दृष्टि से, चाल-ढाल, बोलचाल, तौर-तरीक़े से उसे चोर दिखाई देता।

लेकिन एक बार उसे कहीं दूर पड़ी हुई अपनी कुल्हाड़ी मिल गई जिसे वह खुद ही वहाँ भूल आया था। तब जब उसने लड़के को देखा तो उसकी चाल-ढाल चोर की जैसी नहीं लगी।

हृदय-परिवर्तन की नीतिकथाएँ बहुत हैं, बल्कि ज़्यादातर बनावटी कथाएँ हृदय-परिवर्तन की ही हैं। हृदय-परिवर्तन भी ज़्यादातर बनावटी होते हैं। इस कथानक को लेकर प्रचलित नीतिकथाओं में अकसर परिवर्तन के पहले हिंसा, भय और दंड भी दिखाया जाता है। जो कहानी यहाँ उद्धृत की गई है, उसमें यह सब कुछ नहीं है। यह, नीतिकथाओं को छोड़ें, कहानी कला का भी श्रेष्ठ उदाहरण है। कहानी और क्या है? कहानी वही तो है जिसमें एक मानव संबंध उपस्थित रहता है, फिर बदलता है और फिर उसका बदलना सर्वमान्य हो जाता है।

इन कथाओं में चीनी जनता के हज़ारों वर्षों के सामाजिक व्यवहार और बुद्धि-विवेक की अंतरंग झाँकी मिलती है। इस टिप्पणी में इन सबका विशद विश्लेषण संभव नहीं है, पर नीतिकथाओं को उपदेशों की तरह लादनेवाले लेखकों के भले के लिए, जो आदमी को अपनी नाप खुद नहीं लेने देते, एक कथा और सुना देता हूँ।

एक मूर्ख नया जोड़ा जूता खरीदने मेले में गया। दूकान पर बोला, "अरे मैं तो पैर का नाप ही घर भूल आया", नाप लेने फौरन घर लौट पड़ा। जब फिर मेले में पहुँचा तो मेला उठ चुका था। जूता नहीं ख़रीद सका।

किसी ने पूछा, "जूता किसके लिए ख़रीद रहे थे?" उसने जवाब दिया, "खुद अपने लिए।"

"तब तुमने दूकान पर जूता पहनकर क्यों नहीं देख लिया? घर से नाप लाने की क्या ज़रूरत थी?"

[*जनसत्ता*, 15 जुलाई 1984]

घर : रस्पूतिन की आस्था

रूसी साहित्य की आधुनिक धारा में अपने समाज के पुराने मानवीय मूल्यों को जिलाने और ज़िंदा रखने की बेचैनी दिखाई दे रही है। सोवियत संघ में कई प्रदेशों में जलवायु और वनस्पति भारत से भिन्न है, मगर प्रेम और भाईचारे के विचार वही हैं जो दोनों राष्ट्रों की सभ्यताओं में एक समान विकसित हुए हैं। घर और परिवार को दोनों समाजों में मानवता के लिए बहुमूल्य माना जाता है। घर से मतलब ईंट-पत्थर की इमारत नहीं, बल्कि वह इकाई है जिसमें लोग जुड़ते हैं और अपने परिवेश को कल्याणकारी बनाते हुए आगे बढ़ते हैं। घर परंपरा का वाहक है। वह हमें इकट्ठा करता है और सामाजिक ज़िम्मेदारियाँ निभाते हुए इकट्ठा रहना सिखाता है। घर, घर की स्त्री और वह प्रदेश, जिसमें दोनों हैं, ये तीनों मिलकर

घर बनाते हैं।

आजकल के उपन्यास में घर प्रमुख हो गया है। और एक महत्त्वपूर्ण लेखक का नाम आगे आया है। इनके कुछ उपन्यास बहुत प्रसिद्ध हुए हैं। यह हैं वेलेंतीन ग्रिगोर्येविच रस्पूतिन। अभी यह केवल पचास वर्ष के हैं, परंतु इनकी रचनाओं के कारण समकालीन सोवियत साहित्य में इनका विशेष स्थान बन गया है। इनके कम से कम दो उपन्यास हिंदी में छप चुके हैं। *भुलाए न भूले* नाम से एक आज से चार वर्ष पहले मास्को के रादुगा प्रकाशन से छपकर आया था। और *अंतिम घड़ी* नाम से एक 1975 में दिल्ली के जयश्री प्रकाशन से छपा है। रादुगा प्रकाशन से छपे उपन्यास का अनुवाद जितेंद्र रघुवंशी ने किया है और *अंतिम घड़ी* का डॉ. हेमचंद्र पांडे ने, जो जवाहरलाल नेहरू विश्वविद्यालय में रूसी अध्ययन केंद्र के आचार्य हैं।

रस्पूतिन के उपन्यासों में प्रसिद्ध *अंतिम घड़ी* एक वृद्ध स्त्री और उसकी पाँच संतानों के पुनर्मिलन की कहानी है। मृत्यु से पहले यह पुनर्मिलन वृद्ध माँ की कठिन बीमारी के समय उसके बिस्तर के इर्द-गिर्द होता है। सबसे बड़ी लड़की वार्वारा अपने परिवार को लेकर दूर रहती है। उसके बच्चे बड़े हो चुके हैं। वह खुद बुढ़ा गई है। उससे छोटा दूल्या फ़ौज में है। दस साल से भी अधिक उत्तरी क्षेत्र में रहने के कारण उसके बाल काफ़ी उड़ गए हैं। वहीं उसने विवाह भी कर लिया है, पर वह बहुत सफल विवाह नहीं है। उससे छोटी ल्यूस्या है, जो चालीस पार कर गई है। महायुद्ध के तुरंत बाद ल्यूस्या गाँव से चली गई थी और नगरवासियों से संपर्क रखने की बदौलत वह अपने शरीर की देखभाल करना सीख गई है। बच्चे न होने के कारण ऐसे कोई घर के काम भी नहीं करने पड़ते हैं। उसके बाद लड़का मिखाइल है जो माँ के पास ही सपरिवार रहता है और सबसे छोटी तात्याना है। वह अमेरिका में है और उसके आने का इंतज़ार किया जा रहा है ताकि वह भी माँ की अंतिम घड़ी में मौजूद रहे।

ऐसे दृश्य बहुत मानवीय हैं। वयस्क बच्चों के अपने घर में अपने बड़े-बूढ़ों के पास एकत्र होने में कोई विचित्र बात नहीं है, पर सोवियत समाज में दूसरे महायुद्ध के बाद के वर्षों ने आधुनिक जीवन की कई समस्याओं को समाज में लाकर प्रकृति, मानव संबंध और मनुष्य की जीविका पर गहरा असर डाला है। उपन्यास इन सभी परिवर्तनों के प्रभाव को बूढ़ी माँ के बच्चों के जीवन में झलकाता है और अपनी ज़मीन से जुड़े वातावरण के टूटने और बिखरने की कहानी इस घर की कहानी बन जाती है। पर माँ इस टूटन-बिखरन को जोड़ती भी है। उपन्यासकार रूसी साहित्य में नई चेतना इसीलिए ला पाया है कि वह कटते हुए जंगलों, व्यक्ति की बदलती हुई आदतों और सामाजिक-नैतिक व्यवहारों का वर्णन करते हुए समाज में बचा रखने योग्य मानवीय मूल्यों के लिए लगाव पैदा करता है। एक चित्र इस उपन्यास में से ज्यों का त्यों यहाँ पेश करना इस नए साहित्यिक आंदोलन की एक बानगी देने के ख़याल से अच्छा रहेगा :

"खिड़कियाँ बैठ गई थीं और झरोखों जैसी हो गई थीं। दरवाजों में से निकलने के लिए सर झुकाना पड़ता था। सफेदी उखड़ी हुई दीवारों को देखकर विचित्र और अस्वाभाविक लगता था जिनकी पीली पड़ी धरनें बाहर को मुँह खोल रही थीं। धरन के नीचे पालना टाँगनेवाला कड़ा पूर्ववत लटक रहा था। पहले कभी पालना खाली नहीं रहा करता था—एक बड़ा होकर उसमें से निकलता तो दूसरा आ जाता।

"खिड़की के दोनों ओर मेज के ऊपर दो फ्रेमों में बहुत सारी फोटो सजी हुई लगी थीं। उनमें वे सबके सब थे, दूल्या और मिखाइल सेना में जिन स्थानों में रहे वहाँ की शुभकामनाओं के साथ, इल्या उत्तर में किसी क्षेत्र में गाड़ी चलाते हुए, वार्वारा अपने किसान पति के साथ, दोनों एक जैसे आँखें फाड़े हुए थे तथा कुर्सी की पीठ को पकड़कर ऐसे खड़े थे जैसे उन्हें गिरने का डर हो, ल्यूस्या किसी आरोग्य विहार में विशालकाय अद्भुत वृक्षों के बीच और ग्रामीण दिखाई देती तात्याना, उसके नन्हे से भीरु चेहरे को देखकर लगता था जैसे उसने मृत्यु के भय से फोटो खिंचवाई हो।

"जहाँ ईश्वर का चित्र था उसके दाएँ कोने में अब ज्योति रख दी गई थी। इस रात वह ज्योति

बहुत काम भी आई, वैसे वह महीनों से वहीं रहती थी और बूढ़ी आन्ना आँखें उठाए बिना ही क्रास का चिह्न बना लेती थी। दाईं ओर एक पोस्टर लटक रहा था जो वन उद्योग विभाग से पिछले साल आया था। उसमें एक छोटे लड़के को बेलचा लिए जंगल से बाहर निकलते दिखाया गया था। नीचे लिखा था : 'अधिक पेड़ उगाओगे, अधिक साल जीयोगे'।"

यहाँ यह बता देना आवश्यक है कि नए साहित्य का यह आंदोलन पर्यावरण की रक्षा का समर्थक है और शराब से बरबादी का विरोधी भी। ऐसी स्मृतियों से भरे घर में माँ बूढ़ी आन्ना अपने बच्चों के साथ फिर मिल गई है। बच्चे दुनिया की ज़िम्मेदारियों से घिरे अपने-अपने काम पर लौट जाना चाहते हैं। बच्चों के जीवन के बदलते हुए रूप उनकी माँ के सामने आते हैं। मन में उनके बड़े होने के दिनों की स्मृतियाँ जागती हैं। उनके साथ, उनके अंदर डूबकर वह बार-बार अपने बुढ़ापे को भूलती है और संपूर्ण होती है। मृत्यु ने उसे एक बार घेर लिया था, पर उसकी जीवनी-शक्ति ने उसे बचा लिया था। बच्चे उसकी मृत्यु की प्रतीक्षा करते हैं, मृत्यु के विचार को रस्पूतिन जिस निष्काम भाव से प्रकट करते हैं, वह भारतीय दर्शन से कितना मिलता-जुलता है। वृद्धा मृत्यु से मन में कहती है, "यहीं हूँ मैं, यहीं हूँ, नीचे उतर आओ, मैं तुम्हारी प्रतीक्षा में हूँ।"

जब सब संतानें अपने-अपने दूर स्थित ठिकानों पर लौट जाती हैं, इसके पहले ही उन सबसे आनंद और शांति पाकर माँ मृत्यु के लिए तैयार हो चुकी है। अगले दिन रात को शांति से उसके प्राण निकल जाते हैं।

यह उपन्यास नए सोवियत जीवन-दर्शन का परिचय देता है। जिस अंचल में यह कथानक घटित होता है उसके गाँव, बोली, वनस्पति और स्पंदनों का इसमें भरपूर वर्णन है। इस शैली ने सोवियत संघ में एक नई विधा को जन्म दिया है जिसे पोवोस्त कहा जाता है। इसका मतलब है आंचलिक लघु उपन्यास। पर वास्तव में यह विधा आंचलिक इसी अर्थ में है कि धरती से और परंपरा से जुड़े लोगों के जीवन को अर्थमय बनाने की गहरी समझ पैदा करती है—पश्चिमी शोषण और हिंसा की आधुनिकता से अलग एक सच्ची मानवीय आधुनिक दृष्टि देती है। यह गाँव का उपन्यास है, पर वास्तव में राष्ट्रीय चेतना और ऊर्जा का प्रचार करता है, संकीर्णता का नहीं। रस्पूतिन के लेखन में घर इस नई शैली का केंद्र बन जाता है। रूसी साहित्य में हमेशा इकट्ठे रहने, इकट्ठे समाज की समस्याओं को झेलने की परंपरा प्रकट होती रही है। आज घर का महत्त्व यह है कि घर रहता है तो जीवन के शाश्वत सिद्धांत बने रहते हैं और वे सिद्धांत छूट जाते हैं तो घर छूट जाता है।

[*जनसत्ता*, 6 सितंबर 1987]

घर का रास्ता

इसके पहले कि आप समीक्षा पढ़ें जो मंगलेश डबराल के दूसरे कविता-संग्रह *घर का रास्ता* का परिचय देने के लिए लिखी गई है, मैं चाहता हूँ कि आप उनकी यह कविता पढ़ लें जो इसी संग्रह में छपी है और इसे ज़रा जल्दबाज़ी में न पढ़ें तो अच्छा। संयोगवश वह कविता लिखी भी ऐसे गई है कि आपको इसे धीरज से ही पढ़ना पड़ेगा। यह कविता इस बात का बहुत अच्छा प्रमाण है कि शिल्प काव्यवस्तु के चरित्र से निर्धारित होना चाहिए। पर पहले आप पढ़ लें फिर कवि के कविकर्म पर बात करेंगे।

दूसरा हाथ

आख़िरकार मेरे पास एक ही हाथ है
उससे कितने काम कर सकता हूँ मैं
मैंने कहा
मेरा दूसरा हाथ लगभग बेकार है
कम ही काम आता है यह किसी के
और अकसर मुझे याद नहीं रहता
कि एक दूसरा हाथ भी है मेरे पास
इसी एक हाथ से मैं कर पाता हूँ काम
मसलन आपके घर पानी भरना
आभार के शब्द लिखना
बसों की रेंलिग से लटकना
सार सँभाल करना आपके संसार की
चलते हुए इस हाथ को मैं ज़ोरों से झुलाता हूँ
ताकि यह सक्रिय रहे और परवाह न करे
दूसरा हाथ तब कहीं दुबका होता है
झाड़ी के ख़रगोश सा
या दूर बचपन की गेंदों
और लकड़ी के घोड़े बीच पड़ा हुआ
युवावस्था में किसी लड़की का हाथ भींचे हुए यह हाथ
जिसे छू नहीं पाता मेरा यह झूलता हुआ हाथ
शहरों दफ़्तरों घरों के दरवाज़े
खटखटाता जाता है यह हाथ
इसी से करने होते हैं मुझे सारे काम
दुनिया के सबसे बड़े झूठों में शुमार यह हाथ
जो थकता नहीं निराश नहीं होता कभी
जब हद हो जाती है
तब दूसरा हाथ कभी-कभी जतलाता है अपना विरोध
काँपता दर्द करता हुआ।

अब मैं आशा करता हूँ कि आप इस कविता को आधुनिक मनुष्य के विभाजित व्यक्तित्व की कविता बताने को और यह कहने को आतुर नहीं हो उठे होंगे कि कुंठा और बुर्जुआ क्रांतिकारिता से ग्रस्त यह कवि अपने काँपते दर्द करते हाथ का ज़िक्र करता है जबकि उसे दोनों हाथों से नहीं तो कम से कम उस एक से, जो युवावस्था में किसी लड़की का हाथ भींचे हुए संघर्ष से पलायन कर रहा है, इस व्यवस्था पर ज़ोरदार आक्रमण करना चाहिए था। ऐसी आशा करने का मेरे पास आधार यह है कि वह हाथ चलते हुए, जिसे मैं ज़ोरों से झुलाता रहता हूँ ताकि वह सक्रिय रहे और परवाह न करे, मेरा ही हाथ है पर उसके लिए भी हद हो जाती है। कविता उस हाथ से कोई प्रदर्शन करने में नहीं है, उस दूसरे हाथ के काँपने में है जो किसी के काम कम ही आता है और अकसर मुझे याद नहीं रहता। उसी के दर्द करने में एक व्यक्ति का सामाजिक यथार्थ पूर्ण होता है। यही काम कविता संभव करती है और यह शायद एक या दोनों हाथ से अपनी झंडियाँ फहराने से नहीं होता।

घर का रास्ता में ऐसी अनेक कविताएँ हैं जो अपने ही तरीक़े से लड़ते हुए आदमी की शक्ल दिखलाती हैं। वह खड़े होने भर की जगह में खड़ा हुआ है और उसके साथ है शायद हल्का-सा कोई रंग या शायद उम्मीद या शायद एक ख़ाली मैदान या अँधेरा। ये ही चीज़ें उसके संघर्ष को (यदि बिना इस शब्द को बरते आप यह बात न समझ पा रहे हों) अर्थ देती हैं क्योंकि यही संघर्ष है। (एक जीवन के लिए—संग्रह की पहली कविता देखिए।)

मंगलेश डबराल ने अपने पहले कविता-संग्रह *पहाड़ पर लालटेन* के बाद एक निश्चित मंज़िल तय की है। इसमें वह समाज में तोड़ने और इस्तेमाल करनेवाली शक्तियों के अनेक चेहरों से आँख मिलाते हुए चले हैं और उनके समकालीन कवि प्रयाग शुक्ल के शब्दों में कहें तो "बहुत सामान्य-सी लगनेवाली चीज़ों का मर्म भी उन्होंने इस तरह खोला है कि उनमें से एक पूरी दुनिया झाँकने लगती है।" इनमें नर-नारी संबंध की पवित्रतम आसक्ति और सहभागिता है, अकेलेपन की गहरी ताक़त है और अनुभूति की सच्चाई है जो मूल्यबोध की सच्चाई का ही दूसरा नाम है। प्रेम के भारी पत्थर को टुकड़ों-टुकड़ों में उठानेवाले हत्याकांड का विरोध है (देखें कविता 'प्रेम')। और सोती हुई बच्ची को जगह देने के लिए अपनी जगह से उठता हुआ एक बूढ़ा है जो काँपते पैरों पर खड़ा हो जाता है (देखें कविता 'ट्रेन में')। प्रायः प्रत्येक कविता में ऐसे ही पात्र और दृश्य हैं, कोई प्रतीक या बिंब नहीं हैं—जिन्हें मंगलेश डबराल छायावादोत्तर नई कविता के साथ बहुत पीछे छोड़ आए हैं।

इस संग्रह की कविताओं में पीड़ा, अनुकम्पा और विरोध समेकित हैं। पिछले दस-पंद्रह वर्षों की हिंदी काव्यधारा में इन कविताओं जितना संयम कम ही देखने को मिलता है। अन्य अनेक कवियों में आक्रोश ने भाषा के धैर्य को छीन लिया है या निस्संगता ने उसमें नीरसता भर दी है। मंगलेश डबराल अपनी अनुभूति की ईमानदारी के बल पर एक ऐसे शिल्प की रचना कर पाए हैं जो काव्यवस्तु से ही उत्पन्न है और दुर्लभ संयम से काम लेती है। इसीलिए 'दूसरा हाथ' कविता की भाषा और लय धीरज का तक़ाज़ा करती हैं, पाठक से और वाचक से भी। अंत में पाठक के भीतर धीरज की जगह वह व्याकुलता भर जाती है। यही व्याकुलता कवि के धीरज में लिखने के समय छिपी थी। पर वह रच रहा था और उसे अपने शिल्प में व्याकुलता का प्रदर्शन नहीं करना था बल्कि पाठक के मन में उसकी सृष्टि करनी थी। इस संग्रह की प्रायः सभी कविताओं में शिल्प की यही समझ लेकर कवि ने शिल्प को बरतने का एक प्रतिमान सिद्ध कर दिखाया है जो सिद्धांततः तो बहुत-से नए कवि और आलोचक मानते हैं परंतु जिसे कम कवियों ने सफलतापूर्वक बरता है और उनसे भी कम आलोचकों ने इनकी रचनाओं में मीनमेख के बिना पहचाना है। पिछले तीन दशकों से हिंदी कविता यथार्थ की समझ को गहरा और विस्तृत करने का निरंतर प्रयत्न करती रही है और मंगलेश ने सामाजिक चेतना की, भाषा शिल्प में, इस संग्रह के माध्यम से जो उपलब्धि की है वह इसी प्रक्रिया के प्रतिफल का अन्यतम दृष्टांत है।

मनुष्य और प्रकृति से मंगलेश के कवि का नाता काव्यानुभव के शास्त्रीय प्रतिमान बनानेवाले रचनाकारों और आलोचकों के लिए एक चुनौती ही कहा जाएगा। पर इससे वे अपनी काव्यगत और सामाजिक समझ तथा पारिभाषिक शब्दावली को बदलने का दबाव अनुभव करें तो काफ़ी है। यदि कवियों ने नक़ल करने की या आलोचकों ने यथार्थ बोध का नया शास्त्र बनाने की कोशिश की तो डर है कि यह काम अधकचरा रह जाएगा। समझने की बात तो यह है कि भाषा, शिल्प और मानव-मूल्यों की पुष्टि के स्तर पर कवि ने जो कर दिखाया है वह स्वयं उसकी काव्यधारा की प्रगति का एक उल्लेखनीय पड़ाव है और उसके सहयात्रियों का संबल बन सकता है।

घर का रास्ता.(कविता-संग्रह), मंगलेश डबराल, राधाकृष्ण प्रकाशन, नई दिल्ली-2, मूल्य : 30 रुपए

[प्रतिपक्ष, अगस्त 1988]

इस अकाल बेला में

अगली दुनिया के अन्वेषको,
हमारी तो दुनिया यही है
प्रभुता से नियंत्रित दासता से अभिशप्त
बर्बर अमानवीय ताकतों से अनुशासित
अनियामक जनता की दुनिया, इसे तोड़ो—
जो शोषित रह कर भी
शास्ता और शासक के अटूट संबंध की
मूलभूत चक्राकार अवस्थिति को
चाहे अनचाहे जाने अनजाने
पोषती और पालती है ...

[राजकमल चौधरी : 'दास' कविता से]

राजकमल चौधरी के समस्त काव्य का संकलन कोई डेढ़ वर्ष हुए डॉ. सुरेश शर्मा ने संपादित करके नई दिल्ली के वाणी प्रकाशन से उपलब्ध कराया है। कविता के पाठकों की बिरादरी ने इसे देखा होगा पर साहित्य जगत् की सूचनाओं का जैसा हाल आजकल है, संभव है किसी बड़े आलोचक ने पुस्तक इस लायक़ न पाई हो कि बिरादरी को उसे पढ़ने की याद दिलाए। किसी जगह कोई लेख छपा होगा तो यह भी आज की उदासीनता का ही प्रमाण है कि राजकमल का लिखा दोबारा पढ़ने की ज़रूरत न बताई गई होगी। दोबारा पढ़ने की और बार-बार पढ़ने की ज़रूरत उपभोक्ता संस्कृति में वाणिज्य के लिए आत्मघाती विचार है। उसमें कामचलाऊ चीज़ बनाई और नई चीज़ बाज़ार में डालने के पहले ही फेंक दी जाती है।

राजकमल के बाद बहुत कुछ नया बना है पर राजकमल को फेंक देना उस नए को भी नया न मानने के बराबर होगा। डॉ. सुरेश शर्मा ने अपनी प्रस्तावना में लिखा है, "संकलन का प्रकाशन अतीत की अनुपलब्ध वस्तु को उपलब्ध कराने की दृष्टि से नहीं किया गया है। बेहतर कविता अतीत की वस्तु कभी नहीं होती। बदलते वर्तमान के साथ उसकी प्रासंगिकता के कुछ आधार बचे ही रहते हैं। ये आधार मनुष्य की ऐन्द्रिक संवेदना और शोषणमुक्त ज़िंदगी की उसकी सर्जनात्मक इच्छा से जुड़े हैं। कहने की आवश्यकता नहीं कि राजकमल की कविताओं में गहरी अराजक सीमाओं के बावजूद ये आधार बड़े पैमाने पर सुरक्षित हैं। बीसवीं सदी के अंतिम दौर में जबकि कविता की और भी ज़रूरी भूमिका सामने आई है, निकट अतीत के एक सशक्त कवि की कविताओं के पाथेय से हमारी यात्रा सरल ही होगी। ... "

संपादक की इस प्रस्तावना से पूरी तरह सहमत होकर जब मैं राजकमल के काव्य संसार में एक बार फिर जाता हूँ तो पाता हूँ कि कविता के उस दौर में प्रचलित आत्महत्या के गुणगान की नक़ली क्रांति मुद्राओं के बीच कहीं एक स्थिर जीवन विश्वासी कवि चरित्र उपस्थित है। 'मुक्ति प्रसंग' ही यह विश्वास पुष्ट करने के लिए काफ़ी है मगर उसके पाठक में राजकमल के पूरे साहित्यिक व्यक्तित्व के प्रति सहानुभूति होनी चाहिए। उसे राजकमल की कहानियाँ और उपन्यास भी पढ़ना चाहिए और साथ ही उसे एक नज़र उस दौर के सामाजिक दृश्य पर भी डालनी चाहिए। वह दौर राजकमल की पीढ़ी के लेखकों के भटकाव का दौर था जिसमें सामाजिक चेतना और शिल्प, दोनों में अलग-अलग मंथन जारी था। कितने कवि साहित्य में अपनी विचित्र मुद्रा दिखाकर चौंकाने को उपलब्धि मान बैठे, कितने अपने वर्ग चरित्र, संस्कार और परिवेश के कारण कभी उस गहराई को छू न पाए जो अपने सागर तल

की होती है और यथार्थ के नाटकीय अस्वीकार के अथाह में बूड़ रहे, यह सब शायद उस दौर की एक सारगर्भित व्याख्या करनेवाले आलोचक को दिख जाए। पर अकेले राजकमल की *इस अकाल बेला में* संग्रहीत कविताएँ—और उनमें भी 'मुक्ति प्रसंग' विशेष रूप से—उस कवि की गहरी ममता और चेतना का उदात्त संसार हमारे इतने पास रच जाती हैं कि हाथ बढ़ाकर हम उसे छू सकते हैं। कभी-कभी अपने को ही छू रहे होते हैं मगर यदि कविता की मुक्तिदायिनी सच्चाइयों से झिझकने की कुटेव हमारे भाषा संस्कार में पड़ चुकी है तो अपना हाथ अपने से ही खींच लेते हैं। तब राजकमल हमारे लिए चिथड़ा-चिथड़ा होता हुआ एक व्यक्ति भर रह जाता है।

पर राजकमल ने विध्वंसक-अराजक अनुभवों से भी और आत्मदया के भीतर छिपे आत्मविसर्जन के मोह से भी रचना सघन वर्षों में लड़ाई की है। इस पुस्तक को आपके पठनीय स्तंभ के लिए चुनते समय मुझे यह कहना ज़रूरी लग रहा है कि साहित्य की उपलब्धियों को उन पैमानों से जाँचना साहित्य की रचनात्मकता को न समझने के बराबर है जो साहित्य पढ़ानेवालों के प्रतिष्ठान अपनी व्यावसायिक ज़रूरतों से बनाते हैं। उन प्रतिष्ठानों में राजकमल की संवेदना के लिए आदर नहीं हो सकता क्योंकि वह संवेदना हर चेहरे को, हर आवाज़ को और दो व्यक्तियों के बीच हर संबंध को रूप, रस, गंध, परस से पहचानती है और यदि पाठक में समाज के प्रति मौलिक आत्मीयता है तो उसे मुक्त एवं पहले से कुछ और बड़ा कर जाती है। पुस्तक के संपादन में सच्चा परिश्रम करके हमें राजकमल के रचना संसार का इतना व्यापक फलक दे दिया गया है कि यदि मान लो, पाठक कुछ रचनाओं को बार-बार पढ़ने की प्रेरणा न पाए तो भी कुछ कविताएँ उसकी स्मृति में व्याकुलता जगाती हुई पड़ी रह जाएँगी। उसे अभी-अभी बीते एक छोटे-से दौर की घनीभूत ऊर्जा का बाद के वर्षों की कविता से सार्थक संबंध दिख जाएगा। सामाजिक चेतना की घोषित कसौटियों पर कुछ लोग कवि को खरा न पाएँ, पर यह मानना पड़ेगा कि राजकमल की कविताओं की संरचना ने, जिसमें यथार्थ का और शिल्प का विचार गुत्थमगुत्था है, उनके बाद की कविता को अपनी वैचारिक, सामाजिक और राजनैतिक भूमि के लिए ठीक-ठीक खाद-पानी जुटा दिया था। 'मुक्ति प्रसंग' से मैं इन पंक्तियों को बार-बार पढ़ता हूँ—

क्यों नहीं है मेरे लिए कोई नाम कोई नदी
कोई चिड़िया कोई फूल कोई सिद्धांत कोई दरख़्त
कोई राजनैतिक दल कोई जंगल कोई साँप कोई गाँव
कोई स्त्री कोई सड़क कोई संगीत कोई नशा कोई प्रेम कोई घृणा
कोई घर कोई आँगन कोई छाँव
वापस लौट जाऊँ मैं जहाँ एक बार फिर से अपनी यात्रा
शुरू करने के लिए क्यों नहीं है मेरे लिए जीने में अथवा अंततः
मर जाने में कोई कारण कोई सत्य कोई न्याय कोई आकर्षण ...

—और कवि के जिजीविषा भरे रचनाकर्म में अनजाने बहुत कुछ अपना देख पाता हूँ, इस बात के अलावा कि हम दोनों हमउम्र थे। मुझे याद है कि 'मुक्ति प्रसंग' को पहली बार पढ़कर मुझे शिल्प की कितनी प्रेरणा मिली थी।

इस अकाल बेला में (राजकमल चौधरी की संपूर्ण कविताएँ), संपादक : सुरेश शर्मा, वाणी प्रकाशन, दरियागंज, नई दिल्ली, 1988, मूल्य : 95 रुपए

[*नवभारत टाइम्स*, 1989]

'रात का पेड़' अर्थात् जो पिटे-पिटाए आशावाद में असंभव है

सब कुछ कविता के लिए है
महसूस करता हुआ
मैं चीज़ों को इस तरह देखता हूँ
कि लो वो कविता ये है।

1950 के आसपास बहस चली थी कि 'जीवित क्षण' प्रगतिशील है कि प्रतिक्रियावादी। मालूम नहीं क्यों यह बहस शुरू हुई और क्यों ख़त्म हो गई? और चिंता की बात क्या थी? क्षण अगर जीवित है तो क्यों नहीं उसे ढकेलकर आगे ले जाया जा सकता था? घड़ी में न हो पर कविता में ऐसा करना संभव था। मगर माना यही गया कि जो जीवित क्षण की महिमा बताते हैं वे इतिहास को जड़ मानते हैं और समाज को आगे की ओर ले नहीं जा सकते।

प्रयाग शुक्ल की कविता ने इस बहस के क़रीब बीस साल बाद 'कविता संभव' में जीवित क्षण को एक गतिशीलता दी। ऊपर इस संग्रह से उद्धृत पंक्तियों में एक स्पंदित यथार्थ है—यही उनकी अनेक अन्य कविताओं में जो *यह एक दिन* और *रात का* पेड़ में छपी हैं, रूप, रस, गंध, स्पर्श और स्मृति को समाज के अंतस्संबंध बताने के लिए कविता में ले आता है। *रात का* पेड़ संग्रह कवि ने पिता की स्मृति को समर्पित किया और इसका आवरण कवि की पुत्री ने आँका। यह एक सकारात्मक दृष्टि है और इन दो छोरों के बीच संगृहीत काव्य वर्तमान को विगत और आगत से निरंतर जोड़ता रहता है। उसमें दृश्य हैं जो मानो चल रहे हैं, ध्वनियाँ हैं जो गूँज रही हैं और प्रतिध्वनि दे रही हैं, पेड़ हैं जो स्मृतियों और उनमें छिपे यथार्थ को सोख ले रहे हैं और एक सचेतन माध्यम बने जा रहे हैं—धूप, हवा, पानी हैं जो अपने में कुछ नहीं, पाठक को कहीं ले जाते हैं इसलिए अस्तित्व रखते हैं। और शून्य भी है—अकेलापन—जिसे कवि अपने भीतर के स्वस्थ तनाव से तुरंत भरे दे रहा है। और पुरानी यादें जहाँ उसे भरने आती हैं वहाँ क्लीव मोह नहीं है, अपने अतीत से एक बहुत बड़े अतीत के बीच मुखामुखी है :

गर्मियाँ लौट आती हैं
और हर बार हमें अलग अलग
जगहों में पाती हैं। कभी उस जगह
दुबारा। हम चिट्ठियों का
इंतज़ार करते हैं
डाकघर से टिकटें ख़रीदते हैं।
बाज़ार से सामान
कभी दोपहर, कभी शाम के
झुटपुटे में
किन्हीं सड़कों पर
पहली बार आते हैं
एक पेड़ की छाया या एक बेंच पर
बैठ जाते हैं
जैसे कोई बच्चा अपने बस्ते
को खोलता है
चीज़ें निकालता और भरता है

हम अपने अदृश्य बस्तों को
सम्हाल लेते हैं।
पत्नी कहती है शायद मेरी माँ और
बाबूजी भी यहाँ आए थे
एक बार जब मैं नहीं थी।
मैं आकाश की ओर
देखने लगता हूँ।
सैलानियों को बिठा कर
सैर कराने वाले
घोड़े की टाप है यह। नीचे
बस्ती की बत्तियाँ टिमटिमाती हैं
ऊपर तारे
सहसा हवा आकर बहुत कुछ
सुलझा जाती है
हमारे भीतर।

['गर्मियाँ-2']

मैं पाठकों को इसी के साथ 'कलकत्ता', 'रात को छत पर सोना', 'दोपहर (दोनों)', 'दो मूर्तियाँ', 'लड़की', 'ऊपर उठ आती है भीगी हुई धरती', 'इतनी आवाज़', 'यहाँ, यह शाम', 'जैसे बहुत दूर से', 'नींद के किनारे से', 'अधूरी कविता', और 'वर्षों की खिड़कियाँ' पढ़ने की राय दूँगा। पर आप इन्हें मन के एकांत में पढ़ें जहाँ आप भी इनकी पंक्तियों के साथ-साथ कहीं ध्वनियाँ सुन सकते हों, कहीं रूपाकार देख सकते हों और कहीं एकदम निराले में जाकर फिर एक कोलाहल से लौट आ सकते हों।

यदि आप इन्हें ख़बरों के शीर्षकों के छापे जैसा ग्रहण करेंगे कि उनसे भीतर की बात बिना कोशिश किए मालूम हो जाए तो न आप कुछ देख पाएँगे न सुन पाएँगे क्योंकि ये लिखित शब्द की परंपराएँ होते हुए भी एकसाथ चित्र, संगीत, अभिनय और फ़िल्म की कलाओं के परस्पर संबंध से बनी हैं।

ये कविताएँ मुझे क्यों अच्छी लगी हैं? संक्षेप में इसका उत्तर यह है कि इनमें एक गतिशीलता है जो प्रतीतियों और अनुभवों को सिर्फ़ एक अनिर्दिष्ट व्यक्तिगत अनुभव नहीं बने रहने देती, उन्हें निर्वैयक्तिक बनाकर एक सामाजिक उपलब्धि का रूप दे देती है—और पाठक भी इस काम में हाथ बँटाता है, उसे कविता के इशारों को समझने के लिए अपने को ढीला छोड़ना पड़ता है। यही कविता को पढ़ने में करना चाहिए पर इनमें ख़ास तौर से।

प्रयाग शुक्ल की कविताएँ समाज के बारे में वक्तव्य नहीं देती हैं। वे समाज के बारे में वक्तव्य न देने की चेष्टा को आधुनिकता नहीं मानतीं। वे एक यथार्थ का अनुभव करना मानव संबंधों की यथास्थिति तोड़ना मानती हैं। यह यथार्थ यदि दोपहर में यात्रा को निकलने के पहले के तनाव में है या रात को सोने के समय के सिमट आए और फिर बिखर गए संसार में है तो इसी से न वह सामाजिक चेतना से विच्छिन्न सिद्ध हो जाता है, न एकांगी। यह तो मानव सभ्यता के आज के यथार्थ की हमारी समझ है जो हमें यथार्थ के उस अंश को लेकर यथास्थिति तोड़ने में मदद देती है या नहीं देती। प्रयाग शुक्ल बोलकर बताते नहीं हैं कि वह किस तरह की नई समाजव्यवस्था में किस तरह के मानव संबंध चाहते हैं, परंतु जो कुछ वह जीना चाहते हैं और जता भी देते हैं, वह निराशावाद, अविश्वास, द्वेष, पराजय और ध्वंस का पक्ष लेकर संभव ही नहीं है। और सूचनार्थ यह भी कि वह पिटे-पिटाए आशावाद में असंभव है।

रात का पेड़, प्रयाग शुक्ल, शुभदा प्रकाशन, नवीन शाहदरा, दिल्ली-32, मूल्य : 30 रुपए

[*नवभारत टाइम्स*, 24 जुलाई 1983]

समय के खुले कपाट

प्रयाग शुक्ल की कविता, जिसका पाँचवाँ संग्रह *यह जो हरा है* अभी छपा है, दृश्यों से भरी हुई है। इन दृश्यों में गति है, स्मृति है और कुछ और तत्त्व हैं जो कवि को विशिष्ट सिद्ध करते हैं। इनमें से एक, बल्कि मूल तत्त्व उसका मनुष्य है—जो अपने अंतर के विकास का औचित्य प्रमाणित करने को अपने से बाहर के संसार में परिवर्तन नहीं दिखाने लगता, जैसा हिंदी में कविता की और खासकर 'प्रकृति' कविता की परंपराएँ अभी तक करती रही हैं। यह कवि अपने अंदर होते परिवर्तन को वैसे ही बाहर संभव कर देता है जैसे वह हो रहा है, और इस तरह उसके मनुष्य और दूसरे हर मनुष्य में परस्पर एक निरंतरता जारी हो जाती है। कवि के अंतर की गतिशीलता उसके पाठकों और श्रोताओं के अंतर की गतिशीलता बन जाती है और इसका अनंत होना हिंदी की रहस्यवादी, छायावादी, प्रकृतिवादी काव्यशैलियों से बिलकुल अलग एक सघन लौकिक रूप में प्रकट होने लगता है। वही मनुष्य वहाँ भी है जो काव्यरचना के क्षण में था, पर इस बार वह पाठक या श्रोता की कल्पना में मूर्त होने को स्वतंत्र है—देशकाल की सीमाओं को लाँघता हुआ वह प्रयाग शुक्ल के यथार्थ में अनेक संभावनाएँ भरता जाता है। उनकी एक कविता से एक पंक्ति उद्धृत करके हम कह सकते हैं कि 'समय के कपाट खुल जाते हैं' और इसी कविता की अंतिम पंक्ति में जब कवि अपने रचनाकार के सहजीवी आलोचक के स्वर में मानो शिकायत करता-सा लगता है कि 'मैंने तो चाही थी लिखनी एक कविता' तो हम पहले ही जान चुके होते हैं कि यह बनावटी शिकायत भी एक अलंकार है। कविता अनेक चाभियों के घुमाने के बाद समय के कपाट का खुलना है और वही काम कवि ने जानते-बूझते किया है।

यह एक रचनात्मकता है जिसे प्रयाग शुक्ल ने एकाएक नहीं पा लिया है। कवि इसका संस्कार करता रहा है और इस प्रयत्न में अनुभूति को सुधारना उसका मुख्य कर्म रहा है। प्रयाग के पिछले संग्रहों में इसके दर्शन होते हैं। यहाँ तक कि इससे पिछले संग्रह में यह तक देखा जा सकता है कि वहाँ से एक क़दम आगे बढ़ाकर वह यहाँ तक कैसे पहुँचा है। *अधूरी चीज़ें तमाम* में वह अधूरी चीज़ों को दिखा देनेवाले अनुभवों को पहचान चुका था और उनकी पहचान करने से अपनी अनुभूति के संस्कार के साथ-साथ अपने आनुषंगिक शिल्प का परिष्कार भी कर रहा था। आलोचक के लिए कवि की यह प्रक्रिया लक्ष्य कर पाना किसी भी कवि की उपलब्धि को और विशेष रूप से प्रयाग शुक्ल जैसे कवि के कृतित्व को आत्मसात् करने में सहायक होगा। *अधूरी चीज़ें तमाम* की 'पहाड़ियाँ' शीर्षक चार कविताओं में भी उदाहरणार्थ हम उस शिल्प के उस विकास को देख पाते हैं जिससे पहाड़ियों के निरे दृश्य में जो दृश्यातीत है उसे कवि ने शब्द दिए हैं। पहाड़ियों के पास उन सब चीज़ों की गिनती है जिन्हें हम नहीं गिन पाते और अजनबी तारों (बिजली के, आकाश के नहीं) के तले ईंट-सीमेंट के मकानों को सम्हाले चमकती पहाड़ियों में से ठीक उसी वक़्त एक कराह भी आती है, जब हम दृश्य को सराह रहे होते हैं। कवि ने बिंबों, प्रतीकों और उपमाओं का सहारा लेने से इनकार किया और यथार्थ की पुनरुक्ति पाठक और श्रोता के मन में की। यही संपृक्त शिल्प *यह जो हरा है* में इतने प्रखर रूप से निखरकर आया है कि संग्रह की अधिसंख्य कविताओं में यथार्थ का वर्णन ही प्रयागजी की उपलब्धि को आज तक की प्रकृति कविता से कहीं ऊपर और कहीं आगे उठाकर रख देता है। चित्रात्मकता का अर्थ ही बदल देती हैं ये कविताएँ।

प्रयाग के चित्रों में आवाज़ें भी हैं, ख़ास तौर से वे आवाज़ें जिनका आकारों और आयामों से प्रत्यक्ष संबंध नहीं पर जो हमें इतनी अनिवार्य जान पड़ती हैं कि वे न हों तो दृश्य निरा ब्यौरा बनकर रह जाए। पर कवि शिल्पी इस रहस्य को जानता है और उसके यथार्थ में भाषा अपने एक से अधिक गुणों को लिए ही मुखर होती है। 'रात का मोर' कविता में कवि ने मोर की बोली का नाम भर लिया है परंतु हम सुन पाते हैं एक विशेष मोर की बोली, जो मोर के रह-रहकर बोलने के कारण उस विशेष

मोर की बोली है। और नींद के कपाटों के बीच बहुत गहरे अँधेरे के कारण वह एक विशेष मोर है। उस बोली में विशेषता है जिसका कवि ने अचानक साधारणीकरण कर दिया है। साधारण में विशेष की प्रतीति प्रयाग शुक्ल ने इस संग्रह की अनेक कविताओं में इस तरह से दी है कि हमें पहले भ्रम रहता है कि हम किसी अनुभव को विशेषता से मुक्त कर रहे हैं—फिर यह भ्रम सहसा बिना किसी उक्ति-चमत्कार के टूट जाता है और हम एक अपूर्व संवेदना के सामने खड़े मिलते हैं। 'खिड़की के पास वाली सीट', 'विदा', 'जाने न देना', 'शब्द' और 'साइकिल चलाती हुई लड़की' ऐसी ही कुछ रचनाएँ हैं। समय के कपाट खोलती कविताएँ कवि के देश और काल को विस्तार देकर उसमें दिए अनेक सरोकारों को हमारा बना देती हैं। 'जब तुम पहुँचे हो इस शहर में', 'हमें इकट्ठा किया', 'आज ही', 'हाँ या नहीं' और 'आवाज़ें' ऐसी ही रचनाएँ हैं।

शायद यहीं पर मुझे एक बात और कहना ज़रूरी है। हिंदी में कविता के वादों के नाम रखते हुए अध्यापकों ने सामाजिक यथार्थ को प्रकृति से इतना अलग क़ैद कर रखा है कि दोनों के बीच आवाजाही सिमटकर एक चिड़िया भर रह गई है। इतना कुछ कम बुरा नहीं हुआ, मगर सामाजिक यथार्थ के भी कठघरे बना दिए गए ताकि अगली पीढ़ियों में से सचमुच बड़ी ज़िंदगी को या सचमुच नए आदमी को बनानेवाली कविता पैदा न हो सके। ग़नीमत है कि यह किसी तानाशाही का काम नहीं है, सिर्फ़ कुढ़ते हुए दकियानूसों का काम है जो अकसर अपने को समसामयिक बनाने की कोशिश करते रहते हैं। इसलिए इस क़ैदख़ाने को तोड़ना उनके लिए कवि के सहयोग से संभव है। हिंदी कविता की यह जातिप्रथा टूटनी चाहिए। यही अपनी कविता से कवि चेता रहा है कि चूँकि कवि एक और वाद का कठघरा खड़ा करने की भाषा में नहीं बोल रहा है, इसलिए शास्त्र के संसार में उसका स्वतंत्र स्वर बेघर है। दुख की बात है हम सब इस जातिप्रथा को स्वीकार किए चले जा रहे हैं और यह नहीं देखते कि कवि का अपने पाठक में सरोकारों के, समय के, स्मृति के दरवाज़े खोलना उसे मानव-मूल्यों के नए अनुभव संसार में ले जाना है। प्रयाग शुक्ल का यह कविकर्म क्यों प्रगतिशील, जनवादी संघर्ष नहीं है और नया मनुष्य, नया समाज, नई संवेदना बनाने का काव्यधर्मी प्रयत्न नहीं है—यह काव्य और तर्क और समाज-रचना तीनों के निकष पर सिद्ध नहीं किया जा सकता। एक ही कसौटी हो सकती है जहाँ यह प्रयत्न किया जाए कि प्रयाग शुक्ल का नया मनुष्य, नया समाज और नया संसार एक विचार-भ्रष्ट, पतित, अनैतिक, असामाजिक संसार सिद्ध हो और वहाँ यह प्रयत्न करनेवाले मुँह की खाएँगे।

उनके मुँह के बल गिरने में किसी को कोई कौतुक नहीं है : उस हिंसा से मेरा मनोरंजन नहीं क्योंकि वह आज की मानव-विरोधी, पतनशील संस्कृति के हिंसा और मनोरंजन के गठजोड़ को झूठा नैतिक आधार ही देगा। बेहतर है कि हम कविता की समझ को बदलें।

यह जो हरा है, प्रयाग शुक्ल, वाग्देवी प्रकाशन, चंदन सागर, बीकानेर, मूल्य : 40 रुपए

[*जनसत्ता*, 6 मई 1990]

गत मास का साहित्य

महादेवी की दक्षिण यात्रा

पिछले महीने की *राष्ट्रभारती* में आदित्य मिश्र की कहानी 'माधवी' यदि आपने पढ़ी हो तो निश्चय ही आप उसकी ताज़गी और सच्चाई से प्रभावित हुए होंगे। महाभारत-काल के समाज में नारी का

क्या स्थान था इसको लेकर जो गौरव-गाथाएँ प्रचलित हैं उनका निराकरण इस कहानी से अवश्य होगा। सफ़ेद शरीर तथा काले कानवाले आठ सौ घोड़ों और माधवी के विनिमय की यह कहानी इतिहास के असली स्वरूप को प्रकाशित करती है—वहाँ नारी पण्य-वस्तु है और उसको इस शास्त्राज्ञा के अनुसार ठोंक-बजाकर ख़रीदा जाता है :

> उन्नतेषून्नता षट्सु सूक्ष्मा सूक्ष्मेषु सप्तसु।
> गम्भीरा त्रिषु गम्भीरोष्वियं रक्तका च पंचसु।।

सरगम में बहुत दिनों बाद एक अच्छी कहानी पढ़ने को मिली—नारायण गंगोपाध्याय की 'जन्मान्तर'। मूल बांग्ला से अनुवाद किसने किया है पता नहीं, परंतु अनुवाद कुशल हुआ है। कहानीकार असत्य और अशिव की व्यापकता का अच्छा प्रचार कर सका है—यहाँ तक कि गुण्डा बुलाकीदास भी मानवीय करुणा से कुछ क्षणों के लिए सुधर जाकर जब एक त्यक्त युवती माँ को उसके छोटे बच्चे पर तरस खाकर अपने घर आश्रय देने अपने साथ ले चलता है तो युवती रास्ते से ही कहीं खिसक जाती है और बुलाकी देखता है कि कपड़े में लिपटी हुई जिस चीज़ को वह सोता हुआ बच्चा समझकर गोद में लिए चल रहा था—पापजन्य एक नवजात शिशु की लाश है—वह हत्या के अपराध में धरा जाता है। जेबकटी करने जाकर थोड़ी देर पहले वह पकड़ा गया था और मार खाने से जो खून उसके निकला था, उसे मिथ्या ही हत्यारा साबित करने के काम आता है। लेखक की स्थापना से कोई असहमत भी हो सकता है परंतु रचना में एकदम झूठ ही झूठ भी नहीं है—वह पाठक को थोड़ा-बहुत झकझोर भी जाती है।

नया समाज में प्रकाशित इंदुमती की कहानी 'ये द्रौपदियाँ', *कल्पना* में सत्येंद्र शरत् का स्केच 'कुछ सूत्र' और *प्रतीक* में बलभद्र ठाकुर की कहानी 'त्यक्त' हमें गत मास प्रकाशित कहानियों में प्रशंसनीय जान पड़ती हैं।

नया समाज में जैनेन्द्र कुमार ने एक रोचक लेख प्रकाशित किया है। 'धर्म और संस्कृति' शीर्षक से उन्होंने इन दो शब्दों की अपने ही ढंग से व्याख्या की है। "संस्कृति में स्पष्ट ही सामंजस्य की ध्वनि है" और धर्म को उसके विरोध में नहीं आना चाहिए यह निर्देश करके वह पहले लिखते हैं :

"इधर जो समाजवाद और साम्यवाद नाम की विचारधाराएँ चली हैं, उन्होंने अवसर नहीं छोड़ा है कि एक अपने को अन्य अनेक से सर्वथा भिन्न और पृथक् मानकर रह सके। एक सबके साथ है, अपने में वह समाप्त नहीं है, शेष में ही फैलकर एक को चरितार्थ होना है।"

मगर और फिर थोड़ा आगे चलकर :

"धर्म का यह अपलाप देखने में आता है इसलिए संस्कृति शब्द का सहारा लिया जाए और अपनी अंतस्थ सहानुभूति का उत्तरोत्तर विकास साधते चला जाए तो यह ठीक ही है, फिर उस धर्म शब्द का बहिष्कार उचित न होगा ··· जो समाज के हित में आत्मभाव से समर्पित है उसे समाज का बंदी होने की आवश्यकता नहीं है।"

फिर और थोड़ा आगे चलकर—

"नेता का मतलब है साथ होकर भी एक क़दम आगे चलनेवाला; यह जो एक क़दम आगे होकर चलने की बात है यह निरे सामाजिक आदर्शों से नहीं पूर्ण हो सकती, उसके लिए सामाजिक से कुछ उच्चतर आदर्श की आवश्यकता है।"

सम्मेलन पत्रिका का आश्विन शुक्ल प्रतिपदा संवत् 2008 वाला अंक कुछ कारणों से देर में प्रकाशित होकर अब मिला, उसमें छात्रोपयोगी अन्य लेखों के साथ-साथ 'नौ अंक का महत्त्व' शीर्षक से स्वामी अच्युतानंदजी लिखित लेख भी है; आशा करते हैं कि उससे बालकों का मनोरंजन तो होगा ही, 'नौ' अंक देश के कल्याण के लिए कितना ज़रूरी है यह महान तथ्य भी लोगों को विदित होगा। लेख

के प्रारंभ में तुलसी के पाँच दोहे उद्धृत किए गए हैं जिनमें नौ के अंक का उल्लेख है और आगे चलकर गणित में नौ के बहुत-से चमत्कार भी बताए गए हैं—फ़ुरसत के वक़्त *सम्मेलन पत्रिका* के पाठक उन्हें करके खुद देख सकते हैं!

प्रयाग की साहित्यकार संसद की ओर से अक्टूबर-नवंबर में दक्षिण भारत की यात्रा के लिए साहित्यकारों का एक प्रतिनिधि-दल महादेवी वर्मा के नेतृत्व में रवाना हुआ था। एक सदस्य, इलाचंद्र जोशी ने उस यात्रा का एक सचित्र वर्णन *संगम* में क्रमशः प्रकाशित किया है—वह वर्णन अत्यंत विशद और घनिष्ठ है। दक्षिण का जीवन, भाषा, साहित्य, कला—स्थापत्य विशेषकर—और दर्शनीय स्थान भी उसमें आते हैं—साथ में यात्रा के कुछ अनुभव, कुछ व्यक्तियों के परिचय भी। 23 दिसंबर के *संगम* में इस क्रम का अंतिम अंश प्रकाशित हुआ है।

महादेवी वर्मा ने इस यात्रा की समाप्ति पर जो विज्ञप्ति प्रकाशित की थी उसमें का एक महत्त्वपूर्ण अंश हम यहाँ दे रहे हैं।

"क्या प्रकृति, क्या कला और साहित्य और क्या जीवन, सभी दृष्टियों से दक्षिण समृद्ध है परंतु अभी तक उत्तर ने उसे वह आत्मीयतापूर्ण आदर नहीं दिया जो उसका प्राप्य है। आज यह अनिवार्य हो उठा है कि उत्तर के विद्यार्थी और लेखक दक्षिण की एक भाषा अवश्य सीखें और उस भाषा के महत्त्वपूर्ण साहित्य को हिंदी पाठकों तक पहुँचाएँ। उत्तर के साहित्यकारों-चिंतकों आदि की दक्षिण-यात्रा और दक्षिण के साहित्यकारों-दार्शनिकों की उत्तर-यात्रा भी विचारों के आदान-प्रदान में सहायक होगी। जो सरकार समुद्र-पार शिष्टमंडल भेजती है उसे हिमालय से समुद्र तक फैले हुए अपने देश के भिन्न-भिन्न प्रदेशों में बसे व्यक्तियों को एक-दूसरे से परिचित कराने का प्रयत्न भी करना चाहिए। यदि ऐसा न होगा तो आज नहीं तो कल यह अपरिचय ही विरोध का सूत्रपात करेगा।"

कविताएँ अनेक छपीं—हर महीने छपती हैं परंतु अगर हम कहें कि उनमें से एक-दो ही सफल और पुष्ट रचनाएँ होती हैं तो हम समझते हैं कि आप हमसे सहमत होंगे। *हंस* में शमशेरबहादुर की दो कविताएँ आई हैं जिनमें मन डूब जाए ऐसी गहराई है। गत मास की चार चुनिंदा कविताओं में बाक़ी दो जगदीश चंद्र की 'एक बाती से जलें दीपक हजार' *(राष्ट्रभारती)* और सर्वेश्वरदयाल की 'दो अगर की बत्तियाँ' *(प्रतीक)* हैं। उज्जैन से प्रकाशित होनेवाले *विक्रम* (वार्षिक विशेषांक) के वृहद् संपादकीय लेख में अनेक प्रमाण देकर, गणना-क्रम की, भाषा-प्रयोग की, कालिदास द्वारा वर्णित घटनाओं की एवं अन्यान्य विद्वानों की दृष्टि से कालिदास के देश-काल का विचार किया गया है। संपादक सूर्यनारायण व्यास उज्जैन को कालिदास का जन्म-स्थान और कार्तिक शुक्ल प्रतिपदा को उनका स्मृति-दिवस स्थिर करते हैं।

कल्पना में रामधारी सिंह 'दिनकर' की पद्यनाटिका 'मगध-महिमा' प्रकाशित हुई है जिसका उल्लेख हम मात्र इसीलिए नहीं कर रहे हैं कि पद्यनाटिका के रूप में वह प्रयास अत्यंत असफल है, बल्कि इसलिए भी कि लब्धप्रतिष्ठ कवियों को—जो अनेक नवोदितों के पथप्रदर्शक हैं—पद्यनाटिका के बारे में इस प्रकार भ्रम नहीं फैलाना चाहिए कि एक दृश्य में एक पात्र रंगमंच पर खड़े होकर एकरस छंद की 49 पंक्तियों का एक 'गीत' गा दे और पट-परिवर्तन हो जाए तो वह दृश्य पद्यनाटिका का सफल प्रवेशांक या कोई भी अंक मान लिया जाएगा।

प्रतीक में पिछले मास देवराज के नए उपन्यास *पथ की खोज* की समीक्षा देवराज उपाध्याय, धर्मवीर भारती और शिवदानसिंह चौहान ने की है। नरेंद्र शर्मा की कविता-पुस्तक *अग्निशस्य* की एक दीर्घकाय समीक्षा *कल्पना* में आई है—समीक्षक का नाम अप्रकाशित है।

[*प्रतीक*, जनवरी 1952]

'नयी धारा' का योगदान

नयी धारा पिछले मास दो बरस की पूरी हुई। हिंदी मासिक पत्रों के ऐहिक कष्ट इतने व्यापक हैं कि उनके कोई भी दो बरस ऐसे ही हैं जैसे हमारी साढ़ेसाती, फिर प्रारंभ के दो बरस तो प्रारंभ के ही हैं, उन्हें जो काट जाए वह सचमुच बड़ा बहादुर है—यदि समाजव्यापी 'इनफैंटाइल मॉरटैलिटी' को दृष्टि में रखें तो बड़ा भागवान भी है—और अपेक्षया स्वस्थ भी। बिहार की यह श्रेष्ठ पत्रिका साहस और प्रभु-दृष्टि दोनों से कृतार्थ है। उसने नियतकालिक साहित्य में अपने लिए एक विशिष्ट स्थान बना लिया है और सभी यह स्वीकार करेंगे कि उसकी लोकप्रियता का उसके संपादकों की परिश्रमसिद्ध योग्यता से निकट आनुपातिक संबंध है। हम उन्हें बधाई भेजते हैं। पाठकों की ओर से भी उनके नाम बहुत-बहुत धन्यवाद निकलते हैं कि उन्होंने हमें प्रतिमास विविध प्रकार की रोचक सामग्री दी और कई नए लेखकों से हमारा परिचय कराया। हम कामना करते हैं कि *नयी धारा* अपने नए वर्ष की योजनाओं में आशा से अधिक सफल हो। वे योजनाएँ निश्चय ही पहले से अधिक फलदायिनी भी होंगी—ऐसा हमारा विश्वास है।

नया समाज में प्रकाशित राजेन्द्र यादव की कहानी 'मैं हारा नहीं हूँ' एक विचारोत्तेजक रचना है। इसमें परिस्थिति का कम से कम सहारा लेकर लेखक ने अपना मन्तव्य प्रकट किया है—प्रकट क्या किया है, घोषित किया है। एक पात्र है जो अन्यान्य पात्रों को बलात् पीछे ढकेलकर आगे आ जाता है और विचारवस्तु का जो कुछ कच्चा माल लेखक के पास है पाठकों को निर्यात कर देता है। इस प्रकार की कहानी में घटना में से अर्थ उद्‌भूत नहीं होता। उसमें अर्थ होता है परंतु घटना लगभग अप्रासंगिक हो जाती है। कहानी का उद्देश्य फिर भी पूरा होता है—समाज की आलोचना करनेवाले लेखक पर अदालत में दावा दायर किया गया है कि वह समाज की आलोचना करता है, और लेखक अपने बयान में उस निरर्थक अभियोग का मुँहतोड़ जवाब ज़रूर देता है।

राजेन्द्र यादव का प्रहार शक्तिशाली है; उस कटुमधु का एक नमूना देखिए।

"सबसे पहली बात जो मेरे विरुद्ध कही गई है वह यह कि मैंने अपने लिखने में मुरव्वत, लिहाज़ और जान-पहचान का ज़रा भी ख़याल नहीं रखा है। मेरे ख़िलाफ़ सबसे बड़ी शिकायत रही है कि मैं चाहे किसी के ख़िलाफ़ लिखूँ, इसमें किसी को कुछ भी आपत्ति नहीं है, लेकिन कम से कम उन लोगों की बातें तो न लिखूँ जो मेरे अपने हैं। ··· मेरे परिचितों, मेरे मित्रों और घनिष्ठ रूप से मेरे संपर्क में आनेवालों की शिकायत है कि मैंने उनके साथ घोर अन्याय किया है, बल्कि लोगों के सामने भी ग़लत रूप से पेश किया। उन्होंने अपनी ज़िंदगी के अति व्यक्तिगत हिस्सों को कभी भी मेरे सामने मुझ पर विश्वास करके इसलिए नहीं निरावरण किया, इसलिए वे मेरे साथ खुलकर नहीं रहे कि मैं उन्हें ज्यों का त्यों चित्रित करके उनकी कमज़ोरियों का, उनके जीवन के व्यक्तिगत पहलुओं का यों ढिंढोरा पीटूँगा।"

नया समाज के इसी अंक में सी. वर्जिल ज्यार्ज्यू, (*नया समाज* में 'घरेश्यू' छपा है) के विख्यात उपन्यास 'द ट्वेंटीफ़िफ़्थ आवर' के एक अंश का अनुवाद प्रकाशित हुआ है। अनुवादक हैं, भदन्त आनन्द कौसल्यायन। पूरे उपन्यास का अनुवाद शीघ्र ही 'प्रगति प्रकाशन' से प्रकाशित होने जा रहा है।

'भिक्खु' की एक कहानी 'जागते रहो' *प्रतीक* में आई है : बीड़ी की तलब से परेशान चौकीदार, जिसके मन में जागते रहने और बीड़ी न मिलने का अंतर्विरोध स्पष्ट है, किसी की दी हुई एक बीड़ी स्वीकार कर लेता है—वह एक घूस है जो उसकी सतर्कता को भ्रष्ट कर जाती है और बीड़ी देनेवाला इत्मीनान से पड़ोस के मकान का ताला तोड़ देता है। इस कहानी में हमें एक प्रतीकात्मक अर्थ भी

दिखलाई पड़ा—न मालूम वह प्रतीकात्मकता लेखक को अभीष्ट थी या हमारी बुद्धि का ही आरोप है—पर क्या यह सच नहीं कि सभी कर्तव्यों में एक कष्ट निहित होता है और उस कष्ट का उपाय वही कष्ट होता है न कि कोई बाह्य संवेदन; वह संवेदन अधिक से अधिक एक तात्कालिक तुष्टि है जो स्वभावतः अयथेष्ट ही नहीं विजातीय भी है और इच्छा को विशृंखल करती है।

9 मार्च के *संगम* में हमने एक अजीब-सी कहानी पढ़ी जिसका शीर्षक था, 'वही चाँद और काँटे' : लेखक हैं लक्ष्मीनारायण लाल। 'असफल प्रेम' इसकी कथावस्तु है; यह तो संभव है कि एक मानवीय संवेदन—प्रेम—का उत्कर्ष एक अनिश्चित कष्ट में हो जाए—परंतु इस कहानी के पात्र सब परीदेशीय हैं और कथा की स्थानिकता संदिग्ध है। असफल प्रेम की समस्या सीधे-सीधे सांसारिक है—उसे एक अतिकाल्पनिक परिस्थिति में रखकर लेखक ने असफल प्रेम की व्यथा को आनंददायिनी बना दिया है। कहानी निस्संदेह मर्म को छूती है—अन्यथा उसमें अधिक मर्म नहीं है। कहते हैं कि कथावस्तु ही शैली का उत्स है—सो ठीक ही है, क्योंकि जैसे बाली और उसके जीजा का रोमांस शेष होता है (अर्थात् अशेष रह जाता है,) वैसे ही कहानी भी शेष होती है। दोनों पार्थिव से उत्तरोत्तर वायविक होते जाते हैं और फिर टॉय-टॉय फिस् हो जाते हैं। इस कहानी में से एक सुकृत अंश हम यहाँ उद्धृत कर रहे हैं।

"... इसीलिए चंदा उस गाँव की सबसे क़िस्मतवर लड़की सिद्ध हुई थी, क्योंकि फूलपुर गाँव में लड़कियों की किस्मत उनके ब्याह ढूँढ़ने और तय होने के आधार पर तौली जाती थी और यह एक ऐसा जालिम तराज़ू था कि इस पर मुश्किल से कोई लड़की पूरी उतरती थी—क्योंकि एक तो यह तराज़ू वर्षों का पुराना है, इसकी डाँड़ी और डोर इस तरह पुरानी और मैली हो गई है कि इसको देखते ही किसी बूचड़खाने के तराज़ू की याद आती है जिस पर ताज़े खून के धब्बे लगे होते हैं, फिर भी वह हर रोज़ कटे हुए मांस के तौलने में इस्तेमाल किया जाता है। दूसरे इस तराज़ू के उठानेवाले भी अच्छे व्यापारी हैं जो न कभी इस तराज़ू की डाँड़ी देखते हैं न ख़रीदार की बेबस आँखों के आँसू।"

बंबई से प्रकाशित होनेवाली *सरगम* एक मास बंद रहने के बाद मार्च के अंक में कुछ भिन्न वेशभूषा के साथ आई है। इस अंक की पाठ्य सामग्री निश्चय ही पहले अंकों से अधिक अच्छी है तथापि पत्रिका की मौलिक नीति में कोई परिवर्तन नहीं दीख पड़ता (या उसको देखने का प्रयत्न करना यहाँ अनधिकृत है?)। सत्यकाम की डायरी—'बुलबुले'—बहुत रोचक है; हिंदी में इस तरह की चीज़ें और भी लिखी गई हैं जैसे 'अश्क' के 'प्याज़ के छिलके' जो *रानी* में प्रकाशित हुए थे और सुदर्शन की पुस्तक *झरोखे*, परंतु यदि सत्यकाम स्वयं सुदर्शन ही नहीं हैं तो यह एक तीसरी और दोनों से अधिक सुघर रचना है। *सरगम* 'सच्ची प्रेम-कहानी' का एक स्तंभ और 'वर्ग-शब्दपहेली' आरंभ करना चाहती है; उनकी मजबूरी यह है कि ढाई सौ से अधिक पुरस्कार वह न दे सकेंगे। हमारी बिन माँगी राय यह है कि 'सच्ची प्रेम-कहानी' का स्तंभ अवश्य शुरू करें, चाहे इसीलिए कि लोग प्रेम-कहानियाँ लिखना बंद कर दें, परंतु 'वर्ग-शब्दपहेली' के अत्याचार से उन मध्यवित्त बाबुओं को सपत्नीक मुक्त रखें, जिनका *सरगम* प्रिय पाठ्य है।

संगम में प्रकाशित भोलानाथ तिवारी के लेख 'जातियों के विषय में लोकमत' में ब्राह्मण, कायस्थ, वैश्य, अहीर, क्षत्रिय प्रभृति जातियों के संबंध में प्रचलित कहावतें संगृहीत हैं। सभी कहावतें निंदात्मक हैं और निश्चय ही एक जाति द्वारा दूसरी के लिए प्रचलित की गई हैं। लगभग सभी मानवीय दुर्गुण सभी जातियों में होते होंगे, फिर भी सामाजिक उत्पादन में अपने श्रेय के अनुसार उनके अलग-अलग विशिष्ट दुर्गुण हैं। लेखक ने संग्रह के अंत में लिखा है, "इन लोकोक्तियों को एक प्रकार से उन काली करतूतों का धुँधला इतिहास माना जा सकता है जो हमारे देश की विभिन्न जातियाँ एक-दूसरे के विरुद्ध परंपरा से करती चली आई हैं।"

जहाँ ये कहावतें छिद्रान्वेषण या तिरस्कार की भावना से जन्मी हैं वहाँ अवश्य क्षुद्र हैं, परंतु अन्यत्र

समाज की वर्ग सजगता की द्योतक हैं और अध्ययन की दृष्टि से महत्त्वपूर्ण हैं।

हिंदी में डाइजेस्ट *नवनीत* का तीसरा अंक भी निकल आया और हमें जो आशंका थी उसको उसने समूल सिद्ध कर दिया। अब भी उसका अधिकांश अंग्रेज़ी से अनूदित ही है; विषय-चयन भी जैसे अंग्रेज़ी के पाठक को ही दृष्टि में रखकर किया गया है। *रीडर्स डाइजेस्ट* को आदर्श मानकर चलना कहाँ तक ठीक है यह तो हिंदी में प्रकाशित होते रहनेवाले साहित्य को देखकर तय किया जा सकता है—जैसे, वैज्ञानिक विषयों पर हिंदी में लघु या वृहद् लेख नहीं छपते इसलिए उस अंश तक अंग्रेज़ी की शरण लेना आपद्धर्म है—परंतु पर्लबक के उपन्यास *अनुभूति* का अनुवाद करने और छापने का सारा परिश्रम निष्प्रयोजन नहीं तो क्या है। हिंदी में उपन्यासों की कमी नहीं, और संक्षिप्त करके दिए जाएँ, ऐसे योग्य उपन्यासों की भी कमी नहीं। फिर यह अनुवाद-मनोवृत्ति क्यों?

इस अंक में जो कुछ भारतीय साहित्य लिया गया है, वह जीवनवृत्त तक ही सीमित है—'बापू की झाँकियाँ' (काका कालेलकर), 'जब रवींद्रनाथ ने साईस को राखी बाँधी' (अवनीन्द्रनाथ ठाकुर), 'अण्णाजी पंत' (जी.एस. सरदेसाई)। इनके अतिरिक्त बौद्ध जातक से लिया हुआ 'वैशाली का पतन' और मैथिली का एक लोकगीत, 'प्रियतम को संदेश है'—ये दोनों अनुमोदनीय हैं। जहाँ-तहाँ चुटकुले, सूक्ति, शेर प्रभृति की भरती करते रहने का ढंग तो नक़ल नहीं मालूम होता क्योंकि अब यह बहुप्रचलित है, परंतु एक चुटकुला सरासर चोरी है और खेद की बात यह है कि जिसके कंधे पर रखकर बंदूक चलाई गई है वह और कोई नहीं, स्वर्गीय महात्मा गाँधी ही हैं।

"एक बार एक नास्तिक महात्मा गाँधी के पास पहुँचा। थोड़ी देर की बातचीत के पश्चात् उसने कहा, 'दुनिया में आज जितनी अशांति और ख़ूनख़राबी मची हुई है उससे प्रमाणित होता है कि धर्म बेकार की चीज़ है, दरअसल धर्म अपने मक़सद में कामयाब नहीं हुआ।'

" 'शायद तुम ठीक कहते हो', महात्मा गाँधी ने जवाब दिया, 'पर जरा सोचो तो, धर्म के रहने पर भी लोग जब इतनी अशांति और ख़ूनख़राबी मचाए हुए हैं, तो वे धर्म के न रहने पर क्या नहीं कर गुजरेंगे?' "

यह हाजिरजवाबी वास्तव में अब्राहम लिंकन ने दिखाई थी और असली चुटकुला 1948 के एक *रीडर्स डाइजेस्ट* में छप चुका है।

भारत-कला-भवन बनारस में कुछ समय पूर्व एक प्रतिकृति चित्र प्रदर्शनी हुई थी जिसमें ऐतिहासिक महापुरुषों की प्रतिकृतियाँ—कुछ तो मौलिक और कुछ प्राप्य सामग्री के आधार पर भारत-कला-भवन द्वारा बनवाई हुई—रखी गई थीं। स्वर्ण-युग के नायक गुप्त सम्राटों की स्वर्ण मुद्राओं पर उनकी जो प्रतिकृतियाँ मिलती हैं—उनके आधार पर चंद्रगुप्त प्रथम, रानी कुमारदेवी, समुद्रगुप्त (325-375), चंद्रगुप्त विक्रमादित्य (375-414), कुमारगुप्त (414-455) और स्कंदगुप्त (455-467) की सुंदर प्रतिकृतियाँ बनाई गई थीं। मुगल वंश के चंगेज़ ख़ाँ से लेकर तैमूर, बाबर, हुमायूँ, अकबर आदि सभी सम्राटों के प्रामाणिक मौलक चित्र प्रदर्शित किए गए थे। अन्य प्रतिकृतियों में नाना फड़नवीस, महादजी सिंधिया, टीपू सुलतान (1782-1799), रंजीत सिंह, लक्ष्मीबाई, नानक, नामदेव, गुरु गोविंदसिंह, हितहरिवंश, नरसी मेहता, भक्त सेनानाई, हरिदास स्वामी, रैदास, पीपा, कमाल और कबीर की प्रतिकृतियाँ उल्लेख्य थीं। वासुदेवशरण अग्रवाल ने उस प्रदर्शनी का एक सव्याख्या वर्णन *नया समाज* में प्रकाशित किया है।

वीरेंद्र नारायण ने बांग्ला उपन्यासकार स्व. शरच्चंद्र की जीवनी को नाटक-बद्ध किया है—उसका दूसरा अंक पिछले मास की *नयी धारा* में प्रकाशित हुआ। जीवनी-नाटक है इसलिए पठनीय है, परंतु उसमें नाट्य-तत्त्वों की अनुपस्थिति विरक्त करती है। चरित्र-चित्रण, घटनाक्रम कौतूहल, सभी फीका है। शरच्चंद्र का चरित्र-चित्रण और लाक्षणिक होता, अपने बारे में वह ज़रा कम बोलते, तो बहुत अच्छा रहता।

सम्मेलन पत्रिका का चैत्र शुक्ल प्रतिपदा, संवत् 2009 वाला अंक प्राप्त हुआ, जिसके मुखपृष्ठ पर संपादक रामनाथ 'सुमन' की कविता है—'युगों बाद तुम आज फिर याद आए'; इससे पत्रिका का 'रचनात्मक साहित्य देने का दावा' कदाचित् पूरा हो जाता है। भगवतशरण उपध्याय की एक रेडियो-वार्ता भी इसमें छपी है; विषय : 'अमेरिका में लेखक'। उपाध्याय को हम ठोस धरती पर चलनेवाला इतिहासविद् जानते थे; यह आकाशवाणी का प्रताप है या अमेरिका की 'वैज्ञानिक जादूगरी' का? कि समकालीन इतिहास का उन्होंने इतना छूँछा चित्र इतनी सफलता के साथ गोद डाला। अमेरिका के लेखक के विषय में जो जिज्ञासु हैं, वे इस लेख से बहुत आशा तो नहीं रख सकते; लेख यह अवश्य बताता है कि तत्त्व की बात यदि अपने पास कम पड़ जाए तो पूर्वग्रह और विद्रूप ही साथ देते हैं। इसी अंक में प्रकाशित कबीर; संतों की प्रेम-साधना, गुरु ग्रंथ साहब और महाकवि माघ पर लेख अनुसंधानात्मक तो नहीं साधारण परिचयात्मक ही हैं। एक लेखमाला 'वैदिक साहित्य पर आसुरी प्रभाव' शीर्षक से चल रही है, इसमें हमें आसुरी पर वैदिक साहित्य का प्रभाव ही अध्ययन का विषय जान पड़ता है। असल में दोनों के परस्पर प्रभाव की विवेचना होनी चाहिए थी : अनुसंधान में खोज का ही आग्रह मुख्य होना चाहिए था प्रचार का नहीं।

आजकल के संपादकीय का शीर्षक है : 'प्रयोग ईमानदारी चाहते हैं'। कभी किसी लेखक के और कभी किसी के उद्धरणों से 'संपादकीय' का तीन-चौथाई से अधिक स्थान घेर लेने के बाद संपादक खुद भी कुछ कहने का प्रयत्न करते हैं, और कहते हैं, "इस प्रश्न पर हमारा मत यह है कि साहित्य में नए प्रयोग महत्त्वपूर्ण हैं।" इस अभिमत से, जिसकी मौलिकता असंदिग्ध है, निश्चय ही आलोचना जगत् में क्रांति आ जाएगी।

(*प्रतीक* के नवंबर और दिसंबर 1951 के संपादकीय लेखों में साहित्यकार के अनुभव की ईमानदारी पर कुछ विचार प्रकट किए गए थे; कई जागरूक कलाकार स्वयं यह मानते होंगे कि अपनी अविभाजित बुद्धि से वास्तविकता को निरंतर आत्मसात् करते रहने का, अपनी अनुभूति को सुधारते रहने का प्रयत्न ही वह ईमानदारी है।)

कोई किसी पत्र से सहमत हो तो वह स्वस्थ सहयोगिता है; कोई किसी पत्र से कोई विचार ग्रहण कर ले तो वह भी स्वस्थ सहयोगिता है (सुर में सुर मिलाने की बात नहीं कर रहे हैं, उसमें तो सहयोगी की ओर से हमेशा यही डर रहता है कि वह बेसुरा हो जाएगा), *प्रतीक* अपनापे में विश्वास भी रखता है, परंतु जब कोई उसकी बात को अपना कहकर यों कहे कि 'हाँ, तो प्रयोग ईमानदारी चाहते हैं' तो यही कहना पड़ता है 'हाँ, और संपादकीय भी।'

बड़े अचरज की बात है कि कहीं अच्छी कविताएँ नहीं दिखाई दीं। *प्रतीक* में कुछ सन्थाली गीतों के अनुवाद छपे हैं—वे बड़े तृप्तिकर हैं : अनुवाद ठाकुरप्रसाद सिंह ने किए हैं।

यहाँ हम मैथिलीशरण गुप्त के एक रोचक प्रचारात्मक पद्य का उल्लेख करना चाहते हैं जो 'अहिंसक नव रचना के मासिक' *जीवन साहित्य* में प्रकाशित है। पद्य में विनोबा भावे के भूदान यज्ञ का प्रचार किया गया है, और दाताओं को समझाया गया है कि :

> माँगते हैं मान्य तुमसे प्रेम करके,
> बैर करके अन्य लेने को लड़ेगा।
> और दान देने का तर्क है!
> बहुत संग्रह हो चुका कुछ त्याग भी हो,
> नाम में तो चार चाँद वही (त्याग) जड़ेगा।

अदिति की सैंतीसवीं कला में, कवि और गायक दिलीपकुमार राय के तीन श्रुतगीत छपे हैं। तीनों भजन हैं। दिलीपकुमार राय अंग्रेज़ी और बांग्ला के कवि हैं परंतु मूलतः वे एक सिद्धकंठ भजनीक हैं—उनके

स्वर में भक्ति का गंभीर निवेदन है—और ये श्रुतगीत पढ़ते समय पाठक उनके संगीत को कल्पना में सुनने भी लगता है। (इससे गीतों के 'श्रुत' होने से कोई संबंध नहीं है। 'श्रुत' = कवि के अंतर में सुना हुआ।) काव्य की दृष्टि से इन गीतों में शिल्पचेष्टा लगभग नहीं है : इसका कारण हमें यह लगता है कि कवि को एक तो विशेष कुछ कहना नहीं है—दूसरे हिंदी के इन गीतों को उसने 'अंतर-अनुभूति' में सुनकर प्राप्त किया है (*अदिति*-संपादक की टिप्पणी)। 'अंतर-अनुभूति' में सुने हुए गीतों की भाषा और उपकरण इससे और सुघर क्या होंगे? जबकि भाषा और उपकरण दोनों अंतर की अपेक्षा बाह्य हैं और अध्ययन और पर्यवेक्षण पर आश्रित हैं :

चंदा समझ तारे मुझे,
आँखों में आँसू बन रुके,
पलकों पे आके बह गए,
कुछ सुन गए कुछ कह गए,
सखी प्राण भी संग आ गए,
उस प्रेम में मैं खो गई;
पी पा पिया की हो गई।

हमें खेद है कि हैदराबाद से प्रकाशित होनेवाली *कल्पना* हम पिछले मास देख नहीं पाए। लखनऊ से भगवतीचरण वर्मा एक पत्रिका निकालने जा रहे थे, उसकी अभी तक प्रतीक्षा है।

[*प्रतीक*, 1952]

राजेन्द्र यादव की नई आस्था

पिछले महीने की *कल्पना* में जिन पाठकों ने राजेन्द्र यादव की कहानी 'अंधा शिल्पी और आँखों वाली राजकुमारी' पढ़ी होगी वे हमसे सहमत होंगे कि वह सचमुच नई आस्थावान कहानी की एक अच्छी मिसाल है। सौंदर्य और उसकी जीवित परंपरा में वह फिर से विश्वास स्थापित करती है और प्रसंगवश कहानी शिल्प की सीमाएँ भी परिवर्तित कर जाती है : उसमें कथा आंतरिक विचारोत्कर्ष की है पर कुछ वर्ष पहले तक की लोकप्रिय मनोवैज्ञानिक शैली में नहीं, एक अपेक्षया अधिक बहिर्मुखी कथोपकथन में लिखी गई है।

पिछले मास की पत्रिकाओं में कुछ और भी तृप्तिकर कहानियाँ पढ़ने को मिलीं। मराठी के आधुनिक लेखक गंगाधर गाडगील की एक कहानी *राष्ट्रवाणी* में छपी है : 'बिना चेहरे की एक शाम'। लेखक की हास्यकथाएँ और किंचित् कविताएँ हिंदी के पाठकों से अज्ञात नहीं हैं परंतु यह उनकी एक अपूर्व कृति है। हास्य इसमें नहीं है, व्यंग्य है, परंतु प्रच्छन्न और मानवीय करुणा से शोधित है। शैली गाडगील की वही पैनी और फ़ुर्तीली शैली—बल्कि इस कहानी में गतिशील वातावरण वैसी शैली को और भी संगति दे देता है। सड़क पर चलते-चलते जैसे कोई एक क्षण ठिठक जाए, वैसे ही लेखक ने आज की सभ्यता के मानव शून्य तत्त्व को सहसा आत्मसात् करके उसे तुरंत व्यक्त कर दिया है। इसमें कहानी उस अनुभव की ही है—घटनाक्रम की नहीं—तथापि जो 'कहानी है या स्केच' की बहस में पड़ना चाहते हैं वे निश्चय ही पढ़ें, वह भी रोचक ही होगी।

इधर कुछ दिनों से हिंदी में अन्य देशी भाषाओं की (इन्हें नौकरशाही की नक़ल पर 'प्रादेशिक

भाषाएँ' क्यों कहा जाए? क्या सरकारी घोषणापत्र में हिंदी के सार्वदेशिक होने का अधिकार हम जताने लगेंगे?) रचनाएँ बहुत काफ़ी छपती रही हैं—कहानियाँ ख़ास तौर से। पाठकों ने यह पसंद भी किया है, इसका एक प्रमाण यही हो सकता है कि *कहानी* जैसी बहुप्रचारित पत्रिका के मई अंक में छह कहानियाँ हिंदीतर भाषाओं की हैं—यह और बात है कि बाक़ी पाँच हिंदी की भी लगभग वैसे ही मँझोले स्तर की हों।

बांग्ला की एक मार्मिक कहानी : 'टी.वी. की कार्बन कापी'—लेखक हैं हरिनारायण चट्टोपाध्याय, अनुवादक : परमेश—मई के *ज्ञानोदय* में प्रकाशित हुई है। कथावस्तु अत्यंत सीधी है—यहाँ तक कि यदि कथानक इतना प्रकृत न होता तो यही कथा वृथाभावुक भी हो जा सकती थी। पर उसमें एक सहज संवेदना है—जो शायद किसी भी कलाकृति को सार्थक करने के लिए काफ़ी है—और वह मन में सहानुभूति भरती है, आस्था छोड़ जाती है। बांग्ला की एक और कहानी 'बेटी' जो *युगचेतना* में छपी है, सुनील जाना ने लिखी है। बंगाली ग्राम का सच्चा प्रतिबिंब इसमें देखा जाता है पर यह विशेषता सुरक्षित रखते हुए भी शायद अनुवाद और सुघर हो सकता था। जो हो, वह स्वस्थ मानवीय दृढ़ता की कहानी है और पान्ती जो कुछ करती है उससे लेखक की गाढ़ी आत्मीयता है।

युगचेतना में ही एक बिलकुल भिन्न प्रकार की कविता आई है : कृष्णनारायण कक्कड़ की यह कविता शब्द और शिल्प से ख़ासी गद्यात्मक लगती है पर निश्चित रूप से उसके पीछे एक प्रौढ़ आत्मानुभूति है—संभवतः यह कविता आज की रचनात्मक प्रतिभा की एक विशेषता का प्रतिनिधित्व करती है—जिसमें अनुभूति है भी तो या तो शिल्प से परे है या उस तक पहुँचती ही नहीं। तथापि—

मेरी आवाज़ तुम तक पहुँचती होगी
क्योंकि वह मुझ तक लौट आती है
बीते हुए क्षण उत्तेजित हैं
पुनरावृत्ति ही मन की अवस्था है
जी गई स्थितियों में सीमित है
संचित विश्वासों में आस्था है

इसमें एक आधुनिक मानस की स्पष्ट झलक है और वह स्वस्थ है, कुंठित नहीं—

पीड़ा में जीने की शक्ति है
संभावना में अपरिमित मुक्ति है

लेख पिछले महीने काफ़ी विविध और विचारोत्तेजक नहीं तो रोचक अवश्य मिले। *राष्ट्रवाणी* में ग. त्र्यं. देशपाण्डेय का 'एक कुटनी का उपदेश' बहुत ही दिलचस्प गवेषणा है। मूल ग्रंथकार कश्मीर नरेश जयापीड़ के मंत्री दामोदर गुप्त (779-813 ईसवी) ने वाराणसी तीर्थ की मालती वेश्या को एक कुट्टनी से सफल वेश्याजीवन का उपदेश दिलाया है, दामोदर गुप्त की इस कृति की समीक्षा करते हुए विद्वान निबंध लेखक भारतीय विद्वान सुलभ, तुलनात्मक विस्तार में चले गए हैं तो भी ऊबने का कारण नहीं है, क्योंकि उपदेश और उसकी शैली में छिपा प्रयोजन अत्यंत मनोरंजक है :

"दामोदर गुप्त स्वयं कहता है : इस काव्य का जो पाठ करेगा, काव्यार्थ को भलीभाँति समझेगा वह वेश्यादिकों के जाल में नहीं फँसेगा। सारांश, कवि के मतानुसार उसका काव्य व्यंग्यात्मक है। व्यंग्य भी ऐसा कि वह सुस्पष्ट एवम् खुला उपहास नहीं। इसी कारण किसी प्रकार की तिक्तता अनुभव नहीं होती जो संभवतः समकालीनों को हुई हो, आज के परिवर्तित संदर्भ में संपूर्ण काव्यमात्र विनोदपूर्ण कलाकृति रह जाती है।"

ज्ञानोदय में डॉक्टर देवराज का 'हमारी संस्कृति : दावे और दायित्व' विचारोत्तेजक लेख है। प्राचीन

या पाश्चात्य? इस प्रश्न से आरंभ कर लेखक ने आज की ज़रूरत का संकेत किया है :

"हमारी बौद्धिक आत्मिक क्रियाशीलता का धरातल ऊँचा हो, हममें अधिक जिज्ञासा एवं बौद्धिक हलचल हो और हमारे सांस्कृतिक पैमाने उच्चतर से कठिनतर हों।"

इसी पत्रिका में 'हे बाबू सन्तावन आया' शीर्षक से अमृतलाल नागर ने इन जनरवों का निराकरण करते हुए कि 1957 में फिर कुछ ग़ज़ब होगा, 1857 के संबंध में कुछ निर्भीक विचार प्रकट किए हैं; जो सामान्य धारणाओं के स्वस्थ पुनस्संस्थापन में सहायक होंगे।

"इस प्रकार सन् सन्तावन में भारत पर अंग्रेज़ों की पूर्ण विजय को मैं सब दृष्टियों से सामंती सभ्यता पर गणतांत्रिक सभ्यता की और धार्मिक रूढ़ियों वाले पुराने युग पर नए वैज्ञानिक युग की विजय के रूप में देखना उचित समझता हूँ। इस अंग्रेज़ी शासन प्रणाली द्वारा भारत का धन तो बाहर को खिंचने लगा मगर एक नई जनशक्ति भी ऊपर उठ आई। यह अंग्रेज़ी पढ़े-लिखे बाबू की थी जो अंग्रेज़ी भाषा द्वारा नई भौतिकतावादी पश्चिमी दुनिया का संपर्क पाकर देश को नया उत्साह दे रहा था।"

1857 से 1957 तक आकर लेखक आज की राष्ट्रीयता और नौकरशाही की दो बड़ी सच्ची समस्याओं को लेते हैं—

"इस (आर्थिक) ऊँच-नीच के भेदाभेद से त्रस्त भारत को सही दिशा-ज्ञान के लिए एक सामाजिक आंदोलन की उतनी ही ज़बरदस्त आवश्यकता है जितनी नहर-बाँध निर्माण करनेवाली समाजवादी पंचवर्षीय योजनाओं की। दोनों को साथ-साथ चलाए बिना न तो भारत का जनमन ही शांत रहेगा न उसकी प्रगति हो सकती है।"

द्वंद्वात्मक भौतिकवाद के ऐतिहासिक वैज्ञानिक मत द्वारा पोषित *नया पथ* के संपादकीय ने मूर्ख भारतीय जनता की ज्ञानवृद्धि के लिए लिखा है कि 100 वर्ष पहले भारतीय सिपाहियों ने ब्रिटिश साम्राज्य के विरुद्ध जो विद्रोह किया था उसकी चरम परिणति था 1946 का जहाज़ी विद्रोह (1942 का जनजागरण नहीं), उसी से विवश होकर ब्रिटेन को भारत को आज़ादी देनी पड़ी।

"फिर भी क्या भारतीय जनता की आकांक्षाएँ तृप्त हुईं? क्या कारण है कि 1957 शुरू होते ही देश में जन-जन के मन में यह आशा जागृत हो उठी कि अब फिर कोई नया परिवर्तन होनेवाला है?"

और परिवर्तन होकर रहा! केरल में कम्युनिस्ट सरकार बनी तथा 1857 से 1957 तक का भारतीय जनता का अभियान पूरा हुआ! यह विलक्षण ऐतिहासिकता आत्मप्रवंचना के अतिरिक्त और क्या है, पर शायद अभी कुछ और भी महत्त्वपूर्ण सामग्री देखने को मिलेगी : *नया पथ* ने ग़दर अंक प्रकाशित करने की घोषणा की है।

नया पथ के इसी अंक में प्रभाकर माचवे ने *सोवियत लिटरेचर* (10 : 1956) में प्रकाशित श्रीमती पैवस्काया के कालिदास संबंधी एक लेख पर अपनी स्पष्ट प्रतिक्रिया व्यक्त की है। यहाँ आलोच्य रूसी लेख से शकुंतला-दुष्यंत मिलन का वर्णन उद्धृत करना माचवेजी की बौद्धिक विकलता का कारण समझाने के लिए काफ़ी होगा।

"(आश्रम में पहुँचने पर एक सुंदर, तरुणी उससे मिलने आई) वह कण्व की पालित पुत्री थी। उससे दुष्यंत ने कहा : ओ सुंदरी, मेरी पत्नी बन जा! शकुंतला राजी हो गई पर एक शर्त उसने लगाई—मेरा लड़का सिंहासन का उत्तराधिकारी हो। राजा ने शकुंतला के प्रेम के वशीभूत होकर यह वचन दे दिया कि वह उसे बुलाएगा और चला गया।"

रूस में, दुष्यंत के प्रणय निवेदन का यह रूप निस्संदेह निश्छल भारतप्रेम से ही प्रचारित किया जा रहा है, पर श्री माचवे ने पैवस्काया की कुरुचिपूर्ण स्थूल स्थापनाओं का जो सशक्त उत्तर उस लेख में दिया है, आशा है उससे ऐसी भौंड़ी समाजवादी निष्कर्ष निकालने की प्रवृत्ति अन्यत्र भी कम होगी

जैसे उस रसज्ञा रूसी विदुषी ने निकाले हैं।

वीणा में श्री माखनलाल चतुर्वेदी और *राष्ट्रभारती* में श्री शिवपूजन सहायजी के प्रति दो प्रशस्ति लेख छपे हैं—दोनों ही नवयुवक लेखकों द्वारा गहरी श्रद्धा से लिखे गए हैं। दोनों महारथियों ने इस वृद्धावस्था तक निराडम्बर निस्पृह भाव से हिंदी की सेवा की है। अब उन्हें इस आयु में अपनी निष्काम साधना से विचलित करने की क्या आवश्यकता है? उनके अभी तक के महान कृतित्व का समीक्षात्मक अध्ययन करना उनके बुढ़ापे का वर्णन करने से अधिक सम्मानजनक न होगा?

माखनलाल चतुर्वेदी की दो कविताएँ एक *कल्पना* में और दूसरी *राष्ट्रवाणी* में प्रकाशित हुई हैं। उनकी स्वच्छ और शिव दृष्टि अब भी वैसी ही है—

उठो कारा बनाओ अब ग़रीबी की
रहो मत दूर अपनों के निकट आओ
बड़े गहरे लगे हैं घाव सदियों के
मसीहा! इनको ममता भर के सहलाओ

कन्नड़ प्रहसन के प्रपितामह कैलासम् (1885-1946) का मार्मिक जीवन परिचय केरल के हिंदी पाक्षिक *युगप्रभात* में प्रकाशित हुआ है। परिचय एक सर्वतोमुखी प्रतिभा का साक्षात्कार कराता है, जीवनप्रद है, सूचनात्मक तो है ही और प्रकारांतर से दक्षिण की सुंदर हिंदी का नमूना भी है।

गनीमत है कि *धर्मयुग* में भगवतीचरण वर्मा का धारावाहिक उपन्यास *अपने खिलौने* 14 किस्त के बाद अब समाप्त हो गया है। यदि इस बीच हिंदी फ़िल्मों का स्तर पहले से ऊँचा न हो तो उन्हें इसे ज़रूर फ़िल्माना चाहिए।

श्यामू सन्यासी ने छपाई के संबंध में एक बहुत उपयोगी लेख *प्रकाशन समाचार* के अप्रैल और मई के अंकों में लिखा है : ऐसी चीज़ की बहुत ज़रूरत थी—हिंदी की अनेक पुस्तकों और अधिकांश पत्रिकाओं को देखकर यही मालूम होता है। इस लेख का निश्चय ही कुछ ठोस फ़ायदा होगा पर सीखने की इच्छा से पढ़ा जाए तब। लेकिन उससे भी पहले छपाई का महत्त्व समझना होगा—और वह समझाने से नहीं हो सकता, कविता-कहानी की परख की तरह वह भी अंदर से ही आता है।

[साहित्यार्चन कालम में *ज्ञानोदय*, जून 1957]

साहित्यधारा

'कहानी' का कहानी विशेषांक

'साहित्यधारा' के प्रेमी पाठकों के सामने एक सफ़ाई देना ज़रूरी है—इस बार स्थानाभाव के कारण हम गत मास के साहित्य पर केवल कुछ स्फुट विचार ही उनके सामने प्रस्तुत कर पा रहे हैं।

सरस्वती की सम्पादकीय टिप्पणियों में एक साहित्यप्रेमी शिक्षित सज्जन का पत्र छपा है, जो गाँव में रहते हैं और वहाँ की समस्याओं को प्रत्यक्ष देखकर क्षुब्ध और विचलित हो उठे हैं। उनके दृष्टांत पढ़ने लायक हैं, आँखें खोलते हैं। लिखा है—

"आप कहेंगे कि तो फिर उन्हीं समस्याओं पर ही कुछ लिखिए। परंतु उसके लिए तो सिर से कफ़न बाँधकर बाहर निकलने की आवश्यकता है। किसी भी विषय पर एक बार लिखने से तो काम

नहीं चलेगा। बार-बार लिखूँ, निरंतर लिखूँ, चिल्लाऊँ, चीखूँ, लोगों की आँखों में उँगली डालूँ तब शायद कुछ काम बने। परंतु यह सब करे कौन? ··· हमें ऐसे व्यक्ति चाहिए जो मानसिक गुलामी से लोगों को मुक्त करने के लिए अपने को होम दें ··· सच बात तो यह है कि वर्तमान की यथार्थ स्थिति का मुकाबला करने का साहस हममें नहीं, इसलिए उससे भागकर अतीत के सुखस्वप्नों से अपना मन बहलाते हैं।"

सही है, और इतना और जानने योग्य है कि उक्त पत्र में दिए गए चरित्रहीनता और भ्रष्टाचार के अनुभव करने गाँव में ही जाना ज़रूरी नहीं है। *सुप्रभात* में प्रकाशित मोहन राकेश की कहानी 'परमात्मा का कुत्ता' इस संबंध में तुरंत याद आती है। एक क्षुब्ध और उत्पीड़ित व्यक्ति एक सरकारी दफ़्तर से अपना काम कराने के लिए किस तरह पेश आकर सफल होता है, यह उसका ऊपरी कथानक है : "यारो, बेहयाई हज़ार बरकत है," वह कहता है पर कहानीकार ने भीतर कहीं एक बहुत गहरी विडंबना को छूने का प्रयत्न किया है। यही इच्छा होती है कि उनकी पहुँच कुछ और गहरी होती—तब शायद शैली में वह अनावश्यक चुस्ती और कमाल न होता, जो उदाहरण के लिए कृष्णचन्द्र में अपनी पराकाष्ठा पर पहुँचा है : मोहन राकेश में कृष्णचन्दर की अपेक्षा गहरी जीवन-दृष्टि है, शायद उन्हें शैली के उस रंग की ज़रूरत नहीं।

अत्यंत आश्चर्य और कौतूहल भी होता है, हिंदी में संस्मरणों के बढ़ते हुए शौक को देखकर : क्या यह लक्षण किसी अतृप्त सामाजिक इच्छा का प्रमाण तो नहीं है? *नयी धारा* में रामवृक्ष बेनीपुरी बताते हैं कि किस तरह नेपाल में क्रांति उन्होंने कराई और कैसे वहाँ जाने पर उनसे मिलने के लिए हाथ बाँधे बड़े-बड़े लोग आए, कैसे वहाँ की आज की राजनैतिक गुत्थी वह ही सुलझा सकते हैं, अगर चाहें। हम मनाते हैं कि इस तरह के संस्मरण लिखने से उन्हें फुरसत न मिले ताकि नेपाल की गुत्थी कम से कम वह न सुलझा पाएँ—अपने मन की गुत्थी सुलझाना अब अपनी साधना के इस चरण में शायद संभव न होगा, नहीं तो वही ज़्यादा अच्छा होता। *विशाल भारत* में श्रीराम शर्मा बता रहे हैं कि टिहरी गढ़वाल रियासत में अपने बेलौस चरित्र से उन्होंने कैसे लगभग स्थानिक क्रांति करा दी। *सरस्वती* में एक क्रांतिकारी के धारावाहिक संस्मरण मैं कई महीनों से पढ़ रहा हूँ कि श्री मनमोहन गुप्त ने कैसे अंग्रेज़ अफ़सरों को डाँटा, जेलर से माफ़ी मँगवाई, जेल के बाहर कैसे उनका जयजयकार हुआ, कैसे उनकी प्रेरणा से मुखबिरों को सन्मति मिली, इत्यादि—सौभाग्य से यह आवृत्ति इस अंक में समाप्त-सी जान पड़ती है : पर डर है कि ऐसे कई संस्मरण प्रकट हो रहे हैं और उनके समाप्त होने की आशा इतनी सरल नहीं है। ज़रूर यह प्रवृत्ति विश्लेषणीय है—क्यों निर्लज्ज आत्मस्मरण का यह एक दौर आरंभ हो गया है? क्या किसी को कोई ऐसा अनुभव याद ही नहीं रह गया है जिसमें वह जीवन से प्रभावित हुआ रहा हो, न कि जीवन उससे?

पिछले महीने दो बहुत महत्त्वपूर्ण लेख पढ़े। वास्तव में उनका महत्त्व समकालीन विचार-जगत् के लिए बहुत बड़ा है—वे युगप्रवर्त्तक नहीं हैं, पर अपनी शक्ति भर जो कुछ करते हैं वह आज की अकारण खिंची हुई स्थिति को सहज स्तर पर लाने में योग देता है। *युगचेतना* में कृष्णनारायण कक्कड़ का 'संपादकीय आलोचक के दायित्व' (क्या प्रकाशचन्द्र गुप्त और रामविलास शर्मा इस सभ्य स्वर में किए गए संबोधन को सुन सकेंगे) एक साधारण मगर ज़रूरी चीज़, आलोचना-विशेष के तर्कसंगत होने की तरफ़, लोगों का ध्यान खींचता है : आज जबकि साधारण चीज़ों पर ज़ोर देने से ज़्यादा जल्दी नतीजा किसी की टोपी उछालने से मिल सकता है, *युगचेतना* का यह प्रयत्न निर्भीक भी है और संतुलित भी, और ये दोनों ही गुण तुष्टिकर हैं। 'हाथों में टूटी तलवारों की मूठ' शीर्षक से 'जलते प्रश्न' के अंतर्गत विजयदेवनारायण साही ने खीझ और झुँझलाहट के वर्तमान वातावरण का ऐतिहासिक विश्लेषण किया है : उनका लेख कातरता, और स्नायविक दुर्बलता के प्रति विद्रोह करता है, प्रसंगवश वह 'हिंदी राष्ट्र' की कुत्सित मनोवृत्ति का भी उतना ही तीव्र विरोध करता है। ये आगे ले जानेवाले विचार हैं,

पर वर्तमान परिस्थितियों में इनकी प्रतिक्रिया तटस्थ और तर्कसंगत होगी इस बारे में मन में खेदपूर्वक संदेह बना रहता है—हो, यही कामना करनी चाहिए क्योंकि उसी से बचकानेपन, झुँझलाहट और जल्दबाज़ी का वह वातावरण खुल सकता है जिसका तात्त्विक विरोध *राष्ट्रवाणी* के इस अगले अंक में समाप्य लेख में किया गया है।

बहुत-सी कहानियाँ! पिछला महीना कहानियों का महीना था। *कहानी* का विशेषांक और नवंबर का अंक—अपने नियमित मध्यम स्वर के साथ—और *सुप्रभात* का दीपावली अंक, इतना ही काफ़ी था। नामवर सिंह का नई कहानी के संबंध में लेख रोचक है यद्यपि *नई कहानी* के भीतर दृष्टि नहीं देता ··· उसके विभिन्न रूपों का वर्णन करके रह जाता है ··· शायद लेखक ने लेख को स्वयं इतने तक सीमित रखा है : पर यह लेख कहानी के विशेषांक की उचित भूमिका है ··· यह नोट करने की बात है कि हिंदी में दो नई लेखिकाएँ स्त्री-पुरुष के संबंध के प्रति सजग हों और उनकी कहानियों में स्त्री के चरित्र के स्वाभाविक मानवीय उन्मेषों की निर्भीक समझ हो। क्या हुआ यदि उनका शिल्प शिथिल है : वे मानसिक बंधनों के टूटने और साधारण से अधिक तीव्र स्तर पर टूटने की प्रतीक हैं। यह और भी महत्त्वपूर्ण इसलिए है कि मन्नू भंडारी और मालती परुलकर जीवन की उस विकृति से मूलतः दूर हैं जिसका यथार्थ के नाम पर उदाहरण के लिए इस्मत चुग़ताई पोषण करती हैं।

चूना-कंकड़-पत्थर-जाली-नगों से संबद्ध शब्दावली *नागरी प्रचारिणी पत्रिका* के अंक 2-3 में डॉ. अंबाप्रसाद सुमन ने संकलित की है। अत्यंत रोचक होने के अतिरिक्त यह एक व्यावहारिक जीवित कार्यपद्धति से परिचय भी कराती है—उसका अपना आनंद है। भारत सरकार जो पारिभाषिक शब्दावलियाँ तैयार कर रही है उसमें इस प्रकार के प्रचलित शब्दों से काफ़ी मदद मिल सकती है। इसी पत्रिका के अंक में प्राचीन काल की एक लोकप्रचलित विद्या—शरीर के लक्षणों से अथवा अन्य प्रकार के निमित्त या चिह्नों से किसी के लिए शुभाशुभ फल का कथन, 'अंगविज्जा'—का परिचय देनेवाले इसी नाम के एक प्राचीन जैन ग्रंथ का विशद परिचय है : लेखक वासुदेवशरण अग्रवाल। कितनी दैनन्दिन व्यवहार की वस्तुओं के तत्कालीन नाम इसमें दिए गए हैं और उनसे वर्तमान जीवन की व्यवहार्य वस्तुओं का मिलान करना मनोरंजक है। एक और इसी प्रकार का लेख 'प्राचीन भारत में मल्लयुद्ध के प्रदर्शन', नीलकण्ठ पुरुषोत्तम जोशी ने लिखा है : इन लेखों की विशेषता इन विषयों के अध्येताओं के लिए जो भी हो, साधारण जन के लिए ये रुचिकर हैं, और यह भी अनेक उबानेवाले लेखों या कहानियों के मध्य में संतोष की बात है।

[*कल्पना,* दिसंबर 1957]

सियारामशरण गुप्त की 'नारी'

कितना स्फूर्तिदायक है आज के विचलित अहं से पीड़ित समाज में एक आत्मविश्वासी निष्ठावान का सहज स्वर सुन पाना—सियारामशरण गुप्त ने अपने उपन्यास *नारी* के संबंध में *आजकल* के दिसंबर अंक में जो लेख लिखा है, एक बार फिर विश्वास दिलाता है कि कलाकार की रचनातीत निर्वैयक्तिकता आज भी एक आचरणगत मूल्य है, केवल एक किताबी शीर्षक नहीं। यद्यपि अपनी सहज विनम्रता से वह इसी बात को यों कहते हैं, "एक अवधि बीत जाने पर पिता मित्र बन सकता है तो लेखक भी पाठक बन सकता है" पर वह पूरी तरह इस तटस्थता का अर्थ समझते हैं और जिस अंतर्दृष्टि से जमना के चरित्र-विकास का विश्लेषण करते हैं, वह अनेक नामी आलोचकों के लिए स्पर्द्धा का

विषय हो सकती है। यही नहीं, अपने उपन्यास के आदि से लेकर अंत तक उसके विकास—सहानुभूति, चरम-प्रसंग—का भी एक-एक करके वह सम्यक् स्पष्टीकरण करते हैं और इस सिलसिले में मामूली शिल्प-चेष्टा की भी सार्थकता प्रकट कर देते हैं, निस्संदेह, यह गहरी दृष्टि के साथ-साथ सच्ची कलाकार-गत निस्पृहता का ही काम है। उपन्यास के आरंभ के बारे में लिखा है, "… यहाँ यह नारी गोबर से कच्चा घर लीपते हुए पहली बार सामने आती है। जमना नाम के साथ साँवलेपन का कुछ संस्कार मन में रह सकता है। लगता है, इसी से हलका-सा यह वर्णन है कि 'सोचते-सोचते उसका गौर मुख लज्जा से लाल हो गया।' इस प्रकार कृपणता के साथ धीमे-धीमे बताया गया है कि पात्री सुंदरी और युवती है। पाठक और श्रोता को अवसर है कि सूक्ष्म रेखाओं में अपनी रुचि के रंग स्वयं भर सकें। रचना का काम लेखक के साथ-साथ पाठक न करे तो रंग जमता नहीं।"

और सबसे महत्त्वपूर्ण तो यह है कि जिस चरित्र को लेखक ने जन्म दिया था उसमें उसे विश्वास इतना है कि लगभग अलौकिक हो गया है—

"इस समय मेरे सामने यही जमना है। पुत्र का हाथ पकड़कर अंधकार-भरे पथ में आगे को बढ़ी जा रही है। समय-विशेष की न होकर चिरंतन है। बीस बरसों का (रचना से अब तक का) यह कालकीट उसके रूप और यौवन को कुतरकर कहीं भी कुत्सित नहीं कर सका। मिट्टी की मूर्ति बनानेवाला उसमें से अपना कृतित्व लुप्त कर देता है और तब स्वयं नत होकर उसकी पूजा करता है। मैं भी इस नारी मूर्ति के लिए नमित हूँ। यह छोटा-सा नमस्कार, सहोदर बनकर एक ही मन में रहनेवाले मेरे लेखक और पाठक दोनों का है।"

उर्दू कहानी और उर्दू कविता पर दो लेख, *राष्ट्रभारती* और *राष्ट्रवाणी* में हंसराज रहबर और घनश्याम सेठी ने प्रकाशित किए हैं। रहबर का उपयोगिता पर कठिन आग्रह है और उनकी इस समीक्षा का निष्कर्ष यह है कि—

"लेकिन इसके बावजूद (बहुत तथा प्रसिद्ध कहानीकारों के) मैं इस बात से सहमत नहीं कि इस युग में उर्दू कहानी ने बहुत प्रगति की है और उसे किसी भी देश के उन्नत साहित्य के मुक़ाबिले में रखा जा सकता है। यह धारणा बिलकुल ग़लत है और उन लोगों की बनाई हुई है जो कहानी को उपयोगिता की नहीं सिर्फ़ कला की कसौटी पर परखने की बात कहते हैं—और यह बात पाकिस्तान में ही चल रही है, हिंदुस्तान में अब नहीं चलती। … प्रेमचंद ने फ्रायडवाद पढ़ा, परखा और फिर जनविरोधी विचारधारा कहकर अपनी 'पद्‌मा' कहानी में रद्द कर दिया।"

फिर भी इतिहास की तरफ़ रहबर की दृष्टि साफ़ है और उपयोगिता के समर्थक पिछले प्रगतिशीलों का वर्तमान वह यों वर्णित करते हैं :

"इस 'नया अदब' या प्रगतिवाद के आंदोलन ने जो अनेक नौजवान लेखक पैदा किए थे उनमें से अधिकांश या तो सरकारी पदों पर आसन जमाए बैठे हुए हैं, या फिर फ़िल्मों के लिए ऊलजलूल और रोमांसवादी कहानियाँ और गाने लिखकर अच्छे-अच्छे वेतन पा रहे हैं और मज़े उड़ा रहे हैं। जनता की उन्हें कोई चिंता नहीं। बहुतों ने लिखना छोड़ दिया है और बड़े आराम से उसी पुराने रूढ़िवादी और लूट-खसोट करनेवाले समाज का एक अंग बन गए हैं जिसके विरुद्ध कभी विद्रोह की पताका लहराई थी। उनका 'नया अदब' पुराना हो गया और उनके प्रगतिवाद का कोई नामलेवा तक बाक़ी न रहा।"

यही बात घनश्याम सेठी को उर्दू कविता के प्रसंग में भी कहनी है : परंतु दिलचस्प बात यह है कि प्रगतिवाद को असल में वह प्रयोग का नारा मानते हैं।

"जाफ़री नवीन प्रयोगों की आड़ में नज़्म के अर्थ और उसके रब्त दोनों को पीछे डाल देते हैं … और यह प्रयोग भी एक नारा बनकर रह गया है। सरदार जाफ़री और प्रगतिशील काव्य के अग्रगण्यों के अनेकानेक प्रयोग हैं जिनमें कोरी भावुकता और थोथी कल्पनाएँ अधिक हैं और वास्तविकता

और स्वाभाविकता कम है।"

तो भी, वह पुरानी बात हो गई और जैसा कि उपरोक्त दोनों समीक्षकों ने अलग-अलग कहा है, उर्दू साहित्य को भी अपने नए साहित्यिकों से बहुत आशाएँ हैं।

राष्ट्रवाणी के इस अंक में विजयदेवनारायण साही के लेख 'हाथों में टूटी तलवारों की मूठ' का अंतिमांश प्रकाशित होना था—वह नहीं दिखाई दिया।

दिसंबर की *युगचेतना* में कहानी आश्चर्यजनक रूप से ध्यान आकृष्ट करती है, निश्चय ही प्रभावित तो वह करती है : वह है 'मैडेलीन' जिसे मुद्राराक्षस ने लिखा है : इस कहानी की जान है इसका पूर्णतः सार्थक और अनिवार्य शिल्प—एक ऐसी चीज़ जो कहानी को कथ्य और रूप के अलग-अलग शीर्षकों में बाँटकर देखने की गुंजाइश नहीं छोड़ती।

'तीन चेहरे' (प्रभाकर द्विवेदी : *युगचेतना*) भी एक सुलिखित कहानी है और अपना प्रभाव कहीं ज़्यादा छोड़ जाती अगर अंत में लेखक ने एक व्यंजनात्मक अंत का लोभ त्याग दिया होता।

यहाँ कुछ कविताओं, लेखों और कहानियों की सूची दी जा रही है जिन्होंने अन्य विशिष्ट रचनाओं के अलावा, पढ़नेवालों का ध्यान आकृष्ट किया होगा।

लेख—भारतीय भाषाओं के सहअस्तित्व की समस्या : शिवदानसिंह चौहान : *कल्पना*। साहित्य के बदलते हुए मूल्य : नेमिचंद्र जैन : *आजकल*। साहित्य और स्वातंत्र्य-3 : देवेन्द्र इस्सर : *राष्ट्रवाणी*।

कहानी—धूल का घर : मार्कण्डेय : *ज्ञानोदय*। यही ज़िंदगी हक़ीक़त यही ज़िंदगी फ़साना : ओंकारनाथ श्रीवास्तव : *कल्पना*। सड़े-गले लोग : गंगाधर गाडगील : *राष्ट्रवाणी*।

कविता—पहाड़ी झील : कुँवर नारायण : *राष्ट्रवाणी*। ये संक्रामक आकृतियाँ : राजेन्द्रकिशोर : *ज्ञानोदय*।

व्यंग्य—एक आत्मश्लाघावादी दृष्टिकोण : केशवचन्द्र वर्मा : *कल्पना*। एक बात सौ रूप : शैलियों के शिल्पी : रमेश बक्षी : *ज्ञानोदय*।

व्यंग्य से याद आया कि *तुंगशृंग*, जो कि असंदिग्ध रूप से हिंदी की अकेली लगभग श्रेष्ठ व्यंग्य पत्रिका है, दिसंबर में नहीं दिखाई दी, क्यों? कुछ और पत्रिकाएँ भी यह पाठक नहीं देख सका, पर वह एकदम उसी का क़सूर है और उसे उनका साहित्य इस जायज़े में शामिल न कर पाने का खेद है।

[*कल्पना*, जनवरी 1958]

'नयी कविता' का संकुचित होता दायरा

"आज कवि को अपनी तात्कालिक प्रसिद्धि के लिए और शायद अपनी जीविका के लिएं भी यह देखना ज़रूरी हो गया है कि राजनीतिक-समालोचक दिग्गजों में से अधिकांश, जो कि रचनात्मक व्यक्ति नहीं हैं, अपनी क्या धारणाएँ बनाए हुए हैं और उन धारणाओं का उदाहरण उनकी कविताएँ दे सकेंगी या नहीं। ... कविता के आलोचक, कवि की रचना को पढ़ने और जाँचने से अधिक उन चीज़ों में दिलचस्पी ले रहे हैं जिन्हें वे प्रवृत्तियाँ कहते हैं। ... असली कवि न तो किसी व्यक्ति को किसी प्रकार की प्रवृत्ति का प्रतिरूप दिखाई देगा न स्वयं कोई प्रवृत्ति इसलिए ग्रहण करेगा कि खोखले लोगों का समर्थन उसे प्राप्त हो जाए।"

मुझे लगता है कि हम लोग भी लगभग इसी प्रकार की एक अवस्था से गुज़र रहे हैं जैसी पर अंग्रेज़ी कवि राय कैम्पबेल ने 1941 में उपरोक्त विचार प्रकट किए थे। सौभाग्य से यहाँ हालत इतनी

बुरी नहीं है, पर नई कविता और अब उपन्यास को भी लेकर जितनी प्रवृत्ति मूल्यान्वेषण और सैद्धांतिक शिलान्यास की बढ़ चली है उससे थोड़ी-सी आशंका होती है कि कहीं असली चीज़ें अनदेखी ही न रह जाएँ। और यह आशंका और भी वास्तविकता तब हो जाती है जब हम देखते हैं कि हमारा आज का साहित्य एक आन्दोलन की हैसियत से उठकर एक सार्थकता की हैसियत तक आने ही लगा है। कहीं ऐसे ही समय आन्दोलन के सही उपकरणों को न समझकर, कल्पित, और भले ही शुभकामना से आरोपित उपलब्धियों को ही हम असल उपलब्धियाँ मान न बैठें। अभी ही, नई कविता के कुछ जन्मदाताओं की रचनाओं से लिए गए कुछ प्रतीक और शब्द नवोदित कवियों तथा आलोचकों को भयंकर रूप से प्रिय हो चले हैं और यह देखकर कि उनमें कोई मौलिक अर्थात् वह जो कि अभिप्राय से संपृक्त है, अर्थ नहीं रह गया और वे रूढ़ और स्वीकृत फार्मूलों की तरह प्रयुक्त होने लगे हैं, निराशा होती है। 'क्षण' और 'दर्द' ऐसे ही दो शब्द हैं। जीवित क्षण का अनुभव जिस अभिव्यक्ति को जन्म देता है, उसका परिचय बिना पाए 'क्षण का दर्द' और 'क्षण में जीना' इत्यादि टुकड़े नए कवि प्रसन्न होकर प्रयोग कर रहे हैं। दूसरी ओर आलोचकों में, 'लघु-मानव' एक ऐसा ही शब्द है। दीखता है कि यह शब्द *युगचेतना* के जनवरी अंक में प्रकाशित नामवर सिंह के लेख में भी कुछ भ्रम का कारण हुआ है। नए साहित्य के मूल्यांकन की समस्याएँ उठाते हुए वह पहले एक मौलिक और महत्त्वपूर्ण चेतावनी देते हैं—व्यावहारिक समीक्षा की ज़रूरत है—और प्रचलित सैद्धांतिक स्थापनाओं पर संदेह प्रकट करते हैं : यहाँ तक तो ठीक है। पर जब वह छोटे आदमी को 'छोटे परिवेश' से समीकृत कर देते हैं तो वहाँ शंका होती है कि क्या यह ठीक है। आधुनिक साहित्य के प्रबल प्रमाण हैं कि प्रत्येक गंभीर और अकृत्रिम आधुनिक कलाकार उस विराट् दायित्व के प्रति जागरूक है जो जीवन की परंपरा ने आज उस पर डाला है। यह इसी विराट् परिवेश का बोध है जिससे वह प्रत्येक साधारण मानवीय घटना या मानवीय इकाई में जीवन को पूर्णतः प्रतिबिंबित देख पाता है। छोटा आदमी बराबर छोटा परिवेश नहीं है। छोटा आदमी आसान भी नहीं है, उसको कलात्मक सामग्री के रूप में उपयोग करना बहुत बड़ा काम है और प्रसंगवश बहुत बड़े विराट् को समझना है। नामवर सिंह के इसी लेख में आगे एक और विवादास्पद स्थल है जहाँ वह 'गहराई' की चर्चा करते हैं।

"आम तौर से इन कविताओं में जिसे 'गहराई' कहा जाता है वह अज्ञेय शब्दों में प्रबुद्ध व्यक्ति की ऐसी मनःस्थिति है जब वह आत्मरक्षा की मनोवैज्ञानिक क्रिया के कारण उसे और भी उलझाने लगता है और अपने को विश्वास दिलाना चाहता है कि वह विचार में गहरा पैठ रहा है जबकि वास्तव में विचार को भावों के सागर में डुबाता रहता है। इस तरह व्यक्ति अपने को अपनी ही आत्मीयता में डुबो लेता है और इसी को गहराई समझने लगता है।"

प्रश्न यह है कि गहराई और क्या है, यदि एक स्थिर, अनुद्विग्न आत्मीयता नहीं? किससे? यह एक अप्रासंगिक प्रश्न है। और यदि केवल यह आश्वस्त हो जाने से कि कलाकार बाह्य यथार्थ के प्रति आत्मीय है, गहराई का आश्वासन मिल सकता हो तो बाह्य यथार्थ ही काफ़ी होना चाहिए, साहित्य क्यों? असल चीज़ एक जीवित रागात्मकता है और वह कलाकार को कहाँ मिलती है इससे किसी को कोई मतलब नहीं। अगर है तो केवल कलाकार को है और उसके अपने विवेक को, जो कि फिर किसी 'बाह्य' से संचालित नहीं होता।

हिंदी गद्य साहित्य के पिछले 10 वर्ष का सिंहावलोकन करते हुए हिंदी समीक्षा की कमियों और कमज़ोरियों पर धर्मवीर भारती ने *कल्पना* में कुछ विचार प्रकट किए हैं। कुछ समय पूर्व लिखित *युगचेतना* के संपादकीय (कुँवर नारायण) से भी इस बहुत ज़रूरी सवाल पर अच्छी रोशनी पड़ती है और इनको पढ़ना सवाल को पूरी तरह समझने के लिए ज़रूरी है।

आज़ादी के बाद शायद पहली बार हिंदी साहित्यिक पत्र-जगत् देश की किसी सांस्कृतिक समस्या की ओर इतना सजग हुआ है जितना इस समय वह हिंदी राज्यभाषा के प्रश्न की ओर है। हो सकता

है कि यह केवल क्षुद्र आत्मरक्षा की प्रतिक्रिया न हो पर अभी तक इसके विपरीत प्रमाण कम ही मिले हैं। *राष्ट्रभारती, सरस्वती, वसुधा, नयी धारा, कल्पना* और *नया पथ* ने पिछले दो-एक महीनों में इस प्रश्न पर संपादकीय लिखे हैं और समस्या को व्यापक परिवेश में देखने का अगर कोई प्रमाण इन सबमें समान रूप से मिलता है तो वह अत्यंत क्षीण है। अधिकांश पत्रिकाओं ने एक स्फीत आश्चर्य प्रकट किया है जिसमें क्रोध अधिक है दुख कम, कि दक्षिणवाले हिंदीवालों को ग़लत समझ रहे हैं। *सरस्वती, राष्ट्रवाणी, नयी धारा,* यहाँ तक कि *वसुधा* के लिए भी हिंदी की समस्या मूलतः संविधान की रक्षा की समस्या ही है और 'एक' भारतीय राष्ट्र की दुर्भावना से आच्छन्न है। *सरस्वती* को यह परेशानी है कि हिंदीवाले ग़लत न समझ लिए जाएँ और बहुत चुमकार-पुचकारकर संपादक ने उनको नेकनीयत साबित करने की कोशिश की है। पर वर्षों का मिथ्या दंभ और संकुचित वर्ण मनोवृत्ति एकाएक नहीं जा सकती। उनका यह कहना कि "अहिंदीभाषी मित्रों के कहने पर हिंदीभाषी विद्यार्थियों को अपनी मातृभाषा हिंदी के अतिरिक्त एक भारतीय भाषा पढ़नी चाहिए, हमारा सुझाव है कि वह अतिरिक्त भाषा संस्कृत हो", हिंदी जगत् के लिए एक अप्रीतिकर स्थिति उत्पन्न करता है। आज का जागरूक लेखक और साहित्यकार नहीं चाहेगा कि इस साफ़-साफ़ चालाकी से भरे हुए प्रस्ताव को सारे हिंदी जगत् का प्रतिनिधि विचार कहा जाए। इस मामले में कुछ पत्रिकाओं ने ज़्यादा समझदारी से काम लिया है। वे हिंदीभाषियों को भारत की अन्य भाषाएँ सीखने के लिए राय देती हैं। *कल्पना* यही रवैया अपने दिसंबर के संपादकीय में ले चुकी है।

वास्तव में दक्षिण और पूर्व में हिंदी का विरोध एक ऐसा सवाल है जो न तो संविधान की दुहाई देकर हल हो सकता है, न टालते रहकर, न हँसता हुआ चेहरा और खुली हुई बाँहें दिखाकर और न राजाजी को पागल घोषित कर। व्यावहारिक रूप से तात्कालिक कर्तव्य यही दिखाई देता है कि हिंदी में काम करनेवाले वे सब लोग जो देश की भाषाओं के प्रति एक वैज्ञानिक और विवेकपूर्ण दृष्टि रखते हैं, एक सम्मिलित घोषणा करें और अपने को उन देशद्रोही तत्त्वों से अलग स्थापित करें जिन्होंने हिंदी का झंडा गाड़ने की कोशिश में आज देश में यह स्थिति पैदा कर दी है। पर इस व्यावहारिक उपाय से भी ज़रूरी है आपस में वास्तविक आदान-प्रदान, अर्थात् जहाँ कुछ लेने या देने योग्य हो वहाँ, और भारतीय राष्ट्र की सब संस्कृतियों की समझ।

[*कल्पना*, फरवरी 1958]

भेंटवार्ताएँ

सन् साठ के बाद की हिंदी कविता

भेंटवार्ताकार : इब्बार रब्बी

इब्बार रब्बी : सन् साठ के बाद की पीढ़ी या सन् साठ के बाद की कविता क्या है? बीटनिक, भूखी पीढ़ी और अकविता के बारे में आप क्या सोचते हैं?

रघुवीर सहाय : सन् साठ का नाम एक मोड़ के तौर पर क्यों लिया जाता है? अगर यह ख़याल हो कि तब से साहित्य ने कोई नया मोड़ लिया है तो मैं बिलकुल सहमत नहीं हूँ। असलियत यह है कि उसका नाम लेनेवाले या तो जानते नहीं कि सन् 60 का क्या महत्त्व है या जानकर उससे कतराना चाहते हैं। सन् 60 या उसके एक-दो वर्ष इधर-उधर का काल-बिंदु हिंदी साहित्य के लिए नहीं बल्कि राज्यभाषा हिंदी के लिए एक निर्णायक काल-बिंदु था। लगभग उसी समय उस पीढ़ी ने जो आज़ादी के बाद सरकार से यह समझौता कर चुकी थी कि हम हिंदी का विकास तो सरकारी रुपए से करेंगे, परंतु उसका इस्तेमाल नहीं होने देंगे, उस पीढ़ी से समझौता कर लिया जिस पर उसके नैतिक पतन से उत्पन्न अभिशाप का सबसे बुरा असर पड़ा था। इस नई पीढ़ी के लोग हिंदी की सरकारी अप्रतिष्ठा से सीधे त्रस्त हुए थे लेकिन इनके सामने आसान रास्ता यही था कि पुरानी पीढ़ी से समझौता करके उनके पास जो भी हिंदी-सत्ता बच रही है, उसका लाभ उठाएँ। हिंदी की सरकारी अवमानना के कारण बहुत-सी अनुवाद-नौकरियाँ जो कि पहले संभव हो सकती थीं, अब असंभव हो गईं। साहित्य के क्षेत्र में बहुत बड़ी संख्या में लेखक-प्रकाशक का आविर्भाव बहुत कुछ इस वजह से भी हुआ। ऐसा मानने का एक और प्रमाण यह है कि आज़ादी के बाद से अब तक न तो पुरानी पीढ़ी में, न उल्लेखनीय तौर पर बीच की पीढ़ी में और न नई पीढ़ी में ऐसे साहित्यिक सामने आए, जिनका धंधा या जिनकी व्यावसायिक योग्यता हिंदी भाषा से अलग किसी क्षेत्र में हो। बीच की पीढ़ी में ज़रूर ऐसे कुछ लोग मिलते हैं, लेकिन कुल मिलाकर सभी पीढ़ियों के साहित्यिक होने की बहुत बड़ी वजह यही रही है कि हिंदी के नाम पर सबसे आसान धंधा साहित्य ही रहा है। इससे भी आसान एक धंधा था, अनुवाद का—जो पुरानी पीढ़ी ने पैदा किया था और सन् 60 के आसपास प्रायः ख़त्म हो गया। सन् 60 के बाद की पीढ़ी जैसी संज्ञा की सृष्टि करने के पीछे मूल कारण उस नैतिक अवमानना और पतन को एक अर्थवान जामा पहनाना है, जो पुरानी और नई दोनों पीढ़ियों ने (हिंदी राजभाषा को लेकर) सिया है। साहित्य में भी अर्थहीनता का नारा इसीलिए दिया जाता है कि स्वार्थ को ढाँकने का वह सबसे अच्छा रास्ता है।

बीटनिक, भूखी पीढ़ी और अकविता ये सब विरोध के स्थान पर विरोध की अर्थहीनता की दुहाई देनेवाले नाम हैं। एक पुराने खुर्राट सत्ता-सहधर्मी और एक उद्विग्न दीखनेवाले नवयुवक में इस मामले में कोई अंतर नहीं है कि दोनों ही राजनैतिक विरोध की सार्थकता को नहीं मानते। इन सभी नामों के अंतर्गत जो साहित्य प्रचारित किया जाता है, वह पलायन का साहित्य है—मनुष्य से सीधे साक्षात्-संस्पर्श से पलायन का। वह मानव नियति की एक पूर्वनिश्चित कल्पना में शरण लेने का साहित्य है, जो आधुनिक संवेदना के ठीक विपरीत पड़ता है।

इ.र. : अच्छी या बुरी कविता-कसौटी क्या है? आप किसे कविता मानते हैं?

र.स. : यह मुझे नहीं मालूम।

इ.र. : क्या यह मान लेना सही होगा कि 'नई कविता' चुकने लगी है। आपका 'नई कविता' से क्या संबंध है?

र.स. : यह प्रश्न मेरे लिए कोई अर्थ नहीं रखता, क्योंकि उसके चुकने का कोई लक्षण नहीं दीखता। बल्कि जैसा पहले प्रश्न के उत्तर में मैंने कहा, उसके उत्कर्ष की ही आशाएँ दिखाई देती हैं। यदि मतलब सन् 40 से सन् 66 तक की कविता के किसी अंश से है तो मैं उस परिभाषा से ही सहमत नहीं हूँ।

इ.र. : कुछ लोग कहते हैं कि अब कविता मर चुकी, वह कभी जीवित नहीं होगी। क्या आप यह स्वीकार करते हैं?

र.स. : कविता मर चुकी है कहना बिलकुल नारेबाज़ी है। यह नारा बहुत पुराना है और जितनी बार उठाया गया है उतनी ही बार कविता में नई जान पड़ी है। बल्कि कविता में नई जान आनेवाली है, यह कहा जा सकता है। ऐसे लक्षण भी दिखाई देते हैं।

इ.र. : हिंदी के आदि कवि सरहपा से लेकर आज के नए से नए कवियों में आपको कौन अच्छे लगते हैं?

र.स. : नाम गिना सकता हूँ और नाम भी जो याद आ जाएँ—कबीर, भारतेंदु, पूर्ण, निराला।

इ.र. : क्या आप स्वयं को सफल कवि मानते हैं?

र.स. : एक अर्थ में अपने को मैं सफल नहीं मानता। वह यह कि मैं अभी तक अपने साज-सामान पर इतना क़ाबू नहीं कर पाया कि जब चाहूँ तब उस स्थिति में पहुँच जाऊँ जिसमें अनुभव से असंपृक्त होकर रचना की जा सकती है। ऐसी स्थितियों के लिए कभी-कभी बड़ी तैयारी करनी पड़ती है। कभी-कभी उन्हें आई जानकर भी बाहरी मजबूरियों के कारण चले जाने देना पड़ता है। एक दूसरे अर्थ में शायद मैं अपने को सफल कह सकूँ। वह यह कि अभी तक कविता में मैंने जो कुछ भी किया है, उसकी एक परंपरा अपने अंदर अनुभव कर पाता हूँ और जो कुछ भी साज-सामान मिला है, वह आगे इस्तेमाल के लिए अच्छी हालत में मेरे पास मौजूद है।

इ.र. : हिंदी कविता का भविष्य आपको कैसा लगता है? दस वर्ष बाद की कविता की स्थिति पर आप इस समय क्या कह सकते हैं?

र.स. : अच्छा हिंदी साहित्य—अच्छा से मतलब अच्छे लगनेवाले से नहीं, बल्कि किसी क़दर स्थायी और जीवित साहित्य से है—हमेशा असहमति का साहित्य रहा है। मैं मानता हूँ कि नैतिक असहमति की शक्ति और स्वतंत्र विवेक दोनों ही कलाकार के लिए बहुत ज़रूरी हैं, लेकिन दोनों में एक बारीक संबंध है, जिसको आसानी से बिगाड़कर दूसरों को धोखा भी दिया जा सकता है। जो हो, हिंदी का एक लेखक आज़ादी के बाद से एक ओर जहाँ अत्यंत झूठे और घोर बेईमानी के नर्क में किलोल करता रहा है, वहाँ दूसरी ओर हिंदी का ही दूसरा लेखक सभी प्रकार के प्रतिमानों के पतन का विरोध भी करता रहा है। हिंदी कविता का भविष्य हिंदी क्षेत्र में उपलब्ध इन्हीं दोनों प्रवृत्तियों में से दूसरी के अधिक प्रबल होने पर निर्भर होगा। भविष्यवाणी नहीं की जा सकती, लेकिन अनुमान लगाया जा सकता है कि कुछ समय के लिए विवेकहीन अर्थहीनता का या इससे मिलते-जुलते फ़ैशनपरस्त विरोध का साहित्यिक सम्मान समाप्त होकर अकेले व्यक्ति का भीड़ के प्रति सच्चा विरोध आरंभ होगा और इसके साथ-साथ कविता में कोई नई दिशा निकलेगी।

इ.र. : क्या कविता की जगह अब कहानी ले रही है? क्या कहानी और कविता एक होती जा रही हैं?

र.स. : कविता और कहानी एक ज़रूर होते जा रहे हैं और यह कोई नई प्रवृत्ति भी नहीं है।

बहुत पहले से हम एक सवाल सुनते आ रहे थे जो कहानी पर बहस के समय पूछा जाता था—क्या यह रचना 'कहानी' मानी जा सकती है। मेरा ख़याल है मैंने यह सवाल तीस वर्ष पहले की पत्रिकाओं में पढ़ा था। अब कहानी और कविता के एक होने के संबंध में जिज्ञासा की जाती है। इससे ज़्यादा और कोई महत्त्व मेरी समझ में इस बात का नहीं है। कहानी एक सर्वव्यापी चीज़ है। उसका रूप कभी भी स्थिर नहीं रहा। आजकल यानी पिछले पंद्रह-बीस वर्ष से कहानी और कविता में नैकट्य का आधार विशेष रूप से भाषा की ज़मीन रही है। साहित्य की भाषा में जितनी अर्थवत्ता पिछले पंद्रह-बीस वर्ष में आई है, उतनी शायद इतनी फुर्ती से और कभी नहीं आई। कविता और कहानी के बीच की दीवार टूटने की यह एक ख़ास वजह है।

[*उत्कर्ष*, जनवरी-मार्च 1967]

लेखक के सामने

रघुवीर सहाय से अशोक वाजपेयी और मंगलेश डबराल की बातचीत

रघुवीर सहाय जब सितंबर 1976 में म.प्र. कला परिषद् के 'एकत्र' मंच में कवितापाठ के लिए आए थे उस वक़्त यह बातचीत हुई। उन्हीं दिनों यहाँ आयोजित एक 'कलाकार शिविर' के बीच एक शाम उन्होंने अपने तीनों संग्रहों से क़रीब पचास कविताएँ दो-ढाई सौ श्रोताओं को सुनाईं : पहले बच्चों पर, फिर स्त्रियों पर, फिर पिता पर, फिर राजनीति और विविध विषयों पर। तीनों संग्रहों की कविताएँ एक ख़ास तरह से संयोजित की गई थीं : सभी शीर्षक हटाकर और उन्हें अपने आपमें एक पूरे और समग्र काव्य-अनुभव में तब्दील करते हुए। रघुवीर सहाय उन दिनों कविता और आवाज़ को लेकर कुछ प्रयोगों पर भी सोच रहे थे और अलग-अलग ढंग की कविताओं में उनकी आवाज़ अलग-अलग ढंग से तेज़, मद्धिम, उभरती, टूटती, बिखरी, संकुचित, मीठी, मुलायम और ऊबड़-खाबड़ होती थी। आवाज़ का यह अभिनय नाटकीय बिलकुल नहीं था। वहाँ आवाज के 'दृश्य' थे या आवाज़ की पारदर्शियाँ थीं।

बातचीत के लिए कोई छब्बीस प्रश्न रघुवीर सहाय को पहले भेज दिए गए थे और उनके उत्तर बहुत हद तक उनके भीतर बन भी गए होंगे। लेकिन जब बातचीत हुई तो उनमें से कुछ ही प्रश्न उनसे किए जा सके। बातचीत के वक़्त ही बहुत-से नए प्रश्न आए। कुछ निर्धारित प्रश्नों को अति विस्तृत हो जाने की आशंका से रद्द भी किया गया। और इसके बावजूद कोई छह घंटे की बातचीत इतनी लंबी हो गई कि वह एक अच्छी-ख़ासी किताब बन सकती थी। उसमें रघुवीर सहाय का विशिष्ट 'शुद्ध' हास्य, उनकी तेज़ी और जागरूकता, सोचने का विवादास्पद ढंग, उनके निर्णय, असमंजस और विडंबना—वह सब हू-ब-हू होता। *पूर्वग्रह* के पृष्ठों में उसे प्रकाशित करने के लिए उसमें अनिवार्य काट-छाँट करनी पड़ी और उसे संपादित करके लगभग आधा करने का काम भी स्वयं कवि ने किया। प्रकाशित आलेख में पूर्वनिर्धारित प्रश्नों को शुरू में 'प्रश्न' लिखकर अलग किया गया है जिससे इंटरव्यू और बातचीत दोनों बातें बनी रहें।

हमारे समय और हमारी हिंदी के शायद बहुत कम कवि रघुवीर सहाय की तरह अपनी कविता और अपने सरोकारों को इतनी बड़ी दुनिया और इतनी ज़्यादा चीज़ों तक ले जा

सके हैं और फिर उन्हें एक अकेले काव्य-अनुभव में समेट सके हैं। इसे शायद अनुभवों की वैयक्तिकता और सार्वभौमिकता में किसी भी विरोध का लोप करते जाना कहा जाए। इस वजह से भी इस बातचीत में रघुवीर सहाय के पद्य और गद्य पर ही नहीं, उन ऐतिहासिक और समकालीन प्रश्नों पर भी बात हो पाई है जो रघुवीर सहाय को हमारे समय के सबसे सजग लेखकों के दर्जे में बिठाते हैं।

—पूर्वग्रह की संपादकीय टिप्पणी

प्रश्न : आपके तीन कविता-संग्रह, *सीढ़ियों पर धूप में*, *आत्महत्या के विरुद्ध* और *हँसो हँसो जल्दी हँसो* अब तक छपे हैं, और हर बार उनका छपना एक साहित्यिक घटना रही है। हर कविता-संग्रह पिछले संग्रह से बहुत अलग तो है ही, साथ ही एक से दूसरे तक की यात्रा को देखने से ऐसा भी लगता है कि नए संग्रह की कविताओं के अनेक सूत्र, बल्कि उनके जन्म पिछले संग्रहों में छिपे थे। अपने इस रचनात्मक विकास के बारे में कुछ बताएँ।

रघुवीर सहाय : मैं भी मानता हूँ कि नए संग्रह की कविताओं के अनेक सूत्र पिछले संग्रह में छिपे रहे होंगे। पर यात्रा शब्द में लगता है कि हम जानते हैं कि कहाँ जाना है, जबकि अगर कवि की कोई यात्रा हो सकती है तो वह अवश्य ही किसी ऐसी जगह जाने के लिए होगी जिसको वह जानता नहीं। बल्कि जाना ही जानता है। बहुत-सी ऐसी चीज़ें हैं जो कि एक दौर में कवि को मिलती हैं और वह उनको अपने पास रख लेता है और किसी दूसरे दौर में, जो कि बहुत बाद में भी, कई दौरों के बाद भी आ सकता है, वह फिर उन रास्तों को पकड़ता है। कुछ चीज़ें ऐसी हो सकती हैं जो कि लगातार उसके साथ रहती हों, पर वे चीज़ें फिर बहुत ज़्यादा साफ़ दिखाई देनेवाली नहीं होंगी, कुछ अधिक सूक्ष्म होंगी, वास्तव में वे यात्रा की दूरी की द्योतक नहीं होंगी, बल्कि उसका संबल होंगी। वे भी, हो सकता है कि कुछ कविताओं में दिखें। लेकिन जो चीज़ें पहले संग्रह की कविताओं में ज़्यादा दिखी हैं वे दूसरे संग्रह की सब कविताओं में नहीं ही दिखी होंगी। और जो चीज़ें दूसरे संग्रह में दिखी हैं वे तीसरे संग्रह की कविताओं में नहीं दिखेंगी। लेकिन यह हो सकता है कि पहले संग्रह की कुछ चीज़ें तीसरे संग्रह की कविताओं में दिखी हों। (देखिए *हँसो हँसो जल्दी हँसो* का आवरण लेख।)

अगर कोई आदमी अपने विकास के बारे में सचमुच जान सकता हो और वह बहुत अधिक जान ले तो उसे विकास करने की ज़रूरत नहीं है। इतना तो मैं नहीं जानता, न जानना चाहता हूँ। वैसे भी प्रत्येक रचना के बारे में मैं यह मानता हूँ कि एक बार जो रचना जिस तरह से हो जाती है उस तरह से दूसरी रचना हो ही नहीं सकती। समानताएँ मिल सकती हैं। यह भी हो सकता है कि एक साथ कई कविताएँ लिखी गई हों : एक के बाद एक, थोड़े-थोड़े अंतराल या कभी-कभी लंबे अंतरालों के बाद भी, और वे सब देखने में एक-सी दिखती हों। अगर कभी ऐसा हो तो भी इसे ठीक-ठीक और बड़ी आसानी से न तो ठहराव कहकर बयान किया जा सकता है और न उपलब्धि कहकर, क्योंकि किस दौर में हम अपने भीतर क्या कर रहे होते हैं यह महत्त्वपूर्ण है; उस दौर की लंबाई-छोटाई महत्त्वपूर्ण नहीं है। अकसर यह होता है कि एक दौर केवल एक दिन या एक घंटे का होता है। यह भी हो सकता है कि वह एक साल का हो, दो साल का हो। इसके मानी यह नहीं हैं कि मैं लगातार दो साल तक बियाबानों में एक कविता के लिए शब्द ढूँढ़ता भटकता फिर रहा था। इसका मतलब केवल यह है कि दो साल के भीतर ऐसे क्षण, जबकि मैं फिर उस कलात्मक अनुभव के क्षण को प्राप्त कर सका जो कि मैंने एक बार प्राप्त किया था लेकिन पूरा नहीं प्राप्त किया था, बार-बार आए हैं और उनके बीच में बहुत लंबे अंतराल आए हैं जब मैं पता नहीं और क्या-क्या कुछ कर रहा था, कविता बिलकुल ही नहीं लिख रहा था। किसी भी तरह से मैं यह मानने को तैयार नहीं हूँ कि एक आदमी दूसरे से ज़्यादा रचनात्मक होता है और यह भी कि जो आदमी रचनात्मक होता है वह हर समय रचनात्मक

होता है। असल में वह अपनी रचनात्मकता के बारे में केवल औरों से अधिक सचेत है। इसलिए जब एक कलात्मक अनुभव के क्षण को वह पकड़ता है और पूरा नहीं पकड़ पाता तो उस विशिष्ट क्षण के बाद औरों की ही तरह हो जाने में कवि की अप्रतिष्ठा नहीं है।

अशोक वाजपेयी : आपने अभी कहा कि आप यह नहीं मानते कि एक आदमी दूसरे से ज़्यादा सचेत है। आप सिर्फ़ यह मानते हैं कि जो लिखता है वह दूसरे से ज़्यादा सचेत है। इसको थोड़ा आगे बढ़ाएँ तो जो व्यक्ति कविता लिखना तय करता है, यानी भाषा के एक ख़ास माध्यम का उपयोग करने का निर्णय कर लेता है वह ऐसा सिर्फ़ इसलिए करता है कि वह दूसरों से अधिक सचेत है?

र.स. : अगर आपका मतलब यह हो कि सचेत होने के कारण वह यह जान सकता है कि उसको लिखना है तो आप सही कह रहे हैं। आप सचेत नहीं होंगे तो यह निर्णय आप नहीं करेंगे। और सचेत होने मात्र से ही आप वह निर्णय कर लेंगे, यह भी नहीं कहा जा सकता है। शायद सचेत होने के अलावा, कम से कम कुछ समय के बाद, यह भी निर्णय करना होगा कि क्या सचमुच मैंने अपना माध्यम—जीवन की अभिव्यक्ति का माध्यम पा लिया है? और अगर वह माध्यम भाषा ही है तब हम पाएँगे कि निर्णय वास्तव में हुआ। उसके पहले तो केवल सचेत होने के कारण वह भाषा के साथ बहुत से प्रयोग करके देख सकता है। खुद अपने लिए अंतिम निर्णय क्या होगा, यह जानने की कोशिश में वह भाषा को ही काफ़ी लंबे समय तक अपनी अभिव्यक्ति का माध्यम बनाकर चल सकता है। अंत में एक जगह यह पा सकता है कि यह ग़लत था या बेकार था। या यह कि अब वह उतना सचेत नहीं रहा।

अ.वा. : नहीं, मेरी जिज्ञासा इस बारे में भी थी कि जब आप एक माध्यम चुनते हैं—जैसे भाषा या कविता—तो इस माध्यम की अपनी ज़रूरतें, अपनी एक परंपरा, अपनी एक अंतर्निहित मूल्य-दृष्टि, अनुभव-संपदा भी है। यानी आप वह सब भी, चाहें तो जान-बूझकर, ज़्यादातर शायद अनजाने चुनते हैं और उसके प्रति आप कितने सचेत हैं या नहीं हैं, यह बात भी कहीं न कहीं इस बात को तय करेगी कि आप उसके साथ क्या करनेवाले हैं और फिर उसके साथ जो आपका संबंध है उसमें अपने साथ क्या करनेवाले हैं।

र.स. : हाँ, पर यह सचेतता तो एक दूसरे स्तर की या दूसरे प्रकार की सचेतता है। इसको आप विद्वत्ता या जागरूकता कह सकते हैं। लेकिन मैंने जब 'सचेत' शब्द का इस्तेमाल किया था तो मेरा मतलब यह था कि वह इस बात के प्रति सचेत है या नहीं है कि जो उसे अनुभव हुआ है वह अनुभव एक कलात्मक अनुभव है। कलात्मक अनुभव, यानी ऐसा अनुभव जिसको कि वह स्वयं उसी समय उसी दौरान अपने से अलग खड़े होकर देख पाता है। अगर यह वह कर लेता है तो उसकी अभिव्यक्ति किए बिना वह नहीं रह पाएगा। अभिव्यक्ति करने के लिए वह माध्यम ढूँढ़ेगा। उसके संस्कार, उसके अनुभवों का पिछला संसार, उसका वातावरण और उसको जीवन में मिलनेवाली सुविधाएँ—ये सब मिलकर के पहले अकस्मात् उसको कोई न कोई माध्यम जुटाएँगी। फिर उस माध्यम को वह इस्तेमाल करेगा, जाँचेगा, देखेगा। हो सकता है कि थोड़े समय बाद वह पाए कि इस माध्यम का—और अब यहाँ पर उस सचेतता का काम शुरू होगा जिसका आपने ज़िक्र किया—पूरी दुनिया के साथ परिस्थितियों के वश या अपने प्रयत्नवश या दोनों के कारण क्या मेल बनता है। मान लीजिए कि मैं चित्र या वर्णों का इस्तेमाल शुरू करता तो हो सकता है कि मैं वर्णों की जो भारतीय परंपरा है या कि जो भी हमको लोक शैली में आसपास मिलती है, उसके पूरे संसार के साथ अपने आपको पूरी तरह से नहीं जुड़ा हुआ पाता या उसमें से बहुत समृद्धि हासिल नहीं कर पाता तब हो सकता था कि मैं इस माध्यम को छोड़ ही देता। लेकिन जब भाषा का माध्यम अकस्मात् पाया तो फिर यह भी साथ-साथ पाने लगा—मैं इसको संयोग ही कहूँगा—कि भाषा के इस्तेमाल के जो संस्कार और परंपराएँ हैं, उनके साथ मेरा रिश्ता ज़्यादा अच्छी तरह बन सकता है। यह बहुत हद तक मेरे वश में नहीं था। किसी भी कलाकार के

नहीं होता। एक हद के बाद तो आप उसको बनाना शुरू करते हैं, खोजना शुरू करते हैं, पढ़ना, लिखना, जानना, सुनना, सोचना शुरू करते हैं—लेकिन एक तो बिंदु ऐसा होता ही है जहाँ पर कि आपके जीवन में उसके पहले जो कुछ हो चुका है वही निर्णय करने में बड़ी भूमिका अदा करता है।

जिस तरह की सचेतता का आपने ज़िक्र किया, वह आती है—मैं उसे जागरूकता या जानकारी या ग्रहण करने की शक्ति कहूँगा—और वह प्रयत्न करने से भी आती है, लेकिन यह प्रयत्न करने के पहले यह आवश्यक है कि कलाकार यह देख चुका हो कि इस माध्यम का संसार उसके साथ, उसके अनुकूल है।

अ.वा. : ऐसे कवि कम हैं जो अपने माध्यम के साथ अपने संबंध के बारे में उतने संवेदनशील हों, जितने मसलन प्रायः आप लगते हैं। माध्यम का सक्षम उपयोग—यह एक बात हुई; लेकिन माध्यम के साथ व्यक्ति का एक संबंध है, उसी तरह से जैसे व्यक्ति का उस अनुभव से कोई संबंध है। और संबंध जो माध्यम के साथ व्यक्ति का है वह भी अपने आपमें उत्तेजक और ऐसा एक संबंध है जिससे आदमी की दुनिया के बारे में दिलचस्प खोज की जा सकती है। क्या यह बात कभी आपके रचनात्मक दिमाग़ में रही है कि माध्यम के साथ व्यक्ति का जो संबंध है वह भी कविता की बुनियादी खोज का एक अंग है? जैसे भाषा या कविता या कि माध्यम, आप कविता लिखें या न लिखें, इसके बावजूद वह दुनिया में है।

र.स. : नहीं है, मेरे लिए नहीं है। अगर मैं कवि हूँ तो मेरे लिए सिर्फ़ वह तब है जब मैं कवि हूँ या कविता लिख रहा हूँ। उस समय, जिस रूप में यह बाक़ी जीवन में है उसमें मेरे लिए क्यों है, सबके लिए है। अगर सबके लिए वह उस रूप में है तो भी मैं उससे चिंतित नहीं हूँ। मैं उससे तब चिंतित हो सकता हूँ जब जिस रूप में वह है, या जिन रूपों में वह है—क्योंकि भाषा कभी भी एक रूप में नहीं होती—उनमें से किसी एक या दो रूप को मैं अपने व्यवहार में लाता होऊँ। तब मैं ज़रूर उस समय के लिए और उस व्यवहार या प्रयोजन के लिए भाषा के उन रूपों के बारे में चिंतित होऊँगा। अगर आप कवि के रूप में पूछ रहे हैं तो मैं भाषा के अनेक रूपों के बारे में—जैसे कि वे हैं—उस अर्थ में संबद्ध या चिंतित अनुभव नहीं करता जिस अर्थ में कवि होने पर करता हूँ।

मंगलेश डबराल : आपने कहा कि हर व्यक्ति रचनात्मक होता है लेकिन एक कवि या कि वह जो कि अभिव्यक्ति करता है, अपनी रचनात्मकता के बारे में दूसरे के मुक़ाबले अधिक सचेत होता है। और हो सकता है कि वह अपने एकांत में जाकर कुछ रच आए और फिर समूह का हिस्सा हो जाए। लेकिन मान लीजिए कि कोई आदमी घर के किसी कोने को रचनाशील ढंग से सजाता है या एक अच्छी बात कहता है या अच्छी तरह किसी को देखता है तो वह भी रचनात्मक है?

र.स. : हाँ, क्यों नहीं।

मं.ड. : और सचेत भी वह हो सकता है?

र.स. : नहीं, सचेत नहीं है। सचेत से मेरा मतलब यहाँ केवल इस बात से है कि किसी अनुभव की वह कोटि भी मुझे प्राप्त है जहाँ पर कि मैं अनुभव के साथ-साथ उससे निस्संग हो सकता हूँ। रचनात्मक कलाकार के लिए—मैं रचनात्मक व्यक्ति नहीं कह रहा हूँ—यह एक प्राथमिक शर्त है कि वह अपने अनुभव से निस्संग हो सके और उसी समय हो सके जिस समय वह अनुभव कर रहा है। बहुत-सी कविताएँ और कहानियाँ उसी समय लिखी गई हैं जिस समय कि वह अनुभव हो रहा था। वे काग़ज़ पर न उतारी गई हों, लेकिन वे हुईं उसी समय और अगर बाद में हुई हैं तो भी उनका भ्रूण उसी समय बन चुका था।

मं.ड. : आपकी जो वह कविता है 'क्योंकि मेरा एक और जीवन है', उसमें भी एक तरह से ...

र.स. : हाँ, लेकिन वह बहुत कविता नहीं है (काफ़ी कुछ उसमें वक्तव्य है जो कि मैं स्वयं कविता

के लिए अच्छा नहीं मानता। ऐसी मेरी बहुत-सी कविताएँ हैं जिनको कि मैं अच्छी नहीं मानता)। आप अनुभव करते समय पाते हैं—और हर समय नहीं पाते, कभी-कभी पाते होंगे; हर समय पाते हों तो आप शायद छिन्न-छिन्न हो जाएँगे—कि इस अनुभव में मैं हूँ लेकिन मैं इससे अलग भी हूँ। और यही कारण होता है कि आप उसे अभिव्यक्त करना चाहते हैं। अगर ऐसी सचेतता का प्रमाण किसी को किसी समय मिले तो हो सकता है कि भाषा के अलावा भी उसके पास—कोई एकदम अमूर्त—माध्यम हो, एक ऐसा आध्यात्मिक माध्यम हो कि जिसके लिए न शब्द चाहिए न स्वरूप चाहिए। हो सकता है ऐसा हो, लेकिन फिर वह कलाकार नहीं होगा क्योंकि वह किसी प्रकार की नई सृष्टि नहीं कर रहा होगा। वह अपने ही भीतर के अपने किसी निर्वैयक्तिक अनुभव को दुबारा अपने भीतर सँजोकर रख लेगा। हो सकता है वह एक बेहतर इनसान बने, हो सकता है न भी बने, एक बेकार का इनसान भी बन जा सकता है, लेकिन वह कोटि हमारे विचारार्थ नहीं है। कोई आदमी किसी के प्रति केवल एक अच्छा व्यवहार करे, तो वह रचनात्मकता एक कलाकार की रचनात्मकता से भिन्न रचनात्मकता है। और अगर आप यह सोच रहे हों कि मैं यह कहना चाहता हूँ कि अच्छा व्यक्ति होना भी रचनात्मक होना है, तो मैं यह नहीं कह रहा हूँ। मैं यह कह रहा हूँ कि जिस समय आप किसी तरह के भी मानव-संबंध को अपनी तरफ़ से बनाते हैं, तो उसमें आप रचनात्मक ही होते हैं। आप अच्छे आदमी बनें, इसके लिए पहले से प्रतिमान निश्चित करके अगर आप चलते हैं तो आप रचनात्मक आदमी मेरे ख़याल से तो नहीं ही होंगे, क्योंकि फिर तो आप एक बने-बनाए प्रतिमान के अनुसार कुछ कर रहे होंगे। जिस समय आप सहसा अपने अंदर पाते हैं कि यह आदमी मेरे लिए एक माने रखता है तो उस समय आप रचनात्मक होते हैं, लेकिन ज़रूरी नहीं है कि आप कलाकार हों।

अ.वा. : बहुत दिनों तक कविता के बारे में या कि आम तौर से कलाओं के बारे में एक धारणा रही थी कि वे बेहतर इनसान बनाने में मददगार होती हैं। जॉर्ज स्टाइनर ने जर्मनी का उदाहरण दिया है जहाँ हिटलर और उसके जनरल संगीत के और कलाओं के बहुत प्रेमी थे लेकिन उन्होंने, ज़ाहिर है, जो किया वह बहुत मानव-विरोधी था। यूरोप में इसको लेकर बहुत अधिक प्रश्न उठे कि बेहतर इनसान बनाने या कम से कम इनसान को बर्बर होने से बचाने की जो कलाओं की शक्ति थी वह शायद अतिरंजित करके हमने देखी थी। ··· फिर भी कविता बेहतर इनसान एक तो कवि को ही बना सकती है। संभवतः। यानी एक ऐसी पर्सनल इंटिग्रिटी दे सकती है जो उसे एक बेहतर इनसान बनाए। बने-बनाए साँचों-ढाँचों के हिसाब से नहीं, बल्कि खुद उन मूल्यों के हिसाब से जो वह अपने अनुभव से अर्जित करता है; एक दूसरी बात यह भी हो सकती है कि वह दूसरों को भी किसी हद तक इस तरह का इंटिग्रेशन अपने में लाने में मदद करे।

र.स. : यह असंभव तो नहीं है कि वह दूसरों को भी बनाए—और इसके मानी यह हुए कि मैं आपकी पहली बात को मान रहा हूँ कि आपने न कही होती तो मैं ही शायद कहता कि अगर बेहतर इनसान के कोई एक कम ग़ैर-किताबी, ग़ैर-पारिभाषिक मायने कर सकते हैं तो ज़रूर कविता, उस आदमी को जिसने उसे लिखा है, एक बेहतर इनसान बनाती है। और नहीं बनाती है तो वह कविता नहीं है। कविता क्या, कोई भी रचना नहीं है। हर रचना उसे हमेशा एक बेहतर व्यक्ति बनाती है जिसने उसको किया है। क्योंकि मैंने यह समझा है कि रचना के लिए क्रोध या हिंसा या प्रतिहिंसा, हो सकता है कि, बाधक न हो, लेकिन द्वेष, घृणा या अन्याय उसके साथ कोई मेल नहीं खाते। जिस व्यक्तित्व में रचना के क्षण में ये गुण या दुर्गुण मौजूद हों, उसके लिए मैं नहीं समझ पाता हूँ कि कोई भी रचना करना कैसे संभव है। रचना कम से कम उस व्यक्ति को जो उसे कर रहा है एक बेहतर इनसान ज़रूर बनाती है, क्योंकि पहले तो वह इन शर्तों का अनजाने पालन करता है कि उसके मन में द्वेष नहीं है। क्रोध हो सकता है, एक तरह की छटपटाहट हो सकती है, मजबूरी हो सकती है, लेकिन हताशा नहीं है और अन्याय भी नहीं है। दूसरे क़दम पर वह एक बेहतर इनसान इसीलिए बनता है कि हर

रचना अपने व्यक्तित्व को बिखरने से बचाने का प्रयत्न है।

अ.वा. : रचनाकार के लिए?

र.स. : हाँ, और पागल हो जाने से या फट जाने से या अपने आपको धोखा देने से बचाने का प्रयत्न भी है। हर रचना एक बार अपने ही ढंग से एक तरह का आत्मालोचन है, एक सिंहावलोकन है—और कई स्तरों पर है : चूँकि कई स्तरों पर है और एकसाथ होता है इसलिए वह माध्यम के स्तर पर भी होता है, जिस माध्यम को वह इस्तेमाल कर रहा है उसमें उसने क्या किया है यह भी हर कलाकार हर रचना के साथ उसी समय देखता है। दूसरों को वह बेहतर इनसान बनाती है या नहीं इसके बारे में हम लोग सिर्फ़ इतना ही मान लें कि जो इसके बारे में कोई फ़ैसला करते हैं, हमें उनके बारे में हमेशा यह शक रहेगा कि वे दूसरों को बेहतर इनसान किस स्वार्थ के कारण बना रहे हैं। उनकी दूसरों को बेहतर इनसान बनाने की कोशिश संदिग्ध है क्योंकि अगर वे बना सकते हैं तो खुद उनके पास ऐसा करने के लिए वे साधन होने चाहिए जिनमें कि वे समर्थ हैं। उन्हें कवि के पास इस काम के लिए नहीं आना चाहिए, और न उन्हें कला से इसकी आशा करनी चाहिए कि वह उनके लिए दूसरों को बेहतर इनसान बनाएगी। आपने जो नात्सी समाज का उदाहरण दिया तो मैं ठीक-ठीक नहीं कह पाऊँगा कि उन लोगों ने किस तरह से साहित्य का इस्तेमाल किया, लेकिन अपने यहाँ तो हम बराबर देखते रहे हैं कि एक वर्ग ऐसा रहा है जिसने कि साहित्य के द्वारा लोककल्याण, लोकमंगल ऐसे शब्दों को लेकर के क्रांति तक के शब्द का इस्तेमाल किया है और इस प्रकार संगठित होकर साहित्य के द्वारा आदमियों को अपने हिसाब से बदलने के लिए प्रयत्न किया है, बेहतर इनसान बनाने के लिए नहीं। बेहतर इनसान तो अगर सच्चे अर्थ में कोई हो सकता है तो वह उसी अर्थ में होगा या उस अर्थ के बहुत निकट होगा जिस अर्थ में हमने अभी-अभी कवि के लिए बेहतर इनसान बनने की कल्पना की है, अर्थात् संपृक्त होना और अपने कृतित्व के द्वारा संपृक्त होना। यह काम और लोग अपने-अपने कृतित्व से करेंगे—कविता पढ़कर नहीं कर सकते। कविता पढ़कर उनके संस्कार में जो कुछ भी आए, वह सहायक हो सकता है। इसीलिए मैंने कहा था कि इसको अनिर्णीत और अघोषित रखना ही कविता के लिए और उन लोगों के लिए जिन्हें बेहतर इनसान बनाने की ज़रूरत महसूस की जा रही है, अच्छा होगा।

अ.वा. : लेकिन आपके पहले वक्तव्य में एक बात यह थी कि वह व्यक्ति जो रचना करता है, रचनाकार हर समय नहीं है।

र.स. : वह व्यक्ति जो रचना करता है वह हर वक़्त रचना नहीं करता है। लेकिन वह हर वक़्त पलट करके किसी दूसरे ख़ाने में भी जाकर नहीं बैठ जाया करता है। व्यक्ति जो आज जो हो चुका और कल जो कुछ भी होगा, वह आज धन कल होगा। यह नहीं है कि आज मैंने कविता कर ली फिर मैं उस ख़ाने में चला गया। इस तरह का आत्मविश्वास अगर वह बार-बार करता रहे तो फिर रचना से उसके बेहतर इनसान बनने का मतलब ही क्या रहा?

अ.वा. : जिस इंटिग्रिटी का ज़िक्र पहले था उसके रहते यह नहीं हो सकता। मसलन अगर सच्चा कवि अन्यायी नहीं हो सकता है यानी न्याय का प्रतिकार नहीं करेगा, तो न केवल वह उन क्षणों में जब वह रचना-सक्रिय है ऐसा नहीं करेगा, बल्कि अपनी पूरी नागरिकता में भी नहीं करेगा।

र.स. : अगर उसको उन रचना-सक्रिय क्षणों के लिए कोई भी ममत्व है जो कि उसके जीवन में फिर कभी आएँगे, बार-बार आएँगे, तो नहीं करेगा। आप याद करेंगे, *आत्महत्या के विरुद्ध* की भूमिका में मैंने लिखा है कि या तो मैं रचना करता हूँ या जब नहीं कर पाता हूँ तो अपने को करने योग्य केवल बनाए रखता हूँ। अपने को उस अंतराल में रचना करने योग्य बनाए रखना जिसमें आपके वे रचना-सक्रिय क्षण नहीं हैं, उस व्यक्ति के लिए उतना ही अनिवार्य हो जाता है जितना कि किसी दूसरे आदमी को जीवन के उन सूत्रों या अभिव्यक्ति की उन प्रणालियों से कुछ भी करना अनिवार्य है जो

उसे मिली हैं। आपको यह देखना पड़ेगा कि आप हर क्षण, उस अंतराल में जबकि रचना-सक्रिय नहीं हैं, क्या कर रहे हैं, क्या सोच रहे हैं, कैसे व्यक्ति हैं और आपके मानव-संबंध किस कोटि के हैं। पुरानी एक मान्यता चली आ रही थी कि शायर में क़िस्म-क़िस्म के ऐब होने चाहिए तब जाके वह अच्छा शायर होगा। एक धुर पर यह और दूसरे धुर पर यह कि मैं कुछ भी करूँ, चूँकि मैं शायर हूँ, मैं फिर शायर हो जाऊँगा, ये दोनों ही बातें ग़लत हैं। समय-समय पर अपना मूल्यांकन करना मैं समझता हूँ कि बहुत सहज और ज़रूरी है पर इसकी कोई पाठ्य-पुस्तक तो है नहीं कि बताया जाए कि इस तरह से करिए। मैं सोचता हूँ कि सभी अच्छे कवि या रचनाकार यह आत्मालोचन करते होंगे, क्योंकि यह उनके अपने माध्यम और अपनी रचनाओं के पुनर्मूल्यांकन से बहुत भिन्न नहीं है। 'अब काम हमारे आती हैं ये अपनी पिछली कविताएँ।'—मैं यह पंक्ति याद दिलाना चाहता हूँ। *(सीढ़ियों पर धूप में)*

प्रश्न : शुरू के प्रश्न की द्वंद्वात्मकता आपके यहाँ दरअसल हर चीज़ में दीखती है। *हँसो हँसो जल्दी हँसो* की अकसर कविताएँ बिलकुल व्यक्तिगत और कभी-कभी घरेलू-सी हैं, गो कि वे सारी व्यापक अर्थ में राजनैतिक या वामपंथी कविताएँ हैं। कुछ समय पहले *पूर्वग्रह* में छपे अपने एक वक्तव्य में आपने जब यह कहा कि कविता जीवन में उसकी खोज है तो यह भी कहा कि कविता इस जीवन में शायद सबसे अधिक मर्त्य है, वह हुई नहीं कि मरी। 'अपनी ही रची हुई भाषा का जादू नष्ट करके' कविता को देर तक जादूहीन बनाए रखने से उपजी कविता की बात भी इसी टिप्पणी में है। कविता के होने और समाप्त होने की यह द्वंद्वात्मकता अनेक जगह अंतर्विरोधी भी लगती है। इसे कुछ स्पष्ट करें।

र.स. : कविता हुई नहीं कि मरी का मतलब तो सिर्फ़ यह है कि जिस क्षण आप एक कविता को पूरा लिख लेते हैं, अर्थात् आप किसी एक जगह से शुरू करके यह जान लेते हैं कि आपने क्या लिखा, उसके बाद कवि के लिए उसका वह महत्त्व नहीं रह जाता जो कि दूसरों के लिए होता है। इसके साथ यह भी होता है जिस सामग्री में आपने वह रचना की थी, वह ख़त्म हो जाती है। साथ ही और भी एक बात होती है कि जिस कलात्मक अनुभव को दोबारा से अनुभव और अभिव्यक्त किया वह अनुभव ख़त्म न हो। तब यह भी मानना पड़ेगा कि वह कविता जो आपने उस समय लिखी है वह भी पूरी तरह से पूरी नहीं हुई। और यह कोई बुरी बात नहीं है। ऐसा होता है। कविता हुई नहीं कि मरी का मतलब केवल यह है कि जैसे ही वह कविता पूरी होती है, उस कविता में जो कुछ भी आपने इस्तेमाल किया है या उसमें भाषा के ज़रिए जो कोई ऐसी चीज़ उस समय पैदा हुई है, जो कि आपके लिए नई थी, वह उसके बाद आपके लिए नई नहीं रहती। कविता तो वह रहती है : मेरे लिए भी वह एक प्रचलित अर्थ में कविता रहती है। मैं अपनी पुरानी कविताओं को अगर पढ़ता हूँ तो मैं उनसे एक दूसरे क़िस्म का रस लेता हूँ। मुझे उनको दुबारा पढ़ने में एक हल्की-सी प्रतिध्वनि सुनाई देती है और एक बार यह भी आभास होता है कि जिस तरह जिन चीज़ों का मैंने इस्तेमाल किया था उसके नतीजे क्या और कैसे निकले थे। यह एक बार देख जाने का जो लाभ है, वह मिलता है। एक शिल्पगत लाभ मिलता है और एक अपनी आत्मा या मन के लिए भी मिलता है, लेकिन ऐसा बहुत दुर्लभ है कि बहुत दिन बाद कोई अपनी बहुत पुरानी कविता पढ़कर एकाएक यह मालूम हो कि यह बिलकुल किसी दूसरे की कविता थी जो मैंने पढ़ी। चूँकि मैं उन चीज़ों से सबसे गुज़र चुका हूँ इसलिए आत्मा और मन को वे चीज़ें दुबारा ठीक-ठीक वह नहीं दे सकतीं जो कि वे एक बार दे चुकी हैं। इस अर्थ में मेरे लिए उस कविता के पूरे होते ही मेरा उससे रिश्ता टूट जाता है। मैं उसे करके अलग रख देता हूँ—दुबारा देखने के लिए, दुबारा समझने के लिए, दुबारा जानने के लिए; लेकिन एक बिलकुल दूसरे अर्थ में : 'फिर कभी फ़ोटो निकालकर देखूँगा। अपना बेगानापन पहचानने के लिए।' *(हँसो हँसो जल्दी हँसो)*.

अपनी ही रची हुई भाषा का जादू नष्ट करके कविता को देर तक जादूहीन बनाए रखने की

बात लें। यह सतर्कता इसलिए ज़रूरी है कि अगर मैं अपनी कविता के प्रति वह मोह नहीं छोड़ता तो यह बहुत संभव है—क्योंकि शिल्प बड़ी भारी ताक़त है और वह और उसकी पूरी दुनिया जिसको कि बहुत-से ऐसे तत्त्वों ने बनाया है जो कि मेरे लिए शत्रुवत् हैं, मिलकर आदमी के मन और संस्कार को कभी-कभी बुरी तरह दबोच लेते हैं—कि (अगर मैं सतर्क न रहूँ) मैं इस मोह में बड़ी आसानी से पड़ जाऊँ कि जिस तरह का शिल्प इस रचना में प्रस्तुत हुआ है उसको मैं अगली किसी रचना में एक जादू बनाने के लिए, चमत्कार के लिए इस्तेमाल करूँ। इसलिए मैं हर रचना में यह शर्त रखना चाहता हूँ कि किसी भी रचना में मैं शिल्प को वह स्थान नहीं पाने दूँगा कि जिससे कि वह रचना में एक तरह का जादू, एक तरह का कोई ऐसा आकर्षण पैदा करे जो कि दूसरों को मुग्ध या स्तंभित या स्तब्ध कर दे। बजाय इसके कि मैं यह करूँ, मैं यह बेहतर समझूँगा कि मैं अपनी कविता को, जिस समय मैंने उसे लिख लिया है उसी समय अपने पास से हटाकर अलग रख दूँ, दुबारा पढ़ने के लिए, देखने के लिए, पर किसी भी हालत में उससे इनकार करने के लिए नहीं। मुझे उन पर तरस आता है जो कहते हैं कि किसी समय मैंने भी कविता लिखी थी लेकिन अब मैं इसको 'डिसओन' करता हूँ। आप किसी भी कविता का परित्याग नहीं कर सकते। उसको अलग रख दूँगा, मैंने इस अर्थ में कहा कि यह काम हो चुका, अब इस काम की नक़ल करने का मतलब होगा अपने साथ धोखा करना।

अ.वा. : हाँ, पर जो काम हो चुका और जो काम अब आप करना चाहते हैं उसके बीच कोई न कोई तो संबंध होगा। यानी कविता ने एक बार जो जादू प्राप्त किया और अब उस जादू को तोड़कर जो नया जादू या दूसरा जादू वह पा रही है—इस और उस जादू में क्या कोई संबंध नहीं? पहले वाला जादू नहीं, शायद दूसरा जादू है।

इसको एक दूसरे ढंग से कहा जाए कि रचनाकार एक कविता में एक शिल्प अर्जित या उपलब्ध करता है तो ज़रूरी नहीं है कि वह पूरी तौर पर उसे स्वायत्त भी उसी रचना में कर लेता हो—हो भी सकता है कर ले—और उसके बाद जो शिल्पगत परिवर्तन उसकी कविता में होते हैं, उनकी तर्कसंगति क्या है। यानी उनके बीच में जो सिलसिला बनता है वह बाहर से देखनेवालों को तो एक दूसरे ढंग से दिखाई देगा कि मसलन पहले इसका इस्तेमाल, उसका इस्तेमाल करते थे, या इस तरह की भाषा, इस तरह की शैली का, छंद का, छंद के किसी तोड़ का वग़ैरा-वग़ैरा; लेकिन खुद जो उसे करता है उसके लिए यह किस तरह का अनुभव है?

र.स. : सिलसिला शिल्प का सिलसिला नहीं है, अनुभव का सेतु है। *आत्महत्या के विरुद्ध* की कविताओं में और *हँसो हँसो जल्दी हँसो* की कविताओं में अगर कोई सेतु आपको दिखाई देता है, तो एक अंश में वह सेतु आपको इसलिए भी दिखता है कि एक में कुछ चीज़ें छोड़ दी गई थीं और दुबारा यहाँ पकड़ी गई हैं। एक मानी में वह सेतु इसलिए भी है कि कवि का जो चरित्र उसमें था और जैसा इसमें है उन दोनों के बीच में आपको एक रिश्ता लगता है। जो वास्तव में दो कविताओं के शिल्पों का सेतु कवि के चरित्र में से होकर है और वह कवि के चरित्र के विकास का ही रास्ता है जिससे कि एक शिल्प दूसरे शिल्प से जुड़ता है। स्वयं शिल्प की अपनी कोई सत्ता नहीं है जिससे कि वह एक क़दम के बाद दूसरा क़दम उठा सके ··· और है सत्ता, लेकिन उससे कवि का विरोध है। मैं शिल्प को बहुत बड़ा प्रतिद्वंद्वी मानता हूँ, क्योंकि काफ़ी नुकसान पहुँचानेवाली ताक़त उसके पास है। इसलिए उसकी अपनी सत्ता का, अगर वह है भी तो, कवि बराबर प्रतिरोध करता है। आपने इस दौर में जो कविताएँ लिखीं और अगले दौर में जो लिखीं, उनके बीच में आप क्या बने, यही निश्चित करेगा कि जब आप दुबारा कविता लिखेंगे तो उस कविता में जो शिल्प इस्तेमाल होगा उसका, आपने पहले जो शिल्प इस्तेमाल किया था उससे क्या संबंध होगा : पर वह संबंध शिल्प स्वयं अपने द्वारा तय नहीं करेगा।

मं.ड. : इसमें द्वंद्वात्मकता का प्रश्न भी है। शुरू में आपने कहा कि जब मैं अनुभव कर रहा होता हूँ तो उससे निस्संग भी हो रहा होता हूँ। या *हँसो हँसो जल्दी हँसो* में ख़ास तौर से कविताएँ व्यक्तिगत हैं और साथ-साथ राजनैतिक भी हैं।

र.स. : मुझे आप यह समझाइए कि व्यक्तिगत और राजनैतिक में क्या विरोध है? क्या द्वंद्व है? एक कविता व्यक्तिगत है और साथ में राजनैतिक है, इसमें विचित्र बात क्या है? व्यक्तिगत कविता क्या राजनैतिक नहीं हो सकती?

मं.ड. : बिलकुल हो सकती है, होनी चाहिए। पर आम तौर पर राजनैतिक कविता की जो धारणा है वह ऐसी नहीं है। इसे काव्यात्मक नहीं बल्कि समाजशास्त्रीय स्तर पर लिया जाए तो देखेंगे कि सारी दुनिया में जो वामपंथी है वह रचनाशील है, एक ख़ास तरह के सामाजिक-राजनैतिक समय में यह बहुत मुश्किल हो गया है कि कोई दक्षिणपंथी रहते हुए कोई सार्थक बात कह सके या कर सके।

र.स. : मैंने शुरू में ही कहा कि आप अगर अन्याय के पक्षधर हैं, अगर आप द्वेष करते हैं, अगर आप आदमी को नष्ट करना चाहते हैं, तो आप रचना नहीं कर सकते, अगर आपका मतलब हो कि जो इन सब चीज़ों के ख़िलाफ़ नहीं, साथ हो, वह दक्षिणपंथी है, जो नहीं हो वह वामपंथी है ...

मं.ड. : हाँ, अगर उसकी अवधारणाएँ तैयार की जाएँ तो ...

र.स. : अवधारणाएँ कौन बनाता है, सब कुछ इस पर निर्भर होगा। एक अवधारित वामपंथी या दक्षिणपंथी दोनों कल जाकर हाथ मिला लेंगे, फिर आप क्या करेंगे? मिला ही रहे हैं। हम ऐसी सूरत में इन विशेषणों का इस्तेमाल करके—वामपंथी और दक्षिणपंथी—कवि को अकेला कर देने का कितना बड़ इंतज़ाम कर रहे होते हैं। आपने वह 'ग्यारहवीं कहानी' पढ़ी होगी जो *रास्ता इधर से है* (र.स. का कहानी-संग्रह) में है। उसमें जब रूस और अमेरिका ने हाथ मिला लिया तो भारत के दक्षिणपंथियों की भी और वामपंथियों की भी बड़ी मुसीबत हुई। मैं चाहता हूँ कि इन परिभाषाओं को आप साफ़ करके रखें। यह मैं मान सकता हूँ कि अगर इनसान और इनसान के बीच एक ग़ैरबराबरी का रिश्ता है और उस रिश्ते को कोई आदमी मानता है कि ऐसे ही रहना चाहिए, तो वह कोई रचना नहीं कर सकता। वह एक भी कविता नहीं लिख सकता—ऐसी जिसको पढ़कर मैं खुश होऊँ कि यह कविता है। इसके उलट अगर आप यह मानें कि जो आदमी इस ग़ैरबराबरी को हटाना चाहता है—अब वह कैसे भी हटाना चाहता हो, वह अवधारणाओं के द्वारा हटाना चाहता हो, किसी संगठित कार्रवाई के द्वारा हटाना चाहता हो या केवल इसी के द्वारा हटाना चाहता हो कि मैं कम से कम नहीं करूँगा और इसकी निस्सारता को भी पहचानता हो कि मेरे अकेले यह न कर देने से होगा नहीं, लेकिन मैं करूँगा नहीं—तो मैं समझता हूँ कि तीनों-चारों प्रकारों में वह रचना करने में समर्थ और योग्य बना रहता है। लेकिन वामपंथी और दक्षिणपंथी शब्दों का आप इस्तेमाल करेंगे तो बहुत ही संभव है कि बहुत जल्दी किसी भी समय आगे जाकर आपको दुबारा अपनी मूल मान्यताओं को या तो बदलना पड़ जाएगा ताकि इन शब्दों का अर्थ ठीक-ठीक बना रहे, या फिर इन शब्दों को छोड़ देना पड़ेगा।

अ.वा. : यह तो ठीक है, पर इसके अलावा ख़ास तौर से पिछले पाँच-सात वर्षों में कवि की राजनैतिक दृष्टि को—यानी एक कोई ऐसी दृष्टि जो उसकी और दृष्टियों से 'डिड्यूस' करके निकाल ली जाती है (और यह माना गया है कि निकाली जा सकती है), उसको लेकर बहुत बावेला मचता रहा है। अकसर वह दृष्टि ज़रूरी तौर पर रचना से निकाली गई नहीं हो तो बहुत सारी अन्य चीज़ों से निकाल ली गई होती है और यह मान लिया गया होता है कि रचना में भी ऐसी ही दृष्टि होती होगी। इस बारे में आप क्या सोचते हैं? आपने कहा भी था कि हर कविता राजनैतिक है क्योंकि उसका आदमी की दुनिया से संबंध है।

र.स. : कवि की राजनैतिक दृष्टि क्या है यह केवल उसकी उन कविताओं से जाना जा सकता

है जिन कविताओं को राजनैतिक माध्यम से काम करनेवाले लोग राजनैतिक नहीं मानेंगे। मतलब मेरी जिस कविता को किसी भी पार्टी के लोग यह कहेंगे कि यह राजनैतिक कविता है उस कविता को अलग रख दीजिए। बाकी कविताओं में देखिए कि क्या राजनीति है। क्योंकि जिस कविता में एक संगठित राजनैतिक माध्यम से काम करनेवाला व्यक्ति या दल राजनैतिकता देख रहा है, उसमें निश्चित रूप से वह अपनी राजनैतिक इच्छाओं को आरोपित कर रहा है। वह इसके योग्य नहीं है कि वह कविता को कविता की तरह से जाँच सके। कविता के निकट वह आया ही उसमें यह देखने के लिए है कि वह उसके दल या उसके विचार या उसके उद्देश्य के लिए कितनी उपयोगी है। हो सकता है कि संयोगवश उसने ठीक वही चीज़ पा ली हो जो कि उसमें हो, लेकिन उस संयोग के पीछे हम सारी धारणा को बरबाद नहीं करेंगे। इसलिए हम चाहेंगे कि जिस कविता पर उस आदमी का या उस दल का या उस समूह का या उस संपादक का या उस पत्रिका का यह निर्णय हुआ है कि यह कविता राजनैतिक है, उस कविता को मेरी राजनैतिक समझ जानने के लिए इस्तेमाल न किया जाए क्योंकि उससे विकृत अर्थ निकलेंगे।

मं.ड. : कवि की क्या कोई प्रति-राजनीति होती है या ...

र.स. : क्या आप यह मानकर चल रहे हैं कि राजनीति संगठित ही होती है या यह कि राजनीति संगठित दलों के ही द्वारा होती है?

अ.वा. : संयोग है कि दुर्योग, हमारे यहाँ अकसर राजनैतिक दल ऐसे कोई नतीजे नहीं निकालते।

र.स. : निकालते हैं। बराबर निकालते हैं।

अ.वा. : मान लीजिए निकालते भी हों। छोड़ दें, हम उनकी बात नहीं कर रहे हैं। हम उन लोगों की बात कर रहे हैं जो मसलन ज़रूरी नहीं है कि किसी संगठित राजनैतिक माध्यम का उपयोग करते ही हों, लेकिन जो एक राजनैतिक दर्शन से प्रभावित और प्रेरित लोग हैं और जो साहित्य-विमर्श करते हैं। ऐसे लोग अपने उस राजनैतिक दर्शन के अधीन, जो उन्हें मुक्त भी करता होगा और संसार को समझने की दृष्टि भी देता है, कुछ औज़ार भी देता है और कुछ सीमाएँ भी बाँधता होगा, जिस ढंग का निर्णय जिन कविताओं के बारे में करेंगे, उनके बारे में आप क्या कहेंगे?

र.स. : आदमी को गुलाम बनानेवाली राजनैतिक विचारधारा, पद्धति या सिद्धांत जिन ठोस तथ्यों और ब्यौरों के आधार पर बनाई जाती है उनको वह सीमित कर चुकी होती है और किसी भी आदमी को उनमें वृद्धि करने की इजाज़त नहीं देती। किसी भी आदमी को नहीं देती—कवि को तो दूर, जबकि कवि का हर समय काम यही है कि वह इनसान की राजनैतिक ज़िंदगी के तथ्यों में वृद्धि करे। तथ्य का मतलब यहाँ अनुभव भी है, क्योंकि एक अनुभव जो कविता से होता है, वह भी एक तथ्य बनता है। लेकिन अगर एक राजनैतिक सिद्धांत या पद्धति या विचारधारा के माननेवाले लोग किसी भी कविता के बारे में कोई राजनैतिक विचार रखते हों तो कवि को उनके बारे में कोई लगाव नहीं होना चाहिए।

अ.वा. : यानी आप जो कह रहे हैं उसके पीछे कहीं न कहीं एक पूर्वग्रह है कि यह इजाफ़ा करने की इजाज़त राजनैतिक विचारधारा में नहीं होगी, इसलिए जो बुनियादी रचनाकर्म है उसके वह विरुद्ध ही होगी। स्वयं रचना करते हुए भी जो कवि है वह अपना एक दर्शन या दृष्टि विकसित करता है या अर्जित करता है। जिस तरह की दृष्टि विकसित करने की इजाज़त उसको एक राजनैतिक दर्शन नहीं देता, उस तरह की इजाज़त हो सकता है उसका खुद का अर्जित किया हुआ अनुभव-दर्शन भी न दे।

र.स. : यह संभव है और बहुधा होता है। पर किसी भी आदमी को कविता की जाँच के लिए कविता में दी गई शर्तों के अलावा किन्हीं शर्तों की इजाज़त नहीं दी जा सकती।

अ.वा. : पर ये जो कविता की शर्तें हैं ये क्या इतनी निरपेक्ष शर्तें हैं? कविता को कविता की शर्तों पर जाँचना माना, पर कविता की शर्तें बनें तो कैसे बनेंगी? क्या वे सिर्फ़ कविता द्वारा निर्धारित

होंगी या कि कोई और तत्त्व भी इसमें शामिल होंगे? मसलन, एलियट की एक प्रसिद्ध स्थापना थी कि कोई कृति साहित्य है या नहीं इसका निर्णय तो शुद्ध साहित्यिक प्रतिमानों के आधार पर हो सकता है, पर कोई कृति महान है या नहीं इसका निर्णय सिर्फ़ साहित्यिक प्रतिमानों के आधार पर नहीं हो सकता। मतलब उसमें उसका नैतिक-सामाजिक प्रभाव, नैतिक मूल्य वग़ैरा तत्त्व भी होंगे।

र.स. : कौन-से नैतिक मूल्य? किसने बनाए हैं वे? अंततः आप यही कहते हुए पाए जाएँगे कि आप बहुत अधिक सतर्क हैं कि कहीं कविताएँ उन नैतिक मूल्यों के द्वारा जाँची जाने लगें जो भ्रष्ट नैतिक मूल्य हैं। फिर आपको यह बताना पड़ेगा कि आख़िर कौन-से ऐसे नैतिक मूल्य हैं जिनके कि भ्रष्ट होने की संभावना सबसे कम है, क्योंकि आख़िर आप सब नैतिक मूल्यों की सूची बनाकर उसमें भ्रष्ट और पवित्र तो नहीं लिख सकते। तो जिनकी संभावना सबसे कम होगी वे अंततः वही नैतिक मूल्य होंगे जो कि कवि निश्चित करता है। इसलिए मैं मान लेता हूँ कि आप किसी भी रचना को केवल उसकी अपनी शर्तों के आधार पर नहीं जाँच सकते, लेकिन यह इसी अर्थ में सही है कि कविता की शर्तों की परिभाषा में अभी तक आपने यह नहीं जोड़ा कि उस कवि का नैतिक योगदान क्या है? हम जब कविता की शर्तें कहते हैं तो आम तौर से भाषा, शब्द, शिल्प के इस्तेमाल आदि की ही बात सोचकर रह जाते हैं। हमारे लिए यह ज़्यादा उचित होगा कि हम इस शर्त को भी उस कवि के ही कृतित्व में ढूँढ़ने की कोशिश करें जिसको हम एक नैतिक शर्त कहते हैं।

अ.वा. : तो बजाय यह कहने के कि हम यह कहें कि हर कविता अंततः राजनैतिक है, शायद यह कहना ज़्यादा सही होगा कि हर कविता अंततः एक नैतिक कर्म है।

र.स. : राजनैतिक होना क्या एक नैतिक कर्म नहीं है? असल में दिक़्क़त यों हो रही है कि राजनैतिक शब्द का आप जब भी इस्तेमाल करते हैं तो आप अभिप्राय लेते हैं संगठित राजनीति से। मैं कविता के संदर्भ में नहीं लेता।

मं.ड. : आपने जब कहा कि आपकी कविता इस अर्थ में राजनैतिक है तो किस अर्थ में उसका एक ख़ास दूसरी राजनीतिक और समाज में व्यापक रूप से स्वीकृत और समाज को बनाने और उजाड़नेवाली राजनीति—संगठित राजनीति—से अलगाव है?

र.स. : समाज में व्यापक रूप से स्वीकृत या समाज को बनाने या उजाड़नेवाली राजनीति में और कवि की राजनीति में अंतर नहीं है। अंतर है संगठित राजनीति में और राजनीति में। आप जिस समय पैदा होते हैं, आप समाज में पैदा कर दिए जाते हैं और आपका हक़ हवा-पानी, ज़मीन और ज़मीन के नीचे जो है, और दुनिया में जो चीज़ें अभी खोजी जाएँगी, उनके ऊपर और दुनिया से बाहर जो चीज़ें खोजी जाएँगी, जिन्हें इनसान खोजेंगे, उनके ऊपर होता है—इसलिए कि आप भी इनसान हैं। यह आपका राजनैतिक अधिकार है। इस राजनैतिक अधिकार के अनेक उपयोग हैं और उन उपयोगों को आप ही कर सकते हैं। करते हैं—अपने हर रचनात्मक काम के द्वारा। इस अर्थ में आप राजनैतिक हैं क्योंकि आप राजनैतिक नहीं होंगे तो आप अपने इन अधिकारों के बारे में सचेत नहीं होंगे : आप इन अधिकारों को शोषकों के लिए छोड़ देने को तैयार होंगे। आप या तो उस हालत में बहुत ही मुर्दा क़िस्म की ज़िंदगी जी रहे होंगे या अगर आप ऊपर से ज़िंदा दिखनेवाली ज़िंदगी भी जी रहे होंगे तो आप उन राजनैतिक संगठनों द्वारा इस्तेमाल किए जाने के लिए सुरक्षित रखे गए होंगे जो कि आपके ये अधिकार छोड़ देने के पक्ष में हैं। ऐसे तमाम बोदों को, मूर्खों को, अधकचरों को एक ख़ास तरह की राजनैतिक बुद्धि के लोग प्रश्रय देते हैं, उनको समाज में बढ़ाते हैं आगे। यह खाली संसार के भ्रष्ट नियमों में से एक नियम नहीं है कि संसार में घटिया लोग ही आगे बढ़ते हैं। वे बढ़ाए जाते हैं, क्योंकि वे अपने राजनैतिक अधिकारों को छोड़कर चलने को तैयार रहते हैं, क्योंकि वे लोग जो कि दुनिया में आगे बढ़ाए जाते हैं, वे अच्छी कविता नहीं पढ़ते।

इसलिए मैं राजनीति के अर्थ के बारे में बहुत साफ़ रहना चाहता हूँ। अगर आपका बार-बार

यह अर्थ है कि दलों की राजनीति या सत्ता की राजनीति, तो मेरा वह अर्थ नहीं है क्योंकि सत्ता की राजनीति और रचना का तो बिलकुल छत्तीस का संबंध है। प्रत्येक रचना सत्ता के ख़िलाफ़ होती है। इसलिए होती है कि सत्ता का सारा अभिप्राय—किसी एक सरकार की सत्ता की बात नहीं कर रहा हूँ—आदमी के पास, उसका हक़ जितनी आज़ादी का है उससे कम आज़ादी रखना होता है। वरना सत्ता नहीं होगी। वरना तो सबकी सत्ता होगी। जिस हद तक हम स्वेच्छा से अपनी आज़ादी सौंपते हैं यानी अपने किसी प्रतिरूप को स्वेच्छा से और सीमित समय के लिए (वह समय कैसे सीमित होता है, यह सिर्फ़ एक सामाजिक प्रथा है कि वह पाँच साल में चुनाव से सीमित होगा या कोई और क़ानून होगा जिससे कि वह जब चाहे तब सीमित किया जा सके) हम अपनी आज़ादी का एक हिस्सा इसलिए देते हैं कि वह समाज का और राज्य का प्रबंध करे : उस हद तक सत्ता के और हमारे बीच में एक रिश्ता बनता है। वह रिश्ता हमेशा तनाव का रिश्ता होगा। रचना इस तनाव का प्रतिनिधित्व करती है। और इसलिए रचना का पक्षपात हमेशा उस स्वेच्छा को बनाए रखने के और उस सीमा को बनाए रखने के प्रति होता है। वह उन दोनों को कभी हमेशा के लिए नष्ट नहीं होने देना चाहती। रचना न जाने किस वक़्त यह स्वेच्छा से दी गई शक्ति किसी न किसी रूप में वापस देने के लिए कहने लगे, यह सत्ता नहीं जानती ··· इस अंतर्निहित डर के कारण वह रिश्ता हमेशा तनाव का बना रहता है। यह तो बिलकुल अनिवार्य शर्त है हर रचना के लिए। यह बात और है कि किसी एक समय में, किसी एक समाज में जिन लोगों के हाथ में सत्ता है वे इस बात को स्वीकार करते हों कि रचना का यह कार्य है कि वह सत्ता की इन प्रवृत्तियों पर अपने ढंग से अंकुश रखे और यह स्वीकार करके ही वे सत्ता हाथ में लेते हों। यह संभव है। सत्ता जिनके हाथ में है वे हमेशा रचना के विरुद्ध होंगे, यह सिद्ध नहीं हो गया। लेकिन यह ख़तरा भी दूर नहीं हुआ। तो इसलिए जब आप दलीय और संगठित राजनीति की बात करते हैं तब यह मानते हुए भी कि सत्ता भी मनुष्य को आज़ाद करने का साधन है, मैं यह याद दिलाए रखना चाहता हूँ कि सत्ता हमेशा स्वेच्छा से और सीमित समय के लिए दी जाने पर मनुष्य को आज़ाद करने का एक साधन बन सकती है। इसलिए दलीय संगठित राजनीति की आवश्यकता के साथ-साथ रचना की भी आवश्यकता बनी रहती है। और फिर इन दोनों में वही विरोध भी बना रहता है जो कि सत्ता और रचना में पहले था। इसलिए किसी भी प्रकार की संगठित राजनीति को मैं कभी यह पूरा अधिकार नहीं दे सकता कि वह रचना की जाँच करे या उस पर निर्णय दे। और निर्णय देगी तो उस निर्णय को मैं पक्षपात का निर्णय मानूँगा, भले ही वह संयोगवश सही निर्णय हो। इस बात की संभावनाएँ बहुत अधिक हैं कि जिन कविताओं में किसी राजनैतिक दल ने राजनीति का इस्तेमाल नहीं देखा है उन्हीं में आदमी के लिए न्याय के पक्ष की सबसे ज़्यादा राजनीति हो।

अ.वा. : इससे एक बात यह निकलती है कि—जहाँ तक मेरी जानकारी है—पहले कविता पर या कविता की अर्थवत्ता पर विचार करते समय सत्ता या सत्ता से रिश्ता या राजनीति कोई प्रतिमान या कि विचारणीय मुद्दा नहीं होता था।

र.स. : पहले माने कब?

अ.वा. : मसलन छायावाद के ज़माने में। अब होने लगा। यह और बात है कि अब ज़्यादातर रचना फूहड़ होती है और ज़्यादातर आलोचना भी फूहड़ होती है—इसलिए वन मैचेज़ द अदर। लेकिन क्या यह आप कहेंगे कि पिछले बीस-पच्चीस सालों में सत्ता के प्रति, राजनीति के प्रति—उस अर्थ में जिस अर्थ में आपने राजनीति कहा—और संगठित राजनीति के प्रति यह जो रुख़ है, यह साहित्य में विचार का एक प्रमुख केंद्र रहा है? यह जो शिफ़्ट है, इसका आप कैसे विश्लेषण करेंगे?

र.स. : मुझे खेद है कि यह विचार का प्रमुख केंद्र नहीं बना। बल्कि संगठित राजनीति से सतर्क होने की इच्छा बहुत बिखरे और बहुत अनमने भाव से साहित्य में दिखाई दी। और जब दिखाई दी

तो जिन व्यक्तियों में दिखाई दी यानी जिन्होंने उसको प्रकट किया उन पर एक दूसरे क़िस्म की संगठित राजनीति से जुड़े होने का संदेह प्रकट किया गया। और साथ में मैं कहना चाहूँगा कि यह सचमुच हुआ भी है। ऐसे व्यक्ति भी हुए हैं जिन्होंने व्यक्ति-स्वातंत्र्य की बात कही है—इसलिए कि वह एक प्रकार की संगठित राजनीति के हित में थी, इसलिए नहीं कि वे व्यक्ति-स्वातंत्र्य के पक्ष में थे। यह सारी स्थिति का एक अनिवार्य हिस्सा है जिसको छिपाकर हम केवल यह दोटूक बात नहीं कर सकते कि जिसने भी व्यक्ति-स्वातंत्र्य की बात की उस पर संगठित राजनीति ने जवाबी आरोप लगा दिया। किंतु मोटे तौर पर यह बात सही है कि जिन लोगों ने ईमानदारी से रचनाकार की राजनैतिक स्वतंत्रता की बात की है, जो कि व्यक्ति-स्वातंत्र्य का दूसरा नाम है, वे खुद कम कर रहे हैं। उनमें अनमनापन रहा है, उदासीनता रही है। लेकिन यह बात ज़रूरी है कि संगठित राजनीति और रचना में तनाव का रिश्ता होना चाहिए और सत्ता और रचना में भी तनाव का रिश्ता होना चाहिए। रिश्ता होना चाहिए, मैं रिश्ते से इनकार नहीं करता—मैं इस बात को बिलकुल नहीं कह रहा हूँ, और अगर कही जाए तो यह बड़ी बेवकूफ़ी की बात होगी कि रचनाकार हमेशा विरोध करता रहता है। रचनाकार वास्तव में हमेशा रचना करता रहता है, वह रचना बहुधा विरोध हुआ करती है। क्योंकि अगर आप यह मान लें कि रचनाकार विरोध किया करता है तब तो फिर आप इतने विरोध करेंगे कि रचना बिलकुल नहीं करेंगे। तो बहरहाल बीच-पच्चीस बरस में—आपने स्थापना की कि—इस बात को कुछ प्रमुखता मिली है कि रचनाकार और सत्ता के बीच में क्या रिश्ता है।

अ.वा. : जो आप कह रहे हैं उससे मैं सहमत हूँ। इस तरह का दिखावा तो हुआ है, पर बहरहाल मैं ऐसा कोई भी विश्लेषण याद नहीं कर सकता जिसमें सचमुच किसी लेखक की किसी कृति की इस बात को लेकर सचमुच पड़ताल की गई हो कि इन दो-तीन चीज़ों से उसका संबंध है या नहीं और उनका कलात्मक औचित्य या अनौचित्य क्या है?

र.स. : अगर आप ऐसा कुछ नहीं पाते हैं तो बहुत करके उसका कारण क्या यह नहीं है कि हम लोगों ने आज़ाद होते ही सबसे पहला ध्यान इस ओर लगाया था—और उचित ही किया था—कि हम अपनी आज़ादी स्वेच्छा से और सीमित समय के लिए ही सौंप रहे हैं, क्योंकि गुलामी के ज़माने में इस बात के ही लिए तो सारी लड़ाई थी और जब यह अधिकार दे दिया गया तब सारा ज़ोर इस अधिकार के भोग-विलास पर और उसकी आतृप्ति पर हुआ। वह संगठित राजनीति के ही माध्यम से सुरक्षित रह सकता था। इसके साथ संगठित राजनीति की कमज़ोरियों को दूर करने का और उसमें नए प्रयोग करने का प्रश्न ज़रूरी था और चूँकि बहुत जल्दी किसी नतीजे पर नहीं पहुँच सकते थे, इसलिए उस प्रश्न के साथ जूझने में बहुत वक़्त लगना बर्दाश्त किया गया। इसलिए और भी लंबा वक़्त संगठित राजनीति को मिला कि वह लोगों को भ्रष्ट दलीय राजनीति और वोट-संग्रह के प्रमुख प्रश्न पर अटकाए रहे जिससे कि उसके ख़िलाफ़ खड़ी होनेवाली रचना की शक्ति को बहुत अधिक उत्तेजन नहीं मिल पाए। जैसे-जैसे हम इस संगठित राजनीति की अकर्मण्यता या अकुशलता या असफलता को प्रकट पाते गए, बहुत-से लोग केवल इस बात पर ज़ोर देने लगे कि संगठित राजनीति असफल रह गई। जो ऐसा कहते हैं वे इसका कहीं ज़िक्र नहीं करते कि संगठित राजनीति को सफल बनाने के लिए क्या प्रयत्न किए गए, जैसे कि इससे उनका कोई लगाव नहीं था। ऐसे लोगों से मुझे बहुत भय मालूम होता है, क्योंकि हो सकता है कि ये लोग शुरू से ही संगठित राजनीति के एक प्रकार के भ्रष्ट रूप की कामना किए हुए हों—ऐसे रूप की जिसमें कि स्वेच्छा से और सीमित समय के लिए नहीं बल्कि दूसरे की इच्छा से और अनंत समय के लिए अपनी आज़ादी सौंपी जाती है।

अब जबकि हम उन प्रयोगों में असफल रहे हैं, यह संभव हुआ है कि हम पाएँ कि कौन-सी वह ताक़त है जो कि संगठित राजनीति के दबावों और उससे होनेवाले नुकसानों से इनसान को बचा सकेगी और उसकी अच्छाइयों को बनाए रख सकेगी क्योंकि संगठित राजनीति की अच्छाइयों को बनाए

रखना मनुष्य की आज़ादी के लिए उतना ही अनिवार्य है जितना कि उसकी बुराइयों के ख़िलाफ़ खड़े रहना। अगर आप यह मान लें कि संगठित राजनीति नहीं होनी चाहिए तो वहीं आप यह भी मान लेंगे कि स्वेच्छा और सीमित समय का भी प्रश्न नहीं होना चाहिए। आप यह मान लेंगे तो आप आदमी की आज़ादी कहाँ से बचाएँगे? तो इसलिए यह बराबर मानते रहना पड़ेगा कि संगठित राजनीति अत्यंत आवश्यक है, लेकिन उसके ख़िलाफ़ रचना भी आवश्यक है और इसके मानने का सबसे अधिक उत्तेजन अब पैदा हो सकता है, क्योंकि अब हम उन तमाम प्रयोगों को, जो कि संगठित राजनीति की दुश्चरित्रता को दूर करने के लिए किए गए थे, विफल पा चुके हैं।

प्रश्न : आपके नए संग्रह *हँसो हँसो जल्दी हँसो* की अधिकतर कविताओं में एक विशेष दहशत या आतंक है या फिर एक असमर्थ करुणा। *सीढ़ियों पर धूप में* में भी करुणा थी, पर एक मानवीय शक्ति और सुंदरता होकर के थी। फिर *आत्महत्या के विरुद्ध* में अपना रूप खोती हुई दुनिया में व्यापती फूहड़ता और बेहूदगी थी। नए संग्रह में फूहड़ दुनिया नहीं, उसके नीचे चीज़ों के ख़त्म होने की आवाज़ें हैं। शायद कवि के रूप में जिन चीज़ों को आप बचा रखना चाहते रहे होंगे उन्हें बचा न पाने की विफलता उनमें है। आप क्या बचाना चाहते थे? दूसरे शब्दों में, कविता क्या कुछ बचा सकती है?

र.स. : कविता क्या चीज़ें बचा सकती है? बहुत सोच करके देखूँ तो भी मैं उसको कुछ पहचानी जानेवाली शक्लों में नहीं देख पाता—सिवा इसके कि कुछ चीज़ें हैं जो कि रोज़ हम अपनी ज़िंदगी में करते हैं या पाते हैं और हर वक़्त एक तरह की भावना से आक्रांत रहते हैं कि ये हमें रिआयतों के रूप में मिली हैं, जबकि वे हमारे अधिकार हैं। उन चीज़ों को अगर बचा रखा जा सके तो हम सोच सकते हैं कि कभी न कभी हम इनको अपने अधिकार की तरह से बरतेंगे। आप कह सकते हैं कि मैं चाहता हूँ कि इस बात को बचा रखा जाए कि बच्चा अपनी माँ और अपने बाप के साथ एक रिश्ता रखता है। आप कह सकते हैं कि इस बात को बचा रखा जाए कि मैं जब कोई बहुत ज़ायक़ेदार चीज़ खाता हूँ तो मेरे शरीर में एक संवेदन होता है। वह बचा रखनेवाली चीज़ है। ये दोनों बहुत दो क़िस्म की चीज़ें हैं। इनके बीच में एक बहुत बड़ी और पूरी शृंखला है। इसलिए मैं सिर्फ़ इतना कहूँगा कि ऐसी शृंखला के अंदर जो चीज़ें इनसान को, उसके शरीर के द्वारा उसकी अनुभूति और आत्मा में खुशी देती हैं (और बाइज़्ज़त खुशी और दूसरे के लिए इज़्ज़त रखते हुए खुशी—वह खुशी नहीं जो कि किसी को मार के मिलती है, वह खुशी नहीं जो कि एक चिड़िया का शिकार करके मिलती है), उन्हें कविता ही बचा सकती है। कविता जिन चीज़ों को बचा रख सकती है उनको पहचानने के लिए आप मुक्त हैं, पर वे अंततः वही होंगी जो कि आदमी को कहीं न कहीं आज़ाद करती हैं। मसलन, चिड़िया को मारने की खुशी आज़ाद नहीं करती। वह खुशी थोड़ी देर बाद जाके एक बंधन में आदमी को बाँध देती है। लेकिन ऐसी बहुत-सी और खुशियाँ हो सकती हैं और उन खुशियों के साथ जुड़े हुए संदेह हो सकते हैं। 'काला नंगा बच्चा पैदल बीच सड़क पर जाता था'—उसको जब मैंने खींच लिया तो 'मेरे मन ने (मुझसे) कहा कि यह तो तुमने बिलकुल ठीक किया' लेकिन उसके बाद जब मैंने अपने अनुभव और करुणा के दायरे को बढ़ाने की कोशिश की तो मैं घबरा गया, वहाँ से भागा, क्योंकि जब उस आदमी ने कहना शुरू किया कि हाँ इसकी माँ भी मर गई है, और इसके भाई भी मर गए हैं तो अगली बात वह यह कहता कि इसलिए साहब मुझे एक रुपया दीजिए या मैं और भी कुछ आपसे हक़दार हूँ। करुणा का मेरा जो विस्तार था वह जटिल होने जा रहा था। पता नहीं वह झूठ बोल रहा था या सच बोल रहा था, लेकिन मैं थोड़ा डर गया कि अब मेरी ज़िम्मेदारियाँ बढ़ जाएँगी। यह मेरा कायरपन था। मैंने बड़ा अच्छा नहीं किया कि मैं भागा लेकिन भागा। वह खींच लेने का जो काम मैंने किया था जो कि मुझे आज़ाद करता था, उसके साथ यह एक विकृति भी जुड़ी हुई थी कि मैं अपने को पूरी तरह से आज़ाद नहीं कर सका। मैं समझता हूँ कि इस तरह की खुशियों को या आज़ादी की ऐसी इच्छाओं को और उनके साथ जुड़ी हुई इन स्थितियों को जिनमें आपको अपनी

अपूर्णता का अनुभव होता है या जिनमें आप अपने से प्रश्न करते हैं, दोनों को एक-दूसरे के समेत, अगर कविता बचाए रख सकती है तो बहुत बड़ी बात होती है और अगर कविता बचा सकती है तो अंत में यही चीज़ बचा सकती है।

अ.वा. : हाँ। पर क्या यह बात आप मानेंगे कि आपके नए संग्रह की कविताओं में एक विशेष दहशत या आतंक है या असमर्थ करुणा है?

र.स. : दहशत या आतंक, हाँ शायद। असमर्थ करुणा, मैं नहीं मानता। यह मानता हूँ कि करुणा के द्वारा निष्कृत न हो जाने का एहसास पहले की अपेक्षा ज़्यादा पूरा, ज़्यादा स्पष्ट है और यह एहसास मैं समझता हूँ कि ज़िंदगी को ज़्यादा समझने के साथ पैदा होता है। शुरू ज़िंदगी में हम समझते रहते हैं कि हम अपनी हिम्मत और इच्छा से बहुत-सी चीज़ें कर लेंगे। ऐसा समझने की वजह सिर्फ़ यह होती है कि उन चीज़ों को हमने किया नहीं है, क्योंकि ज़िंदगी में इतना वक़्त नहीं गुज़रा होता है कि हमने वे चीज़ें की हों। जब हम उनको करने लगते हैं तो धीरे-धीरे एक वक़्त आता है कि हमको कभी-कभी मालूम होता है कि (और यहाँ ज़िंदगी से मतलब ज़िंदगी के बरस नहीं, अनुभव के भी बरस हो सकते हैं) जिन शारीरिक या मानसिक चीज़ों के बारे में पहले आपने हिम्मत की थी, उनको लेकर तमाम ऐसी ताक़तें काम कर रही हैं जो कि आपकी कोशिशों को ख़त्म कर देती हैं। एक जगह ऐसी आती है जहाँ पर कि दहशत ज़िंदगी का एक अनिवार्य अनुभव बन जाती है। आप ज़िंदगी भर मूढ़ नहीं बने रह सकते हैं और आप ज़िंदगी भर वृथासाहसी भी नहीं बने रह सकते हैं। दोनों को मिलाइएगा तो कहीं एक ऐसी जगह आएगी जहाँ पर यह तनाव मिलेगा कि हम कुछ करना चाह रहे हैं, और कुछ लोग उसको नहीं होने देना चाह रहे हैं और वे लोग इतने ताक़तवर हैं कि हमें रोकने के लिए किसी भी तरह का तरीक़ा अपना सकते हैं—यहाँ तक कि शारीरिक तरीक़ा भी अपना सकते हैं। बल्कि शारीरिक ही वे पहले अपनाते हैं क्योंकि वैचारिक स्तर पर उनका हमसे कोई मुक़ाबला हो नहीं सकता। इसलिए दहशत होना ज़रूरी है। अगर आपको नहीं होती तो या तो आप बहुत ताक़तवर आदमी हैं, या आपकी ज़िंदगी में अभी बहुत उम्मीदें बाक़ी हैं या आप बहुत नातजुर्बेकार आदमी हैं। यह मैं मान सकता हूँ कि बहुत उम्मीदें हमेशा रहनी चाहिए। मैं निजी तौर पर मानता हूँ कि उम्मीद बहुत ज़रूरी चीज़ है। लेकिन मैं नहीं मानता कि उम्मीद आराम के साथ की जा सकती है : उम्मीद करने में बहुत तकलीफ़ छिपी हुई है। उम्मीद आप करते हैं लेकिन इस जानकारी के साथ करते हैं कि यह उम्मीद नहीं भी हो सकती है। और अगर होती है तो फिर आप एक और उम्मीद पूरी करने के लिए खुश होते हैं जिसके बारे में फिर आपको यह ख़याल होता है कि शायद यह पूरी नहीं होगी। जो यह मानकर चलते हैं कि अच्छे-अच्छे कामों और अच्छी-अच्छी बातों से सारी दुनिया सुधारी जा सकती है और सब कुछ अंत में भला होगा और कर भला तो हो भला और आप भला तो जग भला वग़ैरा, उनकी 'भला' संबंधी ये सब जितनी भी उम्मीदें हैं, ग़लीज़ कहावतें हैं।

अ.वा. : आप जो कह रहे हैं वह दहशत के अलावा एक तरह का उदास विवेक है कि चीज़ें ऐसी हैं, चीज़ें ऐसी हो सकती थीं, हालाँकि नहीं हो सकीं।

र.स. : लेकिन उसमें यह और जोड़िए कि ऐसी होनी चाहिए। मैं यह मानता नहीं कि आप निराशा को एक जीवनदर्शन बनाकर कोई भी रचना कर सकते हैं या कोई भी ऐसा काम कर सकते हैं जो रचना के तुल्य हो। लेकिन आप संशय को और कर्म को अपना जीवनदर्शन बनाकर चल सकते हैं, जो कि निराशा के ही जैसा दिखता है, लेकिन निराशा नहीं है।

दहशत तो एक ऐसी अनुभूति है जो कि आपको ज़रूर किसी वक़्त ज़िंदगी में समझनी पड़ेगी, लेकिन यह मानकर कि चीज़ें वह नहीं हैं जो कि होनी चाहिए, आप यह बात फैलाना शुरू करें कि वह दहशत ही असल ज़िंदगी है तो यह ग़लत बात होगी। ऐसे बहुत-से कवि हमारे यहाँ हुए हैं जिन्होंने यह लिखकर बहुत नाम कमाया कि ज़िंदगी मिट चुकी है, वह लाश है, उसमें कुछ नहीं रहा। मुझे

लगता है कि 1967 के आसपास ऐसे कवियों का उदय होना एक सामाजिक घटना है। उस वक़्त संगठित राजनीति के दायरे में कुछ परिवर्तन होते दिखाई दे रहे थे। वे परिवर्तन अंत में बेकार साबित हुए, वह अलग बात है। लेकिन दिखाई दे रहे थे। और उस वक़्त किसी को नहीं मालूम था कि वे बेकार साबित होंगे। उस वक़्त जो यथास्थितिवादी लोग थे, बहुत घबराए हुए थे (यद्यपि उनको बिलकुल घबराने की ज़रूरत नहीं थी क्योंकि वास्तव में परिवर्तन उन्हीं के पक्ष में हुआ। लेकिन वे घबराए हुए थे)। और यह जो तमाम अकविता वाला संसार है : यह उसी यथास्थितिवादी मध्यवर्गीय बुद्धिजीवी का संसार है जो कि यह देखकर कि कहीं दलों के बने-बनाए राजनैतिक नेतृत्व को बदल देनेवाली शक्तियाँ सफल न हो जाएँ, बहुत परेशान था। उन्हीं को सारी दुनिया टूटती हुई, बिखरती हुई, जलती हुई लाश, धुआँ वग़ैरा दिखाई दे रही थी। हमारे आलोचकों ने इस तरह के साहित्य को क्रांति और परिवर्तन का साहित्य कहा, जबकि यह यथास्थितिवादियों का विलाप था और उस साहित्य ने यह कोशिश की कि निराशा और कुंठा को एक ख़ास तरह की गरिमा—छायावाद ने उसको जो गरिमा दी थी उसी परंपरा में एक नई गरिमा दे। लेकिन वह हुआ नहीं। इसलिए कि यों तो तब छायावाद हिंदी साहित्य पर हावी था और अब भी हावी है, लेकिन उसके वज़न पर विश्व-साहित्य भी हावी था और है। और यह हिंदी के लिए एक बहुत बड़ी देन है कि विश्व-साहित्य से हिंदी का संबंध अन्य कई भारतीय भाषाओं की अपेक्षा कहीं ज़्यादा अच्छा है।

अ.वा. : हाँ, अकविता का तो करुण क्या दयनीय अंत हुआ। इस मानी में कि शायद भौतिक रूप से तो वह लिखी जाती रही, लेकिन एक आंदोलन या एक प्रवाह के रूप में उस पर विचार बंद हो गया। उसके बाद एक और दूसरी कविता आई जो मसलन उस तरह की दकियानूसी से अपने को मुक्त करती थी, जिसमें सामाजिक एहसास, ज़िम्मेदारी वग़ैरा थी। मसलन धूमिल, लीलाधर जगूड़ी और विनोदकुमार शुक्ल आदि की कविता, जो कि लगभग उसी दौर में लिख रहे थे।

र.स. : चाहे कुछ भी ये अपने बारे में कहें और चाहे कुछ भी हमारे आलोचक इनके बारे में कहें, असलियत यह है कि इन लोगों में एक-एक अंश में सच्चा कवि काम कर रहा था। और उसी अंश तक इनकी कविता महत्त्व रखती है। इसलिए यह कविता अकविता की कविता से बहुत भिन्न अगर है तो इस अर्थ में नहीं है कि यह आशावादी कविता है और वह निराशावादी कविता थी या कि यह समाज को बदलनेवाली कविता है और वह समाज को वैसा ही रखनेवाली थी, बल्कि इस अर्थ में कि यह संख्या में ही नहीं गहराई में भी, देश में ही नहीं काल में भी—दोनों प्रकारों से अनुभवों का विस्तार करनेवाली कविता है। खेद की बात तो यही है कि इन कविताओं में अनुभवों का जो विस्तार हुआ है, उनको स्वयं कवि (और आलोचक) भी महत्त्व नहीं देता है। महत्त्व इस बात को देता है कि ये कविताएँ तत्काल उसके किस वक्तव्य के अनुकूल होती हैं या किस तरह से वह उनमें क्या देख सकता है।

अ.वा. : कविता के बारे में जो धारणा या कि जानकारी या प्रतिक्रिया हम लोगों में होती है वह ज़रूरी नहीं है कि सब वक़्त आलोचक द्वारा दिए गए वक्तव्य के अनुसार होती हो।

र.स. : यह सौभाग्य की बात है कि नहीं होती। पर आप उस बड़े क्षेत्र को लें जहाँ पर कविता पढ़नेवाली नई पीढ़ी आगे आएगी, तो उस पर तो आलोचक विश्वविद्यालयों के माध्यम से हावी हैं।

ख़ैर, इसको छोड़िए, प्रश्न यह था कि धूमिल वग़ैरा की कविता में बहुत कुछ ऐसा है जो कविता के भीतर भाषा और अनुभव के संसार की वृद्धि करता है, वह रक्षणीय है, आगे भी वह बहुत कुछ दूसरों को देगा और उसमें अकविता से निश्चित रूप से अंतर है। यह तो नहीं कि ये लोग समाज में क्रांति और परिवर्तन के बड़े भारी पक्षधर हैं—मैं यह नहीं मानता। मुझे हमेशा अपने सहित हर कवि की सामाजिक समझ पर संदेह रहता है। कोई भी कवि हो, कवि की समाज की समझ के बारे में

मैं यह बेहतर समझता हूँ कि आप एक संदेह ही लेकर चलें। क्योंकि समाज कोई ऐसी बनी-बनाई और गढ़ी-गढ़ाई इमारत तो है नहीं कि जिसके नक़्शे को कवि देख आया और समझ गया—जाकर वहाँ छह दिन रह आया और उसको मालूम हो गया कि समाज इस तरह का है। समाज की समझ का मतलब है समाज में मनुष्य और मनुष्य के बीच के जितने ग़ैर-इनसानी रिश्ते हैं उनकी समझ—कहाँ से वे पैदा होते हैं इसकी समझ और उनकी जड़ों तक पहुँच, इतिहास की समझ। पर एक पक्षधरता तो रहे ही कि इन रिश्तों को ऐसे नहीं रहने देना है। नहीं तो आप समाज को कितना ही समझते रहिए, हमारी बला से। दिल्ली में एक बड़ा इंस्टीट्यूट ऑव् सोशल स्टडीज़ है, उसके एक बड़े भारी विद्वान ने मुझे बताया कि समाज में कितनी तरह के स्तर होते हैं। मैंने पूछा कि होना क्या चाहिए, तो उन्होंने कहा कि हमारा काम यह बताना नहीं है। अगर यह बताना आपका काम नहीं है तो आप यह जानकर करेंगे क्या कि समाज किस तरह का होता है? समाज की समझ के बारे में संदेह इसलिए रहना ज़रूरी है कि समाज को आप कभी पूरे और अंतिम रूप से नहीं समझ सकते—बस इतना ही काफ़ी है कि आपकी पक्षधरता साफ़ रहे। आप समाज को बदलना चाहते हैं, यह साफ़ रहे। और उसको बराबरी के पक्ष में बदलना चाहते हैं, यह भी साफ़ रहे। लेकिन बाक़ी बातें संदिग्ध हैं और बार-बार जानने की हैं।

धूमिल और अन्य कवियों की कविताओं में कहीं-कहीं लगता है कि इन्होंने बहुत ग़लत तरीक़े से समाज को समझा है और अपनी उस समझ को एक आवरण में अनजाने छिपा लिया है। छिपाने की ज़रूरत उनको नहीं महसूस हुई, क्योंकि वे समझते हैं कि हमने सही तरह से समझा है। उन्होंने एक ऐसी बात कह दी है कि जो सुनने और देखने में कोई बड़ी बदल देनेवाली बात लगती है या गुस्सा दिलानेवाली बात है। ऐसे स्थलों को छोड़ दें तो कुल मिलाकर पाएँगे कि इन कवियों ने अकविता के संसार की अपेक्षा, बल्कि उसके विपरीत आधुनिक कविता में वृद्धि की है। अफ़सोस तो यह है कि इस वृद्धि का आलोचक लोग ठीक से मूल्यांकन नहीं कर पाए हैं।

अ.वा. : मुझे याद आता है कि सीधी में धूमिल ने अन्य कवियों के साथ आपका उल्लेख करते हुए एक बात कही थी कि ये लोग संसदीय भाषा के कवि हैं। इससे मुराद शायद यह थी कि जो एक दी हुई व्यवस्था है, सामाजिक और राजनैतिक, उसमें एक सुरक्षित क़िस्म की असहमति व्यक्त करनेवाले लोग हैं। संसद में व्यवस्था का प्रश्न उठानेवाले लोग हैं। इस बारे में आप क्या कहेंगे?

र.स. : मैं उन लोगों के बारे में बहुत आश्वस्त नहीं हूँ जो कि कहते हैं कि आप असहमति इस धमाके से करिए कि आप बिना कोई बात कहे मर जाएँ—और वही तमाशा सब देखें।

अ.वा. : कहा गया है कि ऐसी असहमति जो उसे व्यक्त करने या व्यवहार में लानेवाले व्यक्ति को किसी जोखिम में नहीं डालती, सच्ची या खरी नहीं हो सकती। तो अगर तर्क के लिए फ़िलहाल मान लिया जाए कि कविता में जो असहमति व्यक्त होती है, इस तरह की असहमति व्यक्त करना आज के कवि का एक चारित्रिक गुण है, तो वह उसको किस तरह के जोखिम में डालेगी? किस तरह के जोखिम की कल्पना उसके दिमाग़ में है?

र.स. : एतराज़ किस बात से है? इस बात से है कि आप जानबूझकर ऐसी असहमति प्रकट कर रहे हैं कि जो आपको सुरक्षित भी रख सके और असहमति भी दिखाई दे और असहमति प्रकट करनेवालों में शामिल होने के जो फ़ायदे होते हैं, वे भी आपको मिलें?

मं.ड. : इसके पीछे शायद यह रहा कि एक चालाक असहमति।

र.स. : 'आत्महत्या के विरुद्ध' नाम की कविता में इसी तरह की चालाक असहमति व्यक्त करनेवालों का एक प्रसंग है : "नक़ली दरवाज़े पीटते हैं हाथ/सर को आराम हाथों को काम मिलता है," पर हम सबके लिए एक-दूसरे पर यह आरोप लगा देना बड़ा आसान है कि आप चालाक असहमति प्रकट कर रहे हैं। क्यों? इसलिए भी आसान है कि वास्तव में हम सब लोग कभी न कभी किसी न किसी

समय, थोड़े समय के लिए सही, यह करते भी हैं और इसलिए भी आसान है कि जब हम नहीं भी करते होते हैं तब भी हमारी असहमति का बहुधा चालाक इस्तेमाल होता है। चालाक असहमति की परिभाषा तों यही बनाई गई न कि उससे आपको कोई जोखिम नहीं है? मैं समझता हूँ कि यह परिभाषा अपूर्ण है। इसलिए अपूर्ण है कि हम पर जोखिम न आना केवल हमारे हाथ में नहीं है। क्यों नहीं हम इस तरह से सोचते कि जब आदमी एक सच्चाई को कहता है, वह सच्चाई चाहे यह हो कि "दरअसल कोई रंग कोई रंग नहीं है बल्कि शरीर के रंग पर एक रंग है" और चाहे यह हो कि समाज में इनसानी रिश्ते दूषित, ग़ैरबराबरी के आधार पर बने हुए हैं, तो उस अभिव्यक्ति की ईमानदारी सिर्फ़ इस कसौटी पर जाँची जा सकती है कि इसके द्वारा अंत में जो पारंपरिक इनसानी रिश्ते पुष्ट होते हैं, वे वाक़ई बराबरी के, न्याय के, इज़्ज़त के हैं या नहीं। सिर्फ़ इस आधार पर कि वर्तमान में इसने जो कहा है उससे इस पर जोखिम आया कि नहीं, किसी आदमी की ईमानदारी को नहीं जाँच सकते। जाँचेंगे तो वह ज़बरदस्ती होगी। साथ ही अगर सचमुच असहमति व्यक्त करनी है तो मैं इस बात में बिलकुल विश्वास करता हूँ कि असहमति प्रकट करके और ख़त्म हो जाने का कोई मतलब नहीं। हाँ, यह संभव है कि ऐसा क्षण ज़िंदगी में आए जहाँ पर कि लगे कि इसके आगे जीना बेकार है। वह क्षण वही हो सकता है जबकि आप पूरी तरह से पाएँ कि आप कोई भी रचना नहीं कर सकते। तब आप पाएँगे कि आपकी इसके आगे की सारी ज़िंदगी संपूर्ण गुलामी की होगी, और गुलामी के अनुभवों में आज़ादी के बहुत-से अनुभवों की स्मृतियाँ या आशाएँ जो हम सब हमेशा साथ रखते हैं, आह, वे न रख पाएँगे। तो जोखिम उठाने या असहमति प्रकट करने के लिए सुरक्षित रहना ज़रूरी है और साथ में यह मानकर चलना भी ज़रूरी है कि किसी समय आपके पास असहमति प्रकट करने और सुरक्षित रहने का साधन बिलकुल नहीं रह जाएगा।

मं.ड. : अच्छा, *सीढ़ियों पर धूप में* में जो एक मानवीय करुणा थी, जो ताक़त और सुंदरता होकर के थी उसको *हँसो हँसो जल्दी हँसो* की एक जो आतंकित करुणा है उससे आप कैसे अलगा पाएँगे? मसलन, "निरखता रह उसे कवि/न हँस/न रो/कि वह अपनी व्यथा इस वर्ष भी नहीं जानती।" यहाँ एक ताक़त के रूप में करुणा आई है, जो *हँसो हँसो जल्दी हँसो* में नहीं है।

र.स. : मैं अपनी वकालत तो नहीं कर सकता। लेकिन मुझे लगता है कि शायद यह बिलकुल सही आरोप नहीं है कि मेरी कविताओं में करुणा जो कि किसी समय शक्ति दे सकती थी, *हँसो हँसो जल्दी हँसो* की कविताओं में शक्ति नहीं देती है। हालाँकि शायद यह सही है कि वह उसी तरह की शक्ति नहीं देती है जैसे कि तब देती थी। लेकिन अगर शक्ति नहीं देती है तो फिर क्या करती है? क्या वह आपको हताश, कुंठित करती है?

मं.ड. : वह यह बताती है कि आख़िरकार वह सब नहीं सुरक्षित रखा जा सका जो कि रखा जाना चाहिए था, जिसे आपकी कविता अपने लिए या दूसरों के लिए सुरक्षित रखती।

र.स. : तो ऐसा कहके क्या मैं उन कविताओं में मृत्यु की घोषणा कर रहा हूँ कि सब कुछ मर गया है?

मं.ड. : एक विनाश की ख़बर तो उनमें है ही।

र.स. : विनाश की ख़बर है या क्षति की ख़बर है? मैं दावा तो नहीं कर सकता पर शायद विनाश की नहीं है। "मैंने कहा डपटकर ये सेब दागी हैं/नहीं नहीं साहब जी/उसने कहा होता/आप निश्चिंत रहें/तभी उसे खाँसी का दौरा पड़ गया/उसका सीना थामे खाँसी यही कहने लगी" इस रिश्ते में, जो कि मैंने इस व्यक्ति से पाया, क्या मैं उसकी असमर्थता का एलान करके यह कह रहा हूँ कि वह व्यक्ति मर गया है या कि यह कह रहा हूँ कि मैंने उस पर जुल्म किया था और वह इस जुल्म से अपने को बचाना चाह रहा था। बचा नहीं पा रहा था, लेकिन बचा रहा था। या, "देखो शाम घर जाते बाप के कंधे पर बच्चे की ऊब देखो/उसको तुम्हारी अंग्रेज़ी कह नहीं सकती/और मेरी हिंदी कह नहीं पाएगी

अगले साल"। क्या मैं अपने को सचेत नहीं कर रहा हूँ कि मेरी हिंदी अगले साल कह नहीं पाएगी? इन कविताओं को लिखते वक़्त यह अनुभव हुआ था कि सिर्फ़ एक बहुत हल्की-सी कहीं कोई चीज़ है जो कि इस वक़्त भाषा कर सकती है। पर कितनी भी हल्की हो अगर वह की जा सकती है और भाषा ने उसको किया है तो उसने विनाश का समर्थन नहीं किया है। आप यह कहें कि अब 'तोड़ो तोड़ो तोड़ो ये पत्थर ये चट्टानें' *(सीढ़ियों पर धूप में)* की तरह का आदेशात्मक आशावाद उसमें नहीं है तो माना जा सकता है।

मं.ड. : नहीं, जैसे 'बड़ी हो रही है लड़की' या 'बड़ा हो रहा है लड़का' या जो दो कविताएँ स्त्रियों को लेकर हैं कि 'वह हाथ रोककर देखती है हाथ' और दूसरी कविता है कि 'वह दिन भर जोड़कर रखती है वह सब जो महामंत्री ने दिन भर तोड़ा है देश में', इस तरह की अनेक उसमें कविताएँ हैं।

र.स. : मैं खुद जानना चाहूँगा कि क्या इन कविताओं को पढ़कर पाठक एक तरह की पीड़ा के विलास में डूब जाते हैं जिसमें कि आत्मपीड़न का या परपीड़न का सुख मिलने लगता है या कि यह होता है कि उनमें जो भी चरित्र हैं उनकी खोज करना चाहते हैं, उनके पास जाना चाहते हैं, उनको छूना-समझना-देखना चाहते हैं, क्योंकि उनके लिए ये वास्तविक हो जाते हैं।

अ.वा. : मुझे लगता है कि इस तरह के चरित्रों या पात्रों के बारे में इन कविताओं में पढ़कर एक ओर एक तरह की सामाजिक स्थिति के बारे में बोध होता है, दूसरी ओर भाषा के, कविता के एक नए सामर्थ्य का पता भी चलता है कि कविता एक ऐसी नैतिक संवेदनशीलता को जो कि शायद समाज में मर रही है, धीरे-धीरे ग़ायब या अंतःसलिल हो रही है, कम से कम उन लोगों के लिए, जो उससे प्रतिकृत होते हैं, मानो पुनर्प्राप्त करती है ··· कम से कम उनके लिए जिन्हें इन कविताओं के माध्यम से समाज में ग़ायब होते हम देख पा रहे हैं। यह देख पाना कि ये नष्ट हो रहे हैं, भाषा के माध्यम से उस संवेदना को फिर से प्राप्त करना है। और इसलिए उसे असमर्थ कहना ठीक नहीं है। वह आत्यंतिक रूप से न तो समर्थ है, न असमर्थ है, लेकिन वह जिन्हें प्रतिकृत करती है उन्हें उस नैतिक संवेदन के लिए समर्थ ज़रूर बनाती है।

र.स. : आपकी यह प्रतीति महत्त्वपूर्ण है कि वह आत्यंतिक रूप से समर्थ या असमर्थ नहीं है। अगर वह आत्यंतिक रूप से समर्थ होती तो भी या आत्यंतिक रूप से असमर्थ होती तो भी अन्य संवेदनाओं की कोई ज़रूरत नहीं मानती। लेकिन आपको आधे रास्ते ला करके खड़ा कर देना और यह तय करने के लिए कि वापस लौटेंगे या आगे जाएँगे, इधर जाएँगे या उधर जाएँगे, छोड़ देना, अगर कविता कर सकती है तो बहुत है। मैं नहीं जानता कि इन कविताओं में यह हुआ है या नहीं।

अ.वा. : एक बात यह है कि कवि जो कि एक इनसान है, एक माध्यम से जो कि भाषा है, इस क्षति को या इस घटाव और पतन को, नैतिक अवमूल्यन को देख पाता है और मैं उसे ऐसा करते देख पाता हूँ—मैं जो कवि नहीं हूँ। मैं जब ये देख पाता हूँ तो न केवल मैं यह पहचान पाता हूँ कि मेरे आसपास ऐसा हो रहा है, मैं यह भी पहचानता हूँ कि एक दूसरा व्यक्ति जो कवि है, इस देखे हुए को कहकर किसी हद तक मेरे लिए बचा रहा है। यानी इन कविताओं को पढ़ने के बाद मैं इसलिए अपने को एक अधिक नैतिक इनसान पाता हूँ कि मैं उस सामर्थ्य को देख पाता हूँ जो कवि की है। उसके करने का सामर्थ्य बदलकर, रूपांतरित होकर मुझमें एक नैतिक सामर्थ्य जगाता है।

र.स. : आपने वह कविता पढ़ी होगी : "कई कोठरियाँ थीं कतार में/उनमें किसी में एक औरत ले जाई गई/थोड़ी देर बाद उसका रोना सुनाई दिया/उसी रोने से हमें जाननी थी उसकी कथा/उसके बचपन से जवानी तक की कथा।" मैं बहुत आग्रहपूर्वक स्पष्ट कर देना चाहता हूँ कि यह कविता कोई प्रतीकात्मक कविता नहीं है। सचमुच एक कोठरी, एक औरत और उस पर हुए अत्याचार और उसके रोने की आवाज़ और उस आवाज़ से हमारा यह जानना कि हमें इसी रोने से उसकी पूरी कथा

जाननी होगी, इस कविता में है। क्यों कवि को आख़िर ज़रूरत महसूस हुई कि वह यह कहे कि हमें उसकी पूरी कथा जाननी होगी। अगर उसमें पूरी कथा जानने की इच्छा पैदा होती है तो क्या यह काफ़ी नहीं है?

मं.ड. : लेकिन जानने की ज़रूरत नहीं है, क्योंकि पूरी कथा तो उस कविता में ही है।

र.स. : मैंने यह नहीं कहा। मैं तो एक तर्क दे रहा हूँ कि जब कवि यह कहता है कि उसी रोने से हमें जाननी थी एक कथा, तो कवि एक पूरी कथा जानने की आवश्यकता पर ज़ोर दे रहा है। वह कैसे दे रहा है, यही बताता है कि इस कविता में जो करुणा जगी है उसकी दिशा क्या है।

मं.ड. : एक जगह यह भी लगता है कि *हँसो हँसो जल्दी हँसो* में आपकी कविता बहुत भावुकता-भरी है, हालाँकि इसका अर्थ यह नहीं है कि उसमें कोई गिरावट आई है। ऐसा बिलकुल नहीं : वह एक दूसरी उच्चता हो सकती है और है। लेकिन उसमें काफ़ी सेंटिमेंटलिज़्म है जो कि आपकी पिछली कविताओं में नहीं है। जैसे "उसी रोने से हमें जाननी थी उसकी बचपन से जवानी तक की कथा"—इसमें एक ख़ास तरह की 'फाइनैलिटी' है कि जैसे उसके बाद आप उस औरत को जान जाते हैं सिर्फ़, और जानने की कोई इच्छा आपमें नहीं होती। क्योंकि आप जान चुकते हैं कि उसकी और कोई कथा नहीं हो सकती।

र.स. : 'जाननी थी' का मतलब यह है कि हमने सुना और हमारे पास उसका वही एकमात्र ब्यौरा था। रोने की आवाज़ से आप उसकी ज़िंदगी को देखने लगेंगे और साथ में यह भी संभव है—मैं मानता हूँ—कि आप बहुत भावुक हो जाएँगे। पर इसको करके आप क्या हो जाएँगे यह प्रश्न नहीं है। प्रश्न यह है कि कवि ने जो कविता लिखी है उसमें इनसान से उसका भावात्मक रिश्ता क्या है। मैं जानता हूँ कि *आत्महत्या के विरुद्ध* की कविताएँ लिखते समय बहुत बार मेरे सामने यह परेशानी आई थी कि मैं अति-भावुकता में तो नहीं, पर आत्मदया में कुछ कह रहा हूँ और उसको मैंने सुधारने की कोशिश की थी। पर इन चीज़ों को आप शब्दकोश में से या मुहावरों में से या बोलियों में से शब्द लाकर तो नहीं सुधारते। इनको तो आप अपने अंदर सुधारते हैं। इसलिए बहुत-सी कविताओं को मैंने फाड़ के फेंक दिया और दुबारा लिखा, सोचा और समझा और मेरी कोशिश बराबर यही रही कि उसमें आत्मदया जैसी चीज़ नहीं होनी चाहिए, क्योंकि वह हुई नहीं कि झट से आप उस कविता के संसार में पहुँच जाएँगे जो आपका बिलकुल नहीं है। ज़रा-सी ग़लती से आप फिसलकर साँप-सीढ़ी के खेल की तरह एकदम उस प्रतिभा के ख़ाने में पहुँच जाएँगे जो छायावाद की, वृथाभावुकता की है—उसकी एक ख़ास शब्दावली है, एक ख़ास आधुनिक दिखावा है, उसमें डर है ही नहीं, प्रेम ही प्रेम और प्रेम भी ऐसा है कि उसमें केवल आनंद ही है। जो हो, मैं इसके प्रति सचेत रहता हूँ। वृथाभावुकता के प्रति इतना सचेत नहीं रहा हूँ, इसी से शायद मुझे कभी उसका हमला होते हुए दिखाई नहीं दिया, जैसा कि *आत्महत्या के विरुद्ध* में आत्मदया का दिखाई दिया था। हो सकता है कि हमला हुआ हो। लेकिन अगर हुआ है तो इसका मतलब यह है कि वह कविता ज़रूर कमज़ोर होगी। यह भी है कि एक क़िस्म का सादापन ज़िंदगी में भ्रमवश कभी-कभी एक तरह की वृथाभावुकता का आभास पैदा कर सकता है। एक बहुत ज़्यादा पेचीदा और उलझा हुआ इनसानी अनुभव जहाँ सुलझाया गया है वहाँ हमेशा वृथाभावुकता होगी, यह बात नहीं है, न इसका उलटा ही सही है।

प्रश्न : *हँसो हँसो जल्दी हँसो* की ज़्यादातर कविताएँ औरतों और बच्चों पर हैं या उनमें औरतों-बच्चों का कोई न कोई उल्लेख है। आपको अपनी काव्य-यात्रा में यह कोई नया मोड़ लगता है?

र.स. : मोड़ नहीं है, लेकिन यह ज़रूर है कि तजुर्बे आख़िर कभी-कभी आदमी को वहाँ ले जाते हैं जहाँ पर कि किसी चीज़ का प्राधान्य होता है। हो सकता है कुछ ऐसा ही हुआ हो। क्योंकि मैं बहुत ज़्यादा कामों का कर्ता और क़िस्म-क़िस्म के लोगों का साझेदार नहीं रहा हूँ। कुल मिलाकर तो सभी हिंदी लेखकों की यह नियति है कि वे ख़ाली लेखक हैं और कुछ नहीं। बहुत-से लोग पत्रकार

हो गए या अध्यापक हो गए, और नहीं तो अनुवादक हो गए और कुछ नहीं। कोई विद्या नहीं जानते, कोई कर्म नहीं जानते, कोई कला नहीं जानते। उनके तजुर्बे बहुत सीमित होते हैं। एक मानी में उनकी नियति में मैं भी पड़ा हूँ, हालाँकि उससे भागना चाहिए। यह संभव है कि इन कविताओं में औरतें और बच्चे ज़्यादा इसलिए आते हों कि ये मेरे सबसे नज़दीक हैं। और इसलिए भी हो सकता है कि जिस तरह के मानसिक-आध्यात्मिक जुल्म का दर्द मैं देखता हूँ वह सबसे ज़्यादा औरतों और बच्चों पर ही होता है; कम से कम उनके जीवन में प्रकट दिखाई देता है। तो इसलिए कोई सिद्धांत बनाना कि औरतों और बच्चों को ढूँढूँ और कविता लिखूँ, यह मैंने नहीं किया, लेकिन यह एक संयोग है कि इन दोनों कारणों से औरतें और बच्चे मेरी कविता में आए हैं।

प्रश्न : लोग आपकी कविताओं में जब आए हैं—मुसद्दी, मैकू, दिग्विजयनारायणसिंह, रामदास, रामलाल आदि—वे समाज की बजाय व्यक्ति होकर आए हैं। आपकी कविता के शब्द लें तो 'स्वाधीन व्यक्ति'। लेकिन ये मामूली लोग उस समाज के सदस्य नहीं लगते जहाँ से कि उनका मामूलीपन आया है। यहाँ तक कि समाज आपकी कविताओं में कभी-कभी एक अमानवीकृत घटना है जिसमें अगर कोई आस्था है तो व्यक्ति की संभावित स्वाधीनता और मानवीयता पर है। इसके पीछे कोई निश्चित वैचारिकता रही होगी?

र.स. : क्या आप मुझे अमानवीकृत घटना का मतलब समझाएँगे?

अ.वा. : मतलब यह है कि व्यक्ति की जो बुनियादी मानवीयता है, वह समाज में सुरक्षित नहीं है। एक तो यह बात, और दूसरी बात कि समाज उसके ऊपर लगातार हमले करता चलता है। इस हालत में जो संभावना है वह यही है कि व्यक्ति स्वाधीन और अक्षत बना रहे, अपनी जिजीविषा और स्वाधीनता के साथ।

र.स. : समाज हमेशा हमले करता है, यह बात सही नहीं है। समाज में कुछ शक्तियाँ हैं जो यह कोशिश करती हैं कि वह हमला बना रहे या असंतुलन बना रहे। किसी भी चीज़ का समान बँटवारा नहीं होने पाए। चाहे वह खुशी हो चाहे ज़िम्मेदारी हो। समाज आदमी को हमेशा आतंकित करता है, ऐसा सरलीकरण नहीं किया जाना चाहिए। समाज तो आदमी को ताक़त देता रहता है।

और, वे जो नाम हैं वे लोगों के नाम नहीं हैं। वे शब्द हैं। मुझे यह ग़लत या सही एहसास है कि शायद पहली बार मैंने नामों का शब्दों के रूप में इस्तेमाल किया है। मुझसे पहले या बाद और लोगों ने किया होगा ज़रूर, लेकिन पात्रों के रूप में, सुनिश्चित चरित्रों के रूप में किया है। मोचीराम किसी आदमी का नाम नहीं है, यह तो उपाधि है। लेकिन नाम, जिसके कि मायने हो जाते हैं, एक शब्द बन जाता है। थोड़ा-सा बन चुका था, उसकी ध्वनि से बन चुका था, मेरे दिमाग़ में बन चुका था या एक सामूहिक या पारिवारिक स्तर पर कहीं बन चुका था, उसे वहाँ से उठाकर भाषा में एक शब्द बनाकर रख दिया, क्योंकि एक शब्द की, मुसद्दीलाल शब्द की पहले मेरी कविता में, फिर हिंदी में कमी थी। वह शब्द व्यक्तियों के एक प्रकार का भी अर्थ देता है : एक व्यक्ति-विशेष का भी और साथ में मान्यताओं के एक पूरे संसार का भी। इस तरह की एक डिबिया बनाकर मैंने उसका इस्तेमाल किया। कहीं-कहीं यह ज़रूर है कि नामों का दूसरे तरीक़ों से इस्तेमाल किया गया है—नेकराम नेहरू—यह तो ख़ाली अनुप्रास के लिए है, और कहीं-कहीं किया है बिलकुल एक ऐसे व्यक्ति के लिए जो कि कोई भी व्यक्ति हो सकता है, यद्यपि इतना सार्वजनिक नहीं कि एक शब्द का महत्त्व प्राप्त कर ले। उदाहरण के लिए मुसद्दीलाल 'शब्द' है। लेकिन 'गया वाजपेयीजी से पूछ आया देश का हाल', में वाजपेयीजी 'शब्द' नहीं बन पाया। वह वाजपेयीजी बनकर के रह गए। एक संभ्रांत, ऊँचे वर्ण के ताक़तवर आदमी।

प्रश्न : *आत्महत्या के विरुद्ध* में आपकी एक प्रसिद्ध कविता की पंक्तियाँ हैं : "प्रिय पाठक ये मेरे बच्चे हैं/ कोई प्रतीक नहीं/और इस कविता में मैं हूँ/कोई रूपक नहीं।" इसमें कविता समझने

के पारंपरिक संस्कारों का जवाब भी एक तरह से है। लेकिन *हँसो हँसो जल्दी हँसो* की 'गुलाम स्वप्न', 'काबुल स्वप्न' जैसी कविताएँ अतिकल्पना के बहुत क़रीब हैं : उनमें प्रतीक और रूपक भी बाँधे गए लगते हैं। इस परिवर्तन का कोई अर्थ होगा?

र.स. : अतिकल्पना और प्रतीक दोनों एकसाथ कहाँ से हो सकते हैं? अतिकल्पना है, प्रतीक नहीं हैं। अतिकल्पना में तो यथार्थ होता है, अतिकाल्पनिक यथार्थ होता है : एक यथार्थ जो यथार्थ जीवन में यथार्थ नहीं है। प्रतीक तो वह चीज़ है जिसका कि यथार्थ जीवन में अस्तित्व है, लेकिन जो आपके लिए अपने वस्तुगत रूप से अस्तित्व नहीं रखती। आपके लिए वह सिर्फ़ एक किसी दूसरे यथार्थ के प्रतीक के रूप में है। और अतिकल्पना में जो कुछ भी आता है सब यथार्थ होता है। 'काबुल स्वप्न' और 'गुलाम स्वप्न' दोनों स्वप्न कविताएँ हैं, इस अर्थ में कि बहुत-से यथार्थ-खंड जो उन कविताओं में आते हैं, वे लगभग स्वप्न की ही अवस्था में लिखे गए हैं। अंत में ये कुल मिला करके चाहे सचमुच नींद से जागृत होने पर, चाहे सचमुच मन से जागृत होने पर कई असंबद्ध और असंभव रूप से असंबद्ध यथार्थों के संबद्ध हो जाने का ज्ञान देते हैं। ये चीज़ें एक-दूसरे से कैसे जुड़ गईं? 'काबुल स्वप्न' में उदाहरण के लिए जो कुछ है शुरू से आख़िर तक, सब एक-दूसरे से तार्किक संबंध नहीं रखता। लेकिन कहीं पर तो कोई संबंध वह रखता है। मेरे अंदर कहीं कोई एक बात है जिससे तमाम यथार्थ के खंडों का कोई रिश्ता जुड़ जाता है। वह चीज़ कहीं न कहीं उस कविता में मुझे पोह, बींध या गूँथ देनी पड़ती है, क्योंकि अगर मैं उन्हें ठीक-ठीक वैसा असंबद्ध जैसा मैंने उन्हें देखा है, रखूँ तो वह एक ख़बर होगी। कविता नहीं होगी। कविता में मैं भी कुछ करता हूँ। मसलन मैं अंत में जहाँ अपने मृत पुरखों को फिर जीवित देखता हूँ वहीं यह जोड़ देता हूँ कि वे चकित थे। शायद मैंने जब अपनी कल्पना में या स्वप्न में उनको देखा था तो वे चकित नहीं थे।

'गुलाम स्वप्न' कविता में इसकी अपेक्षा अधिक बनावट है। उसे ज़्यादा चीज़ों से जोड़ा गया है। उसमें छाता, मरता हुआ आदमी, गोलमेज़, खँडहर, दो लड़कियाँ—ये सब यथार्थ हैं, प्रतीक नहीं हैं—बिलकुल यही चीज़, लोग, वास्तविक लोग हैं। लेकिन एक-दूसरे से इतने असंबद्ध हैं कि मैं सोचता हूँ कि कौन-सी चीज़ इनको जोड़ रही है, क्यों ये मेरे मन में या मेरे स्वप्न में एक के बाद एक आए हैं, इनकी कविता क्यों बनती है? इसलिए बनती है कि उन सबको, एक के बाद दूसरे को, देखने के बाद जानता हूँ कि कहीं से वह कोई संबंध इनमें ढूँढ़ना है जिससे ये रँज कर एक रचनात्मक चीज़ बन जाएँ। वह संबंध मैं इस कविता में जरा ज़्यादा ज़ोर से, ज़रा अधिक हस्तक्षेप करके—ज़रूरत से ज़्यादा नहीं—पाता हूँ। मैं पाता हूँ कि वह तसवीर जो कि छोटी लड़की के खँडहर से भागने की है, शायद सबको जोड़ने का साधन बन सकती है। इसलिए अंत में आप पाते हैं कि मैं यह कह रहा हूँ कि मेरा कोई निर्णय नहीं हो सका, इससे कोई परेशान नहीं था, यद्यपि मैंने यह नहीं देखा था कि कोई परेशान है या नहीं है; मैंने केवल यह देखा था कि कोई निर्णय नहीं हुआ। और इससे तो मैं ही परेशान था, लेकिन मैंने उस अपनी तकलीफ़ को बयान नहीं किया। मैंने कहा कि किसी और को कोई चिंता नहीं थी कि मेरा कोई निर्णय नहीं हुआ और उसका कारण भी सोचकर बताया—वह आरोपित है—कि उन्होंने अमानत या रेहन के तौर पर मेरी दो संतानें क़ैद कर रखी थीं—और यह तो मैं ही जानता हूँ कि उनमें से एक भागकर मर चुकी है। पर एक व्यंग्य यह है कि वे नहीं जानते, दूसरा व्यंग्य यह है कि मुक्त होनेवाली लड़की को मरना पड़ा।

मं.ड. : उसमें जो होता है वह किसी प्रतीकात्मक इस्तेमाल में लगता है।

र.स. : काहे का प्रतीक उसमें है?

अ.वा. : यों तो कविता में जो भी आप देखें, यानी कोई भी चीज़, कवि का उसको बहुत एकाग्र और रचनात्मक दृष्टि से देखना ही उस चीज़ को किसी और चीज़ में बदलेगा, लेकिन वह चीज़ वही रहकर दूसरी चीज़ में बदलती है यानी कविता का छाता पहले छाता होगा फिर हो सकता है कुछ

और भी हो जाए, लेकिन बिना छाता हुए, वह कुछ और नहीं हो सकता। तो इस अर्थ में हो सकता है छाता किसी और चीज़ का भी प्रतीक हो।

र.स. : नहीं। जब मैं यह कहता हूँ कि "देखो वृक्ष को देखो, वह कुछ कर रहा है," तो मैं दरअसल वृक्ष के ही बारे में कह रहा हूँ पर यह मैं जानता हूँ कि इस कविता को—खास तौर से इस वृक्षवाली कविता को, (और यह इस कविता की कमज़ोरी है) पढ़कर आप बरबस यह सोचेंगे कि इसका अर्थ प्रतीकात्मक है। फिर अलग से आपकी भी यह कमज़ोरी है, कि आप सोचें। हिंदी कविता के सारे पाठक इस कमज़ोरी से पूरी तरह से ग्रस्त हैं। और आजिज़ आ करके—इस आजिज़ी का यह स्तर था कि कविता पर पहुँचा—मैंने उस कविता में यह कहा कि 'प्रिय पाठक ये मेरे बच्चे हैं, कोई प्रतीक नहीं' और 'प्रिय पाठक' कहा तो आप समझ सकते हैं कि कुछ स्नेह से कहा, कुछ व्यंग्य से।

अ.वा. : जैसे वृक्षवाली कविता में—आप यह कह रहे हैं कि मैं यह सोचूँगा कि वह किसी का प्रतीक वग़ैरा है। मैं यह भी सोचता हूँ कि कवि जो है वह भी वृक्ष है—

र.स. आप वृक्ष समझें कवि को या जड़ समझें—मेरी बला से। मेरी तो केवल इस बात में दिलचस्पी है कि क्या मैंने जानबूझ करके किसी वस्तु को वस्तु रहने से वंचित किया है। अगर मैं करता हूँ तो मैं बहुत घटिया कवि हूँ। मैं नहीं मानता इस बात को। मैं चाहता हूँ कि भाषा के साथ यह बरताव बंद हो, हमेशा के लिए बंद हो। इसीलिए सपने में जब मैं देखता हूँ, एक छाता, एक कमरा, दरवाज़ा खुला, एक आदमी गिरा, मैं वहाँ था, मैं वहाँ से भागा, घबराया हुआ, देखता हुआ, एक छाता भी मेरे हाथ में कहीं से आ गया। आपने देखा होगा कि ऐसा होता है जीवन में। कोई भी चीज़ आ जाती है कहीं से भी एकाएक, आई, आके चली गई। आपने इसको जीवन में भी देखा होगा और फ़िल्म में भी देखा होगा, क्योंकि फ़िल्म का माध्यम यह बहुत आसानी से कर सकता है कि किसी भी चीज़ को लाए और फिर से ले जाए। फिर थोड़ी देर के लिए लाए, फिर थोड़ी देर के लिए ले जाए। हमारी सब प्रतीतियाँ हमारे जीवन में जमा होती हैं। जीवन की भी, फ़िल्म की भी, किताब की भी, आदि आदि, और फिर वे हमारे अनुभवों में वास्तविकताओं की सृष्टि दुबारा से करती हैं। तो इस तमाम दुनिया में से, जहाँ फ़िल्म भी है और मांसवाला, जीवित आदमी भी है, कहीं न कहीं से एक छाता आकर मेरी आँखों के सामने थोड़ी देर के लिए टँग गया। यह असंभव तो नहीं है। क्या ज़रूरी है कि उस छाते की कोई प्रासंगिकता हो, कि पहले यह सिद्ध हो कि छाता कहाँ से आया, किसका था, क्यों आया और उसमें खून क्यों लगा हुआ था। यह तो बिलकुल एक असंभव स्थिति है कि दस आदमी यह कह रहे हों कि छाता जो है उसी से सब सुराग मिलेगा और मैं समझ रहा हूँ कि अगर मैं यह कह दूँगा कि यह छाता मेरा है तो मैं बच जाऊँगा, लेकिन जैसे ही मैंने कहा कि यह मेरा है, उन्होंने कहा कि हाँ, बिलकुल ठीक है, इसमें खून लगा हुआ है। तो, इस तरह की स्थितियाँ आती हैं, बिना कारण आती हैं। इसलिए छाता भी होता है, आदमी भी होता है, खँडहर भी होता है, कुछ भी हो सकता है उसमें बशर्ते कि वह आपने सचमुच देखा हो। अगर आपने उसको सोच-सोचकर, जोड़-जोड़कर रचा है तो मैं नहीं जानता उसके बारे में। मैं तो सचमुच देखी हुई बात की बात करता हूँ। और यह मैंने देखा है। कहाँ देखा है, यह छोड़ दीजिए। इसलिए मैं नहीं मानता कि ये प्रतीक हैं। प्रतीक का इस्तेमाल मैं नहीं करना चाहता हूँ। मैं सख़्त ख़िलाफ़ हूँ उसके, क्योंकि वह मुझे बहुत दयनीय बना देता है।

मं.ड. : कुछ लोग इसे अगर 'एब्सर्डिटी' का प्रतीक समझें तो, और उसकी एक संगति भी बैठती है कविता में।

र.स. : तो समझें न। इसमें क्या दिक़्क़त है कि आप एक कविता को जिस तरह से चाहें उस तरह से समझें। इसमें मैं कर क्या सकता हूँ? पर चूँकि आप मुझसे पूछ रहे हैं इसलिए मैं कह सकता हूँ कि मेरे निकट तो किसी चीज़ का प्रतीक नहीं है वह। छाता छाता ही है। एक सज्जन ने मुझसे

कुछ प्रश्न पूछे थे। उन्होंने कहा था कि उस घर में बीस औरतें थीं, उनमें से सिर्फ़ एक बुढ़िया क्यों थी? और बुढ़िया क्यों थी वह? तो मुझे इस प्रश्न से बहुत दुख हुआ। इसलिए हुआ कि क्या हमारे नौजवान साथियों की संवेदना इतनी कुंठित हो चुकी है कि वे बीस औरतों वाला घर कभी देख नहीं सकते अपनी आँख से? कल्पना नहीं कर सकते कि ऐसा होगा, घर न सही, एक बनाई हुई स्थिति ही सही—मान लीजिए मैं मंच पर बीस औरतों को बिठा देता हूँ एक नाटक में। लेकिन इस तरह के प्रश्न के पीछे कि जब वे बीस औरतें कोई माने रखेंगी तभी एक साथ हो सकती हैं वरना बीस क्यों होनी चाहिए—और उसमें बुढ़िया एक क्यों है, दस-बारह क्यों नहीं हैं, एक असमर्थता या असहायता दिखाई देती है। यह इस बात से घबराने का प्रमाण है कि यथार्थ के कितने ही नए रूप हो सकते हैं, जो आपका रोज़ का देखा हुआ नहीं है, उससे ज़रा भी कुछ अलग हो तो आप फ़ौरन चाहते हैं कि आप प्रतीक की गुफ़ा में शरण ले लें। आप कहते हैं यह ज़रूर प्रतीक होना चाहिए, यह यथार्थ कैसे हो गया। यह छायावाद ने किया है कि उसके पहले की कविता ने किया है, यह तो विद्वान लोग बताएँगे लेकिन मैं समझता हूँ कि जिसने भी किया हो आधुनिक कविता को इससे मुक्त होना चाहिए। आधुनिक पाठकों को—उनके साथ थोड़ी ज़बरदस्ती करके—इससे मुक्त कराना चाहिए।

अ.वा. : अकसर पिछले दिनों पीढ़ियों के बीच के अंतर और तथाकथित संघर्ष को लेकर बहुत घमासान हुआ। आपने कल जो कविता सुनाई थी *सीढ़ियों पर धूप में* से : 'शक्ति दो पिता', उसमें पिता से यानी अपने से पहले की पीढ़ी के साथ एक बिलकुल दूसरे संबंध की बात है। और जो संबंध हो सकता है आपकी पीढ़ी देख पाती रही हो, कम से कम, बाद की पीढ़ियों में वह संबंध समाप्त हो गया, कविता में उसका कोई साक्ष्य नहीं है कि ऐसा संबंध बचा रहा। तो एक तो प्रश्न यह है कि अपने से पहले की पीढ़ी या कि पिछली पीढ़ियों से आपका सृजनात्मक संबंध क्या हो पाया था और दूसरा यह कि जो एक तरह का मानवीय प्रभाव पिछली पीढ़ी ने शायद आप पर डाला था, जैसा कि उस कविता से लगता है, यह क्यों हुआ कि आपकी पीढ़ी वैसा ही प्रभाव उससे आगे आनेवाली पीढ़ी पर नहीं डाल पाई?

र.स. : एक बात पहले मुझे साफ़ करनी है। जब आप कहते हैं कि मुझसे पहले की पीढ़ी ने मानवीय प्रभाव हम लोगों पर डाला था, तो क्या आपका मतलब मुझसे पहले की पीढ़ी से है या मुझसे पहले की पीढ़ी के साहित्यकारों से है? बहुत अंतर है दोनों में। मुझसे पिछली पीढ़ी के साहित्यकारों ने मुझ पर ऐसा प्रभाव उतना नहीं डाला जितना कि उनके कई-एक या कई पीढ़ी पहले के साहित्यकारों ने डाला होगा।

अगर आप मुझसे पिछली पीढ़ी के 'लोगों' की बात लें तो उन्होंने ज़रूर मेरे ऊपर एक ज़बरदस्त मानवीय प्रभाव डाला, क्योंकि वे सब लोग मिलकर के एक बड़े मानवीय अभियान में लगे हुए थे, आज़ादी के पहले। वे जो कुछ भी करते थे, जितना कुछ भी मानवीय होता था, वह हमारी पीढ़ी पर असर डालता था। हम उसके लिए भूखे थे। लेकिन मुझसे ठीक पिछली पीढ़ी के कवियों या साहित्यकारों ने ऐसा कुछ मानवीय प्रभाव नहीं डाला। वह पड़ा—साहित्य के द्वारा नहीं—तमाम क्षेत्रों द्वारा। राजनैतिक कार्यों के और समाजशास्त्रीय जनों के द्वारा।

अ.वा. : आपके कहने का अर्थ क्या यह है कि जिस पीढ़ी में मानवीय संस्कार था, उस पीढ़ी के साहित्यकारों में वह नहीं था?

र.स. : नहीं, यह तो मैंने नहीं कहा। मैंने कहा कि हमारे ऊपर प्रभाव नहीं डाला। उन साहित्यकारों का जो भी सहृदय प्रभाव रहा हो हम तक पहुँच नहीं रहा था। कवियों को ले लीजिए—माखनलाल चतुर्वेदी, मैथिलीशरण गुप्त, बालकृष्ण शर्मा 'नवीन', सुभद्राकुमारी चौहान और पंतजी और दो-चार औरों को भी ले लीजिए। इनकी रचनाओं के प्रभाव से ज़्यादा असर हमारे ऊपर आचार्य नरेंद्रदेव और लोहिया और नेहरू और गाँधी का हुआ।

अ.वा : हाँ, पर, मसलन, जो *तारसप्तक* वाली पीढ़ी थी।

र.स. : *तारसप्तक* वाली पीढ़ी से एक गुणात्मक परिवर्तन आरंभ होता है। वह परिवर्तन कम से कम मेरे जैसे व्यक्ति के जीवन में, अनुभव के क्षेत्र में इसलिए गुणात्मक कहा जाएगा कि वह आज़ादी के बाद आया। वह उस वक़्त आरंभ होता है जब मुझे आज़ादी मिल गई थी। मैं यह बार-बार कहना चाहता हूँ कि आज़ादी मिलने की घटना को हिंदुस्तान के लोगों के जीवन में एक परिवर्तन की घटना करके बहुत बड़े-बड़े लेखकों और इतिहासकारों और समाजशास्त्रियों ने वर्णित किया है। लेकिन उसकी तीव्रता ठीक-ठीक सिर्फ़ हम ही लोग समझ सकते हैं जो कि उस वक़्त अपने रचनात्मक जीवन में प्रवेश करनेवाले थे। जो ऊर्जा, आशा-निराशाभरी मानसिक ताक़त हमें मिली थी उसका अंदाज़ा न तो हमारे बाद की पीढ़ी को लग सकता है और न उन तटस्थ इतिहासकारों को जिन्होंने कुल जमा तौर पर बताया है कि हिंदुस्तान में आज़ादी आ गई है। हम पर, जो इस लायक़ हो गए थे कि कुछ करें, लिखें, पढ़ें, सोचें, बोलें, *तारसप्तक* वाली पीढ़ी का बहुत गहरा असर पड़ा क्योंकि *तारसप्तक* वाली पीढ़ी में हमने वे प्रयत्न पाए जो कि इसकी पिछली पीढ़ी में, उदाहरण के लिए, मैथिलीशरण के यहाँ, नहीं मिलते थे। पर यदि इस पीढ़ी से भी हमने सब कुछ नहीं पाया और मन में एक प्रश्न जैसा रह गया तो हमने यह भी पाया कि हमारे यहाँ भी प्रश्न रह गए हैं और दोनों में यह समानता बहुत बड़ी चीज़ थी। वात्स्यायन की पीढ़ी में और मेरी पीढ़ी में यद्यपि उम्र के लिहाज़ से अठारह बरस का अंतर है लेकिन भारतभूषण में और मेरी उम्र में दस बरस का ही है—बहुत बड़ा अंतर नहीं, उस तरह का नहीं जैसा कि नवीनजी, माखनलालजी में और हम लोगों में था। जो हो, उम्र की बात इतनी महत्त्वपूर्ण नहीं है। लेकिन वात्स्यायन वग़ैरा के साथ एक तरह का नाता बनता था—इसलिए कि उनके यहाँ भी सवाल हैं। पहले वाले लोगों के यहाँ तो कोई सवाल ही नहीं थे, थे तो जो थे हमारे लिए अप्रासंगिक हो चुके थे।

अब अगर आप यह खोज करने चलें कि हमारा रिश्ता हमारे बाद की पीढ़ियों से कैसा बना तो आज़ादी और हिंदी के राजभाषा-पद-प्राप्ति की घटना से शुरू करना होगा। आज़ादी मिलने के बाद कृतित्व और रचनाशीलता के जो साधन देश में थे, उनका बड़ा हिस्सा हासिल करने में *तारसप्तक* की पीढ़ी के लोग नहीं, बल्कि वे लोग समर्थ हुए जिनके यहाँ कोई सवाल नहीं थे। और जब साधन बढ़े या हक़दार लोगों में ताक़तवरों का एकाधिकार बढ़ा तब *तारसप्तक* की पीढ़ी को ज़रूर मिले। लेकिन लगभग उसी समय हमारी पीढ़ी के लोग भी साधन पाने लगे थे। बहुत थोड़ा-सा अंतर वहाँ भी था। बहुत दूर तक यह स्थिति चलती आई। लेकिन ऐसा रिश्ता हमारा और हमसे बाद की पीढ़ी का नहीं बना। उसकी वजहें बहुत विविध होंगी पर इसके पीछे बहुत बड़ा कारण हमारी राष्ट्रभाषा हिंदी है। हिंदी के राष्ट्रभाषा घोषित होने के बाद ये सब बातें गौण हो गईं कि भाषा से क्या काम हो रहा है, उस भाषा के लोग क्या कर रहे हैं, और उस भाषा के जितने बोलने, लिखनेवाले हैं उनमें से कुछ लोगों को राष्ट्रभाषा के भौगोलिक क्षेत्र के होने के लाभ मिलना प्रमुख हो गया जबकि राष्ट्रभाषा होने का एकमात्र लाभ जो हो सकता था वह यह था कि हिंदी बोलनेवाला प्रत्येक आदमी व्यवहार में भाषा का इस्तेमाल अधिक कामों के लिए करता। उससे सारी हिंदी बदल जाती। पर इसकी जगह हिंदी के कुछ विशेषज्ञों और पंडितों को—चाहे वे साहित्यकार ही क्यों न रहे हों—लाभ देने की एक नीति बनाई गई। उसी नीति के अंतर्गत यह तय हुआ कि हिंदी का इस्तेमाल जल्दी न करें। पहले अंग्रेज़ी से हिंदी का अनुवाद होगा। जिन लोगों को मौलिक कुछ नहीं करना था उन्होंने इस नीति का समर्थन किया। भाषा संबंधी शोधकार्य विस्तृत होने लगे। लेकिन शोध का हो, इस्तेमाल का विस्तार न हो तो एक समय ऐसा आता ही है, जब वह भाषा-विस्तार अनुत्पादक हो जाता है। आप अगर दूसरे काम-धंधे नहीं करेंगे तो भाषा के काम-धंधे बढ़ नहीं सकते। हिंदी क्षेत्रों में काम कम था क्योंकि दूसरे उत्पादक क्षेत्रों में काम हुआ नहीं था। एक दुश्चक्र बना। उसका परिणाम नई पीढ़ी को यह भुगतना पड़ा कि

एक तरह के उखड़ेपन का, धोखा खाने का अनुभव उसे हुआ। एक तरह की ज़िद भी उसके अंदर पैदा हुई और उसके साथ बहुत-सी ऐसी चीज़ें पैदा हुईं जिनका कि बड़े-बूढ़ों के लिए ऐब कहके वर्णन करना आसान होता है। तो भी मैं नहीं मानता कि इस पीढ़ी की कतरब्योंत या तिकड़म मैथिलीशरणजी की पीढ़ी से ज़्यादा हुई है। लेकिन यह मानता हूँ कि परेशानी और घबराहट ज़्यादा रही है, हाथ-पैर मारने की ज़रूरत ज़्यादा महसूस हुई है। बहुत स्वाभाविक था कि उसका सबसे पहला जो टकराव या कि मनमुटाव होता वह हमारी पीढ़ी से होता। अब मैं समझता हूँ कि स्थिति थोड़ी बदल रही है। यानी हमारी पीढ़ी अब बूढ़ी हो रही है और अब संतुष्ट भी है और निश्चिंत भी। इसलिए उसने जवाबी हमला कम कर दिया है। एक हद तक चीज़ें इसलिए भी ज़रा मधुर हैं। लेकिन मुझे ऐसा लगता है कि जो बिलकुल नए लेखक लोग आ रहे हैं वे शायद अपने ठीक पहले के लेखकों से और हम लोगों से—साहित्यिक, व्यक्तिगत और रचनात्मक रिश्ते की बात नहीं, रचना के रिश्ते की बात हो रही है—ज़्यादा ठोस रिश्ता रखते हैं। जो तमाम साहित्य लिखा जा रहा है उसमें का बहुत कुछ दिखाता है कि उसके लिखनेवाले अगर लिखते रहे तो कुछ बहुत नया होगा।

अ.वा. : किस अर्थ में? इसे थोड़ा और स्पष्ट करें। कुछ नाम या रचनाओं का उल्लेख—प्रवृत्ति के रूप में, चारित्रिक विशेषताओं के रूप में ...

र.स. : तत्काल यह संभव नहीं है। सबसे बड़ी बात यह है कि इस दौर में जो लोग कविता लिख रहे हैं उन लोगों ने हमारी पीढ़ी और हमसे बाद की भी पीढ़ी की अपेक्षा छायावाद से सचमुच नाता तोड़ लिया है और असली तौर पर तोड़ा है। यह अपने में एक बड़ी भारी ऊर्जा देनेवाली शक्ति है। ये लोग शब्दों के इस्तेमाल में उनका ज़्यादा सीधा सामना करते हैं। काव्य-अनुभव की पकड़ इनमें जहाँ है बहुत सूक्ष्म है। इतनी सूक्ष्म पकड़ हमारी पीढ़ी में नहीं थी। हममें से तो जो सबसे अच्छे थे वे भी शुरू में अधिक से अधिक यही कर पा रहे थे कि छायावाद ने जिन तमाम शब्दों का अर्थ बिगाड़ रखा था, उनको फिर से जोड़-जोड़ करके कुछ हद तक तो ख़ाली नए अभिप्राय ही बना रहे थे। कुल मिलाकर हमारी पीढ़ी ने अपना एक-तिहाई समय तो इसी खोज में बिताया, बाक़ी दो-तिहाई में से एक-तिहाई कुछ करने में और अंतिम एक-तिहाई उस किए के ऊपर बैठकर आराम करने में। कुल मिलाके हिंदी साहित्य का योगदान कितना है? शायद आप कहेंगे कि अगर काम थोड़ा है तो भी क्या? अगर उसने कोई भी गुणात्मक परिवर्तन किया है तो उसे महत्त्व देना चाहिए। ठीक है। लेकिन मैं नहीं जानता कि हिंदी साहित्य के किसी और दौर में इतना कम लिखकर इतिहास का इतना ज़्यादा पात्र बना गया है जितना हमारे दौर में।

अ.वा. : यह हमें एक दूसरे सवाल की ओर ले जाता है। बहुत अर्से से और तरह-तरह की पीढ़ियों के कवियों-साहित्यकारों के द्वारा बहुत कहा जाता रहा है कि आलोचना ने उनके साथ न्याय नहीं किया या उनका साथ नहीं दिया या कि वह कोई मददगार साबित नहीं हुई। आप इस बारे में क्या सोचते हैं? एक तो व्यक्तिगत रूप से अपने बारे में और दूसरे, आम तौर पर अपनी पीढ़ी के संदर्भ में।

र.स. : मुझे कोई शिकायत नहीं, मैं बल्कि कृतज्ञ हूँ। इसलिए कि मेरी बहुत स्वल्प साहित्यिक संपत्ति—संपत्ति तो नहीं बल्कि कृति—को बहुत समझदार लोगों ने पढ़ा है और उस पर लिखा भी है। पर उन्होंने मेरे कृतिकार की ग़लतियाँ बताई नहीं। इसलिए मैं आशंसा के बारे में उतना ही सतर्क रह सकता हूँ जितना कि मैं अपने तईं खुद हमेशा रहना चाहता हूँ। मुझे ज़रूर एक कमी लगी जिसका असंतोष रहा। लेकिन उन आलोचनाओं को पढ़कर अकसर बहुत बड़ी एक ताक़त भी मिली।

आम तौर पर मुझे आलोचक से जो शिकायत है, वह यह है कि जब कविता समझने का वक़्त आता है तो आलोचक अपने आपको एक साधारण पाठक की हैसियत से ऊपर नहीं उठाना चाहता। साधारण पाठक जब मैं कहता हूँ तो उसका मतलब होता है ऐसा पाठक जिसको कि इस बात की ज़रूरत नहीं महसूस हो रही है कि वह कविता समझकर फिर उसको समझने के आनंद या अनुभव

को बताए। हाँ, ऐसी किताबें ज़रूर मिलेंगी जिनमें धाराओं का मूल्यांकन किया गया है और कवि एक उदाहरण के रूप में रख दिया गया है या दस-बीस कवियों को एकसाथ लपेटकर बता दिया गया है कि ये इस विभाग के या इस काल के हैं या इस खंड के हैं।

अ.वा. : कविता के बारे में आपने जो लिखा है या कहा है—पढ़ने पर अकसर लगता है कि जैसे ज़्यादातर आपने अपनी ही कविता के बारे में लिखा है। वह आपकी कविता पर ज़्यादा ठीक लागू भी होता है। और हालाँकि आपके जो बहुत सारे समकालीन हैं वे अपने समकालीनों या बाद वाले लोगों पर लिखने का कुछ न कुछ यत्न करते रहे हैं, आपने ऐसा नहीं किया। यानी हममें से ज़्यादातर को यह नहीं मालूम है कि आपकी अपने समकालीनों या बाद वालों के बारे में क्या राय है। यह परिस्थितिवश हुआ या जानबूझकर?

र.स. : नहीं, जानबूझकर तो बिलकुल ही नहीं हुआ। बल्कि जानबूझकर तो मैं यह करना चाहता था। लेकिन यह कई कारणों से हो नहीं पाया। मैं लिखना चाहता था। मैंने कई बार यह योजना बनाई कि छह-सात कवियों को चुनूँ और उनकी सबसे अच्छी कविताएँ, जो मुझे पसंद हैं, उनको और प्रत्येक कवि पर अपनी एक टिप्पणी, एक संग्रह में रखूँ और वे सब कवि मेरे समकालीन हों। यह मेरे लिए एक बहुत आंतरिक ताक़त देनेवाला काम होता। अभी भी मुझे एक तरह का शारीरिक और मानसिक अवकाश मिले—जैसा कि इस बातचीत के समय है—तो मैं यह करना चाहूँगा। आपको याद होगा, मौक़ा मिलते ही मैंने यह किया है। शमशेरजी की एक कविता पर मैंने एक टिप्पणी लिखी। अगर मैं लिखूँगा तो उसी तरह। मैं कोई विद्वानों की तरह लिख नहीं सकता। पहले तो यह भी हिचक रही मन में कि अगर लिखा तो उस तरह का नहीं होगा जो कि आलोचना के मैदान में टहर सके, पर अंत में साहस कर लिया कि लिखूँगा तो उसी तरह—कविता के आनंद के स्तर पर लिखूँगा। हम लोगों को शायद यह भ्रम ही है कि हम कुछ ऐसा लिखेंगे तो उससे कोई गड़बड़ हो जाएगी।

अ.वा. : वह बड़ी लाभप्रद गड़बड़ होगी। उसी तरह की गड़बड़ होनी चाहिए।

र.स. : हमको सबसे पहले कवियों के शिल्प का अध्ययन करना चाहिए। इसलिए नहीं कि हम सिद्ध कर देंगे कि ऐसा शिल्प है, इसलिए यह ऐसा कवि है। सिर्फ़ इसलिए कि शिल्प है वह। कल मैंने शांति दवे से पूछा कि तेलों और रंगों के मेल का क्या तरीक़ा है और रंग पकाए कैसे जाते हैं। बहुत-सी बातें उन्होंने बताईं। भाषा में भी इस तरह की बातें बहुत महत्त्वपूर्ण हैं, हालाँकि इसमें शब्दों को पकाने और जोड़ने-घटाने की प्रक्रिया नहीं है, अर्थों के मेल और बेमेल की प्रक्रिया है। उसको जानना हम लोग बिलकुल भूले जा रहे हैं। शायद इस भ्रांति के कारण कि कुछ लोगों ने चला दिया था कि शिल्प कोई बहुत कुंठित मध्यवर्गीय प्रवृत्ति है और इसके न होने से कविता महान हो जाती है। बाद में पता चला कि उसके न होने से भी कविता तब तक महान नहीं हो जाती जब तक कि कविता में एक नारा न हो। फिर उसके कुछ दिन बाद पता चला कि जिस कविता में नारा है वह बेकार है, असल कविता वह है जिसमें कि फूल और प्रेम और ऐसा कुछ पाता हो। शिल्प से उदास रहकर आप इसी तरह भटकते रहेंगे। शिल्प को समझना बहुत ज़रूरी है और एक कवि अगर एक दूसरे कवि के शिल्प की व्याख्या करे तो यह उस कवि के लिए भी सुखद अभ्यास होगा। मैं नहीं मानता हूँ कि उससे पाठकों को कोई लेना-देना होगा—शायद नहीं है, लेकिन आलोचना के संसार में एक नई चीज़ आएगी।

अ.वा. : जैसा माहौल है उसमें शिल्प पर विचार लगभग असंभव हो गया है। आप ज़्यादातर वक़्त कविता को उसकी तथाकथित दृष्टि में 'रिड्यूस' कर देते हैं और उस दृष्टि को जाँचते-परखते हैं। लेकिन वह दृष्टि कैसी है—अगर वह ठीक भी है और वह 'रिड्यूस' करना ठीक भी है—तो वह कैसे किसी कविता में रूप धरती है, चरितार्थ होती है, उसका रक्त-मांस क्या है, उसका आपस में संबंध क्या है, इस पर कोई विचार नहीं होता।

र.स. : यह विचार तो होना ही चाहिए। पर इससे पहले और विश्वविद्यालय से कम स्तर के विद्यार्थियों में—मेरा मतलब जिज्ञासुओं में—भी यह बहस क्यों नहीं होनी चाहिए, जो हम लोग सन् 47-48 में किया करते थे। मैं विश्वविद्यालय में था और ऐसे दो-तीन मित्रों के साथ जो कि शोध कर रहे थे, बैठकर हम लोग, उदाहरण के लिए *हरी घास पर क्षण भर में* (छपी ही थी उस ज़माने में) की कविता को लेकर बहस करते थे : विषय यह था कि इसमें बीच में छंद कैसे तोड़ा गया है कहाँ पर, इसमें कितना लंबा अंतराल है, क्यों है, कैसे पढ़ेंगे, मतलब कैसे समझेंगे, और क्यों है ऐसा और दो कविताओं में कितना अंतर है—क्योंकि पारंपरिक कविता से तो बिलकुल भिन्न है वह।

अ.वा. : यानी यह कि कविता एक बनाई हुई चीज़ भी है।

र.स. : बिलकुल सही कहा आपने। मैं इसी बात की देर से उधेड़-बुन कर रहा था—कह नहीं पा रहा था। कविता एक बनाई हुई चीज़ है, इस बात को बिलकुल खुले दिल से और गँवारपन छोड़ करके मानना चाहिए। हिंदी में यह गँवारपन बहुत भरा हुआ है जहाँ ऊपर से माना जाता है कि कविता आधुनिक है, लेकिन भीतर से माना जाता है कि कविता कोई दैवी वस्तु है और वह शायद आपके ऊँची जात के होने के कारण आपके ऊपर फट पड़ी है। कविता एक बनाई हुई चीज़ है, इसलिए उसके बनाने की प्रक्रिया को भी समझना चाहिए—पहले तो इस स्तर कि वह बनाई कैसे जाती है, फिर इस स्तर पर कि उसको इस तरह से बनाने से उसके अर्थ का क्या होता है। यानी उसके रूप और वस्तु के संबंध को समझना दूसरी मंज़िल है, पहली मंज़िल यह है कि आप रूप को समझें।

प्रश्न : आपके गद्य का ज़िक्र किए बिना आपकी कविता पर पूरी बात शायद नहीं हो सकती—इसलिए भी कि आपकी कविता जहाँ सशक्त है वहाँ वह सशक्त गद्य का भी उदाहरण है। *रास्ता इधर से है* कहानी-संग्रह में जितना जीवंत और पारदर्शी गद्य है वैसा हिंदी में शायद कम ही लिखा गया है। 'प्रेमिका' और 'कीर्तन' जैसी कहानियों या उससे पहले *सीढ़ियों पर धूप में* की कुछ कहानियों में भाषा का एक अजब खेल—खिलवाड़ नहीं—मिलता है। जैसे कि वे यह बताने के लिए लिखी गई हों कि किस तरह भाषा ही समूचा यथार्थ हो सकती है। *रास्ता इधर से है* की भूमिका में आपने यह भी लिखा है कि गद्य लिखना भाषा को सार्वजनिक करते जाना है। तो क्या आप कविता लिखने को भाषा को व्यक्तिगत करते जाना कहेंगे? आपका गद्य पढ़ते हुए प्रायः गोगोल और चेखव जैसे रूसी कथाकारों की याद भी आती है कि उनका गद्य आगे बढ़ता तो इस तरह बढ़ता। आप रूसी गद्यकारों से प्रभावित रहे होंगे।

र.स. : जी हाँ, पर रूसी मैंने नहीं पढ़ी, रूसी गद्य का अनुवाद पढ़ा है। पहले बचपन में हिंदी और बाद में अंग्रेज़ी में। पर अनुवादों में भी शुरू में एक चीज़ ने बहुत प्रभावित किया है जिसकी कि थोड़ी-बहुत पुष्टि मेरे मन से प्रेमचंद को पढ़कर हुई। प्रेमचंद को एक हद तक मैंने इसलिए पसंद किया कि वह लंबे-लंबे वर्णन करते हैं, जो कि स्थानों के हैं। भावनाओं के वह जब वर्णन करते हैं तब अक़सर अच्छे नहीं लगते। रूसी लेखकों में दोनों विशेषताएँ हैं। इसके साथ ही साथ प्रेमचंद में यह भी विशेषता है कि जब उन्होंने चाहा है—और ऐसा उनकी कहानियों में बहुत हुआ है—तो उन्होंने संक्षेप में, सूक्ष्मता में वही कमाल दिखाया है जो कि आज हम अपने लिए बड़ा महत्त्वपूर्ण मानते हैं। जब उन्होंने चाहा तब। रूसी गद्य और प्रेमचंद के प्रभाव को मैं साथ-साथ इसलिए रख रहा हूँ कि दोनों में समानताएँ हैं—उन रूसी लेखकों में जिनके यहाँ बड़े विराट् फैलाव, विस्तार हैं उनमें भी आप पाएँगे एक जगह कहीं पर सूक्ष्म वर्णन है।

गद्य लिखना भाषा को सार्वजनिक बनाते जाना है, यह मैंने इस संदर्भ में लिखा था कि गद्य के बहुत-से इस्तेमाल हैं और उन इस्तेमालों में केवल कहानी या रचनात्मक साहित्य ही एक ऐसा इस्तेमाल है जिसमें आप अकेले सारी शर्तें तय करने की स्थिति में होते हैं। बाक़ी में बहुत बड़े-बड़े प्रतिष्ठान हैं, जो उनको तय करते हैं। वे सत्य को किस वक़्त बताएँगे यह वे तय करते हैं, जबकि हम रचनात्मक

साहित्य में सत्य को जिस वक़्त देखते हैं उसी वक़्त बताना ज़रूरी समझते हैं। वे उसको देख लेते हैं लेकिन उसको रोक करके रखते हैं कि किसी समय बताया जाएगा। राजनीति भी यही करती है। वाणिज्य भी यही करता है। विज्ञापन के ज़रिए उसका समय निश्चित करता है। इसलिए गद्य के इस्तेमाल साहित्य के अलावा और भी हैं। जब आप साहित्य में, गद्य में कुछ रच लेते हैं, तब जो कुछ आपने रचा है वह अंत में जाकर पूरे गद्य के संसार में योग दे देता है। इसी अर्थ में मैंने कहा था कि गद्य लिखना भाषा को सार्वजनिक बनाते जाना है। यह अलग बात है कि उसको वाणिज्य भी इस्तेमाल करता है। जब वह सार्वजनिक वस्तु हो गई तो व्यावसायिक प्रतिष्ठान उसका इस्तेमाल करेगा, यह ख़तरा रहता है। पर इसके बावजूद गद्य इस अर्थ में सार्वजनिक बनता जाता है—इस अर्थ में नहीं कि एक अनुभव था जिसको कि हमने गोपन या व्यक्तिगत न रहने देकर सार्वजनिक कर दिया। मैं इन दोनों बातों को इस तरह से आमने-सामने नहीं रखना चाहूँगा कि कविता व्यक्तिगत है और गद्य सार्वजनिक।

मं.ड. : गद्य और पद्य के अंतस्संबंध को लेकर आप क्या सोचते हैं? इधर की कविता में ख़ास तौर से गद्य का प्रवेश हुआ है—आपके यहाँ तो वह और भी मिलता है। कवियों की कविता और गद्य में भी समानता मिल जाती है। आपकी कुछ कविताओं के वाक्य गद्य में, कहानियों में भी हैं। मुक्तिबोध में भी यह मिलता है।

र.स. : रचनात्मक लेखन के लिए दोनों में फ़र्क़ ही क्या है? गद्य का एक पैमाना बना हुआ है, तमाम तरह के इस्तेमालों में वह आता है। इसलिए जब लेखक उसके सामने पड़ता है तब वह चुनने लगता है या उसका एक ख़ास तरह का ही शैलीकृत इस्तेमाल करना चाहता है। पर भाषा तो उसके सामने पहले भाषा की शक्ल में आती है। मेरे साथ कम से कम यही होता है। मुझे जब भी कुछ लिखने की ज़रूरत होती है तो मैं उस वक़्त यह नहीं जानता हूँ कि यह गद्य है या पद्य है, और यह भी बहुत हुआ है कि मैंने कविता लिखनी शुरू की और साथ में एक कहानी लिखनी भी शुरू की। दोनों एकसाथ। थोड़ी देर यह लिखा, थोड़ी देर वह लिखा। फिर एक फाड़कर फेंक दिया, दूसरा रह गया। दोनों शायद ही कभी पूरी हो पाई हों। यह भी बहुत हुआ है कि कहानी लिखना शुरू किया लेकिन अंत में जा करके कविता लिखी।

असल में सही केवल एक चीज़ है। वह यह है कि आप जब लिखें, तब आप खुद जान न पाएँ कि यह गद्य है कि पद्य है। वही आदर्श स्थिति है, जहाँ पर यह निश्चय करना आपके लिए कठिन हो। जहाँ यह निश्चित करना बहुत आसान हो कि यह पद्य है, वह कविता काफ़ी घटिया होगी।

प्रश्न : शायद मुद्राराक्षस या किसी और लेखक ने *आत्महत्या के विरुद्ध* की कविताओं को पत्रकारिता कहा था। शायद आपके पत्रकार होने की वजह से ऐसा कहा गया हो। फिर भी, पत्रकारिता का इस्तेमाल तो उनमें है। जिस पत्रकारिता में आप कई वर्ष से महत्त्वपूर्ण योगदान कर रहे हैं वह आपकी रचनात्मकता में किस तरह मददगार रही है? पत्रकारिता और कविता में कोई रिश्ता आप देखते हैं?

र.स. : देखिए, पत्रकारिता के बारे में यह एक भ्रांति फैली हुई है कि वह जानबूझकर, नियोजित तरीक़े से रचनात्मकता को भ्रष्ट करने के लिए होती है। तमाम लोग, ख़ास तौर से हिंदी के लेखक ऐसा मानते हैं। जिन लोगों ने *आत्महत्या के विरुद्ध* की कविताएँ पढ़ करके कहा था कि यह सिर्फ़ पत्रकारिता है उनसे मैं पूछना चाहूँगा कि क्या असल में कविता में पत्रकारिता वह नहीं है जो तमाम 'प्रेम' की कविता है जो कवि-सम्मेलनों के लिए या बंबइया सिनेमा के लिए लिखी जाती है—या जो कि क्रांति के लिए लिखी जाती है? वह इस अर्थ में पत्रकारिता है कि उसमें आपका अपना जो अनुभव है वह किसी चीज़ से असहमति प्रकट नहीं करता। यह एक प्रतिष्ठान की ज़रूरत है कि इसी तरह से सत्य को रखना होगा। इसी अर्थ में वह प्रेम का वर्णन पत्रकारिता है। मैं इतना ही कह सकता हूँ कि कुछ लोगों को शायद इस बात से भ्रम हो रहा है कि मेरी कविता में बहुत-सी ऐसी चीज़ों का

ज़िक्र आया है कि जिनका आम तौर से कविता में ज़िक्र नहीं आता। शायद अख़बारों में आता है—क्योंकि वे चीज़ें भी दुनिया में हैं।

पत्रकार और साहित्यकार में कोई अंतर है क्या? मैं मानता हूँ कि नहीं है। इसलिए नहीं कि साहित्यकार रोज़ी के लिए अख़बार में नौकरी करते हैं, बल्कि इसलिए कि "पत्रकार और साहित्यकार दोनों नए मानव-संबंध की तलाश करते हैं। दोनों ही दिखाना चाहते हैं कि दो मनुष्यों के बीच नया संबंध क्या बना। दोनों के उद्देश्य में समानता पूर्ण है। कृतित्व में समानता कमोबेश है। पत्रकार जिन तथ्यों को एकत्र करता है उनको क्रमबद्ध करते हुए उन्हें उस परस्पर संबंध से विच्छिन्न नहीं करता जिससे कि वे जुड़े हुए और क्रमबद्ध हैं। उसके ऊपर तो यह लाज़िमी होता है कि वह आपको तर्क से विश्वस्त करे कि यह हुआ तो यह इसका कारण है, ये तथ्य हैं, और ये समय, देशकाल, परिस्थिति आदि हैं जिनके कारण ये तथ्य पूरे होते हैं। साहित्यकार इससे भिन्न कुछ करता है। साहित्यकार के लिए तथ्यों की जानकारी उतनी ही अनिवार्य है जितनी पत्रकार के लिए है, परंतु उन तथ्यों का गतानुगत क्रम उसके लिए अवध्य नहीं है, वह उसको उलट-पुलट सकता है। बल्कि तथ्यों के परस्पर संबंध को जानबूझकर तोड़कर ही साहित्यकार उन्हें नए सिरे से क्रमबद्ध करता है और इस प्रकार से नए संपूर्ण सत्य की सृष्टि करता है, जो एक नया यथार्थ है। एक संभव यथार्थ है। पत्रकार के लिए यथार्थ वही है जो संभव हो चुका है। साहित्यकार के लिए वह है जो संभव हो सकता है।"

जहाँ तक पत्रकारिता का मेरे साहित्य से संबंध का प्रश्न है, एक बड़ा भौतिक संबंध तो यही रहा कि पेशे से इस काम को करते हुए मुझे अपने घर से बाहर जाने के बहुत मौक़े मिले हैं। इसके कारण मेरे लिए जो सबसे बड़ा भौतिक अंतर हुआ है वह यह है कि शायद मैं उस घुटन से बहुत कुछ निकल सका जो कि सिर्फ़ घर में बंद रहने से होती है। उससे बहुत कुछ मिला भी। नहीं मालूम वह कहाँ पर किस तरह से इस्तेमाल हुआ है। वह अलग बात है।

'सीमा के पार का आदमी' कहानी का उदाहरण लें। 1965 के भारत-पाक संघर्ष के बाद मैं सियालकोट की सीमा पर लड़ाई-बंदी क्षेत्र में गया था। वहाँ इस कहानी की एक-एक चीज़ देखी थी, सिवाय इसके कि उस तरह से नहीं देखी थी जैसी कि इसमें बताई गई है। उस क्रम से नहीं देखी थी। कहानी में बूढ़े ने तब सिर झुकाया जब उससे पूछा गया कि क्या तुम इसी गाँव के रहनेवाले हो। उसने सिर नहीं झुकाया था। दरअसल वह बूढ़ा वहाँ छत पर था ही नहीं। वह गाँव में टहल रहा था। हम लोगों को सिर्फ़ बताया गया था कि वह कहीं बैठा है। उसको मैंने छत पर लाकर बिठा दिया, क्योंकि वह मेरे क्रम में वहीं पर होना चाहिए। अगर मैं उसे वहाँ न बिठाऊँ तो वह जगह ख़ाली रहेगी। लेकिन अगर मैं रिपोर्ट लिखता और लिखता कि वहाँ जो बुड्ढा था वह छत पर बैठा था और उसने वह सवाल सुनकर इस तरह सिर झुकाया, तो वह रिपोर्ट सही रिपोर्ट नहीं होती। उसमें यह मैं ज़रूर लिख सकता था कि वह टहल रहा था और टहलते हुए वह उदास था या उसका एक दाँत टूटा हुआ था या वह लँगड़ाकर चल रहा था, जो कि दूसरा रिपोर्टर शायद देखता ही नहीं। यह हो सकता था। लेकिन यह नहीं हो सकता था कि मैं उसको टहलने से उठा करके वहाँ बिठा देता। मैं यह बता रहा हूँ कि मुख्य चीज़ आपका अनुभव है और अगर वह अनुभव साथ-साथ रचनात्मक है, तो फिर आप वहाँ रिपोर्ट करने गए हों तो आप रिपोर्ट भी करेंगे लेकिन आप शायद कहानी भी लिखेंगे। क्योंकि अगर यह बात आपके साथ हो गई है जिसका कि मैंने शुरू में ज़िक्र किया था, यानी कि अनुभव करते वक़्त अगर आपके साथ यह घटना घट गई है कि वह अनुभव निर्वैयक्तिक हो गया है तो निश्चित है कि वह किसी न किसी रूप में एक बार फिर अभिव्यक्ति माँगेगा—काव्य में या कहानी में। किसी कला-रूप में। मैं देख भी रहा हूँ और मैं यहाँ हूँ भी नहीं, इस तरह का अनुशासन बड़ा चूर-चूर करनेवाला होता है लेकिन वह आपको चूर-चूर करता है, इसे आपकी रपट या कविता दोनों में से किसी विधा को चूर-चूर नहीं करना चाहिए। हाँ, यह थकाता बहुत है।

पत्रकारिता अपने में अनुभव के स्तर पर कोई घटिया काम नहीं है। हाँ, अगर आप दोनों के बीच में कहीं उभयसंभव कर रहे हैं कि न आप उसको रचनात्मक अनुभव की तरह से देख रहे हैं और न आप तथ्यों को एकदम तटस्थ भाव से पकड़कर रह रहे हैं, तो आप बहुत ही घटिया रपट लिखिएगा। फिर आप रोइएगा कि मेरा साहित्यकार मर गया और मैं पत्रकार होकर रह गया। अगर आप एक अच्छे पत्रकार नहीं हैं तो आपको यह बहाना आसान लग सकता है कि मैं तो साहित्य में था और पत्रकार नहीं था। लेकिन अगर आप एक अच्छे साहित्यकार हैं और आप पत्रकारिता की शैली को नहीं जानते या शिल्प को नहीं समझते, तो अधिक से अधिक यह होगा कि आप एक ख़राब रपट लिखेंगे। लेकिन यह संभावना तो फिर भी रहेगी कि आप एक अच्छे साहित्यकार बने रहें।

अ.वा. : बीस-तीस बरस साहित्य लिखने के बाद अब—आपकी पाँच किताबें निकली हैं—आपको हमारे समाज में साहित्य की स्थिति कैसी लगती है? साहित्य की समाज में जो स्थिति आज से तीस वर्ष पहले थी, उसमें क्या कोई बुनियादी परिवर्तन आया है, जो आपको लेखक के रूप में दिखाई देता हो?

र.स. : बुनियादी परिवर्तन आया है, लेकिन मैं ठीक-ठीक जानता नहीं हूँ कि परिवर्तन केवल साहित्य के मामले में आया है या आम तौर पर बुनियादी परिवर्तन है। उसका असर सभी पर पड़ा है। साहित्य पर भी पड़ा—पड़ना चाहिए। एक तो यह है कि तीस साल पहले के मुक़ाबले आज जीवन की संभावनाएँ बहुत ज़्यादा हैं। हिस्सा लेनेवाले, काम करनेवाले लोग भी बहुत ज़्यादा हैं, हालाँकि उतने ज़्यादा नहीं हैं जितने कि होने चाहिए थे। पाठक ही बहुत ज़्यादा हैं। यह बात कि लेखकों की संख्या आज बहुत बढ़ी है, संकेत देती है कि व्यवसाय का यह तंत्र और भी बड़ा होता जाएगा (और मैं तो मानता हूँ कि यह और बड़ा हो क्योंकि जब तक यह और बड़ा नहीं होगा तब तक इस तमाम लेखक समाज में साहित्य के लिए सही ढंग का विकल्प पैदा नहीं होगा) और लेखक-संख्या भी इतनी विपुल होती जाएगी कि उसमें नई साहित्यिक संभावनाओं की बहुत गुंजाइशें हो जाएँगी। यह कहना बड़ा सरलीकरण होगा कि सब लेखक व्यवसायीकरण के गर्त में समा जाएँगे।

पिछले वक़्त के मुक़ाबले आज साहित्य की ज़रूरत भी दूसरी तरह की हो गई है या हो जाएगी। यह ज़रूरत उस तरह की सामाजिक प्रतिष्ठा के लिए नहीं होगी जैसी कि तीस साल पहले थी। वह ज़रूरत एक सामाजिक वैभव के लिए नहीं होगी जैसी कि तब थी कि जब एक कवि का आदर करना ही होता था। वह ज़रूरत एक विकल्प की होगी। उसका बीजरूप आज के साहित्य में है। साहित्य की जो ज़रूरत तीस बरस पहले के मुक़ाबले आज है वह एक विकल्प के रूप में है; भाषा का प्रयोग करनेवाली अन्य शक्तियों और विधाओं के विकल्प के रूप में है : स्थिति अभी तक बीच की है। धुरीकरण अभी तेज़ नहीं हुआ है, पर है तो ज़रूर।

[*पूर्वग्रह*, रघुवीर सहाय केंद्रित अंक, 1976. *लिखने का कारण* में संकलित]

'हँसो हँसो जल्दी हँसो' की दुनिया

रघुवीर सहाय की 'हँसो हँसो जल्दी हँसो' शीर्षक कविता को केंद्र बनाकर **लोठार लुत्से** ने उनसे इस कविता के विविध पक्षों पर बातचीत की थी। सबसे पहले यह कविता 1972 में *चिति* (बीकानेर) में छपी थी। आगे पहले वह कविता दी जा रही है फिर बातचीत :

हँसो हँसो जल्दी हँसो

हँसो तुम पर निगाह रखी जा रही है।
हँसो अपने पर न हँसना क्योंकि उसकी कड़वाहट
पकड़ ली जाएगी और तुम मारे जाओगे
ऐसे हँसो कि बहुत खुश न मालूम हो
वरना शक होगा कि यह शख़्स शर्म में शामिल नहीं
और मारे जाओगे

हँसते हँसते किसी को जानने मत दो कि किस पर हँसते हो
सबको मानने दो कि तुम सबकी तरह परास्त होकर
एक अपनापे की हँसी हँसते हो
जैसे सब हँसते हैं बोलने के बजाय

जितनी देर ऊँचा गोल गुंबद गूँजता रहे, उतनी देर
तुम बोल सकते हो अपने से
गूँज थमते थमते फिर हँसना
क्योंकि तुम चुप मिले तो प्रतिवाद के जुर्म में फँसे
अंत में हँसे तो तुम पर सब हसेंगे और तुम बच जाओगे

हँसो पर चुटकुलों से बचो
उनमें शब्द हैं
कहीं उनमें अर्थ न हों जो किसी ने सौ साल पहले दिए हों

बेहतर है कि जब कोई बात करो तब हँसो
ताकि किसी बात का कोई मतलब न रहे
और ऐसे मौक़ों पर हँसो
जो कि अनिवार्य हों
जैसे ग़रीब पर किसी ताक़तवर की मार
जहाँ कोई कुछ कर नहीं सकता
उस ग़रीब के सिवाय
और वह भी अकसर हँसता है

हँसो हँसो जल्दी हँसो
इसके पहले कि वह चले जाएँ
उनसे हाथ मिलाते हुए
नज़रें नीची किए
उसको याद दिलाते हुए हँसो
कि तुम कल भी हँसे थे

लोठार लुत्से : क्या आप याद करके बता सकेंगे कि यह कविता किन परिस्थितियों में रची गई?

रघुवीर सहाय : ठीक-ठीक याद रखना बहुत मुश्किल है, लुत्सेजी;—लेकिन यह भी जानता हूँ कि कुल मिलाकर कविता के पीछे काफ़ी तकलीफ़ छिपी हुई है। अलग-अलग किन घटनाओं को लेकर वह तकलीफ़ इकट्ठा हुई और फिर कविता के रूप में आई, यह तो मुझे याद नहीं है—अगर याद करूँ तो शायद घटनाएँ नहीं बल्कि कुछ बिंब याद आएँगे। और आपको शायद याद होगा कि *आत्महत्या के विरुद्ध* संग्रह में भी एक कविता है जिसमें हँसी का उल्लेख आया है—जिसमें मैंने कहा है कि 'यह एक नए क़िस्म की हँसी है जो कि दाएँ-बाएँ झाँककर हँसी जाती है'। पहले के ज़माने के लोग एक-दूसरे के सामने देखकर हँसते थे। तो शायद यह सच है कि हँसी को मैंने आदमी की बदलती हुई हालत का एक सूचक जैसा मान लिया है। जहाँ भाषा से—उसकी भाषा से—उसको समझना उतना आसान नहीं होता है वहाँ आप अकसर देखते हैं कि आदमी की हँसी से आप उसको समझ लेते हैं। इस तरह से हो सकता है कि इस कविता का सारा ढाँचा हँसने की क्रिया पर टिक गया है। यद्यपि वास्तव में उसके पीछे ताक़त—या प्रेरणा, या अंदर से परेशान करनेवाली जो चीज़ रही हो—वह हँसी नहीं है बल्कि लोग हैं। मैंने इससे ज़्यादा तो इसके बारे में कभी सोचा नहीं था, लेकिन अब आपके पूछने पर याद आता है कि :

> हँसते हँसते किसी को जानने मत दो कि किस पर हँसते हो
> सबको मानने दो कि तुम सबकी तरह परास्त होकर
> एक अपनापे की हँसी हँसते हो
> जैसे सब हँसते हैं—बोलने के बजाय

इन पंक्तियों में एक समाज—एक बहुत बड़े समाज की तसवीर मेरे दिमाग़ में आती है कि जहाँ लोग कमज़ोर, कायर और साथ में चालाक हैं और वे ऐसी कोई हँसी बरदाश्त नहीं करेंगे जो कि एक स्वतंत्र आदमी की हँसी हो ...

लुत्से : रघुवीरजी, मैं आपको एक अर्से से जानता हूँ—और मुझे इस पर गर्व भी है—इसलिए मैं आशा करता हूँ कि आपके कारख़ाने में दोबारा झाँकने की मेरी कोशिश का आप बुरा नहीं मानेंगे। आप जानते हैं कि मैंने ऐसे सवाल आपके देश के कई कवियों से पूछे हैं, और हमेशा एक प्रश्न ऐसा रहा है जिसका संबंध एक तरफ़ शिल्प या टेकनीक से और दूसरी तरफ़ प्रेरणा से (या उसे आप जो भी नाम दें) रहा है। मेरी जिज्ञासा है कि आपकी कविता का इस संदर्भ में क्या स्थान होगा—क्या आप प्रेरणा में विश्वास करते हैं, उसे आवश्यक मानते हैं,—और टेकनीक कहाँ आता है?

र.स. : लुत्सेजी, इसके पहले कि इस पर कुछ कहूँ, मुझे एकाएक याद आया कि इस कविता के, जिसका जिक्र हो रहा है, इसके पीछे जो परिस्थितियाँ थीं, आपने पहले प्रश्न में जिनके बारे में पूछा था, उनमें से एक जगह मुझे एकाएक याद आ गई—एक स्थान—मैं नहीं जानता कि वह घटना है या स्थिति है, लेकिन स्थान ज़रूर याद है—वह है लोकसभा की प्रेस-गैलरी। जब मैंने कहा कि "जितनी देर ऊँचा गोल गुंबद गूँजता रहे उतनी देर तुम बोल सकते हो" तो यह पंक्ति बिलकुल ठीक उस जगह की उपज है जहाँ पर मैं उस ऊँचे गोल गुंबद को देखता हूँ और अपने अंदर दिल में—मुझसे जो मैं कह रहा हूँ उसको सुनता हूँ, और फिर एकाएक पाता हूँ कि अगर मैं अपने से बोल सकता हूँ तो उतनी ही देर तक बोल सकता हूँ जितनी देर तक नीचे बहुत ज़ोरों से शोर हो रहा है और लोग हँस रहे हैं किसी बात पर। आपको वह कविता भी याद दिलाऊँ जिसमें मैंने कहा था कि :

> सुनो वहाँ कहता है मेरा प्रतिनिधि मेरी हत्या की करुण कथा—
> हँसती है सभा—

तोंद मटका ठठा कर अकेले अपराजित सदस्य की व्यथा पर
फिर मेरी मृत्यु से डर कर
चिचिया कर कहती है—अशिव है, अशोभन है, मिथ्या है—

अब यह बात मुझे याद आई इसीलिए मैंने इसका ज़िक्र किया—हो सकता है कि आपको इतनी ज़रूरत न हो अब इस उत्तर की। लेकिन आप प्रेरणा की बात पूछ रहे थे। ऐसा कोई शब्द मेरे दिमाग़ में विशेष सार्थक रूप से नहीं आता—प्रेरणा जैसा कुछ—पर एक बात ज़रूर मैं समझता हूँ कि अगर शिल्प मेरे भीतर कहीं आग्रह नहीं करता है, तो मुझे लिखने की कोई ज़रूरत नहीं। मुझसे ज़्यादा—कहीं ज़्यादा सत्यान्वेषी लोग होंगे; और वे बहुत कुछ दुनिया में देखते हैं, भुगतते हैं, पाते हैं अपने भीतर—लेकिन वे उसको लिखते नहीं हैं। मैं जब अपने को एक ऐसा लेखक मानना चाहता हूँ, या अपनी वह शक्ल देखना चाहता हूँ जिसमें मैं अधिक से अधिक लोगों के बीच में, उनके साथ, उनके मन को, उनके जीवन को समझ रहा हूँ और उसे अभिव्यक्ति दे रहा हूँ, तो साथ में मैं यह भी देखता हूँ कि यही काम बहुत-से और लोग कर रहे हैं : पर वे लिख नहीं रहे हैं—तो क्यों? मैं लिख रहा हूँ और वे नहीं लिख रहे हैं, यह बात अगर आप सवाल के रूप में रखें तो मुझे इसका उत्तर मिल चुका है। वह उत्तर यह है कि इसलिए कि मेरे पास एक तरह की एक और—एक अतिरिक्त चेतना है, एक अतिरिक्त व्यथा है जिससे कि मैं हर चीज़ को फिर से उलट-पुलटकर, नए ढंग से सजाकर, नए ढंग से दुरुस्त करके और नया बना देने की इच्छा रखता हूँ। तो वही तो शिल्प है। और मैं यह मानता हूँ कि जितनी देर तक मुझे यह एहसास है कि यह शिल्प आवश्यक है—मेरे लिए—उतनी देर तो मैं लेखक हूँ; और बाक़ी जगहों पर मैं लेखक नहीं हूँ—यद्यपि मैं उतना ही महत्त्वपूर्ण काम कर रहा होऊँगा जितना कि लेखक कर सकता है या लेखक को करना चाहिए। मैं तो मानता हूँ शिल्प सबसे ऊपर है, और शिल्प की अनुपस्थिति जैसी कोई स्थिति कविता में नहीं होती। जहाँ आपको सबसे कम शिल्प दिखाई देता है, वहाँ भी शिल्प ही के कारण वह सबसे कम होता है।

दूसरे, मैं यह भी मानता हूँ कि जिस वक़्त आप किसी रहस्य को पकड़ लेते हैं—किसी सत्य को, किसी रहस्य को या किसी ऐसी बात को, जो अभी तक आपको नहीं मालूम थी—उसी वक़्त आपके अंदर अगर शिल्प है तो वह काम करने लग जाता है। और वह उसको फिर से एक नया संपुंजन, एक नई अन्विति देने के लिए प्रयत्नशील हो जाता है। और फिर जितनी देर यह प्रयत्न जारी रहता है उतनी देर तक आप कविता लिखते रहते हैं—चाहे वह काग़ज़ पर लिखने का समय गिनें या कि ऐसा समय गिनें जब से वह मन में आई तब से—एक दिन का, दो दिन का, या कुछ लोग तो दावा करते हैं कि साल-दो साल तक वे एक कविता लिखते हैं, मैं तो इतनी देर तक नहीं ठहर सकता हूँ, मेरा बहुत जल्दी टूटने लगता है मन। तो हो सकता है कि आध घंटे या एक घंटे का समय ही हो वह, जिसमें कि कविता लिखी जाती है; लेकिन जितनी देर तक वह लिखी जाती है, उसमें शिल्प और अनुभावन के बीच में एक संघर्ष होता रहता है। यानी, जो मैं जानता हूँ कि मुझे कहना है, वह कहने की कोशिश करते ही ऐसा लगता है कि मैं कुछ और कह रहा हूँ। यानी, भाषा मेरे साथ मनमानी करना चाहती है और मैं उसको इससे रोकना चाहता हूँ, और यह संघर्ष चलता रहता है।

इसके कभी-कभी तो बहुत दिलचस्प नतीजे निकलते हैं। यानी कभी-कभी यह होता है कि एक चीज़ लिखनी शुरू की और थोड़ी देर बाद मालूम हुआ कि यह नहीं, कुछ और—एक कहानी लिखने लगे हैं, कविता की जगह। या कभी-कभी यह भी होता है कि दोनों—कविता और कहानी दोनों ही—बेकार हो जाते हैं; और कुछ नहीं लिखा जा सकता। पर अंत में जब कभी विजय होती हो, यानी, जब कभी यह होता हो कि कोई चीज़ सामने दिखाई देने लगे, तो फिर मेरे लिए यह महत्त्वपूर्ण नहीं रह जाता कि वह कविता बन रही है या कहानी बन रही है। लेकिन यह बराबर महत्त्वपूर्ण रहता है कि उसमें मेरे साथ कुछ झड़प हुई है—कुछ एक संघर्ष-सा हुआ है। क्योंकि जब भी कुछ कहना होता है तब

हमेशा वही कह डालूँगा जो कि मन में है, ऐसा मेरे साथ कभी हुआ नहीं है। इसलिए अब तो शायद मैं खुद ही यह नतीजा निकाल सकता हूँ कि 'प्रेरणा' नाम की कोई चीज़ मुझे नहीं मिलती है। क्योंकि अगर वह मिलती तो प्रेरणा तो जैसी हुई थी वैसा ही, उसी क्षण में मैं उसको कर डालता। लेकिन ऐसा मेरा अनुभव नहीं रहा।

लुत्से : रघुवीरजी, आपने शिल्प पर बहुत बल दिया और आपने 'नए ढंग' की भी बात की; क्या अपनी इस कविता 'हँसो हँसो जल्दी हँसो' में—यह हो सकता है कि आपको लगे कि इसकी चर्चा से आप कविता का नाश कर रहे हैं, फिर भी—क्या आप शिल्प की ऐसी कुछ बातों का निर्देशन करेंगे? मसलन एक पाठक या श्रोता की हैसियत से मैंने एक तो 'हँसो!' की संबोधन या आदेश की मुद्रा को लक्ष्य किया : ऐसा लगता है जैसे एक सड़े-गले समाज में बचे रहने के उपाय की हिदायत है—सड़े-गले समाज में जी सकने की विधि की एक धारा है—जिससे कि यह कविता एक बड़ी तीखी, ख़तरनाक चीज़ हो जाती है। तो, एक तो यह आदेश मुद्रा मैंने लक्ष्य की—क्या और भी ऐसी चीज़ें हैं जिनकी ओर मेरा ध्यान न गया हो?

र.स. : नहीं, यह तो है, आपने इसकी एक अच्छी बात पकड़ी है—यानी एक बात इसमें है कि यह आदेशमूलक है और उस आदेश में ही बहुत-सा व्यंग्य और बहुत-सी पीड़ा छिपी हुई है। बल्कि उसमें एक नाटकीयता भी छिपी हुई है, हालाँकि आप देखेंगे कि पहले ही, जैसे ही संपर्क—यानी कवि का अपने श्रोता से या पाठक से संपर्क—होता है, वैसे ही कवि उसको बता देता है कि मैं क्या करने जा रहा हूँ : 'तुम पर निगाह रखी जा रही है', यह अंश उस आदेश की, 'हँसो' नाम के आदेश की, सारी की सारी अर्थवत्ता को, उसके पीछे छिपी हुई जो बातें हैं उनको संकेत के रूप में पहले ही बता देता है। तो मैं कहूँगा कि शुरुआत तो इस कविता में शिल्प की या शैली की या संरचना की वहीं से हो जाती है जहाँ पर से कि इसको आदेशमूलक भाव में परिकल्पित किया गया। वहीं इसका सारा ढाँचा, इसका बीज वहीं पड़ गया है। इसके बाद सारी चीज़ें उसी नियति के अनुसार, उसी शैली के अनुसार आनी चाहिए।

लुत्से : रघुवीरजी, आपने अपने पहले संग्रह *आत्महत्या के विरुद्ध* की एक कविता 'नई हँसी' का उल्लेख किया। स्पष्ट है कि आपको हँसी की घटना काफ़ी उलझाती रही है। है भी वह परम मानवीय अभिव्यक्ति—चाहे आपने उसे अपनी कविता में इससे ठीक उलटा रूप दे दिया है। ख़ैर, अब इन दो कविताओं को—'नई हँसी' और 'हँसो हँसो जल्दी हँसो' को—साथ-साथ रखकर देखें : क्या ऐसा नहीं लगता कि पहली कविता में हँसी को आपने जैसे प्रस्तुत किया था उससे आपको संतोष नहीं था। उसी विषय पर और एक कविता लिखने का और क्या कारण था?

र.स. : इसलिए मैंने आपसे कहा न, कि मैंने कई बार लोगों को हँसते देखा—तरह-तरह से हँसते देखा और यह पाया कि हँसकर ये लोग बहुत कुछ छिपाना चाह रहे हैं, लेकिन उनकी हँसी बहुत कुछ कर देती है और इस हालत में पड़े हुए लोगों की असहायता और अवशता ने मुझको बहुत बेचैन किया—और खुद अपनी अवशता को मैंने देखा, जहाँ पर कि मैंने पाया कि अगर मैं बहुत खुश होता हूँ और हँसता हूँ तो भी मेरे ऊपर यह शक होता है कि यह जो सामूहिक शर्म हम लोगों की है, इसमें यह क्यों नहीं शामिल है? यह मैं कहूँगा कि इस 'नई हँसी' नाम की कविता और 'हँसो' नाम की कविता के बीच अनुभव का काफ़ी बड़ा विस्तार है और 'नई हँसी' में तो केवल एक व्यक्ति पर फोकस है—एक व्यक्ति—जिसका नाम यहाँ महासंघपति दिया है वह—"कहे महासंघपति पच्चीस बार हम करेंगे विचार, आँख मारकर पच्चीस बार हँसे वह पच्चीस बार हँसे बीस अखबार"—एक नई ही तरह की हँसी यह है; यहाँ एक व्यक्ति पर फोकस किया है। अपनी दृष्टि को—यों जैसे आप कहें कैमरे को—लेकिन यह तो एक पूरी भीड़ है लोगों की। मैं समझता हूँ कि आपने यह बात कहकर कि 'हँसी से मैं कुछ अधिक अभिभूत रहा हूँ' मुझे भी कुछ अपने बारे में सोचने का मौक़ा दिया। सचमुच ऐसा शायद रहा है।

क्योंकि *आत्महत्या के विरुद्ध* में ही आपको यह बिंब या यह प्रतीक कई बार मिलेगा, कई जगह मिलेगा।

लुत्से : आपने अभी पाठक या श्रोता की बात की। क्या आप इन दोनों को पर्यायवाची मानते हैं? आप किसके लिए लिखते हैं—पाठक के या श्रोता के?

र.स. : लुत्सेजी, मैं अगर बहुत तात्कालिक संदर्भ में इसका जवाब दूँ तो मैं तो सच मानता हूँ कि अब मुझे अधिकाधिक श्रोता के लिए लिखना चाहिए। हालाँकि साक्षरता बढ़ रही है, किताबें ज़्यादा छपेंगी, लोग पढ़ेंगे, लेकिन कुछ एक संप्रेषण संवाद की इतनी भारी कमी हो गई है कि लिखी जानेवाली भाषा और उसके पढ़नेवालों के बीच का अंतराल काफ़ी बड़ा हो गया है। यों अगर आप कविता सुनाएँगे तो पाँच आदमियों को सुनाएँगे या दस को सुनाएँगे—या बहुत बड़ा सम्मेलन हो गया तो सौ-दो सौ को सुना लेंगे—तो वह छोटी संख्या है। मैं इस संख्या से नहीं चल रहा हूँ। मैं मानता हूँ कि अब कविता की आवाज़ जब तक लोगों के कान में नहीं पड़ेगी तब तक कविता के जो शब्द हैं उनकी सच्चाई के बारे में कवि पर कोई दबाव नहीं रह जाएगा। कवि सच्चे ही शब्द कहे, लिखे इसके लिए ज़रूरी है कि वे शब्द लोगों को सुनाई पड़ें। अभी मैं इससे ज़्यादा विस्तार में नहीं जा सकता, लेकिन मुझे यह लग रहा है कि कविता सुनाना कविता लिखने की ज़रूरत का अनुपूरक बनता जा रहा है। जिससे कवि को आज कविता लिखना अनिवार्य मालूम होता है, उसे अपनी कविता को सुनाना भी अनिवार्य लगना चाहिए। और यह तो आपने खुद ही देखा होगा—हर कवि के साथ यही हुआ करता था, कम से कम जब कोई कविता लिखकर पूरी हो जाती थी तब बिना उसे किसी को सुनाए हुए चैन नहीं मिलता था। यह शायद हम लोगों के बचपन की, एक पुराने अनुभव की बात है। पर मैं समझता हूँ कि मूल रूप से वह सच है। संप्रेषण फ़ौरन होना चाहिए। जैसे ही आपने उसको रचा वैसे ही उसे पहुँचाएँ दूसरे तक। नहीं तो उसकी प्रामाणिकता में भी संदेह होने लगता है कि क्या सचमुच हमने इसको रचा है या नहीं?—और अगर आप उसे अपने को सुनाएँ बार-बार, तो कभी यह हो सकता है कि आप स्वयं अपने इतने अच्छे निर्वैयक्तिक निर्णायक हों कि आप जाँच लें कि यह कविता सचमुच संप्रेषित हुई कि नहीं। यानी यह कविता बनी, रचना हुई कि नहीं। लेकिन अकसर इसमें धोखा भी खा सकते हैं। आप स्वयं अपने इतने अच्छे परीक्षक नहीं हो सकते न!

मैं यह मानता हूँ कि ऐसे लोग होते हैं; मैं भी अकसर मान लेता हूँ अपने को कि मैं बहुत बड़ा परीक्षक हूँ। लेकिन फिर भी क्यों इस समाज में, आज के समाज में इतना विभेद, इतना अंतराल छपे हुए साहित्य और उसके पाठक के बीच में आ गया है? क्यों इतना सारा साहित्य छापकर पाठकों के बीच दे दिया जाता है, जिसको वे पढ़ते ही नहीं हैं, तसवीर की तरह देखकर अलग रख देते हैं? ऐसी स्थिति में न केवल भाषा ही खोखली होती है बल्कि उसका छपा हुआ रूप भी खोखला होने लगता है, किताब भी खोखली होने लगती है।

मुझे तो दिन-ब-दिन ऐसा लगता है कि कोई तरीक़ा ऐसा होना चाहिए जिससे कविता लोगों के कानों में पहुँचे। हालाँकि यह मैं जानता हूँ कि यह तरीक़ा अब निकलते ही, यह भी उसी व्यावसायिक, उसी उपनिवेशवादी साम्राज्य में, शोषित हो जाएगा जैसे कि छपा शब्द हुआ। वैसे ही रेकार्ड पर भी हो सकता है। लेकिन फिर भी इस समय एक ज़रूरत मुझे मालूम होती है कि कविता का श्रोता भी होना चाहिए। तो अगर प्रश्न यह था कि श्रोता के लिए लिखता हूँ या पाठक के लिए, तो मैं कहूँगा कि मैं पाठक को अपने दायरे से निकाल नहीं देता, लेकिन श्रोता को मैं शामिल करना चाहता हूँ। कविता को मैं पढ़कर सुनाना चाहता हूँ। अगर आप कहें कि एक कविता की पुस्तक मुझे भेंट करिए, या मुझे किसी को भेंट करनी हो, तो मैं अपनी कविता का टेप उसको भेंट करना ज़्यादा पसंद करूँगा।

लुत्से : एक अंतिम प्रश्न, रघुवीरजी, यह आपकी इस एक कविता से परे भी जाता है। आप मेरे सामने एक कवि के रूप में हैं—और मेरी समझ में कवि के लिए सबसे महत्त्व का गुण है सर्जनशीलता और वह जिसे आपने सच्चाई कहा है—लेकिन *दिनमान* के संपादक के रूप में भी हैं—यानी एक ऐसे

व्यक्ति के नाते जिसके पास सत्ता है। आपके व्यक्तित्व के इन दो पक्षों का क्या स्थान है? दोनों आप कैसे निबाहते हैं—क्या दोनों परस्पर विरोधी-से नहीं हैं?

र.स. : देखिए, एक बहुत बड़ी मुश्किल जो मेरे सामने है, वह यह है कि शक्ति का या राजनीति का इस्तेमाल मैं अपने रचनात्मक जीवन के लिए नहीं करता। मैं खुद राजनीति नहीं करता। मैं मानता हूँ कि अगर अपने देश के संदर्भ में देखें तो हमारे यहाँ जो शक्ति का ढाँचा बना हुआ है या हमारा जो राजनैतिक संगठन है, ऊपर से नीचे तक इस सबको, यानी यह जो पूरी व्यवस्था है इस सबको हम बिलकुल बेकार और नाक़ामयाब मानते हैं—यानी एक उद्देश्य के लिए नाक़ामयाब! उद्देश्य वही है—समता; और मनुष्य और मनुष्य के बीच की ग़ैरबराबरी को मिटाने के लिए यह व्यवस्था बिलकुल बेकार है। क्योंकि हम यह मानते हैं, इसलिए मैं समझता हूँ कि मनुष्य की नियति को बनाने, समाज को मानवीय बनाने के उद्देश्य से उसे बदलने के लिए, रचनात्मक कर्म की हैसियत से हो सकता है, होना चाहिए, हुआ भी है बीच-बीच में; पर वह मेरा कर्म नहीं है। मेरा कर्म मैंने, जैसा मैंने आपसे कहा, माना लिखना। या उसको आप अगर और बहुत दार्शनिक न बनाएँ तो मतलब यह है कि सच्चाई को ढूँढ़ना और पकड़ना; यह मैं उस अर्थ में, आध्यात्मिक अर्थ में नहीं कह रहा हूँ—एक शुद्ध मानवीय अर्थ में कह रहा हूँ। यह मेरा काम है। ऐसा काम करनेवाला आदमी किसी समाज में उस वक़्त अपने को बहुत असहाय और अपूर्ण अनुभव करने लगता है जबकि राजनीति रचनात्मक रूप से खुलकर न हो रही हो, अच्छी तरह राजनीति न हो रही हो, काफ़ी राजनीति न हो रही हो। राजनीति से मेरा मतलब उसी रचनात्मक कर्म से ही है। मेरा मतलब यह उखाड़-पछाड़, कुर्सी के लिए उलट-पलट, इस सबसे नहीं है।

समाज को बदलने के लिए राजनैतिक दल का संगठन, विचारों का संगठन, उसके अनुरूप ऐसे काम जिनसे कि सत्ता का संतुलन समाज में बदलना शुरू हो या बदल जाए—ऐसे राजनैतिक कर्म के अभाव में एक ऐसा आदमी जिसने सच्चाई को पकड़ने और अपने शिल्प के साथ उसका—उसकी मुठभेड़ करने को अपना कर्म माना है, वह बहुत अकेला, अपूर्ण व असहाय अनुभव करता है। कुछ लोग होते हैं जिनके लिए आसान होता है कि वे कहें कि नहीं, हम तो इस बड़े भारी रचनात्मक कर्म में शामिल हैं। जबकि असलियत यह है कि वे ख़ाली उसके अनुगामी हैं, उसमें शामिल नहीं हैं। और वे अपनी तमाम जिज्ञासाएँ, चिंताएँ, सत्य की खोज आदि सौंप देते हैं—दूसरे कुछ लोगों को, और उनके बताए हुए या उनके पाए हुए सत्य के अनुसार बहुत-से मानवीय प्रश्नों के उत्तर स्वयं दे करके मुक्ति पा जाते हैं। ऐसे लोग अगर कवि भी हों, या लेखक भी हों, तो उनके लिए तो अपेक्षया आसान हो जाता है कि समाज में अगर कोई अच्छी राजनीति नहीं भी हो रही है, तो भी उन्होंने एक विचारधारा को या एक राजनैतिक दल को अपना आश्रयदाता मान लिया है और वे संतुष्ट हैं। लेकिन मेरे जैसे व्यक्ति के लिए यह असंभव है। क्योंकि, जहाँ एक ओर मैं यह मानकर चलता हूँ कि राजनीति एक अच्छे और सही अर्थ में एक रचनात्मक कर्म के रूप में अनिवार्य है और होनी चाहिए, वहाँ मैं यह भी मानकर चलता हूँ कि मेरा जो लेखन है या मेरा अपना जो रचना—साहित्य-रचना का काम है, वह इससे स्वतंत्र है।

यानी मैं यह मानता हूँ कि मैं जो कुछ कर रहा हूँ, वह राजनीति में जो कुछ लोग कर रहे हैं उनके साथ मेल खा सकता है, उनका सहायक भी हो सकता है, उनसे मुझे शक्ति मिल सकती है—मानसिक शक्ति—और मुझसे उन्हें भी मानसिक शक्ति मिल सकती है; लेकिन हम दोनों बराबर के स्तर के लोग हैं, हम दोनों में से कोई एक-दूसरे का गुलाम नहीं हो सकता। और हमारे और उनके बीच में बराबर तनाव रहना चाहिए। क्योंकि यह तनाव अगर नहीं होगा तो मेरा रचनाकार ज़िंदा नहीं रह सकेगा। क्योंकि मैंने जहाँ यह माना है कि राजनीति यानी सामूहिक कर्म आवश्यक है समाज को बदलने के लिए, वहाँ मैंने यह भी माना है कि मैं एक व्यक्ति, निजी मैं और मेरे कलाकार सहित मैं, समाज के

लिए बहुत आवश्यक हैं। जितनी कि मेरी यह इच्छा कि समाज बदले, इन दोनों के बीच में एक संघर्ष ज़रूरी है—हो ही जाता है, इसलिए होता है कि जब मुझसे यह कहा जाए कि 'समाज बदलने के लिए ज़रूरी है कि तुम सत्य को देखना बंद करो', तो मैं कहूँ कि 'नहीं, ज़रूरी नहीं है ऐसा'—इस तरह की स्थिति में मुझे रहना होगा अगर मैं कुछ भी लिखना चाहता हूँ तब। क्योंकि मुझसे कहा जाएगा कि 'तुम्हें सत्य को अब देखने की ज़रूरत नहीं रह गई क्योंकि हमने उसको देख लिया है'; और मैं कहूँगा कि 'आपने देख लिया होगा, लेकिन सत्य को देखना मेरे लिए भी बहुत ज़रूरी है, मेरे अपने लिए, इसलिए मैं उसको देखता रहूँगा।'

इस दशा में मैं एक अवांछित व्यक्ति हो जाऊँगा। लेकिन अवांछित व्यक्ति होकर भी मुझे रहना होगा—शारीरिक अर्थ में भी रहना होगा और मानसिक अर्थ में भी जीवित रहना होगा। तो आप देखेंगे कि यह ऐसी स्थिति एकदम आ जाए, बिलकुल एक अंतिम परिणति में पहुँच जाए, इसके पहले का जो सारा समय है वह एक तनाव का समय है। यों शायद वह अंतिम परिणति अभी न आए—बहुत देर में आए या शायद कभी न आए—यह भी हो सकता है। लेकिन जब तक वह नहीं आती है तब तक यह तनाव की स्थिति ही मेरा जीवन है।

अब आप पूछ रहे थे कि ये दोनों काम कैसे हो सकते हैं? तो, सच बात तो यह है कि राजनीति के विषय में लिखना या कि उसकी व्याख्या करना, या समाचारों को इस प्रकार से समेटना, ढूँढ़ना और प्रस्तुत करना कि उससे एक प्रकार का मन लोगों का बने—यह तो मेरे कलाकार बने रहने में कहीं बाधा नहीं। इसका और उसका कहीं विभेद-विपर्यय नहीं है। दोनों एक समान चल सकते हैं। विपर्यय वहाँ पैदा होता है, जहाँ पर कि मैं देखता हूँ कि ऐसे सत्य को, जो कि मैंने देख लिया है और जिसे चालीस-पचास हज़ार लोगों तक पहुँचा देना बहुत ज़रूरी है, उसे यों पहुँचाने का काम मैं एक कवि के रूप में कर रहा हूँ, मैं उसे ख़बर पहुँचानेवाले के रूप में कर रहा हूँ; और यहाँ मैं पाता हूँ कि चालीस-पचास हज़ार लोगों तक पहुँचानेवाला जो साधन है वह मेरा अपना नहीं है। वह साधन एक व्यावसायिक कंपनी का है जो कि अख़बार बेचती है—जिसका उद्देश्य समाज को बदलना नहीं, अख़बार को बेचना है। ऐसा भी हो सकता है कि अख़बार को बेचना संभव और अच्छा फलदायक, लाभदायक बनाने के लिए वह कंपनी समाज को बदलने के उद्देश्य को भी थोड़ी देर तक मान लेती है—यह भी संभव है। पर इस सबसे मुझे मतलब नहीं। जब तक कि मैं उस साधन का उपयोग कर सकता हूँ, तब तक वही साधन दूसरे लोग किसलिए इस्तेमाल कर रहे हैं, इसमें मैं नहीं जाना चाहता। लेकिन अंतिम सत्य तो यह रहता ही है, कि वह साधन मेरा नहीं है। वह साधन दूसरों का है। बस इस साधन की मिल्कियत, साधन के स्वामित्व को लेकर जो कुछ झगड़ा पैदा हो सकता है वही एक ऐसा झगड़ा है, जिसकी आसन्न संभावना से मुझे जूझना है। या तो मुझे ··· या तो मेरा निर्णय यह होगा कि मैं उसको बचाता रहूँ, कि वह झगड़ा कभी न होने पाए ताकि मैं उस साधन का इस्तेमाल करता रह सकूँ। और या कभी ऐसी स्थिति आ सकती है जबकि उस झगड़े को कर डालने के सिवाय और कोई दूसरा चारा ही न रहे। तो उस एक संभावना को तो मैं देख पा रहा हूँ। लेकिन उसके पहले का जितना समय है, वह एक तनाव का समय है। और वह तनाव तो एक कलाकार में यों ही रहना चाहिए, चाहे वह संपादक हो या न हो। और यह तथ्य कि मैं एक अख़बार का संपादक भी हूँ और एक कलाकार भी हूँ, दोनों आपस में विरोधी नहीं हैं। परस्पर विरोधी ये दोनों नहीं हैं बल्कि यह स्थिति परस्पर विरोधी है कि मैं एक साधन का इस्तेमाल करना चाहता हूँ अपने ढंग से, जबकि साधन वह मेरा नहीं है।

तो लुत्सेजी, यह बात आपने बहुत गहरी उठाई थी, जवाब मैंने इसका बहुत लंबा दिया है। लेकिन असल में यह बात ऐसी है भी नहीं कि उसका दो शब्दों में जवाब दे दिया जा सके। और एक बात मैं और कहूँगा, अगर आप आज्ञा दें कि यह समस्या—दो विभिन्न कामों को लेकर चलने की समस्या—क्या

ऐसा सच है कि यह समस्या ख़ाली विशेप रूप से कलाकारों, संपादकों अथवा लेखकों की ही होती है? मैं तो देखता हूँ कि यह समस्या प्रायः हर एक की होती है। और दिन-ब-दिन यह समस्या हर एक आदमी के लिए क्या, पूरे अस्तित्व के साथ ही यह प्रश्न जुड़-जुड़ करके आने लगा है—कि आप कितने व्यक्ति हैं और कितना अधिक आपको व्यक्ति के रूप में रहने का अधिकार है और कितना नहीं है। यह ठीक है कि इतने प्रखर रूप में यह समस्या सामने नहीं आती, क्योंकि बहुत-से लोग तो कोई चुनौती नहीं देते हैं; समस्या उनके सामने आती है तो बहुत-से मामूली समझौते वे कर लेते हैं जो कि उनके जीवन पर बड़ा असर नहीं डालते हैं लेकिन मैं चाहता हूँ कि कम से कम लेखक और कवि इस बात को न भूलें कि उनके सामने क्या समस्या है। मैं तो आपसे कह चुका कि बहुत से लेखक और कवि ऐसे हैं—और आज तो पिछले कुछ वर्षों से उनकी संख्या बढ़ रही है—कि जिन्होंने यह मान लिया है कि इस तनाव की, जो कि उनके और राजनैतिक दल अथवा सत्ता के केंद्र के बीच में रहना चाहिए, कोई आवश्यकता नहीं है और उनका काम जो है वह सत्ता को समर्थन देना ही है। अथवा उसका विरोध करते हुए किसी और सत्ता को समर्थन देना है। यानी जिन्होंने कि अपनी निजी सत्ता को इधर या उधर दे दिया है, ऐसे लोगों की संख्या बढ़ी है। फिर भी जो लोग बचे हैं, मेरा उनसे यह अनुरोध होगा, कि वे देखें कि इसी तरह का तनाव सामान्य लोगों के जीवन में भी है, ख़ाली उन्हीं के जीवन में नहीं है।

[*नया प्रतीक*, अक्टूबर 1976. *यथार्थ यथास्थिति नहीं* में संकलित]

रचना विनाश के विरुद्ध कार्रवाई है

भेंटवार्ताकार : सुरेश शर्मा

यह भेंटवार्ता दिल्ली में रघुवीर सहाय के घर (391/4, रामकृष्णपुरम) पर ही की गई थी, प्रेस इन्क्लेव स्थित नए मकान सी-3 में नहीं। वह 1978 के जाड़े में रविवार का दिन था। सुबह के बाद और दुपहर के पहले का समय। रघुवीर सहाय अंदर के आँगन में मिले। लेकिन वहाँ धूप इतनी काफ़ी नहीं थी कि दिल्ली की कनकन ठंड झेली जा सके। फिर यह पूरी वार्ता कमरे में आकर टेप की गई। चारों ओर से किताबों और पत्रिकाओं से भरे इस कमरे में रघुवीर सहाय के व्यस्त पत्रकार जीवन के विपरीत एक स्थिरता और शांति है जिसके मूल में उनकी पत्नी श्रीमती विमलेश्वरी सहाय की सुरुचि और कलात्मकता का योगदान सर्वाधिक है। दीवार पर उनके बच्चों द्वारा बचपन में की गई पेंटिंग्स के साथ सहायजी के पिता की पुरानी तसवीर भी लगी है, पिता की छवि! "फूलदान में सफ़ेद ताजे फूल!" बिल्लियाँ भूरी या मुनमुन (मुनमुन, सहायजी की एक कहानी 'चालीस के बाद प्रेम' की प्रमुख पात्र भी है) कभी-कभी हीटर के पास आकर बैठती हैं और थोड़ी देर में दूसरे दरवाज़े से निकल जाती हैं। रघुवीर सहाय को बिल्लियाँ प्रिय हैं, कुत्ते नहीं। इसका कारण वे यह बतलाते हैं कि बिल्लियों में एक स्वाभिमान होता है जबकि कुत्ते बेहद खुशामद करते हैं। अगर सहायजी के पास लंबा वक़्त हो तो निरंतर ताज़गी और जीवंतता के साथ उनसे राजनीति, कला, साहित्य तथा मौसम पर घंटों बातचीत की जा सकती है और उन्हें याद रखा जा सकता है या चुपचाप रिकार्डेड संगीत सुना जा सकता है (भीमसेन जोशी उनके प्रिय गायक हैं)।

बाहर से आनेवाले लोगों को इस कमरे में एक सहज पारिवारिक आत्मीयता का अहसास स्वाभाविक ही है। रघुवीर सहाय से ये प्रश्न भेंटवार्ता के समय ही पूछे गए। पहले से प्रश्नावली लेने से उन्होंने इनकार किया था क्योंकि 'यदि इनके उत्तर मेरे व्यक्तित्व से स्फूर्त हैं तो उन्हें पहले से उकसाने की ज़रूरत नहीं।'

सुरेश शर्मा : सहायजी, आपने लिखा है कि जब आपने लिखना शुरू किया, उन्हीं दिनों देश को 'आज़ादी' मिली थी, उस आज़ादी ने आपको एक नए स्वप्न और निर्माण के दायित्व से जोड़ा था—लेकिन क्या आपके लेखन-प्रारंभ की परिस्थिति सिर्फ़ इतने से परिभाषित हो जाती है? या और भी ऐसी स्थितियाँ और कारण थे जिससे आपके लिखने का उद्देश्य निर्धारित हो रहा था?

रघुवीर सहाय : आपने दो प्रश्न एक में मिला दिए हैं। एक तो यह कि जब मैंने लिखना शुरू किया था तब उन्हीं दिनों देश को आज़ादी मिली थी और एक तरह की आशा और स्वप्न से मैं जुड़ा था, दूसरा यह कि क्या मैं उस समय अपने लिखने के उद्देश्य को जानता था? या कि और भी कुछ कारण थे जिससे मेरा उद्देश्य निश्चित होता था? एक बहुत बड़ा क्षितिज हो सकता है, जिसमें वह उद्देश्य फैला हुआ हो, केवल सुंदर स्वर, छंद, शब्द को पहचानना, उन्हीं को फिर से सृजित करना, यह भी एक उद्देश्य का हिस्सा था, कुछ ऐसी बातें हैं जो न्यायोचित और सत्य लगती हैं, उनको कहना भी उद्देश्य था। इस प्रकार उद्देश्य की पूरी एक परिधि हो सकती है। मैं यह नहीं मानूँगा कि उस समय उसे मैं अच्छी तरह पहचानता था। लेकिन वह रहा ज़रूर होगा। जब मैंने यह कहा कि एक स्वप्न और एक आशा से अनुप्राणित हम लोग थे उस समय तो मेरा मतलब यह नहीं था कि एक राजनैतिक विचारधारा से हम लोग अनुप्राणित थे। उसका मतलब सिर्फ़ यह है कि एक ऐतिहासिक सत्य की प्रतीति कि अब हमारे बहुत-से जो सत्ता और शक्ति के अधिकार हैं वे भारत के लोगों के ही हाथ में आ गए हैं। इससे आगे के लिए एक तरह की उम्मीद तथा बहुत-सी सामाजिक इच्छाओं को पूरा करने की आशा बँधती थी, इसलिए मैं आपको उत्तर यही दूँगा कि मेरे मन में उस समय लिखने का कोई उद्देश्य पूरी तरह स्पष्ट नहीं था, लेकिन इस आशा के अलावा लिखने के दूसरे जो प्रेरक तत्त्व थे उसमें एक बहुत बड़ा तत्त्व था भाषा का आकर्षण। जो कुछ उससे पहले लिखा-पढ़ा था उसी के आधार पर एक नई चीज़, सुंदर चीज़ बनाने का मोह या लोभ, यही लिखने के दूसरे प्रेरक तत्त्वों में थे, और यद्यपि उस समय सामाजिक चेतना के स्तर पर या राजनैतिक समझ के स्तर पर या यहाँ तक कि साहित्यिक समझ के स्तर पर मेरा दिमाग़ बहुत विकसित नहीं था, लेकिन कुछ मौलिक बातों के बारे में, जो सामाजिक मूल्य कहे जा सकते हैं उनके बारे में, दृष्टि ज़रूर यथेष्ट स्पष्ट थी। इस प्रकार भाषा तथा एक सामाजिक सत्य के लिए आग्रह और फिर वह आशा जो चारों तरफ़ व्याप्त थी—ये तीन चीज़ें, आप कह सकते हैं कि लिखने के लिए प्रेरित करती थीं।

सु.श. : अच्छा, क्या यह आशा और स्वप्न का प्रसंग इतना महत्त्वपूर्ण था कि आज़ादी के बाद विभाजन, दंगा और गाँधी की हत्या के संदर्भ नए रचनाकारों के सोच को प्रभावित नहीं कर सके और निरंतर एक रोमानियत उनकी उस समय की कविताओं में दिखलाई पड़ती रही। उदाहरण के लिए *दूसरा सप्तक* की अधिकांश कविताएँ ली जा सकती हैं।

र.स. : आप तमाम दूसरे साहित्य की बात पूछ रहे हैं या सिर्फ़ मेरी ही बात पूछ रहे हैं?

सु.श. : नहीं, मैं उस पूरे दौर की बात कर रहा हूँ जिसके बारे में कहा जाता है कि 'आज़ादी' के बाद का यह आरंभिक दौर एक नए रोमान का दौर है। आपकी इससे कहाँ तक सहमति-असहमति है?

र.स. : हाँ, लगता है कि यह बात सही है। पर जिन लोगों ने इस रोमान को अपनी एक रचनात्मक उपलब्धि के रूप में पाया और उसी तरह से उसे सजाया-सँवारा और सिरजा, उसको सँभालकर रखा,

उसको महत्त्व दिया, उन लोगों के संस्कार में, प्रशिक्षण में, जीवन में जिससे उन्होंने जो सीखा-समझा था, जिससे वे बने थे उसी में यह निहित था कि वे सामाजिक रिश्तों के बारे में बहुत सचेत नहीं हैं और अगर हैं भी तो यथास्थितिवादी हैं। यहाँ तक कि जितने ऐसे तथ्य वे समाज में पाते हैं जो प्रकट रूप से असत्य, अन्याय और अत्याचार को दिखाते हैं उनके प्रति भी वे बहुत निर्मम हैं। वे इस हद तक यथास्थितिवादी हैं कि उनसे वे विचलित नहीं होते। तभी एक ख़ास तरह की मनःस्थिति में हर चीज़ में उनको एक आशा ही आशा दिखती है। एक आकांक्षा ही आकांक्षा दिखती है, स्वप्न ही स्वप्न दिखता है और वे रोमानियत के तत्त्व को निरंतर स्थापित करते चल सकते हैं। यह तो लोगों की एक कोटि हुई और आलोचकों ने जिस रोमानवाद का उल्लेख किया है उसके दायरे में इस कोटि के कवि आएँगे। ऐसे कवि, जिनमें सामाजिक चेतना या तो है नहीं या है तो स्थितिवादी है, उस रोमानवाद के स्रष्टा हैं। क्योंकि सामाजिक चेतना का न होना और यथास्थितिवादी चेतना का होना दोनों एक जगह जाकर एक ही नतीजे पैदा करते हैं। पर हमारे जैसे ऐसे बहुत-से और लोगों के लिए जिन्होंने उस समय लिखना शुरू किया था, वह सामाजिक चेतना की शिक्षा का भी प्रारंभिक काल था। अगर आप यह सब कुछ मानकर चल रहे हों कि कवि जब लिखता है तो एक बिलकुल परिपक्व और पुष्ट ढंग से तैयार हो चुका होता है तो शायद ऐसा है नहीं। उसका जो साहित्यिक अभ्यास या प्रयोग या कर्म या जो चेष्टा है वह उसके बौद्धिक विकास के साथ एक-दूसरे पर असर डालती हुई चलती है। इस तरह आज़ादी के बाद कवियों की एक कोटि ऐसी थी जो मूलतः रोमानवाद को ही अपना परम प्राप्य मानती थी लेकिन हमारे जैसे लोग जो इस धारा में नहीं थे उन्होंने बहुत जल्दी ही पाया कि यह जिस तरह की आशावादिता उनके मन में उत्पन्न होती है उसको वे लगातार रोमानी शब्दों में प्रतिबिंबित करने में असमर्थ हैं क्योंकि तुरंत उस कविता का खोखलापन दिखाई देने लगा था। और उसमें से वे उभरे, उसमें से निकले और उन्होंने नई चीज़ें खोजीं। पर यह बात कि उन्होंने उस रोमानी तत्त्व का इस्तेमाल किया यह अपने आपमें सिवाय इसके कि वह उनके पास जो परंपरा से दिया हुआ भंडार था उसका एक हिस्सा था। इसलिए उसी का इस्तेमाल करके उन्हें नई चीज़ें खोजनी थीं सिवाय इसके उसका और कोई वैचारिक या राजनैतिक या सामाजिक अर्थ नहीं निकालना चाहिए।

सु.श. : आपने जब लिखना शुरू किया तो एक तरह से नए काव्य का समारंभ हो चुका था। मोटे तौर पर एक समुदाय ऐसा था जो 'प्रयोग' का आग्रही था, दूसरा 'प्रगति' का। दोनों अपनी-अपनी कविता में जीवन संभव कर रहे थे। आपको इन दोनों प्रवृत्तियों से कहाँ सहमति-असहमति थी? बाद में कुछ लोगों ने कहा कि एक हद तक इन दोनों प्रवृत्तियों का एक सीमित सामंजस्य 'नई कविता' का संस्कार बना। इस 'नई कविता' के 'आंदोलन' को आप किस रूप में देखते हैं? किस हद तक अपना लगाव या अलगाव महसूस करते हैं?

र.स. : पहले तो अंतिम सिरे से ही चलें। 'नई कविता' के आंदोलन से मेरा कोई मतलब कभी नहीं रहा और किसी तरह से मेरा उससे कोई लगाव नहीं है। क्योंकि 'नई कविता' का जो आंदोलन कहा जाता है उसमें कवि लोग जो कर रहे थे, उस सबसे अलग मैं कुछ कर रहा था। और आंदोलन की हैसियत से तो मैं किसी तरह के कविता संबंधी आंदोलन में शामिल नहीं हुआ। मुझे पता नहीं आज शामिल हूँ या नहीं हूँ, या आलोचक किस तरह किसी का उसमें शामिल होना या न होना स्थिर करते हैं, उसको मैं ठीक-ठीक नहीं कह सकता। लेकिन अपनी ओर से सचेत भाव से मैं किसी आंदोलन में शामिल नहीं हुआ हूँ। अगर 'नई कविता' के संचालकों ने अपने प्रकाशनों में मुझे शामिल किया है तो इसलिए नहीं कि मुझे उसकी ज़रूरत थी बल्कि इसलिए कि वे मेरा उपयोग करना चाहते थे और ऐसा करते हुए मुझे अंतरंग मंडल में तो माना ही नहीं उलटे मेरे काव्य के बारे में प्रचार किया कि यह सहज कविता है। मुझे बराबर यह लगा है कि ये जितने भी आंदोलन हुए हैं अर्थात् जितने नाम दिए गए हैं, उनके पीछे संगठन किया गया है, प्रचार किया गया है, सैद्धांतिक विश्लेषण किया

गया है, सब बहुत दकियानूसी है। वास्तव में वे न तो रचनात्मक हैं और न आधुनिक हैं। बहुत करके वे कुछ सीमित स्वार्थों के कारण आपस में प्रतिस्पर्धा के कारण चलाए गए हैं और उनके वैचारिक आधार बहुलांश में बनावटी हैं। ऐसे आंदोलनों के सदस्यों के अंदर सामाजिक चेतना की जो आग होती भी है वह आंदोलन स्वयं दबा देता है। अगर इन कविताओं में कोई सच्चाई थी भी तो उस आंदोलन को उचित ठहरानेवाले सिद्धांतों और तर्कों-वितर्कों में वह दब गई है। यह बात मैंने आम तौर से आंदोलनों के बारे में कही। अगर आप उस समय की 'नई कविता' के आंदोलन का विश्लेषण करें और उसके निर्धारक तत्त्वों को देखें तो आप नहीं पाएँगे कि मैं उस आंदोलन से जुड़ा था। आपने कहा है कि 'नई कविता' से पूर्व 'प्रयोग' और 'प्रगति' की दो धाराएँ थीं। मेरा कहना यह है कि यह 'प्रगति' और 'प्रयोग' नाम भी साहित्य में 'आंदोलन' की उसी प्रवृत्ति के कारण आए हैं जिसका ऊपर मैंने ज़िक्र किया। आंदोलन की दृष्टि से साहित्य के इतिहास को या साहित्य की प्रवृत्ति को जाँचने की हमारे आलोचकों की जो दृष्टि है वह अकसर ग़ैर-साहित्यिक दृष्टि रही है या मिली-जुली दृष्टि तो रही ही है। मूलतः वे साहित्यिक धाराओं के विकास की नहीं बल्कि कुछ शुद्ध संगठनात्मक आधार पर गुटों को, दलों को या व्यक्तियों को उछालने की दृष्टि से देखते रहे हैं। आलोचकों ने भी इसमें इसी ढंग से हिस्सा लिया है। उन्होंने भी उसके नाम रखे हैं। तो, उनकी साहित्यिक समझ की उसमें मुझे कोई झलक नहीं मिलती बल्कि हमारे समाज में जो एक ग़लत प्रवृत्ति चली आ रही है—एक बँटे हुए समाज की जिसमें कि छोटी-छोटी जातियाँ-उपजातियाँ, गुट आदि बनाकर कुछ लोग सुरक्षा अनुभव करते हैं, उस सामंती या कि दकियानूसी प्रवृत्ति से चालित होकर हमारे आलोचकों ने अपनी-अपनी जातियाँ या अपनी-अपनी उपजातियाँ बनाने के लिए इन आंदोलनों को नाम दिया है। जो वास्तविक धाराएँ साहित्य में चली हैं उनके लिए तो कुछ और ही तरह के वर्गीकरण तथा और ही तरह के नाम देने की आवश्यकता होगी। 'प्रगतिवाद' के अंतर्गत बहुत-से ऐसे कवि जो कि बिलकुल कवि ही नहीं थे, जिनमें कवि होने का कोई लक्षण नहीं था, कवि हो गए। इसी तरह से बहुत-से ऐसे लोग, जिनको केवल एक नई चीज़ की नक़ल कर लेना संभव था—इसके अतिरिक्त उनके अंदर प्रतिभा या साहित्यिक इच्छा नहीं थी, वे सब प्रयोगवादी हो गए। ये दो खेमे राजनैतिक आधार पर मूलतः यह कहकर बनाए गए कि जो मार्क्सवादी हैं उनकी राजनैतिक विचारधारा का विरोध करनेवाले लोग प्रयोगवादी होंगे और इसी तरह से इसके उलट कि जो प्रयोगवादी हैं उनकी जो भी विचारधारा हो (उनकी कोई विचारधारा थी भी या नहीं मुझे नहीं मालूम) उसके विरोध में जो भी होंगे वे प्रगतिवादी होंगे। उस समय के एक ही प्रकार के ऐतिहासिक दाय को लेकर एक ही प्रकार की भाषा के संस्कार के अधीन एक ही सामाजिक वर्ग के कवि काम कर रहे थे—इन कवियों में से बहुत कम में अपनी ज़मीन पाने और अलग-अलग दिशा में जाने की कोशिशें दिखाई देती थीं। प्रयोगवाद और प्रगतिवाद नाम देनेवाले महंतों ने इन कोशिशों के परिपक्व होने अर्थात् साहित्य में कोई ध्रुवीकरण प्रकट होने के पहले ही अपने खेमे बना लिए और उनमें कवि भरती करने लगे। न तो ज़्यादातर प्रयोगवादी कवि बहुत बड़े प्रयोग कर रहे थे और न ज़्यादातर प्रगतिवादी कवि सामाजिक संघर्ष की कविता लिख रहे थे। उनमें से ज़्यादातर पिटी-पिटाई चीज़ों को दुहरा रहे थे और बहुत ही लचर कविता लिख रहे थे, जिनमें कोई जान नहीं थी। दोनों खेमों के महंतों ने बिना कविता की जाँच किए अपनी-अपनी दल-शक्ति बढ़ाने के लिए कवियों को इधर और उधर कर लिया। जो अपने को एक विचारधारा के माननेवाले बताते थे उनकी अपनी-अपनी गोष्ठियों या दलों में तारीफ़ की जाती थी और इसी तरह से उनका झंडा ऊँचा होता था। इसी तरह से प्रयोगवादी कवियों को सिर्फ़ इसलिए कि वे प्रगतिवादियों के विरुद्ध हैं उछाला जा रहा था और उनकी कविता के लिए एक तरह की हवा बनाई जाती थी कि यह आधुनिक कविता है। लेकिन उसमें बहुत कुछ शुद्ध नक़ल दूसरों की थी। उस युग में कविता की संपूर्ण स्थिति को कोई जानने की कोशिश नहीं कर रहा था।

सु.श. : *सीढ़ियों पर धूप में* जीवन की स्वाभाविकता के सौंदर्य को पकड़ने की कोशिश थी। उसमें आत्मसाक्षात्कार भी था—'यही मैं हूँ'। इसके साथ ही इस संग्रह की ज़्यादातर कविताओं में उस संवेदना के स्तरों को आप फिर से क़ायम करना चाहते हैं, जो इस पूँजीवादी व्यवस्था के दुष्परिणामों के कारण ख़त्म होती जा रही है। आदमी और आदमी के बीच के सहज संबंध मरते जा रहे हैं। अनिवार्यतः वह 'अलगाव' का प्रभाव झेल रहा है। उसकी अपनी अकेली स्थिति यह है कि उसका अपने जीवन से ही रचनात्मक रिश्ता नहीं रह गया है। अगर इन स्थितियों के सामाजिक आधार विस्तार पा रहे हों तो ऐसे में कविता द्वारा उसकी कब तक रक्षा की जा सकती है?

र.स. : आपका प्रश्न यह है कि कविता के द्वारा किसी तरह के विनाश के विरुद्ध कार्रवाई करना कहाँ तक संभव है—मैं कहूँगा कि प्रत्येक ऐसी चीज़ जिसको आप कविता कहते हैं या कोई भी रचनात्मक प्रयत्न मूलतः अपने आपमें उसी विनाश के विरुद्ध कार्रवाई है। नहीं होता तो आप कुछ करते ही नहीं। क्यों रचते हैं आप? रचने का शब्द ही उसका अभिप्राय बताता है कि वह विनाश के विरुद्ध है। रचना का जो मार्मिक और आत्यंतिक अर्थ है वह किसी चीज़ को इस तरह बनाना है कि वह एक नई दुनिया की प्रतिनिधि हो, पूरे एक नए संसार की प्रतिनिधि हो। रचना के और जीवन के कर्म के और आनंद के आधारों के विरुद्ध जो कार्रवाई समाज में होती है, कविता मूलतः उसका विरोध करने के लिए ही लिखी जाती है। ज़्यादा गहराई में जाकर देखें तो कविता का और कोई कारण नहीं है। इसलिए यह बात मैं तय मानता हूँ कि कविता के द्वारा आप रक्षा भी करते हैं और रक्षा करके आप कोई चीज़ बचा रखते हैं। बचा रखते हैं इस तरह से कि आप उसको नए सिरे से नया बना देते हैं तभी वह बचा रह सकता है। लेकिन एक बात या विचार को महज बार-बार दोहराते रहने से बचाया नहीं जा सकता। एक कविता जब किसी चीज़ को बचा रखती है तो तभी बचा पाती है जब उसको हर बार वह एक नए संसार के अंदर ले जाए जो कि अनेक प्रकार के दूसरे सामाजिक-राजनैतिक माध्यमों द्वारा प्राप्त किया जाएगा। इसलिए रचना करना बचा रखना है लेकिन एक नई दुनिया में ले जाकर बचा रखना है। बार-बार उसी पुरानी दुनिया में उसको दुहराते रहना किसी भी तरह से रचना नहीं है। कविता किसी चीज़ को कहाँ तक बचा सकती है, इसकी कोई सीमा नहीं है। अगर आपका प्रश्न केवल इतना रहा हो कि क्या कविता का माध्यम राजनैतिक माध्यमों के बराबर सशक्त माना जाए या दोनों में क्या रिश्ता है तो बात और है। वह बहस एक दूसरे आयाम में चली जाती है।

सु.श. : क्या आप ऐसा नहीं मानते कि अस्तित्ववाद से 'नई कविता' प्रभावित रही है? क्योंकि लगातार यह बात बहस में है कि अस्तित्ववाद से 'नई कविता' सीधा जुड़ी हुई है। अपनी ही एक कविता 'दुनिया एक पपड़ियाई हुई-सी चीज़ हो गई है' लिखते हुए अस्तित्ववाद कहीं से भी आपके अध्ययन, आपके सोच या अनुभव में नहीं था उस समय?

र.स. : नहीं! मैं इसको नहीं मानता कि था और अगर आप इजाज़त दें तो मैं यह कहूँगा कि ज़्यादातर कवियों ने अस्तित्ववाद के दर्शन को समझकर और उससे अनुप्राणित होकर कुछ नहीं लिखा है। हमारी अपनी परंपरा से, जीवन की हमें जो समझ मिली है उसमें तमाम ऐसे तत्त्व हैं जिनका अस्तित्ववाद उपयोग करता है। यूरोप में एक विशेष सामाजिक परिस्थिति में उत्पन्न हुआ यह विचार अपने उपकरणों में ऐसी तमाम चीज़ें शामिल किए हुए है जो हमारे यहाँ मिलती हैं। और यहाँ अनेक प्रकार की यथास्थितिवादी या पलायनवादी या कि भोगवादी दृष्टि की एक लंबी शृंखला है। इस तरह के तमाम रुझानों, प्रवृत्तियों में वही उपकरण इस्तेमाल होते हैं जो अस्तित्ववाद इस्तेमाल करता है। हमारे आलोचकों को एक यह भी मोह होता है (और लेखकों को भी होता है) कि थोड़ा-सा पश्चिम की किसी विचारधारा का वे नाम लें या उसका स्पर्श करके कुछ लिखें, या उस पर टिप्पणी करें तो ज़्यादा प्रमाणित जान पड़ेंगे या ज़्यादा वज़नदार बात मालूम होगी। इसी तरह से हिंदी 'नई कविता' के संदर्भ में अस्तित्ववाद के प्रभाव की बात कहनेवाले लोगों को चाहिए कि वे इन तत्त्वों को हमारी अपनी परंपरा में ढूँढ़ने की

कोशिश करें और उन्हें वहाँ वे मिल जाएँगे।

सु.श. : साठोत्तरी कविता के दौर में सातवें दशक के पूर्वार्द्ध में अधिकांश नए कवियों की कविता एक अराजकता के दौर से गुज़रती हुई दिखाई पड़ती है। साथ ही मोहभंग के सिलसिले में 'अकविता' आदि में 'अस्वीकृति' और 'विद्रोह' का जो स्वरूप है वह अंततः दिशाहीन और प्रतिगामी है। आप इसी दौर में *आत्महत्या के विरुद्ध* की कविताएँ लिख रहे थे जो 'अराजकता' के इस दौर में कुछ अन्य कवियों के साथ उन कविताओं की परंपरा बना रही थीं जिनका यथार्थ बीमार और ध्वंसात्मक नहीं बल्कि स्वस्थ और सर्जनात्मक है। यथार्थ की इस सृजनशीलता को संभव करने के पीछे जो वैचारिक आधार थे उसे क्या आप स्पष्ट करेंगे?

र.स. : ये वैचारिक आधार कविता लिखने के बाद उसका विश्लेषण करके ही मैं जान सकता हूँ। कोई विचार मेरे पास संपूर्ण रूप में थे और उनके आधार पर मैंने कविता बनाई, ऐसा मैं नहीं मानता हूँ। क्योंकि कविता ने भी ये वैचारिक आधार बनाए। एक स्तर पर तो यह अवश्य होता है कि पढ़ने, लोगों के संपर्क में आने या समाज को अपनी आँखों से देखने और सोचने से हम एक वैचारिक आधार पाते हैं, पर वह वैचारिक आधार कविता के लिए काफ़ी नहीं है या कि सब कुछ वही नहीं है। जब हम कवि की हैसियत से एक कविता की रचना में लगे हुए होते हैं तब उस रचना की प्रक्रिया के अंदर ही हमको अपने वैचारिक आधार की सत्यता या उसकी प्रामाणिकता एक नए सिरे से अनुभव होती है और यह अनुभव भी एक वैचारिक आधार बनाता है। हमारे भीतर जो कुछ समझ के स्तर पर कच्चा माल है उसको काव्य की प्रक्रिया में डालना उसके सही वैचारिक तत्त्व को प्रकट करता है जो कविता में निहित हो जाता है। कविता पढ़ने के बाद जितना यह किसी आलोचक के लिए संभव है उतना ही उन कविताओं को दुबारा जाँचते हुए मेरे लिए भी संभव है कि मैं उनके वैचारिक आधार बता सकूँ। कवि के पास एक वैचारिक आधार था और उसके ऊपर उसने कविता बनाई, सोचने का यह तरीक़ा ही ग़लत है। सही यह है कि कवि ने कविता बनाई और इस तरह से अपने वैचारिक आधारों को प्रमाणित किया या पाया।

सु.श. : अकविता के बनावटी विद्रोह का राजनैतिक कारण क्या था?

र.स. : काफ़ी वक़्त से एक बड़ी महत्त्वपूर्ण राजनैतिक घटना घटित हो रही थी। आज़ादी के बाद सत्ता के तमाम साधनों को जिनमें शिक्षा और उत्पादन के अधिकार शामिल हैं, परंपरा से चले आ रहे सत्ता केंद्रों में, जो जाति, विद्या या ज़मीन के अधिकार के द्वारा बने हुए केंद्र हैं, उन्हें यथावत् बनाए रखने की नीतियाँ अपनाई गईं। एक लंबे दौर में यह होता रहा कि सत्ता के परंपरागत केंद्र बने रहने के अतिरिक्त सुदृढ़ होते रहे, इस स्थिति को बदलने की जो चेष्टाएँ थीं, वह बिखर रही थीं और विफल हो रही थीं, परंतु इसी के साथ-साथ एक और चीज़ हो रही थी। इन परंपरागत शक्ति केंद्रों में खोखलापन बढ़ रहा था। अपने ही द्वारा अपना ही उपयोग करते-करते ये अंदर से खोखले होते चले जा रहे थे। यह होना था। ये सत्ता के केंद्र समाज में मानवीय स्तर से लेकर बौद्धिक स्तर तक कुछ भी नया पैदा करने में असमर्थ थे क्योंकि ये बहुत थोड़े लोगों को लेकर चलना चाहते थे। यह एक अजीब स्थिति थी कि कुछ मुट्ठी भर लोग हिंदुस्तान में विद्या और शक्ति के अधिकरी हैं और वही लोग लिखते-पढ़ते हैं। वे लोग आविष्कार नहीं करते हैं, विश्व के शक्ति केंद्रों का अनुकरण करते हैं और राज करते हैं। उनमें रचना की जो शक्ति होती भी है वह बार-बार दुहराई जाती रहने से धीरे-धीरे पिष्टपेषित और खोखली हो जाती है। और फिर आपस में बची हुई शक्ति के बँटवारे के लिए वे संघर्ष करते हैं इससे उनका क्षय भी होता है। एक ओर तो ये अपने आपको पुष्ट करना चाह रहे थे और दूसरी ओर इनका आंतरिक क्षय हो रहा था। यह प्रक्रिया साथ-साथ चली और एक जगह जाकर बहुत तीव्र हुई। अपने ही द्वारा किए गए अनेक प्रकार के कामों के चलते यह तीव्र हुई थी। लगभग 1960 के बाद इसका तीव्र होना शुरू हुआ और शासक वर्ग के अंदर नैतिक पतन, राजनैतिक

बिखराव, रचनात्मकता का अभाव, दिशाहीनता, अनुकरणप्रियता तथा तरह-तरह की अलोकतंत्रीय अमानवीय परंपराओं का 'पुनर्जागरण' शुरू हुआ। 1960 के बाद के वर्षों में सत्ता के इस बिखराव के कारण जो शून्य उत्पन्न हुआ उसको भरने के लए नियोजित ढंग से कोई राजनैतिक शक्ति नहीं आ पाई। इस सत्ता के जो प्राकृतिक उत्तराधिकारी थे, वही लोग अपनी-अपनी तरह से आए। प्राकृतिक उत्तराधिकारी वे लोग थे जो सत्ता के दूसरे नंबर के केंद्र में थे। उदाहरण के लिए उद्योग और विद्या में जो लोग परंपरा से चले आ रहे थे उनके बाद उनका नंबर आता था जो लोग ज़मीन के अधिकार के कारण सत्ता में रहते हैं। 'श्रेष्ठ' लोगों के आंतरिक बिखराव के कारण उत्पन्न शून्य को भरने के लिए ये दूसरे दर्जे के लोग, जो अभी तक समाज में पिछड़े या वंचित रहे थे, आगे आए। इसका राजनैतिक असर दिखलाई देने लगा। कांग्रेस पार्टी में भयंकर क़िस्म की अनैतिकता के साथ-साथ सिद्धांतों की कोई मान्यता नहीं रह गई। केवल सत्ता को बचाए रखने के लिए तरह-तरह से संविधान को तोड़ना-मरोड़ना तथा उसका इस्तेमाल करना मनमाने ढंग से जारी था। सत्ता पर लोगों की पकड़ ढीली हो रही थी और बड़े किसान उनकी जगह लेने को उत्सुक थे।

यदि हम जानें कि हमारे रचनाकार किस वर्ग के लोग हैं तो ज़्यादातर वे उसी शासक वर्ग के मिलेंगे जिसके अंदर भीतरी खोखलापन, नैतिक पतन तथा सैद्धांतिक दिशाहीनता चरम स्थिति में पहुँच रही थी। इतना देखने के बाद यह समझने में बिलकुल देर नहीं लगनी चाहिए कि 'अकविता' में जो आक्रोश है वह इस वर्ग का अपने हाथ से सत्ता छिनने के भय से उत्पन्न आक्रोश है। वह समाज में वंचित, शोषित या उपेक्षित लोगों का आक्रोश नहीं है। वह आक्रोश इस बात का है कि सत्ता के स्तर पर जो परिवर्तन होता दीख रहा है वह परिवर्तन तो सब कुछ हमारा नष्ट कर देगा और सारा जीवन ही व्यर्थ हो जाएगा। इसलिए 'अकविता' में एक तरह के विनाश की चेतावनी है तथा जीवन को निस्सार घोषित कर देने की इच्छा है। यह इच्छा किसी दार्शनिक विचार के रूप में नहीं है बल्कि इसका रूप एक राजनैतिक चाल से निकला है। अकविता की चिंता का सत्य यह है कि हमारे जीवन का जो संकीर्ण दायरा है उसके सारे उपभोग और सुख, जो दूसरों का शोषण करके हमने जमा किए हैं, अब उनके हाथ से छिनने को हैं इसलिए वे यह रुख़ अपनाते हैं कि सारा जीवन ही निस्सार है ताकि वे दूसरों को धोखा दे सकें, उनको बता सकें कि तुम्हारे लिए भी तुम्हारा जीवन निस्सार है। जबकि उनके जीवन में तो इस सत्ता परिवर्तन की आशा से थोड़ा-बहुत सार प्रकट हुआ है, तब वे उनको यह दर्शन सिखाते हैं और प्रकारांतर से यह दर्शन उस सर्वहारा वर्ग को भी देते हैं जिसके विद्रोह से आगे जाकर चिंतित हो सकते हैं। यह एक राजनैतिक चाल थी और 'अकविता' के पूरे पैमाने में या तो इस तरह का आक्रोश है कि सब टूट रहा है, लुट रहा है, आसमान जल रहा है, धरती जल रही है और यह दुनिया एक लाश हो गई है, वग़ैरह-वग़ैरह, या यह है कि अब किसी चीज़ के कोई माने नहीं रह गए हैं या फिर कहीं-कहीं इसमें ऐसी मुद्रा भी है जो कि पहले वाली इन दोनों बातों से ज़्यादा ख़तरनाक राजनैतिक चाल है। उसने बनावटी विद्रोह की एक ऐसी मुद्रा अपनाई थी, जिसमें उपेक्षित लोगों के विद्रोह की नक़ल तो की गई थी लेकिन जिसके प्रहार का लक्ष्य उपेक्षित लोग ही थे। स्त्री पर इस कविता ने जितना आक्रमण किया है वह दिखाता है कि असलियत क्या है? यद्यपि वे विद्रोह की, समाज को बदल देने की मुद्रा अपना रहे हैं तो भी आक्रमण कर रहे हैं स्त्री पर, जो कि उपेक्षितों का प्रतीक है। अकविता का आक्रोश और निराशामूलक तथा निराशाजनक रुझान एक वर्ग की राजनैतिक चीत्कार है, जिसके हाथ से सत्ता छिन रही थी। सन् 1967 के चुनाव के पहले सत्ता के जो बने-बनाए केंद्र थे सवर्ग केंद्र थे। चुनाव में उनको हटाकर जगह-जगह किसान लोग सत्ता में आ गए थे, क्योंकि दूसरे नंबर पर सत्ता के अधिकारी वही थे। कहीं कोई भूमिहीन लोग नहीं आए, मज़दूर नहीं आए क्योंकि उनकी शक्ति संगठित नहीं थी। जो परिवर्तन हो रहा था उसमें सत्ता में नए आनेवाले लोग पहले के लोगों के मुक़ाबले एक प्रगतिशील तत्त्व तो निश्चित रूप से थे। उनके आने

से सत्ता का जो बना हुआ केंद्र था वह टूटता था और एक नए संघर्ष की गुंजाइश शुरू होती थी क्योंकि सत्ता का जो पहले का केंद्र था उसने संघर्ष की सारी गुंजाइशों को धीरे-धीरे ख़त्म कर दिया था। उसने सत्याग्रह, आंदोलन और माँगों को वायदों और तरह-तरह के तरीक़ों से विफल करने की लंबी परंपरा बना ली थी। स्थिति वहाँ तक पहुँच गई थी जहाँ किसी बातचीत या विचार से कोई मसला हल नहीं हो पाता है। ऐसी दशा में सत्ता से उनका हट जाना और नए लोगों का आ जाना एक ऐसी राजनैतिक परिस्थिति बनाता था, जिसमें संघर्ष के नए तरीक़े ढूँढ़े जा सकते हैं, और एक हद तक वे ढूँढ़े गए लेकिन वे भी विफल हुए तो इसीलिए कि सचमुच जो उपेक्षित और शक्तिहीन लोग थे उनकी राजनैतिक शक्ति यथेष्ट रूप से संगठित नहीं थी। 'अकविता' के लोग पहले सत्ता केंद्र के प्रतिनिधि हैं। वे इतने होशियार प्रतिनिधि हैं कि यदि केवल उनकी चिंता यह होती कि हमारी जगह दूसरे नंबर के लोग चले आएँगे, सवर्ण लोगों की जगह छोटी जातियों के लोग चले आएँगे तो वे आपस में उसका कोई निबटारा कर लेते और इतनी परेशानी उनको न होती, लेकिन वे बहुत दूर तक देखनेवाले लोग थे और उन्होंने पाया कि इन छोटी जातियों के लोगों की आज़ादी से इनसे भी छोटी जातियों के आने का रास्ता खुल जाएगा। यह वास्तव में उनके लिए खतरे की बात थी क्योंकि वे देख रहे थे कि सवर्ण शोषण की राजनीति आगे आराम से नहीं चल पाएगी।

इस समझ के कारण 'अकविता' के लेखक वर्ग की मानसिक चिंता बहुत दूर तक असर करनेवाली चिंता साबित हुई। वह केवल एक सतही चिंता नहीं हुई, उनकी जड़ें ही बिलकुल हिल गई थीं। 'अकविता' को मैं हमेशा इस दृष्टि से देखता हूँ क्योंकि अगर उसमें यह माना जाए कि जैसा कि कुछ लोगों ने माना है कि वह समाज परिवर्तन की आकांक्षा करनेवालों की कविता थी तो उसमें स्त्री के ऊपर ऐसा आक्रमण नहीं होता। मैंने बराबर इस आक्रमण का विरोध किया है। *आत्महत्या के विरुद्ध* की कुछ कविताओं में आपको इस विरोध की झलक भी मिलेगी—'तुमने किस औरत पर उतारा क्रोध। नक्कू क्रोध। कातर क्रोध ...।'

सु.श. : *हँसो हँसो जल्दी हँसो* शीर्षक संग्रह की कविताओं का मिज़ाज *आत्महत्या के विरुद्ध* की कविताओं से भिन्न है। इस संग्रह में 'एक बार जानबूझकर चीखना होगा' जैसे इरादों की स्थिति बिलकुल नहीं है बल्कि दमन और शोषण की विडंबना से निर्धारित ऐसे काव्यानुभव हैं जो दहशत और करुणा की दुनिया में ले जाते हैं। कुछ लोग कहते हैं कि उन्हें ऐसी महत्त्वपूर्ण कविताओं में इस मनुष्य-विरोधी स्थिति को बदल डालने के संदर्भ का संकेत भी चाहिए ताकि यथार्थ की यह नई संवेदना-संबद्ध सृजनशीलता अपना अधिकतम प्रदान कर सके। आपकी क्या राय है?

र.स. : हो सकता है कि ये लोग अच्छी नीयत से ही ऐसा कह रहे हों। लेकिन अगर आप इस माँग को साहित्यिक आलोचना के संदर्भ में देखें और यह बात एक आलोचक के द्वारा कही जाए तो हमें जाँचना पड़ेगा कि उस आलोचक की सामाजिक यथार्थ की अपनी समझ क्या है? क्योंकि जिस आलोचक को कविता में उस 'अतिरिक्त' की ज़रूरत महसूस होती है जिसके होने पर ही वह उस कविता को महत्त्व दे पाएगा तो उसके बारे में यह सोचना पड़ेगा कि कविता की उसकी पकड़ या समझ क्या इतनी उथली है?

सु.श. : साठ के बाद की अपनी कविताओं में आपने उपमा, बिंब और प्रतीक आदि से अधिक से अधिक बचने की कोशिश की है, इसके क्या कारण हैं? साथ ही आपकी कविता की भाषा पर बात करते हुए आलोचक उसकी सर्जनात्मकता की चर्चा करते हैं। आप काव्यभाषा के संदर्भ में उसकी सर्जनात्मकता को किस रूप में ग्रहण करते हैं?

र.स. : मैं काव्यभाषा को न तो भाषाशास्त्री की तरह से देख सकता हूँ और न आलोचक की तरह से। यह तो नहीं कहूँगा कि सब कुछ मैं सहज भाव से कर देता हूँ और मुझे पता नहीं चलता। ऐसा तो नहीं है। मैं जानता हूँ कि मैं क्या करने की कोशिश कर रहा हूँ। बल्कि जैसा कि मैंने आपसे

एक और प्रश्न के उत्तर में कहा था कि अपने वैचारिक आधार को मैं जानता हूँ तो कविता करने के कारण जानता हूँ यानी कविता करते हुए मैं अपने वैचारिक आधार को पहचानता चलता हूँ जबकि यह भी सच है कि वैचारिक आधार पहले से रहता है। उसी तरह से यहाँ भी आवाज़ की शक्ल में, बिंबों की शक्ल में, शब्दों के अर्थों की शक्ल में शिल्प का एक नमूना—कुल मिलाकर पूरी रचना के रख-रखाव, तौर-तरीक़े, रुझान, तथा शक्ल सबके संदर्भ में एक हल्का-सा कभी-कभी स्पष्ट और कभी अस्पष्ट नमूना—रचना करने के पहले रहता है। उदाहरण के लिए 'रामदास' कविता जब मैं लिख रहा था तब तक छंद मेरे मन में था। इसने लय को निर्धारित कर दिया था ···

सु.श. : जो दीखता है।

र.स. : जो बाद में दिखा आपको। क्योंकि आपने उसका पहला प्रारूप भी देखा है। आप देखेंगे कि प्रारूप में परिवर्तन वहाँ-वहाँ किया गया है जहाँ पर कि वह लय टूट रही थी या ढीली पड़ रही थी। अतः वहाँ उसको बदला है। यह एक संयोग ही नहीं है बल्कि एक अनिवार्यता है कि जहाँ-जहाँ मैं अपने पूर्वपरिकल्पित शिल्प की ज़रूरतों के अनुसार कविता में नया परिवर्तन करूँ वहाँ-वहाँ के परिवर्तन वैचारिक परिवर्तन भी हों। अंततः शिल्प और विचार एकसाथ हो जाते हैं यह अनिवार्यता है, बशर्ते एक तो उपकरण के जानकार हों, दूसरे आप अपनी वैचारिकता के भी अच्छे जानकार हों। अगर आप दोनों चीज़ों के प्रति सचेत हैं तो पहले आप शिल्प की एक शक्ल दिमाग़ में लेकर चलेंगे, कविता लिखने के पहले ही आपके दिमाग़ में एक नक़्शा होगा—एक ऐसा नक़्शा जिसे आप एक संपूर्ण वस्तु का अंश कह सकते हैं। जैसे यह छंद था कि 'रामदास उस दिन उदास था।' छंदों को तोड़कर या पुराने छंद को दुहराकर मैंने बहुत-सी और कविताएँ भी लिखी हैं लेकिन सृजन से पूर्व यही छंद मेरे मन में आकार ले रहा था अर्थात् इस भावना के लिए, इस पीड़ा के लिए, इस संदेश के लिए, इस संघर्ष के लिए यानी जो कुछ भी उस कविता में निहित है सबके लिए यही एक छंद मन में आ रहा था। उसके बाद जब मैंने उसे लिखना शुरू किया तो फिर लगा कि अब मेरी उस दुनिया का यह एक पूरा संसार रचित हो रहा है जिसमें रामदास के प्रति वह विरचित और पतनशीलता चित्रित होगी जो चारों तरफ़ समाज में है। जब वह चित्रित होगी तो उस चित्रण को समझने के बाद लोगों के मन में एक चेतना आएगी। अगर पाठक गहरे स्तर पर उस पीड़ा को अनुभव करते हैं जो कि इस पतनशीलता के कारण उनके मन में उत्पन्न हो रही है तो फिर उसी गहरे स्तर पर जाकर पाठक उस पीड़ा का निदान भी बताएँगे। जितने हल्के स्तर पर पाठक पीड़ा का अनुभव करेंगे उतने ही हल्के स्तर पर वे उसका निदान बताएँगे। जब हम शिल्प का एक अनुभावन पहले करके चलते हैं तो लिखते समय हमें जाँचते रहना चाहिए कि हम जो बना रहे हैं वह क्या वही बन रहा है जैसा हमने सोचा था, साथ ही साथ दूसरे सिरे से भी यह प्रक्रिया चलती है कि जो हम बनाते जाते हैं वह आपको बताता जाता है कि देखो, यह भी हो सकता है, या यह भी होना चाहिए। एक ओर तो हम सोचकर चलते हैं कि हम ऐसा बनाएँगे, दूसरी ओर जब हम उसको बनाते हैं तो उससे हमको विचार मिलता है कि कुछ और भी हो सकता है। यह शिल्प के साथ रचनाकार का सार्थक रिश्ता है।

सु.श. : और रचना में यह नई स्थिति रचनाकार को निर्धारित करने लगी है।

र.स. : हाँ, लेकिन अपनी तरफ़ से हमको सचेत रहना चाहिए कि हम शिल्प के बहकावे में तो नहीं आ रहे हैं? प्रधानता इसी की है कि हम क्या चाहते हैं। जब हम सचेत रहते हैं तो हम पाते हैं कि बहुत-सी चीज़ों को बिलकुल छोड़ दे रहे हैं जैसे 'उपमा' को। आपने पूछा कि मैंने 'उपमा' को क्यों छोड़ दिया? इसीलिए छोड़ दिया कि वह मुझे बहकावे में डालती थी। जो चीज़ें अभी मेरे काम की नहीं हैं, और शायद कभी मेरे काम की नहीं होंगी उनमें से 'उपमा' एक है। 'उपमा' के संदर्भ में एक और बात जानने की है कि 'उपमा' हमेशा सामाजिक चेतना के दो स्तरों को एक-दूसरे से तुल्य कर देती है, इसलिए वह बहुत ख़तरनाक चीज़ है और बहुत भटका सकती है। जिन दो चीज़ों की

आप तुलना कर रहे हैं, हो सकता है कि वे दो बिलकुल अलग-अलग दुनिया की चीज़ें हों। अगर उन दोनों में एक साम्य कहीं आपको दीखता है तो हो सकता है कि वह साम्य दिशाहीन हो। अतः वह आपको विपरीत दिशा में भी ले जा सकता है।

सु.श. : 67 के आसपास कविता में घटित यथार्थ-संबद्ध नया बदल लगभग एक दशक पुराना हुआ। इस दौर में लिखी कई जन-संबद्ध कविताओं की उपलब्धि आपकी दृष्टि में क्या है? क्या आप हिंदी कविता की वर्तमान स्थिति और उसकी जन-संबद्ध दिशा के बारे में अपनी प्रतिक्रिया व्यक्त करेंगे? आप क्या कहेंगे?

र.स. : उत्तर आपको बहुत सरलीकृत लगेगा, लेकिन शायद इरादा सरलीकृत करने का नहीं है। मैं कोई शास्त्रीय विद्वान तो हूँ नहीं। मैं तो कवि की तरह से हर चीज़ को देखता हूँ। जन-संबद्ध कविताओं की जो स्थिति है वह हिंदी के लेखकों की जन-संबद्धता का ही प्रतिबिंब है। तब भी थी और आज भी है। हमारे हिंदी लेखकों के दिमाग़ के दायरे में गुणात्मक रूप से कोई बड़ा परिवर्तन नहीं हुआ है। इस परिवर्तन की प्रक्रिया को जड़ तो नहीं कहेंगे लेकिन यह कहेंगे कि प्रगति बहुत धीमी है। और धीमी ही नहीं है बल्कि उसमें कुछ शिथिलता के लक्षण ज़्यादा दिखाई देते हैं। दूसरे शब्दों में कहें कि उसका वेग धीमे की ओर जाता हुआ दिखाई देता है। बात यह है कि जिस वर्ग के हमारे लेखक हैं उनके लिए एक व्यापक समाज के संदर्भ में जीवित रहना कुछ समय तक के लिए ही संभव होता है। उसके बाद जैसे-जैसे यथार्थ का टकराव तीव्र होता है और परिवर्तन के सामने सामाजिक, राजनैतिक प्रयत्नों का संघर्ष सामने आता है अर्थात् परिवर्तन जैसे-जैसे संभव से संभवतर दिखाई देने लगता है, वैसे-वैसे इस वर्ग के लेखकों की जन-चेतना धीमी होने लगती है या भटकने लगती है। यह प्रक्रिया उनकी नियति है ऐसा मैं नहीं मानता। केवल यह एक निरपेक्ष सत्य है। वस्तुस्थिति है। ऐसा होता है। इसको रोका भी जा सकता है। इसका ठीक उल्टा भी किया जा सकता है—बशर्ते दूसरी वस्तुस्थितियाँ अर्थात् दूसरी तरह के साधन, सामाजिक-राजनैतिक परिवर्तन के और साधन भी ज़्यादा सक्रिय हों। जब उनकी सक्रियता एक निर्णायक स्थिति में रहती है तभी साहित्य में इस तरह का पतन संभव होने लगता है। जैसे-जैसे मध्यवर्गीय लेखक सामाजिक यथार्थ के टकराव को अधिक अनुभव करते हैं, हम अकसर कतराने लगते हैं या घबराने लगते हैं। यह घबराहट जिन लोगों में कम होगी अर्थात् जो सचमुच सामाजिक परिवर्तन के पक्षधर ही नहीं बल्कि उसके अधिकारी भी होंगे वे अगर उस वक़्त साहित्य में बड़ी संख्या में प्रवेश करते हैं तो स्थिति भिन्न हो सकती है और यह पलायनवादी और विघटनवादी स्थिति दूर हो सकती है। अभी तो मुझे यही लगता है कि जो गिने-चुने लोग जन-संबद्ध कविता के, या आप उसे जो भी नाम दें, रचयिता हैं या कोशिश कर रहे हैं—कोई कम कोई ज़्यादा, उनकी सबसे बड़ी विडंबना यह है कि वे समाज को जितना ज़्यादा परिवर्तन की ओर जाता हुआ देखेंगे उतना ही उनकी रचना में उलझाव, बिखराव आने का ख़तरा बढ़ेगा। उनको इस प्रवृत्ति से अपने भीतर संघर्ष करना है। उन्हें अपने को बदलना है या अपने को ज़्यादा बड़ा दायरा देना है या परिवर्तन में ज़्यादा अच्छी तरह से अपने को शामिल करना है। मुझे लगता है कि हम मध्यवर्गीय लोग इस ख़तरे के सामने अच्छी तरह ठहर नहीं पाए हैं, पिछले दिनों! पिछले दिनों में हम लोगों में सामाजिक यथार्थ को समझने और परिवर्तन की प्रक्रियाओं में ज़्यादा अच्छी तरह लगने की इच्छा बजाय बढ़ने के कम हुई है। आज जो यह घोषित करते हैं कि हममें जन-संबद्धता की इच्छा है उनकी सदाशयता पर मुझे कोई संदेह नहीं है। लेकिन प्रमाण तो इसका तब मिलेगा जब उनकी रचनाएँ वैसा प्रस्तुत करेंगी। जनवादी कविता के रूप में जो तमाम कविताएँ लिखी जा रही हैं उनमें से बहुत-सी ऐसी हैं (सब नहीं) जो काफ़ी दुरूह हैं, यद्यपि देखने में बहुत सरल हैं। दुरूह वे इस मानी में हैं कि समझ में नहीं आता कि वे क्या कहना चाह रही हैं। आज की कविता के निकट पूर्व के कुछ कवियों ने अपने अंदर कुछ खोजते हुए और समाज की नई शक्ल को पहचानते हुए भाषा में जो परिवर्तन किए, उसने भाषा को बहुत सरल बना

दिया। नए जनवादी कवियों ने भाषा को सरल बनाने की प्रक्रिया में जो रचनात्मकता निहित है, उसके बिना उस बनी-बनाई सरल भाषा को ले लिया। इसलिए उस सरल भाषा में लिखी हुई उनकी कविता दुरूह है। बहुधा लगता है कि उनकी कविता प्रतीकात्मक है या लगता है कि इसमें एक ऐसी मानसिक स्थिति का वर्णन है जिसे आप एक सीमित अहंवादी दृष्टि से देखें तभी इसमें कोई अर्थ निकल पाएगा। यह भयंकर विपर्यय है कि वह अहंवादी नहीं होना चाहते हैं लेकिन उनकी कविता में अहंवाद भरा हुआ है। क्योंकि वे जब भी बोलते हैं तो अपने बारे में बोल रहे होते हैं। पूरे समाज की तसवीर उनकी कविता में झलकती नहीं। इस तरह से जब वे सरल भाषा में स्थिति लिखते हैं तो वहाँ विपर्यय यह होता है कि भाषा तो उन्होंने सरल ले ली क्योंकि उनको मिली, बनी-बनाई जो कि हमने बनाई थी, लेकिन उस सरल भाषा में जो वे कहते हैं उसके अंदर वे तमाम शक्ति के स्रोत नहीं होते जिनसे सरलता उत्पन्न होती है।

सु.श. : आपने लिखा है कि "किसी भी आदमी को कविता की जाँच के लिए कविता में दी गई शर्तों के अलावा किन्हीं और शर्तों की इजाज़त नहीं दी जा सकती।" आलोचना के इस प्रतिमान की थोड़ी व्याख्या करेंगे?

र.स. : जब मैंने कहा था कि कविता के भीतर जो कुछ है उसके आधार पर आप कविता का मूल्यांकन करें तो उसका मतलब यही था कि कवि अपने अनुभवों को शब्दों के द्वारा जिस संसार में ले गया है एक अच्छी रचना में वह संसार अपने आपमें एक संपूर्ण संसार होना चाहिए, 'आत्महत्या के विरुद्ध' कविता में कुल मिलाकर कई संसार हैं लेकिन अंत में एक संपूर्ण संसार है। अगर वह संसार संपूर्ण है तो उसके भीतर ही आपके उस कवि की सामाजिक मान्यताएँ, मानवीय मूल्यों की समझ और मनुष्य के प्रति उसके सामाजिक, राजनैतिक और रचनात्मक विचार मिलेंगे। अगर वह रचना संपूर्ण है तो वह किसी एक दूसरी संपूर्ण दुनिया को प्रतिबिंबित करेगी जो कि कवि के बाहर समाज में रहती है। बाहरी दुनिया का कोई न कोई प्रतिबिंब इस संपूर्ण रचना में आएगा क्योंकि प्रत्येक रचना वास्तव में एक दुनिया को एक बार फिर बनाने से संभव होती है। हर अच्छी रचना यदि संपूर्ण होती है तो तभी जबकि एक संपूर्ण संसार को अपने अंदर रच देती है। एक अच्छा आलोचक उस संपूर्ण को देख पाता है। फिर वह उस संसार में निहित नैतिक, राजनैतिक, सामाजिक मान्यताओं को भी देख पाता है। उसे बाहर से राजनैतिक और सामाजिक तथा नैतिक मान्यताओं को लाकर कविता पर आरोपित करने की आवश्यकता नहीं होनी चाहिए। आप मेरी किसी रचना में जब देख लें कि यह एक दुनिया है, तो उस दुनिया में देखिए कि मेरी क्या मान्यताएँ हैं? कौन-से आधारों पर मैं टिका हूँ, जिससे कि मेरा वह व्यक्तित्व बना जो उस कविता में झलकता है। उस दुनिया में मेरी समाज की क्या समझ है? उस दुनिया में मेरे रिश्ते लोगों से क्या हैं? मैं किस वर्ग में हूँ? किस वर्ग के पास हूँ? किससे दूर हूँ? कौन-सी मेरी चिंताएँ हैं? कौन-से मेरे उद्देश्य हैं? यह सब एक संपूर्ण रचना में आपको कहीं न कहीं झलकेंगे। जिस हद तक वे आपको झलकेंगे उसी हद तक आप उनको देखिए, उससे अधिक आप पाने की इच्छा नहीं कर सकते। क्योंकि उससे अधिक नहीं है उसमें। इसलिए मैंने यह बात कही थी और उसका यह मतलब नहीं था कि कवि कोई नई शर्तें पैदा कर देता है हर कविता को जाँचने की। दरअसल शर्तें वह इस अर्थ में पैदा करता है कि वह एक संसार की सृष्टि करता है और यह बात मैं बार-बार कहूँगा कि एक अच्छी रचना पर ही यह बात लागू होती है। जो रचनाएँ अपूर्ण हैं, अधूरी हैं, ख़राब हैं, वह अगर दावा करें कि आप उनकी ही दी हुई शर्तों पर उन्हें जाँचिए तो पहले तो आपको यही जाँचना पड़ेगा कि इनमें जाँचने योग्य कुछ है भी या नहीं। अगर इस बात से और दूसरा अर्थ निकलता हो तो मैं स्वयं समझने की कोशिश करूँगा, लेकिन मेरे दिमाग़ में इसके अलावा उसका कोई अर्थ नहीं है।

[1978. संपादक की पुस्तक, *रघुवीर सहाय का कविकर्म* (1981) में संकलित, *यथार्थ यथास्थिति नहीं* में शामिल]

'कलाकार के लिए ज़रूरी है कि वह हर विधा के साथ जूझे!'

भेंटवार्ताकार : विनोद भारद्वाज

कवि-कथाकार रघुवीर सहाय से यह बातचीत दिसंबर 1978 की एक सुबह को हुई थी—बीच में थोड़े से विग्रह के बाद रात तक यह बातचीत चली। अब जब यह बातचीत छप रही है तो 9 दिसंबर को रघुवीर सहाय अपने जीवन के पचास वर्ष पूरे कर रहे हैं, जिससे इस बातचीत के प्रकाशन का महत्त्व बढ़ जाता है। बातचीत कैसेट पर टेप हुई थी, बाद में उन्होंने इसके लिखित रूप को एक बार देखा भी है। रामकृष्णपुरम वाले रघुवीर सहाय के मकान की बैठक में किताबों, अख़बार, बच्चों की बनाई कलाकृतियों, रिकार्ड्स तथा बिल्लियों के बीच में (रघुवीर सहाय को बिल्लियाँ बहुत पसंद रही हैं) हुई यह बातचीत लगभग अपने मूल रूप में यहाँ दी जा रही है। इसकी शुरुआत किसी प्रश्न से नहीं है। सिगरेट पीने पर बातचीत चल रही थी कि कैसेट चलना शुरू हो गया ···

रघुवीर सहाय : ··· लिखते वक़्त एक ख़ास तरह की एकाग्रता की ज़रूरत होती है जिसमें आप बहुत कुछ छोड़ते हैं—एक तरह के मानसिक त्याग की ज़रूरत होती है। बहुत चीज़ें आप छोड़ते हैं, बहुत कुछ चुनते हैं—अपने भावनात्मक संसार में आप बहुत स्थिर हो जाते हैं। कुछ भावनाओं को आप छान देते हैं, कुछ को आप रखना भी चाहते हैं। यह एक तरह की सख़्ती और एक तरह की तपस्या है। सबसे पहले तो यही बात कि हर तरह के लेखन में ही छोड़ना शामिल है—आप अपना व्यक्तिगत अनुभव छोड़ते हैं, आप उसमें से अपना व्यक्ति निकाल देते हैं और फिर उसी चीज़ को आप दूर से खड़े होकर देखते हैं। शारीरिक स्तर पर भी यह ज़रूरी हो जाता है कि किसी चीज़ में हम 'इन्डल्ज्' (अतिसेवन) न करें, तो कहाँ पर सिगरेट उत्तेजना देती है और कहाँ पर वह अतिसेवन है, यह बताना बड़ा मुश्किल है। या कि दोनों चीज़ें एक-दूसरे में अकसर मिल जाती हैं। हाँ, यह जानना ज़रूरी है कि आराम देनेवाली चीज़ कहाँ पर चाहिए कहाँ नहीं। घंटों बैठकर लिखने की मुझे ज़रूरत नहीं पड़ी है। कहानियाँ जो मैंने लिखी हैं उनमें अकसर काफ़ी समय लगा है—पर फिर यहाँ एक व्यक्ति के स्वभाव और तरीक़े की बात है—वह समय मैंने एकसाथ कभी नहीं लगाया। लगा वह एक सिलसिले में ही लेकिन उसमें मैंने बहुत-से अंतराल लिए। जब मैं थोड़ी देर किसी चीज़ में बहुत ज़्यादा एकाग्र हो जाता हूँ तो फिर मुझे घबराहट होने लगती है। और मैं इतना अधीर हो जाता हूँ कि अपने को थोड़ी देर के लिए वहाँ से अलग कर लेना चाहता हूँ। यह तो मुझे मालूम हो जाता है कि मुझे क्या करना है। मालूम होने की जो हलचल है, उसका जो तनाव है, उसे मैंने वस्तुनिष्ठ होकर देख लिया है। पर उसका शारीरिक असर इतना ज़्यादा है कि फ़िलहाल मैं चाहता हूँ कि मैं वहाँ से हट जाऊँ।

विनोद भारद्वाज : इस एकाग्रता के लिए क्या आपको कोई ख़ास वक़्त भी सुविधाजनक दिखता है। रात, दिन, सुबह, शाम ··· किसी ख़ास वक़्त ···

र.स. : नहीं, इससे कोई ख़ास फ़र्क़ नहीं पड़ता, सिवाय इसके कि अगर रात, सुबह, शाम का संबंध दूसरे व्यक्तियों से काफ़ी ज़्यादा है—रात को अगर लोग जागते हैं, सुबह जल्दी उठ जाते हैं तो यह बात उन समयों को कोई चरित्र दे सकी है लेकिन खुद मेरे मूड से इसका कोई संबंध नहीं है।

वि.भा. : कविता की पंक्तियाँ जब दिमाग़ में आती हैं तो क्या आप उन्हें फ़ौरन उतार लेते हैं?

र.स. : फ़ौरन उतारने की बराबर कोशिश करता हूँ जो भी काग़ज़ सामने मिल जाए। अकसर

मैं इस काम में सफल भी हो जाता हूँ। लेकिन ऐसी चीज़ अकसर सिर्फ़ एक बात होती है। कभी-कभी सूक्ति भी, कभी एक प्रश्न, एक विचार, कभी एक दृश्य होता है। उसे उतारते समय उस दृश्य का काव्य-प्रसंग कितना अधिक मैंने पहचान लिया है उस (पहचान) पर यह निर्भर होगा कि मैं उसे किस तरह से उतारूँगा। अगर उसमें मैंने ऐसा एक भी शब्द शामिल कर लिया है जिसमें उस प्रसंग की पहचान मिलती है तो दुबारा जब मैं उसे पढ़ूँगा तो मैं उस पूरी पहचान को फिर से याद कर लूँगा। लेकिन अगर टाँकते वक़्त मैंने उस चीज़ की 'की' (मूल बात) ही खो दी है तो बाद में किसी दूसरे काम के लिए उसे मैं एक कच्चे माल की तरह शायद इस्तेमाल भी कर लूँ पर वह चीज़ फिर हाथ में नहीं रह जाती।

वि.भा. : यहाँ मैं आपकी कहानी 'क़िले में औरत' की चर्चा करूँगा। इस कहानी की रचना-प्रक्रिया को क्या आप याद करेंगे?

र.स. : जो थोड़ी-सी कहानियाँ मैंने लिखी हैं, उन्हीं की तरह यह कहानी भी एक ऐसी चीज़ थी जो बहुत दिन बाद लिखी गई। यानी जब वह कहानी मिली थी, जहाँ वह देखी गई थी, उसके काफ़ी दिन बाद उसे लिखा। बहुत परिश्रम भी करना पड़ा। जहाँ तक इस कहानी के अंतरंग का प्रश्न है, वह लिखे जाने तक वैसा ही सुरक्षित रहा जैसा वह पाया गया था। केवल मुझे अपनी भाषा का स्वभाव खोजने में मेहनत करनी पड़ी कि यह कहानी किस तरह की भाषा में लिखी जाए? जब यह कहानी मैंने लिखी थी उसके आगे-पीछे कुछ और भी कहानियाँ लिखी थीं जो *रास्ता इधर से है* में संगृहीत हैं। आप देखेंगे, मानेंगे कि उस संग्रह की कई कहानियों की शैली में बहुत विविधता है। जैसे 'ग्यारहवीं कहानी' बिलकुल प्रेमचंद की शैली में लिखी गई थी : सीधे-सीधे बयान करना कि क्या हो रहा है। उसके अंदर जो तहें होती हैं, उनको लेखक खोलता चलता है। लेकिन 'क़िले में औरत' उस शैली में लिखी जा सकेगी या नहीं इस पर मुझे सोचना पड़ा। फिर जब इसके लिए परिश्रम हुआ—भाषा की गति, झंकार, चाल, उसकी आवाज़, ताल जैसे ही यह सब थोड़ा लिखने के बाद पकड़ में आया तो फिर चीज़ों को याद करना और पकड़ना मुश्किल नहीं था। वजह यह थी (शायद और कहानियों के साथ भी ऐसा ही हुआ हो) कि एक होटल में, जिसमें मैं ठहरा हुआ था, उस समय बहुत तीव्रता के साथ मानवीय संबंधों की वे सब विडंबनाएँ जो इस कहानी में हैं, अपने मन में नक़्श की थीं। यह बहुत व्यक्तिगत, रागात्मक अनुभव की कहानी है। इसलिए चीज़ें मुझे याद थीं। होटल के बैरे जो खाना भी परसते थे और रोशनी फेंकनेवाले लैंप को भी सँभालते थे—यहाँ कलाकार की कल्पना है, ठीक-ठीक वैसा ही नहीं था। सिर्फ़ एक बैरे को देखा था, हाथ में स्पॉट लाइट उठाए। गद्य की ताल के साथ मिलाने के लिए सारे 'एक्शन' को थोड़ा-सा जानबूझकर 'बर्लेस्क' (विद्रूप) बनाया था।

वि.भा. : यथार्थ जब आपके सामने इस तरह से होता है तो आप लिखते वक़्त कितना फ़र्क़ करते हैं? क्या आप यथार्थ और रचना की 'डिस्क्रीपैंसी' (फ़र्क़) को कुछ कम करते हैं?

र.स. : जवाब मुश्किल है। इसके बारे में सोचा नहीं है। मैंने अपनी रचना में उस रचना के लिए एक सही क़िस्म की बनावट को खोजने की कोशिश है क्योंकि मैं यह बिलकुल नहीं मानता हूँ कि जो मैंने देखा और पाया था, मुझे उसी को लिख देना है। ऐसा होता ही नहीं है। लेखन में यथार्थ अधिक से अधिक चित्रित हो, कम से कम यह मेरा उद्देश्य नहीं है। मैं यथार्थ से दूरी चाहता हूँ, कम-ज़्यादा के संदर्भ में नहीं, पर मैं कहूँगा कि दूर पर एक जगह होती है जहाँ आपको लगता है कि यह आपका बनाया हुआ यथार्थ है। जब यह लगने लगता है तो काम पूरा हो चुका होता है। वह जगह यानी यथार्थ से दूरी का वह बिंदु ऐसा होता है जहाँ लगता है कि नई चीज़ बन गई। तो काम पूरा हो चुका होता है।

वि.भा. : रोज़मर्रा की ज़िंदगी में जो लोग आपके संपर्क में आते हैं, उन्हें क्या आप अपनी कहानियों का मॉडेल (पात्र) बनाते हैं?

र.स. : नहीं, जब तक कि वे अपने आप इसके लिए मुझे मजबूर न करें—वे खुद एक ऐसी चीज़ पैदा न करें कि मैं उन्हें 'मॉडिल' मान लूँ। मैं मॉडिलों की खोज नहीं करता हूँ। अपने आसपास लोगों को ढूँढ़ता नहीं हूँ।

वि.भा. : आपने उपन्यास लिखने की भी कभी कोशिश की?

र.स. : एक बार की थी। आज के मुक़ाबले काफ़ी छोटी उम्र में। *सीढ़ियों पर धूप में* जब छपा था, उससे दो साल पहले थोड़ी कोशिश की थी पर मन नहीं लगा। उपन्यास नहीं लिखा, इसका कारण कहीं ज़रूर है। मन लगने, समय मिलने की बात नहीं है। अंदाज़न (बिलकुल फ़िलहाल तौर पर) बता सकता हूँ कि क्यों उपन्यास नहीं लिखा—स्वभावतः बहुत-से ब्यौरों को याद रखना मेरे लिए संभव नहीं रहता। उपन्यास में कितने ही प्रयोग हुए हों, कितनी ही नई शैलियाँ आई हों, कुल मिलाकर उपन्यास ब्यौरों का बहुत प्रगाढ़ संचयन और विस्तृत अध्ययन की शैली आज भी है। और कभी मैं इस शैली को ही पलट सका तो मैं लिखूँगा ज़रूर। मैं चाहता हूँ, उपन्यास ज़रूर लिखूँ। कलाकार के लिए यह ज़रूरी है कि वह हर विधा के साथ जूझे, बशर्ते कि उसका इस्तेमाल और अभ्यास करे। 'ग्यारहवीं कहानी' में आपने पाया होगा कि और कहानियों के मुक़ाबले में अधिक ब्यौरे हैं। आज उपन्यास अपनी प्रकृति के कारण मानव जीवन के बहुत-से ऐतिहासिक, सामाजिक, राजनैतिक, मानवीय संबंधों के आयामों को अपने अंदर समेटता है, लिखा वह चाहे एक व्यक्ति के बारे में गया हो, उसकी एक दिन या एक घंटे की घटना के बारे में हो। एक आदमी के रागात्मक अनुभव के बारे में भी उपन्यास लिखा जा सकता है लेकिन वह उपन्यास नहीं होगा अगर उस आदमी से जुड़ी पूरी दुनिया को लेखक समझता नहीं है।

वि.भा. : कहानी लिखते वक़्त एक कवि होने से अगर आपको लाभ हैं तो वे किस तरह के लाभ हैं?

र.स. : एक लाभ शायद यह कि भाषा के बारे में ज़्यादा सचेत हूँ। यह बात अपेक्षतया ही कह रहा हूँ। कुछ लोग मुझसे अधिक सक्षम हो सकते हैं। अपने ही भीतर देखकर लगता है कि भाषा पर ज़्यादा भरोसा रहता है। स्वयं की समीक्षा भी कर सकता हूँ। शायद यह कवि होने का ख़ासा बड़ा लाभ है। इसलिए कि कविता की भाषा में जो कुछ भी काम किया है, वह एक तरह की समझ दे गया है। यह बात नहीं कि फ़ार्मूले बन गए हैं। कविता की भाषा में मैंने जो प्रयोग किए हैं, जो आनंद उठाया है, उससे भी पहले मैं हिंदी गद्य का पाठक रहा हूँ। शुरू में अच्छे गद्य का संस्कार मिला था। लिखा भी था।

वि.भा. : अच्छे गद्य में किन लेखकों ने आपको आकर्षित किया?

र.स. : विविधताओं से भरी एक पूरी जमात है। अंग्रेज़ी में चलें तो एक स्तर पर डिकेंस को पढ़ना बहुत अच्छा लगा। पुरानी अंग्रेज़ी के वाक्यों के उतार-चढ़ाव, छिपा हुआ व्यंग्य, सटायर ··· शब्द-बाहुल्य भाषा के कहीं भीतर है तो कहीं बनाया गया है। हिंदी में प्रेमचंद और थोड़ा-सा और आगे वात्स्यायन दो अलग-अलग तरह के गद्य लिखनेवाले लेखकों ने प्रभावित किया। प्रेमचंद बहुत कुछ तो अपने को हल्का करने के लिए लिखते हैं—उनके गद्य में एक तरह का आध्यात्मिक गुण है कि इस आदमी के अंदर जो बोझ है खुद भी हल्का हो गया और आपको जो मिला उससे आप भी हल्के हो गए। इसके विपरीत वात्स्यायन के गद्य में एक तरह का बोझा है—अच्छे अर्थ में—एक तरह का वज़न। एक अन्य लेखक जिन्होंने मुझे प्रभावित किया, वे थे महावीरप्रसाद द्विवेदी। उनके बारे में कहा जाता है कि वे कुछ नहीं लिखते थे। लेखक तो थे ही नहीं। मैंने *सरस्वती* की उनकी पुस्तक समीक्षाओं, लेखों, संपादकीयों से बहुत कुछ सीखा है। जिन लेखकों के गद्य में मुझे अरुचि रही है, ज़ाहिर है आप उनके नाम तो नहीं जानना चाहेंगे। गद्य में एक ख़ास तरह के दुराव की कोशिश जब लेखक करता है तो वह मुझे अच्छा नहीं लगता। मसलन मेरे लिए जैनेंद्र का गद्य पढ़ना कठिन है। पढ़ना बुरा नहीं लगता पर वह

पसंद नहीं है।

वि.भा. : आपने अभी महावीरप्रसाद द्विवेदी के गद्य की चर्चा की। उनके एक लेख 'कविता क्या है' ने कभी मुझे बहुत प्रभावित किया था—उनके गद्य को हम 'स्ट्रेट' गद्य कह सकते हैं जबकि आपके अपने गद्य में बहुत घुमाव-फिराव है और शायद उसका मज़ा भी इसी में है। इसकी क्या कोई ख़ास वजह है?

र.स. : मेरे गद्य की जिस शैली का आपने ज़िक्र किया है, उसी शैली में मैं इस सवाल का जवाब देना चाहूँगा—इसका कोई आसान उत्तर हो नहीं सकता। यह बहुत ज़रूरी है कि आप किसी विचार को अभिव्यक्त करते वक़्त उस विचार की तमाम सूक्ष्मताओं की इज़्ज़त करें। और कोई दूसरा तर्क कि 'मुझे अमुक लोगों को समझाना है जो इन सूक्ष्मताओं को नहीं समझ सकेंगे'—यह बेहूदा तर्क है। अपने विचार के साथ यह बेईमानी करना है। लेकिन यह मैं मानता हूँ कि ऐसा हो सकता है कि एक आदमी अपने विचार को उसकी तमाम सूक्ष्मताओं में इतना स्पष्ट करे—उसकी 'विजन' इतनी सुस्पष्ट हो कि वह जो कुछ लिख रहा है वह आपको 'स्ट्रेट' मालूम हो। यह इस तरह से 'स्ट्रेट' नहीं किया जाएगा कि उसके तमाम कोनों को गोल कर दें। लेकिन मैं यह ज़रूर मानता हूँ कि एक तरह की प्रखरता समझ की होती है जहाँ पाठक बाध्य हो जाता है 'स्ट्रेट' होकर समझने के लिए—इस तरह का गद्य दुर्लभ है और यह ज़्यादा देर तक रह भी नहीं पाता। समय-समय पर यह 'फ्लैश' में आ सकता है। मैं मनोवैज्ञानिक नहीं हूँ। पर अपने अनुभव से जानता हूँ कि विचार की प्रक्रिया का स्वभाव ही पेचीदा रास्ते पकड़ना है। उसमें अँधेरे कोने, खाइयाँ, गड्ढे आते हैं—रोशनियाँ भी। कुल मिलाकर जो संपूर्ण चीज़ बनती है उसमें तब 'डीटेल्स' महत्त्वपूर्ण नहीं रह जाते। मैं विचार को सरलीकृत करने के विरुद्ध हूँ। द्विवेदीजी ने अगर सरलीकृत किया होगा तो शायद इसलिए कि उनके अनुभव, उनके विचारों का संसार बहुत बड़ा नहीं था। यह नहीं कि वह विचारशून्य थे, बल्कि उनका दायरा उतना जटिल और बड़ा नहीं था, जितना आज हमारे पास है। इसीलिए किसी चीज़ को वह एक कोण से साफ़-साफ़ देखकर लिख सकते थे और लिखा भी है उन्होंने।

वि.भा. : दूसरे विषयों और माध्यमों ने आपकी संवेदना पर कैसा प्रभाव डाला है? मसलन सिनेमा ने आपके रचना-जगत् पर कैसा असर डाला है?

र.स. : सच बात तो यह है कि यह जानने की कोई खोज मैंने नहीं की है। कोई समीक्षक शायद कर सकता है। उसका नतीजा कहाँ तक सही होगा, यह मैं कह नहीं सकता। कलाओं के इस पूरे संसार में जो हो रहा है उससे तो मैं प्रभावित हूँ, पर यह कहकर मैं आपके प्रश्न से बहुत दूर चला गया ··· एक मामूली मिसाल ले सकता हूँ। जैसे 'तीन मिनट' कहानी। जब मैं उसे क़रीब दो पेज लिख चुका तो लगा कि कैमरे की तरह देख रहा हूँ लेकिन मैं यह मिसाल नहीं दूँगा। फ़िल्म का असर दिमाग़ पर अस्पष्ट है। बहुत स्पष्ट नहीं है। अच्छी फ़िल्म देखने से यथार्थ के संदर्भों के पुनर्संयोजन में एक बिलकुल दूसरे, अभी न जाने तरीक़े को इस्तेमाल कर सकते हैं। क्राफ़्ट और तकनीक की ये उपलब्धियाँ हैं, वे मेरी संवेदनशीलता को बढ़ाने में मदद देती हैं। यूरोपीय फ़िल्म में संगीत के इस्तेमाल ने मुझे बहुत प्रभावित किया है। पर यह कहते हुए हिचकिचाहट होती है—कहीं इसे 'क्रूड' ढंग से न समझ लिया जाए—मुझे कविता लिखते वक़्त संगीत सुनाई देता है। कोई चमत्कार नहीं है। यह एक बहुत तेज़ लहर आती है ··· एक बहुत तीव्र भावनात्मक प्रतिक्रिया में संगीत, फ़िल्म, रोशनी और अँधेरा, उनके परस्पर संबंध सामने आते हैं।

वि.भा. : खुद फ़िल्म बनाने को कभी आपने गंभीरता से भी लिया है?

र.स. : अब इस नतीजे पर मैं पहुँच गया हूँ कि फ़िल्म बनाना ऐसा काम है जिसमें काफ़ी गंभीरता से सोचना ही काफ़ी नहीं होता। भौतिक रूप से इतना ख़र्चीला और संगठनात्मक माध्यम है यह ··· दौड़-भाग ··· ख़ास तरह की सांसारिक कोशिशें शायद नहीं हो पाएँगी। अगर मुझे इस माध्यम की सुविधाएँ

दे दी जाएँ तो मैं ज़रूर फ़िल्म बनाऊँ।

वि.भा. : सिनेमा, थियेटर में जिस सामूहिक शैली में काम करने की ज़रूरत होती है, उससे आपके स्वभाव को कोई परेशानी नहीं होती?

र.स. : नहीं। बहुत ही छोटे पैमाने पर मैंने यह करके देख लिया है, अपनी कविताओं के दो अभिनय-संगीतयुक्त कार्यक्रम प्रस्तुत करके। जिनमें से एक में वाचन और संगीत का निर्देशन मैंने किया था और दूसरे का पूरा ही निर्देशन सोनू कृष्ण के साथ। पर इस तरह के काम की कुछ शर्तें होती हैं। जिनके साथ आप काम कर रहे हैं वे ऐसे न हों जिनके साथ आपकी तमाम परिभाषाएँ ही मेल नं खाती हों। और यह मेरे जीवन में बहुत हुआ है। मैंने अकसर कई लोगों के साथ एक टीम की हैसियत से मिलकर काम करने की कोशिश की है। पूरी बहस और समझ की आज़ादी और पूरे लोकतांत्रिक ढंग से। पर थोड़ी देर बाद मैंने पाया है कि सब ऐसे नहीं होते जिनकी परिभाषाएँ समान हों। कभी-कभी बहुत अंतर होता है।

वि.भा. : एक निर्देशक का पूरा नियंत्रण ज़रूरी नहीं है?

र.स. : डायरेक्टर का नियंत्रण होना चाहिए। किसी टीम में मेरी जो जगह होगी, वैसे मैं अपना सहयोग दूँगा। अपनी जगह जानने के बाद हमें संतुष्ट होना होगा। जगहें बदलती रहती हैं। शिवराम कारंत और ब.व. कारंत के साथ 'यक्षगान' के गीतों का कन्नड़ से अनुवाद जब मैंने किया था तो मेरा काम था कि जिस छंद में ये कविताएँ, नृत्य की जिन गतियों में जैसे ये बाँध दी गई हैं, उन्हीं में मैं उन्हें हिंदी में बाँध दूँ। अपनी कविता की समझ को काफ़ी अलग करके मैंने यह काम किया था। बहुत ज़्यादा मुझे स्वर और ताल सीखना पड़ा। इसी तरह से कुमार साहनी की फ़िल्म 'तरंग' के लिए जब मैं हंसा का गाना 'बरसे घन सारी रात' लिख रहा था, तो मुझे दूसरी तरह की शब्दावली में समझाया गया था। यह कि शूटिंग टाइट फ्रेम में होगी। (क्लोज़ अप तो रहेंगे ही)—कौन-से रंग होंगे आदि आदि। काफ़ी मेहनत करनी पड़ी हम दोनों को, यह स्थिर करने के लिए कि इसके अनुकूल कविता के कौन-से बिंब वर्जित होंगे और कौन-से व्यंजन और स्वर प्रधान रहेंगे या कौन-सा राग आधार बनेगा। ऐसा 'टीम-वर्क' मुझे अच्छा लगता है।

वि.भा. : आपको क्या कभी ऐसी चिंता रही है कि आपके लिखे को बहुत ज़्यादा लोग नहीं पढ़ रहे हैं?

र.स. : एक और चिंता रही है—एक 'सीक्रेट' चिंता है 'सर्व-व्याप्त' क़िस्म की चिंता नहीं। जो कुछ भी मैंने किया है—अगर आप थोड़ी आत्मश्लाघा की इजाज़त दें—तो वह विरला है। पर वह इस आज की दुनिया में बहुत जल्दी ही प्रचलित हो जाता है। वह नया रह नहीं जाता। साधन मौजूद हैं व्यापक पुनरावृत्ति के लिए। मेरी रचना की नक़ल नहीं, पर उस नई चीज़ का मामूली निरुद्देश्य इस्तेमाल कर कोई किसी भी व्यावसायिक पत्रिका में अपनी रचना छपवा सकता है। हिंदी में इस वक़्त बहुत ज़्यादा काम हो नहीं रहा है। किसी नई चीज़ के आने पर कोई 'सिंसेयरली' उसी तरह से कुछ करना चाहता है, इसमें संदेह नहीं, पर उसका नतीजा हमेशा रचनात्मक नहीं होता।

पर मेरी चिंता इससे कहीं गहरी है। कविता में रहनेवाली चीज़ क्या है? जो मैं लिख रहा हूँ क्या वह बचा रहेगा? नहीं तो लिखने का कोई मतलब है? और जो बचा रहेगा क्या वह कोई अद्वितीय अनुभव होगा, भाषा, बनावट, अर्थ, ऐतिहासिक संदर्भ में? अजब तरह के सवाल उठते हैं मन में। शायद कोई भी रचना 'लास्ट' करने के लिए नहीं बनी है। सब रचनाएँ ख़त्म होने के लिए बनी हैं इस दुनिया में। सिर्फ़ जल्दी और देर का ही फ़र्क़ रह जाता है। मेरी चिंता यह है कि अगर सृजनात्मकता का मतलब अमरत्व है—तो उससे जो हमें ताक़त मिलती है उसका मोहभंग होने को बरदाश्त किया जा सकता है या नहीं। यह मुझे परेशान नहीं करता कि मेरी रचनाओं को ज़्यादा लोग पढ़ रहे हैं या नहीं।

वि.भा. : अपने लेखन के बारे में दूसरों की राय और ख़ास तौर से आलोचकों की राय को आप कितना महत्त्व देते हैं?

र.स. : आधुनिक कविता के बारे में आलोचकों की जो समझ है उसके चलते सिर्फ़ एक-दो मिसालें मिलती हैं जहाँ लग सकता है कि आप और आलोचक दोनों एक ही तरह से चीज़ को समझने की कोशिश कर रहे हैं। लेकिन दो तरह से एक चीज़ को समझने की कोशिश कर रहे हों, ऐसा तो बहुत कम दिखता है। एक-दो मिसालों से संतोष मिला है पर यह संतोष काफ़ी नहीं है। किसी तरह की उत्तेजना ज़रूर मिलनी चाहिए। अपने को सुधारने या ग़लतियों को ठीक करने की दृष्टि ही वह उत्तेजना होगी, बल्कि असल में वह उत्तेजना तब होगी जब आपकी नए कला-आयामों की समझ बढ़े। ऐसा एक अनुभव हुआ है। जब रमेशचंद्र शाह ने *आत्महत्या के विरुद्ध* पर लिखा था, लगा था कि जैसे बिलकुल मेरे सामने मेरा प्रतिरूप उन्होंने खड़ा कर दिया है। लेकिन वह वैसा द्वंद्वात्मक अनुभव नहीं है जिसकी मैं कल्पना करता हूँ या जिसके बारे में आप जानना चाहते हैं।

वि.भा. : समकालीनों और पूर्ववर्तियों की राय को क्या कभी आपने ख़ास महत्त्व दिया है?

र.स. : ज़रूर। जब लिखता हूँ, बड़ी इच्छा होती है कि किसी को संप्रेषित करूँ। अकसर ऐसे लोग वही होने चाहिए जो कि मेरे समकालीन हैं। मुझे याद है, जब मैंने अभी लिखना शुरू ही किया था तब हम बैठकर अपनी रचनाओं की काफ़ी व्याख्या करते थे, ख़ास तौर से शिल्प की दृष्टि से। या तो उन दिनों नौसिखिया होने के कारण इस तरह की बहसों में मुझे ईमानदारी दिखती थी जो आज नहीं है, या सचमुच थी। आज ज़्यादातर बहसें तुरंत बने-बनाए नतीजों को सिद्ध करने या उन्हें स्थापित करने के लिए होती हैं। रचना के हिस्सों को अलग-अलग करके जाँचने की इच्छा नहीं होती है। पूर्ववर्तियों के यहाँ तो और भी ज़्यादा अँधेरा है। सभी साहित्यकार आज 'राजनीतिक' हो गए हैं—साहित्य की राजनीति को ध्यान में रखते हुए या फिर शायद वे अपनी राय रखते ही नहीं हैं।

वि.भा. : अच्छा, आपने अपने बाद के रचनाकारों से क्या चीज़ सीखी?

र.स. : हाँ, यह मैं कहूँगा कि मैंने सीखा लेकिन मैं इस बात को अतिशय विनम्रता के साथ नहीं कहना चाहता हूँ। मुझे ऐसा दिखता है कि कम से कम आधुनिक रचनाकाल का एक लंबा दौर ऐसा है जिसमें किसी एक व्यक्ति ने बहुत बड़ी उपलब्धि नहीं की है। थोड़ी-थोड़ी उपलब्धियाँ हैं जो बिखरी हुई हैं—यह शायद इस युग की विशेषता है। कुछ प्रयत्न हैं जो समान हैं। इससे अकसर हम बाद के कवियों को ऐसा प्राप्त करते हुए भी पाते हैं जो हमने प्राप्त नहीं किया था। मैं उसे इस दृष्टि से नहीं देखता हूँ कि उन्हें शाबाशी दी जाए और न इस दृष्टि से कि मैं उससे सीखूँ और उसे पकड़ लूँ। आपको याद होगा दिनकर, पंत आदि ने ऐसा किया था।

वि.भा. : वह तो काफ़ी हास्यास्पद हो जाता है?

र.स. : हाँ, यही हुआ भी था।

वि.भा. : लेकिन पूर्ववर्तियों को लेकर एक तरह का निषेधी तेवर भी तो रहता है।

र.स. : तेवर का नुकसान यह है कि युग की साझेदारी नहीं आ पाती। यह भले हो कि राजनैतिक बँटवारा हो जाए : हमारे लिए कुछ काम, अपने लिए कुछ काम।

वि.भा. : ऐसा भी तो हुआ है कि धूमिल ने केदारनाथ सिंह से 'सीखा' और बाद में केदारनाथ सिंह ने धूमिल से 'सीखा' हो?

र.स. : इसमें व्यक्तिगत उदारता का भी प्रश्न नहीं है। यह दौर ही कुछ ऐसा है—साठ से लेकर अब तक का दौर। बग़ैर किसी छोटे-मोटे भेद के आप देखें तो बहुत कुछ वे कर रहे हैं जो आपको करना था और बहुत कुछ वे नहीं कर पा रहे हैं जो उन्हें करना था। एक उदाहरण भी दूँ, पता नहीं कि इसे सही अर्थ में लिया जाएगा या नहीं। मैंने कविता में कुछ कहानी कहने की कोशिश की थी। और मैं पाता हूँ कि कुछ और लोग वह चीज़ मुझसे ज़्यादा अच्छी तरह कर रहे हैं लेकिन दूसरे ढंग

से। जब तक कि मेरा-उनका ढंग अलग-अलग है तब तक मुझे लगता है कि हम एक ही काम कर रहे हैं लेकिन नक़ल नहीं कर रहे हैं।

वि.भा. : एक लातीनी अमेरिकी कवि-कहानीकार ने कहीं कहा था कि मेरी बनाई दुनिया की इतनी नक़ल हो रही है कि अब मैं अपना अनुकरण करनेवालों का अनुकरण नहीं करना चाहता।

र.स. : 50-51 में बोलचाल की भाषा में, ख़ास तौर से उर्दू के असर से परिष्कृत हिंदी में—गद्य में एक तरह की बड़ी सूक्ष्म और 'सरल' हिंदी की जो परंपरा चली आ रही थी उसकी मदद से भाषा को सिनिकल, सटायरिकल, गुड ह्यूमर के अंदाज़ में मैंने तोड़ा, बहुत-सी छोटी-छोटी कविताओं में। बाद में मैं पाता हूँ कि बहुत लोग उसको किए चले जा रहे हैं। और आज तो व्यावसायिक पत्रिकाओं के हास्य-व्यंग्य में उसी की परंपरा है। यह नहीं कह रहा हूँ कि वे नक़ल कर रहे हैं पर जिस नीयत और समझ से उसे किया गया था उसे मैं दुबारा नहीं कर सकता। आलोचकों से मुझे एक हल्की-सी शिकायत है कि एक शब्द उन्होंने गढ़ा—सपाटबयानी और बहुत सपाट क़िस्म की बात कह दी। मैं तो आज तक इसके अर्थ नहीं समझ पाया। एक बयान सपाट है, इसका क्या मतलब है? कैसा होता है वह? अगर मैंने किसी कविता में बहुत ही निथारकर अपने अनुभव को रखा तो उसमें अलंकार नहीं होंगे या फिर कम होंगे। जो मैं चाहता हूँ वही होंगे। इसे बग़ैर समझे सपाटबयानी कहकर दूसरों पर भी उसे लाद दिया गया।

वि.भा. : शायद यह किसी भी तरह के वर्गीकरण की एक अंतर्निहित दिक़्क़त है। रचनाकार इस वर्गीकरण से अकसर अपने को असहमत पाएगा ही।

र.स. : इसीलिए मैंने कहा कि शिकायत सामान्य-सी है।

वि.भा. : क्या आपको कभी ऐसा नहीं लगता है कि आपकी रचना समाज को बदल रही है या बदल सकती है?

र.स. : नहीं, मानव प्रयत्न के दूसरे प्रकारों की तरह रचना समाज को नहीं बदलती है बल्कि ये प्रकार ही समाज को बदलते हैं। मेरी या किसी की भी रचना अगर समाज को बदलती है तो एक बहुत विचित्र अर्थ में, वह यह कि जब समाज में बदलाव की इच्छाएँ पैदा होती हैं उस वक़्त वे लोग जिनमें यह दृष्टि आई है तब समझ पाते हैं कि कवि ने समाज को बदलने के लिए क्या किया था। यह तो मैं मानता हूँ कि मैं जो कुछ भी करता हूँ वह कुछ न कुछ बदलने के लिए करता हूँ। और अच्छी तरह से बदलने की इच्छा रखनेवाला कवि समाज को बदलनेवाले बाक़ी लोगों से कुछ अंतराल पर चलता है—कभी-कभी वह पिछड़ भी जाता है पर यह अंतराल रहता है। इसी तरह से शुरू में कहीं मैंने कविता के अमरत्व की बात कही थी। वहाँ भी मुझे यह हल दिखता है। कोई भी रचना इस अर्थ में अमर नहीं होती कि वह हमेशा एक नई दृष्टि देगी लेकिन दूसरे माध्यमों से नई दृष्टि पानेवाले लोग किसी रचना को किसी समय पढ़कर उसे जीवित कर देते हैं, उसमें नई जान डाल देते हैं, जिसे सामाजिक चेतना कहा जाता है। उसकी यह भ्रष्ट पहचान है कि आपने रचना लिखी जिसका उद्देश्य समाज को बदलना था। और उसने समाज को बदला या बदलने में सहायक हुई, यह भी एक भ्रांति है। मैं यह ज़रूर मानता हूँ कि आपने अपनी जगह समाज को बदला है, अपनी कविता में अपने अंदर ··· समाज अपने को बदलता है, अपनी तमाम और कोशिशों से, जिनमें मैं भी शामिल हो सकता हूँ। किसी भी मानवीय रिश्ते को बदलना ही रचना करना है। आपसे बाहर जो लोग हैं उनकी ज़िंदगी में आप दख़ल नहीं दे सकते। आप सिर्फ़ अपनी ज़िंदगी में दख़ल दे सकते हैं। आप अपने भीतर एक दुनिया बना सकते हैं जो कि एक सच्ची, सही और बदली हुई दुनिया होगी। इस दुनिया की एक झलक या पहचान आपकी रचना में मिलनी चाहिए। व्यक्तिगत रूप से मैं ऐसी दुनिया बनाकर बैठा नहीं रहना चाहता हूँ लेकिन अगर कोई ऐसी दुनिया बनाता है तो उसका यह अधिकार है। उसकी रचना की इसमें मैं सार्थकता मान सकता हूँ।

वि.भा. : क्या अब इस तरह का कोई 'इंडैक्स' बनाना उचित है कि एक रचना में उसके युग की अभिव्यक्ति होनी चाहिए?

र.स. : यह शब्दावलियाँ सब पुरानी हैं। आधुनिक रचना के इस युग में ये अधूरी परिभाषाएँ और पहचानें हैं। कई कारणों से, जिनमें एक भौतिक कारण भी है। भाषा पहले की अपेक्षा कहीं ज़्यादा दूसरी तरह के कामों के इस्तेमाल में आती है। मैं तो यह भी ज़रूरी नहीं समझता कि मैं दावा करूँ कि जो भाषा के द्वारा आप रचें वह आपके पास सुरक्षित रह जाए। मैंने जो रचना लिखी है उसमें आज की सामाजिक समस्याओं, परिस्थितियों की झलक मिलती है लेकिन उसके अंदर एक नई समझ की इच्छा की चिंता किसी न किसी शक्ल में ज़रूर होगी। नहीं तो वह शायद रचना नहीं है। अगर यह इच्छा है तो यह बात अप्रासंगिक हो जाती है कि उसमें युग की अभिव्यक्ति है या नहीं है। युग की अभिव्यक्ति कोई अलग चीज़ नहीं होती। जिस दौर में हम लिखना शुरू कर रहे थे उसमें यह ज़रूर लगा होगा कि रचनाकार को अपना युग पहचानना होगा। आज के समय को युगों में बाँटना बहुत कठिन है। दूसरों को युग की जो पहचान है उसे मैं अपने ऊपर लागू होने नहीं देना चाहता। इसलिए भी कि जो समझ बनी है वह बराबर बढ़ती जाती है। युग का दायरा फैलता जाता है।

वि.भा. : आप अपने बचपन के बारे में थोड़ा हमें बताएँगे? कुछ निर्णायक क़िस्म के अनुभव और स्मृतियाँ जो ख़ास आपकी थीं! कोई एक ऐसा वक़्त जिसने आपके रचनाकार को बहुत उद्वेलित किया!

र.स. : उस बारे में ज़्यादा नहीं सोचा है। वे अनुभव ऐसे नहीं हैं जिनके द्वारा मैं अपने को कोई महिमा दूँ, ग़रीबी या कोई ऐसी बात। शुद्ध रागात्मक बात तो यह है कि मुझे बहुत ज़्यादा प्यार मिला और उसी के साथ-साथ बहुत ज़्यादा अकेलापन भी रहा है। एक बार अजब तरीक़े से किताबों का ख़ज़ाना मिल गया था। मेरे एक संबंधी की किताबों की दूकान चल नहीं रही थी। उन्होंने घर पर किताबें लाकर रख दी थीं। उन किताबों में तमाम तरह की किताबें थीं। तीसरे-चौथे दर्जे की पाठ्यपुस्तकें, बांग्ला उपन्यास, अंग्रेज़ी उपन्यास, मिथक कथाएँ, परी-कथाएँ ··· दूसरा प्रभाव घर में और आसपास रहनेवालों की भाषा का था। हिंदी, एक हद तक अंग्रेज़ी, अच्छी उर्दू, स्कूल में दूसरी भाषा बांग्ला, इसके अलावा साहित्य और संस्कृत के एक अध्यापक, मेरे पिता का बहुत साथ रहा। भाषा के बड़े मज़ेदार प्रयोग हमने साथ-साथ किए। विचित्र तरीक़े से पार्जिंग, वाक्यों का रूपांतरण, वाक्यों के हिस्से क्या-क्या हैं, भाषा के साथ खेलने, उसे बदलने में मेरी दिलचस्पी रही। सटीक अभिव्यक्ति ढूँढ़ने में मेरे पिता ने हमेशा मुझे सहारा और सहयोग दिया। बहुत आगे जाकर, जब मैं दसवें में था, मेरे पिता साहित्य पढ़ाते थे। साहित्य के पाठ्यक्रम में और कवियों के अलावा केशवदास और हरिऔध ये दो कवि भी थे। यह समझने में ज़रा देर नहीं लगी कि ये दोनों कवि नहीं हैं। केशवदास तो छंद और रीति के आगे दावा भी नहीं करते पर हरिऔध में यह पाखंड है कि मैं कविता लिखता हूँ और उसमें चुलबुलेपन और मुहावरे की कोशिश कि उर्दू में जो हो सकता है वह हिंदी में भी हो सकता है। इस तरह के छलावे पहचानने की तब समझ बनी। बचपन से ही संगीत का बड़ा योगदान रहा। घर के वातावरण और बंगाली समाज ने कई स्तरों पर असर डाला। शायद सातवें-आठवें में बहुत ज़िद करता तो मैं संगीत विद्यालय में चला गया होता। चाहता था पर पिता ने कहा, पढ़ाई के साथ यह असंभव है। पढ़ाई कर लो या संगीत सीख लो। एक अन्य चीज़ जो बड़े अव्यक्त तरीक़े से, बिना किसी दबाव और आग्रह के मुझ पर असर डालती रही—हमारे घर के कर्ता (पितामह) का धार्मिक विश्वास था। वे आर्यसमाजी थे। अपने घर में मैंने स्त्रियों के निजी संग्रह के अलावा कोई मूर्ति नहीं देखी। इस तरह से कुछ प्रचलित रूढ़ियों-अंधविश्वासों (ख़ास तौर से देवताओं के प्रति भक्तिभाव) से मैं वंचित रहा, बल्कि मन में इन सबके ख़िलाफ़ ही भाव पैदा हुए। पर विद्रोह के रूप में नहीं। वातावरण का यह असर था। ऐसा नहीं कि संशयों, अंधविश्वासों से मैं मुक्त हो गया। मानसिक बनावट के कारण शायद

तरह-तरह की आशंकाएँ होती रही हैं। मेरे लिए आज भी मामूली प्रचलित अंधविश्वासों से मुक्ति पाना कठिन है। कठिन है पर असंभव नहीं है। यह नकारात्मक बात जो कह रहा हूँ इसके अर्थ यह नहीं कि इसकी जगह पर आर्यसमाज का कर्मकांड आ गया। जल्दी ही उसके विरुद्ध भी भाव बना। उसकी सुंदर, मधुर छवि (यज्ञ, मंत्रोच्चार, स्वच्छता, सुगंध) आज भी है। पर इस पर गौरव' नहीं। वह एक क्रिया है जो बस देखने में अच्छी लगती है।

[*सारिका*, 1 दिसंबर 1979]

'सत्ता और वाणी का तनाव ज़रूरी है'

भेंटवार्ताकार : विष्णु नागर और इब्बार रब्बी

विष्णु नागर : वे ताक़तें, जो बदलाव क़ी तरफ़ समाज को ले जाना चाहती हैं—चाहे वे राजनैतिक हों या सांस्कृतिक—उनकी आवाज़ इतने शोर-शराबे में या तो सुनाई नहीं देती या इतनी कमज़ोर है कि लगता है कि हर तरफ़ सन्नाटा है। अगर सांस्कृतिक क्षेत्र में कुछ काम हो भी रहा है—इसमें कविता भी शामिल है, तो इसकी ध्वनि बहुत दूर तक, यहाँ तक कि साहित्यकारों, संस्कृतिकर्मियों तक भी नहीं पहुँचती। हालाँकि इस क्षेत्र में कुछ सार्थक काम किए गए हैं।

रघुवीर सहाय : हम भूल से मान लेते हैं कि साहित्य रचना का माध्यम भाषा है। सच पूछिए तो कभी भाषा मात्र को साहित्य रचना का माध्यम नहीं माना गया है। हाँ, इस बात को खुलेआम कभी स्वीकार नहीं किया गया। कुछ ऐतिहासिक कारणों से भाषा में ही ये सब उपकरण माध्यम के रूप में निहित हो जाते थे जिनको अलग-अलग देखने की ज़रूरत नहीं पड़ती थी। हमने यह कभी नहीं कहा कि उक्त भाषा से साहित्य नहीं बनता जबकि असलियत यही रही है। भाषा के अतिरिक्त समाज की चेष्टा होती है जो समाज को बनाती है। जितने भी रचनात्मक काम हैं, सब उसी के रूप हैं और वह सब न हो रहे हों तो भाषा अकेली कुछ कमज़ोर, कुछ बीमार और फिर मरगिल्ली बनेगी।

वि.ना. : ऐसा हो भी तो एक लेखक, एक कृतिकार की चेतना उस समय को काटकर या छेदकर देख सकती है और उसमें कुछ ताक़त पैदा कर सकती है। उससे आपको अपने अंदर ऊर्जा प्राप्त भी हो सकती है और दूसरे को ऊर्जा मिल सकती है।

र.स. : मेरा ख़याल है कि शायद ऐसा होता लेकिन हम जब उसका प्रतिफलन देखते हैं, तभी जान पाते हैं कि ऐसा हुआ होगा। जिसके ज़रिए हम असिलयत को पहचानते हैं और जानते हैं कि वह बात कह देंगे जो बदलकर सच बन जाएगी, वह अंततः एक रोमानी ख़याल बनकर रह जाता है। यथार्थ और इतिहास से, समाज और समाज बदलने के माध्यम यानी संगठन, राजनीति और जनता से इसका कोई मतलब नहीं रहता। इसलिए यदि आप जब प्रयत्न करते भी हैं तो पाते हैं कि चारों ओर बड़ा अँधेरा, सन्नाटा, उलझन और भटकाव हैं। मेरे यह सोचने में कि मैं कवि हूँ और मैं एक सत्य को देख रहा हूँ और मैं जब लिखूँगा तो चारों तरफ़ रोशनी हो जाएगी और परिवर्तन की धारा शुरू हो जाएगी, न तो कोई ग़लती है और न ही यह अकरणीय है, सिर्फ़ इसकी सीमाओं को बिना समझे हुए हम समाज को बदलने की वैज्ञानिक प्रक्रिया को नकारकर चलेंगे। हमें देखना चाहिए कि हम जब अपने साधन का इस्तेमाल करते हैं और पाते हैं कि उसके अर्थ नहीं निकल रहे हैं, यानी यह साधन नतीजे नहीं दे रहा है तो क्या ऐसा तो नहीं कि ऐसे साधन जिनसे हमारे माध्यम को जुड़ना चाहिए, जुड़ नहीं पा रहे हैं। केवल भाषा के आधार पर हम नतीजे नहीं निकाल सकते हैं कि हमने

अच्छा किया या बुरा किया। न हम अपने आपको कोस सकते हैं कि हम तो कविता नहीं लिख पा रहे हैं। बड़ा सन्नाटा है लेकिन वह हमारे जीवन में उस अर्थ में नहीं है जिस अर्थ में आप अपनी आत्मदया और आत्मालोचन के दौर में सोच रहे हैं। व्यापक स्थिति जो है, उसमें सन्नाटा नहीं है, बल्कि तरह-तरह के आक्रमण हैं। यथार्थ पर भी, लोकतंत्र पर भी, रचनाकार पर भी, स्वयं रचनाधर्मिता पर भी। इन सब आक्रमणों के रहते हमें एक बड़े दायरे में पहल करनी होगी। केवल भाषा के दायरे में पहल करनी होगी, सिर्फ़ भाषा के क्षेत्र में कुछ करने की इच्छा आपको कहीं नहीं ले जाती। आप सिर्फ़ भाषा को देख रहे हैं, उसके बाहर जो हो रहा है, उसे आप नहीं देख रहे हैं। यथार्थवादी कविता का इस्तेमाल आपने जिस अर्थ में किया है, उससे आप उथले क़िस्म के रोमान में आ पहुँचेंगे जो कि व्यावसायिक गीत के क़रीब होगा। इससे मेरी असहमति है। अगर हम उस अँधेरे को देख रहे हैं और यह भी पहचान रहे हैं कि क्यों है तो आप अपनी ताक़त भर, अपनी क्षमता भर जो आपके पास हथियार हैं, उसका इस्तेमाल पूरी योग्यता से अँधेरा मिटाने के लिए करेंगे। इसका अर्थ यह नहीं होगा कि पूरे यथार्थ को आप चुटकियों में बदलकर रख देंगे लेकिन आप अपनी सीमित क्षमता से रचना के अंदर उस सड़न या अँधेरे से किसी हद तक जूझ सकते हैं जो आपके सर्वशक्तिमान न होने के कारण आ रहा है।

वि.ना. : रचनाकार की यही चुनौती है। आज वह चुनौती है तो कल नहीं, ऐसा भी नहीं है। यह चुनौती हर वक़्त रही है, पर आज रचना पर, भाषा पर और जो कुछ सार्थक हो सकता है, उस पर तरह-तरह के आक्रमण हो रहे हैं लेकिन इन आक्रमणों के बीच में हिंदी में ऐसा बहुत कुछ दिखाई देता है जो बहुत सार्थक, बहुत मूल्यवान और गहरी जिजीविषा लिए हुए है। इसके क़रीब जाकर आप ताक़त महसूस करते हैं लेकिन इसका वह असर क्यों नहीं दिखाई देता। आपका *आत्महत्या के विरुद्ध* कविता-संग्रह जब आया तो उसका एक असर था लेकिन आज अगर उस तरह की कोई सार्थक चीज़ आती है—मैं कोई तुलना नहीं कर रहा—तो उसका असर दूर तक नहीं दिखाई देता।

र.स. : हम बहुत अकेले पड़ रहे हैं और अकेले पड़ने पर हम अपने हथियार को अपने ही ख़िलाफ़ इस्तेमाल करने लगे हैं क्योंकि जब हम अकेले पड़ जाते हैं तो हमारे हथियार को ताक़त देनेवाली जो और चीज़ें हैं, वे काम नहीं करतीं। फिर हमारा हथियार बहुत अकेला पड़ जाता है। ईमानदारी में अगर कोई कमी न भी हो तो अकेलेपन में, समझ की वैज्ञानिक पद्धति में एक कमी आ जाती है। हम जिस यथार्थ को जानकर कुछ बताना चाह रहे हैं, वह जब तक और ऐसे लोगों द्वारा न देखा जा रहा हो जो लिख नहीं रहे हैं तो उसका कोई मतलब नहीं रह जाएगा। समाज में अगर साहित्य के अतिरिक्त दूसरी शक्तियाँ काम कर रही होती हैं तब भाषा या रचना सार्थक होती है। इसलिए पिछले आलोचकों और साहित्यकारों ने राजनैतिक प्रतिबद्धता का जो नारा दिया था कि राजनैतिक प्रतिबद्धता से साहित्य सफल हो सकता है, उसको मैं अपूर्ण मानता हूँ। जब तक कि कोई दूसरी शक्तियाँ समाज को बदलने के साधन इस्तेमाल नहीं कर रही हैं, तब तक केवल कविता लिखने, उपन्यास-नाटक लिखने आदि की जहाँ जाकर प्रतिक्रिया होनी चाहिए और जहाँ जाकर इनकी गूँज आनी चाहिए, वहाँ से लौट आती हैं। वहाँ से जितनी बार ये लौटती हैं, उतनी बार हम दोबारा अपनी शैली को बदलते हैं और जब बदलना शुरू करते हैं तब भाषा का इस्तेमाल करने के जो अतिरिक्त साधन हमने बदले नहीं हैं, वे विरोध शुरू कर देते हैं। बदलाव-विरोधी सत्ता के द्वारा कहा जाता है कि आपकी रचना में कोई दम नहीं है। दो-तीन साल पहले आकाशवाणी लखनऊ में मैं कविताएँ रिकार्ड करा रहा था। तीन-चार कविताएँ मैंने पढ़ ली थीं, तभी प्रोग्राम के प्रोड्यूसर ने मुझे रोक दिया और कहा कि सहायजी, ऐसी कविता सुना दीजिए जो कुछ गरम हो। मैंने पूछा, क्या चाहते हैं आप? कहने लगे कुछ फड़कता हुआ हो। उनका मतलब था कि ऐसी कुछ बाज़ारू चीज़ हो जो अपनी प्रतिभा का बाज़ारू इस्तेमाल करके आप चाहे तो कर सकते हैं और बाज़ारू लेखक नहीं कर सकते हैं। 'आत्महत्या के विरुद्ध' जैसी कोई कविता सुनाना चाह रहे थे। दरअसल वे उससे होनेवाले सामाजिक प्रभाव का बाज़ारू फायदा उठाना

चाह रहे थे जबकि उससे होनेवाले सामाजिक परिवर्तन से वे न तो सहमत थे और न ही उसके साथ थे। कुछ होंगे तो उसके विरुद्ध रहे होंगे। जब आपकी भाषा बार-बार समाज से टकराकर लौट आती है और आप पाते हैं कि वह अपना वह असर नहीं डाल रही है जो कि आप चाहते हैं—विरोधी लोग सोचते हैं कि इनकी भाषा में वह दम नहीं रहा है कि इसकी बिक्री हो सके। इनकी किताब बिक ही नहीं रही। प्रकाशक कहता है—आपकी किताब तो पड़ी हुई है। आप अपनी नई किताब बना रहे हैं तो देखिए आप कुछ इसके अंदर ऐसा कीजिएगा। मैं तो नहीं सोचता हूँ लेकिन हमारे जैसे बहुत-से सोचते हैं कि हमारी भाषा में शायद कुछ कमी रह गई है तो फिर खोजकर जो भाषा बनाते हैं, वह तो उनकी रचनात्मक भाषा का एक सीढ़ी और पतन होता है—उसी को वे समझते हैं कि मैंने कुछ कर दिया। आप कह रहे थे कि क्यों नहीं असर हो रहा। असर नहीं हो रहा, मान लिया, लेकिन असर हो इसके लिए ज़रूरी है कि भाषा के अतिरिक्त, भाषा के ऊपर समाज के अंदर कहीं एक और ताक़त होती है, उसे आप पहचानें। कभी-कभी यह भाषा के अंदर मिली-जुली होती है लेकिन ऐसी नहीं कि उसको बिलकुल अलग करके कह दें कि यह भाषा है और यह ताक़त है, उन दोनों का बड़ा स्वाभाविक और शरीरगत संबंध होता है। उसे हमें पहचानना चाहिए। हर एक कवि के अंदर वह संबंध हमेशा रहता है—कुछ न कुछ टूटा हुआ। द्रष्टा का आचरण हमेशा कवि के अंदर रहता है। आज उसकी कमी है। अगर कमी है तो कवि के अंदर मूलतः कोई कमी या त्रुटि होने के कारण नहीं है, बल्कि कवि की उपस्थिति या अस्तित्व होता है, उन चीज़ों में कमी है। मोटे तौर पर कहें देश में राजनीति नहीं है। सत्ता और वाणी का जो तनाव होना चाहिए, वह नहीं है। हर तरह की रचना के लिए यह बहुत ज़रूरी है। हर तरह की रचना के संप्रेषण के लिए सत्ता के ख़िलाफ़ हो जाना कभी-कभी एक तरह से सत्ता का ही किया हुआ तमाशा भी हो सकता है। पर सत्ता और वाणी के बीच तनाव से साहित्य का रिश्ता पहचानने के लिए आज जो मनुष्य-विरोधी भयानक प्रवृत्तियाँ समाज में प्रकट हो रही हैं, उनके बीच के अंतस्संबंध को कवि को देखना चाहिए। वह देख नहीं पा रहा है, नहीं तो वह सतीकांड पर बोलकर बैठा नहीं रहता—दस बरस की लड़कियों के साथ बलात्कार हो रहा है। स्त्रीभ्रूण की हत्या को कवि स्वीकृति दे रहे हैं क्योंकि वे सतीकांड पर बोलकर समाप्त हो चुके।

वि.ना. : जैसा कि आप कहते हैं कि अगर राजनैतिक ताक़तें काम नहीं कर रही हैं, यदि समाज में कुछ हो नहीं रहा है तो ऐसी हालत में रचनाकार क्या करे?

र.स. : इसका कोई दोटूक उत्तर नहीं हो सकता। मैं भी आप ही की तरह खुद फँसा हुआ हूँ। इसलिए एक फँसे हुए आदमी की तरह उत्तर दे सकता हूँ। भाषा के समकक्ष इसी तरह की समानांतर परिस्थितियाँ मनुष्यों के संगठन और राजनीति के क्षेत्र में पाई जाती हैं। समझने के लिए कुछ ठोस उदाहरण देखें। *आत्महत्या के विरुद्ध* से शुरू करते हैं। यह वह दौर था—सन् 67 का समय—जिसमें समाज की बहुत-सी प्रतिनिधि शक्तियाँ कहीं न कहीं एक-दूसरे से जुड़ रही थीं और उनका जुड़ना बहुत बढ़िया तरीक़ों से जुड़ना नहीं था लेकिन यह ज़रूर था कि उन कुछ लोगों को ताक़त मिलती थी जिनके पास ताक़त नहीं थी। इससे समाज में एक बदलाव आता था। उस दौर में बहुत-सी चीज़ों को बदलने की इच्छा लोगों में थी। साधन ढूँढ़ रहे थे, प्राप्त भी कर रहे थे। प्राप्त करने के बाद उससे बदलने के जो परिणाम सामने आने चाहिए, उसकी आलोचना की गई। यह एक दिमाग़ी और संगठनात्मक जद्दोजहद जारी थी जिसमें संभावनाएँ थीं। सन् 67 के चुनाव ने बहुत बड़ा परिवर्तन कर दिया। उस वक़्त सबके बीच में आगे देखनेवाला विचार व राजनैतिक संगठन लोहिया का था। उन्होंने मुझसे कहा था कि इस दौर में केंद्र के पास कई शक्तियाँ हैं—क़ानून की, पैसे की, संविधान की, अभी तक बने हुए शक्तितंत्रों की। वे राज्य सरकारों को रहने नहीं देंगी। सन् 68 में वे हथकंडे सामने आ गए। एक-एक करके सब राज्य सरकारों को सत्ता से हटाया गया। मैं भी गवाह हूँ। *नवभारत टाइम्स* की ओर से सन् 78 में हैदराबाद कांग्रेस अधिवेशन की रिपोर्टिंग के लिए मैं गया था। वहीं फैसला हुआ था कि

सभी सरकारों को गिराना है। राजनैतिक दृष्टि से समझदार आदमियों को मालूम था कि ऐसा ही होगा। इसलिए लोहिया ने चुनाव घोषणापत्र में ही कहा था कि संभावना का इस्तेमाल करना ही हमारे पास एक रास्ता है। हमारे पास विकल्प है कि हम क्या नहीं करें और क्या बनाएँ। यह कहने से कि दलों के विचार अलग-अलग हैं, राजनीति में मतलब नहीं होता। यह किताबी राजनीति है। आप अपनी नीतियाँ बनाइए और आपके पास जो साधन हैं उनका इस्तेमाल कीजिए। इस्तेमाल करने पर अगर आपको प्रतिरोध का सामना करना पड़ता है तो सामना कीजिए। आपकी पार्टी है और आपकी सरकार है, ये दो अलग-अलग चीज़ें हैं। आपकी पार्टी लोगों को इन चीज़ों के लिए संगठित करे और काम करे। अगर आप सरकार में रहकर परिवर्तन नहीं कर पाते हैं तो सत्ता को छोड़कर पार्टी में आइए। जनता को बदलने की यह प्रक्रिया राजनीति में उस समय शुरू हो रही थी और कम से कम एक आदमी और एक संगठन के मन में इसकी दिशा तय थी। उस विचार का पतन हुआ। उस दल का भी पतन हुआ। यह कहना बहुत तुच्छ होगा कि इन सबमें अमुक-अमुक थे, इसलिए इसका पतन हो गया। यह समाज और राजनीति को देखने का बड़ा अवैज्ञानिक और घटिया तरीक़ा है। वैज्ञानिक और राजनैतिक मूल्यों में से उसके कारण खोजने चाहिए। इतिहास को फिर से समझना चाहिए। सत्ता और साहित्य, सत्ता और परिवर्तन की कामना के विकृत संबंध हम देख चुके हैं। इसका संबंध विकृत और दूषित है। हमेशा रहा है। लेकिन आज वह बहुत प्रखर प्रतिद्वंद्वी है। पहले वह केवल एक अवांछनीय तत्त्व था। हम जानते थे कि हमारे काम और हमारी कविता से यह घिसकर ख़त्म हो रहा है। आज हम ऐसा नहीं जानते। आज हमारी कविता में जब असफलता प्रकट होती है तो हम भी उन तत्त्वों के दबावों में आ जाते हैं जो कहते हैं कि कविता को सफल बनाओ। वह कविता को या समाज को सफल बनाने का तरीक़ा नहीं है। वह समाज को सफल बनाने का तरीक़ा नहीं है। यह समाज को यथास्थिति की ओर ढकेलने का तरीक़ा है। यदि हम उस पतन में शामिल नहीं होना चाहते तब हम उन तत्त्वों की खोज कर सकते हैं जिनके अभाव में भाषा की शक्ति क्षीण हो रही है। वर्गों, प्रकारों, कोटियों में इन्हें हम जानते हैं। विद्यार्थी, मज़दूर, अध्यापक—सन् 67 से 70 तक हम इन श्रेणियों को जानते रहे हैं। उनको संगठित करके हम सफलता की ओर जाते हुए दिखे हैं। आज वे श्रेणियाँ कहाँ हैं? सत्ता और वाणी के संबंध विकृत होने के कारण सत्ता जिन श्रेणियों को प्रचारित करती है और बनाती है, आज वही श्रेणियाँ हैं। ये श्रेणियाँ कारगर नहीं हैं बल्कि अधिक अकेली और निरुपाय होती जाती श्रेणियाँ हैं। जैसे लँगड़े आदमी, विधवाएँ, मोटे आदमी आदि की श्रेणियाँ। विकलांगों की दौड़ हो रही है, प्रधानमंत्री दाद दे रहे हैं और आप कह रहे हैं कि अपंग आदमियों का संगठन बनाने से मुझे कोई एतराज़ नहीं होगा क्योंकि आपका प्रचारतंत्र बाद में कहेगा कि मैं मनुष्य-विरोधी बात कह रहा हूँ। मैं कह रहा हूँ कि अपंग लोगों का संगठन नहीं बनाना है, अपंग न रहे ऐसा समाज बनाना है। आप चाहते हैं कि वे लोग संगठित होकर यह फ़ैसला करें कि अब से जो आदमी अपंग होगा उसे समाज-विरोधी साबित कर दिया जाएगा। उसको इनाम दिया जाएगा, उसे और अपंग बनाया जाएगा। जो चीज़ें सुधारने की हैं, उन्हें सुधारने के लिए आज की संस्कृति ऐसे तरीक़े निकाल रही है जिससे कि उससे उनका बिगड़ा हुआ रूप स्थायी हो जाए और उसके स्थायी होने से उनका शोषण और अधिक किया जा सके। ऐसी स्थिति में हम लोग किस संगठन के पास जाएँ और कहाँ से शक्ति प्राप्त करें—यह प्रश्न जटिल है। जैसे मीडिया में वैसे राजनीति में हर प्रोग्राम प्रायोजित हो रहा है। इसलिए यह ज़रूरी है कि जहाँ रचनात्मक काम करना है आदमी प्रायोजित होने से बचे। पहला क़दम तो यही है। फिर किसके पास जाएँ? अपनी ओर से सबके पास जाएँ लेकिन अपने ही रचना का धर्म, परिणाम ढूँढ़ना होगा और दिखाना होगा। उसे दिखाने के बाद जो इंटरएक्शन होता है, उसे समझना ही महत्त्वपूर्ण है। वर्तमान ऐतिहासिक परिस्थितियों में उस तरह के प्रभाव की कल्पना हम नहीं कर सकते—जैसे एक कविता लिखने के बाद चारों तरफ़ लोग प्रशंसा कर रहे हैं—बात कर रहे हैं—सोच रहे हैं—यह धारणा

आज के परिप्रेक्ष्य में ग़लत है। सही धारणा यह है कि हमने कुछ किया है और उसका इंटरएक्शन शुरू हुआ है। कवि को समाज की, उस वर्ग की भाषा ढूँढ़नी होगी जहाँ से उसने भाषा सीखी है। उसकी आत्मा की भाषा ढूँढ़नी होगी। दूसरे जिन स्रोतों से सामाजिक परिवर्तन की भाषा और साहित्य की इतर शक्तियाँ आती हैं, उनको खोजना पड़ेगा। हमारे कवियों को अपने भौगोलिक परिवेश से निकलना चाहिए। इसका अर्थ यही नहीं है कि आप हिमालय घूम आएँ, आसाम चले जाएँ। यह तो दिल्ली में दो क़दम निकलने पर मिल जाएगी, वही सब चीज़ें आप वहाँ देखते। पर आप यहाँ कुछ नहीं देखते तो वहाँ क्या देखेंगे। मतलब यह है कि आपको जीवन देखना और समझना चाहिए। मुझे लगता है कि इस समय जो कविता लिखना चाहते हैं उनको बहुत इंतज़ार और अपने अंदर निर्माण की ज़रूरत होगी। उससे कुछ कम में अगर निर्माण कर सकते हैं तो वह भी करें। लिखना ज़रूरी है। लोगों की भावनाओं को बिगाड़ने के लिए लिखा जा रहा है। प्रेम की भावना को बिगाड़ने के लिए लिखा जा रहा है जिसको कवि लोग गा रहे हैं। यही लोग रेडियो, टी.वी. पर बुलाए जाते हैं। आप उनको रोक नहीं पाएँगे। आपको कुछ न कुछ ऐसा करके दिखाना ही होगा जो हो सकता है कि आपको खुद लगे कि पूरा सफल नहीं हुआ, लेकिन आपने किया। किया जाना ही उसकी सफलता का पहला चरण है। कवि का लिखना ही उसकी कार्रवाई है। लिखने के लिए स्रोत चाहिए। उन स्रोतों तक जाना, उसके लिखने की प्रक्रिया का एक हिस्सा है। अपने कमरे में बैठकर अख़बार पढ़कर या रेडियो सुनकर या सुनी-सुनाई बातें सुनकर आपके मन में बहुत-से भाव, तर्क और विचार आते होंगे, वह भी असत्य नहीं है लेकिन अपूर्ण है। ज़्यादा घनिष्ठ और टकरानेवाला संपर्क नहीं है। दरअसल हम लिखने के अलावा कोई काम नहीं करते। शिल्पगत कामों में हम अपने आपको डालते नहीं। उसके परिणाम हमको मिलते नहीं। उन हालात में हम ढूँढ़ते हैं कि कहाँ से हमको भाषा मिले, कहाँ से हमको शब्द मिलें। जो मिलता है, उसे उठा लेते हैं, उसकी परख नहीं हो पाती है।

वि.ना. : मेरी चिंता इस बात को लेकर है कि हिंदी प्रदेशों में सामाजिक और आर्थिक विकास का एक बहुत थोड़ा-सा हिस्सा हरिजनों और दलितों को भी मिला। लिखने-पढ़ने की दुनिया से उसके एक हिस्से का परिचय हुआ। फिर भी इस वर्ग में क्यों नहीं—अपने पूरे वर्ग या जाति के साथ हुए या हो रहे अत्याचार और दमन को व्यक्त करने की इच्छा जागी?

र.स. : यह कह नहीं सकते कि इच्छा जागी या नहीं। इच्छा के प्रस्फुटित होने का एक रागात्मक-काव्यात्मक रूप है कि वे बोलने लगें या बोलना चाहने लगें। लेकिन उसका असल रूप है—सामाजिक निर्णयों में हिस्सेदारी। यही इच्छा के प्रकट होने का दायित्व और सार्थक रूप है। अब आप लोकतंत्र की सारी परिस्थितियों को जाँच जाइए। जिस पार्टी के पास नेतृत्व शक्ति है, राजनैतिक पार्टीगत निर्णयों की शक्ति भी उन्हीं के हाथों में है। उसके समर्थक लोगों के हाथ में, सरकार में, राज्य की शक्ति है। कम्युनिस्ट पार्टी के एक से एक धुरंधर नेता सब ब्राह्मण हैं जो पार्टी के केंद्र में हैं। पार्टी के अंदर हरिजनों या दलितों के पास निर्णय शक्ति नहीं है। सत्ताधारी पार्टी में है तो इस तरह है कि आपको कुछ नौकरियाँ दे दी जाएँगी और फिर आप दलित लोगों पर आक्रमण करेंगे।

वि.ना. : उस अहसास की जो तीव्रता है, उसे एक व्यक्ति और वर्ग के रूप में आप महसूस तो करते ही हैं। पिछले चालीस वर्षों से सामाजिक चेतना का जो विस्तार हुआ है, उस प्रभाव से आप बरी नहीं रह सकते, अगर आप जागरूक व्यक्ति हैं, जो कि उस वर्ग में भी हैं, उसकी अभिव्यक्ति विभिन्न कला-रूपों में क्यों नहीं हो पाई?

र.स. : घूम-फिरकर हम फिर उसी बिंदु पर आते हैं कि किसी समूह के विचारों या उसके चरित्र में कोई बड़ा परिवर्तन तब तक नहीं हो सकता जब तक संगठित राजनीति के द्वारा उन साधनों का इस्तेमाल इस परिवर्तन के पक्ष में न किया जाए। जिसके पास शक्ति और सत्ता है, उसे प्रामाणिक माना जाने लगता है। यह एक नियम है। हालाँकि इस नियम के इस्तेमाल से सत्ता के द्वारा अच्छे परिवर्तनों

को भी कर सकते हैं। पर यह भी कर सकते हैं कि हम तो भ्रष्टाचार करते हैं—आप भी करिए। वास्तविक सामाजिक परिवर्तन सत्ता के द्वारा स्थापित नियमों के माध्यम से होता है। निरे संवैधानिक तरीक़ों से जो परिवर्तन हो जाएँगे वे पूरे समाज के तानेबाने में समाविष्ट हो जाएँगे और अंततः असली परिवर्तन नहीं होंगे। दलितों की इच्छाओं को संगठित राजनीति में प्रतिनिधित्व नहीं मिलता और उसके द्वारा उनको संगठित शक्ति नहीं मिलती, फिर उनको समाज, सरकार के निर्णयों में अपना हिस्सा नहीं मिलता।

वि.ना. : महाराष्ट्र में सत्ता में हिस्सेदारी कहाँ है? सामाजिक निर्णयों, राजनैतिक निर्णयों में जो हिस्सेदारी दी जानी चाहिए, उसे स्थगित करके तमाम काम किए जा रहे हैं। हिंदी क्षेत्रों में दलित वर्ग के लोग यदि रचनात्मक अभिव्यक्ति कर रहे हैं तो वह पहुँच नहीं पा रही है या ...

र.स. : हिंदी क्षेत्र के एक-दो कवियों को मैं जानता हूँ जो दलित वर्ग में उत्पन्न हुए—पले-बढ़े। उसके बाद एम.एल.ए. बना दिए गए। एम.एल.ए. बनने के लिए वे किस रास्ते से गए होंगे, मुझे नहीं मालूम। लेकिन इतना ज़रूर मालूम है कि एम.एल.ए. बनने से न तो उनकी कविता में कोई अंतर आया और न ही चरित्र में। उनके साहित्य का कोई असर उनके वर्ग के लोगों पर इस रूप में नहीं पड़ा जिस रूप में आप महाराष्ट्र की बातें कर रहे थे। मुझे वाक़ई मालूम नहीं महाराष्ट्र की राजनीति में, उनके दलों में दलित वर्ग के लोग कितने हैं अथवा अगर स्थापित रूप से वे न भी हों तो उनकी आकांक्षाएँ संगठित रूप में पार्टियों में, अथवा सहायक या साहित्यिक संस्थाओं में कहाँ प्रकट हो रही हैं। लेकिन हिंदी से इतर स्थितियाँ हैं। हिंदी में कोई स्थिति ही नहीं दिखाई दे रही जिसकी मैं कल्पना कर सकूँ। उनके यहाँ दलित लेखकों का बड़ा साहित्य लिखा गया है, यह क्या कम है। हमारे साहित्य संगठन तो दूर—आलोचना क्षेत्र में ऐसी कोशिश भी नहीं है कि इस तरह के साहित्य को ऐसी मान्यता दी जाए या दिलाई जाए। कुल मिलाकर इन सबका वर्ग-चरित्र वही है जो सत्ता के केंद्र में बैठे हुए लोगों का है। विकेंद्रीकरण का नारा बार-बार देने के बावजूद सारी राजनीति और राजनैतिक संगठनों में केंद्रीकरण का तत्त्व पिछले वर्षों में बहुत बढ़ गया है।

वि.ना. : ऐसा क्यों हो रहा है?

र.स. : हर बात का उत्तर यदि हम टुकड़ों-टुकड़ों में ढूँढ़ते रहेंगे तो उत्तर मिल जाएँगे। लेकिन अंत में हमको लगेगा कि हमने परिस्थितियों को पहचान लिया और बता दिया। लेकिन हमको तो उस कारण को ढूँढ़ना है कि क्यों नहीं परिवर्तन हम कर पा रहे हैं। वैसे चालीस साल की आज़ादी में हमने क्या तरक़्क़ी की है, इस वक़्त हमको यही देखने को कहा जा रहा है। यह कोई नहीं पूछता कि चालीस साल में हम कितने आज़ाद हुए। अंधों, अपाहिज़ों या ग़रीबों को क्या लाभ मिले, यही सब बताते रहते हैं लेकिन यह नहीं बताते कि चालीस साल में हम कितने आज़ाद हुए यानी चालीस साल में आज़ादी की जो प्रक्रिया चली, वह क्या है। हमको तो दिनोंदिन आज़ाद होते जाना था क्योंकि चालीस साल पहले हम गुलाम थे। इसको न तो कोई अख़बार, न साहित्यकार या समाजशास्त्री पूछता है क्योंकि ख़तरा है। यह सवाल पूछते ही यह सवाल उठेगा कि आप चालीस साल की गुलामी की बात कह रहे हैं। आज ऐसे सवाल क्यों नहीं पूछे जाते। ऐसा हमेशा नहीं था। सन् 47 के बाद भी यह स्थिति नहीं थी। सन् 57 की राजनीति में बहुत सारी शंकाएँ और प्रश्न पैदा हो चुके थे। 53-54 तक यह बात हमारे शिक्षित वर्ग में भी थी। बहुत प्रामाणिक तौर से उन वर्गों के विचारों और हालात के बारे में हम नहीं जानते थे जो कि आर्थिक और सामाजिक दृष्टि से हमसे बहुत हीन थे लेकिन हमेशा समाज को समझने में इन्हीं वर्गों को प्रतिमान बनाने की इच्छा हममें होती थी।

वि.ना. : आपने अभी कहा कि आपकी पीढ़ी के कम से कम कुछ लोग सामाजिक शक्तियों के नए संतुलन को देख पा रहे थे लेकिन मुझे लगता है कि उसी काल में कहीं कुछ कमी रह गई जो अभी तक चली आ रही है। आप कहते हैं कि 'न सही यह कविता, मेरे हाथ की छटपटाहट ही सही',

इसे कहने का जो साहस था, सामाजिक-राजनैतिक परिवर्तन को देखने की जो शक्ति थी, मुझे लगता है कि उस समय के साहित्यकारों में बहुत कम थी। आपने न केवल अपने समकालीन समाज को देखा बल्कि उसकी ऐतिहासिक प्रक्रिया को समझने की कोशिश की। दूसरी ओर हम एक लंबी परंपरा पाते हैं जिसमें समाज जैसा है या होना चाहिए उसको देखने की प्रक्रिया बहुत ही मंद है और एक ख़ास तरह से शुद्ध साहित्यिक नज़र से चीज़ों को देखने की कोशिश है जिसका समाज की वास्तविकताओं और रूपों से कोई संबंध नहीं है। आपके इस महत्त्वपूर्ण अवदान को स्वीकार करते हुए हम हिंदी साहित्य में दूसरी तरह की धारा के बारे में जानना चाहते हैं।

र.स. : अपने को सब चीज़ों से अलग मानकर फिर कट नहीं जाने बल्कि शामिल होने की प्रक्रिया रचना में निहित है। इसके बिना नहीं लिखना चाहिए। अगर आप सब लोगों से अपने को काट लेते हैं और अलग नक़्शा बना लेते हैं तो आप रचना नहीं कर सकते। यदि आप रचना करते हैं तो वह रचना नहीं होगी जिसको आप पसंद करते हैं या जिसका आप नाम ले रहे हैं। यह रचना विश्वविद्यालय या साहित्य या प्रकाशन संस्थान में बैठे लोगों की तरह की रचना होगी जो कि हमें नहीं करनी थी। मुझे न केवल असहमति की रचना करनी थी बल्कि उसके पढ़नेवाले लोगों को भी अपने जैसा असहमत बनाना था।

वि.ना. : आप अपने पढ़नेवालों को सामाजिक और राजनैतिक प्रक्रिया में शामिल करना चाहते थे जो कि पहले बहुत नहीं हुआ। छिटपुट उदाहरण मिलेंगे लेकिन सुस्पष्ट दृष्टि के साथ रचनात्मक प्रयास नहीं हुए।

र.स. : लोग साहित्य को साहित्यिक और सामाजिक प्रक्रिया में मिलाकर—दोनों के आदान-प्रदान की बात करते रहे थे लेकिन वह इसे प्रतिष्ठान के माध्यम से करते रहे हैं। कभी विचारधारा, कभी साहित्य जगत्, कभी समालोचना और कभी वह विश्वविद्यालय का प्रतिष्ठान होता था लेकिन कभी भी वह एक अकेले आदमी का प्रतिष्ठान नहीं था। अकेले आदमी का नाम लेते ही उस समय भी बड़ी मार पड़ती थी। अहंवादी और समाज-विरोधी कहा जाता था। लेकिन अंततः यही सत्य है कि आपको कुछ भी रचना करने के लिए अकेले होना ही होता है। रचना करने के पहले आप और लोगों के साथ होते हैं। आप रचना करने के पहले अगर साथ नहीं हैं तो रचना नहीं कर सकते और रचना करने के बाद आप अगर साथ नहीं हैं तो रचना बेकार है। लेकिन रचना करने के लिए ही हम साथ हो जाएँ और रचना करने के बाद साबित करें कि हम साथ हैं तो यह आपकी धूर्तता है। यह साहित्यिक कर्म को न समझने का और उसको विकृत करने का षड्यंत्र है। यह प्रतिष्ठान के हाथ में चुपके से बिकने का षड्यंत्र है। किसी पर यह आरोप लगाना आसान है कि वह सेठों के हाथ बिक गया, अख़बार के हाथ बिक गया। ये सब बचकानी बातें हैं। इस पूरे राजनैतिक-सामाजिक तंत्र में आप हमेशा आधे बिके हुए हैं और आधे लिखने के विरुद्ध हैं। यही आपका संघर्ष है। सत्ता के घनीभूत केंद्रीकृत समाज में आपके व्यक्तित्व को कोई प्रतिष्ठा इसलिए नहीं दी जाती है कि व्यक्ति होते ही आप अपनी स्वतंत्रता का इस्तेमाल करने लगते हैं। आपकी स्वतंत्रता कोई नहीं चाहता। बहुत सारे तंत्र और प्रतिष्ठान हैं जो सब तरफ़ से मिलकर आपको कहीं न कहीं से बाँधे रखने के लिए तैयार हैं। मैं इस नतीजे पर आया हूँ कि वे भी रहेंगे, मैं भी रहूँगा। यही रिश्ता बनेगा। आप ख़रीदना चाहते हैं, मैं इसको नहीं बेचता। मैं दो लाख की कोठी में नहीं रहना चाहता या तीन लाख की मोटरों में नहीं घूमना चाहता। मैं इससे कम में खुश हूँ। यह त्याग नहीं आत्मरक्षा है। मेरे साथ ख़रीदने और बेचने का आपने रिश्ता बनाया है। इस समाज में इसके अतिरिक्त भी रिश्ते होते हैं और उन रिश्तों को बनाए रखने के लिए मुझको अपने द्वारा बिकने या अपने ख़रीदे जाने के रिश्ते को इस तरह से रखना है कि मेरी आज़ादी मेरी शर्तों पर बची रहे। मेरी आत्यंतिक ज़रूरतें भी हैं। मुझे रोटी खानी है। दो-चार साबुत कपड़े भी होने चाहिए लेकिन इनके लिए मैं अपनी जिन चीज़ों को बेच सकता हूँ, वे क्या होंगी, यह मैं चुन

भी सकता हूँ। इस पूँजीवादी समाज में जहाँ आप आज़ाद नहीं हैं, इस स्थिति से सामना करने में ही मुक्ति है। अब इस स्थिति से मुक्ति के लिए मैं चला जाऊँ कि अमुक पार्टी की नीतियाँ ये हैं—समाज परिवर्तन में मैं उनके साथ हूँ, फिर वे मेरी कविता पसंद करें। मुझको पुरस्कार मिल रहा हो, किताब छपवा रहे हों, आलोचना में लिख रहे हों कि अमुक कवि पहले तो प्रतिक्रियावादी थे लेकिन इन दिनों कुछ समय से अच्छी कविता लिख रहे हैं। इस तरह के लोगों से संबंध बनाना मुझे बहुत ही अरचनात्मक मालूम होता है। रचनात्मक मालूम होता है कि मैं जैसा हूँ, वैसा न रहूँ, अपने आपको बदलूँ। अपनी दृष्टि और समाज की समझ को बढ़ाऊँ और इन तत्त्वों के साथ कहीं न कहीं प्रकट या अप्रकट रूप से जुड़ता रहूँ, जहाँ से शक्तियों के स्रोत आ रहे हैं। मैं पहले कहीं लिख चुका हूँ कि राजनीति में शामिल होकर मैं जितना कर सकता हूँ, उतना करने के लिए मैं स्वतंत्र हूँ। आप मेरी राजनैतिक विचारधारा पर कोई दलीय बंधन नहीं लगा सकते क्योंकि जब मैं दल के निर्णयों को लेने में साथ देने के लिए स्वतंत्र नहीं हूँ तो मैं उन नीतियों के अंधपालन के लिए बाध्य नहीं हूँ। अगर मैं कम्युनिस्ट पार्टी की कार्यकारी समिति में बोल सकता हूँ और मेरी बात सुनी जाती है। अगर मुझे निर्णय ठीक लगते हैं तो साथ देता हूँ, बस इतना ही मेरा संबंध है, लेखक का राजनैतिक दल से इससे अधिक संबंध नहीं होना चाहिए। इससे उन सूत्रों तक पहुँचने का रास्ता लेखक को मिलता है जहाँ से शक्तियों के स्रोत आते हैं। साहित्यिक होने का तब कोई मतलब नहीं रह जाएगा जब आप कहेंगे कि राजनीति बहुत बुरी चीज़ है और मैं उससे दूर रहता हूँ।

इब्बार रब्बी : जब आपने लेखन शुरू किया तो आपके चुनाव क्या थे? वे क्या कारण थे जिनके लिए आपने लेखन को चुना? उस समय आपकी जो चुनौतियाँ थीं, क्या वे चुनौतियाँ इस समय भी हैं?

र.स. : उस समय किसी भी बात के अर्थ की मैं जो कल्पना करता था कि इसका यह अर्थ हो और मुझे यह बताना चाहिए, उसको पहली बार में लोग समझते नहीं थे। यह एक दुखी करनेवाली बात थी। एक सामान्य प्रवृत्ति यह पाई जाती थी कि हर चीज़ को सरलीकृत कर दिया जाए। 52-53 के दौर की भाषा और कविता देखिए! एक ओर छायावाद का अंतिम चरण था, उससे निकलकर जिन कवियों को सामने आने का अवसर मिला था, वे छायावाद के अंतिम चरण के काव्य मानक को और अधिक परिष्कृत और सुंदर बना रहे थे जैसे बच्चनोत्तर नरेंद्र और अंचल। बच्चन अधिक प्रामाणिक इसलिए हैं क्योंकि वे अधिक संप्रेषित करते हैं। अंचल और नरेंद्र के मुक़ाबले साहित्य से अधिक दूर भी हैं। 'रात आधी हो चुकी है'—यह बच्चन ही लिख सकते थे—नरेंद्र नहीं लिख सकते थे। अर्धरात्रि लिखे बिना शायद उनका काम नहीं चलता। बच्चन के बाद सुमन आए। सुमन में एक गरमी थी, जो बच्चन में नहीं थी। 'आज एशिया के अंतर में सुलग उठी है जो चिनगारी नई आग है'—बोलने का ढंग, शब्दों का विन्यास और विषय महत्त्वपूर्ण था। इस विषय पर गिरिजाकुमार माथुर ने भी लिखा। इसमें अपने से पहलेवाले काव्यरूपों से अधिक समानता है परंतु उससे आगे बढ़ने का प्रमाण भी है। फिर कविता एकाएक दो हिस्सों में बँट गई। जिस समय मैंने लिखना शुरू किया, उसके इस बीच के बिंदु को लें और फिर जाकर पीछे देखें। बीच का बिंदु यह कहता है कि बहुत-सी चीज़ों को तोड़ देना ही लिखना है। लेकिन तोड़ देने के बारे में शुरू से ही मुझको शायद अपने संस्कारों से और मुझ पर जो आधे-अधूरे राजनैतिक प्रभाव पड़े थे, उनसे यह पक्का विश्वास था कि तोड़ते ही कोई चीज़ बननी चाहिए। आगे जाकर देखें तो राजकमल चौधरी का तोड़ना मुझे रचनात्मक मालूम नहीं हुआ, हालाँकि उनके शिल्प से मैं बहुत प्रभावित हुआ। सन् 51-52 से सन् 67 के दौर तक मैंने देखा कि पेशेवर तोड़नेवाले कहीं न कहीं न केवल अरचनात्मक बल्कि रचना-विरोधी जान पड़ते हैं, बल्कि रचना-मूल्यों और समाज के मूल्यों को भी कुछ पतन की ओर ले जाते हैं। जो लोग ऐसा करते हैं, आज भी मेरा मानना है कि वे ग़लत करते हैं।

वि.ना. : इसी संदर्भ में एक और बात! अकविता ने ठीक वही काम किया, तोड़ने का—रचना-विरोधी काम। लेकिन उसी के साथ बहुत-से लोग उसके योगदान को भी स्वीकार करते हैं। अकविता एक तरह से मनुष्य-विरोधी और समाज-विरोधी कविता भी थी। लेकिन एक अलग साहित्यिक भाषा उसने दी। उसने भाषा को मुक्त किया। ऐसा नहीं कि उससे पहले उसे आप या नागार्जुन या मुक्तिबोध मुक्त नहीं कर रहे थे लेकिन एक साहित्यिक आंदोलन की तरह मुक्ति का अहसास अकविता के आने से पहले नहीं दिखाई देता। अकविता की यह भूमिका रही कि उसने भाषा के एक तरह के रोमेंटिसिज़्म को ख़त्म किया, हालाँकि एक दूसरी तरह के रोमेंटिसिज़्म को वे लाए भी। मैं यह नहीं कह रहा हूँ कि ऐसी चीज़ों का समर्थन किया जाना चाहिए। फिर भी शायद इन चीज़ों की साहित्यिक भूमिका होती है।

र.स. : मैं आपसे मूलतः असहमत हूँ। मैंने इसे केवल साहित्यिक ही नहीं बल्कि उसके सामाजिक, राजनैतिक पहलुओं को भी जाँचा है। जो चीज़ें कविता के रूप में दिखती हैं, उनके पीछे जो चीज़ें दिखती हैं, उनको भी देखा है। उसी दौर में मेरा कविता संग्रह *आत्महत्या के विरुद्ध* प्रकाशित हुआ। *आत्महत्या के विरुद्ध* की कविताएँ अकविता के विरोध में लिखी गई हैं। उसका नाम ही *आत्महत्या के विरुद्ध* है क्योंकि अकविता आत्महत्या थी और उसका प्रचार कर रही थी; आत्महत्या ही नहीं एक प्रकार की हिंसा का प्रचार कर रही थी। मेरे इस संग्रह में आप पाएँगे कि अकविता का ज़िक्र बार-बार आता है। इसकी एक कविता में कहा गया है कि मेरी कविता की नक़लें अकविता जैसी न हो जाएँ। इसमें थोड़ा-सा निहितार्थ यह भी है कि मेरी कविता की नक़ल करोगे तो यह अकविता जैसी दिखाई देगी। चूँकि सामाजिक, राजनैतिक सभी दृष्टियों से बराबर मुझे यह लगता रहा है कि अकविता मेरे बिलकुल विरोधी खेमे की कविता है। मैं जहाँ राजनीति में सबको एकसाथ देखना चाहता हूँ, समाज में परिवर्तन की राजनीति के पक्ष में होना चाहता हूँ, वहाँ यह कविता हर चीज़ को नष्ट करने का नाटक करती है। कहती है कि केंद्र में जो सत्ता है उसका समर्थन करो। आप उस समय के अकविता के प्रकाशनों को देखें तो पाएँगे कि उनमें वे नाम नहीं आते हैं जिनको आप जानते नहीं। औरत पर क्रोध उतारने का ठेका अकविता ने ले रखा था जबकि मैं यह नहीं चाहता था कि मैं मारूँ, उसकी जाँघों पर नक्कू क्रोध की कविता लिखूँ और मान लूँ कि कविता में नई क्रांति आ गई। मुझे यह बहुत घटिया राजनैतिक विचार मालूम पड़ता था। शायद इसी कारण मुझे यह बहुत घातक लगा। उस समय राजनीति को मैं बहुत क़रीब से देख रहा था। राजनीति से मैंने अपने साहित्य को बहुत दिया—ख़ास तौर से उस दौर में जब मैं दैनिक अख़बार में था। दिन के ग्यारह बजे से लेकर रात के दस बजे तक मैं उन सब चीज़ों को देखता था। बहुत-से सामाजिक तनावों और संघर्षों को हर समय सुनता-समझता रहता था। वे सब कहीं न कहीं मेरी समझ, भाषा और कविता में पैठते हुए चले आते थे, इसलिए मेरी समझ बहुत-से विषयों पर क्या बननी चाहिए यह न तो कभी शुद्ध साहित्यिक थी और न ही कभी शुद्ध राजनैतिक थी। यह एक रचनाकार की समझ बनी। यह वह दौर था, जब मुझे संप्रेषण में बड़ी कठिनाई पड़ी। मैं कोई चीज़ बनाता था और उसको लोग सरलीकृत कर देते थे। इसके मूल में हिंदी साहित्य की छायावादोत्तर सरलीकरण की भावना थी।

वि.ना. : राजनैतिक नहीं, मैं सामाजिक परिप्रेक्ष्य की बात कर रहा हूँ।

र.स. : मैं राजनीति के कोई प्रकट अनुभव से नहीं गुज़रा था लेकिन मैं राजनीति को आलोचनात्मक ढंग से देखता रहा था। मैंने जिस राजनीति का समर्थन किया है, उसकी आलोचना भी की है। मैं लोहिया के बहुत क़रीब था। मैंने समाजवाद के विचार का प्रचार जी भर के किया है और संतुष्ट हूँ। समाजवादियों के निकट होने से उन सब चीज़ों के साथ आलोचनात्मक और संवादात्मक संबंध बनाए रखने से ही कोई खास परिवर्तन नहीं होता रहा है—परिवर्तन होता रहा है—अपनी समझ के दायरे को बढ़ाने और उसमें से रचनात्मक ऊर्जा निकालने, फिर उस ऊर्जा को कविता या साहित्य में या भाषा में प्रकट करते

रहने से। मुझको ये सब रचनात्मक पोषण मिले हैं पर मैं उसके ठीक पहले के दौर की बात कर रहा था जब मुझे लग रहा था कि मेरी भाषा में कुछ कमी है यानी कि यह समझ में आने लगा था कि मैंने उस तरह की भाषा लिखने की यदि ज़रा-सी भी कोशिश की जैसा कि वे लोग लिख रहे हैं जो मेरी बात नहीं समझते तो यह मेरा लिखना नहीं हुआ। यह कोई बनाकर लिखना नहीं था। चूँकि मैं तोड़ने में विश्वास रखता हूँ और वही तोड़ना तोड़ना है जो साथ बनता चला जाए। आप *सीढ़ियों पर धूप में* में की कुछ कविताएँ देखिए, आपको 1952-60 के दौर की तमाम कविताओं से अलग दिखाई देंगी क्योंकि इस तरह के अनुभावन को लिखने के लिए मैंने कविता को जैसा पाया था, वैसा काफ़ी नहीं पाकर उसे तोड़ा।

वि.ना. : सहायजी, *आत्महत्या के विरुद्ध* के साथ आपकी जो कविताएँ सामने आईं, उनमें आपके दिल्ली में रहने या दिल्ली में काम करने का योग बहुत बड़ा है। दूसरी ओर कुछ लोग मानते हैं कि महानगर एक नर्क है। मैं इसे एक रुग्ण प्रवृत्ति मानता हूँ। महानगर एक अर्थ में नर्क ज़रूर है लेकिन दूसरे अर्थ में वहाँ आपको अपनी समझ या दृष्टि का विस्तार करने का अवसर मिलता है। ऐसा नहीं है कि जो क़स्बे में रहते हैं, उनकी दृष्टि या समझ का विस्तार नहीं होता जैसे कि मुक्तिबोध एक उदाहरण हैं। लेकिन महानगर के बारे में यह धारणा बनी रही है कि ये नर्क हैं और आपको भी ये नर्क बनाते हैं। आपको सफल बनाने के अलावा इनका कोई योगदान नहीं है—यह एक जो भावना है, उसके बारे में आप क्या सोचते हैं?

र.स. : यह भावना बहुत ग़लत है। आपकी बात के जवाब में मैं अपनी कविता का उदाहरण दूँगा, इसलिए नहीं कि मैं बहुत आत्मकेंद्रित हूँ, बल्कि इसलिए क्योंकि मेरे पास और कोई तरीक़ा नहीं है। *लोग भूल गए हैं* में एक कविता है जिसमें महानगर और राजनीति में संबंध दिखाया गया है। दोनों पर्याय हैं। 'महानगर एक नर्क है' यह धारणा उनकी है जो किसी छोटे शहर से महानगर में आए थे और उन्होंने पूरी तरह से महानगर के जो प्रकट दिखनेवाले लाभ थे उनको प्राप्त करने के लिए अपने आपको लगा दिया। इसके बाद उनका मोहभंग हो गया। उस मोहभंग की स्थिति में उन्होंने यह निष्कर्ष निकाला। अगर कुछ दूसरे क़िस्म के आदमी होते, जैसा कि मैं हूँ—मैं लखनऊ में था। लखनऊ कोई छोटा क़स्बा नहीं था लेकिन दिल्ली फिर भी महानगर था। सन् 51 की मई में अज्ञेय के *प्रतीक* का सहायक संपादक होकर दिल्ली में मैं आया। थोड़े दिन बाद लगा कि यहाँ पर एक और तरह की सामाजिकता है जो कि लखनऊ से भिन्न है। मुझे यह जल्दी ही समझ में आ गया कि छोटे-बड़े शहर का यह अंतर तो होना ही है। लेकिन मेरे भीतर नरक की नहीं, अकेलेपन की भावना पैदा हुई। बहुत जल्दी ही मैंने यह कहना शुरू कर दिया कि दिल्ली बहुत बड़ा गाँव है, जहाँ मैं बिलकुल अकेला हो गया हूँ जबकि मैं शहर का आदमी हूँ। मैंने अपने आपको अपने अन्य तमाम मित्रों की तरह यह कभी नहीं कहा कि मैं गाँव का आदमी हूँ। मेरी जड़ें गाँव में नहीं हैं, हाँ! मेरे पुरखों का घर उन्नाव जिले में है। 14-18 वर्ष की उम्र में कई बार मैं गाँव गया हूँ। तबकी डायरी मेरे पास मौजूद है। मैंने 'पहला पानी' कविता वहीं लिखी थी। लेकिन मेरा और कोई संबंध गाँव से नहीं था। मैं उस जीवन का हिस्सा बन गया होता तो मुझे बहुत कुछ मिलता। मैं गाँव का आदमी नहीं हूँ लेकिन गाँव को अपनी चीज़ मानता हूँ। मैं यह नहीं मानता कि वह खाने-पीने, लूटने, कमाने की चीज़ है, मैं उसके बारे में चिंतित हूँ। बड़ा शहर मुझे एकसाथ अपने अंदर ले आता है, अकेला कर देता है और फिर वह मुझे यथासंभव बाहर की दुनिया को समझने के लिए उतना ही प्रेरित करता है। बड़े शहर में रहने से मुझे सबसे बड़ा लाभ यह मिला कि मैं बहुत कुछ समाज को समझ सका हूँ जो यहाँ मौजूद नहीं है, और उसे भी जो मौजूद है। एक बड़े शहर ने वहाँ रहने के द्वारा उत्पन्न अकेलेपन या यथार्थ की टकराहटों या एक बहुत बड़े पैमाने पर सारे संसार के यथार्थ की झलकियाँ मिलने के कारण मेरी समझ के दायरों को बहुत अधिक विस्तृत किया। महानगर में अख़बार के काम में बराबर लगा रहा हूँ। लेकिन

मुझको यह पहले दिन से ही वहाँ काम करते हुए लगता रहा कि हमारे साहित्यिक भाई, आपकी पीढ़ी को छोड़कर मेरी पीढ़ी को भी लें, अख़बार की नौकरी को यह समझते रहे हैं कि एक सत्ता उनके हाथ में आ गई। मेरे कवि या रचनाकार का जो रुतबा है वह तो कुछ है ही नहीं, मैं अख़बार में हूँ यही मेरा रुतबा है। सन् 48-51 में इलाहाबाद से *संगम* साप्ताहिक पत्रिका निकलती थी। इलाचंद्र जोशी के बाद धर्मवीर भारती उसके संपादक बने। हर जगह धूम थी कि धर्मवीर संपादक हो गए। संपादक होने का मतलब यह नहीं था कि वे संपादन करेंगे बल्कि साहित्य के क्षेत्र में एक ताक़त बनेंगे। साहित्य को जो पहले से ही प्रतिष्ठान बनाए हुए थे, साहित्य के एक दूसरे प्रतिष्ठान में पहुँच जाना उनके लिए चुनौती नहीं थी, उनको लगता था कि इसका इस्तेमाल करना है। 1951 के उस दौर में महानगर में आने के बाद जो दो-तीन अतिरिक्त लाभ मुझे मिले या मैंने चुने और प्राप्त किए, उन सबका बहुत बड़ा योगदान मुझे बनाने में रहा। यह तो कभी नहीं होता कि सौ फ़ीसदी आप सब कुछ प्राप्त कर लें। मैं आई.ए.एस. में नहीं गया तो इसका कारण केवल यह नहीं था कि मैं समर्थ नहीं था। यह था कि उसके बारे में कभी सोचा नहीं। मूल बात यह है कि मैं अपने को योग्य नहीं मानता। उस तरह का दिमाग़ और मिज़ाज मेरा नहीं था। मनुष्य के साथ अच्छा रिश्ता बनता नहीं दिखाई दे रहा था, सो नहीं गया। लेकिन वहाँ नहीं जाने पर मुझको पढ़ाई, नौकरी, समाज के द्वारा जो मिला—*प्रतीक* की सहायक संपादकी, दिल्ली में आकर रहना, अपना साहित्य, मित्रों के परिचय का अपना दायरा, वह भी कुछ मूल्यों की शर्तों पर कुछ अपने काम की शर्तों पर। यह सब कुल मिलाकर मुझको बहुत बड़ी उपलब्धि मालूम पड़ती है जिसके ऊपर मैं घमंड करके फूला नहीं समाता। लेकिन इस उपलब्धि को संयोग मान लीजिए या मेरा किया हुआ, यह मेरे जीवन का सकारात्मक पक्ष रहा। यदि वह नहीं हुआ रहता तो शायद इसकी पूर्ति मेरा जीवन किसी और तरह से करता। महानगर का जीवन उन्हीं के लिए नर्क साबित हो सकता है जो कि महानगर से एक ऐसी अपेक्षा रखते हैं जो उनके चरित्र की अकारण महत्त्वाकांक्षा हो। जैसे आप महानगर में आ गए हैं तो किन-किन चीज़ों की चाह कर रहे हैं इसी बात पर निर्भर करता है कि आप अपने को नर्क में पाएँगे या बिलकुल बियावान में पाएँगे।

वि.ना. : जो लेखक अपनी चिंताओं में शुद्ध रूप से साहित्यिक हैं वे अपने जीवन-व्यवहार में, लोगों के क़रीब न होकर सत्ता प्रतिष्ठान के क़रीब हैं। उनकी चिंताएँ साहित्य से ही उपजती हैं और साहित्य में ही जाकर समाप्त होती हैं। उनकी चिंता समाज के संघर्ष या परिवर्तन को लेकर नहीं है, इसलिए वे किसी तरह के द्वंद्व से नहीं गुज़रते।

र.स. : शुद्ध साहित्य को जो अपना प्रेय और अपना कर्तव्य मान लेता है, निश्चित रूप से साहित्य को नष्ट कर देता है। मैं तो राजनीति में नहीं पड़ता, मैं तो साहित्य में रहता हूँ ऐसा कहनेवाला आदमी अवश्य यह कह रहा है कि मैं तो किसी प्रकार के तनाव, अनिश्चय, मतभेद में नहीं पड़ता हूँ साहित्य में मुझे तुकांत या मात्रिक छंद चाहिए। ऐसे लोग सौ फ़ीसदी प्रतिष्ठान-समर्थक और सहमतिवादी हैं। बात को स्पष्ट करने के लिए ऐसे लोगों का पूरा एक वर्ग बना दीजिए, ये लोग कविता की भाषा को सरल बनाने पर तुले हुए हैं और कविता के कथ्य को कठिन बनाने पर मजबूर हैं। ये क्या कहते हैं, यही समझ में नहीं आता। सरलता का इतना दुरूह रूप मुझे हिंदी साहित्य में पहली बार दिखाई दे रहा है। बेहद सरल भाषा है और बेहद अमूर्त अर्थ। सामान्यतया जहाँ से भाषा के स्रोत फूटते हैं, जहाँ से हम उनको आत्मसात् करते हैं, फिर उनको बनाकर दे देते हैं, उन स्रोतों से लेन-देन की जो यात्रा है वह इनकी भाषा में बीच के रास्ते से नहीं, किसी गली से एक सरल भाषा घुस आई है। कुछ कवि गाँव के बोलचाल के शब्दों को ढूँढ़कर चिपकाते रहते हैं। जब कुछ बन जाता है तो घोषित करते हैं कि ये मेरी कविता के तत्त्व हैं। मैंने यह भी सुना है कि ऐसे कुछ लोगों की कविता के जो नए संस्करण निकल रहे हैं, उनमें उन्होंने जिसे पहले सरलीकृत किया था उसे अब साहित्यिक बना रहे हैं।

इ.र. : आपके बाद जो कविता लिख रहे हैं, उनमें ऐसा क्या कुछ है जिसे कहा जा सके कि यहाँ कविता कुछ बदल गई है या कुछ विकास हुआ?

र.स. : इसका बहुत छोटा-सा जवाब है। ऐसा नहीं कहा जा सकता कि कोई एक ही कवि इस समय ऐसा कुछ कर रहा है जिससे कि मालूम हो कि इस कवि के द्वारा शिल्प, भाषा, पूरे कृतित्व में एक नया दौर आ गया। कई कवि अपनी-अपनी जगह जो कर रहे हैं उसका सम्मिलित प्रभाव इस नए दौर को ज़रूर ऊपर दिखाता है।

[*अंतर्दृष्टि*, 9 जून 1988]

'नाटक जीवन व्यवहार का अभिनय है'

भेंटवार्ताकार : अशोक मिश्र

"राजनैतिक नाटक वह है जो यथास्थिति से आरंभ कर नाटक के अंत तक पहुँचते हुए दर्शक की राजनैतिक पक्षधरता में न्याय के पक्ष में और अन्याय के विरुद्ध परिवर्तन लाता हो।"

राजनैतिक नाटक की यह परिभाषा रघुवीर सहाय ने दी है। पिछले कुछ वर्षों में उन्होंने *मैकबेथ, हाउस ऑफ़ बरनारडा एल्बा, वाइजैक, रशोमन, ट्वेल्थ नाइट* जैसे नाटकों का अनुवाद किया है। ये नाटक दिल्ली के रंगमंच पर विख्यात निर्देशकों द्वारा खेले जा चुके हैं। हाल में ही राष्ट्रीय नाट्य विद्यालय रंग मंडल ने उनके दो अनुवाद *प्रियतम तोत* और *आथेलो* को भी मंचित किया है। उन्होंने कुछ हंगारी नाटकों के भी अनुवाद किए हैं और पहली बार इन नाटकों की शक्ति से भारतीय दर्शकों को परिचित कराया है। ये नाटक *तीन आधुनिक हंगारी नाटक* नामक संकलन में 'कौमुदी' नामक नाट्य संस्था द्वारा प्रकाशित हुए हैं। इसमें इश्तवान आरकेन्य और इश्तवान चुरका के तीन प्रसिद्ध नाटक संकलित हैं जिसमें से फेरेंत्स कारिंथी का *गरम कमरा* हेमा सहाय और अशोक मिश्र के निर्देशन में खेला जा चुका है। *प्रियतम तोत* का निर्देशन मनोहर सिंह ने किया है। इस नाटक को देखकर राजनैतिक नाटक के और नाट्य अनुवाद के संदर्भ में कई सवाल पैदा हुए जिन्हें लेकर रघुवीर सहाय से अशोक मिश्र ने बातचीत की।

अशोक मिश्र : हंगारी नाटकों के अनुवाद करने का मन कैसे बना?

रघुवीर सहाय : इसलिए कि उपलब्ध नाट्य साहित्य पश्चिमी यूरोप में औद्योगिक शोषण से उत्पन्न मानसिकता की तकलीफ़ें और बीमारियाँ तो बताता है मगर पूर्वी यूरोप की आर्थिक और राजनैतिक व्यवस्था में मनुष्य की आध्यात्मिक समस्याओं का कोई हल नहीं देता। हम हंगरी, पोलैंड, चेकोस्लोवाकिया, यूगोस्लाविया का नाटक सिर्फ़ इसलिए नहीं जानते कि पश्चिम यूरोप का नाटक पढ़ना और करना उत्तम माना जाता है। इस तरह हमारे नाट्य संस्कार से पश्चिम का नाम अच्छे और बुरे दोनों अर्थों में बहुत लिया जाता है। दरअसल हम उसे अधूरा जानते हैं। हंगारी नाटक व्यक्ति और व्यक्ति, व्यक्ति और समाज और व्यक्ति और सत्ता के बीच असुंदर, हिंसक और अप्रिय संबंधों की पहचान कराता है, जो पश्चिमी नाटक की तरह मृत्युवादी नहीं है।

अ.मि. : *प्रियतम तोत* के चरित्रों को आपने किस रूप में देखा है?

र.स. : इस परिवार में प्रत्येक व्यक्ति में वे गुण हैं जिनका दुरुपयोग करके फ़ासी संस्कृति सत्ता संचित करती है और मानवीय शक्ति को नष्ट करती है। लड़की आगिक सहज विश्वासी, सच बोलनेवाली, माँ, बाप, भाई की हितैषी है और उसके भोलेपन का लाभ मेजर उठाता है। मरिश्क एक भारतीय गृहिणी की तरह पति का आदर करती है—"तुम जो करोगे ठीक होगा।" और उससे मतभेद भी रखती है परंतु युद्ध पर लड़ रहे अपने पुत्र के लिए हर समय व्याकुल रहती है। तोत जो परिवार का मुखिया है, बहुत सरल, सीधा, सादगी से रहनेवाला और स्वाभिमानी है। अपने स्वाभिमान पर हुए आक्रमण के विरुद्ध भी वह अपने शालीन चरित्र के कारण कोई असभ्य व्यवहार नहीं करता। इसलिए मेजर यह कहते हुए कि मैं भी आपके प्रति बहुत विनम्र हूँ, बार-बार उसे अपमानित करता है। हर बार उसकी आत्मा को कुछ और क्षति पहुँचाता है। मनुष्य के सहज जीवन में हस्तक्षेप करना तानाशाही का काम है। तभी मेजर कहता है, "देखिए दुनिया में सबसे महत्त्वपूर्ण है उपस्थिति, हमेशा हर जगह मौजूद रहना चाहिए ··· जम्हाई या कहें कि वह मानसिकता जिससे जम्हाई का जन्म होता है, उतनी ही हानिकारक है जितना सोचना है।" इसी से मेजर के लिए डॉक्टर त्सिप्रिआनी (साबो) कहते हैं, "सारे झगड़े की जड़ में यही है कि मेजर हद से हद तोत के कंधे तक पहुँचता है। (तोत से) आजकल हर नाटा मेजर यह चाहता है कि वह बड़ा दिखे और अगर उसे सारे दिन गर्दन उठाकर दूसरों को देखना पड़े तो वह बुरा मानता है ··· " यह तथ्य कि तोत अपना आकार स्पष्ट रूप से पहचान रहे हैं, स्वस्थ मानस का लक्षण है। इन दिनों कोई अपना आकार नहीं पहचानता ··· जो छोटे हैं वे अपने को विराट् मानते हैं और जो दूसरों से डेढ़ बित्ता भी बड़े हैं वे अपने को छोटा दिखाने के पीछे सब छोड़ने को तैयार हैं। इस तरह से इस नाटक के छोटे-बड़े सभी चरित्र एक राजनैतिक व्यवस्था के भीतर मनुष्यता पर आए संकट के विरुद्ध संघर्ष करते अथवा उसका समर्थन करते हुए दिखाई देते हैं।

अ.मि. : राजनैतिक नाटक क्या है, इस पर रंगमंच में बहस होती रहती है परंतु इसकी कोई पहचान स्थिर नहीं हो पाई है। आपका विचार क्या है?

र.स. : मैंने दर्शकों के बीच बैठकर सुना और समझा कि राजनैतिक नाटक की सफलता तब सिद्ध होती है जब दर्शक में पीड़ित मनुष्य के लिए प्रेम, उसके गुण के लिए आदर, उसकी विजय की कामना उत्पन्न हो। उसको पीड़ा देनेवाले से प्रतिरोध की भावना धीरे-धीरे जमा होकर एक विचार बन जाए और वह विचार समाज के परिवर्तन का तक़ाज़ा करता हो। यदि यह ट्रेजी कामेडी या कामेडी है तो हँसी आएगी मगर यह नाटक की राजनीति पर निर्भर होगा कि किस पर आएगी। *प्रियतम तोत* में हम हर बार इस असंगति पर हँसते हैं कि मेजर की नृशंसता के पीछे उसकी कमज़ोरी झाँक रही है। और तोत पर हर बार इसलिए कि वह सुशील, सभ्य, चतुर और ईमानदार होने के अपने गुण का प्रयोग करते हुए मेजर की असलियत को उघाड़ता है। यहाँ हम मेजर द्वारा तोत पर बार-बार हुए आक्रमणों से तोत के बच निकलने पर हँस रहे होते हैं। यह तत्त्व हंगारी *प्रियतम तोत* में भारतीय दर्शक के लिए बिलकुल नया है। हम स्वभाव से तो नहीं परंतु अभ्यास से दुख को दुख के रूप में और सुख को सुख के रूप में देखना सीख गए हैं इसलिए हम यह बात समझ नहीं पाते कि कैसे हम हँसते हुए अंत में एक बड़ी दुखांत घटना के लिए तैयार होते जा रहे हैं। जब वह घटना हो जाती है तब अगर हम तैयार न हुए हों तब ऐसी ट्रेजी कामेडी नाटक असफल रह जाएँगे। पर सबसे सशक्त राजनैतिक नाटक मेरे विचार में ट्रेजी कामेडी ही होगा। यदि राजनैतिक नाटक समाज परिवर्तन की चेतना जाता है तो वह उस परिवर्तन की प्रक्रिया में होनेवाले जोखिमों को अवश्य बताएगा जिन्हें उठाए बग़ैर न्याय के पक्ष में परिवर्तन नहीं किया जा सकता। जिस क्षण परिवर्तन की घटना पूरी होगी कुछ दुखद भी घटेगा, क्योंकि यथास्थिति के बदलने से कोई चीज़ टूटेगी पर स्पष्ट है कि यह दुखद भी मानवता के लिए सुखद होगा। इस अर्थ में भी ट्रेजी कामेडी में दुखद-सुखद का मेल है।

अ.मि. : नाट्य रूपांतरण के संदर्भ में भी अब तक हम कुछ निश्चित नहीं कर पाए हैं। *प्रियतम तोत* के ही बारे में पूछूँ कि आपने इसका रूपांतरण क्यों नहीं किया जबकि इसके कथानक और पात्र दोनों का भारत से नाता नहीं है?

र.स. : यह सही है कि दूसरा महायुद्ध भारत से नहीं लड़ा गया। हमारे यहाँ नाटक में वर्णित पहाड़, गाँव तथा मेजर और आग बुझानेवाली टुकड़ी जैसी चीज़ें भी इस रूप में नहीं हैं परंतु यह विचार तो हमारे यहाँ भी है कि कल्पना करना या एकांत में रहकर कुछ मन ही मन सोचते रहना असामाजिक है। ऐसे सरल-साधारण सुखों का उपभोग एक क्रूर और हिंसक शासक जनसाधारण को नहीं करने देगा।

छापामारों की मार से बदहवास मेजर जब कुछ दिन आराम और आरोग्य के लिए तोत के घर में शरण लेता है तो आरोग्य उसे क्रूर होकर ही मिलता है। उसे भय से ग्रसे रहता है कि कहीं छापामार न आ जाएँ। वह सब मानवीय सुखों के अनुभवों से अपने को वंचित कर चुका है। उसकी सबसे बड़ी शंका यह है कि जमुहाई जैसा सुख भी उसकी सत्ता के प्रति विद्रोह है। अगर इतना ही हम मूल में वैसा का वैसा दिखा सकते हैं तो रूपांतरण किसलिए करें? क्या नाम और पोशाक पहचनवाने के लिए? जैसे कि लोग नाटक देखकर सिर्फ़ इस बात से खुश हो जाएँगे कि वे अपने जैसे नाम सुन रहे हैं और पोशाकें देख रहे हैं। देखिए, चेहरे तो हम बदल नहीं सकते। अगर हमारा हिंदुस्तानी चेहरा एक ऐसी भावना को बता रहा हो जो हमारा मन और दिमाग़ समझ रहा है तो हंगारी जीवन की कथा का भारतीय जीवन में रूपांतर हो गया। रूपांतर से मैं यही अर्थ समझता हूँ, बाक़ी कोशिशें मूलतः आवश्यक नहीं हैं। एक अच्छा अनुवादक उनका सहारा लेना आम तौर से नहीं चाहेगा। वह यह नहीं सोचेगा कि रूपांतर करने से नाटक को स्वीकार्य बना दूँगा। सामाजिक अनुभव का रूपांतर नहीं बल्कि स्थानांतरण करना ज़्यादा सही होगा। यही असल चुनौती है।

अ.मि. : पर आपने लोर्का के प्रसिद्ध नाटक *हाउस ऑफ़ बरनारडा एल्बा* की तो शक्ल-सूरत पूरी तरह से बदल दी थी?

र.स. : क्योंकि मैं सोचता हूँ कि जहाँ दो संस्कृतियों में मौलिक और बड़ा अंतर हो वहाँ रूपांतर करना पड़ेगा। बरनारडा एल्बा हिंदू समाज में नहीं हो सकती, वह मुस्लिम समाज में ही शायद हो सकती है। ईसाई समाज में तो वह है ही। इन दोनों समाजों में मज़हब का अनुशासन मानव धर्म के ऊपर लदा हुआ है। तो भी इन दोनों में ईसाई संस्कृति के मुक़ाबले मुस्लिम संस्कृति को हम ज़्यादा पहचाना हुआ मानते हैं। यहाँ *प्रियतम तोत* का अनुवाद पढ़कर निर्देशक मनोहर सिंह ने भी यह शंका प्रकट की थी कि हमारा दर्शक हंगारी कथानक और परिवेश को स्वीकार नहीं करेगा इसलिए इसे भारतीय कर दिया जाए। मैं इससे सहमत नहीं हुआ क्योंकि पूरे भारतीय समाज में इस नाटक के पात्र मौजूद हैं ही। हमें केवल उनको हंगारी रूप दे प्रस्तुत भर कर देना है। इससे नाटक के कथ्य की शक्ति बढ़ेगी क्योंकि हमें दिखाई देगा कि तोत जैसी पीड़ा बरदाश्त करके विद्रोह करनेवाला व्यक्ति हंगारी में है और मेजर जैसा डरपोक, छोटा और क्रूर दिमाग़ भी।

अ.मि. : स्थानांतर शब्द का आप जिस रूप में रूपांतर की जगह 'उपयोग' कर रहे हैं उसे साफ़ करें?

र.स. : नाटक का रूप बदलने की ज़रूरत मैं नहीं समझता यदि नाटक की अनुभूति हमें उसके मूल रूप को देखने पर ही संभव हो सकती है। रूप ही क्यों स्थितियों को भी मैं नहीं बदलना चाहूँगा। क्योंकि स्थितियाँ और अनुभूतियाँ दोनों एक-दूसरे के साथ पैदा होती हैं। तब उचित यह होगा कि हम मूल पात्र और स्थिति को वैसे का वैसा बनाए रखें ताकि अनुभूति अखंड रहे, परंतु अपने अनुभव जगत् में हम मूल पात्र और स्थिति को हंगरी या किसी और देश से भारत ला सकें तो इसे मैं स्थानांतर कहूँगा।

अ.मि. : शेक्सपियर के *मैकबेथ* का निर्देशक ब.व. कारंत के अनुरोध पर आपने *बरनम वन* के नाम से पद्यानुवाद किया और फ्रिट्ज़ बेनिविट्ज़ के अनुरोध पर *आथेलो* का हिंदी में शेक्सपियर के नाटकों का पद्यानुवाद बच्चनजी ने किया है और आपने भी। इस सिलसिले में आप अपना अनुभव कहें?

र.स. : शेक्सपियर ने अपने पद्य में छंद को पूरा महत्त्व दिया है; परंतु छंद का सारा गुण शेक्सपियर नाटक के लिए निचोड़ लेता है, यद्यपि वह लगातार एक ही छंद का उपयोग करता है। इसमें भी वह भाव और अर्थ के नाटकीय प्रयोजन के अनुसार कई रंग ले आया करता है—जैसे तबले पर निश्चित ताल बजाते हुए भी वादक कई तरह के तोड़ और टुकड़े लगाकर छंद की एकरसता को तोड़ देता है। *बरनम वन* के समय ही मैं इस बात को पहचान पाया था पर जब उस अनुवाद से मिले अनुभव के आधार पर मैंने *आथेलो* का अनुवाद किया तो *आथेलो* के निर्देशक से एक और बात सीखी कि शेक्सपियर छंद को नाटक पर हावी नहीं होने देता—और नहीं होने देता तो क्यों? इसलिए कि नाटक गाना नहीं है, वह शुद्ध वाचन भी नहीं है। वह जीवन-व्यवहार का अभिनय है।

फिर नाटक में भाषा का कर्तव्य जीवन-व्यवहार के तर्क का भी अनुसरण करता है और छंद का भी। यह समझने के बाद मैंने पाया कि यह तो वही है जो निराला ने अपनी कविता में किया था। पर शेक्सपियर के अनुवाद के लिए निराला आदर्श नहीं माने जा सकते क्योंकि वह कविता लिख रहे थे और शेक्सपियर नाटक। दोनों में कथ्य का विकास दो तरह से होता है। नाटक में भाषा का व्यवहार नाटक के कथ्य से अनुशासित होगा और कथ्य का विकास चरित्रों के कर्म से। यह स्थिति कविता में होती ही नहीं है। इसलिए नाटक का अनुवाद करने के बाद फ्रिट्ज़ से परामर्श करके मैंने गति, यति और मात्राओं के विस्तार में अनेक परिवर्तन किए और तब जाकर जो भाषा बनी उसकी एक परिभाषा करना हो तो मैं कहूँगा कि यह अभिनय का तर्क है। उसी को समझना इस पद्यानुवाद से मेरा अभीष्ट रहा है। वह नाटक की सफलता के लिए आवश्यक है क्योंकि उसी तर्क के आधार पर नाटक में प्रमुख पात्र अपनी ऐतिहासिक और सामाजिक पहचान बनाते हुए कथ्य के निरूपण में अपनी भूमिका अदा करते हैं। शेक्सपियर का गुण यह है कि उसकी शैली उसके कथ्य के नाटकीय विकास में से उत्पन्न होती है।

अ.मि. : नाटकों के अनुवाद की मूल समस्या क्या है, आप उनसे कैसे निपटते रहे हैं?

र.स. : किसी भी अनुवाद में अर्थ के सभी तत्त्व उपस्थित नहीं रह सकते। वे तत्त्व छूट ही जाते हैं जो अनुवाद की भाषा की सांस्कृतिक भूमि में जड़ नहीं पकड़ सके। उनकी जगह लेती हैं वे अभिव्यक्तियाँ जो उस भूमि में जड़ें जमाए हुए हैं। और जड़ें वे ही अभिव्यक्तियाँ जमाती हैं जो बहुत रक्षणीय और अनिवार्य अभिप्रायों को प्रेरित करती हैं। ये बहुधा वही होती हैं जो शक्ति से जुड़ी होती हैं—कहीं आर्थिक, कहीं राजनैतिक तो कहीं आध्यात्मिक। भाषाओं के सांस्कृतिक अंतराल को भरने की कोशिश अनुवाद में होनी चाहिए। इसके लिए हम अपने जीवन में, मूल में व्यक्त जीवन में समानांतर ढूँढ़ते हैं। भाषा में नए शब्द बनाने के लिए मूल भाषा की ओर नहीं अपनी भाषा की ओर जाना होगा। यदि हमारी भाषा में हमारे अनुभव की जड़ें सूख चली हैं, उनके शब्द अर्थ छोड़ चुके हैं तो हमें ऐसी घटना के कारणों को दूर करना पड़ेगा। इसका प्रमुख कारण यह है कि हम सचमुच जीवन जीनेवाले लोगों से नाता तोड़ बैठे हैं। ये लोग हर समय शब्द रचने की क्षमता बनाए रखते हैं और बनाते भी रहते हैं। इनका इस्तेमाल बहुत आवश्यकता पड़ने पर प्रकट होता है। आज स्थिति यह आ गई है कि अगर हमारे पास जीवन के अनुभव का दारिद्र्य है तो हम जीवन के अनुभव के अनुवाद के पास जाते हैं, जो कि हमारी भाषा में नहीं है। उदाहरण के लिए भारतीय समाज के बारे में अंग्रेज़ी में लिखे हुए वर्णन पढ़कर हम भारतीय समाज के अनुभव को समझना चाहते हैं। इस तरह से मिली हुई समझ उतनी ही अधूरी होगी जितनी कि अनुवादों में होती है। जहाँ अनुवाद अच्छा होता है वहाँ यही अच्छाई

होती है कि अनुवादक मूल के कथ्य में परिवर्तन किए बग़ैर अपनी भाषा की जड़ों से और जीवन के अनुभवों और संघर्षों से भाषा का अभिप्राय लाया है। अगर अनुवादक की सामाजिक, ऐतिहासिक समझ मानवीय और खरी है तो अनुवाद और भी सार्थक हो जाते हैं चाहे उसका विषय कुछ भी हो।

[1983. अप्रकाशित]

'एशियन कविता की पहचान एक भ्रामक धारणा है'

भेंटवार्ताकार : पंकज शुक्ल

पंकज शुक्ल : पहले एशिया कविता समारोह में आपने भारत की ओर से हिंदी का प्रतिनिधित्व किया है। इस आयोजन का महत्त्व किस तरह आँकते हैं?

रघुवीर सहाय : इसका महत्त्व बहुत बड़ा है। इतना बड़ा कि जितना आयोजन किया गया है, काफ़ी नहीं होगा। इस आयोजन के बाद और भी आयोजन करने पड़ेंगे। सिर्फ़ एक मंच पर सब लोगों को जुटा देने से काफ़ी नहीं होगा।

यह जो निरंतर धारावाहिकता एशिया के अनेक साहित्यों में अलग-अलग चल रही है और अनेक प्रकार से एक-दूसरे पर प्रभाव डालते हुए चल रही है, उन सबको हमारे सामने प्रस्तुत करना और इस तरह प्रस्तुत करना कि हम उसमें हिस्सा लेते रहें, यह सम्मेलन के बाद का लक्ष्य होना चाहिए।

अभी तो बहुत ही प्रारंभिक काम है जो आज से कम से कम चालीस साल पहले होना चाहिए था। इन चालीस सालों में अकर्मण्य बैठे रहने से जो नई समस्याएँ अथवा बिना उत्तर दिए हुए नए प्रश्न खड़े होते रहे हैं, उन सबको भी हमें समेटना पड़ेगा। तो एक बार में समेटने के कुछ तो बहुत सतही तरीक़े होते हैं, जिनमें एक यह है कि सब लोगों को एक जगह बुला लीजिए और कम से कम यह भावना पैदा करिए कि हम एक-दूसरे को जानने लगे हैं। पर यह जानना तभी पूरा होगा, जब वे अपने यहाँ कुछ कर रहे हों। तो नए कृतित्व को तत्काल और निरंतर जानने की प्रक्रिया एशिया कविता के सचिवालय अथवा केंद्र को करनी होगी। अनुवादों, किताबों के ज़रिए, फिर कविता का मामला है तो टेप के जरिए। सुनी जा सकेगी कविता रिकार्डों के ज़रिए और सबसे ज़्यादा ज़रूरी होगा कि हम एशिया के देशों के बारे में सामाजिक-राजनैतिक-ऐतिहासिक दृष्टि से जानें। अर्थात् एशिया कविता समारोह बहुत दूर तक चलनेवाली योजना होनी चाहिए। अभी के समय में हमने कविता से पहला तादात्म्य बना लिया है पर बहुत जल्दी कविता ही नहीं उसके सामाजिक, राजनैतिक और ऐतिहासिक प्रयत्नों के साथ तादात्म्य करना पड़ेगा।

यूरोपियन कविता की बात होती तो उसकी हमें किताबों से जानकारी है। इतिहासों के बारे में थोड़ा मालूम है, और मालूम कर लेंगे। फिर उनके साहित्य के बारे में जानना अधूरा नहीं रहेगा, लेकिन एशिया तो हमारा घर है और भारतीय जीवन तो मानसिक और साहित्यिक जीवन से घनिष्ठ रूप से जुड़ा है, इसलिए यह प्रक्रिया एशिया कविता समारोह के माध्यम से बढ़नी है। कविता भी समाप्त नहीं होगी, यह कविता जैसी चीज़ को व्यापक अर्थ देते हुए भी, उसके व्यापक अर्थ को समझाते हुए भी स्वयं एक व्यापक प्रक्रिया बनने को बाध्य है, तभी एशियन कविता जैसी किसी विचारधारा या सूझ का कोई ठोस परिणाम सामने आएगा।

पं.शु. : एशिया में आज़ादी, न्याय और अधूरे कार्यों की दृष्टि से आप कविता की ज़िम्मेदारी

क्या मानते हैं?

र.स. : यह सवाल मैं ठीक मन से देखना चाहता हूँ। क्योंकि मूल ग़लती है आपके सवाल में—कविता की ज़िम्मेदारी या लेखक या कवि की ज़िम्मेदारी। एक दौर में किसी देश या समाज के विकास के लिए तो आप उसको अलग निरूपित कर लें, कि यह कवि की ज़िम्मेदारी है, लेकिन किसी समाज के लिए ऐसा मानकर चलना कि प्रस्तुत संकट या आवश्यकता का उपाय केवल कुछ वर्गों को/एक प्रकार के कवियों को खोजना ज़रूरी है, बाक़ी के लिए ज़रूरी नहीं है, तो यह कठोर भ्रांति होगी। आत्मघाती भ्रांति होगी अगर हम कहें कि यह कवियों की ज़िम्मेदारी है, वे इन देशों की एकता बनाए रखें। कविता की ज़िम्मेदारी अकेली क्यों है? ज़िम्मेदारी तो तमाम उन लोगों के लिए है, जो मानव के लिए रचनात्मक काम कर रहे हैं, मकान बनाने से लेकर पहाड़ में से सुरंग निकालने तक। अगर रचनात्मक काम कोई है तो वह हरेक की ज़िम्मेदारी है।

पं.शु. : मेरा आशय तमाम लोगों के साथ ही कवि/कविता की ज़िम्मेदारी का है।

र.स. : कविता की भी ज़िम्मेदारी की बात है, तो ठीक है। यह बात आपकी विवादास्पद तो हो ही नहीं सकती है, बल्कि निर्विवाद ही है कि हर देश में जहाँ भी आज़ादी और न्याय के लिए लेखक या कवि अपनी आवाज़ उठाता है वहाँ वह प्रत्यक्ष जो संकट है, उसके विरुद्ध खड़ा होता है और न्याय और समता और ईमानदारी अनेक मानवीय गुणों के ऊपर जो आक्रमणकारी शक्तियाँ रहती हैं, वे भी सबसे पहले एक संवेदनशील लेखक को ही अनुभव होती हैं। अब वह किस प्रकार से उनका प्रतिकार करना चाहता है या कर पाता है यह अलग-अलग देशों की परंपराओं, इतिहासों, भूगोलों पर निर्भर होगा।

एशिया के देशों में जो आज़ादी की लड़ाई अभी बची रह गई है, जो न्याय अभी आज़ादी के बावजूद बचे हुए हैं, उन्हें निपटाने की लड़ाई जारी रहेगी और हर देश के नागरिकों के लिए विशेष रूप से जो सत्ता के निकट हैं या सत्ता पर आसीन हैं, उनके लिए तो ख़ास तौर पर उसकी जिम्मेदारी रहेगी, क्योंकि उनके तो अधिकार बहुत बड़े हैं और उनको सामान्य लोगों ने अपने अधिकार सौंप दिए हैं कि आप ही हमारे प्रतिनिधि हैं—हमारे मंत्री हैं, आप निपटाएँ इसको।

पं.शु. : एशियन कविता की पहचान के संबंध में कृपया अपने विचार से अवगत कराएँ।

र.स. : एशियन कविता की पहचान भी उन भ्रामक वाक्यों में से एक है, जो पश्चिमी विचारकों ने फैला दिए हैं। वे कुछ पहचानें पूछते रहते हैं और लोगों को बाध्य करते रहते हैं कि पहचान बताएँ। यह कोई वैज्ञानिक दृष्टिकोण नहीं है। यह लाओस की कविता की पहचान या कंबोदिया की कविता की पहचान—देश का नाम बताइए कि एशियन कविता की पहचान का क्या मतलब?

पं.शु. : जैसे यूरोपियन कविता की पहचान का उल्लेख किया जाता है?

र.स. : नहीं बनी है, यह तो बकवास है। एकदम झूठा प्रोपेगंडा है। यूरोपीय कविता अलग-अलग तरह की कविता है।

एक देश की कविता का दूसरे देश की कविता से अगर पहचान के मामले में कोई नाता है या सादृश्य दिखाई देता है तो उतना सादृश्य तो विश्व भर में हर देश में मिल जाएगा, लेकिन यूरोप की कविता की पहचान का कोई मतलब नहीं है। भारतीय कविता के विषय में भी यह धोखा है। मैं जो बात कर रहा हूँ उसका मतलब सतही या यह नहीं है कि एशिया में कविता की पहचान नहीं बन सकती क्योंकि एशिया बहुत पिछड़ा इलाक़ा है और यूरोप में बन गई है, क्योंकि वह समृद्ध इलाक़ा है। मैं आपको केवल यह बता रहा हूँ कि कविता की अथवा किसी भी कला माध्यम की पहचान उसकी बड़ी इकाई जो संभव है, उसको लीजिए और तब उसकी पहचान मानिए, तो बड़ी से बड़ी इकाई का नाम एशिया नहीं है। एशिया का कोई देश लीजिए—चीन, जापान, फिलीपींस—छोटा हो या बड़ा हो, देश है, अर्थात् उसके अंदर रहनेवाले लोग एक प्रकार की नियमावली और एक प्रकार के

शासन, राजनैतिक परंपरा द्वारा पोषित होते हैं, यह उनकी पहचान है, उस देश की।

हर देश की एक पहचान होती है, लेकिन कई देश मिलाकर हम पहचान बनाएँगे अगर, तो बहुत करके मतलब नहीं निकलेगा।

कविता जैसे काम में लोगों का मिलना संभव नहीं है बल्कि आवश्यक नहीं है। मिलना नहीं बल्कि आदान-प्रदान करना आवश्यक है। आदान-प्रदान करते समय यह तो आप मानेंगे कि मैं आपसे आदन-प्रदान कर रहा हूँ, तो इसका मतलब अपनी पहचान खोना नहीं है। आपकी पहचान और मेरी पहचान अलग-अलग है। हाँ, यह आप ज़रूर कर सकते हैं कि हर देश की कविता को अच्छी तरह पहचानें, समझें और यही करना है।

पं.शु. : आप कविता के साथ ही रंगमंच पर काव्य प्रस्तुति से भी जुड़े हैं। काव्य प्रस्तुति से आप कहाँ तक सहमत हैं?

र.स. : कविता में मूल चीज़ है उसके शब्द। उन शब्दों के आपसी टकराव से पैदा होनेवाली अंतर्ध्वनियाँ हैं, जो कि किसी और रूप में प्रकट होने पर बज जाती हैं।

अगर बहुत अधिक बाहरी वस्तुओं का इस्तेमाल होता है, जैसे लाइट, कास्ट्यूम, कलर, म्यूज़िक तो कविता की अपनी जो शक्ति है, वह खो जाती है और उसके ऊपर ये सब चीज़ें आरोपित हो जाती हैं। कविता की एक पंक्ति अगर आप ढंग से बोलें, सही बोलें और फिर उस पंक्ति को घुमा-फिराकर बोलें, तो दूसरे तरीक़े में असर कम होता है—गलत होता है। कविता नहीं रह जाती। उसकी प्रस्तुति करते हुए यह तो प्राथमिक चीज़ है कि कविता को नष्ट नहीं होना है। बस मेरा भी यही कहना है। मेरा तरीक़ा कविता के शुद्ध उच्चारण पर ज़ोर देना होता है।

पं.शु. : आपके द्वारा भी काव्य प्रस्तुति संपन्न हुई है। फिर आपकी एवं अन्य प्रस्तुतियों में क्या फ़र्क़ है?

र.स. : ये लोग वाचन पर बिलकुल ध्यान नहीं देते। ये बह जाते हैं अन्य बातों में—कोई बिंब, कोई चित्र, घटना, कोई नाटकीय दृश्य मंच पर अभिनय करके दिखाने लगते हैं। मैं इसको सही नहीं मानता हूँ और मैं जो करता हूँ उसमें ज़्यादा ज़ोर होता है सही उच्चारण और उच्चारण के द्वारा ज़्यादा से ज़्यादा सही अर्थ निकालने पर। देखिए, मैं आपको एक मिसाल देता हूँ। कोई एक वाक्य आप गद्य के रूप में ले लीजिए, उसको आप कम से कम तीन या दस तरीके से बोल सकते हैं। वे तरीके ऐसे होंगे जिनमें उसका अर्थ बिलकुल अलग-अलग निकलेगा। केवल आपके बोलने के तरीक़े से उसका अर्थ बदल जाएगा और कविता में यह बात सौ फ़ीसदी लागू होती है कि अगर आप उसको सही तरीक़े से नहीं बोल रहे हैं तो उसका सही अर्थ नहीं निकल रहा है। इस कारण उसमें सही कविता नहीं निकल रही है।

पं.शु. : बताया जाता है कि कविता को साकार/विज़ुलाइज़ किया जा रहा है। दर्शक के सामने कवि की बात क्या साकार हो जाती है?

र.स. : कविता को साकार रूप क्यों दे रहे हैं? कविता विज़ुलाइज़ करने के लिए तो नहीं लिखी गई थी। आप क्यों विज़ुलाइज़ कर रहे हैं? इसका कोई कारण नहीं है, सिवाय इसके कि हम कविता समझते ही नहीं हैं। हम केवल उसको विज़ुलाइज़ करके कहते हैं कि कविता समझ ली। आपने मेरी कविता पढ़ी है, 'पानी' कविता, मान लीजिए वे मंच पर लाएँ तो क्या करेंगे? पानी लाएँगे? मेरी 'रामदास' कविता पढ़ी है। क्या करेंगे आप? रामदास नाम के आदमी को रामदास बना देंगे, फिर उसको मार डालेंगे क्योंकि कविता में यह है कि वह मारा जाता है।

आप कहेंगे मैंने कविता दिखा दी। आपने कविता को नष्ट कर दिया। क्योंकि रामदास को दिखाना, रामदास को आपके द्वारा देखे जाने की प्रक्रिया को ठहरा देता है। वह ठप्प कर देता है। रामदास के संबंध में जो आप पढ़ रहे हैं, वे उसके संबंध में सूचनाएँ नहीं हैं। रामदास के और आपके बीच

में जो मानवीय संबंध है, उस संबंध के बारे में सूचनाएँ हैं। ऐसा नहीं है कि रामदास लंबा था, काला था, ठिगना था। बीच में रामदास खड़ा कर दिया तो कविता साकार रूप देने से समझ में आ जाएगी। यदि ऐसा होता तो यह कविता घटिया होती और उसे साकार रूप देना अच्छा होता। मगर मेरी कविता ऐसी तो नहीं है घटिया।

मैं चाहता हूँ कि मेरी कविता में जो अंदरूनी अर्थ है वह सामने आए, आपके और आपकी कल्पना में यह कविता फिर से बने, वही कविता मैं मंच पर प्रस्तुत करूँगा।

आपकी कल्पना में ही मैं रामदास को साकार नहीं कर पाता हूँ तो उस बेचारे को मंच पर खड़ा कर देने से क्या फ़ायदा। नुक़सान है, क्योंकि आपकी कल्पना को काम ही नहीं करना पड़ा। इसलिए यह तरीक़ा बिलकुल ग़लत है, कविता को साकार करने का।

यह कविता की हत्या है। अगर कविता को साकार करने के लिए कविता की जाती तो लोग कविता न लिखकर उसकी शूटिंग स्क्रिप्ट लिखते या नाटक बनाते। वह तो आपके मन में साकार होना है और आपको इस लायक़ बनाना है मुझे कि वह आपके मन में साकार हो सके, पर वह रामदास को दिखाकर मैं आपको उसके लायक़ नहीं बना पाता हूँ। आप लायक़ बनते-बनते रह जाते हैं।

आप कहेंगे मुझे क्या करना है, रामदास की कल्पना करके सामने दिखा तो दिया। मैं इस सबके बहुत विरोध में हूँ, इस तरीक़े के।

पं.शु. : थिएटर और फ़िल्म के रिश्ते को लेकर अकसर विचारोत्तेजना बनी रहती है। इस रिश्ते के बारे में आपका क्या ख़याल है?

र.स. : देखिए, थिएटर और फ़िल्म में बहुत बुनियादी फ़र्क़ है, लेकिन एक आदमी जिसके अंदर थिएटर है, थिएटर की योग्यता है, वह फ़िल्म में भी काम कर सकता है। उसकी फ़िल्म में काम करने की योग्यता थिएटर में काम करने की योग्यता के कारण कम नहीं होती है। दोनों में काम कर सकता है वह।

दोनों के अलग-अलग स्थान हैं और अलग-अलग अर्थ हैं और यह ज़रूरी है कि थिएटर का अपना काम है, वह फ़िल्म के काम से मिलाया न जाए। फ़िल्म, फ़िल्म है, थिएटर, थिएटर है।

अगर आप कहें कि मैंने थिएटर किया है इसलिए फ़िल्म भी कर लूँगा, तो यह भी ग़लत है, क्योंकि वह आपको दूसरे तरीक़े से करना पड़ेगा। तो जो फ़िल्मों में जा रहे हैं तो उसके भौतिक कारण हैं। कारण है पैसा, और कोई कारण नहीं। कोई कलात्मक कारण नहीं है।

[*नई दुनिया*, 28 जुलाई 1988]

'आज कविता को समझने और जीवन में बरतने की ज़रूरत है'

भेंटवार्ताकार : अजय 'रत्न'

अजय रत्न : कविता की ओर आपका झुकाव कैसे हुआ?

रघुवीर सहाय : रचना किसी एक घटनाक्रम की वजह से नहीं होती। बल्कि मनुष्य के जीवन में कविता के लिए एक तरह की प्राथमिक तैयारी चलती है। अतीत, वर्तमान और इतिहास को समझने, व्यक्तियों के आपसी संबंधों के अनुभव, सामाजिक-औद्योगिक बदलाव की समझ से आदमी अपनी रचनात्मक मानसिकता का विकास करता है। तब वह सोचता है कि वह किसी भी समय रचना लिख सकता है।

प्रत्येक रचना एक वास्तविक यथार्थ के विकल्प के रूप में होती है। जो आपका आदर्श है कविता में उसे घटित करने से पहले यथार्थ को पहचानना ज़रूरी होता है तब अपने अंदर के तथ्यों और वास्तविकताओं को कविता में सजाते हैं। दूसरे शब्दों में कहा जाए कि आप अपनी कविता में वैकल्पिक संसार की रचना करते हैं।

अ.र. : *सीढ़ियों पर धूप में* से लेकर *कुछ पते, कुछ चिट्ठियाँ* तक आपकी कविता यात्रा में किन चीज़ों का आप पर गहरा असर पड़ा?

र.स. : आपने सवाल को काफ़ी व्यापक बना दिया है। सन् 60 में *सीढ़ियों पर धूप में* प्रकाशित हुई जिसमें ज़्यादातर कविताएँ लखनऊ से दिल्ली आने के बाद की हैं। कुछ-एक, ज़रूर सन् 51 में लखनऊ छोड़ने के पहले की होंगी। यहाँ यह कहना सही है कि सन् 51 में दिल्ली आने के साथ-साथ व्यक्तिगत अनुभव का दायरा एकाएक बहुत बड़ा हो गया। वर्तमान की वास्तविकता को ज़्यादा पैनेपन से समझने और स्मृति में तब मैं सुरक्षित रखने लगा। लखनऊ छोड़ने के पहले की मेरी मानसिक और बौद्धिक तैयारी की वजह से यह संभव हो सका।

दिल्ली के सारे अनुभवों को एक बड़े शहर की चकाचौंध के रूप में मैंने नहीं देखा बल्कि एक बृहत्तर समाज के रूप में देखा। पहली बार तब मैंने अपने सामाजिक यथार्थ का परिवेश एकाएक बड़ा पाया। दिल्ली से आने के बाद से ऐसा शुरू हुआ।

इसके बाद एक सिलसिला शुरू होता है। निरंतर यात्राओं से मेरे साहित्य और पत्रकारिता के अनुभवों का विस्तार हुआ। हालाँकि मेरी अपनी मध्यवर्गीय सीमाओं की वजह से यह संभव नहीं रहा। परंतु आदर्श तो वही होना इसलिए इसकी कमी मैंने पत्रकारिता से पूरी की। पत्रकारिता की वजह से मैंने बहुत-से स्थान और समाज का साक्षात्कार किया। दिल्ली में रहने की वजह से वहाँ सारे देश की अनेक तरह की प्रतिभाएँ आती रहती थीं। इससे भी लोगों को जानने की इच्छा पूरी हुई। यथार्थ को अधिक से अधिक जानने का जितना संभव प्रयास हो पाया मैंने किया।

विश्व राजनीति और भारत की घटनाओं का भी खासा असर पड़ा। सन् 62 का भारत-चीन युद्ध, सन् 63 में कांग्रेस सरकार के ख़िलाफ़ पहला अविश्वास प्रस्ताव, सन् 64 में ग़ैरकांग्रेसी सरकारों की स्थापना, 67 में लोहिया की मृत्यु, समाजवादी आंदोलन में बिखराव, सन् 68 से ही संविधान और नैतिकता का निरंतर दुरुपयोग। यहाँ तक कि सन् 75 में आपातकाल का लागू होना। इसके अलावा और भी कई ऐसी घटनाएँ हैं जिनका मेरी कविता यात्रा पर असर पड़ा।

अ.र. : *आत्महत्या के विरुद्ध* (67) और *हँसो हँसो जल्दी हँसो* में आपकी कविताओं में सत्ता और व्यवस्था की जितनी तीखी आलोचना है उतनी *लोग भूल गए हैं* (84) और *कुछ पते कुछ चिट्ठियाँ* में नहीं है। इससे आप कहाँ तक सहमत हैं?

र.स. : आप तीखेपन को वस्तु के रूप में देख रहे हैं तो मैं यह कहूँगा कि मेरे दर्द को आप मनोरंजन का साधन बना रहे हैं। मुहावरे में कहूँ तो तलवार चलाने में अगर मैं अपना हाथ काट लूँ तो आप बड़ी तारीफ़ करेंगे। अपनी कविता में मैं जिस दर्द को बता रहा हूँ वह दर्द आपका भी है। मैं जिस व्यक्ति के मारे जाने की खबर अपनी कविता में दे रहा हूँ तो वहाँ से आप भाग लेते हैं। जब तक दूसरे का दर्द होता है तब तक आप कविता का आनंद लेते हैं। आपको सामाजिक यथार्थ की परवाह नहीं बल्कि तीखेपन की परवाह है।

मेरी कविता में वह आदमी मौजूद है जो खुश होता है, रोता है, गाता है, चोट खाता है और पराजय के परिणामों को भी झेलता है और फिर नए मोर्चे पर भी शामिल होता है। तमाम अनुभवों को मानवीय अनुभवों के रूप में वह महसूस करता है। आनंद और सुख का अनुभव भी एक बड़ी भारी मानवीय अनुभूति है, ख़ास तौर पर उस मनुष्य के लिए जिसने इस अनुभूति को पाने के रास्ते में अपने आपको मानव-विरोधी विचारों और अनुभूतियों से मुक्त कर लिया है। जो आदमी किसी सुख के अनुभव को

बताते हुए यह भी कहता है कि यह दूसरे के सुख को बिना छीने हुए प्राप्त नहीं हो सकता, उस आदमी के सुख की कविता और है और वह मेरी कविता तो कभी हो ही नहीं सकती।

जब मैं किसी का दुख बताता हूँ तो मैं यह नहीं कहता हूँ कि वह आदमी कितना दुखी है। मैं इसलिए उसके दुख से दुखी नहीं हूँ कि दूसरे के दुख से दुखी होना चाहिए, बल्कि वह मेरा दुख है जो उस आदमी में दिख रहा है। अगर मेरी कविता यह बात साफ़ कर देती है और मेरी कविता में मनोरंजक तीखापन नहीं है तो इसकी चिंता नहीं है।

अ.र. : मुक्तिबोध अपनी बेहद महत्त्वपूर्ण लंबी कविता 'अँधेरे में' में जिस तरह यह निश्चय करते हैं 'अब अभिव्यक्ति के सारे ख़तरे उठाने ही होंगे' क्या उसी तरह आप भी अपनी ख़ासी चर्चित कविता 'आत्महत्या के विरुद्ध' में उसी पंक्ति की अगली कड़ी के रूप में यह कहते हैं—

कुछ होगा कुछ होगा अगर मैं बोलूँगा
न टूटे न टूटे तिलिस्म सत्ता का
मेरे अंदर का कायर टूटेगा

इस बारे में आप क्या सोचते हैं?

र.स. : मैं इसे मुक्तिबोध की कविता की उस पंक्ति की अगली कड़ी नहीं मानता हूँ। मेरी इस कविता में अनेक जगह ऐसी पंक्तियाँ हैं। अनेक ऐसी सामाजिक यथार्थ की कविताएँ हैं जो अधिक प्रगतिशील व यथार्थवादी और रचनात्मक हैं।

'आचरण में खोट का हर हफ़्ते विरोध किया' एक अन्य कविता में—सचमुच स्वाधीन हो जाने का भय एक दास जाति में!

इसी तरह एक अन्य कविता में—

जो मुझसे नहीं मरा शत्रु
वह समाज में मृत्यु के नए प्रकार खोजता रहेगा
अत्याचार अगले कुछ वर्षों में
और भी अनायास होगा
विद्रोह और काइयाँ
दल का दल पाप छिपा रखने को एकजुट होगा

'जितना बड़ा दल होगा उतना ही खाएगा' देश को यह सिर्फ़ एक बयान नहीं है। कवि तो उस बात को कहेगा जो तमाम लोगों के भीतर रचनात्मक ऊर्जा को एकत्र करे।

अ.र. : अपनी कविताओं के अब तक के मूल्यांकन से आप कहाँ तक संतुष्ट हैं? क्या वजह है कि आलोचक कविताओं के मूल्यांकन में उनके बुढ़ापे का इंतज़ार करते हैं?

र.स. : इस बारे में बहुत साफ़ तौर पर क्या कहूँ। हालाँकि अपनी रचना के मूल्यांकन के बारे में चिंता होनी स्वाभाविक है। मैं कोई बिलकुल निष्काम योगी तो हूँ नहीं किंतु इतना ज़रूर है कि अगर मेरी रचनाओं के मूल्यांकन में कोई कमी है तो जिन लोगों ने यह कमी बताई है उन्हें इस कमी का आभास करा दिया जाए। इससे लाभ यह होगा कि अधूरे मूल्यांकन से उनके काम का महत्त्व बढ़ जाएगा, ज़ो मैं कभी नहीं चाहता हूँ। कोई कहे कि आपकी रचना बिलकुल बेकार है तो मैं उसे कोई जवाब नहीं दूँगा क्योंकि जवाब देने पर उसके कहने का महत्त्व बढ़ जाएगा।

जहाँ तक आलोचकों का सवाल है, यह बात तो बिलकुल जाहिर है कि मूल्यांकन करने का काम एक प्रतिष्ठान करता है जो सत्ता के ही किसी न किसी केंद्र के रूप में जुड़ा रहता है। आलोचक किसी विश्वविद्यालय, प्रकाशक, अकादमी आदि से जुड़ा होता है। मूल्यांकन करनेवाला उसी प्रक्रिया से गुज़र

रहा हो जिससे कवि गुज़रता है तो माना जा सकता है कि वे भी समाज को बदलना चाहते हैं। लेकिन सच्चाई यह है कि कवि तो नया समाज बनाने के संघर्ष में जुटा होता है जबकि आलोचक यह संघर्ष नहीं करता है।

हर आलोचक, लेखक के मुक़ाबले ज़्यादा पराधीन है। हम लोग भी विशुद्ध रूप से स्वाधीन नहीं हैं। जो आलोचक किसी कवि के अंतिम दिनों में या मृत्यु के बाद मूल्यांकन करते हैं वे आलोचक नहीं, व्यावसायिक प्रचारक होते हैं। पिछले दिनों इलाहाबाद के कवि विपिनकुमार अग्रवाल की मृत्यु हुई। वे बड़े वैज्ञानिक थे। उनकी रचनात्मक प्रतिभा के बड़े अंश को नकार दिया गया। जब वे मर गए तो कहा जाने लगा कि ज़िंदगी में उनकी उपेक्षा हुई। तो यह तरस बेच रहे हैं। उनके जीवन में उनकी कविताओं का मूल्यांकन तो दूर उन्हें कवि की स्वीकृति भी नहीं मिली। हम जैसे कवियों ने स्वीकृति दी और तभी उनकी रचनात्मक प्रतिभा को स्वीकारा।

अ.र. : आपने नाटक के क्षेत्र में काफ़ी काम किया है। इधर कुछ सालों में अनेक कविताओं पर बैले का प्रदर्शन हो चुका है। नाटक और कविता में आप किस तरह का अंतस्संबंध मानते हैं?

र.स. : नाटक में कविता हो सकती है पर कविता में नाटक नहीं। कविता को नाटक बनाना नासमझी है। कविता को प्रेषित करने का तरीक़ा अनादिकाल से बहुश्रुत यानी बोलकर सुनने का रहा है। मध्य भारत इसका बहुत बड़ा प्रमाण है। हमारे देश में वाचिक परंपरा का एक दूसरा रूप, लिखने की प्रथा रही है।

कविता के लिए दोनों ही तरीक़े महत्त्वपूर्ण हैं। कविता को वाचन के रूप में प्रस्तुत करने का शिल्प क्या है? लिखित में अच्छी कविता को सुनाने में सही तरीक़ा है कि कवि ने रचना के क्षण में अनुभव और भावना को कैसा रूपाकार दिया वैसा ही क्षण श्रोता के मन में भी उपस्थित हो जिससे वह अपने जीवन-अनुभव के सहयोग से उन भावनाओं और उद्वेग को इकट्ठा करे, जिसे कवि ने अपनी रचना के क्षण में किया था। यानी आधुनिक कविता को सुनाने का अभिप्राय यह होना चाहिए कि श्रोता अपने मन में फिर से उस रचना की सृष्टि करे। इसलिए वाचक को कवि के किसी भाव की अतिरंजना नहीं करनी चाहिए क्योंकि यह अतिरंजित भाववाचक हो जाएगा।

कविता को बोलकर सुनाना एक नए शिल्प की दरकार करता है। कविता सुनाना एक 'परफ़ारमिंग आर्ट' है।

अ.र. : क्या यह समाज रचना-विरोधी हो गया है। आपने अपने नए संकलन के निवेदन में कहा है कि कवि का संकट नया नहीं है पर आप यह तो मानते ही होंगे कि संकट पहले से ज़्यादा गहरा हुआ है?

र.स. : यह समाज रचना-विरोधी नहीं है। समाज में कुछ तत्त्व ऐसे हैं जो रचनात्मक कार्यों का विरोध और बाधा डालने का काम करते हैं। वे ही प्रचार कर रहे हैं कि सारा समाज रचना-विरोधी हो गया है, जैसे भ्रष्ट नेता प्रचार करते हैं कि सारा समाज भ्रष्ट हो गया है। हत्यारे और चोर यह तक कहते हैं कि सारा समाज हत्यारा और चोर है।

यह सही है कि कवि का संकट आज पहले से ज़्यादा गहरा गया है। अभिव्यक्ति की आज़ादी के रास्ते पर पहले से ज़्यादा बंधन है। संवैधानिक तौर पर सेंसर नहीं है। पर सरकार की जगह सत्ता के अनेक प्रतिष्ठान अघोषित सेंसर लगा रहे हैं।

अ.र. : आपने कविताओं में और कल के भाषण में भी यूरोप की काफ़ी चर्चा की है, इसकी वजह क्या है?

र.स. : यूरोप के निर्माण में विध्वंस इस अर्थ में है कि उसने दूसरे देशों के प्राकृतिक साधनों का जमकर इस्तेमाल अपने को मज़बूत बनाने में किया। चूँकि यूरोप में भी आदमी रहते हैं इसलिए मानवीय रचनात्मकता तो मनुष्य की आदिम बुनियादी विशेषता है। यही वजह है कि यूरोप में भी रचनात्मकता

के कई तत्त्व यूरोप के मनीषियों में रहे हैं। समता का, अत्याचार के ख़िलाफ़ खड़े होने का साहस, लोकतंत्र की कल्पना का। जो कविता पाठक को पतन से बचाए, लोगों में कविता को समझने और बरतने की दिलचस्पी पैदा कर सके, वह बेजोड़ होती है।

अ.र. : प्रगतिशील आंदोलन से जनवादी कविता तक आए तमाम आंदोलनों को साहित्य के नज़रिए से आप कितना महत्त्वपूर्ण मानते हैं?

र.स. : कविता के आंदोलनों में प्रगतिशील तत्त्वों ने काम किया है। विविधता और वैचित्र्य को पहले से ज़्यादा लोगों तक पहुँचा दिया है। सहृदय समाज के लिए जो बड़ी स्वीकृति है वह इन आंदोलनों की वजह से ही है।

अ.र. : क्या कवि, लेखक को पार्टी या संगठन से जुड़ना चाहिए?

र.स. : क्यों नहीं। अगर पार्टी या संगठन इस योग्य हो।

अ.र. : आप तक़रीबन एक दशक से पत्रकारिता से बाहर हैं। इन दिनों आपकी दिनचर्या क्या है?

र.स. : मैं पत्रकारिता से बाहर बिलकुल नहीं हूँ। यह और बात है कि मैं किसी अख़बार में नौकरी नहीं करता हूँ। अख़बार में नौकरी करने को ही मैं पत्रकारिता नहीं मानता हूँ। मैं नियमित रूप से सन् 84 से *जनसत्ता* में स्तंभ लेखन का काम कर रहा हूँ। *रविवार, नवभारत टाइम्स* में भी लिखा है। यह सब कार्य *दिनमान* से त्यागपत्र देने के बाद से ही शुरू हुआ है। संपादक के अपने पद का अवमूल्यन होने की ही वजह से मैंने *दिनमान* से त्यागपत्र दिया था जिसके पीछे *दिनमान* के सामाजिक उद्देश्य को नष्ट करने की साजिश थी। इसका सबूत है *दिनमान* की आज की हालत।

दिनचर्या की बात तो यह है कि लिखने-पढ़ने से ही मुझे फुरसत नहीं है। आजकल मैं भारतीय प्रेस परिषद का निर्वाचित सदस्य भी हूँ।

[*स्वतंत्र भारत* (दैनिक), कानपुर, 9 दिसंबर 1989]

विचार, स्मृति, मनुष्य और कविता

भेंटवार्ताकार : मंगलेश डबराल

रघुवीर सहाय की कविता के साथ हिंदी कविता का इतिहास और स्वरूप दोनों बदलते हैं। उनकी हर नई कविता पढ़ते हुए पहला अहसास यह होता है कि यह अनुभव इससे पहले इस रूप में कभी अभिव्यक्त नहीं हुआ था। उनकी कविता मनुष्य, समाज और उनके व्यक्तिगत और सामाजिक-राजनैतिक संबंधों की गहरी पड़ताल करनेवाली कविता है जो यह बताती है कि व्यक्ति का सामाजिक यथार्थ कितना व्यापक और बहुआयामी हो सकता है और यह भी कि उस यथार्थ के बरक्स कोई दूसरा और ज़्यादा मानवीय यथार्थ भी संभव है। रघुवीर सहाय की कविता इस अर्थ में भी अद्वितीय है कि वह अनुभवों की एक बड़ी दुनिया और बहुत अधिक चीज़ों में जाती है और उन्हें एकसाथ एक संश्लिष्ट और समग्र मानवीय अनुभव में बदल देती है। इसीलिए रघुवीर सहाय गद्य, पद्य, कहानी, निबंध जैसी अलग-अलग कोटियाँ नहीं मानते और उनकी अद्‌भुत कहानियाँ भी उनकी कविता से ही जुड़ी हुई दिखती हैं। कविता और गद्य में एक अद्वितीय शैलीकार होने के अलावा उनका एक पत्रकार रूप भी रहा है और *दिनमान* साप्ताहिक का संपादन करते हुए उन्होंने रचनात्मक पत्रकारिता के नए

प्रतिमान भी बनाए और उसके पन्नों में अनेक प्रतिभाओं को सामने लाने का काम किया। रघुवीर साहय के साठवें जन्मदिन (1 दिसंबर) से कुछ दिन पहले उनसे हुई बातचीत के अंश :

मंगलेश डबराल : आप साठ साल पूरे कर रहे हैं और आपका नया संग्रह *कुछ पतें कुछ चिट्ठियाँ* भी अभी आया है। इसे आप अपनी रचना-यात्रा का एक और पड़ाव मानते हैं या किसी मंज़िल पर पहुँचने की संतुष्टि अनुभव करते हैं? क्या इसमें यह अहसास भी शामिल है कि अब आप वृद्ध हो रहे हैं?

रघुवीर सहाय : यह एक पड़ाव ज़रूर है। इसलिए कि मैंने इसी तरह से अपने अब तक के जीवन को देखा है, यानी समय-समय पर अपने को पीछे मुड़कर देखना। इसी को मैं पड़ाव मानता हूँ। क्योंकि एक बार अपने को देख लेने के बाद फिर अपने आपको न बदलना संभव नहीं रहता। इस मानी में यह संग्रह एक शुद्ध पड़ाव है क्योंकि मुझे साफ़ दिख रहा है कि इस संग्रह को बनाने के सिलसिले में मैंने बहुत कुछ आगे का काम देख लिया है और मेरी अगली रचना-यात्रा अधिक जटिल रास्तों से होगी। इसमें कहीं यानी किसी मंज़िल पर पहुँचने का भाव नहीं है। यह मेरे पूरे व्यक्तित्व से बाहर है। भाषा, रचना, समाज की समझ आदि के रूप में मुझे ज़िंदगी जीने के जो साधन मिले हैं उन साधनों की प्रकृति में ही कोई मंज़िल फ़तह कर लेने जैसी भावना शामिल नहीं हो सकती। जो अभी करना है उसकी समझ ही वह एकमात्र उपलब्धि है जो किसी एक काम को पूरा करने पर होती है। जब कोई काम पूरा होता है तो यह मालूम नहीं होता कि क्या पूरा हो गया, बल्कि यह मालूम होता है कि क्या अधूरा रह गया।

वृद्ध मैं इस मानी में नहीं हूँ कि मैं अपने प्रति आत्मदया की भावना रखने लगूँ। यह अभी तक तो पूरा नहीं हुआ है। हाँ, यह ज़रूर होता जा रहा है कि एक तरह के अकेलेपन का बोध पहले से ज़्यादा आयामों को अपने साथ लेता आया है। उसके आयाम पहले से ज़्याद रूट हो रहे हैं। 1953 की लिखी हुई मेरी एक कविता है : 'क्योंकि मेरा एक और जीवन है और उसमें मैं अकेला हूँ।' तब अकेलेपन का जो आयाम मेरे जीवन में था उसमें रचनाकार के निर्वैयक्तिक होने की प्रतीति थी। मैं जो अनुभव करता हूँ उसे तभी लिख पाता हूँ जब उस अनुभव से अपने को अकेला कर लेता हूँ। इसीलिए मैं कहता हूँ कि 'रूखी रोटी खाऊँगा, ठंडा पानी पिऊँगा और इसी नगरी में रहूँगा क्योंकि मेरा एक और जीवन है।' पर अब धीरे-धीरे मैं यह जान पा रहा हूँ कि अकेलेपन के और भी आयाम हैं। और मैं वृद्ध इस मानी में हुआ हूँ कि मैं उन आयामों को पहचानते-पहचानते वृद्ध हुआ हूँ। कविता के एक-एक चरण में मैंने इस बड़े होने की जटिलताओं को थोड़ा-बहुत पहचाना है। जैसे प्रेम का अनुभव है जो कि एक आदिम अनुभव है और इसे लेकर हम वृद्ध होते हैं तो इसके अनेक आयाम निकलते हैं जो कि कहीं न कहीं शायद मेरी कविता में हैं। इसी तरह सत्ता और शक्ति के केंद्रों के साथ अपने सामाजिक संबंध के भी आयाम हैं। उन सबमें अकेलेपन का भाव बढ़ता ही गया, पर कितना भी बढ़े, यह आत्मदया की ओर नहीं जाता, अपने से बाहर की ओर, समाज की ओर जाता है। इस संग्रह का नाम इसी पड़ाव या परिणति का द्योतक है कि मुझे और अधिक लोगों तक पहुँचना है। ये कविताएँ उन लोगों के पते भी हैं और उनके नाम चिट्ठियाँ भी।

मं.ड. : नए संग्रह के शुरू में आपने कहा है कि मानवीय अधिकारों के लिए संघर्ष करनेवाले अपनी हर लड़ाई में उन्हीं उद्देश्यों की पूर्ति करते हुए दिख रहे हैं जिनके विरुद्ध संघर्ष है। इस हताशा में पीड़ा दिखती है। क्या मनुष्य और समाज की सभी लड़ाइयाँ निरर्थक रही हैं?

र.स. : निरर्थक नहीं रही हैं। मैंने यही कहा है कि अगर हम अपनी लड़ाई के हथियार नहीं बनाते हैं तो हम उन्हीं हथियारों से लड़ते पाए जाते हैं जो कि हमारे प्रतिकूल तत्त्वों ने अपने उद्देश्यों

से बनाए थे। जब हम उनके हथियारों से अपनी लड़ाई लड़ने की ग़लती करते हैं तो हथियारों के तर्क से उन्हीं के अभीष्ट परिणामों को पूरा कर रहे होते हैं। यही पिछले राजनैतिक-सांस्कृतिक दौरों में हुआ है कि हम अपने हथियार नहीं बना पाए। लेकिन इसमें भी हताशा कोई आत्यंतिक निराशा नहीं है, सिर्फ़ बार-बार हुई अपनी पराजयों का विश्लेषण है। यह संपूर्ण हार नहीं है, इसका एक प्रमाण यही है कि मैंने संग्रह में यह भी कहा है कि हमें उन लोगों तक पहुँचना चाहिए जिनसे हम समाज की और एक नए समाज की समझ के साथ-साथ बदलने के हथियारों की समझ को भी हासिल करते हैं। जब हमने पाया कि सत्ता के तंत्र ने बहुत-से रचनात्मक माध्यमों पर क़ब्ज़ा कर लिया है और उन्हें वह अपने तरीक़े से इस्तेमाल करता है तो हमने कहा कि हम उन्हीं तरीक़ों से रचना कर लेंगे। इसका नतीजा यह मिला कि हमने उनका काम कर दिया। वे समाज को तोड़ रहे थे, हमने भी इस भ्रांति में तोड़ा कि हम बना रहे हैं। एक मोटी मिसाल देता हूँ। इमर्जेंसी जैसे अत्यंत अमानुषिक अत्याचार के बाद जनता की आकांक्षाओं ने उसे पलटा तो हमने फिर उन्हीं तरीक़ों से काम करना शुरू किया जो इमर्जेंसी लगानेवालों के तरीक़े थे। नतीजा यह है कि आज इमर्जेंसी नाम की घोषित चीज़ नहीं है, पर चारों ओर इमर्जेंसी ही इमर्जेंसी है। सेंसर पूरे समाज में हर सत्ता केंद्र कर रहा है, हालाँकि सरकार उसका घोषित रूप से इस्तेमाल नहीं करती। यह दूसरों के हथियारों से लड़ने का ही परिणाम है।

मैं यह मानता हूँ कि समतामूलक समाज सिर्फ़ कविता के लिखने से नहीं बनेगा, उस समाज के तमाम स्तरों पर नए माध्यमों और नए प्रतिमानों के प्रकट होने से बनेगा। कर्म के जितने मानवीय स्तर हैं—संस्कृति, इतिहास, उद्योग, अर्थव्यवस्था—जब तक उनमें बदलाव नहीं आता, समाज नहीं बदलता। कविता तो सिर्फ़ एक साधन है। राजनीति भी उतना ही बड़ा माध्यम है। राजनीति की जो समझ साहित्य और राजनीति को अलग-अलग रखनेवालों ने बना ली है वह यह है कि राजनीति तो सिर्फ़ कुर्सी को बदलने का साधन है, जबकि राजनीति तमाम मानवीय संबंधों को बदलने का साधन है। मैं साहित्य के लिए अच्छी राजनीति को बहुत ज़रूरी समझता हूँ और साहित्य अकेले कोई चीज़ नहीं है जब तक कि राजनीति मानवीय संबंधों को बदलने के लिए सत्ता के मार्ग से उपलब्ध साधनों को नए समाज के लिए हासिल नहीं करती।

मं.ड. : आपकी एक कविता में एक स्त्री 'दिन भर वह सब जोड़ कर रखती है जो दिन भर महामंत्री ने तोड़ा है देश में।' समाज और मानव-मूल्यों को बचाने की कविता की ताक़त पर यह विश्वास आपकी कविता की बड़ी शक्ति रही है। कविता किन-किन रूपों में बचाने का काम कर सकती है?

र.स. : विश्वास तो है पर कविता कोई एकआयामी काम नहीं है। ख़ाली देशप्रेम की कविता लिखने से देशप्रेम पैदा नहीं हो जाता। देश के तमाम लोगों की एक-दूसरे से हिस्सेदारी बनाने से देशप्रेम पैदा हो सकता है। यह काम केवल कविता नहीं कर सकती। यह समाज का प्रबंध करनेवाली जो शक्ति है, वह जनप्रतिनिधित्व का रचनात्मक इस्तेमाल करके साथ-साथ करती है। लेकिन कविता कोई पूरक नहीं, बल्कि समानांतर यानी सहजीवी कार्रवाई है। कविता की अपनी शक्ति यही है कि वह पूरक और अनुयायी शक्ति बनने से इनकार करती है। वह एक स्वतंत्र संस्था है, जिसके सहजीवन की शर्तें भी वह खुद बनाती है। अगर वह किसी मूल्य को सत्य नहीं मानती तो वह अपने द्वारा बनाए मूल्य घोषित करती है और उसके सहजीवी तत्त्व यानी राजनीति को या तो मानना पड़ता है या कहना पड़ता है कि हम इससे सहमत नहीं हैं। यथार्थ का विकल्प बताना कविता के लिए आवश्यक है वरना वह कविता ही नहीं है। कविता को पूरा अधिकार है कि वह एक विकल्प को बताने पर उसे न माननेवालों से बहस करे या उनका विरोध करे। अगर राजनीति यह कहे कि इस देश में सर्वसत्तावाद यानी तानाशाही होनी चाहिए तो इस मूल्य से कविता सहमत नहीं होगी। यह कविता का दिया हुआ विकल्प नहीं है। तानाशाही में क्योंकि कविता नहीं हो सकती इसलिए कविता तानाशाही का विरोध करेगी।

जितने शक्ति केंद्र हैं वे कविता के ख़िलाफ़ भी काम कर सकते हैं। कविता के, आज़ादी और

रचनात्मकता के जो मूल्य हैं वे शक्ति केंद्रों को पसंद नहीं भी आ सकते, हालाँकि कुछ दौरों में आते भी हैं। जब नहीं आते हैं तो कविता को सहजीवी होने की शर्त तोड़कर अपनी स्वतंत्र सत्ता के अनुसार अकेले आचरण करना होता है। सत्ता और वाणी का संघर्ष हमेशा रहता है, क्योंकि वाणी जिस तरह सत्य को बताती है वह सत्ता के बताए सत्य के विरुद्ध हो सकता है।

मं.ड. : आपने कविता के भावुक या भावनात्मक रूपों का बहुत कम इस्तेमाल किया है। लगता है आप सभी अनुभवों को सामाजिक चिंतक के रूप में देखते हैं। भावना और आवेश वाली कविता से आपको परहेज-सा क्यों रहा है?

र.स. : रहा तो है, मैं प्रतीकों, बिंबों और उपमाओं के ख़िलाफ़ हूँ। इसलिए कि उपमाएँ केवल एक तथ्य और दूसरे तथ्य की उपमा नहीं होतीं, वे एक मूल्य और दूसरे मूल्य की उपमा हो जाती हैं। उनमें से एक मूल्य समाज-विरोधी भी हो सकता है। इसलिए उपमा का इस्तेमाल हमेशा भ्रामक होगा। प्रतीक भी केवल एक प्रकट यथार्थ का प्रतीक नहीं होता, बल्कि एक संस्कार प्रतीक बन जाता है। वह यथार्थ से मेरे अनुभव के सूत्र को तोड़ देता है और यथार्थ की पहचान को तोड़-मरोड़कर उसे मेरे ऊपर लाद देता है। जब मैं कहता हूँ कि 'मैं दवाखाने में अपने बच्चों को लिए हुए खड़ा हूँ' तो मेरे और मेरे बच्चों के उस यथार्थ में खड़े होने की जो असलियत है उसे मेरे पाठक या श्रोता को समझना होगा। अगर वह उनको किसी एक बड़ी भारी वायवीय परिस्थिति का प्रतीक मान लेता है तो इससे मेरी कविता नष्ट हो जाती है क्योंकि वह कविता उन बच्चों के शरीर में से होकर जा रही है। इसीलिए मैंने एक कविता में लिखा कि 'प्रिय पाठक ये मेरे बच्चे हैं कोई प्रतीक नहीं।' इस यथार्थ को पहचानने के लिए आपको प्रतीकों से मुक्त होना पड़ता है जो कि हिंदी कविता के लंबे दौर ने पाठक की संवेदना पर लाद दिए हैं।

हाँ, कविता में एक रेटरिक मैंने बनाया है जो कि उस ख़ास कविता के लिए ज़रूरी था जिसके लिए वह बनाया गया। आवेग को मैं कविता-विरोधी वस्तु नहीं मानता, लेकिन वृथाभावुकता को मानता हूँ।

वृथाभावुकता आपको यथार्थ के साथ कोई रिश्ता बनाने नहीं देती। हम किसी आदमी को शारीरिक कष्ट में पाएँ और अगर इस दर्द को बताते समय इतने वृथाभावुक हो जाएँ तो हम उस दर्द को नहीं अपने सब दर्द बता रहे होंगे जो कि उसको नहीं हैं। यह यथार्थ की मेरी समझ के विपरीत है और मेरी कविता के सामाजिक संप्रेषण में भी बाधक है क्योंकि उससे किसी को कोई शक्ति नहीं मिलती। दुख को, अपराध को, पाप को ऐसे बताना जैसे कि वह शाश्वत और अनिवार्य हो, समाज-विरोधी है। जैसे आज यह कहना घोर असत्य है कि हर आदमी भ्रष्ट है और हिंसा ही एक रास्ता है जिसे सब अपना रहे हैं, क्योंकि अगर एक आदमी भी ऐसा है जो भ्रष्ट नहीं है तो सत्य यह है कि सब लोग भ्रष्ट नहीं हैं। भावुक होना तो अत्यंत ज़रूरी है। भावुक होने का अर्थ है संवेदना का होना, जिसके बग़ैर कविता संभव नहीं है। 'बच्चा गोद में लिए/बस में चढ़ती स्त्री/और मुझमें कुछ दूर तक घिसटता जाता हुआ' ... यह कविता बिना भावना के नहीं लिखी जा सकती। लेकिन इसमें वृथाभावुकता नहीं है क्योंकि इसमें मेरे कोई दुख उस स्त्री पर आरोपित नहीं हैं।

मं.ड. : क्या आप अपने सारे लेखन को उद्देश्यपरक मानते हैं? उसका उद्देश्य क्या है? क्या इसके बिना अच्छा साहित्य संभव नहीं है?

र.स. : उद्देश्यपरकता? हाँ, एक नए समाज की समझ बनाना मेरा उद्देश्य रहा है और यह भी कि उसे बनाने के साधन क्या हो सकते हैं। इस उद्देश्य के लिए समाज के घटकों के परस्पर संबंध, भूगोल, इतिहास, प्रकृति से उत्पादन कर्म के संबंध और उत्पादन के साधन पर लोकतंत्रीय नियंत्रण से लेकर अनुभवों की संवेदनशीलता तक में परिवर्तन करना मेरा उद्देश्य है। कविता मेरे पाठक को अगर दूसरे मनुष्य के साथ अपनी संवेदना के रिश्ते सुधारने की समझ देती है तो वह समाज को बदलने

की समझ ही है।

अपने अनुभव को सामाजिक आयाम में ले जाए बग़ैर मैं उसे बताने योग्य अनुभव नहीं मानता। हमारी भाषा के प्रबंधकों ने एक बड़ी भ्रांति यह फैला रखी है कि व्यक्तिगत अनुभव और सामाजिक अनुभव, भोगा हुआ यथार्थ और बग़ैर भोगा हुआ यथार्थ जैसी इकाइयाँ होती हैं। ख़ासकर साहित्य के क्षेत्र में ये धारणाएँ बहुत प्रचलित कर दी गई हैं। जब कोई व्यक्ति कहता है कि मुझे दुख है तो उसे एक व्यक्तिगत दुख मान लिया जाता है कि यह तो सामाजिक दुख नहीं है। पर कौन-सा दुख ऐसा है जो सामाजिक नहीं है? या तो उसके कारण या उसके परिणाम सामाजिक ही हैं।

मं.ड. : आपकी एक पुरानी कविता की पंक्ति है : 'अब काम हमारे आती हैं अपनी ये पिछली कविताएँ।' आपकी रचना-यात्रा में पिछली रचनाओं की ओर लौटना किन-किन स्तरों पर हुआ है? क्या कभी आप अपनी पुरानी कविताएँ भी पढ़ते हैं?

र.स. : इसका उत्तर उसी कविता से देता हूँ जो कि उस समय दिया गया उत्तर है : "जिस सच को हमने खोजा था/अपने थोड़े से अनुभव से/उतने थोड़े से अनुभव में/कुछ और ज़िंदगी जी आए/उस सच्चाई की रौ में/आगे भी राह दिखती हैं/ये अपनी पिछली कविताएँ।"

इसी कविता के शेषांश में आप पाएँगे कि ज़िंदगी को आगे जीते जाने के लिए वह कला-संस्कार ज़रूरी है जिसमें से गुज़रकर एक पड़ाव में कुछ पाया गया। इस नाते शिल्प, भाषा और भाषा के सामाजिक आयाम—ये सब पिछली कविताओं से अगले दौर के लिए उपलब्ध होते हैं। मगर तभी होते हैं जब जिस सच्चाई की रौ में हम पिछले पड़ाव तक पहुँचे हैं उससे ज़्यादा बड़ी सच्चाई की खोज में बढ़ें ताकि उसके बाद के पड़ाव तक पहुँच सकें जहाँ शिल्प, भाषा और उसके दूसरे आयाम फिर एक नया रूप पाएँगे। इसीलिए मेरी पिछली कविताएँ हमेशा मेरे साथ हैं और मेरी कोई कविता ऐसी नहीं है जिसका मैं यह कहकर परित्याग करूँ कि यह मेरी न मानी जाए। यह मैं इसलिए कह रहा हूँ कि हमारी पीढ़ी के बहुत-से कवियों ने कहा है कि फलाँ रचना को मैं 'डिसओन' करता हूँ।

मैं अपनी पुरानी कविताएँ पढ़ता हूँ, लेकिन यह भी मानता हूँ कि कविता अपने साथ भाषा और शिल्प की एक ज़रूरत पैदा करती है जो सिर्फ़ उस कविता को लिखने के लिए ज़रूरी है। उसके लिखे जाते ही वह ज़रूरत ख़त्म हो जाती है और कविता के लिए एक नई ज़रूरत पैदा होने की वजह पैदा होती है। जब मैं कहता हूँ कि कविता लिखी नहीं गई कि मरी तो इसी अर्थ में कि उसके उपकरण काम आ गए और अब उन्हीं उपकरणों से कोई दूसरी कविता नहीं लिखी जा सकती। अपनी किसी पुरानी कविता को पढ़ते हुए मैं अपने विकास के किसी एक क्षण को एक दस्तावेज़ के रूप में पढ़ रहा होता हूँ। लेकिन क्योंकि मैं भी उस समाज का एक हिस्सा हूँ जिसमें से मेरी कविता निकली है इसलिए अपने दस्तावेज़ को देखना मेरे लिए समाज को दोबारा देखने के बराबर है। अपनी कविताओं को पढ़ते हुए मैं एकसाथ दो काम कर रहा होता हूँ : एक तो अपनी रचना-प्रक्रिया के दस्तावेज़ को परख रहा होता हूँ और दूसरे, समाज की अपनी समझ को परख रहा होता हूँ। कभी-कभी यह होता है कि समाज की मेरी समझ उस पिछली कविता के क्षण से आगे पहुँच चुकी होती है तो मैं अपनी कमियों को भी परख रहा होता हूँ। तीनों हालतों में अपनी पिछली कविता पढ़ना एक लाभकारी अनुभव है। यह तो ज़ाहिर है कि उनमें किसी एक पर टिक करके उसके आधार पर कविता लिखना अतार्किक है। मैं अपनी किसी पुरानी कविता को सामने रखकर उसकी अनुकृति करना ग़ैर-रचनात्मक और असंभव मानता हूँ।

मं.ड. : आपने कभी कहा था कि लेखक को भाषा के अधिक मोर्चों पर सक्रिय रहना चाहिए। पर इधर आपने कहानियाँ प्रायः नहीं लिखीं। क्यों? क्या कभी उपन्यास लिखने का मन हुआ?

र.स. : उपन्यास लिखने का मन हुआ है, नाटक लिखने का भी हुआ है। कहानियाँ अब भी लिखने की इच्छा बीच-बीच में होती है। अधिक से अधिक मोर्चों पर लिखते रहने की बात मैंने कही

थी, पर उसी लेख में यह भी कहा था कि भाषा की इन तमाम विधाओं में एक अजब तरह का अंतरावलंबन निहित है। मेरे साथ एक विधा में कुछ लिखते हुए थोड़ी देर बाद उसे छोड़कर उसी को दूसरी विधा में लिखने की स्थिति बार-बार बनती रहती है। कहानी शुरू की, लेकिन आधे में छोड़कर उसे निबंध कर दिया या कि नाटक लिखना शुरू किया और आधे में छोड़कर उसकी जगह कविता लिख दी। मैं इन सबको एक-दूसरे में परिवर्तित हो जानेवाली विधा मानता हूँ। इन दिनों कहानी लिखने का मन होते हुए भी बहुधा मैंने जो चीज़ मुझे कहानी दे रही थी उसको निबंध या कविता के रूप में लिख दिया। अब भी कहीं मेरे मन में यह इच्छा है कि मैं कविताओं में कहानियाँ लिखूँ। शायद मेरा अगला पड़ाव वहीं पर होगा। *लोग भूल गए हैं* नामक संग्रह में ऐसी कम से कम दो-तीन कविताएँ हैं। यह बिलकुल संभव था कि *सीढ़ियों पर धूप में* की कई कहानियों को मैं कहानियों के रूप में नहीं लिखता।

आजकल जब मैं निबंध पर ज़ोर देता हूँ तो भी मुझे कभी लगता है कि यह तो कविता हो सकती है या एक कहानी हो सकती थी। दरअसल जिस समय वह सारा यथार्थ संपूर्णता की शक्ल ले रहा होता है और उसकी शक्ल दिख जाती है उस समय उसका जो रूप है वही उसका अंतिम रूप भी हो जाता है। उसकी पूरी शक्ल कविता के रूप में निकल सकती थी। मगर नहीं निकली तो यथार्थ को समझने के मेरे जो साधन थे या मानवीय अनुभव में जो गहराई होनी चाहिए थी, उसकी न्यूनता भी एक कारण हो सकता है। पर इन कारणों को खोजने लगने से ज़्यादा ईमानदार बात यह है कि जिस विधा से वह संपूर्ण सत्य दिख रहा है उसी में लिख दिया जाए, चाहे वह कविता हो या गद्य हो। फिर मुझे यह संस्थागत विशेषीकरण भी पसंद नहीं है कि आप कवि हैं या कहानीकार हैं या कुछ और हैं। मैं मानता हूँ कि ये सभी विधाएँ एक-दूसरे में आती-जाती रहती हैं।

मं.ड. : समाज में आप कविता की क्या स्थिति देखते हैं? यह धारणा आज प्रबल है कि समाज में कविता की जगह और ज़रूरत लगातार कम हो रही है?

र.स. : यह धारणा किन लोगों ने बनाई है और कौन इसे प्रबल कर रहा है? ये वही तत्त्व हैं जो हर तरह की रचना के ख़िलाफ़ हैं। अपनी राजनैतिक-सामाजिक विचारधारा से प्रेरित होकर ये तत्त्व एक स्वंतत्र व्यक्ति को नष्ट करने पर तुले हैं और यह इन्हीं का प्रचार है कि समाज में कविता की जगह नहीं है। इनकी भाषा में इसका दूसरा अर्थ यह है कि कविता करने में भूखों मरना पड़ेगा और इसका उलट यह है कि ऐश करना है तो कविता मत करो। यानी उस सच को मत दिखाओ जिसको बिकने योग्य बनाकर हम अर्थात् पैसे और सत्ता के तंत्र में बैठे ये राजनैतिक-सामाजिक तत्त्व इस्तेमाल में न ला पाएँ। अगर तुम सत्य को इस तरह दिखा सकते हो कि हम उसका इस्तेमाल कर लें तो वह कविता नहीं हो सकती, या फिर बहुत घटिया कविता हो सकती है, और वैसी कविता खूब लिखो और हम उसे खूब प्रचारित करेंगे। यह है इस कथन की असलियत कि कविता की समाज में ज़रूरत नहीं है। असल में वे यह कह रहे हैं कि कविता जैसी किसी घटिया चीज़ की तो बहुत ज़रूरत है, क्योंकि वह हमें बहुत फ़ायदेमंद है। आप देख सकते हैं कि कम से कम पिछले दो दशकों में इसी भँड़ैती, हास्यरस और वृथाभावुक विलाप को कविता बताकर खुलेआम प्रचारित किया गया। सत्ता और पैसे के माध्यम से जो लोग वाणी पर नियंत्रण रखते हैं वे ऐसी कविता का प्रकाशन नहीं चाहते जो कि लोगों के अंदर आज़ादी की भावना, दमन और अन्याय के विरुद्ध शक्ति की भावना पैदा करे।

मं.ड. : आपकी कविता ने कविता को भी बदला है और अपने बाद की पीढ़ी को भी बहुत प्रभावित किया है। अपने से बाद की कविता के बारे में आप क्या सोचते हैं? क्या आप नए कवियों को पढ़ते हैं?

र.स. : मेरी कविताओं ने प्रभावित किया है या नहीं, यह मूल्यांकन तो मेरे द्वारा नहीं हो सकता। लेकिन मैं यह देख रहा हूँ पिछले दशकों के सामाजिक-राजनैतिक यथार्थ ने साहित्य और साहित्येतर माध्यमों से नई पीढ़ी को मानवीय अनुभवों में भी नई दृष्टि दी है और अनेक नए कवि यथार्थ के

बहुत-से ऐसे आयामों को पहचानने में सक्षम हुए हैं जो उनके पहले के कवियों में तैयारशुदा या बने-बनाए रूपों में प्रचलित थे। यह जो फ़र्क़ पैदा हुआ है, वह किसी पूर्ववर्ती कवि की रचना से पैदा नहीं हुआ, यथार्थ को पहचानने की व्यापक समझ से पैदा हुआ है जिसमें हो सकता है किसी कवि का योगदान ज़रा ज़्यादा प्रकट हो रहा हो और किसी का कम। मगर यहाँ एक बात और कहना ज़रूरी है कि भाषा और संचार साधनों पर उस तंत्र का नियंत्रण बढ़ा है जो अच्छी कविता के विरुद्ध है। इसलिए ऐसे कवि भी उसके द्वारा प्रचारित किए जाने लगे हैं जो नैतिक और राजनैतिक मूल्यों की एक बनावटी शक्ल उस तंत्र के हित में बनाते हैं।

नए कवियों को मैं पढ़ता रहता हूँ। बल्कि सन् 68 के बाद की छोटी कविताओं को सहेजकर रखने की योजना मैंने बनाई थी, जिससे कविता के विकास की विश्लेषणात्मक खोज की जा सके। असलियत यह है कि बहुत कविता लिखी जा रही है और वह छोटे शहरों में छप रही है जिसके बारे में हम लोग कम जानते हैं। अपनी ओर से मैं आश्वस्त हूँ कि सचमुच अच्छी कविता लिखनेवाले वहीं से निकलेंगे जहाँ कविता का मूल्यांकन करनेवाला तंत्र नहीं है। जैसे विश्वविद्यालय या पाठ्यपुस्तकों का तंत्र या इनके साथ शामिल समालोचकों का तंत्र—वहाँ से अच्छी कविता नहीं निकलेगी। शायद वह ऐसे लोगों द्वारा लिखी जाएगी जो साहित्य तंत्र द्वारा मान्य नहीं हैं और जिन्हें केवल पाठक माना जाता है। वैसे ही जैसे पत्रकारिता में अच्छे पत्रकार वहीं से निकले जो पत्रकारिता के तंत्र के बाहर थे। वहाँ से निकलने के बाद उन्हें उस तंत्र ने अपने में शामिल किया।

[*जनसत्ता,* 10 दिसंबर 1989]

'अपना लिखा या कहा मैंने कभी अस्वीकार नहीं किया, कभी नहीं'

भेंटवार्ताकार : लोठार लुत्से

17 मार्च 1990 को नई दिल्ली के इंडिया इंटरनेशनल सेंटर के एक कमरे में रघुवीर सहाय से यह साक्षात्कार अनेक अर्थों में मुकम्मल है—लगभग एक वसीयतनामे की तरह। हिंदी साहित्य के और खासकर रघुवीर सहाय के परम मित्र, मर्मज्ञ विद्वान डॉ. लोठार लुत्से ने रघुवीरजी की काव्ययात्रा का आत्मसजग और सतर्क बयान इस तरह हमें सुलभ कराया है कि इसके लिए औपचारिक आभार मात्र नाकाफ़ी है। साक्षात्कार की अधिकांश बातचीत अंग्रेज़ी में है, जिसका अनुवाद मैंने किया है। रघुवीर सहाय के अपने अंदाज़ को पकड़ना मेरे वश में नहीं है। उसी सेंटर के एक कमरे में लगभग एक साल बाद मार्च 1961 में डॉ. लोठार लुत्से के साथ यह टेप सुनना एक अलग ही तरह का अनुभव था। कमरे में तब हम दोनों के अलावा मेरी पत्नी चंद्रकिरण और कई मित्र भी थे। रघुवीरजी की टिप्पणियों पर टिप्पणी करते हुए डा. लुत्से की आँखें नम हो आती थीं—हमारी भी। 'फोनसेका' नामक घर की याद पर ख़ास तौर से, जहाँ रघुवीरजी ने 'हँसो हँसो' कविता पहली बार डॉ. लुत्से को सुनाई थी। राजनीति, भाषा और कविता की जो व्याख्या रघुवीर सहाय ने दी है, उसकी मौलिकता पर शायद पाठक भी एकमत होंगे।—**गिरधर राठी**

लोठार लुत्से : रघुवीर, क्या तुम ··· क्या तुम, देखो, हमने यह टेप अभी-अभी शुरू किया है, क्या तुम यह सूत्र फिर से बताओगे? मुझे यह बहुत अच्छा लगा है।

रघुवीर सहाय : दरअसल आपने उकसाया था उसी से वह सूत्र निकला था और सच तो यह है कि मैं भूल चुका हूँ वह उकसावा क्या था। शायद आप चाहते थे कि मैं ··· या शायद आपने ग़ौर किया है कि इस संग्रह में कुछ कविताएँ हैं जिनमें मैंने ··· अपना कुछ दिया है लेकिन अपना संपूर्ण नहीं दिया है। अब मैं इस बात को उलटकर रख रहा हूँ क्योंकि मैं आपके ख़यालों या विचारों को ही प्रतिध्वनित कर रहा हूँ और इसके लिए उन्हें उलटना ज़रूरी है लेकिन उनमें अर्थ वही रहना चाहिए। मुझे आशा है मैं वही अर्थ रख पा रहा हूँ। और आपने कहा कि ऐसी कविताएँ भी हैं जिन्हें जर्मन में ··· मैं उस शब्द का उच्चारण नहीं कर सकता—जो कुछ-कुछ 'हल्की-फुल्की' कही जा सकती हैं ···

लुत्से : गेलेगेनहाइट्स-गेडिष्ट—ऑकेजनल पोएम्स (ख़ास मौक़ों पर लिखी गई कविता) ···

र.स. : हाँ। और यह एक बेहद दिलचस्प नुक्ता है। मैं अपने सारे कवियों की ओर से जिन्हें मैं जानता हूँ, अपने मित्रों, अपने सहयात्रियों, अपने सहकवियों की ओर से तो इसका जवाब नहीं दे सकता। पर मैं अपने लिए, अपनी ओर से जवाब दे सकता हूँ (कितना अजीब है!) तो ··· जहाँ तक मेरा सवाल है, मैं नहीं समझता कि मैं किसी ऐसी कविता पर काम जारी रख सकूँगा जिसके बारे में मुझे पता हो कि वह एक 'हल्की-फुल्की' कोशिश साबित होनेवाली है। लेकिन मुझे पता है और इस तथ्य के प्रति मैं सचेत रहता हूँ कि किसी कविता को पूरा करते हुए मैं खुद उसे एक ख़ाने में रख दे सकता हूँ जिसे 'हल्का-फुल्का' कहा जा सकता है क्योंकि 'हल्का' होना कोई हेठी की बात नहीं है ··· मेरा आशय है इसमें कोई दोष नहीं है। लेकिन आपको यह मालूम होना चाहिए कि आप एक 'हल्की-फुल्की' कविता रचने जा रहे हैं। यदि उस कविता की रचना की प्रक्रिया के आरंभ से ही आपको इस बात का भान है तो फिर कोई हर्ज नहीं। लेकिन कोई हर्ज तभी नहीं जब आप अंत तक उसका निर्वाह कर सकें। ताकि आप पाठक को एक समग्र, संपूर्ण और मुकम्मल ऐसी कृति दे सकें जो हल्की-फुल्की हो ···

लुत्से : रघुवीर, ऐसा है ··· मैं तुमसे पूरी तरह सहमत हूँ ··· यह शब्द 'लाइट' या जर्मन में 'लाइख्ट' ··· । मैं मानता हूँ अपनी बातचीत में मैंने कई बार बर्टोल्ट ब्रेष्ट की इस प्रसिद्ध उक्ति का ज़िक्र किया है ··· समाजवाद से अपनी सारी प्रतिश्रुति के साथ ··· वह कहता है ··· ख़ैर वह (प्रतिबद्धता) तो होनी ही चाहिए लेकिन अपनी प्रतिबद्धता को 'कला का हल्का स्पर्श' देना अब मेरे लिए कितना कठिन हो जा रहा है ···

र.स. : हूँ ··· क्या खूब कहा है! बहुत ख़ूब! सिर्फ़ उस पाए का कवि ही यह कह सकता था, ये इतने विराट् शब्द! है न! अब मैं ··· अब मैं··· शायद यह करना मेरे तईं ईमानदारी न हो लेकिन मैं इस ख़याल में शरीक होना चाहता हूँ और इस विचार का अनुयायी होने का दावा करना चाहता हूँ। दूसरे शब्दों में मैं यह कहना चाहता हूँ कि मेरा आशय यही था। लेकिन फिर मैं हिचकता हूँ ··· क्योंकि यह बात एक बहुत महान कवि की ओर से आई है और मैं खुद को उस महान कवि की बग़ल में महज़ इसलिए नहीं रखना चाहूँगा कि उसका, यश का, परावर्तित प्रभा का लाभ उठाने लगूँ। लेकिन मेरा आशय ठीक यही है। अगर किसी कविता में अपने प्रयत्न में, जो कि आम तौर पर जीवन में अपने प्रयत्न का ही एक अंग होती है, आप उसी प्रकार संपूर्ण, उसी प्रकार ईमानदार और उसी प्रकार मुकम्मल हों जिस प्रकार आप अपने पूरे जीवन में अपने प्रयत्न को लेकर होते हैं; उस कविता में आपका प्रयत्न जीवन के कम से कम ऐसे एक पहलू को प्रतिबिंबित करे जो प्रामाणिक है, यह ज़रूरी है, और हल्का होना ··· तथाकथित हल्कापन जीवन का ही एक ऐसा पहलू होता है ··· । और जब ब्रेष्ट ने संकेत किया कि क्रांतिकारी होने के लिए ज़रूरी है कि यह (तत्त्व) आप, लोगों तक कला के ज़रिए ले जाएँ,

एक हल्के-फुल्के ढंग से ··· या शायद उसने यह नहीं कहा ··· शायद उसका आशय यह था कि कुछ ऐसा है जो 'हल्का' होता है पर जो कला के लिए अपरिहार्य है, और उसे संप्रेषित करना होगा ··· और जो वह संप्रेषित कर रहा है वह क्रांतिधर्मी या क्रांतिकारी होना चाहिए ···। उसने जो कहा है उसके बारे में वह वाक्य ठीक है?

लुत्से : उसे तो यह (कार्य) लगभग एक कठिन दुविधा का जान पड़ा था। अपने नाटकों के बारे में भी उसे लगभग ऐसा ही लगता था क्योंकि अगर इसमें वह विफल होता तो वह कलाकार न रहता, बल्कि एक स्कूल मास्टर होकर रह जाता। और लोग जब, मसलन नाटक देखने जाते हैं तो उन्हें यह रास नहीं आता कि उन्हें स्कूली शिक्षा दी जाए ···

र.स. : लेकिन इससे मैं एक और नुक्ते पर आता हूँ। मुझे याद पड़ता है आपने मेरी एक कविता का अनुवाद करने की कोशिश की थी जब शायद इस सवाल या इस समस्या से आपका सामना हुआ होगा। और उस कविता का नाम था ··· 'पों क्या माने?' आपको याद है वह कविता?

> बस की अगली सीट पर था
> एक हाथ में दिल था मेरा
> एक हाथ में दिन का खाना

बहुत पहले की कविता है। मगर आपने उसका अनुवाद किया। और उसकी अंतिम पंक्ति में एक वाक्य आता है ··· 'मैं सो न सका, मैं हो न सका ··· मैं पों न सका।' फिर मैं पूछता हूँ, 'पों क्या माने?' आपने इसका अनुवाद किया और आप मुझे बता रहे थे कि इस पों की जगह आपने जो जर्मन शब्द रखा वो इसी मानसिकता या इसी अनुभूति का (था), मुझे पता नहीं इसके लिए कौन-सा शब्द इस्तेमाल करूँ ··· मुझे खुद पता नहीं जब मैंने उस शब्द का इस्तेमाल किया था कि उसे किस खाने में, किस श्रेणी में रखूँ, इसलिए मुझे पता नहीं ··· अभी भी मैं नहीं जानता (किस श्रेणी में उसे रखूँ) पर वह ऐसा शब्द नहीं था जिसे मैं सामान्य तौर पर काम में लाता। आम भाषा में इसे एक हल्का-फुल्का शब्द कहेंगे। कविता ऐसा आभास देती थी मानो वह एक हल्की-फुल्की कविता हो। लेकिन आप जानते थे कि उसमें कविता का हल्का-फुल्कापन उतना नहीं था। और इसीलिए आपको अपनी भाषा में उसके एवज़ में रखना समस्यामूलक लगा। 'पों क्या माने?' क्योंकि आप भी स्पष्ट रूप से नहीं समझ पाए थे कि 'पों' से मेरा क्या आशय है? मुझे पता नहीं कि हम जो बात कर रहे हैं और उस कविता की मेरी स्मृति में ··· इनके बीच कोई संबंध है या नहीं। लेकिन मुझे लगता है कि कुछ (संबंध तो) है। दरअसल काव्यभाषा के साथ हम जो कुछ करते हैं, उसमें इस तरह का हल्कापन, हल्का रवैया ··· शायद यह सही शब्द नहीं है ··· इस तरह की स्वतंत्रता दरअसल भाषा के साथ किसी भी प्रयत्न में स्वतः संबद्ध होती ही है।

और मुझे हमारे एक आलोचक की बात भी याद आ रही है जिसने एक बार अपनी एक किताब में जिसमें मेरे बारे में भी एक लेख था ··· कहा था : "रघुवीर सहाय भाषा के साथ खेल, खिलवाड़ करते हैं।" लेकिन ज्यों ही वे मेरे 'खिलवाड़' का नमूना देने लगे, मुझे लगा कि वे निहायत दयनीय साबित हुए। उन्होंने मेरी कविता से एक पंक्ति छाँटी जिसमें मैंने कहा था, "वो महान मकान जो बना है पड़ोस में/मुझ पर गिर पड़ेगा / फिर मेरी गर्मियों की छुट्टियाँ हो जाएँगी / मलबे के नीचे से एक हाथ छुड़ाकर उसे टोता हूँ / ढ नहीं ट।" यह है जो मैंने अपनी कविता में कहा था। तब इस आलोचक ने लिखा ··· "जब वे कहते हैं ढ नहीं ट, तो वे शब्दों से खिलवाड़ करते हैं और उनमें शब्दों से खिलवाड़ की प्रवृत्ति पाई जाती है और यह खिलवाड़पन उनके कवि चरित्र या स्वभाव का हिस्सा है।" वह ··· यह निरा खिलवाड़पन नहीं है जब मैं कहता हूँ "मलबे के नीचे से एक हाथ छुड़ाकर उसे टोता हूँ।"—उस वक़्त मुझे अचानक उस जड़ीभूत, मंद, मूर्ख दुनिया का ध्यान हो आता है जो मेरे चारों

तरफ़ है और जिसके साथ मुझे अपनी भाषा में शिरकत करनी है। और मैं सतर्क रहना चाहता हूँ और कहना चाहता हूँ, नहीं यह ढ नहीं ट है। मलबे के नीचे से एक हाथ छुड़ाकर उसे 'ढोता' नहीं हूँ, 'टोता' हूँ। आप देखें, लोग जिस ढंग से भाषा का इस्तेमाल करते हैं उसके बारे में मेरी अतिरिक्त सजगता यहाँ है, यहाँ उसी का खेल है। और इसीलिए मैं कहता हूँ, "मलबे के नीचे से एक हाथ छुड़ाकर उसे टोता हूँ," ट में ओ की मात्रा। उसे टोहता हूँ। मैं 'ह' छोड़ देता हूँ। और फिर मैं सावधानी बरतता हूँ यह बताने की कि यह 'टोता' है 'ढोता' नहीं। आपका-मेरा यह मूढ़ पाठक यह मान बैठेगा कि मैं उस इमारत के वज़न के बोझ की शिकायत कर रहा हूँ जो मुझे ढोना पड़ रहा है। यह मेरी कविता का संदर्भ है ही नहीं। मलबे के नीचे से एक हाथ छुड़ाकर मैं उसे छूता हूँ या छूने की कोशिश करता हूँ जिसे मैं महसूस करना चाह रहा हूँ। तो ये है वो कविता। इसमें कोई खेल या खिलवाड़ नहीं है। लेकिन भाषा का बोध, बाक़ी तमाम लोगों में, सिवाय मेरे, जहाँ तक मैं देख पाता हूँ, उस समय भिन्न रहता है जब मैं कविता लिख रहा होता हूँ। और मैं सावधानी के साथ अपने को और अपनी भाषा को और अपनी भाषा की अपनी पद्धति को उनके (बोध से) अलग स्पष्ट करता हूँ। इस आलोचक ने इसे शब्दों से खिलवाड़ कहना पसंद किया।

इसका उल्लेख करने की बात मैंने यों सोची कि 'हल्का-फुल्कापन' हमेशा सही ढंग से या उस ढंग से जिस तरह मैंने आपके सामने स्पष्ट करने की कोशिश की, समझा या सराहा नहीं जाता। यह (चेष्टा) शायद ज़रूरी नहीं थी क्योंकि खुद आपने ही मुझसे लेखन में 'हल्के होने' की मूल्यवत्ता का उल्लेख किया था।

लुत्से : यह निहायत अजब बात है, रघुवीर, मैं जब यह कह रहा हूँ कि मैंने आपकी कविता पर बहुत सोचा है तो मैं सिर्फ़ ठकुरसुहाती नहीं कर रहा हूँ ··· जैसा कि आप जानते भी हैं ··· लेकिन मुझे नहीं लगता कि मैंने कभी इसे खिलंदड़ी या खिलवाड़ी कहा होता ··· मुझे हमेशा लगा है कि कोई ऐसी चीज़ है ··· ख़ैर ··· पता नहीं मैं कैसे उसका वर्णन करूँ ···। लेकिन कुछ है जो उसमें एकदम या लगभग यातना या यंत्रणा की तरह लगता है। कोई ऐसी बात या चीज़ ··· कवि खुद को यंत्रणा देता हुआ और अपने पाठक को यंत्रणा देता हुआ और कवि अपने आख़िरी मतलब या अर्थ, आप उसे जो भी कहना चाहें, उस तक पहुँचने के लिए अपनी राह बनाता हुआ। समझ रहे हैं न ···?

तो अब आपके नवीनतम संग्रह को देखें जिसमें से कई कविताएँ आप अभी-अभी सुनाएँगे ··· आपने एक प्रस्तावना लिखी है। और जब भी कोई कवि अपने संग्रह की प्रस्तावना लिखना तय करता है तो आम तौर पर कोई भी आलोचक शंकालु हो जाता है। क्या किसी ऐसे कविता संग्रह के लिए प्रस्तावना की ज़रूरत पड़नी भी चाहिए? आपने किस वजह से यह महसूस किया कि लिखना अनिवार्य था?

र.स. : अब जैसा कि आप खुद इस प्रस्तावना में ही देखेंगे, मैंने उन प्रस्तावनाओं का हवाला दिया है जो मैंने अपने पिछले संग्रहों के लिए लिखी थीं। और ··· किस तरह में इसे रखूँ ··· समाजशास्त्रीय या राजनैतिक? ··· कौन-सा शब्द सही है मैं नहीं जानता। लेकिन कुछ है ··· समाज में ऐसा कुछ है जिस पर हमारे देश में हिंसक ढंग से आक्रमण हुआ है। यह आक्रमण 1975 में हुआ—वह था सेंसरशिप, राजनैतिक आपत्काल, अनेक मूलभूत मूल्यों का विनाश—स्वतंत्रता के मूल्य का, रचनात्मकता के मूल्य का जो कि मैं समझता हूँ एक ही चीज़ हैं, एक ही वस्तु के अंग हैं ··· और इसलिए भाषा या भाषा के मूल्य का (हनन या विनाश)। यह आक्रमण अभी जारी है। और इसलिए इस आक्रमण के विरुद्ध मेरा संघर्ष भी जारी है। मैंने यही अपनी प्रस्तावना में कहा है। इसलिए प्रस्तावना लिखने की ज़रूरत का महत्त्व इसी में है।

मैं मनुष्य के राजनैतिक अस्तित्व में विश्वास करता हूँ जिसका आशय यह नहीं है कि राजनैतिक कार्यकर्ता के रूप में एक मनुष्य में, या कि राजनैतिक एजेंट के रूप में एक मनुष्य में, या कि किसी

राजनैतिक दल के सदस्य के रूप में। लेकिन अगर आप राजनीतिक नहीं हैं तो आप रच नहीं सकते। क्योंकि अगर आपको एक सर्जनशील या रचनाशील इकाई होने का अहसास नहीं है तो आप रचना नहीं कर सकते। और एक रचनाशील इकाई के रूप में अपना अहसास होने के लिए ज़रूरी है कि आप राजनीतिक हों। राजनीतिक्र शब्द से मेरा आशय यही है।

लेकिन राजनीति एक अलहदा चीज़ है। राजनीति, शास्त्रार्थ या संगठित राजनीति एक बिलकुल अलग चीज़ है और हिंदी में—मुझे पता नहीं इसके लिए कौन ज़िम्मेवार है, या किन लोगों का समूह या किन सार्वजनिक कर्मियों का समूह इसके लिए ज़िम्मेवार है—लेकिन हिंदी में यह हुआ है कि इन दोनों के बीच का फ़र्क़ मिटा दिया गया है। इसलिए जब भी हिंदी में लोग 'राजनीति' शब्द का इस्तेमाल करते हैं तो मुझे पता नहीं उन्हें मालूम भी होता है या नहीं कि वे क्या कह रहे हैं। शायद वे पार्टीबाज़ी या उखाड़-पछाड़ या राजनीति में किसी के विरुद्ध कुछ करना—यह कह रहे हैं। लेकिन राजनीति के अंदर किसी के पक्ष में कुछ करना होता है, यह हिंदी का आदमी जानता नहीं, जबकि गाँधी ने, फिर लोहिया ने (यह बताया था) कि राजनीति का मतलब है अपने अस्तित्व और अपनी मर्यादा और अपनी रचनात्मकता के लिए अपने अधिकार को प्राप्त करना। इसके बाद अधिकार का मतलब हिंदीवालों ने—क्योंकि उनको आज़ादी के बाद हिंदी के ही नाम पर बहुत-से आसानी से अधिकार मिल गए—उन्होंने अधिकार का मतलब ये लगाया कि अधिकार का मतलब है नौकरी, इज़्ज़त, पैसा, राज्यसभा की, लोकसभा की मेम्बरी, नेताओं की खुशामद और उनके विरुद्ध, उनके प्रतिद्वंद्वियों के साथ मिलना और उनसे अलग होना और गुट-निर्गुट में ··· वग़ैरा ··· वग़ैरा ··· वग़ैरा।

मेरे लिए राजनीति का यह मतलब नहीं है। मेरे लिए सही राजनीति उतना ही अर्थ रखती है जितना मेरे लिए एक कविता या मेरा एक गाना, या मेरा एक गाना सुनना, या मेरा एक अच्छा नाटक देखना या एक अच्छी फ़िल्म देखना ··· या कि अच्छा चित्र देखना या कि बनाना—अगर मैं बना पाऊँ तो ···। राजनीति का ये मतलब है बहुत बड़ा। आदमी के अस्तित्व में और उसकी रचनात्मकता के साथ उसके अस्तित्व में, उसकी आस्था और उसकी शक्ति का स्वीकार और उसकी उपलब्धि करना, उपलब्ध करना—ये राजनीति है।

तो मैंने देखा कि ये कविता मैंने जो पिछले संग्रह में दी थी वो एक ऐसे मिज़ाज की और ऐसे अनुभव के दायरे से निकली थी जिसमें कि ये आक्रमण जो हमारी अस्मिता पर, हमारी रचनात्मकता पर हुआ था, वो बहुत प्रखर था। और इस संग्रह के—पिछले संग्रह के—बाद, सात-आठ साल तक वो आक्रमण जारी है। ठीक उस रूप में नहीं जारी है जिस रूप में वह पहले दिखता था, पर जिस रूप में अब नहीं दिखता है उस रूप में जारी है। तो मुझे लगा कि मुझे ये बताना होगा कि उस समय मैंने उस आक्रमण के विरुद्ध खड़े होने के लिए क्या मन में सोच बनाया था, और अब वह सोच कहाँ है? क्योंकि आक्रमण तो जारी है। क्या वही हथियार, वही तरीक़ा, उस आक्रमण से लड़ने के लिए आज भी काम देगा जो कि दस बरस पहले दे रहा था? नहीं। यही मैंने इस भूमिका में लिखा है।

लुत्से : अच्छा, रघुवीर, मुझे ठीक-ठीक तो याद नहीं लेकिन कहीं तुमने यह शब्द 'पराजय' या 'पराजित' इस्तेमाल किया है। या ऐसा ही कोई शब्द। तो मुझे ऐसा लगा कि तुमने बहुत ही निराशामूलक प्रस्तावना लिखी है। और अगर कोई ऐसी अनुभूति है कि कोई लड़ाई हारी जा चुकी है, या ऐसा कुछ ··· तो ख़ैर एक प्रतिक्रिया तो मौन भी हो सकती है। लेकिन जैसा कि तुम्हारा संग्रह बताता है, तुमने कविता लिखते रहना तय किया है। लेकिन अगर आज कोई तुमसे पूछे कि अच्छा, क्या तुम्हें उसके ख़िलाफ़ जो कि हो रहा है, कोई नए हथियार, कोई नए औज़ार, कोई नए शास्त्रास्त्र मिले हैं ··· तो तुम्हारी क्या प्रतिक्रिया होगी? ऐसा है कि मैं यह सवाल पूछ रहा हूँ, इससे पहले कि इस संग्रह के बारे में अपनी कोई व्यापक प्रतिक्रिया तुम्हें बताने की चेष्टा करूँ ···

र.स. : बहरहाल ··· अगर मैं आपको जवाब दूँ ··· आपको (इस तरह) जवाब देने की कोशिश करूँ, ताकि मैं फिर किसी लंबे और घुमावदार या उलझे या (कम से कम) उलझानेवाले जवाब के फेर में न पड़ जाऊँ, तो ··· मैं इसे बेहद छोटा और नुकीला जवाब बनाना चाहूँगा भले ही इसमें यह ख़तरा भी हो कि मैं उन कुछ आयामों को छोड़ दूँ जिन्हें दिखाने में मेरी बहुत रुचि होती ···। लेकिन एक अत्यंत जानकार और संवेदनशील पाठक और आलोचक और मित्र को, जो कि आप हैं, बताने में वह ख़तरा उठाने में मुझे कोई झिझक नहीं है। दरअसल आपके साथ कोई ख़तरा है भी नहीं।

दरअसल मैं यह कह रहा हूँ कि जो हमने हारा है वह युद्ध नहीं, उसका एक प्रसंग, एक छोटी लड़ाई भर थी। हमने एक लड़ाई हारी है। और इस लड़ाई में हम यह समझ गए हैं कि हमारे पास जो हथियार संगठित राजनीति के लिए थे (वे अब काम नहीं आएँगे) और मैं अभी भी नहीं मानता कि हम अपने संगठित संघर्ष में, संगठित राजनीति और संगठित राजनैतिक दलों के ज़रिए जो लड़ाई लड़ रहे थे, उसके अलावा हमने कुछ और खोया है। हम संगठित राजनैतिक दलों के ज़रिए और संगठित कार्यक्षेत्रों में जो लड़ाई लड़ रहे थे, उसके अलावा हमने और कुछ नहीं खोया है। इसलिए व्यक्ति, उसका अपने राजनैतिक जगत् से संबंध, समाज में उसका अपने हमरूह के साथ संबंध—ये ऐसे तत्त्व हैं जो उसे आज भी कार्यक्षेत्र मुहैया कराते हैं। और कार्य का क्षेत्र बदल सकता है, बदलना चाहिए, और इस परिवर्तन से नए हथियार मिलने चाहिए। अगर आप दूसरी तरह से इसे कहें तो कह सकते हैं कि जो हथियार हम इस्तेमाल कर रहे थे वे वही नहीं रह सकते। हम जो हथियार इस्तेमाल कर रहे थे संगठित राजनीति के थे। उनका सफल प्रयोग अब संभव नहीं, या कहें कि उनका प्रयोग करने में यह खतरा है कि वे विकृत हो जाएँगे या अन्य किस्मों के आक्रमणों में शामिल हो जाएँगे। आक्रमण की ये क़िस्में ऐसी भी हो सकती हैं जिनका प्रचलन खुद राजनीति करे यह ज़रूरी नहीं, लेकिन अन्य किस्मों की दूषित शक्तियाँ उनका इस्तेमाल कर सकती हैं—उन्हें उस पर थोप सकती हैं—भाषा के दुरुपयोग के ज़रिए, या संगठन के दुरुपयोग के ज़रिए।

इसलिए संगठित राजनीति का तरीक़ा ही छोड़ देने लायक़ जान पड़ता है। लेकिन तब भी राजनीति को नहीं छोड़ना है। इसीलिए मैं लोगों को ये चिट्ठियाँ लिख रहा हूँ—सीधे ही। उनके पास जाते समय मेरे और लोगों के बीच कोई अन्य दल या माध्यम नहीं है और एक मीठी बोली में मैं अपनी इन कविताओं को चिट्ठियाँ कह रहा हूँ। और मैं आगे जोड़ता हूँ कि ये चिट्ठियाँ तभी हैं जब ये पढ़ी जाएँ। तभी ये कविताएँ हैं। और जब मैं कहता हूँ कि कविता तभी कविता होगी जब वह पढ़ी जाए तो मैं यह भी कह रहा हूँ कि उन्हें ज़ोर-ज़ोर से पढ़ा जाए। और इस तरह एक वृत्त बनता है।

मैं हमेशा इसका पक्षधर रहा हूँ कि मेरी कविताएँ सस्वर या ज़ोर-ज़ोर से, बोलकर पढ़ी जाएँ ताकि वे कविता के रूप में 'स्थापित' हो सकें। यह उन्हें कविता के रूप में 'स्थापित' करने का तरीक़ा है। ये कविताएँ छपी हुई हैं और हालाँकि वे उस टेक्नॉलॉजी का हिस्सा हैं जिसमें मैं जीवित हूँ, लेकिन मुझे उस टेक्नॉलॉजी से अपना संबंध तोड़ने का हक़ है—इस अर्थ में मैं इस तर्क का क़ायल नहीं हूँ कि कविता लिखो, उसे छपा दो और छुट्टी।

मैं अपनी कविताएँ छपाता हूँ तो इसलिए कि यही एकमात्र साधन मेरे पास है, या कि यही एक संभव साधन मेरे पास है। क्योंकि अभी भी मुझे एक प्रकाशक या कि एक मुद्रक या कि एक पुस्तक वितरक सुलभ हो सकता है। और अगर ये भी न मिलें तो मैं अपनी पुस्तक छपा तो सकता ही हूँ और उसे बेच सकता हूँ या वितरित कर सकता हूँ या आपको डाक से बतौर भेंट भेज सकता हूँ। लेकिन अगर मैं दूसरे साधनों की तरफ़ मुँह करूँ जो मेरी पहुँच से परे हैं, जिनमें किसी और बिचौलिए की ज़रूरत पड़ती है और जिनका उन साधनों पर या तरीक़ों पर नियंत्रण रहता है, जैसे फ़िल्म या कि आज रंगमंच को ही लें ··· तो हालत यह हो गई है कि फ़िल्मों में और टी.वी. और रेडियो में तो निश्चय ही (ऐसी हालत है) कि मुझे लगता है कि मुझे दरकिनार होने की ऐकांतिक स्थिति झेलनी

पड़ सकती है। इसलिए मुझे अपनी कविता के प्रचार-प्रसार के लिए उन्हीं साधनों का प्रयोग करना होगा जो मेरे बूते में हैं।

इसलिए मैं पुनः पुष्टि करता हूँ कि पुस्तक के रूप में छापने और बेचने के अलावा भी आपको अपनी कविता सुनाने का काम ज़रूरी है। और इसलिए जब मैं अपनी भूमिका का हवाला देता हूँ और उसके अंत तक पहुँचता हूँ तो एक कवि के ढंग से मैं यह भी संकेत कर रहा हूँ कि भूमिका में मैंने जो जिरह की है वह केवल तभी अर्थपूर्ण होगी और पूर्णता को प्राप्त करेगी जब आप मेरी इन कविताओं को पढ़ें और ज़ोर-ज़ोर से पढ़ें।

लुत्से : दरअसल यह एक बहुत ही उल्लेखनीय बात है। आपको तो मैं बरसों से जानता हूँ और आपको आपकी कविता के ज़रिए जानता हूँ ··· कुल मिलाकर जो छाप मुझ पर छुटी है वह यह है कि आपकी कविता को पढ़ना कभी भी आसान काम नहीं रहा और उसे समझना भी आसान नहीं था। लेकिन जब मैं आपके पिछले संग्रहों को याद करता हूँ ··· जैसे आपकी कविता है, 'रामदास' ··· मुझे लगता है कि आपने अपने पाठकों के लिए एक तरह से थोड़ी-सी आसानी कर दी थी ··· आप समझ रहे हैं न ··· रामदास नामक यह चरित्र एक ऐसी चीज़ था जिसे पाठक थामकर चल सकता था ··· यह एक उदाहरण मैंने दिया। लेकिन अब आपकी इन नवीनतम कविताओं में ··· मुझे लगता है मैं कैसे इसे कहूँ ··· आपने पकड़ बहुत कठिन कर दी है। इसे कहें कि ··· एक ख़ास तरह की कठोर सादगी (ऑस्टेरिटी), एक ख़ास निरीहता या बेलौसपन (बेअरनेस) इनमें है। लेकिन यह बेलौसपन या निरीहता एक उपलब्धि के रूप में है, कमी या खामी के तौर पर नहीं, यह मैं बताना चाहता हूँ। और मुझे इस तथ्य में एक ख़ास विडंबना दिखाई देती है कि जो व्यक्ति अपनी कविता को संप्रेषित करने में इतना सतर्क, इतना प्रयोगशील रहा है, वह आज अपनी इस कविता में दूसरे सिरे पर ··· कहें कि उससे अलग या पीछे हट गया है ··· हटकर किसी और चीज़ में चला गया है—क्या यह कह सकते हैं? या आपको लगता है यह कहते हुए—मैं बिलकुल निराली-सी, अप्रासंगिक बात कह रहा हूँ?

र.स. : नहीं, नहीं। मैं यह नहीं कहूँगा कि आप कतई अप्रासंगिक बात कर रहे हैं। लेकिन पता नहीं आपकी इस टिप्पणी पर मैं कैसे प्रतिक्रिया व्यक्त करूँ? ख़ैर, मेरे लिए यह कहना निहायत सरल होगा कि एक अर्थ में आपकी जो प्रतिक्रिया है, कम से कम इस क्षण और इस गुफ़्तगू के उद्देश्य से, इस बातचीत के उद्देश्य से, उसमें आप उसी तरह बरताव कर रहे हैं जैसा कि कोई मित्र-आलोचक बरताव करता, प्रतिक्रिया जताता। आपकी प्रतिक्रिया को मैं उस श्रेणी में रख सकता हूँ। आप एक मित्र हैं और आप एक आलोचक हैं। और शायद आपको लगता है कि जब मैं कठिन या दुरूह या अस्पष्ट या ऐसा कुछ होने की चेष्टा करता हूँ तो अपनी ज़मीन या आधारभूमि खो देता हूँ ···

लुत्से : नहीं, यह ज़रूरी नहीं। देखिए मैं इसे फिर से रखता हूँ। जब मैं एक ख़ास बेलौसपन या निरीहता की बात करता हूँ तो आप देखें कि कला में एक ख़ास तरह की निरीहता या कठोर सादगी होती है जो महानतम कला का अंग हो सकती है। मैं आपको सिर्फ़ एक नाम बताना चाहूँगा ··· आप जानते हैं कि बाख के संगीत में एक ख़ास तरह की कठोर सादगी और एक निरीहता और एक ग़ैरसमझौतापन है। अब यह ठीक है कि यह उदाहरण बहुत दूर और बहुत ऊँचा ले जाता है। इसलिए कृपया यह न सोचें कि आपको घेरा जा रहा है।

र.स. : मैं समझने की चेष्टा कर रहा हूँ।

लुत्से : मैं यही स्पष्ट करना चाहता था। जब मैंने यह टिप्पणी की थी तो मेरा आशय यह नहीं था कि आप अपनी ज़मीन या आधारभूमि खोते जा रहे हैं बल्कि यह कि पीछे या अलग हटने की-सी अनुभूति होती है जो कि आपकी जैसी संप्रेषण सजगता को देखते हुए अजीब-सी लगती है।

र.स. : अच्छा, ठीक है। अगर मैं हट रहा हूँ तो किस चीज़ से (परे या पीछे) हट रहा हूँ? मैं

कहूँगा कि मैं अपने व्यक्तित्व के आंतरिक स्रोतों में नहीं लौट रहा हूँ जिस कारण मैं कम से कमतर संप्रेष्य या कि बाहर की दुनिया के लिए कम से कमतर उपलब्ध होने लगूँ। निश्चय ही नहीं। मैं यह नहीं कर रहा हूँ। अगर मैं ऐसा करूँ तो यह मेरे अंत की शुरुआत होगी। यह अव्वल तो मेरी कविता की और कविता की तथा मेरी आख़िरत की शुरुआत होगी।

मैं यह क़तई नहीं कर रहा। मैं इस बात के प्रति सजग हूँ कि मुझे यह नहीं करना है। अतः मैं यह नहीं कर रहा हूँ। लेकिन मैं निश्चय ही किसी चीज़ से हट रहा हूँ। वह क्या है?

आप देखें, जब आप कहते हैं कि एक तरह की बेलौसी या निरीहता है तो मैं ··· दरअसल मैं आपके शब्दों का प्रयोग उसी गंभीरता और अर्थवत्ता के साथ नहीं कर सकता जो आपने उन शब्दों को दी है। इसलिए मैं उनका प्रयोग नहीं कर रहा। पर जब मैं किसी भाव को या किसी स्थिति को या किसी मानवीय संबंध को बयान करता हूँ, उसका वर्णन करता हूँ, तो आज मैं आज से पहले के सात बरस या 14 बरस या 21 बरस की अपेक्षा अधिक सजग या सतर्क हूँ। मैं आज पहले से बहुत अधिक सतर्क हूँ इस बाबत कि यथार्थ के कहीं अधिक अर्थपूर्ण और अधिक महत्त्वपूर्ण पहलू हैं बनिस्बत उसके जो कि आम तौर पर उपलब्ध भाषा के प्रयोग के ज़रिए आम तौर पर लोगों को उपलब्ध है। और अगर मुझे अपनी कविताओं की भाषा आम नहीं बनानी है तो उसे ऐकांतिक, या विशिष्ट या बाह्य संसार से कटी हुई भी नहीं होने देना है। उसे हटी या अपने में सिमटी हुई भाषा नहीं होना है पर वह आम भाषा भी नहीं हो सकती। और जब मैं अपने मानवीय रिश्तों में इस सजगता के साथ शुरुआत करता हूँ—और मुझे यहीं से शुरुआत करनी भी चाहिए—मेरा आशय है कि जब मैं किसी व्यक्ति से मिलता हूँ मुझे तभी कविता लिखनी शुरू कर देनी चाहिए—जब कभी मैं बाहर कुछ देखूँ तभी मुझे कविता लिखनी शुरू कर देनी चाहिए ···। अगर मैं 'बाहर' को समझने की यह प्रक्रिया तब शुरू करूँ जब मैं कविता लिख चुकूँ या कि आधी लिख चुकूँ या कम से कम दो पंक्तियाँ लिख चुकूँ, तब मेरा निर्णय एक अलहदा कविता लिखने का निर्णय होगा, और यह मेरा तरीक़ा नहीं है।

मेरा संज्ञान या बोध उसी समय शुरू हो जाता है जब मैं (किसी वस्तु या विचार को) धारण करता हूँ। मैं ग्रहण करने के साथ-साथ देखता हूँ। इसलिए मुझे समझना होगा कि मुझे आम भाषा का इस्तेमाल नहीं करना है। लेकिन क्यों? क्योंकि अपने आसपास मैं जो कुछ देखता हूँ वह बरसों पहले की तुलना में या कम से कम मेरे काव्यात्मक संचयनों के आरंभिक स्तरों की तुलना में कहीं अधिक संश्लिष्ट और इसके बावजूद कहीं मानीख़ेज़ है। इसलिए एक ऐसे आदमी की तरह जो एक चरण से दूसरे चरण में आगे बढ़ता जाता है और अपने साथ अपने साज-सामान के तौर पर, अपने साहस के अंग के तौर पर, अपनी आशाओं और ऊर्जा के अंग के तौर पर वह सब लिए चलता है जो उसने अपनी पिछली यात्राओं में अर्जित किया है—मैं अपने साथ यह ज्ञान लिए चलता हूँ कि कोई चीज़, जिसे कि एक सरल अनुभव के रूप में वर्णित किया जा सकता है, उसे आज एक सरल अनुभव के रूप में ही वर्णित करना है, लेकिन ··· और अब एक लेकिन है ···

क्योंकि मुझे पता है कि मेरे पाठकों ने जब 'रामदास' पढ़ी थी—और मुझे गर्व है कि आपको 'रामदास' पसंद है ··· 'रामदास उस दिन उदास था' ··· कितनी सरल-सी कविता है! यह कहते हुए मैं खुद अपनी पीठ थपथपा सकता हूँ। इसमें एक भी कठिन शब्द नहीं है। और मैं उन आलोचकों को तमाचा जड़ सकता हूँ जो कठिन हिंदी की और संस्कृतनिष्ठ हिंदी की और कठिन भाषा की बात करते हैं। उन्हें पता ही नहीं है कि कठिन भाषा क्या होती है। कठिन भाषा वह भाषा है जिसका कोई अर्थ नहीं निकलता। लेकिन कोई भी भाषा जो मानीख़ेज़ होगी उसे सरल होना ही पड़ेगा। तो 'रामदास उस दिन उदास था' एक सरल कविता थी। लेकिन दरअसल नहीं। उसके भीतर दुख की कई परतें समाई हुई हैं और दुख के ख़िलाफ़ विरोध की कई सतहें भी। और उसमें रचनात्मकता के कई प्रयत्न समाहित हैं। और मानव सभ्यता पर तथा मानवीय आत्मा पर आक्रमण को निरस्त करने के कई प्रयत्न हैं।

और इसलिए उस कविता में बहुत कुछ था जो सरल था लेकिन बहुत कुछ जो सरल नहीं था। पर जब मैंने उसे लिखा था तब मैंने इसकी परवाह नहीं कि आम भाषा के प्रयोक्ता उसे किस रूप में लेंगे। क्योंकि अगर वह कविता उनको देनी थी जो कि आम भाषा बरतते हैं, अर्थात् उन्हें जो कि आम भाषा का उपयोग विराट्स्तरीय संचार या संप्रेषण या उस जैसे किसी मक़सद से करते हैं तो यह कविता उन्हें सपाट लगेगी, या कम से कम वह मेरी धारणा के विपरीत होगी। कारण यह कि उसे एक ग़रीब आदमी के दुख उठाने और मार दिए जाने का एक बहुत साधारण बयान, या कि एक नाटकीय और रंगीन और हास्यजनक बयान भर मान लिया जाएगा। अतः उस वक़्त मुझे इसकी परवाह नहीं थी कि इस कविता को कैसे ग्रहण किया जाएगा, क्योंकि मुझे पता था कि जब वह कविता लिखी गई थी—वह 1980 में लिखी गई थी—उस समय लोग अपने ख़िलाफ़ किए गए आक्रमण के प्रति सजग थे, सामाजिक रूप से और राजनैतिक रूप से। और उस समय तक उनके पास वे साधन भी थे जिनके बल पर वे प्रतिकार कर सकते थे। इसलिए यह सरल भाषा मेरे पाठकों द्वारा, उस समय, ऐसी कविता के रूप में नहीं ली जा सकती थी जिसका एक ही आयामवाला अर्थ है या जिसका कोई एक ही इकहरा अर्थ मात्र है।

दूसरे शब्दों में, इस कविता को पढ़ने के बाद वे आसानी से यही निष्कर्ष निकालते कि यह उतनी सरल नहीं जितनी कि दिखती है। आज वह बात नहीं है। आज आधे दशक की अवधि बीतते न बीतते, वे शक्तियाँ जो समाज को संगठित करती हैं, राजनीति को संगठित करती हैं, जैसा कि मैंने भूमिका में कहा है और सत्ता तथा सत्ता केंद्रों के विभिन्न अन्य वर्ग जो इस सत्ता केंद्र से जुड़ते हैं, जिससे कि मनुष्य के ख़िलाफ़ आक्रमण की पूरी एक टीम तैयार होती है, वे पहले की अपेक्षा बहुत ज़्यादा ताक़तवर हैं। इस कार्रवाई का खेल भी बहुत अधिक विस्तृत है। इसलिए वे ऐसी भाषा इस्तेमाल कर रहे हैं जो सरल तो है, लेकिन उस तरह से सरल नहीं जिस तरह मैं सरल भाषा इस्तेमाल करता हूँ। वे एक आम भाषा इस्तेमाल कर रहे हैं, जैसा कि मैंने कहा, ऐसी भाषा जिसके कुछेक सीमित अर्थ ही हैं और जो उन्हें मान्य हैं। और इसीलिए मुझे यह देखना ही होगा कि आज यथार्थ में ऐसा क्या है जो सतह पर दिखाई देती चीज़ से कहीं बहुत बड़ा है। और साथ ही साथ मुझे अपनी भाषा का ऐसा इस्तेमाल करना होगा कि वह 'कुछ' सामने आ जाए—यह मुझे अधिक सघन प्रयत्न से करना होगा, उससे अधिक जो कि मैंने 'रामदास' में किया था।

अतः जब मैंने 'रामदास' लिखी तो मुझे पता था कि मैं कोई तुच्छ-सी या साधारण-सी बात नहीं कर रहा जो समझ में बहुत आसानी से आ जाती है। लेकिन मुझे यह भी पता था कि 'रामदास' में इस सत्य के जो विभिन्न स्तर और विभिन्न पहलू या जो आयाम उद्घाटित हुए हैं, उन्हें अगर कुछ लोग नहीं समझ सकेंगे, तो भी ये शब्द उनके भीतर ये आयाम और ये अर्थ रचते चले जाएँगे और उन पाठकों को वे सभी बोध होकर रहेंगे।

आज मैं देखता हूँ कि यह आशा नाकाफ़ी है। मुझे खुद अपने अनुभवों के भीतर यथार्थ के उन आयामों का पता लगाना पड़ेगा और उन्हें शब्दों में रखना पड़ेगा। शायद यही है जो इन कविताओं को बेलौस या निरीह बनाता है, जैसा कि आप कहते हैं, क्योंकि इस प्रक्रिया में मैं बहुत सारे उन शब्दों को हटा देता हूँ, बहुत-सी उन तरकीबों को निकाल फेंकता हूँ जो हमें परंपरा से मिली हैं, और जो हमें बहुत फ़ायदेमंद तरकीबों के रूप में बेची गई थीं—मैं उन्हें अस्वीकार करता हूँ और पाता हूँ कि मैं दुर्बल से दुर्बलतर, बेलौस से बेलौसतर होता गया हूँ।

लुत्से : अब हम कविता-पाठ शुरू करें उससे पहले एक आख़िरी बात। (मुझे आशा है तुम्हारी आवाज़ अब भी साथ देगी, रघुवीर!) तुमने अपने स्वप्न के बारे में, या कि वह स्वप्न से भी कुछ अधिक था, जो कुछ बताया ... यह रास्ता, जो 'रामदास' से होता हुआ 'लोग भूल गए हैं' की बेलौस अवधारणा तक ले जाता है ... मुझे लगता है कि मैं जो कहना चाह रहा था, उसकी कुछ पुष्टि उससे होती है

जो तुमने बताया ···

र.स. : मैं चालाकी कर रहा हूँ पर इसके लिए क्षमा करें। मुझे चालाकी करनी ही पड़ेगी क्योंकि अन्यथा मैं इस सवाल का उत्तर नहीं दे सकता। ख़ैर, मैं समझता हूँ कि 'लोग भूल गए हैं' के बारे में जो कविता होगी उसमें असंख्य रामदासों का होना ज़रूरी है। और रामदास भी तरह-तरह के हैं। और हत्याएँ तरह-तरह की हैं, और तरह-तरह के रखवाले या रक्षक हैं, तरह-तरह की आशाएँ, महत्त्वाकांक्षाएँ और तृप्तियाँ हैं और क़िस्म-क़िस्म के सुख हैं ···

'लोग भूल गए हैं' दरअसल रामदास का ही विराट् रूप है। उसी आदमी के कई पहलुओं के साथ ··· हालाँकि मैं यह नहीं कहूँगा कि उसी व्यक्ति के पहलुओं के साथ। वह है मेरी कविता। और उस कविता में मुझे एक नई तकनीक आज़मानी है, कोशिश करनी है—जो शायद पिछली तकनीकों से, जो मैं बरत चुका हूँ, उधार भी लूँ। मसलन, 'आत्महत्या के विरुद्ध' से। लेकिन 'लोग' में मैंने वह तकनीक अचानक ही आविष्कृत की—यही अहसास हुआ कि यह कविता मैं सिर्फ़ इसी तरह लिख सकता था। मेरा मतलब है कि मैं कोई उस तकनीक की खोज में नहीं निकला था। लेकिन जब कविता लिख चुका तब जाना कि यही तरीक़ा था इस कविता को लिखने का। क्या स्पष्ट बता पा रहा हूँ? मैंने जाना कि मेरे आलोचक मित्र जिस चीज़ को नाटकीयता या कुछ लोग जिसे पत्रकारिता कहते थे, वही एकमात्र रास्ता था उस पाये की, उस शक्ति की, उस ईमानदारी की कविता को लिखने का। उसकी एक छोटी-सी झलक 'आत्महत्या के विरुद्ध' में मिलेगी। उसमें एक ख़ास तरह का नाटक है। नाटकीय तत्त्व नहीं, बल्कि नाटक। और वही है आज की कविता का नाटक। इसलिए अब ('लोग भूल गए हैं'/'कुछ पते कुछ चिट्ठियाँ' के लिए) मैं उस तकनीक के प्रासंगिक पक्षों का पुनः आविष्कार करूँगा। अपने मौजूदा प्रयत्न में। बेशक, जिस चीज़ को आप आजमा चुके हैं, उसके बारे में ऐसे बोलना ईमानदारी नहीं है, लेकिन चूँकि आप आप हैं और मुझे अपने आपको आपके सामने प्रकट करना ही चाहिए, इसलिए कहता हूँ कि शायद मैं इसकी कोशिश करूँगा। क्योंकि आप देखेंगे कि इस पुस्तक में *(लोग भूल गए हैं/कुछ पते कुछ चिट्ठियाँ)* मैंने आत्महत्या के विरुद्धवाली तकनीक को छुआ तक नहीं है—*हँसो हँसो जल्दी हँसो* की तकनीक यहाँ नहीं है। *लोग भूल गए हैं* में मैं अपनी नई किताब के लिए तकनीक टोह रहा था—क्योंकि तब तक मैं वे सब तकनीकें आज़मा चुका था जिन्हें बरतता रहा था और *लोग भूल गए हैं* में उन सबका एक-एक करके इस्तेमाल मैंने किया है। 'लोग भूल गए हैं' नामक लंबी कविता 'आत्महत्या के विरुद्ध' से बेहतर बनी है। बेहतरी सिर्फ़ इस अर्थ में कि मैंने *आत्महत्या के विरुद्ध* के सारे तत्त्व छोड़ दिए और कुछ नए तत्त्व जोड़े जो उसमें नहीं थे। लेकिन जो तत्त्व मैंने जोड़े हैं वे वहीं रहे होंगे, या 'सीढ़ियों पर धूप में' होंगे या फिर उन कविताओं में जो अभी तक कभी मेरे किसी संकलन में ली गईं।

लेकिन इस *कुछ पते कुछ चिट्ठियाँ* में मैंने निश्चय ही अपने व्यक्तित्व के उनमें से किसी भी अवशेष का इस्तेमाल नहीं किया है। जो कविताएँ मैंने प्रकाशित की हैं—जिन कविताओं में मैं नई तरकीबें नहीं बरत पाया या जिनमें मैंने अपने व्यक्तित्व के पिछले अवशेषों का प्रयोग किया है, उन्हें मैंने इस पुस्तक में शामिल ही नहीं किया है। क्योंकि जो कविताएँ पूरी होने के बाद अपने आपमें पूर्ण व्यक्तित्व वाली नहीं बन पातीं, वे किसी भी संकलन में आने की अधिकारी नहीं हैं। और यही एक कारण है कि तमाम संकलन दुबले और बुभुक्षित होते हैं ··· और वे भारी-भरकम नहीं होते। ख़ैर ··· मेरा ख़याल है मैंने आपके सवाल का जवाब दे दिया है।

लुत्से : तुमने जवाब दे दिया, रघुवीर, और अब शायद हमें अपना कविता-पाठ शुरू करना चाहिए। अब तुम अपने चयनों में से जो चयन सुनाओगे उनके लिए कई अन्य औचित्यपरक कारण भी हमें मिल गए हैं। शायद उनमें से कुछेक मुद्दों या नुक़्तों को जो अभी तुमने रखे, अधिक स्पष्ट किया जा सकेगा ···।

र.स. : हाँ, मुझे आपको कविता सुनाते हुए सुख है क्योंकि मैंने आपके टेप पर एक कविता सुनाई थी, कम से कम एक, और मुझे याद है कि उससे मुझे अत्यंत संतोष मिला था—जब मैंने वह कविता लिखी थी—और उस संतोष में वृद्धि ही होती गई जब वह व्यापक रूप से लोगों के सामने आई। मैंने आपको वह कविता एक कमरे में सुनाई थी ···

लुत्से : फोनसेका में ···

र.स. : हाँ, फोनसेका में ही, उस घर में ···

लुत्से : हाँ, और मुझे गर्व है कि आपने उस संग्रह का नाम उसी कविता पर रखा ···

र.स. : यह मैं सिर्फ़ प्रसंगवश ही कह रहा हूँ ··· आपको पता है जब वह संग्रह प्रकाशित हुआ था तब क्या हुआ? वह प्रकाशित हुआ ··· मैं आपके टेप का बेजा इस्तेमाल तो नहीं कर रहा। ··· वह संग्रह आया मई 1975 में और सेंसरशिप थोपी गई जून 1975 में। मेरे अनेकानेक ईमानदार और भले और बड़े विद्वान आलोचक, मेरे (आलोचक) नहीं बल्कि हिंदी के पंडित, आलोचक और विश्वविद्यालयी जनों ने कहना शुरू किया कि ये कविताएँ आपत्काल की हैं। ख़ैर। यह सुनना इतना मूर्खतापूर्ण और साथ ही इतना मन बुझानेवाला है। *हँसो हँसो जल्दी हँसो* नामक संग्रह में जो कविताएँ थीं वे दरअसल वे थीं जो उन्हें आपत्काल के बारे में बताती थीं। वे आपत्काल के दौरान नहीं लिखी गई थीं। और मैं आपको बताऊँ, सच, कि आपत्काल के दौरान मैंने एक भी कविता नहीं लिखी। मैं सिर्फ़ देखता रहा और महसूस करता रहा और सामाजिक यथार्थ को ··· टोहता रहा ··· पर मैंने कोई कविता नहीं लिखी। कविता लिखने और अपने आपको कविता लिखने के लिए तैयार करने में फ़र्क़ है।

तो वह थी वह कविता जो मुझे याद है एकाधिक कारणों से, ख़ासकर इस कारण कि मैंने पहले पहल आप ही के लिए उसे रेकार्ड कराया था, और इसलिए भी कि आपने एक लेख लिखा था उसके बारे में, या उस कविता पर आधारित या उसके इर्द-गिर्द, जो अंततः श्री वात्स्यायन के पास पहुँचा और आपत्काल के दौरान जब वे *नया प्रतीक* का प्रकाशन शुरू कर चुके थे। उस लेख की पांडुलिपि उन्होंने मुझे भेजी और मुझसे उसके प्रकाशन के बारे में पूछा। दरअसल मुझसे अपनी पत्रिका में उसके प्रकाशन की अनुमति माँगी और मुझे लगा कि यह तो मेरे सम्मान की बात है ··· और वह लेख वहीं प्रकाशित भी हुआ। वह आपत्काल के दौरान ही उसमें छपा था। और उस समय मैंने जो इंटरव्यू आपको दिया था उसमें मैंने कुछ बातें कही थीं जिन्हें मैं मूल्यवान मानता था और आज भी उन्हें मूल्यवान तथा सही मानता हूँ। और मैंने जो भी कहा या लिखा है, कभी भी, उसमें से कोई भी अस्वीकार करने की ज़रूरत मुझे नहीं है। अब मैं नहीं जानता कि यह मेरी कमज़ोरी है या कि मेरी ताक़त का मेरा अपना राज़ है, लेकिन मैं कभी भी एक भी शब्द ऐसा नहीं बोलता जो मुझे अस्वीकार करना पड़े—जहाँ तक मेरे रचनात्मक अस्तित्व का वास्ता है। पर मैं झूठ भी बोलता ही हूँ और थोड़ी देर बाद मैं आपसे एक झूठ बोलूँगा। पर, अब इसे सुनिए। लुत्से, मैं आपको कुछ कविताएँ सुना रहा हूँ जिन्हें लोग गद्य कविता कहते हैं। दरअसल एक कविता जो मेरे पिछले संग्रह अर्थात् *लोग भूल गए हैं* में है, इन लोगों के मुताबिक एक गद्य कविता ही है। मैं भी मानता हूँ कि ये गद्य कविता है क्योंकि यह गद्य में है, ऐसी दिखाई देती है। पर वह मेरी पहली कोशिश थी और मैंने दूसरी और कविताएँ लिखने का फ़ैसला किया था। मुझे पता नहीं मैंने (···) और कविताएँ क्यों लिखीं, क्योंकि जब मैंने और ज़्यादा गद्य कविताएँ लिखीं तो मैंने उन्हें इस संग्रह में शामिल करने का निश्चय किया और इस तरह ये यहाँ हैं ···।

[*सामयिक वार्ता*, अप्रैल 1992]

कविता की शुरुआत, रचना का शिल्प और पत्रकारिता

भेंटवार्ताकार : प्रयाग शुक्ल, मंगलेश डबराल, विष्णु नागर और असद ज़ैदी

● कविता की शुरुआत

विष्णु नागर : रघुवीरजी, यह थोड़ा पत्रकारिक सवाल है, तो भी यह जानना अच्छा रहेगा कि आपने कविता लिखना कैसे शुरू किया? किस चीज़ ने आपको इस तरफ़ मोड़ा? कोई न कोई ऐसी दिखाई देनेवाली चीज़ ज़रूर होगी जिसका आप बयान कर सकें।

रघुवीर सहाय : यह वाक़ई सवाल पत्रकारिक है लेकिन अंतरंग भाव से देखने पर यह इतना हल्का-फुल्का नहीं लगेगा। यह बहुत ही व्यक्तिगत बात है जिसका कि कविता से भी संबंध नहीं है। इसका संबंध केवल कवि के जीवन से है। कवि के जीवन में जब कविता लिखने की ज़रूरत पैदा होती है तो उस वक़्त वह कविता को नहीं जानता है। वह कविता को तभी जानता है जब उसे लिख लेता है, और लिख लेने पर भी वह नहीं जान पाता कुछ समय तक। लिख लेने पर वह यह जानना शुरू करता है कि मैं यह क्या कर रहा हूँ, और कैसे करना चाहिए, यह भी विचार बनने लगता है।

पहली बार कविता लिखने के कारण बिलकुल शुद्ध और पवित्र रूप से बहुत ही साधारण थे। बहुत ही मामूली और अत्यंत व्यक्तिगत थे। जहाँ तक याद है कवि-सम्मेलन में बच्चन की कविता सुनने से मुझे लगा कि जो बच्चन अभी तक मैंने पढ़ा था उससे यह कुछ अलग ही बात निकल रही है। मैंने बच्चन की पुस्तकें *निशा निमंत्रण, एकांत संगीत* और *मधुशाला* और *हलाहल* पढ़ी थीं। बच्चन के एक बहुत गहरे मित्र ज्ञानप्रकाश जौहरी मेरे पिता के भी बहुत गहरे मित्र थे। बल्कि उनके सहपाठी भी थे। वे शोध करने के लिए जब विदेश जाने लगे तब अपनी बहुत-सी पुस्तकें बाबूजी के पास हमारे घर में डाल गए। उन किताबों में बच्चन की वे सारी किताबें भी थीं जो ज्ञानप्रकाश जौहरी को भेंट में मिली थीं। उनमें लिखा हुआ था 'प्रिय ज्ञान प्रकाश को' और नीचे बच्चनजी के प्रसिद्ध दस्तख़त थे। वह एक तरह का स्फुरण-सा था क्योंकि बच्चन के हस्ताक्षर, उनकी दी हुई किताब उसको जो मेरे घर का-सा व्यक्ति है। लेकिन मेरा बच्चन से कोई परिचय नहीं था। इस दूर के रास्ते से बच्चन का मेरे घर में आ जाना, फिर किताबों का उपलब्ध होना! जैसे ही पढ़ना शुरू किया तो मालूम हुआ कि कुछ अच्छी चमत्कारिक बात मन में हो रही है। उमर भी मेरी क़रीब 16-17 बरस रही होगी। मुझे बच्चन की उन कविताओं को पढ़ने में रस तो मिला ही, एक तरह की शक्ति भी मिली। उसके बाद कहीं मैंने यह सुना कि रेडियो में किसी कवि-सम्मेलन में रामकुमार वर्मा टाइप कुछ कवि आ रहे हैं, जो गाते थे बड़ा लंबा-लंबा खींच करके, झूला झुलाते हुए। यह कवि-सम्मेलनों की कविता का बहुत लंबे समय तक एक पैटर्न रहा है। रामकुमार वर्मा का वह गाना सुन करके भी मन में आता था कि यह भी कुछ पहचाना हुआ है। फिर मन ही मन में थोड़ा-सा अंतर भी दिखने लगा कि मैथिलीशरण गुप्त की कविताओं में जिन्हें मैंने स्कूल में पढ़ा है, और रामकुमार वर्मा की लंबी-लंबी और तुकांत पंक्तियों में कुछ अंतर है और बच्चन का गाना बिलकुल उससे अलग है। जिस तरह की करुणा या संवेदनशीलता रामकुमार वर्मा दिखा रहे हैं, उसमें और बच्चन में बड़ा फ़र्क़ है।

इस तरह के तुलनात्मक अनुभव का मेरा एक आधार बन चुका था। फिर बच्चन की तर्ज पर मैंने बहुत सारी कविताएँ लिखीं जो डायरी में अभी भी पड़ी हैं। मगर यह थोड़ा बाद की बात है।

शुरुआत तो इस तरह से हुई कि मैं एक बार बहुत सख़्त बीमार पड़ा और मालूम नहीं क्यों एक अजब तरह की अपराध भावना और अजब तरह की गिरावट की दुनिया मैंने चारों तरफ़ बना ली। इसमें माता-पिता से मेरे संबंध भी थे और उस उमर में ऐसी एक लड़की से मेरे रागात्मक संबंध भी थे, वह भी जिसको मैं केवल जानता ही था। इन सब चीज़ों से मिलकर के गिरावट का एक पूरा संसार बना। जिस समय मैं बहुत बीमार था, उस समय मैंने एक कविता लिखी। बच्चन जैसी जो कविताएँ मैंने लिखी हैं, उनकी कोई याद नहीं रह गई। वह तो सब ऐसा था जैसे बच्चन की प्रतिलिपि बना रहा हूँ।

वि.ना. : मतलब आपके कवि बनने की प्रक्रिया शुरू हुई?

र.स. : वह हुई उस बीमारी के माहौल में। मेरी उमर, मेरे अंतरंग, रागात्मक और अपूर्ण संबंध, परिवार में लोगों से मेरे रिश्ते, जिसमें एक अजब तरह का अकेलापन मैंने अपने लिए ढूँढ़ लिया था। उसके साथ वह बीमारी और भाषा की वह समझ जो बन चुकी थी—दो-तीन कोनों से आकर। जो कविता बनी, वही तुकांत लंबी-लंबी पंक्तियोंवाली थी। जैसे एक कविता, जिसकी स्मृति मुझे अपनी पहली कविता की तरह से है। रामकुमार वर्मा की एक कविता है 'मैं तुम्हारी मौन करुणा का सहारा चाहता हूँ।' यह वे गा रहे थे। उसे जब मैंने सुना तो उसकी नक़ल पर लिखी कविता याद है : वह मुझको इसलिए याद है कि उसको लिख़ने के बाद मुझे एक परफ़ेक्शन नाम की चीज़ की हल्की-सी अनुभूति हुई, क्योंकि सब तुक मैंने मिला ली, छंद पूरा कर लिया, और तीन-तीन, चार-चार पंक्तियों के बाद टेक आती है, वह परफ़ेक्ट हो गई।

वि.ना. : यह तो एक तरह से कविता तक पहुँचने की प्रक्रिया थी। लेकिन पहली बार आपने यह कब पहचाना कि यह कविता है!

र.स. : मैं आपकी बात जहाँ तक समझा हूँ, वह यह है कि शब्दों के खेल या उनके परफ़ेक्ट गठन से भी ज़्यादा कोई एक और चीज़ है, 'दैट इज मी'। यानी मैं अपने आपको कब देखता हूँ—मैं यानी एक कर्ता।

एक साल की बात है। शायद मेरे बी.ए. फ़र्स्ट ईयर का ही साल रहा होगा। यानी सन् 1947 के शुरू की। अब देखिए कितना अजब है यह कि एक तरफ़ तो मैं आपसे कह रहा हूँ कि मैंने पाया कि उस कविता के अंदर मैं हूँ, एक अथॉरिटी मेरी है, और साथ ही साथ उसकी प्रेरक चीज़ों में इतनी साधारण चीज़ें भी थीं, जैसे कि पहली जनवरी और पहली जनवरी के अलावा लखनऊ का चौक, जहाँ कि अमृतलाल नागर रहते थे। वहाँ पर एक मोहल्ले का नाम है 'चौपटिया'। उसमें एक जनवरी को एक सार्वजनिक सभा में मुझे कविता पढ़ने को बुलाया गया। ये सब सामाजिक स्थितियाँ मिलकर मुझे प्रेरित कर रही थीं। नए वर्ष के ऊपर मैंने तुरंत उसी दिन कविता लिखी क्योंकि मुझे पढ़नी थी वहाँ। मुझको लगता था कि मुझे सभा को यह बताना है कि नए वर्ष में क्या-क्या होगा और हम क्या-क्या करें। ये उस कविता में जब आया तो मुझको लगा कि उस कविता में कुछ तत्त्व ऐसा है जो केवल छंद परिष्कार से अलग है। यह आनंद मिला कि मैंने बढ़िया कुछ लिख लिया है। उसमें विचार बहुत सीधे, सरल ही हैं जो एक कच्ची उमर में होते हैं, कि नया जीवन, नया वर्ष और नए कर्म और नई उमंग और जाने क्या न क्या। उसी का एक मिश्रण थी वह कविता।

वि.ना. : पहला ऐसा कौन-सा कवि था जिसे पाकर आपको लगा कि हाँ ये है कवि। इससे सचमुच ही कोई स्थायी संवाद बन सकता है, हम कुछ इससे सीख-समझ सकते हैं।

र.स. : एकसाथ कई कवि थे : शमशेर, निराला, अज्ञेय। पर ये सब धीरे-धीरे बोधगम्य हुए। भाव के रेले में इनमें से कोई वैसे नहीं आया जैसे बच्चन आए थे और जब-जब ये तीनों हावी हुए तो उन्हीं कविताओं में, जिनमें शिल्प अधिक प्राणप्रद था। जिस समय की बात हम कर रहे हैं, उस समय पिता जानते भी नहीं थे कि मैं ये सब कोशिशें अपने अंदर किया करता हूँ। जब *दूसरा सप्तक*

आया तो मैंने उनको किताब भेंट की, उसके शुरू में एक कविता लिख करके, जो मेरे नए संग्रह में समर्पण में दी हुई है। बाद में वह कविता मासिक *प्रतीक* दिल्ली में छपी थी : 'शक्ति दो बल दो।'

आप जो पूछ रहे हैं उसका सच्चा जवाब तो यही है कि मैं कविता लिखता हूँ यह बात न तो मैं प्रचारित करता था, न मेरे घर के किसी को इस रूप में मालूम था, जो वह कहे कि लाओ देखें इसने क्या कमाल किया है। अगर किसी को झलक मिली होती तो घर में ऐसी झलक को देख पानेवाला एक ही व्यक्ति था और वे मेरे पिता थे। मेरी माँ को कोई फुरसत नहीं थी यह जानने की कि कविता के बारे में मैं क्या कर रहा हूँ। बाक़ी मेरे भाई सब मुझसे बहुत छोटे थे। मुझसे छोटा भाई दस साल छोटा है। उसे भी शायद कुछ नहीं मालूम था। दूसरा कोई परिवार में था ही नहीं। जो थे, वो थोड़ी दूर थे। पिता के भाई के परिवारवाले सड़क पार घर के सामने ही रहते थे, उसमें एक मेरी बहन थीं जो मुझसे दो साल बड़ी थीं। हम लोग एक ही कक्षा में शुरू से ही पढ़ते थे। उनसे कुछ प्रतिस्पर्धा जैसी भी थी। वह साहित्य भी पढ़ती थीं, और उन्होंने एम.ए. किया था तब हिंदी में फ़र्स्ट डिवीजन हासिल करके। मगर वे भी मेरी कविता तो नहीं पढ़ती थीं। यह ज़रूर उनको मालूम था कि यह कुछ करता है, और यूनिवर्सिटी में चूँकि साथ-साथ थे हम लोग, तो उनको झलक मिलती रहती थी कि यह क्या कर रहा है।

वि.ना. : तो पिता की क्या प्रतिक्रिया हुई जब आपने उन्हें *दूसरा सप्तक* भेंट किया! यह रहस्य खुलने पर कि आप कविता लिखते हैं उन्हें कैसा लगा? कविता लिखने की बात जब माँ पर उजागर हुई तो क्या उनकी भी कोई प्रतिक्रिया आपको पता चली?

र.स. : मेरी माँ की कोई प्रतिक्रिया व्यक्त हुई हो, ऐसा मुझे कभी मालूम ही नहीं पड़ा। लेकिन मैं अंदाज़ा लगा सकता हूँ कि उन्होंने सोचा होगा कि चूँकि इस घर में यह बात मान ली गई है कि यह जो भी कुछ कर रहा है करने दो, इसलिए कविता लिखने की बात पर भी उन्होंने चुप रहना ही ठीक समझा होगा। क्योंकि कोई ख़ास नुकसान नहीं हो रहा है इसकी वजह से।

माँ का वैसे भी कविता के बारे में कोई आग्रह नहीं था। कोई ट्रेनिंग नहीं थी कविता पढ़ने-सुनने की। हाँ, उनकी ट्रेनिंग थिएटर में थी। वे बरेली की रहनेवाली थीं और वहाँ उन दिनों पं. राधेश्याम कथावाचक थे। माँ ने बचपन में थिएटर बहुत देखा था। जब वे शादी के बाद हमारे घर आईं (वे मेरी दूसरी माँ थीं। मेरी अपनी माँ बहुत पहले जा चुकी थीं, तब मैं डेढ़ साल का था) तो वे अपने साथ थिएटर की बहुत-सी स्मृतियाँ लाईं। लखनऊ में जब हम लोगों ने उनसे कहा कि चलिए आपको थिएटर दिखाने ले चलते हैं तो वे बहुत खुश हुईं बिलकुल बच्चों की तरह, और फिर बराबर जाती रहीं जब भी मौक़ा मिला। आज भी जाती हैं। उनको मालूम हो जाता कि मैं या मेरे पिता साथ थिएटर देखने जा रहे हैं तो वे बहुत आश्वस्त अनुभव करती थीं। मगर लिखित साहित्य से उनका कोई ख़ास रिश्ता नहीं था। वह लिखती नहीं थीं, गाती थीं।

मंगलेश डबराल : आपके पिताजी ने क्या कहा?

र.रा. : पुस्तक देखने पर पिताजी की प्रतिक्रिया बहुत मौन थी। लेकिन मुझे मालूम था कि इन्होंने इस पुस्तक को देखा है अच्छी तरह से कि इसमें क्या है। लेकिन कहा कुछ भी नहीं। शायद मैंने उनके मौन आनंद को चीन्हा न हो। उसके भी पहले सन् 48 की बात है। जब गाँधी की हत्या हुई, तब मैं यूनिवर्सिटी में था। तब हमारे घर में रेडियो नहीं था। पड़ोस के मकान में—जहाँ हम लोगों का मित्र परिवार था—वहाँ जाकर हमने लगातार कमेंट्री सुनी। इसके बाद पता नहीं किस वक़्त हमने एक लंबी कविता लिखी—गाँधी की हत्या पर। पिताजी को मालूम हुआ तो उन्होंने उसे सुनना चाहा। उनके एक पुराने सहपाठी घर में आए थे। उन्होंने उनसे कहा कि देखा इस लड़के ने यहीं बैठकर कमेंट्री सुनी है, और एक लंबी कविता लिख डाली है। तो उन्होंने इसको इस चकित भाव से पसंद किया। उन्होंने इस काम को आश्चर्य जैसा माना होगा। मतलब यह था, कि जो कुछ तुम कर रहे हो ठीक है। यह

मेरी माँ को भी मालूम होगा क्योंकि मित्र घर में ही बैठे थे और वहीं ये बातें हुई थीं। उन्होंने सोचा होगा कि करने दो, जो करता है क्योंकि इसको स्वीकार किया जा रहा है। कहीं न कहीं थिएटर का उनका शौक़ भी उन्हें मेरे प्रति उदार बनाता होगा।

इसके अलावा और भी बहुत-सी हरकतें हमारी ऐसी ही होती थीं। जैसे कि पढ़ाई-वढ़ाई में थर्ड डिवीजन हमारा हमेशा आता था। उसके बाद भी हम आगे पढ़ते चले जाते थे। बी.ए. में थर्ड डिवीज़न आया तो हमारे एक संबंधी ने मेरे पिताजी से कहा कि इसको बेकार पढ़ा रहे हो। मैं सेक्रेटेरिएट में हूँ। वहाँ वे हेड क्लर्क या अंडर सेक्रेट्री कुछ थे। इसको अभी मैं वहाँ एक जॉब दिला देता हूँ जिसमें 5-6 साल में तरक़्क़ी करके ठीक कमा लेगा। इसको कहो कि ये हमारे पास आए। तो पिताजी ने हमसे कहा भी कि देखो वो चुन्नी मौसा ऐसा कह रहे थे, तुम्हारा क्या ख़्याल है। हमें याद है हमने ठीक-ठीक क्या शब्द कहे थे, कि बाबूजी, जो आदमी वह नौकरी करेगा और उसमें खुश रहेगा, उसका हक़ मैं छीन लूँगा। मैं उसमें खुश नहीं रहूँगा जबकि कोई और आदमी उसमें खुश रह सकता है। तब उन्होंने कहा, ठीक है। तुम पढ़ाई जारी करो।

मैं आगे पढ़ने गया तो अर्थशास्त्र में मैंने नाम लिखवाया, क्योंकि उसमें दाख़िला मिल गया थर्ड डिवीजन होते हुए भी। उस साल आज़ादी मिल गई थी तो हर आदमी अर्थशास्त्र पढ़ने जा रहा था, सिवाय उसके कि जो हिंदी साहित्य पढ़ना चाहता था। हिंदी तो मुझको पढ़नी ही नहीं थी विश्वविद्यालय में। मुझे तो बी.ए. में भी हिंदी नहीं पढ़नी थी। इंटरमीडिएट के बाद मैंने हिंदी नहीं पढ़ी। फिर जब मैंने पढ़ना शुरू किया अर्थशास्त्र की क्लास में तो उसमें अध्यापक थे अशोक मित्र, जो बाद में पश्चिम बंगाल में मिनिस्टर हुए। उनकी क्लास में मैं बैठा और उन्हें सुना। वे मुझे बहुत अच्छे लगते थे, लेकिन उस क्लास में 250-300 लड़के थे। एक बहुत बड़ा हॉल था यूनिवर्सिटी का, वह पूरा भरा हुआ था और लोग खिड़की की ग्रिल के ऊपर बैठे थे। जो लड़के यूनिवर्सिटी के अंदर इधर-उधर जाना चाहते थे, उन्हें हॉल पार करके जाना पड़ता था। बीच में क्लास पड़ती थी। मतलब यह रास्ता भी था, कमरा भी था और मैदान भी। सब कुछ था। तो दूसरे दिन मैंने कहा कि मैं नहीं पढ़ूँगा। अर्थशास्त्र मैं बी.ए. तक पढ़ लिया। फिर मैं टहलते हुए ऊपर गया। मैंने देखा कि एक कमरे में बूढ़े लेकिन बहुत सुंदर आदमी बढ़िया ट्वीड का सूट पहने हुए बैठे थे। ट्वीड मुझे वैसे भी अच्छा लगता था। मैंने सोचा आख़िर ये हैं कौन? तो मैं उनकी क्लास में जाकर बैठ गया। वे थे मि. श्रेष्ठा, जो प्रो. सिद्धांत के बाद सबसे प्रसिद्ध अध्यापक थे। तब मैंने कहा मैं यही पढ़ूँगा। मैंने बाबूजी से कहा कि मैं अर्थशास्त्र नहीं पढ़ूँगा। मैं अंग्रेज़ी में नाम लिखवा लूँ, तो वो खुश हुए अंदर से, ऐसा मुझे लगता है। वे चुप रहे। उन्होंने कुछ नहीं कहा। यह भी नहीं कि तुम इतना बड़ा अत्याचार अपने साथ करने जा रहे हो, उसमें मैं शामिल नहीं होऊँगा तुम्हारे साथ। वे चुप रहे। शायद यह उनके मन की बात थी जो मैं कह रहा था। उन्होंने कहा ठीक है, तुम ज्वाइन कर लो। इस तरह से बहुत घटनाएँ हुईं जिनके कारण मैंने मान लिया कि कहीं मेरे साथ प्रतिक्रिया बिलकुल चुपचाप होगी। बड़े ज़ोरों से मुझे मना नहीं किया जाएगा और न शाबाशी दी जाएगी।

लेकिन जहाँ तक कविता-संग्रह की बात है, वह उन्हें अच्छा लगा। उन्होंने वह कविता पढ़ी जो मैंने हाथ से लिखी थी उन्हें समर्पित करते हुए। उसको पढ़के उनको कहीं न कहीं अंदर एक फीलिंग हुई होगी। उन्होंने पाया होगा कि ये सचमुच वही है, क्योंकि वे जानते थे कि यह इस पीड़ा से गुज़र रहा है। बस इतनी ही बात कह सकता हूँ हालाँकि इसमें बहुत कुछ तो केवल एक मौन संप्रेषण से प्राप्त हुआ। एक बात और मुझे कहनी है। बहुत बाद में (सन् 52-53) मैंने एक कविता लिखी। उस समय कृष्णनारायण कक्कड़, कुँवर नारायण और डॉ. देवराज ये सब मिलकर *युगचेतना* निकाल रहे थे। उसमें मैंने वह कविता भेज दी। उन्होंने छाप दी। छापने के बाद वे बहुत पछताए क्योंकि श्री नारायण चतुर्वेदी और विद्यानिवास मिश्र ने जो उस समय सरकार में थे, कहा कि इसकी प्रतियाँ

सरकारी ख़रीद में नहीं आएँगी क्योंकि आपने बहुत भ्रष्ट कविता इसमें छाप दी है।

वि.ना. : वह 'भ्रष्ट कविता' कौन-सी थी?

र.स. : 'हमारी हिंदी' नाम की एक कविता है।

मं.ड. : यह किस सन् की बात है?

र.स. : यह है शायद 1953 की, क्योंकि 1952 में *प्रतीक* बंद हो गया। उसके बाद मैंने *युगचेतना* से कहा कि मैं अब बिलकुल ख़ाली हूँ और तुम लोग यहाँ अपना प्रतिनिधि नियुक्त करो। तो कुँवर और कक्कड़ ने मुझे चिट्ठी भेज दी कि आप हमारे प्रतिनिधि हैं दिल्ली में। मैं प्रतिनिधि की हैसियत से रिपोर्ताज और कविता भेजने लगा। उन्हीं दिनों एशियाई लेखक सम्मेलन भी हुआ था, जिसमें मुल्कराज आनंद, अज्ञेय वग़ैरह शामिल हुए थे। उस सम्मेलन की रिपोर्ट भी मैंने वहाँ भेजी थी। मगर इस कविता को छापने से बड़ा हल्ला मचा लखनऊ में और इसे हमारे पिता ने बहुत पसंद किया। मैंने यह घट्ना यह बताने के लिए ही बताई।

वि.ना. : यह कविता उन्हें अच्छी लगी, इसकी क्या आप थोड़ी व्याख्या कर सकते हैं?

र.स. : देखिए, अच्छी तो उनको इसलिए लगी थी कि उसमें जो बात कही गई थी वो खरी थी और सभी पुराने लोगों की तरह खरी बात ही साहित्य है ऐसा वे मानते थे। ये तो हम बीच के लोग हैं जो कि तमाम ऊटपटाँग बातें साहित्य में मानते हैं। (हँसी) मतलब साहित्य की उनको यह समझ तो थी ही। पढ़ाते भी वे साहित्य थे। एक असलियत का बड़ा मार्मिक व्यंग्य और राग-अनुराग से मिला-जुला एक चित्र खींच दिया गया है, यह लगा होगा और दूसरी चीज़ जो उनको सचमुच अच्छी लगी होगी, वह है उसकी भाषा। भाषा में ख़ास तौर से वह जो घर के वर्णन में उसके अंदर है। उनके ज़माने की ज़िंदगी से ठीक-ठीक यह भाषा ली हुई थी। प्रामाणिक भाषा के वे पारखी थे और बनावट से उन्हें चिढ़ थी। हिंदी के नाम भाषाशास्त्री क़िस्म के लोग जो बोलते-लिखते हैं, वह भी उन्हें उतना ही नापसंद था जितनी छायावादी साहित्य की नक़ली हिंदी। इस कविता को *आत्महत्या के विरुद्ध* संग्रह में देते हुए मैंने उसके प्रथम संस्करण में लिखा भी है कि मेरी यही एक कविता मेरे पिता को पसंद थी। इसका अर्थ है कि किसी और कविता के बारे में उन्होंने कभी मुझसे कुछ कहा ही नहीं।

आपने जो पूछा कि किस कवि को इस रूप में पहचाना कि वह मेरा प्रेरक कवि है, यह बड़ा मुश्किल सवाल है क्योंकि ऐसा मुझे याद ही नहीं आता एकदम। शायद अपने को पहचानने का काम कविता में मेरे साथ नहीं हुआ। गद्य में ज़्यादा हुआ।

वि.ना. : किसके गद्य से?

र.स. : यह काम हुआ है एक ऐसे व्यक्ति के गद्य के साथ, जिसे कि सचमुच लोग भूल गए हैं। वे थे सियारामशरण गुप्त। उनका *नारी* नामक उपन्यास जब मैंने पढ़ा तो मुझको एक तरह का 'आत्मसाक्षात्कार' उसके अंदर हुआ, लौकिक स्तर पर, दार्शनिक स्तर पर नहीं। *नारी* नाम के उपन्यास की कहानी अब पिट गई है क्योंकि हज़ारों लोग उसको इस्तेमाल कर चुके हैं। वह एक स्त्री की कहानी है जिसके पति का पत्र आता है और वह उसको पढ़ नहीं पाती। जिस पुराने ढंग की रागात्मक भाषा में वह लिखा हुआ है, उसी में उसका आनंद है। उस वर्णन को अगर हम आज के मायने में देखते तो शायद बहुत दोटूक बात हो जाती पर उसे सघन करुणा और मन की वेदना के साथ सियारामशरणजी ने लिखा। इन्हीं की एक कविता भी है 'मुझको देवी के प्रसाद का एक फूल ही दो लाकर'। वह भी मुझको बहुत आंदोलित कर चुकी है। अब मैं उन बातों को निचोड़कर यह कह पाऊँगा कि किसी भी कवि, लेखक या आलोचक या रचनाकार का एक रागात्मक संवेदन अगर वह सच्चा है तो मेरे लिए क़ाफ़ी बड़ी पहचान बनता है। कवियों में मुझको हमेशा इसका अभाव मिला। इतना सच्चा भावात्मक तेज मुझको नहीं मिला।

मं.ड. : आपने निराला को कब पढ़ा?

र.स. : निराला को मैंने बहुत बाद में पढ़ा। सुना ज़रूर। तब मैं शायद हाईस्कूल में था। तब उन्होंने कई कविताएँ एकसाथ सुनाई थीं, मगर तब तो दूसरा वातावरण था कविता का। मैं देखता था—निराला किस तरह बोल रहे हैं, पढ़ रहे हैं, उनका व्यक्तित्व कैसा है। वह कान्यकुब्ज कॉलेज से आए थे। निराला को कवि के रूप में मैंने बहुत बाद में पढ़ा और समझा तो उसके भी बाद में। मेरा ख़याल है कई दर्जा पढ़ लेने के बाद। अंग्रेज़ी एम.ए. के दिनों में जहाँ तक मुझे याद है।

वि.ना. : तो क्या कह सकते हैं कि आपकी कविता के स्रोत बहुत कुछ कविता से बाहर हैं और न केवल कविता, बल्कि शायद साहित्य से भी बाहर हैं? क्या इसमें कहीं कोई सच्चाई है?

र.स. : ऐसा नहीं है कि बहुत ही ग़लत या नितांत काल्पनिक बात आपने कह दी हो। लेकिन यह ज़रूर है कि जब आप पूछते हैं तो फिर बहुत चीज़ें मैं याद करता हूँ। मुझे लगता है कि मेरी बनावट में भावना और भावुकता का बहुत ही केंद्रीय स्थान है। मेरी जो सारी सीढ़ियाँ हैं अपने अंदर के विकास की, वे इन्हीं में से होते हुए गई हैं। मेरा विकास खुद जो हुआ, जैसे हुआ, आप लोग ज़्यादा समझ सकते हैं बाहर से, अंदर से तो मैं इतना ही कह सकता हूँ कि मेरा विकास एक गीतकर, भावुक आदमी या साहित्यकार के रूप में नहीं हुआ, जिसकी वजह यह है कि साहित्य के बाहर की दुनिया मुझको बहुत आकृष्ट करती रही। मेरा सारा तर्क वहीं से आता रहा। मैं खुद अपने को देखता हूँ और अभी आपकी बातचीत के द्वारा और भी अच्छी तरह देख पा रहा हूँ कि यह बिलकुल सही है कि मैं एक रागात्मक संसार में अपना आत्मदर्शन कर पाता हूँ, पर वहाँ जाना मुझको घुटन भरा लगता है। वह बहुत बड़ा संसार है और बहुत बड़ी घुटन से भरा हुआ है। उसमें रह नहीं सकता हूँ मैं।

वि.ना. : इस बात की थोड़ी और व्याख्या करेंगे?

र.स. : मुझे लगता है कि आत्मसाक्षात्कार तो मैंने कर लिया, लेकिन इसके बाद दूसरा कुछ है ही नहीं। अर्थात् आत्मसाक्षात्कार अपने आपमें उपलब्धि नहीं है। एक और तरह के यथार्थ का साक्षात्कार बहुत ज़रूरी है ताकि आप अपनी शक्ल सचमुच देख सकें। मैं आपको याद दिलाता हूँ कि शमशेरजी ने मुझको लिखा था कि तीन चीज़ें बहुत ज़रूरी हैं ज़िंदगी में : आक्सीजन, मार्क्सवाद और अपनी वह शक्ल जो हम अवाम में देखते हैं। शमशेरजी ने जो कहा वह मेरे मन में बैठ गया है और वह शायद पहले से भी कहीं ज़रूर बैठा रहा होगा। उन्होंने उसे शब्द दिए थे। वही मैं दोहरा रहा हूँ कि उस रागात्मक संसार का इतना विराट् रूप है कि वह सारा का सारा कुंठा और घुटन से भरा हुआ है। अपनी जो शक्ल हम अवाम में देखते हैं वह वहाँ नहीं है। जब तक वह नहीं मिलती, तब तक उस संसार से बाहर भागने की तबियत होती रहती है।

अब आपकी साहित्य से बाहर वाली बात पर आता हूँ। मेरी थोड़ी-सी समस्या भी है। हाँ, इसे समस्या ही मानता हूँ मैं, कि मेरा जो फ्रेम ऑफ़ रिफ़रेंस है, वह बहुत ज़्यादा व्यावहारिक है। किसी विचारधारा, किसी किताब और यहाँ तक कि किसी व्यक्ति के आधार पर मेरा फ्रेम ऑफ़ रिफ़रेंस नहीं बना है। मेरी ट्रेनिंग इस तरह से नहीं हुई। न तो मैं पढ़ाई में लगा रहा हमेशा, न मैं किसी एक बड़े भारी काम में जुटा रहा। काफ़ी बिखराव की ज़िंदगी मैंने बिताई है। उसमें इतना ही संभव रहा है कि जिस चीज़ को मैं देखूँ, यथार्थ के जिस हिस्से को मैं देखूँ उसमें मैं यह भी देखूँ कि इसमें क्या है और इसका दूसरे हिस्से से क्या नाता है। अगर उसमें कुछ न हो तो उसको छोड़कर आगे देखूँ या फिर दूसरी जगह देखूँ। यह खोज मैं करता रहा हूँ।

आपने शायद यही कहा है कि मैं साहित्य में दिए गए प्रमेय के आधार पर नहीं देखता हूँ। यह इसलिए सच लगता है कि मेरा सारा भाव यंत्र उसी बिखराव की दुनिया में बना है—एक के बाद एक कई चीज़ों में से गुज़रते हुए, कहीं न कहीं एक अपने बहुत आंतरिक अर्थ में अपने लिए एक ठहराव भी ढूँढ़ते हुए। यह मुझे अब दुबारा कहना पड़ रहा है सन् 48-49-50 की स्मृतियों के आधार पर,

जब मैंने अपने लिखने के बारे में खुद लिखना शुरू किया (जों कि थोड़े अंश में *सीढ़ियों पर धूप में* आया है) कि मेरी पहली ज़िम्मेदारी यह है कि मैं अपने आपको बिखराऊँ नहीं और समग्र अनुभव को पकड़ूँ। अनुभव की समग्रता नाम की एक चीज़ होती है, जो बहुत महत्त्व की है, किसी भी आदमी के अपने चरित्र के विकास के लिए। यह बात मैंने, उस उम्र में समझी, जब मैं अपने पैरों पर खड़ा हो गया और दुनिया में निकला।

मुझे लगा कि अनुभव में समग्रता होनी चाहिए। यह मेरा दर्शन आगे भी इसके ऊपर बनता गया है। आप पाएँगे कि मेरे लेखों, कविताओं में भी एक समग्र तत्त्व है जिसके कि आप टुकड़े-टुकड़े नहीं कर पाएँगे, नहीं कर सकते। वास्तविकता इनसान की शक्ल में हो तो आप उसके टुकड़े नहीं कर सकते। इनसानों के समूह के आप टुकड़े नहीं कर सकते। फिर एक भूगोल और एक इतिहास भी आपका है, उसको आप इस तरह से बाँट नहीं सकते। इसको आगे जाकर और भी ज़्यादा मैं समझता गया। यह मैं इसलिए कह रहा हूँ कि ये सब चीज़ें जुड़ी हुई हैं। यहाँ तक कि यह विविधता में एकता का दर्शन मुझे निहायत मानव-विरोधी और भ्रष्ट मालूम होता है। विविधता में एकता नहीं, एकता में विविधता है। समग्रता मुख्य चीज़ है। फिर उसके अंदर क्या-क्या है, इसको आदमी देख सकता है। फिर उनको एक साथ लानेवाला साधन भी अपने आप बनता रहता है। विविधता में एकता तो लोगों को तोड़ती है और तोड़ने के बाद फिर उनसे कहती है कि यह एक सत्ता-संरचना है और यह एक विचार है और यह विचारधारा है और यह दर्शन है जो तुम्हें वह सब कुछ देगा, जो तुम चाहते हो। यह तो बिलकुल फासीवादी विचार है, यह इतिहास और समाज को देखने का मानवीय तरीक़ा नहीं है। इसलिए मैं यहाँ तक आया हूँ। क्योंकि जो बिखराव मेरे अंदर रहा है शायद उसके कारण या किन्हीं और कारणों से, मुझे समग्र अनुभव के लिए बहुत लालायित रहना पड़ा है। वह मेरे दिमाग़ में एक वैज्ञानिक दृष्टि के रूप में विकसित होता रहा है हालाँकि कितने ही बिखरे-बिखरे ढंग से हुआ हो। ये विचार कहीं से ढूँढ़कर लाना चाहूँ तो मैं ज़रूर किसी दर्शन में इन्हें पाऊँगा। वहाँ से मैं उसका साक्षी ले आऊँगा लेकिन वहाँ से मैं उसको नहीं लाता इसलिए कि मेरी तालीम उस तरह की नहीं हुई है। कितने ही मेरे तथाकथित विचारों के लिए मुझे अपने ही को साक्षी बनाना पड़ा है या अपने पड़ोसी को या आपको या अनाम लोगों को। मैंने उनसे निकाला है उन बातों को, जो कि शायद बहुत-से लोग देख चुके होंगे साहित्य में और दर्शन में। राजनीति में कह चुके होंगे।

मं.ड. : लेकिन आधुनिक जीवन में तो हमें यही बतलाया जाता है कि जीवन एक बड़ी खंडित इकाई है। इसका समर्थन करनेवाले दर्शन और साहित्यिक दर्शन भी अनेक हैं। आधुनिकतावादी साहित्य ने यह मान्यता दी है कि जीवन के अंश में ही जीवन है, उसकी समग्रता की, उसकी संपूर्णता की धारणा तो क्षय होती रही है।

र.स. : हाँ, पर इसका मतलब यह तो नहीं कि तथाकथित आधुनिक लोगों ने उल्टी धारणा को माना, इसलिए वे आधुनिक ही हैं। जिसको आधुनिकतावादी माना जाता है, उसका ज़्यादातर हिस्सा एक बहुत ही वाणिज्यिक विचार की उपज है। और यह विचार भी उपजा है एक ज़्यादा बड़े राजनैतिक दर्शन से जिसमें कि राष्ट्र नहीं है, राष्ट्र-राज्य है, जिसमें संस्कृतियाँ नहीं, बल्कि उपसंस्कृतियाँ हैं। ये सारे विचार उसी चिंतन की उपज हैं कि हर चीज़ बिकती है और हर चीज़ ख़रीदी जा सकती है। या कि कोई चीज़ तभी अस्तित्व रखती है, जब उसका कोई मूल्य हो और कोई मूल्य चुकानेवाला हो। यानी यह उपभोक्ता संस्कृति का एक आयाम है।

मं.ड. : रघुवीरजी, आपने अभी कहा कि आपका भीतरी संसार आवेगों, भावनाओं और संवेगों से बना है लेकिन आपका विकास उस तरह से नहीं हुआ है क्योंकि उस दुनिया में आपको घुटन महसूस होती रही है। आपके नए संग्रह *कुछ पते कुछ चिट्ठियाँ* की पहली ही कविता है उसमें "क्या ये स्मृतियाँ हैं विचारों की जो/अपने साथ कोई आदमी लिए हुए/हल्की-सी कोशिश करती हैं पहचान की"। हम

लोग अभी तक यही जानते रहे हैं कि भावनाओं की स्मृतियाँ होती हैं। इसमें एक ख़ास तरह की द्वंद्वात्मकता है। ऐसा लगता है कि आपके व्यक्तित्व की मूल प्रवृत्ति और आपके सृजनात्मक विकास में भी एक द्वंद्व है। इसी तरह का द्वंद्व तब भी झलकता है जब आप कहते हैं कि विचारों की स्मृतियाँ हैं। क्या इसमें टकराव नहीं है?

र.स. : नहीं, टकराव नहीं है। यह एक और आयाम है अनुभवों का। टकराव इस ढंग से मुझे नहीं दिखा है अभी तक। अगर कविता से एक विचार निकलता हो जो कि एक दूसरे विचार के साथ द्वंद्व की स्थिति में हो, तो उसमें मैं एक दूसरे ढंग से जाँच सकता हूँ अपने आपको। परंतु जहाँ तक अपने अंदर की खोज का सवाल है, यह द्वंद्व नहीं रहा है। मैं अपनी इस कविता की स्मृति फिर से जागृत करूँ तो याद आता है कि उसमें यह कहा गया है कि जिस यथार्थ को हम देख रहे हैं, वह क्या है। क्या वह ऐसा है कि किसी दूसरे विचार की स्मृति से निकलता है! और वह विचार भी मेरा नहीं है, बल्कि उसके साथ जुड़ा हुआ कोई एक चेहरा भी याद आता है, कोई व्यक्ति भी आता है, ऐसा शायद मैंने उसमें कहा है। अगर यही उसका मतलब निकलता है तो उसमें कोई द्वंद्व नहीं है। यह तो केवल मेरे यथार्थ का एक आयाम है, जिसमें एक स्मृति है और वह एक विचार की स्मृति है और वह अमूर्त नहीं है, एक साकार स्मृति है। वह प्रतीक रूप में साकार हो गई हो, ऐसा नहीं है। बल्कि वह और कोई मेरा प्रतिरूप है जो उस विचार की स्मृति के साथ संबद्ध है, जैसे कि दो यथार्थ एक-दूसरे से जुड़े हुए एक साथ भी और क्रमशः भी दिखते हैं। कुछ-कुछ ऐसा ही भाव है। उसे बताना भी एक और कविता बनता जाएगा इसलिए इसे वहीं रहने दें। लेकिन मैं यह कहना चाहता हूँ कि द्वंद्व की मेरे अंदर समझ नहीं है। अधिक से अधिक मैं यह कह सकता हूँ कि देखिए, यथार्थ कितना संश्लिष्ट है! यह एकआयामी नहीं है। यह विचार मैंने पाया था कि कहीं न कहीं मेरी स्मृति में एक विचार ही नहीं है बल्कि एक आदमी भी है। मुझे यों लगता है दो स्मृतियाँ अलग हैं पर मिलकर एक हो रही हैं।

मं.ड. : आप भावनाओं और विचारों में क्या रिश्ता महसूस करते हैं?

र.स. : इस कविता को मैं अगर प्रमाण मानूँ और मानूँगा क्योंकि यह कविता भी मैंने बिलकुल कविता के ढंग से लिखी है यानी आप इजाज़त दें मुझे कि मैं यह कह सकूँ कि मैंने सचमुच ऐसा महसूस किया था तो फिर मेरे लिए भावना और विचार में कोई बुनियादी आत्यंतिक अंतर नहीं है कि यह भावना है जो विचार हो ही नहीं सकती। ये दोनों अजब तरीक़े से या कभी-कभी एक-से दिखते हैं या अलग-अलग दीखते हुए भी एक-दूसरे में उलट-पुलट करते हैं या इतने तरीक़ों से घुलते हैं कि जिनमें यथार्थ का एक अंश ठीक वैसा दीखता है, जैसा यथार्थ का दूसरा अंश नहीं है।

मैं यह नहीं कह रहा हूँ कि इसे आप अगर लागू करें एक सामाजिक यथार्थ के ऊपर तो यह बात सच निकलेगी। यदि यह सच निकल जाए तो सारा संसार ही नष्ट हो जाएगा। फिर तो आप कभी यथार्थ को छू नहीं पाएँगे। सामाजिक यथार्थ में ऐसा होगा लेकिन भावना में देखेंगे तो एक अनुभव दूसरे में लिप्त होता है और किसमें कौन लिप्त होता है, यह ठीक पता नहीं चलता। इसमें क्या है और उसमें क्या है, ये दोनों चीज़ें मिल रही हैं लेकिन दोनों यथार्थ हैं और दोनों एक-सी हैं, ऐसा नहीं है। सिर्फ़ एक स्मृति मुझे आती है। उस स्मृति में क़ायदे से जो चीज़ आनी चाहिए वह यह है कि एक मकान है, एक मैदान है या कोई बड़ी चीज़ लीजिए जो दीख सके, उसके साथ। अचानक उसी यथार्थ का हिस्सा बनकर और स्मृति आती है जो कि वास्तव में उस पदार्थ से या उस घटना से संबद्ध नहीं है लेकिन मेरे मन में आती है उसके साथ ही साथ। इसका मतलब है कि दो स्मृतियाँ हैं मेरी। एक विचार है और एक उसकी स्मृति है और दोनों एक-दूसरे से रिश्ता रखते हैं। वह रिश्ता कहाँ से आया, यह देखने की कोशिश मैं करता हूँ तो उसमें मैं एक चेहरा पाता हूँ। उस चेहरे की वजह से यह रिश्ता नहीं बना है। वह चेहरा अलग एक यथार्थ है। वह उस आदमी को लिए हुए आती

है। तो यथार्थ के इतने सारे हिस्से हैं। ये सब किसी-किसी वक़्त कहाँ पर एक होते हैं, उनके एक होने का कारण कहाँ से आता है। वह ज़रूर मेरे अंदर है। यथार्थ की समझ जैसे ही मेरे अंदर बनती है, वैसे ही प्रेरणा काम करती है। फिर उसके रूप अपने ढंग से संपृक्त होना शुरू करते हैं। इसलिए ये रूप एक ही यथार्थ के आयाम हैं। बस यही मैं कह सकता हूँ।

वि.ना. : सहायजी, मेरे दिमाग़ में कई सवाल आ रहे हैं। उनमें से एक सवाल पूछ रहा हूँ जो ऊपरवाली बात से संबद्ध नहीं है। आपने कहा कि आप जब पढ़ाई करते थे, तब आप हमेशा थर्ड क्लास आते थे बी.ए. तक या एम.ए. तक!

र.स. : एम.ए. तक।

वि.ना. : तो शिक्षा में जो आपकी तथाकथित कमज़ोरी थी, इसका आपके व्यक्तित्व से, आपके अन्य तरह के विकास से क्या संबंध था? मैं कहूँगा कि आपके अंदर जो रचनात्मक आदमी बन रहा था, क्या वही आपको शिक्षा की तथाकथित ऊँचाइयाँ पाने से रोक रहा था? क्या आपके अंदर की रचनात्मकता आपको यह बताती थी बार-बार कि पढ़ने का तामझाम कहीं अर्थहीन है? इसमें बहुत ज़्यादा प्रयास करके अपनी रचनात्मकता को खोने नहीं देना चाहिए?

र.स. : यह लगभग सही बात है। हालाँकि इसको इन शब्दों में नहीं कहिए।

मं.ड. : मेरे ख़याल से इसका अगला वाक्य यह होता कि ज्यों-ज्यों आप थर्ड क्लास आते गए, आप कवि होते गए।

र.स. : ज़्यादा वैज्ञानिक यह कहना होगा कि पढ़ने के परिणामों को जानते ही उनसे एक असंतोष या कि वितृष्णा या कि तिरस्कार की भावना बनती गई। उदाहरण के लिए, कक्षा में जब आपको हिंदी साहित्य का इतिहास पढ़ाया जाता है और बता दिया जाता है कि उसके चार विभाग हैं, और वे ये-ये हैं, उसके बाद आपको उत्तर देना होता है तो हिंदी साहित्य का इतिहास नाम की पुस्तक पढ़ने से मेरी अरुचि शुरू हो जाती है। इससे ज़्यादा रुचि मुझे इसमें आती है कि मैं एक कवि को, जो इतिहास के क्रम को बिलकुल तोड़ता हुआ चला जाए, पढ़ूँ क्योंकि मुझे वह उत्तर नहीं देना है जो आपने तय कर रखा है मेरे लिए। मुझे तो यह बताना है कि नरोत्तमदास में मुझे क्या चीज़ें मिलीं। नरोत्तमदास मुझे इसलिए याद आ गए कि उनकी *सुदामा चरित* मन में टिकी हुई है क्योंकि उसका ड्रामा, उसका कथानक, उसका ग्रेंजर, जो भी उसके अंदर है, वह मुझे याद रह गया है।

● रचना का शिल्प

वि.ना. : एक पाठक के रूप में मुझे इस बात की खुशी होती है कि हमारे सामने एक ऐसा कवि है, जिसके स्रोत साहित्य के भीतर सीमित नहीं हैं। इसलिए वह बहुत-सी चीज़ों को देख पाता है, रच पाता है। अगर उसने अपनी सीमाएँ साहित्य के भीतर तय कर ली होतीं और उसके लगभग सारे स्रोत वहीं होते जैसे कि कई कवियों के हैं तो मेरे ख़याल से आप हमारे लिए बहुत अर्थवान कवि नहीं होते।

र.स. : हालाँकि विष्णुजी, क्या ऐसा होता है, कि साहित्य के अंदर ही स्रोत निकलते हैं? साहित्य का यह एक हिस्सा ले लो और उससे साहित्य बना लो। फिर साहित्य का दूसरा हिस्सा ले लो और उससे साहित्य बना लो। ये तो मुझे बिलकुल ठीक नहीं लगता। मुझे यह ज़्यादा ख़राब लगता है।

असद ज़ैदी : मेरे ख़याल से नागर यह कहना चाहते हैं कि शुरू से ही आपकी कविताओं में हिंदी की उपलब्ध काव्य परंपरा की धाराओं-उपधाराओं के बड़े हिस्से का बहुत ही सचेत नकार है। उसकी आलोचना भी है, उसका खंडन भी है। इस रूप में कहीं न कहीं आपकी कविता आत्मसचेत कविता है। एक तरह से वह दी हुई साहित्यिक परंपरा में रमी हुई उसी से निकलती हुई नहीं है। उसी

से लिपटी हुई नहीं है, जैसे छायावाद की कविता छायावाद में लिपटी हुई है या एक हद तक आधुनिक हिंदी कविता की पूरी परंपरा है। हालाँकि वह खुद में बड़ी खंडित परंपरा है। उसका भी एक दबाव बन चुका था। आपने उससे अपने को बिलकुल अलग किया। आपने ये शायद काफ़ी सोच-समझकर, जानबूझकर किया। यह कैसे हुआ?

वि.ना. : मैं भी शायद असद की बात को ही दूसरे ढंग से कह रहा हूँ। मेरा कहना यह नहीं है कि हमारे बहुत-से चर्चित कवियों के पास अनुभव का कोई संसार नहीं है, फिर भी वे महत्त्वपूर्ण माने गए हैं। मैं यह कह रहा हूँ कि वे साहित्य के बाहर से जो उपलब्ध करते हैं, उसे लेकर जब वे रचने बैठते हैं, तो साहित्य की दी हुई परंपराएँ और उन्हीं का गुणा-भाग, जोड़-बाकी उन पर इतना हावी हो जाता है कि वे अपनी रचनात्मक ऊर्जा को रचना में स्थानांतरित नहीं कर पाते।

र.स. : यह बात मुझको ज़्यादा समझ में आ रही है। मैं अपनी परेशानियों को या रचना संबंधी अपने अंदर की उथल-पुथल को इस बात के ज़्यादा नज़दीक पाता हूँ कि जो चीज़ मैं करना चाहता हूँ, वह औरों से अलग है—एक तो यह बात है। दूसरी यह कि विष्णु नागर ने यह काम ऐसे किया है, पर यही काम मैं करूँ लेकिन मेरा काम अलग दीखे, यह मेरी रचनात्मक सोच नहीं है। इन दोनों सोचों में कहीं न कहीं एक कृत्रिमता है जो कि मुझको तुरंत खटकती है। इसलिए यह है नहीं मेरी धारा।

ज़्यादा सही तरीका यह है इस बात को समझने का कि कुछ मुझे कहना है जो कि कैसे कहना है, यह मुझी को निकालना है। चूँकि मुझी को निकालना है इसलिए वह विष्णु नागर ने नहीं निकाला या वे निकाल सकते नहीं, या वे निकालेंगे नहीं, या वे निकालेंगे तो भी वह नहीं निकलेगा। ये सभी पैमाने भूल जाने होंगे। ये सब अनसाइंटिफिक साबित हो जाएँगे। क्योंकि क्या पता कि जो कुछ मुझको निकालना है वही विष्णु नागर निकालेंगे, तो वे ऐसा नहीं निकाल पाएँगे जैसा मैंने निकला। इस बात को कहकर मैं कौन-सा नया अर्थ बता पाऊँगा। यह तो मेरी विचारधारा का हिस्सा हो ही नहीं सकता। आप भी वही करेंगे जो मैंने किया। जो मैं कर सकता हूँ वह आप भी कर सकते हैं। जो एक आदमी कर सकता है, वह कोई भी आदमी कर सकता है। मानवजाति में एक आदमी जो कर सकता है, उसे उसका दूसरा कोई भी सदस्य कर सकता है। ये मोटा सिद्धांत है। इसको मैं हमेशा मानूँगा लेकिन यह नहीं मानूँगा, कि अगर आपने एक कविता लिखी है तो मैं भी लिख सकता हूँ लेकिन वही कविता मैं भी लिखूँगा, यह आपके और मेरे साथ एक बहुत ग़लत रिश्ता बनाना होगा।

जो मुझे करना था, उसे करने के लिए मुझे भाषा, शिल्प या छंद का, चीज़ों को समझने का वह ढंग आना चाहिए, जिससे कि मैं वही कहता जो मुझे कहना था। यह तरीक़ा मुझे ही निकालना पड़ेगा। शुरुआत चीज़ों को समझने से होती है, यथार्थ को समझने से होती है। फिर भाषा के साथ यथार्थ की समझ का जो रिश्ता बनता है, उसको कहने का जो तरीक़ा, शिल्प या रूप बनता है उसमें आप पाएँगे कि आप बिलकुल अपना रास्ता निकाल चुके हैं। अगर आपने शुरू से ही समझ लिया कि मुझे कहना या पहचानना है तो उसे पहचानने, उसे कहने का रास्ता भी मुझे निकालना पड़ेगा। मेरी हर रचना को अद्वितीय होना ही है। यह बात ज़्यादा वैज्ञानिक है, ज़्यादा सही है। मेरे ख़याल से हर एक को यह मानना चाहिए क्योंकि इसमें यह मतलब नहीं निकलता कि मेरी रचना सबसे श्रेष्ठ होनी ही है। यह इसका अर्थ नहीं है। और जो आपने कहा कि बहुत-से कवियों ने अपनी रचना को एक चीज़ बनाया तो आपकी बात का ये अर्थ निकला कि उन्होंने शायद कुछ कसौटियों को मान लिया जिन पर कसने से ही यह चीज़ रचना होगी। मैं जो कह रहा हूँ उसमें ये बात निहित है कि मैं कोई कसौटी मानकर चल ही नहीं रहा। मैं चल ही नहीं सकता, क्योंकि अगर मैंने यह मान लिया है कि मुझे ही देखना है, मुझे ही समझना है, मुझे ही बताना है, तो इस सिलसिले में जितनी भी कसौटियाँ हों, वे भी मुझे ही बनानी हैं। हाँ, एक विचित्र तरह से यह ज़रूर अनिवार्य हो जाएगा कि ये सब तो आपने

अपना कर लिया, देखा भी, समझा भी, लिखा भी और इन सब घटनाओं को अपनी ही बनाई कसौटियों पर कस करके सही भी करते गए। लेकिन इसके बावज़ूद एक चीज़ और कहीं न कहीं है कि चूँकि आप ही की तरह सब लोग कर रहे हैं यही काम जैसा आपने किया है, तो कहीं न कहीं एक कसौटी और बन रही है। मोटे तौर पर आप शायद कह लीजिए कि विश्व प्रतिमान है, एक निखिल प्रतिमान है, यानी रचनात्मकता की पूरी संस्कृति है, जिसमें कहीं कोई प्रतिमान है, जो सबको मानना है कहीं न कहीं पर। बिलकुल ठीक वैसे ही रूप में नहीं मानना है पर एक मापदंड है ज़रूर और वह भी बड़ा फ्लुइड है। मतलब मापदंड है पर वह रेजिमेंटेशन नहीं करता। वो इतना लचीला है कि आप कहते हैं कि यह मापदंड है और मैं भी कहता हूँ कि यह मापदंड है लेकिन मैं जिस तरह से मापदंड का इस्तेमाल करता हूँ और आप जिस तरह से मापदंड का इस्तेमाल करते हैं, उन दोनों में एक बारीक-सा अंतर है। जब नतीजों की शक्ल में यह सामने आता है तो दीख जाता है।

वि.ना. : आपके पहले संग्रह *सीढ़ियों पर धूप में* में कविताओं के साथ कहानियाँ तथा डायरियाँ थीं। इससे यह लगता था कि कहानियों में भी आपकी समान रुचि है। बाद में भी आपकी कहानियाँ लगातार आती रहीं और उन्हें सराहा गया। लेकिन पिछले दस वर्षों में शायद आपकी एकाध ही कहानी आई है। कहानियों के प्रति आपकी घटती दिलचस्पी का क्या कारण है?

र.स. : कई बार यह तय कर पाना मुश्किल हो जाता है कि कहानी लिखूँ या कविता लिखूँ या लेख लिखूँ। एक कोई चीज़ होती है जो एक बिंदु पर आकर अपनी ज़ात खो देती है कि यह कहानी होगी या कविता होगी। यह भी होता है कि अकसर कुछ दूर तक चलने पर वे पूरी तरह से बनती या खुलती भी नहीं हैं। कभी-कभी तो घबराकर या उकताकर यह लगता है कि अच्छा तो इसको कहानी नहीं बनाएँगे, इसको कविता में ही लिखेंगे। विचार प्रकट करनेवाले लेखक के दायरे में इस तरह अकसर होता है कि कविता की विधा में मैं इसे पकड़ तो रहा हूँ लेकिन मैं लिखूँगा इसको लेख की विधा में। कभी-कभी यह साफ़-साफ़ जल्दी पता लग जाता है, कभी देर से। और मैं समझता हूँ कि सबसे आदर्श स्थिति वह होती है जबकि आख़िर तक न मालूम हो लेखक को कि मैं किस विधा में इसको लिखूँगा और फिर जब मालूम हो तब उससे पलटने का कोई चारा न रह जाएगा, तब उस विधा में ही लिखना पड़े उसे। कविता के मामले में तो ऐसा अकसर मेरे साथ होता है। मैं सोचता हूँ कि इस बात को मैं कविता में कहना चाह रहा हूँ लेकिन फिर मैं सोचता हूँ कि इसे लेख में लिखूँगा। फिर लगता है कि नहीं, यह तो कविता की तरह मेरे अंदर बन रहा है, वही जो कि मैं लेख के रूप में लिखता। अगर उसकी बनावट के बारे में विश्वास हो जाए कि हाँ यह कविता ही बनेगी तो वह कविता बनती है। ऐसी घटनाएँ कहानी को अंतिम रूप देते समय कम हुई हैं, यह सच है। लेकिन मेरी दिलचस्पी कहानी में हमेशा रही है। यह विधा मुझे आकृष्ट करती रही है और यह भी साफ़ कर दूँ कि यह कहने का मतलब यह नहीं है कि पहले से मानकर चलता हूँ कि यह विधा बहुत आकर्षक है। इसमें मुझे लिखना ही चाहिए। उसकी प्रक्रिया वही है जो मैंने अभी बताई, क्योंकि वह है ही उलझी हुई प्रक्रिया।

तो इसका नतीजा निकलता है कि कहानी लिखने के बहुत कम ऐसे मौक़े आए हैं कि कविता में वह बात परिपक्व न हो गई हो और कहानी में रास्ता निकाला हो। बस या तो यह एक संयोग है या स्थितियों का दबाव है या यह भी हो सकता है कि जो चीज़ मैं कहना चाह रहा था, वह इतनी ज़्यादा उलझी हुई थी कि उसको लेख में लिखने का मतलब यह होता कि या तो लेख बहुत लंबा होता या बहुत ऊबड़-खाबड़ होता। या शायद लेख में मेरी बात की सब परतें अलग-अलग हो जातीं और वे एक के ऊपर एक जमा कर दी जातीं जो वैसे भी मैं अपने लिए अनुभावन या अभिव्यक्ति का रास्ता नहीं मानता हूँ। जितना अनुभाव हो, उतनी ही संश्लिष्ट उसकी अभिव्यक्ति होनी चाहिए। उसमें एक संतुलन मिलता है। इसलिए भी यह हो सकता है कि लेख न लिखने और फिर कहानी

न लिखने और अंत में कविता लिखने का फ़ैसला हो गया हो।

प्रयाग शुक्ल : उन कविताओं को लेकर आपका अनुभव क्या है जो कि छंद में हैं जैसे 'रामदास'। जिन कविताओं में शुरू से ही छंद आता है या कि एक संगीत है उनमें क्या आपको यह नहीं लगता कि यह शायद पहले ही निर्धारित हो जाता है कि यह तो मैं कविता में ही कहूँगा।

र.स. : जैसा कि आपने कहा, उन कविताओं के बारे में शुरू से ही तय हो जाता रहा होगा कि यह बात कविता में ही कही जाएगी।

प्र.शु. : *लोग भूल गए हैं* में एक कविता है। *कुछ पते कुछ चिट्ठियाँ* में भी ऐसी कविताएँ हैं जिनका रूप ही गद्य वाला है। मेरा आशय यह नहीं है कि वे कविताएँ नहीं हैं। मेरा मतलब यह है कि उनमें उस तरह का छंद नहीं है या उनमें एक तरह का संगीत नहीं है। तो उन कविताओं के साथ क्या होता रहा है जैसे 'रामदास' कविता है या जैसे 'दयाशंकर' कविता है।

र.स. : *लोग भूल गए हैं* में भी है।

प्र.शु. : जी हाँ, उसमें भी है लेकिन मुझे शीर्षक याद नहीं आ रहा। लेकिन हैं दो-तीन कविताएँ।

अ.ज़ै. : जिसमें यह है वह जाता है रेस्टोरेंट में ...

र.स. : जी हाँ, खानेवाली। यह प्रेस क्लब में बेयरे से हमारे रिश्ते के ऊपर है।

अ.ज़ै. : हाँ, वह बहुत अच्छी कविता है।

र.स. : कुछ कविताओं के बारे में तो मुझे यह समझ में आ रहा है कि इन कविताओं की ज़मीन बन गई होगी। इसके बाद वह प्रक्रिया शुरू हुई होगी जिसका ज़िक्र अभी कर चुका हूँ कि कई तरफ़ जाता होगा रास्ता और फिर कहीं न कहीं जाकर खुल जाता होगा। इन कविताओं में कई तरफ़ जाना तो संभव हुआ होगा बाद में लेकिन उसके भी पहले ज़मीन बन चुकी होगी तो वह कई तरफ़ जाना सीमित हो गया होगा। फिर वह आख़िर में एक ज़मीन पर आकर टिक गया होगा। फिर मुझे यह भी याद आ रहा है कि कई बार मैंने कोशिश की है छंद में शुरू करने की, यह सोचकर कि ज़मीन तो बन गई है, अब उसे और क्या बनाया जाए लेकिन थोड़ी देर बाद मालूम हुआ कि इस ज़मीन पर जो भी बन रहा है वह बहुत ही लचर तथा बेकार का ढाँचा है और उसको छोड़ दिया।

प्र.शु. : एक जिज्ञासा यह है कि क्या 'रामदास' कविता एक ही बार में लिखी गई है?

र.स. : मैं बता रहा हूँ कि कुछ कविताओं के साथ छंद आया और अपने साथ कविता का काफ़ी कुछ अंश लिए हुए आया। जब कविता में छंद की ज़मीन बनने लगी तो मालूम हुआ कि इसमें छंद तो है ही और रहेगा भी। इसके अंदर जो भावनात्मक और वैचारिक आवेग है वह भी छंद के अंदर बनता हुआ चला जा रहा है। यह कुछ कविताओं के साथ हुआ। 'रामदास' की प्रक्रिया शुरू तो ऐसे हुई है। यह मुझे भी एक अच्छी कविता लगती है। उसको लिखने का समय और घटना मुझे याद है इसलिए बता सकता हूँ कि जब उसका बेसिक छंद समझ में आ गया, यह समझ में आ गया कि मुझे क्या कहना है तो उसका एक ड्राफ़्ट बना। पर वह इसके अंतिम ड्राफ़्ट से बहुत अलग था। बहुत ज़्यादा लंबा था। उसके अंदर बहुत-से वर्णन और शब्द ऐसे थे जो बाद में निकाल लिए गए। वह ड्राफ़्ट इसलिए भी लंबा था कि एक ही बात को कई तरह से कह दिया गया था। तो पहला ड्राफ़्ट पढ़ने के तुरंत बाद ही लगा कि यह सब फ़ालतू है।

जब-जब मुझे किसी कविता को बार-बार लिखने की ज़रूरत पड़ी है तो उसका तर्क यही रहता है कि उसमें जो फ़ालतू है उसको हटाना। मेक्सिमम ऐलियनेशन के बाद जो बचता है, वह अगर फिर भी कह देता है बात को तो वह कविता का लगभग अंतिम रूप रहता है। इस कविता में भी यही हुआ। पहले तो बहुत-सी पंक्तियाँ थीं, बहुत तरह के विशेषण थे, बहुत तरह के मुहावरे थे, अभिव्यक्ति के तमाम रूप थे।

प्र.शु. : वे प्रारूप आपने रखे हुए हैं या नष्ट कर दिए हैं या नष्ट हो गए हैं?

र.स. : उसका लिखा हुआ रूप शायद किसी फ़ाइल में मुझे मिल जाएगा। लेकिन सुरेश शर्मा की किताब में उसका सारा वर्णन दिया हुआ है। मेरा आंतरिक वर्णन तो उन्हें मालूम नहीं था लेकिन उन्होंने दो-तीन ड्राफ़्ट दिए हैं और उन पर अपने ढंग से टिप्पणी की है। अब ड्राफ़्ट को अलग रख दें। मेरे अंदर जो हो रहा था, उसे मैं बयान कर दूँ। उन दिनों मैं आर.के. पुरम के मकान में रहता था। वह मकान बहुत बड़ा नहीं है। बड़ा क्या, छोटा मकान है। उसमें तीन कमरे थे। एक कमरे में मैं सोता भी था और लिखता-पढ़ता भी था। रात को वही कमरा सबसे ज़्यादा अकेला होता था। वहाँ पर मैं रात को काम करने बैठा। रात के क़रीब बारह-एक बजे होंगे। जब शुरू किया इस कविता को तो लगा कि यह कुछ जल्दी होनेवाला काम नहीं है। इसमें एक तरह की उलझन है मन में। तो तीन घंटे मैं जागता रहा, टहलता रहा या बैठता रहा। मुझे पूरा याद नहीं है लेकिन यह याद है कि जिस वक़्त सचमुच मुझे मालूम हुआ कि हाँ यह कविता अब लगभग हो गई पूरी तो उस वक़्त मैं शारीरिक रूप से काफ़ी थक चुका था और उसमें बहुत अधिक संतोष मुझे मिला। लगभग शारीरिक काम करने जैसा संतोष मिला। उसके ड्राफ़्ट जो भी थे सब मैंने दुबारा अपने सामने रखे। फिर मैंने अंतिम रूप उसको दिया। अंतिम रूप देने तक मुझको यह मालूम नहीं था कि वह कविता इतनी छोटी और इतने कम शब्दों में कही जानेवाली हो पाएगी। वह कविता तो एक पूरी रात में लिखी गई थी।

वि.ना. : तो अंतिम ड्राफ़्ट उसी दिन तैयार हुआ?

र.स. : हाँ, बारह बजे से लेकर 4-5 बजे तक दो-तीन ड्राफ़्ट बनाए। कुछ उसी में काटता रहा, कुछ दुबारा लिखता रहा। यह आदतन करता हूँ कि जब मैं कोई चीज़ लिख रहा हूँ और पाता हूँ कि मुझे काफ़ी काटना है तो फिर नए सिरे से उसको शुरू करता हूँ या उतार लेता हूँ पहलेवाले हिस्से को। तो वही काम जो एक काग़ज़ में मैंने किया होता, वही बिलावजह चार-पाँच काग़ज़ों में हो जाता है।

मं.ड. : इसी से जुड़ा हुआ एक सवाल है। आपके दिमाग़ में कविता पहले किसी इमेज के तौर पर आती है या किसी विचार के रूप में या किसी एक पंक्ति के रूप में? इसकी शुरुआत कैसे होती है आम तौर पर?

र.स. : अगर आप छंद के रूप में लिखी किसी कविता के बारे में पूछें तो यह कुछ और कविताओं की रचना-प्रक्रियाओं से अलग है। इनमें तो बहुधा छंद की ज़मीन पहले आती है। उसमें कविता का जो एक तत्त्व है वह बहुत हवाई रूप में रहता है, लगभग एक कथ्य के, विचार के, गद्य के रूप में। जब ज़मीन बन जाती है तो उसकी शक्ल भी ज़मीन के आधार पर शुरू होती है। फिर बार-बार काटने, बदलने, बनाने का सिलसिला शुरू होता है। लेकिन दूसरी तरह की कविताओं में बहुत और चीज़ें काम करती हैं। कभी तो इमेज काम करती है, बहुत बोल्ड ढंग से। कभी सिर्फ़ साथ आई हुई कोई दो-तीन पंक्तियाँ, जो कि अपने आपमें पूरी होती हैं। अगर उनको वैसे ही लिख लिया जाए और कुछ न किया जाए तो भी वो एक क़िस्म की कविता हो सकती है।

छंद से अलग जो कविताएँ हैं उनके साथ यह होता है। बहुत दुर्लभ ढंग से कभी-कभी यह भी होता है कि सिर्फ़ दो-तीन शब्दों का समूह भी होता है जिसके आगे-पीछे कोई सिलसिला नहीं है भाषा का, लेकिन मन में एक तरह की कोई वेदना है या इच्छा है या किसी बात को कहने की आकांक्षा है। तो वे दो-तीन शब्द काफ़ी होते हैं उसको उकसाने के लिए। लेकिन ऐसा कभी-कभी ही होता है। ज़्यादातर तो उन दो-तीन शब्दों की जगह कोई इमेज ले लेती है। वह इमेज बहुत बड़ी होती है, तब भी यह आसान होता है कि जब जैसे-जैसे उसका काव्यात्मक रूप, उसका पद्य का रूप या भाषा का रूप निकलता जाए, वैसे-वैसे उस पर बहुत ज़्यादा काम करने की ज़रूरत भी महसूस होती है। जो दो-तीन लंबी कही जानेवाली कविताएँ मैंने लिखी हैं, उनमें यह प्रक्रिया बार-बार दोहराई गई है। उसके साथ उसका एक समानांतर पहलू यह भी है कि वे अलग-अलग इमेजेस में लिखी गई हैं, काग़ज़ के

टुकड़ों के ऊपर या डायरी में या नोटबुक में, बहुत बिखरे-बिखरे ढंग ये यहाँ-वहाँ। जैसे *लोग भूल गए हैं* में लंबी कविता है 'लोग भूल गए हैं' शीर्षक से। उस कविता में जो कुछ भी है वो कम से कम तीन महीनों के अंदर जगह-जगह लिखे गए नोट्स के आधार पर या इमेजेस से, टिप्पणियों से, कभी-कभी एक शब्द से, कभी-कभी दो-तीन शब्दों से, कभी शब्दों के समूहों से, कभी-कभी ख़ाली इशारों से। उसमें से एक इमेज उज्जैन में कहीं किसी बाज़ार में मुझे दिखाई दी थी। मैंने उसको पकड़ने की कोशिश की या नहीं लेकिन उसके अंदर जो मसाले हैं, जो मैटीरियल हैं, वो सारे के सारे इमेजेस के रूप में आए हैं। मुझे ज़रूरत मालूम हुई अंदर से कि मैं उस कविता को लिख डालूँ जो कि उन इमेजेस के अंदर कहीं मुझे दिख रही है बार-बार, तो उनको फिर जोड़ने की प्रक्रिया शुरू हुई। मैं यह कहना चाहता हूँ कि एक यह भी रास्ता है कविता लिखने का। कविता लिखना एक लेवल पर काफ़ी मैकेनिकल और टेकनिकल काम है। उन तमाम इमेजेस को मैंने गोंद और कैंची की मदद से जोड़ा है। पर इतना शब्दशः नहीं मानें। एक इमेज के बाद दूसरी इमेज क्रमशः गोंद और कैंची से नहीं लगाई गई है बल्कि आप कह सकते हैं कि उसके ऊपर चस्पाँ कर दी गई है या उसके अंदर घुला दी गई है।

संक्षेप में यह है कि कुछ कविताएँ ऐसे ही बनी हैं। तमाम इमेजेस हैं मेरे पास, उनको जब मैंने लिखना शुरू किया, तो जो गोंद-कैंचीवाली मिसाल मैंने ली थी, वह लगभग सही है। कुछ लाइनें उतार लीं मैंने। फिर उसके बाद ढूँढ़ता रहा कि अब मुझे कौन-सी लाइनें उसके बाद लिखनी हैं। तो जो बहुत-सी और लाइनें डायरी में बिखरी पड़ी थीं, उनमें से कुछ को वहाँ उतार लिया। कभी-कभी ये भी हुआ है कि जितना कुछ इमेज की शक्ल में डायरी में था, सब उतार लिया। फिर उसको देखा कि ये वन, टू, थ्री, फोर, इस क्रम से रहेगा। क्रम से रखने के बाद भी यह हुआ कि एक और दो के बीच कुछ ग़ायब है। कभी-कभी यह हुआ कि दो ग़ायब ही हो गया है बिलकुल। कभी-कभी यह भी हुआ है कि एक और फिर वन प्लस और टू सब बन गया है। मगर उनके बीच के पुल बदल गए हैं जो पहले बहुत सिंपलिस्टिक थे या बहुत ब्लंट थे। तो इमेजेस का पैच वर्क भी है मेरी कविताओं में, ख़ास तौर से लंबी कविताओं में। लंबी का मतलब यह है कि जो लंबी कहला सकती हैं।

प्र.शु. : जैसे 'आत्महत्या के विरुद्ध'।

र.स. : हाँ, वह भी। 'आत्महत्या के विरुद्ध' बिलकुल ऐसे ही लिखी गई है। उसके तो मेरे पास काग़ज़ भी मौजूद हैं बल्कि उसी को लिखते वक़्त मैंने एक काग़ज़ चुन लिया था, उसके कवर पर लगाने के लिए। लिखने की प्रक्रिया में ही वह काग़ज़ निकला है। तो 'आत्महत्या के विरुद्ध' तो बिलकुल ऐसी ही लिखी कविता है। यानी जितनी चीज़ें दिमाग़ में आती गईं, उन्हें लिखता गया। यह सोचकर नहीं कि वे एक ही चीज़ का हिस्सा हैं बल्कि यह जानकर कि ये कहीं न कहीं एक ही चीज़ में जोड़ करके एक पूरी चीज़ बनेगी। हो सकता है कि कई चीज़ों के कई हिस्से रहे हों। उन सबको जोड़कर एक नई चीज़ का एक हिस्सा बन सकता था। यह मैकेनिकल काम है।

मं.ड. : यानी कविता का जो तर्क है वह क्या अनुभवजन्य है या कि वह एक मैकेनिकल डिवाइस है?

र.स. : नहीं, इसे हम इतना साधारणीकृत नहीं कर पाएँगे। मैं कोई चमत्कारी बात कहने की कोशिश करूँ जो कि मेरे मन में आ रही है, कि उसमें तर्क नाम की चीज़ है नहीं। लेकिन उसमें सच्चाई की खोज (या ऐसा ही कोई शब्द) के लिए कहीं न कहीं एक अर्थ है, जिसको मैं ढूँढ़ रहा हूँ। एक सार्थकता है उसके अंदर। वह चाहे शिल्प में मिल जाए या बिना आकार के मिल जाए। इसीलिए यह लक्ष्य करने की बात है कि बिना शिल्प की कविता में वास्तव में बहुत अधिक शिल्प होता है। यानी उसमें शिल्प यही होता है कि किस तरह से सारे तथ्यों, सारे यथार्थ के अनुभवों की संगति बहुत विश्वसनीय ढंग से बैठाई जाए। तब दूसरे लोग कहते हैं कि यह तो बिना शिल्प की कविता है।

मं.ड. : जैसे कि 'रामदास' आपकी कविता है। वह शिल्पहीन लगती है।

र.स. : आप कह सकते हैं कि बिना शिल्प की कविता है। लेकिन नहीं है वह।

वि.ना. : आपकी ज़्यादातर कविताओं के पीछे इसी तरह की मेहनत है या बहुत-सी ड्राफ़्ट में ही आ गई हैं?

र.स. : एक ड्राफ़्ट में तो बहुत कम कविताएँ आई हैं। एक ड्राफ़्ट में आनेवाली कविताएँ वही हैं जिनके पीछे काफ़ी रागात्मक और मानसिक उफान अंदर-अंदर रहा है। एक आवेग में वह कविता आई है जैसे वह जो आप बता रहे थे।

प्र.शु. : खानसामावाली—'उसे कितना होश था ... '

र.स. : हाँ यही, पर यह तो बाद की पंक्ति है, पर शुरू की है "मैं नशे में धुत था/आधी रात के सुनसान में/एक कविता बोलता जाता था अपनी याद में।" ये इतनी इमोशनली इंटैंश कविता है यानी कि वह शुरू ही वहीं से होती है। मैं बहुत पिए था जब मैंने यह कविता लिखी।

वि.ना. : यह सचमुच क्या एक घटना पर आधारित है? वरना उसके बग़ैर यह कविता संभव नहीं लगती?

र.स. : हाँ, प्रेस क्लब में मैंने अकेले शराब पी और खाना खाया। उस वक़्त तक वहाँ भीड़ कम थी और मेरी सेवा अहमद नाम का पुराना बैरा कर रहा था जो ख़िदमतगारों की तरह विनम्र ज़रूर था मगर मालिक को खुश करने के लिए बिछा नहीं जाता था। उसके स्वभाव में विशेष तरह की खुद्दारी थी मगर वाजिबी खुशामद भी थी। जब उसे कोई इनकार करना होता तो ऐसा करता जैसे कानून के मुताबिक कर रहा हो मगर जब कुछ माँगना होता तो साफ़-साफ़ कहता इस बिल में एक पैकेट सिगरेट जोड़ दीजिए और दस्तख़त कर दीजिए। कौन जाने बाद में सिगरेट के पैकेट के बदले पैसे बना लेता हो, कौन जाने और क्यों जाने? जब मैं क्लब से निकला तो दूर तक पैदल चला कविता की पहली पंक्ति गुनगुनाते हुए। घर आकर कविता पूरी की।

● पत्रकारिता

वि.ना. : रघुवीरजी, आप पत्रकारिता में आजीविका की विवशता के कारण आए या अपनी पसंद के कारण या यह संयोग मात्र था?

र.स. : अगर आप कालक्रम के हिसाब से सवाल पूछ रहे हों तो मैंने सबसे पहले अख़बार में तब नौकरी शुरू की, जब मैं एम.ए. पार्ट-वन में था। यह सन् 49 की बात है। पढ़ने के साथ-साथ जब यह काम मुझे मिला तो तीन बातें एकसाथ बनीं। एक तो यह कि मैं पढ़ने के साथ कुछ थोड़ी-बहुत आमदनी भी करता रहूँ। दूसरी, बिना यह जाने कि मुझे क्या कहना है, मुझे कोई एक रास्ता मिलेगा अभिव्यक्ति का। कुछ काग़ज़-कलम का, भाषा का इस्तेमाल होगा। तीसरी यह कि समाज में मैं जो घूमता-फिरता रहता था, यूनिवर्सिटी में या कि कॉफ़ी हाउस में या कि बहुत-से और वैचारिक, अर्द्धराजनैतिक, सामाजिक संगठनों में, उसी का यह एक अनुषंग था। यह आकर्षण भी था कि 100 रुपए मुझे मिलेंगे। इससे अधिक तो उस समय मिलते नहीं थे। इन कारणों से मैंने आग्रह किया ज्ञानचंद्र जैन से, जो कि उन दिनों *नवजीवन* के कार्यकारी संपादक थे। दरअसल उनके यहाँ एक जगह ख़ाली थी टेम्परेरी और उन्होंने मुझको चिट्ठी लिखकर बुलाया था।

प्र.शु. : वे अमृतलाल नागरजी के दोस्तों में रहे हैं न?

र.स. : हाँ, ये दोनों गहरे मित्र थे। इसके ठीक पहले मैंने *नवजीवन* में अपनी कुछ लंबी कविताएँ भेजी थीं। इनमें से एक या दो *दूसरा सप्तक* में छपी हैं। तो छाप दी थीं उन्होंने। फिर उसके बाद मुझे पत्र लिखा कि हमारे यहाँ एक जगह ख़ाली हुई है लेकिन वह तीन महीने के लिए है सिर्फ़। तुम चाहो तो आकर मिलो। मैं मिला उनसे। दूसरे दिन से ही उन्होंने मुझे रख लिया। पर उसके पहले बहुत

जोर डालकर यह कहा कि "अभी भी तुम सोच लो क्योंकि अगर तुम अखबार में नौकरी करोगे तो भूखों मरोगे क्योंकि कोई भी अख़बार में काम करके अपना पेट नहीं पाल सकता। मैं बहुत दुखी हूँ और अपनी बात मैंने तुमको बतलाई है।" तो मैंने कहा कि नहीं, मैं तो अख़बार में ही काम करूँगा।

एक ज़िद मेरे मन में बिलावजह ही पैदा हो गई थी अख़बार में ही काम करने की, हालाँकि कोई बड़ी वजह उसकी नहीं थी। अगर कोई वजह भी थी तो यह कि सरकारी नौकरी नहीं करूँगा। आई.ए.एस. में या यूनिवर्सिटी में या कॉलेज में पढ़ाने या मुदर्रिस बनने की मेरी बिलकुल इच्छा नहीं थी। इस तरह अख़बार ही बच रहता था। यहाँ पर बहस करना, बातचीत करना, मतलब लगभग कॉफ़ी हाउस जैसा वातावरण था। सिवाय इसके कि यहाँ पर काम करना पड़ता था। काम भी अप्रेंटिस के रूप में कोई ख़ास तो रहता नहीं था और कुछ काम करके दिखाने की होड़ भी रहती थी, तो मैं अख़बार में आ गया। जब तीन महीने बीत गए तो उन्होंने कहा कि जिनकी जगह तुम आए थे, उन्होंने फिर छुट्टी ले ली है। लेकिन मैंने कहा कि मुझे तो इम्तहान देना है एम.ए. पार्ट-वन का। तो उन्होंने कहा कि इसके लिए तो आपको छुट्टी नहीं मिल सकती पर हम आपको यह आज्ञा दे देंगे कि आप यहाँ पीछेवाले कमरे में बैठकर अपनी पढ़ाई किया कीजिए और कोई ज़रूरत नहीं आपको पूरे छह घंटे काम करने की। पर मैंने कहा कि नहीं, यह ठीक नहीं है। असल में मुझे डर था कि मैं इम्तहान में फेल हो जाऊँगा। पहले एक साल इम्तहान देने से मुझे रोक दिया गया था, हाजिरी कम होने की वजह से। इसलिए मैंने कहा कि नहीं, अगर आपने छुट्टी नहीं दी तो मैं नौकरी छोड़ दूँगा। फिर मैंने नौकरी छोड़ दी। बहरहाल इस तरह सिलसिला शुरू हो गया।

एम.ए. फ़ाइनल का इम्तहान देने के तुरंत बाद चला गया मैं दिल्ली और यहाँ भी पत्रकारिता ही थी, हालाँकि आप कह सकते हैं कि यह साहित्यिक पत्रकारिता थी। वैसे ऐसी कोई चीज़ अलग से होती नहीं है। यह शब्द ही सही नहीं है। फिर आगे जाकर *प्रतीक* जब बंद हुआ तो मैंने कहा कि मेरे हाथ में तो अब कुछ अनुभव है। वात्स्यायनजी ने पूछा कि अब तुम यह बताओ कि तुम वापस जाओगे या यहाँ कुछ करोगे। मैंने कहा कि वापस तो नहीं जाऊँगा। उन्होंने इस बात का समर्थन किया हालाँकि कोई ख़ास काम उस वक़्त उन्होंने मेरे लिए नहीं किया। जब वे खुद रेडियो में भाषा सलाहकार होकर गए तो उसके दो महीने बाद 'वांट्स' निकली यू.पी.एस.सी. की, तब उन्होंने मुझसे कहा कि तुम इसमें आवेदन करो। रिटन टेस्ट तो मैंने अपने बूते पर पास किया लेकिन इंटरव्यू में नगेन्द्रजी बैठे थे। उन दिनों वे अज्ञेयजी के बहुत दोस्त थे। ज़रूर वात्स्यायनजी ने उनसे कहा होगा कि इस लड़के को तुम लगाओ क्योंकि मैं ही उसको यहाँ लाया था लखनऊ से। नगेन्द्रजी ने इंटरव्यू में मेरे साथ थोड़ा अच्छा बरताव किया। उन्होंने मुझसे पूछा कि 'रिलेक्सेशन' की हिंदी बताओ। मैंने बहुत सोच-समझकर बड़ा बारीक शब्द बताया—विश्रांति। उन्होंने कहा ठीक। बस फिर मैं रेडियो में काम् करता रहा। उसके बाद सिलसिला चलता रहा। फिर जिसको अंग्रेज़ी से हिंदी में अनुवाद करके कहते हैं कि 'पलटकर नहीं देखा' वह मैंने किया।

वि.ना. : आपने *प्रतीक* में भी काम किया, आकाशवाणी में भी, *नवभारत टाइम्स* के विशेष संवाददाता भी रहे। फिर अज्ञेयजी के साथ भी आपने समाचार संपादक के रूप में *दिनमान* में काम किया। इस सारे दौर में आपके लिए पत्रकारिता की दृष्टि से उत्प्रेरक और आपके अनुभव को ज़्यादा समृद्ध करनेवाला समय कौन-सा रहा? एक संपादक के रूप में या एक विशेष संवाददाता के रूप में या किसी और रूप में?

र.स. : पत्रकारिता का कुल मिलाकर मेरे निर्माण में बहुत हाथ रहा है। मैंने जो कुछ भी किया वह सब मेरा निर्माण है, कविता लिखना भी, संपादन करना भी और संवाददाता की हैसियत से काम करना भी। मुझे यह सब काम संपन्न-समृद्ध कर रहे थे और जो नहीं संपन्न कर रहे थे मालूम नहीं कि मैं शायद उनको टाल रहा था या छोड़ रहा था या कि करने से इनकार कर रहा था।

आप खुद क्योंकि अख़बार में काम करते हैं तो आपको इतना तो मालूम ही है कि किसी भी तरह से आपकी निरंतरता टूटती नहीं है। 1953 में मैंने ज्वाइन किया ऑल इंडिया रेडियो के उपसंपादक के रूप में। हिंदी समाचार बुलेटिनों की भाषा से तर्कयुक्त स्पष्ट गद्य और सहज भाषा के कितने ही महत्त्वपूर्ण सुधार इस समय हुए। इसमें भी एक मायने में बहुत आयाम रचनात्मकता को मिला। पर यह संक्षिप्त था और बहुत अधिक देर तक नहीं रहा। भाषा के संस्कार को बल मिला, रेडियो न्यूजरील का काम सीखने से भी। अपना योग देकर मैं विदा हो गया। सन् 1957 में मैंने त्यागपत्र दे दिया। इसके बाद सन् 1959 के बीच में हैदराबाद भी हो आया और फिर दिल्ली में कमला देवी चट्टोपाध्याय के बुलाने पर एशियन थिएटर में राष्ट्रीय नाट्य विद्यालय में काम कर लिया। पारिवारिक संकटों से भी गुज़र लिया। बच्चे भी हो गए मेरे। पिता के देहांत के बाद दुबारा प्रवेश किया ऑल इंडिया रेडियो में संवाददाता के रूप में। तब परिवर्तन शुरू होता है। वही पीरियड था जब मेरा टी.वी. से रिश्ता बहुत घना होता है। बहरहाल 1959 से मेरा जर्नलिस्टिक कैरियर मेरे लिए बहुत फेथफुल होने लगता है। संसद की प्रेस दीर्घा में मेरा पहुँचना मेरे राजनैतिक और सामाजिक यथार्थ का विकास था।

1959 से 1963 तक मैं ऑल इंडिया रेडियो और टी.वी. में रहा। वहाँ से सीधे मैं *नवभारत टाइम्स* में आया विशेष संवाददाता के रूप में। वह निरंतरता बनी रही। बल्कि और गहरी हो गई। वही काम करना था मुझे जो रेडियो और टी.वी. ने कराया था। लेकिन ज़्यादा बड़े पैमाने पर और कहीं ज़्यादा आज़ादी और ज़िम्मेदारी के साथ। 1963 से 68 तक मैंने यह काम किया। फरवरी 68 में *दिनमान* में आया। *दिनमान* में मेरा आना दूसरों के टेकनिकल-राजनैतिक कारणों से ज़रूरी था। उस वक्त के मैनेजर पी.के. राय, संपादक वात्स्यायनजी और श्रीमती रमा जैन सबको ज़रूरी लगा कि मुझको संपादक के ठीक नीचे वाली जगह पर रखें। कोई नीचे जगह थी नहीं। रमाजी आदि की राय थी कि मुझे वात्स्यायनजी का उत्तराधिकारी बनना था। तो वात्स्यायनजी और मैनेजर के बीच में यह समझौता था कि आपको एक आदमी तैयार करना है क्योंकि आप जानेवाले हैं। यह सहमति अज्ञेय और रमा जैन और तमाम लोगों के बीच में हो गई थी। एक चन्द्रमौलि शर्मा असहमत थे और आख़िर तक असहमत रहे। लेकिन बाकी लोगों ने कहा कि ठीक है। यह सही आदमी है और यह *नवभारत टाइम्स* में काम सीख चुका है। रिकार्ड भी इसका बहुत अच्छा रहा है क्योंकि मेरे तमाम सही लोगों से संबंध बन गए थे। वह राजनीति भी सही ज़माने की राजनीति थी और दूसरे में जो ख़बरें और 'दिल्ली की डायरी' नामक राजनैतिक कॉलम लिखता था, वह बहुत पढ़ा जाता था। सबसे बड़ी बात जो होती है अख़बारों में कि संपादक उसका लोहा मानता था हालाँकि वह कभी-कभी कहता था कि जब आप कश्मीर पर लिखें तो मुझको दिखा दिया करें। लेकिन फिर भी वहाँ काफी इज़्ज़त मिली। उदाहरण के लिए मैं अपना कॉलम शुक्रवार को लिखता और सत् सोनी को देता। सोनी बड़ी इज़्ज़त से उसे छापते। एक-एक शब्द वो उसका देखते। पत्रकारिता में नाम-वाम मेरा उसी कॉलम की वजह से हुआ क्योंकि समाचारों में तो नाम जाता नहीं था।

तो जब मैं *दिनमान* में आया तो मेरे लिए समाचार संपादक की पोस्ट बनाई गई। समाचार संपादक की लगभग एक नाम भर की पोस्ट थी। काम वही था जो संपादक का था। यह ज़रूर था कि संपादक को यह विश्वास था कि मेरे और स्टाफ़ के बीच में एक आदमी आ गया है जिससे कि मेरे समय की कुछ बचत होगी।

कुछ ही महीने बाद वात्स्यायनजी चले गए और मुझे एक बना-बनाया तंत्र सम्हालने को दे दिया गया। एक दूसरे आदमी द्वारा बनाए हुए तंत्र को सम्हालने में जो संकट हैं वे भी मुझको मिले और एक बहुत ठोस आधार पर बना हुआ तंत्र भी। यह मेरे धन और ऋण के पक्ष थे *दिनमान* में आने के। इसके अलावा वात्स्यायनजी मेरे पत्रकारिता के विकास में कोई ख़ास मायने नहीं रखते कि उन्होंने मुझे मौक़ा और सम्मान दिया।

वि.ना. : कुछ लोग मानते हैं कि वात्स्यायनजी के समय में जो *दिनमान* निकला, उसका कैरेक्टर बहुत अलग था। आपके समय में जो *दिनमान* निकला उसका अलग। शायद यह बात सही भी है।

र.स. : हाँ, यह बात बिलकुल सही है। यह बात तो वात्स्यायनजी भी मानते थे।

वि.ना. : और दोनों तरह की तुलनाएँ होती हैं। कुछ लोग कहते हैं कि रघुवीरजी के समय का *दिनमान* बहुत अच्छा था और कुछ लोग जो उसे *न्यूज़वीक* और *टाइम* के भारतीय संस्करण के रूप में देखना चाहते थे, उनकी मान्यता है कि वात्स्यायनजी के समय *दिनमान* बेहतर था। उस समय वात्स्यायनजी का वास्तविक हस्तक्षेप इन सब चीज़ों में कितना था—ख़ासकर आपके आने के बाद?

र.स. : मैं आया हूँ मार्च 1968 में। वात्स्यायनजी और मैं एकसाथ काम करते रहे दिसंबर 68 तक। इस बीच में क्या हस्तक्षेप हुआ होगा। बहुत-से काम थे जो मैं वात्स्यायनजी की जगह करता था। बहुत-से काम ऐसे थे जिनको करते हुए मैं कहीं वात्स्यायनजी को बीच में आने की जहमत से बचा लिया करता था। मैं इस स्थिति में रहा। मार्च से लेकर दिसंबर तक के उन नौ महीनों को अगर आप जाँचकर देख लें और आपको दिखे कि उस वक़्त कोई बड़ा ख़ास काम हो रहा था, जो कि बाद में नहीं हुआ या पलट गया, तो यह आरोप या प्रत्यारोप सही सिद्ध हो जाएगा। ज़्यादातर इस तरह की बातें उन लोगों के मुँह से निकलती हैं जो कि न पत्रकारिता को जानते हैं और न साहित्य के तरीक़ों को जानते हैं। केवल नामों के आधार पर लोगों को जानते रहे हैं और उनके स्वार्थ होते हैं कभी-कभी कि इस बात को मिटा दिया जाए कि रघुवीर सहाय भी कभी संपादक थे इसके। तो यहाँ तक आप देखते हैं कि वात्स्यायनजी के *दिनमान* की जो बात कर रहे हैं, वे लोग यह भूल जाते हैं कि 14 साल तक यह आदमी भी संपादक था। वे लोग वात्स्यायनजी का ही नाम लेते चले जाते हैं। वात्स्यायनजी ने तो मेरे सामने सिर्फ़ नौ महीने ही संपादन किया। इससे पहले फरवरी 1965 और मार्च 1968 के बीच वात्स्यायनजी ने इसका संपादन किया। क़रीब तीन साल तक। इसके बाद 14 साल तक मैंने संपादन किया। अब जो *दिनमान* आपकी याद में है वह वात्स्यायन का बनाया हुआ *दिनमान* नहीं है। वात्स्यायनजी ने जो नींव डाली थी, वह मेरे लिए बहुत महत्त्वपूर्ण थी। उसको मैंने उखाड़ा नहीं था। उखाड़ना चाहता भी नहीं था। नहीं तो मैं ही गिर जाता, ख़त्म हो जाता। हाँ, वात्स्यायनजी की बनाई हुई नींव, नींव के तर्कों के आधार पर हम एक इमारत खड़ी कर सकते थे जो कि वात्स्यायन ने नहीं की थी, अनेक कारणों से। उनको विदेश चले जाना था या कि उनको आगे काम नहीं करना था या उन्होंने अपना झंडा गाड़ दिया था। यही उनके पत्रकार जीवन का लक्ष्य था।

अ.जै. : हाँ, वे साहित्य के 'स्टेट्समैन' थे एक तरह के।

र.स. : हाँ, जर्नलिज़्म में उनके आने का रेशनेल रहा है कि वे यह बताना चाहते थे कि हाँ, मैं जर्नलिज़्म भी करना जानता हूँ। उन्होंने पहले भी *सैनिक* वग़ैरह में इसी आधार पर काम किया है। आप अगर स्पष्ट शब्दों में सुनना चाहें तो मैदान में उनका कोई ताल्लुक नहीं था। *सैनिक* में भी जब वे थे तो मेरा ख़याल है कि वह शायद संपादकीय वग़ैरह कुछ लिखते थे। फिर *विशाल भारत* में भी जब वह संपादक कहलाए तो वैसा ही कुछ करते थे। हमारे पास दूसरे क्षेत्र में उनका किया हुआ सामने भी नहीं है।

जब वे *दिनमान* में आए तो सबसे पहला काम उन्होंने यह किया कि एक आधार बनाया। यह बहुत बड़ी चीज़ उन्होंने की। अगर उन्होंने जैनों के साथ मिलकर एक ग़लत आधार बना दिया होता तो उसके आधार पर वात्स्यायनजी तो *दिनमान* निकालते रहते परंतु दूसरा निहायत कूड़ा अख़बार निकालता।

वि.ना. : लेकिन क्या यह बात सही नहीं है कि उनके सामने पत्रकारिता का आदर्श *टाइम* और *न्यूज़वीक* था? जबकि आपके सामने वह नहीं रहा। आपके मन में जो आदर्श झिलमिला रहा था—वह किस तरह का था?

र.स. : *टाइम* और *न्यूज़बीक* का आदर्श वात्स्यायनजी का अपना बनाया हुआ नहीं था। यह साहू

जैन का था। वे अमेरिका में देखके आए थे और उसे देखकर आँखें खुली रह गई थीं उनकी। उन्होंने यहाँ आकर अपना पैसा-वैसा लगाकर यह निकाल दिया था।

इससे पहले की कहानी भी आपको बतला दें। 1960 में जब मैं रेडियो में था, उस ज़माने में भारतीजी *धर्मयुग* में संपादक होकर गए। मेरे तो अच्छे मित्र रहे हैं भारती। वे बंबई जाते हुए यहाँ मिले मुझे। वे चिट्ठी-पत्री भी लिखते रहे बराबर कि तुम क्या कर रहे हो दिल्ली में। यहाँ बंबई आओ, बड़ा शानदार शहर है। हमने उनसे यह कहा कि तुम इलाहाबाद से वहाँ गए हो, तुम्हारी आँखें चौंधिया गई हैं लेकिन मुझे बंबई का कोई शौक़ नहीं है। उससे मैं आतंकित नहीं हूँ। तुम वहाँ मज़े करो लेकिन मैं यहाँ से कुछ कर दूँ तुम्हारे लिए तो कोई हर्ज नहीं। तुम बताओ। तब उन्होंने लिखा कि तुम मेरे लिए लिखा करो कला और साहित्य पर। तब दो-तीन चीज़ें मैंने लिखकर दीं। आख़िर में उनकी एक दिल्ली यात्रा में मैंने कहा कि भाई, मैं इस तरह से छिटपुट कुछ लिखने का क़ायल नहीं हूँ। तो उन्होंने कहा, तुम बाक़ायदा कॉलम लिखो। 75 रुपए एक कॉलम पर मैंने लिखना शुरू कर दिया। यह कॉलम 'दिल्ली की डायरी' के नाम से छपता था जिसके चुने हुए हिस्से आपको 'दिल्ली मेरा परदेस' में मिलेंगे। इस संदर्भ में मेरी भेंट हुई साहूजी से दिल्ली में। उन्होंने बुलवाया मुझको अक्षयकुमार जैन के जरिए। कहा कि आप *धर्मयुग* में लिखते हो। मुझको तो आप कभी मिलते नहीं। तो मैं गया, मिला उनसे। मैंने साहूजी से कहा कि जिस तरह का स्तंभ मैं लिख रहा हूँ वह लिखने के बाद जल्दी छपने का तक़ाज़ा करता है जो *धर्मयुग* की व्यवस्था में संभव नहीं।

अ.जै. : ये सब होता रहता था उस समय?

र.स. : हाँ, पर कोई दबाव नहीं था। यह तो उनका सौजन्य था।

अ.जै. : नहीं, मेरा मतलब था पढ़ते-बढ़ते थे वे लोग और इस हद तक संपर्क में रहते थे।

र.स. : हाँ रमाजी थीं न। यह तो रमाजी ने कहा होगा कि उनको बुलाओ, रमाजी से बग़ैर पूछे भारतीजी कोई काम नहीं कर सकते थे। भारतीजी ने जब कॉलम शुरू किया तो मेरे अलावा उन्होंने किसी से पूछा होगा तो सिर्फ़ रमाजी से। रमाजी को यह मालूम तो था ही कि मैं लिखता हूँ और मैं कई बार गया भी हूँ, रमाजी के घर पर दोपहर में खाना-वाना खाने। उन लोगों के ज़माने में ये सब मिलना-जुलना होता था।

1964 में वात्स्यायनजी को यह सलाह मैंने दी कि आप संवाददाता ज़रूर रखिए। क्योंकि मैं संवाददाता था, मुझे मालूम था कि कैसे अख़बार बनता है। बिना संवाददाता के अख़बार नहीं बन सकता। मैं तब ज़ोर दिया करता था और वे कहते थे कि नहीं, हमारी समस्या यह नहीं है। हमारी समस्या यह है कि हमको जितने लोग रखने हैं, उन्हीं में से हमें कुछ ऐसे लोगों को ले आना है जो समझदारी से लिखते हों। फील्ड में आज हिंदी में जितने लोग हैं, वे सब घटिया हैं। उनके दिमाग़ में कई लोग थे या उनकी अपनी जवानी के दिनों के कुछ नाम रहे होंगे। और मैं इस पर ज़िद करता था कि आप फील्ड की दुनिया के अच्छे लोग लाइए। बहरहाल *दिनमान* निकल आया। उसके निकलने के पहले ही मनोहरश्याम जोशी, जितेन्द्र गुप्त, श्यामलाल शर्मा, शुक्ला रुद्र और रामसेवक श्रीवास्तव का आना वहाँ तय हो गया था। मेरे साथ जोशी, वात्स्यायन के नीचे रेडियो में एक बार पहले भी काम कर चुके थे। वात्स्यायनजी ने 1964 में *दिनमान* निकालना तय किया तभी उनको एक हार्ट अटैक हुआ। जनवरी 64 के थोड़ा पहले। इससे *दिनमान* स्थगित हो गया और नियुक्त लोग एक साल तक बिना अख़बार निकाले तनख़्वाहें पाते रहे।

इसी 1964 की शुरुआत के थोड़ा पहले श्रीकांत वर्मा भी शामिल हो गए थे। उनको वात्स्यायनजी ने उपसंपादक या ऐसा ही कुछ रखने को कहा था। इस पर श्रीकांत ने अधिक बड़े पद का आग्रह किया था। रमाजी के कहने पर वात्स्यायनजी ने यह कहा था कि अच्छा ठीक है। विशेष संवाददाता रख लेंगे जो श्रीकांत वर्मा चाहते थे। श्रीकांत वर्मा के इसके पीछे बुनियादी मतलब थे। वे शुरू स

ही एक कांग्रेसी एम.पी. के साथ लगे हुए थे और उसकी बदौलत वे पार्लियामेंट के दफ़्तरों में जाया करते थे। वे किसी कांग्रेसी संसद सदस्य के पी.ए. थे। जब मैं *नवभारत टाइम्स* का संवाददाता था तो मुझे अकसर पार्लियामेंट के बरामदे में वे मिलते थे। पर प्रेस प्रतिनिधि वे नहीं थे। एक बार उन्होंने कहा कि मैं सोचता हूँ कि हम लोग रामसेवक यादव से, जो कि सोशलिस्ट पार्टी के एम.पी. हैं, चलकर कहें कि हम लोगों को 1967 के चुनाव में संसद का टिकट देना चाहिए। मैंने कहा कि आपकी इच्छा अगर एम.पी. बनने की है तो बनिए! लेकिन मेरी कोई इच्छा नहीं है। मैं संसद प्रेस गैलरी से ही देखना चाहता हूँ। चूँकि वे प्रेस गैलरी में बैठते ही नहीं थे इसलिए उनको मालूम नहीं था कि वहाँ से क्या दिखता है। उनको वह दिखता था जो सत्ता के बरामदों में हो रहा था। तभी वे टिकट के लिए उत्सुक थे।

अ.जै. : तो श्रीकांतजी पहली पीढ़ी के उन लोगों में से थे जिसने यह लक्ष्य बनाकर ऐसा करना शुरू किया। बाद में चंदूलाल चंद्राकर इन सब लोगों की पूरी पीढ़ी आई।

र.स. : ये क्या नाम लिया चंदूलाल चंद्राकर। *हिंदुस्तान* दैनिक में थे। ये सीधे-सीधे चमचे राजनीतिक हैं।

वि.ना. : हाँ और पोलिटिशियन के रूप में भी उन्हें कौन पहचानता है?

र.स. : हाँ, और माफ़ कीजिएगा कि श्रीकांत वर्मा भी जर्नलिज़्म में नहीं आना चाहते थे कभी। न उनको ट्रेनिंग थी इसकी। न उनकी कोई इच्छा थी। वह जर्नलिज़्म के नाम पर पोलिटिक्स करना चाहते थे। फिर जर्नलिज़्म का अपना एक संसार होता है, जिसके अपने मज़े हैं। जिसमें पोलिटिक्स नहीं है लेकिन तमाम और बहुत चीज़ें हैं। उसके मर्ज़ हैं समझदारी के अंदर। उससे हो सकता है कि आप कविता अच्छी लिखने लगें लेकिन उससे आप मंत्री बन पाएँगे, यह कल्पना करने का मतलब है कि आप जर्नलिज़्म नहीं जानते। अगर कोई कहे कि मैं पत्रकार इसलिए बनना चाहता हूँ कि मैं राजनीति को देखना चाहता हूँ तो यह संभव नहीं है।

तो ख़ैर, *दिनमान* के शुरू के दिनों में वात्स्यायनजी ने जो नक़्शा बनाया और जो ईंटें वहाँ लगाईं, उनकी मदद से एक ऐसी चीज़ वहाँ बन गई, जो अगर न होती तो आगे हम-आप कुछ भी नहीं कर सकते थे। हमको बड़ी दिक़्क़तें आतीं। मसलन उन्होंने पहली बात तो यही की कि इसमें *टाइम* और *लाइफ* के पैटर्न पर जो होगा, उसमें जीवन के सब पहलू होंगे। मतलब इसमें विज्ञान, धर्म, राजनीति आदि सब चीज़ें जाएँगी। किसी और ने यह अख़बार निकाला होता तो इन तमाम क्षेत्रों को आप ग़ायब पाते। मगर वात्स्यायनजी *टाइम, लाइफ* के विचार को विस्तृत करना चाहते थे, जबकि हिंदी का पत्रकारिता जगत् यह नहीं चाहता था। तो मैं कहना चाहता हूँ कि वात्स्यायनजी की बनाई हुई ज़मीन थी, वह इतिहास का सत्य है। उस आदमी ने चाहे जिस वजह से किया हो, किया, एक सही काम किया। नहीं तो ये हिंदीवाले उसको साहित्य की राजनीति में दबा लेते।

बहरहाल, वात्स्यायनजी की नींव पर हमारे-आपके लिए काम करना ज़्यादा आसान था। यह ज़रूर है कि वात्स्यायनजी की कुछ अपनी समझ थी। उनके पूर्वग्रह थे। वे नहीं बदल सकते थे। जैसा कि उन्होंने अंत तक नहीं माना कि *दिनमान* में संवाददाता रखने चाहिए। फिर साहित्य का आदमी होने के कारण उनकी एक और कमज़ोरी थी कि वे अपने आपको बहुत गंभीर आदमी मानते थे। तो वात्स्यायनजी को हमेशा ऐसे लोगों की ज़रूरत थी, जो उनके पास उनके पहरेदार बने रहें। ऐसे ही लोगों को उन्होंने रखा। इसलिए स्टाफ़ ऐसे लोगों से भी भर गया जो कि न होते तो उनकी जगह कोई ठोस काम करनेवाले लोग हो सकते थे। तीन आदमी तो ऐसे रख लिए जो कि सिर्फ़ इसलिए थे कि वे वात्स्यायनजी को आश्वस्त कर सकें। चौथे सर्वेश्वरजी हो गए जिनका रिश्ता 'परिमल' से तो रहा है, पर पत्रकारिता से रत्ती भर भी नहीं रहा। पर इलाहाबाद में एक ऐसा समाज रहा है जो कि अपने राजनैतिक और काव्यात्मक विचारों को प्रकट करने के लिए बहुत उत्सुक रहता है क्योंकि लेखक के विषय में उसकी

कुछ धारणाएँ हैं। सर्वेश्वरजी इस ज़िम्मेदारी को पूरा कर सकते थे। पर यह भी देखें कि वात्स्यायनजी एक अख़बार शुरू कर रहे थे जिसमें कि कड़ी मेहनत की ज़रूरत होती है जो कि इन चारों आदमियों में से कोई भी नहीं कर सकता था। बस उन्होंने दो-तीन आदमियों को ऐसा रख लिया जो कि मेहनत करें। जितेन्द्र गुप्त को उन्होंने रखा क्योंकि वे सारा काम जानते थे, कर सकते थे। फिर वे जोशी को ले आए जिनके बारे में वे समझ चुके थे कि वह उनसे जो भी कहेंगे, उसको तत्काल तैयार कर, निकालकर धर देंगे।

इस मैगज़ीन में प्लस प्वाइंट यह था कि ये जीवन के इन-इन क्षेत्रों की चीज़ें छापेंगे। एक और प्लस प्वाइंट यह था कि हम इसमें साहित्य नहीं छापेंगे। साहित्य नहीं छापने का दावा शायद इसलिए किया क्योंकि विद्यानिवास मिश्र तो शायद मान जाते, शायद नहीं घुसते उसमें। लेकिन तमाम हिंदी के लोग, जो कि अज्ञेयजी के इर्द-गिर्द थे, वे घुस आते। तब फिर मैगज़ीन का कैरियर बैठ जाता क्योंकि यह समाचार साप्ताहिक था। वह वात्स्यायनजी द्वारा संपादित राजनैतिक पत्र था। हमने वात्स्यायनजी से कहा कि आप साफ़-साफ़ बतलाइए कि क्या यह एक राजनैतिक पत्रिका होगी। यह सन् 63 की बात है जब *दिनमान* की योजना ही बन रही थी। उन्होंने कहा कि होगी पत्रिका राजनैतिक, इस अर्थ में कि उसमें सब राजनैतिक विषय होंगे, बातें होंगी पर वह किसी दल की अनुगामिनी नहीं होगी।

तो इनके आधार पर वात्स्यायनजी ने इस पत्रिका की नींव रखी जो कि अच्छा हुआ एक अर्थ में। वात्स्यायनजी ने इसमें तीन साल तक काम किया। उसमें बहुत-से ऐसे प्रमाण मिले जिनसे कि तुरंत समाज के एक हिस्से में इसकी स्वीकृति हुई क्योंकि लोगों को लगा कि कभी हमने हिंदी में ऐसी पत्रिका पढ़ी ही नहीं। हालाँकि यह कहना बिलकुल गलत होगा कि उन तीन सालों में जो प्रतिमान बना दिए वात्स्यायनजी ने, वे हिंदी पत्रकारिता के बिलकुल नए प्रतिमान थे। वास्तव में सब मिला-जुला था और उसमें कोई दिशा नहीं थी। दिशा तो तब दिखनी शुरू हुई, जब कांग्रेस के जड़ केंद्रीकरण के विरुद्ध *दिनमान* ने नीति बनाई।

वि.ना. : अच्छा, जब *दिनमान* बनने की प्रक्रिया में था, तो आप एकदम शुरू में ही उसमें क्यों नहीं रहे? आपने बाद में क्यों ज्वाइन किया?

र.स. : इसलिए कि मैं तब ऐसा काम कर रहा था, जो *दिनमान* की तुलना में बहुत बड़ा था। मैं उसे छोड़कर क्यों आता।

वि.ना. : तो शुरू में आपने स्वीकार नहीं किया। मगर बाद में ऐसा क्या हुआ कि आपने वहाँ आना स्वीकार कर लिया?

र.स. : हाँ, शुरू में बिलकुल स्वीकार नहीं किया। तीन साल मेरे पीछे पड़े रहे, पी.के. राय, रमेशचंद्र और रमाजी। देखिए 63 में मैंने ज्वाइन किया *नवभारत टाइम्स*। 63 में ही शुरू हो गया *दिनमान* की नींव डालने के लिए ज़मीन की खुदाई का काम। मेरे ज्वाइन करने के छह महीने के अंदर अक्षयजी ने मुझको कहा कि आपको तो बुलाया है साहूजी ने तो मैंने कहा कि किसलिए भाई। तब उन्होंने कहा कि वह तो आपको *दिनमान* में लेना चाहते हैं। मैंने कहा कि अभी तो मैंने क़दम रखा है यहाँ और वे मुझको *दिनमान* में ले जा रहे हैं। मुझे कुछ दिन तो यहाँ रहने दीजिए। सन् 63 अगस्त से लेकर सन् 67, दिसंबर तक कम से कम छह मर्तबा ऐसा हुआ कि कभी वात्स्यायनजी ने, कभी पी.के. रायजी ने ऐसा कुछ तंत्र बनाया कि मुझको कहा जाए कि तुम *दिनमान* में चले आओ और मैं कहूँ कि मैं तो नहीं जाता क्योंकि मेरी अच्छी-ख़ासी तनख़्वाह है, अच्छा-ख़ासा रचनात्मक काम कर रहा हूँ, तो वहाँ कम तनख़्वाह पर घटिया काम करने क्यों जाऊँ मैं। एक बार वात्स्यायनजी ने कहा कि अच्छा तो आप दो महीने के लिए यहाँ आ जाइए। मेरा यह जवाब हुआ कि नहीं, दो महीने के लिए बेकार आप मुझे बुला रहे हैं। दो महीने के बाद मैं वापस *नवभारत टाइम्स* में कैसे आऊँगा। आप जो काम है, वह बता दीजिए। वह मैं यहीं से कर दूँगा।

उस वक़्त हमारे मैनेजर थे डिसूजा। उन्होंने मुझसे कहा कि वात्स्यायनजी तुम्हें इतना चाहते हैं तो जाते क्यों नहीं। फिर कहने लगे कि वह दो महीने के लिए बुला रहे हैं। आप उनसे मिल लो। तो मैं मिलने गया। मैंने कहा कि वात्स्यायनजी देखिए, आप सन् 1949 से मुझको जानते हैं। मैंने आपके साथ काम किया है *प्रतीक* के समय से। आप ही *प्रतीक* में मुझे लखनऊ से बुलाकर लाए थे। आप जो मुझसे कहेंगे, मैं आपका काम कर दूँगा। आपको यह भी याद होगा कि सन् 65 में जब आपने *दिनमान* शुरू किया, तब पहले तीन महीनों तक मैंने आपको संसद समीक्षा लिखकर दी, क्योंकि मैं ससंद की रपट लिखता था *नभाटा* में। तो वात्स्यायनजी ने कहा कि तुम वही लिख दिया करो। तो मैंने कहा ठीक है, वह मेरे बाएँ हाथ का खेल है। मैं तो *नवभारत टाइम्स* के लिए लिखता ही हूँ। मैं आपके लिए कुछ अलग से नोट ले लूँगा व अलग से आपको बनाकर दे दूँगा। तीन माह तक मैंने लिखा। फिर मैंने कहा कि आप *नवभारत टाइम्स* से मुझको मत हटवाइए। ये सही नहीं है। तो वात्स्यायनजी को दबना पड़ा और उन्होंने कहा कि अच्छा ठीक है। डिसूजा से उन्होंने कहा कि इनके लिए जो आपने ट्रांसफर आर्डर तैयार करके रखा है, वह मत दीजिए।

ये सब झगड़े हमारे बीच होते रहे हैं। सब मिलाकर हुआ यह है कि वात्स्यायनजी ने फिर भी कोशिश जारी रखी और कई तरह से मेरे पास *दिनमान* में जाने की बातें आती रहीं। दो साल तो ऐसे रहे कि पी.के. राय ने मुझसे कहा कि अब आप इस साल चले जाइए। आपकी तनख़्वाह बढ़ा देंगे और आपको वहाँ पर कोई अच्छी पोस्ट दे देंगे। आप विशेष संवाददाता हैं। अंत में 68 के 26 जनवरी के समारोह के दिन राजपथ पर मैदान में पी.के. राय मुझे मिले। उन्होंने कहा कि आप कल मुझसे मिलने के लिए आइए। हम लोगों की जो कई साल से आपसे बात चल रही है, उसको ज़्यादा रिवाइज़ कर दिया है। अब हम नई शर्तों पर नया क़रार करेंगे और ये आपकी इच्छा के अनुसार होगा। तो यह बात हुई और फिर ये मालूम हुआ कि इसमें कोई तत्त्व है, मैं सहमत हुआ। यह है उसका राज़ कि मैं शुरू में क्यों नहीं था।

तो *दिनमान* के साथ मेरा रिश्ता तो वात्स्यायनजी ने शुरू से रखा ही था। शुरू से उनके स्टाफ़ में मैं नहीं था लेकिन सलाहकार था और मनोहरश्याम जोशी और जितेन्द्रजी और श्यामलाल शर्मा मेरे साथ रेडियो में काम कर चुके थे। यह बात भी महत्त्वपूर्ण थी। 68 के बाद जब मैं गया हूँ, तब बिलकुल साफ़-साफ़ पी.के. राय ने मुझको यह कहा, लुक, तुम कई बार रिफ्यूज़ कर चुके हो। अज्ञेय के जाने के बाद आपको इस पत्रिका का संपादन दिया जा सकता है।

तो अब उस बात पर आइए जो आपने पूछी थी। देखिए, वात्स्यायनजी ने जो निकाला *दिनमान* उसमें तीन बातें मैंने ख़ास तौर पर नोट कीं। एक तो यह कि उनके पास कहीं कोई संवाददाता नहीं है। केवल कहीं कुछ भक्त लोग, प्रेमी लोग, प्रेमवश कुछ लिख दिया करते हैं। दूसरा यह मैंने देखा कि यह एक न्यूज़ मैगज़ीन है यह कहते हुए ज़्यादातर लोगों को झिझक होती थी। श्यामलाल शर्मा, शुक्ला रुद्र और जवाहरलाल कौल को न्यूज़ मैगज़ीन के बारे में इतना अंदाज़ा तो था कि उसमें न्यूज़ चुन करके छाप दी जाती है। लेकिन कैसे जमा करो, क्या जमा करो और क्या छापो, इसके बारे में उनको कोई आइडिया नहीं था। बिना इन तीन चीज़ों की समझ के आप एक अच्छा अख़बार कैसे निकाल सकते हैं। तो वात्स्यायनजी की सत्ता का प्रभाव सपाट, स्थिर और गतिहीन नियतकालीन पत्र पर जो पड़ सकता था, वह नहीं पड़ सका। वात्स्यायनजी का नाम था। यह बात सही है कि उनका बहुत परिचय था। कला और संगीत सब जगह उनका नाम था। लेकिन उस क्षेत्र के लोगों से डिमांड करना उनके लिए कठिन था। कठिन इसलिए नहीं कि वह जानते नहीं थे। कठिन इसलिए कि उनको लगता था कि वह बहुत असाध्य होगा। शायद हो सकता है बहुत अर्थमय भी नहीं मानते हों।

तथ्य यह है कि उस वक़्त हिंदी न्यूज़ मैगज़ीन बहुत ज़रूरी थी। उसमें गतिशीलता की बहुत ज़रूरत थी। इसके साधन कुछ तो वात्स्यायनजी ने बनाए नहीं थे और कुछ जो साधन मिले थे, वे

नाकाफ़ी हो गए थे। वात्स्यायनजी ने तुरंत मुझको बड़ा, काफी स्वाधीन मौक़ा दिया। मैंने कई लोगों से लिखवाना शुरू किया, जिनको मैं जर्नलिस्ट मानता था। मैं चुनी हुई चीज़ों पर समाचार विश्लेषण लिखता था। बहुत बड़े पैमाने पर नहीं क्योंकि मैं तो नया ही था। फिर मुझको संपादक की तरह यह भी देखना था कि कौन-कौन लोग यहाँ क्या-क्या कर रहे हैं। स्टाफ़ के लोगों से पहले से अधिक काम लेना और देना, यह मैंने शुरू किया। वात्स्यायनजी और इन लोगों ने इसका स्वागत किया।

दिसंबर 68 में वात्स्यायनजी छुट्टी पर चले गए। उनके बाद हालाँकि मेरा नाम संपादक के रूप में नहीं जाता था। लेकिन मुझे मालूम था कि मुझे यहाँ संपादक होकर आना है। यह वही पीरियड है जबकि मैंने तमाम लोगों में *दिनमान* के लिए लिखने, रिपोर्ट्स तैयार करने का उत्साह बढ़ाया। जैसे उन दिनों बहुत बड़ा सब्जेक्ट था हिंदी और अंग्रेज़ी के संबंध में। अंग्रेज़ी कहाँ-कहाँ पर घुसी है, और हट नहीं रही है और घुसती चली जा रही है, इस तरह के इतने सवाल थे, जिनकी जाँच, ऑन द स्पॉट और स्पॉट के बाहर लोगों से करवाई। यह *दिनमान* में कई अंकों में छपी है। यह तो एक विषय था। इसके अलावा बहुत विषय थे, जो मूलतः वही थे, जिनका एक सोशलिस्ट आदमी के सोच से नाता था। यह बिलकुल साफ़ बात है कि मेरी जर्नलिस्टिक-वैचारिक ट्रेनिंग लोहियाजी और ओमप्रकाश दीपक के साथ हुई थी।

मैं जब *नवभारत टाइम्स* का विशेष संवाददाता था तो पार्लियामेंट का सबसे बड़ा लाभ जो मुझे मिला, वह यह कि मैंने अपनी आँखों से देखा और अपने कानों से उन तमाम राजनैतिक बहसों को सुना, जो लोहिया के पक्ष में या ख़िलाफ़ दिखाई देती थीं। लेकिन वह थी बहुत बड़े पैमाने पर मूल्यों के बदलाव, सत्ता परिवर्तन और समाज परिवर्तन के बारे में। उसमें न जाने कितने यथार्थ निकलकर आते थे। लोहियाजी ने पहली बार उन विषयों पर पार्लियामेंट में बहसें उठाईं जिनके बारे में समझा जाता था कि ये संसदीय बहस के विषय नहीं हैं। संसदीय दिमाग़ पूछता था कि इतिहास क्या बहस का विषय है? और शिक्षा की पुस्तकें कौन-सी बहस का विषय हैं? या इसी तरह की बातें।

और जहाँ तक स्टैंड करने का सवाल है, मासिक *जन* पत्रिका की बैठकें हुआ करती थीं। उनमें हमारे कई साहित्यकार मित्र आया करते थे। उसमें जब यह विषय आया कि अगली मीटिंग में किसी विषय पर लेख लिखा जाए, तो सब लोगों ने साहित्यिक दुनिया के विषय उठाए। तो मैंने कहा क्यों नहीं इस बार हम कृषि पर बहस करें। तो, लेखक लोग बहुत उलझ पड़े। उन्होंने कहा कि ये आप क्या बहस करा रहे हैं? क्या हम लोग खेती पर बहस करेंगे? तो मैंने कहा और कौन करेगा? वे बोले क्यों? तो मैंने कहा कि यह तो एक बड़ा विषय है। यह सब तरह से सारे व्यक्तियों की अस्मिता और एनर्जी से जुड़ा हुआ विषय है। इससे ज़्यादा महत्त्वपूर्ण तो और कोई विषय नहीं है और आप साहित्यकार हैं इसलिए आप खेती पर बात नहीं करेंगे, इसका क्या मतलब है।

मतलब बहस इस तरह की हुई। ये क्यों हुई इसका तात्कालिक साधन मैं ही बनता हूँ क्योंकि उस बैठक में मैं ही बोला, लेकिन साधन मैं ही अकेला नहीं था। बहुत लोग यह समझने लगे थे कि हम लोगों के सामाजिक अस्तित्व का दायरा इतना छोटा नहीं है या इतना ही बड़ा नहीं है कि वो हमारी नौकरियों, बुद्धिजीवी दुनिया के कुछ प्रकट मसलों तक, बड़ी-बड़ी नौकरियों तक, बड़ी-बड़ी नीतियों तक या सांस्कृतिक व विदेश नीति तक सीमित रह जाए बल्कि खेती भी उसमें आनी चाहिए।

दुनिया बदल रही थी। पत्रकारिता की भी और साहित्य की भी। कम से कम हमारे अपने दायरे में। मतलब कि मेरी अपनी अक़्ल में। इसलिए मैं कह रहा हूँ कि हमारे शिक्षक तो लोहिया और दीपकजी थे। इसलिए कि उनसे बहुत मिलना-जुलना होता था, बहुत बातें होती थीं। संवाद होता था। हमारे लिए वे बहुत प्रकट व निकटस्थ संवाद के सूत्र थे।

तो यह परिवर्तन आ चला था मेरे अंदर। और आप मत भूलिए कि *नवभारत टाइम्स* के दिनों में ही यह सब हो गया था। यह कोई *दिनमान* में आने पर नहीं हुआ था। उन दिनों जबकि वात्स्यायनजी

छुट्टी पर चले गए थे, और मुझको बहुत-सी चीज़ों को बदलना और सम्हालना था, मेरी कार्य प्रणाली और मेरे संपादन की भी एक शक्ल बना दी थी।

वि.ना. : तो क्या परिवर्तन आपने उनके जाने के बाद किए या क्या उनके रहते ही यह प्रक्रिया शुरू हो गई थी?

र.स. : सबसे पहला परिवर्तन जो मुझे याद आता है सन् 1968 के दिसंबर के बाद जब वात्स्यायनजी आए और त्यागपत्र देकर चले गए, उस बीच में हो गया था। वह यही था कि हमको नए रिपोर्ट्र्स ढूँढ़ने थे। उनके लिए नए विषय ढूँढ़ने थे और पुराने विषयों को भी नए ढंग से दिखाना था। एक बेसिक काम तो मुझे याद आता है। अगर *दिनमान* की फ़ाइल देखें तो आप देख सकते हैं कि मैंने एक संवाद यह मँगवाया लोगों से कि गाँधी की मूर्तियाँ कहाँ-कहाँ खड़ी हुई हैं। 'खड़े रहो गाँधी' एक शीर्षक बनाया उसके लिए। गाँधी का हम क्या कर रहे हैं, उस पर रिपोर्ट्स मँगवाई। गाँधी की मूर्ति तो बहाना बनी। गाँधीवाद के साथ हमारा संबंध, गाँधी का राजनैतिक शोषण यह उसकी दूसरी परत बनी। इस तरह की चीज़ें की गई थीं। उसी ज़माने में जो कि मेरे ख़याल से और अख़बारों को शायद इस तरह से नहीं दिखती होंगी—केंद्र-राज्य संबंध और लोकतंत्र उनमें प्रमुख था, ये ग्रेजुअली हुआ।

69 में जब वात्स्यायनजी त्यागपत्र देकर चले गए और मुझको कार्यकारी संपादक बनाया गया तो उस वक़्त फिर बहुत परिवर्तन होते रहे हैं। सबसे बड़े परिवर्तन 1970 या 1971 में शुरू हुए हैं, जबकि हमारी संवाद प्रतियोगिताएँ शुरू हुईं। हमने फिर पहले से चले आ रहे पैटर्न को तोड़ा कि हर सब्जेक्ट पर एक कॉलम होना चाहिए। मैंने पाया कि यह जकड़बंदी निभाना बेकार और असंभव है। विषय ही हमने इतने बना लिए थे कि *टाइम* और *लाइफ* के पैटर्न से निकालते तो *दिनमान* की साइज़ का चौगुना अख़बार होने पर भी शायद पूरा नहीं पड़ता। भारतीय परिस्थितियों में इनसान की रचनात्मकता के इतने अधिक विषय हैं इसलिए यह क्रम बनाया कि हर हफ़्ते एक नया कॉलम जाएगा। आप कोई अच्छा अख़बार इस तरह चला ही नहीं सकते क्योंकि उसका यथार्थ से कोई नाता रह नहीं जाएगा कि यह कॉलम गया कि नहीं, वह कॉलम गया कि नहीं। तब हर कॉलम में आप कुछ भरती की सामग्री डालते जाएँगे। इसका मतलब यह हुआ कि आप कुछ महत्त्वपूर्ण चीज़ों को स्थगित करते जाएँगे। इसको मत छापो क्योंकि यह तो किसी कॉलम में फिट नहीं हो रहा है। मूलतः यह स्लॉटवादी अक़ल है। यह बिलकुल ग़लत है। *टाइम* और *लाइफ* मैगज़ीन में यही स्लॉटवादी अक़ल काम करती है।

संवाद प्रतियोगिता हमारे इस काम में सहायक रही, हालाँकि उसकी जेनेसिस कुछ और है। संवाद प्रतियोगिता की जेनेसिस यह भी थी कि किसी भी तरह से हमको इंटीरियर की कोई ख़बर नहीं मिल रही थी। सारी ख़बर दिल्ली की या बड़े शहरों की ही थी या फिर गाँव की थी तो सिर्फ़ वह थी कि जो शहर के लोगों को वहाँ की हत्या या हिंसा में भी मनोरंजन दे। वरना तो गाँव की कोई ख़बर ही नहीं। इस बेसिस पर हमने संवाद प्रतियोगिता आयोजित की थी। आप देखिएगा जो अपील की थी, वह क्या लिखी थी और कैसे लिखी थी। उसका आधार यह ही था।

वि.ना. : अज्ञेयजी से आपका बहुत लंबा संबंध रहा। लगभग आपके साहित्यिक कैरियर के आरंभ से ही उनसे आपका संबंध रहा और अंत तक बना रहा। उसमें कोई गैप नहीं आया। लेकिन यह भी सही है कि आपकी साहित्यिक प्रकृति, आपकी चिंताओं और आपकी कविता का स्वभाव वात्स्यायनजी से किसी तरह मेल खाता नहीं दिखाई देता। कोई स्पष्ट सूत्र जैसा दिखाई नहीं देता। तो एक कवि के रूप में और एक व्यक्ति के रूप में आपने उनको किस तरह पाया।

र.स. : ऐसा है कि इन दोनों सवालों के बहुत लंबे-लंबे उत्तर हैं। संक्षेप में यह है कि एक कवि के रूप में मैंने यह पाया कि उनकी संवेदना की पकड़ सूक्ष्म है और बहुत ही मानवीय है। यह बहुत अच्छा गुण है। उनका सामाजिक और सांस्कृतिक दायरा आधा बड़ा अर्थमय और जीवंत है और आधा

बड़ा विचित्र है। उनके बहुत-से पूर्वग्रहों के कारण उनकी यह विचित्रता निकलती है। वात्स्यायन को पूरी तरह से स्वीकार करने, हर तरह से बँध जाने का मतलब है कि मैं बिक गया। मैं आपका दास हो गया। ये जिसने भी किया, वो ख़त्म हो जाएगा। जहाँ तक उनके और मेरे बीच की बात है, उन्होंने मेरे ऊपर कभी ज़ोर नहीं डाला कि आप ऐसे ही बनिए। वरना आप हमारे लिए अच्छे दोस्त नहीं होंगे या अच्छे सहायक नहीं होंगे। मैंने अपने आपको हमेशा वात्स्यायनजी का बिलकुल अनुचर होने से बचाया। इतना ही नहीं बल्कि वात्स्यायनजी के जो बिलकुल अनुचर हो गए हैं, उनसे मेरा रिश्ता हमेशा उलटा बनता गया, हमेशा ख़राब होता गया और मैं इसके लिए तैयार था। इस पूरे खेल की शर्त थी कि मैं तो आपके साथ नहीं बैठूँगा। विद्यानिवास मिश्र, सर्वेश्वरदयाल सक्सेना और छोटे-मोटे ढेरों लोग ऐसे थे जिनके साथ वैचारिक और रागात्मक रूप से कभी नहीं पटी।

वि.ना. : एक व्यक्ति के रूप में आपने वात्स्यायनजी को कैसा पाया? मैंने उनके बाद के वर्ष देखे। मुझे नहीं लगा कि व्यक्ति के रूप में वे बहुत स्पष्ट और व्यापक थे।

र.स. : हाँ, लेकिन ऐसा मैं आपसे इसीलिए कह रहा था कि ये बहुत जटिल प्रश्न है। दोटूक शब्दों में कहते हुए हमेशा इसमें कुछ न कुछ रह जाएगा। जैसे व्यक्ति के रूप में वात्स्यायनजी बहुत संकुचित आदमी थे। लेकिन वात्स्यायनजी को संकुचित कहनेवाले उनसे भी ज़्यादा संकुचित थे। जैसे आप कह रहे हैं कि आपने उनको बहुत अच्छा इनसान नहीं पाया, इसमें आपके संकुचित होने की बात ही नहीं आती है और यह तो आपने एक सहज भाव से देखा और ईमानदारी से देखा, और कहा। लेकिन जो लोग ईमानदारी से देख नहीं सकते वात्स्यायन को, वे कहते हैं कि वे संकुचित हैं तो मुझे लगता है कि इसमें कहीं न कहीं बड़ी खोट है और कहीं न कहीं यह साबित हो जाता है कि कम से कम वात्स्यायन इनसे कहीं ज़्यादा उदार थे। यह तो व्यक्ति की बात हुई पर मोटे तौर पर वात्स्यायनजी का जो क्लास करेक्टर था, वह मेरा क्लास करेक्टर नहीं था। इसकी वजह से बहुत टकराव होते रहे, मेरे और उनके बीच, जिनको मैं कभी विवाद का विषय नहीं बनाता रहा। जब विवाद का विषय बनाने का मौक़ा आया, तब भी मैंने उसको नहीं बनाया लेकिन वात्स्यायन को बता दिया कि मैं इसको इशू नहीं बना रहा हूँ सिर्फ़ इस वजह से कि मैं इसके जो वास्तविक इशू हैं, उनको भी इशू नहीं बना पा रहा हूँ तो फिर आपसे क्यों इसको इशू बनाऊँ। इसलिए आपको भी माफ़ किया, उनको भी माफ़ किया। जब *टाइम्स ऑफ इंडिया* ने मुझे 1982 में कहा कि हम आपको डिमोट कर रहे हैं तो मैंने वात्स्यायनजी से कहा कि यह क्या बदतमीज़ी है, आप बोलिए, आप कहिए उनसे कि यह क्या कर रहे हैं, डिमोट कैसे कर सकते हैं, कहीं और ट्रांसफर कर दें। मैं तो नौकरी करने को तैयार हूँ। नौकरी करने की जो मेरी शर्तें हैं, मानता हूँ। मगर आप ये तो कहिए। तो उन्होंने नहीं कहा। उनसे तीन-चार बार कहने के बाद मैंने छोड़ दिया कहना क्योंकि मुझे मालूम हो गया था कि मैं इस कंपनी पर मुक़दमा जारी नहीं रख पाऊँगा क्योंकि मेरे पास जीवन में समय नहीं है। *नवभारत टाइम्स* में जाने पर मेरी शर्तों में यह था कि आपको वहाँ ट्रांसफर कर दिया गया है, पोस्ट कोई उन्होंने नहीं दी। छह महीने बाद मैंने कहा कि मेरी पोस्ट दो तो उन्होंने कहा कि आपकी पोस्ट तो लोअर पोस्ट है, तो मैंने कहा कि मैं त्यागपत्र दे रहा हूँ क्योंकि आप मेरी पोस्ट नहीं दे रहे हैं जो मेरी ड्यू है। इसके बाद मेरी लड़ाई ख़त्म हो गई। फिर केवल नैतिक लड़ाई रह गई। आर्थिक लड़ाई तो यह रही कि मेरे सारे पैसे दे दीजिए प्राविडेंट फंड, ग्रेच्युटी आदि के तो मैं घर जाता हूँ।

वात्स्यायनजी से मैंने इस संबंध में बात करना बंद कर दिया लेकिन मैंने उनसे व्यक्तिगत संबंध नहीं तोड़ा। परिणाम यह है कि अब उनसे संबंध लगभग टूटा हुआ है। क्योंकि वह तो अब हैं ही नहीं लेकिन जो भी उनकी जगह हैं, उन्होंने भी यही बरताव किया था। उन्होंने भी मेरी तरफ़ से कोई बात नहीं की थी। इसलिए भी मेरा उनसे संबंध इस तरह का नहीं था कभी भी, उनसे या उनकी पत्नी से या उनकी जगह जो हैं उनसे कि मैं चूँकि आपका बड़ा अनुगृहीत रहा हूँ या कुछ हूँ तो अब जीवन

भर मैं आपका भक्त रहूँगा। आपने मेरे साथ जो किया, उसको मैं जानता हूँ, और उसकी तरफ़ मेरा जो एटीट्यूड था, वह भी आपको बता चुका हूँ। अब आप कहें या दूसरे लोग कहें कि आपने उनके सिर पर लाठी क्यों नहीं मारी, तो यह अलग बात है।

मैंने तो वह *टाइम्स ऑफ इंडिया* के सिर पर भी नहीं दे मारी जबकि उनका आक्रमण सरासर गैरक़ानूनी था। अदालत में लड़ने की मेरी मंशा नहीं थी। तो मेरा वात्स्यायनजी से संबंध जब तक वह थे, चलता रहा। अभी भी इलाजी बात करना चाहेंगी मुझसे, तो मैं करूँगा। लेकिन मैं उनसे मिलने कभी नहीं जाता क्योंकि अपने क्लास करेक्टर के हिसाब से वे दूसरी दुनिया में स्थापित हो चुकी हैं। कपिलाजी जब वात्स्यायनजी के साथ थीं, तब उनसे संबंध था, लगभग पारिवारिक संबंध। मतलब ऐसा कि जैसे गाँव से कोई नया लड़का आए शहर और मेरे साथ ठहरे तो मेरे परिवार का जो संबंध उसके साथ होगा, लगभग वही संबंध था और काम के मायने में भी संबंध था, *प्रतीक* के ज़माने में ख़ास तौर से। मुझे *प्रतीक* में बुलाकर उन्होंने बहुत सम्मान तो दिया ही, जो मेरे लिए बहुत बड़ा अवसर था। उन दिनों लखनऊ में लोग चकित थे कि ये कल का लड़का *प्रतीक* में सहायक होकर कैसे गया। इस तरह से वात्स्यायनजी से मेरा संबंध रहा है। व्यक्ति के नाते वे अपनी क्लास के हिसाब से देखते व सोचते रहे लेकिन कुछ मानवीय भावनाएँ उनमें थीं जो कि बहुधा उन लोगों में जो अपनी क्लास के हिसाब से सोचते हैं व वात्स्यायनजी की निंदा करते हैं, नहीं हैं बल्कि उनमें काफ़ी नीचे दर्जे की भावना है। यह एक बात हुई। दूसरी बात यह है कि जहाँ तक उनके ब्यौरों का सवाल है, कई बार वात्स्यायनजी के साथ तकरार हुई, नौकरियों में ब्रेक को लेकर, व्यक्तिगत प्रसंगों को लेकर, मतभेद होते रहे हैं लेकिन बढ़े नहीं। उनका जो भक्त समाज है उससे मैं बाहर भागता रहा हूँ और वात्स्यायनजी शायद इसीलिए मेरी इज़्ज़त करते रहे।

[1990. *रघुवीर सहाय* नामक पुस्तक में संकलित, संपादक : विष्णु नागर, असद ज़ैदी, प्रकाशक : आधार प्रकाशन, पंचकूला]

'हर व्यक्ति मूलतः एक रचनाकार है'

भेंटवार्ताकार : मिथिलेश श्रीवास्तव

मिथिलेश श्रीवास्तव : आपके अंदर साहित्यिक व्यक्तित्व को बनाने और उसे निरंतर उसी दिशा में विकासोन्मुख बनाए रखने में वे कौन-से ज़िम्मेदार तत्त्व सक्रिय रहे हैं?

रघुवीर सहाय : इस तरह के प्रश्न का उत्तर देते समय साहित्यकार को अपने जीवनकर्म का मूल्यांकन करना ज़रूरी होता है। एक स्तर पर देखना होता है कि वह किस तरह का जीवन जी रहा है और क्या कर रहा है। दूसरे स्तर पर उस किए हुए का समेकित और समग्र रूप सामने लाना होता है। अगर मैं बताना शुरू करूँ कि मैंने कब लिखना शुरू किया और कौन-कौन से प्रभाव थे, उद्देश्य थे, तो उससे यह सिद्ध नहीं हो जाएगा कि इस समय मैं मूलतः क्या हूँ। इसके लिए अब तक किए गए काम को फिर से जाँचना होगा और साथ-साथ यह भी देखना होगा कि इस काम को करने के प्रसंग में समय-समय पर मैंने क्या पाया है और उसको जमा करके अब क्या बचा है।

मेरा विश्वास बिलकुल पक्का हो चुका है कि साहित्य में संलग्न होना मेरा शुद्ध साहित्यिक काम नहीं है। जो लोग साहित्यकार हैं वे लोग केवल साहित्यकार नहीं हैं। अगर वे लोग केवल साहित्यकार हैं तो उनसे मैं क्यों मतलब रखूँ। मैं समझ नहीं पाता हूँ कि उनको कैसे देखूँ। मैं ऐसे साहित्य की

कल्पना ही नहीं कर सकता जिसमें कि एक बहुत बड़े पैमाने पर पूरा समाज, पूरा देश, पूरा विश्व शामिल न हो; जिसमें कि बहुत बड़े पैमाने पर निर्माण की संभावना न हो।

व्यक्ति जो कुछ भी भाषा में करता है वह साहित्य कहलाता है पर क्या वह वास्तव में साहित्य है? यह प्रश्न है। मेरा उत्तर है कि अगर मैंने कभी यह तय किया कि जीवन में मैं साहित्यकार बनूँगा तो अवश्य ही मैंने यह भी उसी समय तय किया होगा कि मैं सिर्फ़ भाषा के ही नहीं, सिर्फ़ मेरे पढ़नेवाले के नहीं, सिर्फ़ मेरे देश, समाज, परिवेश के नहीं बल्कि पूरी मानवता के लिए लिखूँगा और उसे बदलूँगा।

इतना मुझे लगता है कि मैं बराबर लिखता जाता हूँ तो इसके पीछे यही एक कारण हो सकता है कि मुझे कुछ बनाना है। केवल भाषा नहीं बनाना है। केवल साहित्य नहीं बनाना है। केवल अपने को भी नहीं बनाना है। अपने को बदलना ज़रूर है, लेकिन वही एक अकेला काम नहीं है। और अपने दूसरे मनुष्य को बदलना है तो यह भी केवल मेरा काम नहीं है। कुछ मूल्यों के स्तर पर, कुछ चेतना के स्तर पर, कुछ रागात्मकता के स्तर पर पूरे मानवीय संस्कार को बदलना है। बदलना माने केवल बदलना ही नहीं बल्कि बेहतर बनाना है। यही उद्देश्य बड़े-बड़े विद्वानों ने भी बताया है। पर साहित्यकार को उसी उद्देश्य को अपने किए के द्वारा, उसकी जाँच के द्वारा, उसकी विवेचना और मनन के द्वारा खुद देखना होता है।

हर साहित्यकार को अपने आपसे, अपने संघर्ष से गुज़रकर, इस अनुभव को प्रामाणिक मानने का क्षण प्राप्त करना चाहिए। वह एक क्षण काफ़ी है। यह नहीं कि मैं दस साल से समाज का निर्माण कर रहा हूँ इसलिए मैं बहुत बड़ा साहित्यकार हूँ। ऐसा नहीं है कि मैं दस साल से साहित्य लिख रहा हूँ तो घटिया साहित्यकार हूँ। मैं किसी भी क्षण में यह पहचान लेता हूँ और मान लेता हूँ कि यह मेरा काम है, यह मेरा रचनाकर्म है तो उसी क्षण मेरा साहित्य के साथ पूरा तादात्म्य होता है। यह बात और है कि समाज में और शक्तियाँ काम करती हैं जो आपके समाज को अपने ढंग से बेहतर बनाने की इच्छा रखती हैं। और इस इच्छा की वजह से कुछ नष्ट भी होता रहता है।

साहित्य एकमात्र साधन नहीं है जिससे समाज को बदलना है। हर व्यक्ति मूलतः एक रचनाकार है। अपनी रचना-क्षमता को स्वयं वह कितना पहचान पाया है, और अपने को बदलने के लिए उसका कितना उपयोग कर सका है, व्यापक परिवर्तन प्रक्रिया के चलते रहने के लिए कितना उसका इस्तेमाल करता है और फिर क्षय करनेवाली शक्तियों से अपने को बचाकर रख पाता है ताकि फिर उसको पूँजी के रूप में लगाए। तब यह तय हो पाता है कि रचनाकार कुछ कर पाया कि नहीं। वास्तव में, वह कुछ कर पाया कि नहीं यह कसौटी नहीं है। कसौटी यह है कि उसके अंदर रचना की शक्ति और इच्छा बची है या नहीं। यही कसौटी मानकर चलना चाहिए। तो, इतने वर्ष साहित्य में लगे रहने के बाद अभी समझ में आया है कि यह तो सभी लोग कर रहे थे, मैं ही अकेला नहीं था।

साहित्य में काफ़ी समय तक, और थोड़ा-बहुत संतोष के साथ, काम करना होता है। अगर यह दृष्टि रहती है तो साहित्य का काम अद्वितीय और कोई अत्यंत विशिष्ट और कोई दुर्लभ काम भी नहीं है। मेरे मन में जो भावना उत्पन्न होती या हो सकती थी कि मैं विशिष्ट व्यक्ति हूँ या असाधारण व्यक्ति हूँ, जब वह ख़त्म हो जाती है और यह भावना पैदा होती है कि जो मैं कर सकता हूँ वह वे भी कर सकते हैं और जो वे कर सकते हैं वो कोई दूसरा आदमी भी कर सकता है तो उस समय साहित्य-रचना का जो सबसे बड़ा लक्ष्य है मनुष्य को बदलने का और पूरे मानव समाज को बदलने का—उसमें एक सार्थकता दिखाई देती है। अगर यह मानकर चलते हैं कि हम विशिष्ट प्राणी हैं और विशिष्ट प्रकार के कार्य से समाज में विशिष्ट क्रांति लाएँगे तो हमारा उद्देश्य ज़रूर अच्छा है लेकिन उसका अभिप्राय समाज के लिए उपयुक्त नहीं है, हमेशा खंडित हो जाता है।

मैं मानकर चलता हूँ कि यह काम सभी मनुष्य कर सकते हैं। यह काम मनुष्येतर नहीं है। साहित्य लिखना बड़ी भारी सामाजिक प्रक्रिया है। इसमें एक संयोग है कि मैं लगा हूँ, और भी लगे हैं। यही

मेरी साहित्य साधना का अंतिम निष्कर्ष है।

मि.श्री. : आप लेखन-कार्य में प्रवृत्त हो रहे थे और उन्हीं दिनों आज़ादी मिली थी और आप पहचान भी रहे थे कि क्या अच्छा है और क्या अच्छा नहीं है, तो आप उस समय जबकि आज़ादी मिली ही थी साहित्य-कर्म करते हुए कैसा महसूस कर रहे थे? आपको कैसा लग रहा था?

र.स. : एक स्तर पर मुझे इतना ज्ञान नहीं था कि हमारी आज़ादी की लड़ाई में कौन-कौन से सूक्ष्म प्रेरक तत्त्व काम करते रहे और आज़ादी मिलनेवाली है इसके अंदर उन सूक्ष्म प्रेरक तत्त्वों की अर्जित की हुई कितनी आज़ादी है, कितनी नहीं है। इस बारीकी को मैं उस समय नहीं देख पाया था। बाद में तेज़ी से और साफ़-साफ़ पहचानने लगा। लेकिन जब यह नहीं देख पाया था तब भी एक बात स्पष्ट थी कि अब बहुत-से अवसर जो कि इसके पहले हमसे दूर कर दिए गए थे, आएँगे। हम नहीं जानते थे कि हमारे पास कितने अवसर हैं लेकिन इतना जानते थे कि कुछ होंगे जो आज हमारे पास नहीं हैं। उसके छिन जाने की भावना हमारे अंदर बहुत गहरी बैठी थी। यह भावना का ही एक रूप था। गुलामी को हम पहचान गए थे। जब आज़ादी का दिन आया, उस समय मैं बहुत छोटा नहीं था। मैं 18 साल का था। इसके पहले सन् 42 से लेकर इतने बड़े-बड़े सांस्कृतिक, सामाजिक, राजनैतिक उद्वेलन हुए उनसे लगभग मैं परिचित था। उतने सूक्ष्म अर्थ में नहीं जितना बाद से जुड़ा था। संगठनों और व्यक्ति से मैं जुड़ा हुआ था। मोटे तौर पर सबसे परिचित था। आज़ादी का आना मेरे लिए ऐसा एक अवसर था जिसमें कि मुझे मालूम था कि मैं उन लोगों में शामिल हूँ जो कि आज़ादी के बाद काम करने का अवसर पाएँगे।

इसी एक बात को मैं चाहूँ तो और विस्तार से बता सकता हूँ लेकिन यह बताने का यह वक़्त नहीं है। *दिल्ली मेरा परदेस* (1967) नाम की एक मेरी पुस्तक है जो अब अप्राप्य है लेकिन मैकमिलन से छपी है। कहीं पढ़ने के लिए मिल सकती है। उसकी भूमिका में इस बात को मैंने बहुत अच्छी तरह से लिखा है कि सन् 47 के बाद क्या हुआ और फिर तो उसके बाद के वर्षों में मेरी साहित्यिक साधना के क्रम में, उसके समानांतर भी, उसमें संलग्न भी, यह विषय प्रमुख रूप से, आत्यंतिक रूप से, अंतरंग रूप से एकमात्र विषय हमारे अस्तित्व का है कि हम आज़ादी का क्या करें। यही आज़ादी है, यही साहित्य है, यही रचनात्मक है, यही समाज निर्माण है कि जो हमको प्रेरित करता है। प्रश्न पूछने के लिए, उत्तर पाने के लिए, उन उत्तरों का विश्लेषण करने के लिए, फिर और जो काम करना है उसको करने के लिए, अर्थात् आज़ादी एक क्षण है, भारत के इतिहास में, हमारी पीढ़ी के इतिहास में, वह अनंतत्वरा और स्फूर्ति को मुक्त करनेवाला क्षण है।

आज़ादी हमें वास्तव में मिली नहीं है। यह तो मैं शुरू से मानता रहा। सन् 1947 के एकदम बाद से। 15 अगस्त 1947 के दिन यह सोचने का समय नहीं था कि आज़ादी मिली या नहीं। उस दिन तो अपने उन्माद और परिवेश में मैं था सब लोगों के साथ। उनको मैं पहचानता था। उस समय तो झंडा लहराने, पोस्टर लगाने में शामिल था। साइकिल लेकर सारा लखनऊ शहर घूमने में, हल्ला मचाने में लगा रहा। लेकिन बाद में जब वे उत्सव दो दिन बाद ख़त्म हुए तो दिखता था कि अब अपने समाज में कुछ न कुछ काम ऐसा करना होगा जिससे लगे कि कुछ हुआ। तब से लेकर अब तक जो कुछ भी मैं करता रहा हूँ उसमें आज़ादी का अर्थ, आज़ादी के कारण आया हुआ दायित्व, फिर उस दायित्व के पूरे होने या पूरे न होने की स्थिति से निकला हुआ एक नया दायित्व। अर्थात् दायित्वों की एक पूरी शृंखला।

साहित्यकार के लिए एक अंतिम बात मैं कहना चाहूँगा कि आज़ादी ही एक चीज़ है—जिसकी वजह से हम लिखते हैं। क्योंकि हमने पहले ही कहा है कि हमें एक नया आदमी बनाने के लिए भाषा का इस्तेमाल करते रहना है। केवल भाषा से नया आदमी नहीं बना सकते यह बात मैं मानता हूँ। अकेले भी मैं नहीं बना सकता यह बात भी मैं मानता हूँ और यह भी मानता हूँ कि जो मेरे साथ

हैं और बना रहे हैं वे ज़रूरी नहीं कि भाषा से बना रहे हों। यह भी ज़रूरी नहीं कि वे साहित्यकार हों। लेकिन उनमें जो रचनात्मक तत्त्वों के अंश हैं उनके कारण ही बना रहे हैं और मुझे उनको पहचानना चाहिए। सन 1947 के बाद के समय में साहित्य रचना, आज़ादी के बाद आज़ादी की रक्षा, आज़ादी का संस्कार इत्यादि में मुझे कोई अंतर नहीं दिखा। यह सब एक ही काम है। अर्थात् अगर बात को संक्षेप में कहें तो हमारी पीढ़ी के लिए वह एक ऐतिहासिक अनिवार्यता थी कि आज़ादी को हम अपने शेष जीवन का एक पूरा करने योग्य काम मानकर चलें।

मि.श्री. : अकसर लोग कहते हुए सुने जाते हैं कि युवा पीढ़ी साधना नहीं करती है। संघर्ष का आसान रास्ता खोजती फिरती है। हम जानना चाहेंगे कि उस समय जब आप युवा थे क्या ऐसी स्थिति थी या भिन्न थी? अर्थात् आपके समय में संघर्ष का स्वरूप कैसा था? उस संघर्ष और उन परिस्थितियों ने आपकी रचना-प्रक्रिया को कैसे प्रभावित किया था?

र.स. : मैं इसका उत्तर दूँगा। यह सहज संपृक्त भाव से मेरे अंदर से निकला हुआ निष्कर्ष है। कोई वैज्ञानिक आधार खोजकर निकाला नहीं है। निष्कर्ष यह है कि इस तरह का नवयुवक हर समय में होता है जिसके पास समय नहीं होता, जो अपनी युवावस्था की कल्पना में अपने समाज के प्रौढ़ जीवन या वृद्ध जीवन को शामिल नहीं करता। वह देख नहीं पाता कि समाज कैसा होगा दस साल बाद, बीस साल बाद। अवनति की ओर जा रहा है तो क्या होगा? इस बात को बहुत-से युवा नहीं देखते और ऐसे युवा हर पीढ़ी में होते हैं। युवा होने का तत्त्व वे पहचान पाते हैं अगर अपने से आगे की ओर देखते हैं। पर युवा होने की यह अनिवार्य गुणवत्ता नहीं है। वैसे युवाओं का क्या होता है? कभी-कभी वे किसी अधिक सुरक्षित लक्ष्य को प्राप्त कर लेते हैं—उसी युवा अवस्था में या थोड़ा आगे चलकर। पर फिर वे आगे के समय को जीवित कभी नहीं देख पाते। समाज बुद्ध हो जाता है लेकिन वे देख नहीं पाते हैं कि समाज बुद्ध हो गया। ऐसे लोग होते हैं। कुछ युवा मैंने ऐसे बताए जो कुछ नहीं देख पाते; कुछ ऐसे युवा होते हैं जो कुछ बड़े हो जाने के बाद भी नहीं देख पाते हैं। क्योंकि वे किसी सुरक्षित स्थान को प्राप्त कर वहाँ बैठ जाते हैं।

इस तरह से आप देखें तो दोनों में—युवा पीढ़ी में और उसके बाद की पीढ़ी में हमेशा कुछ न कुछ ऐसे गुण मिलेंगे जिसके कारण वे हमें एक-दूसरे का साथ देते चलेंगे। हर युवा पीढ़ी अपनी बाद की पीढ़ी में कुछ ऐसे ही अरचनात्मक तत्त्व छोड़ जाती है जिनके होते एक बार फिर एक नई पीढ़ी बनती है, एक पुरानी पीढ़ी बनती है। और ये रचनात्मकता का और समाज-विमुखता का या समाजहीनता का लंबा सिलसिला चलता चला जाता है।

आपका प्रश्न था कि क्या मेरे समय में ऐसे लोग थे। मैं कहूँगा कि हाँ थे, लेकिन जो मैंने अभी एक साधारणीकरण किया है, यह तो मैंने अपने अंदाज़ से, अपने मन की प्रेरणा के आधार पर किया है। यह वैज्ञानिक तो नहीं है। किंतु वैज्ञानिक आधार पर जाएँ तो हम पाएँगे कि अलग-अलग समाजों में अलग-अलग तरह के लोग होते हैं। अलग-अलग समय में जिसमें कि एक प्रक्रिया—एक युवा पीढ़ी और एक पुरानी पीढ़ी के बीच अकर्मण्यता या अरचनात्मकता फैलाने की—कभी तेज़ चलती है, कभी कम चलती है, कभी बिलकुल नहीं चलती है। आज़ादी हमें दी है उन्होंने जिन्होंने हमसे पहले इतिहास को बनाने का काम किया था। उन लोगों ने कुछ ऐसा ज़रूर दिया है कि अरचनात्मक प्रक्रिया नई पीढ़ी और पुरानी पीढ़ी के बीच थोड़े समय तक चलेगी। उसके बाद नहीं चलेगी। पर अगर इसको एक रचनात्मक ढर्रे पर नहीं लाया जाता तो इसमें से कोई ऐसा बोध प्रकट होगा जिससे बहुत अभ्यांतरिक और मौलिक मूल्य नष्ट हो सकते हैं।

आज़ादी के बाद इतने वर्षों में ऐसी कुछ चीज़ें समाज में घटित हुई हैं कि अगर पुरानी पीढ़ी और नई पीढ़ी के बीच में यह घटिया रिश्ता चलता जाएगा तो समाज को बहुत नुकसान हो जाएगा। नई पीढ़ी को किसी न किसी समय, शायद अभी जल्दी ही, एक नया उन्मेष प्रकट करना होगा जिससे

कि वह इस व्यूह-चक्र को तोड़ सके ताकि उसके बाद आनेवाली पीढ़ी इसका शोधन करे, शोषण न करे। अरचनात्मक रास्ते पर न चले। कर्महीनता और रचनाहीनता का युग ख़त्म हो।

कम से कम नई पीढ़ी में ऐसे लोग हमेशा होते हैं जो यह व्यूह तोड़ते हैं। तब भी थे। मैंने एक व्यापक बात कही। आप साहित्य में ऐसी पीढ़ी की बात करते हैं तो वहाँ भी ऐसी बात सच निकलेगी, लेकिन साहित्य में नई और पुरानी पीढ़ी के मेल ने रचनाहीनता की चलनेवाली लंबी प्रक्रिया को लंबी नहीं होने दिया। अर्थात् एक दौर ऐसा आया है साहित्य के क्षेत्र में कि जहाँ पर नई पीढ़ी और आनेवाली पीढ़ी के बीच में एक नए ढंग का रिश्ता बना है जो बहुत रचनात्मक है। इतना रचनात्मक है कि साहित्य के क्षेत्र में ऐसा कभी देखा नहीं गया। केवल साहित्य में देखें आप तो आज का साहित्यकार अपने से बाद की एक या दो पीढ़ी बाद पैदा हुए साहित्यकार के साथ इतना अधिक संवाद और सहकर्म संभव पाता है उतना आज़ादी के पहले के वर्षों में किन्हीं दो पीढ़ियों के बीच नहीं था। यह बात मैं सोच-समझकर कह रहा हूँ और कई बार यह बात मैं कह भी चुका हूँ, ख़ास तौर पर वहाँ जहाँ कि नई पीढ़ी के लोगों के साथ एक ही मंच पर एक ही स्थान पर एक ही काम करता रहा हूँ। यह कहना बहुत ही ज़रूरी लगता है कि जिस काम में हम लोग लगे हुए हैं उसमें नई और पुरानी पीढ़ी का अंतर मिटाना अनिवार्य है और स्वाभाविक है, और साथ ही आवश्यक भी है क्योंकि मुख्यतः हमारा काम आज़ादी की रक्षा करना है। उस काम में पुरानी पीढ़ी तमाम अपने पतन और गिरावट के बावजूद कहीं न कहीं पाती है कि यह काम निरंतर होते रहना है और इसे नई पीढ़ी को ही करते रहना है, उसके बाद संवाद बनता रहता है—जानबूझकर या कोशिश करके जो कि अच्छी चीज़ है। नई पीढ़ी में ऐसे लोग ज़रूर थे आज़ादी के दिनों के बाद भी जो कि बहुत अधिक साधना या बहुत अधिक परिश्रम किए बिना तुरंत कुछ हासिल करके आगे बढ़ गए। फिर कहीं वे लुप्त हो गए। लेकिन अभी जो लोग नए आ रहे हैं, वे ज़्यादा विश्वास के साथ देख पा रहे हैं कि उनके बाद की पीढ़ियाँ उनके साथ हैं। इसी प्रश्न का एक और पहलू है जिस पर आपने पूछा नहीं है लेकिन वह यहाँ प्रासंगिक है। तब जो नई पीढ़ी थी और बाद में जो नई पीढ़ियाँ आईं उनमें इतना अंतर तो है, जबकि आज की पुरानी पीढ़ी और आज की नई पीढ़ी के बीच में ज़्यादा गहरा रिश्ता है। मेरे समय की नई पीढ़ी और मेरे समय की पुरानी पीढ़ी में इतना स्पष्ट रूप से सहजीवन या सहभागिता नहीं थी।

आज़ादी के दिन जो पुरानी पीढ़ी थी उसको कहीं न कहीं ज़रूर लगता रहा होगा कि वे तो जानेवाले हैं, और नए लोग आनेवाले हैं। नए लोगों को मारो, ख़त्म करो तो कुछ अच्छा हो जाएगा। यह भी उनकी प्रेरणा में था। उनको मालूम था कि नए लोग आनेवाले थे। नए लोगों का आना वे रोक नहीं सकते थे। बड़ा सरल रास्ता होता कि नए लोग आने नहीं पाते। लेकिन ऐसा संभव नहीं था। नए लोगों के प्रति वे लोग उतना क्रूर नहीं थे। इसके अलावा पुराने होने का उनके मन में बहुत गहरा अभिमान व आनंद था। तीसरे, हमारी नई पीढ़ी के अंदर इतना क्षोभ नहीं था। इतनी जल्दी नहीं थी। कुछ लोगों में जल्दी थी। जैसा कि मैंने पहले कहा, आशा थी, धैर्य था, उत्साह था नई पीढ़ी में। पुरानी पीढ़ी में सब कुछ कर चुकने का संतोष था। उसके अतिरिक्त बहुत ही पार्थिव प्रकार के लाभ सामने मिलने का भी लोभ था। सब मिलाकर पीढ़ियों का संघर्ष इस अर्थ में नहीं था कि अब पुरानी पीढ़ी नई पीढ़ी को टिकने नहीं देगी या नई पीढ़ी पुरानी पीढ़ी के ख़िलाफ़ हो जाएगी। दूसरी तरफ़ यह भी नहीं था कि पुरानी पीढ़ी खुलेआम नई पीढ़ी के साथ मिले और साथ रहे। जैसा आज के समय है। इसका कारण बताना ज़रूरी नहीं है। हो सकता है पुरानी पीढ़ी समझती हो कि वह सब कुछ जानती है।

इस तरह तीन-चार तरह के तानेबाने थे जिनके अंदर आज़ादी के क्षण में नई पीढ़ी और पुरानी पीढ़ी का रिश्ता समझा जा सकता है। लेकिन समझने का सबसे अच्छा तरीक़ा यह होगा कि आज जो है उसको पहचानें और आज यही है कि आज की पुरानी पीढ़ी, कम से कम मैं जिनको मानता हूँ, इस बात को अच्छी तरह पहचानती है कि नई पीढ़ी और वो दोनों मिलकर बहुत कुछ कर सकते

हैं, जो सार्थक करना है। इन दोनों में एक सामंजस्य बना है, बड़ा वैज्ञानिक सामंजस्य है। इसका ऐतिहासिक कारण है जिससे कि आज हम कुछ भी करते हैं तो हमें दिखता है कि उसमें हमसे तीस वर्ष छोटा साथी भी शामिल है।

मि.श्री. : साधना, संघर्ष और रचना-प्रक्रिया और नौकरी, विचार, रोज़मर्रा की ज़िंदगी इत्यादि में तालमेल?

र.स. : कई स्तरों पर घटनाएँ घटती हैं जिनका सार्थक मतलब कविता में निकलता है। इनमें से कोई न कोई निष्कर्ष निकालकर, इन सारे निष्कर्षों को एक जगह रखकर फिर एकसाथ देखा जाए तो समझ में आ सकता है कि वह जो संघर्ष कर रहा है उसमें कोई चीज़ बन रही है या कोई चीज़ क्षय हो रही है। इसको बनाने में इस पात्र का, जिसकी बात मेरे मन में है, कोई हाथ अगर है तो वही संघर्ष है। मैं जो हूँ और मेरा जो हो रहा है, मेरा जो कुछ किया जा रहा है समाज के द्वारा, क्या मेरे वश के बाहर है? अगर मेरे वश में है तो इसका होना बहुत मतलब रखता है। इसीलिए इसे मेरे वश में रहना चाहिए अर्थात् जो मैं कर रहा हूँ उस पर मेरा वश रहना चाहिए। यही संघर्ष का मूल सूत्र है। इसकी दूसरी छटाएँ भी हैं। इसमें मेरा सामाजिक स्तर, आर्थिक जीवन, परिवेश में मेरे लोगों के साथ मेरा संबंध, मेरा पारिवारिक, सामाजिक, व्यक्तिगत जीवन—यह सब इसमें आता है। कई स्तरों पर घटनेवाली घटनाएँ। इस सबको देखिए तो इसके अंदर यह बात है कि क्या मैं जो कुछ भी कर रहा हूँ, जाने-अनजाने, उस पर मैं अपना नियंत्रण रख पा रहा हूँ या नहीं। और अगर रख पा रहा हूँ, तो फिर यह भी दिख जाता है कि कभी भी संपूर्ण नियंत्रण नहीं रख पाता। और संपूर्ण नियंत्रण नहीं रख पाता तो यह भी दिख जाता है कि अपना नियंत्रण रखने के बाद जो अंत में बचेगा, टूट जाने, बन जाने के बाद, हिसाब लगाने के लिए बचेगा वो कुछ होगा कि नहीं। वो जो कुछ बचता है वह आपकी धरोहर हो जाता है। इसको आप अपने बाकी जीवन के अंदर डाल देते हैं जैसे कि अपने ही किए हुए संघर्षों से उत्पन्न परिणामों में से जो रक्षणीय बचा है धरोहर के रूप में वह स्वयं अपने लिए ही अपने शेष जीवन के निर्माण में पूँजी लगाने के लिए पूँजी के रूप में रख लेते हैं, उसको मैं बहुत महत्त्वपूर्ण मानता हूँ। इसके पीछे यह बात कहीं छिपी हुई है कि हर समय अपना मूल्यांकन करते रहना चाहिए। अभी तक जो किया है तथा अभी तक जो जीवन जिया है उसमें आप स्वयं क्या बने हैं, बाहर की दुनिया को बनाने में आपने कितना योग दिया है, इसका मूल्यांकन करना ज़रूरी होता है।

संघर्ष और संघर्ष की सार्थकता के विषय में तो यह है। अब इसकी कुछ प्रक्रियाओं के बारे में आपने पूछा कि कैसे मैंने किया होगा। अब जो बात मैं बताने की कोशिश करूँगा वह व्यावहारिक है। अर्थात् संघर्ष को कैसे जारी रखा जाए इसकी कुछ विधियाँ हैं। एक तो मैं समझता हूँ कि बहुत ही मूलभूत चीज़ यह है कि साहित्यकार को हमेशा अपने अनुभवों को निस्संग होकर करने का अभ्यास करना चाहिए। उसके बारे में मैं उस आसक्ति के क्षणों में ही सजग रहता हूँ या नहीं। अर्थात् क्या मैं खाता हूँ, और मैं अपने को खाते हुए देखता रहता हूँ। मैं मरता हूँ, और मैं अपने को मरता हुआ देखता हूँ। मैं जो कुछ भी करता हूँ, मैं अपने से दूर खड़े होकर उसी को उसी क्षण देख सकता हूँ कि नहीं। यही कसौटी है, और हर साहित्यकार को अपने आपको इस कसौटी पर कसना चाहिए। अगर वह यह नहीं कर सकता है तो बहुत कम क्षण आएँगे उसके जीवन में जब सचमुच वह कुछ लिख पाएगा। जहाँ तक अनुभव का सवाल है, उसके अंदर उठेंगे और उसी में समाहित हो जाएँगे। हो सकता है कि उसे कुछ दे जाएँ। किंतु वह ऐसा कुछ नहीं होगा जिसका वह भाषा में दूसरों को दे सके। अर्थात् मेरा व्यवहार जो मेरे मित्र से है उसके वह सारे निष्कर्ष, सारी उपलब्धियाँ बाँट दूँगा जो मैंने अपने अनुभव से पाए हैं। मानवीय संप्रेषण को बाँट दूँगा अपने बच्चे को, अपनी पत्नी को, मित्रों को, शत्रु को, अजनबी को। भाषा के माध्यम से मैं दूसरों को कुछ दे पाऊँ इसके लिए ज़रूरी है कि मैं जब

अनुभव कर रहा हूँ तो साथ ही साथ मैं देखूँ कि यह अनुभव मेरा नहीं है, यह अनुभव उस व्यक्ति का है जो कि मैं हूँ।

ये कठिन है। लेकिन सच बात यह है कि कुछ भी लिखना इस प्रक्रिया के बिना संभव नहीं है। यह बात और है कि कुछ लोग इस प्रक्रिया को अनुभव के बाद भी कर लेते हैं, बल्कि बहुत लोग यही करते हैं। उसको फिर से याद करते हैं (अपने अनुभव को) और तब उसके साथ निस्संग हो जाते हैं। श्रेष्ठ अनुभव वह है रचनाकार के लिए, कवि के लिए, साहित्यकार के लिए कि अनुभव करने के समय ही देखें कि वे क्या हैं, उनका अनुभव क्या है? दोनों चीज़ें अलग-अलग हैं। तब रचना में सच्चाई का बल होगा।

मैं जीवन के तमाम कर्मों में एकसाथ शामिल नहीं हो सकता भौतिक रूप से। जितने भी नए-नए काम मैं करूँ उन कामों में हमेशा कम होंगे जो सारे लोग मिलकर किया करते हैं। मैं सब काम नहीं कर सकता लेकिन ज़रूरी है कि मैं कम से कम भूगोल की सीमा से निकलूँ जो कि भाषा के शिल्पी होने के कारण ओढ़ ली है। इस तरह से ओढ़ी हुई संकीर्णता का परिणाम हिंदी साहित्य में बहुत बुरी तरह दिखा है। हिंदी के उन साहित्यकारों को उँगलियों पर गिन सकते हैं जो कि साहित्य लिखने के अलावा भी कुछ जानते हैं। इस दारिद्र्य का अभिशाप हिंदी साहित्य पर हमेशा रहा है। दो-तीन लोगों को जानते हैं, उदाहरणस्वरूप, जो शिकारी थे, पर साहित्य लिखते थे। योद्धा को तो छोड़ दीजिए। बोझा उठानेवाले, सर पर लादकर पत्थर ले जानेवाले मज़दूर की बात छोड़ दीजिए। उनको तो हम साहित्य में प्रवेश ही नहीं करने देते। यह कहकर कि उनके पास भाषा नहीं है। जिनके पास भाषा है वे कहते हैं, "सिर पर पत्थर उठाकर मैं पहाड़ पर क्यों चढ़ूँ। मैं उसको देखता हूँ, वर्णन करता हूँ, वह साहित्य हो जाता है।" यह ज़रूरी है कि जितना संभव हो सके अपने-अपने 'शुद्ध' संकीर्ण साहित्यिक जीवन से निकलें। और जो कुछ भी बाहर आप पाएँ उसे ले आएँ अपने अंदर।

दूसरे के जीवन में पैठिए। आप स्वयं दूसरे हो जाइए। दूसरों का काम सीखिए। उनके साथ तादात्म्य बनाएँ।

मि.श्री. : जब आप साहित्य में प्रवेश कर रहे थे या कुछ लिख रहे थे तो उस समय आपके वरिष्ठ साहित्यकार, जैसे कि आप हमारे लिए हैं, कौन-कौन थे? उनमें से आपके लिए कौन-कौन महत्त्वपूर्ण रहे हैं? आपके रचनाकार और व्यक्तित्व को किसने प्रभावित किया?

र.स. : मैं अपने शहर (लखनऊ) के जीवन से शुरू करना चाहूँगा। यशपाल थे। उनके साथ शुरू से मेरा अजीब तरह से लगाव था। एक तो, जहाँ उनका घर था उसमें उन्होंने अपने प्रकाशन का कार्यालय खोल रखा था, 'विप्लव' नाम से, जिसको सरकार ने बाद में बंद कर दिया था। उसके बाद उन्होंने एक नई पत्रिका निकाली थी *विप्लवी ट्रैक*। 'विप्लव' ने बड़ी छाप छोड़ी थी मेरे ऊपर। जिस सड़क पर उनका घर था उस सड़क से मेरा रोज़ का आना-जाना था। एक तरह की ललक मन में रहती थी कि यहाँ यशपालजी रहते हैं, उनसे मिलें, बातचीत करें।

भगवतीचरण वर्मा थे जिनको हम लोगों की कविता से कोई लगाव नहीं था। बल्कि लखनऊ में जब भी उनसे भेंट हुई तब तो केवल आदरपूर्वक बात हुई होगी या किसी काम संबंधी कोई बात हम लोग जानते थे कि हम लोग क्या कर रहे हैं। काफ़ी समय बाद शायद सन् 1952 या 1953 में जब वे रेडियो में काम करने दिल्ली आ गए तब उनसे रोज़ मिलना होता था। क्योंकि तब मैं भी यहीं था। एक दिन मैंने कहा कि मैं आपको अपनी कविताएँ सुनाना चाहता हूँ। उन्होंने बड़े प्रेम से अपने घर बुलाया, बैठाया, कविताएँ सुनीं। सुनने के बाद बोले कि वे सब कविताएँ अधूरी हैं। मैं चुप रहा। हम लोगों का संस्कार था, बड़ी पीढ़ी के लोग कुछ कहते थे तो हम लोग चुप ही रहते थे।

यशपाल, अमृतलाल नागर, भगवतीचरण वर्मा, गिरिजाकुमार माथुर, श्रीनारायण चतुर्वेदी लखनऊ के नाम लेने योग्य मेरे वरिष्ठ साहित्यकार थे, जिनसे मेरा संवेदनात्मक संबंध था। श्रीनारायण चतुर्वेदी

के घर एक गोष्ठी हुआ करती थी। उसमें ज़्यादातर कवि पहुँचते थे। कवियों में भी ज़्यादातर गीतकार। और अपनी शुरू की कविताओं में, बच्चन के दौर के बाद के समय में, मुझे भी हुआ कि मैं जाऊँ। मैंने कविताएँ लिखीं और उन्हें सुनाया।

फिर दिल्ली आया। दिल्ली में वात्स्यायनजी थे जो मेरे निकटस्थ थे। *प्रतीक* में उनके साथ एक दफ़्तर में काम कर रहा था, सन् 1951-52 में। मैथिलीशरण गुप्त से मेरा यहाँ परिचय हुआ। रामकृष्ण दास, जो बनारस के थे, से परिचय हुआ। *प्रतीक* के सहायक संपादक के रूप में वात्स्यायनजी ने बनारस भेजा था। वात्स्यायनजी उस समय एक पुस्तक निकालनेवाले थे। इस पुस्तक के सिलसिले में मुझे लेखकों से संपर्क करने के लिए भेजा था। लखनऊ, पटना और बनारस—तीन जगह, सामग्री जमा करने के लिए। उसी प्रसंग में बनारस गया और वहाँ ठहरा श्रीकृष्णदास राय के घर। अच्छा परिचय हुआ। जब तक जीवित थे और बनारस जाता उनके पास जाता था। उनके पास गया, बैठा, उनकी बातें सुनीं। उनके पास अथाह भंडार था अनुभव का। विशेष रूप से ग़ैर-साहित्यिक अनुभव। वे कला और शिल्प के बड़े पारखी और प्रेमी थे। कला-संग्रह करनेवाले भी थे। 'भारत कला भवन' बनारस में उन्हीं का बनाया हुआ है। उन्हीं के कारण उसमें प्राचीन वास्तुशिल्प और आधुनिक शिल्प का संग्रह है।

पंतजी से मिला सन् 49 में इलाहाबाद में। सन् 49 में मैंने निर्णय लिया था कि आगे पढ़ूँगा नहीं। वात्स्यायनजी से कहने गया कि मुझे कोई काम चाहिए। उसी समय मुझे श्री शमशेरबहादुर सिंह ने पंतजी और महादेवी वर्मा से मिलवाया। वे लोग मेरे समय के वरिष्ठ थे।

मैथिलीशरण गुप्त से दिल्ली में भेंट हुई। दरबार में। उनके घर में दरबार लगता था। नियम से। उनके यहाँ सवेरे से शाम तक साहित्यकारों का इतना बड़ा जमघट लगता था कि मुझे याद नहीं कि कौन-कौन से लोग आते थे। सबको आना था कभी न कभी। उनसे मेरी भेंट वात्स्यायनजी के घर पर भी हुई। गुप्तजी सबकी सहायता करते थे। लोग अपनी माँगें लेकर उनके पास जाया करते थे और वे पूरा करते थे। उनका अपना असर था।

निराला से मैं मिला सन् 1941 में। लखनऊ से गया था इलाहाबाद। तब मैंने उनको पहली बार देखा। दिनकरजी को पुरस्कार मिला था। 'साहित्य-सम्मेलन पुरस्कार'। उसके उत्सव में गंगा के किनारे। वात्स्यायनजी भी थे। निराला भी थे। तब मैंने देखा अवश्य था। विक्षिप्त हो चुके थे। कुछ वर्ष बाद, जब मैं रेडियो में नौकरी कर रहा था, मैं एक बार इलाहाबाद गया। सर्वेश्वरजी के साथ। उनके घर जाने से पहले सर्वेश्वर ने मुझसे कहा कि मैं निरालाजी को यह न बताऊँ कि मैं रेडियो में काम करता हूँ। लेकिन मुँह से निकल गया। वे काफ़ी विचलित हुए।

गुप्तजी, दिनकरजी आदि जितने भी बड़े-बड़े साहित्यकार थे उस समय जीवित थे और उन सबसे मेरी भेंट हुई। सबसे एक अजीब तरह का प्रेम का भाव मैंने पाया। और कहीं खुरदरापन मिला भी तो वह बहुत मामूली था। जैसे मैंने भगवतीचरण वर्मा के बारे में आपको बताया। तो वह भी खुरदरापन नहीं था क्योंकि वह तो उनकी मान्यता थी कि वे लोग कोई चीज़ पकाते तो हैं नहीं, कविता क्या लिखेंगे।

सबसे कुछ न कुछ सकारात्मक सीखने को मिला।

इधर बाद के समय में *तारसप्तक* के लोग हैं। उन सबसे मिलते रहे हैं। सन् 57 में 'साहित्यकार-सम्मेलन' नामक गोष्ठी इलाहाबाद में हुई। वामपंथी समाज के बहुत-से लोग थे। मुक्तिबोध थे। उस समय पहली बार मुक्तिबोध से मेरी मुलाकात हुई। दो-चार बातें हुईं। दुर्भाग्य देखिए कि मुक्तिबोध से दूसरी मुलाक़ात तब हुई जब वे गंभीर रूप से बीमार हो गए थे और दिल्ली लाए गए थे। हम लोग उनको देखने गए। उस समय मैं *नवभारत टाइम्स* में संवाददाता था। लालबहादुर शास्त्री से मेरा परिचय पुराना था। और वह परिचय नवीनतम होता रहा जब तक वे जीवित रहे। मुक्तिबोध आए थे। बीमार थे। उनके

इलाज को लेकर लेखकों की एक बैठक हुई। फिर चार-पाँच लोग बच्चनजी के घर गए। बच्चनजी उस वक़्त तक राज्यसभा के एम.पी. हो गए थे। गए कहने के लिए कि वे नेहरूजी से कहें कि मुक्तिबोध के इलाज का अच्छा प्रबंध करवा दें। बच्चनजी ने कहा कि वे नेहरूजी से तो नहीं कहेंगे, इंदिराजी से कह सकते हैं। हम लोगों ने कहा कि इंदिराजी से ही कहिए। इलाज का इंतजाम नहीं हुआ तब सोचा गया कि कहाँ जाएँ? तो, फिर हम चार-पाँच लोगों ने शास्त्रीजी के घर जाना तय किया। उन्होंने इंतज़ाम किया, जिसका परिणाम यह हुआ कि उनको विशेष डॉक्टरों से विशेष इलाज मिलने लगा। किंतु वे नहीं रहे। इतना सब बताने का उद्देश्य यह था कि मेरे समय में मुक्तिबोध महत्त्वपूर्ण लोगों में थे। वात्स्यायनजी उनकी शव-यात्रा में गए थे।

बीच की पीढ़ी के साथ सक्रिय सहयोग रहा।

यहाँ सन् 1948-50 के बीच प्रगतिशील लेखक संघ से आलोचना और साहित्य कर्म पर मतभेद तथा कृष्णनारायण कक्कड़ के साथ लखनऊ लेखक संघ की स्थापना, जिसमें यशपाल और अमृतलाल नागर तथा डॉ. देवराज हमारे साथ आए, महत्त्वपूर्ण घटना है। प्र.ले. संघ के उर्दू विभाग से आए अहमद सफ़र हमारे अलग होने के विरुद्ध थे।

मि.श्री. : क्या सच है कि वरिष्ठ साहित्यकारों के पास समय की कमी रहती है जिसके कारण वे अपनी नई पीढ़ी के साथ अधिक मेलजोल नहीं बढ़ा पाते? आपके समय में क्या स्थिति थी? युवा पीढ़ी के साथ आप अपने संबंध में तालमेल कैसे बैठाते हैं? आप उन्हें समय दे पाते हैं? उनसे मिलकर आपको कैसा लगता है?

जब आप युवा थे तब आपके और आपके समय के वरिष्ठ साहित्यकारों के बीच के संबंध के अनुभव और अब आपके और आपकी युवा पीढ़ी के बीच के संबंध के अनुभव में अंतर को रेखांकित करें?

र.स. : पहले मेरे साथ युवा पीढ़ी के संबंध की बात लें। ···

मि.श्री. : इसके पहले मैं बता दूँ कि ऊपर एक प्रश्न के उत्तर में समय के बारे में विस्तार से बात कर चुके हैं। अर्थात् भागीदारी और साझेदारी की बात। भागीदारी की स्थिति में किसी काम के लिए अलग से समय निकालने की ज़रूरत नहीं होती। अगर युवा पीढ़ी के साथ भागीदारी हो तो समय की कमी नहीं हो सकती ···

र.स. : हाँ। यही मैं आपसे कह रहा था। आज़ादी के बाद का समय लें, मेरे लिए वही अर्थमय समय है। उस समय हम समझते थे कि हमें जो कुछ भी करना है, करना है। यह हम अच्छी तरह समझते थे कि जिनके पास अधिकार आ गया है उनके पास सामर्थ्य नहीं है। हमारे-उनके बीच की वास्तविकता यह थी कि करनेवाले हम थे और करने की जगह पर ज़बरन वे बैठे थे। आज़ादी के बाद कृतित्व की पहचान और उससे निकलनेवाली स्वीकृति या पुरस्कार, रचनात्मकता या क्रियाशीलता की जाँच बंद हो गई। और इस तरह से यह बहाना बन गया कि यह तो हम जानते हैं। हम अच्छा काम कर रहे हैं। आज जो काम हम कर रहे हैं उसका पुरस्कार आज नहीं मिलेगा, कल भी नहीं मिलेगा, परसों भी नहीं मिलेगा, तब तक नहीं मिलेगा, जब तक कि हमसे पहले काम करनेवालों को मिल नहीं जाता। यह आप विशेष रूप से साहित्य में, और दूसरी कलाओं में भी, पर कम, देख सकते हैं। दूसरी कलाओं की एक महत्त्वपूर्ण विशिष्टता है, साहित्येतर कलाओं से कि जब वे प्रकट होती हैं तो उनमें वर्तमान उपस्थित रहता है। अगर आप कहें कि अमुक आदमी आज अच्छा गाता था और अमुक आदमी बीस वर्ष पहले अच्छा गाता था लेकिन पुरस्कार उसी को मिलेगा जो बीस वर्ष पहले गाता था तो इसमें जो खोट है वह प्रकट हो जाएगा। साहित्य में उसको आसानी से उलटाया जा सकता है।

हमारे समय में पुरानी पीढ़ी और नई पीढ़ी के बीच दुखद प्रसंग रहा। यह आज़ादी के कुछ वर्षों

तक विस्फोट या असंतोष के रूप में नहीं आया। क्योंकि यह भी था कि इतने अधिक अवसर खुल गए थे कि नए लोगों को ये देखने में ज़रा देर लगी कि सारे रास्ते बंद हो रहे हैं। कुछ अवसर बंद होने पर लगता रहा कि कुछ अवसर खुल भी जाएँगे।

पंद्रह-बीस साल बाद वह दौर आया जब कहानी और कविता में नई-नई धाराएँ निकलीं। सबके मन में पुरानी पीढ़ी के प्रति आक्रोश ही था। अतः पुरानी पीढ़ी हमको समय दे पाती थी या नहीं इसका विशेष प्रश्न उस समय उठा नहीं क्योंकि पुरानी पीढ़ी अपने दरबार में बैठी हुई थी जहाँ पर संवाद का कोई अवसर नहीं था। एक सीमित प्रकार के संवाद का अवसर था। वहाँ आप जाएँ, अपनी माँग बताएँ। माँग पूरी हुई, चले आएँ। जब यह समय आने लगा कि जब आप जाएँ, अपनी माँग बताएँ और वे पूरी नहीं करें, और तब आप कहें कि आप पूरी कैसे नहीं करेंगे तब संवाद की स्थिति आ सकती थी। लेकिन जब ऐसी स्थिति आई तब तक पुरानी पीढ़ी का क्षय हो चुका था। पुरानी पीढ़ी के बाद की पीढ़ी तब के नए लोगों के लिए पुरानी पीढ़ी बन चुकी थी। सन् 67 में। जब राजकमल चौधरी लिख रहे थे। वात्स्यायनजी थे। *तारसप्तक* के लोग थे। और बहुत-से लोग थे जो साहित्य नहीं लिख रहे थे लेकिन आलोचना में थे। अर्थात् एक सत्ता थी ज़रूर जिससे टकराना था उस समय की नई पीढ़ी को। लेकिन जिससे टकराना था वह पीढ़ी नहीं थी जो बाज़ार में बैठती हो। उससे टकराव हो सकता था जिसमें संवाद ही संवाद था। जिसमें कि समय की कमी बिलकुल नहीं थी। कहने का मतलब यह है कि नई पीढ़ी और पुरानी पीढ़ी के बीच में कितना आदान-प्रदान है और इतिहास में उसकी क्या आवश्यकता सामने आती है, यह इस पर निर्भर करता है कि नई पीढ़ी पुरानी पीढ़ी से क्या तक़ाज़ा करती है और पुरानी पीढ़ी उसे किस तरह पूरा करती है। सन् 1947 के बाद की पीढ़ी की बात हम कर रहे थे जो सन् 1967 तक चली। उससे समय माँगने की ज़रूरत नहीं थी। पुरानी पीढ़ी के सामने नई पीढ़ी पाँच-दस साल तक इस तरह से दिखी कि कुछ करेंगे तब देखेंगे। अभी तो कुछ कर नहीं पा रहे हैं। पाँच-दस साल के बाद करने लगे तब वो पुरानी पीढ़ी लुप्त थी और नई पीढ़ी के ठीक पहलेवाली पीढ़ी जो वास्तव में पुरानी पीढ़ी नहीं थी, वह भी नई पीढ़ी का एक हिस्सा थी। उसी को नई पीढ़ी ने पुरानी पीढ़ी बना लिया और उसके साथ संवाद कायम किया। सन् 1947 में आज़ादी के दस साल बाद जो नई कविता को लेकर बहस चली उसमें हमने बहस की थी—अपने से ठीक बराबर के लोगों के साथ लेकिन उनकी स्थिति आधिकारिक अधिक थी। कोई किसी संस्था में था, कोई सरकारी नौकरी में या विश्वविद्यालय में था। किसी और कारण से उनको माना जाता था कि वे प्रवक्ता हैं पुरानी पीढ़ी के। उनके साथ बहस हुई और खूब हुई।

पीढ़ियों का सन् 47 वाला अंतर, सन् 57 वाला अंतर, सन् 67 वाला अंतर लगभग विलुप्त हो चुका है। अब जो अंतर है वो शायद इस तरह से है—अभी जो पुरानी पीढ़ी है वो कुछ नहीं कर रही है और अगर कर भी रही है तो केवल खानापूर्ति कर रही है। या पुराने को ही नया रूप दे रही है। त्रिलोचन हैं, नागार्जुन हैं, शमशेर हैं—ये हैं पुरानी पीढ़ी के रूप में इस समय। गिरिजाकुमार माथुर हैं, शिवमंगल सिंह सुमन प्रमुख हैं। दूसरा उदाहरण उनका है जो पुरानी पीढ़ी के हैं लेकिन साहित्य में अब नहीं हैं। राजनीति या व्यवसाय में चले गए। शमशेर को मानते हैं। त्रिलोचन को मानते हैं। नागार्जुन को मानते हैं। हाँ, इनकी निंदा नहीं करते हैं। और उनके साथ वैमनस्य भी नहीं करते हैं।

वरिष्ठ और युवा पीढ़ी की परिभाषाएँ केवल काम के आधार पर नहीं हो सकती हैं। कोई तीस-चालीस साल तक लिख चुका हो और उसी के साथ कोई युवा पीढ़ी भी चल रही हो, तो इससे भी यह बात साफ़ नहीं हो सकती है। निर्णय शुद्ध काल की गणना से नहीं हो सकता है। यह सापेक्ष रूप में होता है। सापेक्ष होने का मतलब होता है कि एक ऐतिहासिक काल का बिंदु है जहाँ से हम आगे प्रस्थान करें तो बीते हुए काल में, जो सक्रिय लोग हैं, वे वरिष्ठ होते जाते हैं कि नहीं। उसी समय तत्काल

कुछ लोग युवा होकर आते-जाते थे कि नहीं। दूसरे, दोनों वर्ग किसी एक ऐतिहासिक बिंदु से अपनी सापेक्षता बनाते हैं कि नहीं।

मेरे लिए प्रस्थान बिंदु 47 है। मैं जिनको युवा पीढ़ी मानता हूँ उनके लिए भी प्रस्थान बिंदु वही है। इस समय हम युवा और वरिष्ठ की अनुभावना जब भी करेंगे तो अनिवार्य होगा हम पहचानें कि कहाँ से शुरू करके हम वरिष्ठ हुए और जो युवा हुए उनका उस बिंदु से जहाँ से चलकर हम वरिष्ठ हुए हैं, क्या संबंध है। जैसे देखिए कि सन् 1947-50 तक यह बात स्पष्ट हो गई थी कि उस समय और उसके पहले की पीढ़ी की कृति में बहुत मौलिक अंतर है। जो लोग आज़ादी के समय तक अपना रचना-कर्म परिपक्व कर चुके थे और सामाजिक, राजनैतिक, सांस्कृतिक प्रतिमानों से उनके किए हुए कामों का एक मूल्य बन चुका था, उनके उस बने हुए मूल्य को अपने सामने रखा उन लोगों ने जिन्होंने लिखना, परिपक्व होना आरंभ किया था। वे लोग उसी आदर्श को सामने रखकर के उसके साथ अपना पीढ़ियों का संबंध बनाते थे।

मोटे तौर पर सन् 60 तक ऐसा समय बीता जब सन् 50 में लिखना शुरू करनेवाले लोगों का काम रूप ग्रहण करने लगा था। इसका एक सामाजिक और ऐतिहासिक अर्थ स्पष्ट होने लगा था। उस समय के लोग नया कुछ करना चाह रहे थे। वे बहुत जल्दी-जल्दी अपने अन्वेषणों में और अपनी नई चीज़ करने की समझ में परिवर्तन लाने लगे। अभी हम अगर याद करें तो पाएँगे कि हमसे पहले की पीढ़ी लंबे समय तक एक दौर में रही है। उसके अंदर कई समूह अलग-अलग दिशाओं में काम करते रहे थे। उनमें आपस में अंतर दिखता रहा।

छायावादी कवियों का एक लंबा युग था। उसमें अनेक प्रकार के छायावादी कवि थे। भाषा को लेकर, समझ को लेकर, मानवीय चेतना को लेकर, रहस्यवाद को लेकर, आध्यात्मिकता और सांसारिकता को लेकर अब उतने अंतर नहीं दिखते हैं। ऐसा नहीं है कि बहुत बड़ी व्यापक चेतना के अंतर्गत उनके अंदर विभाजन दिख रहे हैं। विभाजन जो दिखता है वह किसी एक बड़ी चेतना के अंदर नहीं दिखता; बल्कि स्पष्ट दिखाई देनेवाले विभाजन दिखते हैं।

यह भूमिका इसलिए कह रहा हूँ कि जब हमने अपने से पहले के लोगों से संबंध बनाने की आवश्यकता अपने लेखन-कर्म के रूप में अनुभव की तो उस समय एक ही रिश्ता बन सकता था—वो यह कि जो हम कर रहे हैं क्या उसको हमारे पहले की पीढ़ी पहचानती है? क्या उसको अपनी स्वीकृति या अपने अनुमोदन के योग्य मानती है? हम जब कभी भी उपस्थित होते थे अपनी पुरानी पीढ़ी के सामने तो हमारे मन में पहला प्रश्न यही होता था कि क्या हमने कुछ ऐसा किया है जिसको हमारी पुरानी पीढ़ी अच्छा कहेगी। या न कहें तो बताएँ कि वह क्यों अच्छा नहीं है।

पुरानी पीढ़ी में यह भाव कि नई पीढ़ी के काम को पहचाने और जो अच्छा है उसको अपना अनुमोदन दे यह अपेक्षया आज की तुलना में दुर्लभ था। उनके लिए आज़ादी का हासिल होना बहुत रचनात्मक अनुभव नहीं था। बहुतों के लिए आज़ादी का मतलब था कि उन्होंने जो कुछ किया था उसकी स्वीकृति मिलनी चाहिए। आज़ादी के पहले वाली पीढ़ी के लिए आज़ादी का मतलब था पुरस्कार, और आज़ादी के तुरंत बाद की पीढ़ी के लिए आज़ादी का मतलब था कर्म; दोनों में एक तरह का अव्यक्त टकराव बना चला आया।

सन् 47 से लेकर सन् 60 तक के समय में जो पुरानी पीढ़ी थी उसके और जो नई पीढ़ी थी, जिसमें हम लोग थे, उसके बीच में यह टकराव बना रहा। इस टकराव के बीच में जब संवाद होता था तो बहुधा इसी विषय पर होता था कि जो नया है उसकी अपनी मर्यादा क्या है? नए लोग यह सवाल बहुत स्पष्ट रूप से उठाते थे कि जो पुराना है उसमें व्यर्थ क्या है। क्या रखना है क्या छोड़ देना है। उनके लिए, सन् 50 के बाद करनेवालों के लिए, अपने पहले के लोगों के किए हुए काम के प्रति इतनी प्रश्नाकुल चिंता हो उठी। न तो वो वह काम कर पा रहे हैं जो हम कर रहे हैं और

न उसको वे लोग मान रहे हैं जो हम कर रहे हैं। लेकिन ये चिंता प्रबल नहीं थी कि उन लोगों ने जो किया है उसे रद्द कर दें तब आगे बढ़ें। यह बात मेरे समय की पीढ़ी की विशेषता थी। मेरे समय की पीढ़ी ने अपनी पुरानी पीढ़ी को अपने शत्रु के रूप में नष्ट कर देने का मूर्खतापूर्ण विचार कभी नहीं किया। टकराव की स्थिति में रहना हमारी नियति थी। उसमें हमें अपनी मर्यादा, प्रतिष्ठा बनाने का पूरा अवसर नहीं था। हम विरोध, असहमति और संघर्ष के दौर से गुज़रे हैं जिसमें कोई आतंकवाद, कोई हत्याकांड, कोई मारपीट, कोई विध्वंस नहीं था मोटे तौर पर। ऐसे तो कई धाराएँ रही होंगी।

मेरी पुरानी पीढ़ी के लोगों ने कभी-कभी वैचारिक सौजन्य के कारण और कभी नितांत भौतिक आवश्यकताओं के कारण नए लोगों के साथ रहना मंजूर किया। पुरानी पीढ़ी के कुछ लोगों ने यह भी सोचा कि नए लोग कुछ कर नहीं पाएँगे क्योंकि वे उनकी तरह समर्थ नहीं हैं, हमारी जैसी इनके पास परंपरा नहीं है, समझ नहीं है। इनका साहित्यिक, सांस्कृतिक बल बिखरा हुआ है। लेकिन मेरी पीढ़ी को लोगों के लिए तरह-तरह का काम करना स्वाभाविक था, सहज था। कुछ पुराने लोग नई पीढ़ी को यह समझकर अपने साथ रखते थे कि उनका काम चलता रहे। इन दोनों बातों को भावनाओं में रखते हुए मेरे समय की पुरानी पीढ़ी अपनी नई पीढ़ी, अर्थात् हम लोगों के साथ संबंध बनाती थी। कहीं कृपाभाव, कहीं कामचलाऊ बंधुत्व का भाव, कहीं विरोध।

सन् 60 तक यही स्थिति थी। उसके बाद नई पीढ़ियाँ एक के बाद एक आती गईं। जल्दी-जल्दी। सन् 1960 के बाद क़रीब 20 साल में नई पीढ़ी केवल इस तरह से आने से नई पीढ़ी नहीं कहला रही है, बल्कि नए-नए तरह के उन्मेष, आवेग, आकांक्षाएँ समाज में प्रकट हो रही हैं जिनका संबंध लेखन और रचना से है। सन् 60 में जो नए थे वे लोग आगे बहुत लंबे समय तक, अगर वे नष्ट न हो गए, नए ही रहे। वरिष्ठ की परिभाषा भी सन् 60 के बाद के समय में बदली है। जैसे कि नई पीढ़ियों के अंदर नई-नई धाराएँ आईं और उनका वजूद बढ़ा और नई पीढ़ी की परिभाषा बदली, उसी तरह वरिष्ठ पीढ़ी की परिभाषा भी सन् 60-65 के बाद बदली है।

आपने मुझे वरिष्ठ कहा है तो आप केवल वय के हिसाब से कह लीजिए कि मैं वरिष्ठ हूँ। वास्तव में वरिष्ठ होने के लिए जिस मानसिकता की ज़रूरत है उस मानसिकता में मैं नहीं हूँ क्योंकि वह मानसिकता लगभग मृत्यु का प्रतीक है। क्योंकि हमारा काम शुरू ही हुआ है। हमारा काम ऐसे समय में शुरू हुआ है जबकि हमसे पहले की पीढ़ी और नई पीढ़ी के बीच के व्यावहारिक संबंध में मूल परिवर्तन आया है सन् 60-65 के बाद। अभी सभी लोग नई पीढ़ी के अंश हैं यद्यपि नई पीढ़ियाँ एक से अधिक आ चुकी हैं।

मेरे समय में जो नए लोग हैं उनके और मेरे बीच में क्या संबंध होगा? मेरे और उनके बीच का संबंध ऐसा तो नहीं होगा कि मैंने जितना काम कर रखा है जिसका पुरस्कार तुरंत मुझे मिलना चाहिए क्योंकि जो नई पीढ़ी है वह उस तरह का काम कर नहीं सकती है या कर सकने में असमर्थ है या कि करती है लेकिन अपनी योग्यता सिद्ध नहीं कर पाती है। उस पीढ़ी की ऐसी कोई परिभाषा मेरे समय में मौजूद नहीं है। होगी भी नहीं। एक साझेदारी है या कि एक समझ है जो अपरिपक्व है तो उसे परिपक्व करने की चेष्टा है। यह आज सभी तथाकथित वरिष्ठ लोगों के लिए सबसे बड़ा कर्तव्य है। हम लोग ये मानते हैं कि ये काम पूरा नहीं हुआ और यह भी मानते हैं कि बिना नई पीढ़ी के पूरा भी नहीं हो सकता है। काम से मतलब वास्तव में रचना-कर्म से है, उपलब्धियों से नहीं।

मेरा टकराव नई पीढ़ी से, जहाँ तक रचनात्मकता का सवाल है, संभव नहीं है। मेरा संवाद उनसे आवश्यक है। वह रचनात्मकता नई पीढ़ी के लिए वास्तव में आवश्यक है या नहीं, यह उसको सोचना है। मेरे लिए एकदम अनावश्यक है क्योंकि जैसा मैं पहले कह चुका हूँ कि हम सब लोग एक काम में लगे हुए हैं और उसमें से किसी भी साथी का या किसी अंश का अलग हो जाना हमारे काम को

अधूरा छोड़ देने जैसी स्थिति उत्पन्न करता है।

जहाँ तक नई पीढ़ी के लिए समय निकालने या मिलने का प्रश्न है, यदि मेरे व्यक्तिशः समय की बात है, तो वह इसी बात पर निर्धारित होगी कि मुझे अपने रचना-कर्म में, जो भी समय बचा है जीवन में, उसका बँटवारा किस तरह करना है। रचना के स्रोत और प्रेरणा के केंद्र-बिंदु के साथ बाँटना है। गौर से देखें तो सबसे निकट नई पीढ़ी का वही रचनात्मक अंश है जिसका ज़िक्र मैंने ऊपर किया है। मेरी दुनिया अब बहुत बड़ी हो चुकी है—उस समय की तुलना में जब मैंने काम शुरू किया था। मुझे अपने भागीदारों का चुनाव बहुत छोटे दायरे में से नहीं करना है। फिर भी, जो सबसे नज़दीक हैं, जो सबसे ज़्यादा उपलब्ध हैं वे वहीं हैं, नई पीढ़ी के रचनात्मक अंश।

मि.श्री. : समकालीन रचना-लेखन की दशा और दिशा के बारे में आप क्या सोचते हैं?

र.स. : समकालीन लेखन में आप गद्य-पद्य, कविता, कहानी, निबंध, नाटक और आलोचना को शामिल कर दें, तो इस बहुत वृहद् प्रश्न का संक्षेप में उत्तर देने की कोशिश हो सकती है, यह कहकर कि किसी भी समय का साहित्य अपने वर्तमान और अपने अतीत को समेटने के बाद ही भविष्य की ओर उन्मुख होता है। जैसा समझता है वैसा ही भविष्य को देख पाता है। उसके अंदर वैविध्य हो सकता है। कई प्रकार की छटाएँ हो सकती हैं। शिक्षा के अनेक रास्ते खुल सकते हैं। आकर्षक संभावनाएँ मिल सकती हैं। लेकिन भविष्य न देख पाने की स्थिति में प्रभाव घट जाएगा। मानव, उसकी संवेदनाएँ और उसके अनेक प्रतिरूपों में परस्पर मानवीय संबंध बनाने के बारे में अगर थोड़ा-सा भ्रम है तो साहित्यकार का रचना-कर्तव्य कहीं न कहीं कमज़ोर पड़ जाएगा।

पहले भी कह चुका हूँ कि आज़ादी के बाद से पीढ़ियों का एक के बाद एक आना-जाना कालगणनाक्रम के हिसाब से पहले जैसा नहीं रह गया है। पीढ़ियाँ अब जल्दी-जल्दी बदलती हैं। आधी बदलती हैं और आधी पुरानी रह जाती हैं। फिर वह आधी पीढ़ी नई पीढ़ी बन जाती है। फिर वह अगली पीढ़ी में परिवर्तित हो जाती है। कई पीढ़ियाँ इस तरह एक के बाद एक जुड़ी हुई हैं। इसलिए एक काल-खंड में दो-तीन पीढ़ियाँ एक-दूसरे से जुड़ी हुई चलती हैं। आज़ादी के बाद से कुछ पीढ़ियाँ आई हैं। उनके सामने मानवीय, राजनैतिक, नैतिक, सांस्कृतिक उद्देश्य रहे हैं। जब-जब उनकी कल्पना प्रखर हुई है, अनेक सहयोगियों का साथ रहा है, तो उनका साहित्य भी बहुत जीवंत, स्मरणीय और स्थायी रूप से परंपरा को आगे चलानेवाला होता गया है।

इस दौर में हमें देखना है कि क्या नई पीढ़ी से हमारा रागात्मक लगाव है? क्या उसके सामने कोई समस्या है? क्या उसके प्रति एक नकारात्मक दृष्टि बनाकर उसकी निंदा, आलोचना या उसका परित्याग कर देना है? या कि यह जो घटना हुई है वह केवल एक नई पीढ़ी के कुछ लोगों के ऊपर का बोझ है? देखें तो दो दृष्टियाँ बनती हैं—एक लगाव की दृष्टि और दूसरी अलगाव की दृष्टि।

मेरी दृष्टि लगाव की है। मैं मानता हूँ कि इस वर्तमान अनिश्चय व भ्रम के दौर में भी कुछ तत्त्व हैं जो कि पुराने लेखकों के पास सुरक्षित हैं। वे आश्वस्त हैं कि वे आगे भी काम देंगे, वर्तमान में भी दे रहे हैं। वे भ्रमित नहीं हुए क्योंकि कुछ सिद्ध प्रणालियाँ उनके पास थीं।

आज के लेखकों में यह समझ बनी है कि जिस समाज को बँटा हुआ बताया जाता है वास्तव में वह बँटा हुआ नहीं है। वे अपने पहले की पीढ़ियों से ज़्यादा अच्छी तरह पहचानते हैं कि यह काम बहुत-से लोग एकसाथ कर रहे हैं। सबसे साझेदारी का भाव है। समवयस्कों के बीच में भी यह साझेदारी है। यह साझेदारी उन लोगों से भी है जो आज से काफ़ी पहले लिखते थे। (और आज भी लिखते होंगे!) आज का लेखक उन पुराने लेखकों से अपने को काटकर देखना चाहे तो उसका अकेलापन और उसकी पराधीनता ही अधिक प्रकट होती है। वह पहले के लेखक की अपेक्षा ज़्यादा अच्छी तरह से जानता है कि उसे सबके साथ मिलकर काम करना है। दूसरी ओर यह भी जानता है कि पहले के लोग वह काम करना छोड़ दें तो वह अकेले उस काम को पूरा नहीं कर सकता है। इन तत्त्वों

के परिणामस्वरूप साहित्य की प्रकट रूप में बहुत ही अद्‌भुत प्रक्रियाएँ हुई हैं। इसी वजह से आधुनिक साहित्य में अनेक इकाइयों के, अनेक अड़चनों के, भाषा के अनेक प्रकार की प्रवृत्तियों के, अनेक यथार्थों के, इतनी बड़ी भारत-भूमि पर फैले हुए दृश्यों के तमाम हिस्से प्रविष्ट हो रहे हैं। आलंकारिक, वर्णनात्मक, परिचयात्मक वैविध्य साहित्य में नई पीढ़ी दे पा रही है। उसके अंदर हिस्सा लेनेवाले लोग संख्या में और अपने-अपने वैशिष्ट्य में पहले की अपेक्षा ज़्यादा हैं।

साहित्य में परिमार्जन हो रहा है। बार-बार कसौटी पर कसा जा रहा है। जो अच्छा है, रह जाता है। बार-बार उसमें आविष्कार और परिवर्तन हो रहा है।

बस, एक ही कमी है। कौन-सा भविष्य हम बनाएँगे इसके बारे में थोड़ा भ्रम है। निराशा भी है और थोड़ा वह पतन का स्वीकार भी है। अर्थात् एक नई संस्कृति भविष्यहीनता की भी उत्पन्न हुई है। इस भविष्यहीनता को उत्पन्न करनेवाले सूत्र को बढ़ाया जा रहा है। बहुत-से लोग भविष्यहीनता को ही मूल्य मानने लगे हैं। इस प्रवृत्ति के चलते राजनैतिक, सामाजिक, नैतिक, मानवीय अवमूल्यन को भी एक सामाजिक प्रथा के रूप में माना जाने लगेगा। नई पीढ़ी में भी यह तत्त्व देखने में मिलता है। किंतु नई पीढ़ी में इससे निकलने की कोशिश भी है। साथ में इस भ्रम को पैदा करनेवाली शक्तियों में भी आग्रह है कि नई पीढ़ी को अपनी गुलामी में ही आज़ादी मानना सिखाएँ और इससे बाहर न निकलने के आनंद को प्रतिष्ठा दें। इस तरह का मूल्य भविष्य को न जान सकनेवाले लोगों को आकर्षक लगेगा। पर यह रचना के विरुद्ध होगा।

मि.श्री. : साहित्य लक्ष्यहीन नहीं हो सकता। उसका स्वरूप देश और काल के साथ बदलता रहता है। साहित्य से लोगों की अपेक्षाएँ रहती हैं। समकालीन साहित्य में गर्भित लक्ष्य क्या है? उसका स्वरूप क्या है और क्या लोगों की अपेक्षाओं के अनुरूप समकालीन साहित्य खरा उतर रहा है?

र.स. : समकालीन लेखन में भविष्य के प्रति एक स्पष्ट आग्रह मूल उद्वेग नहीं है, बल्कि जो कुछ जैसा है वैसा ही बेहतर समझ लें तो कुछ दिन तक सुरक्षाएँ लेखन के जंगल में प्राप्त होती रहेंगी और साहित्य का काम चलेगा ऐसा एक भाव व्याप्त है। बड़े भारी परिवर्तन के लिए कोई अनिवार्य आकांक्षा नहीं है। मैं नहीं मानता कि किसी भी समय साहित्य के लिए इस तरह का ठहराव या ऐसा पतन का स्वीकार उपयोगी हो सकता है। यह रचना के लिए घातक है। इस समय भाषा और रचना के मामले में साहित्य के प्रेरक और निर्णायक तत्त्वों के अलावा बहुत-से तत्त्व काम करने लगे हैं जो कि रचना के अयोग्य हैं।

सन् 1975 के बाद बहुत-सी सामाजिक शक्तियों ने मनुष्य को बल नहीं दिया है। इमर्जेंसी ने नहीं दिया। उसके बाद समाज के एक-एक स्तर पर इस तरह की लचर समझ फैली। उसके कारण यथास्थितिवाद बढ़ा। बहुत-सी शक्तियों ने इस मानसिकता को फैलाया है कि कुछ नया न बनाओ तो भी रचना कहलाएगी, वह मान्य हो जाएगी, पुरस्कार मिल जाएगा, स्वीकृति मिल जाएगी। तो दिशाहीनता, भविष्यहीनता दोनों का एक सामाजिक मूल्य बनाया जा रहा है। उसका प्रभाव साहित्य पर पड़ रहा है।

यह सच नहीं है कि साहित्य हमेशा देश और काल का प्रतिनिधित्व किया करता है। रचनात्मक ऊर्जा से भरी हुई कृति साहित्य को देश और काल के अनुसार बदलती है। कुछ ऐसी शक्तियाँ हैं जो साहित्य को देश और काल के विरुद्ध बदलती हैं। साहित्य हमेशा समाज को बदलता है, ऐसा सरलीकरण न करें। ऐसा कुछ आलोचक करते होंगे। ऐसा करना अवैज्ञानिक और असामाजिक होगा।

साहित्य हमेशा देश और काल की आकांक्षाओं का प्रतिनिधित्व नहीं करता है और उसी के अनुसार बदलता नहीं है। बदलता है अकसर तो उन शक्तियों के कारण जो कि साहित्य का इस्तेमाल समाज को विशेष प्रकार की दिशा में ले जाने के लिए करती हैं और उस दिशा में जाना ही बदलना कहलाता है।

कहानी, कविता इत्यादि रचनात्मक साहित्य में जो शैथिल्य अथवा दिग्भ्रम अथवा दिशाहीनता है उससे कहीं बड़ी दिशाहीनता आलोचना में है और उसका उल्लेख बहुत ज़रूरी है। क्योंकि बिना उसको समझे हुए रचना के कुछ शिल्पों के अभावों को और उनकी क्षमताओं को नापते चले जाएँगे जबकि आलोचना का संसार अजब ढंग से लगभग साहित्य-रचना के बाहर खड़ा हो जाता है। वहीं से साहित्य-रचना को नियमित, निर्धारित या संचालित किया करता है। फिर भी, वह अपने आपको साहित्य का हिस्सा मानता है। इसलिए वह (आलोचना) कभी-कभी बहुत ग़लत काम भी करता है। साहित्य का एक हिस्सा होने के आत्मप्रचार का दुरुपयोग करता है। वास्तव में वह साहित्य का हिस्सा नहीं है, जब वह साहित्य के बाहर खड़ा होकर साहित्य को शिक्षा देने का प्रयत्न करता है। लेकिन जैसे ही उसको अपनी बुद्धि में, समझ में कोई कमी दिखने लगती है तो उसको भरने के लिए वह अपने नाम को साहित्य के कर्मों के साथ जोड़ देता है। अभी हमारा हिंदी आलोचना का संसार बहुत स्पष्ट रूप से रचना-कर्म से अलग हो गया है। फिर भी दिशानिर्देश करने में पूरी तरह से अग्रणी हो रहा है। रचना के क्षेत्र में लगे हुए लोगों से उसका संबंध हालाँकि आत्मीय नहीं रह गया है, उसका विषय अनात्मीय हो गया है। वर्तमान में हिंदी आलोचना की बहसें और विषय दिन-ब-दिन अमूर्त होते जा रहे हैं। जब वे बहसें मूर्त होने लगती हैं तो 'हाँ' या 'ना' में होने लगती हैं। इस प्रकार से हिंदी के समकालीन लेखन में जो दिशाहीनता, शून्य, शैथिल्य, विभ्रम दिखाई देता है, उसके मूल में है आलोचना की अकर्मण्यता, अगर नहीं है भी, तो कम से कम उसका पूरा दुरुपयोग करने के लिए बैठी हुई है। आलोचना की भूमिका पतन के मामले में प्रमुख है।

मि.श्री. : नए साहित्यकारों के लिए आप क्या कहना चाहेंगे?

र.स. : आज के साहित्यकार का मार्गदर्शन करने का अधिकार मैं नहीं लूँगा। मैं जो मार्ग दिखाऊँगा वह दो-तीन प्रकार से अनुचित होगा, अनावश्यक और अवास्तविक होगा। व्यर्थ होगा। एक, शायद यह वही मार्ग हो जिसे मैंने पाया है। उसी मार्ग पर मैं आपको चलने के लिए कहूँ तो यह मेरी मूर्खता होगी। मैं तो आपको भ्रष्ट कर रहा हूँ। उसका ग़लत प्रचार कर रहा हूँ। अगर सद्भावनापूर्वक कह जाता हूँ कि भई, यह मार्ग है और उस पर चलो, तो वह बेवजह भटकानेवाली बात होगी। इसीलिए मैं मार्ग बताने से पहले कहना चाहता हूँ कि यह अपने आपमें कोई अच्छा काम नहीं है।

इसकी जगह अगर आप यह पूछें कि कवि के लिए आप कौन-से उपाय बता सकते हैं जिनसे वह साहित्य-रचना संबंधी लगभग शाश्वत समस्याओं को हल करे, तो उपाय बताना अधिक ईमानदारी की बात होगी। उपाय बताने पर यह बाध्यता नहीं है कि वह माना जाए। बल्कि वैकल्पिकता जैसी बात होगी। क्योंकि लोकतांत्रिक और मानवीय आधार पर मैं यह कह सकता हूँ कि यह एक तरीक़ा है। मैं किसी समस्या को इस तरीक़े से सुलझाने की सलाह दूँगा। लेकिन तरीक़े और भी हो सकते हैं, जिनके बारे में मैं नहीं जानता। आपको खोजना है।

साहित्य में दो चीज़ें हो सकती हैं—कथ्य और शिल्प। इन्हीं दोनों के अंदर बहुक्रिया, जैसे यथार्थ का अनुवाद, रागात्मकता का विकास, सामाजिकता की समझ, मानवीयता की पहचान, पीड़ा, लगाव, अलगाव इत्यादि तत्त्वों का विभाग करते जाइए तो आप पाएँगे कि चीज़ें दो भागों में बँट गई हैं—एक कथ्य और एक शिल्प। इन दोनों के संबंधों पर मैं बताना चाहता हूँ : कथ्य के विषय में केवल यही कहना है कि वह लेखक के बाहर हर दूसरे प्रतिरूप में विद्यमान है। यथार्थ आपके अंदर और बाहर फैला हुआ है—चारों तरफ़। उससे संपर्क करने के लिए कभी-कभी संघर्ष करना होगा, कभी-कभी उसे खोजना पड़ेगा, कभी-कभी स्वतः मिल जाएगा जिसको पहचानना पड़ेगा। अर्थात् आपके बाहर जो यथार्थ है उसको हर समय सजग भाव से खोजना, पहचानना, परखना होगा फिर उसके बाद उसे अपनी अस्मिता का हिस्सा बनाना होगा। शिल्प की खोज यथार्थ के समानांतर चलती रही है। कभी-कभी यथार्थ भीतर और बाहर एकसाथ संश्लिष्ट कर खोजना पड़ेगा।

और अब मेरा बताया उपाय यह है कि भाषा को हमेशा समझना चाहिए उस बहुआयामी स्तर पर जिस पर कि हम वास्तव में उसका लेखन में इस्तेमाल करते हैं। अर्थात् मैं मानता हूँ कि हम कभी भी एक भाषा में नहीं लिखते। लिखते समय प्रकट रूप में शब्दों की एक भाषा होती है लेकिन उसके अंदर अनेक भाषाएँ छिपी रहती हैं—हमारे अनुभव की भाषा, हमारे आचरण की अनेक आयामों की भाषाएँ इत्यादि। कैसे हम उठते-बैठते हैं, कैसे हम दूसरों को देखते हैं, इन सभी आचरणों के लिए अलग-अलग भाषा है। केवल शब्द से भाषा नहीं बनती, शब्देतर भाषा भी है। उसके पूरे विकसित तत्त्व भी होते हैं, जैसे संगीत, छंद, नृत्य, चित्रकला। ये सुनियोजित कलाओं के रूप में हमें मिलते हैं और मानव संबंधों के रूप में भी।

शिल्प के विषय में दो बातें निकलीं। शब्द-भाषा के अतिरिक्त भाषा के जो रूप हैं, जो हमें दूसरी कलाओं के माध्यम से दीखते हैं, उनके प्रति हम जितनी अधिक समझ विकसित कर सकें, हमें उतना करना चाहिए। उनमें से कुछ पर हम अधिकार प्राप्त कर सकते हैं, जैसे हमने अपने व्याकरण पर किया है। दुर्भाग्य है कि हिंदी में जो परंपरा थी कि कवि गाता भी था, उसे नष्ट कर दिया गया। लेकिन इस समय जो कवि है जो अपने को गायक भी कहता है, वह न कवि है न गायक है। पर गाता जा रहा है, जिसकी वजह से एक ऐसी कविता पनप रही है जो कि दोगली है, जिसके माँ-बाप का पता नहीं है। इस तरह हम परंपरा से च्युत हो गए। हम गाना जानते, वाद्य-यंत्रों का इस्तेमाल अपनी भाषा के साथ करते होते तो इस समय हमारा काव्य और हमारा पूरा कवि-व्यक्तित्व बहुत अधिक विकसित हुआ रहता। जब से हमने छंद और संगीत के रिश्ते को छोड़ दिया तब से हमारे पास केवल भाषा रह गई—नंगी भाषा। छंद और संगीत को परखने का ज्ञान नहीं है। दूसरों के बनाए हुए तरीकों को दोहराते रहे। हिंदी कविता में जो भी संगीत है वह अत्यंत नकली, पिटा हुआ, बनावटी संगीत है, और वह रचा हुआ नहीं, स्वीकारा हुआ है।

मैं यह बताना चाहता हूँ कि केवल एक आयातित शब्द-भाषा में साहित्य नहीं रचा जाता है। अपनी भाषा के अनेक रूपों के साथ-साथ भारत में अनेक शब्द-भाषाएँ हैं। उनको भी उस कवि को जानना चाहिए जो शिल्प के प्रति सजग है।

[*इंद्रप्रस्थ भारती*, अक्टूबर-दिसंबर 1990]

'हिंदी कविता में आत्मदया दिखाई देती है'

भेंटवार्ताकार : मिथिलेश श्रीवास्तव

मिथिलेश श्रीवास्तव : आपने कहा है कि हंगारी कविताओं का अनुवाद करते समय आप बदलने के लिए बाध्य हुए थे। ये कौन-से कारक थे जिन्होंने आपमें बदलाव की प्रक्रिया शुरू की। आपने खुद में किस तरह के बदलाव का अनुभव किया?

रघुवीर सहाय : अनुवाद करते समय उस भाषा की कविता का एक पूरा सांस्कृतिक और सामाजिक संस्कार अनुवादक के निजी सांस्कृतिक और सामाजिक संस्कार में आकर मिल जाता है। अनुवाद सफल तभी होता है जब संस्कृतियों का हस्तांतरण भाषा के स्तर पर परिपक्व होता है। फिर मानवीय अनुभूतियों के सारे प्रतीक और आदर्श विस्तृत होते जाते हैं। अनुवाद के माध्यम से, बिना अपनी संस्कृति को छोड़े, मैंने दूसरी संस्कृतियों को अपनाया है।

हंगारी कविताओं को हिंदी में अनूदित करते समय मैंने पाया कि मेरी संकीर्णताएँ बिखर रही हैं। हंगारी कविताओं के अनुवाद के माध्यम से अपने काव्य का मूल्यांकन करना भी मेरे लिए संभव हो पाया। इस प्रक्रिया में भारतीय अस्मिता के संघर्ष के दौर में जिन मूल्यों को सुरक्षित रखना अभीष्ट था और वे हमारे साहित्य में सुरक्षित नहीं दिख रहे थे, उनके प्रति भी एक नया मूल्यबोध जगा।

हंगारी संस्कृति के अंतर को दिखानेवाली वहाँ की कविताओं से अपने बारे में एक नई समझ मिली, जैसे कि अमर और शाश्वत तो महत्त्वपूर्ण है ही, किंतु जो क्षणभंगुर और अधूरा है वह भी महत्त्वपूर्ण है। उसमें भी मनुष्य का गहरा स्पंदन है।

मि.श्री. : आपने कहा था कि हंगारी कवियों में 'आत्मदया' का भाव नहीं है। अर्थात् वे आत्मदया से निकल चुके हैं। क्या यही स्थिति हिंदी में है?

र.स. : हिंदी कविता में आत्मदया है। लेकिन यहाँ अब इस बात की पहचान होने लगी है कि आत्मदया से निकलकर ही व्यापक मानवीय संसार मिल पाएगा।

अपनी अस्मिता और स्वाधीनता के लिए संघर्ष करते रहना और अपने को नष्ट होने से बचाए रखना हंगारी लोगों ने अपने लिए अनिवार्य पाया। इस भावना को बचाए रखने के लिए उनको अपनी पहचान बहुत आवश्यक लगी होगी। आत्मबोध की रक्षा करते हुए उन्होंने आत्मविसर्जन को बड़े पैमाने पर छोड़ा होगा।

हमारे यहाँ ठीक इसका उलटा मिलेगा। मैं अपनी चेतना में जितना इतिहास को देख पाता हूँ, उसमें पाता हूँ कि हमारे यहाँ आत्मविसर्जन बड़ा भारी मूल्य माना गया है। 'लड़ते-लड़ते मर जाना' हमारा मुहावरा है। हमारे इतिहास में संघर्ष को लंबी परंपरा देने की अनिच्छा है। अर्थात्, हम कहीं न कहीं आत्मदया से आक्रांत होने के लिए बाध्य हैं। अपनी हीनता और अपने दैन्य का प्रमाण बार-बार देने के लिए उद्यत हैं। आत्मदया किसी कारण से हमारे साहित्यिक स्वभाव में पैठी हुई है।

शोषण और दमन का एक लंबा युग भारतीय इतिहास में गुज़रा है। उस युग में भारत के भूगोल ने अनजाने ही इस समाज को सहारा दिया है। जिस धरती पर एक न एक छिपने योग्य, एक न एक बचे रहने योग्य स्थान उपलब्ध रहे; किसी-न-किसी प्रकार बचे रहने की भूगोल स्थितियाँ देता रहे और इतिहास लगातार निष्क्रियता और समर्पण भावना के अनेक रूप दिखाता रहे; जिस समाज में उथल-पुथल होने पर उसके परिणामों को समाज इस तरह सोख ले कि वह फूटकर दूसरे आवेगों में अथवा दूसरे निष्कर्षों में निकले ही नहीं, उस समाज में बहुत अच्छे और बहुत महान आदर्श नहीं हो सकते।

इन्हीं प्रवृत्तियों को भारतीयता के समतुल्य मान लिया जाता है। कोई विरोध नहीं होता है। इसी बात को दूसरे शब्दों में कहें कि हमारी सभ्यता समन्वय और सब कुछ आत्मसात् कर लेने की है। सभी कुछ धारण कर लेने की बड़ी शक्ति है, हमारी सभ्यता में। इसी बात का दूसरा रूप यह है कि उसमें कुछ भी तोड़कर बनाने की इच्छा नहीं है। उसके लिए सब कुछ एक समान कल्याणमय, शुभ और सुंदर है। हमारी सभ्यता में मूल्यों की अजीब-सी पहचान बनी हुई है। उससे हम कुछ भी पाते नहीं हैं। उससे हमें रचनात्मक उद्वेग नहीं मिलता है। मिलते हैं—आत्मस्वीकार, आत्मदया, आत्मविसर्जन और परम वैष्णव-भाव। मिलता है—सहानुभूति और सहिष्णुता का एक मिलाजुला भाव।

सहिष्णुता एक स्तर पर हमारा बहुत बड़ा बोध है, क्योंकि इसका उपयोग हम अपने सामाजिक संबंधों में एक प्रकार से रचनात्मक और उन्नयनकारी कार्यों के लिए करते हैं। भारत के भूगोल ने जहाँ हमें अनेक प्रकार के शरण-स्थल दिए हैं, वहाँ हमें अनेक प्रकार की जीवन-पद्धतियाँ भी दी हैं। प्रकृति विविध प्रकार के जीवन को जन्म देती है और उसका पोषण करती है इसलिए विविध जीवन-पद्धतियाँ और विविध प्रकार के मानव-गुण हमारे भूगोल की विशिष्ट देन हैं।

भारत इतना बड़ा देश है। कहा जाता है कि हम लोग केवल आकार की पूजा नहीं करते, बल्कि हमारे पास वैविध्य है और उस वैविध्य में से यह रूप निकला है कि हमारे लोगों में सहिष्णुता बढ़ी

है। एक-दूसरे के साथ रहने का भाव पैदा हुआ।

लेकिन इसके साथ ही एक दुर्गुण भी आया है कि जब समाज एक लंबे समय तक अपने अंदर से उतनी शक्ति निकालकर नहीं देता कि किसी भी अन्याय का विरोध करके उसका प्रतिकार उसी समय करे (बल्कि उसको चलने देता है) तो यह गुण, यानी सहिष्णुता, समाज के लिए एक अर्थ में निष्क्रियता और पराधीनता का प्रमाण बन जाता है। पराधीनता में फिर एक तरह का आनंद मिलने लगता है, क्योंकि उसमें कुछ करना नहीं है; किसी तरह का संघर्ष नहीं करना पड़ता है। संघर्षहीनता में एक प्रकार का विश्राम मिलता है।

ये सब बातें विस्तार से विद्वानों के सोचने और समझने की हैं। अभी तो एक कवि की हैसियत से अपनी काव्य-परंपरा में मुझे आत्मदया का भाव बहुत बुरी तरह पैठा हुआ दिखता है।

हिंदी कविता पुराने बंधनों से मुक्त होने को छटपटा रही है और प्रयत्न भी कर रही है। लेकिन कहीं न कहीं दयनीयता, स्वीकार और पराजय की धारा प्रकट होने लगती है। किसी न किसी वजह से हमारी जातीय परंपरा में यह दोष बहुत पहले से चला आ रहा है, जो हमारे साहित्य में अनेक रूपों में मूर्त होता रहता है। यह मेरा अनुमान है।

आत्मदया का भाव करुणा के भाव से भिन्न होता है। करुणा का भाव एक विशेष प्रकार का रचनात्मक सामाजिक उपयोग है। बस! एक और प्रकार का उसका दुरुपयोग भी है जो समाज का दूसरा पक्ष उससे करा लेता है। अर्थात् हमारे ऊपर गुलामी और पराधीनता का बोझा डालने के लिए हमारे ही पंडित, विद्वान और सांस्कृतिक नेता हमें उस दिशा में ले जा सकते हैं, और ले गए हैं। बार-बार!

मि.श्री. : क्या अन्य भारतीय भाषाओं में आत्मदया का यह भाव है?

र.स. : हो सकता है, यह भी हो सकता है कि यह ठीक उसी रूप में न हो, जैसा कि हम हिंदी में देख रहे हैं। क्योंकि अलग-अलग प्रदेशों में अलग-अलग भाषाएँ हैं। उन भाषाओं के बोलनेवालों के जीवन में जो बड़ी-बड़ी घटनाएँ हुई हैं, वे अलग-अलग हैं। एक जैसी घटनाएँ तो सब जगह हुई नहीं हैं। न एक ही घटना सब जगह घटित हुई है। इसलिए संभव है कि वह भाव, जिसका ऊपर मैंने विस्तार से विश्लेषण करने की कोशिश की है, मूल रूप से भारतीयता यानी भारतीय चेतना में विद्यमान न रहा हो। उसी अंश तक विद्यमान रहा हो, जिस अंश तक हम भारत के समग्र इतिहास को देख पाते हैं। लेकिन उसके अनेक प्रकट रूप होंगे।

अलग-अलग भाषाओं में इस मानसिकता की अभिव्यक्ति किंचित् अलग-अलग ही हुई होगी। ये अनेक भाषाओं के साहित्य में किस रूप में आए होंगे, यह खोज का विषय है। किंतु सारी भारतीय भाषाओं में यह प्रवृत्ति एक-सी दिखाई नहीं देती, यह तय है।

[1990. *संडे मेल* के 29 दिसंबर 1991 से 4 जनवरी 1992 के अंक में प्रकाशित]

सीमित होता कविता संसार और कविता का वाचन

भेंटवार्ताकार : मिथिलेश श्रीवास्तव

मिथिलेश श्रीवास्तव : किसी कविता के उसके कवि द्वारा पाठ और उसी कविता की किसी वाचक द्वारा आवृत्ति में कितना अंतर हो सकता है? क्या संभव है कि वाचक द्वारा बोली गई कविता में उसके सारे संदर्भ उभर आएँ?

रघुवीर सहाय : हाँ, संभव है। लेकिन इतना सरलीकरण न कीजिए। वाचक के बोलते ही कविता के सारे संदर्भ स्वतः उभर नहीं आएँगे। वाचक अंततः भाषा के वाचक रूप का ही उपयोग करता है। वह वाचक रूप एक स्तर पर छंद और भाषा के ताल और लय पर निर्भर है। व्यंजन और स्वरों की झंकार और उन पर आघात भाषा के बहुत आत्यंतिक तत्त्व हैं। शिल्पकारों और व्याकरण के आचार्यों ने उन तत्त्वों का एक संगठित रूप बना दिया है। बना तो ख़ैर हमारे लोक-आचरण से ही है, किंतु शास्त्रों ने उन्हें स्थिर कर दिया है।

तो वाचन का एक रूप वाचक के पास भी है, कवि के पास भी है। अर्थात् एक वाचक के पास, जो कवि नहीं है और किसी दूसरे की लिखी कविता पढ़ता है, भी वही भाषा और शिल्प है जो उस कविता के कवि के पास है जब वह स्वयं अपनी कविता पढ़ता है। कवि कविता लिखते समय उसी भाषा और शिल्प का इस्तेमाल करता है। मुख्य बात यह रह जाती है कि क्या कवि ने अपनी कविता को बोलकर पढ़ते समय अपने वाचन में शिल्प और भाषा प्रकट कर पाया कि नहीं जिसको कविता लिखते समय पकड़ा था। इतना ही नहीं बल्कि क्या ऐसे प्रकट कर पाया कि लोग जो उसकी कविता को पढ़ नहीं रहे बल्कि सुन रहे हैं, भाषा के उसी स्वरूप को पहचानें जो कि उसने प्रकट किया है। क्योंकि ज़रूरी नहीं है कि भाषा के जिस स्वरूप को वाचन में प्रकट किया गया सुननेवालों को उसी रूप में समझ आ जाए।

क्यों ज़रूरी नहीं है?

क्योंकि सब सुननेवालों का संस्कार एक-सा नहीं होता। सुननेवाले अलग-अलग प्रदेशों के या अलग-अलग समूहों के होते हैं जिनका सांस्कृतिक व रागात्मक चरित्र अलग-अलग होता है। और यह तो अवश्य ही एक अच्छे कवि के लिए संभव है कि वह अपने साहित्य के अंदर उन तमाम चारित्रिक और सांस्कृतिक वैविध्यों को इस तरह से एकत्र करे कि उस कविता में जो कुछ भी लगा है दूसरों तक जल्दी पहुँचे। सबको उस संपदा का भागीदार बना दे। लिखते समय अच्छा कवि शब्दों के भाषागत, भूगोलगत और संस्कारगत वैविध्य को, जो भारी बाधक तत्त्व होते हैं, एकाकार कर देता है।

बोलते समय उन तत्त्वों का, जिनको समर्थ कवि ने संश्लिष्ट कर दिया होता है अर्थात् उनका प्रतिमान बना दिया होता है, आवरण खुलने लगता है। अर्थात् कविता को बोलकर सुनाने का मतलब है कि कविता के आंतरिक चरित्र को खोल देना जो कि लिखित रूप में बंद रहता है। बोलकर पढ़ी जाने पर कविता प्रत्येक पाठक को अवसर देती है कि वह उसको समझे, गुने, अपने अनुभवों को उसमें मिलाए, उसमें निहित छंद, अलंकार, लय, गूँजों और ध्वनियों को अपने ढंग से समझे। इस तरह से समझने के बाद उसके मूल रूप को स्वीकार करे।

जैसे ही मैं बोलता हूँ, मेरा बोलना आपके बोलने से भिन्न दिखाई देता है। हम और आप तो दो व्यक्ति हैं। हम तो पाठकों की कल्पना कर रहे हैं, श्रोताओं की कल्पना कर रहे हैं। असल में श्रोताओं की। उन श्रोताओं, पाठकों को समूह में बाँट दें तो वे समूह भी तरह-तरह के होंगे। अर्थात् इतने तरह के लोग हो जाते हैं कि जो कि कविता के बोलकर पढ़े जाते ही अलग-अलग कई तरह के तत्त्व पाने लगते हैं।

मैं बोल रहा हूँ तो इस तरह की कविता है; मिथिलेशजी बोल रहे हैं तो कविता दूसरे तरह की हो गई। यह 'बोलना' कम से कम पाठ और शिल्प के स्तर पर कविता के तत्त्व को इतना व्यक्तिगत कर देता है कि यह कहना बहुत कठिन हो जाता है कि कवि जिस तरह कविता पढ़ रहा है वही ठीक है।

कविता बोलकर पढ़ने का कवि का ढंग कभी ठीक नहीं हो सकता है क्योंकि वह हमेशा कोई न कोई निजी तत्त्व उसके अंदर ले आता है जो कि श्रोताओं/पाठकों के लिए विचित्र लगने लगता है।

प्रेम का उल्लेख करते कवि के अंदर यह संभावना होती है कि वह कविता को अपने अत्यंत व्यक्तिगत और अत्यंत संकीर्ण रागात्मक अनुभव के दायरे में रखेगा। जबकि यह सच है कि मैं, आप, वे जितने लोग हैं उन सबके जीवन में प्रेम है। जिस प्रेम को कवि अत्यंत संकीर्ण दृष्टि से देख रहा होता है उसी प्रेम को कई दूसरे लोग उसके अनेक वैचित्र्य और वैविध्य के साथ देख सकते हैं यदि वे उसकी कविता को अपने आपसे बोलकर पढ़ेंगे। क्योंकि सबके जीवन में यह रागात्मक अनुभव अलग-अलग तरह का है। यह बात मैं इसलिए कह रहा हूँ कि यह कहना आसान नहीं है कि कवि जिस तरह अपनी कविता पढ़ता है वही ठीक है।

आप कह सकते हैं—नहीं, उस कवि ने उस कविता को लिखा है, उसे ठीक तरह से वह पहचानता है, तो कविता पढ़ने का उसी का तरीक़ा ठीक है। मैं कहूँगा, नहीं, यह ग़लत है। ग़लत इसलिए है कि ज्यों ही वह कविता बोली जाएगी त्यों ही उसके अर्थ और उसमें निहित अनुभव विकसित होने लगेंगे और सब लोगों में अलग-अलग तरह से बँट जाएँगे। और जब वे लोग उस कविता को बोलेंगे वह ठीक उसी ढंग की नहीं रह जाएगी जैसी कि कवि ने सोची हो।

परंतु आपका प्रश्न था कि जब उस कविता को वाचक पढ़ता है तो क्या वह सारे अर्थों को निकाल लेता है?

हाँ! उसमें अधिक संभावना रहती है कि वह निकाल लाए। क्योंकि तब वह कवि नहीं होता जिसने कविता लिखी है। अर्थात् कवि का संकीर्ण दायरा वाचक में नहीं होता। प्रश्न रहता है कि वह कितना अच्छा वाचन करता है। वाचन के शिल्प को या वाचन की कला को उसने कितने व्यापक ढंग से समझा है। अगर उसने व्याकरण को पहचाना है तो वह बिलकुल संभव है कि वह कविता को कवि के अपने संकीर्ण और सीमित दायरे से बाहर निकाल लाए और उसको सार्वजनिक उपलब्धि बनने के लिए मुक्त कर दे। एक प्रतिमान भी बनाए क्योंकि सार्वजनिक उपलब्धि के रूप में रखी जानेवाली चीज़ को अवश्य ही एक रूप में होना चाहिए ताकि सभी उसे देख पाएँ। वाचन का प्रतिमान बने और उसे निभाया जाए।

उसमें जो कवि है वह गूँजे। उसमें शब्दों का जो अभिप्राय है वह प्रकट हो। परंतु साथ ही साथ कवि के अपने वाचन में जो सीमाएँ हो जाती हैं वे टूटें। सब लोग उसमें अपने को देख सकें। मेरा मानना है कि वाचक के लिए ऐसा कर पाना अधिक संभव है, कवि के लिए कम।

अनुभव बताता है कि कवि बहुधा अपनी कविता को पढ़ते समय या तो आधिक्य की ओर या फिर न्यूनता की ओर झुकते रहते हैं। अपनी कविता को एक संतुलित और सार्थक रूप देना कवि के लिए बहुधा संभव नहीं हो पाता है। कविता को बोलकर पढ़ते समय उसकी कोशिश होती है कि लिखते समय जो कमी रह गई थी उसे पढ़ते समय पूरी कर ले। मैंने अनेक कवियों को कविता पढ़ते समय ऐसी हरकतें करते पाया है। वे अपनी कविता में पाठक के माध्यम से अतिरिक्त पीड़ा डालते हैं। इसके पीछे का मनोविज्ञान यही है कि लिखते समय जो छूट गया था, पूरा करना है।

इसे आप मामूली बात न समझें। यह बहुत ही महत्त्वपूर्ण बात है, विशेषकर हिंदी कविता के संदर्भ में। हिंदी कविता में अभी भी जो आत्मदया है, जिसकी बात हम कर चुके हैं, वह उसके प्राण में कहीं बैठा हुआ है और उसके कारण करुणा और पीड़ा के प्रत्येक अनुभव में वह 'मैं' दिखाई देता रहता है, जिसको वह छिपाता है लिखते समय पर बोलते समय उसको याद आता है कि वह जो छिपा गया था, उसको आना चाहिए।

यह प्रमाणित बात है कि हिंदी के कवि कविता बोलकर पढ़ते समय इस तरह की गड़बड़ी या इससे मिलती-जुलती गड़बड़ी करते हैं। उस कवि के कविता-वाचन में यह दोष छिपा रहता है जो वाचन के व्याकरण और काव्य के व्याकरण के समानांतर कुछ छोड़ने का प्रयत्न करता है।

मि.श्री. : हंगारी कविताओं की आवृत्ति के पहले कविता-आवृत्ति के और भी अनेक कार्यक्रमों

का आयोजन आपने किया है? किन वजहों से आपको लगा कि कविता का वाचन ज़रूरी है? पिछले वाचन कार्यक्रमों में आपने वाचन के रूप में किन लोगों का चुनाव किया था? वे लोग किस क्षेत्र के थे? क्या उनकी साहित्यिक पृष्ठभूमि थी?

र.स. : कहीं न कहीं मन में यह बात थी कि हमारे कुछ ही कवियों के काव्य-पाठ को सुनकर एक तल्लीनता मिलती है। ऐसे भी कवि हैं जिनके काव्य-पाठ को सुनकर हम उदासीन रहते हैं। कई तो ऐसे हैं जिनका काव्य-पाठ सुनकर हम विरक्त होते हैं।

जिन काव्य-पाठों से श्रोता विरक्त होते हैं उनमें क्या बात है जो विरक्ति पैदा करती है? उनमें एक बात यह होगी कि साहित्य में भाषा के दिए शिल्प के नियमों को ही अधिकतर लोग कविता पढ़ने का अवलंब मान लेते हैं।

छंद कविता लिखने का एक नियम है। उसको हम कविता पढ़ने का नियम मान लेते हैं तो हम छंद पढ़ रहे होते हैं। कभी-कभी छंद और काव्य एकाकार भी होते हैं। किसी-किसी कविता के कथ्य में ऐसा गुण होता है कि उसके छंद और काव्य को एकाकार कर देते हैं। कविता लिखनेवाले नब्बे प्रतिशत लोग छंद जानते हैं, दस प्रतिशत ही काव्य जानते हैं। लेकिन लिख सकते हैं। तो, छंद के आधार पर ही बहुत-सी कविताएँ लिखी गई हैं। बहुत कवियों ने छंद में कविता लिखते हुए भी काव्य और कथ्य को उसमें मुख्य माना है। छंद उनके लिए केवल एक सहारा रहा है। इस तरह छंद और शिल्प के बीच एक अच्छा संतुलन भी बनता रहा है, और वह कितना अच्छा बना इसी पर कवि की गुणवत्ता निर्भर करती है।

जब वे बड़े पैमाने पर बोलकर कविता पढ़ने लगते हैं तो शिल्प और छंद का सहारा लेना अनिवार्य हो जाता है। अर्थात् जैसी उसकी रचना हुई है, वैसे ही उसको पढ़ लें तो समझिए कि लगभग ठीक-ठीक आपने पढ़ लिया। वहाँ ठीक न पढ़ने पर तो कुछ भी ठीक नहीं रहेगा। छंद और शिल्प को प्रतिबिंबित करने लायक़ आपका वाचन चाहिए। सारे समाज में यही तथ्य माना जाता रहा है। क्योंकि छंद लोग स्कूल या किताब में नहीं सीखते हैं, वह सब लोगों की अपनी सांस्कृतिक परंपरा में चला आता है। वाचिक परंपरा में विशेष रूप में आता है। छंद समाज की वस्तु है। और जो समाज की वस्तु है उसका समाज में बड़े पैमाने पर उपयोग होना अनिवार्य है। इसी के साथ-साथ यह भी स्वतःसिद्ध है कि लोग कई तरह के छंदों को, कई तरह के शिल्प को, अपने लिए प्रिय मानेंगे और बरतेंगे। शास्त्रीय साहित्य या अभिजात्य साहित्य में लोगों ने ऐसा ही किया है या नहीं, यह तो खोज की बात है। लोकसाहित्य में ऐसा हुआ है यह मैं बिना प्रमाण प्रस्तुत किए कह सकता हूँ। कुछ शिल्प हैं जो लोकजीवन में विशेष प्रकार के अवसर के लिए, विशेष प्रकार के अनुभव के लिए निश्चित हो चुके हैं। और कुछ हैं जो कि सबके लिए उपयोगी हो सकते हैं। यह समाज करता रहता है। संगीत को भी जोड़ लें जो छंद का अविभाज्य अंग है तो यह बात और बढ़ जाती है। क्योंकि एक ही कविता को आप दादरा भी बना देते हैं, ठुमरी भी बना देते हैं।

इतनी ज़्यादा संभावनाएँ भाषा में होती हैं और जब उन संभावनाओं का इस्तेमाल समाज में होता है तो उन्हीं संभावनाओं के समरूप संभावना हम लोग बनाते हैं जिनका समाज में उपयोग करते हैं। इस रचनात्मकता को देखते हुए लगता है कि खड़ी बोली की कविता के पाठ-वाचन में कोई बड़ी भारी न्यूनता आई है। कहाँ से आई है? शायद, भाषा के लौकिक, सामाजिक रूप के सिकुड़ने से, संकुचित होते जाने से, जीवन के उदात्त स्रोतों से कटते जाने से।

लोकशिल्पों और समाज के बीच के संबंध की जगह पर खड़ी बोली और समाज का संबंध एकाएक नए ढंग से बनने लगा। खड़ी बोली की कविता को नए ढंग से बोलना भी ज़रूरी हो गया। इस नए ढंग, जो खड़ी बोली की कविता को नए ढंग से बोलने के लिए अनिवार्य हो गया था, के आविष्कार की ज़िम्मेदारी को किसी ने नहीं देखा। हमारे यहाँ कोई कवि होता, आलोचक होता, कोई अध्यापक

ही होता या कोई भी महापुरुष होता जो इस सामाजिक दायित्व को करने योग्य पहचानता। पहचानता कि इसको करना है। लेकिन ऐसा नहीं हुआ। दोष देने की बात नहीं है। लेकिन यह हुआ नहीं, इस बात को पहचानना चाहिए। और इसके फलस्वरूप हुआ यह कि इस काम को करने का बोझा कवियों पर ही लद गया। आप कविता लिखते हैं, तो साथ-साथ आप ही पहचानें कि उसको कैसे बोला जाएगा। क्योंकि आपके पहले के कवियों को बताया गया था कि कविता को कैसे बोला जाता है। कविता लिखते समय ही उनको मालूम रहता है। लेकिन अपनी कविता लिखते समय मालूम नहीं होता कि उसको कैसे बोला जाएगा। बतानेवाला कोई आचार्य नहीं है। पहले के कवियों को सामने न रहते हुए भी गुरु दिखाई पड़ते रहते थे, क्योंकि गुरुओं ने उन्हें बता दिया था कि फलाँ कविता को कैसे पढ़ें। तो, यह नई स्थिति बनी है जिसमें कविता का बोलना एक नए अर्थ में आवश्यक और अनिवार्य कर्म होना चाहिए था, जो हुआ नहीं।

इस चीज़ का अभाव मुझे दिखता रहा। मुझे बहुत दुख होता रहा है कि हमारे आधुनिक कवि अपनी लिखी हुई कविता को भी ठीक से नहीं पढ़ पाते हैं। दूसरों की कविता क्या पढ़ेंगे!

खड़ी बोली की कविता के आविर्भाव के साथ-साथ उसके वाचन के शास्त्र या व्याकरण के बारे में कोई निश्चित सूत्र तो नहीं है। इसलिए ज़रूरी हो गया कि कवि-वाचकों के अभावों को देखा जाए और जाँचा जाए। इसलिए मुझे लगा कि यह काम ज़रूरी है! कोशिश होनी चाहिए कि खड़ी बोली हिंदी की कविता ठीक से पढ़ी जाए।

आपने पूछा था कि पहली बार यह विचार मेरे मन में कैसे आया? इसके पीछे कारण है। हर घटना के पीछे कुछ तात्कालिक कारण होते ही हैं। जो कुछ दिखता रहा, उसके बारे में ऊपर मैंने आपको बताया। एकाएक मुझे प्रामाणिक वाचन सुनने को मिला—अपनी भाषा में नहीं, रूसी भाषा में। आप कहेंगे मैं रूसी भाषा जानता नहीं। हाँ, मैं नहीं जानता। प्रामाणिक वाचन इसलिए कह रहा हूँ कि उसमें वे सब तत्त्व दिखाई दिए थे जिनसे कि लिखी हुई कविता के और बोली हुई कविता के बीच जो अंतराल रह जाता है वह पूरा हो जाए और जहाँ पर लिखी हुई कविता के स्वरूप को संपूर्णता देने का अवसर हो वहाँ संपूर्णता भी मिल जाए। जहाँ कमी हो वह पूरी हो जाए।

कविता जब बोली जाए तो कम से कम इतना हो कि उसके मूल तत्त्वों की क्षति न हो। दूसरा ये कि मूल कविता के अंदर जो तत्त्व हैं उनको और अधिक निखार दे। हालाँकि यह भी ज़रूरी है कि अतिरंजना न हो। तो इसी तरह का एक वाचन मैंने सुना। भाषा दूसरी थी लेकिन यह साफ़ दिखता था कि जो वे लोग कह रहे हैं वो इन्हीं बातों को पूरा कर रहा है। काव्य-वाचन का कुछ गुण प्रकट हो रहा था। यह बात भी थी कि वे लोग जिन कविताओं का वाचन कर रहे थे उन कविताओं का अंग्रेज़ी वाचन मैं पढ़ चुका था। कविताएँ बोली गई थीं रूसी में। बिना रूसी भाषा समझे भी मैं समझ पा रहा था। शब्दों में निहित अर्थ को निकालकर वाचक हम तक पहुँचा रहे थे। कुछ कविताएँ एक व्यक्ति द्वारा, कुछ कविताएँ एक समूह द्वारा बोलवाई गई थीं। बोलते समय वाचक काफी स्वतंत्र थे। इस अर्थ में कि उनको एक ही जगह खड़े नहीं रहना था। वे चल सकते थे, दौड़ सकते थे। यह स्वतंत्रता, इस अर्थ में सीमित भी थी कि कविता वाचक को चलने की जितनी छूट दे रही थी वह उतना ही चलता था। वह एक बड़ा सुंदर संयोजन था। सन् 70 में मास्को में मैंने यह कार्यक्रम देखा था। उनका एक थिएटर है—तगांका। इस थिएटर की विशेषता यह है कि वह बहुत ही सीमित दर्शकों के लिए विशिष्ट कार्यक्रम किया करता है। सप्रू हाऊस में खेले जानेवाले किसी लोकप्रिय नाटक से उसकी तुलना शायद कमज़ोर ठहरेगी। कुछ हद तक श्रीराम सेंटर के बेसमेंट में होनेवाले नाटकों से उसकी तुलना आप कर सकते हैं।

तगांका का कार्यक्रम छोटा होता है लेकिन बड़ा ही विशिष्ट और अर्थमय होता है। कविता-वाचन का उनका कार्यक्रम देखा। उसमें बड़ा रंग था। वह संतुलित और परिमार्जित था। निदेशन भी संतुलित

था। तगांका के कुछ अच्छे नाटक भी मैंने देखे थे। वहाँ से मैं एक महीना रहकर लौटा। मैंने सोच लिया था कि वहाँ जो मैंने देखा है, वैसा ही कुछ यहाँ करूँगा।

मुझे अवसर मिला। अलकाजी ने, जो उस वक़्त राष्ट्रीय नाट्य विद्यालय के निदेशक थे, कहा कि विद्यालय में काव्य-पाठ पर कोई ध्यान नहीं दिया जाता। वे कुछ लोगों के साथ मिलकर कुछ कविताओं का कार्यक्रम करना चाहते हैं। उनको रूसी भाषा के कार्यक्रम के बारे में कोई भान नहीं था। वे तगांका के बारे में बात नहीं कर रहे थे। बल्कि थिएटर के पूरे संस्कार में, पूरे शिक्षण और मानसिक विकास में उनको आवश्यक लग रहा था कि काव्य-वाचन उसका अनिवार्य अंग हो। परंतु उन्होंने कुछ नहीं किया था।

उन्होंने मुझसे और सर्वेश्वरजी से कहा कि हम लोग अपनी-अपनी कविताएँ विद्यालय के रंगमंडल के लोगों को दें। वे उनको प्रस्तुत करेंगे। चूँकि मेरे मन में कविता-वाचन की शक्ल जाने कब से बनती चली आ रही थी इसलिए मुझे मालूम था कि मेरी कविताओं की प्रस्तुति कैसे होगी। लिखने के समय भी मैं यह करता था। कविता-वाचन की आवश्यकता की प्रतीति मेरे मन में बहुत पहले से ही होती रही है। उस रूस-यात्रा के पहले से जिसमें मैंने तगांका की प्रस्तुति देखी थी। चूँकि यह बात कविता के समय में भी मेरे मन में रहती रही है तो वह मेरी कविताओं के शिल्प में भी उतर आई होगी, ऐसा सोचता रहा।

अतः अलकाजी ने जब मुझसे कहा कि कविता दे दीजिए तो मैंने तुरंत उनसे कहा—"नहीं, दे नहीं दूँगा। बल्कि मैं आपके रंगमंडल के सदस्यों को सिखाऊँगा कि वे कविताएँ कैसे पढ़ें। मैं यह नहीं कहता कि आपका रंगमंडल क्या पढ़े। किंतु चूँकि उनके पास कविता-वाचन की कोई परंपरा नहीं है इसलिए यह ज़रूरी है कि समकालीन और सामयिक कविता-वाचन की पहचान वे करें और तब पढ़ें।"

अलकाजी माने। मुझे आमंत्रित किया। उनके रंगमंडल के सदस्यों के साथ मेरी कई बैठकें हुईं। उन बैठकों का मुख्य उद्देश्य यही रहा कि मैं उनको अपनी कविताएँ सुनाता रहूँ। उनके साथ काफ़ी समय बिताया। इस तरह मैंने उन तक यह बात पहुँचाई कि कविताएँ कैसे पढ़ी जाएँ।

मनोहर सिंह ने उस कार्यक्रम का निर्देशन किया था। इस कार्यक्रम की प्रस्तुति मेरे लिए एक अनुभव की बात थी। मुझे अपार संतोष मिला। दिखा था कि मेरी कविता के लिखे रूप और बोले गए रूप में बहुत तालमेल था।

उस कार्यक्रम की प्रस्तुति मेरे लिए बहुत बड़ा अनुभव था। मुझे दिखने लगा कि मेरी कविता के लिखित रूप को उसका वाचिक रूप निखार रहा है, उसमें नया अर्थ पैदा कर रहा है। कम से कम इतना तो कर ही रहा था कि एक नया रूप आ रहा था। जो आनंद मुझे मिल रहा था, हो सकता है वह मेरा व्यक्तिगत आनंद रहा हो। लेकिन मैंने देखा और सुना कि काव्य के बड़े अध्येताओं और आलोचकों को भी आनंद आ रहा था। जैसे, नेमिचंद्र जैन ने कहा—रघुवीरजी, मुझे पहली बार सुनाई दिया कि आपकी कविता में कितनी चीज़ें छिपी हुई हैं। मन में मैंने कहा कि यही तो होना चाहिए। सुनाई दे कि कविता में क्या-क्या चीज़ें छिपी हुई हैं। एक वाक्य में वाचन की यही परिभाषा है।

संयोग से मेरा सिखाया हुआ तरीक़ा सटीक बैठ गया क्योंकि वे मेरी कविताएँ थीं। नेमिजी ने यह भी कहा था कि उन्होंने मेरी कविताएँ कई बार पढ़ी थीं लेकिन ये बातें मुझे दिखी नहीं थीं। लिखी हुई कविता को पढ़ने और उसको बोलकर पढ़ने के संबंध को इस प्रकार समझा जा सकता है।

मैंने अपनी कविताओं का पूरा कार्यक्रम बनाकर रंगमंडल को दिया था। कविताएँ कैसे पढ़ी जाएँ, उनका संगीत, गायन का ढंग, कविताओं की प्रस्तुति का क्रम, उपयोग में लाए जानेवाले वाद्यों के नाम इत्यादि मैंने खुद बताया था। दृश्य के साथ प्रकाश की तीव्रता और उसके रंग का संयोजन मैंने बताया था। रंगमंच के जिन-जिन साधनों का काव्य-वाचन में उपयोग होना था उनके विषय में मैंने बताया था। यह मेरे पहले अनुभव का विवरण था।

मि.श्री. : कविता-आवृत्ति क्या केवल रंगकर्मी कर सकते हैं? आवृत्ति के लिए कौन-कौन-सी विशेषताएँ और योग्यताएँ आप ज़रूरी मानते हैं?

र.स. : नहीं। यह सही नहीं है कि कविता आवृत्ति केवल रंगकर्मी ही कर सकते हैं। पिछले किसी एक प्रश्न के उत्तर में मैं बता चुका हूँ कि अभी तक मेरे कार्यक्रमों में अधिकांशतः आए हुए साथी रंगकर्म के क्षेत्र से थे। उसका कारण यही था कि वे लोग, जो रंगकर्म में लगे हुए नहीं हैं परंतु उनके अंदर साहित्य, काव्य और अन्य प्रकार की कलाओं का कहीं न कहीं उनके जीवन में स्थान रहा है, उन लोगों की इन प्रवृत्तियों का व्यवहार में कोई इस्तेमाल नहीं हुआ। किन्हीं कारणों से उन्हें कोई अवसर मिला भी तो वह सिर्फ़ रंगकर्म में जाकर मिला क्योंकि वह एक अनुभासित, व्यवस्थित और संगठित कर्म है। शिक्षण भी वहाँ है। स्थान भी मिलता है। नौकरी भी मिलती है। इसलिए रंगकर्म एक केंद्र बन गया है जहाँ पर कि वे सारी कलाएँ शामिल होती हैं, जैसे संगीत, साहित्य, चित्रकला, इत्यादि। रंगकर्म का यह चिर-प्रचलित और ज्ञात आधार है कि उसमें सभी कुछ शामिल रहता है। मगर उन सभी चीज़ों के शामिल होने की स्थिति में रंगकर्म जब कभी स्थान और अवसर देने का माध्यम बनता है तो फिर इन सभी दिशाओं में काम करनेवालों को वहाँ स्थान मिलने की संभावना बढ़ जाती है। यह बात और है कि रंगकर्म में कुछ कलाओं के लिए स्थान सीमित और कुछ कलाओं के लिए अधिक है। रंगकर्म में अंतर्भुक्त अनेक कलाओं के समाज में अलग-अलग व्यवहार और स्वीकृति के क्षेत्र बने हुए हैं। किसी में अधिक किसी में कम अवसर हैं। कुल मिलाकर रंगकर्म में प्रशिक्षण की भी व्यवस्था है। प्रशिक्षण के बाद रंगकर्म में अधिक लाभ भी मिलता है। अलग-अलग कलाओं में सिर्फ़ वे ही लोग रह जाते हैं जिनकी विशेष रुचि होती है। साहित्य के प्रति चेतना वाले लोग हैं वे जो आवृत्ति वाले पक्ष को फलाँगकर सिर्फ़ किताबी कामों में लग जाते हैं। अध्यापन में लग जाते हैं। लेखक बन जाते हैं। लेकिन वाचन का पक्ष जो कि अंततः साहित्य का ही दूसरा प्रकार है वो रंगकर्म में ही जाकर फलीभूत हो पाता है। क्योंकि विश्वविद्यालय में भी इसको अलग से एक विधा के रूप में मान्यता नहीं है। पढ़ाई में वाचन का बहुत बड़ा महत्त्व है लेकिन हमारी पद्धति ही ऐसी हीन हो गई है कि उसमें उसको माना ही नहीं जाता है।

किसी दूसरे संदर्भ में मैंने आपको बताया था कि मैं जब पाँचवें दर्जे में पढ़ता था तो मेरे एक अध्यापक, जो ठेठ गाँव के थे, लखनऊ में रहकर मेरे स्कूल में पढ़ाते थे, क्लास में आते और कहते—"आप लोग अपनी किताबें खोल लें। मैं आप लोगों को 'जयद्रथ वध' पढ़कर सुनाऊँगा।" वे पढ़कर सुनाते रहते। कक्षा ख़त्म हो जाती। अर्थात् पूरी घंटी वे पढ़कर सुनाते रहते। पढ़ाई के नाम पर उनकी यही पढ़ाई थी कि आप ध्वनियाँ सुनें, उनका अर्थ समझें, काव्य को पहचानें वाचन के द्वारा। मेरे समय में दो-चार ऐसे शिक्षक थे। अब नहीं हैं। कहने का मतलब है कि साहित्य में इस काम को कोई काम नहीं माना गया। रंगकर्मी ऐसा करें ऐसा मान लिया गया। साहित्य में इसके लिए कोई स्थान रहा ही नहीं। इसलिए ऐसा हो गया कि रंगकर्म में आए लोग इस काम के लिए आसानी से प्रस्तुत हो जाते हैं। उनको उसमें लाभ भी दिखता है। यही कारण था कि रंगकर्म से अधिक लोग आए। परंतु इससे यह सिद्ध नहीं हुआ कि कविता-आवृत्ति केवल रंगकर्म के लोग ही कर सकते हैं। बल्कि यह सिद्ध हुआ कि अगर हम पुरानी प्रवृत्तियों को फिर से जाग्रत करें और प्रशिक्षण के कुछ रास्ते खोलें तो साहित्य से जुड़े लोग जिन्हें रंगकर्म की पूरी व्यवस्था में शामिल होने की इच्छा नहीं है, वे भी आवृत्ति में श्रेष्ठता प्राप्त कर सकते हैं।

यह बात हुई रंगकर्म का एक विशिष्ट अधिकार आवृत्ति पर होने या न होने की। जिसके बारे में मैंने कहा, कि नहीं है। ऐसा सिर्फ़ परिस्थितिवश हुआ कि मुझे लोग इस काम के लिए रंगमंच से ही मिलते रहे।

अब वाचक के बारे में बात करें। वाचक को अपने साहित्य से काफ़ी गहरा परिचय होना चाहिए।

परिभाषा नहीं कर रहा हूँ बल्कि तुलनात्मकता की बात कर रहा हूँ। उस परिचय में इतना और भी होना चाहिए कि उसको कविताएँ दूसरों के मुख से सुनने का और उसको सुनकर आनंद लेने का अभ्यास होना चाहिए। अगर वे प्राचीन और आधुनिक कविताएँ सुनते रहे हों तो उनमें वाचन का अच्छा आधार मिलेगा। वे बहुत कुछ सीख चुके होंगे। ऐसी एक पृष्ठभूमि पहले होनी चाहिए।

इस समय हम लोग जिन कविताओं की आवृत्ति करना चाहेंगे उनकी एक सीमा तो होगी। अर्थात् चाहें तो हम रीतिकालीन कविताओं की आवृत्ति करने लगेंगे, लेकिन जब हम आवृत्ति करेंगे तो कहीं न कहीं हम अपने आधुनिक काल में ही रहेंगे। आधुनिक कविता की कुछ धाराओं की साफ़ पहचान हो। और अंत में यह तो है ही कि शब्दों के उच्चारण करने में अपनी अत्यंत व्यक्तिगत रुचियों और शैलियों को थोड़ी देर के लिए स्थगित कर दें और समाज में जो स्वीकृत या मानक है उसका प्रयत्न करें।

मि.श्री. : अलग-अलग तरह की कविता वाचन के अलग रूप की माँग करती है। यह तालमेल क़ायम करने के लिए आप क्या उपाय अपनाते हैं?

र.स. : अलग-अलग धाराओं की कविताओं का वाचन पहले से लिखा नहीं होता है। कुछ कविताओं का वाचन तो लिखने में ही निर्धारित हो जाता है, जैसे कि छंद। छंद के बाहर जाकर आप पढ़ नहीं सकते हैं। छंद को और कितना अच्छा पढ़ सकते हैं, यही बाक़ी रह जाता है। इसलिए यह कहना ठीक है कि अलग-अलग कविताओं को अलग-अलग ढंग से पढ़ना होता है।

लेकिन कविता के आकार-प्रकार में यह निहित केवल सीमित मात्रा में होता है कि अमुक कविता कैसे पढ़ी जाएगी। छंद तक तो सीमित कर सकते हैं। लेकिन उसकी अन्य जो वस्तु है वो अपनी शैली के रूप को लिखित रूप में देती नहीं है और आपको कविता को समझने और दूसरों को बताने के सिलसिले में खोजना पड़ता है। इसलिए हर अलग-अलग कविता के वाचन का अलग-अलग रूप होगा ज़रूर लेकिन वह रूप आप जैसे उस कविता को समझे हैं, और जैसे उस कविता को पढ़ने में उस काव्य के अर्थ को संप्रेषित करने के लिए अपने उच्चारण का और अपनी शैली का उपयोग किया है, वैसे ही आप उसे स्थिर करेंगे। आप स्वयं स्थिर करेंगे कि किसी कविता को आप किस तरह पढ़ेंगे। छंद तो स्थिर करेगा लेकिन छंद के अतिरिक्त चीज़ें आप स्वयं स्थिर करेंगे। हर कविता का वाचन अलग-अलग होता है लेकिन वह वाचन पहले से निश्चित नहीं होता, बल्कि आप अपने वाचन से निश्चित करते हैं।

मि.श्री. : वाचकों की निजी सामाजिक प्रतिबद्धता भी कुछ महत्त्व रखती होगी वाचन में?

र.स. : हाँ, लेकिन मैं उसको अलग से एक योग्यता का प्रमाण नहीं मानकर चल रहा हूँ इसलिए कि सामाजिक प्रतिबद्धता मेरे लिए उसी समय महत्त्व रखती है जब वह सामाजिक प्रतिबद्धता उस कविता में निहित हो। वाचक में इतिहास, समाज और कविता को समझने की समझ हो, इच्छा हो। न्यूनतम आधार पर यह होना चाहिए कि वे किसी भी वस्तु को केवल सतही ढंग से नहीं बल्कि उसकी गहराई में जाकर उसका अर्थ ग्रहण करें। इसी में सब कुछ आ जाता है।

वाचक की अपनी प्रतिबद्धता कविता में निहित सामाजिक प्रतिबद्धता को उभारने में बाधक बन सकती है यदि दोनों में मेल न हो। इसलिए सामाजिक प्रतिबद्धता को वाचक का मौलिक गुण मैं नहीं मानता हूँ। लेकिन समाज को समझने की समझ और मनुष्यता के विकास में सहायक राजनैतिक, सांस्कृतिक और ऐतिहासिक घटनाओं को जानने की इच्छा और समझ आवश्यक मानता हूँ। अर्थात् उसका जो बोध है वह सीमित नहीं होना चाहिए और आवश्यकता पड़ने पर वह बोध नया आयाम खोलने में समर्थ हो।

मि.श्री. : आपने जो कविता-आवृत्ति की है उनमें छंद, स्वर, बिंब, अंतराल, कथन की भंगिमाओं और नाटकीय तत्त्वों की गहरी समझ दिखती है। क्या कविता-आवृत्ति में दृश्य और संगीत की भी

जगह हो सकती है? क्या इनके प्रयोग से कविता-आवृत्ति को और प्रभावकारी बनाने में मदद मिलेगी? वे दृश्य और संगीत किस तरह के होंगे?

र.स. : देखिए, दृश्य के विषय में मेरा बड़ा संकुचित रुख है। संगीत के विषय में उससे कम संकुचित रुख है। सबसे कम संकुचित रुख तो केवल वाक् के विषय में है।

दृश्य कविता के अंदर भरा हुआ है। वाचन से वही दृश्य श्रोता में उत्पन्न होना चाहिए। कविता का यह चरित्र है कि वह अपने अंदर जो कुछ भी भरे चलती है उसमें से कोई न कोई रूप आपके भाव-जगत् के पर्दे पर मूर्त करती चलती है। दृश्य कल्पना में बनता है। अगर वाचन कविता के अंदर निहित दृश्यों को श्रोता को न दिखा पाए तो वाचन ही दोषपूर्ण है।

कविता का वाचन सुनकर अलग-अलग श्रोताओं में अलग-अलग दृश्य बन सकते हैं। ये अलग-अलग दृश्य एक-दूसरे के विरोधी नहीं होंगे बल्कि एक-दूसरे से भिन्न होंगे। उनमें अंतर होगा परंतु एक-दूसरे से एकदम अलग नहीं होंगे। उलट तो तब होगा जब हमने मूल कविता को समझा ही नहीं हो। उस हालत में विपरीत दृश्य बन सकते हैं। किंतु अगर कविता के साथ इतना न्याय किया गया है कि उसे लगभग पूरे ढंग से संप्रेषित कर दिया है तो सुननेवालों के मन में बननेवाले दृश्यों की एकरूपता का दावा नहीं किया जा सकता। और न करना चाहिए। नहीं करना चाहिए पर इसलिए ज़ोर देता हूँ कि अगर मैं कहता हूँ कि यही एक दृश्य इसमें बनना चाहिए या इसी दृश्य को मैं बना देता हूँ तो सुननेवालों पर अन्याय होगा। उन सबके प्रति अन्याय होगा जिनको कविता सुनकर अपने-अपने दृश्य बनाने का अधिकार है। नकारात्मक ढंग से यह निषिद्ध कर देगा कि यह चित्र सही और बाक़ी सब चित्र ग़लत हैं। इसलिए मैं दृश्य को लेकर कविता के वाचन को संकुचित ढंग से देखता हूँ। अर्थात् दृश्य का प्रयोग कविता में नहीं करना चाहिए।

मि.श्री. : अर्थात् आपका आशय इस बात से है कि कविता के अंदर का दृश्य और वाचन सुनने के बाद श्रोता की कल्पना में बना दृश्य वाचन के समय मंच पर निर्मित दृश्य से मेल नहीं खाएँगे।

र.स. : अन्याय है। मैं ऐसा नहीं कहता कि मेल नहीं खाएँगे। मेल खा सकते हैं। लेकिन मेल खाने के लिए बाध्य करनेवाली स्थितियाँ पैदा कर देना कविता के साथ ही अन्याय करना होगा।

सुननेवालों को पूरी छूट रहनी चाहिए कि वे अपने मन का दृश्य बनाने के लिए स्वतंत्र हों क्योंकि इसी में कविता का संपूर्णतम आनंद है।

कविता-वाचन में दृश्यों का प्रयोग ख़तरनाक है। यह कविता-विरोधी काम भी हो सकता है। इसलिए कविता में दृश्य की उपयोगिता मेरे लिए बहुत सीमित है। बल्कि अंत में बात आकर टिक जाती है 'वॉक' पर जिसके अंदर ही संपूर्ण संभावनाएँ हैं। दृश्य के उपयोग पर मैं एकदम 'ना' नहीं कह रहा हूँ। क्योंकि यह भी तो ज़रूरी है कि कभी आप एक पहचान बनाएँ जिसके प्रति आश्वस्त होंगे कि यह अधिकाधिक लोगों द्वारा स्वीकृत पहचान है।

दृश्य का उपयोग बहुत कम करना चाहूँगा—कहीं-कहीं जहाँ बहुत ज़रूरी लगे। किया भी है। श्रीराम सेंटर के कार्यक्रम में और राष्ट्रीय नाट्य मंडल के द्वितीय वर्ष के छात्रों के साथ किए गए कार्यक्रम में दृश्य का इस्तेमाल किया था। अपनी कविताओं के कार्यक्रम में दृश्य का इस्तेमाल किया था। उसमें बल्कि ज़्यादा किया था। मुझे लगा कि उसमें संभावनाएँ हैं और जो चीज़ लोगों को दूँगा वह लोगों के अपने दृश्य से टकराएगी नहीं। बाह्य दृश्य में भी संभावना निकल आएगी, उसको भी लोग कई तरह से देख सकेंगे।

संगीत के बारे में संकोच कम है। क्योंकि संगीत 'वॉक' में कहीं न कहीं जुड़ा हुआ है। 'वॉक' से जो दे रहा हूँ और संगीत से जो दे रहा हूँ उनमें भयंकर अंतर्विरोध होना संभव नहीं है। इसका ख़तरा कम है कि कविता के अंदर से निकलते संगीत पर कोई और संगीत लाद दिया जाए और प्रस्तुत कर दिया जाए। ऐसा करते समय मैं ही समझ जाऊँगा कि ग़लत कर रहा हूँ। कविता में निहित संगीत

को मैं पहचान सकता हूँ। यह देखा जा सकता है कि वह संगीत कविता के अंदर से निकल रहा है या नहीं।

यह भी देखा जा सकता है कि वह संगीत कविता से विरोध करता हुआ निकल रहा है या उससे सहकार करता हुआ। संगीत बनाने का प्रयोग मैंने भवानी भाई की तीन कविताओं में किया था। संगीत बहुत अच्छा बना। वात्स्यायन की कविताओं का संगीत बनाया है। अपनी कविताओं का संगीत बनाया है। कम से कम मेरी पाँच कविताओं के संगीत मंच पर प्रस्तुत हो चुके हैं। बाक़ी और काग़ज़ पर लिखे पड़े हैं। अवसर आने पर उनको भी निकालूँगा।

कविताओं में भी एक संगीत होता है। किसी भी तरह की कविता में संगीत होता है। आधुनिक कविता में संगीत है। वे लोग जो दावा करते हैं कि आधुनिक कविता में संगीत नहीं है, न संगीत जानते हैं न कविता। बिना संगीत के कविता हो नहीं सकती। संगीत उसका एक अनिवार्य अंग है। लेकिन संगीत की जो सामाजिक पहचान बनी हुई है तो यह ज़रूरी नहीं है कि संगीत की उसी प्रचलित सामाजिक पहचान में आधुनिक कविता का संगीत फिट हो जाए। आधुनिक कविता के संगीत को पहचानने के लिए हो सकता है कि संगीत की नई सामाजिक पहचान बनानी पड़े। या पुरानी पहचानों में से चुनना पड़ सकता है कि कौन-सा संगीत इसमें है। तो इसलिए कविता के अंदर जो संगीत है उसको पहचान करके यदि निकाल लाते हैं बाहर और वह आपकी कविता के तत्त्व के साथ विरोध नहीं करता तो वह तो उसी का आनुषंगिक हुआ, उसी का विस्तार हुआ। वह तो होना चाहिए।

[1990. *वर्तमान साहित्य,* अप्रैल-मई 1992 में प्रकाशित]

'भारत के गाँव-गाँव में कलाकार हैं'

भेंटवार्ताकार : पंकज शुक्ल

पंकज शुक्ल : राजनीतिज्ञों और साहित्यकारों के बीच संवाद के संबंध में और लुप्त होती इस परंपरा के संदर्भ में आपसे जानना चाहता हूँ। जैनेंद्र कुमारजी का एक इंटरव्यू पढ़ते हुए पता चला कि गाँधीजी के बाद लोहियाजी के समय तक ऐसा संवाद था। आपकी राय, अनुभव?

रघुवीर सहाय : कौन-सा संवाद होता था, नहीं होता था, मुझे तो नहीं मालूम। यह तो जैनेंद्रजी ने कहा होगा।

संवाद का कोई प्रमाण होता है, तो वह लेखक और राजनीतिक के बीच होता है जो लेखक के अपने काम में कहीं तो झलकना चाहिए कि नहीं। जैनेंद्रजी के साहित्य में आप दिखाइए ऐसी एक पंक्ति।

लोहियाजी के संसद में जाने के बाद, जब लोग उनके नाम से घबराने लगे, तो उनके घर जाने लगे, जैनेंद्रजी और दिनकरजी भी घर जाने लगे। उसको आप संवाद कहते हैं तो और बात है।

पं.शु. : जैनेंद्रजी के अलावा मैंने हुसैन साहब के संबंध में भी काफ़ी सुना कि उनका लोहियाजी के साथ संवाद था। और उन्होंने लोहियाजी की प्रेरणा से कुछ चित्र बनाए थे?

र.स. : मैं तो आपकी बात पर कह रहा हूँ कि लोग कहते रहते हैं, लेकिन कौन-से संवाद हैं, मेरी समझ में नहीं आता। हुसैन के किसी काम में लोहिया के दिमाग़ की या उनके सोच की झलक तक नहीं है।

मैंने बताया न कि, बद्रीविशाल पित्ती, हुसैन की तसवीरों के बड़े ख़रीददार थे। वह लोहियाजी के मित्र थे। तो आना-जाना होता था, आना-जाना संवाद नहीं होता। यह सब वहाँ दरबार में जाते थे, मिलने-जुलने और आप नोट कर लीजिए कि जैनेंद्रजी वहाँ बैठक में बैठे रहते थे घंटों, और लोहियाजी मिलते नहीं थे। न उनका क्षेत्र था, न समय था, न लोहियाजी को ज़रूरत थी। और लोहियाजी को ज़रूरत नहीं थी कि वह लेखक को बुलाकर, दुनिया को बताएँ कि मैं कितना सांस्कृतिक आदमी हूँ। ऐसे दस आदमियों को वो ए बी सी डी पढ़ा सकते थे।

बड़ा मुश्किल है इस बात को मानना कि लोहिया का लेखकों से संवाद था। हाँ, एक बात मान सकते हैं कि लोहियाजी के राजनैतिक जीवन में, जो लोग काम करने आते थे उनके अंदर, बहुतों के अंदर, एक न्यूनतम प्रतिभा रचना की थी जिसको कि राजनैतिक स्तर पर, या संगठन के स्तर पर लोहिया के काम के अंदर देखा जा सकता था। और वो अकसर कविता भी लिखते। जैसे ही वो कविता लिखना शुरू करते थे उनको मालूम होता था कि कविता लिखनेवाले और लोग भी हैं। और वो, उन लोगों की जमात में शामिल हुआ करते। जैसे साहीजी, सर्वेश्वरजी और कई लोग हैं। इन सबसे उनका रिश्ता बनता था। इस तरह लोहिया के साथ रिश्ता बनता था कि आप भी एक कार्यकर्ता हैं और यह तीन-चार तथाकथित कवि, जिनके नाम मैंने बताए, भी कार्यकर्ता हैं। हो सकता है कि लोहिया की नज़र में यह तीन-चार आदमी, अलग-अलग स्तरों पर अर्थ रखते हों और इनसे बातचीत की जाए। साहीजी के बारे में अवश्य उनकी धारणा स्पष्ट थी।

पं.शु. : चलिए राजनीतिज्ञ-साहित्यकार संबंध का विषय छोड़ें, आपका भी लोहियाजी से सरोकार रहा है। यह जाना-माना भी है। कृपया लोहियाजी से अपने रिश्तों संबंधी संस्मरण सुनाएँ।

र.स. : लोहियाजी के साथ मैं बहुत रहा नहीं हूँ। लेकिन मैंने उनके साथ कुछ बैठकें की हैं। बातचीत की है। कुछ जज़्ब किया है उनके विरोध को, उनके अपने विरोध को।

मैं आपको बताता हूँ केवल आपके मनोरंजन के लिए। सन् 1947 में मैं अक्टूबर माह में गया हैदराबाद। उन दिनों रेडियो में मेरी नौकरी थी, समाचार विभाग में। वहाँ अनुवाद बहुत करना पड़ता था और मैं जब ऊब गया तो मैंने नौकरी छोड़ दी।

कल्पना उन दिनों हैदराबाद से निकलती थी। उसके मालिक और संपादक बद्रीविशाल पित्ती ने मुझे बुलाया और कहा आपने लगी-लगाई नौकरी छोड़ दी। अच्छी तनख़्वाह थी—सरकारी नौकरी थी। आप *कल्पना* में आ जाओ, उतनी तनख़्वाह तो नहीं दे पाएँगे। और मैं *कल्पना* के संपादक मंडल से जुड़ गया। खैर, पित्तीजी की *कल्पना* के कार्यालय में, पार्टी का कार्यालय भी था क्योंकि वह पार्टी के एक पदाधिकारी थे। लोहियाजी वहाँ आते रहते थे। मेरा पहला परिचय लोहिया से वहीं हुआ।

लोहियाजी वहाँ पार्टी-कार्यालय में बैठते थे, वहाँ आते-जाते उनसे मेरा परिचय हुआ—बातचीत हुई। हैदराबाद में इस भेंट के बाद लोहियाजी से मेरी भेंट दिल्ली में हुई। दिल्ली में जब वो पार्लियामेंट के मेंबर हो गए, यह बात 1963 की है। यानी 1957 के छह साल बाद। *कल्पना* मैंने एक साल के बाद ही छोड़ दिया था। मेरे पिताजी का देहांत हो गया था लखनऊ में। और मैं अपनी पत्नी और बच्चों को लेकर दिल्ली आ गया था। दिल्ली में फिर मैंने *नवभारत टाइम्स* के संवाददाता की नौकरी की और पार्लियामेंट कवर करने लगा। इसके बाद भी लोहियाजी से धीरे-धीरे क़रीब 10-15 दिन में मिलना होता था। और पार्लियामेंट में इस सारे दौर को मैंने देखा, सुना, रिपोर्ट किया।

यह सब देखा है कि कैसे लोहिया की बातों का असर धीरे-धीरे पूरे समाज में इस कारण से फैलने लगा कि वो संसद में एक महत्त्वपूर्ण नेता के रूप में उभरकर आए हैं। और उसके पहले का, मैं आपको थोड़ा-सा बता दूँ कि सन् 1951 में मैं दिल्ली आया था तब भी लोहिया को देखा था। दिल्ली में उनकी सभाएँ होती थीं, राजनैतिक सभाएँ, अपने कार्यकर्ताओं की सभाएँ और वो सार्वजनिक रूप से होती थीं, बहुधा देखा है। लखनऊ में इसके पहले मैं उनको ग़ैर-राजनैतिक मित्रों के बीच देख चुका हूँ।

उन दोनों रूपों से अलग दिल्ली में संसद में पहुँचने के बाद उनका जो रूप था, लोग कहते थे या तो पागल आदमी है या यह कहते कि बेकार बातें करता है, इससे कुछ होगा नहीं। उनके विचारों की वजह से कहते थे भाई। उनके विचार इन साधारण लोगों को बिलकुल अव्यावहारिक लगते थे। सन् 1963 में जब उन्होंने संसद में प्रवेश किया तब तक राजनैतिक माहौल बदल चुका था। संसद में जो वो बोलते थे, उसका प्रचार पचास गुणा, पहले की अपेक्षा, अधिक हो जाता था। अंग्रेज़ी अख़बार ने साल भर तक उनकी बातों को सही छापा।

पं.शु. : क्या उनके अंग्रेज़ी विरोध के कारण?

र.स. : अंग्रेज़ी विरोध के कारण नहीं, उनके विचारों के कारण। साल भर तक उन्होंने ऐसा किया। जब उनकी शक्ति बनने लगी और यह बात दिखने लगी कि किसी दिन सरकार बदल जाएगी, लोहिया उस वक़्त नेतृत्व देंगे। तब उन लोगों ने लोहिया की बात सुनना और छापना शुरू किया। दिनकरजी, जैनेंद्रजी ने, बड़े-बड़े उद्योगपतियों ने, राजनेताओं ने और छोटे-छोटे लेखकों ने—तो यह दौर मैंने देखा है लोहिया का।

पं.शु. : इस दौर में कई युवा रचनाकार भी लोहियाजी से प्रभावित हुए थे।

र.स. : कई लोग देखते थे लोहिया की ओर, कुछ जानने के लिए या शामिल होने के लिए। उत्सुकता थी उनमें। यह बिलकुल संभव था कि उस दौर में, कोई भी नया लेखक, जो कुछ अच्छा लिखना चाह रहा हो, वह सोचे कि लोहिया की बात सुने, क्या कह रहा है। साथ में यह भी कहना पड़ेगा कि यह स्वाभाविक नहीं था कि लोहिया की बात सुनने के बाद उनकी बात को मान ले। क्योंकि उनकी बात मानने के लिए दिमाग़ के अंदर बहुत बदलाव की ज़रूरत थी। वरना लोग उनकी बातों को अमूमन हँसकर टाल दिया करते थे।

यह परिवर्तन तो लोहिया के पास शक्ति केंद्रित होने लगी है इस आभास के कारण था। वह शक्ति का केंद्र नहीं थे, लेकिन शक्ति केंद्रित होने का भय ही काफ़ी था, कि लोग लोहिया की बात मानने लगे।

पं.शु. : एक दौर में *जिन, प्रतिपक्ष* और *दिनमान* सरीखी ऐसी पत्र-पत्रिकाएँ प्रकाशित हुईं जो प्रत्यक्ष-अप्रत्यक्ष रूप से समतावादी विचारधारा की पक्षधर थीं। एक पूरी पीढ़ी इनसे प्रभावित रही। लेकिन ऐसी सभी पत्रिकाएँ आज लुप्त हैं। इसका क्या कारण आप मानते हैं?

र.स. : मैं आपको बताऊँ कि *दिनमान* ऐसा समाजवादी नहीं था। 1964 में जब *दिनमान* निकला, तो संपादक थे वात्स्यायनजी और जिन लोगों ने वात्स्यायनजी को संपादक बनाया था, *टाइम्स ऑफ इंडिया* के मालिकों ने, उन्होंने देख लिया था कि अख़बार चलाना है, अख़बार का बिजनेस करना है—वह बिजनेस करना चाहते थे, कोई समाजवाद का प्रचार थोड़े ही चाहते थे। बिजनेस के हिसाब से उनको लगता था कि एक अपोजिशन पार्टी का इतना बड़ा नेता, उसको हम कहीं न कहीं से सपोर्ट करें। तो इसलिए उन्होंने शुरू के दो-तीन बरसों में जब *दिनमान* निकला, उन्होंने इस बात को देखा था कि अगर इसमें लोहियाजी के बारे में कुछ छपता है तो अख़बार बिकेगा। इस बात को वात्स्यायनजी ने भी देख लिया था, इसलिए उन्होंने किसी को रोका भी नहीं। जब उन्होंने रोका नहीं किसी को, तो कुछ लोगों ने जो *दिनमानं* में काम करते थे, उन्होंने इसका पूरा फ़ायदा उठाया। इन लोगों ने लोहिया का नाम लेकर के अपने लिए एक महत्त्वपूर्ण स्थान बनाने की कोशिश की। यह फैलाया कि लोहिया के बहुत निकट हैं ताकि मालिक लोग उनको एजेंट मानें। उसका मालिक लोगों के लिए इस्तेमाल हो जाएगा यह माना गया। इसलिए दो-तीन वर्षों में *दिनमान* के हर अंक में आप पाएँगे कि लोहिया की तसवीर, लोहिया का नाम, और कोई एक विचार करनेवाली बात।

वात्स्यायनजी के समय, जो लोग उनके नीचे काम करते थे उन लोगों को यह मालूम हो गया था कि इस समय *दिनमान* के जो मालिक लोग हैं वे लोहिया का प्रचार करने के पक्ष में हैं। इसलिए

उन लोगों ने, यह जानते हुए भी कि वात्स्यायनजी लोहिया के भक्त नहीं हैं, न लोहिया की विचारधारा को पूरी तरह मानते हैं, यह जानते हुए भी उन्होंने *दिनमान* के कर्मचारियों से लोहिया का नाम लेना और प्रचार करना, अपने मालिकों को खुश करने के लिए शुरू कर दिया। अब समझे आप, यह बात थी।

मेरी बात बिलकुल दूसरी थी कि मैंने आपको बताया कि मेरा संबंध लोहियाजी से ऐसा था कि, इसमें न तो वात्स्यायनजी आते थे, न उसमें साहू शांतिप्रसाद जैन आते थे। मेरा संपर्क उनसे पहले दूसरे रास्ते से भी था। और जिस समय *दिनमान* निकला, उस समय मैं *नवभारत टाइम्स* में था—विशेष संवाददाता। और पार्लियामेंट कवर कर रहा था।

लोहिया के साथ तो मेरा रिश्ता, वैचारिक रिश्ता, *दिनमान* में आने के तीन साल पहले, अख़बार के नाते प्रकट हो गया था। क्योंकि मैं *नवभारत टाइम्स* में लिखता था, वो वही था, जो *दिनमान* में लिखा।

दिनमान में आने के बाद मैंने दो काम किए—लोहिया का जो प्रचार तसवीरों के ज़रिए था, मिथ्या प्रचार, इसको छोड़ दिया। और यह भी बात हुई कि मैं जब *दिनमान* में आया तब तक लोहियाजी मर चुके थे, सन् 1967 में उनका देहांत हो चुका था। मैं आया हूँ *दिनमान* में 1967 में, उनके मरने के कोई 6-7 महीने बाद। और जो लोग पहले लोहिया का नाम ले-लेकर अपनी प्रतिष्ठा बढ़ाया करते थे, वे लोहिया के मरते ही बदल गए। वे *दिनमान* में रहते हुए ही बदल गए। उन्होंने कहा कि हम लोहिया को जानते ही नहीं, लोहिया से हमारा कोई वास्ता ही नहीं—फ़ायदा ही नहीं, कि हमको अपने मालिकों की बात माननी थी, हमें मालूम था कि जिस विचारधारा के समाचार, आलोचना, विश्लेषण सब करते हैं, यह बातें बहुत बड़े वर्ग के समाजवादियों के मतलब की हैं, और वो लोग हमारे पाठक थे। लोहिया मर गए, तो मर गए।

पं.शु. : आप नागरिक आज़ादी और अभिव्यक्ति की स्वतंत्रता के विशेष पक्षधर हैं। इसलिए पिछले समय में कलाकारों से जुड़ी दो घटनाओं के बारे में सवाल। पहला—सफ़दर हाशमी की हत्या और फिर उसके विरोध में कलाकर्मियों के देशव्यापी प्रदर्शन आदि की स्थिति। इन स्थितियों के संदर्भ में आपके विचार?

र.स. : प्रदर्शन हुए। यह तो अच्छा ही किया। लेकिन यह तो सीधे-सीधे राजनैतिक मामला है। यह किसी भी तरह की अभिव्यक्ति को, जिन लोगों ने सफ़दर को मारा वह लोग नहीं चाहते थे और उनको अपनी इच्छा पूरी करने के लिए हिंसा का और हत्या का साधन अपनाने में कोई भय नहीं रह गया था। यही सब स्थिति का विश्लेषण है। यह किसी के भी साथ हो सकता है—अभी नहीं हो रहा है सब जगह, सफ़दर हाशमी जैसे लोगों के साथ? लेकिन उन लोगों के साथ हो रहा है जिनको कि आप जानते ही नहीं। आपके समाचार में, केवल 'चार आदमी मारे गए' और 'एक औरत मारी गई' रहता है, आपको उनका नाम तक नहीं मालूम, आपका उनके साथ कोई लगाव ही नहीं है। चूँकि सफ़दर हाशमी के साथ आपका लगाव था, क्योंकि सफ़दर हाशमी भी विशिष्ट व्यक्ति हैं और आप भी विशिष्ट व्यक्ति हैं, इसलिए आप उनके बारे में चिंतित होते रहे हैं।

वरना 'अभिव्यक्ति की स्वतंत्रता' को संभव न होने देने के लिए, जिसके पास रोकने के साधन हैं वह शक्ति—चाहे वो गाँव का लठैत हो या ज़मींदार हो या राजनैतिक व्यक्ति हो, पैसे, लाठी और साहबियत का, राजनैतिक नेतागिरी का सबका मेल हो या वे अलग-अलग हों, इस तरह के इतने ज़्यादा संतुलन देश में बन चुके हैं और यह अभिव्यक्ति की स्वतंत्रता के दमन के लिए जो चाहते हैं वो कर रहे हैं।

परंतु जहाँ सफल हो जाते हैं वहाँ। आपको तब मालूम होता है जब आपको लगता है कि इसके बारे में बोलने से हमें कुछ एक प्रतिफल उसका मिलेगा। सफ़दर हाशमी की मौत पर आप इसलिए

बोल रहे हैं क्योंकि आप भी सफ़दर हाशमी की तरह अभिव्यक्ति करना चाह रहे थे और अगर आपने उनकी हत्या को देखा तो आपको यह पहली बार समझ में आया कि जो लोग मारे जा रहे हैं, वे हमसे अलग और कोई नहीं हैं। आपको मेरी किताब का यह शीर्षक शायद याद हो, यही है *वह और नहीं होंगे जो मारे जाएँगे*।

पं.शु. : मुंबई में एक होटल से श्री मक़बूल फ़िदा हुसैन को, नंगे पैर होने के कारण निकाले जाने की ख़बर आई थी। अख़बारों में सुर्खियाँ/संपादकीय रहे। मानसिक गुलामी, नागरिक आज़ादी आदि अनेक सवाल उठे। आपने इस घटना को किस रूप में देखा?

र.स. : इस पर मैं एक लेख लिख चुका हूँ, अगर आप उसको पढ़ लें तो सारे उत्तर उसमें मिल जाएँगे। *जनसत्ता* में एक अपने स्तंभ में मैंने लिखा है। उसका सारांश यह है कि, उनको क्यों निकाला गया वहाँ से, यह एक रहस्य है। उनको हो सकता है कि इसलिए निकाल दिया गया हो कि वह वहाँ थूक रहे हों, हो सकता है इसलिए निकाल दिया गया हो कि किसी को गाली दे रहे हों। हमारे पास तो पूरा समाचार नहीं है।

अगर मान लीजिए कि सचमुच इसलिए निकाला गया कि वो नंगे पैर वहाँ थे, तो इससे क्या हो गया, कौन-सा आसमान फट गया? इससे कलाकारों के विषय में कोई निष्कर्ष आपने कैसे निकाल लिया। क्या हुसैन सारे कलाकारों का प्रतिनिधित्व करते हैं?

भारत में जितने कलाकार हैं—भारत में गाँव-गाँव में कलाकार हैं, हर घर में कलाकार हैं—उनकी कला का उपयोग उनके जीवन में और तरह से है और हुसैन के जीवन में और तरीक़े से। हुसैन एक लाख रुपए की तसवीर बेचते हैं, हमारा चित्रकार या कुम्हार आठ आने में सुंदर वस्तु बनाकर बेच देता है। लेकिन उसका उपयोग है जीवन में, वह उपयोग की चीज़ें बनाता है, उसी में कला है उसकी। तो हुसैन की कला में और दूसरे कलाकारों की कला में फ़र्क़ है, इसलिए नंगे पैर निकाल दिए जाने पर, यह परेशानी होना कि सारे कलाकारों के साथ अन्याय हो गया, इसी कारण से मुझे अवास्तविक और अतार्किक लगता है कि सारे कलाकार दूसरी तरह से काम करते हैं, हुसैन की तरह नहीं करते हैं। उनमें और हुसैन में कोई समानता नहीं है।

हल्ला बनाना तो दूर, इस विषय पर सोचने की ही ज़रूरत नहीं।

[*संडे मेल*, 7 जुलाई 1991]

अंतिम साक्षात्कार (निधन से पाँच दिन पूर्व, 25 दिसंबर 1990)

'मेरी हर कविता मेरे रचनाकार के विकास का एक बिंदु है'

भेंटवार्ताकार : महेश आलोक

रघुवीर सहाय की कविताओं से सीधा संवेदनात्मक साक्षात्कार किए बिना हम अपने समय के जटिल यथार्थ, उसके हलकों या प्रदेशों की ऊबड़-खाबड़ ज़मीन अथवा उस बारीक हलचल को नहीं पकड़ सकते जिसके बिखरे संकेतों से समकालीन हिंदी कविता की पहचान निर्मित होती है।

नई और जीवित भाषा की तलाश की लंबी प्रक्रिया से गुज़रते हुए रघुवीर सहाय निरंतर

शब्दों की रचनात्मक गरमाहट, खरोंच और उसकी आँच को उत्सवधर्मी होने से बचाते हैं और लगभग कविता के लिए अनुपयुक्त हो गए शब्दों की अर्थ-सघनता को खोलते हुए एक ख़ास क़िस्म के गद्यात्मक तेवर को 'रेटौरिकल' मुहावरे में तब्दील कर देते हैं। उनके यहाँ यथार्थ का वह पेचीदा और अनछुआ पहलू एक गहरे संवेदनात्मक ध्वनिकंप के साथ संवाद करता मिल जाएगा, जिसमें आम आदमी की रोज़मर्रा ज़िंदगी की चित्र-विचित्र मुद्राएँ और अहसास कविता में आते ही ठोस मानवीय सच्चाई की शक्ल अख़्तियार कर लेते हैं।

कविता में जीवन को पूरी 'टोटैलिटी' में विकसित करने और देखने का यह सर्जनात्मक आग्रह जहाँ रघुवीर सहाय को अपने समकालीनों से अलग करता है, वहीं उनके अर्जित अनुभव को अद्वितीय भी बनाता है।

रघुवीर सहाय ने अपने लिए जिस फ़ार्म को चुना और एक निजी 'रेटौरिकल'—भाषिक मुहावरा विकसित किया, उसे तोड़कर नए फ़ार्म की तलाश ने उन्हें एक ख़ास तरह के गद्य के समीप लाकर खड़ा कर दिया—निरे गद्य में लिखी गई कविता के समीप। इस तरह कविता को अपने द्वारा ही बनाए गए परिचित काव्यात्मक उपकरणों से अलगाते हुए, खुरदरी और आवेगमय भाषा के ज़रिए सार्थक हस्तक्षेप करने की कोशिश करते हुए रघुवीर सहाय एक ख़ास तरह का 'लिरिकल टोन' पैदा करते हैं और इसी 'टोन' में विचार, अनुभव और स्मृति की टकराहटों से संरचनात्मक स्तर पर कविता चरितार्थ हो उठती है। रघुवीर सहाय के यहाँ यह 'लिरिकल टोन' बहुत मायने रखता है। इसी 'टोन' को वे अपनी कहानी, गद्य, निबंध आदि सभी में ध्वनित करते हैं। यह ध्वनि उनके 'पत्रकार' रूप में भी दिखलाई पड़ती है। शायद यही कारण है कि उन्होंने *दिनमान* का संपादन करते हुए जहाँ पत्रकारिता के नए प्रतिमान स्थापित किए, वहीं अपने अद्‌भुत जुझारू तेवर और उस तेवर की चमकदार शैली के माध्यम से पत्रकारिता का एक नया समाजशास्त्र ही रच डाला। रघुवीर सहाय एक संपूर्ण साहित्यकार थे।

रघुवीर सहाय ने बड़ी सादगी से अभी अपना इकसठवाँ जन्मदिन मनाया था। कविताएँ सुनाई थीं। अनेक युवा और स्थापित समीक्षकों ने, रचनाकारों ने अपनी समीक्षात्मक टिप्पणियों के ज़रिए सही मायने में एक सजग और जागरूक रचनाकार को उसके जन्मदिन पर बधाइयाँ दी थीं। नए संकल्प के साथ, नई रचनात्मक ऊर्जा के साथ रचनाकर्म में रत रहने का आग्रह किया था।

लेकिन आज ... सब कुछ ख़ाली-ख़ाली-सा लग रहा है। हमारे समय का सचमुच एक बड़ा कवि, एक बड़ा पत्रकार और सही मायने में एक बड़ा आदमी अचानक चुप हो गया ...

उनके इकसठवें जन्मदिन के अवसर पर ही उनसे एक लंबी बातचीत हुई थी। प्रस्तुत है उसी बातचीत के कुछ प्रमुख अंश—

महेश आलोक : आपने पिछले वर्ष जीवन के साठ वर्ष पूरे होने के पश्चात् कहा था कि मेरी अगली रचना-यात्रा अधिक जटिल रास्तों से होगी। और अगर मैं याद करूँ तो आपने अपने नए संग्रह *कुछ पते कुछ चिट्ठियाँ* के संदर्भ में ही यह बात कही थी। आज आप इकसठ वर्ष पूरे कर चुके हैं। क्या आप बताने का कष्ट करेंगे कि वह अपेक्षाकृत जटिल रास्ता कौन-सा है, जिसकी चर्चा आपने पिछले वर्ष की थी?

रघुवीर सहाय : असल में हर नई रचना करते समय हम अपेक्षाकृत जटिल रास्ते से गुज़रते हैं। इसलिए कि प्रत्येक नई रचना नई चुनौतियाँ—भाषा, शिल्प आदि की—अनुभव की नई चुनौतियाँ लेकर

आती है। और जब तक इन चुनौतियों का अहसास आपमें नहीं है, कोई मुकम्मल और मैं कहूँ सही रचना बन ही नहीं सकती। हाँ, इतना अवश्य है कि अगर कुछ नया होता है, पूरा होता है, तो पूरा होने का भाव मेरे भीतर नहीं आता। लगता है कुछ है, जो अधूरा रह गया है। और यही कारण है कि मैं कभी यह महसूस नहीं कर पाता कि क़िसी क़िस्म की कोई मंज़िल मैंने हासिल कर ली है। प्रत्येक कार्य करने की जो रचनात्मक प्रक्रिया है, उसकी अर्थवान समझ ही हमें वह संतुष्टि देती है जिसे बतौर मंज़िल मैं उपलब्धि के तौर पर महसूस कर लिया करता हूँ।

म.आ. : आपने अपने नए संग्रह की भूमिका में कहा है कि वह रचना जो पाठक या श्रोता के मन में पतन का विकल्प जागृत नहीं करती, न तो साहित्य की उपलब्धि होती है, न समाज की। तो क्या आप मानते हैं कि कविता की भूमिका हमारे समाज में इतनी महत्त्वपूर्ण है कि वह किसी समतामूलक समाज या उस समाज के पतन का विकल्प जागृत कर सके?

र.स. : ऐसा नहीं है। ऐसा संभव भी नहीं है। कम से कम भारतीय समाज में ऐसा संभव नहीं है। निश्चय ही समतामूलक समाज या उस समाज के पतन का विकल्प मात्र कविता लिखने से संभव नहीं है। यह उस समाज के लगभग सभी स्तरों पर नए प्रतिमानों या नए माध्यमों के प्रकट होने से बनेगा। जब तक संस्कृति, इतिहास, अर्थव्यवस्था आदि की मूल संरचना में बदलाव नहीं आएगा, पतन का विकल्प पूरी चेतना से जागृत नहीं होगा। लेकिन कविता इस दिशा में पहल करती है। क्योंकि मैं यह मानता हूँ कि वह संप्रेषण का सबसे बारीक और संवेदनशील माध्यम है। इसलिए उसका तात्कालिक असर भले न दिखाई पड़े, वह बहुत सूक्ष्म स्तर पर चोट करती है और बदलाव के चिह्न रेखांकित हो उठते हैं।

म.आ. : इस विकल्प को जागृत करने के लिए 'राजनीति' को आप किस हद तक महत्त्व देते हैं?

र.स. : राजनीति भी उतना ही सशक्त और ज़ोरदार माध्यम है। मैंने इस बात को कई बार कहा है कि राजनीति का अर्थ महज सत्ता परिवर्तन या सियासी खेलों की चकरघिन्नियों से नहीं है। राजनीति बहुत गहरे स्तर पर मानवीय संबंधों को निर्धारित करती है। उन्हें बदलती है। उन संबंधों के नए आयाम विकसित करती है। इसलिए साहित्य का सीधा संबंध राजनीति से है। क्योंकि सत्ता के माध्यम से संबंधों के नए व्याकरण बनते हैं। साहित्य उन संबंधों की रागात्मक पृष्ठभूमि है।

म.आ. : आप किसके लिए लिखते हैं—पाठक के लिए या श्रोता के लिए?

र.स. : आज के संदर्भ में यह सवाल बहुत महत्त्वपूर्ण है। क्योंकि जो कुछ लिखा जा रहा है, मुद्रित होकर बाज़ार में पहुँच रहा है, उसके और पाठकों के बीच की दूरी निरंतर बढ़ती जा रही है। लिखी जानेवाली भाषा और पाठकों के मध्य जो संप्रेषण की कड़ी टूट रही है, वह बहुत ख़तरनाक है। इसीलिए मैं यह मानता हूँ कि हमें अधिक से अधिक श्रोता के लिए लिखना चाहिए। लोगों के भीतर से कविता पढ़ने के संस्कार ख़त्म होते जा रहे हैं। उन्हें बचाए रखना होगा। कविता के जो शब्द हैं, उन शब्दों में निहित सत्य के प्रति लोगों का विश्वास कम हुआ है। हमें ऐसे दबाव विकसित करने होंगे जिनसे कवि जो सच्चाई बयान कर रहा है, उसे लोग सुनें। यदि आज कवि को कविता लिखना अनिवार्य मालूम पड़ता है तो उसे यह भी महसूस होना चाहिए कि कविता सुनना भी उसी अनुपात में और उतना ही अनिवार्य है। इसलिए कविता को पढ़कर मैं सुनाना चाहता हूँ। मैं इधर सोच रहा हूँ कि कविता की पुस्तक भेंट करने की अपेक्षा मैं अपनी कविता का टेप ही भेंट करूँ। यह ज़्यादा सार्थक और सही क़दम होगा।

म.आ. : आपकी कविताओं की एक विशेषता है—उसे हम इस रूप में कहें कि 'ख़बरों को कविता बनाने की गद्यात्मक प्रक्रिया'। यही कारण है कि आपकी कविता और आपके गद्य में बहुत ही बारीक अंतर है। उस अंतर को सुविधा के लिए 'फ़ार्म' का अंतर कहा जा सकता है। तो क्या कविता को

पूरी तरह से गद्यात्मक बनाने की प्रक्रिया ही एक बहुत बड़ा कारण नहीं है कि लोग कविता में दिलचस्पी कम लेने लगे हैं? और कहानी आज साहित्य की केंद्रीय विधा होती जा रही है।

र.स. : मेरी कविता—अगर मैं आप ही की कही हुई बात को थोड़ा उलट दूँ तो मैं कह सकता हूँ कि कविता को ख़बर बनाने की गद्यात्मक प्रक्रिया है। हालाँकि इस तथ्य में भी सरलीकरण का ख़तरा अधिक है। और आपका दूसरा प्रश्न भी इसी से जुड़ा हुआ है। उसका उत्तर भी उसमें निहित है। कविता को ख़बर बनाने की जो प्रक्रिया है, उससे कविता में दिलचस्पी कम नहीं होती, बढ़ती है। क्योंकि वह ख़बर मानवीय अहसास, उसकी अनुभूति, उसकी स्मृति, उसके अपने समय की लय से जुड़ी होती है। और जब तक यह लय बनी हुई है कविता का अस्तित्व बचा रहेगा। दिलचस्पी कम होने के कारण दूसरे हैं जिनका कुछ संकेत मैंने पहले किया है। *कुछ पते कुछ चिट्ठियाँ* में भी मैंने दूसरे संदर्भ में इस कारण का ज़िक्र किया है। वह यह कि भाषा के अनेक प्रकारों पर व्यावसायिक और राजनैतिक क़ब्ज़े ने भाषा की रचनात्मकता को अनेक प्रकार से विकृत और कुंठित किया है। नई प्रतिभा को सामाजिक चेतना के विषय में बलपूर्वक अशिक्षित करके मनुष्यों के बीच साझेदारी के संबंध तोड़े हैं और उनकी जगह बनावटी रागात्मकता के नए समझौते आरोपित किए हैं, जो उसके किसी पक्ष को कोई आत्मिक बल नहीं देते। वे प्रत्येक अनुभव को एक सनसनी और प्रत्येक मनुष्य को एक वस्तु बनाते गए हैं। रचनात्मकता के विरुद्ध इतने बड़े अभियान ने ही कविता के संस्कार को छिन्न-भिन्न किया है। इसलिए यह ज़रूरी है कि कविता लोगों को सुनाई जाए। जहाँ तक केंद्रीय विधा का सवाल है, वह मेरे लिए बहुत मायने नहीं रखता। यह आलोचकों के सिर का दर्द है। मेरे लिए महत्त्वपूर्ण है रचनाकर्म के प्रति जागरूकता।

म.आ. : आपकी कविताओं पर यह आरोप लगाया जाता रहा है कि वह बहुत हद तक पत्रकारिता है। मैं यह मानता हूँ कि उसमें पत्रकारिता की भाषा की छौंक है। तो कविता और पत्रकारिता में किस प्रकार संबंध निरूपित करते हैं?

र.स. : बहुत स्पष्ट और खरा उत्तर देने की कोशिश करूँ तो कह सकता हूँ कि प्रत्येक अनुभव, अनुभव की बारीकियाँ और उसकी गहराई, यदि वह खरा है, और आप उसका बयान करते हैं, तो वह पत्रकारिता है। इसलिए कि किसी किसिम का कोई समझौता इस अनुभव के संदर्भ में आप नहीं करते। इसीलिए मैं 'अनुभव की तार्किकता' की बात करता हूँ। तार्किक अनुभव यदि आपका है, तो वह निश्चय ही पत्रकारिता की मूल संवेदना से संवाद क़ायम करता हुआ मिल जाएगा। साहित्यकार के लिए तथ्यों की जानकारी उतनी ही अनिवार्य है, जितनी पत्रकार के लिए। साहित्यकार तथ्यों के परस्पर संबंध को सायास तोड़ता है, फिर उसे अपनी दृष्टि से संयोजित करता है। इस प्रकार वह यथार्थ को नई ज़मीन दे देता है। उस यथार्थ में संभावना निहित है। पत्रकार, जो संभव हो चुका है, उसी का क्रमबद्ध वर्णन करता है।

म.आ. : क्या प्रत्येक कविता अपने साथ भाषा और शिल्प की एक अनिवार्य ज़रूरत लाती है, जो कि दूसरी कविता लिखते हुए नई ज़रूरत से संदर्भित हो उठती है? क्या पुरानी रचना की स्मृति-यात्रा भाषा और शिल्प दोनों स्तरों पर एक सजग रचनाकार नहीं करता?

र.स. : मैं अपनी पुरानी कविताओं की स्मृति-यात्रा करता हूँ, लेकिन इसे भी पूरी चिंता के साथ महसूस करता हूँ कि प्रत्येक कविता अपने साथ भाषा और शिल्प की ख़ास ज़रूरत पैदा करती है। यह बहुत संकुचित अर्थों में है कि वह केवल उस कविता को रचने के लिए ही आवश्यक जान पड़े। मैं अकसर कहता हूँ कि कविता लिखी नहीं गई कि मरी इस अर्थ में कि उसमें कुछ ख़ास उपकरण इस्तेमाल कर लिए गए। ऐसा इसलिए कि मेरे लिए प्रत्येक कविता मेरे रचनाकार के विकास का एक महत्त्वपूर्ण बिंदु है। और पुराने सारे रचनात्मक बिंदुओं को मिलाकर ही मेरी विकास-यात्रा की सही तसवीर बनाई जा सकती है। यह सही है कि पुरानी रचनाओं की स्मृति-यात्रा करते हुए हम अनुभव की स्मृति-यात्रा

करते हैं। कभी-कभी नई रचना में भाषा और शिल्प का वही तेवर भी उभरता है, लेकिन वह नई रचना के जिस मोड़ पर उभरता है, वह नया होता है, इसलिए रचना भी नई हो उठती है।

म.आ. : अंतिम सवाल। इधर आपकी कविताओं में, ख़ासकर नए संग्रह की अधिकांश कविताओं में ऐसा लगता है जैसे आप कविता में कहानी कह रहे हैं। इस बदलाव के पीछे किस प्रकार की रचनात्मक चिंता काम करती रही है?

र.स. : आपने सही लक्ष्य किया। मेरे साथ अकसर ऐसा होता है कि मैं एक विधा पर काम करते-करते दूसरी विधा की तरफ़ मुड़ जाता हूँ। कहानी शुरू की और उसे आधे में ही छोड़कर उसी को निबंध का रूप दे दिया। मैं मानता हूँ कि कविता, कहानी, निबंध आदि को एक-दूसरे में परिवर्तित किया जा सकता है। मैंने कई बार नाटक लिखना शुरू किया और बीच में ही छोड़कर उसे कविता में परिवर्तित कर दिया। भाषा की इन तमाम विधाओं में एक ख़ास तरह का अंतरावलंबन रहता है। इस सुविधा का लाभ एक रचनाकार उठा सकता है। कम से कम मैं तो उठाता ही हूँ। बहुत दिनों से मैंने कहानी नहीं लिखी। इसलिए कि कविता या निबंध में मैंने वह सारी बात कह दी जो कहानी में मुझे कहनी चाहिए। इच्छा थी कि कविता में ही कहानी लिखूँ। इसके पीछे सबसे बड़ी रचनात्मक चिंता यही है कि यथार्थ को उसकी संपूर्णता में प्रकट करूँ भले ही दो विधाओं का एक में प्रयोग करके यह प्रकट हो और यही मैंने किया है। एक पूरा संग्रह इसी तरह की कविताओं को देने का विचार है। शायद अगले एकाध वर्षों में यह कार्य मैं कर सकूँ।

[*संडे ऑब्ज़र्वर*, 6 जनवरी 1991]

'एक ही विचार के लोग होंगे तो देश रहने लायक़ नहीं रहेगा'

भेंटवार्ताकार : विनोद विप्लव

मैं पहले उन्हीं सवालों से बातचीत शुरू करता हूँ जो अधिक मूर्त हैं, अमूर्त प्रश्नों को फ़िलहाल छोड़ देता हूँ। हालाँकि हैं तो वे भी महत्त्वपूर्ण किंतु इस तरह के इंटरव्यू में उन सब बातों को कह पाना संभव तो है लेकिन ज़रूरी नहीं कि कह पाऊँ क्योंकि काफ़ी विस्तार में जाना होगा। जैसे मैं यही कहूँ कि आस्था और प्रतीक आदि जिन पर समाज और संस्कृति के मूल्य टिके रहते हैं, इतने शाश्वत और चिरंतन मान लिए जाएँ कि उनमें विकास और सुधार और समझ की कोई गुंजाइश नहीं बचे तो यह आस्था के विपरीत हो जाएगा, मतलब उलटा हो जाएगा। जैसे आप राम को मान रहे हैं अथवा राम में अपनी आस्था जता रहे हैं किंतु अगर आपकी आस्था ही भ्रष्ट हो जाए तो राम का क्या मतलब रह जाएगा? राम का आप नाम लेंगे तो आप कहेंगे, नहीं, हम इसे नहीं बदल सकते। हम कहेंगे नहीं, आपको बदलना होगा। इस तरह अगर इंटरव्यू में इस तरह की बहस शुरू करूँगा तो वह बहस यहीं पर उलझकर रह जाएगी और इसी को समझाने में सारा समय निकल जाएगा। इसलिए यह बात मैं सबसे अंत में कहूँगा। शुरू में मैं आपके इस प्रश्न का जवाब दे रहा हूँ कि प्रेस के कुछ सेक्शन सांप्रदायिकता को बढ़ाने और फैलाने में सक्रिय भूमिका निभा रहे हैं, यहाँ तक कि सरकार-नियंत्रित जनमाध्यम का भी इसी उद्देश्य की पूर्ति के लिए इस्तेमाल किया जा रहा है। पहले इन दोनों बातों

को ज़रा अलग-अलग करें कि प्रेस के कुछ हिस्से और सरकार। ये बात ठीक है कि दोनों जगह ये हो रहा है लेकिन हम प्रेस को लेते हैं।

मैं अभी भारतीय प्रेस परिषद की ओर से इस सिलसिले में बिहार और उत्तरप्रदेश का दौरा करके लौटा हूँ। प्रेस परिषद ने यह अध्ययन करने के उद्देश्य से एक उपसमिति बनाई थी, जिसका मैं भी एक सदस्य था, कि अयोध्या में राममंदिर के निर्माण के सिलसिले में हुए हाल के आंदोलन के दौरान अख़बारों ने किस तरह की भूमिका निभाई और प्रेस की स्वाधीनता पर किसी तरह का बंधन तो नहीं लगाया गया। इस सिलसिले में हमने देखा कि हिंदी भाषा, जिसने हम पत्रकारों की शिक्षा और चेतना में एक मौलिक तत्त्व यह डाला था कि रचना में, भाषा में, हरेक तरह की रचनात्मकता के कामों में लोकतंत्र और समाज के सभी वर्गों का सहयोग लेते हुए जनतंत्र, संघर्ष और दलितों व शोषितों की ओर से बोलने का धरातल तैयार किया जाए, वही हिंदी सांप्रदायकिता के इस दौर में इतनी भ्रष्ट हो गई है कि वह मनुष्य के विरुद्ध हो गई लगती है। और सांप्रदायकिता का स्तर तो इतना नीचे आ चुका है कि इस देश में कोई भी मुसलमान न रहे, उनसे जुड़ा कोई भी प्रतीक-चिह्न न रहे और ऐसा कुछ न रहे जो हिंदू-विरोधी है। देश में इस समय एक ऐसा हिंदू तैयार किया जा रहा है जो सिर्फ़ सांप्रदायिक ही नहीं फ़ासिस्ट है। ऐसा हिंदू तैयार करते वक़्त हिंदुओं के तमाम सकारात्मक प्रतीकों की मान्यताओं को बेकार और बेमतलब घोषित कर दिया जाता है। साथ ही यह भी प्रयत्न किया जाता है कि भाषा के गुण और अर्थ को नष्ट कर दिया जाए। भाषा आदमी-आदमी को जोड़ती है, आपस में विचार प्रकट करने का माध्यम बनती है, तर्क के द्वारा विचार प्रकट करने का काम करती है ताकि जो बात कहनी है वह बेमानी न रहे, उसके अंदर जीवंतता रहे—अर्थ रहे। वह अर्थ केवल बातों से नहीं समाज से निकले और केवल ढंग से किसी बात को ठीक नहीं ठहराया जा सके। भाषा का यही गुण होता है। इस गुण की रक्षा के लिए हिंदी ने इतने वर्ष तक काम किया, इसी गुण को नष्ट करने पर यह सांप्रदायिकता तुली हुई है।

इसके भी कारण हैं। जब तक भाषा के तर्क वाले पक्ष को नष्ट नहीं किया जाता तब तक लोगों के बीच से सहानुभूति वाले पक्ष को नष्ट नहीं किया जा सकेगा और तब तक लोग पूछते रहेंगे कि हम क्यों दूसरों से घृणा करें, हम क्यों किसी को मारें और क्यों आपस में लड़ें। लेकिन भाषा के तर्क वाले आधार को नष्ट कर देने पर यह संभव हो जाता है कि हम, लोगों को लड़ने के लिए उकसा सकें। हम, लोगों को समझा सकें कि तुम उससे लड़ो क्योंकि उसके पूर्वजों ने ऐसा किया था, क्योंकि बाबर ने मंदिर तोड़कर मस्जिद बनवाई थी। क्योंकि बाबर ने ऐसा किया था इसलिए सारे मुसलमानों के प्रतीकों और मस्जिदों के सामाजिक अर्थ को ध्वस्त करके उखाड़ फेंको। इस तरह हम ऐसा हिंदू तैयार कर पाने में सफल होते हैं जो वास्तव में कहीं से भी हिंदू नहीं है। केवल दूकान-व्यवसाय और कर्मकांडों के अर्थ में वह हिंदू होगा। सांप्रदायिकता एक तरह से कर्मकांडी और व्यवसायी हिंदू तैयार करना चाहती है। इस दौर में हिंदू के अर्थ इतने संकीर्ण और खंडित करके बताए जा रहे हैं कि वह हिंदुत्व इनसान के पूजने, पालन करने और मानने लायक विचार नहीं रह जाएगा। वह तो राक्षसों का विचार हो जाएगा। एक नया हिंदू धर्म चलाने के पीछे परंपरागत प्रतीकों और मूल्यों को तोड़कर एक संकीर्ण वर्ग को सामने लाने की कोशिश है।

संक्षेप में यह बात कहकर यह प्रकरण समाप्त करता हूँ कि अगर हिंदुत्व का मतलब सर्वसत्तावाद है तब वह तो हमारी आज़ादी की सभी लड़ाइयों में हमारा शत्रु रहा है। हम उसी से लड़ते रहे हैं। उसी के विभिन्न रूपों से लड़ते रहे हैं। ब्रिटिश साम्राज्यवाद भी इसका रूप रहा है। आज़ादी के बाद हम भारतीयों के माध्यम से ही कांग्रेस या अन्य दल के रूप में सर्वसत्तावाद को देख और भुगत चुके हैं।

सांप्रदायिकता हमेशा लोकतंत्र की शत्रु रही है। लोकतंत्र के भीतर ये पक्ष मौजूद हैं कि अगर लोकतंत्र पनपेगा तो अनेक प्रकार की उदारताओं को स्थान देगा। भाषा की रचनात्मकता विकसित करेगा। लोगों को आज़ादियाँ देगा और समाज के दलित-शोषित लोगों का उद्धार करेगा और उन्हें स्वाधीनताएँ देगा। परंतु सांप्रदायिकता को यह सब ग्राह्य नहीं है। उसे तो एक व्यक्ति—राम का या राम के प्रतिनिधि का तंत्र चाहिए। अगर कल को हाजी मस्तान अपने को राम का प्रतिनिधि घोषित कर दें और कोई सबूत निकालकर दिखा दें तो ये पंडा-पुरोहित उसे मान लेंगे। आख़िर इसमें बुराई क्या है? जब आडवाणी को मान लिया गया तो हाजी मस्तान को क्यों नहीं माना जा सकता है? लेकिन सांप्रदायिकता चाहे किसी के तंत्र को स्वीकारे उसका मूल चरित्र लोकतंत्र और संघर्ष के विरुद्ध रहा है। उसका इतिहास देख लें।

इस तरह सांप्रदायिक वर्गों का सारा का सारा अभियान ही आज़ादी को पलट देने और सांप्रदायिकता के बल पर सर्वसत्तावाद स्थापित करने का है। इस अभियान में इन्होंने राम का सहारा लिया। ये लोग अपने क्षुद्र स्वार्थों की पूर्ति के लिए समाज द्वारा सदियों से हमारे संस्कारों में विकसित की गई रामनाम की उदात्त और ज़्यादा व्यापक भावना को भी नष्ट कर रहे हैं। रामनाम का शब्द समाज में एक-दूसरे स्तर पर—मानवीय चेतना के स्तर पर स्वीकार हो चुका है। लेकिन सांप्रदायिक लोगों ने इसके स्थान पर 'जय श्रीराम' अथवा 'जय सियाराम' शब्द चलाए जो बिलकुल ही अलग अर्थ—एक संकीर्ण अर्थ वाले शब्द हैं जो हमारी मानवीय चेतना से कतई नहीं जुड़ते।

ऐसा नहीं है कि सांप्रदायिक हिंदू और सांप्रदायिक मुसलमान एक-दूसरे के दुश्मन हैं, उलटे एक-दूसरे के मित्र होते हैं। सांप्रदायिक हिंदू सांप्रदायिक मुसलमान का मित्र होता है और बहुत गहरा मित्र हो सकता है। दोनों में समझौता होता है कि अपना धर्म आप देखिए हम अपना धर्म देखते हैं। आधा भारत आप ले लें आधा भारत हम ले लेंगे। ऊपरी तौर पर देखने से ऐसा लग सकता है कि चलो क्या बिगड़ा, एक ने आधा भारत ले लिया दूसरे ने दूसरा आधा हिस्सा। अथवा एक ने मंदिर ले लिया और दूसरे ने मस्जिद। परंतु वास्तव में इससे हमारे और हमारे समाज के दो हिस्से हो जाते हैं।

हमने उत्तरप्रदेश के दौरे के दौरान देखा कि हर स्तर पर सांप्रदायिक गुट के लोगों ने ज़ोर-ज़बरदस्ती और धौंस से यह बात मनवाने की कोशिश की है कि हम लोग जो भी कुछ कर रहे हैं उसके पीछे एक महान धार्मिक प्रेरणा है। "आपने देखा हमारा इतना विशाल जुलूस था, हमारे हज़ारों लोग पुलिस, सेना, कानून-व्यवस्था और प्रशासन को चुनौती देते हुए मस्जिद में घुस गए और तोड़फोड़ की, कोई हमें नहीं रोक पाया। यह सब दरअसल हमारे 'बल' का प्रतीक है और हमारे पीछे भगवान राम की शक्ति काम कर रही है।" अख़बारों ने भी इसे अनेक रूपों में प्रस्तुत किया—कई बार तो हास्यास्पद रूपों में भी।

दंगे के दौरान इन लोगों ने उत्तेजना, आतंक और अफ़वाह फैलाकर दंगे को और भड़काया तथा घरों को चुन-चुनकर जलाया और इस तरह आग लगाई कि हिंदुओं के घरों को नुकसान नहीं पहुँचे। इस तरह दंगों के दौरान हम देखते हैं कि एक समुदाय के लोगों को सुनियोजित ढंग से मारा जा रहा है और दूसरे समुदाय के लोगों को बचाया जा रहा है।

अच्छे-अच्छे हिंदुओं के मन में ख़याल घर कर गया है कि अब हमारे मुसलमान मित्र हमें उतना नहीं मानते। कम से कम मुझे तो ऐसा ही अनुभव हो रहा है। अनजाने में एक-दूसरे के मन में इन लोगों की हरकतों ने संदेह और अविश्वास पैदा कर दिया है, जो इन लोगों को तो बुरा नहीं मालूम पड़ता, क्योंकि इनका समाज तो छोटा है। ये चार आदमी एक जैसे सोचनेवाले हैं। वे एकसाथ रह सकते हैं। उन चारों को किसी द्वीप में बंद कर दिया जाए तो ये समझेंगे यही भारत है। हम ऐसी जगह को तो जेलख़ाना मान लेंगे, जहाँ सभी आदमी हमारी तरह के हों। एक ही जाति, एक ही विचार

के लोग जब होंगे तो देश रहने लायक़ नहीं रह जाएगा। लेकिन इनके लिए वही भारत होगा, वही देश होगा।

मेरी समझ से तो सांप्रदायिकता से सबसे बड़ा नुकसान और ख़तरा यही है कि यह हमारे सामाजिक जीवन पर सृजनात्मकता से विरक्त होने के लिए दबाव डालती है। हमें मजबूर करती है कि हम रचना और विचार से दूर रहें। कुछ अनुभव नहीं करें। साथ ही यह हमारे जीवन से अनुभूति और सहानुभूति के पक्ष को नष्ट कर देती है। उदाहरण के लिए हम तमाम सांप्रदायिक संगठनों, पार्टियों और गुटों के इतिहास को देख सकते हैं। इनकी पूरी की पूरी परंपरा ही रचनात्मकता-विरोधी है। एक भी ऐसा आदमी नहीं मिलेगा, जिसे आप अच्छे साहित्यकार, इतिहासकार, समाजशास्त्री अथवा दार्शनिक की संज्ञा दे सकें। अगर हम सांप्रदायिक लोगों के बीच सर्वेक्षण ही करें तो पाएँगे कि ये लोग दिल, दिमाग़ और विचार से कितने अधिक संकीर्ण होते हैं। इस तरह सांप्रदायिक पार्टियाँ संकीर्ण लोगों का संप्रदाय बनाना चाहती हैं।

[*नया पथ* के लिए बातचीत। *नवभारत टाइम्स*, 13 जनवरी 1991]

परिशिष्ट

परिशिष्ट-1

हिंदी पर बंग-भाषा का प्रभाव

श्री रघुवीर सहाय श्रीवास्तव, एकादश कला

हिंदी भारतवर्ष की पूर्णतया जाग्रत भाषा है—ऐसा कहना अनुपयुक्त नहीं है। परंतु अभी उसका नवयौवन काल ही है। नवयुवावस्था की स्वाभाविक वृद्धि के परिणामस्वरूप उसका सौंदर्य और कलेवर 'दिन दूना रात चौगुना' बढ़ता जा रहा है। जिस प्रकार मनुष्य की युवावस्था में अन्य सांसारिक बातों की छाया उसके हृदय-पटल पर पड़ती है, और वह उन्हें आत्मसात् कर लेता है, उसी प्रकार हिंदी के इस प्रगतिकाल में उसकी निकटतम भाषाओं का प्रभाव उस पर पड़ रहा है। इन भाषाओं में जो मुख्य है वह है—बँगला।

इसका कारण भी है। हिंदी में जितने ग्रंथ अनुवादित हुए—उनमें बँगला पुस्तकों का काफी नम्बर रहा। इस कारण—अनुवादकों की महती कृपा से बँगला शब्द, उनका प्रयोग, वाक्यविन्यास, शैली आदि ने हिंदी में अपना स्थान बना लिया।

दूसरा कारण—संसर्ग-संयोग। बंगभाषी सज्जनों के संसर्ग में रहने से हमारी बोलचाल में विकार और कृत्रिमता का आ जाना स्वाभाविक ही है। ऐसा होने से साहित्यिक भाषा की कुछ हानि हो या न हो—बोलचाल की भाषा पर बड़ा बुरा असर पड़ता है—और बोलचाल की भाषा का विकार और भी अधिक हानिकारक है। इसका प्रभाव अंत में साहित्यिक भाषा पर अवश्य पड़ता है।

इस प्रकार के बँगला प्रयोग जो हिंदी में होते हैं, दो-एक उदाहरण दे देने से स्पष्ट हो जाएँगे। बँगला के 'गल्प' शब्द को आजकल हिंदी में यत्र-तत्र-सर्वत्र—'कहानी' के स्थान पर प्रयोग किया जाता है। शब्द संस्कृत का अवश्य है, परंतु हिंदी में इसका प्रयोग कुछ ही दिन हुए होना आरम्भ हुआ है। यह शब्द बँगला से ही लिया गया—इसमें कुछ संदेह नहीं। स्व. प्रेमचंदजी ने इस शब्द का विरोध किया था।

शब्दों पर प्रभाव पड़ने के साथ ही साथ वाक्य-शैली पर भी बँगला का प्रभाव पड़ा है। बँगला के वाक्यों में 'कि' (बँगला तत्समकारक चिह्न 'जे') का प्रयोग बहुत कम होता है। एक वाक्य लीजिए 'आपने ही कहा था—मैं जाऊँगा।' इस वाक्य पर बंग-भाषा की पूरी-पूरी छाप है। यहाँ पर 'था' के बाद साधारणतः हिंदी के वाक्यों में प्रयोग होनेवाले 'कि' की अनुपस्थिति की ओर विचार कीजिए। इसी वाक्य को बँगला में कहा जाता "आपनिई बोलियाछिलेन आमि जाइबो।" इसमें भी 'कि' के स्थानापन्न 'जे' का प्रयोग नहीं है।

इसके अतिरिक्त एक और बात है, बँगला में साधारणतः (संस्कृत के समान) वाक्यों के अंत में यदि 'है' क्रिया (बँगला तत्सम 'आछे') न लगाई जाए तो कोई हानि नहीं। इस नियम से हिंदी वाले काफ़ी प्रभावित हुए जान पड़ते हैं। एक वाक्य लीजिए "अँधेरी रात। आकाश में दो-चार झिलमिल तारे।" यदि हम यह कहें कि इस वाक्य पर बँगला शैली का अधिकतम प्रभाव पड़ा है तो अत्युक्ति न होगी। बँगला में इसी को इस प्रकार लिखते "गम्भीर रात्रि। आकाशे दू चार झिलमिल् तारागण।"

'आछे' का यहाँ पर एकबारगी ही विलुप्त किया हुआ रूप है।

कहना न होगा कि इस सुंदर, कर्णप्रिय भाषा से प्रभावित होनेवाले हिंदी लेखकों की कमी नहीं है। भारतेंदुजी, प्रसादजी, पंतजी और निरालाजी, सब बँगला शैली का कुछ न कुछ अनुकरण करते पाए जाते हैं। निरालाजी अन्य सबसे बाज़ी मार ले गए हैं।

यदि आपने बलिया और गोरखपुर प्रांतवालों को हिंदी बोलते सुना हो तो शायद आपने नोट किया हो कि उनकी बोलचाल में 'ने' बहुत कम, कभी-कभी ही, शायद धोखे से, सुनाई पड़ता है। साधारणतः उनके वाक्य यों होते हैं—आप कहे थे।—हम सुने थे। इत्यादि-इत्यादि। मेरे विचार में इस विकार के लिए बँगला ही दायी है। पूर्व में स्थित होने के कारण बलियावालों की बोली पर बँगला का असर न पड़ा हो—असम्भव है। उन लोगों के उच्चारण में भी बँगला के समान 'अॅ' का उच्चारण पाया जाता है [अॅ=of का o]। पर इस उच्चारण पर भौगोलिक परिस्थितियाँ भी असर डालती हैं। यही कारण है वह 'अॅ' धीरे-धीरे, जैसे-जैसे हम पूर्व की ओर बढ़ते जाते हैं अधिक स्पष्ट होता जाता है और पूर्व बंगाल में तो व अच्छा ख़ासा 'ओ' बन जाता है।

अंत में मैं यह स्पष्ट कर देना चाहता हूँ कि यह मैं बँगला पर किसी प्रकार का दोषारोपण नहीं कर रहा हूँ—यह तो केवल भाषाक्षेत्र की स्थिति के कारण होनेवाले एक तुच्छ परिवर्तन पर दृष्टिपात है। यह एक ऐसा विषय है जिस पर बड़े-बड़े ग्रंथ लिखे जा सकते हैं।

[*कान्यकुब्ज कालेज पत्रिका*, जुलाई 1946]

परिशिष्ट-2

नाटक कला का जन्म और विकास—एक अध्ययन

'नाटक' का नाम लेते ही हमारे सामने रंगमंच, यवनिका, दृश्यपट, वेशभूषा, अभिनेता और दर्शकों की एक भीड़ का चित्र खिंच जाता है। दीर्घकाल से नाटक का स्वरूप रंगमंच की परिस्थितियों और आवश्यकताओं के अनुसार बनता-बिगड़ता आया है। किंतु अभी, इसी शताब्दी के आरम्भ में सिने-फ़ोटोग्राफ़ी और बेतार के तार ने नाटक का स्वरूप लगभग पूरा का पूरा बदल डाला है, यह जाननेवाली बात है। सिनेमा के आविष्कार से नाटक की शैली में महान परिवर्तन हुए। मोटे तौर पर यह समझ लिया जाय कि नाटक की कथावस्तु की अभिव्यक्ति में अनेक सुविधाएँ उपलब्ध हो जाने एवं साथ ही कुछ कठिनाइयों के बढ़ जाने के कारण रंगमंच का नाटक बदलकर सिनेमा का नाटक बन गया। जब सिनेमा के पश्चात् रेडियो के द्वारा नाटक प्रस्तुत किए जाने लगे तो नाटकों की एक नई शैली ने जन्म लिया। यों तो यह सहजबुद्धि से समझा जा सकता है कि सिनेमा रंगमंच से भिन्न इस मामले में है कि उसमें वह तमाम वस्तुएँ दिखलाई जा सकती हैं जिनको रंगमंच पर दिखलाना कठिन है। इसी तरह यह भी सब जानते हैं कि रेडियो, रंगमंच और सिनेमा दोनों से भिन्न इस मामले में है कि उसमें नाटक दिखाई नहीं पड़ता केवल सुनाई पड़ता है और सम्पूर्ण कथावस्तु को शब्द के माध्यम से ही व्यक्त करना पड़ता है। परंतु हमारे देश में यह बहुत कम लोगों ने सोचा है कि सिनेमा और रेडियो नाटक रंगमंच-नाटक की शैली से भिन्न दो नई शैलियाँ हैं और इनका अपना अलग अस्तित्व है। दुर्भाग्य से हमारे देश में सिनेमा व्यवसाय, पूँजीपतियों के हाथ में है जिन्हें कला के नाम पर ख़ाक नहीं आता और रेडियो की केवल एक ब्राडकास्टिंग संस्था है और वह भी सरकारी जिसमें रेडियो नाटक की कला का पूरा विकास

होना संभव नहीं है। उन देशों में जहाँ ब्राडकास्टिंग की सुविधाएँ हैं, रेडियो नाटक की कला खूब समृद्ध और परिष्कृत है तथा रेडियो नाटक साहित्य का एक सम्मानित अंग माना जाता है।

कहा जाता है कि मनुष्य ने अपने अंतर की अभिव्यक्ति के लिए सबसे पहले कविता का सहारा लिया। पर यह 'सबसे पहले' तो तब की बात है जब किसी न किसी प्रकार की भाषा का आविष्कार हो चुका था। बिना भाषा का मनुष्य अपने को कैसे व्यक्त करता था?

नाटक मनुष्य के जन्म के साथ उत्पन्न हुआ है। जंगल में रहनेवाले, गूँ-गाँ ही कर सकनेवाले प्रागैतिहासिक मनुष्य, एक-दूसरे से हाथ-पैर डुलाकर, आँखें घुमा-फिराकर बातें करते थे। यहीं से नाटक का जन्म होता है। भाषा के स्थान पर अभिनय के माध्यम से तब मनुष्य अपना कहना कहता था।

नाटक के साथ अभिनय का संबंध भी जुड़ा चाला आया है। भाषा आविष्कृत होने और धीरे-धीरे परिष्कृत होने के उपरांत, अभिनय करने की उस प्रवृत्ति को, बोल सकने और लिख सकनेवाले मनुष्य ने शब्दों में बाँधकर रखना आरंभ किया। उस युग की सभ्यता की पराकाष्ठा नापने के लिए हम उस युग के नाटकों को मापदण्ड की भाँति मानते हैं। *शकुंतला* नाटक का नाम इस संबंध में लिया जाता है।

शकुंतला नाटक कालिदास द्वारा लिखे जाने के पश्चात् कितनी बार अभिनीत हुआ है, इसकी कोई गिनती नहीं। संसार की सभी भाषाओं में इसका अनुवाद हो चुका है और यूरोप के साथ कलाप्रिय देशों में इसका अभिनय एक नहीं दर्जनों बार किया जा चुका है।

अभिनय ही नाटक की अभिव्यक्ति है। इस अभिव्यक्ति के लिए बहुत पहले से रंगमंच का माध्यम चला आया है। रंगमंच अलग-अलग समाजों में, अलग-अलग देशों में अलग-अलग ढंग और गति से विकसित और परिष्कृत हुआ। कभी केवल आकाश के नीचे, खुले मैदान में नाटक अभिनीत हुआ करते थे। ग्रीक सभ्यता ने उसमें पर्दे का आविष्कार किया तब 'यवनिका' का नाम रखकर भारतीय नाटककारों ने उसे अपनाया। रंगमंच का नाटक पर कितना भारी दबाव रहता है यह इसी से ज्ञात हो जाएगा कि 'यवनिका' के आविष्कार के बाद नाटकों की शैली में महान परिवर्तन हो गया। 'नेपथ्य' का पूरा फ़ायदा उठाया जाने लगा। अर्थात् नाटककार जो दृश्य दर्शकों को प्रत्यक्ष दिखलाना नहीं चाहते थे नेपथ्य के पीछे से घोषित कर देने लगे। एक दृश्य के बाद दूसरा भिन्न दृश्य आरंभ करने की प्रथा भी पटाक्षेप अर्थात् यवनिका की सुविधा मिल सकने के कारण ही चल सकी। इस प्रकार प्राचीन संस्कृत नाटकों में, रंगमंच, अथवा यों कहिए कि अभिव्यक्ति के माध्यम, में परिवर्तन के साथ-साथ, नाटकों की शैली में भी परिवर्तन हुआ और कथावस्तु का विकास दिखलाने के लिए नए-नए तरीक़े प्रयोग में लाए गए। जो दिखलाया जा सकता था (युद्ध, बध, भोजन, मृत्यु, रति, चुम्बन, शयन, स्नान, शाप और जीवच्छेद आदि को छोड़कर) वह आंगिक, वाचिक, आहार्य और सात्विक आदि अभिनय के द्वारा दिखलाया जाता था और जो नहीं दिखलाया जा सकता था उसे विष्कंभक, प्रवेशक, चूलिका और अंकमुख इत्यादि अर्थोपक्षेपकों द्वारा सूचित कर दिया जाता था।

अब यदि हम संस्कृत साहित्य के रंगमंच को थोड़ी देर के लिए छोड़कर हज़ारों वर्ष बाद के अपने हिंदी रंगमंच की बात उठाएँ तो देखेंगे कि रंगमंच उसमें से उसी तरह लुप्त है जैसे क्वार के आकाश से बादल। बरसात की धूप की तरह पारसी थिएट्रिकल कम्पनियों और भारतेंदुजी के नाटक क्लबों का अस्तित्व कहीं-कहीं झलक जाता है। परंतु इतना, नाटक साहित्य पर कोई निर्णयात्मक प्रभाव डालने के लिए काफ़ी नहीं था। स्वयं भारतेंदु जैसे अपूर्व प्रतिभावान मौलिक साहित्यकार के समय में भी रंगमंच पर पूरा-पूरा खरा उतरनेवाला कोई नाटक नहीं लिखा गया। तब से और अब तक हिंदी रंगमंच नाम की खोई वस्तु आविर्भूत नहीं हो सकी ऐसा निस्संकोच कहा जा सकता है। भारतेन्दु-नाटक-मण्डली को छोड़कर कोई और नाटक संस्था या नाट्यशाला साहित्य के इतिहास में उल्लिखित नहीं है। बाबू राधाकृष्णदास के *महाराणा प्रताप* या *राजस्थान केसरी* के अतिरिक्त और उल्लेखनीय नाटकों का विवरण भी हमें उस

समय के नाट्य साहित्य अर्थात् 1950 (संवत् विक्रमी) से लेकर 1954 तक के नाट्य साहित्य में कहीं नहीं मिलता। आजकल लिखे जानेवाले एकांकी भी केवल पढ़ने के लिए लिखे जाते हैं—रंगमंच पर उनका उपयोग इतना कम होता है कि वह कोई माने नहीं रखता। और यह प्रसाद के नाटकों तक के लिए सच है।

इसलिए हम अपने नाटक साहित्य में रंगमंच का महत्त्व, उसका प्रभाव, उसका भाग नहीं दिखला सकते। हम यह नहीं कह सकते कि हमारे रंगमंच ने हमारे नाटकों को यह रूप दिया या यह प्रतिष्ठा दी, जैसा शेक्सपियर अपने नाटकों के लिए कह सकता है। परंतु ऐसा हो या न हो, एक बात निश्चित ही है और वह यह कि नाटक की शैली रंगमंच के साथ-साथ ही फली-फूली, विकसित और परिष्कृत हुई। नाटक, चाहे वह हिंदी का हो या अंग्रेज़ी या मराठी का, रंगमंच की आवश्यकताओं के अनुसार ही ढलता रहा; पढ़नेवालों ने नाटक की रचनाओं और नाटककारों के प्रयत्नों पर कोई महत्त्वपूर्ण प्रभाव कभी नहीं डाला, यह तो नाटक देखनेवालों ने किया, जैसा हम शेक्सपियर और उसके समकालीन नाटककारों की तत्कालीन एलिजाबेथीय मनोवृत्तियों का रोचक चित्रण करनेवाली कलाकृतियों में पाते हैं।

यह जानने के लिए कि नाटक का स्वरूप रंगमंच की परिस्थितियों द्वारा कैसे निर्धारित होता है, हम मोटे तौर से रंगमंच की परिस्थितियों का एक अनुमान कर लें।

एक तो यह कि रंगमंच दर्शकों के सामने खुला और स्पष्ट रहता है तथा उस पर जो भी अभिनय किया जाता है उसे दर्शक पूरी तौर से देख और सुन सकते हैं। अतएव गायन और संवाद तथा नृत्य और अभिनय दर्शक के बिलकुल आमने-सामने प्रस्तुत किया जा सकता है। जो दृश्य नाटककार के नाटक में वर्णित है उसे वैसा ही प्रस्तुत करना रंगमंच पर संभव हो सकता है।

दूसरी यह कि रंगमंच पर केवल वही दृश्य सफलतापूर्वक प्रस्तुत किए जा सकते हैं जो देखने से अधिक संबंध रखते हों। नाटक की कथावस्तु को आगे बढ़ानेवाले सभी दृश्यों में शारीरिक क्रिया नहीं होती। बहुत-से ऐसे स्थल हो सकते हैं जिनमें कथावस्तु का विकास मानसिक अथवा भावात्मक स्तर पर होता हो। उन्हें रंगमंच पर दिखलाने के लिए नाट्य कौशल की आवश्यकता है। केवल इतने ही से काम नहीं चलेगा कि एक पात्र को रंगमंच पर खड़ा कर दिया और वह आधे घण्टे तक स्वगत भाषण कर रहा है।

उपरोक्त दोनों परिस्थितियाँ एक-दूसरे की पूरक हैं।

संक्षेप में रंगमंच हमें इस बात की सुविधा देता है कि हम अपनी कथावस्तु को दर्शकों को 'दिखला' सकें। फिर भी अधिकांश में, नाटक बोलकर अर्थात् संवादों के द्वारा ही अभिनीत किया जाता है, केवल क्रियाएँ (फ़िजीकल एक्शन) दिखलाने के लिए रक्खी जाती हैं।

[*अमृत पत्रिका*, संभवतः 1949]

परिशिष्ट-3

शांतिवर्द्धन का उत्तराधिकार

गुलवर्द्धन से रघुवीर सहाय की बातचीत

शांतिवर्द्धन उन थोड़े-से लोगों में से थे जिन्होंने भारतीय बैले को एक सृजनात्मक और स्वाभाविक रूप देने की आवश्यकता पहले-पहल समझी थी। स्वयं वह कुशल नृत्यकार थे, और उनके कृतित्व की झलकें

'भूखा है बंगाल' (1943), 'भारत की आत्मा' (1945), 'अमर भारत' (1946), 'भारत की कहानी' (1947) में देखी जा चुकी थीं। 1949 में क्षय से पीड़ित होने के पहले उनकी प्रसिद्धि गुणीजनों में फैल चुकी थी—'भारत की कहानी' जो कि श्री जवाहरलाल नेहरू की *डिसकवरी आफ़ इण्डिया* का रूपान्तर था, सन् 1948 में दुबारा रचा गया—अनेक सुधारों के साथ, और उसने शांतिवर्द्धन को भारत के भावी नृत्यस्त्रष्टाओं में अग्रगण्य बना दिया। जब क्षय का कष्ट बहुत बढ़ गया और 1952 की जनवरी में उन्हें सैनिटोरियम में जाना पड़ा तो वहाँ मानो अपनी रचनाशक्ति पर होनेवाले आक्रमण के जवाब में उन्होंने लिटिल बैले ट्रूप की स्थापना कर डाली। वहाँ से लौटकर वह शरीर से असहाय हो चुके थे, पर नृत्य का छंद उनके अंगों में घूम-घूमकर उन्हें निष्क्रिय होकर बैठने न देता था। एक ही स्थान पर बैठे-बैठे वह अपने 'रामायण' नामक बैले का निर्देशन करने लगे। 26 जनवरी 1953 को, शरीर से लगभग एकदम लाचार होते हुए भी उन्होंने 'रामायण' बैले जनता के सामने प्रस्तुत कर दिया। लगभग उसी समय 'पंचतंत्र' का दृश्यक्रम और संगीत वह रच चुके थे—बाक़ी काम पूरा करना रह गया था। 3 सितंबर 1954 को भरी जवानी में वह चल दिए थे और जो कुछ छोड़ गए थे वह अभिव्यक्ति की शक्ति से लबालब भरी हुई, अपनी पूर्ण अभिव्यक्ति के लिए छटपटाती हुई एक अधूरी नृत्य रचना थी और था एक अदम्य उत्साह, एक करुणामय सूक्ष्म संवेदनशील मानस जिसे उनके पीछे उनके सहयोगियों और शिष्यों ने उत्तराधिकार के रूप में ले लिया।

सन् 1955 की गर्मियों की बात है। दिल्ली के कांस्टीट्यूशन क्लब के मैदान में एशियाई एकता की केंद्रीय समिति ने अपने महासम्मेलन के सिलसिले में एक उत्सव की घोषणा की थी। राजधानी में उत्सव हुआ ही करते हैं पर ऐसे उत्सव जाड़ों में होते हैं पर यह ठेठ गर्मियों में आयोजित होनेवाला था। मैंने सोचा यह औरों से कम से कम इस अर्थ में तो भिन्न होगा ही।

सूरज डूबने लगा और मैदान से ठंडक ऊपर उठने लगी। धीरे-धीरे धूलभरा आकाश जैसे निथर गया। सामने रंगमंच पर से एक अद्‌भुत संगीत के स्वर उठे और सूत्रधार ने झुककर प्रणाम किया।

हम हैं कलाकार सूत्रधार सज्जनो नमस्कार
आए हैं आपके सम्मुख लेकर कला का भंडार
अनुभवी हैं हम कथाकार गाएँगे आज
ज्ञानधन पंचतंत्र मशहूर
कहूँ क्या महत्त्व पंचतंत्र की ...

काव्य निर्दोष नहीं था, न किसी महाकवि का ही रचा हुआ था पर उसमें एक आश्चर्यजनक पुकार थी। सूत्रधार गए। विष्णु, वरुण, यमराज, चन्द्र और सूर्य, समुद्र, सर्प, लक्ष्मी, इन्द्र, शरदा, यज्ञ और रुद्रकुमार, शुक्र, बृहस्पति, मनु, पराशर, व्यास, वायु, सरस्वती, पृथ्वी, चण्डी, दुर्गा, अश्विनीकुमार और चाणक्य देव की स्तुति के बाद नेपथ्य से *पंचतंत्र* की 'मित्र संप्राप्ति' कथा का आरम्भ हुआ।

गीत, संवाद, बीच में सूत्रधार, नृत्य, अभिनय, कभी-कभी केवल संगीत और कभी उपयुक्त परिधान और वेशभूषा के माध्यम से कौवे और चूहे की दोस्ती की भारतीय नीतिगाथा *पंचतंत्र* की कहानी आँखों के सामने से गुज़रने लगी।

यह एक बिलकुल नया अनुभव था। कथा और नृत्य को एक में बाँधकर भारतीय शिल्पभूमि पर अनेक नृत्यनाट्य रचे जा चुके हैं। बहुधा उनमें आंगिक अभिनय की सुंदरता भी देखी गई है। कहीं-कहीं परिधानों की चकाचौंध भी। किंतु नृत्य का एक सृजनात्मक उपयोग और चीज़ है, कथा को नृत्य के सहारे दिखा देना और चीज़ है। भारत में कथानाट्य की अनेक लोकपरंपराएँ हैं। वे मूलतः अभिनय की शैलियाँ हैं, नृत्य की नहीं। इस 'पंचतंत्र' में बैले की पाश्चात्य शैली की मर्यादाएँ नहीं मानी गई

थीं, भारतीय परंपराओं का आवश्यकतानुसार उपयोग किया गया था। संगीत को ही पृष्ठभूमि न बनाकर उसे एक नया प्रयोजन दे दिया गया था। परिधान केवल नाटक के वेशसूचक साधन नहीं थे, कहीं-कहीं प्रभावात्मक अर्थ रखते थे और कुल मिलाकर यह एक संपूर्ण संगठित सृष्टि थी जिसमें रचयिता ने उपकरणों का कोई बंधन या आग्रह नहीं माना था—एक सहज सृष्टि, किंतु सार्थक भी और सुगम भी ...

गुलवर्द्धन ने कहा, "उन्होंने 1954 में इसकी तैयारी शुरू की थी। उस समय वे स्वयं नृत्य नहीं कर सकते थे, कथा के स्थलों को लेकर अपनी योजना हमें समझा देते थे, हम उनके शिष्य और उनके भक्त उसे नृत्य और अभिनय में ढाल देते थे, बार-बार हम प्रयोग करते थे जब तक वह संतुष्ट न हो जाएँ। गीत और संवाद लिखे जा चुके थे, दृश्यों के अभिनय लगभग आधे तैयार हो चुके थे तभी वह हमें छोड़कर चले गए ... "

तालकटोरा बाग के एक शिविर में 1956 की नवंबर की एक दोपहर को लिटिल बैल ट्रूप की अध्यक्षा गुलवर्द्धन, शान्ति दा अर्थात् शांतिवर्द्धन का उल्लेख करते-करते गम्भीर हो उठीं। शायद उन्हें उस प्रतिज्ञा का स्मरण हो आया हो जो उन्होंने और उनके लगभग बीस साथियों ने शनिवार, 4 सितंबर 1954 को की थी :

"हम लिटिल बैले ट्रूप के सदस्य एक स्वर से प्रतिज्ञा करते हैं कि जो काम शांतिदा करने के लिए जीवित रहे और जिसे करते हुए वह चले गए उसे हम निरंतर संपादित करते रहेंगे।

"आज हम संगठित होते हैं और उनके अधूरे काम को अपनी शक्ति भर पूरा करने के लिए वचनबद्ध होते हैं, हम वचनबद्ध होते हैं कि उनकी दी हुई शिक्षा को सफल करेंगे और उनके आदर्शों के योग्य बनेंगे। हम जानते हैं कि उनके न रहने से हम अधूरे रह गए हैं, किंतु मित्रों के प्रेम, समर्थन और सद्भाव से हम अपना काम पूरा कर सकेंगे, ऐसी हमें पूर्ण आशा है।"

मैंने इस कर्मनिष्ठ साहसी स्त्री की ओर एक बार देखा—उनके चेहरे पर जैसे कुछ हमेशा बोलता रहता था। वह छरहरे बदन की साँवली मजबूत स्त्री थीं। आत्मविश्वास और कला के प्रति समर्पण ने उनके रूप को एक अद्भुत तटस्थता दे दी थी; उसे भंग करके उनसे उस प्रकार आत्मीय हो जाना जैसे कि सामान्य प्राणियों से हुआ जा सकता है, स्पष्ट ही सामान्य व्यक्ति के लिए असंभव था। उनके साथ थोड़ा-सा समय बिताने के बाद मैं गंभीर और शांत होकर लौटा—कुछ थोड़े-से परिचय में उस परिश्रमी, एकनिष्ठ स्त्री ने जो कुछ मुझे बताया था वह लिटिल बैले ट्रूप की कहानी से कुछ अधिक था—वह मानो उन्हीं के व्यक्तित्व की एक प्रतिच्छाया था जिसमें उन्हीं के समान निष्ठावान उनके सहयोगियों ने मूर्त रूप दे दिया हो।

"जिस समय हमने अपनी मण्डली की स्थापना की थी हम केवल पाँच आदमी थे, एक कुत्ता था, 187 रुपए थे, एक खटिया, एक गद्दा, एक कंबल, एक तकिया, दो गिलास, एक काँच की तस्तरी थी ... "

मैंने कहा, "निश्चय ही यह आपकी सारी पूँजी नहीं थी।"

"नहीं, हमारी पूँजी तो शायद और ही कुछ थी जिसके बल पर हमने शांतिवर्द्धन के आधे रचे हुए 'पंचतंत्र' को पूरा किया। आज हमने अपना निजी प्रकाश, ध्वनि, यवनिका और प्रसाधन का सारा सामान जुटा लिया है। भारतीय संस्कृति प्रतिनिधिमंडल के साथ हम चीन हो आए हैं (और इस समय मास्को में हैं : लेखक) तथा बंबई में एक बड़ी भारी इमारत के अंदर जिसमें एक खुला रंगमंच भी है, अपना संगठन भली-भाँति चला रहे हैं—पर यह सब भी हमारी असली पूँजी नहीं है। हमारी असली पूँजी शायद वह चीज़ है जिसके बल पर हम एकसाथ मिलकर रहते हैं, एक परिवार की तरह और फिर भी अपने-अपने व्यक्तित्व को रंगमंच के प्रति समर्पित किए रहते हैं, या शायद वह चीज़ है जिसके बल पर अँधेरी बंबई का हमारा संगठन एक कठोर अनुशासन का पालन करता है : सवेरे छः बजे उठना और नौ बजे तक व्यायाम और अभ्यास करना जिसमें परिश्रम के साथ-साथ विश्रांति का अभ्यास

भी शामिल है, उसके बाद नाश्ता ... "

"नाश्ता आपके यहाँ क्या होता है?" निश्चय ही मेरा प्रश्न अभद्र था पर उत्तर में उन्होंने मानो उसकी अभद्रता को एकदम अस्वीकार कर दिया। बोलीं, "वह हम लोगों की तत्कालीन आर्थिक स्थिति पर निर्भर करता है। नाश्ते के बाद साढ़े दस बजे शिक्षण और अभ्यास की कक्षाएँ आरम्भ हो जाती हैं और तब तक चलती रहती हैं जब तक सब लोग बिलकुल थक नहीं जाते हैं।"

मैंने पूछा, "ऐसे अनुशासन में कितने लोग रह सकते हैं, आपके यहाँ जो शिक्षार्थी या सदस्य हैं वह भी तो आख़िर मनुष्य हैं, उनके जीवन में भी ऐसी समस्याएँ होती होंगी जो सामूहिकता या अनुशासन से कभी-कभी विद्रोह करना चाहती होंगी ... "

पास में बैठे हुए अप्पुनि वर्मा उत्तर देने के लिए व्यग्र होने लगे। जैसा कि गुलवर्द्धन ने उनका परिचय कराया था, वह पूरी तौर से स्वर्गीय शांतिवर्द्धन के शिष्य हैं। ट्रूप के कार्यों में गुलवर्द्धन के साथ प्रेरणादायक और निश्चयात्मक योग देनेवाले विश्वासपात्र वही हैं। उन्होंने कहा, "हम मानते हैं कि कलाकार का व्यक्तिगत जीवन भी रंगमंच पर उतर आता है चाहे वह किसी भी भूमिका में आ रहा हो और कितना ही असम्पृक्त हो सका हो। इसीलिए हम अपने को एक सच्ची टीम बनाना चाहते हैं जिसमें कि सभी व्यक्तित्व एक ही ओर उन्मुख हों—जिनमें ऐसा समर्पण होता है वे ही हमारे यहाँ आते हैं और जो लोग भी आते हैं उनके संबंधी और अभिभावक यह जानते हुए आने देते हैं कि अब यह एक दूसरी दुनिया में जा रहा है। घर से विद्रोह करके लोग कम आए हैं। हमारे यहाँ भी विद्रोह हम सब कभी न कभी करते हैं पर क्या घर में चार आदमी होते हैं तो कभी विद्रोह नहीं होता?"

गुलवर्द्धन, जो इस समय सदा की तरह अपना संक्षिप्त-सा भोजन कर रही थीं, हँस पड़ीं, जैसे उन्हें लग रहा हो कि मैं कलाकार को एक अजीबोग़रीब, दुनिया से निराला प्राणी समझता होऊँ और मिलकर काम करने और रहने के बारे में तो मेरी सब धारणाएँ भ्रांत हों। निश्चय ही उनका ऐसा सोचना सही था, उन्हें इस विषय में सच्चा, प्रामाणिक और मुझसे कहीं अधिक अनुभव था। तब जैसे मुझे संतुष्ट करने के लिए वह बोलीं, "हमारे यहाँ काम करनेवाले प्रेम भी करते हैं, बल्कि प्रेम करते हैं तो विवाह भी कर लेते हैं। आप यह न समझिएगा कि हम लोग निरे मशीन हैं।"

अप्पुनि वर्मा ने बताया कि "पिछले ढाई-तीन सालों में उनके संगठन ने दो ऐसी घटनाएँ देखी हैं जिनमें साथ-साथ काम करते हुए एक-दूसरे के लिए अनुराग उत्पन्न हुआ और अंत में दोनों विवाहसूत्र में बँध गए। इनमें से एक दम्पती को तो हमारे दल से चले जाना पड़ा—विवाह के बाद दल के दैनन्दिन कार्यक्रम में वे अपने को बिठा नहीं सके, और यह भी बिलकुल उतना ही मानवीय था जितना उनका विवाह करना।"

मैंने कहा, "मैं खूब समझ सकता हूँ, बल्कि समझ रहा हूँ कि आप अनुशासन का वह अर्थ नहीं लगाते हैं जो राजनैतिक दल लगाते हैं। आपकी व्याख्या कलाकार के अनुशासन को महत्त्व देती है, बल्कि कहना चाहिए कि व्यक्ति के अनुशासन को।"

"अनुशासन? हाँ, जहाँ तक वह एक संस्कार है वहाँ तक वह ठीक है, पर हम लोग राजनैतिक अनुशासन का भी थोड़ा-बहुत अनुभव कर चुके हैं और शांतिवर्द्धन अपने उदाहरण से हमें जो बता गए हैं वह भी हम भूले नहीं हैं। 1943 में जब हमारा ट्रूप बना भी नहीं था, हम इप्टा में थे : बंगाल के अकाल के समय 'बंगाल की आवाज़' नामक बैले शांतिवर्द्धन ने बनाया था ... "

यहाँ पर एक छोटा-सा विषयांतर हो गया। गुलवर्द्धन बताने लगीं कि तभी शांतिवर्द्धन ने अप्पुनि वर्मा का आविष्कार कैसे किया। "अप्पुनि उस समय इप्टा के शिविर में बावर्ची थे, एक दिन शिष्यों को एक नृत्य अभिनय बताते-बताते उन लोगों की असफलता से शांतिवर्द्धन झुंझला उठे। तभी वहाँ पर खड़े-खड़े रिहर्सल देखते हुए बावर्ची अप्पुनि ने मंत्रमुग्ध की भाँति सामने आकर वह अभिनय करके बता दिया। तब से आज तक वह हम लोगों को बहुत कुछ करके बताते रहे हैं।"

मैंने कहा, " 'बंगाल की आवाज़' के बाद क्या हुआ?"

"कुछ नहीं। मैं आपको क्या बता रही थी? हाँ, सन् 1946 में पी.सी. जोशी ने शांतिवर्द्धन को एक कथानक दिया जिसमें विभाजन का समर्थन किया गया था। मैं यह बता रही थी कि इस तरह का अनुशासन हमें नहीं चाहिए था। शांतिवर्द्धन ने कहा, 'मैं अपनी कला साम्प्रदायिक उपयोग में नहीं आने दूँगा।' उन्होंने इप्टा छोड़ दिया।

"1953 में हम फिर मुश्किल में पड़े। कमला देवी ने हमें बुलवाया और कहा कि अपनी मण्डली से कम्युनिस्ट सदस्य को निकाल दो या अपनी पत्नी को वहीं रहने दो और तुम चले आओ। उस समय वह चले गए होते तो निश्चय ही उन्हें एक ज़्यादा आरामदेह काम मिल गया होता, पर उन्होंने कहा : 'नहीं। इस तरह का कोई आदेश मैं नहीं मान सकता'।"

शाम को तालकटोरा बाग के खुले रंगमंच पर यूनेस्को के प्रतिनिधियों के लिए प्रस्तुत 'पंचतंत्र' का एक दृश्य देखकर जब मैं बाहर आया तो 'पंचतंत्र' का चित्रांग हरिण तंबुओं के नेपथ्य से निकलकर वापस रंगमंच को जा रहा था। मैंने ग़ौर से देखा और पूछा आप चित्रांग की भूमिका में थीं? उत्तर की आवश्यकता न थी पर रंगमंच के अंदर से झलकते हुए परदों और परिधानों के रंग मुझे वहाँ तक खींच ले गए। अंतिम दृश्य के सरल और साधारण दृश्य-साधन—हिरण्यक चूहे का बिल जो कि एक लकड़ी के सादे तख्ते पर चित्रित था, वैसा ही एक प्रतीकात्मक हरा वृक्ष अब भी बोलते हुए-से वहाँ पड़े थे। लगभग उतने ही बोलते हुए-से जैसे एक ओर कोने में सटे हुए लिटिल बैले के विशिष्ट वाद्ययंत्र। मैंने पास जाकर देखा, उन यंत्रों में बहुत-से बिलकुल असामान्य थे। उनकी रचना 'पंचतंत्र' के विभिन्न स्थलों में उपयोज्य बोलियों, आवाज़ों के लिए की गई थी, पर वे ख़ाली ध्वनि-प्रभाव देनेवाले यंत्र नहीं थे। उन्हें संगीत के प्रतिमानों के अनुरूप ढाल दिया गया था और कुशल वादक, जिन्हें बैले का स्वरक्रम कण्ठस्थ था, किसी सहायता के बिना ठीक स्थान पर ठीक लय में उनका प्रयोग करते थे। यह लिटिल बैले के सतत परिश्रम और 'बंगाल की आवाज़', 'भारत की आत्मा', 'अमर भारत', 'भारती की कहानी', 'रामायण' और अंत में 'पंचतंत्र' जैसे सफल नृत्यनाट्यों की रचना से उत्पन्न परिष्कृति थी जो उन वाद्ययंत्रों में थोड़ी देर पहले मैं सुन रहा था। जब मैं चलने लगा तो मुझे याद आया कि यह तीसरी बार मैंने 'पंचतंत्र' की इस मधुर रचना का रसास्वादन किया है—सन् 55 के बाद चीन जाने से पहले भारतीय शिष्टमंडल ने राजधानी में उन रचनाओं का एक छोटा-सा प्रदर्शन किया था जो वह चीन में प्रस्तुत करने जा रहा था—और एशियाई एकता सम्मेलन के उत्सव से यूनेस्को सम्मेलन के इस उत्सव तक गुलवर्द्धन के ट्रूप ने उसी 'पंचतंत्र' को कितना सँवार दिया है—जैसा कि स्वयं गुलवर्द्धन ने कहा था :

" ... जो काम शांतिदा करने के लिए जीवित रहे और जिसे करते हुए वह चले गए उसे हम निरंतर सम्पादित करते रहेंगे।"

रंगमंच लगभग ख़ाली हो गया था और शांत पड़े हुए वाद्ययंत्रों को देखते-देखते मुझे लगा कि इस ट्रूप में भी एक ऐसी ही लयबद्धता है जैसी कि इन यंत्रों के समवेत स्वरों में है और मैंने ट्रूप के सदस्यों की प्रतिज्ञा का अंतिम अंश अनजाने ही मन में दोहराया, " ... किंतु मित्रों के प्रेम, समर्थन और सद्‌भाव से हम अपना काम पूरा कर सकेंगे ऐसी हमें पूर्ण आशा है।"

[1956. अप्रकाशित]

मनोरंजन के खोंचे में संदेश

यशपाल से रघुवीर सहाय की मुलाकात

जिस शहर में आप पैदा हुए हों और पढ़े और बड़े हुए हों उसमें बार-बार लौटकर आना हर बार नई स्फूर्ति देता है। कुछ व्यक्ति, कुछ संस्थाएँ, कुछ इमारतें ऐसी हैं जिनसे मिलकर वह शहर बना होता है। उन्हें हर बार नई आँखों से देखना ही स्फूर्ति का कारण है।

मुझे इसका अनुभव हमेशा की तरह फिर उस वक़्त हुआ जब मैं इस बार लखनऊ जाने पर यशपाल से मिला। वह बहुत बदले नहीं हैं, सिर्फ़ उमर ने उनमें एक ख़ास तरह का पितृत्व जागृत कर दिया है पर हमेशा की तरह आकर्षक रहते हुए भी एक नई ताज़गी उनमें आजकल है। "मुझे उनसठ बरस की उमर में अब अपने बारे में कोई मुग़ालता नहीं रह गया है," उनका कहना है।

फिर भी अपने नए मकान में जमकर उन्होंने एक लम्बी कहानी अभी पूरी की है और जो कुछ मुझे उन्होंने बताया उससे समझा जा सकता है कि वह रचना एक और विवादोत्तेजक चीज़ होगी। फिर एक बार उनसे कम उमर के अधेड़ लोग चौकेंगे और कुछ खिसियाएँगे, कुछ तिलमिलाएँगे। वे मुश्किल से मानने को तैयार होंगे कि एक पतिहीन वृद्धा और एक पत्नीहीन वृद्ध, एक-दूसरे को ढाढ़स बँधाते-बँधाते इस नतीजे पर भी आ सकते हैं कि प्यार उनके लिए अब भी उतना ही ज़रूरी है जितना अपने पति या पत्नी के जीवित रहते हुए था।

तो भी यह कहानी मनोरंजन करेगी। जैसा कि यशपाल ने बातचीत में जोश आने पर खुद कहा था, "अपनी अधिक से अधिक मनोरंजक चीज़ में भी मैंने कुछ न कुछ संदेश दिया है—बिना संदेश दिए तो मैं कुछ लिख ही नहीं सकता।" और फिर विनय से जोड़ दिया था, "हालाँकि सब बार मेरा संदेश सुना नहीं गया है।"

उसी से तो आप लेखक रह सके हैं, मैंने सोचा, नहीं तो उपदेशक न हो जाते। पर इसमें कोई शक नहीं कि जिन लेखकों ने पिछली तीन पीढ़ियों में हर नई पीढ़ी को बराबर स्वतंत्र विवेचना के लिए उत्साह दिया है उनमें यशपाल अन्यतम हैं। यह कोई मामूली संदेश नहीं है। जहाँ तक मार्क्सीय विचारधारा का संबंध है, अगर यशपाल ने ज़िम्मा लिया भी हो कि मेरी कहानियाँ पढ़कर लोग उस विचारधारा पर ईमान लाएँगे तो इसमें वह विफल रहे हैं—पार्टीवाले उन्हें सफल समझते रहें तो इसका साहित्य ज़िम्मेवार नहीं।

इस वक़्त तक मैं आराम की उस हालत को पहुँच गया था जहाँ अपने और दूसरे के घर में फ़र्क़ नहीं रह जाता है और यशपालजी का तो ख़ैर वह घर ही था जहाँ हम लोग बैठे बात कर रहे थे। यह एक नया और बड़ा मकान है—"70 हज़ार लगे, क़रीब आधे अपने आधे उधर के, मेरी ज़रूरत से कुछ बड़ा ही बन गया।" मकान का नाम आया तो अब मैं वहाँ पर लौट सकता हूँ जहाँ से बात शुरू हुई थी।

इस नए मकान की लखनऊ में काफ़ी चर्चा है। कोई सीधे-सीधे कहता है रूस ने बनवाया है, कोई कहता है अजी आप जानते क्या हैं? यह जितना ज़मीन के ऊपर है उतना ही ज़मीन के नीचे है। जो हो, आरामदेह और सुंदर है और बहुत छोटे बच्चे घर में न होने के कारण पढ़ने-लिखने के लिए आदर्श है।

अक्टूबर 1960 में महानगर मोहल्ले में जो भयंकर बाढ़ आई थी उसके दो हफ़्ते पहले ही इस

मकान में गृहप्रवेश हुआ था (यह यशपालजी की विनोदप्रियता का ही प्रमाण था)। अनंतर जब अन्य सब मकान आधे-आधे डूब गए तब इसमें फ़र्श तक गीला न हुआ (इसका तो सीधा कारण यह था कि मकान ऊँचे पर बना है)। और आसपास के रहनेवालों ने इसी में आकर अड्डा जमाया (यह पड़ोसियों की विनोदप्रियता थी)। इस समय यशपालजी इस मकान में अपने बग़ीचे को सँवारने और नई कहानी पर अपने विचार लिखने में मशगूल हैं।

बात यों शुरू हुई थी : मैंने कहा था कि उन्हें इस घर में नवयुवक लेखकों के लिए एक क्लब खोल देना चाहिए जिसमें उन्हें कुछ पढ़ने-लिखने और बहस करने की सुविधा हो। अफ़सोस कि यशपालजी ने इस सुझाव को काफ़ी मसख़रापन समझा। दरअसल वह इस तरह के एक या कहें कि अनेक क्लबों के सर्वमान्य अध्यक्ष हैं ही—फ़र्क़ यह है कि इन क्लबों की सदस्यता सबके लिए खुली है और ये कॉफ़ी हाउस में लगते हैं। यों रोज़ शाम को 7 बजे यशपालजी नई पीढ़ी के प्रति कच्चे धागे से बँधे कॉफ़ी हाउस खिंचे चले आते हैं। यह उनके लिए कोई औपचारिकता नहीं, आदत भी नहीं, एक बौद्धिक ज़रूरत है। मैं नहीं जानता कि कॉफ़ी हाउस का आज का समाज यह ज़रूरत कहाँ तक पूरी कर सकता है पर यह मान लें कि यशपाल हर तरह के व्यक्ति से अपने मतलब का उत्तेजन खींच ले सकते हैं—शर्त यह है कि वह बिलकुल गधा ही न हो। "अपने को समाज से अभिन्न मानकर रहने में ही मुझे शक्ति मिलती है," यह कोई नया वक्तव्य नहीं है पर उनके व्यक्तित्व का खुलासा कर देता है।

ख़ैर तो क्लब के सुझाव पर वह मुस्कराए जैसे कि मैंने कोई शरारत की हो और कहा, "देखो मुझे अपने बारे में कोई मुग़ालता नहीं है ..."

"लेकिन हर लेखक की तरह आपके भी बारे में पाठकों को तो एक ऐतिहासिक मुग़ालता होगा—उसका आप क्या कर लेंगे?" मैंने पूछा।

वह उठ खड़े हुए। दोपहर के भोजन में थोड़ी ही देर थी। भूख बढ़ाने के लिए हम लोगों ने थोड़ा-सा सोमरस पिया पर यह बता देना ज़रूरी है कि उसके पहले ही मेरे प्रश्न से वह उत्तेजित हो उठे थे। साफ़ शब्दों में उन्होंने कहा, "लेखक की वह ऐतिहासिक तसवीर जो दूसरे देखते हैं एक धोखा है और सच्चे लेखक को उसके बारे में चिंतित होने की ज़रूरत नहीं। कई बड़े-बड़े लेखकों की असलियत मैं जानता हूँ। उन सबने असल में मनोरंजन का खोंचा लगाया है। अपने को चाहे जो समझ लूँ, मैं उन्हीं में हूँ।"

फिर कुछ रुककर उन्होंने कहा, "हम सब लेखक और कुछ नहीं ऐसे मनोरंजन के स्रष्टा हैं जो बिक जाए। इसको तैयार करते हुए कभी-कभी हम इस भ्रम में रहने लगते हैं कि हम कोई बड़ी बात कह रहे हैं। किसी हद तक यह भ्रम हमारे अहं को तुष्टि देता है पर कोशिश यही होनी चाहिए कि वह अहं बहुत ज़्यादा न हो जाए। मैं तो अपनी रचनाओं में यही कोशिश करता हूँ।" यह वाक्य मुझे एकाएक बहुत महत्त्वपूर्ण लगा। निश्चय ही हम दोनों की इस भेंट का वही चरमोत्कर्ष था (यदि उसके बाद के स्वादिष्ट भोजन को न गिनें तो)। इतना तो था ही कि अपने (और प्रकारांतर से दूसरों के भी) बारे में इतना खरा वक्तव्य यशपालजी ही दे सकते थे। मैंने एक नज़र उन्हें देखा और पाया कि वह कितनी शान से बूढ़े हुए हैं।

यह वाक्य मुझे इसलिए भी महत्त्वपूर्ण लगा कि यशपालजी अपनी रचना-पद्धति के बारे में कम ही बोलते हैं। दरअसल वह उस तरह के आदमी ही नहीं हैं। उनकी रचना-पद्धति उनके लिए या किसी के लिए भी रहस्य का या खोज का विषय नहीं है। खोजें भी तो उसमें दूर तक खोजने नहीं जाना पड़ेगा और जाएँ भी तो बहुत लाभ नहीं क्योंकि वह उतनी ही स्पष्ट है जितनी उनकी रचनाएँ हैं या यों कह लीजिए कि जितने स्पष्ट यशपालजी खुद हैं।

खुद वह स्पष्ट लोगों को पसंद भी करते हैं और ऐसे लोगों के प्रति उनके मन में कौतूहल भरा स्नेह रहता है। हाँ, निहायत बोदे और ठस लोगों की सोहबत में उन्हें पाना मुश्किल है और यह भी

बहुत मुश्किल है कि यशपालजी कहीं हों और दो-चार समझदार नौजवान उनके क़रीब न हों।

59 वर्ष के समय में नए के निरंतर संपर्क ने उन पर तरह-तरह से प्रभाव डाला है। पर एक आत्यंतिक प्रभाव यह है कि वह निरंतर युवाहृदय बने रहे हैं। सभी वयोवृद्ध लोगों की तरह यशपालजी में भी एक शारीरिक कमी आ गई है—आँख की रोशनी कम हो गई है पर इस कमी के प्रति वह बड़ा स्वाभाविक व्यवहार करते हैं। उसे अपने ऊपर रोपी हुई नहीं मानते—अपनी ही मानते हैं। उनका ऐसा आचरण उन्हें और भी प्रीतिकर बना देता है क्योंकि वह दूसरे आदमी पर शिष्टाचार और दया दिखाने का बोझ नहीं डालता। कभी उन पर दम्भी होने का आरोप लगाया जाता था। मेरी समझ में वह पहले भी ग़लत था और अब पहले से अधिक ग़लत है। दरअसल उनके प्रति शिष्टाचार प्रकट करने का अब भी एक ही तरीक़ा है—वह यह कि उनसे जिस विषय पर भी बात करें अक़्लमंदी से बात करें, नतीजा चाहे जो हो।

[अप्रकाशित]

परिशिष्ट-5

टूटता विश्वास

रेणु से रघुवीर सहाय की बातचीत

धूसर, वीरान, अंतहीन प्रांतर।

पतिता भूमि, परती ज़मीन, वंध्या धरती ···

धरती नहीं, धरती की लाश, जिस पर क़फ़न की तरह फैली हुई हैं—बालूचरों की पंक्तियाँ। उत्तर नेपाल से शुरू होकर, दक्षिण गंगा तट तक, पूर्णिया ज़िले के नक़्शे को दो असम भागों में विभक्त करता हुआ—फैला-फैला यह विशाल भूभाग। लाखों एकड़ भूमि, जिस पर सिर्फ़ बरसात में क्षणिक आशा की तरह दूब हरी हो जाती है।

संभवतः तीन-चार सौ वर्ष पहले इस अंचल में कोसी मैया की यह महाविनाशलीला हुई होगी। लाखों एकड़ ज़मीन को अचानक लकवा मार गया होगा। एक विशाल भू-भाग, हठात् कुछ से कुछ हो गया होगा। सफ़ेद बालू से कूप, तालाब, नदी-नाले पट गए। मिटती हुई हरियाली पर हल्का बादामी रंग धीरे-धीरे छा गया।

कच्छपपृष्ठसदृश भूमि! कछुआ-पीठा ज़मीन? तंत्रसाधकों से पूछिए, ऐसी धरती के बारे में वे कहेंगे—असल स्थान वही है जहाँ बैठकर सब कुछ साधा जा सकता है। कथा है ···

कथा होगी अवश्य इस परती की भी। व्यथाभरी कथा वंध्या धरती की! इस प्रांतर की छोटी-मोटी, दुबली-पतली नदियाँ आज भी चार महीने तक भरे गले से, कलकल सुर में गाकर सुना जाती हैं, जिसे हम नहीं समझ पाते।

—*परती परिकथा* : पृ. 1

जित्तन के कपाल पर एक रोड़ा आकर लगा। उसका सफ़ेद कुर्त्ता ख़ून से तरबतर हो गया।

ओठों पर जमते हुए लहू को पोंछकर उसने हाथ उठाया—आप मेरी बात सुन लीजिए, पहले। इसके बाद ढेले, गेड़े और लाठियों से जवाब देना चाहें, दें ··· आपने जिस अफ़सर को कुछ देर पहले मारा है, वह मरते समय भी आपकी भलाई की बात सोचकर मरेगा ··· भिम्मल मामा के साथ इरावती भी आ गई। दौड़ती, हाँफती! ··· आज के समाचार-पत्रों में विस्तृत समाचार प्रकाशित हुआ है। जितेंद्र के चेहरे पर मुस्कराहट दौड़ जाती है। समाचार-पत्र खोलकर ज़ोर-ज़ोर से पढ़कर सुनाता है—परानपुर की परती पर इसी साल जूट और धान की खेती ··· इसमें जूट, धान, दलहन, तिलहन, मकई, ज्वार आदि की उपज होगी, जबकि दुलारीदाय में सिर्फ़ जूट और धान की ही खेती होती थी ··· दुलारीदाय में कुल उपजाऊ ज़मीन ढाई हज़ार एकड़, जबकि परती पर सात-आठ हज़ार एकड़ ज़मीन अगले वर्षों में तैयार हो जाएगी ··· दुलारीदाय के पाँचों कुंड में बारहों महीने पानी भरा रहेगा। गीतावास के पास एक छोटा बाँध तैयार होगा। परती की सिंचाई। गंगा के किनारे तक दुलारीदाय के कछार पर फैली ऊसर धरती खेती के लायक़ हो जाएगी ··· दुलारीदाय के किसानों को परती पर ज़मीन दी जाएगी। इसके साथ बेज़मीन लोगों को भी ··· फ़सल की क़ीमत के साथ नक़द क्षतिपूर्ति। तीन साल तक सरकारी सहायता मिलेगी, नई खेती करनेवालों को। दुलारीदाय नहर और गीतावास बाँध निर्माण में गाँव के लोगों का काम ···

—*परती परिकथा* : पृ. 507

फणीश्वरनाथ रेणु की कल्पना की परती भूमि आज फिर अन्याय से रौंदी जा रही है। *परती परिकथा* में उन्होंने दिखाया था कि जब ऊसर-उजाड़ में बसे बेसहारा पिछड़े जनों के बीच एकाएक समृद्धि की आशा अवतरित होती है तो उनमें कितनी आशंकाएँ फूट पड़ती हैं—समृद्धि आएगी तो अमीरों के लिए अमीरी और उनके लिए और अधिक ग़रीबी लाएगी। इस प्रसिद्ध दस्तावेज़ की रचना के 13 वर्ष बाद आज उपन्यासकार अनुभव करता है कि उसका भरोसा ग़लत निकला—"मुझे विश्वास था कि जब कोसी योजना सफल होगी तो जिन्हें अभी ज़मीन नहीं मिली है उन्हें आगे चलकर मिल जाएगी। लेकिन वैसा नहीं हुआ ···" "आज भी 100 पीछे 75 लोग ऐसे हैं जिनके पास कोई भूमि नहीं है ··· " "इनके लिए कुछ होगा, ऐसी मुझे सचमुच आशा थी; पर किसी ने कुछ किया नहीं। आज जो लोग कुछ कर रहे हैं वे नक्सलपंथी नाम से जाने जाते हैं, लेकिन ज़मीन की लड़ाई वे लड़ रहे हैं।"

दिनमान से एक भेंट में रेणु ने एक लंबी कहानी बताई—पूर्णिया में वायदा और विश्वास टूटने की, क़ानून पर से भरोसा हटने की और आख़िरकार आतंक का सहारा लिए जाने की कहानी। उनसे बातचीत करके यह धारणा पुष्ट हुई कि हमारे राजनैतिक दलों ने भूमिहीनों को लगातार लंबे समय से धोखा दिया और अब जब दलित वर्ग हताश होकर अपने हाथों अपना अधिकार छीनने उठ खड़ा हुआ तो उसका नेतृत्व चीनी राजनीति के हाथ में जाना स्वाभाविक ही है। रेणु ने कहा, "अभी नछत्तर है, जो नक्सलवादियों का जवाब है। हमारे यहाँ लोगों को भरोसा है कि नछत्तर नक्सलवादियों को रोके हुए है। ग़रीब उसे अपना नेता समझते हैं। एकाध बार तो जयप्रकाश बाबू ने भी कहा था कि अगर भूमिहीनों को भूमि नहीं दी गई तो दूसरा कौन-सा उपाय है? लोग अपनी मर्ज़ी से नहीं देंगे तो छीनकर नछत्तर कौन-सा ग़लत काम का रहा है?"

किंतु क्या हमारे राजनैतिक दल भारत की धरती से ऐसा नेतृत्व विकसित होने देंगे जो विदेशी शक्तियों से जुड़ा न हो? यहाँ भी दक्षिणपंथी कम्युनिस्ट नछत्तर को वामपंथी कम्युनिटों के ख़िलाफ़ अपनी लड़ाई में एक हथियार के रूप में इस्तेमाल कर रहे जान पड़ते हैं। "जेल से आने के बाद वह सीधे मेरे पास आया था," रेणु ने बताया, "उसने लोगों से मेरे बारे में पूछा और मिलने आ गया लेकिन जब वह आया तो कम्युनिस्ट (दक्षिण) पार्टी के आदमी उसके साथ थे। चुनाव के समय उसने बहु

सक्रिय होकर काम किया था और जिन लोगों के ज़रा भी जीतने की उम्मीद न थी उन्हें जिताया था। इसलिए उसको साथ रखने को वे लोग उत्सुक हैं और संदेह करते हैं कि कहीं वह उनके हाथ से निकल न जाए ··· उसे अपने मन से कुछ करने नहीं दिया जाता। हज़ारों बीघे का एक इलाक़ा था जो बरसात में पानी से डूब जाया करता था। उसमें खेती करने का कोई उपाय नहीं था। अभी हाल में नछत्तर ने कहा : अगर नाली यहाँ से निकाली जाए तो पानी निकल जाएगा, खेती हो सकेगी। जिनकी ज़मीन ऊँचाई पर थी उन्होंने कहा, नछत्तर की बात नहीं मानेंगे—कांग्रेस के, सोशलिस्ट पार्टी के लोग भी हैं, उन्हीं की मानेंगे। फिर नछत्तर ने अल्टीमेटम दिया और दो हज़ार फावड़ों के साथ पहुँचा। पुलिस आई। गिरफ़्तार किया। हल्ला मचा कि ग़ैर-क़ानूनी बात हो रही है। जब इसकी चर्चा कम्युनिस्ट (दक्षिण) वालों से हुई और उनसे कहा गया कि नछत्तर को इस इलाक़े की पूरी जानकारी है—धरती का ऊँचा-नीचा भी पता है तो वे बोले, 'परंतु इसके पीछे दिमाग़ तो कोई और ही है' (वे खुद)। लगता है वे लोग उसे श्रेय नहीं देना चाहते। कहते हैं नछत्तर के साथ इतने लोग हैं तो इसीलिए कि वह कम्युनिस्ट पार्टी का मेंबर है।"

पूर्णिया अंचल की कहानी भूमिहीनों की कहानी है। *दिनमान* से भेंट में रेणु ने इसकी आवृत्ति की। इसका आरंभ उन्होंने किया यह बताकर कि पूर्णिया में ऐसे किसान भी हैं जो दो-दो हवाई जहाज़ रखते हैं। ये नंबर दो के किसान हैं। नंबर एक के जो किसान हैं वे ज़रा कंजूस हैं। वे हवाई जहाज़ वग़ैरह नहीं ख़रीदते; ज़मीन उनके पास बहुत ज़्यादा है। वे ज़मींदार नहीं हैं, किसान हैं, लेकिन वे किसी भी ज़मींदार से बढ़कर हैं। यों ऐसे भी ज़मींदार वहाँ हैं जिनके पास 50 बीघा ज़मीन है और पाँच बीघेवाले ज़मींदार भी हैं ··· जो रैयत नहीं हैं। एक तरफ़ तो भूमिहीनों की बहुसंख्या है, दूसरी तरफ़ बड़े-बड़े किसान हैं। भूमि के न्यायपूर्ण वितरण के लिए पहले दूसरी पार्टियों पर भरोसा था—वामपंथी भी, दक्षिणपंथी भी। पर लेफ़्टिस्ट पार्टियाँ हों या राइटिस्ट, सभी के लिए बड़े किसान 'कर्ण' कहलाते थे। उन्होंने हर एक को पैसा दिया; यहाँ तक कि आज़ादी से पहले पाकिस्तान चाहनेवाली मुस्लिम लीग को भी दिया था। सब पार्टियों का बँधा हुआ रहता था। जयप्रकाश बाबू जब दौरे पर आए (तब वह सोशलिस्ट पार्टी में थे) तो सारे ज़िले में आने-जाने के लिए बड़े किसान ने स्पेशल ट्रेन (तब अवध-तिरहुत रेलवे थी) की व्यवस्था करवा दी। इसके अलावा हवाई जहाज़ से भी सफ़र कराया।

यह बात सन् 1947-48 की है। तभी मेरे मन में बात उठती थी कि जो लोग किसानों से भूमि-सुधार का वायदा करते हैं वे बड़े किसान की ज़मीन कैसे छीनेंगे। लेकिन जो राजनीति में थे उनका कहना था कि हमें जहाँ से पैसा मिलेगा लेंगे और जो काम करना होगा वह तो करेंगे ही। वे लोहिया की तरह नहीं थे कि फलाँ के यहाँ नहीं जाएँगे, उसकी चीज़ नहीं लेंगे। ऐसे विवेक का असर किसानों पर पड़ता है। इसके अभाव में ग़रीब भूमिहीन सोचने लगे, बड़े लोगों के लड़के लीडर हो रहे हैं; वे कैसे अपनी ज़मीनों को जाने देंगे? तब लोगों को लगा, कांग्रेसवालों को भी, कि कुछ करना होगा—इन सारी बातों के बावजूद, जो भी पार्टी हो, किसानों और भूमिहीनों का किसी पर विश्वास नहीं था। वे आते सभी की सभाओं में थे, लेकिन जब हम लोगों को सफ़ेदपोश देखते थे तो उनके मन में विश्वास नहीं रह पाता था।

सर्वे और सर्वोदय : परती ज़मीन कोसी की घाटी में बहुत थी, जिसका कोई मूल्य न था। यह वह ज़मीन थी जो चरागाह के काम में भी नहीं आ सकती थी। फिर सभी पार्टियों ने कहा कि ज़मीन का सर्वे होना चाहिए। 1950 के आसपास की यह बात है। इसके साथ ही साथ सर्वोदय का भी कारबार चला, तो ज़मीनवालों ने सोचा कि सर्वोदय में ज़्यादा ज़मीन दे दें—जो सर्वोदय में थे वही पहले कांग्रेस में थे—उन लोगों ने सोचा कि सर्वे जब होगा तो यही लोग हैं जो फ़ैसला करने आएँगे। तब ये हम पर दया-दृष्टि रखेंगे। लेकिन सर्वे के समय जब परिवार के लोगों ने परिवार के लोगों को ही हक़ नहीं देना चाहा तो फिर किसान-मज़दूर को क्या देते। सोशलिस्ट भी किसानों का साथ नहीं दे रहे थे।

कम्युनिस्ट पार्टी वाले इतने थे नहीं लेकिन जो थे वे भी सब मध्यवर्गीय परिवार के ही थे।

ग़रीब पार्टी, अमीर पार्टी : खुद-ब-खुद गाँव-गाँव में ग़रीब पार्टी और अमीर पार्टी बन गई। ग़रीब या भूमिहीन किसी भूमिहीन के खिलाफ़ गवाही नहीं देगा, ऐसा तय हुआ। फिर सामाजिक रिश्ते भी इसी आधार पर टूटे। ग़रीबों ने कहा कि रामायण साथ-साथ बैठकर सुनना और मालिक के यहाँ नौटंकी-मेला देखने जाना है, तो ज़मीन हाथ नहीं आएगी। संगठन नहीं रखोगे, लाठी मजबूत नहीं रखोगे तो ज़मीन नहीं मिलेगी। इसका फल यह हुआ कि कोई दस सैकड़ा लोगों को ज़मीन मिली। पर इसके बाद दीवानी मुक़द्दमों का दरवाज़ा तो खुला ही हुआ था। अंततः मुकद्दमों के बल पर दस में से पाँच सैकड़ा लोगों की ज़मीन तो छिन ही गई। जितनी उम्मीद थी उतना सुधार हुआ नहीं। जहाँ तक मेरी बात है मैं कहूँगा कि बड़े किसानों को कुछ नहीं हुआ। पहले एक जहाज़ था, अब दूसरा भी खरीद लिया है। सर्वे से जो फ़ायदा होनेवाला था वह नहीं हुआ। सर्वोदय से और भी कम हुआ। एक और बात हुई इस बीच। अभी लोग अदालत में थे। कुछ ने दावा छोड़ दिया; काहे से कि अगर मालिक कहते कि हज़ार रुपया ले लो और ज़मीन मेरे नाम कर दो तो लालच तो होता ही था। इस तरह सरंडर कर दिया। इस बीच कोसी योजना सफल हुई। उसके सफल होने के बाद लोगों को पानी मिलने लगा, खाद मिला; नए क़िस्म के बीज लोगों ने लिए। जिन दिनों तीन साल पहले पलामू में अकाल पड़ा हुआ था हमारे इलाक़े में घनघोर फ़सल हुई। पूर्णिया ज़िले में इतनी परती ज़मीन थी कि वह बिहार का बखार कहा जाता था। परती ज़मीन आबाद होने लगी। और बाप-दादा क्या पुरखे तक नहीं जानते थे कि इस ज़मीन में कुछ होनेवाला है। वहाँ अपूर्व उत्पादन होना शुरू हुआ। अब ऐसे ज़मीनवाले जिनके पास सौ बीघा ज़मीन थी और अब पचास बीघा रह गई थी उसी में से दो सौ बीघा ज़मीन जितनी पैदावार करने लगे। इस हरी क्रांति के या जो भी नाम दे दिया जाए, उसके होते हुए लोग वक़ालत, प्रोफ़ेसरी छोड़कर खेती करने लगे और जो ग़रीब खेती करनेवाले थे वे टुकर-टुकर देखने लगे। किसी भी पार्टी में वह दमखम नहीं है कि ज़मीन के सवाल को लेकर लड़ाई लड़े। न ही किसानों और भूमिहीनों को किसी के कार्यक्रम पर भरोसा है।

धन-धान्य : पूर्णिया अजब क्षेत्र है। वहाँ तमाखू, मिर्च, जूट आदि धनद फ़सलें भी होती हैं, धान भी होता है। ऐसे में लोग कम में संतुष्ट रहते हैं और इसीलिए उसे बिहार का बखार कहा जाता है।

आबरन देवे पटुवा, पेट भरन देवे धान।
पूर्णिया के बसइया, रहै चदरवा तान।।

(पूर्णिया में इसी से तो मेले मशहूर हैं। मध्यवर्गीय बाबू लोग मेलों में शौक़ की चीज़ें दूर-दूर से मँगाते थे। देखिए *तीसरी कसम*।)

कोई भी समझ सकता है कि जो उपजानेवाले हैं वे मुँह ताकते रह जाएँगे, यह नहीं हो सकता। पर (क़ानून के समर्थक लोगों में से) किसी ने कभी इन लोगों को नेतृत्व नहीं दिया। अब स्थिति यह हो गई है कि इनको ऐसा कोई आदमी चाहिए जो क़ानून की परवाह न करता हो। ऐसा कोई आदमी उठता है तो उसका नाम नक्सलपंथी हो जाता है। नेपाल की सीमा पर कुछ सचमुच नक्सलपंथी विचार के लोग हैं ज़रूर; वहाँ बहसें भी होती होंगी; शायद शिक्षा भी होती हो। उस विचारधारा का कुछ असर है। पर मुझे कहीं भी उनका कोई नेता देखने को नहीं मिला। अकसर संथाल लोगों को ही आगे देखा जाता है (संथालों पर अंग्रेज़ कलेक्टर भी रहम खाते थे और उनका पक्ष लेते थे, पर उन्हें हक़ दिलाने में वह असफल रहे। यह लड़नेवाली जाति है।)

रघुवीर सहाय : इस आतंकवादी गतिविधि के प्रतिरोध में क्या हो रहा है?

रेणु : अभी तो कुछ खून-खराबा हुआ नहीं। तीर वगैरह चले हैं, हल्ला बहुत हुआ है। हल्ला ज़मीनवाले मचा रहे हैं। जैसा कि पाकिस्तान से आनेवालों ने किया था कि साहब हमारा तो सब कुछ

लुट गया, यहाँ लोग कहते हैं कि क्या खेती करें, नक्सलपंथी लोग लूट ले जाएँगे, ऐसा विचार बन गया है। पर इतना आतंक है नहीं। विप्लवकारी स्थानीय लोग हैं। उनका कोई भी नेतृत्व करनेवाला नहीं है। गाँवों में कोई नक्सलपंथी नहीं पहुँचा। जिस किसी को कांग्रेस ने या सोशलिस्ट पार्टी ने निकाल दिया था अब उसे मौक़ा मिला है कि मारो ... ज़मीनवाले खुद लड़ना नहीं चाहते, इसलिए हल्ला मचाते हैं कि सरकार ही हमारी ओर से लड़े ... इसीलिए इतना हल्ला मच रहा है और कुछ लोगों को पकड़वाने की कोशिश चलती है। इस हल्ले से असली नक्सलपंथियों को खुशी होती है कि स्थानीय विद्रोह के चलते नाम हमारा हो रहा है और राजनैतिक शक्ति भी बढ़ रही है। कुछ नक्सलपंथी क्षेत्र सीमा पर बने हैं। वहाँ के लोगों में से एकाध से मेरी बातचीत भी हुई। वे सारे लोग गुंडे नहीं हैं।

र.स. : कांग्रेस पार्टी क्या कर रही है?

रेणु : दोनों ही कांग्रेस पार्टियाँ अपने-अपने अस्तित्व की रक्षा में लगी हुई हैं। जो बड़े-बड़े लोग इस इलाक़े में हैं उनसे उन्हें सहायता मिलती है। अगर ये भूमिहीनों की मदद करने लगेंगे तो इनका अस्तित्व खत्म हो जाएगा।

नछत्तर माली : 1947 में पूर्णिया ज़िले में अकाल की स्थिति आई थी। लोगों ने सोचा कि अनाज की कमी हो गई है। लेकिन स्थिति यह थी कि बड़े-बड़े किसानों और व्यापारियों ने बखारों में अनाज दबा दिया था। नछत्तर 1936 से ही सोशलिस्ट पार्टी का कार्यकर्ता था। उसने पार्टी के लोगों से कहा कि आप लोग आइए और लोगों को अनाज दिलवाइए। हम लोग प्रस्ताव पास करते थे, लेकिन कुछ करते नहीं थे। लेकिन वह आदमी बैठा रहनेवाला नहीं था। उसने बखार खुलवाकर अनाज बँटवाना शुरू कर दिया। मालिक जब पूछते तो वह कहता था कि चचा साहब, चारों तरफ़ अकाल है। लोग आपके यहाँ आए थे और आपने गाली-गलौज से बातचीत की। ये मर जाएँगे तो आपका अनाज किसके काम आएगा? मालिकों और सिपाहियों को कहता था चुपचाप बैठे रहो सामने और लोगों से कहता था कि बखार में से निकालो और खाओ। पहले तो वह कभी-कभी काग़ज़-पत्र भी रखता था कि किसको कितना अनाज मिलेगा। उसके बाद वह अज्ञातवासी हो गया। उसको इन लोगों ने खदेड़ना शुरू कर दिया। कुछ दिनों तक उससे लोग बहुत डरते रहे, क्योंकि उसका सिद्धांत था कि जो सी.आई.डी. का काम करता हो उसे तुरंत उसकी सज़ा मिलनी चाहिए। अभी भी 2-3 दर्जन लोग बिना नाक-कानवाले हैं। उन सबको नाक-कान काटकर इसी ने सज़ा दी। सन् 47 के बाद भी जब नछत्तर लोगों को अनाज दिलवाने लगा तो पार्टी के लोग भी उससे डरने लगे। अंततः उसे पार्टी से निकाल दिया गया।

नक्षत्र मालाकार : नछत्तर जब 1936 में सोशलिस्ट पार्टी में भर्ती होने आया तो जयप्रकाश बाबू ने नाम लिखते हुए कहा—नछत्तर माली क्या, नक्षत्र मालाकार कहो न। इसके पहले 1930 में वह जेल गया था। जेल में उसने कांग्रेस के नेताओं से पूछा कि जब सुराज हो जाएगा तो क्या आप लोग अपनी ज़मीनें लोगों में बाँट देंगे? तो उन नेताओं ने कहा कि नहीं। भला ऐसा कैसे हो सकता है। सभी अँगुलियाँ बराबर थोड़े ही होती हैं। उसने कहा कि तो फिर सुराज काहे का। 1942 में उसने सबसे ज़्यादा काम किया, लेकिन नाम लूटा दूसरे लोगों ने। वह ढूँढ़-ढूँढ़कर बम बनानेवालों को, राइफ़लें बनानेवालों को जुटाता था। जब हम लोगों ने उसे त्यक्त कर दिया तभी वह पकड़ा गया।

चलित्तर कर्मकार : रेणु ने कहा, *मैला आँचल* का चलित्तर कर्मकार यही नक्षत्र मालाकार है। नहीं कहा जा सकता कि रेणु की अगली कृति में पूर्णिया का कौन-सा रूप निखरेगा, परंतु वह नई रचना की तैयारी में हैं, यह निश्चित रूप से कहा जा सकता है। "लिखने में देरी का कारण यही है कि हालात बड़ी तेज़ी से बदल रहे हैं। चीनी हमले के समय, फिर पाकिस्तान से लड़ाई के दिनों में जो देखा, उससे लगा कि राष्ट्रीयता हमारे नस-नस में है। झंडा लेकर चाओ-माओ मुर्दाबाद का नारा लगा। भरोसा हुआ कि राष्ट्रीयता है। फिर देखा कि चीनी माल से बाज़ार भर गए। जो कोई उस पार जाता

चीनी सिल्क, चीनी ट्रांजिस्टर, फाउंटेनपेन लेकर चला आता। इस काम से कोई बचा नहीं। जो यह काम रोकना चाहता उसे रुपया देकर चुप करा दिया जाता था। जो लोग यह काम कर रहे हैं, नेपाल में जिन्होंने माल भर लिया है वे वहीं से पूरे आँकड़े रखते हैं कि इसका भारत पर क्या प्रभाव पड़ता है, क्योंकि जब भारत में लोगों ने चीनी माल तोड़ना-जलाना शुरू किया तो व्यापारियों ने जानते हैं क्या किया? उस पर 'मेड इन चाइना' लिखना बंद कर दिया और जब यह लिखना बंद कर दिया तो खरीदनेवालों की और बेचनेवालों की आत्मा शुद्ध हो गई।"

[*दिनमान*, 3 मई 1970]

परिशिष्ट-6

शब्दशक्ति

[1983]

दो शब्द बहुत से शब्दों के बारे में

शब्दों से हर समय हमें काम पड़ता रहता है। आँखों के इशारों से भी हम कुछ कहते हैं। चुप रहने का भी अक्सर कुछ मतलब होता है। मगर कभी-कभी, ज्यादातर वक्त तो हम बोलकर ही अपने मन की बात बताते हैं :

कुछ लोगों के साथ बात करके अच्छा लगता है। दरअसल बात करके नहीं, बल्कि उनकी बात सुन के। सच है कि बात करने का सबसे अच्छा तरीका बात सुनना है मगर बात तो उन्हीं की सुनने में अच्छी लगती है जो अच्छी बात कर लेते हैं।

अच्छी बात कर सकने के लिए बहुत से शब्द नहीं चाहिए। बहुत से शब्द तो सिर्फ बातूनी बना देंगे। सही शब्द चाहिए। ठीक वक्त पर, ठीक समय पर, ठीक वही अर्थ देनेवाले शब्द जो हमारे मन में हैं।

क्या कभी आपको यह अनुभव नहीं हुआ कि आप कहना कुछ चाह रहे हैं और मुँह से निकल कुछ और रहा है? या यह अनुभव कि कुछ कहना है और जानते भी हैं कि क्या कहना है परंतु उसके लिए ठीक शब्द नहीं मिल रहा है? या यह कि कोई शब्द मिल गया है पर ठीक-ठीक विश्वास नहीं है कि वही शब्द ठीक है—और शायद कभी-कभी यह भी कि अफसोस, यह क्या मुँह से निकल गया।

एक वाक्य है जो अक्सर सुनने में आता है, 'आपको अपनी भावनाएँ बताने के लिए मेरे पास शब्द नहीं हैं।' पर ऐसी भावनाओं के लिए एक शब्द है 'अकथ'। तो यह कहने के लिए कि यह बात कही नहीं जा सकती, शब्द तो है ही।

तुलसीदास ने सीताजी के रूप का वर्णन करने के लिए कहा है कि वह शोभा बखानी नहीं जा सकती।

गिरा अनयन नयन बिनु बानी (गिरा अर्थात् जीभ के आँख नहीं है जो देखती और बोलती। आँख के पास बोली नहीं है जो वह बता देती जो देखा है।) जब मन के भाव कहने के लिए शब्द नहीं मिलते हैं तो मन आँखों और जबान के बीच एक मुश्किल में पड़ा रह जाता है। यह रोज और हर समय नहीं होता।

क्योंकि हमें शब्द खोजने ही पड़ते हैं, अपनी बात दूसरों तक पहुँचानी ही पड़ती है, तभी काम चलता है। अगर सही शब्द मिल जाते हैं तो अच्छी तरह काम चलता है। सही शब्द वही है जो हम सब जानते हैं, सिर्फ उसको पहचानते नहीं। बहुत से शब्द ऐसे भी हैं जिनको हम पहचानते तो हैं पर ऐसे ही जैसे किसी को देखकर कहना पड़े—'सूरत तो पहचानी-सी है पर नाम नहीं याद आ रहा है।'

आइए उन नामों को याद करें जो शब्दों के पहचाने-से चेहरों के हैं, और कुछ नए चेहरों से मुलाकात करें।

—रघुवीर सहाय

क्रम

बस एक प्याला कॉफ़ी

वह कौन-सा गाना है—बड़े धोखे हैं...बाबूजी धीरे चलना प्यार में जरा सम्हल के—या ऐसे ही कुछ। भाषा में भी बड़े धोखे हैं—लोग कहते कुछ हैं, मतलब कुछ होता है और बेचारे सुननेवाले जो समझते हैं वह सच नहीं होता। यों कहिए कि उन्हें समझा दिया जाता है। तभी तो कहा गया है कि चिकनी-चुपड़ी बातों पर समझ-बूझ से यकीन करो।

हमने आपको होशियार करने के लिए बारह शब्द चुने हैं जिनका संबंध धोखा देने (और धोखा खाने) से है : ये यहाँ दिए जा रहे हैं। इसके साथ एक कहानी दी जा रही है जो खास तौर से प्रेमियों के लिए लिखी गई है। बस इसमें कुछ खाने खाली रह गए हैं। आप उन्हें भर दीजिए। यही बारह शब्द काफी हैं। हाँ, आपको कहीं-कहीं इन शब्दों से शब्द बनाने पड़ेंगे—जैसे, एक दिन मैं दिल बहलाने को...आदि, आदि।

जब आपका दिल भर जाए तो उत्तर देख लीजिएगा। और यह कहानी पढ़कर दिल चाहे तो अपनी कहानी भी लिख डालिएगा।

1. बहकाना, 2. ललचाना, 3. बहलाना, 4. लुभाना, 5. तरसाना, 6. छलना, 7. फुसलाना, 8. रिझाना, 9. ठगना, 10. पटाना, 11. झुठलाना, 12. भरमाना।

एक दिन मैं दिल........................को बाग में गया। रंग-बिरंगे फूल मन को लुभा रहे थे और मैं उनमें से एक तोड़ने को....................लगा इतने में एक सुंदर स्त्री आई। उसका आना था कि उस पर रीझकर मैं उससे बात करने को तरसने लगा, परंतु मन ने कहा, नहीं, यह तुम्हें जानबूझकर..........................रही है। अच्छा ठहरो, मैं भी इसे........................हूँ। यह कहकर मैंने उसे पुकारा, उसने कहा, आती हूँ, पर वह तो मुझे........................रही थी। वह नहीं आई। मैंने थोड़ी देर इंतजार किया पर जब वह उठकर चली गई तो मैं समझ गया कि इसने मुझे.................... है, पर क्यों? मैं तो केवल बात करना चाहता था, न तो उसे.............चाहता था न................. हाँ, वह बात करती तो एक प्याला काफी साथ-साथ पीने के लिए मैं उसे...............ही लेता।

'बस एक प्याला कॉफ़ी' का उत्तर

एक दिन मैं दिल बहलाने को बाग में गया। रंग-बिरंगे फूल मन को लुभा रहे थे और मैं उनमें से एक तोड़ने को ललचाने लगा। इतने में एक सुंदर स्त्री आई। उसका आना था कि उस पर रीझकर मैं उससे बात करने को तरसने लगा। परंतु मन ने कहा, नहीं, यह तुम्हें जानबूझकर भरमा रही है। अच्छा ठहरो, मैं भी इसे फुसलाता हूँ। यह कहकर मैंने उसे पुकारा। उसने कहा, आती हूँ, पर वह तो मुझे बहका रही थी। वह नहीं आई। मैंने थोड़ी देर इंतजार किया पर जब वह उठकर चली गई तो मैं समझ गया कि इसने मुझे झुठलाया है, पर क्यों? मैं तो केवल बात करना चाहता था, न तो उसे छलना चाहता था न ठगना। हाँ, वह बात करती तो एक प्याला काफी साथ-साथ पीने के लिए मैं उसे पटा ही लेता।

मूल्यांकन :

11 से अधिक सही	....	सर्वोत्तम
9 से 10 सही	....	अत्युत्तम
7 से 8 सही	....	उत्तम

अदला-बदली

किसी राज्य के मंत्रिमंडल में परिवर्तन होनेवाले हैं। भाषा ऐसे बहुत से शब्दों को इस घटना की व्याख्या करने में लगा देती है जो अभी तक राजनीति में काम नहीं आए थे। ये नए अर्थ प्राप्त कर लेते हैं। आइए यहाँ जो 26 शब्द दिए गए हैं उनके आगे दिए हुए शब्दों में से सही शब्द चुनें जो उनका सही अर्थ हो फिर पृष्ठ 575 पर जो उत्तर दिए गए हैं उनसे अपने उत्तर मिलाएँ और पृष्ठ 575 पर जो लेख छपा है उसमें 26 शब्दों का प्रयोग देखें।

1. **मुखर**—1. मुख में भरा, 2. मूर्ख जैसा, 3. मुकर का एक रूप, 4. मुख से शब्दों में प्रकट
2. **मौन**—1. चुप, 2. धूर्त, 3. दुखी, 4. अभागा
3. **विस्तार**—1. फैलाव, 2. घाट, 3. पिछवाड़ा, 4. उधार
4. **वर्तमान**—1. जो अभी है, 2. जो अभी होगा, 3. बैठा हुआ, 4. स्पष्ट
5. **नियंत्रित**—1. अपमानित, 2. वश में रखा हुआ, 3. मशीन से बना, 4. मंत्रमुग्ध
6. **कार्यप्रणाली**—1. एक गहरी नाली, 2. एक प्राचीन विद्या, 3. युद्ध की नीति, 4. काम करने की विधि
7. **भ्रष्ट छवि**—1. बिगड़ी हुई फिल्म, 2. भ्रष्टाचारी होने का संदेह, 3. चेचक के दाग, 4. दुर्बल तन
8. **फेर बदल**—1. चोरी, 2. डाका, 3. परिवर्तन, 4. धोखा
9. **बजट सत्र**—1. बजट का पेश किया जाना, 2. बजट की व्याख्या, 3. वह अधिवेशन जिनमें बजट पास होता है, 4. बजट का जोड़
10. **समन्वय**—1. तालमेल, 2. फेर बदल, 3. लेन देन, 4. परिचय
11. **जनछवि**—1. दिखाने की बातें, 2. जनता का चेहरा, 3. जनता में स्वीकृत चेहरा, 4. वोट
12. **प्रभावी**—1. पुरअसर, 2. रोआबदार, 3. भावुक, 4. बाद में होनेवाला
13. **नौकरशाही**—1. अफसरों का राज, 2. शाही नौकर, 3. सरकारी नियम, 4. प्रांतीय अफसर
14. **विशेषाधिकार प्रस्ताव**—1. यह प्रस्ताव कि सदन की मर्यादा क्यों तोड़ी गई, 2. भत्ता, 3. बहस का आरंभ, 4. सदन से निकाल देना
15. **निलंबित**—1. लटका हुआ, 2. नौकरी से मुअत्तल, 3. अवकाश प्राप्त, 4. निष्क्रिय
16. **प्रदर्शित**—1. दिखाई हुई, 2. नृत्य के समान, 3. अनुमानित, 4. विवादग्रस्त
17. **संघर्षरत**—1. परिश्रम में लगी, 2. दौरे पर, 3. कैदी, 4. कठिनाइयों के विरुद्ध लड़ने में लगा हुआ
18. **पुनर्गठित**—1. मजबूत की हुई, 2. फिर से बनाई हुई, 3. नई, 4. पुरानी
19. **सक्रिय**—1. व्यायाम करनेवाला, 2. स्वस्थ, 3. काम में लगा हुआ, 4. परेशान
20. **गुट**—1. विभाग, 2. प्रकार, 3. जातियाँ, 4. स्वार्थ
21. **समानांतर**— 1. समतावादी, 2. दूसरे प्रकार का, 3. बराबरी का दावा करनेवाला, 4. अभिन्न
22. **सांसद**— 1. संसद का सदस्य, 2. संसदीय, 3. उपमंत्री, 4. अध्यक्ष का एक पर्याय

23. **पूर्वांचल**—1. पूर्व का क्षेत्र, 2. असम, 3. पहाड़, 4 घाटी
24. **निकटतम**—1. संबंधी, 2. पुत्र के समान, 3. सबसे अधिक निकट, 4. जाति भाई
25. **जातीय संतुलन**—1. राष्ट्रीय एकता, 2. किसी जाति में बुद्धिमानी, 3. जातियों में परस्पर शक्ति का समान बँटवारा, 4. जाति की उन्नति
26. **प्रतिद्वंद्वी**—1. दो दो, 2. क्रोधी, 3. विरोध करनेवाला, 4. दुष्ट मित्र

मूल्यांकन :

24 से अधिक सही	......	सर्वोत्तम
20 से 23 सही	......	अत्युत्तम
16 से 19 सही	......	उत्तम

'अदला-बदली' के उत्तर

1. **मुखर**—(4)
2. **मौन**—(1)
3. **विस्तार**—(1)
4. **वर्तमान**—(1)
5. **नियंत्रित**—(2)
6. **कार्यप्रणाली**—(4)
7. **भ्रष्ट छवि**—(2)
8. **फेर बदल**—(3)
9. **बजट सत्र**—(3)
10. **समन्वय**—(1)
11. **जन छवि**—(3)
12. **प्रभावी**—(1)
13. **नौकरशाही**—(1)
14. **विशेषाधिकार प्रस्ताव**—(1)
15. **निलंबित**—(2)
16. **प्रदर्शित**—(1)
17. **संघर्षरत**—(4)
18. **पुनर्गठित**—(2)
19. **सक्रिय**—(3)
20. **गुट**—(2)
21. **समानांतर**—(3)
22. **सांसद**—(1)
23. **पूर्वांचल**—(1)
24. **निकटतम**—(3)
25. **जातीय संतुलन**—(3)
26. **प्रतिद्वंद्वी**—(3)

मंत्रिमंडल का विस्तार फिर टल गया। इतना छोटा मंत्रिमंडल एक बड़े राज्य को नियंत्रित करने के लिए वर्तमान में प्रभावी नहीं है। मुख्यमंत्री की कार्यप्रणाली से उनकी भ्रष्ट छवि छिपती नहीं, और आलोचना मुखर होती है। वह फेर बदल चाहते हैं पर नौकरशाही को यह पसंद नहीं। यह बजट सत्र में नहीं हो सकेगी। एक-एक मंत्री के पास पाँच-पाँच विभाग हैं जिनमें समन्वय होना चाहिए। किसी मंत्री की जन छवि अच्छी नहीं। दो-चार के विरुद्ध कुछ विधायक विधान सभा में विशेषाधिकार प्रस्ताव भी ला चुके हैं। एक मंत्री हैं जिनका सचिव फाइल बदलने पर निलंबित किया जा चुका है। कई गुट एक दूसरे के प्रतिद्वंद्वी हैं और परस्पर संघर्षरत हैं। सरकार और पार्टी दोनों को पुनर्गठित कर सक्रिय बनाने की जरूरत है। पार्टी के समानांतर गुटों को समझना चाहिए कि एकता प्रदर्शित करना जरूरी है। संसद में भी एक सांसद ने राज्य के भ्रष्टाचार पर प्रश्न पूछे हैं। यदि विधायक पार्टी में जातीय संतुलन बनाए रखें तो पार्टी और नहीं टूटेगी। मुख्यमंत्री, प्रधानमंत्री के निकटतम व्यक्ति माने जाते हैं परंतु उनके पूर्वांचल में पश्चिमी जिलों से अधिक गरीबी है। इस प्रश्न पर वह मौन हैं।

मूल्यांकन :

23 से अधिक सही	....	सर्वोत्तम
20 से 22 सही	....	अत्युत्तम
14 से 19 सही	....	उत्तम

कुछ अलग से

य, र, ल, व

लगभग 3500 शब्द ऐसे हैं जिनमें य व्यंजन कहीं न कहीं हिंदी में संयुक्त रूप में आता है। इनमें अनेक शब्द ऐसे हैं जिनका उच्चारण करते हुए लोग अकसर य के स्थान पर ज बोलते हैं। वैसे यह परंपरा नई नहीं है। य को ज वैदिक काल में भी बोला जाता था।

हिंदी के शब्दों में य आदि, मध्य और अंत तीनों स्थितियों में आता है। शुरू में आनेवाले य को ही अधिकतर ज बोला जाता है। यह प्रवृत्ति सबसे अधिक संस्कृत के तत्सम शब्दों में मिलती है; जैसे—यकृत, यज्ञ, यक्ष्मा, यति, यंत्र, युग, युवती, योगी, यात्रा, युक्ति, यमुना, यदि, यमराज, आदि। इसके विपरीत हिंदी के अपने शब्दों में (यहाँ, यों, यह), अंग्रेजी शब्दों में (यूनियन, यूरोप, युनिट) तथा अरबी-फ़ारसी शब्दों में (यक़ीन, यतीम, यार, यादगार) य का उच्चारण ज नहीं किया जाता है। शब्दों के मध्य में भी य आता है लेकिन उनमें से बहुत कम में य को ज उच्चारण करने की संभावना होती है। कुछ ऐसे शब्द हैं—अयोध्या, प्रयत्न, संयोग, अभियान।

जिन शब्दों में र युक्त य होता है वहाँ भी य का उच्चारण ज किया जाता है। य का उच्चारण ज मध्य में केवल उन्हीं शब्दों में किया जाता है जो संस्कृत तत्सम हों। य अंत में उन शब्दों में आता है जो संस्कृत तत्सम हों, हिंदी के हों, या अरबी-फ़ारसी के हों। लेकिन इनमें से य को ज केवल वही बोला जाता है जहाँ य के पहले र होता है और इस तरह के शब्द संस्कृत तत्सम होते हैं—अनिवार्य, आचार्य, आर्य, चातुर्य, सूर्य, आश्चर्य।

लगभग 3 हजार शब्द हिंदी भाषा में ऐसे हैं जिनमें 'व' संयुक्त रूप से प्रयोग होता है। इनमें से बहुत से ऐसे हैं जिनमें व के स्थान पर ब बोला जाता है। ऐसे उच्चारण की परंपरा संस्कृत से चली आ रही है। सबसे अधिक संस्कृत के तत्सम शब्दों के शुरू में व को लोग 'ब' उच्चारित करते हैं। ये शब्द हैं : वंश, वंशी, वट, वत्स, वध, वधू, वन, वंदना, वर्ष, वय, वसंत, वश, वर्षा, वस्त्र, वाणी, वास, विकट, विचार, विचित्र, विदेश, विद्या, विनय, वृक्ष, वृंद, वेद, वेश आदि।

कुछ विदेशी शब्द ऐसे हैं जिनमें 'ब' की गलती देखने को मिलती है जैसे—वाक्या, वायदा, वापस, वास्ता, वीरान, वफ़ा, वज़न, वक़्त, सवेरा, वालिद वग़ैरह, वग़ैरह।

शब्दों के मध्य में व का ब उच्चारण लगभग नहीं के बराबर मिलता है। जिन शब्दों के अंत में व आता है उनमें व को ब नहीं उच्चारित किया जाता है, जैसे कौरव, नाव, चाव, देव, गाँव, जीव, शव आदि। लेकिन यदि शब्द के अंत में र युक्त व हो तो प्रायः उसका उच्चारण ब किया जाता है जैसे—पूर्व, पर्व, सर्व, गर्व आदि।

सिकुड़े, गुँजटे, सिमटे, उलझे वाक्य

ये वाक्य जो नीचे दिए गए हैं एक अखबार से लिए गए हैं। क्या ये वाक्य सही और अच्छी भाषा के वाक्य कहे जाएँगे? आप अपनी राय दें और इनके सही और अच्छे रूप एक कागज पर लिखकर उत्तरों से मिलाएँ। देखें कि शब्दशक्ति को क्या कहना है।

1. आग के गोलों की तरह तीन सौ मीटर तक उछल रहे हजारों सिलेंडरों के टुकड़े कई-कई किलोमीटर दूर फैल गए
2. जलते टुकड़ों के बरसने से तीन व्यक्तियों की मृत्यु हो गई और तीस व्यक्ति घायल हो गए। गंभीर रूप से घायल सत्रह व्यक्तियों को अस्पताल में भरती कराया गया।
3. आग ने चार वैगनों को भी अपनी लपेट में ले लिया और कुछ ही देर में वे जलकर लोहे के लुंज-पुंज ढाँचे में बदल गए।
4. वहाँ खड़े सत्रह वैगनों को घटनास्थल से दूर ढकेल दिया गया वरना आग का तांडव नृत्य और भी कहीं अधिक भयानक होता।
5. सिलेंडरों के फटने के धमाके इतने जबर्दस्त थे कि ऐसा लग रहा था मानो कई तोपों को एक साथ दागा जा रहा हो। धमाके की गूँज आठ किलोमीटर तक भी सुनाई दे रही थी। सौ-सौ फुट तक ऊँची उठ रही लपटों को कई-कई किलोमीटर दूर से भी देखा जा सकता था... लोगों को बचने के लिए घरों और दूकानों में घुसना पड़ा।
6. प्रशासन जब भी ऐसे गैरकानूनी कब्जों को हटाने के लिए कदम उठाता है, तब लोग अदालतों से निषेधाज्ञा लाकर प्रशासन को हताश कर देते हैं।
7. जनता पार्टी के नेता ने प्रधानमंत्री से कहा है कि वह अपनी लोकप्रियता सिद्ध करने के लिए मध्यावधि चुनाव कराएँ।
8. यहाँ से करीब पंद्रह किलोमीटर दूर शाहपुर थानांतर्गत दाऊदपुर गाँव में आज पूर्वाह्न वृक्ष से टकराकर एक निजी बस के उलट जाने से उससे दबकर एक व्यक्ति की मृत्यु हो गई और सात व्यक्ति घायल हो गए।
9. मनोज कुमार के पिता हरवंश लाल गोस्वामी के बंबई अहमदाबाद मार्ग पर एक सँकरी नदी में डूब जाने की आशंका है। वह पूजा करने के बाद नारियल चढ़ाते समय नदी में गिर पड़े।

'सिकुड़े, गुँजटे, सिमटे, उलझे वाक्य' के उत्तर और टिप्पणी

1. सिलेंडर नहीं उछल रहे थे, उनके टुकड़े उछल रहे थे। कई-कई किलोमीटर दूर फैल गए की जगह कहना चाहिए कई-कई किलोमीटर दूर जा गिरे या कई किलोमीटर दूर तक फैल गए, फैलना क्रिया एक दायरे को बताती है, इसलिए वहाँ कई-कई दोहराने की जरूरत नहीं। कई-कई किलोमीटर प्रत्येक टुकड़े के दूर जा गिरने के संबंध में इस्तेमाल होना चाहिए।

   आग के गोलों की तरह सिलेंडर नहीं उनके टुकड़े उछल रहे थे, इसलिए पहले तो कर्ता और क्रिया का संबंध ठीक किया जाए। हजारों सिलेंडरों के आग के गोलों की तरह उछल रहे टुकड़े कहा जाए या बेहतर है कि आग की तरह उछलने की क्रिया को जा गिरे या फैल गए का क्रिया विशेषण बना दिया जाए और ऐसे लिखा जाए—हजारों सिलेंडरों के टुकड़े आग के गोलों की तरह उछलते हुए कई-कई किलोमीटर दूर जा गिरे या कई किलोमीटर दूर तक फैल गए। अब उछलना क्रिया के दूसरे विशेषण को लें—तीन सौ मीटर तक। यह कहने से

बोध होता है कि बतानेवालों ने फीते से नापकर निश्चित संख्या बताई है। तीन-तीन सौ मीटर उछल रहे या उछलते हुए कहना चाहिए। चूँकि तीन सौ अनुमान है और प्रत्येक टुकड़े के लिए एक-सा सही नहीं हो सकता, भाषा ने तीन को दोहराकर एक ओर पर्याप्त छूट ले ली है, दूसरी ओर प्रत्येक टुकड़े के लिए उछलने की सीमा तीन सौ मानते हुए भी यह संकेत दे दिया है कि कोई तीन सौ से कुछ कम और कोई कुछ ज्यादा भी उछला होगा।

2. जलते टुकड़ों के बरसने से तीन व्यक्तियों की मृत्यु हो गई के बाद और से बाकी वाक्य को जोड़ दिया गया है पर वह जोड़ा हुआ हिस्सा वजन में बराबर नहीं है। तीन व्यक्तियों की मृत्यु हो गई और तीस व्यक्तियों को चोट आ गई या तीन व्यक्ति मारे गए और तीस घायल हो गए होना चाहिए था। गंभीर रूप से घायल—गंभीर का प्रयोग अंग्रेजी की नकल पर अधिक की विभिन्न मात्राएँ बताने के लिए हो रहा है परंतु यही बात हिंदी में और अच्छी तरह कही जा सकती है—सख्त घायल, बुरी तरह घायल, बेहद घायल, बुरी हालत में। गंभीर शब्द के स्थान पर ये विभिन्न शब्द अधिक अच्छी हिंदी माने जाएँगे।

3. अपनी लपेट में—अपनी अनावश्यक है और भाषा को ढीला करता है। वे जलकर लोहे के लुंज पुंज ढाँचे में बदल गए की जगह होना चाहिए वे जलकर लोहे के लुंज पुंज ढाँचे रह गए या बन गए।

4. और भी कहीं अधिक—यह फिजूलखर्ची है। या और भी कहिए या कहीं अधिक कहिए।

5. ऐसा लग रहा था के साथ मानो की जरूरत नहीं। या लिखिए ऐसा लग रहा था कि कई तोपें (तोपों को) एक साथ दागी जा रही हैं (एक साथ दागा जा रहा हो) या इसी वाक्य में ऐसा लग रहा था हटाकर मानो रहने दीजिए। आठ किलोमीटर तक भी—तक के साथ भी की जरूरत नहीं। आठ-आठ किलोमीटर तक और ज्यादा सही है। सौ-सौ फुट तक में तक बिलकुल फालतू है और कई-कई किलोमीटर दूर से भी में एक कई फालतू है या भी फालतू है। घुसना पड़ा—जा छिपना के या जा घुसना के अर्थ में आया है। घुसना और जा घुसना में बड़ा फर्क है। घुसना का मतलब है बिना अधिकार दखल करना और जा घुसना का मतलब है चाहे अनचाहे, मजबूरन तात्कालिक कारण से घुस जाना यानी जा कर घुसना पड़ा।

6. प्रशासन जब भी ... हताश कर देते हैं। जब भी के साथ तब भी या जब-जब के साथ तब तब लिखना चाहिए। या फिर जब भी पहले जैसा रहे मगर वाक्य के दूसरे पलड़े में तब तब या तब भी न लिखकर केवल एक कॉमा रखा जाए। अदालतों बहुवचन की जरूरत नहीं, अदालत एकवचन में अदालत नामक संस्था का बोध कराता है। अलग-अलग अदालतों से निषेधाज्ञा लाने का प्रसंग नहीं बताया जा रहा है जो अदालत बहुवचन रखा जाए। हताश नहीं होना चाहिए क्योंकि हताश का मतलब है कि प्रशासन की आशाएँ मर रही हैं, विफल या कुंठित सही शब्द होगा।

सही है—जब-जब प्रशासन ऐसे गैरकानूनी कब्जों को हटाने के लिए कदम उठाता है, (तब तब) लोग अदालत से निषेधाज्ञा लाकर प्रशासन को विफल कर देते हैं।

7. सही है—जनता पार्टी के नेता ने प्रधानमंत्री से कहा है कि वह अपनी लोकप्रियता सिद्ध करना चाहती हैं तो मध्यावधि चुनाव कराएँ या उन्हें अपनी लोकप्रियता सिद्ध करनी है तो मध्यावधि चुनाव कराएँ, सिद्ध करने के लिए का आशय है कि सिद्ध तो वह है ही पर उसकी पुष्टि करने के लिए...

8. वृक्ष से टकराकर एक निजी बस के उलट जाने से उससे दबकर की जगह एक निजी बस के वृक्ष से टकराकर उलट जाने से दबकर होना चाहिए।

9. मनोज कुमार के पिता... डूब जाने की आशंका है। आशंका उस बात की होती है जो अभी

हुई न हो। जो हो चुकी है और उसके विषय में संदेह या भय है वह आशंका नहीं भय या संदेह ही कहा जाएगा। सही होगा—भय है कि....गोस्वामी बंबई अहमदाबाद मार्ग पर एक सँकरी नदी में डूब गए होंगे।

कुछ अलग से

वक्त का रंदा

यह कितनी दिलचस्प बात है कि शब्द में अर्थ की शक्ति इस्तेमाल से बढ़ती है तो घटती भी है। बढ़ती है जब ठीक जगह पर ठीक शब्द रखा जाता है पर घटती है जब जरूरत से ज्यादा बड़ा शब्द इस्तेमाल किया जाता है। बार-बार ऐसे इस्तेमाल से शब्द अपने मूल अर्थ को खो देते हैं जैसे घिसने से उनका खुरदरापन मिट गया हो और वे चिकने हो गए हों।

यहाँ हम कुछ शब्द दे रहे हैं जिनका मूल अर्थ अब घिस गया है।

शब्द	***मूल अर्थ***	***प्रयोग***	***वर्तमान अर्थ***
दारुण	*उग्र*	*दारुण दुख सहना पड़ा*	*पीड़ाप्रद*
भीषण	*भयंकर*	*भीषण सुंदर नाटक है*	*अत्यंत*
घोर	*भयानक*	*घोर निराशा में डूबा हूँ*	*सघन*
वज्र	*कठोर*	*वज्र मूर्ख से पाला पड़ा*	*महा*

देखिए कैसे-कैसे धुरंधरों पर वक्त का रंदा चल गया। सब अपनी-अपनी विशेषताएँ छोड़कर एक व्यापक अधिकता बनानेवाले शब्द रह गए। ऐसा ही धुरंधर शब्द के साथ भी हुआ।

धुरंधर का मूल अर्थ है धुर को धारण करनेवाला—अर्थात् सबसे अधिक जिम्मेदार अर्थात् प्रधान। फिर जब हर विद्वान के लिए चाहे वह प्रधान हो या न हो, धुरंधर कहा जाने लगा तो वह सिर्फ बहुत का पर्याय बनकर रह गया—मगर जमाने को भी मजाक की आदत है—देखा कि जब सभी अपने को धुरंधर बना रहे हैं तो जरूर कुछ झूठे धुरंधर भी होंगे। जमाने ने इस शब्द को एक अर्थ और दे दिया—महान नहीं बल्कि महान धूर्त, दुष्ट, चालाक। धुरंधर का एक इस्तेमाल व्यंग्य से यों भी होने लगा—अरे, वह बड़ा धुरंधर आदमी है।

नन्हें शब्दों की शक्ल

भाषा की एक ताकत यह है कि वह चीजों को छोटा करने के लिए या बड़ा करने के लिए चीजों की शक्ल बदलने की जगह शब्दों की शक्ल बदल देती है। जब हम किसी चीज को छोटा देखना चाहते हैं तो अकसर इसके पीछे अपनाने और प्यार की भावना होती है। अकसर यह प्यार एक प्यार भरे गुस्से का रूप भी ले लेता है। पर आमतौर से हम बिना प्यार या गुस्से के सिर्फ छोटे आकार को बताने के लिए शब्द को बदलते हैं। जैसे खटिया जिसका मतलब है वह खाट जो खाट कहलाने लायक न हो, खाट से कुछ छोटी, कमजोर या हल्की हो। ऐसे नन्हें शब्द बोली में बहुत इस्तेमाल

होते हैं पर आप इनमें से कितने शब्द जानते हैं यह देखने के लिए हमने कुछ को यहाँ एकत्र किया है। इनके नन्हें रूप क्या हैं, आप बताएँ।

1.	गिलास	11.	गुड़िया	21.	कालू
2.	मुन्ना	12.	आँगन	22.	पूड़ी
3.	पाँव	13.	बालम	23.	फोड़ा
4.	आम	14.	साँवर	24.	देग
5.	नाव	15.	दोनों हाथ	25.	बाग़
6.	भाई	16.	टीका	26.	बाग
7.	गाय	17.	बिंदी	27.	पाग
8.	कान्हा	18.	नथ	28.	पत्र
9.	पार्वती	19.	बातें	29.	दिया
10.	गुड्डा	20.	कुल्हड़		

'नन्हें शब्दों की शक्ल' के उत्तर

1.	गिलसिया	11.	गुड्डी	21.	कलुआ
2.	मुनुआ	12.	अंगना	22.	पुड़िया
3.	पइयाँ	13.	बलमा	23.	फुड़िया
4.	अंबिया	14.	साँवरिया	24.	देगची
5.	नैया	15.	हथिया	25.	बागीचा
6.	भइया	16.	टिकिया	26.	बगिया
7.	गइया	17.	बिंदिया	27.	पगिया
8.	कन्हैया	18.	नथुनी	28.	पतिया
9.	परबतिया	19.	बतियाँ	29.	दियाली
10.	गुड्डू	20.	कुल्हिया		

मूल्यांकन :

26 से अधिक सही	....	सर्वोत्तम
22 से 25 सही	....	अत्युत्तम
16 से 21 सही	....	उत्तम

तद्भव का संसार

हिंदी में और हरियाणवी, पंजाबी, भोजपुरी, अवधी आदि बोलियों में संस्कृत के बहुत शब्द हैं पर लोगों ने बोल-बोलकर उनके रूप बदल दिए हैं। हिंदी में इनके संस्कृत के रूप और बदले हुए रूप दोनों इस्तेमाल होते रहते हैं। आपने अकसर दोनों प्रकार के रूप पढ़े होंगे। तत्सम यानी जो वैसा ही है और तद्भव यानी जो उससे बना है। यहाँ हम कुछ तत्सम शब्द दे रहे हैं, पहचानिए क्या आप इनके बदले हुए रूप याद कर सकते हैं?

1. आश्चर्य
2. भिक्षा
3. दुर्बल
4. पुत्र
5. पौत्र
6. गृहस्थी
7. चुंबन
8. स्तंभ
9. व्याघ्र
10. कुक्ष
11. रक्षा
12. क्षत्रिय
13. गर्दभ
14. चंचु
15. घृणा
16. चंद्र
17. तंतु
18. दंड
19. भुक्त
20. मत्स्य
21. म्लेच्छ
22. लावण्य
23. लोष्ट्र
24. रुक्ष
25. स्रोत
26. स्वर
27. कुंड
28. शिक्षा

'तद्भव का संसार' के उत्तर

1. अचरज
2. भीख
3. दुबला
4. पूत
5. पोता
6. गिरस्ती
7. चुम्मा
8. थंब
9. बाघ
10. कोख
11. रखा
12. खत्री
13. गदहा
14. चोंच
15. घिन
16. चाँद
17. ताँत
18. डंडा
19. भुगता
20. मछली
21. मलिच्छ
22. लोना (सलोना इसी से बना है)
23. लोढ़ा
24. रूखा
25. सोता (पानी का)
26. सुर (संस्कृत में जो सुर है उसका अर्थ देवता है)
27. कूँडा
28. सीख

मूल्यांकन :

25 से अधिक सही .... सर्वोत्तम
21 से 24 सही .... अत्युत्तम
15 से 20 सही .... उत्तम

एक और अदला-बदली

यहाँ एक शब्द-सूची छपी हुई है और एक लेख छपा हुआ है। लेखक ने लेख में कहीं-कहीं एक शब्द की जगह कई-कई शब्द इस्तेमाल किए हैं। आप उन कई-कई शब्दों की जगह शब्द-सूची से चुन-चुनकर एक-एक शब्द रख दें तब लेख को फिर से अपनी भाषा में लिखकर छपे उत्तर से मिलाएँ। क्या आपके लिखे लेख में और हमारे लेख में कोई अंतर है?...आपको सभी शब्द शब्द-सूची से ही चुनने हैं, परंतु शब्द-सूची के सभी शब्द नहीं चुनने हैं।

शब्द-सूची

1. असंतोष	10. परिवहन	19. क्रांतिकारी	28. भाई भतीजावाद
2. संगठित	11. सरकारी उपक्रम	20. दलाल	29. प्रेम प्रीति
3. प्रत्याशी	12. असंतुष्ट	21. नियंत्रण	30. अकस्मात्
4. मध्यावधि	13. नियुक्ति	22. स्थिति	31. घूस
5. नेतृत्व	14. तबादला	23. लालसा	32. मंत्री
6. ऊहापोह	15. अफसरशाही	24. नगर पिता	33. विद्रोही
7. अध्यक्ष	16. अभियान	25. क्रुद्ध	34. समझौता
8. विचार विमर्श	17. पदोन्नति	26. पेंशन	35. दुख
9. धनराशि	18. परिवर्तन	27. मंत्रमुग्ध	

लेख

मोटर से सवारी ले जाने के धंधे ने बड़ी तरक्की की और बहुस-सा रुपया कमाया। यह उद्योग सरकार के हाथ में था। कांग्रेस की ओर से जो व्यक्ति चुनाव लड़ रहा था वह कोई निर्णय नहीं कर पा रहा था। तभी संसद की अवधि के बीच में चुनाव घोषित कर दिया गया। कौन पार्टी के आगे-आगे चलेगा यह तय नहीं हुआ। बहुत बातें दोनों पक्ष से कही गईं। सभा का संचालन करनेवाले सदस्य ने यह देखकर कि सभा में जो हो रहा है वह ठीक नहीं माना जा रहा है, कहा कि उन्हें यह घटना अच्छी नहीं लगी है। ऐसे और भी लोग हैं। एक अफसर ने कहा, पर हम सब एक होकर यह नहीं कर पा रहे हैं कि अपनी बात मनवाने की लगातार कोशिश करें। इससे तो अच्छा था कि हमें किसी और राज्य में ले जाया जाता और वहीं बैठकर काम करने को कहा जाता। तब शायद हमारा पद भी ऊँचा हो जाता। यह तो शत्रुओं के पक्ष की बातें करता है, कोई बोला। इसे वश में करके रखना चाहिए। यह अफसरों के राज करने की कोशिश नहीं चलेगी। हम लोग सब कुछ एकदम से बदल देनेवाले लोग हैं। जब स्थिति पहले जैसी नहीं रहेगी तब आपके मन में जो इच्छाएँ जागती हैं वे पूरी हो जाएँगी।

'एक और अदला-बदली' का उत्तर

परिवहन के धंधे ने बड़ी तरक्की की और धनराशि कमाई। यह सरकारी उपक्रम था। कांग्रेस का जो प्रत्याशी था वह ऊहापोह में था कि मध्यावधि चुनाव घोषित कर दिया गया। पार्टी का नेतृत्व कौन करेगा, यह तय नहीं हुआ। बहुत विचार विमर्श हुआ। सभा के अध्यक्ष ने यह देखकर कि सभा में असंतोष है कहा कि उन्हें यह घटना अच्छी नहीं लगी है। और भी असंतुष्ट हैं। एक अफसर ने कहा, पर हम संगठित होकर यह नहीं कर पा रहे हैं कि अपने पक्ष में अभियान करें, इससे तो अच्छा था कि हमारा तबादला कहीं कर दिया जाता और वहीं हमारी नियुक्ति कर दी जाती। तब शायद हमारी पदोन्नति भी हो जाती। यह तो शत्रु का दलाल है, कोई बोला। इसे नियंत्रित रखना चाहिए। यह अफसरशाही नहीं चलेगी। हम लोग क्रांतिकारी हैं। जब स्थिति में परिवर्तन होगा तब आपकी लालसा पूरी हो जाएगी।

गति ही जीवन, गति ही भाषा

भाषा में किन शब्दों की सबसे अधिक शक्ति है, यह कहना कठिन है। संज्ञाएँ वस्तुओं को, नामों को, स्थानों को, और भावों को बताती हैं। बिना इनके हम किनके बारे में बात करेंगे? विशेषण इन्हीं सबका वर्णन करते हैं। बिना विशेषणों के हम इनकी विशेषताएँ कैसे जानेंगे? पर क्रियाएँ? इनका तो जवाब नहीं। बिना क्रियाओं के कुछ नहीं होगा। कहते हैं ईश्वर की इच्छा के बिना पत्ता भी नहीं डोलता, परंतु जब डोलता है तो वह क्रिया ही होती है। बिना क्रिया के कहीं कुछ भी नहीं डोलता, हिलता, चलता, दौड़ता या रेंगता। तो लीजिए, यहाँ कुछ क्रियाएँ दी जा रही हैं और कुछ वाक्य दिए जा रहे हैं जिनमें क्रियाओं का स्थान खाली छोड़ दिया गया है। आपको इन स्थानों को दी हुई क्रियाओं में से उपयुक्त क्रिया चुनकर भरना है तो क्रियाशील हो जाइए।

अंत में अपने पूर्ण वाक्यों की तुलना छपे उत्तर से मिलाकर करें।

क्रियाएँ

1. चलना, 2. लौटना, 3. दौड़ना, 4. मँडराना, 5. फुदकना, 6. ठुमकना, 7. कूदना, 8. बहना, 9. तिरना, 10. उचकना, 11. आना जाना, 12. भागना, 13. लपकना, 14. डोलना, 15. घूमना, 16. विचरना, 17. उमड़ना, 18. फिरना, 19 उड़ना, 2. रेंगना, 21. गुजरना, 22. टहलना, 23. निकलना, 24. झपटना, 25 सरकना।

किसी का भी . . .
मैदान में खिलाड़ी का . . .
वीराने में चोर का . . .
रोटी पर भूखों का . . .
सुबह को बूढ़े का . . .
बाजार में सैलानियों का . . .
बिना वजह आवारों का . . .
गोधूलि में गायों का . . .
सड़क पर सवारी का . . .
चौक से जलूस का . . .
जंगल में हिरनों का . . .
मिट्टी पर साँप का . . .

दीवाल पर छिपकली का . . .
आकाश में हवाई जहाज का . . .
आकाश में चील का . . .
दुख में आँसू का . . .
घाव से खून का . . .
नदी में नाव का . . .
देखने के लिए नाटे का . . .
घमंड के मारे ओछे का . . .
आँगन में नन्हें बच्चे का . . .
खेलने की उम्र में लड़कों का . . .
बिल्ली का चूहे पर . . .
दूकान में ग्राहकों का . . .

'गति हीं जीवन, गति ही भाषा' के उत्तर

किसी का भी चलना
मैदान में खिलाड़ी का दौड़ना
वीराने में चोर का भागना
रोटी पर भूखों का लपकना
सुबह को बूढ़े का टहलना
बाजार में सैलानियों का घूमना/फिरना
बिना वजह आवारों का डोलना

दीवाल पर छिपकली का सरकना
आकाश में हवाई जहाज का उड़ना
आकाश में चील का मँडराना
दुख में आँसू का उमड़ना
घाव से खून का बहना
नदी में नाव का तिरना
देखने के लिए नाटे का उचकना

गोधूलि में गायों का लौटना	घमंड के मारे ओछे का फुदकना
सड़क पर सवारी का निकलना	आँगन में नन्हें बच्चे का ठुमकना
चौक से जलूस का गुजरना	खेलने की उम्र में लड़कों का कूदना
जंगल में हिरनों का विचरना	बिल्ली का चूहे पर झपटना
मिट्टी पर साँप का रेंगना	दूकान में ग्राहकों का आना जाना

मूल्यांकन :

22 से अधिक सही	......	सर्वोत्तम
19 से 21 सही	......	अत्युत्तम
14 से 18 सही	......	उत्तम

कुछ अलग से

अंकों के नाम

	1	*2*	*3*	*4*	*5*	*6*	*7*	*8*	*9*	*10*
हिंदी	*एक*	*दो*	*तीन*	*चार*	*पाँच*	*छ:*	*सात*	*आठ*	*नौ*	*दस*
रूसी	*अदीन*	*द्वा*	*त्री*	*चितीरये*	*प्यात्*	*श्येस्त*	*स्येम*	*वोसिम*	*द्येवित*	*द्येसित*
फ्रांसीसी	*अं*	*द*	*त्रुआ*	*कात्र*	*सैंक*	*सीज*	*सेत*	*वीत*	*नफ*	*दीस*
अंग्रेजी	*वन*	*टू*	*थ्री*	*फोर*	*फाइव*	*सिक्स*	*सेवेन*	*एट*	*नाइन*	*टेन*
इतालवी	*ऊनो*	*दुए*	*तरे*	*कुआ*	*चीन*	*सेई*	*सेतते*	*औतो*	*नोवे*	*दीएची*

वचनों की फ़िज़ूलख़र्ची और कंजूसी

हिंदी लिखने में मामूली किस्म की बहुत-सी गलतियाँ सब लोगों से होती रहती हैं। इसमें वचन की गलती बहुत सामान्य है। मजे की बात यह है कि लोग ऐसी गलतियों पर एकमत नहीं होते। यहाँ हम कुछ वाक्य लिख रहे हैं। आप इन्हें पढ़कर पहले तो यह बताएँ कि इनमें कोई गलती है या नहीं और है तो सही क्या है। नहीं है तो क्यों?

1. सात आदमी के लिए रोटी लाओ।
2. आदमियों के लिए सात रोटियाँ लाओ।
3. आम पेड़ों पर फलता है।
4. प्रत्येक सदस्यों को चंदे देने होंगे।
5. स्कूल में विद्या सीखी जाती है।
6. अंग्रेजों ने गोले और तोपों से आक्रमण किए।
7. मैंने कई विद्याएँ सीखीं।
8. हम फूल की माला पहने हैं।
9. इन फूलों की माला गूँथ दो।
10. इस मोहल्ले में कई श्रेणी के लोग रहते हैं।

11. हर एक ने कपड़ा पहन लिया।
12. लड़की लोगों को घरों में रहना पड़ते हैं।
13. मैं ही वह हूँ जिन्होंने दरवाजा खटखटाए थे।
14. हर एक ने कपड़े पहन लिए।
15. मेरे चारों बेटों का नाम बताए गए।
16. पेड़ों पर कोयल कूक रही थी।
17. पेड़ पर कोयल कूक रही थीं।
18. पेड़ों पर कोयलें कूक रही थीं।
19. वह और मैं साथ-साथ चलूँगा।
20. हर आदमी ने कुर्ते पहन रखे थे।

'वचनों की फ़िज़ूलख़र्ची और कंजूसी' के उत्तर

1. आदमी नहीं आदमियों होना चाहिए। रोटी सही है क्योंकि इसका अर्थ खाना है।
2. रोटियाँ सही है क्योंकि एक से अधिक संख्या है।
3. गलत। आम अर्थात् आम नामक फल पेड़ नामक स्थान पर फलता है। पेड़ सही है।
4. सदस्यों, चंदे, देने, होंगे सब गलत है क्योंकि शुरू में ही प्रत्येक लिखा हुआ है। सदस्य, चंदा, देना, होगा सही है।
5. विद्या सही है क्योंकि इसका अर्थ ज्ञान से है।
6. गलत। अंग्रेजों ने गोलों और तोपों से आक्रमण किया होना चाहिए।
7. विद्याएँ सही है क्योंकि उसका अर्थ गुणों से है।
8. फूल सही है क्योंकि माला जिस वस्तु की बनी है यह उसका नाम है।
9. फूलों सही है क्योंकि फूल का एक से अधिक होना बताता है।
10. गलत। कई श्रेणियों के लोग सही है।
11. कपड़ा सही है क्योंकि अर्थ यह है कि बदन को ढक लिया।
12. गलत। लड़कियों को घर में रहना पड़ता है सही है। घर अर्थात् घर नामक स्थान।
13. गलत। जिन्होंने नहीं जिसने और खटखटाये थे नहीं, खटखटाया था।
14. कपड़े सही है क्योंकि अर्थ पोशाक पहनने से है जिसमें एक से अधिक कपड़े होते हैं।
15. गलत। बेटों के नाम बताए गए सही है।
16. पेड़ों सही है क्योंकि नहीं मालूम, किस पेड़ पर कूक रही थी और पेड़ अनेक थे। पेड़ों का अर्थ यहाँ पेड़ों का समूह है।
17. पेड़ यहाँ सही है क्योंकि अर्थ किसी पेड़ से है। मुख्य बात कोयल का कूकना है।
18. यदि केवल कोयल कूक रही थी लिखा जाता तब भी यही अर्थ होता। पेड़ों और कोयलें दोनों सही है क्योंकि अर्थ यह है कि कई पेड़ों पर कई कोयलों के बोलने का शोर हो रहा था।
19. गलत। वह और मैं साथ-साथ चलेंगे सही है।
20. कुर्ते गलत है क्योंकि हर आदमी ने एक-एक कुर्ता पहन रखा था।

मूल्यांकन :

18 से अधिक सही	......	सर्वोत्तम
15 से 17 सही	......	अत्युत्तम
12 से 14 सही	......	उत्तम

बूँद बूँद कर घट भरे

अरबी, फ़ारसी, तुरकी के शब्द हिंदी में ऐसे मिल-जुल चुके हैं जैसे दूध में शक्कर। बोली ने कहीं-कहीं इनको हिंदी के स्वभाव के अनुसार बदल दिया है। काफ़, ग़ैन, ज़े, ज़्वाल, ज़ोय इन अक्षरों को क ग ज के नीचे बिंदी रखकर लिखा जाता रहा पर कुछ लोग अब न इनके उच्चारण अरबी फ़ारसी की तरह करते हैं न यह बिंदी लगाना ज़रूरी मानते हैं। कुछ लोग बिंदी चाहे न लगाएँ, सही उच्चारण जानते हैं और वैसे ही करते भी हैं। हाँ, कुछ लोग कभी-कभी यह सोचकर कि वे शुद्ध उर्दू (अरबी फ़ारसी) उच्चारण लिख रहे हैं जगह-जगह बिंदी लगा दिया करते हैं। यह गलत है। क्या आप जानते हैं कि आपने कहाँ गलत जगह बिंदी लगाई है? पहचानिए, इन वाक्यों में किन किनमें सही जगह बिंदी लगी है, किन-किनमें गलत जगह और किन-किनमें बिना बिंदी के वाक्य सही हैं।

1. काश, मैं भी दुनिया की सैर करता।
2. देर हो रही है, ज़ल्दी करो।
3. उसके मरने के बाद शाम को जनाजः उठा।
4. जब बरात आई तो शायर ने क़सीदः पढ़ा।
5. सन् 1914 में पहली जंग शुरू हुई, 1939 में दूसरी और अब तीसरी जंग का डर है।
6. अकसर बेकार चीज़ों को ज़ंग खा जाता है।
7. पुराने जमाने में कैदियों को जंज़ीर से बाँधा जाता था।
8. अगर वह चाहे तो सबके सामने मुझे जलील कर सकता है क्योंकि मैं कुसूरवार हूँ।
9. अगर कुछ लोग सही भाषा नहीं जानते तो यह उनकी ज़हालत कही जाएगी।
10. बड़ी ज़िद के बावजूद वह बोझ न उठा सका।
11. उसने ज़िद की कि वह मिठाई ज़रूर खाएगा।
12. पुलिस का हुक्म है कि कोई बाहर न निकले।
13. सिनेमा के गानों में मुहब्बत के ज़ज़बात ज़रूरत से ज़्यादा दिखाए जाते हैं।
14. शहर से कुछ दूर और गाँवों से कुछ नज़दीक एक बस्ती है जिसे क़स्बा कहते हैं।
15. आम तो कई क़िस्म के होते हैं मगर मलीहाबादी सफ़ेदे का ज़ाइक़ः और ही है।
16. गुस्से में आकर नौजवान ने अपना दामन चाक़ कर लिया।
17. अगर साल भर में 1200 रुपए देने हों तो 100 रुपए की एक क़िस्त हो सकती है।
18. कारी को अरबी का शुद्ध उच्चारण करना चाहिए।
19. मौलाना साहब हमारे मोहल्ले के मज़ीद मुसलमान हैं।
20. इन लड़कों की क्या मज़ाल है कि वे मुझसे बात करें।
21. जबसे उसे नौकरी मिली है उसके मिज़ाज़ ही नहीं मिलते।
22. आप चाहें तो इस किताब को बंद करके रख दें, कोई मज़बूरी नहीं है कि पढ़ें।
23. जब जुल्म होता है तो अकसर मज़लूम को मजबूर होकर चुप रहना पड़ता है।

'बूँद बूँद कर घट भरे' का उत्तर

1. सही। काश (फ़ारसी) ईश्वर करे। क़ाश (तुर्की) लंबी फाँक को कहते हैं जैसे मीठे आम की एक क़ाश से जी नहीं भरता। क़ास किस्सा कहनेवाले के लिए इस्तेमाल और कास के मायने हैं बरतन, शराब का प्याला।

2. ग़लत। जल्दी ही सही है। जल्दी की ज़रूरत नहीं।
3. ग़लत। जनाज़ः (अरबी) सही है जिसके माने हैं कपड़े में लिपटी लाश।
4. सही। क़सीदः (अरबी)—पद्य में लिखी प्रशंसा। और क़शीदः (फ़ारसी) का अर्थ बेल बूटे का काम भी है और नाराज़ भी। कसीदः ख्वानी—कसीदः पढ़ना। कशीदःकारी—कशीदः काढ़ना।
5. सही। जंग (फ़ारसी)—युद्ध—गिरते हैं शहसवार ही मैदानेज़ंग में।
6. सही। ज़ंग (फ़ारसी)—ठंड और तरी से धातुओं में लगनेवाला मैल, मोरचा। अगर दुनिया में जंग न हो तो हथियारों में ज़ंग लग जाए। ज़ंग फ़ारसी में हबश देश (अबीसीनिया) को भी कहते हैं।
7. ग़लत। सही ज़ंजीर है। ज़ंजीर (फ़ारसी में स्त्रीलिंग) के मायने शृंखला है। ज़र्जीरः (फ़ारसी) पुल्लिग है और इसका अर्थ है तरंग या एक प्रकार की सिलाई।
8. ग़लत। ज़लील (अरबी) नीच, अपमानित। जब ज के नीचे बिंदी नहीं होती तो जलील का अर्थ होते हैं प्रतिष्ठित, पूज्य, मान्य। एक बिंदी से यह फर्क पड़ जाता है। इसी तरह जलाल का अर्थ होता है प्रताप जैसे किसी महात्मा का। ज़लाल पाप या गुनाह को कहते हैं।
9. ग़लत। सही शब्द जहालत है जिससे जाहिल यानी बेवकूफ शब्द बनता है।
10. ग़लत। जिद (अरबी)—कोशिश। इसी से जद्दोजेहद अर्थात् संघर्ष बना है।
11. सही। ज़िद (अरबी)—हठ या ज़िद्द जिससे ज़िद्दी बनता है।
12. सही। हुक्म सही है। हाकिम, हुकूमत, इसी से बनते हैं।
13. ग़लत। सही है जज़बात। यह जज़ब (अरबी) का बहुवचन है जिसका अर्थ भावना होता है। यदि इसे केवल जज़्ब लिखा जाए तो इसका अर्थ आकर्षण हो जाता है। रफ़्ता रफ़्ता जज़्बेकामिल ने दिखाया यह असर, पहले जो मुझ में थी उल्फ़त अब वो उनके दिल में है।
14. सही। क़स्बः या क़स्बा या क़सबा (अरबी)। देखिए कमलेश्वर का कहानी संग्रह 'क़स्बे का आदमी', कस्ब का माने हुनर होता है मगर कस्बी या कस्बिन वेश्यावृत्ति से कमानेवालों को कहा जाता है। क़स्बे में रहनेवाले कस्बी नहीं कहलाए जाएँगे।
15 सही। फ और ज के नीचे भी बिंदी लगती है और क़ के नीचे भी। जाइक़ः बोलचाल में ज़ायका और इससे ज़ायक़ेदार हो जाता है।
16. ग़लत। चाक (फ़ारसी) माने फटा हुआ, विदीर्ण या घाव जैसे चाकेजिगर—यानी प्रेम का घाव। चाक़ (तुर्की) के माने होते हैं, स्वस्थ, मुस्तैद। बादशाह के अंगरक्षक हर वक्त चाक़ रहते हैं। चाक़ू (तुर्की) का इससे संबंध नहीं। वह एक अलग ही शब्द है।
17. सही। क़िस्त (अरबी)—अदायगी का एक अंश। एक और शब्द है किश्त जिसके अर्थ होते हैं खेती और शतरंज की शह।
18. ग़लत। (फ़ारसी) का अर्थ है भरपूर। यहाँ कारी (अरबी) होना चाहिए अर्थात् वह जो क़ुरान को शुद्ध रूप से पढ़ता है।
19. ग़लत। मज़ीद (अरबी) का मतलब है अतिरिक्त यानी फ़ालतू। मौलाना साहब फ़ालतू नहीं हैं, मजीद (फ़ारसी) अर्थात् मान्य और पूज्य हैं।
20. ग़लत। मजाल (अरबी) सामर्थ्य, शक्ति। मज़ाल का कोई अर्थ नहीं।
21. ग़लत। मिज़ाज होना चाहिए मिजाज़ नहीं।
22. ग़लत। मज़बूरी नहीं मजबूरी। जब्र (अरबी) का अर्थ है यह सिद्धांत कि मनुष्य नितांत विवश है, जो कुछ करता है ईश्वर करता है। एक अर्थ अन्याय भी है। मजबूर वह जिस पर जब्र किया गया हो, जिसने अपने ऊपर जब्र किया हो।
23. सही। जिस पर ज़ुल्म किया गया हो वह मज़लूम—जिसने किया वह ज़ालिम कहलाएगा।

मूल्यांकन :

21 से अधिक सही	....	सर्वोत्तम
17 से 20 सही	....	अत्युत्तम
13 से 16 सही	....	उत्तम

कुछ अलग से

छोटी इ से बड़ा अंतर

सहमति,	*सहमत*
अनुमति,	*अनुमत*
अवस्थिति,	*अवस्थित*
विकृति,	*विकृत*
समृद्धि,	*समृद्ध*
प्रसिद्धि,	*प्रसिद्ध*
अभिव्यक्ति,	*अभिव्यक्त*

अकसर लोग उच्चारण में इ या उ के स्वर खा जाते हैं। वह नहीं जानते कि इससे शब्द का अर्थ बदल जाता है। छोटी इ की मात्रा या उ की मात्रा को कभी-कभी बोलते समय बड़ी ई और बड़े ऊ की मात्रा बना देने से भी अंतर नहीं पड़ता है परंतु कभी कभी। जैसे कृति अर्थात् की हुई चीज यानी रचना होती है, कृत वह होता है जो किया हुआ हो, कृती वह होती है जिसने किया हो।

परंतु यह कोई नियम नहीं है। प्रस्ताव अनुमति मिल जाने पर अनुमत हो जाते हैं।

इसी तरह अवस्थिति किसी बात या वस्तु के किसी जगह पर होने का अर्थ देता है और अवस्थित उसके वहाँ होने की दशा बताता है जैसे आपके मकान की अवस्थिति कहाँ है यह पूछने की जगह हम पूछ सकते हैं कि आपका मकान कहाँ अवस्थित है। इसी तरह कोई वस्तु विकृत होती है जब उसमें विकृति आ जाती है और समृद्धि होने पर ही कोई समृद्ध कहला सकता है। बिना प्रसिद्धि पाए प्रसिद्ध नहीं हुआ जा सकता और जब हम अपनी पीड़ा अभिव्यक्त करते हैं तो हमारी पीड़ा की अभिव्यक्ति हो जाती है; इत्यादि। इसलिए इस इ को आप इतनी सी इ न समझें।

'अनु' के पीछे-पीछे

रोज़ बोले जानेवाले शब्दों में 'अनु' बहुतायत से इस्तेमाल होता है। संस्कृत में इसका अर्थ है 'पीछे', परंतु अनु शब्द के हमेशा आगे ही लगता है। अनु और उसके बाद आनेवाले शब्द का यह अनुक्रम अनुचित नहीं है। 'अनु' जिस शब्द के पहले जुड़ा होता है उसके अर्थ के अनुसार ही पूरे शब्द को अर्थ मिल जाता है। देखें, आप ऐसे कितने शब्दों का ठीक-ठीक अर्थ बता सकते हैं जिनके पहले अनु लगा हुआ हो। प्रत्येक शब्द के आगे लिखे अर्थों में से सही अर्थ चुनिए।

1. **अनुसार**—सारांश, वही सब, पीछे जाना, उसी की तरह
2. **अनुमान**—किसी का मनाना, थोड़ा बहुत, सम्मान, बाद में मानना, अंदाज़ा लगाना
3. **अनुग्रह**—हठ, कृपा, प्रार्थना भय
4. **अनुचर**—दास, मित्र, संगी, बंधु
5. **अनुचित**—बुरा, झूठ, ग़लत, हानिकर
6. **अनुज**—यात्रा, ताऊ, भतीजा, छोटा भाई
7. **अनुदार**—कठोर, हठी, आलसी, कंजूस
8. **अनुनय**—दया, आग्रह, चालाकी, विनती
9. **अनुनासिक**—वैसा ही स्वर, नाक का स्वर, नक़ल, तीखा
10. **अनुपम**—किसी का ग़म, अद्वितीय, बहुत अच्छा, सुंदर
11. **अनुपात**—छोटा बड़ा, ऊपर नीचे, बाद में, बराबर संबंध
12. **अनुप्रास**—एक खाद्य, भ्रम, प्रयत्न, एक अलंकार
13. **अनुबंध**—ज़बरदस्ती, क़रारनामा, नज़रबंदी, ज़िम्मेदारी
14. **अनुभव**—अचरज, तजुर्बा, उदासी, कठिनाई
15 **अनुभूति**—पछतावा, एहसास, अफ़सोस, अपनापन
16. **अनुमत**—पराजित, सीमित, स्वीकृत, अधिकृत
17. **अनुमति**—सिफ़ारिश, समर्थन, सम्मान, स्वीकृति
18. **अनुराग**—शृंगार, सुंदरता, एक प्रकार का रेशम, स्नेह
19. **अनुराधा**—एक अभिनेत्री, कृष्ण की एक पत्नी, एक नक्षत्र, एक स्त्री का नाम
20. **अनुवाद**—बयान, तर्जुमा, तरतीब, तारीफ़
21. **अनुशासन**—सरकार का एक विभाग, नियमों का पालन, दुष्टों का दमन, किफ़ायत
22. **अनुष्ठान**—बड़ी इमारत, बड़ा इरादा, आयोजन, विधान
23. **अनुसंधान**—लगन, अटकल, इच्छा, खोज
24. **अनुस्वार**—नाक में पहनने का एक आभूषण, नाक में डालने की दवा, नाक से निकलनेवाली ध्वनि, एक स्वर
25. **अनुकरण**—नक़ल, दावा, आदर्श, उद्देश्य
26. **अनुसरण**—पीछे चलना, धीरे-धीरे चलना, शरण में जाना, आलोचना
27. **अनुशीलन**—इतिहास की कोई घटना, शालीनता, सुशीलता, अध्ययन
28. **अनुपयुक्त**—जिसे अधिकार न हो, जिसे ज्ञान न हो, जो योग्य न हो, जिसमें युक्ति न हो
29. **अनुकूल**—आसान, सस्ता, मुआफ़िक, मनमौजी
30. **अनुमान**—दवा, कसरत, परहेज, दवा के साथ पी जानेवाली वस्तु
31. **अनुमोदन**—वक्तव्य, भाषण, समर्थन, विश्लेषण
32. **अनुरक्त**—रक्तरंजित, रंगबिरंगा, रक्त के समान, अनुराग से भरा
33. **अनुरूप**—सुंदर रूप, नक़ली भेष, मिलता जुलता, दिखावटी
34. **अनुकंपा**—भिक्षा, आशीर्वाद, स्नेह, करुणा
35. **अनुयायी**—बहस करनेवाले, रास्ता बतानेवाले, पीछे चलनेवाले, पीछे देखनेवाले
36. **अनुरोध**—आशा, आज्ञा, सूचना, आग्रह

' 'अनु' के पीछे पीछे' के उत्तर

1. **उसी की तरह**—तानाशाही में प्रजा को राजा के अनुसार और लोकतंत्र में राजा को प्रजा के अनुसार चलना चाहिए।
2. **अंदाज़ा लगाना**—भीड़ की गिनती नहीं हो सकती, अनुमान किया जा सकता है।
3. **कृपा**—आप मुसीबत में मदद करेंगे तो अनुग्रह मानूँगा।
4. **दास**—सब मनुष्य समान हैं तो भी स्वामी अनुचर के बराबर नहीं चलता।
5. **बुरा, ग़लत**—खेद है कि नशे में तुम्हें उचित अनुचित का ध्यान नहीं रहा।
6. **छोटा भाई**—अपने से आगे पैदा होनेवाला अग्रज और पीछे पैदा होनेवाला अनुज कहलाता है।
7. **कंजूस**—धन संपत्ति आने पर कुछ लोग पहले से भी अनुदार हो जाते हैं।
8. **विनती**—बहुत अनुनय के बाद अपराधी को दंड से मुक्ति मिली।
9. **नाक का स्वर**—बोलचाल में कमल का उच्चारण अनुनासिक होकर कंवल हो गया है।
10. **अद्वितीय**—जिसकी तुलना नहीं हो सकती वह अतुल है इसलिए अनुपम है।
11. **बराबर संबंध**—प्रश्न है कि एक किलो में दस ग्राम के अनुपात से बीस किलो चाय में कितनी शक्कर पड़ेगी?
12. **एक अलंकार**—'तरुनि तनूजा तट तमाल तरुवर बहु छाए' में 'त' का अनुप्रास है।
13. **करारनामा**—प्रकाशक से अनुबंध करके तब पुस्तक प्रेस में देनी चाहिए।
14. **तजुर्बा**—समय बीतने के साथ सुख-दुख का अनुभव मनुष्य को ज्ञान देता है।
15. **एहसास**—जिनका हृदय कोमल है उन्हें दुख की अनुभूति अधिक होती है।
16. **स्वीकृत**—कल तक जिसे कोई उचित नहीं मानता था वही आज अनुमत हो गया है।
17. **स्वीकृति**—जो अनुचित है उसकी अनुमति नहीं दी जा सकती, कोई चाहे जो कहे।
18. **स्नेह**—कलाओं के प्रति अनुराग पहले केवल रईसों को संभव था।
19. **एक नक्षत्र**—नक्षत्रों में से एक का नाम अनुराधा भी है।
20. **तर्जुमा**—संसार की अनेक भाषाओं में प्रेमचंद के उपन्यासों का अनुवाद हो चुका है जिससे कई देशों में पाठक अपनी भाषा में वे उपन्यास पढ़ सकते हैं।
21. **नियमों का पालन**—समय से काम पर आना और पूरा काम करना कार्यालय के अनुशासन के लिए आवश्यक है।
22. **आयोजन**—ईश्वर में आस्था न रखनेवाले लोग भी कभी-कभी धार्मिक अवसरों पर अनुष्ठान कराते हैं।
23. **खोज**—विश्व में ईंधन की कमी हो जाने से वैज्ञानिक इसके नए साधनों का अनुसंधान कर रहे हैं।
24. **नाक से निकलनेवाली एक ध्वनि**—जंगल, मंगल और दंगल में ज, म, और द के ऊपर जो है वही अनुस्वार है।
25. **नकल**—अच्छे लोगों के समान बनना चाहते हो तो उनका अनुकरण नहीं, उनका अनुसरण करो।
26. **पीछे चलना**—वीरों का अनुसरण करने के लिए वीरों के समान शक्ति चाहिए।
27. **अध्ययन**—परीक्षा पास करने पर और अधिक जुटकर विषयों का अनुशीलन करना होता है।
28. **जो योग्य न हो**—पद के अनुपयुक्त होने पर ही वह नौकरी से हटाया गया।
29. **मुआफिक**—पहाड़ पर चढ़ना दिल के मरीजों के अनुकूल नहीं है।
30. **दवा के साथ खाई या पी जानेवाली वस्तु**—औषधि का गुण अनुपान के साथ बदल जाता है।

31. **समर्थन**—सभा में प्रस्ताव पढ़े जाने के बाद कोई उसका अनुमोदन करे, तभी आगे विचार होगा।
32. **अनुराग से भरा**—राजाओं के समय में उसी रानी का सम्मान होता था जिस पर राजा अनुरक्त हो।
33. **मिलता-जुलता**—एक दूसरे के अनुरूप होने पर भी दो व्यक्ति एक समान नहीं हो सकते।
34. **करुणा**—सभी विवाह परम पिता परमात्मा की असीम अनुकंपा से संपन्न होते हैं।
35. **पीछे चलनेवाला**—आजकल नेता के पास पैसा हो तो अनुयायी बहुत मिल जाएँगे।
36. **आग्रह**—सभा में अच्छे गायक से श्रोताओं ने बार-बार गाने का अनुरोध किया।

मूल्यांकन :

33 से अधिक सही	....	सर्वोत्तम
27 से 32 सही	....	अत्युत्तम
20 से 26 सही	....	उत्तम

कुछ अलग से

रोटी तेरे नाम अनेक

आँख दिखाकर, ओठ चबाकर उँगली सभी सटाकर साथ
गोल कपोलों पर जड़ देते कभी एक या दोनों हाथ
तीन वर्ग के आदि अक्षरों से निर्मित है इसका नाम
अतः च-प-त को आज समझ लो या समझो जब पड़ता काम।

चपत लगाई जाती है, जड़ी जाती है, खिलाई जाती है और खाई जाती है। चपाती भी खाई जाती है। है तो यह सौ फीसदी हिंदुस्तानी खाना। लेकिन, चपत शब्द फ़ारसी से आया है। फ़ारसी में इसे चपात भी कहते हैं। चपात से मतलब है 'हाथ', जो रोटी हाथ पर बढ़ाई गई हो उसे चपाती कहा जाता है। मगर यह तो आप जानते ही हैं कि चपत खाना और बात है और चपाती खाना और। चपाती के कई भाई बिरादर हैं। रोटी को तो सब जानते हैं। रोटी का फ़ारसी, अरबी, तुर्की आदि से कोई संबंध नहीं।

रोट बहुत मोटी और बड़ी रोटी का नाम है। फुल्का शब्द ही बताता है कि वह पतला और हलका होगा। रोटी अगर तंदूर में पकती है तो बेली नहीं जाती, पोई जाती है और पोई जाकर चूल्हे में पकती है तो पनेथी कहलाती है, तंदूरी रोटी, तंदूर में और रूमाली तवे पर पकती है।

बेढ़ई वह रोटी है जिसके भीतर दाल की पिट्ठी भरी जाती है और वह तवे पर और फिर चूल्हे के अंदर घई में सिंकती है। लिट्टी, भंवरी, फुटहरी, भंभरी ये सब एक ही किस्म की रोटी के अलग-अलग जगह प्रचलित नाम हैं। ये कंडों या उपलों या गरम बालू पर भूनकर पकाई जाती हैं। मालवे का प्रसिद्ध बाफला इसी का एक और नाम है। पूरी, कचौरी, पराँठा, टिकिया, माठ, सोहारी और लूची घी में तली हुई रोटियों के नाम हैं, फर भाप से पकती है और ठेकुआ दाल के साथ उब्बालकर। टिक्कड़ बेचारा नाम से ही मोटा झोटा गरीब जान पड़ता है और बनता भी यह चोकर मिले आटे से है।

अंत में त

जिन शब्दों के अंत में 'त' और उसके पहले के अक्षर में छोटी 'इ' की मात्रा लगती है, वे बहुधा संज्ञा से बने विशेषण होते हैं, नीचे ऐसे ही कई शब्द दिए जा रहे हैं। इन शब्दों के अर्थ क्या हैं? सोचें और बताएँ।

1. समर्पित, 2. वर्णित, 3. कुंठित, 4. शिक्षित, 5. संचित, 6. सिंचित, 7. टंकित, 8. प्रेषित, 9. लिखित, 10. संकलित, 11. संपादित, 12. विदित 13. सुरक्षित, 14. असित, 15. अजित, 16. दलित, 17. पतित, 18 फलित

'अंत में त' के उत्तर

1. **समर्पित कर दिया**—दे दिया। गाँधी ने जीवन देश को समर्पित कर दिया।
2. **वर्णित**—वर्णन दिया गया है। पुराणों में देवी-देवताओं का जीवन वर्णित है।
3. **कुंठित**—निराश और हतोत्साह। मन को बार-बार मारने से मन कुंठित हो जाता है।
4. **शिक्षित**—पढ़ा-लिखा। भला यह क्यों माना जाता है कि बिना स्कूल में पढ़े कोई शिक्षित नहीं होता।
5. **संचित**—जमा। मेहनती आदमी संचित धन के आसरे नहीं रहते।
6. **सिंचित**—सिंची हुई। जितनी अधिक भूमि सिंचित होगी उतनी अधिक उपज होगी।
7. **टंकित**—टाइप की हुई। पुस्तक की पांडुलिपि प्रेस में देने के पहले टंकित करा लेनी चाहिए।
8. **प्रेषित**—भेजा गया। यहाँ से जो पत्र आपको प्रेषित किया गया था, वह क्यों नहीं मिला?
9. **लिखित**—लिखा हुआ। जबानी जमा खर्च काफी नहीं, लिखित आश्वासन चाहिए।
10. **संकलित**—चुनकर जमाकर। अच्छी-अच्छी कविताएँ संकलित कर एक काव्य संग्रह प्रकाशित करना चाहिए।
11. **संपादित**—सुधारकर, छाँटकर तैयार, साफ-सुथरा लिखिए ताकि लेख संपादित करते समय अधिक काट-छाँट न करनी पड़े।
12. **विदित**—मालूम। खबर अखबार में छपते ही सबको विदित हो गई।
13. **सुरक्षित**—अच्छी तरह रखा (बचाया) हुआ। चोरों के कारण रात को बिना पहरेदार के कोई घर सुरक्षित नहीं रह गया।
14. **असित**—जो सफेद न हो (काला)। असित नभ में तारकों के दीप हैं किसने जलाए।
15. **अजित**—जो जीता न जा सके। राजाओं को अभिमान होता था कि वे अजित हैं।
16. **दलित**—दला हुआ। सदियों से अत्याचार सहते हुए दलित वर्ग अब उठ खड़े हुए हैं।
17. **पतित**—गिरा हुआ। समाज कितना भी सम्मान दे बुरे लोग पतित ही माने जाते हैं।
18. **फलित**—फला हुआ। गुरुजनों का आशीर्वाद देर सवेर फलित होता ही है।

मूल्यांकन :

15 से अधिक सही	....	सर्वोत्तम
12 से 14 सही	....	अत्युत्तम
9 से 11 सही	....	उत्तम

भाव के प्रभाव

बहुत से शब्द ऐसी क्रियाओं को बताते हैं जिनमें गति होती है और कभी-कभी कोई आवाज और भाव भी निहित होता है। आइए कुछ ऐसे शब्दों को देखें और पता लगाएँ कि उनके अंदर क्या छिपा है। प्रत्येक शब्द के आगे कुछ भाव लिखे हैं। क्या आप बता सकते हैं कि शब्द में कौन-सा भाव है?

1. **तिलमिलाहट**—घृणा, पीड़ा, तिरस्कार, क्रोध
2. **दुरदुराना**—तिरस्कार, भय, उलझन, चिढ़
3. **दनदनाना**—घबराहट, तेजी, उत्साह, लोभ
4. **घिघियाना**—पीड़ा, भय, चिंता, कष्ट
5. **खिसियाना**—हास्य, उपहास, लज्जा, विरक्ति
6. **खिझलाना**—करुणा, चिढ़ाना, पश्चात्ताप, भय
7. **गिड़गिड़ाना**—प्रेम, विनय, कष्ट, क्षमा
8. **चहल पहल**—असावधानी, उत्साह, आशंका, व्यथा
9. **छटपटाना**—लोभ, असहायता, हठ, क्रोध
10. **झाँय झाँय**—उत्सव, उपहास, ग्लानि, क्लेश
11. **भाँय भाँय**—उदासीनता, मोह, विराग, आतंक
12. **खुसुर पुसुर**—द्वेष, स्फूर्ति, असत्य, कपट
13. **चिड़चिड़ाना**—मूर्खता, हिंसा, विराग, चिढ़
14. **हूहक**—उल्लास, विलाप, पश्चात्ताप, अनिश्चय
15. **हुड़दंग**—उन्मुक्तता, हिंसा, कुबुद्धि, निश्चितता
16. **हल्लागुल्ला**—क्रोध, सामूहिकता, षड्यंत्र, अपमान
17. **चकल्लस** — विनोद, षड्यंत्र, आलस्य, फिजूलखर्ची
18. **कोलाहल**—भीड़, जल्दी, घबराहट, शोर

'भाव के प्रभाव' के उत्तर

1. पीड़ा, 2. तिरस्कार, 3. तेज़ी, 4. भय, 5. लज्जा, 6. चिढ़ाना 7. विनय, 8. उत्साह, 9. असहायता, 10. क्लेश, 11. विराग, 12. कपट, 13. चिढ़, 14. उल्लास, 15. उन्मुक्तता, 16. सामूहिकता 17. विनोद, 18. शोर

मूल्यांकन :

16 से अधिक सही	......	सर्वोत्तम
14 से 15 सही	......	अत्युत्तम
10 से 13 सही	......	उत्तम

सत्ता में मगर पाजामे से बाहर

यहाँ कुछ वाक्य दिए जा रहे हैं, इन्हें ध्यान से पढ़िए और बताइए कि इनमें क्या गलती है और कहाँ है?

1. हमें विश्वास है कि हम किसी भी संकट का सामना कर सकेंगे।
2. हम भारत की किसी भी अन्य कंपनी से ज्यादा इनकैंडेसेंट बल्ब बनाते और बेचते हैं।
3. हम इस समय भविष्य के लिए प्रभावी कदम उठाएँगे।

4. श्री अटवाल को आज उस समय गोली मार दी गई जब वह मंदिर में माथा टेककर लौट रहे थे।
5. जवाहरलाल नेहरू विश्वविद्यालय के छात्र आंज शाम उस समय विध्वस पर उतारू हो गए जब तीन-चार ट्रकों में भरकर आए पुलिस जवानों ने गोली चलाई।
6. इन संशोधनों से संबंधित व्यवस्थाओं को शिथिल किया जा सकेगा।
7. भीड़ कुछ दूर चलकर सभा में बदल गई।
8. साहबियत दिखाने के लिए लड़के पतलूनों में चले आए।
9. जयरामजी बहुत समय से सत्ता में हैं।
10. जयरामजी कुर्ते और पाजामे में थे।

'सत्ता में मगर पाजामे से बाहर' के उत्तर

1. हमें विश्वास है कि हम हर संकट का सामना कर सकेंगे।
2. हम भारत की हर कंपनी से ज्यादा इनकैडेसेंट बल्ब बनाते और बेचते हैं।
3. हम इस समय ऐसे कदम उठाएँगे जो भविष्य में प्रभावी होंगे/असर करेंगे।
4. श्री अटवाल आज मंदिर में माथा टेककर लौट (ही) रहे थे कि उनको गोली मार दी गई या श्री अटवाल आज जब मंदिर में माथा टेककर लौट रहे थे तभी (उस समय) उनको गोली मार दी गई।
5. आज शाम जब तीन-चार ट्रकों में भरकर आए पुलिस जवानों ने गोली चलाई तो जवाहरलाल नेहरू विश्वविद्यालय के छात्र विध्वंस पर उतारू हो गए।
6. इन संशोधनों से संबंधित व्यवस्थाओं में उदारता लाई जा सकेगी।
7. कुछ दूर चलकर भीड़ बदलकर सभा बन गई (या कुछ दूर चलकर भीड़ की सभा बन गई या भीड़ कुछ दूर चली फिर सभा बन गई)।
8. साहबियत दिखाने के लिए लड़के पतलून पहने चले आए।
9. जयरामजी बहुत समय से सत्ता पर (आसीन) हैं या सत्तासीन हैं या जयरामजी बहुत समय से सत्ता धारे हैं।
10. जयरामजी कुर्ता और पाजामा पहने थे।

आइए, हम एक बार इन उत्तरों को जाँचें!

1. **किसी भी संकट का सामना**—यह यों इस्तेमाल किया जाए तो ठीक है—कोई भी संकट आए हम उसका सामना करेंगे या हम किसी संकट में पीछे न हटेंगे या किसी संकट में भी हमें डालें(हम पड़ें) हम उसका सामना करेंगे।
2. **किसी भी अन्य कंपनी से ज्यादा**—होना चाहिए—(हम) सब अन्य (यानी हमारे अलावा).कंपनियों से ज्यादा या हर कंपनी से ज्यादा या हर दूसरी कंपनी से ज्यादा इनकैडेसेंट बल्ब बनाते और बेचते हैं।
3. **इस समय भविष्य के लिए प्रभावी कदम उठाएँगे**—इस समय के स्थान पर <u>इसी समय</u> या <u>अभी</u> कहने से भी अर्थ अधिक स्पष्ट होता। क्योंकि वाक्य में <u>इसी समय</u> या <u>अभी</u> और <u>भविष्य</u> की तुलना हो जाती। <u>प्रभावी</u> अंग्रेजी के एफेक्टिव का शाब्दिक अनुवाद है और असरदार या प्रभावशील से या पुरअसर से कम प्रभावी है।

4. **उस समय गोली मार दी गई**—यहाँ उस समय ऐसी ध्वनि देता है जैसी गोली जिस समय मारी गई उस समय गोली चलाने में कोई तर्क न था। हाँ, किसी और समय चलाई जाती तो शिकायत न होती। या यह ध्वनि कि यही ठीक समय गोली मारने का था इसलिए मार दी गई। दोनों अर्थ देखिए—श्री अटवाल को आज उस समय गोली मार दी गई जब वह हथियार रख चुके थे, उस समय गोली मार दी गई जब सौ आदमी घायल हो चुके थे। दोनों वाक्यों में उस समय संकेत देता है कि गोली मारने के कारण पैदा करनेवाला या कारण कम करनेवाला काम जारी था।
5. **उस समय विध्वंस पर उतारू हो गए जब तीन-चार ट्रकों में भरकर आए पुलिस जवानों ने गोली चलाई**—इसमें ध्वनि है कि भला वह भी विध्वंस पर उतारू होने का कोई समय था।
6. **व्यवस्थाओं को शिथिल किया जा सकेगा**—शिथिल अंग्रेजी रिलैक्स का शाब्दिक अनुवाद है और यहाँ अर्थ देता है कि व्यवस्थाओं को अक्षम या शक्तिहीन किया जा सकेगा जबकि भाव यह है कि व्यवस्थाओं को उतना कठोर नहीं रहने दिया जाएगा जितनी वे अभी हैं।
7. **भीड़ सभा में बदल गई**—यह वाक्यांश अंग्रेजी की नकल होने के कारण मुहावरे की शक्ति से हीन है। भीड़ सभा बन गई या भीड़ की सभा बन गई।
8. **पतलूनों में, कपड़ों में**—एक और अंग्रेजी नकल है जिसमें भाषा की जान नहीं है। वैसे पतलून हिंदी में एकवचन और अंग्रेजी में द्विवचन होता है—अंग्रेजी में जिसे ए पेयर ऑफ पैंट्स कहते हैं उसी को हिंदी में पतलून कहते हैं। यह शब्द पांतालों (फ्रांसीसी) से पैंटलून के द्वारा आया है। ऐसा ही एक जोड़ा कैंची भी है जिसके दो फल होने के कारण अंग्रेजी में उसे 'ए पेयर ऑफ सिजर्स' कहा जाता है ज़बकि हिंदी में कैंची शब्द दो तिरछे फलों के एक दूसरे से लड़ने की स्थिति के कारण बना है और एकवचन भाववाचक संज्ञा से एकवचन सामान्य वाचक संज्ञा बन गया है। पर कैंच शब्द का संबंध सिर्फ तिरछा होने से है और काटने से तो बिल्कुल नहीं। फाड़ने से है। कैंच उस तिरछेपन को कहते हैं जो कपड़ा नापकर फाड़ने पर निकल आता है।
9. **जयरामजी सत्ता में हैं**—यह तभी कहना संभव है जब सत्ता कोई ऐसी भाववाचक संज्ञा हो जिसमें प्रविष्ट या मग्न हुआ जा सकता हो। जैसे प्रेम, कष्ट या नशा—जयरामजी प्रेम में पड़ गए हैं या बड़े कष्ट में हैं या नशे में हैं कहना सही होगा। परंतु सत्ता में मग्न नहीं, सत्ता के प्रेम में या नशे में मग्न हुआ जा सकता है। सत्ता पर केवल आसीन हुआ जा सकता है, या उसे ग्रहण किया जा सकता है या पाया जा सकता है।
10. **जयरामजी कुर्ता और पाजामा में थे**—अच्छा है कि वह जामे (कुर्ते) से बाहर नहीं थे। जामे से बाहर होने का मतलब होता है आपे से बाहर होना। परंतु कुर्ते में होना कुर्ता पहने होना नहीं बताता। कुर्ते में खटमल या जुआँ हो सकता है, पूरा आदमी नहीं। कहा जाता है, मैं कुर्ता डालकर (अपने ऊपर) बाहर निकल गया। यह नहीं कहा ज़ाता कि मैं अपने को कुर्ते के अंदर डालकर बाहर निकल गया।
11. **यदि जनता को विश्वास में लिया जाता**—यह भी अच्छी हिंदी का उलट है। विश्वास दिया जाता है और जिसे दिया जाता है वह विश्वासपात्र होता है। जनता को विश्वास में लिया जाता ठेठ, निर्जीव नकल है। जीवित असल है जनता को विश्वास दिया जाता या जनता का विश्वास पाया जाता ...
12. **सरकार को जनता को भरोसे में लेने का प्रयत्न करना चाहिए**—विश्वास की ही तरह भरोसा भी दिया और पाया जाता है पर लिया नहीं जाता।

आ

घुसी,	गिरी,	भटकी,
निकली,	गई,	रही,
बनी,	मरी,	धमकी,
पड़ी,	मिली,	बैठी

वर्णमाला का दूसरा अक्षर जिसके अर्थ में आना, बुलाना, आकर, आदि शामिल है। आदरपूर्वक 'आ' की जगह आदरसूचक आइए कहा जाता है। तो आइए हम एक खेल करें। नीचे 12 वाक्य दिए हुए हैं जिनमें आ के साथ एक क्रिया जोड़कर बनाया हुआ एक एक मुहावरा इस्तेमाल हुआ है। हमने हर वाक्य में एक एक जोड़ा मुहावरा लिखा है पर जोड़े में से सही एक ही है। सही मुहावरा चुनकर बताएँ। फिर उत्तर से मिलाएँ।

1. न जाने कहाँ से यह मुसीबत आ पहुँची/पड़ी।
2. चिड़िया उड़कर मेरे हाथ पर आ गिरी/बैठी।
3. वह क्षमा माँगती हुई देवी के पैरों पर आ पहुँची/गिरी।
4. मैंने कुतिया को पुकारा तो वह दुम हिलाती आ निकली/गई।
5. बिल्ली को ठंड लगी तो वह मेरे पास आ मिली/धमकी।
6. छोटी नदी पहाड़ से निकली और उतरकर बड़ी नदी में आ रही/मिली।
7. मेरे छिपने के स्थान का पता चलते ही पुलिस जीप में आ बैठी/धमकी।
8. गेंद आसमान में ऊपर पहुँचकर नीचे आ पहुँची/रही।
9. मैंने सपने में जिसे देखा वही सुंदरी इस रास्ते आ बैठी/निकली।
10. जब सर पर आ बनी/निकली तब कर्ज उतारने की सूझी।
11. छुटकी बड़की अचार चुराकर खा रही थीं, बोलीं, 'लो मँझली भी यहीं आ मरी/बैठी।'
12. यह मुझसे मिलने नहीं आई थी, यह तो बस आ धमकी/भटकी है।

'आ' के उत्तर

1. न जाने कहाँ से यह मुसीबत आ **पड़ी**।
2. चिड़िया उड़कर मेरे हाथ पर आ **बैठी**।
3. वह क्षमा माँगती हुई देवी के पैरों पर आ गिरी।
4. मैंने कुतिया को पुकारा तो वह दुम हिलाती आ **गई**।
5. बिल्ली को ठंड लगी तो वह मेरे पा आ **घुसी**।
6. छोटी नदी पहाड़ से निकली और उतरकर बड़ी नदी में आ **मिली**।
7. मेरे छिपने के स्थान का पता चलते ही पुलिस जीप में आ **धमकी**।
8. गेंद आसमान में ऊपर पहुँचकर नीचे आ **रही**।
9. मैंने सपने में जिसे देखा वही सुंदरी इस रास्ते आ **निकली**।
10. जब सर पर आ **बनी** तब कर्ज उतारने की सूझी।
11. छुटकी बड़की अचार चुराकर खा रही थीं, बोलीं, 'लो मँझली भी यहीं आ मरी।'
12. यह मुझसे मिलने नहीं आई थी, यह तो बस आ **भटकी** है।

मूल्यांकन :

11 से अधिक सही	....	सर्वोत्तम
9 से 10 सही	....	अत्युत्तम
7 से 8 सही	....	उत्तम

कुछ अलग से

गंगा का अवतरण

जब आर्य पहाड़ों के रास्ते भारत आए तो उन्होंने गंगा को तेजी से बहते देखा। उसका वर्णन करने के लिए उन्होंने गम् धातु (जाना) का प्रयोग दो बार किया क्योंकि वह तेजी से जाती थी।

तभी गंगा नाम पड़ा

नदी को सरि भी कहा गया क्योंकि 'स' धातु का अर्थ है सरना। उसी से 'सरि' शब्द बना है और एक नदी का 'सरयू' नाम भी इसी से बना है। सुर अर्थात् देवता और सुरसरि, देवताओं की नदी—गंगा।

भाषा की नाक

अनुस्वार के बिना जाने कितने शब्द गायब हो जाएँगे। नाक से यह ध्वनि निकाले बिना हम चार-पाँच वाक्य भी नहीं बोल सकते। हाँ जुकाम हो तो और बात है। मनोरंजन के लिए कभी ऐसा प्रयोग करके देखिए तब मालूम होगा। वास्तव में अनुस्वार भाषा की नाक है। यही नहीं, आज यह छपाई की सुविधा के कारण इतना प्रचलित हो गया है कि जहाँ कहीं अक्षरों को ङ, ञ, न, ण और म से जोड़ना चाहिए वहाँ इन्हें हटाकर पहले वाले अक्षर के सर पर चढ़ बैठता है। जैसे, 'कान्त' न लिखकर 'कांत' लिखा जाता है। वास्तव में बहुत अच्छी और प्रसिद्ध पत्रिकाएँ भी ऐसा ही करती हैं। शुद्ध रूप तो वही माना गया है जिसमें ऐसा न हो। यहाँ हम शुद्ध रूपों की खोज केवल यह जाँचने के लिए कर रहे हैं कि वे क्या हैं। इसका यह अर्थ नहीं कि जो लेखक इन्हें इस्तेमाल नहीं करते वे अशुद्ध लिखते हैं। आइए कुछ ऐसे शब्दों को पहचानें।

1. कंपन
2. चंचल
3. कंचन
4. टंकन
5. बंधन
6. गंगा
7. स्तंभ
8. जंघा
9. पंच
10. गंभीर
11. अंत
12. संग
13. वंचित
14. लंका
15. दंड
16. कुंठित

'भाषा की नाक' के उत्तर

1.	कम्पन	9.	पञ्च
2.	चञ्चल	10.	गम्भीर
3.	कञ्चन	11.	अन्त
4.	टङ्कन	12.	सङ्ग.
5.	बन्धन	13.	वञ्चित
6.	गङ्गा	14.	लङ्का
7.	स्तम्भ	15.	दण्ड
8.	जङ्घा	16.	कुण्ठित

मूल्यांकन :

14 से अधिक सही	....	सर्वोत्तम
12 से 13 सही	....	अत्युत्तम
9 से 11 सही	....	उत्तम

कुछ अलग से

तामीर का तूमार

एक भलेमानस को बात बात पर शेर सुनाने का शौक था।

मीर का एक शेर है

घर में था ही क्या तेरा ग़म जिसे गारत करता
वह जो एक हसरते तामीर थी सो अब भी है।

उन्होंने इसे जब अपनी समझ से बड़े मौके पर पढ़ा तो पहला मिसरा तो सही पढ़ गए मगर दूसरा मिसरा यों हो गया—

वह जो एक हसरते तीमार थी सो अब भी है

इस पर एक जबर्दस्त कहकहा पड़ा और किसी ने फिकरा कसा—गनीमत है तामीर की जगह तीमार ही हुआ, कहीं हसरते तूमार रह जाती तो कैसी रहती?

तामीर के मायने हैं निर्माण। इमारत वह है जो तामीर करने से बनती है। तीमार का मतलब है सेवा—तीमारदारी यानी बीमार की सेवा।

तूमार का अर्थ है—ढेर, बहुत अधिक चीज, लंबा चौड़ा वृत्तांत, झूठी बातों की भरमार।

आदि इत्यादि

साहित्यिक हिंदी में अकसर संस्कृत के प्रचलन के अनुसार कुछ शब्दों का प्रयोग होता रहता है। हालाँकि इनकी जगह सरल शब्दों से भी काम चल सकता है। बल्कि, क्षमा कीजिएगा, वरन् चल ही रहा है। दिन ब दिन इनकी जगह सरल शब्द इस्तेमाल होते जा रहे हैं। क्या आप उन संस्कृत शब्दों के ठीक-ठीक अर्थ जानते हैं? सही अर्थ पर निशान लगाएँ।

1. **पुनश्च**—आवश्यक, और फिर, भूलिए मत, ईश्वर का नाम
2. **अतः**—इस तरह, इसलिए, यों ही, अता पता
3. **इत्यादि**—ऐसे ही, यों ही, बिना वजह, वगैरह वगैरह
4. **अथवा**—इसके अतिरिक्त, अंदर, या फिर, यों
5. **अपितु**—बल्कि, व्यर्थ, वरना, अलावा
6. **वा**—और, या, इससे, दूसरा
7. **एवम्**—यही तो, इतना ही, और वह
8. **वरंच**—बल्कि, वरना, और, अति
9. **किंवा**—फालतू, फिजूल, याकि, उलटा
10. **अन्यथा**—दूसरा कोई, एक ही, वही, नहीं तो
11. **तथापि**—इसी प्रकार, अंत में, अवश्य, तो भी
12. **स्वयमेव**—अपने लिए, अपना ही, अपने में, अपने आप
13. **कदाचित्**—मुश्किल से, किसी लिए, कभी कभी, एक बार
14. **कदापि**—कोई भी, किसी को, किसी समय भी, किसी में
15. **क्वचित**—कठिन, कुछ, यहाँ वहाँ, कहीं कहीं, किसी को
16. **किंचित्**—किसलिए, थोड़ा-सा

'आदि इत्यादि' के उत्तर

1. **और भी**—पत्र समाप्त करने के बाद **पुनश्च** शीर्षक देकर दस पंक्तियाँ और लिखी गई थीं।
2. **इसलिए**—हमारे पास जगह नहीं है **अतः** हम कमरा न दे सकेंगे।
3. **वगैरह वगैरह**—बहुत से कारण हैं जिनसे मैं दुखी हूँ—रोग, अभाव, भय **इत्यादि**।
4. **या फिर**—आप यहीं सो जाएँ **अथवा** पैदल घर जाएँ।
5. **बल्कि**—भारतीय निरे सत्यवादी नहीं **अपितु** व्यावहारिक भी हैं।
6. **या**—अश्वत्थामा हतो नरो **वा** कुंजरो **वा**—अश्वत्थामा मारा गया या नर या हाथी।
7. **और**—अमल, कमल, श्यामल, विमल एवं इंद्रजीत, यह था नाटक का पूरा नाम। अब केवल **एवम् इंद्रजीत** रह गया है।
8. **बल्कि**—मैं इतिहास का अध्यापन नहीं करूँगा **वरंच** कराऊँगा।
9. **याकि**—आप मेरी पांडुलिपि खो बैठे हैं **किंवा** आपने उसे नष्ट कर दिया है।
10. **नहीं तो**—आप मेरा वेतन अभी चुकता करें **अन्यथा** मैं अदालत के पास जाऊँगा।
11. **तो भी**—मैं आपके तर्क से सहमत नहीं **तथापि** आपके विचारों का स्वागत है।
12. **अपने आप**—कठिनाइयाँ स्वयमेव मिट नहीं जातीं, मिटानी पड़ती हैं।
13. **एक बार**—मैंने पूछा, कल आएँगे? कुछ संशय में पड़कर वह बोले, **कदाचित** आऊँगा।
14. **किसी समय भी**—मुझे यह संबंध **कदापि** स्वीकार न होगा, दोनों अभी विवाह के योग्य नहीं हैं।

15. **कहीं कहीं**—मैंने तो केवल यह पूछा था कि शरीर कैसा है। उत्तर आया शरीरं व्याधि **मंदिरं क्वचित** अवयव वेदना मे क्लांत हो रहे हैं।

16. **थोड़ा सा**—वह लंबी यात्रा पूरी कर लौटे तो **किंचित्** थके हुए नहीं लगते थे।

मूल्यांकन :

14 से अधिक सही	......	सर्वोत्तम
12 से 13 सही	......	अत्युत्तम
9 से 11 सही	......	उत्तम

अखबारों में भाषा

ये शब्द एक दैनिक अखबार से निकालकर यहाँ दिए जा रहे हैं ताकि इनके ठीक-ठीक अर्थ के बारे में शांति से विचार करके अपने उत्तर दें। संपादकीय का विषय था हिटलर की डायरियाँ। खबर है, अड़तीस साल पहले, 30 अप्रैल 1945 को आत्महत्या करने के पाँच दिन पहले जर्मनी के तानाशाह हिटलर ने अपनी डायरियाँ किसी अज्ञात गंतव्य को भेज दी थीं। इसी विषय पर यह लेख लिखा गया था। जाँचिए आपकी शब्द-शक्ति की क्या दशा है। बाद में उत्तर से मिलाइए।

1. **गंतव्य**—1. फेंक देने योग्य, 2. विचार, 3. भाग्यफल, 4. वह स्थान जहाँ जाने का लक्ष्य हो।
2. **ध्वस्त**—1. पराजित, 2. भयभीत, 3. टूटा हुआ, 4. अंतिम
3. **उजागर**—1. एक पहाड़ी त्यौहार, 2. जगमगाता हुआ, 3. निस्संदेह, 4. अंतिम
4. **प्रामाणिकता**—ऊँचे कुल का गौरव, 2. संपन्नता, 3. विश्वसनीयता, 4. प्रकट
5. **स्वाभाविक**—1. स्वभाव के अनुसार, 2. सुंदर, 3. सरल, 4. सुशील
6. **विशेषज्ञ**—1. विदेश में पढ़ा हुआ, 2. डॉक्टर, 3. कई भाषाएँ जाननेवाला, 4. किसी विषय को विशेष रूप से जाननेवाला
7. **कतिपय**—1. कुछ, 2. रामायण का एक पात्र, 3. संक्षिप्त, 4. भूला बिसरा
8. **दस्तावेज**—1. निशान, 2. फ़ारसी में हस्तलिखित पुस्तक, 3. पुराने नोट, 4. वह लेख जो किसी विषय का प्रमाण हो
9. **संदेही**—1. संदेशवाहक, 2. शक करनेवाला, 3. उत्तर देनेवाला, 4. डरपोक
10. **इतिहासज्ञ**—1. इतिहास लेखक 2. इतिहास अध्यापक, 3. इतिहास पुरुष, 4. इतिहास ज्ञात
11. **उल्लेख**—1. याद, 2. जिक्र, 3. बुराई, 4. फिक्र
12. **तथ्य**—1. वास्तविक सत्य, 2. आंतरिक सत्य, 3. काल्पनिक सत्य, 4. अर्द्धसत्य
13. **ताजा अतीत**—1. अभी-अभी जो बीता, 2. नई खबर, 3. नई प्रगति, 4. युवा आंदोलन
14. **खंगाला**—1. धोया, 2. उलटा, 3. तल में खोजा, 4. खाली किया
15. **नए पहलू**—1. नए विचार, 2. नए अर्थ, 3. नए पक्ष, 4. नए तर्क
16. **लाभान्वित**—1. आश्वासन, 2. लाभ से युक्त, 3. प्रसन्न, 4. सम्मानप्रद
17. **सनसनीखेज**—1. झूठ, 2. तीरंदाज, 3. भयंकर, 4. चौंकानेवाले
18. **अनावरण**—1. नंगा करना, 2. साफ, 3 उत्तेजित, 4. निर्भय
19. **आनुषंगिक**—1. घटना के साथ होनेवाला, 2. अपूर्ण, 3. अनिश्चित, 4. अनुमानित
20. **निश्चित**—1. सहमत, 2. स्थिर, 3. पारिश्रमिक, 4. अनुसार

कुछ अलग से

कलम बड़ी या तलवार?

यह सवाल एक मुहावरा बन गया है। लेखक या कवि की वाणी में ज्यादा ताकत है या राजा या सेना की तलवार में? गाँधी ने सत्याग्रह का शब्द चलाया, वह ज्यादा ताकतवर साबित हुआ या अंग्रेजों की पुलिस की तलवार यानी गोलियाँ? क्या तलवार की काट कलम कर सकती है?

यह सोचकर कि कलम नहीं बल्कि तलवार काटती है आप कलम को मासूम न समझ बैठिए। कलम का एक अर्थ ही तराशना या काटना है। आम के पौधों में से काटकर एक टहनी जमीन में रोपी जाती है। जिसे कलम कहते हैं तभी वह पेड़ बनता है जिसमें तराशकर खानेवाले आम फलते हैं—कलमी आम कहते हैं उन्हें। आपके सर पर जो बाल हैं वे अगर आपको थोड़े बहुत चाहिए तो तराश दिए जाएँगे और बिलकुल नहीं चाहिए तो मूँड दिए जाएँगे, जिसे सभ्य तरीके से हम कहेंगे कि बाल उतार लिए गए। सर मूँड देना सर उतार लेने से तो बेहतर ही है—किताबों में दोनों तरह की सजाओं का जिक्र आता है। मगर सर न उतारा जाए, सलामत रहे तो सर पर कनपटी के पास कलम तो रखवानी ही पड़ेगी। आजकल तो लंबी-लंबी और घनी-घनी कलम रखवाने का रिवाज है।

कलम अरबी फारसी दोनों भाषाओं का शब्द है और इसका एक अर्थ 'लंबा और पतला पदार्थ' भी है जैसे कलमी शोरा में। मगर लिखनेवाली कलम लंबी और पतली होने से कलम कहलाती है या कलम की जाने से कलम कहलाती है, यह नहीं मालूम। हाँ, जब तैयार कलम से कई बार लिख लिया जाता है तो इसका खत घिस जाता है और कलम की नोक को कलम करके फिर से खत रखना पड़ता है।

अजब बात है कि कलम से लिखनेवाले को भी कलमकश कहते हैं और काट देनेवाले के लिए भी यह शब्द इस्तेमाल होता है—तो दोनों शब्दों का काटने से संबंध है। दोनों में से कोई एक बड़ा होगा ही। दोनों बराबर रहते हैं तो दोनों में अच्छी खासी जंग छिड़ी रहती है।

'अख़बारों में भाषा' के उत्तर

1. **वह स्थान जहाँ जाने का लक्ष्य हो**—हिटलर ने अपनी डायरियाँ बवेरिया के किसी अज्ञात **गंतव्य** को भेजी थीं।
2. **टूटा हुआ**—ये डायरियाँ जिस विमान में जा रही थीं वह गिरकर **ध्वस्त** हो गया।
3. **प्रकट**—यह किस्सा हाल में लंदन टाइम्स में **उजागर** हुआ है।
4. **विश्वसनीयता**—इन डायरियों की **प्रामाणिकता** के बारे में संदेह किया जाना स्वाभाविक था।
5. **स्वभाव के अनुसार** (देखें 4)
6. **किसी विषय को विशेषरूप से जाननेवाला**—अखबार के संपादक ने इतिहास के एक **विशेषज्ञ** द्वारा इन डायरियों की जाँच करवाई।
7. **कुछ**—इन डायरियों के अलावा अखबार को **कतिपय** अन्य दस्तावेज प्राप्त हुए पर वे नकली निकले।
8. **वह लेख जो किसी विषय का प्रमाण दे**—(देखें 7)
9. **शक करनेवाला**—एक **संदेही** इतिहासज्ञ की दलील है कि हिटलर की डायरियों का अभी तक कहीं उल्लेख नहीं हुआ है।
10. **इतिहास जाननेवाला**—(देखें 9)
11. **जिक्र**—(देखें 9)

12. **वास्तविक सत्य**—इस तथ्य को जानकर ताजा अतीत को खंगाला जाएगा और सत्य के कुछ सनसनीखेज नए पहलू जानकर हम लाभान्वित होंगे।
13. **अभी-अभी जो बीता**--(देखें 12)
14. **तल में खोजा**—(देखें 12)
15. **नए पक्ष**—(देखें 12)
16. **लाभ से युक्त**—(देखें 12)
17. **चौंकानेवाले**—(देखें 12, 18)
18. **नंगा**—इस **सनसनीखेज अनावरण** का आनुषंगिक लेकिन निश्चित तथा तत्काल लाभ अखबार को मिलेगा।
19. **घटना के साथ होनेवाला**—(देखें 18)
20. **स्थिर**—(देखें 18)

कुछ अलग से

खुली खिड़कियाँ

कहा जाता है कि अंग्रेजी ने दुनिया की अनेक भाषाओं से शब्द स्वीकार कर लिए हैं। यह सच है, अपने शब्द स्वीकार करने के गुण के कारण ही अंग्रेजी समृद्ध भाषा बनी है। परंतु ऐसा नहीं है कि यह गुण केवल अंग्रेजी में ही हो। कोई भाषा उन्हीं भाषाओं से शब्द लेती है जिनके बोलनेवालों से उस भाषा के बोलनेवालों का गहरा संपर्क होता है। कभी-कभी यह संपर्क व्यक्तियों के बीच न होकर विचारों के द्वारा भी होता है। यदि किसी वस्तु का नाम विदेशी भाषा में है और वह वस्तु लोकप्रिय है तो भाषा उस विदेशी नाम को ले लेगी। इसी तरह यदि कोई पदवी या संस्था अधिकाधिक लोगों के द्वारा जानी जाती है तो उसके नाम पर विदेशी शब्द भी स्वीकृत हो जाएगा। हाँ, उसका रूप अवश्य बदलेगा। परंतु कैसे और कितना बदलेगा यह एक अलग विषय है। हिंदी में भी तुर्की, फारसी, अरबी से आए हुए बहुत से शब्द हैं। ये आमतौर से उर्दू के शब्द मान लिए जाते हैं। अंग्रेजी से आए हुए शब्द तो सभी जानते हैं। अस्पताल, लालटेन, डॉक्टर, स्कूल प्रचलित हैं ही। परंतु कुछ शब्द पुर्तगाली और फ्रांसीसी भाषाओं से भी हमारी बोली में आ गए हैं। इन भाषाओं से भी भारतीयों का संपर्क इतिहास में किसी समय रहा है।

आपको जानकर ताज्जुब होगा कि ऐसे शब्दों को हम बिना यह जाने कि ये विदेशी हैं आराम से इस्तेमाल करते रहते हैं—शायद यह सोचकर कि ये अंग्रेजी के शब्द हैं पर ये अंग्रेजी के हैं नहीं। ऐसे गैर अंग्रेजी विदेशी शब्दों में से कुछ हैं—कमरा, मेज, कमीज, साबुन, बटन।

फालतू बातें

नीचे लिखे वाक्यों में कुछ न कुछ शब्द कम हैं या कुछ न कुछ फालतू हैं। क्या आप इन्हें फिर से सुधारकर लिख सकते हैं? (यह भी बताएँ कि इस वाक्य में क्या फालतू है जो आपने अभी पढ़ा)

1. अकसर हम लोग कभी-कभी सिनेमा देखने जाते हैं।
2. मेरा खयाल है कि वह शायद जरूर आएगा।
3. वह जब तब बार-बार आया ही करता है।
4. वह आज न आएगा तो कभी न कभी आगे-पीछे आएगा।
5. सौ आदमी मर गए जब रेलगाड़ी उलट गई।
6. मुख्यमंत्री को सत्ता में आए हुए पिछला एक महीना हो गया।
7. सिवाय मुझे छोड़कर सब कोई खा चुके।
8. आज की वर्तमान दशा में हम कुछ नहीं कर सकते।
9. कृपया एक प्याला चाय देने की कृपा करें।
10. आज के दिन हमें चाहिए कि कोई संकल्प का व्रत लें।
11. मनोरंजन में व्यर्थ समय गँवाने से कोई लाभ नहीं।
12. मैं केवल इतना ही चाहता हूँ कि बस आप हमारे घर आ जाएँ।
13. दिन भर चलने के बाद भी घर मात्र दो मील रहा।
14. जब मैंने भिखारी को कुछ नहीं दिया तो वह उदास आँखों से चला गया।
15. सारे देश भर में उत्पात हो रहे हैं।
16. मेरा काम लगभग पूरा का पूरा हो गया है।
17. कल सायंकाल के समय सभा होगी।
18. पैसा कमाने के लिए काम करने के अतिरिक्त कोई दूसरा उपाय नहीं है।

'फालतू बातें' के उत्तर

'क्या आप इन्हें फिर से लिख सकते हैं' काफ़ी है। 'सुधारकर' फ़ालतू है या 'फिर से' फालतू है।

1. अकसर हम लोग सिनेमा देखने जाते हैं **या** हम लोग कभी-कभी सिनेमा देखने जाते हैं।
2. मेरा खयाल है कि वह जरूर आएगा **या** मेरा खयाल है कि वह आएगा **या** मेरा खयाल है कि वह जरूर आएगा **या** मेरा खयाल है कि वह शायद आएगा।
3. वह जब तब आया ही करता है **या** वह बार-बार आया ही करता है।
4. वह आज न आया तो फिर कभी आएगा।
5. रेलगाड़ी उलट गई तो सौ आदमी मर गए।
6. मुख्यमंत्री को सत्ता में आए हुए एक महीना हो गया।
7. मुझे छोड़कर सब खा चुके **या** सिवाय मेरे सब खा चुके।
8. वर्तमान दशा में हम कुछ नहीं कर सकते **या** आज की दशा में हम कुछ नहीं कर सकते।
9. कृपया एक प्याला चाय दें **या** एक प्याला चाय देने की कृपा करें।
10. आज के दिन हमें चाहिए कि कोई संकल्प करें **या** आज के दिन हमें चाहिए कि कोई व्रत लें।
11. मनोरंजन में समय गँवाने से कोई लाभ नहीं **या** मनोरंजन में समय गँवाना व्यर्थ है।
12. मैं चाहता हूँ कि बस आप हमारे घर आ जाएँ **या** मैं केवल चाहता हूँ कि आप हमारे घर आ जाएँ **या** मैं केवल इतना ही चाहता हूँ कि आप हमारे घर आ जाएँ।
13. दिन भर चलने के बाद भी घर दो मील रह ही गया।
14. जब मैंने भिखारी को कुछ नहीं दिया तो वह उदास आँखें लिए चला गया।

15. सारे देश में उत्पात हो रहे हैं **या** देश भर में उत्पात हो रहे हैं।
16. मेरा काम लगभग पूरा हो गया है **या** मेरा काम पूरा का पूरा हो गया है।
17. कल सायंकाल सभा होगी।
18. पैसा कमाने के लिए काम के अतिरिक्त कोई उपाय नहीं है।

मूल्यांकन :

16 से अधिक सही	......	सर्वोत्तम
13 से 15 सही	......	अत्युत्तम
10 से 12 सही	......	उत्तम

अभी अभि की बारी है

अभि से आरंभ होनेवाले बहुत से शब्द अच्छी हिंदी में चलते हैं। क्या आप इनको जानते हैं? कोशिश करके बताइए और निम्नलिखित उत्तरों से मिलाकर जाँचिए कि आप कितने सफल रहे।

1. **अभिषेक**—1. चुनाव, 2. आक्रमण, 3. आरोप, 4. पद पर बिठाने के समय स्नान
2. **अभियांत्रिकी**—1. गड़बड़ी करने की साजिश, 2. इंजीनियरी, 3. मैनेजरी, 4. सभा की संयोजना
3. **अभिराम**—1. महाभारत का एक योद्धा, 2. सुंदर, 3. थका हुआ, 4. राम का एक और नाम
4. **अभिजात**—1. अभी-अभी पैदा, 2. अपने आप पैदा, 3. कुलीन, 4. घमंडी
5. **अभिसार**—1. सारांश, 2. गाँव में मकान का एक हिस्सा, 3. सवेरे की सैर, 4. प्रेमियों का मिलन
6. **अभियोग**—1. इल्जाम, 2. बदला, 3. इंतजाम, 4. योग की एक क्रिया
7. **अभिजित**—1. जो जीता न जा सके, 2. जिसका विभाजन किया जाए, 3. एक नक्षत्र का नाम, 4. अनंत
8. **अभिशंसा**—1. तारीफ, 2. दोष लगाना, 3. सिफारिश करना, 4. संदेह
9. **अभिसंधि**—1. कच्ची सुलह, 2. कुछ शर्तों पर करार, 3. दो व्यक्तियों का मिलन, 4. संयुक्त शब्द
10. **अभिप्रेत**—1. बताने योग्य, 2. मृतक, 3. जिसका उद्देश्य हो, 4. घोषित
11. **अभिनेत्री**—1. नेता की पत्नी, 2. अभिनेता की पत्नी, 3. आगे चलनेवाली स्त्री, 4. अभिनय करनेवाली स्त्री।

'अभी अभि की बारी है' के उत्तर

1. **अभिषेक**—पद पर बिठाने के समय स्नान—यह परंपरा राजनैतिक और धार्मिक अवसरों पर आज भी मिलती है जैसे देवता की मूर्ति का पूजा के समय अभिषेक। प्राचीन काल में सिंहासन पर बिठाते समय राजा का विभिन्न तीर्थों के जल से अभिषेक किया जाता था।
2. **अभियांत्रिकी**—इंजीनियरी—यंत्रों से काम करने की विद्या।
3. **अभिराम**—सुंदर—राम शब्द का अर्थ है सुंदर जिससे दशरथ के पुत्र को राम कहा गया। अभि एक उपसर्ग है जिसके अर्थ हैं—की दिशा में, ऊपर से, अधिकता से आदि। इसे लगाने से शब्द

का अर्थ तदनुसार बदल जाता है। अभिराम अर्थात् अधिक सुंदर।

4. **अभिजात**—कुलीन—अर्थात् ऊँचे कुल में उत्पन्न।
5. **अभिसार**—प्रेमियों का मिलन—रीतिकालीन साहित्य में नायक और नायिका के मिलन के लिए प्रयुक्त—यह मिलन पहले से संकेत द्वारा निश्चित स्थान पर होता है और दोनों वहाँ जाते हैं।
6. **अभियोग**—इल्जाम—किसी के अपराध को अदालत में उपस्थित करना, वह व्यक्ति अभियुक्त कहलाता है।
7. **अभिजित**—एक नक्षत्र का नाम
8. **अभिशंसा**—दोष लगाना—शंसा के अर्थ हैं बयान करना, घोषणा करना। इसमें 'अभि' उपसर्ग लगने से इसका अर्थ निंदा हो जाता है और 'प्र' उपसर्ग लगने से सम्मान का भाव जुड़ जाता है। प्रशंसा यानी तारीफ।
9. **अभिसंधि**—कुछ शर्तों पर करार—अभिसंधि का अर्थ भी संधि ही है परंतु किसी विशेष उद्देश्य से हुई संधि को ही अभिसंधि कहेंगे।
10. **अभिप्रेत**—जिसका उद्देश्य ही—यानी जिसकी कल्पना की गई हो, जो चाहा गया हो।
11. **अभिनेत्री**—अभिनय करनेवाली स्त्री।

मूल्यांकन :

10 से अधिक सही	....	सर्वोत्तम
8 से 9 सही	....	अत्युत्तम
5 से 7 सही	....	उत्तम

समालोचना की समझ

आधुनिक हिंदी साहित्य की समालोचना में अनेक शब्द लिखे जाते हैं जिनका विशेष अर्थ है। क्या आप उनके अर्थ जानते हैं और ठीक-ठीक बता सकते हैं? आइए, अपनी बुद्धि की परीक्षा कीजिए। नीचे कुछ शब्द दिए जा रहे हैं। सोचकर नीचे दिए जगहों में अपना उत्तर लिखिए और अपने उत्तर निम्नलिखित उत्तरों से मिलाकर देखिए।

1. प्रतिबद्धता..
2. यथार्थवाद..
3. आदर्शवाद..
4. आत्मसंघर्ष..
5. ईमानदारी..
6. अनुभूति..
7. तनाव..
8. रूपवाद..
9. आधुनिकता..
10. लघुमानव..
11. प्रतिगामिता..
12. व्यंजना..

13. प्रतीक..

14. बिंब..

15. विचारधारा..

16. भाषा की सर्जनात्मकता..

17. प्रयोग..

18. शिल्प..

19. अंतर्वस्तु..

20. अस्मिता..

'समालोचना की समझ' के उत्तर

1. **समाजवादी विचारों के लिए संघर्ष में संबद्धता**—प्रगतिशील साहित्य जनता की समस्याओं तथा उसकी आशा, आकांक्षाओं के प्रति प्रतिबद्ध होता है।
2. **वास्तविकता को विकास की प्रक्रिया में देखने की दृष्टि**—जनता के लिए वही साहित्य क्रांतिकारी है जिसका यथार्थवादी दृष्टि से सृजन हुआ है।
3. **परिस्थितियों की वास्तविकता से अप्रभावित होते हुए एक निश्चित लक्ष्य के प्रति विश्वास**—मानव समाज के उत्थान में आदर्शवादी विचारों ने भी बड़ी भूमिका निभाई है।
4. **दो विपरीत गंतव्यों के लिए चलनेवाला मानसिक द्वंद्व**—मध्यवर्गीय कवियों की कविताओं में उनका आत्मसंघर्ष बार-बार प्रकट होता है।
5. **जो वास्तव में अनुभव किया जाए**—अनुभूति की ईमानदारी रचना की विश्वसनीयता को गहरा करती है।
6. **अनुभव करने की आत्यंतिकता**—देखें 5।
7. **परिस्थितियों के अनुरूप न ढल पाने की मनःस्थिति**—महायुद्धोत्तर दौर के रचनाकारों में तनाव एक मूल्य के रूप में विकसित हुआ है।
8. **ऐसी विचारधारा जो रचना के मूल्यांकन में उसके शिल्प को ही सर्वोपरि मानती है**—यथार्थवादी चिंतन के प्रकट होने से पूर्व रचनाओं के मूल्यांकन का आधार रूपवाद ही था।
9. **परंपरा के अप्रासंगिक पहलुओं को छोड़कर नई सर्जना के अनुरूप चिंतन**—आधुनिकता नई रचनाशीलता का प्रारंभ बिंदु है।
10. **नई कविता का मध्यवर्गीय मनुष्य**—नई कविता का यथार्थ लघुमानव का यथार्थ है।
11. **प्रगतिशील विचारों के विपरीत चिंतन और आचरण**—अधिकांश पिछड़े हुए लेखक नए आविष्कारों के विरुद्ध प्रतिगामिता का रुख अपनाते हैं।
12. **ध्वन्यार्थ**—कई बार किसी कृति की व्यंजना दूसरे शिल्प में निहित होती है।
13. **किसी भाव या संवेदना को स्पष्ट करने के लिए उसके बदले प्रयुक्त की गई कोई वस्तु**—रचना में प्रतीक का इस्तेमाल उसकी संप्रेषणीयता को जटिल बनाता है।
14. **किसी वस्तु या भाव के ऐंद्रिक, संवेदनात्मक चित्र**—देखें 13।
15. **अनुभव, संवेदना तथा विचारदृष्टि का समन्वय**—किसी रचनाकार की विचारधारा अंतर्वस्तु की ही तरह उसके शिल्प को निर्धारित करती है।
16. **भाषा और अनुभव के बीच अभेद**—संपूर्ण संप्रेपणीयता के लिए आवश्यक है कि रचना में भाषा की सर्जनात्मकता उत्पन्न की जाए।
17. **नए यथार्थ को व्यक्त करने के लिए किए जानेवाले नए शिल्पगत प्रयास**—अभिव्यक्ति की

सम्पूर्णता के लिए रचनाकार निरंतर प्रयोग करता है।

18. **रचना का कला पक्ष**—रचना का शिल्पपक्ष अगर रचनात्मक है तभी वह कथ्य को सफलता के साथ प्रस्तुत कर सकता है।
19. **रचना का कथ्य पक्ष**—रचना की अंतर्वस्तु बहुत दूर तक उसके शिल्प को निर्धारित करती है।
20. **अपना होना**—वर्तमान पूँजीवादी सभ्यता में अस्मिता की तलाश रचनाकार की प्रमुख समस्या है।

मूल्यांकन :

18 से अधिक सही	......	सर्वोत्तम
15 से 17 सही	......	अत्युत्तम
11 से 14 सही	......	उत्तम

सही पर सही

क्या आप इन शब्दों के सही अर्थ जानते हैं? काले शब्दों के सामने लिखे हुए अनेक शब्दों में से सही अर्थ कौन-सा है? उस पर सही का निशान लगाइए।

1. **ओदा**– पद, मूर्ख, हाथी पर बैठने की कुरसी, नीच, नम।
2. **ऐंचाताना**—टेढ़ामेढ़ा, कठिन, खींचकर लाया हुआ, देखते समय जिसकी आँख की पुतली एक ओर चली जाती है।
3. **ऐसा तैसा**—गरीब, मार खाया हुआ, बहुत चतुर, न भला न बुरा।
4. **बातून**—झूठा, चिल्लानेवाला, गाली देनेवाला, शक्की, बहुत बोलनेवाला।
5. **जोहार**—सवेरे का खाना, मारपीट, मिलने पर अभिवादन।
6. **टसर**—खिसको, कड़ा, बहाना, एक प्रकार का रेशम, कीड़ा।
7. **टाँट**—चाँद, परदा, बोतल का ढक्कन, खोपड़ी, गला, जोर से बोलना।
8. **टिकोरा**—मिट्टी का कटोरा, टूटा हुआ घड़ा, आम की बतिया, बहाना, टिकने की जगह।
9. **टाँड़**—ताख, पिछवाड़ा, आँगन, दीवाल का एक हिस्सा, आला, कमरे में छत से नीचे कुछ रखने की जगह।
10. **गावदी**—गधा, एक प्रकार की खीर, बेवकूफी, तकिया, गद्दी, मूर्ख।
11. **गुलकंद**—ईरान का एक फूल, प्रसन्न, गले का एक रोग, माला, गुलाब की पत्ती और चीनी से बना खाद्य।
12. **गिलौरी**—गले का भीतरी हिस्सा, बीड़ा (जैसे पान का), गाल की फुड़िया, गिलहरी, एक प्रकार का व्यंजन।
13. **गुर्गा**—बदमाश, धोखेबाज, जासूस, बदतमीज, दल का नेता।
14. **चीवर**—दुशाला, रेशमी ओढ़ना, संन्यासी का वस्त्र, पीली धोती, धुला हुआ वस्त्र।
15. **दबंग**—बदतमीज, गुंडा, निडर, मुँहफट, प्रभावशाली, प्रसिद्ध।
16. **चुंधा**—धुँधला, नेत्ररोगी, छोटी आँखोंवाला, बच्चा।
17. **चकमक**—चमक दमक, तेज चाल, एक सवारी का नाम, आग देनेवाला पत्थर, चलता पुर्जा।
18. **ऐबी**—फिजूलखर्च, बहुत बोलनेवाला, ऐय्याश, दोष ढूँढ़नेवाला, दोषयुक्त, घमंडी।

19. **सकोरा**—नया, साफ, बिना धुला हुआ, मिट्टी का प्याला, अनजान, मूर्ख।
20. **टाँगन**—टँगा हुआ, पाजामा, पहाड़ी घोड़ा, चलने की थकान, एक प्रकार की गाड़ी।
21. **सुथन्ना**—ढीलाढाला, अरबी पोशाक, पाजामा, विचित्र व्यक्ति, मैला।
22. **कनिया**—एक आँखवाला, चालाक, छोटे दाने, गोद, किनारी।

'सही पर सही' के उत्तर

1. **ओदा**—नम
2. **ऐंचाताना**—देखते समय जिसकी आँख की पुतली एक ओर चली जाती है
3. **ऐसा तैसा**—न भला न बुरा
4. **बातून**—बहुत बोलनेवाला
5. **जोहार**—मिलने पर अभिनंदन
6. **टसर**—एक प्रकार का रेशम
7. **टाँट**—चाँद
8. **टिकोरा**—आम की बतिया
9. **टाँड़**—कमरे में छत से नीचे कुछ रखने की जगह
10. **गावदी**—मूर्ख
11. **गुलकंद**—गुलाब की पत्ती और चीनी से बना खाद्य
12. **गिलौरी**—बीड़ा (जैसे पान का)
13. **गुर्गा**—जासूस
14. **चीवर**—संन्यासी का वस्त्र
15. **दबंग**—प्रभावशाली
16. **चुंधा**—छोटी आँखोंवाला
17. **चकमक**—आग देनेवाला पत्थर
18. **ऐबी**—दोषयुक्त
19. **सकोरा**—मिट्टी का प्याला
20. **टाँगन**—पहाड़ी घोड़ा
21. **सुथन्ना**—पाजामा
22. **कनिया**—गोद

मूल्यांकन :

20 से अधिक सही	....	सर्वोत्तम
18 से 19 सही	....	अत्युत्तम
15 से 17 सही	....	उत्तम

कुछ अलग से

नामजाप

हर भाषा में व्यक्तिवाचक नाम उस भाषा के बोलनेवालों की पहचान कराते हैं, व्यक्ति की तो पहचान कराते ही हैं। इतिहास ने और भूगोल ने किसी भाषा के बोलनेवालों के जीवन पर जो प्रभाव डाले हैं उनसे भाषा में कुछ विशेषताएँ पैदा हुईं और व्यक्तियों के नाम रखते समय इन विशेषताओं की मदद से नाम रचे गए। जिन जगहों पर लोग रहते हैं, आजीविका के लिए जो काम करते हैं, जो कलाएँ सीखते और विकसित करते हैं उन सबकी झलक नामों से मिलती हैं। धर्म, राजनीति और कला तीनों के प्रभावों से हम अपने व्यक्तियों के नाम स्थिर करते हैं। जैसे भारतीय नामों में राम, कृष्ण, शिव, विष्णु और इनके अगणित पर्याय बार-बार मिलेंगे। इनके साथ-साथ सीता, कौशल्या, राधा, यशोदा, पार्वती, लक्ष्मी के नाम जुड़े चले आते हैं। राम के साथ तो किसी भी वस्तु या क्रिया का नाम जोड़कर व्यक्ति का नाम बन जाता है। रामजन्म, राममिलन, रामविलास, रामसिंह और रामसरन ये तो कुछ नाम हैं, राम के साथ कृष्ण और शिव, और नाथ और दास और स्वामी जुड़कर जाने

कितने और नाम बने हैं। और कुछ नहीं तो राम से दुखी और सुखी जोड़कर भी नाम बनाए गए हैं। भावनाओं को प्रकट करनेवाले नाम जैसे हिम्मत सिंह, शत्रुघ्न, यशपाल, तेजवीर, प्रतापचंद्र, वीरेंद्र विक्रम और आनंद प्रगट करनेवाले नाम जैसे पूर्णचंद्र, संतोषनाथ, सुभाष, प्रफुल्ल नाथ, अशोक कुमार और स्वयं आनंदवर्द्धन भी हैं। सुंदर ऋतुओं के आधार पर और प्रीतिकर, प्राकृतिक अनुभवों के आधार पर भी नाम हैं जैसे बसंत कुमार, शिशिर कुमार, हेमंत कुमार, प्रभात कुमार, संध्या रानी। पौराणिक और ऐतिहासिक चरित्रों, सुंदर अथवा प्रतापी या चरित्रवान व्यक्तियों, शोभन स्थानों, नदियों, पहाड़ों, वृक्षों और पशु-पक्षियों को भी हमने अपने पुत्रों-पुत्रियों के समतुल्य रखकर नाम दिए हैं। इनकी सूची बहुत लंबी है।

इन सब नामों को याद करके पहचानने का काम आप पर छोड़कर कुछ यहाँ हम ऐसे नाम दे रहे हैं जो अंधविश्वासों से अथवा सामाजिक प्रथाओं से उत्पन्न हुए हैं। जिस समूह या वर्ग के लोगों के ये नाम हैं उसमें इन अंधविश्वासों और प्रथाओं की मान्यता रही है। प्रतीत होता है कि ये कहीं न कहीं समाज के सबसे संपन्न वर्गों जैसी सुरक्षा और स्वीकृति से वंचित रहे हैं और अंधविश्वासों के साथ उनकी सुरक्षा जुड़ी रही है। यह बात स्वीकार करने में उन्हें कोई संकोच नहीं रहा है। इसलिए इन नामों को वे स्वाभिमान और गौरव के साथ लेते हैं जबकि जहाँ कहीं सम्पन्न और सुरक्षित वर्ग में अंधविश्वास माने जाते हों वहाँ भी खुले आम इन्हें स्वीकार नहीं किया जाता और व्यक्तियों के नाम लेने से अधिक खुले आम और क्या हो सकता है। तो आइए इनमें से कुछ को यहाँ देखें।

सूची

माताबदल	बेचू	घसीटू	माँगू	गोबर (रे)
मंगतू	कनछेदी	घसीटे	घुरहू	जोखू
नकछेदी	बिक्कू	छेदी	घूरेलाल	लौटू
खदेरू	बेचन	छिद्दिन	घूर फेंकन	झगड़ू
फेकू	सौदू	नत्थू	अलियार	फेरू
लुटई	बिसाई	छिद्दी	पेटू	खदेरन
बदलू	भोलू	तुल्लू	खचेडू	बेचई

इनमें से सब नाम एक-सी सामाजिक प्रतिष्ठा नहीं पा सके हैं तो उसके कारण केवल आर्थिक हैं। ऐसा नहीं कि टोटका किया गया था इस कारण उस नाम के धारण करनेवाले को कोई सामाजिक अवमानना मिली। माताबदल या घूरेलाल नाम के प्रतिष्ठित और संपन्न व्यक्ति भी हैं और उनके नाम पर कभी वर्गभेद नहीं किया जाता। इससे अलग, दृष्टांत भी हैं: इन्हीं के साथ के अनेक भारतीय जब पेट पालने के लिए विदेशों में गिरमिटिया (एग्रीमेंट के अधीन बंधुआ मजदूर बननेवाला) बनकर फिजी, मारिशस या दक्षिण अफ्रीका गए तो उन्होंने अपने बच्चों के नाम अपनी परंपरा के अनुसार डाले। इनमें से एक सुखद नाम है घरभरन। यह नाम दुनिया भर में प्रसिद्ध हुआ है।

उस समय, कब और तब, और जब तब

आपने अक्सर बच्चों को पहेलियाँ बुझाते सुना होगा। कोई पूछता है—क्या तुमने हाथी को पान खाते हुए देखा है? सुननेवाले चकित रह जाते हैं कि ऐसा तो कभी होता नहीं कि हाथी पान खा रहा हो। कोई पूछता है—वह कौन-सी चिड़िया है जिसके सर पर पैर होते हैं? तब दूसरों को बहुत सोचने पर भी याद नहीं आता ऐसी विचित्र चिड़िया कोई होती भी है या नहीं जिसके पैर सर पर होते हैं। यह खेल इस वजह से बने हैं कि विभक्तियों को उनकी सही जगह से हटाकर कहीं और रख देने से अर्थ बदल जाता है या कभी-कभी सही जगह पर होने पर भी अर्थ के बारे में भ्रम पैदा होता है। जैसे हाथी को पान खाते हुए जिसने देखा होगा हाथी नहीं वह खुद पान खा रहा होगा। चिड़िया के सर पर पैर वाक्यांश में पर शब्द सर और पैर के संबंध को नहीं बताता है। वह विभक्ति है ही नहीं। वह तो एक संज्ञा है इसलिए करीब-करीब हर चिड़िया के सर, पर और पैर होते हैं। किसी विचित्र चिड़िया को खोजने की जरूरत नहीं। अंग्रेजी में ऐसी पहेलियों को संग्रह करके मनोरंजन के लिए बहुत छापा गया है। हिंदी में बहुत वर्ष पहले कुछ पुस्तकें देखी थीं जिनमें ऐसे रोचक उदाहरण मिलते थे। वैसी पुस्तकें अब नहीं छपतीं। इसलिए यह उदाहरण केवल बातचीत में मनोरंजन के लिए कुछ लोग अपने पुरखों से सुनकर याद रखते हैं।

आधुनिक गद्य में, ख़ास तौर से अख़बारों में भूल से अनायास ऐसे उदाहरण मिल जाया करते हैं।

यहाँ हम एक वाक्य लेकर उसे चार तरह से लिख रहे हैं। क्या आप बता सकते हैं कि इनमें सही अर्थ देनेवाला वाक्य कौन-सा है और वह सही अर्थ भी क्या है?

दिल्ली में ठंड से ठिठुरी रानी की सेना लड़ नहीं सकी
दिल्ली में रानी की ठंड से ठिठुरी सेना लड़ नहीं सकी
रानी की ठंड से ठिठुरी दिल्ली में सेना लड़ नहीं सकी
रानी की सेना दिल्ली में ठंड से ठिठुरी लड़ नहीं सकी।

और भी देखिए

पवनार आश्रमवासियों का अलंकरण लेने से इनकार।

गत 31 मार्च को दो गुटों में हुए झगड़े के बाद भड़की साम्प्रदायिक हिंसा में अनेक लोग घायल हुए हैं।

आज यहाँ गंगा नदी में 10 आदमी उस समय डूब गए जब कि एक नाव उलट गई।

ये उदाहरण विभक्तियों के सही उपयोग के उदाहरण नहीं हैं। क्या आप इनको सुधार सकते हैं? पहले उदाहरण में हमने आपको चार विकल्प भी दे दिए हैं।

'उस समय, कब और तब, और जब तब' के उत्तर

दिल्ली में ठंड से ठिठुरी रानी की सेना लड़ नहीं सकी—तब सही होगा जब लड़ न सकने का कारण ठंड से ठिठुरा होना होगा। पर सेना कहीं और लड़ी होगी।

दिल्ली में रानी की ठंड से ठिठुरी सेना लड़ नहीं सकी—तब सही होगा जब वह सेना लड़ सकी होगी जो ठंड से ठिठुरी नहीं थी।

रानी की ठंड से ठिठुरी दिल्ली में सेना लड़ नहीं सकी—यह वाक्य ही अनर्गल है क्योंकि ठंड